Supplement to the
Thesaurus Syriacus
of R. Payne Smith

Ancient Language Resources

K. C. Hanson, Series Editor

Arno Poebel
*Fundamentals of Sumerian Grammar/
Grundzüge der Sumerischen Grammatik*

Carl Bezold
Babylonisch-Assyrisches Glossar

A. H. Sayce
Assyrian Grammar
and
*The Student's Concise Hebrew-English
Lexicon of the Bible*

Heinrich Ewald
*Syntax of the Hebrew Language
of the Old Testament*

S. R. Driver
*A Treatise on the Use of the Tenses
in Hebrew*

William R. Harper
Hebrew Vocabularies

M. H. Segal
A Grammar of Mishnaic Hebrew

William B. Stevenson
Grammar of Palestinian Jewish Aramaic

R. Payne Smith
Thesaurus Syriacus

J. P. Margoliouth
Supplement to the Thesaurus Syriacus

J. Payne Smith
A Compendious Syriac Dictionary

Carl Brockelmann
Lexicon Syriacum

William Jennings
Lexicon to the Syriac New Testament

Robert Dick Wilson
Introductory Syriac Method and Manual

Eberhard Nestle
Syriac Grammar

Theodor Nöldeke
Compendius Syriac Grammar
and
*Mandaean Grammar / Mandäische
Grammatik*

August Dillman and Carl Bezold
Ethiopic Grammar

Henry St. John Thackeray
*A Grammar of
the Old Testament in Greek*

William W. Goodwin
A Greek Grammar
and
*Syntax of the Moods and Tenses
of the Greek Verb*

Ernest D. Burton
*Syntax of the Moods and Tenses
in New Testament Greek*

J. B. Smith
*Greek-English Concordance
to the New Testament*

Edwin A. Abbott
Johannine Vocabulary
and
Johannine Grammar

W. E. Crum
A Coptic Dictionary

Edgar J. Goodspeed
Index Patristicus

Thomas O. Lambdin
An Introduction to the Gothic Language

Supplement to the Thesaurus Syriacus of R. Payne Smith

Collected and arranged by his daughter
J. P. Margoliouth

New Foreword and Bibliography by
K. C. Hanson

WIPF & STOCK · Eugene, Oregon

SUPPLEMENT TO THE THESAURUS SYRIACUS OF R. PAYNE SMITH

Ancient Language Resources

Copyright © 2009 Wipf & Stock Publishers. All rights reserved. Except for brief quotations in critical publications or reviews, no part of this book may be reproduced in any manner without prior written permission from the publisher. Write: Permissions, Wipf and Stock Publishers, 199 W. 8th Ave., Suite 3, Eugene, OR 97401.

Wipf & Stock
A Division of Wipf and Stock Publishers
199 W. 8th Ave., Suite 3
Eugene, OR 97401

www.wipfandstock.com

ISBN 13: 978-1-60899-046-7

Cataloging-in-Publication data:

Payne Smith, J. (Jessie), d. 1933.

    Supplement to the Thesaurus Syriacus of R. Payne Smith / collected and arranged by his daughter, J. P. Margoliouth. New Foreword and Bibliography by K. C. Hanson.

    Ancient Language Resources

    ISBN 13: 978-1-60899-046-7

    xxxvi + 345 p.; cm. Includes bibliography.

    1. Syriac language – Dictionaries – English. I. Payne Smith, R. (Robert), 1818–1895. II. Hanson, K. C. (Kenneth C.). III. Title. IV. Series.

PJ5493 .P3 2009

Manufactured in the U.S.A.

Contents

Series Foreword / xi

Foreword / xiii

Select Bibliography / xv

Preface / xxiii

Abbreviations of Books Quoted / xxv

Abbreviations / xxxiv

Supplement to Thesaurus Syriacus / 1

Series Foreword

The study of languages forms the foundation of any study of ancient societies. While we are dependent upon archaeology to unearth pottery, tools, buildings, and graves, it is through reading the documentary evidence that we learn the nuances of each culture—from receipts and letters to myths and legends. And the access to those documents comes only through the basic work of deciphering scripts, conjugating verbs, untangling syntax, and mastering vocabulary.

Ancient Language Resources brings together some of the most significant reference works for the study of ancient languages, including grammars, dictionaries, and related materials. While most of the volumes will be reprints of classic works, we also intend to include new publications. The linguistic circle is widely drawn, encompassing Egyptian, Sumerian, Akkadian, Ugaritic, Phoenician, Hattic, Hittite (Nesite), Hurrian, Hebrew, Aramaic, Syriac, Ethiopic, Arabic, Greek, Coptic, Latin, Mandaean, Armenian, and Gothic. It is the hope of the publishers that this will continue to encourage study of the ancient languages and keep the work of groundbreaking scholars accessible.

—K. C. Hanson
Series Editor

Foreword

It is unfortunate the Robert Payne Smith did not live to see the completion of his magisterial *Thesaurus Syriacus*, a giant two-volume work. He got volume 1 to press in 1879; but volume 2 was completed in 1901 by his daughter, Jessie (herself an accomplished Syriac scholar), and her husband, David S. Margoliouth. A year after the two-volume work was completed, Jessie also published *A Compendius Syriac Dictionary* (1902), which is an abridgment of the two-volume work, as well as providing definitions in English rather than Latin. Twenty-five years later, Jessie produced the present volume, incorporating updates from both her father's research, as well as her own. She enumerates the sources for these supplements in the Preface.

Robert Payne Smith was a renowned Semitist as well as churchman. Born on November 7, 1818, in Chipping Campden, Gloucestershire, England, his parents were Robert Smith and Esther Argles Payne. He was taught Hebrew by his oldest sister, Esther. He attended Pembroke College, Oxford, studying Classics and graduating in 1841. He was awarded the Boden Sanskrit scholarship in 1840 and the Pusey and Ellerton Hebrew scholarship in 1843. In 1843 he was also ordained deacon and ordained priest in 1844.

Payne Smith was appointed Regius Professor of Divinity at Oxford University and held that position from 1865 to 1871; this appointment included being named Canon of Christ Church Cathedral, Oxford. He delivered the Bampton Lectures in 1869 on the topic "Prophecy, A Preparation for Christ." From 1870 to 1885 he was a member the ecumenical Old Testament Revision Committee, whose work resulted in the English Revised Version of 1881. He was appointed Dean of Canterbury Cathedral by Queen Victoria (recommended by Prime Minister William Gladstone), a post he held from 1871 until his death.

—K. C. Hanson

Select Bibliography

I. Syriac Grammar and Lexicography

Avinery, Iddo. "Notes on Ordinals versus Cardinals in Syriac." *Israel Oriental Studies* 5 (1975) 45–46.

Blau, Joshua. "The Origins of Open and Closed 'e' in Proto-Syriac." *Bulletin of the School of Oriental and African Studies* 32.1 (1969) 1–9.

Boyd, Jesse L. III. "The Development of the West Semitic Qal Perfect of the Double-'ayin Verb with Particular Reference to Its Transmission into Syriac." *Journal of Northwest Semitic Languages* 19 (1982) 11–23.

Brock, Sebastian P. "Syriac Lexicography: Reflections on Resources and Sources." *Aramaic Studies* 1.2 (2003) 165–78.

———. "Syriac Lexicography: Reflections on Resources and Sources." In *Foundations for Syriac Lexicography I: Colloquia of the International Syriac Language Project,* edited by A. Dean Forbes et al., 195–208. Perspectives on Syriac Linguistics 1. Piscataway, NJ: Gorgias, 2005.

Dyk, Janet W. "Desiderata for the Lexicon from a Syntactic Point of View." In *Foundations for Syriac Lexicography I: Colloquia of the International Syriac Language Project,* edited by A. Dean Forbes et al., 141–56. Perspectives on Syriac Linguistics 1. Piscataway, NJ: Gorgias, 2005.

Falla, Terry C. "A New Methodology for Grammatical Classification in Hebrew and Syriac Lexicography." In *Hamlet on a Hill: Semitic and Greek Studies Presented to Professor T. Muraoka on the Occasion of His Sixty-Fifth Birthday,* edited by M. F. J. Baasten and W. T. van Peursen, 165–90. Leuven: Peeters, 2003.

———. "A Conceptual Framework for a New Comprehensive Syriac-English Lexicon." In *Foundations for Syriac Lexicography I: Colloquia of the International Syriac Language Project,* edited by A. Dean Forbes et al., 1–80. Perspectives on Syriac Linguistics 1. Piscataway, NJ: Gorgias, 2005.

Fassberg, Steven Ellis. "Is *pael* an Intensive/plural Form of *peal* in Syriac?" *Journal asiatique* 287 (1999) 395–431.

Forbes, A. Dean. "Squishes, Clines, and Fuzzy Signs: Mixed and Gradient Categories in the Biblical Hebrew Lexicon." In *Foundations for Syriac Lexicography I: Colloquia of the International Syriac Language Project,* edited by A. Dean Forbes et al., 105–40. Perspectives on Syriac Linguistics 1. Piscataway, NJ: Gorgias, 2005.

Forbes, A. Dean, David G. K. Taylor, and Beryl Turner, editors. *Foundations for Syriac Lexicography I: Colloquia of the International Syriac Language Project.* Perspectives on Syriac Linguistics 1. Piscataway, NJ: Gorgias, 2005.

Goldenberg, Gideon. "On Syriac Sentence Structure." In *Arameans, Aramaic, and the Aramaic Literary Tradition,* edited by Michael Sokoloff, 97–140. Bar-Ilan Studies in Near Eastern Languages and Culture. Ramat-Gan: Bar-Ilan University Press, 1983.

Henderson, E. *Syriac New Testament and Lexicon Syriacum.* 1836. Reprinted, Eugene, OR: Wipf & Stock, 2004.

Jennings, William. *Lexicon to the Syriac New Testament.* 1926. Reprinted, Ancient Language Resources. Eugene, OR: Wipf & Stock, 2001.

Joosten, Jan. "West Aramaic Elements in the Old Syriac and Peshitta Gospels." *Journal of Biblical Literature* 110 (1991) 271–89.

———. "Biblical Hebrew *weqatal* and Syriac *hwa qatel* Expressing Repetition in the Past." *Zeitschrift für Althebräistik* 5 (1992) 1–14.

———. "The Negation of the Non-verbal Clause in Early Syriac." *Journal of the American Oriental Society* 112 (1992) 584–88.

———. "Two West Aramaic Elements in the Old Syriac and Peshitta Gospels." *Biblische Notizen* 61 (1992) 17–21.

———. "On Ante-position of the Attributive Adjective in Classical Syriac and Biblical Hebrew." *Zeitschrift für Althebräistik* 6 (1993) 188–92.

Juckel, Andreas. "Should the Heraklean Version Be Included in a Future Lexicon of the Syriac New Testament?" In *Foundations for Syriac Lexicography I: Colloquia of the International Syriac Language Project,* edited by A. Dean Forbes et al., 167–94. Perspectives on Syriac Linguistics 1. Piscataway, NJ: Gorgias, 2005.

Kiraz, George A. "Computing the Syriac Lexicon: Historical Notes and Considerations for Future Implementation." In *Foundations for Syriac Lexicography I: Colloquia of the International Syriac Language Project,* edited by A. Dean Forbes et al., 93–104. Perspectives on Syriac Linguistics 1. Piscataway, NJ: Gorgias, 2005.

Knibb, Michael A. "Hebrew and Syriac Elements in the Ethiopic Version of Ezekiel?" *Journal of Semitic Studies* 33 (1988) 11–35.

Köbert, Raimund. "Heisst syr. 'hasqbol duplex'?" *Biblica* 67 (1986) 555–56.

Muraoka, Takamitsu. "On the Classical Syriac Particles for 'between.'" *Etudes semitiques et samaritaines offertes à Jean Margain,* edited by Christian-Bernard Amphoux et al., 135–42. Lausanne: Zèbre, 1998.

Nestle, Eberhard. *Syriac Grammar with Bibliography, Chrstomathy and Glossary.* Translated by R. S. Keneddy. 2nd ed. 1889. Reprinted, Ancient Language Resources. Eugene, OR: Wipf & Stock, 2002.

Noeldeke, Theodor. *Compendius Syriac Grammar.* Translated by James A. Crichton. 1904. Reprinted, Ancient Language Resources. Eugene, OR: Wipf & Stock, 2003.

Payne Smith, Jessie. *A Compendius Syriac Dictionary.* 1902. Reprinted, Ancient Language Resources. Eugene, OR: Wipf & Stock, 1999.

Peursen, W. T. van. "Morphosyntactic and Syntactic Issues in the Syriac Text of I Kings 1." In *Bible and Computer: The Stellenbosch AIBI-6 Conference. Proceedings of the Association Internationale Bible et Informatique "From Alpha to Byte," University of Stellenbosch, 17–21 July 2000,* edited by Johann Cook, 99–112. Leiden: Brill, 2002.

Robinson, T. H. *Paradigms and Exercises in Syriac Grammar.* 5th ed. Revised by J. F. Coakley. Oxford: Oxford University Press, 2002.

Rogland, Max. "Performative Utterances in Classical Syriac." *Journal of Semitic Studies* 46 (2001) 243–50.

Rundgren, Frithiof. "On Loan Translation in Daniel: Old Syriac *daxsa.*" *Orientalia Suecana* 40 (1992) 220–25.

———. "On Old Syriac *nisa* and *nessa nisa, signum* (Aramaica VI)." *Jerusalem Studies in Arabic and Islam* 15 (1992) 55–59.

Salvasen, Alison. "The User versus the Lexicographer: Practical and Scientific Issues in Creating Entries." In *Foundations for Syriac Lexicography I: Colloquia of the International Syriac Language Project,* edited by A. Dean Forbes et al., 81–92. Perspectives on Syriac Linguistics 1. Piscataway, NJ: Gorgias, 2005.

Weitzman, Michael P. "Lexical Clues to the Composition of the Old Testament Peshitta." In *Studia Aramaica,* edited by M. J. Geller et al., 217–47. Journal of Semitic Studies Supplements 4. Oxford: Oxford University Press, 1995.

Williams, Peter J. "On Matching Syriac Words with Their Greek *Vorlage.*" In *Foundations for Syriac Lexicography I: Colloquia of the International Syriac Language Project,* edited by A. Dean Forbes et al., 157–66. Perspectives on Syriac Linguistics 1. Piscataway, NJ: Gorgias, 2005.

II. Syriac Manuscripts, Texts, and Traditions

Baarda, Tjitze. "A 'hexaplaric' Rubric in Psalm 72 in an Early Syriac Manuscript (VK 0631)." *Journal for the Aramaic Bible* 2 (2000) 3–13.

Boer, P. A. H. de. "Towards an Edition of the Syriac Version of the Old Testament." *Vetus Testamentum* 31 (1981) 346–57.

Brock, Sebastian P. "A Fragment of Enoch in Syriac." *Journal of Theological Studies* 19 (1968) 626–31.

———. "A Piece of Wisdom Literature in Syriac." *Journal of Semitic Studies* 13 (1968) 212–17.

———. "Abraham and the Ravens: A Syriac Counterpart for *Jubilees* 1–12 and Its Implications." *Journal for the Study of Judaism* 9 (1978) 135–52.

———. "Jewish Traditions in Syriac Sources." *Journal of Jewish Studies* 30 (1979) 212–32.

———. "An Anonymous Homily on Abraham (Gen. 22)." *Orientalia Lovaniensia Periodica* 12 (1981) 225–60.

———. "Two Syriac Verse Homilies on the Binding of Isaac." *Le Muséon* 99 (1986) 61–129.

———. "A Palestinian Targum Feature in Syriac." *Journal of Jewish Studies* 46 (1995) 271–82.

———. "Two Syriac Dialogue Poems on Abel and Cain." *Le Muséon* 113 (2000) 333–75.

———. "Text Divisions in the Syriac Translations of Isaiah." In *Biblical Hebrew, Biblical Texts: Essays in Memory of Michael P. Weitzman*, edited by Ada Rapaport-Albert and Gillian Greenberg, 200–221. Journal for the Study of the Old Testament Supplements 333. London: Sheffield Academic, 2001.

———. *Introduction to Syriac Studies.* Rev. ed. Gorgias Handbooks 4. Piscataway, NJ: Gorgias, 2006.

Coakley, J. F. "A Catalogue of the Syriac Manuscripts in the John Rylands Library." *Bulletin of the John Rylands Library* 75 (1993) 105–207.

———. *The Typography of Syriac: A Historical Catalogue of Printing Types, 1537–1958.* New Castle, DE: Oak Knoll, 2006.

Cook, Johann. "Syriac Studies in South Africa." *ARAM* 5.1-2 (1993) 101–14.

———. "Are the Syriac and Greek Versions of the *'ishah zarah* (Prov 1 to 9) Identical?" On the Relationship between the Peshitta and the Septuagint)." *Textus* 17 (1994) 117–32.

Cureton, William. *Ancient Syriac Documents.* 1864. Reprinted, Eugene, OR: Wipf & Stock, 2004.

———. *An Ancient Colophon: A Memoir.* Edited by J. F. Coakley. Oxford: Jericho, 1999.

Dirksen, P. B. *An Annotated bibliography of the Peshitta of the Old Testament.* Monographs of the Peshitta Institute, Leiden 5. Leiden: Brill, 1989.

———. *The Transmission of the Text in the Peshitta Manuscripts of the Book of Judges.* Monographs of the Peshitta Institute, Leiden 1. Leiden: Brill, 1972.

Dirksen, P. B., and A. van der Kooij, editors. *The Peshitta as a Translation: Papers Read at the II Peshitta Symposium, Held at Leiden, 19–21 August 1993.* Monographs of the Peshitta Institute, Leiden 8. Leiden: Brill, 1995.

Dirksen, P. B., and M. J. Mulder, editors. *The Peshitta: Its Early Text and History. Papers Read at the Peshitta Symposium, Held at Leiden, 30–31 August 1985.* Monographs of the Peshitta Institute, Leiden 4. Leiden: Brill, 1988.

Drijvers, Han Jan Willem, "Early Syriac Christianity: Some Recent Publications." *Vigiliae Christianae* 50 (1996) 159–77.

Drijvers, Jan Willem. "The Syriac Julian Romance: Aspects of the Jewish-Christian Controversy in Late Antiquity." In *All those Nations ... Cultural Encounters within and with the Near East: Studies presented to Han Drijvers at the Occasion of His Sixty-fifth Birthday,* edited by H. L. J. Vanstiphout et al., 31–42. Groningen: Styx, 1999.

Eshel, Hanan. "4Q448, Psalms 154 (Syriac), Sirach 48:20, and 4QpIsa(a)." *Journal of Biblical Literature* 119 (2000) 645–59.

Ford, James Nathan. "Two Syriac Terms relating to Ophthalmology and Their Cognates." *Journal of Semitic Studies* 47 (2002) 23–38.

Geller, M. J. "Two Incantation Bowls Inscribed in Syriac and Aramaic." *Bulletin of the School of Oriental and African Studies* 39 (1976) 422–27.

SELECT BIBLIOGRAPHY

Goldenberg, Gideon. "Biblical Translations and Syriac Idiom." In *The Peshitta as a Translation: Papers Read at the II Peshitta Symposium, Held at Leiden, 19–21 August 1993,* edited by P. B. Dirksen and A. van der Kooij, 25–39. Monographs of the Peshitta Institute, Leiden 8. Leiden: Brill, 1995.

Gordon, Robert P. "Inner-Syriac Corruptions." *Journal of Theological Studies* 22 (1971) 502–4.

———. "The Syriac Old Testament: Provenance, Perspective and Translation Technique." In *The Interpretation of the Bible: The Symposium in Slovenia,* edited by Joze Krasovec, 355–69. Journal for the Study of the Old Testament Supplements 229. Sheffield: Sheffield Academic, 1998.

Goshen-Gottstein, M. H. "Exercises in Semitic Linguistics I: Classical Syriac." *Jerusalem Studies in Arabic and Islam* 12 (1989) 233–42.

Greenberg, Gillian. *Translation Technique in the Peshitta to Jeremiah.* Monographs of the Peshitta Institute, Leiden 13. Leiden: Brill, 2002.

Haar Romeny, R. Bas ter. "The Hebrew and the Greek as Alternatives to the Syriac Version in Iso'dad's Commentary on the Psalms." In *Biblical Hebrew, Biblical Texts: Essays in Memory of Michael P. Weitzman,* edited by Ada Rapaport-Albert and Gillian Greenberg, 431–56. JSOT Supplement Series 333. London: Sheffield Academic, 2001.

———, editor. *The Peshitta: Its Uses in Literature and Liturgy: Papers Read at the Third Peshitta Symposium.* Monographs of the Peshitta Institute, Leiden 15. Leiden: Brill, 2006.

———. "Techniques of Translation and Transmission in the Earliest Text Forms of the Syriac Version of Genesis." *The Peshitta as a Translation: Papers Read at the II Peshitta Symposium, Held at Leiden, 19–21 August 1993,* edited by P. B. Dirksen and A. van der Kooij, 177–85. Monographs of the Peshitta Institute, Leiden 8. Leiden: Brill, 1995.

Halloun, M. "Two Syriac Inscriptions." *Liber Annuus* 38 (1988) 271–75.

Harrak, Amir. "Tales about Sennacherib: The Contribution of the Syriac Sources." In *The World of the Aramaeans,* edited by P. M. Michele Daviau et al., vol. 3, 168–89. Journal for the Study of the Old Testament Supplements 326. Sheffield: Sheffield Academic, 2001.

Healey, John F. "Syriac *nsr,* Ugaritic *nsr,* Hebrew *nsr* II, Akkadian *nsr* II." *Vetus Testamentum* 26 (1976) 429–37.

———. "A Note on Syriac and Hebrew Manuscripts in Iraq." *Bulletin of the School of Oriental and African Studies* 43 (1980) 576–78.

Jacques, A. "A Palestinian-Syriac Inscription in the Mosaic Pavement at 'Evron." *Eretz-Israel* 19 (1987) 54–56.

Jansma, T. "Ephraem's Commentary on Exodus: Some Remarks on the Syriac Text and the Latin Translation." *Journal of Semitic Studies* 17 (1972) 203–12.

Jenkins, R. G. "The Syriac Versions of Isaiah." In *La Septuaginta en la investigacion contemporenea,* edited by Natilio Fernandez Marcos, 199–212. Madrid: Instituto "Arias Montano," C.S.I.C.,1985.

Jenner, Konrad Dirk. "A Review of the Methods by which Syriac Biblical and Related Manuscripts Have Been Described and Analysed: Some Preliminary Remarks." *ARAM* 5.1–2 (1993) 255–66.

———. "CALAP and Its Relevance for the Translation and Interpretation of the Syriac Bible: The Presentation of a Research Programme on the Computer Assisted Linguistic Analysis of the Peshitta." In *Bible and Computer: The Stellenbosch AIBI-6 Conference. Proceedings of the Association Internationale Bible et Informatique "From Alpha to Byte," University of Stellenbosch, 17–21 July 2000,* edited by Johann Cook, 681–99. Leiden: Brill, 2002.

Juusola, Hannu. "Who Wrote the Syriac Incantation Bowls? *Studia Orientalia* 85 (1999) 75–92.

Laato, Antti. "The Apocalypse of the Syriac Baruch and the Date of the End." *Journal for the Study of the Pseudepigrapha* 18 (1998) 39–46.

Lane, David J. *The Peshitta of Leviticus.* Monographs of the Peshitta Institute, Leiden 6. Leiden: Brill, 1994.

Lehmann, Henning J. "The Syriac Translation of the Old Testament: As Evidenced around the Middle of the Fourth Century (in Eusebius of Emesa." *Scandanavian Journal of the Old Testament* 1 (1987) 66–86.

Levene, Abraham. "The Blessings of Jacob in Syriac and Rabbinic Exegesis." *Studia Patristica* 7 (1966) 524–30.

Levine, Etan. "The Syriac Version of Gen. 4,1–16." *Vetus Testamentum* 26 (1976) 70–78.

Lewis, Agnes Smith. *Codex Climaci Rescriptus.* 1909. Reprinted, Eugene, OR: Wipf & Stock, 2004.

———. *Light on the Four Gospels from the Sinai Palimpsest.* 1913. Reprinted, Eugene, OR: Wipf & Stock, 2005.

McHardy, W. D. "Cambridge Syriac Fragment XXVI." In *Biblical Studies: Essays in Honor of William Barclay,* edited by Johnston R. McKay and James F. Miller, 194–98. Philadelphia: Westminster, 1976.

Moller, Garth I. "Towards a New Typology of the Syriac Manuscript Alphabet." *Journal of Northwest Semitic Languages* 14 (1988) 153–97.

Morrison, Craig E. *The Character of the Syriac Version of the First Book of Samuel.* Monographs of the Peshitta Institute, Leiden 11. Leiden: Brill, 2001.

Murphy, Frederick J. "The Temple in the Syriac Apocalypse of Baruch." *Journal of Biblical Literature* 106 (1987) 671–83.

Murray, Robert. "Aramaic and Syriac Dispute-Poems and Their Connections." In *Studia Aramaica,* edited by M. J. Geller et al., 157–87. Journal of Semitic Studies Supplements 4. Oxford: Oxford University Press, 1995.

Owens, Robert J. Jr. "Aphrahat as a Witness to the Early Syriac Text of Leviticus." In *The Peshitta: Its Early Text and History,* edited by P. B. Dirksen and M. J. Mulder, 1–48. Monographs of the Peshitta Institute, Leiden 4. Leiden: Brill, 1988.

———. "The Early Syriac Text of Ben Sira in the Demonstrations of Aphrahat." *Journal of Semitic Studies* 34 (1989) 39–75.

———. *The Genesis and Exodus Citations of Aphrahat the Persian Sage.* Monographs of the Peshitta Institute, Leiden 3. Leiden: Brill, 1983.

Peursen, W. Th. van, and R. B. ter Haar Romeny, editors. *Text Translation, and Tradition: Studies on the Peshitta and Its Use in the Syriac Tradition Presented to Konrad D. Jenner on the Occasion of His Sixty-fifth Birthday.* Monographs of the Peshitta Institute, Leiden 14. Leiden: Brill, 2006.

Pusey, Philip Edward, and George Henry Gwilliam, editors. *Tetraeuangelium Sanctum.* 1901. Reprinted, Eugene, OR: Wipf & Stock, 2004.

Rompay, Lucas van. "Memories of Paradise: The Greek 'Life of Adam and Eve' and Early Syriac Tradition." *ARAM* 5.1–2 (1993) 555–70.

———. "The Christian Syriac Tradition of Interpretation." In *Hebrew Bible/Old Testament: The History of Its Interpretation,* vol. I,1, edited by Magne Saebo, 612–41. Göttingen: Vandenhoeck & Ruprecht, 1996.

———. "Antiochene Biblical Interpretation: Greek and Syriac." In *The Book of Genesis in Jewish and Oriental Christian Interpretation,* edited by Judith Frishman and Lucas Van Rompay, 103–23. Traditio Exegetica Graeca 5. Leuven: Peeters, 1997.

Rouwhorst, Gerard A. M. "Jewish Liturgical Traditions in Early Syriac Christianity." *Vigiliae Christianae* 51 (1997) 72–93.

Running, Leona Glidden. "An Investigation of the Syriac Version of Isaiah II–III." *Andrews University Seminary Studies* 4 (1966) 37–64; 135–48.

———. "Syriac Variants in Isaiah 26." *Andrews University Seminary Studies* 5 (1967) 46–58.

———. "A Study of the Relationship of the Syriac Version to the Massoretic Hebrew, Targum Jonathan, and Septuagint Texts in Jeremiah 18." In *Biblical and Related Studies Presented to Samuel Iwry,* edited by Ann Kort and Scott Morschauser, 227–35. Winona Lake, Ind.: Eisenbrauns, 1985.

Saley, Richard J. *The Samuel Manuscript of Jacob of Edessa: A Study of Its Underlying Textual Traditions.* Monographs of the Peshitta Institute, Leiden 9. Leiden: Brill, 1998.

Salvesen, Alison. *The Books of Samuel in the Syriac Version of Jacob of Edessa.* Monographs of the Peshitta Institute, Leiden 10. Leiden: Brill, 1999.

Shaked, Shaul. "Manichaean Incantation Bowls in Syriac." *Jerusalem Studies in Arabic and Isalm* 24 (2000) 58–92.

Simms-Williams, Nicholas. "Syro-Sogdica III: Syriac Elements in Sogdian." *Acta Iranica* 28 (1988) 145–56.

Skehan, Patrick W. "Again the Syriac Apocryphal Psalms." *Catholic Biblical Quarterly* 38 (1976) 143–58.

Strousma, Sarah. "The Impact of Syriac Tradition on Early Judaeo-Arabic Bible Exegesis." *ARAM* 3.1–2 (1991) 83–96.

Taylor, Richard A. *The Peshitta of Daniel*. Monographs of the Peshitta Institute, Leiden 7. Leiden: Brill, 1994.

———. "The Syriac Old Testament in Recent Research." *Journal of the Aramaic Bible* 1 (2000) 119–39.

Van Rooy, Harry F. "The Hebrew and Syriac Versions of Psalms 154." *Journal for Semitics* 5 (1993) 97–109.

———. "The Origin of the Syriac Apocryphal Psalm 153." *Journal for Semitics* 6 (1994) 192–200.

———. "The Textual Traditions and Origin of the Syriac Apocryphal Psalm 152." *Journal of Northwest Semitic Languages* 21 (1995) 93–104.

———. "Psalm 154:14 and the Relation between the Hebrew and Syriac Versions of Psalm 154." *Journal of Biblical Literature* 116 (1997) 321–24.

———. "The Marginal Notes to the Syriac Apocryphal Psalms in Manuscript 12T4." *Vetus Testamentum* 48 (1998) 542–54.

———. "A Second Version of the Syriac Psalm 151." *Old Testament Essays* 11 (1998) 567–81.

———. "The 'Hebrew' Psalm Headings in the Syriac Manuscript 12T4." *Journal of Northwest Semitic Languages* 25 (1999) 225–37.

———. "Psalm 151 in Three Syriac Psalm Commentaries." *Zeitschrift für die alttestamentliche Wissenschaft* 112 (2000) 612–23.

———. "Towards a Critical Edition of the Headings of the Psalms in the Different Syriac Traditions." In *Bible and Computer: The Stellenbosch AIBI-6 Conference. Proceedings of the Association Internationale Bible et Informatique "From Alpha to Byte," University of Stellenbosch, 17–21 July 2000*, edited by Johann Cook, 545–54. Leiden: Brill, 2002.

———. "The Headings of the Psalms in the Two Syriac Versions of the Commentary of Athanasius." *Old Testament Essays* 17 (2004) 659–77.

———. "The Psalms in Early Syriac Tradition." In *The Book of Psalms: Composition and Reception*, edited by Peter W. Flint and Patrick D. Miller, 537–50. Vetus Testamentum Supplements 99. Leiden: Brill, 2005.

Visotzky, Burton L. "Three Syriac Cruxes." *Journal of Jewish Studies* 42 (1991) 167–75.

Weitzman, Michael P. "From Judaism to Christianity: The Syriac Version of the Hebrew Bible." In *The Jews among Pagans and Christians: In the Roman Empire*, edited by Judith Lieu et al., 147–73. London: Routledge, 1994.

———. "The Interpretative Character of the Syriac Old Testament." In *Hebrew Bible/Old Testament: The History of Its Interpretation*, edited by Magne Saebo, vol. I,1, 587–611. Göttingen: Vandenhoeck & Ruprecht, 1996.

———. "Hebrew and Syriac Texts of the Book of Job." In *Congress Volume: Cambridge, 1995*, edited by J. A. Emerton, 381–99. Vetus Testamentum Supplement 66. Leiden: Brill, 1997.

Williams, Peter J. *Studies in the Syntax of the Peshitta of 1 Kings*. Monographs of the Peshitta Institute, Leiden 12. Leiden: Brill, 2001.

Winter, Michael M. *A Concordance to the Peshitta Version of Ben Sira*. Monographs of the Peshitta Institute, Leiden 2. Leiden: Brill, 1976.

———. "The Origins of Ben Sira in Syriac." *Vetus Testamentum* 27 (1977) 237–53; 494–507.

Witakowski, Witold. "The Division of the Earth between the Descendants of Noah in Syriac Tradition." *ARAM* 5.1-2 (1993) 635–56.

Yamauchi, Edwin M. "Greek, Hebrew, Aramaic or Syriac? A Critique of the Claims of G. M. Lamsa for the Syriac Peshitta." *Bibliotheca Sacra* 131 (1974) 320–31.

ܣܘܢܘܕܝܩܐ ܕܥܘܬܪܐ ܕܡܟܣܝܡܘܣ ܀
ܘܒܥܠܕܒܒܐ ܕܪܘܚܐ ܗܘ ܡܢ ܐܠܗܐ ܠܐ ܡܬܕܟܐ
܀ ܕܝܠܗ ܕܟܠܐ ܣܢܝܩܐ ܀

PREFACE

NEITHER a thesaurus nor its supplement can be final, even when of a dead language; MSS re-appear; new or insufficiently treated words come to light; new theories of interpretation arise.

Except in a few cases I have omitted (*a*) notes on the native Lexica, as students now have M. Rubens Duval's edition of Bar Bahlul with his full and scholarly notes; (*b*) dialects, such as Palestinian Syriac and Modern Syriac, on which full information is now accessible.

The following book is compiled (*a*) from collections, left by my father for this purpose, of words from books published too late for use in the earlier parts of his work; (*b*) from corrections and lexicographical theories in magazines, such as the *Journal Asiatique* and the *Zeitschrift der Deutschen Morgenländischen Gesellschaft*; (*c*) from glossaries and separate words noted by many editors of Syriac MSS, e. g. Dr. Wright's glossary to *Kalilah-w-Dimnah*; Dr. G. Hoffmann's invaluable geographical study on Acts of the Martyrs; the notes of M. Chabot in his *Recueil de Synodes Nestoriens*; the full and valuable footnotes to Sir E. A. Wallis Budge's *Historia Monastica*; (*d*) from notes kindly given to me by various scholars, such as those of Bishop Maclean on liturgical and ritual matters: and from references supplied by Messrs. E. W. Brooks, F. Nau, R. Gottheil, and A. Mingana. Of especial value are the references from M. Rubens Duval's copy of the Thesaurus, acquired after his lamented death by M. l'Abbé Hyvernat, who most kindly sent this copy for my use before adding it to his library. (*e*) Naturally I have excerpted various books, aided by my husband, who has been my constant referee throughout. Sir E. A. W. Budge allowed me the use of his fine MS., the Butyrum Sapientiae of Bar Hebraeus, still unpublished, and of his Book of Medicine before publication.

My thanks are due to the Delegates of the Clarendon Press for allowing the publication of this supplemental volume. Warm thanks are also due to the past and present readers and compositors of the Press for their great interest, skill, and attention, especially to Mr. Ulric Gantillon for many a scholarly suggestion. Dr. A. Mingana has had the kindness to read proofs and make invaluable corrections and suggestions.

My father's constant desire, in which I associate myself, is that the present wider study of the Syriac language may result in increased attention to versions of Holy Scripture in this language, especially to Mrs. Lewis's valuable discovery, in the Convent Library of Mount Sinai, of a more ancient version of the Gospels than the Peshito, itself existing in older MSS than any Greek text.

JESSIE PAYNE MARGOLIOUTH.

OXFORD, *June*, 1927.

ABBREVIATIONS OF BOOKS QUOTED

Act. Apos. Apoc.	Apocryphal Acts of the Apostles, ed. W. Wright. London, 1871.
Ahikar	The Story of Ahikar from the Syriac, Arabic, Armenian, Ethiopic, Greek, and Slavonic versions, ed. F. C. Conybeare, J. Rendel Harris, and Agnes Smith Lewis. London, 1898.
Ahrens & Krüger	Die sogenannte Kirchengeschichte des Zacharias Rhetor. K. Ahrens, G. Krüger. Leipzig, 1899.
AKGW.	Abhandlungen der Königlichen Gesellschaft der Wissenschaften. Göttingen.
Al'ykham	Al'ykham seu Linguae et Artis Metricae Syrorum Institutiones. P. Gabriel Cardahi. Rome, 1880.
Alexis.	La Légende Syriaque de St. Alexis, ed. A. Amiaud. Paris, 1889.
Alex.-Lied.	Das Syrische Alexanderlied, ed. C. Hunnius. ZDMG. lx. 169.
A.M.B.	Acta Martyrum et Sanctorum, ed. P. Bedjan. i–vii. Paris, 1890–7.
Amél. or Amélineau	La Géographie de l'Égypte à l'époque Copte. E. Amélineau. Paris, 1893.
An. Syr.	Analecta Syriaca, ed. P. de Lagarde. Leipzig, 1858.
Anecd. Syr.	Anecdota Syriaca, ed. J. P. N. Land. Leyden, 1862–75.
Ant. Patr.	Eine Syrische Liste Antiochenischer Patriarchen. Bruno Meissner, WZKM. viii. 404, 1894.
Aphr.	The Homilies of Aphraates, ed. W. Wright, London, 1869. Syriac paging refers to this edition; Arabic numerals to D. I. Parisot's edition, Patr. Syr. i. 1894.
Apis	The Book of the Bee, ed. E. A. Wallis Budge. Oxford, 1886.
Apollinarist.	Apollinaristische Schriften, ed. J. Flemming & H. Liebmann. Berlin, 1904.
Arist. Cat.	The Categories of Aristotle. Brit. Mus. Add. 14658.
Arist. Apol.	The Apology of Aristides, ed. J. Rendel Harris. Cambridge, 1891.
Ar.PflnN.	Aramäische Pflanzennamen von Imm. Löw. Leipzig, 1881.
Ar.FischN.	Aramäische Fischnamen. Von I. Löw in Nöld. F. S.
Azazail	Histoire de S. Azazail. Paris, 1902. Bibl. de l'École des Hautes Études, fasc. 141.
BA.	Bar Ali, quoted Thes. Syr. passim. See Lexx. Cod. Goth. id. from a MS. at Gotha, ed. G. Hoffmann. Kiel, 1874.
Babai	Babai Senior, Archimandrita. C. S. Xt. Or. Série ii, tt. 61, 62.
Bahira	A Christian Bahira Legend. R. Gottheil, ZA. xiii.
Badger, Nestorians	The Nestorians and their Rituals, by Rev. G. P. Badger. London, 1852.
Bar Ce.	Moyses Bar Kepha. C. S. Xt. Or. Série ii, tt. 77–82.
Bar Choni or Khoni	Theodore b. Choni. See Cosmog. Manichéenne; also quoted in Pognon's Hippoc. q. v.
Barhad.	Mar Barhadbšabba d'Arbaya, Évêque de Halwan. Cause de la Fondation des Écoles, ed. Mar Addai Scher, Patr. Or. t. iv. fasc. 4.

ABBREVIATIONS OF BOOKS QUOTED

Bar Penk.	Bar Penkayé: Sources Syriaques, Vol. i, ed. A. Mingana. Mosul, 1906.
Bar Sal. in Lit.	Dionysius Bar Salibi. Expositio Liturgiae, C. S. Xt. Or. Sér. ii, t. 93.
B. or Bar Sud.	Stephen Bar Sudaili, the Syrian Mystic, ed. A. L. Frothingham. Leyden, 1886.
Batt. Const.	Omelia di Giacomo di Sarug sul Battesimo di Constantino Imperatore, ed. A. Frothingham, R.A.L. cclxxix. Rome, 1882.
BB.	Bar-Bahlul: see Lexx. DBB. id., ed. Rubens Duval. Paris, 1888–1901.
BH.	Gregorius Bar-Hebraeus.
BH. Carm.	Carmina ed. Scebabi. Rome, 1877.
BH. Col.	Liber Columbae, ed. G. Cardahi. Rome, 1898.
BH. Chron.	Chronicon Syriacum, ed. P. Bedjan. Paris, 1890.
BH. Chron. Eccl.	Chronicon Ecclesiasticum, ed. J. B. Abbeloos & T. J. Lamy. Louvain, 1872.
BH. Eth.	Ethicon seu Moralia, ed. P. Bedjan. Paris, 1898.
BH. in —	Des Gregorius Abulfarag Anmerkungen zu den Salomonischen Schriften, A. Rahlfs, Leipzig, 1887; Scholia in Ruth & Apoc. Danielis, ed. A. Heppner, 1888; in Epistulas Paulinas, Maximilianus Loehr, 1889; in Leviticum, G. Kerber, 1895.
BH. Gram.	Œuvres Grammaticales d' Abou'l Faradj dit Bar Hebreus, ed. l'Abbé Martin. Paris, 1872.
BH. Nom.	Nomocanon, ed. P. Bedjan. Paris, 1898.
BH. de Pl.	A List of Plants and their Properties. From the Menarat Kudhse of Bar Ebhraya, ed. R. J. H. Gottheil.
BH. de Sap.	Carmen de Divina Sapientia. Rome, 1880.
BH. Stories	The Laughable Stories collected by Bar-Hebraeus, ed. E. A. Wallis Budge. Luzac's Semitic Text and Translation Series. Vol. i.
B. Nin.	Rogation of the Ninevites. Press of the Archbishop's Assyrian Mission. Urmi, 1896.
Book of Shem	Some Early Judaeo-Christian Documents in the John Rylands Library. A. Mingana. Bulletin of the above Library, Vol. iv. 1917.
Brev. Ant. Syr.	Breviarium juxta Ritum Ecclesiae Antiochenae Syrorum tt. i.–iii. Mosul, 1886.
Brev. Chald.	Breviarium Chaldaicum, ed. P. Bedjan i–iii. Paris, 1888.
Brev. Chald., Maclean	A MS. copy of the same, references supplied by Bp. Maclean.
Brief Xti	Der vom Himmel gefallene Brief Christi. Max Bittner. Vienna, 1906.
Brit. Mus. Or.	British Museum Oriental MSS. No. 1593 is a MS. of Chimie, q. v.
Brook's Chron.	A Syriac Chronicle of the year 846, ed. E. W. Brooks, ZDMG. li.
Brook's Chron. Can.	The Chronological Canon of James of Edessa, ZDMG. liii.
But. Sap.	BH. Butyrum Sapientiae: MS. belonging to Sir E. A. Wallis Budge containing Economica, Ethicon, Isagoge, Logica, Nat. Hist., Peri Hermenias, Philosophia, Politica, Theologia.
Byz. Zt.	Byzantiner Zeitschrift, ed. Karl Krumbacher, Leipzig.
Can. J. Tell.	Canones Johannis bar Cursus, Tellae Mauzalat Episcopus, ed. C. Kubercyk. Leyden, 1901.
Card. Thes.	i. q. Poet. Syr. q. v.
Catholicos	The Catholicos of the East and His People, by A. J. Maclean and W. H. Browne. S.P.C.K. 1892.

ABBREVIATIONS OF BOOKS QUOTED

Cat. Cod. Syr.	Catalogue of Syriac MSS. in the Bodleian Library. R. Payne Smith, Oxford, 1865.
Caus. Caus.	Das Buch von der Erkenntniss der Wahrheit oder der Ursache aller Ursachen. C. Kayser. Leipzig, 1889.
C.B.M.	Catalogue of Syriac MSS. in the British Museum. W. Wright. London, 1870.
Charms	i. q. Protection, q. v. Also Congr. Or. xi, sect. 4. Paris, 1898.
Chast.	Le Livre de la Chasteté par Jésusdenah Évêque de Baçrah, ed. J.-B. Chabot. Rome, 1896.
Chimie	L'Alchimie Syriaque, t. ii, La Chimie au Moyen Âge par M. Bertholet, avec la collaboration de M. Rubens Duval. Paris, 1893.
Chron Min.	Chronica Minora, ed. Guidi, Brooks, Chabot. C. S. Xt. Or. Série iii, t. 4.
Cong. Or.	Congrès International des Orientalistes.
C. S. Xt. Or.	Corpus Scriptorum Christianorum Orientalium. Paris.
Cosmog. Manichéenne	La Cosmogonie Manichéenne d'apres Théodore bar Khoni, ed. F. Cumont. Brussels, 1908.
Coupes	Inscriptions Mandaïtes des Coupes de Khouabir. H. Pognon. Paris, 1898.
Cyrillona	Die Gedichte des Cyrillona, ed. J. Bickell, ZDMG. xxvii.
DBB.	See BB.
De Astrolabe	Severus Sebokht de Astrolabe, ed. F. Nau. Journ. As. 1903.
De Goeje B.	Feestbundel aan Prof. M. J. de Goeje. Leyden, 1891.
Dion.	Chronique Syriaque de Denys de Tell-Mahré, ed. J.-B. Chabot. Paris, 1895.
Dion. Ined.	Dionysii Inedita. F. Nau in R.O.C. ii (1897).
Diosc.	Pedanii Dioscoridis De Materia Medica. Leipzig, 1829.
Diosc. ed. Nau	Histoire de Dioscore, Patriarche d'Alexandrie, ed. F. Nau, Journ. As. 1903.
Doc. Mon.	Documenta ad Origines Monophysitarum illustrandas, ed. J.-B. Chabot. C. S. Xt. Or. Sér. ii, t. 37.
Dozy	Supplément aux Dictionnaires Arabes. M. Dozy. Leyden, 1881.
Duval, Gr.	Traité de Grammaire Syriaque par Rubens Duval. Paris, 1881.
Ebed J. Card.	Paradisus Eden, ed. P. J. Cardahi. Beyrout, 1889. Cf. Par. Eden.
El. Nis.	Eliae Nisibeni interpres in Lag. Praet. Miss. q. v. Göttingen, 1879.
El. Nis. Chron.	Eliae Metropolitae Nisibeni Opus Chronologicum, ed. E. W. Brooks, C. S. Xt. Or. Sér. iii, t. ii. Paris, 1810.
El. Nis. Gram.	A treatise on Syriac Grammar by Mar Elia of Soba, ed. R. Gottheil. Berlin, 1887.
El. Tirhan	Syrische Grammatik des Mar Elias von Tirhan, ed. Fr. Baethgen. Leipzig, 1880.
Ephr. ed. Bick.	Carmina Nisibena, ed. G. Bickell. Leipzig, 1886.
Ephr. ed. Lamy	Sti Ephraemi Syri Hymni et Sermones, ed. Th. J. Lamy. Mechlin, 1882–1902.
Ephr. Jos.	Histoire Complète de Joseph, par St. Ephrem. Poème. Paris, 1891.
Ephr. Ref.	S. Ephraim's Prose Refutations of Mani, Marcion and Bardaisan, ed. C. W. Mitchell. London, 1912.

xxviii   ABBREVIATIONS OF BOOKS QUOTED

Epiph.   Epiphanius de Mensuris et Ponderibus, ed. Lagarde.   Göttingen,
                       1880.
Eranšahr   Eranšahr, nach der Geographie des Pseudo-Moses Xorenaci, Marquart,
                       AKGW. 1901.
Eus. ed. Maclean   The Ecclesiastical History of Eusebius in Syriac, ed. W. Wright &
                       N. Maclean. Cambridge, 1898.
Fils Jon.   Les Fils de Jonadab fils de Rechab & les Isles Fortunées Jac. Edes.,
                       ed. F. Nau. Paris, 1889.
Flor. Vogüé   Florilegium, dedié a M. le Marquis de Vogüé. Paris, 1909.
Fremd.W.   Die Aramäischen Fremdwörter im Arabischen von Siegmund Fraenkel.
                       Leyden, 1886.
Galen   Proben der Syrischen Uebersetzung von Galenus' Schrift über die
                       einfachen Heilmittel. A. Merx, ZDMG. xxxix.
G. Busâmé   Ganath Busâmé = the Garden of Delights. A Commentary on Holy
                       Scripture. Brit. Mus. MS.
Gaza or Gezza   E.-Syr. Service Book of variable anthems and hymns.
Geop.   Geoponicon in sermonem Syriacum versorum quae supersunt, ed.
                       P. de Lagarde. Leipzig, 1860.
Georg. Ar.   Die Astronomischen Briefe Georgs des Araberbischofs, ed. V. Ryssel.
                       ZA. viii. 1893.
Gest. Alex.   The History of Alexander the Great, being the Syriac version of
                       Pseudo-Callisthenes, ed. E. A. Wallis Budge. Cambridge, 1889.
G.G.A.   Göttinger Gelehrte Anzeigen.
Greg. Carm.   Sti. Gregorii Theologi Liber Carminum, ed. P. J. Bollig. Pars II,
                       ed. H. Gismondi. Beyrout, 1895.
Greg. of Cyprus.   Gregory of Cyprus, Rylands Library MS. 42.
H. and Brooks or Hamilton and Brooks. See Zach. Rhetor.
Hebr. or Hebraica   Hebraica, a Quarterly Journal of Hebrew Study. Chicago.
Hex.   Versio Hexaplaris.
Hippoc.   Une Version Syriaque des Aphorismes d'Hippocrates, ed. H. Pognon.
                       Leipzig, 1903.
Hist. B.V.M.   The History of the Blessed Virgin Mary and the History of the
                       Likeness of Christ, ed. E. A. Wallis Budge. Luzac's Semitic Text
                       and Translation Series. Vol. iv.
Hist. Édesse   Histoire d'Édesse jusqu' à la Première Croisade. Rubens Duval.
                       Paris, 1897.
Hist. Mon.   The Book of Governors; the Historia Monastica of Thomas, Bishop
                       of Marga, ed. E. A. Wallis Budge. London, 1893.
Hist. Rabban Hormizd The Histories of Rabban Hormizd, the Persian, and Rabban
                       Bar 'Idta, ed. E. A. Wallis Budge. Luzac's Semitic Text
                       and Translation Series. Vols. ix, x, xi.
Hormizd   The Life of Rabban Hormizd. A metrical discourse, by Wahle
                       surnamed Sergius of Adhorbaijan, ed. E. A. Wallis Budge.
                       Berlin, 1894.
Hultsch   See Metrologie.
Ined. Syr.   Inedita Syriaca, ed. E. Sachau. Vienna, 1870.
Inscript. Sém.   Inscriptions Sémitiques de la Syrie, de la Mésopotamie et de la
                       Région de Mossoul. Pognon. Paris, 1907.

Is. Ant.	S. Isaaci Antiocheni opera omnia, ed. G. Bickell. Giessen, 1873.
Is. Nin. B.	Mar Isaacus Ninivita de Perfectione Religiosa, ed. P. Bedjan. Leipzig, 1909.
Is. Nin. Ch. or Chabot.	De Isaaci Ninivitae Vita, Scriptis et Doctrina: accedunt tres sermones, ed. J.-B. Chabot. Louvain, 1892.
Ishodad	The Commentaries of Ishodad of Merv, ed. Margaret Dunlop Gibson. Horae Semiticae X. Cambridge, 1913.
Išo'yahb	Išo'yahb III Patriarchae Liber Epistularum, ed. Rubens Duval. C. S. Xt. Or. Sér. ii, t. 64. Paris, 1905.
Ishoyahb Lett.	The Book of Consolations or the Pastoral Epistles of Mar Isho-Yahb of Kuphlana in Adiabene, ed. Philip Scott-Moncrieff. Luzac's Semitic Text and Translation Series.
JAOS.	Journal of the American Oriental Society.
J. As. or Journ. As.	Journal Asiatique.
Jab. or Jabal.	Vies de Mar Jab-Alaha, de trois autres Patriarches et de quelques laïques Nestoriens, ed. P. Bedjan. Leipzig, 1893.
	Histoire de Mar Jab-Alaha et de Raban Sauma, ed. P. Bedjan. Paris, 1888. The refs. are to the 2nd edition.
Jac. Edes. in Arist.	Jacobus Edessenus in Cat. Aristotelis, ed. Schüler.
— — Can.	Die Canones Jacobs von Edessa, ed. C. Kayser. Leipzig, 1886.
— — Hex.	Études sur l'Hexaméron de Jacques d'Édesse. A. Hjelt. Helsingfors 1802.
— — Resol.	Dissertatio de Syrorum Fide et Disciplina in Re Eucharistica: Joannis Telensis Resolutiones Canonicae Syriacae. T. J. Lamy. Louvain, 1909.
Jac. Sar. Hom.	Homiliae Selectae Mar Jacobi Sarugensis, ed. P. Bedjan. Paris, 1905-8.
Jesus-Sabran	Histoire de Jésus-Sabran par Jésus-Yahb d'Adiabene, ed. J.-B. Chabot: Archives des Missions Scientifiques vii.
Jo. Tell.	Het Leven van Johannes van Tella, ed. Kleyn. Leiden, 1882.
Jos. ed. Engel	Die Geschichte Josephs, ed. Meier Engel. Berlin, 1895.
Jos. Narses	Homiliae Mar-Narsetis in Joseph, ed. P. Bedjan. Leipzig, 1901.
Jos. ed. Weinberg	Die Geschichte Josefs angeblich verfasst von Basilius dem Grossen aus Cäsaria. Magnus Weinberg. Halle, 1893.
Josephus VI.	Das sechste Buch des Bellum Judaicum, ed. H. Kottek. Berlin, 1886.
Jo. Eph.	Third Part of the Ecclesiastical History of John of Ephesus, ed. W. Cureton, Oxford, 1853.
Jos. Styl.	The Chronicle of Joshua the Stylite, ed. W. Wright. Cambridge, 1882.
J.R.A.S.	Journal of the Royal Asiatic Society.
Jul. Hoff.	Julianos der Abtrünnige: Syrische Erzählungen, ed. J. G. E. Hoffmann. Leiden, 1880.
K-w-Dim. or Kal-w-Dim.	The Book of Kalilah & Dimnah, ed. W. Wright. Oxford, 1884.
— — ed. Bick.	Kalilag und Dimnag. G. Bickell. Leipzig, 1876.
Lag. Agathangelos.	A.K.G.W., Vol. 35: Arm. Stud. Armenische Studien, id. Vol. xxii.

ABBREVIATIONS OF BOOKS QUOTED

Lag. G. A.	Gesammelte Abhandlungen von Paul de Lagarde. Leipzig, 1886.
— Praet. Miss.	Praetermissorum e recognitione ejusdem. Göttingen, 1879.
— Symm.	Symmicta ejusdem. Göttingen, 1877.
L.E.S.	Lives of the Eastern Saints, ed. E. W. Brooks, Patr. Or. t. xvii. fasc. 1, t. xviii. fasc. 5, t. xix. fasc. 2.
Lexx.	The Syro-Arabic Lexica of Jesus Bar Ali, Jesus Bar Bahlul and another, known as Hunt. clxx.
Lidzb. or id. Handb.	Handbuch der Nordsemitischen Epigraphik von Mark Lidzbarski. Weimar, 1898.
Loof's Nest.	Nestoriana, die Fragmente des Nestorius, ed. Fr. Loofs. Halle, 1905.
Maclean	The Right Rev. A. J. Maclean, Bishop of Moray, Ross, and Caithness. Head of the Archbishop's Mission to Assyrian Christians, 1886-91.
— Dict.	A Dictionary of the Dialects of Vernacular Syriac. A. J. Maclean. Oxford, 1901.
Mand. Gram.	Mandäische Grammatik, Th. Nöldeke. Halle, 1875.
Mar Aba II.	La Lettre du Catholicos Mar Aba II aux membres de l'école patriarchale de Seleucie. Congr. Or. xi. Paris, 1898.
Mar Bassus	La Légende de Mar Bassus, martyr Persan, ed. J.-B. Chabot. Louvain, 1893.
Mar Benj.	La Vie de Mar Benjamin. V. Scheil, Z.A. xii.
Mar Kardagh	Acta Mar Kardaghi, ed. J. B. Abbeloos. Brussels, 1890. Die Geschichte Mar Abhdišo und seines Jüngers Mar Qardagh, ed. A. Feige. Kiel, 1890. Quotations are from Feige's edition unless otherwise stated.
Mar. Marc.	La Mort de Mar Marcos, ed. V. Scheil, ZA. xii.
Marquart	See Eranšahr.
Mart. Luc.	Martyrium Lucae, ed. F. Nau, R.O.C. iii.
Maus.	Biblia Sacra Vers. Pschitta. Dominican Mission. Mausil, 1887.
Med.	The Book of Medicines, ed. E. A. Wallis Budge. Oxford, 1913.
Merx. Gram.	Historia Artis Grammaticae apud Syros. Adalbert Merx. Leipzig, 1889.
Metrologie	Griechische und Römische Metrologie, von Fr. Hultsch. Berlin, 1882.
Mich. Syr.	Chronique de Michel le Syrien, Patriarche Jacobite d'Antioche 1166-99, ed. J.-B. Chabot. Paris, 1900.
Mon. Syr.	Monumenta Syriaca ex Romanis Codicibus collecta a P. Zingerle. Innsbruck, 1869.
M. or Mt. Singar	Monte Singar: Storia de un popolo ignoto (Yasidiani). S. Giamil. Rome, 1900.
M. Z.	Msiha-Zkha. Sources Syriaques, Vol. i, ed. A. Mingana. Mosul, 1908.
Nars. ed. Ming.	Narsai Doctoris Syri Homiliae et Carmina, ed. A. Mingana. Mosul, 1905.
Narses W.	Syrische Wechsellieder von Narses, ed. Fr. Feldmann. Leipzig, 1896.
Natur	Das Buch der Naturgegenstände, ed. K. Ahrens. Kiel, 1892.
Nest. Chrest.	Syriac Grammar with Chrestomathy. Dr. E. Nestle. Berlin, 1889.
Nest. Hérac.	Nestorius: Le Livre d'Héraclide, ed. P. Bedjan. Leipzig, 1910.
N. Hist.	Natural History: part of But. Sap.

Nöld. F. S.	Orientalische Studien Theodor Nöldeke gewidmet. Gieszen, 1906.
— Syr. Gram.	Kurzgefasste Syrische Grammatik. Th. Nöldeke. Leipzig, 1880.
Odes Sol.	The Odes and Psalms of Solomon, by J. Rendel Harris. Cambridge, 1911.
Op. Nest.	Opuscula Nestoriana, ed. G. Hoffmann. Kiel, 1880.
Or. Xt.	Oriens Christianus für die Kunde des Christlichen Orients. Rome, Propaganda, 1902.
Ost. Syr. Bisch.	Ostsyrische Bischöfe und Bischofsitze im v., vi., und viiten Jahrhunderte. Ig. Guidi, ZDMG. xliii.
Pallad.	The Book of Paradise: being Histories and Sayings of Monks of the Egyptian Desert, ed. E. A. W. Budge. London 1904.
P.A.O.S.	Proceedings of the American Oriental Society.
Par. Eden.	Ebed-Jesu Sobensis Carmina Selecta ex libro Paradisus Eden, ed. H. Gismondi. Beyrout, 1888.
Par. Pat.	Liber qui inscribitur Paradisus Patrum, ed. O. F. Tullberg. Upsala, 1851.
Patr. Or.	Patrologia Orientalis, ed. R. Graffin & F. Nau. Paris.
— — iii. 1	Histoires d'Ahoudemmeh et de Marouta suivies du Traité sur l'Homme, ed. F. Nau.
— — iv. 4	See Barḥad.
— — v. 5	Légendes Syriaques, ed. F. Nau, 1910.
Pers. Mart.	Auszüge aus Syrischen Akten Persischer Märtyrer von G. Hoffmann. Leipzig, 1880.
Pesh., Psch,	Peshito or Pschitta Version of the O. T.
Pet. Ib.	Petrus der Iberer: Syrische Übersetzung einer um das Jahr 500 verfassten Griechischen Biographie, ed. R. Raabe. Leipzig, 1895.
Phet.	Historia Sti. Mar Pethion, ed. J. Corluy. Brussels, 1886.
Philox.	The Discourses of Philoxenus, Bishop of Mabbogh, A.D. 485-519, ed. E. A. Wallis Budge. London, 1894.
Philox. de Trin.	Philoxenus de Trinitate et Incarnatione, ed. A. Vaschalde, C. S. Xt. Or. Série ii, t. 27.
Physiol.	Physiologus seu Historia Animalium xxxii. O. G. Tychsen. Rostock, 1795.
Pléroph.	Les Plérophories de Jean, Évêque de Maiouma, ed. F. Nau, Patr. Or., t. vii. fasc. 1. M. Nau's notes are in R. O. C. iii.
Poet. Syr.	Liber Thesauri de Arte Poetica Syrorum. D. G. Cardahi. Rome, 1880.
Probus	Le Traité du Philosophe Syrien Probus sur les Premiers Analytiques d'Aristote par A. van Hoonacker. Journ. As. 1900.
Prognostics	The Prognostics of Daniel. Brit. Mus. Or. 2084.
Protection	The Book of Protection: being a Collection of Charms, by Hermann Gollancz. London, 1912.
QdhamW.	The Book of Qdhamu Wathar = Before and After, i. e. Daily Offices of the East-Syrian Church. At the Press of the Archbishop's Mission. Urmi, 1892.
R. A. L.	Reale Accademia dei Lincei. Rome.
R. A. S.	The Royal Asiatic Society, Journal of. London.
Reg. Mon.	Regulae Monasticae Saec. vi, ed. J.-B. Chabot. Rome 1898. R.A.L.
R. O. C.	Revue de l'Orient Chrétien. Paris.

ABBREVIATIONS OF BOOKS QUOTED

Rylands MS.	MSS. in the John Rylands Library, Manchester.
Sassanidi	Un nuovo testo siriaco sulla Storia degli ultimi Sassanidi, ed. Ig. Guidi. Congr. Or. viii.; also Chronica Minora, C. S. Xt. Or. Série iii, t. 2.
Schatzh.	Die Schatzhöhle, ed. Carl Bezold. Leipzig, 1883.
Schulthess Probe	Probe einer Syrischen Version der Vita Sti. Antonii von Fr. Schul hess. Leipzig, 1894.
S. C. L.	Collection of Letters of Severus of Antioch, ed. E. W. Brooks, Patr. Or. xiv.
S. Dan.	History of Mar Daniel the Healer, Brit. Mus. Or. 4404.
Sette Dorm.	I Sette Dormienti di Efeso. Ig. Guidi, R. A. L. cclxxxii. 1895.
Sev. Ant. Hom.	Les Homiliae Cathédrales de Sévère d'Antioche trad. Syr. inédite de Jacques d'Edesse, ed. R. Duval, Patr. Or. t. iv. fasc. 1, t. viii. fasc. 2.
Sev. Ant. Hymns	The Hymns of Severus and others in the Syriac version of Paul of Edessa as revised by James of Edessa, ed. E. W. Brooks, Patr. Or. t. vi. fasc. 1, t. vii. fasc. 5.
— — Vit.	Vie de Sévère, Patriarche d'Antioche 512–519, par Zacharie le Scholastique, ed. M.-A. Kugener, Patr. Or. t. ii. fasc. 1, et par Jean, Supérieur du Monastère de Beith-Aphtonia, ib. t. iii. fasc. 3.
Sev. Lett.	The Sixth Book of the Select Letters of Severus Patriarch of Antioch, ed. E. W. Brooks. Text and Translation Society. London, 1902.
S. George	Brit. Mus. Or. 4404.
S. Maris	Acta S. Maris, ed. J.-B. Abbeloos. Brussels, 1885.
S. Pelag.	Acta S. Pelagiae, ed. J. Gildemeister. Bonn, 1879.
Sindban	Sindban oder die Sieben Weisen Meister. Fr. Baethgen. Leipzig, 1879.
Stat. Schol. Nis.	Statuta Scholae Nisibenae in Giornale della Società Asiatica Italiana, Vol. iv. (1890).
Stud. Sin.	Studia Sinaitica, ed. Agnes Smith Lewis and Margaret Dunlop Gibson. Cambridge University Press, 1894–1916.
Stud. Syr.	Studia Syriaca seu Collectio Documentorum hactenus Ineditorum ex Codicibus Syriacis. Ignatius Ephr. II. Rahmani. Mt. Lebanon, 1904.
Syn. II Eph.	Secunda Synodus Ephesia. S. G. F. Perry. Oxford, 1875.
Syn. Or.	Synodicon Orientale ou Recueil de Synodes Nestoriens. J.-B. Chabot. Paris, 1902.
Syr. Rom. Rechtsb.	Syrisch-Römisches Rechtsbuch, von K. G. Bruns und Ed. Sachau. Leipzig, 1880.
Tabari	Geschichte der Perser und Araber zur Zeit der Sasaniden aus der Arabischen Chronik des Tabari. Th. Nöldeke. Leyden, 1879.
Takhsa	The Liturgy of the Holy Apostles Adai and Mari with two additional Liturgies and the Order of Baptism. Urmi at the Press of the Archbishop of Canterbury's Mission, 1890.
Talm.	The Talmud.
Tekkaf	Das Gedicht Tekkaf l'Arestotalis, ed. S. Samuel. Halle, 1893.
Test. Dñi.	Testamentum Domini Nostri Jesu Christi, ed. Ignatius Ephraem Rahmani Patriarcha Antiochenus Syrorum. Metz, 1899.

ABBREVIATIONS OF BOOKS QUOTED

Test. Ephr.	Le Testament de Saint Ephrem. Rubens Duval. Journ. As. 1901.
Theod. Mops.	Theodori Mopsuesteni Fragmenta Syriaca, ed. E. Sachau. Leipzig, 1869.
— — in Jo.	Commentarius Theodori Mopsuesteni in Evangelium D. Joannis, ed. J.-B. Chabot. Paris, 1897.
Tim. I.	Zwei Synoden des Katholikos Timotheos I. Prof. Oscar Braun in Or. Xt. ii.
T. L. Z.	Theologische Literaturzeitung.
Tristram	The Natural History of the Bible. H. B. Tristram. S.P.C.K. London 1868.
Vit. Mon.	Vitae Virorum apud Monophysitas Celeberrimorum, ed. E. W. Brooks. C. S. Xt. Or. Sér. iii, t. 25. Leipzig, 1907.
Warda	Hymns of George Warda, MS. belonging to Mr. Athelstan Riley. Id. ed. Aladar Deutsch.
WZKM.	Wiener Zeitschrift fur die Kunde des Morgenlandes.
Yezidis	Notice sur les Yézidis, ed. J.-B. Chabot. Journ. As. 1898.
ZA.	Zeitschrift für Assyriologie und Verwandte Gebiete. Leipzig.
Zach. Rhetor.	The Syriac Chronicle known as that of Zacharias of Mitylene, translated by E. J. Hamilton and E. W. Brooks. London, 1899.
Zach. or Zach. Rhet. Brooks	Historia Ecclesiastica Zachariae Rhetori vulgo adscripta, ed. E. W. Brooks. C. S. Xt. Or. Série iii, tt. 5, 6.
Zach. Bull.	Il Testo Siriaco della Descrizione di Roma nella Storia attribuita a Zaccaria Retore. Bulletino della Commissione Archaeologica di Roma, fasc. iv. (1884). Roma, 1885.
ZDMG.	Zeitschrift der Deutschen Morgenländischen Gesellschaft. Leipzig.

ABBREVIATIONS

abbrev.	abbreviation, abbreviated.	Ethpe.	Ethpeʻel conjugation.
abs., absol.	the absolute state.	Ettaph.	Ettaphʻal conjugation.
acc.	accusative case.	ff.	following.
act.	active.	f., fem.	feminine gender.
adj.	adjective.	fut.	future tense.
adv.	adverb, adverbial.	gen.	gender.
af., a f.	a fine.	geom., geomet.	in geometry.
alchem.	according to alchemists.	Gr.	Greek.
antep.	antepenultimate.	gram.	grammar.
Aph.	Aphʻel conjugation.	Heb.	Hebrew.
ap.	apud.	Hex.	in the Hexaplar version of the O.T.
Ar., Arab.	Arabic.		
astrol.	in astrology.	ib.	ibidem.
astron.	in astronomy.	imp.	imperative.
Assyr.	Assyrian.	impers.	impersonal.
bp., bpric.	Bishop, bishopric.	inf.	infinitive.
com. gen.	common gender.	in loc.	on the passage.
cf.	confer, compare.	interj.	interjection.
Chald.	Chaldaic.	intrans.	intransitive.
chem.	in chemistry.	i. q.	idem quod.
col.	column, usually referring to Thes. Syr.	irreg.	irregular.
		Jac.	Jacobite or West-Syrian.
coll.	collectively, collective noun.	l., ll.	line, lines.
		Lat.	Latin.
comp.	compound.	lit.	literally.
compos.	in composition.	Lit., liturg.	liturgically.
conj.	conjugation.	logic.	in logic.
cnstr.	construct state.	Mand.	Mandaean.
contr.	contracted form.	m., masc.	masculine.
Copt.	Coptic.	med.	in the middle, in medicine.
corr.	correct.	metaph.	metaphorically.
denom.	denominative.	n.	note.
deriv.	derived, derivative, derivation.	N. Heb.	Neo-Hebrew.
		N. Syr.	Modern Syriac.
dim., dimin.	diminutive.	Nasor.	Nasoraean.
eccles.	ecclesiastical use.	Nest.	Nestorian.
ellipt.	elliptically.	opp.	opposite, opposed to.
emph.	emphatic state.	Pa.	Paʻel conj.
Eshtaph.	Eshtaphʻal conjugation.	par.	paragraph.
E.-Syr.	East-Syrian or Assyrian.	pt., part.	participle.
Ethpa.	Ethpaʻal conjugation.	pass.	passive.

ABBREVIATIONS

Pe.	Pe'al conjugation.	ser.	series.
pen.	penultimate.	Shaph.	Shaph'el conjugation.
perh.	perhaps.	sing.	in the singular number.
Pers.	Persian.	st.	state.
pers.	person.	suff.	suffix.
pl.	plural.	Syr.	Syriac.
pr.n.	proper name.	subst.	substantive.
prep.	preposition.	Suppl.	in this Supplement.
pres.	present.	T. or t.	Tomus.
pret.	preterite.	Thes. Syr.	Thesaurus Syriacus.
prob.	probably.	trad.	traduction.
pron.	pronoun.	trans.	translation.
ref., refs.	reference, proof passage.	Turk.	Turkish.
refl.	reflexive.	ult.	last line.
Rit.	Ritual, usually of the East-Syrians, sometimes Jacobite.	var.	variant reading.
		VHh.	Harklensian version of the N.T.
sect.	section.	W.-Syr.	West-Syrian.

SUPPLEMENT TO THESAURUS SYRIACUS

ܐܐܪܘܣ

ܐܘܐܣܝܣ *Ὄασις, the Oasis* of Egypt, BHChr. Eccl. 153. 6. I. q. ܐܘܐܣܐ col. 76.

ܐܘܪܛܣܝܩܐ ἑορταστικά, *paschal presents*, Syn. ii. Eph. 60. 22. Cf. ܐܘܪܛܣܡܝܐ col. 95.

ܐܛܝܘܣ *Aetius*, an archdeacon of Constantinople, BHChr. Eccl. 177. 1.

ܐܠܘܗ ἀλόη, *aloes*, Chimie 5. 14. Cf. ܐܠܘܐ, ܐܠܘܣ, and ܐܠܘܝ.

ܐܐܪ col. 3. Metaph. *an air, appearance*, ܐܐܪ ܕܐܓܠܐ, Ephr. ed. Lamy iii. 591. 4.

ܐܐܪܝܘܣ *Aerius*, bishop of Zephyrion in Cilicia, Nöld. F. S. i. 470. 55.

ܐܒܐ col. 6. *fruit crop*, ܩܐܛܐ ܕܐܒܐ *the fruits of the season, ripe fruit*, Pallad. 619. 4.

ܐܒܚܡ *Benus*, an Egyptian hermit, C.B.M. (Gr.) 650 a, he is called ܐܒ *Abban*, Pallad. 371 f.

ܐܒܟܐ usually ܐܒܩܐ *Abaka*, son of Hulagu, the Mogul Khan, Jab. 25. 2 and note, 94. pen.

ܐܒܓܪܙܐ pr. n. m. Pers., A.M.B. iv. 221.

ܐܒܕ col. 8. Add: ܐܒܕ ܕܗ *"perdite adamavit,"* Abbeloos, BHChr. Eccl. 585. 6.

ܐܒܕܘܡ name of a village, Anecd. Syr. ii. 286. 17.

ܐܒܕܘܡܥܩܢܝܠܐ ἑβδομήκοντα, *seventy*, Syn. Or. 159 ult., with Gloss. ܘܢܩܦ ܐܡ ܥܚܣܡ ܥܚܣܬܠܐ.

ܐܒܗܪ *Abaršahr*, the capital of Khorasan, Pers. Mart. 292; G. Busâmé 60. 5 af.

ܐܒܘ col. 10. Add: ܐܒܘ ܟܣܝܢܝ *the stork* or *pelican*, Med. 591. 8.

ܐܒܘܒܐ col. 10. *a reed, tube*. Add: ܐܒܘܒܐ

ܐܒܘܙܪܕ

ܐܒܪܕ *a bar of gold*, Kal-w-Dim. ed. Bick. 37. 22.

ܐܒܘܒܐ col. 11 f. Add: ܐܒܘܒܐ ܕܩܢܝܐ *a hollow reed*, Med. 103. 16; ܢܦܚ ܕܐܒܘܓܐ *blow powdered drugs through a tube*, ib. 162. 23. *The fore-arm* ܐܒܘܒܐ ܕܐܟܣܝܣ ܩܕܡ ܕܩܢܬܗ ib. 131. 12; ܐܒܘܒܐ ܕܐܒܪܐ *a leaden catheter*, Anecd. Syr. ii. 223. 22, 26, ZA. xi. 212. Pl. ܠܬܠܬ ܐܒܘܒܝܢ *three water pipes*, BHChr. Eccl. 839. 30.

ܐܒܘܒܢܝܐ *tubular, hollow*, cuttle-fish have ܐܒܘܒܢܝܐ ܘܪܓܠܐ N. Hist. vii. 2. 2; ܐܒܘܒܢܝܐ *hollow-stemmed plants*, ib. vi. 2. 3.

ܐܒܘܚܣܝܢ *an alembic*. ܘܗܕܐ ܣܘܩܣܘ ܘܟܘܣ ܚܒܘܚܣܝܢ Brit. Mus. Or. 1593. 35 r, this is a manuscript of La Chimie au Moyen Age.

ܐܒܘܙܪܕ pr. n. m. Pers. *Abuzard*, Mar Bassus xii. Syr. 1, 91.

ܐܒܘܓܪܐ ἡ ποδάγρα, *gout*, Diosc. ed. Nau 94. 9, 299. not. 2. Usually written ܦܘܕܓܪܐ.

ܐܒܘܝ pr. n. m. *Abui*, Mich. Syr. ii. fasc. ii. 315. b. 4 af. = transl. 255. a 16 note.

ܐܒܘܠܐ col. 11. ܐܒܘܠܐ ܣܥܬܐ ܚܫܘܟܬܐ *dark columns in heaven*, N. Hist. v. 4. 3; *an entrance, porch*; ܐܒܘܠܐ f. the same, ܐܒܘܠܐ ܕܐܒܘܠܐ ܘܡܥܠܢܐ Hist. Mon. 1. 320. 21.

ܐܒܘܪܕ Ἀπαυαρκτικηνή, *a district and town north of Khorasan on the border of Russia*, Syn. Or. 109. 6, Pers. Mart. 291, f., ZDMG. xliii. 403. 5.

ܐܒܘܙܕܝ pr. n. m. Pers. A.M.B. iv. 239.

ܐܓܘܪܐ/ pl. ܐܓܘܪܐ/ col. 12. m. 1) *a bricklayer's rule*, ref. ܐܘܡܢܐ/ ܐܕܡܠܐ, Is. Ant. ii. 112. 14. 2) ܐܚܘܬܐ/ pl. ܐܚܘܬܐ/ from ܐܒܐ/ *father. Advocacy, pleading or defence in a court of law*, with ܐܚܩܕܐܘ ܘܒܐܣܘܐ/, Is. Ant. ii. 100. J, 5. Lat. *patrocinium*.

ܐܚܕܐܓ/ should be ܐܚܕܐܓ/ Pers. آفتاب *the sun,* ܐܚܕܐܓ ܘܐܕܗܐ ܚܟܡܐ ܘܐܡܕܝܐ ܡܥܡܐ, Anecd. Syr. iv. 9. 2.

ܐܚܬܘܢܐ/ col. 14. *an Ebionite*, ref. Eus. ed. McLean 415. 7, pl. ܐܚܬܘܢܐ/ ib.

ܐܒܝܠܐ/ *Abila, a bishopric in Syria*, De Goeje B. 64. 11.

ܐܒܝܠܝܘܣ/ *Abilius, third bishop of Alexandria*, R.O.C. i. 401. 16.

ܐܒܝܦܢܝܘܣ/ *Epiphanius*, Ant. Patr. 295. 3 af.

ܐܒܝܟܡ/ *Abikam, the name which Ahikar took in Egypt*, Ahikar ܫ. 8, 11, ܫ. 1, 6, &c.

ܐܒܩܪ/, Heb. בֻּקִּי *Abikar, 1 Chron. vi. 5, i.q.* ܒܩܩ verse 51, *Bukki*, Lxx. Βοκκί, BH Chr. Eccl. 10 pen.

ܐܒܚܕܐ/ or ܚܒܚܕܐ/ *a village and monastery*, C.B.M. 706 a, Doc. Mon. 162. 10.

ܐܒܟܫ/ *Mar Abkoš, a monk in the monastery of Rabkennare*, Journ. As. 1906, III. 1.

ܐܟܠ/ col. 15. *Example of act. part. with pron. suff.* ܡܐܕܢܐ ܡܢ ܐܟܠܐ ܚܫܡܐ ܘܠܚܡܟܘܢ, *I remained lamenting your sufferings*, Isoyabh, ed. Duval, 91. 15.

ܐܚܠ/ m. *the pole* of a bier or litter, Hist. B.V.M. 113. 5, 129. 16 bis.

ܐܒܠܐܘܣ/ *Ablavius, a Byzantine commander-in-chief*, A.M.B. iv. 294, ܐܒܠܐܘܣ/ *father of Olympias*, Pallad. 202. 5. I. q. ܐܒܠܐܒܝܘܣ/ col. 16.

ܐܒܠܘܓܝܐ/ ἀπολογία, *name of a book by Severus*, C.B.M. 911. a.

ܐܒܢܘܒܐ/ Ἄβνοβα, *the Black Forest*, Jac. Edes. Hex. 34. 11.

ܐܒܣܬܐ/ col. 18. Refs. ܐܒ ܐܘ ܐܓܒܝ/ ܐܘܬܟܣܐ/ *the Avesta or Zend-Avesta*, A.M.B. ii. 576. 12, 579. 19, 589. 15, Phet. 26. 7.

ܐܒܪܐ/ col. 19. *lead.* To l. 16 add: ܐܒܪܐ/ ܐܒܡܐ/, Kal-w-Dim. 19. 8. To l. 23, ܐܒܪܐ/ ܡܢܘܒܣܡ, Chimie 3. 2; it. ܣܡ ܐܒܪ "molybdochalque, plombcuivre," ib. 4. 1; ܐܒܪܐ/ ܘܢܚܘܫܐ, Med. 82. 1.

ܐܒܪܐ/ col. 19. *feathers*, ܐܒܪܐ/ *one feather*, Med. 591. 17.

ܐܒܪܡܐ/ N. Hist. vii. 4. 3, *a mistake for* ܐܒܪܡܝܣ/ ἀβραμίς, *bream, a Nile fish*, Ar. Fisch N. 41.

ܐܒܪܗܡܐܝܬ/ *in the manner of Abraham, i.e. hospitably*, Pet. Ib. 46. 14.

ܐܒܪܗܡܝܐ/ *Abrahamic*, BH Gr. 1. 55. 4. ܚܒܠܐ ܐܒܪܗܡܝܐ, B. Sal. in Lit. 73. 12, ܘܚܣܝܐ/ ܐܒܪܗܡܝܐ, 4 Macc. 60. 2.

ܐܒܪܘܙ/ pr. n. Pers. Jab. 232. 10.

ܐܒܪܘܙܣܝܣ/ ὀβρύζωσις, *the testing of gold*, Chimie 282, not. 1, 285. not. 2.

ܐܒܪܘܙܢ/ ὄβρυζον, *cupellation*, Chimie 4. 4.

ܐܒܪܢܐ/ *Abarne, hot springs in N. Mesopotamia.* ܐܒܪܢܐ/ ܘܣܚܡܚܐ/, Jos. Styl. 28. 8, Anecd. Syr. ii. 210. 7, Jac. Edes. Chron. Can. 295, Dion. Ined. 463. 1.

ܐܒܪܫܗܪ/, اَبَرْشَهْر *Abrašahr, a diocese in Khorasan*, Syn. Or. 34. 21, 37. 3, 43. 19, ZDMG. xliii. 396. 13, 398. 17, 401. 6.

ܐܒܪܡܥܐ/ *a drug*, Med. 601. 4.

ܐܓܐܘܢ/ (ܐܘܪܓܐܠܣ) *Troilos Egeon* (Geonensis) Gelzer Byz. Z. 1903, 127. Chabot and Nöldeke think it is ὁ Λαγίνων, *Lagina, a bishopric suffragan to Perga*, ib. and Nöld. F. S. i. 472, 83.

ܐܓܐܪܝܘܣ/ *Agarius or Aetherius, bishop of a Spanish city*, Nöld. F. S. i. 475. 145.

ܐܓܗܒܢ/ *Aghaban, a town in Greater Armenia*, BH Chr. Eccl. 535. 1.

ܐܓܓܣ/ *Gagas, a river of Lycia*, Chimie 9. 2.

ܐܓܒܢܐ/ col. 23. *ferula asafoetida*, Med. 310. 14, 312. 1, ܐܓܒܢܐ/ ܘܦܩܕܐ/ ib. l. 8, 361. 19, ܐܓܒܢܐ/ ܘܠܚܡܐ/, ib. 360. 15.

ܐܓܘܓܐ/ col. 24. ἀγωγή, *right of action*, add refs. Syr. Rom. Rechtsb. 29. 9, 15, pl. ܐܓܘܓܐ/, ib. 18. 3.

ܐܓܘܓܢܝܐ/ adj. from ܐܓܘܓܐ/ *a channel:* ܣܓܝܠܐ ܐܓܘܓܢܝܐ ܢܣܝܒܝܢ ܩܡ ܩܘܕܒܝܗܒܠܘ *passages of the nature of ducts descend from the peritoneum*, N. Hist. vii. 1. 3 infra.

ܐܓܘܢܐ) with ܚܕ ἀγωνίσαι, to contend, agonize, A.M.B. v. 359. paen.

ܐܓܘܢܝܣܛܝܩܘܢܐ) opposing; heroic, ܕܠܐ ܡܬܚܩܬܢܐ ܘܚܣܝܟܐ) ܠܐ ܡܬܓܡܨܢܐ) ܡܬܥܫܡ, But. Sap. Philos. 2. 3.

ܐܓܘܦܛܝܐ) and ܐܓܘܦܛܝܐ) Egyptian, Jac. Edes. Hex. 11. 11.

ܐܓܘܪܐ) col. 25. f. a tile, ref. ܐܓܘܪܐ) ܕܘܡܣܟܐ ܐܘ ܫܩܦܐ, Med. 171. 8.

ܐܓܘܪܣܐ) m. probably an infirmary, hospital, Jos. Styl. 38. 3, 15.

ܐܓܘܣܩܢܘܫ) pr. n. f. Pers. Agusqanuš, mother of Mar Saba, Mar Bassus xii. 5 Syr.

ܐܓܘܬܐ) pl. of Turk. ܐܓܐ) اغا, Agha, master, Charms 83. 6.

ܐܓܘܣ) the Egean Sea, Sev. Ant. Vit. 324. 1.

ܐܓܙܐ) ἔριον, wool, ܐܓܙܐ ܕܡܗܠܘܬܐ) μηλωτή ἐρίον, a woollen rug, A.M.B. iv. 313 ult., Chimie 305, cf. ܐܓܢܐ) ib. 274. For change of r to a guttural see Hoffm. ZA. xi. 237, xvii. 88.

ܐܓܛܡܐ)" an astringent drug, ܐܙܕܟܐ ܐܓܛܡܐ), Med. 145. 22, ܐܓܛܡܐ ܕܩܦܠܐ) to be applied to loose gums, ib. 175. 22.

ܐܓܝܦܛܘܣ) Agapetus, Pope, BHChr. Eccl. 207. 8, incompletely written ܐܓܦܛܘܣ) ib. l. 21, 209. 1, 13.

ܐܓܝܪܐ) descendants of Japheth, Chron. Min. 355. 10.

ܐܓܠܐܘܦܘܢ) Aglaophôn, a work on the Resurrection by Methodius Bishop of Lycia, C.B.M. 917 a.

ܐܓܠܘܟܡ) col. 27. agallochum, ref. Med. 601. 15, عود هندي.

ܐܓܠܐܝܕܐ)" Aglaïdas, name of a lecturer, A.M.B. iii. 325.

ܐܓܠܘܡܣܘܣ) for ܐܓܠܘܦܣܘܣ) col. 27. an eclipse of the sun, Anecd. Syr. iii. 225. 1.

ܐܓܠܐ)" name of a monastery in the diocese of Mardin, B.O. ii. 228. 6 af.

ܐܓܡܢܐ) col. 28. paludal, belonging to marshes, add refs. ܐܓܡܢܐ) ܐܙܕܝܚܐ) N. Hist. vii. 4, 5, 7; Lexx. under ܢܚܠܐ) col. 1539.

ܐܓܡܐ)" a disease of the eyelids which contract and turn inwards, Med. 94. 8.

ܐܓܢܐ)" col. 28. Chald. אוגנא a circle, orb, disk, Buxtorf., a bowl, Cosmog. Manichéenne 31, note 2.

ܐܓܢܘܐܝܛܐ) m. pl. Agnoetae, heretics, C.B.M. 798 a, 935 b.

ܐܓܣܝܦܘܣ) Hegesippus, Theod. Mops. ܡܐ. 3.

ܐܓܦܝܛܐ)" col. 29. Agapetus. Refs. ܐܓܦܛܐ) Pope of Rome, Sev. Ant. Vit. 287 ter., ܐܓܦܛܐ), ib. 281. 3. ܐܓܦܝܛܐ), Anecd. Syr. ii. 17. 5, ZDMG. xliii. 395. 2. See ܐܓܦܛܐ), Suppl. supra.

ܐܓܦܐ) Ar. الغافت agrimonia eupatorium, Med. 602. 7; BB. sub ܐܣܘܦܘܪܐ).

ܐܓܪܐܩܐ) Agraca, a city whence arsenic was procured, Chimie 303. ult.

ܐܓܪܘܦܘܣ) 1) Εὐρωπός, Europos, now Girbas, on the West side of the Euphrates, opp. Kenneŝrin, C.B.M. 970 b, a bpric. under Antioch, Sev. Ant. Vit. 319. 10, 325. 9, Or. Xt. ii. 270. 282 note 5, but ܐܘܪܘܦܘܣ) ib. 275, Jos. Styl. 84. 9. Cf. Pers. Mart. 161 sqq. and Thes. Syr. ܐܓܪܘܦܘܣ) 4). 2) Agrippa, nephew of Herod the Great, R.O.C. i. 398. 8, ܐܓܪܘܦܐ) l. 9, ܐܓܪܘܦܐ) l. 6. 3) γρύψ, a griffin, C.B.M. 1192 b.

ܐܓܪܝܐ) one of seven kinds of Syriac writing, El. Nis. 96. 75.

ܐܓܪܝܩܘܢ) agaricum, agaric, a kind of fungus, Med. 49. 2, 14, 50 ult. 51. 10, 19, 136. 2, 299. 21, اغاريقون boletus igniarius, ib. 601. 11.

ܐܓܪܡܝܐ) an E.-Syr. bishopric, ZDMG. xliii. 395. 8. I.q. ܐܓܪܡܐ), Syn. Or. 36. 16.

ܐܓܬܕܘܪܘܣ) Agathodorus, bishop of Isun? De Goeje B. 65 antep.

ܐܓܬܘܢܝܩܐ) pr. n. f. Agathonice, Sev. Ant. Vit. 258. 3.

ܐܟܬܡܪ) Akhtamar, an island in Lake Van, BHChr. Eccl. 535. 1.

ܐܕ) pr. n. m. Ada? Jab. 314. 6, T.L.Z. 1894. 2. 43.

ܐܕܐܕ) ὁ Ἀδάδων, Adada in Pisidia, now Kara Bavlo, Nöld. F. S. i. 473. 108.

ܐܘܿܕܝܼ pr. n. m. *Euodius*, Ant. Patr. 297. 9 af.

ܐܘܿܕܝܼ prob. the village *Dadih* on the northern slope of Jebel Riha, ZSVG. 1922. 172. C.B.M. 706 b, 707 b; Doc. Mon. 164. 12, 171. 3.

ܐܘܿܕܢܵܬܼܵܐ col. 34. ἀδένες, *glands, excrescences*, such as warts, ref. N. Hist. vii. 1. 6.

ܐܘܿܕܢܵܢܵܝܵܐ *excrescent, superfluous*, ܚܲܫܵܐ ܐܘܿܕܢܵܢܵܝܵܐ, N. Hist. vii. 1. 3 infra. Cf. ܐܘܿܡ below.

ܐܘܿ *Ado*, founder of the sect of ܐܘܿܕܢܲܝܹܐ *Adonaeans* or ܡܲܢܕܵܝܹܐ i.e. Mandaeans, Coupes ii. 154. 3.

ܐܘܿܢܵܐ col. 34. 1) *an oven*, add refs. ܕܣܘܡܵܐ ܘܡܚܣܸܐ ܒܗ ܠܐܘܿܢܵܐ, G. Warda ap. Hippoc. iv. 8, ib. vi. 13, but an *oven rake* or *bar*, ܐܘܿܢܵܐ ܕܢܘܼܪܵܐ gloss. to ܐܘܿܢܵܐ, Warda 246 r. 2) *the abyss of fire, Gehenna*, Lexx. under ܩܕܡ col. 1021, ܠܐ ܬܫܲܠܛܲܝܢܝ ܠܐܘܿܢܵܐ, Tekkaf. 7.

ܐܘܿܢܵܐ dimin. from ܐܕܐ (ܐܕܢܐ) Mar *Addona*, Metropolitan of Elam, Chast. 59, the monastery named after him was in Qardu, ib. 58 ult.

ܐܘܿܢܹܐܘܿܣ for Αἰνείας, *Aeneas*, Gest. Alex. 30. 2.

ܐܘܿܢܵܝܹܐ *Adonaeans* = Mandaeans, from ܐܘܿ founder of the sect, Coupes ii. 154. 18.

ܐܘܿܪ for Persian names beginning thus, see ܐܪ.

ܐܘܿܪܕܘܲܙܓܲܪܕ pr. n. m. *Aderbaruzgard*, Mar Bassus xii. 5 Syr.

ܐܘܿܪܙܵܗܕ *Adorzahad*, governor of Adiabene under Ardašir, M. Z. 31. 74.

ܐܘܿܪܓ݂ܵܢܹܐ *adoratores, worshippers*, i.e. the Magi, G. Busâmé 64 b. 4.

ܐܘܿܪܦܲܪܗ *Adorpareh*, governor of Adiabene, Jab. 228. 3 af., M. Z. 56. 20.

ܐܘܿܪܦܲܪܘܵܐ *Adarparwa*, Mart., A.M.B. ii. 5, iv. 171.

ܐܘܿܪܦܸܪܲܙܓܲܪܕ *Adarferazgard*, governor of Beit Arabaye, A.M.B. iv. 224.

ܐܘܿܪܫܲܓ *Adorshag*, a mobed, A.M.B. iv. 131.

ܐܘܿܙܵܐ perh. ἰδέα, *species, kind*, ܬܘܼܟ݂ܠܵܢܵܐ ܐܘܿܙܵܐ, ܐܘܿܙܵܐ, Med. 587. 8.

ܐܘܿܬܼܒ cols. 36–7, dele the paragraph after the first line. I. q. Gr. ἄστυ, *the suburbs* opp. πόλις, ܐܘܿܬܒ ܘܐܘܿܪܝܹܫܐ ܒܡܕܝܢܬܐ, Jos. ed. Kottek. 2. 5.

ܐܘܿܡ col. 37. ἀδήν, *a gland*, ܡܵܘܕ݂ܐ ܟ݂ܡܸܢܹܐ ܐܘܿܡܹܐ, N. Hist. vi. 3. 3. Cf. ܐܘܿܢܬܐ Thes. and Suppl. supra.

ܐܘܿܬܠܲܝ col. 37. *liquorice*, ref. ܡܸܣܡܵܐ ܐܘܿܬܠܲܝ, Med. 147. 11. Cf. ܐܣܠܘܡ.

ܐܘܿܬܼܠܚܲܦ ὀδοντικόν, a medicine for toothache, Med. 170. 9.

ܐܘܿܪܟܼܬܼ i. q. ܕܠܒܼܐ ܐܘܡ *Plane-tree spring*, a village near Maaltha, Nars. ed. Ming. Pref. 41, note.

ܐܘܿܪܝܐ col. 37. *lepidium latifolium, pepperwort*, refs. Med. 137. 5, 10, 141. 23, 583. 18, ܐܘܿܪܝܐ ܥܡ ܫܝܛܪܓ ܬ ܩܲܚܦ, ib. 602. 3.

ܐܘܿܕܸܠܦܘܿܣ *Adelphius*, heresiarch, Sev. Lett. 61. 4, 62. 1.

ܐܘܿܕܸܠܦܸܢܐ Ἀδελφιανοί, *Adelphians*, Sev. Ant. Vit. 106. 13, id. Lett. 61. 9.

ܐܘܿܟ݂ܬܵܐ col. 38. f. pl. *hinges*, ܡܢ ܟܕܠ ܐܘܿܟ݂ܬܵܐ ܕܬܪ̈ܥܹܐ ܘܩܕܠܐ, Jab. 63. 3.

ܐܘܿܕ݂ܵܐܝܼܬܼ *in the manner of Adam* i. e. solitarily, ܐܘܿܕ݂ܵܐܝܼܬܼ ܢܦܩ ܠܚܟܼܡܬܐ, Is. Nin. B. 266 ult.

ܐܘܿܕܲܡܸܣ *Adamas*, The Light, i.e. the heavenly man, a Manichaean equivalent of primal man, Cosmog. Manichéenne 22. note 3, 23. note 2, ܐܘܿܕܲܡܸܣ ܒܘ ܕܚܝܐ one of the five sons of the Living Spirit, Coupes ii. 128. 4, 130. 7.

ܐܘܿܕܡܲܢܛܐ (ܐܕܡܐ) *of adamant*, BH. ap. J. As. 1898, 77. 20.

ܐܘܿܕܡܐ *earth*, ܐܘܿܕܡܐ ܠܐܡ ܠܚܢܝܢܐ ܡܢ, ܠܥܦܪܐ, Philox. de Incar. 34. 11, ܐܘܿܕܡܐ ܘܚܡܣܝ ܚܠܐ, Jos. Engel. 5. 3.

ܐܘܿܢܵܐ col. 40. Add: ܐܘܿܢܬ ܚܡܝܢ plantago major, *the plaintain*, Hunt. clxx under ܟܣܦܐ col. 1926. ܐܘܿܢܬ ܚܩܵܗܡܐ ib. dele. ܐܘܿܢܬ ܚܡܚܬܐ *myosotis*, ref. Med. 53. 12, 55. 24.

ܐܘܿܣܡܝܢ *Attic*, pure honey is so-called Nau in Mart. Petri, R.O.C. iii. 49. 12 af.

ܐܘܿܪܗܲܡ pr. n. m. A.M.B. iii. 323. 1.

ܐܕܘܢܡܣܘܢ ܗδύοσμος, *mint*, K. under ܢܥܢܥܐ col. 918.

ܐܕܪ̈ܐ Ar. اُدر, *a boil, the "Baghdad button,"* Med. 557. 19, 583 four times, 585. 3, 4, Charms 31. 20, 22, 32. 1, 82 med.

ܐܕܪ and ܐܕܘܪ with which word some of the preceding and following names are compounded, is the Pehlewi آتُر *ātūr fire.*

ܐܕܪܣܘܣ Ἄδρασος, *Adrasus*, a bishopric in Arabia, Nöld. F. S. i. 469. 37. *Adra*, Mich. Syr. I transl. 314.

ܐܕܪܒܘܙܝ pr. n. m. Pers., *Aderbuzi*, A.M.B. iv. 171, Pers. Mart. 36 ff. 283, 289.

ܐܕܪܒܬ *Idribt*, name of a fortress, Anecd. Syr. iii. 256. 25.

ܐܕܪܐܪܓܘܢ col. 42. ὑδράργυρον. See ܙܐܕܪܓܘܢ col. 977 and ܗܕܪܐܪܓܘܢܘܣ Suppl.

ܐܕܪܗܘܢ corr. ܐܘܪܗܘܢ col. 110, *Osroene*, Nöld. F. S. i. 470.

ܐܕܪܒܝܠ a bishopric, Anecd. Syr. ii. 371. 12.

ܐܕܪܘܢ col. 52 end of par. Pers. اندرون *an inner apartment*, Act. Apost. Apoc. ܚܕܪ 2, Sassanidi 63. 20.

ܐܕܪܘܩܐ for deriv. see Hist. Mon. ii. 484, note 4. *Fire altars of the Magi*, ib. i. 262, Mar Kardagh ed. Abbeloos 62, ed. Feige 52², 57.

ܐܕܪܫܝܪ pr.n.m. Pers. *Ardaḥšir*, Sassanidi 32.

ܐܕܪܫܝܪܘܢ one of the great fosses which fortify the city Shuster is thus named after ܐܕܪܫܝܪ who dug it, Sassanidi 32.

ܐܕܪܝܐ *Adraye*, a village of Beth Garmai, Chast. 22. 5.

ܐܕܪܝܣ, ܐܕܪܝܣܐ *the Adriatic Sea.* Col. 42, 11 af. dele the words *et Ponto to usurpatur*, and col. 43. 5 the words *Pontem includere*. See Nau, Journ. As. 1896, 310 f. Add: BH. applies the name Adriatic to that part of the Mediterranean which is opposite to Tanis in Egypt, Chr. Eccl. 359. 19.

ܐܕܪܡܗ Pers. اذرمه *Adarmeh*, a bishopric between Nisibis and Mosul, Pers. Mart. 203, note 1607, Hist. Mon. i. 37 pen., Chast. 8 ult., 12. 4, ܐܕܪܡܗ, Syn. Or. 619. 5.

ܐܕܪܡܢܓ n. pr. f. *Adramanag*, foundress of a monastery in Hirta, Chast. 70. 4.

ܐܕܪܣܛܘܣ *Adrastos*, a judge, Sev. Ant. Vit. 36. pen.

ܐܕܪܣܡܘܣ probably a mis-writing of ܐܕܪܝܣܘܣ *the Adriatic sea*, q.v., Schatzh. 126. 11.

ܐܕܪܩܐ i.q. ܐܕܩܐ col. 44. ἀδάρκης, *salt efflorescence on marsh plants*, Med. 145. 21, 147. 10, ܐܕܪܩܐ ib. 149. 4 and col. 44.

ܐܕܪܩܦܐ ἀρτοκόπος, *a baker*, Pallad. 523. 3. I. q. ܐܕܪܩܦܐ col. 44, ܠܚܡܥܠ Lexx. col. 256.

ܐܕܫܐ col. 44. l. 21 correct ܐܕܫܐ for ܐܕܫܐ *a pestle.* So l. 23 should be ܐܕܫܐ q.v. col. 401. Dele from "Etiam" to "percussit" ll. 23–26.

ܐܕܫܐ col. 45. ܐܬܐܕܫ Ethpe. denominative from ܐܕܫܐ, *to take specific shape, be formed*, ܟܡ ܕܡܬܐܕܫܝܢ ܦܓܪ̈ܐ, N. Hist. i. cap. i. pt. 5.

ܐܕܫܢܝܐ col. 45. *specific*, refs. ܡܢ ܫܘܪܝ *the origin of a species*, But. Sap. N. Hist. iii. ii. sect. 3, ܟܝܢܐ ܐܕܫܢܝܐ *specific nature*, ib. viii. 4. 5, pl. ib. Theol. 4. 6, ܐܬܐ ܐܕܫܢܝܬܐ *specific form*, id. N. Hist. iii. ii. sect. 1, ܡܬܬܙܝܥܢܘܬܐ ܐܕܫܢܝܬܐ ܕܫܝܟܐ ܠܗܘ ܐܕܫܐ *the singularity of movement pertaining to that species*, ib. iii. 5.

ܐܕܫܢܝܘܬܐ col. 45. f. *species, specific nature*, opp. ܓܢܣܢܝܘܬܐ, But. Sap. Philos. 7. 1, ib. 2. 5; ܐܕܫܢܝܘܬܐ ܡܫܚܠܦܬܐ, id. N. Hist. viii. 1. 2; ܚܝܠܐ ܕܩܢܐ ܐܕܫܢܝܘܬܐ ܝܗܝܒܐ *powers are given to each species according to its special nature*, ib. iii. ii. sect. 4 infra, ib. Isag. ii. 2.

ܐܘ correct ܐܘ, Pers. نَهَنگ *a crocodile*, Kal-w-Dim. ed. Bick. 26. 15, 28. 3.

ܐܘܪܕܢ title of a high Persian official. Cf. rabbinic אמרכל with ל for ר, Syn. Or. 77. 14 and note.

ܐܘܐ Pers. آهَك *lime, quick-lime*, B B. under ܣܝܕܐ.

ܐܘܢ probably ابو هارون a name for the nightingale, Natur 33. 7; cf. Qazwini i. 406. Hoffm. merely corrects ܐܘܐ ἀηδών.

ܐܘܕܫܘܢ pr. n. m. Pers. A.M.B. ii. 579. 17.

ܐܘ col. 47, f. Add: 1) ὦ, *Omega*, Galen. ap. ZDMG. xxxix. 248, 289, Pallad. 495. 3, 4. 2) εὖ, ܐܘ ܐܝܢ ܐܘ ܥܓܠ, C.B.M. 543 b. 3) For emphasis, *indeed, entirely*, ܠܓܡܪ ܐܟܘ̈ܐ܃ ܐܘ ܡܫܬܘܕܐ ܡܚܬܟ Nest. Hérac. 405. *j'ai admis tout uniment (le nom) de Mère de Dieu*, Nau transl.

ܐܘ col. 49. Pael act. part. ܡܐܘܐ. Add: *to breed hybrids*, ܡܐܘܐ؟ ܟܕܘ̈ܬܐ ܡܣܬܘܐ, Is. Ant. 198. 4.

ܐܘܢܐ and ܐܘܢܐ cols. 50, 51, ll. 6, 7. Add: metaph. ܗܘܐ ܕܡ ܚܘܐܢܐ ܚܠܐ ܗܘ ܡܬܟܦܚ ܟܕܡܥܡܗܘܢ *he was on intimate terms with them*, Jab. 233. 15. *A compartment or chamber of a glass furnace*, Chimie 100. 22, 101 four times.

ܐܘܟܠܐ, ܐܘܟܠܐ col. 50, l. 4. Add: ܓܡܠܐ ܢܛܪ ܒܓܘ ܠܒܗ ܐܟܬܗ *the camel stores up spite in its inner heart*, Natur 18. 12, ܐܟܘܠܐ ܚܒܫ, BH Carm. 134. 5; ܐܡܝ ܘܗܝ ܘܢܣܒ ܐܟܘܠܐ Opusc. Nest. 36. 18. ܡܠܝܠܐ ܕܐܘܟܠܐ *advocate of the treasure-chambers*, i.e. *advocatus fisci*, Sev. Lett. 220. 1.

ܐܘܒܣܝܘܣ ἀνεψιός, *a cousin*, BH in Col. iv. 10: see ܐܘܒܣܝܘܣ below.

ܐܘܐܓܢܐ or ܐܘܓܢܐ Ὀυάγγανα, *an island in the Red Sea*, Jac. Edes. Hex. 20. 6.

ܐܘܦܛܣ *Eupatius?* episcopus, C.B.M. 647 b.

ܐܘܚܕܡܣ m. pl. the *obeli* in the Lxx, C.B.M. 792 a. See ܐܚܕܡ col. 16.

ܐܘܟܐ col. 53. Dele the explanation in l. 1 of par. ὦ βία, *O! violence*, or *woe is me*, DBB. Appendix to ܐ from Parad. ed. Tullberg 28, note 13; ܐܘܟܐ, Pallad. 159. 2, 3; Hist. Mon. ii. 35. 5, 6; A. M. B. vii. 86, ܐܘܟܐ ܕܚܠܡ ܚܡܟܕܐ ܕܡܣܬܒܪܐ܂ ܐ܂ ܐܐ ܗܘܐ ܩܢܘ, Op. Nest. 6. 15, Anecd. Syr. ii. 135. 14.

ܐܘܟܕܢܐ i.q. ܚܨܡܝܢ Thes. col. 17, DBB, col. 17, *a wood so hard that it will not burn and insects do not attack it*, Gest. Alex. 219. 17.

ܐܘܡ *Bishop of Hamadan*, ZDMG. xliii. 403. 9.

ܐܘܡܠܚܣ Copt. ⲡϭⲟⲓⲥ, *O Lord*, Pléroph. 104. 1, R.O.C. iii. 363. 19 in loc.

ܐܘܟܕܦܢܐ *name of a country*, Gest. Alex. 180. 14.

ܐܘܟܕܦܢܐ or ܐܘܚܕܦܢܐ *people of* ܐܘܟܕܦܢܐ, Gest. Alex. 181. 1.

ܐܘܡܐ col. 53. *rhus coriaria, sumach*, ref. ܨܘܦ ܐܘ ܐܠܡܐ, Chimie 7. 9.

ܐܘܓܣܛܐ *Augusta, the province wherein are Mabug and Samosata*, Nöld. F. S. i. 470.

ܐܘܓܣܛܐ *Augusta, a city of Cilicia*, Sev. Lett. 128. 1.

ܐܘܓܣܛܘܣ col. 54. 2) *the month of August*, ref. ZA. viii. 7. 21.

ܐܘܓܪܐ for ܐܓܘܪܐ Protection 54. 3. See col. 7. 11 af.

ܐܘܕܐܘܪܐ col. 55. οὐδέτερα, *neutral*, ܗܐ ܗܐ ܣܟܝܡ ܘܠܐ ܡܒܝܢ ܘܠܐ, Anglice *middling*, But. Sap. Isag. iii. 1., ܠܐ ܚܣܝܐ ܐܘܕܐܘܪܐ ܕܐܢ ܐܣܦܚܐ, ܐܣܡܪ ܐܗܠ ܚܒܚܪܚܕܐ *our equals are of three kinds, friends, enemies, and the indifferent*, ib. Pol. iii. 4, ܐܘܕܐܘܪܐ ܕܓܢܣܐ, ib. Philos. 6. 6.

ܐܘܕܘܢܝܘܣ Αὐδυναῖος, *Audynaeus, a Macedonian month*, Sev. Ant. Hymns 255 tit.

ܐܘܕܘܣ *Eudus, Bishop of Antioch*, BHChr. Eccl. 43. 8. I. q. ܐܘܕܘܣ Ἔρως, *Herus*.

ܐܘܕܘܟܣܐ i.q. ܐܘܕܘܟܣܝܐ col. 55. *the empress Eudoxia*, Pléroph. 23. 5.

ܐܘܕܘܟܣܝܣ i. q. ܐܘܕܘܟܣܝܘܣ col. 57. *Eudoxius*, Nöld. F. S. i. 474. 132.

ܐܘܕܘܣ *Euodius, Bishop of Antioch*, BHChr. Eccl. 31. 18, ܐܘܕܘܣ, ib. 39. 23. ܐܘܕܘܣ, R.O.C. i. 399. 12.

ܐܘܕܪܐ ὕδρα, *hydra, water serpent*, BB. under ܐܘܕܪܘܡܢܘܣ.

ܐܘܕܪܐܘܪܐ col. 57. *quicksilver*, ref. misspelt ܐܘܕܪܐܘܪܐ ܣܘܡ ܐܒܥܝ N. Hist. iii. ii. sect. 2.

ܐܘܕܪܐ m. pl. *nonsense*, cf. ὑδαρής, Jul. 48. 3.

ܐܘܕܪܢܣ εὐφρανής, *vigorous, able*, name given to John of Palestine, ܐܘܕܪܢܣ ܡܣܝܡ ܩܕܝܫܐ ܗܘ ܕܡܬܐܡܪ ܗܘܐ ܐܘܕܪܢܣ, Sev. Ant. Vit. 63 ult.

ܐܘܟ *Uch, a village where Mar Bishu was buried*, A. M. B. iii. 620.

ܐܘܕܘܪ *the North-West wind*, Med. 533. 1. it must be a corruption of some Greek word.

ܐܘܛܘܠܐܠܐܣ Αὐτολάλας, an island, Jac. Edes. Hex. 19. 12.

ܐܘܛܘܠܡܣ Εὐτόλμιος, Eutolmius, a Count, A.M.B. iii. 327.

ܐܘܛܘܡܛܪܝܢ αὐτοματάρειον, récipient à tirage spontané, Chimie 240, note 4, ܐܘܛܘܡܛܝܢ, ib. 261, note 1, 17. 14.

ܐܘܛܘܣ a bird which mimics man, ܐܘܛܘܣ ܗܘ ܘܡܗ ܕܡܣܛܗ ܚܙܝܪܐ, But. Sap. Eth. 3. 1, N. Hist. vii. 4. 2. Perhaps ὠτός, the horned owl.

ܐܘܛܘܩܦܠܐܣ αὐτοκέφαλαιος, autocephalous, gloss. ܡܪܝܕ ܒܢܦܫܗ, Syn. Or. 182. 27; ܐܘܛܘܩܦܠܘܣ, ib. 148. 2.

ܐܘܛܠܐ what? "flowers of the red vine," Budge, ܐܘܛܠܐ ܡܣܩܗܐ ܢܗܐܠ ܕܣܚܕܐ, Med. 569. 10.

ܐܘܛܣ and ܐܘܛܠܣ ὠτίς, the bustard, K. under ܚܘܦܐ col. 1544.

ܐܘܛܟܣܝܐ εὐταξία, good order, Anecd. Syr. iii. 118. 22.

ܐܘܛܪܝܣ Otreius, bishop of Melitene, Nöld. F. S. i. 471. 65, of Arabissus, ib. 66.

ܐܘܣܬܐ or ܐܘܣܬܐ ܕܙܝ the Zend Avesta, A.M.B. ii. 576. n. 2. Usually written ܐܘܣܬܐ q.v. col. 18 and above.

ܐܘܣܐ col. 63. Euchaita. Add: a third city of this name is in Egypt, Stud. Sin. ix. 101. 13.

ܐܘܩܣܛܐ m. pl. Εὐχῖται, heretics called Adelphians, C.B.M. 926 b, 956 b.

ܐܘܪܟܠܝܕܣ n. pr. m. Archelides, Journ. As. 1907. 418.

ܐܘܟܣܢܘܢ Auxenon, a presbyter of Apamea, Nöld. F. S. i. 473. 117.

ܐܘܟܣܠܡܗ ὀξάλμη, brine, Chimie 56. 19, 21.

ܐܘܟܣܘܣ var. ܐܘܟܣܘܣ, the river Oxus, Jac. Edes. Hex. 13. 13, 26. 10.

ܐܘܟܣܘܣ col. 64. Dele the sentence in l. 3 of par. ἄξιος, worthy, BHChr. Eccl. 799. 24. § ii. 553.

ܐܘܟܣܝܐ ὀξεῖα, sharp accent, Epiph. De Mensuris 7. 6.

ܐܘܟܣܝܕܝܢ ὀξίδιον from ὄξος, vinegar, Chimie 295. 5 af. so read for ܐܘܟܣܝܕܝܢ ib. 58. 10.

ܐܘܟܣܣܘܛܣ ἐξισωτής, an assessor, C.B.M. 718 b.

ܐܘܟܣܘܡܝܐ i.q. ܐܘܟܣܘܡܝܐ col. 64. inhabitants of Axoum in Ethiopia, Anecd. Syr. iii. 330. 2.

ܐܘܟܣܢܛܣ Auxentius, bishop of Ascalon, Nöld. F. S. i. 468. 18.

ܐܘܟܪܐ col. 64. ὤχρα, ochre, refs. Chimie 2. 11, 44. 24, ܐܘܟܪܐ ib. 279, note 1.

ܐܘܟܪܣܛܣ col. 65, Εὐχάριστος. Eucharistius, pr. n. m. C.B.M. 1070 b.

ܐܘܟܪܘܒܝܕܐ place name, N. Hist. viii. 6. 4.

ܐܘܠܒܐ Olba, a city of Isauria, Sev. Lett. 75. 11, ܐܘܠܒܐ ܕܐܣܘܪܝܐ, ib. 168. 17, ܐܘܠܒ, ib. 483. 5, ܐܘܠܒܐ, C.B.M. 950 a, ܐܘܠܒܐ Nöld. F. S. i. 471. 77.

ܐܘܠܒܝܐ the Olbians, people of ܐܘܠܒܐ, Sev. Lett. 20. 8.

ܐܘܠܓܝܬܘ Oeljaïtu, brother and successor of Kazan, Jab. 147. med.

ܐܘܠܕ col. 65. from Ethiop. አለደ: mêlâd, to gather together, collect. 1) a heap of chaff, Lexx. 2) a heap of corn, store, Is. Ant. ii. 332. 8, a store, ib. 92. 46; ܐܘܠܕܐ ܕܚܛܐ so correct ܐܘܠܕ, winnowed wheat stored in pits, Hist. Mon. i. 285 infra; Sassanidi 63. 30. For ܐܘܠܕ ܕܪܗܘܡܐ in the Description of Rome, Guidi corrects ܠܘܕܐ λοῦδα, λουδαῖ, ludi, games, Zach. Rhet. Bull. Arch. Romae xii. 222. Cf. ܠܘܕܘܢ.

ܐܘܠܘܝ col. 65. lign aloes, refs. Med. 65. 6, 601. 20, ܥܨܐ ܕܐܠܘܝ, B.V.M. 142. 8, 143. 4.

ܐܘܠܝ col. 67. the river Karun, refs. Sassanidi 33. 11, Coupes ii. 154. 7.

ܐܘܠܝܬܪܝܕܐ col. 67. add ܐܘܠܝܬܪܝܕܐ a girl flute player, Tim. 1, ed. Braun 2, ܐܘܠܝܬܪܝܕܣ pl. f. αὐλητρίδες, musicians, Hippoc. xxi. ult. and 4 af., ܐܘܠܝܬܪܝܕܣ, ib. xxii. 1, 2, f. note 6.

ܐܘܡܠܝܢܘ BH. ap. Hebraica iii. 251. Correct ܐܘܡܠܝܢܘ ἐκμαγεῖον, *a mould* or *cast*.

ܐܘܡܕܘܡܐ col. 69. *homonyms*, add refs. Jac. Edes. in Arist. 21. 2, But. Sap. i. pt. 2.

ܐܘܡܕܘܡܐܝܬ *homonymously*, opp. ܗܕܐܘܐܘܡܕܘܡܐܝܬ, But. Sap. Theol. 1. 4, N. Hist. viii. 1, 2.

ܐܘܡܘܢܝܘܣ *Ammonius*, philosopher of Alexandria, Sev. Ant. Vit. 16. 8, 22, 13.

ܐܘܡܢܐܘܣ ὁ Εὐμανείας, *Eumenia* in Phrygia, Nöld. F. S. i. 474. 132, Sev. Ant. Vit. 3. 26, 5. 20.

ܐܘܡܝܪܘܣ *Homer*, Coupes iii. 110.

ܐܘܡܪܘܣ *Aymerus*, a Frank, BHChr. Eccl. 597. 23.

ܐܘܡܪܐ ὁρμιά, *a fishing line*, web-footed birds have a neck like ܠܐܘܡܪܐ, N. Hist. vii. 6. 3.

ܐܘܡܪܝܢ Ἀμώριον, *Amorium*, a city in Pisidia, Nöld. F. S. i. 473. 116.

ܐܘ common abbreviation of ܐܘܢܩܝܐ *ounce*, ܐܘ ? 4 *oz*. Chimie 12. 19.

ܐܘܢܒܢܕܐ ὁ Ὀνούνθων, *Oenoanda* in Pisidia, Nöld. F. S. i. 474. 123.

ܐܘܢܐܓܘܢܣܛܐ ἀγωνισταί, *wrestlers, fighting men*, ܚܢܢܐ ܕܐܘܢܐܓܘܢܣܛܐ ܘܡܣܝܒܪܢܐ ܚܠܦܘܗܝ ܐܣܕܘܢ ܥܡ ܥܒܕܬܐ ܚܣܝܪܬܐ ܠܗܕܐ, But. Sap. Pol. 1. 3.

ܐܘܢܓ var. ܐܘܢܚ, ܗܘܢܓ. *Hang-Chow* in China, Jab. 29. 1.

ܐܘܢܘܟܣܐ col. 72. 1. Add: ܐܘܢܘܟܣܐ ܐܠܐܚܡܝܪ ὄνυξ ἀλαβαστρίτης, *a kind of talc*, Chimie 9. 6. Cf. Diosc. v. clii.

ܐܘܢܟܣܐ ἄγχουσα, *anchusa, alkanet, mallow*, Chimie 2. 9.

ܐܘܢܛܘܣ col. 75. ὄντως, *verily*, ref. Sev. Ant. Hymns 132, note, f., 173. 12.

ܐܘܢܛܝܩܘܢ var. ܐܘܢܝܛܝܩܘܢ *the Henoticon*? Tekkaf. 79.

ܐܘܢܐܢܬܐ col. 75. οἰνανθίς, *vine flower*, ref. Med. 212. 14, 18. Cf. ܐܘܢܐ above.

ܐܘܢܟܐ for ܐܢܟܐ *tin*, A.M.B. iv. 318. 10, 14, but ܐܢܟܐ ll. 8, 12, 15, 319. 1, 4. One manuscript has ܐܘܢܐ throughout, Bedj. in loc.

ܐܘܢܩܕܡܝܘܣ i.q. ܐܘܢܘܡܝܘܣ col. 75. *Eunomius*, heretic, Theod. Mops. ܡܗ. 5; Nars. ed. Ming. 360, note 4.

ܐܘܬܢܝܐ probably i.q. ܐܘܢܝܐ col. 75. *Huns*, Journ. As. 1907, 334.

ܐܘܢܐܢܬܐ οἰνάνθη, *wine made from the flowers of the wild vine*, Med. 322. 13, 323. 6, 9.

ܐܘܣܐ col. 76. 2) the *Oasis* of Egypt, add refs. Anecd. Syr. iii. 100. 2, 119. 18, ܐܘܣܐ ib. 194. 6, 217. 23. ܐܘܣܐ ܕܡܨܪܝܢ, Bar. Penk. 137. 4, 139. 12, Or. Xt. i. 96. 16.

ܐܘܣܒܝܢܐ pr. n. m. *Eusebianus*? bishop of Hadrianopolis, De Goeje B. 65. 20.

ܐܘܣܛܪܝܢ and ܐܘܣܛܪܝܘܢ ὄστρειον, *a purple dye*, Sev. Ant. Vit. 212. 2.

ܐܘܣܛܡܟܘܣ pr. n. m. a priest commemorated on June 23, Or. Xt. i. 315 med.

ܐܘܣܛܬܐ *Eustathius*, bishop of Metropolis, Nöld. F. S. i. 473, 112, ܐܘܣܛܬܐ *Eustathius* of Brusa, ib. 475, 139.

ܐܘܣܝܘܣ *Hosius*, bishop of Cordova, Sev. Lett. 322. 1.

ܐܘܣܝܢܘܬܐ f. *essentiality, substantiality*, ܘܐܘܣܝܢܘܬܐ ܠܢܦܫܐ ܬܪܥܝܬܢܝܬܐ ܡܬܝܗܒܐ. ܠܢܦܫܐ ܕܝܢ ܚܝܘܬܢܝܬܐ ܫܒܥܐܝܬ *essentiality is attributed to the vegetable soul, fortuitousness to the animal soul*, But. Sap. N. Hist. viii. 1. 4; ܐܘܣܝܢܐܝܬ ܘܐܘܡܕ ܘܩܢܘܡܐܝܬ, ib. iii. 11. sect. 1; Philos 4. 1, ܠܐ ܘܐܘܣܝܢܘܬܐ ܒܟܠܗܝܢ ܙܢܝܢ, ib. 8. 2; id. Theol. 1. 4.

ܐܘܣܦܐ col. 79. *marshy land, a swamp*, ref. Hist. Mon. i. 229 ult. 230. 3.

ܐܘܣܢܝܘܣ *Eusanius*, bishop of Eucarpia, Nöld. F. S. i. 474. 130.

ܐܘܣܘܢܝܘܣ *Ausonius*, bishop of Sebennitis, Syn. ii. Eph. 12. 22.

ܐܘܣܢܢܐ ωϲαννα, Greek form of ܐܘܫܥܢܐ *Hosanna*, C.B.M. 543 *b* bis.

ܐܘܼܣܛܵܢܵܐ) Pers. آسْتَان *the Court, Royal Residence*, ܐܘܣܛܵܢܵܐ ܡܸܢ ܢܦܼܲܩ" *Khosrau Nushirwan left the Court*, Jab. 227. 13; ܫܵܗ ܡܲܠܟܲܝ ܡܲܠܟܹ̈ܐ ܠܐܘܣܛܵܢܵܐ ܠܲܡܕܝܼܢܵܬܼܵܐ *the Shah-in-Shah went down to the Court to the Cities*, i.e. to Seleucia-Ctesiphon, ib. 266. 13.

ܒܹܝܬܼ ܐܘܣܛܵܢ̈ܐ *Maison de la Dynastie*, Chabot, but see ܐܘܣܛܠܵܐ. A place in Armenia N. of Arzanene, Syn. Or. 34. 9, 38. 3, 109. 15, also called ܐܘܣܛܵܐ ܕܐܘܙܝ, ib. 43. 17, ZDMG. xliij. 396. 10. See Marquart 169.

ܐܘܣܛܲܢܕܵܪ Pers. استندار, cf. ܐܘܣܛܵܢܵܐ, *Governor of a province*, Pers. Mart. n. 832, Tabari 448, Syn. Or. 77. 14.

ܐܘܿܦܝܼ ὑφέν, *an accent*, Hebraica iv. 160, Syr. 2.

ܐܘܿܦܵܢܛܝܼܣܝܼܣ ὑπάντησις, *the meeting* of Simeon with our Lord in the temple, C.B.M. 273 a.

ܐܘܦܵܕܝܼ col. 80. Correct ܐܘܿܦܵܕܼܢ Jos. Styl. 54. 14: الفُدَين *al-Fudain on the Khabur*, Nöld. note to transl. 46. Or τὸ Ἀπάδνας of Procopius, perh. Tell Âbâd in Tur Abdin, Hoffm. ib.

ܐܘܦܘܦܵܛܝܼܣ" col. 80. ἀπὸ ὑπάτων, *ex-consul*, ref. Pallad. 192. 20.

ܐܘܦܘܦܲܪܟܼܝܼܣ" col. 81. ἀπὸ ὑπάρχων, *ex-prefect*, ref. Pallad. 202. 6.

ܐܘܦܘܕܝܲܣܛܘܠܝܼ ὑποδιαστολή, *an accent*, Hebraica iv. 168, Syr. 2.

ܐܘܦܘܙܘܿܡܵܐ ὑπόζωμα, *diaphragm*, ܡܒܲܛܢܵܐ ܕܐܘܦܘܙܘܿܡܵܐ ܢܦܼܝܼܩ ܡܸܢܹܗ, N. Hist. vii. 6. 3.

ܐܘܦܘܠܡܢܝܼܣܩܘܿܣ ὑπολημνίσκος, *the critical mark* —, Epiph. 7. 9.

ܐܘܦܘܪܝܼܣܡܘܿܣ *m. pl. aphorisms*, Hippoc. 2, 3 tit.

ܐܘܿܦܝܼ, Heb. אוּפָז, *Uphaz*, Hex. Jer. x. 9; Psch. ܐܘܿܦܝܼܪ *Ophir*.

ܐܘܦܛܛܘܿܣ *pr. n. m. Optatus*, A.M.B. iii. 325.

ܐܘܦܪܵܣܝܼܘܿܣ Nöld. F. S. i. 474. 135 for ܐܘܦܪܣܝܘܿܣ" *Euphrasius*, col. 86.

ܐܘܿܦܝܼܡܝܼܢܵܐ ὑφιεμένη, *the cuckoo*, N. Hist. vii. 3. 2.

ܐܘܦܝܘܿܢ col. 83. *opium*, ref. Med. 601. 10. Usually ܐܦܝܘܿܢ q.v. col. 339 and infra.

ܐܘܿܦܝܘܼܢܝܼܡܐ (ܐܘܦܢܝܼܡܐ) ὑπηνέμια, *wind eggs which are barren*, N. Hist. vii. 5. 4.

ܐܘܦܝܩܝܘܿܢ col. 84 *officium*. Add: pl. ܐܘܦܝܩܝܐ, Syn. ii. Eph. 32. 22.

ܐܘܦܘܡܢܝܼܡܵܛܐ ὑπομνήματα, *memoirs*. Stud. Syn. ii. 15. 1, 3. Usually written ܗܘܦܘܡܢܝܡܛܐ q.v. col. 997.

ܐܘܿܦܪܵܐ *place-name*, C.B.M. 711 b, Doc. Mon. 218. 29.

ܐܘܿܦܘܿܣ ὀπός, *juice*, Chimie 37. 1.

ܐܘܿܦܪܵܐ col. 86. amphora, *a wine jar*. Add: a liquid measure equal to Heb. Nebel, see ܢܵܒܼܠܵܐ col. 2258. It equals 150 sextarii or pints according to Cyprian measures, 22 according to the Ascalonian, 18 with the Azotians, and 14 with the inhabitants of Gaza, ܐܘܦܪܐ ...... Epiph. 5. 16 ff.

ܐܘܦܘܪܒܝܼ col. 86. *Euphorbia, spurge*, refs. N. Hist. iii. ii. sect. 2, Med. 49. 8, 601. 16; ܐܘܦܘܪܒܝܼ" ib. 49. 19, 50. 8, 51. 5 and often.

ܐܘܦܪܘܕܝܼܣܘܿܣ *Aphrodisias*: see ܐܦܪܘܕܝܼܣܘܿܣ below.

ܐܘܦܪܘܢܝܘܿܣ *Euphronius*, bp. of Antioch, BHChr. Eccl. 81. 12; Ant. Patr. 298. 40. 26; Syn. ii. Eph. 14. 1.

ܐܘܦܪܘܣܘܢܝܼ col. 86 εὐφροσύνη, *gladness*. Add: pr. n. f. *Euphrosyne*, Stud. Sin. ix. 61 ff.

ܐܘܦܪܛܣܝܼܐ (M.S. ܐܘܦܪܛܝܣܝܐ) ἡ Εὐφρατησία, *Euphratesia*, i.e. the province Commagene with the Cyrrhestica, Sev. Ant. Vit. 270. 9.

ܐܘܦܪܟܣܝܘܿܣ *Eupraxius, a court eunuch*, Sev. Ant. Vit. 104. 9, 106. 10; abbrev. ܐܘܦܪܟܣ C.B.M. 1049 b.

ܐܘܩܘܡܢܝܘܿܣ *pr. n. m. Oecumenius*, Count, Sev. Lett. 12. 7, 92. 4.

ܐܘܩܛܘܩܝܕܩܛܘܢ Ὀκτωκαιδέκατον, *name of a monastery situated 18 miles from Alexandria*, Sev. Ant. Vit. 24. 1, 89. 13, Nau in loc. R. O. C. v. 83.

ܐܘܩܣܡܘܢ؟ col. 88. *ocymum*, add ref. N. Hist. v. 5. 2.

ܐܘܩܣܢܪܐ؟ ὄγκινος, *a hook*, ܐܘܩܣܟܐ؟" ܦܫܩܐ, ܟܘܪܟܐܠܐ؟ ܘܐܘܩܢܪܐ؟, A.M.B. i. 281. 8; ܐܘܩܢܙܐ؟" ܘܩܪܐܠܐ, ib. iv. 149. 3 af. Cf. ܐܘܩܢܦܐ؟" col. 88.

ܐܘܡܟܐ؟, الوقاية *a veil of silk and gold tissue*, Dozy, Suppl.; Praet Miss. 20. 33; *a veil of net*, col. 2502 under ܣܟܦܐ.

ܐܘܩܪܦܐ؟ *Eucarpia* in Phrygia, Nöld. F. S. i. 474. 130.

ܐܘܪ؟ col. 89. *Ur of the Chaldees:* ܐܘܪܝܐ؟ *the people of Ur*, Abraham is called ܟܕ ܐܘܪܝܐ؟ ܒܪ, Warda 103 *r*.

ܐܘܪ؟ ᾿Ωρος, *Horus*, son of Isis, Arist. Apol. ܚܡ. 12.

ܐܘܪܒܣ؟ *Urbicius*, a minister of the Emperor Anastasius, Jos. Styl. 78. 19; Syn. ii. Eph. 25. 13.

ܐܘܪܒܣܘܡ؟ *Urbicum* (?), a spot in Constantinople, Anecd. Syr. ii. 246. 2.

ܐܘܪܚܠܐ؟ possibly Lat. *orbita*, *a path, course;* parallel to ܐܣܐܠ ܘܐܠܐ. ܡܗܡ؟ ܘܐܠܚܕܐ ܡܪܘ ܗܘܐ ܐܘܪܚܠܐ؟ ܐܣܠ ܗܘܐ Ephr. Ref. ii. 138. 38; ܐ؟ ܐܠܐ ܡܝܢ؟ ܘܐܫܗܠܐ ܚܕܗ ܡܢ ܒܠܐ ܐܘܪܚܠܐ؟ ܘܚܕܗܪ؟ ib. 139. 1, 2. Cf. Mingana in loc. R. A. S. Oct. 1922.

ܐܘܪܒܣܐ؟ *Urbicia*, a deaconess, Pléroph. 94. 12.

ܐܘܒܣܝܘܢ؟ ἀργύριον, *an obol*, Diosc. ed. Nau 81. 1.

ܐܘܪܓܢܝܩܐܝܬ؟ ὀργανικῶς, *instrumentally*, Apis. ܥܕ 7: ܐܘܪܓܢܐܝܬ؟ *organically*, Med. 77. 8.

ܐܘܪܓܢܐ؟" col. 92. *organic*, refs. ܟܐܒܐ ܕܣܗܪܐ N. Hist. viii. 2. 1, 3. 1, 4. 1; ܐܘܪܓܢܐ؟" *organic disease*, Med. 15. 17; ܐܘܪܓܢܐ؟ ܐܘܟܕܐ؟ ib. 65 ult.

ܐܘܪܓܢܣܛܐ؟ *a follower of Origen*, Jab. 496. 4. See ܐܘܪܓܢܣܛܐ؟ col. 95 ult.

ܐܘܪܓܢܣܛܝܐ؟ f. *school of thought of Origen*, Jab. 503. 11.

ܐܘܪܘܕܝܘܣ؟ ἐρωδιός, *the heron*, Natur 34. 10. This passage is quoted in BB. col. 92.

ܐܘܪܝܘ؟ pr. n. m. M. Z. 210. 19.

ܐܘܪܘܕܘܣ؟ *Herodotus*, N. Hist. vii. 2. 1 infr.

ܐܘܪܝܘ؟ a mountain in Beit Garmai, Chast. 5. 14, 8. 13.

ܐܘܪܝܘ؟ *Uranius*, bishop of Himerion, Syn. ii. Eph. 11. 13.

ܐܘܪܘܢܝܣ؟ var. ܐܘܪܘܢܛܣ؟ ᾿Ορόντης, a mountain in Media, Jac. Edes. Hex. 37. 10.

ܐܘܪܘܣ؟" col. 94. ὄρος, *a mountain*, ref. ܠܛܘܪܐ ܕܓܠܝܢܐ God called Moses *to the Mount of Revelations*, S. Dan. 54 *a pen*; ZA. xix. 154.

ܐܘܪܘܢ؟ οὖρον, *urine*, Chimie 7. 16; ܐܘܪܘܢ؟ ܐܦܬܪܛܘܢ؟ οὖρον ἄφθαρτον, *urine non corrompue*, ib. 16. 10, 20, 24, 17. 2, 15, 55. 21.

ܐܘܪܘܣܣ؟ ᾿Ορόσσος, a mountain in Scythia, Jac. Edes. Hex. 38. 6.

ܐܘܪܘܣܩܘܦܘܣ؟ cf. ܐܘܪܣܩܘܦܘܣ؟ col. 94. *horoscope*, Georg. Ar. 25. 16, 19.

ܐܘܪܘܦܘܣ؟ col. 94. *Europus* on the Euphrates. See ܐܘܦܪܛܣ؟.

ܐܘܪܘܦܘܓܝܢ؟ ὀρροπύγιον, *rump*, N. Hist. vii. 6 with gloss. ܣܘܦ ܕܒܣܪܐ؟.

ܐܘܪܣܛܐ؟ col. 95. 1. Correct ܐܘܪܣܛܐ؟ q. v. sub ܐܘܪܣܛ؟.

ܐܘܪܛܐ؟ Anecd. Syr. iii. 325. 4, Ahrens gives ὁρατής, *spectator*, but Nöld. ἑορτή, *holiday*, Lit. Zentralblatt. 1899, p. 1364.

ܐܘܪܛܘܓܣ؟ ὄρτυγες, *quails*, N. Hist. vii. 2. 3, 4. 4.

ܐܘܪܛܐ؟ ἀορτή, *the aorta*, N. Hist. vii. 1. 3; 6. 4, 5; ܚܣܐ ܐܘܪܛܐ ܐܣܐ, Coupes ii. 130. 9.

ܐܘܪܛܝܐ؟ col. 95. Correct *Urartians;* the form Urtu was used for Urartu, P. Jensen ZA. vi. 66 note. This people is supposed to have been a remnant of Aramean autochthones, and to have inhabited the district of Anzitene in Armenia, Hist. de l'Arménie, Sandalgian i. 249. Add refs. Jos. Styl. 33. 9 transl. 28 note; ܐܘܪܛܝܐ؟ ܐܚܪ, Dion. 55. 16, 59. 14, ܐܘܪܛܝܐ؟ ܐܚܣܒܐ؟, ib. 60. 20, 61. 2; ܐܘܪܛܝܐ؟ ܚܒ ܐܘܪܛܐ ܕܒܠܐ؟ Anecd. Syr. ii. 279. 20, 277. 5, 7; ܐܘܪܛܝܐ؟ ܚܣܐ؟, ib. l. 9.

ܐܘܪܝܐ col. 95. Correct ܐܘܪܝܐ τὰ θεώρια, *shows, races,* Zach. Bull. Archaelog. Roma xii. 222.

ܐܘܪܘܠܘܓܝܘܣ col. 96 pl. of ܐܘܪܠܘܓܘܢ, ref. De Astrolabe 84; ܐܘܪܠܘܓܝܐ ܒܕܘܡܐܠ N. Hist. ii. iii. sect. 4.

ܐܘܪܢܘܛܘܣ corrupt for εὐρόνοτος, *the S.S.E. wind*, Med. 533. 11.

ܐܘܪܟ Heb. אֶרֶךְ, Ὀρέχ, Ὀρχοή, Assyr. Arkou, *Uruk*, now *Warka*, W. of Larsa, Syn. Or. 246. 7, 32, 247. 19 traditionally i. q. ܐܘܪ; ܐܘܪܟ ܒܡܕܝܢܬܐ ܗܝ ܕܐܚܙܝܘܗܝ, ib. l. 22, 251. 1.

ܐܘܪܟܣܛܐ col. 98. ὀρχησταί, *dancers,* Vit. Mon. 89. 11; ܐܘܪܟܣܛܣ C.B.M. 335 a; miswritten ܐܘܪܟܣܛܣ ib. 342 a.

ܐܘܪܟܣܛܪܐ ὀρχήστρα, *la danse en groupes*, Sev. Ant. Hom. 54. 12.

ܐܘܪܡ col. 98. Οὔριμα, *a town in Syria*, probably *Rum Kala*, Or. Xt. ii. 270; Sev. Ant. Vit. 325. 7.

ܐܘܪܡܝܐ col. 98. *Urmi*, a city near Lake Urmi in Azerbaijan, now written ܐܘܪܡܝ, Pers. أُرْمِی, Ar. اورمى, Nöld. N. Syr. Gram. xxii. note, Jab. 43. 12.

ܐܘܪܡܐܕ place-name, C.B.M. 705 a, Doc. Mon. 157. 21.

ܐܘܪ perhaps abbrev. of Οὐράνιος, *Uranius*, bp. of Himerion, Doc. Mon. 253. 7.

ܐܘܪܢܛܐ col. 98. river *Orontes* in Syria, refs. Stud. Sin. 96. 21; Dion. Ined. 461. 6, 477. 16; ܐܘܪܢܛܣ, Jac. Edes. Hex. 25. 1.

ܐܘܪܣܠܡܘܣ name of one of the soldiers set to guard Our Lord's sepulchre, Journ. As. 1906. 283. 6.

ܐܘܪܣܡܕܢ probably a miswriting of *Ocimum*, ܐܘܟܠܐ ܕܐܘܪܣܡܕܢ ܐܡܟܟ, Med. 182. 18.

ܐܘܪܦܘܣ col. 99. *Orpheus*, add: ܐܘܪܦܘܣ, C.B.M. 427 a, ܐܘܪܦܘܣ Coupes iii. 10.

ܐܘܪܦܐ col. 99. *Europe*, Jac. Edes. Hex. 26. 9; ܐܘܪܘܦܐ, ib. 31. 13 bis, 34. 7, 13.

ܐܘܪܬܘܓܪܦܝܐ col. 101. *orthography*, Jab. 1. 22 note.

ܐܘܪܬܘܕܘܟܣܐܝܬ *with orthodox mind*, ܘܗܘ ܐܘܪܬܘܕܘܟܣܐܝܬ ܘܡܕܚܣܡ, Sev. Lett. 398.

ܐܘܪܬܪܐ or ܐܘܪܬܪܐ ἡ Ἐρυθρά, *the Erythrean Sea*, Jac. Edes. Hex. 14. 8.

ܐܘܪܬܪܘܢ ἄρθρον, *a limb*, N. Hist. vii. 3. 1.

ܐܘܫܩ col. 102. Ar. اشاق or وشق *gum ammoniac, assafoetida*, refs. Med. 56. 9, 91 bis, 587. 13, 602. 2.

ܐܘܬܘܠܘܦܣ ἀνθόλοψ? a fabulous animal with sharp horns, ܐܘܬܘܠܘܦܣ ܐܘܣܒܕ ܡܚܕܐ, Anecd. Syr. iv. 48. 11 f.

ܐܘܬܘܢܘܣ pr. n. m. *Autunus.* B H Chr. Eccl. 347. 7.

ܐܘܬܩܢܐ &c. col. 103. *dark night*, ref. Warda 246 r, gloss. ܣܡܘܬܐ.

ܐܘܬܢܛܝܠ col. 103. l. 6 of par. *his own power* or *authority*, ܠܐ ܡܚܣܡܝܢ ܚܠܘܠܝܗܘܢ ܕܢܚܘܢ, Syr. Rom. Rechtsb. 9.

ܐܘܬܢܛܝܐ 1) *of their own will, subject to themselves*, ܐܘܬܢܛܝܐ ܥܡܗܘܢ ܐܡܕ ܚܟܡܗ ܐܠܗܐ, Chron. Min. 277. 16. 2) αὐθεντικῶς, *genuinely*, colophon, ap. R.O.C. 1912, 88, Syr. 1.

ܐܘܬܢܛܝܩܐ αὐθεντική, *the original*, ܐܘܬܢܛܝܩܐ ܕܣܝܐ, C.B.M. 725 a, Syn. ii. Eph. 78. 4.

ܐܘܬܢܛܝܩܘܢ αὐθεντικόν, *the original*, ܐܘܬܢܛܝܩܘܢ opp. ܢܣܚܐ *a copy*, Syr. Rom. Rechtsb. 23; ܥܡ ܐܘܬܢܛܝܩܘܢ ܠܘܝܗܝ *it is authentic*, Syn. ii. Eph. 79. 2, 26; Nöld. F. S. i. 476. 16.

ܐܚܙܕܐ col. 103 ult. Dele and run on ܐܚܙܕܐ; so col. 104, ll. 3, 4 correct ܒ to ܕ.

ܐܙܕܩܡ name of a Persian noble, Jab. 259. 9.

ܐܙܘܛܝ *inhabitants of Azotus*, Epiph. 5. 19.

ܐܙܘܚ ܐܚܕܗ *barbarous or corrupt words* in A.M.B. iii. 593. 4.

ܐܙܝܕ *Izad, name of God*, ܐܙܕ ܐܗܠܟܐ, Yezidis 104. 6, ܐܙܕ ܕܡܚܕܐܐ ܡܪܝ, ib. 105. 3.

ܐܙܝ *a Persian town*, A. M. B. iv. 217, C.B.M. 1181 a, ܐܙܝ, ib. 1182 b.

ܐܙܝܐ *an inhabitant of* ܐܙܝ, C.B.M. 1182 b.

ܐܙܠ col. 106. With ܡܢ *to be lost, be taken from*, ܐܬܬܚܡܢܝ ܕܡܠܐ ܩܕܡ ܐܠܐ ܐܚܒܘܢ ܢܣܒܘܢ ܟܠܚܕܚܕ ܡܢܗܘܢ *they were allowed to claim everything which had been taken from them*, Jab. 129. pen. Act. part. ܐܙܠ ܠܡܐ *according to the current price*, Dion. 183. 12, 184. 11. Pass. part. fem. ܐܙܠܬܐ ܗܝ ܐܝܣܝܣ *Isis goes to bathe, Isis wants a bath,* said in derision when idols were brought out, Sev. Ant. Vit. 35. 6; Nau in loc. R.O.C. iv. 549 n. 3.

ܚܘܙܐܟܐܢܝܐ *of or pertaining to the heavenly bodies,* ܐܘܚܕ ܚܘܙܐܟܐܢܝܐ *motion of the spheres,* But. Sap. N. Hist. Bk. ii. v. sect. 2; pl. ib. 5. 2, 4; ܙܘܥܐ ܚܘܙܐܟܐܢܝܐ ib. Theol. 4. 6 tit., pl. ib. 5. 3; ܢܦܫܐ ܬܪܒܝܬܢܝܐ ܚܝܐ ܘܢܦܫܢܝܐ ܘܐܢܫܝܐ ܘܚܘܙܐܟܐܢܝܐ *life vegetative, animal, human, and celestial,* N. Hist. viii. 1; ܢܦܫܐ ܚܘܙܐܟܐܢܝܐ Theol. 4. 1.

ܐܙܡܘܪܬܝܐ m. pl. *Azmurtaei,* a Scythian warrior race, Ephr. ed. Lamy iii. 195.

ܐܙܡܪܓܕܐ col. 109. σμαράγδινος, cf. Pers. زمردين, *an emerald,* Anecd. Syr. iii. 336. 3; Lexx. under ܡܩܒܠ col. 1584.

ܐܚܐ col. 111. ܐܚܘܢܐ *dimin. little brother,* ref. 4 Macc. 351.

ܐܚܘܝܐܬ col. 113 ult. *fraternally,* opp. ܚܣܡܐܝܬ, Sev. Lett. 14. 22. ܐܚܘܝܐܬ as col. 114. 1, Anecd. Syr. ii. 258. 2, ܐܚܝܐܝܬ ib. 278. 1.

ܐܚܘܝܘܬܐ col. 113. Metaph. *relation,* "rapport," Georg. Ar. 24. 12.

ܐܚܘܪܡܝܐ *corruption of* ἐν ἑνὶ Ἱερεμία, *the Book of the Prophet Jeremiah,* Eus. ed. McLean 416. 11, ZA. xii. 125.

ܐܚܕ col. 114. Add : *to hold good, be valid,* of ordination, Sev. Lett. 65. 13, 16; 452. 2. With ܥܠ *to be incumbent upon,* ܐܚܝܪ ܗܘܐ ܥܠ ܝܚܘܕܗ, Ephr. Ref. i. 35. 9, 41. With ܟܡܐܢܐ *to lie in wait, take up an ambush,* Natur 14. 2; ܢܦܫܐ *to regain self-control,* Act. Apost. Apoc. 233; ܐܚܕ ܚܘܫܒܐ see ܚܘܫܒܐ below; ܠܚܘܕܪܐ *to rule over the world,* Gest. Alex. 34. 2; ܠܒܬܪ *to follow;* ܐܣܒܠܬ ܐܚܕܬ ܥܠ ܟܠ ܣܟܠܘܬܗ *I put up with his folly,* Pallad. 41. 12. Act. part. ܐܚܕ *a helper,* Syn. Or. 56. 1. Pass. part. ܐܚܝܕ col. 117, 6 of par. add: ܐܚܝܕܝ ܐܘܪܚܬܐ *bandits, highwaymen,* Jab. 222. 9; ܐܚܝܕ ܟܠܗ ܥܠܡܐ κοσμοκράτωρ *ruler of the world,* Gest. Alex. 225. 11. Aph. ܐܚܫܝ *to order of a workman* with ܥܠ of the pers. ܐܘܚܫ ܚܕ ܠܝܘܣܦ ܢܓܪܐ *a customer ordered Joseph the carpenter to make a couch,* Apoc. N. T. 15. 7.

ܐܚܝܕܐܝܬ *enigmatically, in an enigma,* Syn. Or. 186. 14.

ܐܚܝܕܐ *mighty, commanding,* ܐܝܕܐ ܐܚܝܕܬܐ χεὶρ κραταιά, Clem. Cor. ی. 4, ܚܝܠܐ ܐܚܝܕܐ ܓܕܐ ܛܠܐ, But. Sap. Periherm 1. 5.

ܐܚܝܕܐܝܬ *collectively,* opp. ܒܡܢܬܐܝܬ *particularly,* But. Sap. Isag. 1. 3.

ܐܚܝܕܘܬܐ f. *grasp, power of seizing,* But. Sap. N. Hist. vii. 6. 6; *closing, restraining of the womb,* ib. 5. 2; *setting a limit, limiting,* ib. Philos. 5. 3; *collectivity = covering the whole sense,* opp. ܒܡܢܬܐܘܬܐ *a word which signifies a part,* ib. Isag. 1. 3 ter.

ܐܚܝܫܒܘܬܐ 3) *self-restraint, abstinence,* Pallad. 202. 23; ܠܐ ܐܚܝܫܒܘܬܐ ܚܡܬܐ ἀνεξικακία, *absence of resentment, forbearance,* Sev. Ant. Hymns 58 note b.

ܚܕܐܫ ܚܙܬܐ *fascination, causing hallucination,* ܕܚܕܐܫ ܚܙܬܢ ܘܚܕܡܢ ܚܡܬܢ ܟܬܢܐ ܕܚܙܬܢ ܚܕܐܫ ܚܙܬܢ ܦܢܘܗܐ Nars. ed. Ming. ii. 4. 5, ܬܘܒ ܘܚܘ ܚܡܬܐ ܐܢ ܡܕܡ ܥܝܝܠܐ ܘܦܝܟܝܢܐ ܕܚܕܐܫ ܚܙܬܐ ܟܪܢܐ ܓܬܡܐ, note ib.; ܫܥܘܕܐ ܘܡܣܕܡ *sorceries which they work by means of the eye,* Hist. B.V.M. 199. 3, ܥܝܢܐ ܓܢܬܐ, ib. 204. 7.

ܐܚ interj. *Oh,* if the reading be correct, ܐܚ ܡܢܘ ܢܬܠ ܒܚܡܝ Jos. ed. Engel 3. med.

ܐܚܘܒ *Ahob,* not ܐܝܘܒ *Job,* ܐܚܘܒ ܡܠܦܢܐ, B.O. iii. i. note 4; see Chabot on this name, Journ. As. 1906, 273 sq. DBB. Proem xix.

ܐܚܘܢ Ar. احون, *Ahwan,* a village, A.M.B. ii. 5 9

ܐܚܘܪ col. 124. *Ahikar,* Tobit i. 22, f., ii. 10 ed. Lag. but ܐܚܘܢܣܪ ed. Mausil.; it is a scribe's blunder for ܐܚܝܩܪ, *Ahikar,* Introd. xxix. See Meissner, ZDMG. xl. 191, f.

ܐܚܐܚܪ, אחי אחר *the other brother =* pr.n. *Ahikar;* cf. אחירם Num. xxvi. 38; Pers. Mart. 182; Story of Ahikar ܚܟܝܡ, ܚܟܝ *and passim;* Ebed J. Card. 100. 11.

ܐܚܕܡܗ pr.n.m., bishop of Shuster, ZDMG. xliii. 406. 9.

ܐܚܣܕܪܐ corr. ܐܚܙܕܪܐ, Arab. عكبرا *near Baghdad,* El Nis. Chron. 71. 13.

ܐܣܠܐ col. 125. *Salsola Kali, a soapwort*, add refs. Med. 560. 6, ܐܣܠܐ ܕܩܨܡܐ *a stem of soapwort*, ib. 574. 22, ܐܣܠܐ ܕܩܡܪܐ δορύκνιον, *Saponaria, soapwort, fuller's herb*, ib. 63. 18, 22, 171. 7.

ܐܣܡ col. 125. Shaphal, unusual form ܐܣܡ *to leave*, ܣܒܩܘ ܐܣܡܘ ܐܬܪܐ *they left—abandoned—the country* round Mosul on account of famine, Dion. 176. 21, 177. 5. Part. ܡܣܡܐ *too late*, opp. ܡܩܕܡ *too early*, Hist. Mon. i. 92. 13. Eshtaphli ܐܣܬܡܐܝܬ col. 128, add ref. *to be left out, be lacking*, ܡܫܬܡܠܝܐ, Greg. Carm. 103. 10.

ܐܣܢܝܐ, ܐܣܢܝܐ col. 127. 5 of par. ܐܣܢܝܐ ܝܡܐ *the farther sea = the Caspian*, M.Z. 33. 43, 58. 30. ܐܣܢܝܐ ܒܝܫ κακοτελής τελειόκακος, *utterly bad*, Pelagia 7. 32. Rit. *the second half* of the choir, opp. ܩܘܕܡܝܐ, Brev. Chald. i. 26 pluries; Qdham W. 7, ff. Cf. ܩܕܡ.

ܐܣܢܬܐ f. add: διαφορά, *differentia* (one of the subjects of philosophy), But. Sap. Philos. 1. 2. ܐܣܢܬܐ ܕܨܒܘܬܐ *that the matter was otherwise*, Is. Ant. B. 85. 12.

ܐܣܐ, ܐܣܐ col. 131. l. 1 of par. correct ܐܣܐ to ܐܣܐ *a bramble*.

ܐܣܘ *a part of Arabia*, Doc. Mon. 213. 25, C.B.M. 709 b.

ܐܣܘܕܐ *a red dye*, Chimie xlvii. i. q. ܣܘܕܐ q. v.

ܐܣܘܢܐ Gr. ἡνίαι, *reins*, Gest. Alex. 48. 8, 135, 4, ZA. xxii. 205.

ܐܛܘܣ *Atys, lover of Rhea*, Arist. Apol. ܠ, 7, 9.

ܐܛܝ *Ati, a village in Adiabene*, Chast. 10 ult., 16. 18.

ܐܛܝܥܐ (ܐܛܢܝ ?) *a monastery in Arabia*, C.B.M. 711 b, Doc. Mon. 218. 25.

ܐܛܝܩܘܣ *Atticus, a philosopher*, B H. ap. Hebraica iii. 251. 11.

ܐܛܝܩܐ col. 132. *Attic*, Tim. i. ed. Braun 28, ܝܘܢܝܐ ܐܛܝܩܐ *attic Greek*, G. Busâmé, 5 b. 4 af.

ܐܙܘܢܐ col. 132. astron. *the zone of the heavens, the heavenly sphere*, ܐܙܘܢܐ ܕܫܡܝܐ, N. Hist. ii. 3, sect. 1, ܕܡܕܝܪܐ ܠܡܕܝܢܬܐ ܕܐܙܘܢܐ, ib. cap. v, sect. 6 and often.

ܐܝܛܠܝܩܐ *Italicum, Italian*, Chimie 10. 5. Usually ܐܝܛܠܝܐ. See col. 146.

ܐܝܡ col. 133. ܐܬܐܝܡ add: *choked up*, ܠܒܗ ܐܝܬ ܘܡܣܬܡܣ ܘܡܝܩܝܢ ܚܕܐ ܕܡܣܬܕܩ, Ephr. Ref. ii. 186. 26; ܐܕܢܐ ܐܬܐܝܡܬ *stopped up, deaf ears*, id. ed. Lamy i. 169. 6. l. 18 of par. ܐܬܐܝܡ ܘܡܬܟܬܒ ܐܬܐܝܡ ܐܘ ܡܬܟܠ ܐܢܬ. ܐܘ ܡܟܠ ܘܡܬܟܠ the Syriac alphabet is divided into *consonants* and *vowels* and the consonants are either *quiescent* or *vocalized*, But. Sap. Philos. 6. 3.

ܐܝܡܢܘܬܐ add metaph. *solidity, trustworthiness*, Pallad. 94. 3 af.

ܐܬܪܒܝܘܣ pr. n. m. *Atarbius*, Pléroph. 22. 9.

ܐܬܪܘܓܐ col. 134. *lemon or orange*, add ref. Gest. Alex. 217. 5, ܐܣܠܐ ܕܐܬܪܘܓܐ, Chimie 48. 18, ܐܬܪܘܓܐ ܡܚܒܒܐ, Med. 266. 2, 304. 11, 12.

ܐܬܪܘܡܝܩܣ ἑτερομήκης, *oblong*, gloss. ܗܟܢܐ ܐܡܪ ܠܐ ܦܐܝܐ ܚܒܢܟ, But. Sap. Isag. 2. 4.

ܐܬܪܘܢܘܡܐ col. 134. *heteronyms*, ref. But. Sap. ii. 1, pt. 2.

ܐܬܪܘܦܝܐ *atrophy*, ܣܡܐ, N. Hist. viii. 2. 2.

ܐܛܪܝܢܘܣ *Trajan, Emperor*, Stud. Sin. ix. 93. 5, 94. 4 af.; ܛܪܝܢܘܣ ib. l. 7, 94 ter. and col. 1519.

ܐܘ interj. *woe*, ܐܘ ܠܟܡ ܠܟܘܢ, Dion. 151. 7.

ܐܘܐܟܣܪܛܣ *the river Jaxartes*, Jac. Edes. Hex. 13, 13. ܐܘܐܟܣܪܛܝܣ ib. 26. 11, Vars. ܐܘܐܟܣܪܛܝܣ and ܐܘܐܟܣܪܛܝܣ.

ܐܘܦܩܐܝܬ ὑπακοαί, *refrains* or *burdens* of hymns, C.S.B. 273.

ܐܘܒܪܐܣܟܣ *Ibrasakis, transliteration of* ΑΒΡΑΞΑΣ. The numerical value of the Syriac as of the Greek letters is 365. Basilides called this name the name of God, Coupes ii. 107, 115.

ܝܰܓܠܳܐ? *a stream*, Jac. Sar. B. iii. 798. 9. For Assyr. deriv. see Hoffm. ZA. xi. 241.

ܐܝܓܝܐ? ἅγιος, col. 137. Add: ܐܝܓܝܐ ܣܘܦܝܐ? ἁγία σοφία, *Hagia Sophia*, name of the great church at Edessa, BHChr. Eccl. 65. 2.

ܐܝܓܠ? probably *Egil*, a village on the Tigris, north of Amid, Dion. Ined. 61. 8.

ܐܝܓܠܓܠ? *Egalgal*? a monastery near Merv, Chast. 23. 10.

ܐܝܓܡܐ? name of a monastery, perh. near Amid, C.B.M. 836 a.

ܐܝܕܘܢ? ἀηδών, *the nightingale*, N. Hist. 4. 4 infra.

ܐܝܕܝܘܛܣ? ἰδιότητες = ܕܝܠܝܬܐ? *properties*, C.B.M. 941 b.

ܐܝܕܝܘܡܛܐ? ἰδιώματα, *characteristics*, C.B.M. 941 b.

ܐܝܘܦܐ? col. 139 and Med. 83. 11. Correct to ܐܦܝܘܢ? q. v.

ܐܝܘܣܡܐ? col. 139. *an edict*, refs. Jac. Edes. Chron. Can. 302, Sev. Lett. 37?. 21, 373. 6, 9.

ܐܝܘܣܡܝܘܢ? *an indiction*, Sev. Ant. Vit. 314 ult. See ܝܘܣܡܘܢ? col. 256.

ܐܝܘܚܕܢ? or ܐܝܘܚܕܢ?, a city of India, Kal-w-Dim. ed. Bickell 116. 9.

ܐܝܘܣ? col. 142. ἰός, *rust*. Add: ἰός among the Greeks means any metallic oxide, ܐܘܣ? ܕܦܪܙܠܐ?, Chimie 3. 5 and note 6, 4. 13, written ܐܝܘܣ?, ib. 277. not. 1.

ܝܘܣܐ? *Joses*, Mat. xxvii. 56 VHh. in marg. ܝܘܣܐ.

ܐܝܘܣܛܘܣ? *Justus*, Acts i. 24, xviii. 7 VHh.

ܐܝܠܐ? *a wheaten loaf*, BA. under ܠܚܡܐ, col. 1693.

ܐܝܠܦܘܢ? col. 144. Pers. انزروت, Pers.-Arab. عنزروت, *Persian gum, sarcocolla*, ref. Chimie 7. 10 as gloss to ܣܪܩܘܩܠܐ?; ܒܠܘܛܐ?, ib. 97. 6. Oftener ܚܠܒܙܝܬܐ q.v. in Suppl.

ܐܝܢܛܝܡܐ? m. pl. Lat. *intima, intimata*? Tekkaf. 115. Samuel translates *Forschungen, investigations*. But prob. ܐܝܢܛܝܡܐ? ζητήματα.

ܐܝܛܠܐ? *Attala*, a bishopric in Pamphylia, Pléroph. 137. 8, 138. 4.

ܐܝܠܣܘܦܐ? ἕτεροι σοφισταί, Epiph. 18. 8.

ܐܟܝܠܘܣ? *Achillas*, bishop of Alexandria, BHChr. Eccl. 67. 16.

ܐܟܡܐ? name of the mountain of Ephesus, *Koressos* now Panajir Dagh, C.B.M. 1045 b, ܐܟܡܐ? ib. 1048 b.

ܐܟܢܘܡܘܢ? *ichneumon*, C.B.M. 1193 a.

ܐܟܠܘܣ? col. 151 infr. 2) εἰλεός, *colic of the smaller intestines*, Med. 423. 16, 426. 21, Hippoc. iii. 21, vi. 43, vii. 8, ܐܟܠܘܣ? and ܐܟܠܘܣ?, ib.

ܐܠܐܪ? *Ilar*, wife of Bashram, King of Hind, Kal-w-Dim. 333. 3.

ܐܠܐܪܝܘܢ? *Hilarion*, bishop, Sev. Lett. 76. 15, 77. 5.

ܐܠܟܐ? col. 152, place-name. Add: 4) Ἰλίπα, *Ilipla*, inland from the Baltic, Natur 45. 18.

ܐܠܠܣ? Ἴλλος, *an officer of Zeno who rebelled against him*, Vit. Mon. 10. 13. 15, ܐܠܠܣ? Sev. Ant. Vit. 40. 2, 6.

ܐܠܠܘܣܛܪܝܣ? Lat. *illustris*, title, *illustrious*, R.O.C. xv. (1910), 240.

ܐܠܝܢܐ? (ܐܠܝܢܐ?) *Julian of Halicarnassus*, Anecd. Syr. ii. 246. 28.

ܐܠܩܛܠܐ? ἀνάλωμα, *provision of money for a journey*, with gloss. ܪܗܛܐ ܕܐܘܪܚܐ, Pléroph. 48, ult. Syr. See ܠܩܛܐ? p. 25.

ܐܟܢܐ? col. 155. Add: ܐܟܢܐ? ܐܟܢܐ? *shrubs*, N. Hist. vi. 2. 2 ; ܢܩܠ ܡܢܗܘܢ ܚܡܠܐ? ܚܩܠܐ? ܘܐܚܪܢܐ? ܐܝܟ ܒܝܬ ܢܨܒܬܐ *some explain the field* (Gen. xxi. 33) *as a plantation, others as a cornfield*, Anecd. Syr. iii. 298. 4.

ܐܟܢܓܐ? Bedj. corrects to ܐܢܓܠܛܪܐ? *Angleterre, England*, Jab. 72. 4, 6.

ܐܟܣܢܐ? col. 155. 1) = *a chestnut*, Med. 240. 9, ܐܟܣܢܐ? *a dose the size of a chestnut*, ib. 197. 1, 21, 318 ult. and often. 2) Corylus avellana, *the hazel nut, filbert*, Ar. Pfln N. No. 23, Jac. Edes. ap. Nöld. F. S. i. 576.

ܐܡܘܬ? *Imouth*, name of a book on chemistry, by Zosimus, Chimie 214, n. 1.

ܐܶܢܰܫܝܺܡܳܘܶܗ) *ἡμίθεος, semi-deus*, BA. and BB. under ܢܰܫܝܡܳܐ.

ܐܶܡܶܪܝܢ) Ἡμέριον, *Himerion*, a bishopric of Osrhoëne, Doc. Mon. 253. 9, ܐܶܡܶܕܝܢ), Syn. ii. Eph. 11. 13.

ܐܶܡܺܝ col. 157. 7 of par. ܠܳܐ ܚܳܐܶܡ Gr. διοχυρίζετο, *he affirmed strongly*, ܐܡܪ ܟܕ ܚܐܬܡ ܘܠܐ: A.M.B. v. 80. 7; ib. iv. 321. 16, 612. 6.

ܐܶܡܺܝ col. 158 *a hin*. ܐܶܡܺܝ ܕܡܰܩܕܫܳܐ ἅγιον ἵν, *the hin of the sanctuary*, a Hebrew measure, equals 9 pints, Epiph. 5. 20; ܗܘ ܗܶܡܺܝ ܪܰܒܳܐ *the greater hin* is just double, i.e. 18 pints or a quarter of a metretes, ib.

ܐܶܬܬܰܐܺܝ) col. 158 infr. Add: *to be influenced, affected by*, ܐܶܬܬܰܐܺܝ ܚܕܐ ܗܕܡܐ ܐܘ/ ܐ̇ܬܬܰܐܺܝ) ܡܢ ܚܘܡܐ ܐܘ ܠܐ ܚܳܐܶܫ ܕܶܝܢ *a limb when affected by heat or some other cause loses feeling*, But. Sap. Theol. 5. 2; ܚܺܐܪܬܳܐ ܕܶܝܢ ܐܰܢܬܬܳܐ ܗܳܝ ܡܶܬܕܰܒܪܳܢܺܝܬܳܐ *a freeborn wife is more easily influenced in her ways and manners*, ib. Econ. ii. 1; N. Hist. viii. 3. 2. infr.

ܐܰܝܢܳܝܳܐ) col. 158 ult. *relating to quality*, opp. ܟܡܳܝܳܢܳܐ *relating to quantity*, N. Hist. vii. 1. 1; ܙܢܺܝܳܐ ܡܕܡ ܕܙܘܥܐ/ܐܰܝܢܳܝܳܐ *particular mode of movement*, ib. i. 1. 3.

ܐܰܝܢܳܝܘܬܳܐ) f. *quality, attribute*, ܐܰܝܢܳܝܘܬܳܐ ܗ̇ܝ, But. Sap. Philos. 6. 2; ܗܺܝ ܕܶܝܢ ܐܰܝܢܳܝܘܬܳܐ ܕܗܕܡܐ *the quality inherent in the organ of taste*, ib. Theol. 5. 3.

ܐܺܝܢܳܐ) ܐܺܝܢܺܝܢ Pers. آئین, *an official, a torturer*, Jab. 242, pen. gloss. ܟܕ ܠܐܟܗܐ: ܐ, ܟܶܣܦܳܐ ܕܡܪܐ, 255. 11, 259. 8.

ܐܺܝܢܕܺܡܘܣ) pr. n. m. *Indimus*, bishop of Irenopolis, Syn. ii. Eph. 10. 25.

ܐܺܝܢܶܣ) col. 159 ἴς, ἴνες, *fibres*, the four ܐܺܝܢܶܣ of the vegetative soul work by ܒܛܺܝܠܳܐܝܬ/, But. Sap. N. Hist. vii. 1. 7, viii. 2. 2, Eth. 1. 3; ܐܶܝܢ̈ܶܐ/ܢܶܕܐ ܕܡܨܝܕ ܓܘܚܝ *filaments* or *threads of a spider's web*, De Astrolabe 74.

ܐܺܝܢܳܘܕܶܣ) ἰνώδης, *fibrous*, ܠܺܝܦܳܢܳܝܐ ܬܚܘܡ̈ܐ/, ܘܐܒܝܢܐ, N. Hist. vii. 6. 3.

ܐܶܢܰܣܛܪܘܢ) ἤνυστρον, *the fourth stomach of ruminants*, N. Hist. vii. 6. 5.

ܐܺܝܢܙܘܣ) *Inzus*, bishop of Corna in Lycaonia, Nöld. F. S. i. 472. 96.

ܐܶܣܶܠܰܣܡܳܐ) εἰσέλασμα, *a solemn entrance*, i.e. procession. C. B. M. 335 a, miswritten ܐܶܣܶܠܰܡܣܳܐ), ib. 342 a.

ܐܶܢܣܚ) col. 161. *a copy*. *A list* of signatures, Sev. Ant. Vit. 320. 8. A bishopric in Asia Minor, perh. a mistake for Isaura, De Goeje B. 65 pen.

ܐܺܝܣܰܘܪܰܐ) *Isaura*, a city of Lycaonia, Nöld. F. S. i. 473. 103.

ܐܺܝܣܰܘܪܳܝܐ) col. 161. an *Isaurian*, refs. Pléroph. 47. 10, Sev. Ant. Vit. 28. 31.

ܐܶܣܛܘܢܳܪܳܐ) *a stylite, pillar saint*, C.B.M. 707 b bis, Doc. Mon. 172. 3, 4. Usually written ܐܶܣܛܘܢܳܪܳܐ) q.v.

ܐܶܣܛܺܝܟܪܳܣ) στιχηρός, *in verse*, i.e. the five books, Job, Psalms, Proverbs, Koheleth, Song of Songs, Epiph. 11. 20, ܐܶܣܛܺܝܟܪܐ) ܢܰܩܺܝܦ ib. 12. 4. Cf. ܛܶܟܣܐ col. 2599.

ܐܶܣܛܘܪܺܝܐ) ἱστορία, *history*, Anecd. Syr. iii. 16. 4; ܐܶܣܛܘܪܺܝ ib. 18. 10; ܐܶܣܛܘܪܺܝܐ ib. 119. 1.

ܐܶܣܛܪܘܣ) οἶστρος, *the gadfly*, N. Hist. vii. 2. 2.

ܐܶܣܛܪܘܣ) col. 161. var. ܐܶܣܛܪܘܣ/, ܐܶܣܛܪܘܣ) river *Ister*, Jac. Edes. Hex. 26. 8, 34. 10.

ܐܺܝܣܡܶܪܺܝܢܐ) col. 162. *equinoctial*, ref. C. B. M. 144 b, De Astrolabe 81.

ܐܺܝܣܺܝܡܶܪܺܝܢܳܐ) col. 162. ἰσήμερος, ܘܡܕ sic ܕܣܘܝܘܐ ܗܰܘܝܘܐ/ *the equator*, De Astrolabe 268. 6. Adj. *equatorial*, ܐܺܝܣܺܝܡܶܪܺܝܢܐ) ܗܘ ib. l. 11, 266. 3 af., 267 ter; *equinoctial*; ܐܺܝܣܺܝܡܶܪܺܝܢܐ ܚܘܕܪܐ ib. 257. 6, 261. 12, 262. 6. ܐܺܝܣܺܝܡܶܪܺܝܢܐ ܡܰܗܦܟܳܢܐ ἰσημερινὸς τροπικός, *the equatorial tropic*, ib. 270 ult., 271. 1.

ܐܺܝܣܺܝܣ) col. 162. *Isis*, Egyptian goddess, Sev. Ant. Vit. 35. 6; ܐܺܝܣܺܝܣ) Arist. Apol. ܐ. 10.

ܐܶܣܦܰܢܺܝܶܐ) m. pl. *Spaniards*, ܐܰܪܥܐ ܕ, Jac. Edes. Hex. 11. 3.

ܐܰܣܰܪܘܢ) col. 163. m. pl. ἄσαρον, *asarum*, a kind of *aristolochia* or *birthwort*, Med. 151. 12, 171. 11, 238. 5 and often.

ܐܝܣܚܡܕܪܝ name of a monastery, C. B. M. 706 a, 707 b, Doc. Mon. 163. 29, 171. 25.

ܐܣܚܡ for ܝܚܢܐ greedy, Anecd. Syr. iii. 243. 24; ܐܣܚܡ ib. 244. 26.

ܐܒܚܦܟܐ or ܒܚܦܟܐ a Turkish name = moon-worshipper, Jab. 15. 5.

ܐܝܣܦܩܠܣ pr.n.m. perh. 'Επικλῆς, N. Hist. vii. 5. 3.

ܐܝܦܘܡܢܘܣ ἱππομανές, a secretion of mares and sows, sought for enchantments, N. Hist. vii. 3. 3.

ܐܝܦܘܣ ἵππος, a horse, Hippoc. Part II, viii. n. 2; Warda 245 r.

ܐܣܚܐ m. pl. sinews, ܥܡ ܩܡܣܘܡܘ ܕܗܙܐ, BA. under ܐܚܡܘܬ col. 707. 6.

ܐܣܩܘܦܪܐ col. 166. Dele the words Mart. to the end. The reference is to ܐܣܩܘܦܪܐ Act. Apost. xxiii. 34 VHh.

ܐܣܛܝܪܘܣ ἴκτερος, jaundice, C. B. M. 658 a ult.

ܐܩܠܐ m. pl. ἀγκύλη, button holes, Hex. Ex. xxvi. 4, 5; ܥܪܝ ܂ܫ ܐܩܠܐ ܗ̇ ܐܝܬܐܝܐ Op. Nest. in loc. 137. 8. Cf. ܐܡܠܐ col. 360 and infra.

ܐܣܩܘܡܝܘܢ Εἰκοστόν, a monastery 20 miles from Alexandria, Pet. Ib. 64. 19.

ܐܣܚܡܐ a monastery in Apamea, Jac. Edes. Chron. Can. 575. 11.

ܐܪܐ col. 167. f. ἱερά, hiera, name of many medicines or recipes, ܐܪܐ ܕܓܠܝܢܘܣ a Hiera of Galen, Med. 49. 11, 21; ܐܡܐ ܕܚܝܘܒܐ what? ib. 48. 15, 136. 16. ܐܪܐ ܦܝܩܪܐ Hiera Pikra, a stomachic, ib. 45. 16, 137. 13. Oftener ellipt. ܐܣܡܐ q. v.

ܐܪܐ col. 167. m. a brass pot with handles. Samaritan איר, var. of Heb. סיר Ex. xvi. 3. S. Fraenkel ZA. ix. 1.

ܐܣܐ f. = ܐܣܐ, Warda 247 r marg. ܡܙܐ ܕܚܡܠܐ ܕܣܡܐ.

ܐܝܪܐ pr.n.f. wife of King ܩܗܦܕ, Kal-w-Dim. ed. Bick. 95. 20.

ܐܝܪܐܦܘܠܝܣ col. 168. Hierapolis = Mabug, ref. Or. Xt. ii. 356. 4.

ܐܝܪܩܠܝܛܘܣ Heraclitus, philosoph. But: Sap. Philos 2. 3.

ܐܪܝܓܢܝܐ Ἠριγένεια, child of morn, an epithet of Eos, A.M.B. iii. 279. 16.

ܐܪܝܡܬܝ ܘܐܝܡܟܐ‎ col. 169. Cf. BHChr. Eccl. ii. 109. 9 and n., Pers. Mart. 108 n. 971.

ܐܪܝܘܢ verdigris, oxide of copper, ܗܘܢ ܐܝܪܘܢ ܚܠܩܒܐ ܘܡܚܦܩ ܕܚܘܢ ܣܡܐ irun is a product of copper smelting furnaces, Chimie 4. 13/14. I. q. ܐܪܝܡ and ܐܪܝܘܡ.

ܐܪܝܘܢ Ἱερών, Patriarch of Antioch, BHChr. Eccl. 41. 14.

ܐܪܝܩܘܠܐ ἱερόκολλα, Chimie 57. 20 with gloss ܣܡܐ ܕܡܚܡܠ ā, ib. 58. 20.

ܐܪܝܘܢ Med. 162. 7. See ܐܪܝܘܢ and ܐܪܝܡ.

ܐܝܪܚܘ from ܐܝܪܚܐ, of Jericho, ܚܡܠܐ ܕܐܝܪܚܘ, R. O. C. vii. 119. 23, ܕܐܒܐ ܕܐܒܝܣܘܢܟܐ, G. Busâmê 76. 3.

ܐܪܝܡܝܢ col. 170. 3. τὸ ἱερατεῖον, the inner sanctuary of a church, Par. Pat. 39. 1 but in the text ܐܝܪܡܝܢ = A.M.B. vii. 102, Pallad. 171 ult., 569. 7.

ܐܪܝܡ col. 170. i.q. ܐܪܝܘܢ. rust, verdigris, زنجار, Chimie 129, note 2, mediaeval alchemists call verdigris Jarim. Used in medicine, Med. 63. 21, 64. 1, 169. 1, 13, 560. 24, 601. 19, J.A.O.S. xx. 196. 13, 14.

ܐܪܝܢܐ col. 170. 2) Irene, virgin and martyr, ܐܝܪܝܢܐ and ܐܝܪܢܐ ref. Stud. Sin. ix. 123. tit. ff.

ܐܪܝܢܘܢ ἴρινον, lily oil, so correct for ܐܪܝܢܘܢ, ܚܡܫܐ ܕܐܝܪܢܘ Med. 146. 12 and for ܘܣܡܐ ib. 147. 11.

ܐܒܢܒܝܓܝ pr.n.m. a Mongol Emir, Jab. 149. 4 af., ܐܒܢܒܝܓܝ, ib. 5 af.

ܐܝܪܢܘܦܘܠܝܣ Irenopolis, Syn. ii. Eph. 11. 16.

ܐܪܝܢܐ Εἰρήνη, an island in the Red Sea, Jac. Edes. Hex. 20. 7.

ܐܝܬܩܠܐ col. 171. 1) orris root i.e. the root of Iris Florentina, اصل الشوشن ايرسا : ܐܝܬܩܠܐ, Med. 601. 11, ܚܡܫܐ ܕܐܝܬܩܠܐ orris oil, ib. 143. 1, 251. 13, 252. 3, 401. 10. In two passages, Med. 161. 7 and 182. 4, translated by Budge, "irises" and "husked barley" i.e. ܐܣܢܐ, the meaning may be the flour of darnel or tares but is more likely to be orris as elsewhere.

ܐܰܟܶܠ (ܗܳܐܙܳܐ ?) ἱεράκιον, Hieracium, *hawkweed*, Med. 412. 20; ܐܰܒܙܺܝܡܺܐ (ܗܳܐܙܳܐ ?) ib. 414. 13, 434. 2.

ܐܰܝܣܽܘܡܰܐ *Aisouma*, a hill near Amid., Dion. 69. 13, but ܐܰܚܣܽܘܡܰܐ BHChr. 288. 3 in col. 406.

ܐܺܝܬܽܘܕܳܐ adj. from ܐܺܝܬܳܐ col. 171, ܢܳܘܕܳܐ ܐܺܝܬܳܐ *a shoot out of the stock of Jesse* (Jes. xi. 1), Warda 1 v.

ܐܺܝܬܽܘܬܐܳ col. 173. 2) pl. ܐܺܝܬܽܘܬ݂ܳܐ *substances*, Chimie 2. 3. 3) *existing*, ܐܺܝܬܽܘܬܳܐ opp. ܠܳܐ ܐܺܝܬܽܘܬܳܐ, But. Sap. Philos. 2. 2.

ܐܺܝܬܽܘܬܳܢܳܐܺܝܬ *essentially*, add: ܘܰܐܟܳܘܬ݂ ܕܟܳܠܗܶܝܢ ܒܪܺܝܬܐܳ ܐܺܝܬܽܘܬܳܢܳܐܺܝܬ ܒܒܳܡܩܳܘܡ all created things *exist essentially in the mind of God*, Caus. Caus. 197. 10.

ܐܺܝܬܰܩܺܐ the island *Ithaca*, Jac. Edes. Hex. 12. 8.

ܐܰܟܳܐܛܺܝܣ col. 175. ἀχάτης, *agate*, Anecd. Syr. iv. 86. 2, ܐܰܟܰܐܛܣ l. 4. See ܐܰܨܰܐܛܺܝܣ.

ܩܳܐܘܳܡܰܐ ἠχάδια, *tones*, C.B.M. 304 b bis, 306 a. See ܩܰܡܳܐܒܺܝܐ col. 150.

ܐܰܟܰܐܣܺܝܣ ἐχενηΐς, *remora*. A small sea-fish credited with the power of delaying ships, Anecd. Syr. iv. 97. 26, ܐܰܟܰܐܣܝܣ, ib. 98. 2, ܐܶܟܺܝܢܺܝܣ, ib. 96. 24, 97. 4; Natur 55. 1.

ܐܰܟܺܝ a village near Ctesiphon, Jab. 216. 12. ܐܰܟܺܝܢܐܳ col. 176. *a viper*. Gr. pl. ܐܶܟܺܝܕܢܰܣ, Pallad. 112. 4.

ܐܰܟܝܳܘܣܺܝܣ ὄξος, *vinegar*, marg. ܚܠܐܳ, Warda 247 r. See ܚܰܡܣܳܐ.

ܐܰܟܝܰܐܛܺܝܣ ἀχίατος, for *agate*, Natur 63. 15, 16, ܐܰܣܝܰܐܛܺܝܣ l. 13. A mistake for ܐܰܟܰܐܣܣ and ܐܰܟܰܐܛܺܝܣ in the analogous but less absurd passage of Physiologus, Anecd. Syr. iv. 86.

ܐܰܟܺܝ *Akhi*, son of Ḥamselim, King of Persia and Elam, Ahikar, Introd. xxxiv, 49. 13.

ܐܰܟܣܢܶܘܡܳܘܢ ἰχνεύμων, *a Pharaoh's rat*, N. Hist. vii. 4. 3, ܐܰܟܣܢܶܘܡܳܢ, ib. 4. 4.

ܐܶܟܺܝܢܶܣ ἐχῖνος, *the sea urchin*, Natur 57. 2.

ܐܶܟܺܝܢܺܣ ἐχενηΐς, see ܐܰܟܰܐܣܺܝܣ.

ܐܰܟܶܝܪܳܘܦܽܘܐܛܳܣ ἀχειροποίητος, *not made by hands*, a picture of Our Lord was so-called, Anecd. Syr. iii. 324. 16.

ܐܰܟܠ Act. part. ܐܳܟܶܠ, ܐܳܟܶܠ col. 178. Add: *to bite, gnaw*, ܐܳܟܶܠ ܚܰܡܛܳܐ, A.M.B. v. 75, 15, ܐܳܟܶܠ ܚܳܕܳܐܬܷܐ, ib. 453. 19; *to itch, smart*, ܐܳܟܶܠ ܠܐܢܷܐ ܐܶܘܢܷܐ, Kal-w-Dim. ed. Bick. 5. 9; Ar. Pfln N. 9, ZDMG. xxxi. 538. 21, ܟܽܕܳܢܳܐ ܕܰܐܝܟܶܐ ܘܢܳܥܥܶܝ *decaying molars which throb*, Med. 172. 3; ܚܕ݂ܬ݂ܠܳܐ ܘܐܰܩܠܺܝ, J.A.O.S. xx. 191. 4. 7. Also ܐܰܟܠܝ ܗܳܘ ܚܡܪܳܐ Ῥιζοφάγοι, a people of Ethiopia, Anecd. Syr. iii. 330. 2. Pass. part. add: ܐܶܬܐܟܶܠ ܪܺܫܶܗ *his head was eaten away* with cancer, Pallad. 151. 6. Aphel part. add: ܡܰܘܟܶܠܢܳܐ ܚܽܘܩܳܐ *feeding on sorrows*, Jab. 195. 3 af.

ܐܳܟܠܳܐ col. 180. 1) not rust but *a gnawing worm or moth*, Journ. As. 1894, 568; ܐܳܟܠܳܐ ܟܪܡ ܩܰܐܣܕܡܰܐ, Jac. Sar. ap. ZDMG. xxxi. 383. 4.

ܐܽܘܟܠܳܢܳܐ m. *a small hammer*, dimin. of ܐܳܟܠܳܐ, BB. under ܩܳܘܢܽܫܳܐ col. 3567.

ܐܽܘܟܠܳܐ col. 180. 3) *gangrene*, ref. Med. 200. 6, 201. 5.

ܐܳܟܳܠܳܐ add: *gnawing*, ܚܰܐܒܳܠܳܐ ܐܰܩܢܠܳܠܳܐ, Med. 21. 16.

ܐܽܘܟܠܬܳܐ f. *gangrene*, add refs. Anecd. Syr. ii. 223. 12, ܐܽܘܟܠܬܳܐ ܘܶܐܟܺܝܠܐܳ Med. 168 ult., 169 ter, 170 ter, 171 quater, 562. 20.

ܐܳܟܠܳܐ col. 180, m. Add: ܐܳܟܠܳܐ ܘܫܳܩܢܰܐ *meat and drink*, BH. in Prov. viii. 2; ZA. viii. 6. 18, 36. 16.

ܡܶܐܟܽܘܠܬܳܐ f. *food*. End of par. Pl. ܡܶܐܟܠܳܬܳܐ, Duval Gr. § 246 b, 1 Tim. iv. 3, Jul. 110 bis, ܡܶܐܟܠܐܳ ib. l. 5.

ܡܶܐܟܠܐܳ infin. = subst. m. *food*. Pl. ܡܶܐܟܠܶܐ BHGr. i. 32. 13; ܡܶܐܟܠܝܺܢ, Duval ap. Journ. As. 1894, 568.

ܡܰܐܟܠܳܐ m. *food, fodder*, ܐܶܚܒܳܐ ܘܡܰܐܟܠܳܐ, Dion. 193. 11.

ܐܰܟܡ col. 182. Aph. ܐܰܟܡܺܝ 2) *to be blackened*, ܡܰܟܡܬܺܠܳܐ ܬ. ܦܶܥܛܰܐ ܘܒܐܘܡܰܕܗ ܚܕ݂ܰܝܠܰܐ, BH. in Prov. xxii. 29.

ܐܽܘܟܳܡܐܳ *black*. ܐܰܘܟܡܳܐ ܕܟܰܣܠܳܐ *the pupil of the eye*, Med. 68. 12, pl. ܐܰܘܟܡܰܝ ܕܟܰܣܠܐܳ, ib. 79. 9. ܐܽܘܟܳܡܐܳ ܐܳܩܪܺܝ *black oak galls*, ib. 571. 6; ܐܽܘܟܳܡܐܳ ܬܚܽܘܦܰܐܠܐܳ *black raisins*, ib. 573. 13.

ܚܽܘܡܳܐ 1) adj. abbrev. from ܐܽܘܟܳܡܳܐ(ܐܟܡ) *black*: ܚܽܘܡܳܐ ܫܽܘܦܳܐ(ܫܦ) *black plums*, J.A.O.S. xx. 191 ult., ܘܩܽܘܡܳܐ(ܩܡ) ܘܚܶܬܳܐ(ܚܬ) ܕܡܳܐ(ܕܡ) *the blood of black sheep*, ib. 193. 3, cf. ܐܽܘܟܳܡܳܐ(ܐܟܡ) ܫܽܘܦܳܐ(ܫܦ), ib. 192. 17. Gottheil suggests ܐܽܘܟܳܡܳܐ(ܐܟܡ) in both places, but it is probably merely the modern form of the word. 2) subst. ellipt. for some black bird or animal, ܘܩܽܘܡܳܐ(ܩܡ) ܠܐܳܘ̈ܚܳܐ(ܐܘܚ), Med. 562. 2, 569. 12, 574. 8, ܚܡܪܳܐ(ܚܡܪ) ܘܩܽܘܡܳܐ(ܩܡ), ib. 580. 13, 582. 8.

ܡܚܽܘܡܳܢܽܘܬܳܐ *blackening, turning* or *dyeing black*, Chimie 1. 5.

ܡܶܬܚܰܘܡܳܢܽܘܬܳܐ f. *becoming black*, opp. ܡܶܬܚܰܘܪܳܢܽܘܬܳܐ, But. Sap. N. Hist. iii. 7, ib. Isag. ii. 9.

ܐܽܘܟܳܡܳܐ(ܐܟܡ) pr.n.m. *Uchama*, col. 183. Add: Journ. As. 1907, 163. 5, A.M.B. iii. 473, Chast. 15. 10, 19. 1.

ܛܽܘܪ(ܛܪ) ܐܽܘܡܰܐ(ܐܡ) *Mount Maurus*, i.e. Amanus N. of Antioch, Dion. 13. 5.

ܐܶܚܢܶܒܥܽܘܢ(ܐܚܢܒܥܢ)" ἰχνεύμων, *ichneumon*, Natur 59. 2.

ܐܰܟܣܳܐ(ܐܟܣ) pr.n.m. *Axus*, BH Chr. Eccl. 277. 15.

ܐܟܣܝܕܝܢ strong *vinegar*, acetic acid, Chimie 58. 10.

ܐܟܣܝܘܡܛܝܩܐ̈ m. pl. ἀξιωματικοί, *men of high rank*, Syn. ii. Eph. 8. 19, 37. 3.

ܐܟܣܝܘܡܰܕܟܝ" col. 184. ὀξύμελι, *oxymel*, refs. Chimie 16. 21, Med. 39. 20, 45. 13, (sic) ܐܟܣܡܓܕ(ܐܟܣܡܓܕ)", ib. 236. 5.

ܐܟܣܘܢ ἄξων, *axis*, De Astrolabe 84.

ܐܟܣܘܣ" ὄξος, *vinegar*, col. 185. ref. Chimie 7. 14.

ܐܟܣܘܢܝܐ" col. 185, *exile*. Add: ܐܟܣܘܪܝܐ(ܐܟܣܘܪܝܐ) with ܚܕܪ ἐξορίσαι, Sev. Lett. 379. 4, BH Gr. i. 47. 21.

ܐܟܣܘܬܡܪܐ" m. pl. *aromatic herbs*, Med. 211. 13.

ܐܟܣܝܐ col. 186. ἀξία, *rank, office*, with gloss ܡܕܒܝܠܐ, Sev. Lett. 462 ult., ܠܐ ܒ ܢܐܙܠ ܐܠܐܣ ܕܚܐܡܠܐ *let none regard rank*, Vit. Monoph. 80. 10 = Jo. Tell. 64. 11; ܐܟܣܝܐ(ܐܟܣܝܐ) ܘܡܠܟܐ *royal rank*, Anecd. Syr. iii. 68. 21, ܐܟܣܝܐ ܘ݂ܐܘܦܪܟܐ *the office of the imperial prefect*, ib. 259. 25; pl. ܐܟܣܝܐܣ(ܐܟܣܝܐܣ) ܘܡܢ ܐܗܢ ܗܕܐ *dismissal from office*, ib. 315. 6.

ܐܟܣܝܛܪܝܘܢ(ܐܟܣܝܛܪܝܘܢ) ἐξιτήριον, *a farewell oration*, Greg. Carm. ii. 27. 14.

ܐܟܣܝܡܘܣ *Aximus* (Maximus?) emp. Stud. Sin. ix. 101.

ܐܟܣܘܣ ὄξος, *vinegar*, Chimie 41. 10.

ܐܟܣܝܣ" col. 187. ἕξις, 1) *habit, constitution*, ܐܟܣܝܣ(ܐܟܣܝܣ) ܘܢܦܫܐ ܚܒܪܐ(ܚܒܪ) ܒܐܟܝܘܢܝܐ(ܒܐܟܝܘܢ) But. Sap. Eth. i. 7; opp. ܡܬܟܣܝܣ(ܡܬܟܣܝܣ) διάθεσις, ib. Isagoge, ii. 4, ܐܟܣܝܣ(ܐܟܣܝܣ) ܘܢܗ(ܘܢ) ܐ̈ ܬܟܗܕܝܟܐ(ܬܟܗܕܝܟ) ܐܟܣܝܣ(ܐܟܣܝܣ) ܘܠܐ ܬܟܗܕܝܟܐ(ܬܟܗܕܝܟ) ܘ, ib. Philos. 6. 5, ib. N. Hist. 4. 9.

ܐܟܣܝܣ" col. 187. 1) *habitual*, ܚܕܒ ܐܟܣܝܣ(ܐܟܣܝܣ) ܗܘ *by Thy habitual love*, C.B.M. 881 *a*, BH Carm. 20. 13, ܐܟܣܝܣ(ܐܟܣܝܣ)ܐ ܚܒܪܐ", But. Sap. Eth. 1, 7, fem. ܛܒܐ ܐܟܣܝܣܐ" ܐܟܣܝܣܐ ܘܡܟܠܢܝܐ(ܘܡܟܠܢ), ib. 6; pl. ܐܟܣܝܣܐ ܘܕܘܢܝܐ ܗܘܩܕܡ ܐܟܣܝܣܐ ܘ *constitutional defects*, ib. Pol. iii. 4. 2) ܗܘ ܐܟܣܝܣ ܠܐܒ(ܠܐܒ) *the material mind* opp. ܠܐܒ ܐܟܣܝܣܐ" *the perceptive mind*, N. Hist. viii. 4. 6 bis.

ܐܟܣܝܣܝܐܢܐ" *constitutionally*, ܐܟܣܝܣܝܐܢܐ ܡܗܕܘܪܢܐ(ܡܗܕܘܪ) ܘܚܒܪܐ(ܚܒܪ) ܩܢܐ ܟܢܦܐ, But. Sap. Eth. i. 5.

ܐܟܣܝܣܘܬܐ" f. *customariness*, ܐܟܣܝܣܘܬ ܚܘܒܟ *Thy habitual Love*, BH Carm. 138. 4.

ܐܟܣܝܣܘܛܝܣ(ܐܟܣܝܣܘܛܝܣ) ἐξισωτής, *assessor of tribute*, C.B.M. 424 *b*.

ܐܟܣܝܡܝܢ" col. 187. Correct *elixir*, *dry perfume*.

ܐܟܣܝܕܝܢ *an old ragged and patched garment*, BA. under ܒܠܝܐ col. 604.

ܐܟܣܢܝܐ" col. 188. *a pilgrim, stranger*. Add: ܐܟܣܢܝܐܝܬ" *as a stranger*, ܥܡ ܐܝܟ ܕܐܟܣܢܝܐܝܬ", Bar Penk. 137. 19.

ܐܟܣܢܝ" *to receive hospitality*, add refs. BH Chr. Eccl. 479. 24, 26, ܐܟܣܢܝ ܫܢܝܐ ܚܡܫ ܥܠܘܗܝ ܒܕܝܪܐ *he stayed five years in the monastery of Peskin*, ib. 485. 13.

ܐܟܣܢܝܘܬܐ f. *the becoming a pilgrim or traveller*, BH Eth. 105. 4 af.

ܐܟܣܢܕܘܟܐ" Pallad. 107. 13, 112. 10 for ܐܟܣܢܘܕܘܟܐ", ib. 225. 12 and Stat. Schol. Nis. 27. 8 *guest-master*. Add: ܐܟܣܢܘܕܘܟܐ, Anecd. Syr. iii. 216. 2, Zach. tr. H. and Brooks 167, note 3. See ܐܟܣܢܘܕܘܟܐ"col. 185.

ܐܟܣܢܘܕܘܟܣܐ* ξενοδοχῆσαι (but ξενοδοχεία is meant), *hospitals* or *guest-houses*, Pallad. 200. 11.

ܐܟܣܢܦܝܩܐ* Xanthippe, wife of Albinus, R.O.C. iii. 41. 6.

ܐܟܣܢܦܘܣ* Xanthippus, servant of the Apostle Thomas, Act. Apost. Apoc. ܕܟ. 23.

ܐܦ col. 198. ܐܦܝܦ* *anxious, concerned*, add: ܐܦܝܦ ܗܘܐ ܐܘܟ ܐܠܐ ܩܐܕܫܗ*, Jul. 121. 15.

ܐܦܝܩܬ* add: *quickly*, A.M.B. iii. 311; *diligently*, Galen ap. ZDMG. xxxix. 244. 18, ܠܢܟܘܢ ܕܝܚܩܘ ܐܝܦܩܐܝܬ ܚܡܝܥܬܐ ܡܬܒܩܢܐ* *those who have diligently studied the earlier treatises*, ib. 283. 4. *Urgently*, Sev. Ant. Vit. 285. 8.

ܐܦܝܦܬܐ* f. add: *anxiety, doubt*, ܠܘܩܐ ܠܐ ܐܝܦܩܬܐ* ܟܡܝܬܫܐ ܟܠܐ ܫܐܬܕܐܬܐܗ, ܘܩܛܠ, Theod. in John i. 36.

ܐܦܡܦܐ* m. *a pack-saddle*, DBB. 61. 11, ܐܘܡܩܐ* id. sub ܟܬܠܚ* 1401. 18, Thes. col. 2781; ܐܘܦܩܐ ܘܚܕܬܐ*, Gest. Alex. 231. 6.

ܐܦܩܐ* m. *solicitous*, Is. Ant. ii. 14 pen.

ܐܦܩܐ* *need*, add: ܡܢ ܐܦܩܐ ܠܗܘܐ ܐ *what need was there?* Ephr. ed. Lamy iii. 483

ܐܦܩܐ* col. 189. *pack-saddle*, ref. G. Busâmé, 14 b. 2.

ܐܠܟܬܐ* col. 191. *wrath*. Add: ܐܠܟܢܐܝܬ* *angrily*, Sev. Lett. 453. 1.

ܐܠܟܢܘ ܐܠܟܬܡ* Arab. اختيار الدين name of an Emir, BH Chr. 381. 7, 457. 1.

ܐܠܐ* conj. col. 192. *if—not*, ܐܠܐ ܠܐ ܢܟܠ* *if he was not deceived*, Ephr. Ref. ii. 87. 4. Cf. Matt. xi. 6 Curet. ܕ ܠܐܡܠܐܟ ܗܘܘܢ.

ܐܠܐ* col. 192. *to mourn*. ܐܟܠܐ* ib. *a mourner*, but ܐܟܠܐ* BH Carm. 150. 14. Pl. ܐܟܬܐ Charms 81. 11.

ܐܠܠܐ m. *lamentation*, ܐܘܕܐ ܗܘܘ ܕܡܠܐ. ܘܐܣܒܠ ܗܘܘ ܗܘܝܐ ܦܠܐܗ Warda ed. Deutsch 7 pen.

ܐܠܚܐ and ܐܠܐ* "Ἄλαβα, an island in the Red Sea, Jac. Edes. Hex. 20. 8.

ܐܠܝܗܐܦ i. q. ܐܠܐ ܘܐܝ col. 194 and Jab. 91, *Ala Dagh* = high mountain, near Tabriz, note ib. and 97.

ܐܠܚܣܢܝܢ* Ar. البحرين = ܚܣܝܢ* col. 508 *Bahrein*, El Nis Chron. 173. 2.

ܐܠܚܦܚܐ* *he-goat*, Chimie 241 n. 1; Warda 246 v marg. ܠܥܠ. Probably αἰγιβάτης.

ܐܠܚܣܒܐ* *Albina*, daughter-in-law of S. Melania the Great, Pallad. 201. 2, mis-written ܐܠܚܣܒܐ*, ib. 196. 7; Pet. Ib. 27. 19.

ܐܠܚܣܡܝܘܢ* col. 194. ἀλάβαστρος, *l'antimoine sulfuré*, Chimie 12. 9; ܐܠܚܣܡܝܢܐ ܡܐܥܐ* *alabaster*, ib. 41. 8; cf. 72 n. 1; Act. Apost. Apoc. ܚܣܡ. 12.

ܐܠܚܡܝܘܣ* *Helladius*, bishop of Caesarea, Mich. Syr. i. Fasc. ii. 160 c. 2.

ܐܠܗܐ* col. 196. denom. verb from ܐܠܗܐ*. Ethpa. ܐܬܐܠܗ* *to become partaker of the Divine nature*. Add: ܚܘܕܡܐ ܘܩܝܢܐ ܡܬܐܠܗܢܝܢ* Greg. Carm. ii. 49. 20. Part. pl. f. ܢܩܦܬ ܡܬܐܠܗܢܝܬܐ*, But. Sap. Philos. 1. 2.

ܐܠܗܘܢܐ* col. 197. m. dimin. *a godlet, godling*, Jac. Sar. Hom. iii. 797. 4, Mar Bassus 7. 82; Hormizd. 2914.

ܐܠܗܝܐ*, ܐܠܗܝܐ* 1) *divine*. Add: ܠܐ ܐܠܗܝܐ* *godless*, Jul. 62. 25. 2) for Gr. θεῖον, *sulphur*; Chem. ܐܠܗܝܐ ܡܩܒܠܢܐ* *fourneau à sublimation*, Chimie, 59. 4; ܡܝܐ ܐܠܗܝܐ* *eau divine*, i.e. white of egg wherein sal ammoniac and alum have been dissolved, ib. 39. 5; ܡܬܠ ܐܠܗܝܐ*, ib. 42. 14; *prepared with sulphur*, ib. 59. 2.

ܐܠܗܘܬܐ* *divinity* = Holiness, title of veneration addressed to a bishop, BH Chr. Eccl. 161. 21.

ܐܠܗܚܬܐ* *in the language of the Elamites*, C.B.M. 901 a.

ܐܠܘܒܐ* *Olba* in Isauria, De Goeje B. 65. 19; ܐܠܘܒܐ* Nöld. F. S. i. 471. 77. I. q. ܐܘܠܒܐ*.

ܐܠܘܕܣܘܢ* col. 198. *a negro race living on the Nile*, add. ref. ܘܐܚܥܡܝܢ ܘܠܝܢ ܡܩܛܠ ܐܠܘܕܐܝܘܣ*, Jac. Edes. Hex. 32. 10.

ܐܠܘܕܪܝܘܢ* ἐλύδριον, *elydrion*, électrum ou chélidoine, Chimie 3. 9 and note 13, explained as "soufre marin" from BB. under ܐܠܘܕܪܝܘܣ* col. 201; ib. 11. 21, 17. 16, 18. 8.

ܐܠܘܡܦܘܕܘܪܘܣ* col. 200: pr.n.m. *Olympiodorus*, Warda 247 r with gloss. ܡܘܕܘܣ*, R.O.C. xv. 230 f.

ܐܠܚܘܿܡܵܐ، col. 200. ἄλυσσον οἱ δὲ ἀσπίδιον, Diosc. i. 444, useful to heal those bitten by a mad dog, Chimie 5. 20.

ܐܠܚܘܣܝܘܣ pr.n.m. Ἐλευσίνιος, Eleusinius, Sev. Lett. 93. 4.

ܐܠܚܘܦܘܣ pr.n.m. Olympius, Nöld. F. S. i. 471. 58.

ܐܠܚܘܥܝܐ name of S. Paul's mother, J. As. 1906, 283. 7.

ܐܠܚܘܣܝܘܣ pr.n.m. Aqyllos, Nöld. F. S. i. 475. 146.

ܐܠܚܘܪܘܣ αἴλουρος, the Weazel, nickname of Timothy the Great, Bishop of Alexandria, C.B.M. 603 b, Anecd. Syr. iii. 135. 2.

ܐܠܚܘܿܙܵܝܹܐ (? ܐܠܚܙܐ) Illyrians, Sev. Ant. Vit. 15. 9, 57. 12.

ܐܠܚܘܣܡܕܦܘܠܣ (? ܡܕܒܪܐ) the wilderness of Eleutheropolis, Sev. Ant. Vit. 96. 9.

ܐܠܚܠܐ (ܗܘ ?) ἡ ἐλατίνη, a kind of toad-flax, Diosc. iv. 40, Galen ap. ZDMG. xxxix. 240.

ܐܠܚܠܒ Arab. الطائي Al-Ṭāi, the Tayaya, Arab, El Nis. Chron. 190. 1 bis, 2; ܡܕܘܣܡ ܐܠܚܠܒ 193. 7.

ܐܠܚܠܘܣ ἐλατός, ductile, Chimie 228, not. 1.

ܐܠܚܕܣܘ the Libyan desert, A.M.B. vii. 12.

ܐܠܚܘܡܘܣ, ܐܠܚܡܘܣ, or ܐܠܚܕܘܣ pr.n.m. Ἑλλάδιος, Helladius, Pléroph. 19. 2, ܐܠܚܡܘܣ Syn. ii. Eph. 40. 15. Cf. ܐܠܐܘܣ col. 193; and ܐܠܚܡܘܣ above.

ܐܠܟܡ so corr. misprint, col. 205. 1.

ܐܠܚܢܦ col. 205. Helenium or elecampane, refs. ܐܠܒܦܢ ܘܗܘ ܐܥܡ Med. 143. 10, 182. 4.

ܐܠܚܬܝܘܣ pr.n.m. Ἐλευθέριος, Eleutherios, Sev. Lett. 72. 17 f.

ܐܠܚܛܪܝܘܢ col. 204. elaterium, juice of the wild cucumber, refs. Med. 53. 5, 54. 3, 198. 6, 379. 5.

ܐܠܚܡܵܐ: see ܐܠܚܡܵܐ and other spellings, col. 212. a pistachio nut, ܐܠܚܡܐ ܐܣܪ ܓܕܪ give a dose the size of a nut, Med. 305. 5, 308. 18, 310. 16.

ܐܠܚܡܦܪ A.M.B. v. 566 and ܐܠܚܡܣܘ Anecd. Syr. ii. 268. 12, ܐܠܚܡܣܘ, ib. 269. 15. ὁλοσηρικόν, pure silk. See ܐܠܚܡܣܘ col. 211.

ܐܠܚܡܪܘ col. 207. ἤλεκτρον, amber, Chimie 2. 4, 3. 4, 9 pen. An alloy of gold and silver, ib. 236, note 4, recipes for compounding electrum, ib. 260–266. Usually printed ܐܠܚܡܪ, Med. 99. 5, 208. 9, 16, 265. 3, but ܐܠܚܦܪ, ib. l. 14.

ܐܠܚܒܠ col. 207. a towing rope, ref. Pallad. 579. 2, 4; ZA. iii. 54.

ܐܠܚܠܝܩܪܢܣܘܣ col. 207. Halicarnassus, add spelling ܐܠܚܠܝܩܪܢܣ, Sev. Ant. Vit. 284. 4.

ܐܠܚܠܝܩܪܢܣܐ Halicarnassian, Sev. Ant. Vit. 275. 10.

ܐܠܚܠܝܐܢܘܣ Alerianus prob. for Valerianus, Bishop of Neo-Caesarea, De Goeje B. 65. 18.

ܐܠܚܡܩܪ name of a city in Persia, A.M.B. ii. 671; var. ܐܠܚܡܩܪ note ib.

ܐܠܚܬܐܠ col. 208. 2) fat tail of a sheep, add: ܐܓܒܠܐ ܘܚܣܡܐ, Med. 140. 15, 141. 12, 569. 16, 570. 5. But tail of a pelican (ܦܩܐ) ib. 591. 22.

ܐܠܟܠܐ col. 209. ܐܓܒܠܐ 3) a leader, add: ܐܣܛܕܐ ܡܢ ܐܠܚܬܟܡ ܘܡܐܢܗܐ an evildoer seeks protection from those who uphold justice, Philox. 130. 1; you have made your city ܐܠܚܟܐ ܘܡܕܘܡ ܡܢܬܗܐ, Jul. 80. 14.

ܐܠܚܣ col. 210. ἄλλη, another; see under ܐܠܚܝܡܣܘ DBB. 31. 3 af.; 32. 6.

ܐܠܚܩܕ col. 210. malice, spite, add: ܦܬܢܐ ܡܢ ܣܠܐ ܐܠܚܩܕ ܘܐܠܚܩܕ, Colophon to G. Busâmé, ditto to Hist. B.V.M. 152 ult., f., ditto to Dr. Budge's copy of Palladius 768. 2. ܐܠܚܩܕ ܘܐܟܠ, Jab. III. 4, ܐܠܐ ܐܠܚܩܕ ib. 122. 1. L. 7 of par. insane or furious lust, BH. Eth. 247.

ܐܠܚܩܪܐ place-name, probably ܐܠܚܩܪܐ q.v. col. 210. the cities, i.e. Seleucia-Ctesiphon, Jab. 74.

ܐܠܚܡܪܣ Almeric or Amalaric, a mistake for Theodoric the Goth, Anecd. Syr. iii. 287. 14.

ܐܠܢ Alan, ܐܠܐ ܐܠܢ a coastal region of the Caspian Sea, near the Volga, BHChr. 91. 11; ܐܠܢ ܐܩܠܐ ܘܐܟܠ, Bar Penk. 142. 12.

ܐܠܢܬܗ in the tongue of the Alani, C.B.M. 901 a.

ܐܠܝܢܕܐ) *Alinda*, a bishopric in Caria or Asia, De Goeje B. 65. 15.

ܗܠܢܘܣ) Ἕλενος, *Helenus*, progenitor of the Greeks, Arist. Apol. ܝ. 11.

ܗܠܣ) ἅλας, *salt, sal ammoniac*, Chimie 4. 6, 15.

ܐܠܦ ܒܝܬ) for ܐܠܦ ܒܝܬ)" *the alphabet*. ܬܘ ܛܝܬ ܟܠܦ ܒܝܬ ܐܠܦ) A.M.B. iii. 445.

ܐܠܦܐ)", ܐܠܦܐ) col. 216. *a ship*. ܣܡܐ ܘܗܦܠܐ) *brazen vessels*, this occurs in a list of utensils, C.B.M. 491 a.

ܐܠܦܘܦܐ)" *bryony*, Med. 264. 1, probably a confusion of ܐܠܦܘܦܝ) and ܐܠܦܣܐ)" q.v.

ܐܠܦܦܘܢܐ)" *hellebore*, ܚܪܒܩ .ܝ. ܣܘܟܣܓܝܠ, Med. 601. 17. See ܐܠܦܪܝܢ) col. 217.

ܐܠܦܬܐ) pl. *the Alps*, ܐܠܦܘܐ ܦܘܐ), Jac. Edes. Hex. 34. 9.

ܐܠܨܒ) name of an Arabian abbat, C.B.M. 714 a.

ܐܠܩܡܪܐ)" *white bryony*, Med. 264. 15, ܗܙܐܪ ܓܫܐܢ, ib. 601. 18.

ܐܠܩܘܬܐ)" col. 219. f. *disgust, disgustingness*, ܚܠܝܘܬܐ ܘܗܠܩܘܬܐ), Dion. 231. 19.

ܐܠܩܘܬܐ)" col. 219. f. defined in But. Sap. ܐܠܩܘܬܐ) ܕܡܣܝܒܐ ܐܠܗܐܝܬ ܡܥܕܪܐ ܠܚܝܝܢ ܐܠܗܢܐܝܬ ܩܒ. ܘܡܚܣܝܢܝܬܐ ܘܐܚܪܝܬܐ) ܡܚܨܪܐ ܣܥܕܐ) ܐܠܩܘܬܐ), Philos. 2. 6, opp. ܐܠܗܐ), ib. and Theol. 4. 6; *compelling influence* of stars, George Ar. 24. 9, 29. 1, 12.

ܐܠܟܪܢܐ *painful*, S. Dan. 63 a, 10.

ܐܠܩܝܘܢܝܐ) i.q. ܐܠܩܝܘܢܝܬܣ)" col. 220. ἀλκυόνιον, *bastard sponge*, ܐܠܩܝܘܢܝܐ ܕܝܡܐ) ܡܥܐ, Chimie 7. 14.

ܐܠܩܝܦܢ) for ܐܠܩܝܘܢ)" ἀλκυών, *kingfisher*, Natur 22. 10, ܐܠܩܦܢ)" ib. 21. 10, ܐܠܩܘܢ)" l. 16. Corrected in notes.

ܐܠܩܝܘܢܝܢܐ)" adj. *halcyon* (days), But. Sap. N. Hist. vii. 3. 1.

ܐܠܩܕܢ)" *Alkedan*, village of Hephton, M.Z. 207. 16.

ܐܠܩܘܣܡܐ) ἕλκυσμα, *dross of lead*, Chimie 14. 10. ܐܠܩܘܣܡܣ) *dross of silver*, ib. 11. 5.

ܐܠܩܡܢܐ) *Alcmena*, mother of Hercules, Arist. Apol. ܣ. 17.

ܐܠܩܡ)" *a city of Dan*, Josh. xix. 44, for Heb. אֶלְתְּקֵה, cf. ܐܠܩܦ)" col. 424.

ܐܠܪܝܐ) pr. n. f. *Eleria*, daughter of Zeno, Journ. As. 1907, 402.

ܐܠܪܐܡ)" Arab. الترزام, *a bond, lease*, a Neo-Syriac word, A.M.B. ii. 569.

ܐܡܐ)", ܐܡܐ) col. 222. 25, f. ܐܡܐ ܘܗܣܬܐ) and ܐܡܐ ܘܡܚܬܐ) should be under ܐܡܐ)", ܐܡܬܐ)". Ed. Urm. has ܐܡܐ)", Talm. אַמָּה *arm; channel*, cf. Angl. *an arm of the river*, R. D. Journ. As. 1894, 579. ܐܡܐ ܘܩܘܡܐ)" ib. 7 af. of par. Arabism أمّ الرأس *the crown of the head*, Med. 58. 8, Dion. 216. 8, Anecd. Syr. ii. 156. 5.

ܐܡܐܡܢܝܐ) *Yamnia*, a bishopric in Palestine, Mich. Syr. 158 c pen.

ܐܡܐܢܘܣ) Mount *Amanus*, Jac. Edes. Hex. 11. 6, 37. 3.

ܐܡܘܪܝܐ) m. pl. probably *Amorites*, Bahira 231. 10. Usually ܐܡܘܪܝܐ)".

ܐܡܒܘܢܐ) col. 224. *ambo, pulpit*, add: ܐܡܒܘܢ), C.B.M. 705 b 2.

ܐܡܒܝܩܐ) for ܐܢܒܝܩܐ) *an alembic*, Chimie 31. 11, 12, ܐܡܒܝܩܘܣ), ib. 26. 15, 28 antep., 29. 13.

ܐܡܒܠܐܕܘܢ) ὁ Ἀμβλάδων, *Amblada*, a bishopric in Lycaonia, Nöld. F. S. i. 473. 104.

ܐܡܓܝܠܝܣ) (ܐܕܡܐ) γῆ ἀμπελῖτις, a kind of earth smeared on vines to kill insects, ܣܘܡܩܐܝܬ) ܗ *saffron coloured, yellow*, Chimie 8. 2.

ܐܡܒܪ)" col. 224. *amber*, Med. 56. 15.

ܐܡܒܪܐ) col. 224. Pers. انبار *a stack* of corn, *heap* of chaff, Lag. Mitth. i. 44 infra, ܟܒܐ ܐܡܒܪܐ)" *barns*, A.M.B. iv. 256. 10.

ܐܡܒܪܘܣܝܐ)" col. 224. *ambrosia*, ingredient of a draught for a consumptive, Med. 220. 9, 226. 9.

ܐܡܪ)" Dele the paragraph. It is ܐܡܪ)" Aph. of ܡܪ) q.v. col. 2010.

ܐܡܒܪܐ) probably for ܐܡܒܪܐ) *cellars, storerooms*, Ephr. ed. Lamy ii. 805. 7.

ܐܡܘܠ *Amul*, a bishopric in Tabaristan, N. of Demavend, Syn. Or. 109. 24; Marquart 136.

ܐܡܘܡܐ given by BA. as synonym for ܗܘܠܐ *a small fish, minnow;* see ܗܘܠܐ col. 1001.

ܐܡܘܢܝܢ (? ܐܡܝܢ) a monastery in Arabia, C.B.M. 711 *b*.

ܐܡܘܢܝܩܘܢ col. 227. 1) *gum ammoniac*, ܐܡܘܢܝܩܘܢ ܚܠܒܐ ܕܡܪܢܩܐ ܗܘ ܐܘ ܣܢܕܪܘܣ fennel juice (a gum), also called sandarac (a gum resembling amber), Chimie 5. 15 and p. 10 of the translation, note 11. 2) *sal ammoniac*, ܐܡܘܢܝܩܘܢ ܡܠܚܐ, Med. 91. 6, 92. 1, ellipt. 49. 3, 15, 50. 8, 53. 5; ܟܣܦܐ ܐܡܘܢܝܩܘܢ prescribed for asthma, ib. 197. 19. ܐܡܘܢܝܩܝܐ Med. 602. 3.

ܐܡܘܪܝܐ col. 228. add: 2) ܐܡܘܪܝܐ *Amoraye*, a people coupled with Persians, Gest. Alex. 167, 176. Perh. *Himyarites*. Other suggestions are ܗܘܡܪܝܐ and ܚܡܝܪܝܐ. 3) ܐܡܘܪܝܐ *Amorion* in Asia, De Goeje B. 65. 20. I. q. ܐܡܘܪܝܢ col. 228.

ܐܡܘܪܝܢ a bishopric, probably ܐܡܪܝܢ *Himerion*, De Goeje B. 65. 5.

ܐܡܛܝܛܝܣ lapis αἱματίτης, *bloodstone*, *haematite*, Chimie 8. 10 ܗܘ ܟܐܦܐ ܕܡܫܚܠܦܐ; ܐܡܛܝܛܝܣ ib. 9. 16.

ܐܡܝܐ *Ommiads*; see ܐܡܝܐ ܒܢ.

ܐܡܝܠܝܢܘܢ μήλινον, ܐܡܝܠܝܢܘܢ ܡܫܚܐ *apple* or *quince oil*, Med. 147. 15.

ܐܡܝܢܐ pr. n. m. a correspondent of Severus of Antioch, C.B.M. 951 *a*.

ܐܡܝܢܛܘܣ and ܐܡܝܢܛܘܢ col. 229. 1) *salamander*, ref. Nars. ed. Ming. ii. 35 ult. and note. 2) *amianthus* or *asbestos*, Diosc. v. clv; Hist. Mon. i. 273; ܟܐܦܐ ܐܡܝܢܛܘܢ Chimie 9. 7, 18, an inferior kind of talc, ib. l. 9; *chaux de pierre calcaire*, Duval, ib. 41. 7, 9; but ܐܡܝܢܛܘܢ ܟܐܦܐ ܐܡܝܢܛܘܣ ܕܗܘ ܛܠܩ ib. l. 3; and so ܐܡܝܢܛܘܣ ܗܘ ܟܐܦܐ ܐܚܪܐ i. e. *talc*, N. Hist. iii. cap. 1, sect. 2.

ܐܡܝܢܐ Ἀμμίνη, an island in the Red Sea, Jac. Edes. Hex. 20. 7.

ܐܡܝܢܐ col. 230. *a pool, swamp*; ref. Jac. Edes. Hex. 23. 15.

ܐܡܟܬܐ col. 230. *a spade, shovel*, Ş. Dan. ap. R. O. C. v. 396. 17. Pl. ܐܡܟܬܐ, Gest. Alex. 101. 4.

ܐܡܟܠܐ col. 230. *a rug, carpet*: Hoffmann thinks this word and ܐܡܟܠܬܐ and ܡܟܠܬܐ are Babylonian vernacular forms of ܡܥܟܠܬܐ, Pers. Mart. ɪɪ. 206.

ܐܡܟܠ denom. verb from ܐܡܟܠܐ, *to cover, wrap up*, ܢܘܡܬܐ ܐܡܟܠ ܒܟܠܗܘܢ, Warda 255 *r*.

ܐܡܠܓ Pers. املج *myrobalan, the fruit* or *nut of a* kind of *Terminalia*, Med. 138. 7, 239. 13, 393. 7.

ܐܡܠܘܢ col. 231 and ܐܡܘܠܘܢ col. 326. 1) ἄμυλον, *starch*, Med. 82. 2, 16, 83. 14, 164. 4, 24, 165. 2; ܐܡܠܘܢ ܕܐܬܥܒܕ ܡܢ ܚܛܐ, ib. 181. 6, ܐܡܠܘܢ ܟܠܗ ܕܚܛܐ ܗܘ نشا لا ستج, ib. 601. 19.

ܐܡܠܘܢ f. i. q. ܐܡܟܠܐ q. v. ܐܡܠܘܢ ܐܡܠܘܢܐ, A. M. B. iv. 239. 1.

ܐܡܢ: ܐܘܡܢܘܬܐ col. 237. 6 of par. Used absolutely it usually means *chemistry* but sometimes *astrology*, Spic. 9. 1.

ܐܘܡܢܝܐ col. 238. Add: *technical*, ܡܠܬܐ ܐܘܡܢܝܬܐ, Galen. 244. 7.

ܗܝܡܢܘܬܐ col. 238. Dele the words "vox dubia". It is a late formation from ܗܝܡܢ considered as a quadriliteral, Nöld. ZDMG. xliii. 680. Refs. ܕܢܣܛܘܪܝܘܣ ܫܬܐܣܘܗܝ ܒܗܝܡܢܘܬܐ Nestorius was a fortress, *its foundations were laid on faith*, Warda 52 *r*, Parad. ed. Card. where the word is wrongly vocalized ܗܝܡܢܘܬܐ.

ܗܝܡܢܘܬܐ col. 238. Add: *assurance*, ܠܐ ܐܠܐ ܗܘܐ ܠܟ ܗܝܡܢܘܬܐ ܕܡܢ ܡܠܬܐ, Sev. Lett. 119. 9.

ܐܡܢܘܢ and ܐܡܡܢܘܢ a friend of Cyril and deposed with him by the Council of Ephesus, Warda 55 *r*.

ܐܡܢܛܝܣ pr. n. m. *Amantius*, Anecd. Syr. iii. 233. 24; ܐܡܘܢܛܝܣ l. 27.

ܐܡܢܛܝܐ pr. n. f. A. M. B. vii. 126.

ܐܡܡܐ عمّ Yakut 3. 728, Ἴμμα, *Emma*, a town between Antioch and Aleppo, C.B.M. 708. 2, Doc. Mon. 172. 10, Sachau ZA. xii. 48.

ܐܡܣܝܐ *inhabitants of Amasia*, see col. 240. 1, Sev. Lett. 247. 16.

ܐܡܦܘܛܝܣ ἄμπωτις, *ebb of the sea*, Bar Ce. Hex. under ܡܕܢܚܝܐ, col. 539.

ܐܡܦܘܡܐ col. 240 and so correct for ܐܡܦܘܡܐ ib. a Greek ἔμφωμα, Fraenk. Fremd W. 14 n. 1. 1) *a skylight, window light* or *pane*, ܐܡܦܘܡܐ ܕܙܓܘܓܝܬܐ ܕܟܘܬܐ, Op. Nest. 32. 6; with gloss. ܙܓܘܓܝܬܐ, Med. 68. 20. 2) *white lead* or *gypsum*, Chimie 136. 1; 49. 5, 12, 50. 10, ܐܣܦܝܕܐ, Arab. اسفيداج, Pers. اسفيدات, Med. 716. 4. 3) *a clarionet*, Mt. Singar 54. 5, 55. 4.

ܐܡܦܐ col. 241. Guidi corrects *nymphea, fountains*, Bull. Arch. Romae xii. 222.

ܐܡܦܩܝܢܘܢ col. 242. *green oil*, add refs. Med. 60. 8, 213. 9.

ܐܡܦܪܘܪ and ܐܡܦܪܛܘܪ *empereur* from imperator, Jab. 63 and note.

ܐܡܦܪܟܐ col. 242. Guidi gives ἔπαρχοι, vico-magistri, *city guards*, Bull. Arch. Romae xii. 223. 1 and note. Ref. Sassanidi 63. 40.

ܐܡܪܐ col. 243. Delete the paragraph.

ܐܡܪ col. 243:

ܐܡܘܪܐ col. 245. 8 of par. *the officiating priest*, Qdham W. 174. 9.

ܐܡܝܪܐ col. 245. *an Emir, commander*, add: ܐܡܝܪ ܐܡܝܪܐ *Chief Emir*, Jab. 183. 7, 185. 6, ult., ܐܠܦܐ ܐܡܝܪ̈ܐ *chiliarchs*, ib. 162. 2. Pl. ܐܡܝܪ̈ܐ already given and ܐܡܝܪ̈ܢܐ, Dion. 125. 20, 128. 15, 234. 8 bis.

ܐܡܝܪܘܬܐ f. *emir-ship*, El. Nis. Chron. 135. 24, 137. 7, 142. 11.

ܐܡܪܐ m. Ar. أَمْر *command, authority*, ܡܢ ܐܡܪܐ ܕܡܠܟܘܬܐ ܕܥܪܒܝܐ, Dion. 67. 18.

ܐܡܪܝܢ *Himerion*, a bishopric in Osrhoëne, Syn. ii. Eph. 11. 13. See ܗܡܝܪܝܢ.

ܡܬܐܡܪܢܘܬܐ col. 246. Add: *a predicate, affirmation*, ܫܘܝܘܬܐ ܕܡܬܐܡܪܢܘܬܐ of the Son with the Father, Hist. Mon. ii. 133. 5, ܕܥܡܢ id. *with us*, ib. l. 16. Pl. ܡܬܐܡܪܢܘ̈ܬܐ ܕܓܘܚܟܐ *ridiculous discourses*, Or. Xt. i. 82. 4.

ܐܡܪܐ col. 247. 12. sign of the Zodiac, *Aries*, used as a name for *Marcasite*, Chimie 6. 14.

ܐܡܪܘܣܩܐ m. dimin. of ܐܡܪܐ *a little lamb*, BHGr. i. 24. 26, ܐܡܪܘܣܩܬܐ f. ib. 25. 13.

ܐܡܪܣ pl. of ܐܡܪܐ col. 247, ἀμάρα, *a drain, sewer*, ܐܡܪܣ ܕܡܝܐ ܘܩܢܝܐ, Jul. 26. 13.

ܐܡܪܝܩܘܣ i. q. ܐܡܪܝܢ; Nöld. F. S. i. 470. 45.

ܐܡܪܩܐ Lat. amaracus, *marjoram*, but in the Gk. κασία, Act. Apost. Apoc. ܩܠܐ. 12. Cf. ܐܡܪܩܘܣ.

ܐܡܪܡܢܐ (ܦܬܩܐ) see ܐܡܪܡܢܘܢ col. 248. ἀμεριμνία Nöld. ἀμέριμνος, Hoffm. Ahrens Lexical. *an open cheque, unlimited credit*, Anecd. Syr. iii. 214. 19, 215. 22.

ܐܡܪܩܘܢ ἀμάρακον, *marjoram, oil of camomile*, Med. 151. 13, ܐܡܪܩܘܢ اقحوان ابيض, ib. 601. 12.

ܐܢܟܝܢܘܣ πεχῖνοι = reading πήχινοι from πῆχυς, *people a cubit high, pygmies*, Anecd. Syr. iii. 330. 3 from Ptolem. Geog.

ܐܢܩܦܠܐܝܘܬܝܢܐ ἀνακεφαλαιωθῆναι, *to be summarized*, BHGr. i. 47. 25.

ܐܢܩܠܐܣܝܣ ἀνάκλασις, *reflection* in water, explained as ܚܙܘ̈ܢܐ ܕܒܡܝܐ, of reflections in the water, N. Hist. v. 2, 1 ter.

ܐܢܒܩܐ N. Hist. iv. 1, sect. 2, i. q. ܐܢܒܝܩܐ.

ܐܢܒܝܩܐ col. 254. Arab. انبيق, Gr. ἄμβιξ, *an alembic*, ZDMG. xxxii. 576. ܐܢܒܝܩܐ ܥܘܝܪܐ *a blind alembic*, i.e. without a head, Chimie 33. 20 and often. Also written ܐܡܒܝܩܐ, ܐܒܝܩܐ ib.

ܐܢܓܒܝܢ Pers. انگبين *honey* + ديگ *a pot*. Name of a medicine compounded with honey, Med. 312. 10.

ܐܢܓܘܫܬ usually ܢܓܘܫܬ col. 2276 and Suppl. infra. Pers. نا مشك. Dozy says it is a small pomegranate of Khorasan; others an Indian fruit with fragrant flowers; Med. 393. 9.

ܐܢܓܠܝܘܢ col. 255. ἀγγελία, *a letter*. ref. ܐܢܓܠܝܘܢ ܡܫܠܡܢܘܬܐ, gloss. ܐܓܪܬܐ ܫܠܡܐ, Warda 247 *v*.

ܐܢܓܠܝܣܘܣ i. q. ܐܢܐܓܠܠܝܣ col. 251. ἀναγαλλίς, *pimpernel*. For jaundiced eyes, Med. 392. 11; Chimie 50. 5; ܐܢܓܠܝܣ ib. 15. 14; ܐܢܓܠܝܣ ib. 227, n. 2.

ܐܢܕܪܘܦܝܩܘܣ *the summer tropic*, De Astrolabe 270 pen.

ܐܢܕܪܘܕܡܣ androdamas, *pyrite arsenicale*, Chimie 10. 21; ܐܢܕܪܘܕܡܢܣ ib. 97.

ܐܢܕܪܘܡܦܘܣ) *Andromaphus*, a gentile priest, BH Chr. Eccl. 17 pen.

ܐܢܕܪܘܡܟܘܣ) *Andriomachus*, High Priest of the Jews, BH Chr. Eccl. 19. 6.

ܐܢܗܝܕ) col. 258. Zend. Anâhita = *undefiled*, a personification of unsullied waters, hence goddess of waters. Later the planet Venus. Name of a martyr, daughter of Adhurhormizd, a mobed, A.M.B. ii. 559 and note, 583, Tabari 4.

ܐܢܘܛܘܣ) *Ἄνυτος*, the accuser of Socrates, But. Sap. Philos. 7. 3, Periherm. ii. 5, ܐܣܩܕ ܐܢܘܛܘܣ) ܡܘܡܙܝܒܗ ܕܫܬܠܐ, N. Hist. viii. 3. 5.

ܐܢܘܛܝܩܘܢ) ἑνωτικόν, the *Henoticon* of Zeno, Sev. Ant. Vit. 30. 18, 24, 113. 5, 12, ܐܢܛܦܐ) ib. 113. 2. Usually ܚܕܝܘܐ or ܚܘܕܐ.

ܐܢܘܡܢܐ) ἑνουμέν(ους) *united*, ܘܢܚܫܒ ܚܢܢ A. M. B. v. 537 note ܘܢܡܢܐ ܚܢܢ, *may God number you with His saints*.

ܐܢܘܟܝ) a mountain near the Nile, Kal-w-Dim. 118. 25.

ܐܢܘܩܪܐ) col. 261. *sal ammoniac*, Med. 89. 14, 18, 91. 16, 161. 23, 162. 12, 171. 11.

ܐܢܛܓܩܘܩܠܝܐ) ἀντεγκύκλια, *revocation or contradiction of an encyclical letter*, Anecd. Syr. iii. 164. 13, C.B.M. 1053 b; ܐܢܛܓܩܘܩܠܝܬܐ ib. 1054 b.

ܐܢܛܘܟܣܝܣ) ἔντευξις, *petition*, Anecd. Syr. iii. 176. 7, Zach. tr. H. and Brooks 116 note.

ܐܢܛܠܡܢܘܣ) correct ܐܛܠ) *Italian*, Chimie 58. 4. So ܐܢܛܠܡܣܝܢ) ib. 47. 5, ܐܢܛܠܣܢܐ) ib. l. 11 and 10. 14.

ܐܢܛܢ) Ἔνατον, name of a monastery *nine miles from Alexandria*, Pet. Ib. 64. 18 and gloss., R.O.C. iii. 245 ult., iv. 348, n. 3, ܐܢܛܢ) ܘܐܠܚܣܢܛܪܐ, *El-Haneton* in Makrizi, Pléroph. 28. 11 and n. 3; Sev. Ant. Vit. 24. 11, 27. 3; Anecd. Syr. ii. 177. 26; C.B.M. 33 b, 34 a and note.

ܐܢܛܓܢ) fortress of *Antigun*, perh. Antigous in Pisidia, see Ramsay Hist. Geog. of Asia Minor 141. Jac. Edes. Chron. Can. 575. 4, 583. note 5.

ܐܢܛܝܦܢܝܐ) under ܦܘܢܝܐ) col. 265.

ll. 2 and 3 of par. dele "minus recte" and add refs. Sev. Ant. Vit. 194. 9, 277. 6, C.B.M. 1059 b.

ܐܢܛܝܕܝܩܘܡܪܝܢܝܛܐ) with gloss. ܚܠܟܝ ܕܡܪܝܡ, sect of *Antidicomarianites* = *adversaires de Marie*, Coupes ii. 139.

ܐܢܛܝܛܘܩܛܘܢ) ἀντὶ τοκετῶν, *a stone assisting parturition*, Natur 24. 4.

ܐܢܛܝܠܢܛܝܩܘܢ) (ܝܡܐ) i. q. ܩܘܝܢܘܣ ܐܛܠܢܛܝܩܘܣ col. 132 *the Atlantic*, Anecd. Syr. iv. 97. 24.

ܐܢܛܝܠܘܣ) prob. for ܐܢܛܘܢܝܘܣ *Antony*, ܐܠܐ ܣܒ ܐܢܛܝܠܘܣ ܣܚܡܗ *no Antony can force Jerusalem on high*, 4 Macc. 63. 20.

ܐܢܛܝܦܘܪܘܣ) ἀντίφορος, *the town hall of Edessa*, perh. so-called from its position opposite the Forum, Jos. Styl. 22. 15, transl. 18 and note.

ܐܢܛܝܩܘܡܕܐ) see ܐܢܝܓܩܘ), *a counter-encyclical letter*, Anecd. Syr. iii. 174. 24.

ܐܢܛܝܩܠܝܕܝܢ) col. 268. ἀντικλείδιον, *a false key*, A.M.B. vii. 808.

ܐܢܛܝܩܢܣܘܪ) ἀντικήνσωρ, *equal to a Censor* (cf. ἀντίθεος), Severus of Antioch was so named by his fellow students on account of his proficiency in Civil Law, Sev. Ant. Vit. 215. 10, Nau in loc. ap. R.O.C. v. 293 n. 2.

ܐܢܛܝܩܣܪ) ἀντίκαισαρ, *a rival Caesar*, Anecd. Syr. iii. 229. 24, C.B.M. 1058 b.

ܐܢܛܠܐ or ܐܢܛܠܐ) ἐντολή, *command*; with ܢܣܒ or ܩܒܠ *to receive the command* i.e. *to resign himself to die*, Anecd. Syr. ii. 40. 7, 274. 7.

ܐܢܛܠܘܣ col. 269. 2) Corr. ἐντολεύς, ἐντολεῖς, *procurators, agents*, loc. cit. = Syr. Rom. Rechtsb. 7. 16.

ܐܢܛܠܘܣ) col. 269. 1) *Anatolius*. Corr. ref. not 10. 22 but 192. 12. Add: 2) ܐܢܛܠܘܣ) (ܩܘܡܣ) κόμης ἀνατολῆς, *Count of the East*, Anecd. Syr. iii. 244. 24, ܐܢܛܠܐ) ib. l. 5.

ܐܢܛܠܝܩܘܢ) col. 269. ἐντολικόν, *power of attorney*, i.e. *authority to act*, Syr. Rom. Rechtsb. 18. 7, 8.

ܐܢܛܝ) Ἄνται, *a Slav tribe living between the Dnieper and Don*, only mentioned in the sixth century, W.Z.K.M. ix. 93, note 2.

ܐܡܝܢܐ col. 269. Dele *medicamentum*, the word means Attic, *one attic mina*, Duval ap. Journ. As. 1894, 570.

ܐܢܛܪܒܘܢܘܣ *Antribonus*, a bishop present at the Council of Constantinople, A.D. 382, Nöld. F. S. i. 475, 146.

ܐܡܢܐ col. 270, correct: with ܚܒ ἀναπρο-πῆσαι, *to bring a suit to recover money* given to a physician or advocate, Syr. Rom. Rechtsb. 34.

ܐܢܛܪܩܛܝܩܘܣ Ἀνταρκτικός, *the Antarctic zone*, De Astrolabe 84, male ܐܢܛܪܩܛܝܩܘܣ ib. 82.

ܐܢܝܣ col. 270. 7. *Anais, Anaitis*, a goddess, i.q. ܐܢܐ supra and ܢܢܝ *Nanaia*, col. 2387. N. Mart. Pers. A.M.B. iv. 184.

ܐܢܝ a city near Kars, Bedj. suggests the Jab. 25 ult. reading ܒ ܡܛܝܢ *they came to Ani*, see col. 270.

ܐܢܝܣܘܢ col. 271. *anise, aniseed*, Med. 40. 16, 99. 4, 144. 18, 161. 6, 542. 4, 554. 1.

ܐܢܟ abs. form of ܐܢܟܐ col. 272. *tin*, Chimie 97. 3. Usual name with alchemists, *Zeus*, ib. 3. 4, col. 1104 under ܙܘܣ and col. 518 under ܚܠܒ, also *Hermes*, col. 1053 under ܗܪܡܣ, Chimie 2. 12, and *Mars*, ib. 126. 11; col. 381 under ܐܪܣ.

ܐܢܟ denom. verb from ܐܢܟܐ, Peal conj. *to tin, to cover or overlay with tin*, imper. ܐܢܘܟ, Chimie 231, note 2, pass. part. ܐܢܝܟ ib. act. part. ܐܢܟ, ib. 235, note 3, Ethpe. ܐܬܐܢܟ *to be tinned*, ܐܢܐ ܡܚܬܡ ܩܕܡܐ ܘܣܡ, ib. 236, note 1.

ܐܢܟܪܝܣܛܢܘܛܐ ἀναχριστευταί(?), *re-anointed*, Anecd. Syr. iii. 172. 15.

ܐܢܩܛܐ col. 273. Dele l. 2 of par. after ref. to BH. 78. 7. Dele ll. 4, 5, 6 after the ref. to Jo. Eph. 124. 18. Run on l. 6 at It. to the end. Add : pl. ܐܢܩܛܐ *victuals, provisions*, Anecd. Syr. ii. 297. 6, iii. 129. 6; ܐܢܩܛܐ ii. 118. 10.

ܐܢܣܦܠܝܣܘܣ col. 273. Correct ܐܢܣܦܠܝܣܘܬܐ *emancipati, sons freed from the father's authority*, Syr. ܚܐܪܘ, Bruns and Sachau, Syr. Rom. Rechtsb. 4.

ܐܢܦܩܡܐ col. 276, 5 of par. Dele "Forma, &c." and add refs. Jul. 234. 24, BH Carm. 105. 13, 126. 5, 11.

ܐܢܦܩܛܐ correct ܐܢܦܩܛܐ or ܐܢܦܩܛܐ *vine flowers or shoots*, Med. 292. 3.

ܐܢܣ col. 275 ult. Dele the last line from "Male". Ethpe. add refs. Pallad. 62 pen., Jul. 47. 23.

ܐܢܣܛܪܘܢܝܩܘܢ name of a powder for the mouth, Med. 170. 12.

ܐܢܣܘܕܝ a country, Doc. Mon. 163. 29, 171. 25.

ܐܢܦ, ܐܢܦܐ col. 278. Metaph. *side* of a question, *view, opinion*, ܚܕ ܡܢ ܣܛܪܝ ܚܒܪܐ, Aphr. 1047. 2. Idiom. ܐܩܠ ܐܢܦܐ ܠܒܥܠܕܒܒܘܬܐ *to show a bold face to misfortune*, Jul. 53. 20.

ܐܢܦܘܪܐ f. ἀναφορά, *a report, memorial*, A.M.B. iii. 342, pl. ܐܢܦܘܪܣ Syn. ii. Eph. 17. 15, C.B.M. 1028 a.

ܐܢܦܣܝܘܣ ἀνεψιός, *uncle's son*, Col. iv. 10 VHh., ܐܚܕ ܕܕܐ ܐ BH. in loc., Sev. Lett. 305. 1.

ܐܢܦܪܕܟܣܘܣ corrupt from περιδέξιος, an Indian fruit-tree, Natur 62. 10.

ܐܢܨ col. 281. For "in Pe. inus." read fut. ܢܐܢܨܘܢ, ܐܠܝ ܒܕܡܥܐ ܢܐܢܨܘܢ *let them wail with tears*, A.M.B. ii. 169. 3. Ethpe. ܐܬܐܢܨ l. 10 of par. dele the words "mensuram" and "aliquantisper".

ܐܢܩܘܩܠܝܐ col. 282. ἐγκύκλια. Add: 3) *a procession*, ܙܕܩܐ ܗܘܐ ܕܨܘܪܬܐ ܕܡܪܢ ܒܐܢܩܘܩܠܝܐ *a figure* of Our Lord should be carried *in procession through the cities*, Anecd. Syr. iii. 324. 23, 325. 4.

ܐܢܩܘܩܠܛܐ col. 282. Add : *an Imperial rescript*, Pet. Ib. 79. 3, C.B.M. 936 b.

ܐܢܩܘܪܐ ἄγκυρα, *an anchor*, BH. in Heb. vi. 18 (19); see ܐܢܩܪܐ.

ܐܢܩܘܪܘܛܘܣ (Λόγος) ἀγκυρωτός, *anchored*, a tract by Epiphanius, C.B.M. 960 a, ܐܢܩܘܪܘܣ ib. 940 a, 975 a, ܐܢܩܘܪܐ ib. 932 a, ܐܢܩܘܪܘܣ ib. 916 b, ܐܢܩܪܐ ib. 919 b, ܐܢܩܪܘܣ ib. 960 a.

ܐܢܩܠܐ col. 282. Dele par. and see ܢܩܠܐ Suppl.

ܐܢܩܠܛܘܣ *Anacletus*, third Bishop of Rome, R.O.C. i. 401. 13, 17.

ܐܢܩܢܛܝܘܣ *Innocentius*, Pope, Alexis 20. 9.

ܐܣܩܘܦܝܬܐ ((ܠܒܝ)) ܐܣܩܦܘܢܐ, col. 282 read ܐܣܩܘܒܝܬܐ Guidi, ὤντινων ἐκκουβιτώρια, excubitoria, posts where guards were stationed, Zach. tr. H. and Brooks 318, note 14.

ܐܣܩܦܪܐ col. 282. Anacardium, the Cashew nut, Med. 309. 2, 392. 19.

ܐܣܩܬܐ ܕܐܝܠܐ col. 283. tragacanth, Astragalus, ܐܣܩܬܐ is a popular corruption of ἄκανθα, Duval ap. Journ. As. 1894, 570; Ar. Pfln. 49. Refs. Chimie 34. 7, 45. 19, Med. 84. 22, 92. 6, 353. 22.

ܐܣܒ cf. Heb. נָשֶׁה, Ar. نسا or انسا, sciatica, Op. Nest. 130. 7 in Gen. xxxii. 32.

ܐܣܒܐ a monastery, C.B.M. 706 b.

ܐܣܒܪܐ f. antabra, perhaps leaden money, ܐܣܒܪܐ ܕܡܢܐ ܘܡܕܢ, Chimie 254, note 2.

ܐܣܒܬܐ col. 287. name of a medicine, a dry powder for the throat, Med. 161. 22, 162. 10.

ܣܥܕܐ ܕܐܝܠܐ col. 288. i.q. ܐܝܠܐ the Castle of Atta near Mardin, B.O. ii. 462 and R.O.C. iv. 153 from the colophon of a MS. of B.H.

ܐܣܝܟܐܢܐ col. 288. Correct the passage quoted to ܐܝܟܐܢܐ ܡܬܣܟܠܐ, A.M.B. v. 355. 1.

ܐܣܟܠܢܘܬܐ col. 290. with ܘܠܐ incorrigible.

ܐܣܟܠܢܘܬܐ f. with ܠܐ incorrigibleness, Sev. Lett. 28. 3 af.

ܐܣܟܣܘܢ ἀσβέστος, lime, Chimie 2. 7, ܐܣܟܣܝܘܢ, ib. 4. 1.

ܐܣܩܠܐ col. 293. profligacy, Prov. vii. 11 and BH. in loc.

ܐܣܘܠܘ Asylus Bishop of Antioch temp. Sev., Sev. Ant. Vit. 286. 9; Bishop of Resaina, Jo. Tell. ed. Kleyn 59. pen.

ܐܣܘܪ Pers. سوار, Ar. اسوار, Angl. from Hindostani sowar, a horseman, Kal-w-Dim. 326. 3.

ܐܣܟܘܦܐ gloss. to ܣܟܐ the threshhold, Op. Nest. 116. 3 and to ܐܥܠܢܐ entrance, vestibule, ib. l. 14.

ܐܣܩܦܛܩܣ a corruption of ψίττακος, i.q. ܚܟܝܐ (see ܚܟܝܐ) a parrot, N. Hist. vii. 4. 2. I.q. ܐܣܩܦܣ only found in the Lexx. col. 299.

ܐܣܛܠܐ Στενόν, the Straits, i.e. the Dardanelles, Pet. Ib. 23. 15; ܐܣܛܠܐ ib. l. 7.

ܐܣܛܐܦܘܣ Ἀστάπους, the Blue Nile, Jac. Edes. Hex. 24. 13.

ܐܣܛܩܐ ἀστακός, -οί, crayfish, But. Sap. N. Hist. vii. 3. 1, 6. 6.

ܐܣܛܪܐܘܢ oyster, Natur 64. 13, 14, 65. 15. See ܐܣܛܪܘܣ.

ܐܣܛܚܒܕ col. 294. a corruption of Pers. spahbedh or spahpat, a General, Tabari 96, 144, &c. Jos. Styl. 58. 16, 75. 11, 22, 76. 5, 8.

ܐܣܛܚܪܐ Pers. إستبرك gold brocade, Gest. Alex. 200. 9.

ܐܣܛܕܝܘܢ i.q. ܐܣܛܕܝܘܢ col. 295. a race-course, A.M.B. v. 2.

ܐܣܛܟܪ col. 295. Astahr or Istahr, a city in Fars, near Persepolis, Chabot, Syn. Or. 37. 4, 43. 25, 53. 8, 12, ZDMG. xliii. 396. 16. A province and diocese of Persia, Chast. 5. 4. Written ܐܣܛܟܪ Sassanidi 26; cp. Tabari 397; ܐܝܣܛܟܪ, Mon. Syr. ii. 67. 26.

ܐܣܛܘ Ἄστυ, a village in Egypt, Sev. Ant. Vit. 18. 9.

ܐܣܛܪܘܟܢܣ στρύχνος, solanum nigrum, nightshade, Ar. عنب الثعلب, Med. 601. 13, ܐܡܐ ܐܐ ܗ myrtle berries, ib. prob. wrong; it. ib. 49. 9, 15, 50. 6.

ܐܣܛܘܟܣܐ col. 296. an element. Add: in Magianism powers of nature, usually personified, A.M.B. ii. 577. 17.

ܐܣܛܘܡܟܐ col. 297. The gullet or oesophagus, Med. 267. quater, 271. 4 but stomach in the following pp. Mentioned as a drug, prob. corrupt for ܐܣܛܘܪܟܐ, ib. 140. 20, 141. 17, 145. 16.

ܐܣܛܘܡܟܝܩܘܢ στομαχικόν, stomachic, Med. 45. 20, 52. 6, ܐܣܛܘܡܟܝܩܘܢ l. 14; ܐܣܛܘܡܟܝܩܘܢ ib. 308. 10, 322. 6.

ܐܣܛܪ see ܐܣܛܪܘ.

ܐܣܛܪܘܣ = ܐܣܛܪ a satyr, Pallad. 245. 21 = A.M.B. v. 565.

ܐܣܛܪܘܡ and ܐܣܛܪܘܢܣ see ܐܣܛܪܐܘܢ, Anecd. Syr. iv. 86. 11.

ܐܣܛܘܪܟܐ oil of styrax, Med. 159. 10.

ܐܣܛܘܪܘܢܝܣ ὁ σταυρωθεὶς δι' ἡμᾶς, Anecd. Syr. iii. 219. 20. Cf. ܐܗܘܐ ܕܐܨܛܠܒ ܚܠܦܝܢ ib. 217. ult.

ܐܣܛܛܝܘܢܐ col. 298. Στάσεις, *stationes*, one-sixtieth part of the psalter which in the Greek Church was divided into twenty καθίσματα, each κάθισμα into three Στάσεις, Hist. Mon. i. 142, ii. 292 note, Is. Ant. ii. 54. 7 af. ܐܣܛܛܝܘܢܐ ܘܩܕܡ ܐܗܕܡܐ, Takhsar 64.

ܐܣܛܓܪܝܣ pr.n.m. *Stagirius* to whom three homilies were addressed by St. Chrysostom, C.B.M. 478 b, ܐܣܛܓܪܝܣ ib.

ܐܣܛܝܟܪܝܢ στιχάριον, *a tunic*, one of the priestly vestments, A.M.B. v. 557. 17.

ܐܣܛܝܠܝܐ col. 300. B.O. iii. 1. 256 = Card. Thes. 45. 6 is στῆλαι, *pillars*, but why ܐܝܣܪܝܠܝܐ *Israelitish*? Can the passage refer to the carvings of Jewish trophies on the Arch of Titus?

ܐܣܛܘܡܐ col. 300. Add: ܐܣܛܘܡܐ ܕܦܪܙܠܐ *steely flint*, Jac. Sar. Hom. ii. 65, Hist. Mon. i. 329. 2.

ܐܣܛܘܡܟܝܩܘܢ *stomachic*, Med. 308. 10; see ܐܣܛܘܦܟܐ.

ܐܣܛܘܢܣ *Ostanes*, a Median philosopher, Sev. Ant. Vit. 62. 4.

ܐܣܛܘܪܐ col. 299. *ostiarius, doorkeeper*, Anecd. Syr. ii. 236. 9 bis.

ܐܣܛܘܢܐ col. 300. Refs. Ephr. ed. Lamy i. 469. 3; ܐܣܛܘܢܐ ܕܠܢ Nest. Hérac. 269. 19, 397. 4.

ܐܣܛܣܝܕܐ from στασιώδης, see col. 300. Pl. ܐܣܛܣܝܕܐ *agitators*, Nest. Hérac. 397. 9; *roughs, blackguards*, BH Chr. Eccl. 725. 3.

ܐܣܛܣܝܘܬܐ f. *sedition, rebellion*, Stat. Schol. Nis. 21. 5, forbidden by Canon iii. ib. 183. 2, 3.

ܐܣܛܦܛܝܩܘܢ στυπτικόν, *styptic*, Med. 83. 20.

ܐܣܛܩܛܐ col. 301. *oil of myrrh*. Keep first line of par. and run on l. 10 at "non nisi in pl." add refs. Schatzh. 30. 9 and passim, Med. 148. 18, 602. 9.

ܐܣܛܪ pr.n.m. *Asterius*, Syn. ii. Eph. 32. 3; A. M. B. iii. 336.

ܐܣܛܪܝܘܢ ὄστρεον, *oyster*, Fisch N. 86, Anecd. Syr. iv. 91. 4.

ܐܣܛܪܘܒܠܐ στροβιλίνη, *pine cone*, Galen 240. See ܐܣܛܪܘܒܠܐ col. 302 and Med. 181. 21, 231. 21.

ܐܣܛܪܠܐܒܘܢ see col. 302. *astrolabe*, R.O.C. 1910, 241, ܐܣܛܪܠܐܒܘܢ De Astrolabe 80 bis, usually written ܐܣܛܪܠܐܒܘܢ, ib. 71. 5 times, ff., 86 bis. Miswritten ܐܣܛܪܠܒܘܢ ib. 80. 4.

ܐܣܛܪܘܦܝܠܘܢ col. 303. "*quince*", Budge, Med. 197. 16.

ܐܣܡܘܕܐܝܣ name of a chief demon, A.M.B. v. 445. 4, 8, 447. 11, 15.

ܐܣܛܪܘܟܢܘܢ στρύχνον, *nightshade*, Med. 52. 18. See ܐܣܛܪܘܟܢܘܢ col. 304 and ܐܣܛܪܘܟܢܘܢ Suppl.

ܐܣܡܥܢ a city of Egypt, A.M.B. vii. 813.

ܐܣܝܢܝܐ Ἀσιανοί, *Asiatics*, Syn. Or. 5, 168. 6 = 427 note 5.

ܐܣܝܣ and ܐܝܣܝܣ *Isis*, Sev. Ant. Vit. 17, 18, 178, &c. I. q. ܐܣܝܣ and ܐܣܝܣ col. 162.

ܐܣܟܝܐܣܛܘܢ ἀσκίαστον, *sans ombre*, Chimie 10. 7, ܐܣܟܝܐܣܛܘܢ, ib. 11. 10, ܐܣܟܝܐܣܛܘܢ, ib. 10. 11. I.q. ܕܠܐ ܛܠܐ?, ib. 49. 1.

ܐܣܝܪܝܣ Ὄσιρις, *Osiris*, Arist. Apol. ܀ 11, 22.

ܐܣܟܘܠܐ To words derived from σχολή add: ܐܣܟܘܠܣܛܝܩܘܬܐ f. *the scholastic profession, teaching*, Stat. Schol. Nis. 30. 7, 31. 19, 192. 7, 193. ult., ܐܣܟܘܠܣܛܝܩܘܬܐ? ܕܐܣܟܘܠ Isoyabh, ii. ed. Duval 32. 20

ܐܣܟܘܠܣܛܝܩܘܬܐ (ܕܕܝܢܐ) f. *the legal profession*, Sev. Ant. Vit. 21. 24, 92. 1.

ܐܣܟܘܠܪܐ i. q. ܐܣܟܘܠܪܐ σχολάρια, *the Imperial Guards*, Anecd. Syr. iii. 233. 20.

ܐܣܦܝܕܘܟܠܘܢܐ ἀσπιδοχελώνη, *asp-tortoise*, a fabulous beast, Anecd. Syr. iv. 90. 4, Fisch N. 71.

ܐܣܟܠܘܣ *Aeschylus*? Ined. Syr. ܀ 2.

ܐܣܦ col. 309. *to heap up*, metaph. C.B.M. 452 b. 19. Act. part. m. pl. ܐܣܦ Pallad. 225 1. Pass. part. ܐܣܝܦ, ܐܣܝܦܐ Is. Nin. B. 293. 18, A.M.B. i.

ܐܣܦܐ col. 310. Dele ll. 2, 3, and 4 of par. as far as *cibus*. Add refs. BH. in Prov. xxxi. 11, Gest. Alex. 75. 6. *A reservoir* of rain, Jac. Edes. Hex. 45. 5. Metaph. pl. ܐܣܦܐ ܕܚܛܗܐ ܘܕܥܘܠܐ Is. Nin. B. 189. 15, *malo sensu* of pride, &c., Is. Nin. Ch. 74 n.

‎ܐܣܦܢܬܐ‎)" f. *harvesting, ingathering*, ‎)ܣܒܠܬܐ,‎
‎ܘܟܢܫܐ ܣܬܐ‎ Warda 50 r.

‎ܐܣܦܢܬܐ‎)' add ref. Ephr. ed. Lamy ii. 805. 5.

‎ܐܣܦܪܝܐ‎ 'Εσπέριοι, *Westerners*(?) a people living in an unknown and uninhabitable country, Jac. Edes. Hex. 32. 11.

‎ܐܣܦܪ‎) col. 311. σπονδεῖον, *the wine cup used for libations; a liquid measure;* ‎ܐܣܦܪ‎) ‎ܘܡܚܣܐ‎, Jos. Styl. 85. 9; *a wooden vessel*, ‎ܚܕܐܢܐ ܘܕܡܝ ܘܚܕܐ ܘܐܡܚܐ ܩܕܝܣܝܢ ܘܕܐܪܐ‎
‎ܘܟܚܝܠ ܐܘܐܣܦܪ‎, Georg Ar. 35. 16; i. q.
‎ܐܣܦܪ‎ (q. v.—Or should this be ‎ܐܣܦܪ‎), Armenian *uunfunp* ?

‎ܐܣܦܝܕܒܐ‎)" i. q. ‎ܐܣܦܝܕܒܐ‎) Pers. اسفيدباج. *white broth*, ‎ܐܣܦܝܕܒܐ ܘܐܡܐ ܘܩܝܡܐ ܘܡܫܬܐ‎), Med. 58. 21.

‎ܐܣܦܝܕܐ‎)" Med. 433. 9, i. q. ‎ܐܣܦܝܕܐ‎), ‎ܐܣܦܝܕܐ‎ and ‎ܐܣܦܝܕ‎ *white lead.*

‎ܐܣܦܝܕܐܪ‎)" Pers. اسفيدار, *white poplar*, Med. 566.

‎ܐܣܦܗܢ‎) col. 311. *Ispahan.* Add: Ar. اصبهان, Ptol. Ἀσπαδάνα, Syn. Or. 43 antep., 62 antep., 67. 11, &c., ZDMG. xliii. 396. 15, 403. 2, 404. 5.

‎ܐܣܦܢܝܐ‎) *Spanish*, Chimie 53. 18.

‎ܐܣܦܘܠܝܣ‎) *a bishopric in Arabia*, Neapolis? Nöld. F. S. i. 470. 39.

‎ܐܣܦܬ‎)" and ‎ܐܣܦܬܢ‎)" Pers. اسفيد, *santalum album, sandal wood*, Med. 88. 4, 602. 4; ‎ܐܣܦܬ ܘܐܣܦܬܢ‎ ib. 145. 9.

‎ܐܣܦܝܕܐ‎) col. 313. Pers. اسفيداج, *ceruse, white lead*, Chimie, 15. 5, ‎ܐܣܦܝܕܐ‎) ib. 47. 11. Oftener written ‎ܐܣܦܝܕܐ‎.

‎ܐܣܦܢܐ‎)" col. 313. *a wedge.* Add: ‎ܠܐ ܚܕܐ‎ ‎ܘܐܠܐܘܣܚ ܘܐܬܩܘܣܝܗ ܚܕܪ ܡܢ ܐܣܦܢܐ‎, Eus. Theoph. 1. 8.

‎ܐܣܦܪܐ‎) col. 314. σφαῖρα. 1) *sphere, ball.* Add ref. ‎ܘܟܬܐܠ ܐܣܦܪܐ‎) *egg-shaped balls*, Med, 568. 12. 2) *a bowl*, ‎ܐܣܦܪܬܐ ܘܩܐܡܕ ܘܢܐܘܕܚܕܐ‎)" *great silver* wine *bowls*, Gest. Alex. 237 six times. σπεῖρα. 3) *a line*, astron. ‎ܐܣܦܪܐ ܠܐܘܪܝܠܐ ܘܚܒܐܠ‎ ‎ܡܚܕܐ ܡܥܚܒܐ‎ the *upright line* on an astrolabe which represents the meridian, De Astrolabe 249, 250 bis, 253 bis, 255. 5 af., 262 f. And β col. 314, ‎ܘܐܣܦܪܐ‎)" *coils of hair* is σπεῖρα, not σφαῖρα. Metaph. ‎ܐܣܦܪܐ ܘܐܠܗܘܬܐ‎) *the department of Divine worship*, Jul. 65. 26.

‎ܐܣܦܠܬܘܢ‎) col. 315, ἄσφαλτος, *asphalt, bitumen*, Chimie 7. 19, 14. 13, ‎ܐܣܦܠܬܘܢ‎ ‎ܐܘܐܦܕܠܬܘܢ‎ ib. l. 12; ‎ܐܣܦܠܬܘܢ‎ ib. 8. 3.

‎ܐܣܦܝܕܐ‎) col. 315. *arcus, fornix*. Dele the article and substitute ψαλίδιον, Fraenk. Fremdw. 115.

‎ܐܣܦܠܝܢܐ‎)" col. 315. ἀσφάλεια, *security, assurance of safety, a safe-conduct*, Sev. Ant. Vit. 282. 5, Anecd. Syr. ii. 14. 21; iii. 280. 24 so correct ‎ܐܣܦܠܝܢܐ‎); pl. ‎ܐܣܦܠܝܢܐ‎ C.B.M. 705 b. *Stability, safety*, they made him take a wife ‎ܐܣܦܠܝܢܐ ܘܚܒܐ‎ ‎ܣܝܠܐ‎ Anecd. Syr. ii. 189. 19.

‎ܐܣܦܝܕܐ‎) col. 315. 1) *a plaster.* Pl. ‎ܐܣܦܝܕܬܐ‎, Arist. Apol. ‎ܡ‎. 9; ‎ܐܣܦܝܕܬܐ‎, BH. ad Sap. xvi. 12. 2) chem. *a coating, glaze*, ‎ܐܣܦܝܕܐ ܣܦܝܠܐ‎ *sapphire blue glaze*, Chimie xlvii, 99. 15; pl. *various glazes*, 101. 6. 3) *spleenwort*, Med. 103.

‎ܐܣܦܢܐ‎) *Aspona, a bishopric in Galatia*, BH Chr. Eccl. 157. 7.

‎ܐܣܦܣܬܐ‎)" col. 316 i.q. ‎ܐܣܦܣܬܐ‎ col. 3184: *Medicago sativa, lucerne*, Med. 392. 19. See Tabari 244 n.

‎ܐܣܦܟܝܣ‎ for σφέκλης, *lye*, Chimie 13. 19; 14. 2, 33. 15. Also written ‎ܐܣܦܟܝܣ‎, ‎ܦܐܡܠ‎, and ‎ܦܡܠ‎.

‎ܐܣܦܢܝܐ‎) col. 316. pl. ‎ܐܣܦܢܝܐ‎)" *green herbs*, BH Nom. 215. 15; Galen ap. Ined. Syr. 94. 13.

‎ܐܣܦܪܓܠܐ‎)" col. 316. *the quince*, ‎ܚܙܘܐ ܘܐܣܦܪܓܠܐ‎ *quince juice, extract of quince*, Med. 207. 12, 209. 18, 211. 14; ‎ܡܫܚܐ ܘܐܣܦܪܓܠܐ‎ *quince oil*, ib. 212. 16.

‎ܐܣܦܪܟܠܐ‎)" *a town in Persia*, A. M. B. iv. 137.

‎ܐܣܦܘܪܠܐ‎) col. 317. Lat. sportula, *a little basket* in which largesse was distributed, h. *a gift*, Syr. Rom. Rechtsb. 32.

‎ܐܣܦܪܝܣܐ‎) i. q. ‎ܐܣܦܪܝܣܐ‎)" col. 317. σφαίρισις, *game at ball, polo*, Mar Kardag ed. Feige 4. 13 and note by Hoffmann. Or should Arm. *uuлшptq hippodrome* be compared? Cf. ZDMG. xliv. 532. Dele "Aspharsa urbs" and the two sentences beginning "suspicatur."

ܐܣܡܚܙܡܐ) i.q. ܐܣܡܚܙܡܐ q.v. col. 2710. Pers. سِپَرَم, *sweet basil*, Kal-w-Dim. ed. Bick. 77. 16. Pl. ܐܣܡܚܙܡܐ) ib. 110. 6.

ܐܣܡܚܙܒܠ) col. 317. Dele par. and substitute: with ܠܚܕ σφαιρωθῆναι from σφαῖρα *a ball* or *button at the end of a weapon, thongs* or *gauntlets loaded with metal*; *to beat with armed gauntlets*, Jo. Eph. 15. 12, 15.

ܐܣܦܐ) col. 317. σπάθη, *a spoon, spatula*, Chimie 51. 5, 54. 7. *The rule* or *pointer* of an astrolabe, De Astrolabe 75.

ܐܣܦܓܡܠܐ) col. 317. σπαθομήλη, *a flat broad probe*, Med. 214. 19.

ܐܣܩܪܝܕܣ) col. 317. ἀσκαρίδες, *tape worms*, Hippoc. iii. 25.

ܐܣܟܕܝܐ) σχεδία, *a raft, light vessel*, Aphr. 611. 3. See ܐܣܟܕܝܐ) col. 306 and other spellings.

ܐܣܟܘܕܪܝܢ) (ܠܚܐ ?) *Skodarin*, a lake in Roman territory, ZDMG. xxix. 92, Chron. Min. 73. 6.

ܐܣܟܘܛܠܐ) m. σκύταλον, *a cudgel*, but here *a wedge* of stone, David chose five smooth spearheads ܡܢ ܟܐܦܐ ܘܐܣܟܘܛܠܐ *of a piece of that hard stone*, Jac. Sar. Hom. ii. 65.

ܐܣܟܘܢܕܪܐ) m.pl. possibly secundicerius, *the second officer; servants* of the Governor, A.M.B. v. 531. 3.

ܐܣܟܘܣܝܐ) perhaps σκευασία, *working, treatment*, ܥܠ ܡܥܒܕܐ ܐܣܟܘܣܝܐ ܕܕܗܒܐ *Sur la préparation de l'or*, Duval says it is a variant, Chimie 10. 4 = 19. 4 and note 1.

ܐܣܟܢܘ) col. 318. perhaps σκενάριον, *tackle, ropes* (supplied by basket-makers), Anecd. Syr. ii. 106. 9. Cf. ܐܣܟܡܢܘ) DBB. 241. 5 and note 2.

ܐܣܟܝܒܘܪܓܝܘܢ) var. ܐܣܟܝܒܘܪܓܝܢ), Ἀσκιβούργιον, not a mountain as Jac. Edes. supposed but a city, *Asciburgium* on the left bank of the Rhine, Jac. Edes. Hex. 34. 12.

ܐܣܟܝܛܐ) ἀσκητής, *an apprentice, learner*, ܗܘ ܐܣܟܝܛܐ ܕܡܓܘܫܐ *he pretended to be a student of Magianism*, Kal-w-Dim. ed. Bick. 8. 9.

ܐܣܟܝܛܝܢ) col. 318. Dele par. and substitute, a book on *the Ascetic Life*, by Evagrius, C.B.M. 634 a, 655 a; ܐܣܟܝܛܝܢ) *the Asceticon* of Pachomius, ib. 727 b, 1100 a, ܐܣܟܝܛܝܢ)", Pallad. 301. 4 a f. ܐܣܟܝܛܝܢ) *male* ib. 343. 10.

ܐܣܩܝܠܐ) col. 318. σκίλλα, Scilla maritima, *squill*, Natur 14. 7, ܚܪܐ ܡܢ ܐܣܩܝܠܐ *extract of fresh squills*, Med. 197. 4, 199. 7, 299. 2, 4, 17, 601. 12.

ܐܣܩܠܒܐ) m. pl. *Slavs, Slavonians*, El Nis. Chron. 140. 24.

ܐܣܩܦܐ) f. pl. σκάφια for σκαφεία, *spades*, Act. Apost. Apoc. ܣܦ. 2.

ܐܣܩܪܝܢ) σκρινιάριος, *keeper of the archives*, C. B. M. 923 b, 964 a, ܐܣܩܪܢܝ), Vit. Mon. 13. 4, ܐܣܩܪܝܢ), Anecd. Syr. iii. 354. 12.

ܐܣܪ)" col. 320 *to bind*. Add: ܗܕ ܐܣܪܝܢ *they loop back the curtains*, Takhsa 7, 13. Pass. part. col. 322. 9. Add: *limited, local*, ܐܣܝܪܐ ܡܚܡܕܐ Ephr. Ref. ii. 43. 20; ܐܣܝܪܐ) *localized substance*, ib. i. 51. 47; *fixed*, ܟܝܢܐ ܐܣܝܪܐ ܘܐܝܬܘܬܐ ܘܡܬܡܣܟܗܝܢ ܠܐ ܥܪܒ *natures essentially fixed are immutable*, ib. 77. 15, 99. 11; "*bound in essence*," ib. ii. 217. 33.

ܐܣܪ)" or ܐܣܪ)" [E.-Syr.] col. 322 end of par. *Binding* i.e. *by a spell* or *charm*, Charms passim, Protection 7 and passim. *A tendon, ligament*, Med. 109 ter, 380 ult.

ܐܣܪܐ)" col. 324. Add: *a bunch, bundle as a measure*, ܚܕ ܐܣܪܐ: ܣܡܐ ܙܘܦܐ, Med. 299. 10.

ܐܣܪ)", ܐܣܪ)" col. 324. Add: ἀσσάριον, worth 100 ܠܦܛܐ λεπτά and 100 ܐܣܪ) make a dinar, Epiph. 2. Cf. ܐܣܪܝܢ)" col. 292.

ܐܣܪܘܢ)" ἄσαρον, *wild spikenard*, Med. 49. 13, 50. 14, 141. 23, 601. 13. See ܐܣܪܘܢ)" col. 292.

ܐܣܡܝܢ) corrupt for (ὀνομασίας τέ τιν)ας ἀρχόντων, names of *certain rulers*, Theod. Bar Konî ap. Hippoc. v. 1 ff., Coupes ii. 119 in Epiph. Anacephalaeosis.

ܐܣܬܐ)" pr. n. f. *Astha* or *Esther*, mother of Heli son of Matthat and of Jacob son of Matthan, so Joseph was physical son to Jacob but legal son to Heli according to the Levitical law, ܐܣܬܐ)" ܒܪ ܐܣܬܐ, BH. in Luc. iii. 25; Hist. B.V.M. 5. 2.

ܐܣܬܪ̈ܐ, ܐܣܬܪ̈ܐ col. 325. A coin with head of Ishtar, Jensen ZA. xiv. 183. A measure two of which make 1 oz. or four zuze, Epiph. 2; Med. 446. 11 ܐܣܬܪ̈ܐ ܐܚܕܐ ܐܘܕܙܘܙܐ ܒ̈ ܣܡܚܡܐ. Examples ib. 90 ter, 138 quater, 446. 11. Two estire equal one ܢܘܒܠ, col. 2350.

ܐܣܬܪ col. 326. *Ishtar, Astarte*. Chem. *copper*, Chimie 211 note 1.

ܐܣܐ *an Arabian monastery*, C.B.M. 713 b, Doc. Mon. 223. 19.

ܐܣܦܪܐ *an official of the Palace*, ܡܟܒܐܝ ܐܣܪܦܐ Anecd. Syr. iii. 256. 17.

ܐܦܘܕܝܩܐܘܢ ἀπὸ δικανικῶν, *an ex-pleader, former barrister*, Sev. Ant. Vit. 3, R.O.C. 98, n. 2, Anecd. Syr. iii. 226. 3, 245. 6; ܐܦܘܕܝܩܐܣ Sev. Ant. Vit. 270. 4.

ܐܦܘܒܝܩܐܪܝܣ ἀπὸ Βικαρίων, Lat. ex vicariis fecit, Pallad. 201. 17.

ܐܦܘܓܐܘܣ ἀπόγαιος, *apogee*, Georg. Arab. 16. 20 with gloss. ܘܡܚܐ ܪܚܩ ܡܢ ܡܕܝܢܬܐ.

ܐܦܘܕܟܣܐ ' with ܚܘܝ ἀποδεῖξαι, *to demonstrate*, Nöld. F. S. i. 481. 2; with ܗܘܐ *to be demonstrated*, But. Sap. Philos. 1. 2, N. Hist. ii. 1, sect. 1, v. 2. 1 infra.

ܐܦܘܕܝܩܛܝܩܘܣ adj. ἀποδεικτικός, *by way of demonstration*, one of three kinds of syllogism, Probus 83. 9, 87 infra, 88 med., ff.

ܐܦܘܕܝܩܛܝܩܐ adj. *apodictic, demonstrative*, ܡܟܬܒܐ ܐܦܘܕܝܩܛܝܩܐ But. Sap. ii. i. 1, ܐܝܕܥܬܐ ܐܦܘܕܝܩܛܝܩܐ, ib. Philos. 2. 1, 8. 2, N. Hist. ii. i. 1, ܐܣܬܢܬܐ ܕ, Syn. Or. 250. 6, pl. f. *demonstrations, proofs*, Tekkaf 25.

ܐܦܘܣ *Paphos* in Cyprus, Nöld. F. S. i. 472. 78.

ܐܦܘܦܠܟܣܝܐ *miswriting of* ܐܦܘܦܠܟܣܝܐ q.v. col. 336. *apoplexy*, Med. 4. 2, 10. 16, 17.

ܐܦܘܠܘܢ i.q. ܐܦܘܠܘ col. 333. *Apollo*, Stud. Sin. ix. 97 ult.

ܐܦܘܠܡܢܝܣܩܣ ὑπο-λημνίσκος, the critical mark ⸗, C.B.M. 792 a.

ܐܦܘܠܡܦܣܝܣ ἀπόλημψις, *a receipt*, Syr. Rom. Rechtsb. 55.

ܐܦܘܡܢܡܛܐ ἀπομνήματα, *memoirs*, Tekkaf 114.

ܐܦܘܢܬܘܣ 'Οποῦντος, *Opus* of Achaea, i.e. the Roman Achaea which included Locris, Syn. ii. Ephr. 11. 14.

ܐܦܘܢܝܛܪܘܢ ἀφρόνιτρον, *potash, borax*, Chimie 4. 12, Med. 147. 10, 18, 149. 2, 160. 1.

ܐܦܘܣܛܪܘܦܘܣ ἀπόστροφος, *an accent*, Hebraica iv. 168 Syr. 2; Epiph. 7. 6.

ܐܦܘܣܟܘܠܣܛܝܩܘܢ ἀπὸ σχολαστικῶν, *an ex-barrister*, Pet. Ib. 81. 20.

ܐܦܘܣܘܦܝܣܛܘܢ ἀπὸ σοφιστῶν, *a former sophist*, Pléroph. 113. 5, R.O.C. v. 475 in loc.

ܐܦܘܦܠܟܛܘܣ ἀπόπληκτος, *paralysed*, Hippoc. vii. 37.

ܐܦܘܦܠܟܣܝܐ col. 336. ἀποπληξία, *apoplexy*, Hippoc. ii. 42, iii. 15, 19, 22, 30, vi. 54.

ܐܦܘܦܢܝ with ܚܟܡ ἀποφάναι logic, *to deny*, But. Sap. Periherm. 11. 6.

ܐܦܘܦܢܛܝܩܘܣ ἀποφαντικός, *declaratory*, But. Sap. Periherm. 2. 1.

ܐܦܢܛܝ ὑπαπαντή, *the meeting*, i.e. the presentation of Our Lord, when Simeon met Him, C.B.M. 260 a, 264 b.

ܐܦܘܣܛܘܡܛܘܣ ἀπὸ στόματος, *ready speaker*, Pallad 206. 11 marg. حاضر اللهجة.

ܐܦܘܩܪܝܣܝܣ col. 337. ἀπόκρισις, *answer*. Add: with ܐܡܪ or ܚܟܡ *to reply*, ܒܐܡܪܝܢ ܐܦܘܩܪܝܣܝܣ of monks, Sev. Ant. Vit. 94. 2, Anecd. Syr. ii. 18. 10. Also with ܚܟܡ *to act as agent, transact business*, ܠܚܒܬܐ ܐܦܘܩܪܝܣܣ ܡܕܡ ܚܒܣܝܕܐ ܡܕܡ, ib. 234. 19, ܐܦܘܩܪܝܣܣ ܡܛܠ on account of our affairs, ib. l. 26; Sev. Lett. 72. 19.

ܐܦܘܩܪܝܣܐܪܝܣ ἀποκρισιάριος, *correspondent, agent*, C.B.M. 977 b, Doc. Mon. 169. 25.

ܐܦܘܪܘܡܐ ἀπόρρυμα, a measure = ½ σαίτης = 22 ξέσται, ܐܦܘܪܘܡܐ ܕܠܬ ܐܚܕ ܕܣܢܕܘܢ, Epiph 5. 2.

ܐܦܘܪܘܢ ἄπυρον, *incombustible*? Chimie 3. 3, ܐܦܘܪܘ ib. ult., ܐܦܘܪܘ, 10. 19.

ܐܦܘܦܣܡܐ col. 338. *the balsam tree*, with gloss ܚܒܣܡܝܢ, Chimie 7, 9; ܐܦܘܦܣܡܐ ܒܠܐ Apis. ܝ 8/9; ܣܟܠ ܘܢܗ ܥܡ ܟܠܐܦܠ ܐܦܘܦܣܡܐ, *balm*, Med. 604. 11, ܕ̇ ܚܣܡܠ ib. 51. 11, 56. 16, 87. 3, ܕ̇ ܐܦܠܙܐ ib. 51. 2,

321. 21, ܕ ܩܡܨ ib. 162. 8, 246. 8, ellipt. ib. 87. 16, ܐܦܪ̈ܣܡܐ ܦܠܓ ܕ half an oz. of balsam, ib. 88. 20; given as a rendering of ܙܢܩܘܒܐ ib. 609 ult. Trs. hither BH. de Pl. ܢ. 6 col. 3074 ult.

ܐܦܪܝܘܬܐ f. oddness of number opp. ܐܦܪܝܘܬܐ, But. Sap. Isag. ii. 4, iii. 1 infra, Philos. 6. 7, 8.

ܐܦܘܣܐ and ܐܦܘܣܐ: see ܦܘܣܐ Suppl.

ܐܦܘܣܐ col. 338. Correct to ὑπτίων an officer, Krauss, L. W.

ܐܦܪ Ar. ݂ܛܪ, fungus, Budge, ܐܦܪܐ ܕܡܟܠܐ, Med. 51. 16.

ܐܦܝܐܣ ὁ Ἀππίας in Phrygia Pacatiana, Apia or Appia, now Avia, Nöld. F. S. i. 474. 131.

ܐܦܝܐܪܐ Apiaria, ancient name of Macedonia, El Nis Chron. 34. 8, 10.

ܐܦܝܓܪܡܐ ἐπίγραμμα, an epigram, C.B.M. 545 a, Sev. Ant. Vit. 331. 6.

ܐܦܝܕܟܣܘܣ ἐπιδέξιος? Greek name of an Indian tree, C.B.M. 1193 a.

ܐܦܝܘܢ col. 339. opium, Med. 55. 5, 10, 23, 60. 9 &c.

ܐܦܝܛܘܢ Apiton, one of many names of a female demon, Charms 84.

ܐܦܝܠܬܘܣ place-name, a monastery? C.B.M. 1013 b.

ܐܦܝܠܝܘܛܣ col. 340. Apeliotes, ἀπηλιώτης, the East wind. Cf. Löw, ZDMG. xxxvii. 472. Add ref. ܐܦܠܝܘܛܣ Med. 532. 23.

ܐܦܝܠܝܦܣܝܐ ἐπιληπτικά, epilepsy, Hippoc. v. 6.

ܐܦܣܝܡܪ Apsimar, usurper of the Byzantine throne, A.D. 698; Jac. Edes. Chron. Can. 572. 1.

ܐܦܣܘܪܝܘ i.q. ܐܦܪܘܢܝܛܪܘܢ aphronitrum: see above.

ܐܦܢܛܘܣ Ἐπαινέτης or Ἐπαίνετος, a scholasticus of Alexandria, Pléroph. 28. 12.

ܐܦܣܟܘܣܛܐ see ܐܦܣܟܘܣܛܐ below.

ܐܦܣܝܕܐ a Pisidian, Sev. Ant. WZKM. ix. 203.

ܐܦܦܝܕܐ Natur 29. 7, i.q. ܐܩܘܦܕܐ col. 343, ܐܦܘܣܐ and ܐܦܘܣܐ Phys. 14. 9, 14 ἔποψ hoopoe.

ܐܦܣܡ Epiphanius, Bishop of Tyre, brother of Flavian, Patr. of Antioch, Sev. Ant. Vit. 100. 7, 114. 6. Usually ܐܦܣܟܘܦܐ.

ܐܦܣܘܡ col. 343. i.q. ܠܘܬܐ, ref. Ephr. Ref. ii. 31. 40.

ܐܦܣܠܘܛܘܣ ἐπιφανέστατος, Illustrious, Anecd. Syr. iii. 56. 16, 163. 18, 167. 13; Kugener in loc. R.O.C. v. 463 med., C.B.M. 1053 a.

ܐܦܣܘܕܣ ὀφιώδης, a fabulous aquatic creature, A.M.B. iii. 276. 10. Perh. same as the following word.

ܐܦܣܦܝܕܐ a fabulous sea creature but it has the effect of a basilisk, Natur 57. 16.

ܐܦܪܝܡ gram. ἐπίρρημα, C.B.M. 802 b.

ܐܦܠܘܬܪܐ perh. from ἀπελεύθερος, a freedman; inscript. quoted in Hippoc. xx. n. 1.

ܐܦܠܛܘܣ ἄπλατος, unapproachable, Jul. 33. 19.

ܐܦܡܪܝܐ Âpamria, Monoph. monastery where Achudemmeh baptized the son of Chosroes, Patr. Or. iii. i. 34. 11.

ܐܦܢܛܘܣ pr.n.m. Epaenetus, Rom. xvi. 5, BH. in loc., Jul. 56. 16.

ܐܦܢܛܐ ἀπάντησις, meeting, BHChr. Eccl. 207. 11.

ܐܦܣܘ a city in Egypt, Anecd. Syr. ii. 177. 10.

ܐܦܣܛܘܣ Ἥφαιστος, Hephaestus, Arist. Apol. ܒ 21.

ܐܦܣܛܡܐ col. 347. ἀπόστημα, an abscess, pl. ܐܦܣܛܡܐ on the eye, Med. 77. 20, in the ear, ib. 100. 20, on the lungs, ib. 194. 19, 195. 8, in the belly, 282. 16.

ܐܦܣܟܘܣܛܐ ἀποσχισταί, schismatics, C.B.M. 1053 a, 1055 b, Anecd. Syr. iii. 165. 15, 188. 16, 189. 14, &c., ܐܦܣܟܘܣܛܐ ib. 182. 20, C.B.M. 1055 a, ܐܦܣܟܘܣܛܐ Anecd. Syr. iii. 194. 10, ܐܦܣܟܘܣܛܐ ib. 188. 16.

ܐܲܦܣܹܢܬܝܼܢ col. 348. *wormwood, Artemisia absinthium*, Med. 303. 3, 359. 9, 377. 3 and often; BH. de Pl. ܠ 10.

ܐܲܦܣܹܡ ὀψίκιον = obsequium, *retinue*, Alexis, 18. 2; ܐܲܦܣܹܡܝܼ, BHChr. 120. 3.

ܐܲܦܣܵܪ col. 348. 1) Pers. افسر *a crown, headgear like a crown* of Syr. priests, F. Müller WZKM. viii. 364. 2) Pers. سِقَار *halter*, Aram. افسار, Talm. אפסר Fraenkel 115, A.M.B. v. 71. 6.

ܐܲܦܣܲܪܫܸܢ middle-Pers. افسرشن *refreshment, cooling*, Lag. Symm. 91; a powder to strengthen the eyes, Med. 92. 14.

ܐܲܦܘܿܕܝܼܩܣܘܿܣ ἀποφαντικός, *demonstrative*, with ܡܐܡܪܐ *a syllogism*, Syn. Or. 250. 1.

ܐܲܦܘܿܦܲܢܲܟܣ ὀποπάναξ, *opopanax*, a resin, Med. 49. 18, 50. 9, 54. 6.

ܐܲܦܘܿܡܹܠܝܼ ὀπικόμελι, a medicine prepared with fruit juice and honey, ܐܲܦܘܿܡܚܠܸܒ ?ܡܐܣܘ̈ܢ ܙ̈ܐ ܒܘܢܘܿܡܐ, Med. 300 ult. Perhaps a miswriting of ܐܲܦܘܿܡܚܠܸܒ.

ܐܲܦܘܿܩܢܸܢ ἀπόκυνον, *Cynanchus*, Med. 212. 18.

ܐܲܦܣܘܿܢܵܐ col. 349. *a quilted felt overcoat*, ܐܲܦܣܹܡܝܼܢ ܐܸ ܟܵܡܼܠܵܐ ܘܡܸܟܬܵܢܵܐ ܚܸܦ ܓܘܦܢܵܐ, ܐܸܟܠܸܐ ܥܲܡ ܡܐܬܘܼܢܘܿܦ ܠܓܲܡܝܼܢ ܟܡܵܝܐܵ ܚܼܲܡܵܟܵܐ Op. Nest. 96. 12 f. in Jud. xiv. 12, 13; ܐܲܦܣܹܡܝܼܢ ܐܸ ܡܕܘܿܥܙܐ Warda 246 *r*.

ܐܲܦܘܿܩܪܝܼܣܘܿܣ ἀπόκρισις, *a despatch*, ܠܣܘܿܟܲܠ ܗܘܼ ܛܐܡܣܘܿܣ. ܘܡܒܝܼܲܟ ܡܕܝܼܚܵܕܐ *he was in the Foreign Office*, Sev. Ant. Vit. 270. 4.

ܐܲܦܪܵܐ *a place in Arabia*, C.B.M. 714 *a*, Doc. Mon. 224. 10.

ܐܲܦܹܪܝܼܬܼܲܟܡܵܐ perh. ἐπίρρημα, *explanation*, BH Carm. 155. 10.

ܐܲܦܪܵܙܝܵܐ abbrev. for ܐܲܦܪܵܙܠܵܢܵܐ col. 350. *Chem. copper*, Chimie 10. 7 bis, 11. 8, ܐܲܦܪܵܙܝܵܐ ܣܘܼܡܵܩܵܐ *white copper*, ib. 45. 2, 15; ܐܲܦܪܵܙܝܵܐ ܡܵܐܢ *a copper vessel*, ib 48. 3.

ܐܲܦܪܘܿܕܝܼܣܝܼܵܣ 'Ἀφροδισιάς, *Aphrodisias, capital of Caria*, Nöld. F. S. i. 474. 133; ܐܲܦܪܘܿܕܘܼܣܝܼܘܿܣ, Sev. Ant. Vit. 14. 5, 36. 7, 12; ܐܲܦܪܘܿܕܝܼܣܘܿܣ De Goeje B. 65. 12, ܐܲܦܪܘܿܕܘܿܣ ib.

ܐܲܦܪܘܿܢܝܼܘܿܣ *Euphronius, Bishop of Antioch*, Or. Xt. i. 86. 17.

ܐܲܦܪܘܿܣ 1) ἀφρός with ܘܫܘܼܠܝܵܢ *scum of nitre*, Chimie 4. 12. 2) prob. corrupt for Εὖρος *the South East wind*, Med. 533. 3.

ܐܲܦܝܼܪ var. ܐܲܦܘܿܡܝܼܪ (? ܐܘܿܦܝܼܪ) *Ophir*, Jac. Edes. Hex. 21. 5.

ܐܲܦܪܝܼܡ pr. n. *Bishop of Segestan*, ZDMG. xliii. 396. 12.

ܐܲܦܹܪܠܝܘܿܬܸܣ *the NNE. wind*; perh. ἀπαρκτίας, Med. 533. 6.

ܐܲܦܪܸܒܝܼܢ *a drug*, Med. 51. 13.

ܐܲܦܪܘܿܠܝܼܢܘܿܣ pr.n.m. Pet. Ib. 109. 21.

ܐܲܦܪܘܿܣܹܢܐ *Euphrosyne daughter of Paphnutius*, Journ. As. 1907, 402. Usually ܐܘܿܦ.

ܐܲܦܪܝܼܡ *a drug*, Med. 47. 18.

ܐܲܦܫܵܐ col. 353. no sing. I. q. ܡܚܲܬܡܵܐ *dried grapes, raisins*; cf. ܐܲܦܫܵܐ/ܐܘܿܩܚܵܐ Med. 573. 13 and ܐܘܿܩܚܵܐ/ܡܚܲܬܡܵܐ ib. 584. 20; ܐܲܦܫܵܐ/ܡܲܬܘܼܚܼܬܐ ib. 569. 1.

ܐܲܦܬܵܐ *Afta, a village of* ܣܲܠܛܘܼ *Saltou*, Pléroph. 100. 8 = R.O.C. iii. 361 infra.

ܐܲܦܬܘܿܢܐ col. 353. pr.n. So correct for ܐܲܦܬܘܿܢܐ and ܐܲܦܬܘܿܢܵܐ, pr.n.m. *Aftōna*, on a mosaic tombstone at Edessa, Journ. As. 1906, 283.

ܐܲܦܬܘܿܪܝܼܵܐ 'Ἀφθορία, *a place near Caesarea of Palestine*, Pet. Ib. 120. 7, Sev. Lett. 132. 16; ܐܲܦܬܘܿܪܝܼܵܢܘܼܡ Pléroph. 126. 6.

ܐܲܦܬܝܼܡ ἀπόθετον, *public granary or magazine*, Jos. Styl. 35 ult., 64. 19, 77. 13.

ܐܲܦܝܼܬܼܘܿܡܘܿܢ col. 353. ἐπίθυμον, *Cuscuta epithymis, a parasitic plant growing on thyme*, BH. de Pl. ܡ. 5 af., Med. 49. 3, 16, ܡܲܟܦܵܐ ܐܲܦܝܼܬܝܼܒܹܢ, ib. 50. 12, 51 ter, 601. 20.

ܐܲܦܬܝܼܡܝܼܘܿܣ Εὐθύμιε, *voc. form of Euthymius* q. v. col. 353. *Name mentioned in a Syr.-Melchite All SS. litany*, Or. Xt. iv. 116. 7, 118. 10, R.O.C. iv. 156.

ܐܲܦܬܵܪܘܿܢ ἄφθαρον for ἄφθαρτον, *undecayed*, Chimie 16. 10, 51. 21, = ܠܐ ܡܸܬܚܲܒܠ, ib. 18. 8.

ܐܲܦܪ col. 355. Dele par.

ܐܲܦܪܟܵܐ col. 354. Derived from كبس *to press together*.

ܐܲܦܙܘܿܪ *a village in Persia*, A.M.B. iv. 216. 16.

ܐܲܦܨܚܘܿܬܐ ἐκβοήσεις, *outcries*, Anecd. Syr. iii. 203. 7, 272. 7.

ܐܲܦܩܝܼܛܐ ἀκαλήφη, *a sea-fish which stings like a nettle*, N. Hist. vii. 2. 2.

ܐܟܢܬܘܠܝܣ/ *ἀκανθυλλίς*, a kind of finch, N. Hist. vii. 4. 4.

ܐܡܣܡܕܘܣ *ἔκδικος*, *guardian, protector*, ܐܡܣܡܕܘ ܘܡܕܝܢܬܐ "*defensor civitatis*," Sev. Ant. Vit. 9. 9, 33. 3; pl. ܐܡܣܬܡ ܘܚܒܠ/ Jo. Tell. ed. Kleyn 73. 11, 74. 5, 82. 5, Vit. Mon. 87. 23, 94. 17. Cf. ܡܣܘܕܡ/ col. 23.

ܐܡܣܡ/ place-name, A. M. B. 1. 415.

ܐܡܘܟܠܝܢ/ col. 357. *a mat to recline on at meals*, Anecd. Syr. ii. 275. 15, ܘܡܘܟܠܝܢ/ or ܐܡܘܟܠܝܢ/ Gest. Alex. 51. 6, 12.

ܐܡܘܕܣ/ (?) a surname, *Accudaeus*, BH Chr. Eccl. 175. 6.

ܐܡܘܢܐ/ col. 358. *ἀγκών*, *the elbow*, Hippoc. vi. 22, Med. 131. 12. *A cubit*, Jac. Edes. ed. Martin ܗ. 13. *A tenon*, ܐܡܘܢܐ *ἀγκωνισμοί*, Hex. Ex. xxvi. 17.

ܐܡܣܘܣܛܘܢ/ *ἄκαυστον*, *incombustible*, i. e. 1) sulphur or pyrites mixed with honey or salt to hinder combustion, or 2) *the unburnt residuum*, ܠܡܐ ܐܡܣܘܣܛܘܢ/ Chimie 16. 12, 17. 2, &c.

ܐܡܣܡܐ/ for ܟܟܡܐ *κόκκος*, *a berry*, Med. 600. 5.

ܐܡܣܝܡܘܣܝܢ/ Pet. Ib. 64. 18. See ܘܡܣܘܡܣܝܢ/ above.

ܐܡܛܝ *ἕκτη*, *the sixth*, Sev. Ant. Vit. 314 ult.

ܐܡܛܣܛܣܝܐ/ *ἀκαταστασία*, *confusion, disorder*, Vit. Monoph. 75. 7, 80. 5; Jo. Tell. ed. Kleyn 58. 8, 64. 6.

ܐܡܝܢܘܣ col. 359 and ܐܡܝܢܘܣ *the ocean*, C.B.M. 427 a.

ܐܡܝܢܘܣ/ *Aquinus*, name of a governor, Stud. Sin. ix. 101. 9.

ܐܡܥܕܘܣ Syn. Or. 148. 1, i.q. ܐܡܥܕܘܣ/.

ܐܡܠܐ/ col. 360. *the fastening* of a curtain, ܩܕܫܗ/ ܦܪܣܐ/ ܡܢܬܚܠܐ, BH. Gr. ii. v. 459. Cf. ܡܥܠܐ/.

ܐܡܠܝܘܛܘܣ/ *ἔκκλητος*, *appeal*, with gloss. ܘܗܘ ܡܨܠܐ/ܠܚܕܢܐ/, Syn. ii. Eph. 281. 24.

ܐܡܝܢܐ/ col. 360 Jo. Eph. 159. 13 corr. ܐܡܝܢܐ/ q.v. col. 363. S. Fraenkel ap. ZA. xvii. 85.

ܐܡܝܕܐ/ col. 360 *a key*. *The clavicle*, Med. 223. 3.

ܐܡܣܝܢ/ for ܐܣܝܢ/ *αὐλίδιον*, *cylinder*, Chimie 17. 21, 22.

ܐܡܕܢܐ/ only Is. Ant. ii. 332. Corr. ܡܕܬܐ/ *cellaria*, Fraenk. ap. ZA. xvii. 86.

ܐܡܬܣܘܡܕܝܩܘܣ/ ܐܟܠܗܣܝܟܕܝܩܘܣ *ἐκκλησιέκδικοι* i.q. ܘܚܒܠ/ q.v. supra, *churchwardens*, Sev. Lett. 134. 11.

ܐܡܣܕܡܘܣ *ἀκέφαλος*, *acephalous*, ܐܝܟ ܣܪܛܢܐ ܘܠܐ ܡܨܥܕܐ *like headless crabs*, metaph. *ignoring authority and procedure*, Syn. Or. 182. 26, ܐܡܣܕܡܘܣ ib. 148. 1. Pl. ܐܩܦܕܐ/.

ܐܡܩܕܐ/ *Ἀκέφαλοι*, *Acephali*, a name for the Monophysite party, Sev. Ant. Vit. 28. 34, 107. 11.

ܐܡܩܣܘܣ/ *ἄκακος*, marg. ܐܡܒܣܡܐ *blameless*, Warda 207 r.

ܐܡܩܝܐ/ Arab. اقاقيا *ἀκακία*, *acacia*, Mimosa nilotica, Med. 83. 7, 170. 18, 22, 171. 2, 601. 4; misprinted ib. 64. 10, 65. 2, 169. 15; Ar. PflnN. 197, Galen. 13 v. Cf. ܐܡܩܝܐ/ col. 356.

ܐܡܪ/ *Akar*, a city of Marmorica, where James son of Zebedee was buried, ܐܦܢ ܡܪܒܝܥܐ/ ܘܡܕܝܢܬܐ, Apis ܣܡ. 18. Perhaps an abbrev. of the following.

ܐܡܪܐ/ *ἄκρα*, *a citadel*, Jab. 384. 1, 385. 11 text and the same passage quoted in Pers. Mart. p. 85 and nn. 763, 767, ܐܡܪܐ/ ܘܟܘܟܐ *the fort of Cuche*, i.e. of Seleucia, ib. 536. 10. Nabataean اقرا, Comm. on Labid 112.

ܐܡܪܟܘܪܕܘܢܣ/ col. 363. *ἀκροχορδόνες*, *warts*, Hippoc. iii. 25.

ܐܡܪܢ/ *ἄκορον*, *the root of Acorus, Calamus aromaticus*, *sweet flag*, Ar. Pfln N. 131, Med. 51. 2, 10, 246. 9, 399. 9.

ܐܡܪܣܐ/ a fortress on the Tigris, Patr. Or. iii. i. 32. 11, 48. 6 ff.

ܐܡܪܘ/ a village mentioned in the colophons to Medicine and Hist. B.V.M.

ܐܡܪܒܚܕܘܣ col. 363. *ἀκριβῶς*, *correctly*, with ܠܐ *it is not the right thing, not according to etiquette*, Vit. Mon. 91. 2, Jo. Tell. ed. Kleyn 77. 18.

ܐܡܪܒܝܐ/ *ἀκρίβεια, accuracy, careful observance* ܘܡܬܘܡ/ Vit. Mon 75. 7, Jo. Tell. ed. Kleyn 58. 10; Jo. Eph. 120. 3; ܘܐܚܦܘܛ ܚܢܝ ܐܡܪܒܝܐ/ ܘܚܡܛܚܐ ܘܣܓܠܐ ܬܟܠ ܟܝ ܚܘܠܢܐ ܡܩܒܛܐ *lest overclose attention to trade give Satan occasions of hindrance against you*, Greg. Cyprus 9 a;

ܚܳܐܡ݁ܰܚܰܕ݂ *carefully, accurately*, Anecd. Syr. iii. 11. 18, Dion. Ined. 479. 4. I.q. ܐܰܚܕ݂ܰܡ col. 363.

ܐܰܪܰܐܒ݂ܺܝܣܳܘܣ *Arabissos* in Cappadocia, Nöld. F. S. i. 471. 66. I.q. ܐܰܚܕ݂ܰܣܳܘܣ col. 367 q.v.

ܐܰܪܰܕ݁ܳܐ *Arada*, a bishopric in Phoenicia, Nöld. F. S. i. 469. 19. ܐܰܪܳܕ݂ܳܝܹ̈ܐ *people of Arada*, M.Z. 206. 2.

ܐܰܪܰܟ݂ܣܺܝܣ ὁ Ἀράξης, *Araxa*, a bishopric of Lycia, Nöld. F. S. i. 474. 128.

ܐܰܪܰܟ݂ܬ݂ܶܘܣ Ἐρεχθεύς, *Erectheus*, an Antiochene writer, C.B.M. 643 a.

ܐܰܪ̈ܕܰܟ݂ܳܢܳܐ i.q. ܐܰܪܕ݁ܶܟ݂ܢܳܐ col. 366. pl. f. *the groins; swellings in the groins*, Dion. 42. antep., 43. 1, 3.

ܐܰܪܕ݁ܰܣ *place-name*, A. M. B. i. 417.

ܐܰܪܕ݁ܠܳܐ a *shell-fish* or *scallop*, Hunt. clxx. under ܚܰܣܕ݂ܠܳܐ col. 2968, Fisch N. 2.

ܐܰܪܕ݂ܰܡ a monastery in ܡܰܕ݂ܢܚܳܐ "*Barbary*," Jac. Edes. Chron. Can. 576. 10.

ܐܰܪܕ݂ܰܢܶܐ prob. *Ravenna* (Brooks), Dion. Ined. 483. 3.

ܐܰܪܕ݁ܰܒ݂ܳܐ Pers. Argabedh, perh. from ارك *a fortress* ب *chief*. Captain of a fortress, hence *General, Commandant,* Tabari 5 and note 3, 111 and note 2. The highest military title, later this dignity was confined to princes of the royal family; Palmyrene ארגבטא, Gr. ἀργαπέτης, Palmyren. Inschriften, ZDMG. xviii. 89; Journ. As. 1866, 114; De Vogüé Syrie Centrale 26, Inscript. 26, l. 2; ארגבתא ib. 27, l. 2; Syn. Or. 21. 22.

ܐܰܪܕ݁ܳܢ a village in Qardu, Chast. 67. 3, A.M.B. iv. 163.

ܐܰܪܕ݁ܶܐ pl. m. *basilisks*, ܚܶܡ ܣܳܘܡܳܐ ܡܰܕ݂ܟ݂ܳܢܶܐ, Nest. Chrest. ܦ̇. 3.

ܐܰܪܓ݂ܳܢ *Aragon* in Spain, Jab. 49 pen.

ܐܰܪܓ݁ܽܘܪܳܣ ἄργυρος, a *shekel*, Epiph. 2, ܐܰܪܓ݁ܽܘܪ ib. ἀργύριον.

ܐܰܪܓ݁ܽܘܪ̈ܺܝܛܰܣ (ܦܺܝܪ̈ܺܝܛܰܣ) πυρίτης ἀργυρίτης, *argentiferous pyrites*, Chimie 10. 12.

ܐܰܪܓ݂ܳܛܶܐ col. 369. ἐργάται, *labourers*; ܐܰܪܓ݂ܶܐ Anecd. Syr. ii. 319. 20.

ܐܰܪܓ݁ܰܢ *Argan*, a city in the mountains of Persia, Chast. 60. 6.

ܐܰܪܓ݁ܺܝܢܳܐ possibly modern Syriac ܐܰܪܓ݁ܺܢ *numbness*, Med. 600. 15.

ܐܰܪܕ݁ܪܳܢܳܐ Med. 379. 11; ܐܰܪܕ݁ܪܰܢ ib. 271. 1. Prob. for ܐܰܪܕ݁ܪܽܘܢ *quicksilver, calomel*.

ܐܰܪܕ݁ܒ݂ܳܐ col. 369. The Egyptian measure ܐܰܪܕ݁ܰܒ݂ q.v. below, pronounced in the Egyptian vernacular, ἐρτόβ, Hultsch 366; equals 12 ܡܰܕ݁ܳܐ or about five bushels, ܐܰܪܕ݁ܰܒ݂ ܚܰܕ݂, ܡܰܕ݁ܳܐ BH. in Bel 2; pl. ܐܰܪܕ݁ܒ݂ܶܐ ܡܰܕ݁ܶܐ, ib.

ܐܰܪܕ݁ܽܘܠ Arab. أَرْدُوَال *Ardul*, a village near Wasit, C.B.M. 788 b.

ܐܰܪܕ݁ܪܳܢܳܐ i.q. ܐܰܪܕ݂ܟ݂ܠܳܐ q.v. col. 369 infra. a *tambourine*, ܐܰܪܕ݁ܪܳܢܶܐ ܐܰܕ݂ܟ݂ܶܐ ܦܳܩܶܡ G. Busâmê 67 b, 15 f.

ܐܰܪܕ݁ܰܝ *Ardai*, island and bishopric, ܐܰܪ̈ܓ݂ܶܐ ܐܰܪܕ݁ܰܝ Syn. Or. 34. 23. Chabot thinks this a transposition of ܐܰܕ݁ܰܝ or ܕ݁ܰܪܰܝ Darai, that again is identified with ܕ݁ܶܝܪܺܝܢ *Deirin*, one of the Bahrain islands, ib. 273 note, 618 note, 666, and 671.

ܐܰܪܕ݁ܘܬ݁ܳܐ m. *a bride's veil:* see under ܘ col. 3817. Add: BH Gr. i. 22. 11, 34. 8; ܐܰܪܕ݁ܡܺܝܠ ܘܐܰܪܕ݁ܰܡ Anecd. Syr. iii. 34. 23, Alexis 13.

ܐܰܪܕ݁ܽܘܣܦ ἐνυδρίς: gloss. ܡܰܕ݂ܚܰܠ ܘܣܰܡܳܐ the *sea-otter*, Natur 58. 8.

ܐܰܪܕ݁ܢܳܣܺܝܘܣ *ordinarius,* i.e. *regular,* (a consul) elected in the usual manner, Syn. ii. Eph. 29. 26.

ܐܰܪܕ݁ܟ݂ܳܬ݂ܳܐ i.q. ܐܰܪܕ݂ܟ݂ܠܳܐ *masonry*, col. 370, ܘܐܰܪ̈ܕ݂ܟ݂ܠܳܐ ܚܶܣܢ̈ܶܐ ܡܰܟ݂ܣܶܐ *all buildings of hewn stone* BB. under ܟ݁ܶܣܢܳܐ col. 2071 = DBB. 1057.

ܐܰܪܕ݁ܺܝ what? to be boiled in sheep's oil for a hard cough with blood and phlegm, Med. 248. 23.

ܐܰܪܕ݁ܢܰܝܡܳܣ ingredient of a plaster against chills, Med. 378. 10.

ܐܰܪܕ݁ܣ pr.n.m. Perhaps a dimin. of Ardašir. See Nöld. Pers. Studien 31; ZDMG. xliii. 396.15.

ܐܰܪܕ݁ܽܘܟ݂ܦܳܐ ἀρτοκόπος, a *baker*, Pallad. 182. 4, A.M.B. vii. 116.

ܐܰܪܕ݁ܫܺܝܪ ܟ݁ܽܘܪܰܗ *Ardašir Kurrah*, formerly called Gôr, then Perozabad, now Ferozabad, 63 miles s. of Shiraz, Tabari 11, note 3, Marquart 31. Syn. Or. 44. 25, 71. 27, 79. 7.

ܐܰܪܕ݁ܫܺܝܪ ܦ݁ܰܪܺܝܗܕ݂ *Ardašir Pharîhd*, perh. Παραδηνή of Ptolemy, in Beluchistan, Marquart 31, Syn. Or. 37. 7.

ܐܘܪܙ col. 371. 3 of par. *Orosius*: see under ܘܗܝ col. 140.

ܐܘܪܘܕܣ = ܗܘܪܘܕܣ *Herod*, Mon. Syr. 4. 39, Patr. Or. iii. i. 47. 6.

ܐܘܪܙ col. 371 ult. is the Babylonian-Hebrew form of ܐܘܪܙ *rice*, q. v. col. 3846. ܐܘܪܙܐ is transcribed from the Greek ὄρυζα and ὄρυζα is borrowed from Dravidic *arisi*, Gustav Oppert, Kohut, Studies 398.

ܐܘܪܢܐ col. 372. *an ark, chest*. I.q. ܩܐܦܐ *a mummy case*, col. 935.

ܐܘܪܢܕܒ (اروندب, compare اروندب) Pers. pr.n.f. *Healing air*, ܗܝ ܐܘܪܢܐ : ܐܘܪܢܕܒ ܕܢܘܚܡ ܟܐܒܐ܀ ܘܡܐܣܐ Jab. 246. 11 Bedjan's note.

ܐܘܪܣ col. 373. Add: 6) for ܐܘܪܘܣ ὄρος, *mountain*, 4 Macc. 535. 7) for ἱερεύς *priest*, C.B.M. 587 a

ܐܘܪܣܐ ἔρως with Syriac termination, *erotic, amorous*, ܐܘܪܣܐ ܕܚܘܒܐ ܐܠܗܝܐ, Sev. Ant. Hom. 54. 13.

ܐܘܪܬܝܐ Ἐρυθία, an island off the African coast, Jac. Edes. Hex. 19. 11.

ܐܘܙܓܐ col. 373. Pers. Add: Tabari 451, note 3, Jab. 210. 5 af. with note, *the official who presents petitions*; A.M.B. ii. 131. 14.

ܐܘܪܓܢ name of a hero, i.e. *Arjuna*, Kal-w-Dim. ed. Bickell 76. 25, Benfey Introd. lxxiv.

ܐܘܪܙܢ col. 374. Ar. ارزن 1) Ἀρζανηνή, *Arzanene*, a province of Armenia, N. of Mesopotamia, and the town *Arzun* on the ܣܪܕܐ a tributary of the Tigris: see Marquart 25, 306, Syn. Or. under ܐܘܪܣܠ and 391, note 3, Pers. Mart. 130, Nöld. on this and the following, ZA. xiv. 169. Refs. Syn. Or. 34. 8, 36. 2 and often, ZDMG. xliii. 394 f., Chast. 13. 20, A.M.B. iii. 513. 2) oftener ܐܪܙܢ and ܦܘܡ ܐܪܙܢ on the river Araxes, Ἀραξιανηνή now *Erzerum*, Hist. Mon. i. 37. 20, ii. 67, note 3, Pers. Mart. 1359, ZA. as above.

ܐܘܪܚ for ܝܪܚܐ *month*, Jos. Styl. 31. 7 and often, ܐܘܪܚ 40. 10. See col. 16. 30.

ܐܘܪܚ col. 374. Correct: 1) denom. from ܐܘܪܚܐ *to journey, travel, depart*. 2) metaph. *to give way*, ܐܘܪܚ ܚܟܡܬܐ ܘܠܐ ܟܕܢܬ Sev. Lett. 102. 5; ܗܝ ܚܕܥܢܐ ܕܐܣܟܡܐ, ib. 294. 11. 3) denom. from ܐܘܪܚܐ *a traveller, to come as a guest, to lodge*, ܗܘ ܠܠܝܐ ܕܐܘܪܚ ܒܗ ܢܙܝܪܐ *the very night when that Nazirite lodged at her house*, Kal-w-Dim. 31. 9.

ܐܘܪܚܐ m. *a traveller, guest*. Pl. ܐܘܪܚܐ Ahikar ܣ, 14 is wrongly translated "*tiles*"; the words two children were taught to cry out ܐܘܪܚܐ ܘܡܕܚܠܐ ܠܒܢܐ ܚܛܠܐ *mud, mortar, tiles, bricks* are an abridgement. Cf. the history of Ahikar MS. Sachau (Berlin) 336. 41 v. ܢܐܡܪܘܢ܆ ܠܒܢܐ ܘܡܕܚܠܐ ܩܡܘܝܗ ܐܘܪܚܐ܀ ܕܐܣܐ ܘܡܕܚܠܐ ܛܝܢܝܢ ܡܢ ܚܕܒܪܐ *they will say: give out mud and mortar, the masons, guests of the king, are out of work*; ܒܡܗ ܚܛܠܐ ܘܠܒܢܐ ܐܣܐ ܘܐܘܪܚܐ ܘܡܕܚܠܐ ܛܝܢܝܢ ib. 42 r. F. Nau ap. Journ. As. 1907, Jan.-Feb. 150.

ܐܘܪܚܐ col. 375. 1) *a road*. 2) *a journey*. 3) *a custom, habit*. Add: 4) with ܝܗܒ *to grant access*, ܛܘܪܝܐ ܢܬܠܘܢ ܐܘܪܚܐ ܠܐܝܙܓܕܐ *the mountaineers (holding a fortress) shall grant access to ambassadors*, Jab. 195. 4. 5) Heb. ארחה *a caravan*, ܐܘܪܚܐ ܕܛܝܝܐ ܥܒܪܬ *a caravan of Arabs passed by*, Ephr. ed. Overbeck 285. 4 =id. Joseph. 26. 4.

ܐܘܪܣ place-name, Doc. Mon. 172. 4, C.B.M. 707 b.

ܐܘܪܛܝ = ارطى *a tree growing in sandy deserts, willow-like flowers, fruit like a jujube; from its root-bark ink is made*, Freytag, Lex. Arab., *a willow*. C.B.M. 580 b, Is. Nin. ed. Chabot 29.

ܐܘܪܛܐ col. 376. ἀρετή, *virtue*, ref. Anecd. Syr. iii. 17. 7.

ܐܘܪܛܡܝܘܣ *Artemius*, Bishop of Titiopolis, Nöld. F. S. i. 471. 74.

ܐܘܪܛܒ col. 376. ἀρτάβη, an Egyptian measure of capacity equalling four ܟܘܪܐ *bushels* or seventy-two ܩܣܛܐ *pints*, Epiph. 3 and 4 ܐܘܪܛܒܐ ܬܠܬ ܥܣܪܬܐ ܫܘܝܢ ib., three equal one-tenth of an ܟܘܪ ib. Pl. ܐܘܪܛܒܐ or ܐܘܪܛܒܝܢ *of corn*, Pallad. 428. The Median artaba, usually called Persian, is one and a half times larger than the Egyptian ܐܘܪܛܒܐ A.M.B. v. 149. 11, ܐܘܪܛܒܐ l. 12, 150. 11, 15. Cf. ܐܘܪܟܐ.

ܐܘܪܛܒܢ i.q. ܐܘܪܛܒ col. 376. *Artaban V*, maternal grandfather of Sapor I, ZDMG. lvii. 563. 2.

ܐܪܛܘܩܘܦܘ see ܐܪܛܘܩܘܦܐ col. 377 infra. m. pl. ἀρτοκόποι, *bakers*, Sev. Ant. Vit. 243. 7. Cf. ܐܪܛܘܩܐ.

ܐܪܛܘܒܝܢܐ col. 377. ἀτταγήν, a *long-billed wader*, Natur 27. 9.

ܐܪܝܣܘܣ ὁ Ἀριάσσος, *Ariassus*, a bishopric in Pamphylia, Nöld. F. S. i. 472. 91.

ܐܪܛܡܕܐ Ἀρτεμᾶς, *Artemas*, Tit. iii. 12, ܐܪܛܡܐ ܣܒܐ ܕܐܪܛܡܐ BH. in loc. Another ܐܪܛܡܐ was a forerunner of Paul of Samosata, Doc. Mon. 30. 16, 112. 28, 333. 5.

ܐܪܛܠܣܝܘܣ n. pr. an ambassador of Theodosius II to Egyptian monks, Diosc. ed. Nau 22. 14.

ܐܪܛܝܪܐܣ col. 376 and BHGr. ii. 39. 26. I.q. ܐܪܛܝܪܐ, ܐܪܛܝܪܐ col. 378. 1 ἀρτηρία. Pl. the *bronchial tubes*, Merx Gram. 161. 14, Geop. 51. 18.

ܐܪܝܐ *Aria* or *Herat*, a province of Central Asia, ܐܪܝܐ ܐܘ ܗܪܐܛ Jac. Edes. Hex. 41. 9; see ܗܪܐ col. 1052 and ܗܪܐ Suppl.

ܐܪܝܐ col. 378. *a lion*. A sign of the Zodiac, l. 18 of par. correct for *maligranati granum*, *milii granum* ܗܒܒܐ ܕܙܘܢܐ. Ref. Med. 488. 1, 490. 2, Chimie 6. 13. To ܐܪܝܐ the disease add: ܗܢܐ ܟܐܒܐ ܕܡܬܩܪܐ ܐܪܝܐ ܗܘ ܒܐܘܢܐ ܩܕܝܫܐ i.e. ἱερὰ νόσος, Sev. Ant. Vit. 85. 5.

ܐܪܝܘܢ i.e. ܐܘܢܐ ܕܐܪܝܐ col. 380. Add: situated in Beth Garmai on the Lesser Zab, it was a Suffragan See to the Metropolitan See of Karka d' Beit Selok, Syn. Or. 33, 34 and often, Pers. Mart. notes 443, 2180. Hist. Mon. i. 69. 12, ZDMG. xliii. 394. 9, 399. 15; ܐܪܝܘܢ ܕܐܚܕܢ *Arewan beyond the river*, 396. 13, Syn. Or. 666, 285.

ܐܪܝܘܣ *Arius*, col. 380.

ܐܪܝܘܣܝܐ *an Arian*, Or. Xt. i. 90. 10.

ܐܪܝܢܣܝ Ἀριανίσαι, *to be a follower of Arius*, BH Gr. i. 47. 17.

ܐܪܝܘܡܢܝܣ m. Ἀρειομανίτης, *an Arian and Manichee*, C.B.M. 917 bis, pl., Sev. Lett. 6 note 1, gloss to ܐܪܝܢܘܣ ܐܪܝܘܣܝܐ, ib. 230. 15.

ܐܪܠܛܘܡ text ܐܪܠܛܘܡ, *Arelatum* on the Danube in Noricum, Or. Xt. i. 82. 6.

ܐܪܝܡܢܘܢ *Ariminum*, now Rimini, Anecd. Syr. iii. 175. 19.

ܐܪܝܡܢܝܐ 1) *an Ariminite, adherent of the Council of Rimini*, Syn. Or. 132. 30; Jo. Tell. ed. Kleyn 58. 13. 2) i.q. ܐܪܡܢܝܐ: ܐܪܡܒܒܝܐ ܕܐܪܡܒܒܝܐ Or. Xt. i. 84. 21; Warda 54 r; Anecd. Syr. iii. 287. 3; ܐܩܬܢܝ Ebed J. 200, 201 ap. col. 392. Dele the rest of the article.

ܐܪܝܢܐ col. 379. ܐܬܐܪܢ denom. verb Ethpa. *to become leprous*, cf. R. Duval on the authority of Imm. Löw. No ref. given.

ܐܪܢܒܝܐ *what?* *cedar resin* ܟܕܪܐ ܕܐܪܢܒܝܐ ܗܘ ܡܚܕܐ ܕܐܪܙܐ? DBB. 937. 4 = col. 1878.

ܐܪܝܢܝܢ (ܚܡܚܘܢ) col. 381. ἴρινον, *iris oil*, made from iris or orris root, Med. 148. 13.

ܐܪܢܙܘ for *Nazianzus*, the birthplace of Gregory Nazianzen, C.B.M. 423 b; ܐܪܢܙܘ ib. ter.

ܐܪܝܣ col. 381. Ἄρης = *Mars*. Chem. *iron*, ܐܪܝܣ ܗ ܗܙܠܐ Chimie 3. 1, 4. 10, 6. 9. The sign given here is 𝒨.

ܐܪܝܣܐ from the preceding word. *ferruginous* = ܐܪܝܣܢܐ, ܗܣܐ, Chimie 53. 18, 54. 2.

ܐܪܝܣܛܘܐܣ *Aristeas*, quoted for the statement that the LXX were chosen from the ten tribes, seven from each, Epiph. 17. 3.

ܐܪܝܣܛܘܟܝܐ *aristolochia*, Chimie 6. 2, ܐܚܡܕܐ ib. 11 pen., Med. 196. 2; two kinds ܗܠܠܐ, ib. 293. 32; ܐܪܝܣܛܘܟܝܐ, ib. 144. 21, miswritten ܐܪܝܣܛܘܒܝܩܐ 106. 20. Synonyms ܣܩܠܐ and ܒܥܕܐ. See col. 382. 2.

ܐܪܝܣܐ Ἄρσισσα Ptol., Ἀρσήνη, Strabo; *Aretissa*, Pliny, Jac. Edes. Hex. 25. 3 and trans. 71 note, ܐܪܝܣܐ and ܐܪܝܣ Syr, Arm. and Arab., BHChr. Eccl. 535. 1 a note, id. Chr. 246. 4, ܐܪܝܣܬܐ ܕܡܕܝܢܬܐ ܗܘܐ ܕܐܪܝܣ ib. 532. 14, ܐܪܝܣܡܢܝ col. 387, ܐܪܝܣܛܢܝ col. 367; *Lake Van* and a city on its Southern shore. But the city of Van is certainly on the Eastern shore and Arjesh is marked on the Northern shore.

ܐܪܝܣܐ *Arethusa*, a city of Syria, Sev. Lett. 81. 16.

ܐܪܣܡܣܛܐ BHChr. Eccl. 437. 2, miswriting of ܐܪܣܡܣܛܐ *Arsamosata*, col. 402.

ܐܪܐܟܐ ἀράχνη, Arab. العنكبوت, ܐܪܐܟܐ ܗ Gall. *araignée*, the upper table of an astrolabe held together with fine network so as to show the lower table, De Astrolabe 74, 85, 248 ter.

ܐܪܟܘܢ) ἀρχιερεύς, *chief priest*, G. Busâmê 5 b tit.

ܐܪܟܘܢ) col. 385. ܐܪܟܘܢܝܗܐ) f. collect. noun, the *troop of Archons* born of the Evil Principle according to Manichaean doctrine, Coupes ii. 130. 3 af.

ܐܪܟܘܢ) col. 385. As fem. sing. ܐܪܟܘܢ) ܒܝܫܬܐ = the devil, Chald. Brev., Maclean.

ܐܪܟܘܢ ܩܫܝܫܐ)", ܐܪܟܘܢ ܩܫܝܫܐ)" *of the Prince of* (evil) *spirits*; ܐܪܟܘܢ ܩܫܝܫܐ) ܢܫܐ Jab. 489. pen.

ܐܪܟܘܢ)" a village near Nisibis, A.M.B. v. 443. 12.

ܐܪܟܘܢܝܐ)" an inhabitant of ܐܪܟܘܢ)", A.M.B. v. 449. 10, 458. 14.

ܐܪܟܝܐܛܪܘܣ) for ܐܪܟܝܐܛܪܘܣ) ἀρχίατρος, col. 386. *chief physician*, Sev. Lett. 92. 11, Probus 76.

ܐܪܟܝܕܝܩܘܢܘܬܐ) (?) ἀρχιδιακονία, *archidiaconal functions*, Syn. Or. 153. 21.

ܐܪܟܐܘܛܐ) ἀρχεώτης, *chief magistrate*, Syr. Rom. Rechtsb. 23. pen., 24. 3.

ܐܪܟܝܛܩܛܘܢ) ἀρχιτέκτων, *an architect, master builder*, Anecd. Syr. iii. 289. 19 = Sev. Ant. Vit. 287. 3; pl. ܐܪܟܝܛܩܛܘܢܐ) Gest. Alex. 74. 4.

ܐܪܟܝܐܛܪܘܬܐ) f. from ܐܪܟܝܐܛܪܘܣ) ἀρχίατρος, col. 386. *the art of a physician*, Jab. 208 ult.

ܐܪܟܣܛܐ) ὀρχησταί *the dancers*, ܐܪܟܣܛܐ), C.B.M. 682 a. ܐܪܟܣܛܐ) *a dancer*, Jos. Styl. 22. 10, pl. ܐܪܟܣܛܐ) Caus. Caus. 186. 5 where Thes. has ܐܪܟܣܛܐ), col. 400 infra and under ܡܪܩܕܢܐ col. 2093.

ܐܪܟܒܠܣܛܐ) probably a corruption of arcuballista, cf. Old French arbaleste and Port. arbalista, ܐܪܟܒܠܣܛܐ ܢܐܡܪ *let them discharge arrows from an arbalest*, Gest. Alex. 268. 14.

ܐܪܡܘܢܐ)" Heb. רמון, Arab. رمّان, *the pomegranate*, ܐܪܡܘܢܐ ܣܩܘܕܐ) Med. 562. 17, 563. 1, Brit. Mus. Or. 2084. 2 v, ܒܚܬܐ ܘܐܝܠܢܐ ܕܐܪܡܘܢܐ) ib. 5 v, 12 r.

ܐܪܡܘܢܬ) col. 390. Add: Ἑρμώδιν or Ἑρμωνθίς, Arab. ارمونتيم *Armutin*, a town in the Thebaid, A.M.B. v. 148. 4 = Pallad. 322. 1. Cf. Amélineau 60.

ܐܪܡܝܢܘܢ) i.q. ܐܪܝܡܝܢܘܢ) *Ariminum*, Or. Xt. i. 90. 8.

ܐܪܡܝܢܐ)" see ܐܪܡܝܢܐ) 2).

ܐܪܡܣ)" col. 391. *Hermes*. Chem. *mercury* = ܙܝܘܓܐ, Chimie 4. 9. ܐܪܡܣ ܘܐܒܪܐ) *mercury and lead* but translated *molybdo-chalque*, i.e. a compound of lead and copper, ib. 11. 9.

ܐܪܡܣܝܐ)", ܐܪܡܣܢܝܐ)" *mercurial*, ܕܗܒܐ ܐܪܡܣܢܝܐ), Chimie 9. 17, but ܕܗܒܐ ܐܪܡܣܢܝܐ), BH. ap. Journ. As. 1898, 77. 20.

ܐܪܡܠܬܐ)" col. 392. *a widow*. Add: χῆραι, an order in the early Church, see 1 Tim. v. 9. Jac. Edes. Chron. Can. 266, G. Fraenk. in loc. ZDMG. li. 534, BH. Nom. 97. 8 ff.

ܐܪܡܢܝܩܐ) ἀρμενιακά (μῆλα), Prunus Armeniaca, *the apricot*, Geop. 13, 23, Ar. Pfln N. 150.

ܐܪܢ) col. 393. Add: Ar. آرّان *Albania*, the country north of the rivers Araxes and Cyrnus, now the Kour, west of the Caspian, Ἀλβανοί of the Greeks, Marquart 116, Syn. Or. 276. 619.

ܐܪܢܝܐ)" m. pl. inhabitants of ܐܪܢ), Jab. 351. 2, 359. 12.

ܐܪܢܐ)" now ܐܪܢܐ) *Arna, Arni*, a bishopric in ܚܡܨ; Jab. 40 note 5; Pers. Mart. 204.

ܐܪܢܒܐ)" col. 393. f. *the hare*, add refs. Med. 556. 2, 580. 3, ܘܐܪܢܒܐ) ܕܩܛܡܐ ib. 57. 6, 105. 23 &c., ܐܪܢܒܐ) ܕܐܘܟܠܐ ib. 590. 3-5. An adipose tumour, BB. under ܣܛܐܛܘܡܐ), στεάτωμα, col. 2596. ܐܪܢܒܐ ܕܝܡܐ), ارنب بحرى, λαγὼς θαλάσσιος, *lepus marinus*, a poisonous sea fish colour of a hare, Fisch N. 84, DBB. 93. 1.

ܐܪܢܒ ܗܡܠܐ)" col. 393. *sheep's tongue* or *plantain*, Med. 65. 5, 159. 9, 171. 3 &c.

ܐܪܢܣ)" a village, C.B.M. 347 a.

ܐܪܢܒ)" see ܐܪܢܒ)".

ܐܪܢܝܬܐ)" f. from ὄρνις, *the art of training birds*, Schatzh. 24. 2, ܐܪܢܝܬܐ), id. ib. l. 15; G. Fraenkel in loc. ZDMG. lvi. 100.

ܐܪܣܛܘܢ)" Gr. ἄριστον, name of a digestive prescription, Med. 358. 5.

ܐܪܣܛܘܢ)" ἄρρευστον "*peu fusible*," "*non fluide*," Chimie 11. 19.

ܐܘܪܣܛܠܘܟܝܐ col. 395. *aristolochia*. See ܐܘܪܣܛܠܘܟܝܐ above.

(ܐܪܣܕ) ܐܘܪܣܝܕܢܝܐ the population of Arsidonia (?), Dion. 108. 19.

ܐܘܪܣܡܘܢ pr. n. m. *Arsimon*, Josephus vi. 16 ult.

ܐܘܪܣܢܝܘܣ river *Arsanias*, the Eastern branch of the Euphrates, now the Murad Chai, Dion. 13. 5, 106. 13.

ܐܘܪܙܢܐ" col. 395 infra. *barley water*, refs. Med. 58. 6, ܐܘܪܙܢܐ ܕܣ̈ܥܪܐ ib, 162. 19, 181. 11, ܐܘܪܙܢܐ ܣܟܢܐ ib. 98. 13, 286. 5, 288. 10, 607. 18. Lexx. under ܠܚܡ col. 1404 and under ܩܡܚ col. 3870.

ܐܘܪܣܢܝܐ" Voc. case of ܐܘܪܣܢܝܘܣ" col. 396. *Arsenius* the hermit, Pallad. 446. 20, 469. 3, M. Z. 173. 14.

ܐܘܪܣܢܐ *Arsinoe*, De Goeje B. 65. pen.

ܐܘܪܫܝܩܐ" col. 396. *arsenic*, Chimie 4. 7, 12. 7, ܐܘܪܣܢܝܩܘܢ ib, 2. 7, ܐܘܪܣܢܝܩܘܢ *l'arsenic doré*, ib. 55, 18, ܒܓܢܙܟܐ Med. 87. 10, ܐܘܪܣܢܝܩܘܢ ib. 602. 4.

ܐܘܪܣܩܘܦܘܣ col. 396. ὡροσκόπος, *horoscope*, De Astrolabe 254 ult.

ܐܘܪܥ col. 396. Add: Ethpe. ܐܬܐܘܪܥ *to meet*, ܣܛܐ ܕܐܘܪܐ ܐܘ ܡܚܝܠ ܠܬܩܕܡܬܗ ܡܗܠܟܢܐ *when Our Lord walked on the water that which by nature was moist met His footsteps as if it were a dry substance*, Doc. Mon. 20. 21.

ܐܘܪܥܐ" col. 397. Add: Astron. *the earth*, Chimie 6. 15, 7. 4; Chem. the seven kinds of earth are: 1) ܐܘܪܥܐ ܕܠܡܢܘܣ i.e. *Lemnian earth*. 2) ܐܘܪܥܐ ܟܠܓܝܐ *bitumen*. 3) ܐܘܪܥܐ ܕܣܡܝ or ܣܡܝܐ *Samian earth*, perh. *talc*. 4) ܐܘܪܥܐ ܩܡܘܠܝܐ *Cimolian earth*, a soapy silicate; it inhibits inflammation and erysipelas. 5) ܐܘܪܥܐ ܕܓܦܢܐ *earth for vines*, a bituminous schist rubbed on vine stocks to keep off insects. 6) ܐܘܪܥܐ ܕܣܡܝ *Armenian earth*, yellow arsenic. 7) resembles Lemnian earth and is as black as pitch. Duval supplies for the seventh, where a word has been omitted by a copyist, ἀσβόλη or μέλαν, *soot* from Diosc. v. clxxxi. Chimie 7. 16 ff. infra

and 8 supra, see pp. 14–18 of transl. and notes. Nos. 3, 4, 5, and 6 with glosses from the Lexx. are already given under ܐܘܪܥܐ coll. 397. f. To ܐܘܪܥܐ ܕܓܦܢܐ add: Chimie 14. 13, identified as Cimolian earth, i.e. marble, ib. 135. ܐܘܪܥܐ ܕܟܘܟܒܐ quoted from Lexx. col. 398, should rather be ܐܘܪܥܐ ܟܘܟܒܢܝܐ *starry*, "*terre étoilée*," ib. 135. f.

ܐܘܪܥܢܐ" col. 399. *landward*. Add: ܪܘܚܐ ܐܘܪܥܢܐ" ἄνεμοι ἀπόγειοι, *landwinds*, An. Syr. 142. 22.

ܐܘܪܥܢܘܬܐ" col. 399. f. *earthy nature* or *substance*, ܚܕܐ ܡܢܗ ܕܦܫܝܛܐ ܘܗܝ ܕܐܘܪܥܢܘܬܐ Bar Koni ap. ZDMG. liii. 504.

ܐܘܪܥܢܐ" col. 399. ܣܡܡܢܐ ܐܘܪܥܢܐ φάρμακα κατὰ τόπους *local* or *native medicines*, Med. 553. 4.

ܐܘܪܥܐ" *the mallow*: see under ܐܘܪܥ.

ܐܘܪܥܐ" and ܐܘܪܥܬܐ *place-names*: see ܕܘܪ in Suppl.

ܐܘܪܥܘ" Heb. רְעוּ *Reu*, Gen. xi. 18 ff., Schatzh. 120. 18, 122. 3 f. &c., ʽΡαγαῦ Luke iii. 35, BH Chr. 8. 16.

ܐܘܪܐ" i. q. ܐܘܪܐ *a nest*: see col. 3964.

ܐܘܪܦܢܘܛܪܦܝܘܢ Ὀρφανοτροφεῖον, an *Orphan Asylum*, Anecd. Syr. iii. 147. 18.

ܐܘܪܦܢܘܛܪܦܘܣ Ὀρφανοτρόφος, *Warden of the Orphan Asylum*, Anecd. Syr. iii. 147. 25.

ܐܘܪܦܢܐ" ? *writing material*, Jab. 525. 12.

ܐܘܪܩܐ" Ἄρκη, *Arca*, full name Arca Caesarea or Caesarea Libani. A town at the foot of Mount Lebanon 12 miles from the sea, Pet. Ib. 104. 22 and note, Pléroph. 85. 11 and note.

ܐܘܪܩܐ name of a heretic who denied the Third Person of the Holy Trinity, ZA. xv. 106, 9, 13.

ܐܘܪܩܘܣ (ܚܒܠܐ?) ἄρκτος = ἄρτιον(?) perhaps Verbascum, Chimie 237, note 7. See ܐܘܪܩܝܢ col. 400.

ܐܘܪܩܛܝܩܘܣ Ἀρκτικός, *the Arctic* zone, De Astrolabe 82, 269 ult., ff.

ܐܘܪܩܠܐ", ܐܘܪܩܠܐ" *from* ܐܘܪܩܠܣ col. 401. *of Hercules*, ܡܬܩܪܐ ܐܘܪܩܠܐ *statues of Hercules*, Hebraica vii. 47. pen.

ܐܪܩܠܝܛܘܣ Ἡράκλειτος, *Heraclitus*, BH. ap. Hebr. iii. 450. 7.

ܐܪܫܡ name of a village, Hormizd 1550. Cf. ܒܝܬ ܐܪܫܡ.

ܐܪܫܩܝܐ m. pl. *Arsacids*: see ܐܪܫܩ col. 402. M.Z. 5. 28, 30. 61.

ܐܪܬܘܣܝܐܕ Ὀρθωσία and Ὀρθωσιάς, *Orthosias* on the Phoenician coast, 12 miles north of Tripoli, Pet. Ib. 105 ult.

ܐܪܬܟܠܐ col. 403. Add: المغرفة *a ladle*, El Nis. 38. 69, ܕܡܫܚܐ ܐܪܬܟܠܐ, Chimie 95. 19.

ܐܫܓܐ *Ashga*, a village in the district of Susa, Syn. Or. 551.

ܐܫܓܪ *Ashgar*, a village of Adiabene, Chast. 8. 11, 10 ult., 16. 14.

ܐܫܕ. Pass. part. ܐܫܝܕ col. 404. *diffuse.* Add: *scattering, dissipating* energy, ܐܫܝܕܝܢ ܚܝܠܐ ܕܡܫܟܠܐ, Pallad. 93. 9.

ܐܫܝܕܘܬܐ l. 12 of par. ܐܫܝܕܘܬ ܥܝܢܐ *suffusion* of the eye, Med. 56. 4, 75. 9, ܐܫܝܕܘܬܐ ܕܥܝܢܐ the same, ib. 556. 19. Metaph. *wandering thoughts, distraction*, Pallad. 340. 4, ܐܫܝܕܘܬܐ ܕܒܠܒܗ ܕܡܫܟܠܐ ܕܡܚܫܒܬܐ, Is. Ant. Bedj. 104. 13/14, ܐ ܕܡܠܐ ib. 131, 4, ܐ ܕܪܥܝܢܐ ib. 193. 15. ܐܫܝܕܘܬܐ ܕܠܫܢܐ *loquacity, garrulousness*, Isoyabh ed. Duval 142. 23.

ܡܫܕܢܘܬܐ col. 405. ἔκχυσις, Clem. Cor. ܟ. 24. ܐ ܕܪܓܬܐ *the shedding, putting away, of desire*, Sev. Ant. Hymns 177.

ܐܫܘܩܪ Zend arshokara *maker of virility*, epithet of Verethraghna, the Genius of Victory, Bahram Yast. xiv. 28, see Sacred Books of the East, xxiii. p. 238. In Manichaeanism the Supreme Being is conceived as a tetrad. Mani is thought to have adopted this from the Mazdeism current in Mesopotamia, F. Cumont, Cosmogonie Manichéenne, i. 8, note 2. *The four principles* of the Zoroastrian faith are: ܐܪܒܥܐ ܥܠܝܐ ܐܝܟ ܐܝܠܝܢ ܐܣܛܘܟܣܐ. ܐܫܘܩܪ. ܘܦܪܫܘܩܪ ܘܙܪܘܩܪ ܘܙܪܘܢ, Coupes ii. 111. 20, 21, WZKM. xii. 354 in loc. Later these were considered by Christians to be four gods, A.M.B. ii. 577. 6 f., Barḥad, 366. 3; ܙܝܩܐ ܕܫܡܫܐ ܐܫܘܩܪ, Ebed J. Card. 102. 11.

ܐܫܛܘܠܓܢܐ col. 406. Fraenkel says this word should be ܐܨܘܠܓܢܐ as the transcription of Pers. ج (چولكان) and Arab. ص (صولجان) should place the *t* sound before the sibilant. It is the game of *Polo.* Fremd W. 291.

ܐܫܝܡܘܢܝܐ adj. from ܐܫܝܡܘܢ col. 406. ܐܪܥܐ ܐܫܝܡܘܢܝܬܐ prob. a desert like that of Jeshimon, Hist. Mon. i. 77. 12.

ܐܫܟܦܝܠ *Ashkaphil*, a city in Beit Aramâyé, Chast. 48. 2, 7.

ܐܫܡܘܢܝܬ *Shamunith*, mother of the seven Maccabees, Or. Xt. iv. 118. 11. Usually written ܫܡܘܢܝ q.v. col. 4213.

ܐܫܢܘܟ a Mongol town seven farsaqs south of Urmi, Jab. 150. 1. Now called ܐܘܫܢܘܟ by East Syrians and ܐܘܫܢܐ اوشني by Persians, note ib., Ušnu (Ušnukh), Pers. Mart. 231, 241 &c.

ܐܫܦܓܢܝ, اشفغنى or اشفعنى *Ashfegani* wife of Ahikar, Ahikar Introd. xxxiv. 52. 11, 18.

ܐܫܦܝܙܐ col. 410. Pers. سپنج, سپنز *an inn*, the *n* is kept in Mandaic שפינזא, Nöld. Mand. Gram. 51, *abode, dwelling*, ܪܘܚܗ ܕܐܫܦܝܙܗ ܥܡ ܚܝܐ Act. Apost. Apoc. ܠܕ. 8, ܐܫܦܝܙܝ *my family*, ib. 10, ܕܒܝܬܗ ܐܫܦܝܙܐ, A.M.B. ii. 230. 4 and 6 af.

ܐܫܦܪܝܣ col. 410. Τὸ Σίφριος χωρίον or κάστρον Ἴσφριος, *Siphrîs*, Jos. Styl. 55. 3 = trans. 46 note, 75. 14. See Procopius de Bello Persico i. 8.

ܐܫܩܠܘܢ pr.n.m. *Ashaqlun*, ܒܪܗ ܕܐܫܩܠܘܢ ܕܡܢ ܫܡܝܐ, Coupes ii. 130. 16. Perhaps derived from ܫܩܠ to *sustain, uphold*, Cosmog. Manichéenne 75, note 6.

ܐܫܬܐ col. 411. Add: ܐܫܬܐ pl. ܐܫܬܘܬܐ (sic) πυρετός, *fever*, Hippoc. i. 13, 15, ii. 26, 28 &c., Med. ܐܫܬܘܬܐ, 9. 6 and often; ܐܫܬܐ ܡܘܪܟܬܐ ܘܐܫܬܐ ܕܝܘܡܐ ܘܐܫܬܐ ܬܠܝܬܝܬܐ *chronic, diurnal*, and *tertian fevers*, 48 ult. f. 1, ܐܫܬܐ ܬܠܝܬܝܬܐ *tertian fever*, ib. 581. 6; ܐܫܬܐ ܕܡܬܦܣܩܐ *intermittent fever*, ib. 244. 2, 297. 12; BH. de Pl. ܟ. 84.

ܐܫܬܢܝܐ *feverish*, Hippoc. v. 16, 18.

ܐܬܐ col. 412. σημειωτέον, *note that*, ܐܬܐ ܡܬܚܫܒ ܐܬܐ, Nest. Hérac. 344. 17, 346. 13. Pl. ܐܬܘܬܐ

Rit. *an alphabetical psalm*, esp. a portion of Ps. cxix said at ferial evening service, Qdham W. 46. 16, 53. 12.

ܐܬܐ act. part. ܐܬܐ, ܐܬܝܐ col. 415. Add: ܡܚܕܐ ܠܚܕ *gradually*, Act. Mart. ii. 347. 23, A.M.B. v. 101. 11, 12. With another verb expresses continuity of action, ܗܘܘ ܡܙܕܗܪܝܢ ܘܡܟܪܙܝܢ *they continue to preach*, Ephr. Ref. ii. 209. 40. Cf. similar use of ܐܙܠ col. 106 infra. Ethpael ܐܬܝܐ *to be brought*, ܚܕܐ ܡܕܝܢܬܐ ܕܡܣܢܗ ܘܒܝܘܢܝܐ ܘܣܘܐܕ ܡܬܐܬܝܐ, Jac. Edes. 33 r, ܐܬܝܢ ܠܗܣܕܘܕ܆ ib. ܐܝܬܝ Aph. col. 415. Add: *to hold* in honour, ܡܗܢܐ ܣܓܝܐ ܘܐܝܩܪܐ ܡܝܬܝܢܢ ܠܟܘܢ *we hold you in all veneration and honour*, Sev. Lett. 140. 11. Part. ܡܬܬܝܬܝܢ ܩܪܐܘܗܝ μυσταγωγοί, *initiators with the mysteries*, Sev. Lett. 330. 12, 354. 14. ܐܬܬܝܬܝ Ettaph. col. 416. Add: *to be brought to the point, to infer, deduce*, ܥܡ ܕܘܟܬܐ ܡܬܬܝܬܝܐ ? Georg. Ar. 12. 13.

ܐܬܝܐ col. 417. infra. *flowing, flooding*, ܐܬܝܐ ܕܩܥܡܐ Med. 263. 8. Cf. ܗܕܝܐ ܩܥܡܐ, ib.

ܡܐܬܝܬܐ col. 418. ܡܩܕܐ ܡܐܬܝܬܐ *derivation, etymology*, B. Sal. in Lit. 25 pen.

ܡܐܬܝܢܐ col. 418. ܐܓܪܬܐ ܡܐܬܝܢܐ *a letter carrier, postman*, A.M.B. v. 3. 2, 4. 19. ܡܐܬܝܢܐ ܘܡܡܠܠܐ *he who pronounces, speaks*, Aphr. 385. 25.

ܡܬܐܬܝܢܐ col. 418. BH Gr. i. 25. 1, ܡܝܐ ܡܬܬܙܝܥܢܐ ܡܬܐܬܝܢܐ *the fresh waters which flow into the sea*, But. Sap. N. Hist. iv. 5, sect. 2.

ܡܬܐܬܝܢܘܬܐ col. 418 = ἐπαγωγή, *induction*, BH Gr. 1. 8. 8, *visitation, application*, Sev. Ant. Hymns 249 note. The quotation from Pat. Vit. = A.M.B. v. 363. 5.

ܐܬܝܐ i.q. ܐܬܐܘܬܐ col. 419. 1. ܡܣܘܡ ܐܬܝܐ ἅγιος ὁ Θεός = ܩܕܝܫ ܐܠܗܐ *Holy God*, Is. Ant. 84. 7/8, 174. 17, &c.

ܐܬܘܪ *Assyria*, col. 420. Eccles. The province of Assyria consisted of the episcopal sees of Arbela and Mosul, Syn. Or. 667 a: 10, 608 note 3, 611, 619. Isoyabh Lett. 54. 7, 63. 4.

ܐܬܘܪܝܐ *like an Assyrian*, Vit. Monoph. 67. 17.

ܐܬܪܐ col. 422. ἀθήρη, *pottage* or *porridge*, Kal-w-Dim. 210. 21.

ܐܬܪܝܐ *inhabitant of* ܐܬܪ col. 422. ܚܣܡ ܐܬܐܩܠܝܐ ܘܐܩܠܝܐ *Attâkh (Hattâkh)* near Amid, Anecd. Syr. iii. 259. 11, ܐܬܐܠܝܐ ܕܐܬܐܠܝܐ, l. 13.

ܐܬܠܝܐ col. 423. 1) Assyr. attala, *eclipse of the sun*. 2) New-Heb. תלי *the Dragon*, which Chwolson identifies with the Milky Way, Grabinschriften, 122 f. Others think it a constellation and BH Carm. 38. 11, quoted by K. l. 6 of par. speaks of ܐܬܠܐ ܟܕ and the ܐܚܪܝܢ ܐܬܠܐ as different. 3) R. Duval thinks ܐܬܠܐ is derived from ܐܠܠ with a Greek termination, cf. ܣܘܪܝܐ from ܣܘܪ and compares ܐܬܠܘܬܐ DBB. 192. 24, at the end of the paragraph ܒܐܚܙܕܗܦ ܗ ܦܣܗ ܘܐܣܝܐ ܡܟܢܡܕܗܦ ܐܬܠܐ R.O.C. xv. 230. 2 Syr. 4) In Jab. 53 the sea of ܐܝܛܠܝܐ *Italy* is said to be called ܝܡܐ ܕܐܬܠܐ *the Dragon's Sea* from the Dragon which was supposed to produce the flames of Etna.

ܐܬܠܝܐ αἰθάλη, *vapour*, Chimie 13. 7, 16, 14. 18, ܐܬܠܐ ib. 15. 3. *Alembic*, hence Arab. أنثال and أتل. ܡܣܐ ܕܐܬܠܝܐChimie 19. 2, 23. 16, &c. ܐܬܠܝܐ ܗܘ ܗܕܐ ܓܡܐ ܣܡܣܡܐܐ ܕܣܘܝ, N. Hist. iv. 1, sect. 2.

ܐܬܠܝܕܐ (? ܘܣܝܐ) Pallad. 630. 7 probably the same as the following name.

ܐܬܠܝܒܣ "Ἄθλιβις or "Ἄτριβις, now *Atrib*, a city in Lower Egypt, A.M.B. vii. 109.

ܐܬܠܝܛܝܐ adj. from ܐܬܠܝܛܐ *ascetic, combatant*, ܠܥܒܕܘܗܝ ܗܘ ܕܝܘܐܗ ܡܣܒܠ ܠܐܬܠܝܛܗ Sev. Lett. 362. 16; ܠܐܬܠܝܛܐ ܣܡܐ ܘܐܡܪ, id. Hymns 177.

ܐܬܦܣ perh. the country of the ܐܬܦܩܐ: see col. 4472; nomads in the neighbourhood of Aleppo, Journ. As. 1900, 287. 6, Patr. Or. iii. 1 Index and 28. 11.

ܐܬܢܣܝܐ ἀθανασία, *immortality*. Name of a liver medicine, Med. 356. 18, 357. 5, ܐܬܢܣܝܐ ib. l. 14, 362. 19.

ܐܬܪܝܐ col. 426 infra. Add: *rustic*, ܝܚܣܘܐܐ ܐܬܪܝܐ, El. Tirhan 3. 6.

ܐܬܪܐܘܣ for ܬܪܐܩܐ *Thrace*, Jac. Edes. Hex. 11. 15.

ܐܬܪܒ (? ܐܕܘ) i.q. ܝܬܪܒ *Yathrib*, q.v. Bahira 206. 4 af.

ܐܬܪܒܐ *a native of Yathrib*, Pet. Ib. 142. 5.

ܐܬܪܒ *Ἄθριβις*, a city of Lower Egypt, Sev. Lett. 384. 3.

ܐܬܪܐ name of a monastery in Armenia, Anecd. Syr. ii. 57. 7,

ܐܬܬܝܩܘܣ col. 428. *Ἀττίς, Attic*, a kind of vine, ܚܡܪܐ ܕܠܐ ܝܚܬܒ ܩܐܘܐ ܡܚܐܡܬܝ ܘܐܬܬܝܩܘܣ N. Hist. vii. 3. 1.

ܒ

ܒ prep. col. 430. Add: *σύν*, Loof's Nest. 24. 14; ܟܕܢܡܐ ܟܐܟܗܐ ܬܚܡܠܝ, Nest. Hérac. 314. 13, 315. 2. Col. 432. Rit. ellipt. for ܚܩܠܐ to the tune, Qdham W. 30. 1, 33. 7; ܡܟܕܩܣܝ ܒ they repeat the doxology to the chant —, Takhsa 135. 12; ܐܦܩ ܚܦܘܬܐܐ ܕܒܦܬܠ *proceed to the chant The Blessed Martyrs*, ib. 137. 2, 22 ff.; ܡܢܠܐ ܠܚܣܘܣ ܘܣܢܣܐ *canon to the chant Pity and Pardon*, ib. 62. 4, 143. 1, Brev. Chald. i. 88. 8; ܡܘܐܚܠ. ܚܦܘܡܢ ܡܚܐ *Motwa to the chant, Clap your hands*, ib. iii. 103. 18.

ܟܐܟܒܝܐ contraction of ܟܘܐ ܟܝܒܢܐ from *ἰδέα, in like manner*, Duval Gram. § 297; ܐܝܒܣܪ ܐܡܟܐ ܟܐܟܒܗܘܢ *he keeps a grudge as a camel does*, Anton. Rhet. ap. BH Gr. i. 175. 11, ܟܐܟܬܒ ܚܐܘܢܐ *equally*, id. ib. l. 8, ܡܥܪܐ ܟܕܗ *it pierced him like an arrow*, id. ib. l. 6; ܟܐܟܒܢܐ ܘܡܥܟܕ ܘܡܟܕ ܗܘܐ ܣܘܟܠܟ *in like manner as the Tigris is copious so is thy understanding*, Hormizd 2210, ib. 57, 1983, 2945. *Without ceasing, continuously*, ܐܕܢܘ ܒܐܚܕܝܡ *tourne sans cesse*, Chimie 16. 14.

ܒܐܚܕܘܠܐ col. 432. Bishop of Antioch, BH Chr. Eccles. 53. 6; ܒܐܚܕܘܠܐܣ Aut. Patr. 298. 13. I.q. ܚܚܕܠܐ col. 443.

ܒܐܚܕܟܣܝܐ *Babylonia*, a province of Asia, Jac. Edes. Hex. 41. 5; ܘܒܐܚܕܟܣܝܐ ܐܬܪܘܬܐ, ib. 15. 2.

ܒܐܓܐܘܢܐ *Bagavana*, a mountain in the eastern part of Armenia, Chimie 303 pen.

ܒܐܘܪܐ col. 433. 3) i.q. ܒܐܬܘܣ ܘܒܐܘܪܐ and the measure *bath*, it contains 50 ܩܣܛܝܢ *pints* and equals a ܚܘܡܪܐ ܙܥܘܪܐ *a small omer*, Epiph. 4.

ܒܐܘܦܝ the Egyptian month *Paophi*, Mart. Luc. R.O.C. iii. 165. 12, 167. 6.

ܒܐܘܣܐ river *Bausa* in the neighbourhood of Mardin, C.B.M. 275 a.

ܒܐܙܘܟܢܝ Arm. Բազուկ Վանք Bazuk-Vankh. *Bazgaunoch*, an Armenian monastery in the district of Guba, BH Chr. Eccl. 433. 4.

ܒܐܬܘܣ col. 434. 2) *a measure*, i.q. ܒܐܘܪܐ, *a bath* q.v. 4) *βάτος, βατίς, a kind of ray*, probably *Raja rhinobatos*, found in the Arabian Gulf, N. Hist. vii. 31; Ar. Fisch N. 47.

ܒܐܬܪܐܚܣܝ col. 434. Add: *βατράχιόν ἐστι χρυσόκολλα καὶ χρυσόπρασος*, Palladius de Febribus, ed. Bernard, Leyden, 1745. So Duval, Chimie 13, n. 5 to ܒܐܬܪܣܘܢ (sic) 7. 11, *pâte d'arsenic*.

ܒܐܘܣ *βίας, violence*, Syn. ii. Eph. 21. 3.

ܒܐܝܦܚܡܢ a Coptic name, A. M. B. iii. 589, perh. ܦܘܝܡܝܢ *Poemen*, note ib.

ܒܐܟܐ *βήξ, ܘܩܚܘܠܐ ܣܥܝܒܝܠ ܒܐܟܐ a violent fit of coughing*, Dion. ed. Tullberg ܡܢܗ 6.

ܒܐܣܗܪܐ C.B.M. 274 b. See under ܒܝܣܐ col. 487.

ܒܐܦܪܘܩܚܠ name of a city, C.B.M. 1197 b.

ܒܐܦܣܝܣ *βάξις, a statement*, ܒܡܡܣܐ ܗܘܐ ܒܐܦܣܝܣ ܠܚܡ, Tekkaf 88.

ܕܐܠܡܐ and ܚܠܚܡܐ *Baláka*, an isle in the Red Sea, Jac. Edes. Hex. 20. 8.

ܚܠܝܣ river *Halys*, now the Kizil Irmak, A. M. B. iii. 274 and note.

ܚܠܐܡܚܣ perh. πελεκάν, the *pelican*, ܦܿܣܟܳܐ ܟܳܢܽܢܟܳܐ, N. Hist. vii. 4. 4.

ܚܠܟܣ *Balas, Balis, Barbalissus*, on the right bank of the Euphrates, BH Chr. Eccl. 249. 21 n. I. q. ܚܠܣ; see below.

ܚܠܐܚܣܣ name of an Egyptian hermit, A. M. B. iii. 574. 6, n. ܚܠܐܡܒ.

ܟܳܐܢܠܳܐ *Moringa nux behen*, the *behen nut*, Med. 40. 18.

ܚܠܐܝܛܠܚܣܣ *Vitalius*, Ant. Patr. 298, no. 21.

ܚܠܣܐ 1) Βάσσα, an isle in the Red Sea, Jac. Edes. Hex. 20. 8. 2) name of a presbyter of Edessa, Syn. ii. Eph. 43. 27. 3) f. a martyr ܠܺܐܣܐ ܟܳܐܢܳܐ, Brev. Ant. i. 35. 15.

ܚܠܣܝܣܣ *basalt*, Chimie 245, n. 4.

ܚܠܐܣܠܝܣܣ *Basilides*, bishop of Byblus, Mich. Syr. 159 a.

ܟܠܐܡܐ *Bakath*, a village, Coupes ii. 125.

ܚܠܐܦܐܚܣܣ *Bracchus*, bishop of ܣܣܘܘܒܠܐܣ, Nöld. F. S. i. 468. 16.

ܚܠܦܘܘܙܐ see ܚܘܦܘܘܙܐ.

ܚܠܦܘܘܐ؟ Pers. بارود *saltpetre*, Chimie 101. 17, 19.

ܚܠܦܬܐ *Birta*, a bishopric in Mesopotamia, Or. Xt. v. 100, Syr. I. See ܚܣܪܬܐ.

ܚܠܣ. ܚܣ col. 440. Add: ܐܣܬܳܐܟܳܐ ἐσχάτως κακῶς, *utterly bad*, A. M. B. v. 600. 2; ܗܘ ܚܣ ܐܢܳܫܺܐ ܐܳܠܳܐ *that wretched man*, Sev. Lett. 166. 6; ܚܣ ܟܡܳܐ ܚܣ *worse and worse*, Ephr. Ref. ii. 200. 35.

ܚܣܝܣܬܐ col. 441. Add: ܐܣܬܳܐܠܳܐ ܣܣܚܝܢܬܐ *wretchedness, misery*, Pet. Ib. 116. 5.

ܚܠܐ *Battis*, bishop of Tella, Nöld. F. S. 470. 44, ܚܣܝܠܚܣ, Mich. Syr. 159 a. 31.

ܣܣܐܠܐܣܣ see ܚܣܘܠܐܘܗܣ.

ܒܳܒܳܐ *papa*, Kal-w-Dim. ed. Bick. 29. 30; ܚܣܒ, ib. 30. 12. *The Pope* of Rome, ܚܠܒܣ ܚܣܣܒ *without permission of your Pope*, BH Chr. Eccl. 739. 13.

ܚܒܒ for ܚܒܒܒ *a buffalo*, Chimie 49. 6.

ܚܒܘܠܳܠ to be eaten with honey after food, Med. 542. 3. Perh. Pers. بمول *mimosa*.

ܚܒܘܚܡܐ pr. n. m. *Babusa*, B. O. iii. i. 142.

ܚܒܘܚܒܐܝܫ adv. *as an infant, childishly*, Syn. Or. 176. 24, 183. 15, 184. 5.

ܚܣܒܣܣܘܘܡܗ, ܚܠܐܚܣܠܐ ܚܒܘܚܡܣܬܐ f. *infancy*, Georg. Arab. 10. 8, 12. 8.

ܒܳܒܶܠ col. 444. 3) *Babylon* in Egypt; now Fostat, Old Cairo, ܒܳܒܶܠ ܕܡܨܪܝܢ, Pallad. 559. pen.; ܚܒܠܣ, ib. 473. 3 a f., ܚܚܠܣܘ, ib. 428 ult.

(ܛܘܪ) ܚܒܒܢܠܐ) the *hill of Babylon* i. e. Mt. Mokattam, Pallad. 237. 6 a f.

ܒܳܒܠܳܝܳܐ *a Babylonian*, Josephus vi. 18. 19; ܦܩܥܬܳܐ ܒܳܒܠܳܝܬܳܐ the *Babylonian plain*, Syn. Or. 131, 24.

ܚܒܚܒܚܠ col. 444. Correct ܚܘܠܚܣ q. v. infra.

ܚܒܚܠܣܐܡܐ βιβλιοθήκη, *a library*, C. B. M. Pref. xi; ܚܒܚܣܠܐܣܐ Epiph. 17 ult.

ܚܒܘܚܢܫ pr. n. m. *Babanosh*, Pers. باب انوش *whose father is blessed*, Hist. Mon. i. 227, ii. 429 n.

ܚܒܒܣ a village of Khuzistan, Syn. Or. 323.

ܚܒܒܥܠܬܝ adj. from ܒܳܥܠܬܳܐ *Ba'alta*, a village near Emesa, Dion. 68. 12.

ܚܒܣܕܘܣ the site of a monastery, on Mt. Uruk, Chast. 8. 13.

ܚܒܒܐ ܕܡܚܘܙܐ *Babtha d'Mahoze*, on Mt. Sheran, N. of the Lesser Zab, Chast. 50. 21.

ܓܢܳܐ col. 445. *a garden;* ܓܢܐ ܕܚܠܐ, Sassanidi 23. 16.

ܓܢܚܬܳܐ col. 445. Add: *a gurgling* or *rumbling sound* in the lung, Med. 217. 13; ܓܪܓܝ ܩܕܟܢܐ, ib. 19. 9.

ܓܢܚܬܣܢܟܳܐ col. 445. Pl. *bubbles*, Bar Choni ZDMG. liii. 505 on Hesiod's account of Creation; ܐܪܒܠ ܕܚܢܣܚܠܐ ܘܢܣܚܠ ܗܘܐ ܚܓܚܒܣܐ ܚܠܚܠܐ, ib.

ܓܠܐ col. 446. Add: Ethpe. ܐܬܓܠܝ to *be declaimed*, ܩܠܐ ܦܐܝܬܟܡ—ܐܠܐܟܝܢܝܡ, Sev. Lett. 248. 6.

ܡܟܽܘܢܬܳܐ f. *lamentation*, Charms 14 pen., 91 ult.

ܚܝܣܡܐ ܚܠ or ܚܣܡܐ ܒܢܩܝܐ perh. *Be Niqya* near Hira. See Yakut. The place of Alexander's death, near Babylon, according to Sassanidi 30. 3 af. ap. Cong. Or. viii.

ܚܣܺܝ col. 448. 2) *to be emaciated.* Act. part. ܚܣܶܐ opp. ܥܒܶܐ N. Hist. viii. 2. 3; ܛܠܳܝܶܐ ܘܥܠܰܝܡܶܐ ܟܰܕ ܪܳܒܶܝܢ *boys and lads grew thin as they were growing up*, ib. *To fall ill*, Anecd. Syr. ii. 50, 22, Dion. 220. 4; with ܥܡ, ܚܣܺܝ ܥܡ ܟܐܒܐ ܥܡ, ib. 217. 2, 4, l. 6; ܚܣܺܝ ܥܡ ܟܘܪܗܢܐ ܕܐܒܠܐ ib. 218. 22. Pass. part. ܐܒܐ ܕܐܦ ܚܣܐ ܠܗ ܟܡܐܢ ܥܡ ܣܥܕܐ ܐܩܠܝܡ *some were attacked over five times by this illness*, ib. 216. 20.

ܚܣܺܝܢܐ *closed*, ܚܒܝܫܐ ܗܘܳܐ ܟܽܘܪܰܟܳܐ, G. Busâmê 7. 2 af.

ܚܣܳܢܐ col. 448. *a pebble*, ܚܘܡܣܐ ܐܝܟ ܚܨܨܐ(?) *hail like pebbles*, Dion. 194. 19.

ܚܶܣܺܝ 1) pr. n. Bishop of ܙܒܕ, ZDMG. xliii. 397. 8. 2) = ܚܣܕ ܚܣܺܝ, Chast. 10. 12.

ܚܣ col. 449. *to mingle*, ܢܗܪܐ ܗܢܐ ܚܐܠ ܒܚܐܘܦܬܐ A.M.B. ii. 651 but Hoffm. gives ܚܐܘ in this passage, Pers. Mart. n. 627 *this river mingles with the Tormara*. ܚܙܡܐ ܚܣ ܥܡ ܫܘܥܐ *the wheat began to decay in the barns*, Dion. 60. 17. Read ܐܩܣܝ? but cf. BH Gr. under ܚܣܘܦܐ. Ethpalpal ܐܬܚܣܚܣ *to be confused*, ܐܬܚܣܚܣܘ ܣܘܟܠܘܗܝ *his wits were confused*, Kal-w-Dim. ed. Bick. 2. 18.

ܚܣܘܦܘܬܐ f. *decay*; ܚܣܝܘܬܐ ܘܡܐܢܐ ܚܐܠ ܘܡܚܣܚܣܐ ܗ BH Gr. i. 23. 24 and marginal note.

ܚܣܐ. Ethp. ܐܬܚܣܝ *to be pretended, to be falsely or foolishly composed*, ܡܗܘܕܐ ܘܐܬܚܣܝ ܥܡ ܐܬܘܪܝܐܬܐ *a manifesto faked up by Theodore of Mopsuestia*, Sev. Lett. 338. 1.

ܚܣܺܝܘܬܐ f. *folly*, ܚܣܝܘܬܐ ܘܕܗܦܟܢܐ, Is. Nin. B. 61. 2; BA. under ܥܒܐ col. 2245.

ܚܣܳܐ col. 450. Add: Aq. Jer. xiv, 14 pro σκελισμός a σκελίζω, *varico, supplanto.* An *Fallacia*? Field's note.

ܚܰܘܳܐܝܬ *ineptly*, C.B.M. 442 a. Should be ܚܒܠܐܝܬ.

ܡܚܣܢܐ *a charlatan*, Sev. Lett. 496. 15.

ܚܒܐܕܢ perhaps البَرَدان Al Baradān, *Badarun* a town near Baghdad, ܚܣܕܪ ܘܚܒܐܕܢ, Chast. 46 ult., 47. 13.

ܚܒܕܐ Pers. بادبان *a sail* h. a *flap* or *lappet* of a garment, Arab. البَنة *gore* or *front of a shirt*, El. Nis. 36. 24, Fremdw. 54 note.

ܚܒܗ col. 450 infra. Case letters: see El. Nis. Gram. ܚܕ ff.

ܚܒܠܚܒ *bdellium*, Med. 49. 4, 137. 1, 367. 10, 17, &c.; ܚܒܐܚܢ Chimie 7. 12. Syr. ܡܣܘܥܠܐ.

ܚܒܝ pr. n. m. Pers. Mart. A.M.B. iv. 163.

ܚܒܝܓ *Bdigar*, a fortress in Adiabene, M.Z. 54. 168, A.M.B. iv. 128.

ܚܒܣܣ *a city in Egypt*, *Badyssus*? A.M.B. iii. 231 and note.

ܚܒܣܣ perhaps a corruption of *Bâdhgês* to the north of Herat, capital of the Hephthalite Kings, Marquart 77, Syn. Or. 423.

ܚܒܣܣܠܝ see ܚܒܘܣܣܠܝ.

ܚܒܠ Ethpaiel ܐܬܚܒܠ col. 452. *to stagger, reel*, Ephr. Ref. i. 176. 34.

ܚܒܘܠܐ col. 451. infra *a chatterer*. Arab. بيدار بَيْز Fraenk. WZKM. vii. 85.

ܚܒܣܣܝ col. 452. and ܣܣܒܠܝ Pers. prob. *convulsions*. R. Duval places this word among those derived from Persian but without the Persian equivalent. Ref. ܚܒܣܣܠܝ Med. 56. 22.

ܚܒܘܦܐ col. 454. probably *a professor of philosophy*, Barḥad 398 f. and note, Stat. Schol. Nis. 27. 3, 5.

ܚܒܪܐܢܐ col. 455. ܡܚܒܪܘܝܟܠ *Thou who didst scatter us abroad* opp. ܡܟܢܦܝܟܠ BH Carm. 79. 11.

ܚܒ *a softened form of* ܚܕ in names of places.

ܚܒܐܪܕܫܝܪ *Beh-Ardašir* the official name of Seleucia, rebuilt by Ardašir I. Tabari 16 nn. 1 and 4, Syn. Or. 667; ib. 37. 25, 76. 29, Sassanidi 17. 7, Jab. 232. 9, 410. 13.

ܟܘܡܪܘܬܐ *right religion*, Jab. 526. 10.

ܟܗܐ col. 456. Ethpe. ܐܬܟܗܝ add: *to be calm*, Mar Bassus 27. 366.

ܟܘܡܐ *settled*, ܐܪ̈ܥܬܐ ܕܟܘܡ̈ܢ ܘܐܪܥܐ ܕܐܡܪ̈ܐ *Alexander-lied* ZDMG. lx. 204. 314.

ܟܗܠ col. 457 end of par. add: ܘܠܐ ܟܗܠ *incessantly*, Aphr. ܠܥܠܡ ult.

ܟܘܬܒܐ βελόνη, *a sharpnosed pike*, N. Hist. vii. 3. 3.

ܟܗܡܢ Pers. بهمن 1) *Bahman* i. q. Vohuman, one of the Ameshaspends, a personified attribute of Ahura Mazda, A. M. B. ii. 577. 18. 2) name of the middle month of winter. 3) name of a plant which flowers in winter, Lag. G. A. No. 41, ܟܘܗܡܢ ܦܘܕ̈ܐ ܘܣܡܬܡܐ, Med. 266. 16, 602. 9.

ܟܗܪܡ pr. n. m. Ant. Patr. 305 no. 138.

ܟܘܡܐ m. *a ray of light*, Jul. 49. 8.

ܟܘܩܡܐ col. 458. Add: ἀλφός, *dartre*, Hippoc. iii. 19, ܟܘܩܡܐ ܣܬܣܠܐ ܘܡܪܓܫ *a shiny sore*, Med. 602. 14, pl. BH. de Pl. no. 117.

ܟܘܡܬܐ add: *the lustre* of polished iron, Is. Nin. B. 190. 11.

ܟܘܡܕ ܒܗܩܒܕ *Behqawad*, a district of Beit Aramaye; Kufa and Hira belong to it, Chast. 26. 11; Sassanidi 29. 6.

ܟܘܙ. ܟܘܙܐܝܬ col. 459. Add: *rudely, unskilfully* of writing or preaching, Anecd. Syr. ii. 2. 13, Theod. Mops. 57. 6.

ܟܗܪܡ col. 459. Late Persian and Arabic form of ܘܪܗܪܢ q. v. *Bahram*, son of Sapor I, BHChr. Eccl. ii. 45; ܟܗܪܡ Mon. Syr. ii. 07. 8.

ܟܗܪܩܠܐ *Herakleia*, a district of the Thebaid, Pallad. 237. 6 af.

ܟܗ ܫܒܘܪ *Bih-Šabur*, a bishopric probably in Fars, Syn. Or. 670: ib. 71. 27, f.; ZDMG. xliii. 402; A. M. B. ii. 559, tit., 565. 9.

ܟܗܫܬ Pers. بهشت *Paradise*, A. M. B. ii. 576. 16, 578. 11.

ܐܙܕ ܟܗܫܬܐ بهشت ازاد pr. n. m. A. M. B. ii. 27. 12.

ܟܘܬܐ col. 460. Act. part. and verbal adj. ܟܘܬܐ ܠܐ ܟܘܬܒܐ *they were not ashamed of shameful actions*, Jul. 43.

ܟܘܬܒܘܬܐ *chaste*, add: ܡܕܩܐ ܘܐܬܐ (sic) ܕܟܘܢܬܐ, Theod. Mops. in Jo. xxi. 17.

ܟܘܬܒܐܝܬ *in shame and confusion*, ܒܥܡ ܓܒ̈ܪܐ ܟܘܬܒܐܝܬ G. Busâmê 52 b ult.

ܒܗܬܢܐ. ܒܗܬܢܘܬܐ βοηθός, *assistant*, *adjutant of the cohort of* the Prefect of Egypt, Sev. Ant. Vit. 43. 8, Nau in loc. R. O. C. iv. 554, ܒܗܬܢܘܬܐ A. M. B. iii. 311. 2; ܒܗܬܢܐ ib. 312 n.

ܒܗܬܝܐ βοήθεια, *auxiliary* troop, A. M. B. iii. 298. 4 af.

ܒܘܓܐ 1) col. 462. 1. *a tunic* ܠܐ ܟܕ ܟܕ ܒܘܓܐ ܒܘܡܟܐ, G. Warda ap. Hippoc. ii. p. vi. 15. 2) ܒܘܓܐ *a kind of comet*, Med. 550. 13.

ܒܘܒܐ abbrev. of ܒܘܒܠܐ pl. βούβαλοι *wild oxen*, Chimie 48. 16, ܒܒܐ ib. 49. 6.

ܒܘܒܠܐ col. 462. *a conduit, aqueduct*, add ref. ܒܚܕܐ ܗܘܐ ܡܢ ܚܒܠܐ Mich. Syr. 258. 7 af., 259. 1. Usual pl. ܒܘܒܠܬܐ.

ܒܘܒܘܢܐ ἡ Βούβων νέα, *Bubona* a bishopric in Lycia, Nöld. F. S. i. 474. 127.

ܒܘܒܠܐ col. 462. pl. ܒܘܒܠܐ *oxen*, A. M. B. vii. 71.

ܒܘܓܠܐ col. 462 and Hippoc. iv. 73, v. 60 i. q. ܒܘܓܠܐ q. v.

ܒܘܓܡܐ Arab. بودقة and بوتقة *a crucible*, Chimie 100. 19, 102. 15.

ܒܘܓܢܛܝܢ *Byzantium*, Ephr. ed. Lamy iv. 361. n. l. 12.

ܒܘܓܕܘܣ *a city whither Gordias, King of the Huns, sent his idols to be coined*, Dion. Ined. 475. 7.

ܒܘܙܐ name of the daughter of Herodias, Apis ܡ. 9.

ܒܘܐܝܙܐ for ܒܘܙܐ *a hawk*, Gest. Alex. 14. 11, 15. 7; BH. Stories 73. 3 af., 74. 9.

ܒܘܐܙܪܐ i. q. ܒܙܝܪܐ *a falconer*, q. v.

ܒܘܙܐ Pers. بوته *a crucible*, Chimie 21. 14, 24. 20.

ܒܘܙܢܐ cf. col. 464. *butter*, Chimie 16. 17.

ܒܘܠܐ a village in the Hauran, C.B.M. 711 a, Doc. Mon. 217. 12.

ܒܘܠܡ col. 465. Ar. بُخْنُق. Probably from Coptic. A kerchief worn by young girls, tied under the chin, to keep their oiled and perfumed hair from dust and to save their *Khimar* or head veil from contact, Dozy, *Vêtements Arabes*.

ܒܘܠܡܐ col. 465. Correct ܒܽܘܠܡܳܐ i. q. ܚܽܘܠܡܳܐ col. 488 and ܓܠܡܐ col. 526 *a block of stone*. The ref. is to Philox. ed. Budge 10. 19, ܒܘܠܡܐ ܚܣܝܢܐ ܘܟܐܦܐ ܬܩܝܦܬܐ *mighty blocks and great stones*.

ܒܘܟܡܝ Arab. بُخْتِي *a Bactrian camel*, Kal-w-Dim. 335. 5, 339. 12,

نامه بُخْت Pers. ܒܽܘܟܬ ܢܦܺܫܝ *the Fortune Book*, Jab. 234. 2.

ܒܘܠܐ col. 466. βολή (?) *spout*, ܡܣܒܐ ܕܒܘܠܐ Chimie 39. 16. Pl. ܒܘܠܐ for ܒܘܠܣ ib. 52 ult.

ܒܘܠܐ col. 466. *senate*. Correct the quotation from BH Gr. I. 19. 1, ܡܢ ܕܽܘܠܳܐ ܕܥܒܺܝܕ ܚܒܺܝܠ ܒܡܕܝܢܬܐ ܒܳܗܿ܆ Add: ܓܒܪܐ܆ ܕܽܘܟܬܳܢܳܐ ܐܝܬ ܗܘܐ ܕܶܒܝܬ ܕܘܠܐ܆ ܡܢ ܝܘܒܬܐ *he was a member of a local senatorial family*, Sev. Ant. Vit. 11. 6.

ܒܘܠܒܘܠܐ col. 466. Pl. ܒܽܘܠܒܽܘܠܐ *bulbs*, Med. 314. 11, 602. 15.

ܒܘܠܘܣ βῶλος, *a clod*, Ephr. Ref. i. 87, 43. Cf. ܒܽܘܟܠܐ col. 468.

(ܘܩܦܣܛܐ) ܒܩܦܣܛܐܠ so Budge corrects ܒܩܦܣܛܐܠ ܘܒܩܦܣܛܐ Gest. Alex. 89. 10 and n. *a game*. Fraenkel thinks it must come from βολή *a throw*, Ar. Fremd W. 60. Perh. *dice-box and dice or draught-board and draughts*.

ܒܘܠܝܡܘܣ and ܒܘܠܝܡܣ for ܘܒܘܠܝܦܘܣ *Hippolytus*, Or. Xt. ii. 193.

ܒܘܠܝܡܣ col. 468. *ravenous hunger*, Med. 5. 4, 280. 11.

ܒܘܠܝܡܝܢ see ܒܠܝܡܝܢ *pomegranate*, Med. 61. 16.

ܒܘܠܡܐ m. pl. *bullae? "boulettes,"* Chimie 240 n. 3. BB. under ܡܚܘܒܐ, col. 1746.

ܒܘܢܐ. ܒܽܘܢܳܐ col. 469. *intelligence*, ܐܕܢܐ ܘܒܽܘܢܳܐ *a man of good sense*, Jul. 16. 5, ܐܕܢܐ ܒܪܒܐ ܕܡܣܟܠ ܒܡܕܒܪܐ ib. 61. 4. For

ἀπόγνωσις *despair*, ܘܚܘܣܪܢܐ ܘܠܐ ܒܘܢܐ, Josephus vi. 2. 2; probably ܒܘܢܐܠ.

ܒܘܢܐܝܬ col. 469. Add: *intelligently* (exhortation to read a canonical letter), Isoyabh ed. Duval 121. 13.

ܒܘܢܢܘܬܐ col. 469. with ܠܐ *dulness, obtuseness*, add: But. Sap. Eth. iv. 7; *a disease of the soul*, ib. 3.

ܒܘܢܐ βύνη, *malt*, explained as ܚܡܝܪܐ ܕܡܝܐ *yeast from beer*, Chimie 54. 10. ܒܚܬ ܚܘܬܠ Ar. مري Med. 606. 5.

ܒܘܢܐܣܘܣ βόνασος, *wild ox*, N. Hist. vii. 4. 6, 6. 5.

ܒܘܢܝܬܐ dim. of ܒܘܢܐ q. v. col. 471. *little balls* or *pellets*, Chimie 30. 4.

ܒܘܢܕܩܕܪ *Bondekdar*, an Egyptian lord, BH Chr. Eccl. 771. 14.

ܒܘܢܓ Pers. بَنْگ, Ar. بَنْج *Bhang*, a) *dried leaves of Cannabis Sativa*. b) *henbane*, Med. 563. 4, ܒܘܢܓ ܘܡܘܝܐ ܕܟܣܒܪܐ, ib. 579. 2, 3.

ܒܘܣܡܠܐ pr. n. m. A.M.B. iii. 472.

ܒܘܣܦܘܪܝܘܣ *Bosphorius*, Bishop of Colonia, Vit. Mon. 13. 3; Nöld. F. S. i. 471. 62.

ܒܘܣܪܐܝܠ in Yakut, later ܒܨܪ i. q. *Buṣr el-ḥarîrî*, Nöld. ZDMG. xxix. 435, *a village under the rule of Damascus*, C.B.M. 711 a, Doc. Mon. 217. 35.

ܒܘܣܬܢܐ col. 472. *a garden*, ref. Jab. 139 pen.

ܒܘܨܪܐ i. q. ܒܽܘܨܪܳܐ *Bostra*, Sev. Lett. 144. 4. ܒܽܘܨܪܳܝܐ, ܒܘܨܪܝܢܐ adj. from ܒܘܨܪܐ *of wicks*. ܩܕܝܫܐ ܒܘܨܪܝܐ. ܡܢ ܒܘܨܪܝܬܐ ܕܒܘܨܪܐ (sic) M. Singar 31. 5/4 af.

ܒܘܨܪ a village and monastery in the Hauran, C.B.M. 712 b bis, 713 a, Doc. Mon. 221. 18, 21, 23, 29.

ܒܽܘܨܪܳܐ col. 473. 3) *Bostra*, ܥܕܢܐ ܕܒܘܨܪܐ ܕܒܽܘܨܪܳܐ? perhaps for ἐποχή, *the era of Bostra* which reckons from A. D. 106, C.B.M. 1072 b. Add: 5) ܒܘܨܪ ܐܘܣܝܪܝܣ *Pa-Asan, a temple of Osiris in the Delta*, Pallad. 57, 3 af., but Bedjan has ܒܘܨܪܐܢܣ ܐܘܣܝܪܝܣ *Busiris Tripolitana* A.M.B. v. 76. 5.

ܒܘܩܐ perhaps بوقة in the neighbourhood of Antioch C.B.M. 818 a. See Sachau Hist. Geogr. Syriens 15.

ܒܘܩܝܢܐ col. 473. *a trumpet*: pl. ܒܘܩܝܢ̈ܐ correct ܒܘܩܝܢ̈ܐ, Gest. Alex. 134. 161. 13.

ܒܘܩܠܐ βαύκαλις, Spanish and French bocal, *a wide-mouthed bottle*, Chimie 261. note 2.

ܒܘܩܠܐ m. pl. *bucolic* poets opp. ܦܘܐ̈ܛܐ, Is. Ant. 296. 6.

ܒܘܩܠܐ col. 474 βάκλον, an iron-headed club, Pers. دبوس add: El. Nis. 41. 27.

ܒܘܩܠܐ Arab. بقل *a sprout, shoot*, ܘܐܬܚܠ Coupes ii. 130. 14. Nöld. points thus after B.A. Cod. Goth 3475; see WZKM. xii. 357.

ܒܘܩܠܘܢ Gr. τὰ βουκόλου agrees better with the variant ܒܘܩܠܘܣ, A.M.B. v. 552. 14. It is the name of the place at Alexandria where St. Mark was martyred, and later St. Peter of Alexandria. ܘܐܡܪ ܚܒܝܒ τὸ χηνοβοσκεῖον, شاناسات *Schénésit* now Qasr-es-Saiâd in the district of Deschnet, province of Qéneh, Amélineau 430 f.

ܒܘܩܠܛܘܢ βουκελλατόν, bucellatum, *soldier's bread*, Jos. Styl. 52. 20, 67. 14, 17, 73. 14.

ܒܘܩܠܬܐ var. ܒܘܩܠܬܐ baculus, *a rod*, Nest. Chrest. 96. 209.

ܒܘܩܝܢܐ m. *a skewer, spit*, ܡܢ ܐܡܪ ܟܠ ܫܒܬܗ ܕܒܘܩܝܢܐ, Jab. 101. 7.

ܒܩܪ col. 474. Add: *to be uncultivated in mind*, ܠܐ ܢܒܩܪ ܡܢܗ ܒܠܐ *the reader can avoid ignorant mistakes by the help of the rules* of grammar, BHGr. i. 2. 13. Ethpalpal ܐܬܒܩܪ. Duval (Gram. § 200) considers this verb a denominative from ܒܘܩܪ *to be stupefied*; ܗܘܐ ܕܘܝܕ ܬܗܝܪ ܒܘܩܪܐ David *was amazed by the water fetched for him from the well at Bethlehem*, 4 Macc. 10. 11, ܡܒܩܪܝܢ ܥܡ ܣܥܕܐ *besotted*, Jos. Styl. 87. 7.

ܒܘܪܐܣ *Boreas*, Βορέας, *the North wind*, Med. 533. 4. See various spellings on col. 475.

ܒܘܪܓܐ cols. 475 and 603 *a tower*, add refs. ܘܒܢܝܢ ܠܚܕ ܡܢ ܡܘܕܝ ܬܟܠ ܘܕܘܩܝܐ, Anecd. Syr. ii. 380. 23, 24; ܟܠܐ ܕܫܡܢܗ ܡ̈ܝܐ

ܒܘܪܓܐ ܣܡ ܟܠܐ ܠܐܘܟܡܐ, Jab. 157. 12. ܘܡܐ ܘܒܘܪܓܐ ܣܥܕܐ Nöld. ZDMG. xxix. 426 *monastery of the White Tower* in the diocese of Arabia, C.B.M. 710 a, Doc. Mon. 214. 26; ܘܡܐ ܘܒܘܪܓܐ ܣܢܕܐ ib. 218. 13, C.B.M. 711 b. Astron. *a sign of the Zodiac*, add refs. Med. 465 ult., 483. 22 f.

ܒܘܪܓܝܐ *Bulgaria*, Brook's Chron. 575. 1.

ܒܘܪܓܪܝܐ *Bulgars*, ܗܘܓܐ ܘܣܠܩܘ ܐܣܢܕܘ ܥܡ ܒܘܪܓܪܝܐ, Brook's Chron. 575. 1.

ܒܘܪܓܒܝ name of a Mongol queen, wife of Ulus Ogotai, Jab. 120, 1.

ܒܘܪܕܚܠ col. 476. Pl. ܒܘܪܕܚ̈ܠ *patches, rags*, ܗܘܐ ܒܘܪܕܚ̈ܠ ܡܬܠܝܐ ܡܢܗܡܐ ܡܠܒܘܫܐ Jesus-Sabran 527. 16, Nöld. in loc. WZKM. xi. 189.

ܒܘܪܕܪܐ βερηδάριος, veredarius, *a courier, post-messenger*, ܘܒܟܡ ܘܐܕܡܪܟܡ ܗܘܐ—ܒܡ ܒܘܪܕܪܐ ܚܒܝܪܐ—ܗܘ ܚܒܝܪܐ ܘܠܗ *at that very moment couriers brought him news*, Gest. Alex. 157. 10; ܒܘܪܕܐ—ܚܢܒ A.M.B. ii. 142. 12; Pers. Mart. nn. 196, sing. 197; M.Z. 55. 9; ܡܘܗܒܬܐ ܡܠܟܘܝܬܐ ܘܐܦܕܘܗܝ: ܘܐܣܗܝܠ ܐܦܢܟܐ ܟܡ ܚܒܟܘܪܐ *the royal gifts were a high-bred saddle horse (and a choice robe) with his groom*, Jab. 145. 12. Or should this be βέρηδος, veredus, *a post-horse* as the following? ܒܡ ܐܚܒ ܗܘ ܘܐܡܚܡܐ ܕܒܘܪܕܐ, Sev. Ant. Vit. 83 pen., R.O.C. v. 80. 3 and n. 1 in loc. Cf. a similar passage in Pléroph. 126. 4 where ܣܘܣܘܡ is used. ܐܚܒ ܗܘܐ ܚܢܒܪܐ *he travelled post*, Mich. Syr. 251 b, 1, 2; ܚܒܘܪܘ ܘܠܗ *they travelled post*, Anecd. Syr. iii. 248. 4.

ܒܘܪܘ same as ܒܘܪܝܐ: *satisfaction*, ܐܡܕܐ ܘܒܘܪܘ ܠܗ ܘܡܣܗܡ: ܘܗܘ ܠܚܒܘܪܘ Sev. Lett. 134. 15.

ܒܘܪܘܣ *Beyrout*, Sev. Ant. Vit. 54. 8; ܒܘܪܘܣ ib. 47. 2; ܚܒܘܪܘܣ ib. 89. 5 q.v. col. 606.

ܒܘܪܙܕ pr.n.m. *Burzad*, a man of Be Nuhadra, M.Z. 199. 21.

ܒܘܪܙܘܝ pr.n.m. *Burzui*, Jab. 417.

ܒܘܪܙܡܗܪ *Burzmihr*, Bishop of ܚܒܝ ܘܗܡ, ZDMG. xliii. 406. 10.

ܒܘܪܝܐ col. 476. باري, بورياء, بورية *reed matting*, Op. Nest. 89. 2; البارية El. Nis. 37. 51.

ܒܘܪܫܩܐ Arab. بُرْشُق "*burette*," *a cruet, flagon*, esp. the flagon used for wine for the Eucharist, ܡܙܡܘܪܐ ܕܢܙ: ܩܪܝ ܥܠ ܒܘܪܫܩܐ ܘܬܗܘܐ ܠܟ ܥܘܕܪܢܐ ܦܓܪܢܝܐ ܘܪܘܚܢܝܐ Ps. lvii, *read it over the flagon and you will derive bodily and spiritual help*, ZDMG. xlii. 458. 16.

ܒܘܪܐܬܐ Arab. براءة *discharge, quittance* i. q. ܫܘܒܩܐ, Syr. Rom. Rechtsb. 55. *Tax*, ܩܒܠ ܕܢܗܘܐ ܡܦܩܢܐ ܒܘܪܐܬܐ *he accepted the office of tax collector*, Mich. Syr. 491. 11. af., 516. 4.

ܒܘܪܩܐ see ܒܘܪܩ *borax*.

ܒܘܪܡܬܐ col. 476. 7 af. Dele. It is Arab. برمة *a large cooking pot hollowed out of stone*, Chimie 41. 20 but ܒܘܪܡܬܐ ܕܦܚܪܐ *an earthen pot*, ib. 33. 19.

ܒܘܪܢܝܩܐ *Berenice?* name of the woman with the issue of blood, Journ. As. 1906, 283. 4.

ܒܪܣܡܐ Zend baresma, *a date spathe, a branch of pomegranate* or *of tamarisk*. This was held in the hand in Magian worship; Mar Kardag F. 66. 1, 68. 8, 71. 2, 78. 4, Introd. 11 n. 16; Pers. Mart. nn. 838, 1004. Cf. Ephemeris ii. 222, Lag. G. Abh. 159, Arm. Stud., Spiegel Eran. Alterthümer iii. 57. 1. ܡܚܘܩܝܬܐ. ܕܗܘܝܢ ܒܘܪܣܡܐ G. Warda ap. Hippoc. ii. p. iv. 5 af., ܒܪܣܡܐ ܠܡܓܘܫ Jab. 436.

ܒܘܪܩ, ܒܘܪܩܐ *borax*, not the modern borax but a mediaeval flux, Chimie passim: ܒܘܪܩ ܕܨܝܓܐ *goldsmith's flux*, ib. 54. 21 and n. 2; written ܒܘܪܩܐ ib. 37. 4 &c.

ܒܲܘܪܸܩ denom. verb Pauel conj. from ܒܘܪܩ *to treat with borax*, ܢܬܪܘܢ ܡܒܘܪܩܐ *nitre for soldering*, ib. 26 antep.

ܒܘܟܝܢ (? ܒܘܪܝ) misprint for ܒܘܟܝܢ prob. *Cochin*, R. O. C. 1912. 76. 4, 9 bis, and 77. 4 but ܒܘܟܝܢ ib. l. 5, ܒܘܟܝܢ l. 8.

ܒܘܬܐ col. 478. Add: pl. ܒܘܬܬܐ so correct for ܒܘܬܬܐ, Pallad. 703. 20; ܒܘܬܝܢ *all-night vigils*, Anecd. Syr. ii. 47. 14. 1) *passing the night*, ܐܬܐ ܡܪܢܐ ܠܒܝܬ ܒܘܬܐ Maranammeh *came to a place where he could pass the night*, Sassanidi 28. 11; *a night's stay* i. e. *one stage of a journey*, ܘܠܐ ܚܕ ܒܘܬܐ ܕܐܘܪܚܐ, Mon. Syr. i. 22. 32 = Jac. Sar. Hom. iii. 193. 16. ܡܥܡܪܝܢ ܘܒܝܬܝܢ. ܒܪܫ ܟܐܦܐ ܥܕܡܐ ܕܡܝܬܝܢ. ܗܢܐ ܡܬܩܪܐ ܒܘܬܐ *they settle and remain, they dwell on a rocky peak until they die, this is called keeping vigil*, Poem on mountain ascetics, Ephr. ed. Ov. 120. 13 f.

ܒܝܬܐ col. 479. 4) astron. *a House*, one of the twelve sections into which the sphere of heaven was, in thought, divided ܗܢܘܢ ܕܒܝܬܐ ܐܘ ܡܕܝܪܘܬܐ ܡܬܩܪܝܢ. 5) eccles. a ܒܝܬܐ seems to be as much as was repeated at one time whether long, a *strophe*, or short, *a versicle*. Lamy says a ܒܝܬܐ is a strophe, not a verse, that with Ephrem a ܒܝܬܐ may contain as many as fourteen verses though sometimes only two, Ephr. ed. Lamy iii. p. ix and note. A *versicle*, ܡܚܕܐ ܐܡܪ ܥܡܐ ܒܝܬܐ *the congregation shall thereupon say the versicles* viz. at the conclusion of the Litany they repeat "*Thy body which we have received*," &c., Bar. Sal. in Lit. 94. 13, 14; *a subdivision* of an anthem, Qdham W. 174. 10; 257. 2; ܒܝܬܐ ܕܡܢ ܩܢܘܢܐ *a verse of a canon*, Brev. Ant. i. 54 *a* 13; ܒܬܪ ܒܝܬܐ ܒܝܬܐ *after each verse*, ib. 59 *a* 11, 12; pl. ܒܝܬܐ ib. ll. 17, 18, 60 *a* 1; ܒܝܬܐ ܕܡܥܢܝܬܐ—ܒܝܬܐ ܕܟܬܒܐ several verses of the long anthem immediately preceding the Gloria verse, are so called, Maclean. 6) *a case, cover*, ܩܢܐ ܒܝܬܐ ܕܝܠܗ ܡܢ (ܡܬܚܦܝܢ) Is. Ant. ii. 278 pen.

Compounds with ܒܝܬ, ܕ ܒܝܬܐ cols. 479 ff. add:—

ܒܝܬ ܙܘܦܐ or ܒܝܬ ܐܙܘܒ ܕܒܝܬܐ ܗܝܢܐ βηθεζωβ, *House of hyssop*, ܕܒܝܬ ܐܙܘܒ ܗܘ ܕܒܝܬܐ ܕܙܘܦܐ, Josephus ap. Hebraica iii. 145.

ܒܝܬ ܐܚܝܐ the Common Room of a monastery, Hist. Mon. i. lxv. 1.

ܒܝܬ ܐܠܝܠܐ ܕܕܝܪܐ a monastery in Arabia, C.B.M. 712 *a* and *b*, Doc. Mon. 220. 18, 221. 5, 222. 12.

ܒܝܬ ܐܠܫܘܢ name of a monastery, C.B.M. 706 *b*.

ܒܝܬ ܐܦܝܐ *a latrine*, Or. Xt. i. 86. 2; Zach. ed. Guidi 222 ult., 233 n.

ܒܝܬ ܐܗܡܪ 48 ܒܝܬ ܐܬܢܐ

ܒܝܬ ܐܗܡܠ a village in Beit Nuhadra, Chast. 53. 18.

ܒܝܬ ܐܗܡܠ col. 481. *a storehouse*, add: Hex. Ex. xvi. 23.

ܒܝܬ ܐܦܐ the face, Med. 37. 22.

ܒܝܬ ܐܦܪܝܐ Beit Afrayê, a village in the neighbourhood of Henaita and Ma'altha, Chast. 28. 8/9.

ܒܝܬ ܐܦܬܘܢܝܐ Beit Aphthonia, a monastery at Qenneŝrin on the Euphrates, Journ. As. 1905, 369; Doc. Mon. 200. 15; Sev. Ant. Vit. 207. 5.

ܒܝܬ ܐܨܕܘܢ col. 481. *archives*, Ephr. Ref. ii. 51. 29; ܒܝܬ ܐܨܕܘ ib. 52. 5.

ܒܝܬ ܐܪܡܐ col. 481. the central part of Mesopotamia, *Suristan*, Syn. Or. 667 and passim; S. Maris 49. 1, 4, WZKM. xii. 361.

ܒܝܬ ܐܪܢܐ Beit Arnê, Chast. 70. 8.

ܒܝܬ ܐܪܚܕܘ and ܒܝܬ ܐܪܚܕܐ village and monastery, Doc. Mon. 146. 8, 152. 21, ܒܐܪܚܕܐ, ib. 162. 16, 163. 20 and often.

ܒܝܬ ܒܓܫ col. 481. Add: Ar. بابغيش and باغاش Beit Bagaŝ, a district on the banks of the Great Zab, Pers. Mart. 227. f.; a bishopric suffragan to the See of Adiabene, Eranŝahr 23; Syn. Or. 33. 26, 619 and often, Hist. Mon. i. 106. 12, 145 ult., &c.

ܒܝܬ ܒܗܪܝܢ i.q. ܒܝܬ ܒܗܘܡܢܝ q. v. infra. M.Z. 63. 19, 143 n. 6.

ܒܝܬ ܒܘܟܐ mistake for ܒܝܬ ܟܘܐܒ M.Z. 207. 6.

ܒܝܬ ܒܠܢ Beit Balan, a village to the East of Ctesiphon, Pers. Mart. n. 744 = Jab. 369. 3 af.

ܒܝܬ ܒܢܝ Beit Bani, a village in Beit Nuhadra, Patr. Or. iii. i. 66. 7.

ܒܝܬ ܒܪ ܕܚܐ name of a family of Amid, Anecd. Syr. ii. 287. 8.

ܒܝܬ ܒܪ ܕܝܨܢ the followers of Bardesanes, Georg. Ar. 19. 21.

ܒܝܬ ܓܘܒܪܝܢ col. 482. i.q. *Eleutheropolis*, in Palestine, Mich. Syr. Tom. i. Fasc. ii. Transl. 248, No. 33.

ܒܝܬ ܓܘܗܪܐ name of a village? Doc. Mon. 171. 24.

ܒܝܬ ܓܙܐ col. 482. 3) eccles. *a recess in the North wall of the sanctuary, for the sacred vessels*, Takhsa 5. 13, 145. 22. Hence the N. side of the sanctuary.

ܒܝܬ ܓܪܡܝ col. 482. Add: Arab. باجَرْمَى Beit Garmai, the region between the Lesser Zab and the Diala, East of the Tigris, Syn. Or. 668; ib. 19. 11 and often; Pers. Mart. 253 &c.

ܒܝܬ ܓܣܝ Beit Gasai, M.Z. 207, 2.

ܒܝܬ ܕܡܫܡܫܢܐ διακονικόν, *the sacristy*, Pléroph. 12. 9. i. q. the following.

ܒܝܬ ܕܡܫܡ *the serving-place*, the vestry to the S. of the Sanctuary, Takhsa 109. 20; Hist. B.V.M. 179. 8.

ܒܝܬ ܕܠܬܐ Beit Daltha, a village near Gaza, Pet. Ib. 102. 4.

ܒܝܬ ܕܣܢ Ar. داسن Beit Dasen, a village in Hakkiari, West of the Great Zab and South of Amadia, Pers. Mart. 202 ff. a bishopric suffragan to Adiabene, Eranŝahr 23 f., Syn. Or. 668; 33. 26, 110. 17 &c., M.Z. 63. 18.

ܒܝܬ ܕܪܝܐ and ܒܝܬ ܕܪܝ Ar. بادرايا Beit Darayê now Bedreh or Bedrai, 150 kilometers East of Baghdad, Syn. Or. 668; ib. 37. 6, 43. 21 and often. ܒܝܬ ܕܪܝܐ, Pers. Mart. 67, 69 n., ZDMG. xliii. 397. 7, 402. 16; ܒܝܬ ܕܪܝ ib. 403. 1. So correct ܒܝܬ ܕܙܢܐ ܟܐܠܕܝܐ ܘܒܝܬ ܗܡܠ, A.M.B. ii. 637.

ܒܝܬ ܘܙܝܩ col. 484. Add: *Waziq, Beit Waziq*, or *Bawaziq* is situated on the West side of the Lesser Zab, a bowshot above its confluence with the Tigris, Yakut and Pers. Mart. 189. Wrongly identified with ܒܝܬ ܐܘܨܡ Thes. Syr. l. cit. and BHChr. Eccl. ii. 123; the latter place is four parasangs to the South, Pers. Mart. 190, S. Maris 31 Syr. ult. and note.

ܒܝܬ ܒܣܐ probably *Bebasa = Tel Beŝ* W. of Dara, Jo. Eph. 404 ult., Sassanidi 13 ult.

ܒܝܬ ܙܚܐ place-name, Doc. Mon. 163. 26, 171. 1, 182. 4.

ܒܝܬ ܙܬܐ Beit Zaite in the district of Birta in Marga, Chast. 10. 14.

ܒܝܬ ܐܠܐ a village in Mesopotamia, A.M.B. i. 442.

ܒܝܬ ܣܘܡܟܐ the South side of the sanctuary, Maclean.

ܒܝܬ ܣܘܩܝܐ place-name, Doc. Mon. 165. 6, 171. 22.

ܒܝܬ ܫܙܘ̈ܢܐ col. 485. so correct for ܒܝܬ ܢܙܘ̈ܢܐ add ref. Jul. 38. 3.

ܒܝܬ ܚܙ̈ܝܐ Beit Ḥazzāye, M.Z. 30. 58. Mingana thinks this may be a mistake for ܒܝܬ ܗܘܙܝܐ.

ܒܝܬ ܚܠܐ col. 485. Ar. باحَالاً Beit Ḥāle, a monastery near Mosul, Hist. Mon. ii. 102 n. 7, but see Pers. Mart. 71. Chast. 43. 5, 61. 16, Doc. Mon. 214.

ܒܝܬ ܚܠܣ a village in Adiabene, M.Z. 179 ult.

ܒܝܬ ܚܘܪܣܢ Turkestan, Or. Xt. i. 308 pen. (letter of Tim. i.).

ܕܒܝܬ ܛܛܝܢ prob. surname, *of the family of Tatian*; cf. ܛܛܝܢ below, Pléroph. 18. 7.

ܒܝܬ ܝܥܩܘ a village five miles North of Jerusalem, Pet. Ib. 98. 3.

ܒܝܬ ܟܘܕܝܕܐ or ܟܘܕܝܕܐ earlier form of the place-name ܒܝܬ ܟܘܕܝܕܐ col. 487: Ar. باخَدِيدا, four days journey SE. of Mosul, Pers. Mart. 178; Jesus-Sabran 578. 21, Nöld. in loc. WZKM. xi. 188.

ܒܝܬ ܟܘܣ̈ܝܐ, Ar. باكسايا, τὸ τῶν Κοσσαίων? *Beit Kussaye*, below Baghdad, Pers. Mart. n. 824, i. q. ܐܘܡܩ̈ܐ ib. n. 608 = A.M.B. ii. 637. 12; Nöld. ZDMG. xxviii. 101; Jab. 414. 1.

ܒܝܬ ܟܢܘܫܝܐ col. 487, *a conventicle*, ref. Jul. 5. 18.

ܒܝܬ ܠܛܘܡܝܐ λατομία, *a quarry*, Ephr. Ref. i. 94. 40.

ܒܝܬ ܠܦܛ and ܒܝܬ ܠܦܛ, Ar. بيلاب Yakut. *Beit Laphat*, capital of Khuzistan and Metropolitan See. Later called Gunde Šapur; now the ruins of Šahabad between Susa and Šuster, Tabari 41. note; Syn. Or. 668; 33 bis, 34. 3; 616–618 and passim.

ܒܝܬ ܡܚܕ name of a village, Chast. 22. 8.

ܒܝܬ ܡܕܢܚܐ the East side of the Sanctuary, Maclean.

ܒܝܬ ܡܕܝܢܬܐ Pers. ماه Mâh = Mada, Μαδανηνή, Media, i. q. ܡܕܝ: a province and bishopric stretching from the pass of Holwan to the neighbourhood of Hamadan, Eranšahr 18, Pers. Mart. 107; Syn. Or. 669. Ib. 34. 20, 37. 3, 53. 11, 214. 9 and often. ZDMG. xliii. 397. 11 ff., 401. 3, 403. 1, 406. 15, M.Z. 206. 18; Jab. 517. 9, 14.

ܒܝܬ ܡܚܩܪܬ Beit Mahqart, a bishopric in the province of Adiabene. Its extent answers to the territory of the Kurdish tribe الماجردان in Azerbaijan, Eranšahr 23, f., Syn. Or. 669; ib. 33. 27; ZDMG. xliii. 394 n. 5.

ܒܝܬ ܡܗܪܢ *the House of Mihran*, one of seven noble Persian families, of Arsacid blood, Tabari 139 n. 3, 439 and n., ܡܝ ܡܗܪܘܢ ܘܒܝܬ ܡܗܪܘܢ, Jab. 350. 10; cf. 367 pen. and see names in ܡܗܪܘ, Suppl.

ܒܝܬ ܡܗܪܘܩܡܐ Pers. Mihra-Kān-Katak = *House of the Mihrs*, Eranšahr 20; ܒܝܬ ܡܗܪܩܡܐ ib. a bishopric united with that of Ispahan, ib. 30, ZDMG. xliii. 399. 2; Syn. Or. 669; ib. 62. 7. Written ܒܝܬ ܡܗܪܩܛܐ ib. l. 26, 67. 11; ZDMG. xliii. 399. n., 400. 1, 401. 5. I. q. ܡܗܪܘܢܝܩܡ ib. 404. 6. Cf. below.

ܒܝܬ ܡܚܘ̈ܠܐ col. 488. *Mill House*, a village near the Tigris, Hist. Mon. i. 238. 11; A.M.B. 1. 455.

ܒܝܬ ܡܚܣܡܐ *Moxoene*, now the district of *Moks*, South of Lake Van, a bishopric Suffragan to Nisibis, Syn. Or. 669; ib. 32. 22 &c.; ZDMG. xliii. 394. 2/3, 396. 14.

ܒܝܬ ܡܗܪܘ ܒܘܙܕ Beit-Mihr-Bozed, prob. in Khuzistan, Syn. Or. 669; 79. 16 and so Chabot corrects ܒܝܬ ܡܗܪܘܣܕ ib. 77. 11.

ܒܝܬ ܡܠܟܘܬܐ col. 489. *the Imperial Court*, Sev. Ant. Vit. 106. 9; Pléroph. 11. 12.

ܒܝܬ ܡܕܝܢ ܘܕܘ name of a village, Doc. Mon. 163. 28.

ܒܝܬ ܡܥܡܪܐ col. 490. Add: *the resting-place = grave*, Nöld. in Pognon's Inscript. Sém. No. 48. ZA. xxi. 156.

ܒܹܝܬ ܢܘܼܗܲܕܪܵܐ col. 490. Arab. بانهذرا ,باهذرا, باﻧﻬﺪرا *Beit Nuhadra*. This diocese reached from the Tigris to the Khabur, from Tur Abdin to Jebel Singara, Pers. Mart. 208, ff.; Syn. Or. 669; ib. 300 n. 2, 617, 619, 621. Arbela is the See of the Metropolitan of Beit Nuhadra, ܡܕܝܢܬܐ ܕܐܪܒܝܠ. ܘܐܦܣܩܘܦܐ ܕܢܘܗܕܪܐ, ܚܕܟܡܐ ܙܒܢܝܢ ܗܘܐ ܡܬܩܪܐ ܡܛܪܦܘܠܝܛܐ ܕܒܝܬ ܢܘܗܕܪܐ, ib. 33. 25 ; 62. 9, &c.; BH Chr. Eccl. ii. 69. 1, MZ. 143 n. 3 ; ܒܹܝܬ ܢܘܼܗܲܕܪܵܐ Or. Xt. i. 310. 5.

ܒܹܝܬ ܣܲܡܥ name of a convent, Chast. 42. 17.

ܒܹܝܬ ܢܬܦܪܹܐ *Beit Nethperê*, a village in Adiabene, Chast. 26 pen., 27 ter.

ܒܹܝܬ ܣܲܒܪܝܼܢܵܐ *Beit Severina*, BH Chr. 557. 17 i.q. ܒܹܝܬ ܣܲܚܪܵܝܐ col. 491.

ܒܹܝܬ ܣܲܚܡܝ name of a village in the Hauran, Doc. Mon. 215. 13.

ܒܹܝܬ ܣܲܗ̈ܕܹܐ col. 491. ܐܣܟܘܠܐ ܕܒܝܬ ܣܗܕܐ ܩܕܝܫܐ prob. *schools dedicated to the memory of holy martyrs*, Chast. 26. 1, 6.

ܒܹܝܬ ܣܚܘܿܬܵܐ and ܒܹܝܬ ܣܚܘܼܬܐ *a bath-room*, Stud. Sin. ix. 103. 7, 14; ܒܹܝܬ ܣܚܘܿܬܵܐ id. BH Cand. col. 2596.

ܒܹܝܬ ܣܲܚܪܵܝܐ col. 491 ult. 2) the village *Ba Saḥra* on the West side of the hill above Nineveh, Pers. Mart. n. 1737.

ܒܹܝܬ ܣܠܘܿܟ *Beit Slōk*, capital of Beit Garmai : see ܟܪܟܐ ܕܒܝܬ ܣܠܘܟ Suppl.

ܒܹܝܬ ܥܕܪܝ col. 492. Ar. باعذرى *Beit 'Edrai*, East of Alqosh, Syn. Or. 668, transl. 300 n. 2, 531 n. 3 &c., ib. 61. 3, 63. 21; ܟܦܘܪ ܕܒܝܬ ܥܕܪܝ, Chast. 48. 4 af., 49. 2. Add : Pers. Mart. 21, 208, 212.

ܒܹܝܬ ܥܵܠܡܵܐ col. 493. Heb. בית עולם Koh. xii. 5; Tg. Jon. to Is. xiv. 18 ; Levy NHW.; Lidzbarski Handb. 235 f., 342 a. Technical term for a tomb in Palmyrene inscriptions, Chabot ZDMG. lx. 283. Adopted by Greek Christians as οἶκος αἰώνιος, C.I.A. iii. 3509, f. (4th–5th cent.) ZA. xix. 133 n. 2, Flor. Vogüé 233.

ܒܹܝܬ ܥܲܪ̈ܒܵܝܹܐ col. 493. Ar. بَعَرْبايا *Beit 'Arbâyê*, province and diocese, lying between Mosul, the Tigris, and the Khabur, Syn. Or. 667; 66. 2 ; Nöld. ZA. xxi. 153 ; Pers. Mart. 23, 131 ; Hist. Mon. i. 63. 21 = ii. 115 n. 4. It included Tur Abdin, ib. and Mar Bassus 9 n., 108. Patr. Or. iii. i. 19. 3, ܐܘܪܚܐ ܕܒܝܬ ib. 20. 8 ; A. M. B. iii. 450.

ܒܹܝܬ ܦܣܝܼ name of a monastery, Doc. Mon. 171. 19.

ܒܹܝܬ ܦܲܛܪܝܼܪܟܵܐ *the household of the Patriarch*, ZDMG. xxxvi. 349.

ܒܹܝܬ ܦܩܘܿܣ name of a monastery, Doc. Mon. 165. 5.

ܒܹܝܬ ܪܵܡܵܐ place-name, Doc. Mon. 172. 12.

ܒܹܝܬ ܨܲܚܕܵܐ col. 495. 1, name of a monastery, Doc. Mon. 219. 20, 29.

ܒܹܝܬ ܨܘܿܬܵܐ *a building near the Palace*, prob. *the Mews*, Jab. 255. 4 af.

ܒܹܝܬ ܩܘܼܕܫܵܐ col. 495. Add : *the North side of the Sanctuary*, Maclean.

ܒܹܝܬ ܩܵܢܘܿܢܵܐ col. 495. *a monastery in Adiabene, seven hours West of Arbela, on the Great Zab*, Hist. Mon. i. 23. 6, 89. 15, 90, 6, 381. 15, Chast. 36. 21, M.Z. 171. 2.

ܒܹܝܬ ܩܘܿܫܝܼ *Beit Quši*, a village near Hira, Sassanidi 9. 16.

ܒܹܝܬ ܩܲܬܢܵܐ col. 495. name of a village near Ma'altha, S. Dan. 9 b, 18.

ܒܹܝܬ ܩܲܛܪܵܝܹܐ col. 495. i.q. قَطَر *Ḳaṭar*, a district on the Arabian coast of the Persian Gulf, Hist. Mon. i. 86. 7, 95. 13, Chast. 64. 10, Syn. Or. 216, 18.

ܒܹܝܬ ܚܠܐ perh. *Beit Ḥale* near Mosul, Or. Xt. ii. 310. 4, 311 n. 7 ; a bpric., Syn. Or. 608. 13.

ܒܹܝܬ ܩܲܣܪܹܐ *Beit Kasrê*, M.Z. 206. ult.

ܒܹܝܬ ܩܘܪܕܘܼܢܹܐ *Kurdistan*, Narses 210 n. Cf. ܩܪܕܘ col. 3731.

ܒܹܝܬ ܪܗܘܿܛܵܐ col. 496. Add : ܒܝܬ ܪܗܛܐ ܕܐܦܩܐ ἱππόδρομος, *the circus*, Sev. Ant. Vit. 58. 7, 13.

ܒܹܝܬ ܪܘܡܚܕܵܐ (? ܐܝܟ) *near the* (? ܐܝܟ) Kashkar, Chast. 62. 2, 11.

ܒܹܝܬ ܪܙܝܼܩܲܝܐ *a province of Rai* ܪܝ or ܕܝ q.v., in Upper Media, nearly corresponding with the ancient satrapy Ῥαγιανή, Syn. Or. 669; ib. 34.

ܒܝܬ ܪܚܝܡܐ 'Ρημηνή, Rehimene in the South part of Armenia. As a bpric. it was suffragan to Nisibis, Syn. Or. 669 : ib. 33 &c.; ZDMG. xliii. 394. 3.

ܒܝܬ ܐܘܡܢܐ name of a monastery on the Tigris, M. Z. 209. 17, 22, 213. 20. Cf. ܒܝܬ ܐܘܡܐ near Haditha, Chast. 62. 21, 63. 2.

ܒܝܬ ܪܡܢ col. 496. *Beit Ramman* i. q. Pers. ܩܪܕܝܠܐܒܕ *Qardilabad* which is Sena on the Tigris, Chast. 29. 7, Hist. Mon. i. 79. 23, 292. 3; Pers. Mart. 189 f., 253, 257.

ܒܝܬ ܐܘܚܡܐ col. 497. 1. Name of a village in the diocese of Aleppo, Sev. Lett. 69. 5.

ܒܝܬ ܨܠܘܬܐ πρόναος, ὁ ἔσω νάρθηξ, that part of the church where nocturns were sung, Hist. Mon. ii. 431 n.

ܒܝܬ ܛܘܟܪܝܬܢܐ perh. ܛܘܟܪܝܣܛܢ *Tocharistan*, Or. Xt. i. 308 ult. (letter of Tim. i.) and note p. 311.

ܒܝܬ ܐܝܬܝܡܐ or ܒܝܬ ܬܝܡܐ Ar. بيتيما . ܒܝܬ ܬܝܡܐ a village in the district of Damascus, ZDMG. xxix. 428; C.B.M. 712 *a*, Doc. Mon. 220. 7, 9.

ܒܝܬ ܬܐܪܠܝ *Beit Tarli*, a village in Beit Nuhadra, Patr. Or. iii. i. 66. 6.

ܒܝܬ ܐܪܥܐ col. 498. *the doorway*, Takhsa 145. 19, 20; *the West side of the sanctuary*, Maclean.

ܒܝܬ ܬܫܡܫܬܐ the part of a church in front of the ܡܕܒܚܐ where service is held, Gr. σωλέα Du Cange, Hist. Mon. i. 312. 8 and ii. 551 n. 2.

ܒܝܬܝ denom. verb. col. 499. 4) *to admit*. Metaph. ܐܢ ܢܫܒܩܘܢ ܕܘܐ ܡܨܥܝܐ *if we admit a principle intermediary* between the Good and the Evil, Manichéisme 95. 1.

ܒܝܬܝܐܝܬ col. 499. Add: ܒܝܬܝ ܘܡܟܝܪ γνωριμώτερον καὶ οἰκειότερον, Cat. Ar. Jac. Edes. 26. 4 and 6 af.

ܒܝܬܝܢܐ col. 499. *of the household*, ܠܐܚܝܕܢܬܗ̈ ܒܢ̈ܝ ܒܝܬܐ *boarders*, Stat. Schol. Nis. 9. 3.

ܒܘܐܬܝܘܣ *Boethius*, BH. ap. Hebraica iii. 251. 4 af.

ܒܝܥܬܐ col. 500. Correct βόθυνοι, *meteors*, Lag. Symm. i. 93. G. Abh. 65. 28.

ܒܙ col. 501. Pass. part. ܒܙܝܙ N. B. construction; ܥܕܬ̈ܐ ܘܕܝܪ̈ܬܐ ܒܙܝܙܢ ܡܢܗ *churches and monasteries have been plundered by him*, Syn. Or. 45. 12. ܡܢ ܟܠ ܕܝܫܐ ܘܡܢ ܟܠ ܒܙܝܙ *trodden under foot and despoiled by all*, A.M.B. ii. 576. 11. ܚܕ ܐܠܗܘܬܐ ܘܠܐ ܒܙܝܙܐ *one inviolate Trinity*, S. Dan. 51 a 9. Pael ܒܙܙ *to plunder with violence*, ܡܒܙܙ ܒܙܐ ܘܥܩܪ, Chron. Min. 334. 1.

ܒܙ *Baz*, a district in Tiari, A.M.B. i. 417.

ܒܙܕܩܐ prob. a dialect form of ܒܙܥܐ ܕܡܝܐ *a cleft*; Talm. בִיזָא *a parting of the waters*; name of a monastery in Kashkar, Sassanidi 11. 14, Nöld. in loc. Cf. Is. xviii. 2.

ܒܙܥܐ m. pl. prob. for ܒܙܥܐ: see preceding word; *cracks* round the eyes, Med. 92. 2.

ܒܙܐ Pers. باز *a hawk*, Med. 589. 16. Pl. ܒܙܐ Kal-w-Dim. ed. Bick. 6. 16; ܒܙ, ib. 31. 9 pen., 32. 1, 2.

ܒܙܓܘܢ *Bazgun*, a country adjoining the land of the Huns and the Gates of the Caspian, Anecd. Syr. iii. 337. 7.

ܒܙܘܓܝ Arab. بزوغ *Daybreak*, pr. n. f. A. M. B. ii. 588. 9.

ܒܙܘܒܠ name of a monastery, Brook's Chron. 578. 3 af. Cf. ܒܙܘܒܠ col. 517 and BHChr. Eccl. 329 pen.

ܒܙܚ col. 503. ܡܒܙܚܢܘܬܐ f. *being mocked, set at naught*, ܡܒܙܚܢܘܬܐ ܘܒܚܪܐ, Alexis 67. 1, 5.

ܡܒܙܚܢܐ col. 503. *an invective*. So two orations of Greg. Nazianzene on Julian are called, C.B.M. 429 *a*; ܡܒܙܚܢܐ ܡܚܣܕܢܐ *satires*, col. 119 under ܐܣܡ ܣܡܐ.

ܒܙܝܩܐ col. 503 infra. *a hawk, falcon*. Add: pl. ܒܙܝܩܐ A.M.B. vii. 130. ܒܙܝܩܐ Gest. Alex. 14. 11, 15. 7. The Lexx. have both forms under ܒܙܐ col. 1449. Dele the last line of par.; Lagarde said later that his Sanskrit was wrong, G. A. 21. 45.

ܒܙܥ col. 504. Pa. ܒܙܥ add: *to bore, drill*. Pass. part. ܡܒܙܥܐ ܘܡܒܙܥܝܢ *a cage* for lions *with many air-holes*, BA. under ܢܩܒܐ col. 2386.

H 2

ܚܳܪܟܳܐ *an opening, passage;* ܚܳܪ̈ܟܶܐ ܓܰܘܳܝ̈ܶܐ *inner passages* of the nose *which act as strainers,* Med. 62. 11; a siren has ܚܳܪܟܳܐ ܡܚܰܕ ܚܳܪܟܳܐ ܕܩܘܡܳܬܳܗ̇, Natur 26. 12; ܚܳܪܟܳܐ ܕܡܰܚܡܽܘܠܬܳܐ *an ant-hole,* N. Hist. vii. 2. 3.

ܚܪܰܡ col. 505. Pael pass. part. ܡܚܰܪ̈ܡܶܐ ܐܘ ܕܚܠܝܛܝܢ ܗܘܰܘ ܥܡ ܚܛܠܐ: ܚܛܠܐ ܘܐܢܦܠܐ ܘܕܚܪ̈ܡܐ ܡܚܕܐ, Loof's Nest. 374. 23.

ܚܰܪܦܳܐ *a pebble.* Add: gloss to سَفًى *grit, gravel,* ܚܳܪܦܳܐ ܘ̇, BH. in Prov. xx. 17; ܚܳܪܦܳܐ ܘܐܒܳܢܳܐ *a chip of stone,* Med. 101. 8, 107. 23. Pl. ܚܳܪ̈ܦܶܐ *warts,* ib. 470. 1.

ܚܰܪܩܶܝܢ *Bezqin,* a Jacobite monastery, Pers. Mart. 21, 182; Hist. Rabban Hormizd 54. 8, 9; ܚܢܬ ܚܰܪܩܶܝܢ Hormizd 1439, 1856.

ܚܰܪ̈ܩܢܳܝܶܐ m. pl. *monks of Bezqin,* Hormizd 1507.

ܚܳܪܳܐ, ܚܳܪܳܐ Arab. ِبِزر *seed, grain;* ܐܘ̈ܚܳܐ ܘܚܳܪܳܐ *Verses on grain,* Protection 90. 17; ܘܩܬܳܐ ܕ..., ib. 91. 5. Esp. *linseed,* Ar. بزر الكتان; ܟܠܡܳܐ ܚܳܪܳܐ ܘܩܰܗܦܳܐ *boil in linseed oil,* Med. 577. 11, ellipt. ib. 586. 14; ܦܚܬܳܠ ܚܳܪܳܐ ܐܘ ܕܥܳܢ̈ܳܐ ܚܠܒܳܐ *shape it with linseed or sheep's oil,* ib. 601. 7/8. الدهن, المَشع, El. Nis. 76. 89.

ܚܰܪܳܪܳܐ Arab. بَزّار *a dealer in linseed and other grain,* ܠܓܳܪ̈ܐ ܡܣܬܳܘ̈ܐ ܕܚܳܪܳܐ ܘܐܠܣܢܶܝ̈ܐ ܘܐܦܣܘ̈ܟܳܝܶܐ *traders and innkeepers and corn-chandlers and the like,* Dion. 95. 6, 100. 13. So correct for ܚܳܪܳܪܳܐ ܣܬܳܘܳܡܳܐ, ib. 234. 18. Nöld. suggests ܚܰܙܳܙܳܐ, Arab. بَزّاز *a draper, clothes-dealer* in all these places, WZKM. x. 166.

ܚܳܪܳܪܳܐ i.q. ܚܳܪ̈ܳܪܶܐ col. 505. *a deed, legal document,* الصكّ الوثيقة, El. Nis. 76. 89. ܟܶܬܒܶܬ ܚܳܪܳܪܳܐ ܗܳܢܳܐ ܒܫܰܢܬܳܐ *I have written this receipt in the year* ..., C.B.M. 338 a.

ܚܫܰܡ col. 505. ܡܚܰܫܫܢܳܐܝܬ add: ܐܘ ܕܚܰܕܒܡܳܐ ܕܣܺܝܢܳܗ ܥܰܡܕ ܡܚܰܫܫܢܳܐܝܬ ܣܳܠܡ *as we have elsewhere more exactly discussed,* An. Syr. 115. 19; ܠܳܐ ܡܚܰܫܫܢܳܐܝܬ *without due consideration,* Manichéisme, 120. 1.

ܘܰܚܫܺܝܡܺܝܢ αἱρετός, *chosen,* ܡܶܬܚܳܐ ܘܡܚܰܫܺܝܡܺܝܢ ܐܝܰܕ But. Sap. Eth. ii. 2.

ܡܚܰܫܺܝܡܺܘܬܳܐ f. *investigation, examination,* Nest. Hérac. 182. 17; = ܚܶܫܒܳܐ 1. 20; 235. 16.

ܚܫܰܡ col. 506. Med. *to bring on a crisis, induce the turning-point of a disease,* Hippoc. iv. 36. Ethpe. ܐܶܬܚܫܶܡ *to come to the crisis* of an illness, Hippoc. i. 11. 19, ii. 23, iii. 27, iv. 29, 30, 59, 71. Pass. part. ܚܫܺܝܡܳܐ *he who has passed the crisis* of a disease, Hippoc. i. 19, v. 20. *Tried, tested, approved,* ܡܗܘܰܕ ܘܰܚܫܺܝܡܳܐ, Sev. Ant. Hymns 191, Narses ed. Ming. ii. 326. 12. Of monks. ܚܫܺܝܡܳܐ opp. ܐܰܦܩܶܠ *the tested and the lapsed,* R.O.C. vii. 17, pen. and ult. Hence *revered,* ܘܰܣܓܺܝܕܳܐ ܡܳܪܝ ܚܫܺܝܡܳܐ M.Z. 177. 4, Barhad. 400. 13; ܐܰܢܬ ܚܫܺܝܡܳܐ ܐܳܡܰܪ *so the Prodigal son addressed his elder brother,* Ebed J. Card. 46. 6; ܡܶܨܥܳܐ ܘܰܚܡܰܕ ܐܝܣܬܠܘܗܝ ܚܫܺܝܡܳܐ ܘܗ, Chron. Min. 67. 19. *Title used as a proper name,* ὁ ἐκλεκτός, *the Elect,* cognomen of Sergius, the teacher of Mohammed, Bahira 189 n. 1, ܝܕܥܝܗܒ ܘܐܚܫܝܡ ib. 202 3, 4; ܝܕܥܝܗܒ ܗܳܕܶܡܳܐ ܚܫܺܝܡܳܐ ܘܡܗܘܕܢܳܐ, 1. 5, af., ܢܶܚܫ̇ (ܚܫܒ) ܚܫܺܝܒܳܐ ܡܚܰܕܡܳܢܳܐ ܗܘܐ ܥܰܡ, ܚܫܺܝܡܳܐ ܘܕܓܠ, 203. 3 af.; 211 ult. Nöld. ZDMG. xii. 704. Pael ܚܰܫܶܡ col. 507. πυρῶσαι, Hex. Jes. 1. 25; πυροῦν ܡܚܰܫܶܡ ܚܬܠܕܽܘܗܝ *his eyes sparkled,* Jo. Tell. ed. Kleyn 65. 9.

ܚܫܳܡܳܐ Med. *crisis,* add refs. Hippoc. i. 18, ii. 12, 13, iii. 8, iv. 51 and p. 7, n. 3. Chem. test h. *the melting pot,* ܐܰܚܰܕ ܚܚܰܫܶܡܠܳܝ *test it in the crucible,* Chimie 98 ult., 99 ter. ܚܺܝܠܳܐ ܘܩܰܦܙܳܐ ܘܗܘ ܒܗ ܘܰܚܫܳܡܳܐ *the earthenware bowl* i.e. *the melting-pot,* ib. 101. 12.

ܚܫܳܡܳܐ Med. *bringing on a crisis,* Hippoc. v. 20. Astron. pl. *heliacal rising* of Sirius by which other dates are defined, Georg. Arab. 26. 8.

ܚܫܺܝܡܳܐܝܬ with ܠܳܐ *inexactly, inaccurately,* BH. in Koh. 1. 1; with ܠܳܐ *improperly,* Sev. Lett. 427. 1.

ܚܫܺܝܡܽܘܬܳܐ f. *trustworthiness,* Sev. Lett. 13. 5; with ܠܳܐ *faultiness,* ܚܫܺܝܡܽܘܬܳܐ ܠܳܐ, ܘܚܕܰܘܣܳܘ ib. 262. 9.

ܚܫܰܫ col. 508. *to stir.* Add: ܐܚܕܝܢ ܘܚܫ *if a strange step is heard,* Is. Ant. ii. 280. 1. Aph. ܐܰܚܫܶܫ imper. *stir it well,* Med. 152. 2, 210. 1.

ܚܫܳܫܳܐ m, *a poker, oven rake,* G. Warda ap. Hippoc. Pt. ii, vi. 12 with gloss ܗܰܘ ܘܐܒܒܐ.

ܒܠܚ pl. ܒܠܚܐ col. 508. *a spark*. Ref. ܠܚܕܚܐ ܕܚܠܐ ܘܕܡܐ ܠܦܪܚܐ ܒܙܠܝܩܐ ܕܢܘܪܐ *a firefly which looks like a fiery spark*, Kal-w-Dim. ed. Bick. 28. 13.

ܒܠܝܐ perh. i. q. ܒܐܠܝ *Battis*, bp. of ܚܡܨ, ZDMG. xliii. 394. 9, ܒܐܠܝ ib. 395. 7.

ܒܠܝܕܐ col. 509. eighth par. Delete: it is ܒܠܝܟܐ *a wood-worm*.

ܒܠܝ col. 509. Fut. ܢܒܠܐ *let* (a bishop) *be deposed*, lit. *let him desist*, Conc. Sel. 33. 5. Past. part. ܒܠܐ ܠܝ *I have leisure = I am attending to*, Reckendorf, ZDMG. xlii. 400.

ܒܠܝܟܢܐ col. 512. *pause, inaction*; stench from heaps of corpses ܗܘܐ ܠܒܠܝܟܐ ܠܚܝܠܐ *brought the army to a standstill*, Josephus, vi. 1. 6.

ܡܒܠܝܟܢܐܝܬ *to no effect*, N. Hist. v. 1. 1.

ܒܠܝܠ pr. n. m. perh. Ar. بطل *hero*, BHChr. Eccl. 841. 1.

ܒܛܡܐ, ܒܛܡܬܐ col. 513. *the terebinth*. Pl. ܒܛܡܐ Nest. Chrest. 96. 205. ܘܡܚܐ ܕܒܛܡܬܐ *turpentine*, Med. 60. 14, 145. 15, 146. 7; ܒܛܡܬܐ, ܘܡܚܐ ib. 563. 7; ܠܩܛܐ ܕܒܛܡܬܐ, ib. 575. 16. L. 12 of par. *terebinth nut or berry*, ܒܛܡܠ ܕܒܛܡܬܐ ܪܐܙܐ, ib. 399. 5; 584. 25; ܒܛܡܬܐ ܡܬܟܢܐ ܘܠܐ ܡܛܝܬܝ *whole berries which have begun to germinate*, ib. 586. 5.

ܒܛܡܝܢ *Batmin*, a village, Pet. Ib. 96. 17. Raabe identifies it with *Bothnin* in the territory of Gad, trans. 92, n. 4.

ܒܛܢ col. 514. Add to Aph. ܐܒܛܢ *to breed*, ܐܒܛܢ ܐܦܬܠܐ ܘܐܢܫܝ ܘܩܢܝܝܢ ܠܟܗܢܘܬܐ *stallions*, Op. Nest. 114. 4.

ܒܛܢܐ m. *the embryo, foetus* up to two months of gestation, ܐܘܠܐ ܚܘܠ ܥܕܡܐ ܫܒܟܠܐܝܬ ܠܐܠܐ ܒܛܢܐ, Med. 276. 16.

ܒܛܢܬܐ f. *pregnant*, BHGr. i. 25. 5. Pl. ܒܛܢܬܐ ib. 35. 22.

ܡܒܛܢܢܘܬܐ f. *conception*, R.O.C. 1912, 86. 6.

ܒܛܝܣ *the Baetis*, a river in Spain, Natur 46. 7.

ܒܝܐ Βία, *violence*, Syn. ii. Eph. 23. 21, 28. 14, 16 i. q. ܩܛܝܪܐ ib. 29. 4.

ܒܝܐ pr. n. m. Syn. ii. Eph. 56. 12.

ܒܝܐܙܝܕ *Bayazid*, name of an Emir, BHChr. Eccl. ii. 523.

ܒܝܒܠܐ ܘܒܝܒܠܐ *an aqueduct*, pl. ܒܝܒܠܘܬܐ, Anecd. Syr. iii. 207 bis, 209. 1.

ܒܝܒܠܐ perh. βίβλος, *papyrus* ? ܕܒܒܠܐ ܒܝܒܠܐ ܘܒܨܡ Med. 577. 1.

ܒܝܒܠܝܢ βιβλίον, *a book*, Brit. Mus. Or. 3327. 35 r.

ܒܝܬܡ Pers. ببر, m. pl. *panthers*, Dion. 194. 14.

ܒܝܓܠܝܣ *Vigilius* pope of Rome 537-555, Anecd. Syr. ii. 385. 16, ܒܝܓܠܝܣ ib. l. 8.

ܒܝܕܘܟܬ and ܒܝܕܘܟ col. 517. *Bedukht*, the Assyrian goddess of love. Possibly ܒܬܘܠܬܐ ܒܠܬܝ *the Virgin Belthi*. Both names ܒܝܕܘܟܬ and ܒܠܬܝ are used separately for the planet Venus, Pers. Mart. 128 ff. So ܒܝܕܘܟܬ Βήλθις ἡ κόρη, Cumont, Textes et Monuments, 134, Lag. G. A. 16; Symm. 1. 94 f. ܟܣܦܘܬ among names of Greek deities, A.M.B. ii. 656. 5. BB. says this is the Persian name, ܟܠܕܝܐ the Chaldaean, and ܐܪܡܝܐ the Aramaean, col. 542. 6. Cf. Chimie 123.

ܒܝܕܘ for ܒܝܕܘ a grandson of Hulagu who reigned for a few months, Jab. 94 pen. ܒܝܕܘ is the name of a Mongol Emir.

ܒܝܗܕܝܢ Pers. بِه *bih* (Zend *vohu*) *good* + دين *faith, religion*, Jab. 524 ult. Cf. ܒܗ.

ܒܝܘܡܕܘ see ܒܘܡܕܘ above.

ܒܝܘܢܐ col. 517. Dele: it is ܒܘܢܐ.

ܒܝܘܪܐ Med. 237. 7.

ܒܝܙ (ܐܒܝܙ ܘܡܢܒܝ) name of a saint and monastery, C.B.M. 708 b, Doc. Mon. 125. 8, 127. 27, 128. 12, 173. 1.

ܒܝܙܠܐ *Bizala*, Ptol. Ζίβαλα, an island in the Red Sea, Jac. Edes. Hex. xx. 9.

ܒܝܙܘܣ Βίζος, *Bizus*, bp. of Seleucia in Coele-Syria, Nöld. F. S. 1. 469. 25.

ܒܝܠܐ for ܒܚܠܐ *a phial*, Chimie 26. 4. Cf. BA. under ܒܚܠܐ col. 520.

ܒܝܠܝܚܐ cf. ܒܠܚܐ. *fireflies*, ܒܠܝܚܐ ܚܛܦܠܐ ܒܢܗܪܐ ܕܩܝܛܐ *fireflies by the river in summer* (Mingana), Med. 598. 6.

ܒܛܠܐ perh. βάταλος, *stuttering, dumb*, Anecd. Syr. iii. 139. 14.

ܒܝܛܘܣ so correct for ܒܝܛܘ, *Bitos*, bp. of Harran, Nöld. F. S. i. 470. 41.

ܒܝܟܐ (ܒܘܙ?) Doc. Mon. 214. 23.

ܒܝܠ col. 518 end of par. *Bel*, chem. *tin*, Chimie xv. 125; ܐܘ/ ܣܒܠܐ ib. 99. 15, 100. 15, 21, 102. 12.

ܒܝܠܕܪܐ and ܒܝܠܕܪܐ col. 518. Dele art. and see ܒܝܠܕܪܐ *a courier*.

ܒܝܠܥܝ and ܒܝܠܥܝ i.q. ܒܝܠܥ q.v. S. Maris 83 and note; Sassanidi 9. 6.

ܒܝܠܥܝܐ *a native of Beit Laphat*, Syn. Or. 73. 17.

ܒܝܠܘܢ velarium, *veil* or *curtain* of the sanctuary, A.M.B. v. 577 pen.

ܒܝܡܐ col. 519. 4. Rit. add: E-Syr. 1) usually *the raised space between the sanctuary doors and the dwarf wall* in the nave parallel to them; ܕܒܝܡ (rubric) prayer or praise said from this raised platform, Brev. Chald. i. 74. 4 af., 325. ult. 2) rarely *the sanctuary*. Maclean.

ܒܝܢܐ col. 519. *Tamarisk*. Add: ܐܚܕ/ ܒܝܢܐ ܘܐܡܠܘܗܝ..ܗ. ܐܫܡܗ ܘܒܝܐ ܕܐܩܢ ܠܐ ܗܘܝܕܐ. ܗܘ ܠܗܘܕܐ ܠܟܠܗ ܗܘ i.e. *Artemisia*; *wormwood* or *southernwood* and some say it is ܬܝܣܘܡ which means the same, G. Busâmê 57 b 13 ff.

ܒܝܢܕܝܩܣ βίνδικες, vindices, *solicitors*, C.B.M. 560 a.

ܒܝܢܝܐܠ *Bainiel*, father of Yahballaha, Jab. 10.

ܒܝܢܝܬܐ col. 520, dele the word *minuti*. A kind of carp, Streck, ZDMG. lxi. 635 f., Fisch N. No. 3, البنّي El Nis. 43. 84.

ܒܝܣܐ and ܒܝܣܐ col. 520. Perh. πίναξ, *a board*, *plank*, i. e. the boards of a cage for wild beasts, into which the bars are fastened, = ܦܩܐ, BB. under ܢܟܠܐ col. 2386; also under ܟܐܣܐ col. 104; under ܡܥܠܐ col. 315.

ܒܝܣܐ a frequent mistake for ܟܝܣܐ *a bag*, *purse*. So correct Chimie 25. ult., 26. 1, 13; Anecd. Syr. iii. 282. 15; Sev. Ant. Vit. 283. 8.

ܒܝܣܬܐ col. 520. βῆσσα, a *narrow-necked vessel;* late Greek βῆσα, βῆσσα, βίσσα, βίσσιον, Du Cange 196. f.; Fraenk. ap. ZA. ix. 3; Can. Jac. Edes. 117.

ܒܝܣܩܢܐ m. pl. *boats, barges*, Jab. 224 med.

ܒܝܣܩܠܐ *a litter* borne by horses or mules, Jab. 270 ult. and n., 272. 1.

ܒܝܥ Arab. بَايَع *to proclaim* Caliph. ܒܝܥܘܗܝ, Dion. 9. 6; ܒܥܐ ܒܝܥܐ l. 8; ܠܗ ܒܝܥܝܢ ܒܝܥܐ, ib. 71. 5.

ܒܝܥܬܐ col. 520. (ܡܥܒܕ) ܒܝܥܢܝܬܐ *oval*, But. Sap. Philos. 6. 8; ܒܝܥܢܝܬܐ ܡܥܒܕܐ *the arched crown of the head*, Caus. Caus. 30. 20.

ܒܝܪܘܢ name of a place in Lycia, A.M.B. iv. 292.

ܒܝܪܬܐ col. 522. antep. of par. *a palace*, *castle*. Abs. pl. ܒܝܪܬ, Aḥikar 33. 3, 37. 9.

ܒܝܪܬܐ *Birta*, 2) a district (ܕܡܪܓܐ) of Marga, Hist. Mon. i. 167. 10, 194. 7, 359. ult.; a village and monastery, ib. 160. 13, ܒܝܪܬܐ ܥܘܙܝܐ, ib. 395. 15, Chast. 10. 12, Pers. Mart. 222—227.

ܒܝܫܥ col. 522. Various forms of the name are: ܒܝܫܥܗ, ܒܫܥܗ, ܒܝܫܥܘܗܝ, ܒܝܫܥܗ, ܟܘܒܝܫܥ, Arab. بِيشوي, *Pesoës*, *Pesaeus; Bhishu*, A.M.B. iii. 572. ff., ZA. xv. 104. 4, 16. The village named after him, Mar Bhishu, is two days journey W. of Urmi and one day from Gawar, Pers. Mart. 229.

ܒܝܫܘܡܗ with gloss. ܠܐܦܘܟܐ : ܤ : ܓ, Nars. ed. Ming. 360 n. 2, one of the three (Gnostic) ܠܒܗܢܐ/.

ܒܝܬܒܐ see under ܒܝܬ.

ܒܟܐ col. 523. ܚܘܟܡܐ *mournful*, ܟܚܘܡܐ ܐܠܡܐ, BHGr. 464. 2 a f.

ܒܟܢܢܐ *gasping for breath, having the respiration broken as if by sobs*, Hippoc. vi. 52.

ܒܟܣܡܘ βήχιον, *Colt's foot*, Med. 241. 3.

ܒܟܪ col. 525. Pa. ܒܟܪ *to be the first*, add: ܗܘ ܒܟܪ ܬܠܡܝܕܗ *he was his first disciple*, Hist. Mon. i. 24. 14; Qdham W. 238. 11. Ethpa. ܠܐܬܒܟܪܘ *to be the first;* ܐܚܢܘܢ ܕܗܐ ܕܡܬܒܝܢ ܕܐܬܒܟܪ ܕܐܠܗܐ ܘܐܬܒܟܪܘ, Jab. 463 pen.

ܚܡܙܐ| l. 21 of par. Rit. E-Syr. *the Eucharistic bread* or *wafer*, half an inch thick and two inches in diameter; round, leavened cakes stamped with crosses; ܚܡܙܐ ܡܨܥ ܘܙܟܐ, Takhsa 5. 12, 23 bis, ܩܠܝܠܐ ܘܚܡܙܐ, ib. 166. 10, 167 ter; sing. ib. 119. 9; ܚܘܡܙܐ ܡܫܡܠܝܢܐ *an entire loaf*, ib. 168. 12.

ܚܠ and ܚܝܠ col. 527. Add: *to waste away*, ܚܠܣܝܢ ܚܠ ܐܗܡܣ|, Ephr. ed. Lamy iii. 515, 527; *to be worn, wasted* ܗܘ ܣܩܐ ܕܚܠܗܘܢ, ib. 383.

ܚܠܐ col. 529. *heart*, ܐܝܬ ܠܟ ܚܠܐ ܚܠܘ *thou art concerned about*, A.M.B. v. 111. 1 var. in text, ܐܝܬ ܠܟ ܚܠܚܘ ܚܟܡ .ܐ| *if you are well-inclined to me*, ib. 117, 7; ܚܠܐ ܕܢܚܡܗ BH. Carm. 25. 4.

ܚܠܝܐ i.q. ܚܠܝܢܐ col. 324 for *Belial*, BH Gr. i. 25. 16; id. in 2 Cor. vi. 15; ܡܚܠܬܗ opp. ܐܚܕܗ ܘ|, Diosc. ed. Nau 52. 9; ܚܠܠܐ| Georg. Ar. Carm. 30. 738.

ܚܠܕ col. 530. Add: Ar. بَلَد and بَلَط *Balad*, now Eskî-Mosul 40 miles north of Mosul, Syn. Or. 667; 619, 621; 62 bis, Pers. Mart. 97. 217; Patr. Or. iii. i. 19. 4; Chast. 26. 4; Dion. 146. 17.

ܚܠܕܐ| 1) perh. Arab. بَلَدِي an *indigenous plant*; see Dozy 109 and Ar. Pfln N. 281, n.; Med. 468. 3. 2) prob. corrupt. Brooks, ܚܠܕܐ ܐܩܡܛ *long planks* (?) to make an engine of war, Chron. Min. 73. 28.

ܚܠܕܘܙ Ar. بَلَادُر i.q. بَلَادُور. I.q. col. 541 and Ar. Pfln N. 72. *Semecarpus anacordium*, Med. 239. 12, 306. 12, 19, ܚܠܕܘܙ| l. 13.

ܚܠܘܒ col. 531. *to astound, terrify.* With acc. ܟܠܐ ܚܠܕܗܢ *the doorkeeper came in with terrifying news*, Jul. 13. 9. *To hasten, urge forward,* ܗܘܢܝܢܐ ܘܢܚܠܕܘ| ܕܢܣܬܟܗܐ| *Jovinian was commanded to bring up his forces speedily*, Jul. 162. 3, 166. 26.

ܚܠܘܨܝܢܐ βαλαύστιον, *wild pomegranate blossom*, Med. 159. 9, 162. 1, 211. 1, 4, 212 ter; ܚܠܘܨܝܢܐ *Egyptian pomegranate*, Chimie 7. 9.

ܚܠܕܘܢܐ, ܚܠܕܘܢܐ col. 531. *the acorn or chestnut*? N. Hist. vii. 4. 4, passage quoted below under ܡܠܘܠܐ. ܚܠܕܘܢ ܐܘܟܐ ܒܠܘܛ ܠܓܒܠ *teucrium chamaedrys*, Med. 372. 1, 602. 9. ܚܠܕܘܢ ܡܚܠܦܐ, Pers. بلوط شاه *the chestnut tree*, Med. 578. 17, 602. 10.

ܚܠܕܘܢܐ col. 532. *amphora*, ܚܠܘܝܐ ܘܚܡܣܐ Hist. Mon. i. 353. 17, *an acorn-shaped vessel probably a mistake for* ܚܠܘܝܐ κάλαθος.

ܚܠܟܡ col. 533. Add: 3) *to spring up*, ܣܐܘܕܒ ܘܒܘܕܝܢܩܐ ܒܟܐ ܬܐܐ ܘܕܚܠܟܡ, Hormizd, 1922; cf. ܗܕܝ. Ethpe. ܐܕܚܠܟܡ|͘ id. ܠܐܘܕܒ|, ib. 1903. Pa. ܚܠܟܡ Hoffm. suggests that this may be a denominative from ܚܠܘܝܐ, βαλανοῦν, θύρα βαλανωτός, *vereicheln, to sport your oak*, tr. *to bolt*, ZA. ii. 57; ܡܚܠܟܝܡ ܗܘܘ ܬܕܐ ܚܠܐ ܘܚܠܐܐ *they forced the bolt home*, Vit. Monoph. 89. 23. Aph. ܐܚܠܟܡ|͘͘. Pass. part. ܡܚܠܟܡ *worm-eaten*, ܩܬܬܗܐ| ܠܐ ܡܚܠܟܡܐ| ξύλα ἄσηπτα, Hex. Ex. xxv. 5. 10; A.M.B. v. 605. 16. *To spring up, give rise to*, ܗܡܙܐ| ܐܚܠܟܡܗ, Hormizd, 1890. L. 6 of par. *to have protruding eyes*, ܗܐܙܐ| ܘܢܩܗ ܗܘܗ ܕܚܠܢܗ ܘܗ ܡܚܠܟܡܝܢ *the little devils' eyes started out of their heads*, S. Dan. 61 a. 18.

ܚܠܟܝܢܐ m. *a beam, timber*, ܕܘܙܦܗ ܘܙܦܗ *the wood of my spear*, Gest. Alex. 42. 5; ܚܠܟܡܐ ܘܩܬܚܕܢܝܐ ܘܡܬܗܘ *three-cornered balks of timber*, Anecd. Syr. iii. 257. 4.

ܚܠܡܘܚܠܙܐ| correct ܡܚܠܡܘܚܠܙܐ| χαρτουλάριος, *chartularius, Keeper of the archives*, Anecd. Syr. iii. 233. 5.

ܚܠܟ i.q. ܚܠܘ col. 535 and ܚܠܟ col. 532. *the city Balkh*, Kal-w-Dim. 161 ter, 162. 9.

ܚܠܬܟܗܐ| Ar. بيلي Med. 602. 12, but perh. بليلق. *Terminalia bellerica*, ib. 138. 6, 306. 11 ult., 361 pen., 376. 5.

ܚܠܝܐܘܬ *name of a village*, C.B.M. 221 a.

ܚܠܟܝܐ 1) *a man of Balkh*, Kal-w-Dim. 162. 2. 2) Pl. ܚܠܟܝܐ *mentioned between Scythians and Serbs*, Wellhausen suggests Βάλχοι, *Wallachians*, Caus. Caus. 96. 17.

ܚܠܡ Ethp. ܐܬܚܠܡ|͘ col. 536. *to be silenced, confuted*, ܢܐܬܚܠܡܘܢ ܒܗܝܡܢܘܬܗܢ BH. in Rom. ix. 5; Georg. Ar. 31. 11.

ܒܠܳܡܳܐ *a muzzle.* Metaph. add: ܕܢܶܗܘܶܐ ܒܠܳܡܳܐ ܘܰܡܣܰܟܪܳܢܳܐ *that it might muzzle and silence* opponents, Hist. Mon. i. 56. 15; Jab. 471. 12. Cf. ܡܰܟܪܳܐ ܡܶܢ ܒܠܳܡܳܐ البرة والزمام BA. under ܡܰܟܪܳܐ col. 3625.

ܒܠܶܡܝܣ col. 536. Βλέμμυες, *Blemmyes,* an Ethiopian tribe; add: ܒܠܶܡܡܘܣ, Jos. Styl. 17. 5 and n. to transl., WZKM. ix. 97; ܒܠܡܝܘܣ, Anecd. Syr. iii. 330. 3.

ܒܠܡܘܬ mentioned as the birthplace of Hosea, Nest. Chrest. 96. 201.

ܒܶܠܳܢܳܐ βελόνη, *a dart,* ܒܶܠܳܢܳܐ ܩܰܠܺܝܠܳܐ *a swift dart,* BHGr. i. 14. 22. Cf. ܒܠܘܣ above.

ܒܠܣܛܐ col. 537. *a white donkey,* the angel was seen by the ܒܰܠܣܛܳܐ (N. B. points), not by Balaam, G. Busâmé 14. 12; ܘܣܘ ܒܠܥ ܒܠܣܛܳܐ Warda 147 *r.*

ܒܠܣܛܝܣ see ܒܠܣܛܝܣ.

ܒܠܣܛܪܝܘܣ m. pl. balistarii, *those who discharge the ballista,* Chron. Min. 72. 27; ZDMG. xxix. 92. 13, 97. n.

ܒܠܥ col. 537 *to receive blows, take a beating.* L. 4 af. add: c.c. ܒ acc. ܒܠܥܘ ܒܫܘܛܐ, Jac. Sar. Hom. iii. 795. 8. Part. ܒܠܝܥ *beaten,* —ܒܠܝܥܐ ܐܝܟ ܕܒܠܝܥ ܡܢ ܐܢܫ, Natur 18. 10. To the note on Rel. Jur. 31. 2 add: not Scholia from Du Cange but glosses from a Munich MS. For λουδεμπιστής the Syr. read a word which contained ὕαλος and πίνειν, Lag. Symm. 95. Part. ܒܠܝܥ *beaten,* ܒܠܝܥܝܢ μεμαστίγωνται, Hex. Ex. v. 16. Metaph. *absorbed in, entirely devoted to,* ܒܠܝܥ ܒܪܘܚܢܘܬܐ, Warda ed. A. Deutsch 18. 17. Ethpa. ܐܬܒܠܥ astron. *to be obscured, occulted,* ܐܢ ܢܬܒܠܥ ܣܗܪܐ ܒܗ, Brit. Mus. Or. 2084. 3 *v,* ܐܢ ܫܡܫܐ ܢܬܒܠܥ ܒܟܠܝܗܝ ܕܝܘܡܐ, ib. 6 *v,* 28 *v* and often.

ܒܠܝܥ 1) *stricken,* ܗܘ ܒܠܝܥ ܒܪܘܚܐ *that lunatic,* Sev. Lett. 240. 16. 2) *swallowed up, absorbed in,* ܠܐ ܒܠܝܥ ܒܓܘܣܬܪܡܪܓܝܐ *not given over to gluttony,* Kal-w-Dim. 47. 4, ܒܠܝܥܝܢ, ib. 306. 9; ܒܠܝܥ, Bar Ali ed. Hoffm. 2464 quoted by Wright.

ܒܠܳܥܬܳܐ col. 538. *swallowing,* ܠܒܠܳܥܬܳܐ ܕܡܝܬܪܐ, Med. 270. 8.

ܒܠܳܥܬܳܐ col. 539. 6. *swallowing,* add: ܠܐ ܡܫܬܪܓܝܢ ܢܘܢܐ ܪܘܪܒܐ ܠܒܠܳܥܬܗ *large fish cannot be enticed into the gorge* of a whale, Natur 55. ult. pen.

ܒܠܰܛ col. 540. *to shoot forth, sprout,* ܒܠܛܐ ܘܦܪܥܐ, BHGr. i. 1. 20, ܒܠܛܘ ܢܨܒܘܗܝ, ib. ii. 2. 3; ܦܩܥܐ ܕܐܝܠܢܐ ܕܒܠܛܘ ܡܢ ܣܘܟܐ *buds which break out from the branches of a tree,* Is. Nin. B. 132. 2. 3. Metaph. *to flourish,* ܐܝܟ ܕܗܘ ܒܠܛ, BH Journ. As. 1898, 94. 691. Ethpa. ܐܬܒܠܛ add: *to grow, increase,* ܝܬܝܪܘܬܐ—ܡܬܒܠܛܐ, BHCarm. 25. 9.

ܒܠܛܐ col. 540. *a young shoot or bud,* ܥܕܡܐ ܕܢܗܦܘܟ ܐܝܟ ܒܠܛܐ ܕܪܘܡܢܐ *till it turns as red as a pomegranate shoot,* Chimie 100. 4.

ܒܠܰܩ col. 540. Ar. بلق conj. v. *to shine, flash.* 1) *to shine,* ܙܘܝܬܐ ܕܠܐ ܒܠܩ ܒܗ ܢܘܗܪܐ *a corner where little light came,* Anecd. Syr. ii. 119. 18. 2) *to come unawares,* ܒܠܩ ܒܫܢܝܐ ܕܟܦܢܐ *with* years of famine *great damage befel,* Ephr. ed. Lamy iii. 427. Act. part. ܒܳܠܶܩ with ܥܠ *conscious of;* ܠܐ ܒܳܠܶܩ ܥܠ ܡܕܡ ܡܢ ܬܘܕܝܬܐ ܐܡܪܐ ܒܳܠܶܩ, BHCarm. 25. 5. Past. part. ܒܠܝܩ *enlightened,* ܐܠܗܐ ܒܠܚܘܕܘܗܝ ܒܠܝܩ *God alone knows,* Dion. 108. 4; with ܥܠ *conscious of,* ib. 92. 2. Pa. ܒܰܠܶܩ 1) *to enlighten, inform,* ܒܰܠܩܘܗܝ ܥܠ ܐܝܬܝܗ ܕܗܕܐ ܕܗܘ ܒܗܘܢ, BH. de Sap. 14. 6; ܕܢܒܰܠܶܩ ܒܚܟܡܬܐ ܠܟܪܝܗܐ *that he may instruct the sick with wisdom,* Warda 126 *r;* ܚܘܒܢ ܕܚܕ ܠܚܕ ܡܚܦܛ ܠܢ ܘܡܒܰܠܶܩ ܠܢ *our mutual love urges us on and illuminates us,* Jul. 105. 5. Ethpa. ܐܬܒܰܠܰܩ *to desire, be eager for,* Ephr. Ref. ii. 57. 25; ܚܫܩܐ ܕܐܪܙܘܗܝ ܐܦܢܐ ܡܬܒܠܩ ܗܘܐ, Jac. Sar. Hom. iii. 212. 4, 225. 7.

ܒܘܠܳܩܳܐ col. 541. dele *occursus, Shining, splendour,* ܒܘܠܳܩܳܐ ܕܢܘܗܪܐ, A. M. B. ii. 102. 13.

ܒܠܩܐ col. 541. Dele the article.

ܒܠܩܐ col. 541. ܒܰܠܩܳܐܝܬ *unexpectedly; from an accident,* BHChr. 118. 19.

ܡܒܰܠܩܳܢܳܐ, ܡܒܰܠܩܳܢܺܝܬܳܐ *eager,* ܠܘܬ ܐܘܪܚܐ, Jul. 77. 6, 27.

ܒܰܠܩܳܐ Ar. ابلق ,بلقاء *piebald, speckled,* ܣܘܣܝܐ ܒܰܠܩܳܐ, Med. 559. 2; ܬܘܪܐ ܒܰܠܩܳܐ, Protection 23. 12, 88. 11.

ܒܰܠܩܺܝܣ pr. n. f. *Balkis*, Queen of Sheba, BH. in Luc. xi. 31.

ܒܠܫ col. 541. Dele *absorptus est. To try, experience, endure.* ܡܬܒܰܠܫܺܝܢ here has the sense *to be smitten, afflicted.*

ܒܠܫ col. 541. 1) *Balâsh*, brother of Peroz and uncle to Kawad, Jos. Styl. 15. 14, 16. 3, Tabari 133, f., Pers. Mart. 46, &c. 2) *Balis*, a fortress on the Euphrates in the province of Aleppo, add: Dion. 26. 19, 22, Jo. Tell. 48. 3.

ܒܶܠܫܦܳܪ *Belašfar.* Add: Βολογεσίφορα, a province and Arsacid city near Holwan, Pers. Mart. n. 592, Tabari 134, Phet. 42. 2, A.M.B. ii. 559. 3, 565. 9, Syn. Or. 37, 44 &c., ZDMG. xliii. 396. 17 ff. and often.

ܒܶܠܫܦܪܳܝܳܐ Gentilic, *of Belašfar*, Syn. Or. 44. 24, ZDMG. xliii. 396 ult.

ܒܶܠܬܺܝ and ܒܝܠܬܝ col. 541. Pointed ܒܶܠܬܺܝ Gest. Alex. 27. 13, ܒܶܠܬܺܝܢ ib. 21. 3, 26. 7; ܒܶܠܬܝ Is. Ant. i. 210. 99. Βῆλθις, consort of Baal, title of Astarte, ZDMG. xxxi. 727, of Astarte and other goddesses see ܐܣܬܪܐ col. 326. Ref. to this title on monuments, Euting, loc. cit. Other refs., Pers. Mart. 128 ff., A. M. B. vi. 38 pen.; ܢܚܫܐ ܒܶܠܬܝ BH. in 2 Cor. xii. Chem. *copper.* Bilati (Vénus) cuivre, Chimie Introd. xv., ܘ ܒܠܬܝ ܢܚܫܐ ܕܗܝ ܐܦܪܘܕܝܛܐ ܣܘܡܩܐ *Bilati* (*le cuivre rouge*) *c'est-à-dire Vénus, le cuivre blanc*, ib. 6. 7, ܣܒ ܒܠܬܝ ܩܘܦܪܝܘܣ *take Cyprian copper*, ib. 16. 4; 102. 9; ܡܐܢܐ ܕܒܠܬܝ *a copper vessel*, ib. 51. 4; ܒܠܬܐ ܕܡܫܚܐ *a flask of ointment*, Hist. B.V.M. 35. 8.

ܒܠܬܝܢ i. q. ܒܠܬܝ. For letter *n* suffixed to proper names see ZA. xi. 17 on Hoffmann's Aramäische Inschriften.

ܒܢ *Bân*, one of the second Triad of Manichaean teaching, ܚܒܝܒ ܢܘܗܪܐ ܗܘ ܒܪܐ ܠܒܢ ܪܒܐ ܘܒܢ ܪܒܐ ܗܘ ܒܪܐ ܠܪܘܚܐ ܚܝܐ *the Friend of Light created Great Ban and Great Ban created the Living Spirit*, Coupes ii. 128. 1, 2, 129. 18, Cosmog. Manichéenne 20 n. 4; ܒܢ *Bân*, architect and builder of a grave for darkness, Ephr. Ref. i. 3. 32, 39. 20, 94. 42.

ܒܢܐ col. 542. Pa. ܒܰܢܺܝ *to rebuild, restore*, ܐܬܒܰܩܥܰܬ ܦܶܓܪܳܐ ܗܽܘ ܠܐܦܠܐ ܘܒܰܢܝܳܗ̇ Jac. Sar. Hom. iii. 810. 13.

ܒܶܢܝܳܢܳܐ col. 543. *a building.* Add: *the precincts* of a church, ܕܬܚܘܡܐ ܕܒܢܝܢܐ ܕܥܕܬܐ ܕܚܒܐ Bar Sud. 44. 13.

ܡܒܰܢܝܳܢܳܐ col. 543. ܡܒܰܢܝܳܢܶܝܗ̇ (sic) *those who established* traditions, BHGr. ii. 2. 4.

ܒܢܕܘܝ pr.n.m. *Bindoë*, Sassanidi 8. 17.

ܒܢܕܩ denom. verb Palel conj. from ܒܢܕܩܐ: *to shape like a bullet*, ܐܘܩܝܐ ܡܒܢܕܩܐ Chimie 30. 3.

ܒܢܕܩܐ i. q. ܒܘܢܕܩܐ q.v. col. 471. *a ball or bullet*, Chimie 24 pen., ܓܒܠ ܡܢܩܐ ܐܝܟ ܒܢܕܩܐ Med. 59. 18.

ܒܰܢܒܽܘܠܺܝܘܣ βομβυλιός, *a gnat* or other *humming insect*, Natur 42. ult.

ܒܢܦܫܝ i. q. ܒܢܦܫܝ col. 545. *a violet*, ܡܫܚܐ ܕܒܢܦܫܝ *oil of violets*, Med. 58. 3, 5, 67. 4 and often. Two kinds of this ointment are mentioned ܪܟܝܟܐ and ܚܪܝܦܐ *suave* and *sharp*, ib. 90. 4. Cf. ܒܢܦܫܝ.

ܒܢܥܘܕܪܐ Dion. 69. 1 and ܒܝܬܢܘܗܕܪܐ ib. 177. 14 *Beit Nuhadra*: see ܒܝܬ ܢܘܗܕܪܐ supra.

ܒܢܩܐ *a glass bottle*, with gloss ﻗﻨﻴﻨﺔ ﻝ, N. Hist. iii. 9.

ܒܢܦܫܝܝ Ar. ﺑﻨﻔﺴﺠﻰ adj. *violet*, ܠܒܘܫܐ ܒܢܦܫܝܐ ܘܦܘܪܦܘܪ Hist. B.V.M. 150. 4 af.

ܒܢܳܝܳܐ col. 545. *the keeper of a bath*, add: BHGram. i. 18. 24. Ref. A.M.B. vi. 91. 13.

ܒܣܐ col. 545. With ܢܦܫܗ *to bring himself into contempt, act despicably*, Pallad. 117. 14, ܒܣܝܘܬܗ id. ib. Ethpa. ܐܬܒܣܝ *to be despised*, add: ܐܬܒܣܝ ܦܘܩܕܢܝܗܘܢ ܕܡܪܟܘܢ *the commands of your lord have been treated with contempt*, Jul. 19. 17.

ܒܣܝܘܬܐ m. *shame*; ܦܪܣܝܐ ܕܠܐ ܒܣܝܘܬܐ *shameless exposure*, Warda, ed. Deutsch. 9. 17.

ܒܣܘܝܐ pl. ܒܣܘܝܐ m. *despisers*, Dion. 21. 21.

ܒܣܝܐܝܬ col. 546. *without due reverence; carelessly, negligently*, add: Jul. 36. 12, Pléroph. 35. 8.

ܒܣܝܘܬܐ f. Add: ܐܘܠܦܢܐ ܒܣܝܘܬܐ ܡܘܠܕܐ *familiarity breeds contempt*, Is. Nin. Bedj. 193. 14.

ܡܬܒܣܝܢܘܬܐ f. *contempt*, Sev. Lett. 154. 20.

ܚܶܣܕܳܐ pr. n. m. col. 546. Add: a presbyter, Nöld. F. S. i. 473. 119; Abbat of ܚܛܝܐܠ Doc. Mon. 223. 13, ܘܣܠ ܐܒܐ ܕܚܣܕ ib. 162. 10.

ܚܣܘܪܳܢܐ col. 547. a sum of 700 dirhems, ref. ܚܣܘܪܢܐ ܗܡ̇ ܡܢܘܚܕܗ ܟܕܗ Jab. 426. pen. = Pers. Mart. n. 841.

ܚܶܣܛܳܢܐ perhaps *head*, ܘܟܚܠܐ ܕܚܣܛܡܟܐ *a house cat* emits sparks when stroked ܕܚܣܛܡܐ ܕܐܦܠܐ, N. Hist. viii. 3. 3.

ܚܣܦܝ place-name, a region near the Thebaid, ZA. xv. 105, A. M. B. iii. 586. 11.

ܚܣܦܘܡ name of a village of Beit Garmai, Chast. 53. 2.

ܚܣܘܣ col. 547. pr. n. m. Bassus, Mar Bassus 59 and passim.

ܚܣܛܡ pr. n. m. Pers. ܒܣܛܡ Bistam, Sassanidi 8. 18.

ܚܣܛܝܢܐ Bastina = Blanche, mother of Mar Aba, Mar Bassus xii. Syr. 2, gloss ܘܐܡܗ ܕܡܪܝ/ܐܒܐ/.

ܚܣܛܪܝܟܝܢܣ bastrichanitis, perh. Byzantine, *rasouchti aes ustum*, Chimie 211. n. 4, ܚܣܛܪܘܟܝܢܣ ib. 212. n. 1.

ܒܣܛܝܪܢ βαστέρνιον, *a litter*, Pet. Ib. 7. 18.

ܚܣܛܡܛܐ see ܚܣܛܡܐ.

ܚܣܣܝܡܐ *Bassima*, founder of a monastery in Qardu, Chast. 10. 14, ܘܡܢ ܡܐܡܪܐ ܕܚܣܣܝܡܐ, Journ. As. 1907. 163. 10.

ܚܣܒܝܒܐ a town in Egypt, A. M. B. iii. 573.

ܚܶܣܛܝܒܐ βασιλεία, *kingdom*, Hist. Mon. i. 139. 16, ii. 287 n., Lexx. col. 547 ult.

ܚܣܛܡܐ, ܚܣܛܡܐ col. 548. f. 1) *a portico,* ܘܒܩܐ ܐܒܐ ܕܐܚܠܐ ܐܣܐ ܕܚܣܛܡܐ, Alexis 18. 15. Pl. ܬܪܝܢ ܚܣܛܡܘܣ *two porches* or *colonnades*, Jos. Styl. 25. 16. 2) *a basilica, church,* : ܚܣܣܛܡܗܗ ܡܣܐܩ ܗ̄ ܒܒܝܬ *he was buried in the inner courtyard of the church where service is held in the summer*, Chast. 35. 7. 3) *the Royal anthem*, the evening anthem on Sundays, Festivals, and Memorials is so-named, Maclean, Daily Offices 78. note; Takhsa 78. 14, 21, Qdham W. 123. 10, 14; 124. 14; ܟܗܢܘܣ ܘܣܝܢܐ, ܚܣܛܡܐܘ, Brev. Chald. i. 10. 13,

96. 8, 323 ult., ܚܣܛܠܐ, ܘܚܫܕܒܛܐ ib. 10. 9, 54. 1, 65. 5 af., 323. 5 af.; ܡܕܝ ܘܩܝܒܗ ܚܣܕܘܢܐ ܘܚܫܕܒܛܐ ܩܕܝܡ ܠܩܠܐ *the curtain is drawn back when they arrive at the preface to the Royal anthem*, ib. 325; Or. Xt. ii. 215.

ܚܣܛܕܝܩܢ βασιλικόν, *Royal ointment*, Med. 89. 10, 16; 252. 7. *The hazel nut*, ib. 103. 3.

ܚܣܡ col. 549. 3) *to burn incense*, *cense*, add metaph. ܚܣܡܘ ܚܩܠܐ ܘܒܚܩܠܐ ܡܪܬܡܐ, Patr. Or. iii. i. 34. 10.

ܚܣܡܩܐ col. 550. ܘܟܢܬܢ ܚܣܡܩܐ *muscatel grapes*, Med. 58. 8.

ܚܣܡܣܢܐ col. 550 with ref. to B. O. iii. i. 472 = Hist. Mon. i. 49. 12. Budge suggests the pointing ܚܣܡܣܢܐ *the man from Tell-Besme*, ib. ii. 85 note and so Hoffmann Pers. Mart. 115.

ܚܣܡܕܢܘܬܐ f. *fragrance*, metaph. ܕܐܘܡܕܐ, Hist. Mon. i. 235. 11.

ܚܣܡܣܢܕܘܬܐ f. *gladness*, ܘܚܕܘ ܚܣܡܣܣܕܐܘ, Kal-w-Dim. 336. 10.

ܚܣܢ col. 552. *to despise*. ܚܣܕܘܢܐ col. 553. m. *reproach, shame*, ܠܟܘܢ ܗܘܐ ܚܣܕܘܢܐ, A. M. B. v. 434. 13.

ܚܣܪ, ܚܣܪܐ m. 1) *flesh*. Col. 553. 5 and 7 af. Pl. *muscles* or *fleshy parts*, ܘܒܕܟܗ ܚܣܪܘܬܐ ܘܩܛܡܟܐ ܕܟ̱ܝ, Med. 330. 15, A. M. B. ii. 595. 9. 2) *pulp, pith* add: ܘܚܣܪܐ ܘܩܝܐ *oak galls*, Med. 61. 16; ܚܣܪ ܟܘܟܐ *asparagus*, ib. 602; ܚܣܪܐ ܘܐܡܕܐ *date pulp*, ib. 212. 20.

ܚܣܪܘܬ Ar. باسور, *piles, haemorrhoids*, ܚܣܡܕܘ ܕܝܘܢ 216. 3, 417. 6, ܘܚܣܡܕܐ ܘܐܘܢܐ ܚܪܘ̈ܠܐ ܘܗܘܕܦ, Med. 570. 17; 600. 23.

ܚܣܪܐ i. q. ܚܣܪܐ col. 555. m. *an unripe grape*, pl. ܚܣܪܘܐ Med. 558. 2, 566. 8.

ܚܣܪܘܢܐ dimin. of ܚܣܪܐ m. *a piece of flesh*, C. B. M. 593 a, Kal-w-Dim. 308. 5.

ܚܣܪܢܘܬܐ a varia lectio for ܚܣܪܢܘܬܐ f. *incarnation*. ܣܢܕܒܐ ܠܣܘܝܐ ܣܝܐ ܘܚܣܣܡܐ ܕܠܘܩܢܐ, Loof's Nest. 369. 7.

ܚܣܪܢܝܐ col. 554. *pertaining to the body*, dropsy affecting the whole body is so called, Med. 339. 7. BA. spells this ܚܣܪܢܝܐ same col.

ܚܡܙܢܘܬܐ col. 554. Add: 3) *earthly life*,
ܐܝܟ ܗܘ ܕܡܢ ܒܝܬܐ ܕܡܠܟܘܬܐ ܕܪܗܘܡܝܐ
as for earthly descent, he was of Roman Imperial race, ZDMG. xlvi. 757. 19.

ܚܡܟܘܡܐ col. 555. *an earthenware or glass vessel*, Chimie 41. 4.

ܚܣܟܐ col. 555. Add: ܣܡܟܐ ܘܚܣܝܐ
ܓܒܐ ܠܦܬܘܒ *the breast-bone or the shoulder-blade*, But. Sap. Econ. iii. 3 infra.

ܚܕܐ col. 556. ܕܚܕܘܬܐ col. 557. Rit. Rogations are of three kinds i. e. in three metres, that of Ephrem, of James of Sarug, and pentesyllabic, Brev. Ant. i. 57 *a* tit. and ter. ܚܕܘܡܐ ܘܬܒܥܘܡܐ *a fast of three days held twenty days before the Great Fast*, B. Nin. 1 tit., 3 tit., 5 tit.; Brev. Ant. i. 38. 1, 5; Qdham W. 181 tit.; ellipt. ib. 182. 6; Takhsa 156 infra, 157. 6. East Syrians also have ܚܕܘܡܐ ܘܚܒ ܐܢܐ *Monday, Tuesday, and Wednesday of the week before Christmas week—this fast is almost obsolete—and the* ܚܕܘܡܐ ܕܩܐܘܡܟܐ *Monday, Tuesday, Wednesday, of the second week after Epiphany (observed locally by girls)*, Maclean.

ܚܕܟܢܐܝܬ *according to what is requisite*, Syn. Or. 149. 20; G. Busâmé 42. 15; with ܠܗ But. Sap. Periherm. i. 2.

ܚܓܒܐ from Ar. بغي *a sodomite*, Lexx. col. 878. 1, 5.

ܚܓܒܘܬܐ f. *sodomy*, Lexx. under ܡܘܒܣܘ col. 878.

ܚܘܚܒܐ m. pl. *foam*, Warda 246 r with gloss ܟܐ ܘܐܓܐ ܥܡ ܩܨܡ ܘܐܦܘܢܐ.

ܚܓܓܗܢܘܬܐ f. pl. col. 559. *bubbles as on boiling broth*, Med. 13. 14, 16, Brit. Mus. Or. 1593. 11 v.

ܚܕܕ col. 559. ܡܚܕܒܐܝܬ *afar, remotely*, Sev. Lett. 153. 6.

ܚܕܘܡܐ (ܐܚܕ) col. 559. Add: Rabban *Ba'uth, founder of a monastery in Beit Nuhadra*, Chast. 54. 4, 17; Hist. Mon. i. 237 ult. ܐܘܚܕܠ ܚܕ ܚܕܘܡܐ A.M.B. iii. 473.

ܚܕܝ col. 560. Pass. part. ܕܚܝܢܐ, ܕܚܝܢܟܐ *trampled upon, scorned*, ܠܬܒܐܬܐ ܘܐܢܐ But. Sap. Theol. 4. 7 infra.

ܚܕܚܐ col. 560. f. *a kick*; add: ܕܚܕܚܐ *blows with the fist, fisticuffs*, Sev. Ant. Hom. 15. 8.

ܚܕܚܐ f. *a kick*, Syr. Rom. Rechtsb. 60.

ܚܕܠ, ܚܕܠܐ col. 561. Add: ܟܟܒ ܚܬܩܠ *swordsmen*, Protection 91. 12.

ܚܕܠܐ *Baalite*, ܒܚܝܐ ܚܕܠܐ *prophets of Baal*, Ephr. Ref. ii. 55. 5.

ܚܕܠܐ *name of a female demon*, Charms 83, 8 af., JAOS. xv. 289. 12.

ܐܬܚܕܒܕ col. 562. denom. verb from ܚܕܒܕܚܐ *to be an enemy, to oppose*, ܚܠܠܐ ܘܒܗ ܠܐܚܕܒܕ ܣܓܝܐܐ ܒܗܢܕܘ ܘܗܘܘ ܠܐܚܕܒܘܕܗ *John withstood many in India and they became his enemies*, Išodnah, ZDMG. xlvi. 758. 12.

ܚܕܒܕܚܐ, ܚܕܒܕܚܢܐ *inimical, hostile*, pl. f. ܚܕܒܕܚܬܐ ܐܝܟ ܢܚܫܬܐ *some animals are hostile and injurious as snakes*, opp. ܡܫܚܕܬܢܐ *friendly*, N. Hist. vii. 1. 1.

ܚܕܠܐ col. 564. Dele *forte*. ܚܕܠܐ m. pl. i. q. ܟܕܢܐ *late fruits which do not fill out and ripen*, Rylands 44, fcl. 4 *a*.

ܚܕܚܐ col. 559 should be transferred hither. Add ref. ܐܘܚܕ ܟܕܚܐ ܠܐ *unripe dates*, Anecd. Syr. iii. 177. 12.

ܚܕܠܩܗܘ col. 564. i. q. ܚܕܠܩܗܘ col. 536 and Suppl., *Blemmyes*, Pallad. 326. 12, f. 8.

ܚܕܠܐ col. 564. *Baaltan, a village in the district of Emesa*, BHChr. Eccl. 319. 23, Jac. Edes. Chron. Can. 577. 14.

ܚܕܒ col. 565. Pa. ܚܕܒ end of par. *to pillage, devastate* with ܒܠܐ; ܐܢܐ ܠܚܡܘ, ܘܚܕܚܘ, ܚܠܐ ܕܩܐܐ, Dion. Ined. 469. antep., ܡܚܕܒ ܗܘܐ ܕܟܐ ܗܝܢܐ ܘܐܣܬܢܥܠ, M.Z. 12. 41. Ethpalal ܐܬܚܕܠ col. 566. Add: *to return to a wild state as trees*, Pléroph. 32. 11.

ܚܕܩܐ col. 566. *dung of animals*, used for fuel, Chimie 38. 6, 42. 20; ܚܕܩܐ ܘܐܙܐ *goats' droppings*, ib. 24. 8.

ܚܕܩܘܬܐ f. nom. unitatis of ܚܕܩܐ, BHGr. i. 22. 10; ܚܕܩܘܬܐ ܠܐ ܡܚܕܠܢܐ *this word has no plural*, ib. 34. 7.

ܒܥܝܪܐܝܬ *bestially*, ܒܥܝܪܐܝܬ ܕܒܪܝܢ Sassanidi 12. 22.

ܒܥܝܪܝܢ *savage*, add: ܒܥܝܪܝܢ ܘܕܡܝܢ *ignorant and like beasts of the field*, S. Maris 81. 5.

ܒܥܝܪܢܝܐ m.pl. *fierce*, Pallad. 727. 8.

ܡܒܥܪܢܐ col. 566. 1) *a gleaner*, add: But. Sap. Eth. iv. 2 infr. 2) *a despoiler*, ܐܝܟ (ܒܙܘܙܐ) ܡܒܥܪܢܐ ܕܟܠܗܘܢ ܗܘܐ Bar Penk. 161. 8.

ܒܥܪ *Ba'ar* or *Baaru*, a hot spring, in Arabia, P. E. F. 1905, 224, Pet. Ib. 85. 2.

ܒܨ coll. 568 and 569. *to grow thin, meagre*, ܘܢܚܠ ܒܨ, Ephr. ed. Lamy iv. 377. 2; ܒܨ ܘܚܣܪ WZKM. xvii. 199. Pa. ܒܨܨ *to refine, render clear*, ܡܝܐ ܚܡܝܡܐ ܡܒܨܨܝܢ hot water *makes the skin soft and clear*, Hippoc. v. 20.

ܒܨܐ col. 568. ܒܨܘܝܐ *an enquirer*. Bono sensu, ܐܢܫܐ ܣܟܘܠܬܢܐ ܘܒܨܘܝܐ *men sensible and willing to learn*, S. Maris 79. 4. Fem. ܒܨܘܝܬܐ ἐρευνήτρια, Clem. Cor. ܝܘ. 16.

ܒܨܪ col. 569.

ܒܨܘܪܬܐ f. *coverlet, rug*, BA. under ܩܘܦܣܐ, BB. under ܩܦܣܘܬܐ col. 693.

ܒܨܝܪ *imperfect*, ܒܨܝܪ ܠܫܢܐ βραδύγλωσσος, Hex. Ex. iv. 10.

ܒܨܝܪܐܝܬ col. 572. *less* opp. ܝܬܝܪ Georg. Arab. 16. 6; *in some measure, more or less*, Josephus vi. 8. 13.

ܡܬܒܨܪܢܐ col. 573. with ܠܐ ἀμείωτος; *inviolate, unblemished* ܠܐ ܡܬܒܨܪܢܝܬܐ ܕܐܝܬܝܗ ܠܐ ܡܬܒܨܪܢܝܬܐ A.M.B. v. 380. 6.

ܡܬܒܨܪܢܘܬܐ f. *decrease, diminution*, Georg. Arab. 35 ult. and pen.

ܒܨܪܗ i. q. ܒܨܪܐ col. 573. *Basra*, modern name of Prat' d' Maišan, Syn. Or. 601. 9, 606 n., ܗܕܐ ܕܡܬܩܪܝܐ ܗܫܐ ܒܨܪܗ ib. 619.

ܒܩ abbrev. for ܒܩܠܐ *to the tune*. See ܩܠܐ.

ܒܩ col. 573. *to be gnawed, worm-eaten*. Ref. ܒܩ ܒܩܒܩ so correct for ܒܩܒܩ, Ephr. ed. Lamy i. 37. Aph. ܐܒܩ *to waste away* ܘܐܒܩܬ ܐܢܘܢ Is. Ant. ii. 320 ult.

ܒܩܐ col. 573. *a gnat*, ܕܒܩܐ ܟܥܕܢܝܐ *a cloudiness of the eyes* resembling a swarm of gnats, Med. 75. 15, 78. 22.

ܒܩܝܩ *rotten*. Add: ܐܦܐ ܒܩܝܩܬܐ بالية BH. de Sap. 37.

ܒܩܐ col. 573. *to examine into*. Add: the duties of a Periodeutes are—ܠܡܣܥܪ—ܠܡܒܩܐ—ܠܡܥܕܪܘ ZDMG. xxxvi. 349. Past. part. ܒܩܝܢ ܠܢ ܡܢ ܡܪܚܘܬܗܘܢ *we have full experience of their presumption*, Jul. 44. 28. ܒܩܝܐ ܘܚܟܝܡܐ, ZDMG. xxxii. 483. 5.

ܒܘܩܝܐ col. 574. *ordeal* by fire, S. Maris 61. 6. End of par. With verbs: ܩܒܠܘ ܒܘܩܝܐ ܕ *they tested*: cf. ܒܘܩܝܐ ܕܗܝܡܢܘܬܢ ܡܩܪܒܝܢܢ *we are offering a test of our faith*, A. M. B. v. 102. 10.

ܒܩܡܐ Ined. Syr. 92. 21 correct ܡܩܘܡܐ μόνιμος, *lasting*, ܕܢܗܘܐ ܡܩܘܡܐ ܚܬܝܡܘܬܗ ܕܡܚܘܬܐ *in order that the closing of a wound may be lasting* . . . .

ܡܬܒܩܝܢܘܬܐ col. 574. ܡܬܒܩܝܢܘܬܐ ܕܒܡܐܢܐ ܕܢܚܫܐ *experimenting, testing scientifically with brass instruments*, Georg. Arab. 18. 19; ܠܐ ܡܬܒܩܝܢܘܬܐ ܚܬܝܬܬܐ *want of exact examination*, Bar. Sal. in Lit. 55 ult.

ܒܩܫܘܪܐ pectorale, *a pectoral*, Anecd. Syr. ii. 268. 13.

ܒܩܠܡ Chimie 52. 22. Corr. ܒܩܠܐ q. v. ܒܩܠܬܐ Gest. Alex. 89. 10 and n. Corr. ܒܩܠܬܐ q. v.

ܒܩܪ col. 575. Pa. *to search, examine*, add: BHChr. 177. 7; ܠܐ ܬܒܩܪ *do not worry*, Ebed J. Card. 101. 1. Ethpa. ܐܬܒܩܪ *to be searched*, BHChr. 177. 5.

ܒܘܩܪܐ *enquiry*, ܕܠܐ ܒܘܩܪܐ *without being called in question*, Jac. Edes. ZDMG. xxxii. 482. 12.

ܒܩܪܢܝܬܐ i. q. ܒܩܪܝܐܝܬ *in shoals*, ܢܘܢܐ ܕܒܩܪܢܝܬܐ ܪܕܝܢ N. Hist. vii. 4. 3.

ܒܪ, ܒܪܐ col. 576. 17 of par. Adverb. ܡܢ ܒܪ ܡܢ—ܡܢ ܗܘ—ܡܢ ܒܪ for ܡܢ ܠܒܪ, Ephr. ed. Lamy iv. 279. 10, 11; ܒܪ ܡܢ ܣܟܐ *extraordinary*, Natur 7. 4. L. 9 af. ܒܪܬ ܕܝܢܪܐ ܬܠܬܝܢ *worth thirty dinars*. Trs. to compounds with ܒܪ, ܒܪܬ col. 580 ff. and Suppl.

Pael. ܚܕܝ denom. col. 576. infr. *to be apart, keep away;* ܡܢ ܘܚܠܡ ܚܙ̇ܗ, Dion. 180. 22; ܢܣܥܝܢ ܐܘ̈ܗ ܐܘ ܕܚܢܐ ܡܚܠܐ *out, absent, away from home*, ib. 136. 5. Part. ܡܚܕܝܐ ܡܚܕܢ̈. Pl. f. ܡܚܕܝܬܐ ܐܣܬܟܠܐ *Démonstrations très claires*, Ant. Tagrit. ap. Nöld. F. S. i. 483. Ethpa. ܐܬܚܕܝ col. 577. *to keep out of, be free from,* ܐܬܚܕܝܢ ܐܬܗ ܦܡ ܪ̈ܚܡܝܢ ܡܝܬܪܐ ܘܐܚܣܢܐ, Is. Nin. B. 80. 2.

ܒܪܢܫܝܬ i. q. ܒܪܢܫܐܝܬ, Anecd. Syr. iv. 71. 1.

ܒܪܢܫܐܝܬ col. 578. med. Dele "malim semper ܒܪܢܫܐܝܬ" and add: *outwardly*, Is. Ant. ii. 16. 13, Anecd. Syr. ii. 29. 9, N. Hist. iv. iii.; ܝܗܒ ܠܗܘܢ ܒܪܢܫܐܝܬ *he gave them outward obedience*, Jab. 6, 14.

ܒܪܢܫܘܬܐ f. *culture*, Or. Xt. iii. 245. med.

ܒܪ ܚܡܐ (ܐܣܩܛܝ) Ar. بَرِّيَّة *the outer desert of Scete*, C.B.M. 1080 a.

ܒܪܡܠܐ f. Ar. بَرَاءَة *indemnity, fine*, Dion. 162. 24; ܚܓܒܝܢ ܗܘܘ ܒܪܡܠܐ, ib. 199. 13, 15; ܐܚܪܢܐ ܒܪܡܠܐ ܣܡܘ ܥܠܝܗܘܢ *he laid a further contribution upon them*, ib. 232. 9, 21, 233. 23.

ܒܪܐ, ܒܪ To compounds with these, add:—

ܒܪ ܐܕܢܐ col. 580. *the glands*, ref. ܚܕܘܕܬܢܐ ܕܐܕܢܐ *the mumps*, Med. 66. 8, 234. 11; ܒܪ ܐܕܢܐ ܕܥܘܡܩܐ ܘܕܚܣܡܬܐ, ib. 163. 4. 10.

ܒܪ ܐܕܪܐ corr. ܐܕܪܐ πάρεδροι, *assessors*, Pet. Ib. 25. 2.

ܒܪ ܐܘܣܘ Pers. راسو *a weasel*, Kal-w-Dim. 259. 17, 262. 2, 264. 8; ܒܪ ܐܘܣܘ ib. 313. 8.

ܒܢܝ ܐܡܝܬܐ *Umaiyads*, Bar Penk. 146. 11 i. q. ܒܪ ܐܡܟܢ col. 58.

ܒܪ ܐܢܫܐ add: ܒܪܢܫ denom. verb. ἐνανθρωπῆσαι *to become man*, ܘܕܢܗܘܐ ܠܒܪܢܫܐ, Loof's Nest. 370. 4; ܕܢܬܒܪܢܫ ܗܘܐ opp. ܘܐܬܒܪܢܫ ll. 5 and 6; ܐܢܫ ܒܪܢܫ *some one*, BH. Stories 59. 317.

ܒܢܝ ܐܣܛܘܟܣܐ *elemental forces*, ܘܩܣܛܪܐ̈ ܡܛܫܝ̈ܐ ܘܒܢܝ ܐܣܛܘܟܣܐ ܘܡܛܡܪܐ̈ ܡܛܡܪܬܐ But. Sap. Theol. 4. 8.

ܒܢܝ ܐܪܥܐ *earthworms*, Lexx. under ܚܘܡܚܡܐ col. 3568.

ܒܪ ܐܬܠܝܐ perh. *the constellation of the Dragon*, BH Carm. 38. 11; Nöld. in Chwolson, ZDMG. xliv. 526 med.

ܒܪ ܒܒܓܐ young parrots, Kal-w-Dim. 160. 21, 161. 19, 163. 3.

ܒܪ ܒܝܬܐ col. 583. *a steward, provider*, ܗܘܐ ܠܗ ܡܢܝ ܒܪ ܒܝܬܐ Ephr. ed. Lamy iii. 213. 11.

ܒܪ ܒܣܡܐ col. 583 infr. ref. *a censer*, Sev. Ant. Vit. 72. 8. Pl. (sic) ܒܢܝ ܒܣܡܐ *balsam berries*, Med. 50. 14, 51. 12, 52. 10.

ܒܪ ܓܢܣܐ col. 584. *a fellow-creature*, A.M.B. v. 32. 19, 59. 6; pl. ܒܢܝ ܓܢܣܐ *mankind*, Philox. 9.

ܒܪ ܓܙܪܐ col. 584. Metaph. *one of the herd*, used of heretics, pl. Jab. 518. 14 = Pers. Mart. n. 965 ܓܙܪܐ ܒܢܬ but Hoffm. says he found a ܪ faintly written above the ܙ.

ܒܪ ܒܪܕܐ *hailstones*, Act. Apost. Apoc. ܚܡܫܐ 10; Med. 220. 21, 24.

ܒܪ ܓܘܢܐ *of like colour*, ܒܪ ܓܘܢܐ ܗܘ ܕܐܪܥܐ *it is earth-coloured*, Natur 32. 1.

ܒܪ ܓܠܠܐ col. 584. Dele par. It is ܦܠܐܠܐ or ܦܐܠܐ: see col. 3808.

ܒܪ ܓܢܘܝ *Bar Ganawai*, surname of John of Tagrit, Bar Sal. in Lit. 31. note.

ܒܪ ܚܪܕܠܐ col. 585. *mustard*, Med. 602. 14. ܩܡܚܐ ܘܒܪ ܚܪܕܠܐ λεπτολάχανον, *chopped up herbs*, A.M.B. v. 136. 9. ܒܪ ܚܪܛܐ *Glaucium phoeniceum, sap of the scarlet horned poppy*, a drug, ܒܪ ܚܪܛܐ. ܡܐܡܝܬܐ ܡܕܢܚܝܬܐ ܡܢܣܥܡܐ ܠܝ. ܣܠܘܪܐ ܘܐܪܝܘܡܐ ܐܫܬܟܢ ܡܝܬܡ, N. Hist. iii. ii. 2.

ܒܪ ܒܝܬܐ col. 585. Add: ܒܢܝ ܒܝܬܗ *those of his house, his fellows*, Aphr. 692. 24.

ܒܪ ܚܘܣ col. 585. pr.n.m. Iso. iii. ed. Duval 22. 13.

ܒܪ ܕܪܥܐ col. 586. Ref. ܒܪ ܕܪܥܐ *leathern arm-pieces*, Gest. Alex. 172. 5.

ܒܪ ܢܥܢܥܐ *mint seed*, بزر النعناع Med. 602. 13.

ܒܢܝ ܗܫܡ *the Banu Hashem*, the direct descendants of Mohammed, so named from his great grandfather, ܒܢܝ ܗܫܡ ܕܡܚܡܕ prob. *the Abbaside Caliphate*, Bahira 205. 13 but see trans. and note; Chast. 66. 6.

ܒܪ ܐܚܢܐ col. 586. *contemporary*. Add: *temporal, pertaining to time*, opp. eternal, of the B.V.M. Mar Bassus 33.

ܒܪ ܙܢܝܐ *Bar Zinayé*, cognomen of Maran Ammeh, M.Z. 209. 10, 210. 7, 8; of Ishuyabh ib. 210. 20.

ܒܪ ܐܢܥܐ col. 586. perh. Pers. كرزن, كرزين *crown of the ancient Persian kings* i.e. *fillet, diadem* h. *bandage, wrappings*, Nöld. Mand. Gram. 20 n. 2. Usually written as one word, BHGr. 1. 23. 10, pl. ib. 34. 24, ܒܪܐܕܗܐ ܘܒܪܕܗܘܗܝ *strips wound round the arms*, Gest. Alex. 129. 1 but *puttees, leggings, greaves*, opp. ܚܬܒ ܘܩܚܠ, ib. 172. 4.

ܒܪ ܙܪܥܐ *seed*, col. 587. Med. 554. 1 and often.

ܚܒܠ ܫܘܦܢܐ corr. ܫܘܦܢܐ *berries of the white alder*, Med. 140. 5/6, 141. 2, 143. 1, 3.

ܒܪ ܚܘܛܝܦ *Bar Ḥotiph*, cognomen of Mar 'Abda the younger, Chast. 44. 10.

ܒܪ ܚܙܝܙ *Bar Ḥaziz*, Chast. 48. 3.

ܒܪ ܡܫܝܠ col. 587. pr.n.m. of a bishop, ZDMG. xliii. 395. 4.

ܒܪ ܡܟܢܐ col. 587. *fennel*, Med. 554. 2, 555. 8, 575. 15, JAOS. xx. 188, WZKM. xii. 85.

ܚܠܒ ܫܩܪܐ i.q. شقرا *chick-peas*, Med. 585. 1.

ܒܪܐ ܥܝܢܐ col. 588. *a sore on the choroid tunicle of the eye*, Med. 77. 19; ܒܪ ܥܝܢܐ ܗܘ σταφύλωμα, ib. 91. 10.

ܒܪ ܥܡܐ Pers. pr.n.m. A.M.B. iv. 215.

ܒܪ ܥܘܦܐ col. 588. 3) ܒܪ ܥܘܦܐ *a baby*, A.M.B. v. 625. 3.

ܒܪ ܩܐܘܠܐ pr.n.m. founder of the monastery of Caphartuta, Chast. 8. 21, 20 ult.

ܒܪ ܟܝܠܝ *Bar Chili*, a man of Amid, Jo. Tell. 71. 1.

ܒܪ ܟܠܒܐ col. 590. *son of the Dog Anubis*, Nöld. ap. ZA. xxi. 157 in Pogn. Inscript. Sém. Nos. 6—8.

ܒܪ ܠܠܝܐ col. 590. 3) *that same night*, Kal-w-Dim. 137. 10.

ܒܪ ܠܫܢܐ col. 590. Dele "forte sit". ὑπογλωσσίς. *The under part of the tongue*, Med. 203. 17.

ܒܪ ܡܕܝܢܬܐ ܕܡܟ col. 590. *my fellow-citizen*, Sev. Ant. Vit. 90. 3.

ܒܪ ܡܘܕܝܢܘܬܐ *a fellow-confessor*, Pet. Ib. 70. 14.

ܒܪ ܡܘܚܐ *the lesser brain*, ܦܠܓܘܬ ܡܘܚܐ ܕܚܕ ܘܗܘܝܘ ܒܪ ܡܘܚܐ *the hinder part of the human brain contains the* παρεγκεφαλίς *or cerebellum*, N. Hist. vii. 1. 3.

ܒܪ ܡܘܬܒܐ col. 591. *assessor*: add: ܒܪ ܡܘܬܒܐ ܕܐܦܝܣܩܦܐ πάρεδρος, Sev. Ant. Vit. 25. 9; ܒܪ ܡܘܬܒܐ ܕܚܘܕܬܐ ܘܕܐܡܝܕܐ, Pallad. 201. 18.

ܒܪ ܡܕܡ *a King of Kashmir*, Kal-w-Dim. 272. 19.

ܒܪ ܡܢܝܢܐ ἐνάριθμος, *one of the number*, Pet. Ib. 115. 20.

ܒܪܬ ܙܘܓܐ *a spouse, a wife*, Sev. Lett. 493. 2/3; ܒܢܝ ܡܙܕܘܓܘܢ *husbands*, ib. 510. 22.

ܚܒܠ ܡܪܝܪ col. 591. *colocynth seeds*, Med. 54. 11, 198. 2.

ܒܪܢܟ Pers. برنج *an Indian or Chinese berry, strongly purgative*, Med. 306. 12.

ܒܪܢܟܣܦ perh. Pers. برنجاسپ or برنجاسف *Artemisia, mugwort*, Med. 311. 17.

ܒܪ ܫܐܘܠܐ col. 592. *mustard*, بزر خردل, Med. 602. 12.

ܒܪ ܝܗܢܦ pr.n.m. an Emir, Bar Penk. 156. 6, 11.

ܒܪ ܢܦܫܐ col. 592. *an intimate friend*, "soul-friend," Nest. Hérac. 441. 4.

ܒܪܐ ܕܫܢܝܘܬܐ (ܪܘܚܐ ܕ) *spirit of lunacy*, Charms 9. 15, 90. 6 af., 91, 1; JAOS xv. 292 pen.

(ܐܙܘܪܘܫܬ) ܒܪ ܣܦܝܕ ܙܪܕܘܫܬ from Pers. سپيد *Zarudusht, the white man = son of the white race*, Jab. 240. 6 and note.

ܒܪ ܥܡܝ *my compatriot*, Sev. Ant. Vit. 88. 3.

ܚܠܒ ܦܢܝܬܐ col. 594. *those who are disposed to believe*, Aphr. 1045. 4.

ܒܪ ܡܫܡܫܢܘܬܐ ܕܝܠܗ col. 594. *his fellow-minister*, Pet. Ib. 33. 20.

ܒܢܬ ܦܘܩܕܢܐ name for *aqua fortis*, Chimie 35. 3.

ܒܪ ܨܘܕܝ ܐܠܗܐ or ܒܪ ܨܘܕܝܠܝ (Stephen) *Bar Sudaili* the Syrian mystic, Bar Sud. 10. 1 and n.

ܒܪ ܙܘܕܐ col. 595. Add: *a chin-strap, bridle*, الزيق El. Nis. m. 36. 24.

ܒܪ ܩܘܙܒܢܐ surname of Mar Elisha who succeeded Narses as Head of the School of Nisibis, Barḥad 387. 4, Narses ed. Ming. 35. 18.

ܒܪ ܩܘܡܪܐ pr. n. m. founder of a monastery in Mosul, Chast. 32. 3.

ܒܪ ܫܒܬܐ Bar Šabta, a follower of Apollinaris, Nöld. F. S. i. 477.

ܒܪ ܫܘܪܐ col. 598. *a glacis, rampart* ܫܘܪܐ ܘܒܪ ܫܘܪܐ ܥܠܝܐ, Nest. Chrest. 92. 133.

ܒܪ ܫܠܡܗ *the companion of his peace = his fellow monk*, Pet. Ib. 45. 7.

ܒܪ ܫܢܝܐ (ܒܪ ܫܢ̈ܝܐ) Habiba *Bar Shenaye* of Bethkoka, M.Z. 215. 3.

ܒܪ ܬܐܓܘܪܬܐ *engaged in the same profitable undertaking* = martyrdom, A.M.B. v. 349.

ܒܪܬܘܬܐ f. *sonship*, BH. in Rom. viii. 19.

ܒܪܐ col. 600. *to create.*

ܒܪܘܝܐܝܬ *creatively*, ܗܘ ܐܝܬܘܗܝ ܥܠܬܐ ܒܪܘܝܐܝܬ *He is the creative cause*, Card. Thes. 69. 7.

ܒܪܝܬܢܝܐ *pertaining to the Creation*, ܩܢ̈ܝܢܐ ܒܪܝܬܢ̈ܝܐ *created things*, Op. Nest. 123 ult. in Gen. 1. 2.

ܡܬܒܪܝܢܘܬܐ col. 602. *that which can be created*, ܦܪܘܫܘܬܐ ܕܡܬܒܪܝܢܘܬܐ ܢܩܦ, Nest. Hérac. 87. 16.

ܒܪܒܘܪܝܢܐ col. 602. ܒܪܒܘܪܝܢܘ a Gnostic sect, Coupes ii. 115; the followers of Simon Magus, Theod. Mops. in Jo. 327 ult.

ܒܪܒܪܝ col. 602. Ar. بربري prob. *Be Rberri* in Gawar, Pers. Mart. 222 n., Badger Nest. i. 397.

ܒܪܒܪܝܩܘܢ βαρβαρικόν, *the foreign drug*, a purgative, Med. 365. 13.

ܒܪܒܪܝܣ Arab. أنبرباريس *Berberis frutex*, *the Barberry*, ܥܩܒܬܐ ܕܒܪܒܪܝܣ, Med. 505. 11.

ܒܪܓܕܢ prob. Pers. كرگدن *rhinoceros*, Gest. Alex. 211. 15.

ܒܪܓܘܕܐ col. 603. *a currycomb.*

ܒܪܓܒܪܐ perh. corrupt for Μεγάβαρδοι, an Ethiopian tribe, Anecd. Syr. iii. 330. 3.

ܒܪܕܐ a drug, Med. 468. 2.

ܒܪܕܘܣ a monk of Mt. Izla, Iso. iii. ed. Duval 22. 13.

ܒܪܕܘܢ *the plank* or *wheel* of a threshing instrument, ܡܓܪܬܐ ܐܘ ܒܪܕܘܢ ܕܪܝܫܐ, Op. Nest. 112. 15 on Amos ii. 13.

ܒܪܕܝܠܐ a medicinal plant, Med. 571. 7.

ܒܪܕܥܗ col. 604. Ar. برذعة Armenian Partav, *Barda'ah* North of the Araxes, Syn. Or. 620 and note.

ܒܪܗܡܢܐ m. pl. *Brahmins*, Kal-w-Dim. 374. 19. Usually written ܒܪܚܡ̈ܢܐ.

ܒܪܗܪܡ see ܒܗܪܡ Suppl. *Bahram*, Dion. Ined. 65. 7, Warda 166 *v*.

ܒܘܪܐܢ correct ܒܘܪܐܢ (col. 475) *Boran* wife or sister of Šeroi, son of Chosrau Parvez, Sassanidi and Nöld. trans. 32 nn. 4 and 5.

ܒܪܘܐܪ *Berwar*, a district of Kurdistan. Title of the Hymns of Sabrishu, J. As. 1907, 389.

ܒܪܘܓܐ a village South of the Great Zab, S. Maris 31. 8.

ܒܪܘܕܝܩܛܘܪ προδέκτωρ, one of the Imperial Life Guards, Mart. Luc. ed. Nau 162. 2 = R. O. C. iii. 162. 2.

ܒܪܘܙܐ see ܒܪܙܘܙܐ.

ܒܪܘܟܝܘܢ *the Bruchium*, a quarter of ancient Alexandria, Epiph. 18. 1.

ܒܪܘܡ *Barom*, a village in Beit Garmai, i.q. ܒܝܬ ܩܘܡ A. M. B. ii. 679. 5 = Pers. Mart. 78 n. 710.

ܒܪܘܡ ܚܘܣܪܘܐܢ *Barōm Ḥusrawan*, an estate in Beit Garmai, Mon. Syr. ii. 67. 5 = Pers. Mart. 49 and n.

ܒܪܘܡܠܝܐ col. 607. the Roman *brumalia*, h. any feast day. ܥܐܕܐ ܕܒܪܘܡܠܝܐ, var. ܒܪܘܡܠܝܐ and ܒܪܘܡܠܝܐ Sev. Ant. Hymns 35. 3, pl. ܥܐܕ̈ܐ ܕܒܪܘܡܠܝܐ ib. 715 tit., C.B.M 341 *a*, 342 *b*.

ܒܪܝܢܐ pr.n.f. *Bryenne*, A.M.B. v. 614. 17, ܒܪܝܘܢܐ ib. 1. 14.

ܒܪܡܦ corrupt for χρυσοῦν (ἔριον) *golden wool*, Natur 57. 12.

ܒܪܘܩܐ *Baruqa*, a village and monastery, Chast. 45. 1, 11, 61. 18.

ܒܪܘܡܐ place-name, Doc. Mon. 216. 12.

ܒܪܙܐ for ܒܪܐܙܐ *a corn-chandler*, Dion. 234. 18.

ܒܪܚܣ or ܒܪܚܝܣ name of a city, Kal-w-Dim. 148. 8.

ܒܪܛ col. 608. Pa. ܒܪܛ ult. of par. ܦܪܩܥܝ—ܕܐܝܛܪܐ ܘܒܪܛܫܡ Lat. *micare digitis*, *to hold some of the fingers up suddenly for another to guess how many;* this was a game and also a way of settling doubtful matters, Jac. Edes. Can. 27. 20. Ettaph. ܐܬܒܪܛ *to be clear, manifest*, BH Chr. Eccl. 3 pen.

ܒܪܝܐ m. *a he-goat*, ref. Kal-w-Dim. ed. Bick. 69. 7.

ܒܪܝܣܡ perh. misspelt. a bishopric of the province of Adiabene, probably identical with ܐܪܒܝܣܡ and ܐܪܒܠܘܣ, ZDMG. xliii. 402. 4, 404. 5, 406. 13 = Syn. Or. 332 n. 3, ib. 89. 24, 110. 21, 214. 13.

ܒܪܝܡܘܢ usually ܒܪܝܘܬܐ *Beyrout*, C.B.M. 725 a.

ܒܪܝܛܢܐ *Britain*, A.M.B. iv. 318. 3.

ܒܪܝܣܦܝܘܬ name of a river = بهروز *azure crystal*, Gest. Alex. 204. 14.

ܒܪܘܢܝܩܐ pr.n.f. *Veronica*, Stud. Syr. ii. 9. 2.

ܒܪܣܘܣ pr.n.m. ZDMG. xliii. 396 ult.

ܒܪܣܠܘܣ pr.n.m. A bishop present at the Council of Isaac, 410. Syn. Or. 34. 14, 36. 10, ZDMG. xliii. 395. 6.

ܒܪܝܥܝܡ col. 609. *fasting*. See under ܨܘܡܐ, ܨܘܡ.

ܒܪܟ col. 610, 8 of par. correct ܚܩܦܠܐ for ܚܩܦܠܐ. Pael ܒܪܟ l. 10 of par. Rit., E.-Syr. The ejaculation ܒܪܟ ܡܪܝ *Bless, O my Lord* is used at the beginning of daily service and in the Liturgy at the beginning of the Eucharist proper, Takhsa 11. 4. Often written as one word, ܒܪܟܡܪܝ Qdham W. 34. 13; Brev. Ant. i. 53 b 5; ܐܡܪܝܢ ܒܪܟܡܪܝ, Brev.

Chald. i. 2 med. Also ܒܪܟܡܘ *the Benedicite*, O all ye works of the Lord, *bless ye* the Lord, Brev. Chald. i. 36. twelve times ff., ܠܐܚܕ ܡܪܚܒܐ ܘܒܪܟܡܘ *the first verse of the Benedicite*, ib. 9 af.; 37. 15.

ܒܪܟܣܐ βραχεῖα, *short* accent, Epiph. de Mensuris 7. 6.

ܒܪܟܡܢܝܐ m.pl. *Brahmins*, Chron. Min. 356. 22, ܒܪܟܡܢܐ l. 24. Usually spelt ܒܪܟܡܢܐ col. 615.

ܒܪܡ particle, col. 615. The quotation 10 af. to 616. 7 is BH Gr. i. 168. 21. Col. 616. 6 correct ܩܢܦܟܐ *expressing doubt* for ܩܘܡܐ.

ܒܪܡ verb col. 616. Add: for Heb. המם Hex. Aq. Jer. li. 34, Ps. xviii. 15.

ܒܪܡܬܐ *gnawing*, of anger, Sev. Lett. 227. 17.

ܒܪܡܚܐ col. 617. Dele par. It is given under ܚܡ Thes. and Suppl.

ܡܝܡ ܒܪܡܚܘܬ ܟܠܗܝܢ ܒܪܡܚܘ what? ܘܒܪܡܬܗ Charms 23. 17.

ܒܪܡܚܐ m. pl. *Brahmins*, Kal-w-Dim. ed. Bick. 99. 9, 14, 100. 4 &c. See ܒܪܟܡܢܝܐ above.

ܒܪܢܓ Pers. برنج *rice*, ܘܒܪܢܓ ܠܓܘ *inner part of rice*, Med. 215. 5, 430. 4, 9.

ܒܪܢܓܣܪ Pers. برنج+سر, a medicine which promotes the discharge of phlegm, Med. 311. 17.

ܒܪܣܠܐ a church in Khuzistan, perh. ܒܪ ܣܠܐ, Syn. Or. 79. 12 and 667.

ܒܪܢܝܦܐ a bird; perh. Pers. شاهينقا *the royal white falcon*, Natur 25. 2, trans. 50 and n.

ܒܪܢܫ denom. verb from ܒܪܢܫܐ, see col. 582 and supra.

ܒܪܣܬܢܝܣ *Borysthenes*? Gest. Alex. 193. 13.

ܒܪܣܡܐ col. 617. See Ar. Pfln N. 279.

ܒܪܣܡܗ Ar. برسام *pleurisy*, Dion. 216. 2.

ܒܪܬܟܝ *to quiver* as a fish, ܡܒܪܬܟܝ ܐܝܟ ܢܘܢܐ, BA. under ܒܪܬܟܝܘܬܐ col. 785; ܡܒܪܬܟܝ. ܡܒܪܬܟܝ ܓ with the same gloss. as BB. has under ܚܪܐ. See col. 617.

ܕܙܝ col. 618. *to hit, pierce* as an arrow or spearhead, add: M.Z. 6. 4. Metaph. ܕܘ ܠܐ ܕܙܝܐ ܠܟ ܥܩܬܐ *sorrow can lay no hold on thee*, Is. Ant. ii. 252. 14; Apis ܡܣ 16; ܡܕܘܝܐ ܠܐ ܕܙܝ ܕܘ, Jul. 57. 12. Ethpe. ܐܬܕܙܝ *to be penetrated, perforated*, ܐܬܕܙܝܬ ܒܕܟܝܘܬܗ ܕܡܪܝܐ Med. 156. 15.

ܕܙܘܬܐ col. 618 f. Ar. برص *white leprosy*, Caus. Caus. 42. 16.

ܡܕܙܝܐܝܬ col. 618. *clearly*, ܐܝܟ ܡܕܙܝܐ ܒܗ, Syn. Or. 149. 22.

ܕܨܚ col. 618. *to shine, flash.* Add: ܕܨܚ ܘܐܕܨܚ ܐܝܟ ܕܨܚܐ *Barak who flashed forth like lightning*, Ephr. ed. Lamy iii. 233. Pael ܕܨܚ *to shine, flash*, ܗܘ ܡܕܚܠܐ ܘܡܕܨܚܢܝ "minerai d'or des polisseurs," Duval, Chimie 4. 4 and trad. 8 or *minerals which shine*. Aph. ܐܕܨܚ *to make flash, to make to shine*, NB. construction ܘܗܘ ܐܕܨܚ ܦܪܨܘܦܗ ܕܡܕܨܚ ܗܘܐ *whose countenance sent forth light*, A.M.B. v. 546. Ettaph. ܐܬܬܕܨܚ *to shine*: *to be dazzled*, ܐܬܬܕܨܚܘ ܪܥܘܬܐ ܒܫܘܒܚܐ ܐܠܗܝܐ *the shepherds* (at Bethlehem) *were dazzled by the divine glory*, Sev. Ant. Hymns 6.

ܕܙܘܡܐ *a sudden pain*, ܟܐܒܐ ܕܙܘܡܐ *lumbago*, ܟܦ ܫܠܝܡܘܢ ܘܕܙܘܡܐ ܕܙܘܡܐ ܐܚܕܗ *Solomon stooped and a sudden sharp pain took him in the back*, Charms 8. 9, 14, Protection 84. 1.

ܕܙܦܐ col. 619. 1) *a wizard, poisoner*, ܣܚܪܐ ܚܟܡ ܕܙܦܐ Ephr. ed. Lamy ii. 419. 22; id. Ref. i. 120. 46. 2) *electric*, ܢܘܢܐ ܕܙܦܐ *the electric ray, torpedo*, Lexx. under ܣܦܢ col. 2470.

ܕܙܦܐ pl. m. *gravel, grit*, Chimie 37. 12. ܕܙܦܐ ܕܩܨܪܐ *fuller's earth*, Lexx. under ܚܠܒܐ, col. 1611.

ܕܙܦܢܐ col. 619. *thunderous, sultry.* Add: ܫܡܝܥܬܐ ܕܡܪܥܝܢܐ ܐܘ ܕܙܦܢܐ, N. Hist. v. 4. 1.

ܕܙܡܥܐ pr.n.m. an E. Syr. bishop present at the Council of Jaballaha A. D. 420, ZDMG. xliii. 395. infra.

ܚܡܨܐ *a village*, col. 622. Refs. Pers. Mart. 224; Hist. Mon. i. 136. 12; Mar Bassus 125.

ܚܡܡܐ i. q. ܚܡܡܐ col. 623. *Ruta sylvestris, wild rue*, Ar. حرمل Med. 54. 12, 55. 20, 56. 8; ܐܘܟܠ ܘܚܡܡܐ ܘܣܐ ܣܦܚܠܐ, ib. 468. 2; ib. 559. 4, 570. 23; JAOS. xv. 194. 14; WZKM. xiii. 10.

ܚܡܨܬܐ *gleaning*; *a scholar in time of harvest must not neglect his work and go out to glean for greediness*, ܚܡܨܐ ܣܐܘܢܘܬܐ ܟܠܝܗ ܒܗܘܢ Stat. Schol. Nis. 29. 9, 191. 19 = Giorn. Soc. Asiat. Ital. iv. 191.

ܚܡܫܣܦ pr. n. m. Pers. بشت اسب *Bashtasp* i. q. Vishtasp, Barhad. 365. ult.

ܚܢܐ col. 622. Pa. ܚܢܝ *to clarify honey by means of hot water*, ܚܢܝ ܘܐܕܚܐ, Med. 146. 14; ܘܐܕܚܐ, l. 14; 148. 18.

ܚܢܝܠܐ add: *preparation, adaptation*, ܡܪܒܥܬܐ ܕܚܢܝܠܐ ܘܙܘܥܐ ܕܩܝ ܫܓܝܫܘܬܗ B.B. under ܕܗܠ col. 2079.

ܚܢܟܠܐ f. *pottage*, DBB. 45. 23 under ܐܦܘܚܬܐ.

ܕܒܬܘܠܐܝܬ ܐܬܝܠܕܝܢ col. 625. *virgin-born*, Philox. ed. Guidi 478 a 21.

ܕܒܬܘܠܐ adj. *virgin*, ܕܝܠܐ ܕܒܬܘܠܐ παρθενικός, AKGW. 1904, 25. 25.

ܡܒܬܘܠܘܬܐ f. *deflowering*, N. Hist. vii. 1. 3 infra.

ܕܟܝܐ col. 625. Rit. *the second half of a choir, with us the Cantoris*, Qdham W. passim.: see ܕܚܠܦ ܡܝܢ Suppl., Brev. Chald. i. tit., ܚܦܘܢܠܐ ܘܕܟܝܐ ib. 8. 11, 22. With verbs: col. 626 ܐܗܦܟ *to turn back, defeat*, ܐܚܕܘ ܪܬܚܘܢܗܘܢ ܕܚܟܝܘ ܡܗܘܝ ܗܘܐ Philox. 103. 14.

ܕܟܬܢܐ *subsequent*, BB. under ܢܡܝܢ col. 1002.

ܕܟܬܢܘܬܐ col. 628. Add: *posteriority, inferiority*, ܕܟܬܢܘܬܐ opp. ܐܕܡܢܘܬܐ ܕܠܢܟܠ But. Sap. Theol. 1. 5, N. Hist. iv. 1.

ܕܠܐܘܣܦ βατράχιον, *copper treated with sulphur*, "malachite dorée ou chrysocolle," Chimie 16. 9. See ܚܪܙܐܣܦ Suppl. above.

ܚܕ

ܚܕܘܬܐ col. 631. Pl. ܚܕܘܬܐ *delights, joys*, Caus. Caus. 186. 10; Ephr. ed. Lamy iii. 27.

ܚܕܘܬܢܝܐ *glad, delightful*, BHGr. i. 37. 13.

ܓܘܡܐܪܐ Γουμάρα, *an isle in the Red Sea*, Jac. Edes. Hex. 20. 8.

ܓܐܘܡܛܪܝܩܐ col. 632. Add: ܓܐܘܡܛܪܝܩܐ ܚܕܡ, *to geometrize*, BHGr. i. 47. 18.

ܓܐܙܝܐ *inhabitant of Gaza*, Epiph. 5. 19.

ܓܐܝܢ *Gayan*, *founder of a monastery in Kashkar*, Chast. 69. 21.

ܓܐܝܘܣ G.l.i.s. *who? of Pisidia, a Father cited in a letter from Andrew of Samosata to Rabbula of Edessa*, Or. Xt. i. 180. 9 af.

ܓܐܡܐ col. 634. infra. *an ape*, ref. ܓܐܡܟܬܐ, Med. 335. 8.

ܓܐܡܘܐ *Gamua, a village in Mt. Izla*, BHChr. Eccl. 215. 20.

ܓܐܡܛܪܝܘܬܐ Ephr. Ref. ii. 31. 36 for ܓܐܘܡܛܪܝܩܐ *geometry*.

ܓܐܢܓܣ var. ܓܐܢܓܝܣ, *the Ganges*, Jac. Edes. Hex. 26. 10.

ܓܐܢܓܪܐ *Gangra in Paphlagonia*, Diosc. ed. Nau 76. 7.

ܓܐܢܛܝܢܐ mis-print for ܓܐܢܛܝܐܢܝ γεντιανή, *gentian*, Chimie 7. 12.

ܓܐܪ see ܓܪ.

ܓܐܙ, ܓܐܙܐ col. 767. Add: ܓܐܙܐ *the spines of a hedgehog*, Natur 9. 2.

ܓܐܙܢܝܐ *Echinidae*, Fisch N. n. 50.

ܓܐܪܘܡܐ col. 635. infra. Duval suggests πλήρωμα, but *detritus*, or *conglomerate*, perh. ἄγυρμα, Caus. Caus. 183. 12.

ܓܐܪܘܢܛܝܘܣ col. 636. *Gerontius, Prior of the monastery on the Mt. of Olives*, Pet. Ib. 31. 2.

ܓܐܪܡܢܝܐ *Germania, Germany*, Jac. Edes. Hex. 32. ult., 34. 7.

ܚܕܐ Pael pass. part. col. 637. ܡܚܕܐ, ܡܚܕܝܐ *select*. ܣܘܡܣܘܢܐ ܘܡܚܕܐ ܡܢ ܐܚܕܐ *select passages* or *Selections from Synods*, Journ. As. 1906, 57 pen.

ܚܕܬܐ Pers. كف *foam, scum*, ܢܚܕ ܘܢܚܕ *cuttle-bone*, Med. 559. 2 marg. note to ܢܚܟܐ.

ܓܕܘܠܐ col. 640. *Gabula*. Add: now *Jabul, on the Euphrates, a village halfway between Kennešrin and Balisa. It is* 110 *stades to the E. of Chalcis*, Or. Xt. ii. 280, No. 3; Sev. Ant. Vit. 320. 3, 321. 7.

ܓܕܘܠܐ pr.n.m. *Mar Gabula, Mar Bassus* xii. Syr. 5.

ܓܕܝܬܐ Γαβιθά, *nr. Damascus*, C.B.M. 710 a, Doc. Mon. 215. 17, ZDMG. xxix. 78. f., 430.

ܓܕܠ Ethpe. ܐܬܓܕܠ col. 641. *to be fabricated*, ܢܒܝܘܬܐ ܘܡܬܓܕܠܐ *a fictitious prophecy*, Nest. Hérac. 374, quoted Pléroph. 7. med.

ܓܕܠܬܐ col. 641. Add: *pretence*, ܘܒܡܣܒ ܒܐܦܐ ܘܓܕܠܬܐ, Sev. Ant. Hymns 153.

ܓܕܝܠܐ col. 642. 14 of par. Correct ref. to Rom. ix. 20.

ܓܕܘܠܐ ܡܓܕܠܢܐ col. 642. ܣܒܠ *formative force*, N. Hist. vii. 5. 1.

ܡܓܕܠܢܘܬܐ f. *formation* (pass.), *the being formed*, ܓܕܠܬܐ ܢܦܠܬܐ *the formation of drops* from moisture in the air, N. Hist. v. 1. 3.

ܓܕܡ. ܓܕܡܐ col. 643. 2) add: *a cake of figs*, ܣܘܩܠܒܝ. ܩ. ܓܕܡܐ ܕܚܬܝ ܚܦܫܬܐ, Op. Nest. 97. 7 in 1 Sam. xxv. 18.

ܓܕܥܘܢܝ col. 644. *Gibeonite*, ܓܕܥܘ ܡܢ ܡܕܝܢܐ ܕܓܕܥܘܢܐ *Cyril quoted by BA. in* Luc. xvi. 20.

ܓܕܙ, ܓܕܙܐ col. 644. ܓܕܙܐܝܬ *in a masculine manner*, Pelagia 2. 6; ܠܓܒܪܐ, ib. 10. 14; ܡܠܠܬ ܚܡܣ ܓܕܙܐܝܬ, ib. 11. 13.

ܓܕܪ col. 647. denom. verb from ܓܕܪܐ. Pael conj. ܓܕܪ *to strengthen, invigorate*, ܘܓܕܪ ܡܢܗ ܘܡܣܠܐ ܠܗ ܠܣܡܐܠ Patr. Or. iii. i. 107. 6, 114. 4. Ethpa. ܐܬܓܕܪ with ܒܩܐ, *to be fortified, braced*, ܡܬܓܕܪ ܘܓܒܣܠ ܠܚܘܐ ܣܘܡܟܢܐ, ib. 113. 11.

ܓܼܒܼܰܪ Palal conj. *to act valiantly*. Participial adj. ܡܓܒܪܢܐ *doing great and wonderful works*, ܣܥܪ ܡܓܒܪܢܐ, Warda 126 v.

ܐܬܓܒܪ denom. verb Ethpalel conj. from ܓܒܪܘܬܐ *to boast, brag*, ܐܬܓܒܪ ܘܠܐ ܡܣܬܒܠ *he bragged immoderately*, BH Gr. i. 48. 19; Tekkaf 36. 187.

ܓܒܪܢܐ col. 647. *strong, thick*, ܩܕܡܘܗܝ ܓܒܪܢܐ ܘܥܒܝܐ *the plant* ܫܡܥܐ *has thick, broad leaves*, Med. 599. 20, 600. 18.

ܡܓܒܪܢܐ *invigorating*, ܘܐܡܪ ܡܓܒܪܢܐ ܗܘ ܘܡܥܦܐ, BH. in Koh. 7. 3.

ܓܒܘܪܐ ܓܒܪܐ *Gabbare* in Beit Rushmé, Chast. 62. 3, 13.

ܓܒܪܘܢܐ *Gabrona*, founder of the monastery of Shmona, Chast. 15. 3, 32. 18; A.M.B. iii. 473. 1.

ܓܒܪܐ Pers. کبر *a Gueber, fire worshipper*, ܘܓܒܪܬܐ ܐܘ ܓܒܪܐ, A.M.B. ii. 576, 559, n. 5.

ܓܕ col. 650. Act. part. ܓܐܕ *erect, lofty*, Ephr. ii. 457 A.

ܓܕ, ܓܕܐ col. 649. *fortune*. L. 10 of par. ܩܝܡܬ ܒܓܕܐ ܕܢܘܪܐ *by Fortune of Fire I have sworn to you*, Nars. ed. Ming. ii. 402. 18. *A statue of Fortune*, ܨܠܡ ܟܠܐ ܕܓܕܐ, Jac. Sar. Hom. iii. 796. 9; ܐܕܟܪ ܓܕܗܘܢ ܕܟܠܗܘܢ ܓܕܐ, ib. 800. 16; 804. ult.

ܓܕܕܐ col. 652. *wormwood*. Metaph. *bitterness*, ܕܘܘܢܐ, Probus 72. 4.

ܓܕܘܕܘܬܐ col. 653. *boyhood*; ref. ܓܕܘܕܐ ܨ ܓܕܘܕܘܬܐ ܘܣܟܠܘܬܐ ܕܛܠܝܘܬܐ, Gest. Alex. 24. 2.

ܓܕܝ name of a river on the borders of Andrion, BH Chr. Eccl. 671. 2. Andrion is not identified. Variants ܓܕܝ and ܐܘܕܝܘܢ.

ܓܕܝܣܘܥ from גד a Syrian god, Pr. n. m. of a fourth century martyr, ZDMG. xlii. 474, B.O. i. 12 b, Wright's Martyrol. 10.

ܓܕܝܕܐ col. 653. Add: *a strait*, ܓܕܝܕܐ ܕܒܘܣܦܘܪܣ *the Bosphorus*, El. Nis. Chron. 184. 26.

ܓܕܠ col. 653. *to wreathe*, ܬܢܢܐ ܓܕܝܠ *smoke ascends in wreaths*, Ephr. Ref. ii. 35. 24 but cf. ܓܠ. Pass. part. ܓܕܝܠܐ *over-full, running over*, ܗܘܠܐ ܡܕܡܝܐ ܠܟܝܠܬܐ ܕܓܕܝܠܐ ܣܒ ܡܕܡܝܐ ܡܥܕܐ Gr. ὑπέργομος, i.e. $1\frac{1}{4}$ bushel, Epiph. 4. Ethpaual ܐܬܓܕܠ *to be over-full, stuffed*, ܐܬܓܕܠܬ ܘܐܡܠܝܬ, Anecd. Syr. ii. 209. 8.

ܓܕܘܠܐ col. 655. *a weaver*, ܓܒܪܐ ܓܕܘܠܐ ἔργον πλοκῆς, Hex. Ex. xxviii. 14.

ܓܕܠܬܐ col. 635. *goddess of weavers*, ܐܠܗܬܐ ܓܕܠܬܐ, Is. Ant. i. 214. 4; Wellhausen, Skizzen iii. 28.

ܡܓܕܠܐ *twisted, turned*, ܫܫܠܬܐ ܠܐ ܡܓܕܠܬ ܚܣܝܢܐܝܬ *a golden chain not twisted of many strands*, BH Gr. i. 14. 19.

ܓܕܡ col. 657. Act. part. ܓܕܡ ܡܛܠܩܐ *mélange pour obtenir un bronze tranchant*, Chimie 97. 2.

ܓܕܡ correct ܓܕܡܐ ܐܣܝܪ ܠܚܕܐ. ܓܕܝ ܓܕܡ ܛܒܐ ܡܪܝܡܐ ܘܡܣܝܟܐ *He* (being) *Good decreed good for the beginning, middle, and end*, Mon. Syr. ii. 36. 13.

ܓܕܦܐ col. 659 infra. Löw corrects to ܓܕܘܦܐ i.q. ܣܠܒ *an eel*, Ar. Pfln N. 96 f.

ܓܕܘܪܐ Arab. غدير *a cistern*, ܓܕܘܪܐ ܒܓܘ ܨܕܘܗܝ ܘܐܡܪ ܠܝܗܘܢ *magical uses of Psalms*, Kays. in Ps. xxxiv, ZDMG. xlii. 458. 4.

ܓܕܫܐ col. 660. ܓܕܫܐ usually *a heap of corn*. *A haystack*, ܘܐܝܟ ܓܕܫܐ ܕܣܥܪܐ ܓܕܝܫܐ, Anecd. Syr. ii. 319. 19.

ܓܕܫܢܘܬܐ f. *contingency; fortuitousness*, Is. Ant. B. 175. 3 af., But. Sap. Isag. i. 5, Theol. 2. 3, N. Hist. viii. 1. 4: see under ܡܫܬܟܚܢܘܬܐ.

ܓܗܐ Aph. ܐܓܗܝ 2) *to be quit of, to get rid of*, with ܡܢ of the pers. ܐܓܗܝܘ ܡܢܗܘܢ ܘܐܬܟܚܕܘ ܡܢ ܚܠܕܐ, BH Chr. 176. 4 af.; Ephr. ed. Lamy iii. 545.

ܓܗܝܬܐ f. col. 662. ܓܗܝܬܐ ܕܡܢ ܟܪܝܗܘܬܐ *relief from sickness*, Med. 147. 14.

ܓܗܢܘܬܐ f. *escape, freedom*, ܓܗܢܘܬܐ ܕܓܘ But. Sap. Theol. 2. 3.

ܓܙܪܐ Pers. جزر *a carrot*, Med. 266. 7, 11.

ܓܗܢ or ܓܗܢ col. 663. fut. ܐܓܗܘܢ κύψας, lit. *that I should stoop*, Jacobite reading Mark 1. 7, Studia Biblica, Oxon, iii. 68.

ܨܠܘܬܐ *a prayer said by the priest with bowed head and in a low voice*, ܐܢܐ ܕܘܢܐ ܟܢܫܢܐ ܟܘܢܟܐ ܘܡܝܬܫܐ ܝܣܐܡܝܕ, Takhsa 10 ter; pl. ܟܢܘܬܐ l. 13; 14. 4, 15 and often; ܚܘܠܐ ܟܢܘܬܐ, Can. Jac. Edes. 7. 11.

ܟܗܐ col. 664. *to see indistinctly, have dulled sight*, metaph. add: ܐܚܟܡܬ ܚܘܙܡܝ ܬܡ ܕܓܡܫܐ *the impulses of the soul could no longer perceive what is right*, Jac. Sar. Hom. iii. 817. 19.

ܟܗܝܘܬܐ col. 665. *suffusion of humours over the eye, dim sight, mistiness*, Med. 14. 20, 21. 10, 24. 16, 45. 4; ܟܢܝܗܐ ܕܟܗܝܘܬܐ ib. 72. 17, 20, 73. 16, 74. 9.

ܓܗܪܐ Jebel Gara or Ghara, five hours SE. of Amadia, Badger, Nestorians 1. 254; A. M. B. i. 414.

ܓܘܐ, col. 666. with preps. Add: ܬܫܡܠܢܐ ܬܡ ܠܓܘ ἔμπειρος, Galen. 265. 3; ܬܡ ܠܓܘ *by means of*, Ined. Syr. 4 antep. 4th par. add: ܓܘܐ ܕܒܥܕܟܣܘܡ *pulp of Citrullus colocynthus, the bitter gourd*, Med. 49. 1, 13; ܓܘܐ ܕܟܣܦܐ *crumb of bread*, under ܟܣܘܣܘܡ and ܟܣܡ, DBB. 1588. 7, 1589. 5 and Thes. col. 3188. L. 19 af. *convent, monastery (the buildings)* ܚܘܠܐ ܕܓܘܐ, Chast. 41. 7; ܬܘܐ ܕܬܥܟܕ ܕܓܘܐ, Hist. Mon. i. 47. 16. L. 15 af. ܓܘܐ *general*, ܟܢܘܬܐ; ܕܓܘܐ *general advantage*, ZDMG. xxiv. 268. 2; ܕܓܘܐ ܟܢܬܐ *general rules, principles*, ib. xxxix. 244. 17.

ܓܘܒ col. 667. *to penetrate*; ܬܗܒܠ ܡܢܐ ܠܐ ܓܘܒܬ ܡܓܕ ܟܢܦܬܗ *why did you not cut out his tongue by the roots*, A. M. B. iii. 271 ult.

ܓܘܒܐ col. 668. 2) m. pl. *eunuchs*; ref. Pers. Mart. p. 13, n. 89 = A. M. B. ii. 19. 1 where Bedj. has ܓܟܡܐ and so wherever Pers. Mart. pp. 14, 15 has "Verschnittener."

ܓܘܒܐ Pers. كوى and كوريك *a button, buttonhole. A girdle, drawers*, Jab. 546 = Pers. Mart. 1011.

ܓܘܒܐ, ܓܘܒܐ col. 669. 8 of par. Rit. *ferial*, ܓܘܒܐ ܕܩܕܝܫܘܬܐ "*Pars communis*," *ferial section*, Brev. Ant. i. tit. ܠܩܡܠܐ ܕܓܘܒܢܫܐ ib. Index; *the Commune Sanctorum*, ib. 164,

ii. 343 *a* ult. and 5 af., 346 *a* 3 af., 362 *a* 5; ܟܢܘܬܐ ܐܡܝ ܚܒܝܪ ܠܡܥܡܕܐ ib. 498 *b* 11; 517 *b* 8.

ܓܘܒܢܘܬܐ f. col. 669. *association, fellowship*, ܓܘܒܢܘܬܗܘܢ ܘܫܘܬܦܘܬܗܘܢ N. Hist. viii. 2. 1.

ܓܘܒܥܢܘܬܐ f. *penetration*, ܚܡܝܪܐ ܡܥܡܩܘܡܐ ܘܡܒܠܚܘܡܐ AKGW. vii. (1904) 4, 54. 2.

ܓܘܒ col. 669. Ettaph. ܐܬܬܓܝܒ *to be answered*, ܡܢܡ ܠܐ ܐܬܬܓܝܫܬ *I received no answer*, Or. Xt. i. 308. 13.

ܡܓܝܒܢܘܬܐ ܕܡܠܚܕܝ col. 670. *a reply to your letter*, Hippoc. xxii. 4 a f.

ܓܘܒܐ *a pit, cistern*. col. 670. 26 of par. dele "*vas, hydria.*"

(ܐܙܠ?) ܓܘܒܐ col. 671. Add refs. Jac. Edes. Chron. Can. 575, antep., 578. 4 af., Ant. Patr. 301. 5 af., BHChr. Eccl. 337. I. q. ܐܙܠ? ܓܘܒܐ ܕܡܘܙܠܐ, C.B.M. 712 b, Chron. Min. 254. 23, Doc. Mon. 221. 16 = ܐܙܠ ܘܓܒܐ l. 22.

ܓܘܒܐ col. 671. *a Gubbite, inhabitant of* ܓܘܒ or ܓܘܒܐ ܓܒܝܠܐ; R. O. C. 1911, 309. Syr. 6 af., i. q. ܓܘܒܝܐ. See preceding article.

ܓܘܒܝܕܐ (ܡܥܓܕܘ) pr. n. m. *a friend of* Marutha, Patr. Or. iii. i. 71. 5.

ܓܘܒܝܕܪܐ Gubidara, *a fort*, BHChr. Eccl. 599. 14.

ܓܘܒܙܐ Arab. غبيراء *Sorbus domestica, the Service-tree*, BB. under ܚܙܘܪܐ col. 1814.

ܓܘܕܐܣܘܣ and ܓܘܕܣܘܣ *gypsum*. I. q. ܓܘܕܐܘܐ, Chimie 4. 13. Written ܓܘܣܡ col. 687, ܓܣܡ col. 765.

ܓܘܕܢܒܘ pr. n. m. Pers. A. M. B. iv. 142.

ܓܘܓܐ col. 672. *perhaps moaning*, ܚܓܘܓܐ, ܐܙܠ? ܡܢܕܐ ܕܐܚܡܢ ܘܐܚܒ, Anecd. Syr. ii. 284. 15.

ܓܘܓܝ col. 672. *to chirp*. Act. part. ܓܓܝ ܝܣܘ ܘܓܓܝܬܐ *a child crowing and laughing*, Hist. B. V. M. 58. 7.

ܓܘܓܝ Gugi, *a personage of Manichaean cosmogony*, Coupes ii. 112 pen.

ܓܘܓܝ col. 672 infra. f. *a spider's web, cobweb*, pl. ܓܘܓܝܬܐ Doc. Mon. 41. 17.

ܚܘܿܩܢܵܐ a numerous Kurdish tribe, ܠܗܘܿܩܢܹܐ ?ܚܘܿܡܵܢܵܐ ܗܘܲܬ݂, ܘܲܐܚܩܕ݂ܟܹܐܠ, But. Sap. Pol. 1. 3 infra.

ܚܘܿܡܵܢܵܐ, ܚܘܿܡܘܵܐ the retina, N. Hist. vii. 1. 2.

ܚܘܿܡܵܢܵܝܵܐ netlike, webbed, ܩܡܟܐ ܚܘܿܡܘܵܢܵܐ ܘܐܼܡܝܕ the nautilus has a thin web between its feet.

ܚܘܿܓ݂ܡܵܠ Goghmal, an estate in the valley of Marga, Hist. Mon. I. 164. I.q. ܚܘܿܡܓ݁ܐ q.v.

ܚܘܿܕ݂ܢܵܡ a purgative, ܚܘܿܕ݂ܡܵܢܐ?, Med. 361. 8; ܚܘܿܕ݂ܢܵܡ ܐܐܼܡܲܚ ܪܝܼܠ, ib. 393. 5.

ܚܘܿܕ Arab. جواد swift, name of a horse, Kal-w-Dim. 335. 2, 339. 4.

ܚܘܿܕܐ, ܚܘܿܕܵܐ? col. 674. 3. a choir, Takhsa 52, 147. 5; ܚܘܿܕܵܐ? ܘܲܡܩܲܕܼܡܵܐ that half of a choir which begins = our Decani, opp. ܐܵܣܲܐܕܼ?ܢܵܐ the following or latter choir = Cantoris, Brev. Chald. i. 25. 7, 26. quater; Qdham. W. 7 ter, 8. 1, 9. 1; ܚܵܕ݂ܘܵܐ? by choirs, l. ult., 10. 6. A company, ܚܘܿܕܐ? ܘܲܡܚܬ݂ܣܐ, Bahira 209. 4; miswritten ܚܘܿܕܐ? ܡܲܝܐ l. 17; ܚܘܿܕܐ? ܐܣܲܐܠ, Nest. Hérac. 35. 1.

ܚܘܿܕܘܲܪ?ܗܡ BH. de Pl. 62, corr. ܚܘܿܕܘܲܪ?ܡܗ.

ܚܘܿܕܵܐܢܵܐ col. 674 and DBB. 383. 1. Arab. جوذي, prob. NS. ܚܘܿܕܐ? a tunic. Cf. the following word.

ܚܘܿܕܲܒܵܝܠܵܐ i. q. ܩܘܿܐܝܼܢܵܐ a cotton tunic, Hist. B. V. M. 57. 3.

ܚܘܿܕܦܲܪ Γουνδάφορος, Gondophar, an Indian King, Act. Apost. Apoc. ܡܕܝ 3, ܡܚܕܘ 4.

ܚܘܿܕ. ܚܘܿܢܡܵܐ? failing, running dry, opp. ܡܚܩܘܿܢܵܢܵܐ constant, Qdham. W. 187. 17.

ܚܘܿܣܪܵܢܵܐ col. 675. f. deficiency, ܠܵܘܘܿܣܵܐ ܕܟܲܡܗܘܼܐܐ lack of moisture, N. Hist. viii. 2. 2.

ܚܘܿܕܐ, ܚܘܿܕܵܐ? col. 675. a nut, walnut, ܟܠܼܟܐ ܚܘܿܕܐ? ܐܘ ܘܡܲܕܢܼܵܐ a bowl of nuts or of lye, perhaps pounded walnuts or walnut oil, Med. 55. 15.

ܚܘܿܕܐ? ܕܩܲܡܟܐ nutmeg, refs. Med. 50. 17, 56. 15, 174. 11, 307. 4.

ܚܘܿܕܐ? ܗܲܒܘܿܠܐ coco nut, Chimie 38. 14.

ܚܘܿܕܐ? ܘܲܦܩܟܠܐ nux vomica, strychnine, Med. 141. 23/24, 313. 19.

ܚܘܿܕܐܢܵܐ adj. 1) of walnutwood, Doc. Mon. 17. 1, ܣܘܿܐܝܐ?ܠ ܚܘܿܐܢܐ l. 4 in Isaiah's vision: cf. Pesh. 2) nutshaped, Hex. Ex. xxxvii. 17 ed. Lag.

ܚܘܿܙܐ col. 676. Gozan 1) a country. 2) the river Hulwan a tributary of the Diala, Pers. Mart. n. 544, Phet. 20. 8 = A. M. B. ii. 613. 13.

ܚܘܿܙܢܵܝܵܐ an inhabitant of Gozan; pl. ܚܘܿܙܢܵܬܐ Coupes ii. 158. 8, f.

ܚܘܿܣ Aphel part. ܡܚܝܣ col. 677. 8 of par. troubled, perturbed, ܐܢܵܐ ܡܚܝܣ ܕܲܒ, Mar Aba ii. 115.

ܚܘܿܫܢܐ tomb, Hormizd 1582, Duval in loc. Journ. As. 1895, 185 f.

ܚܘܿܣܦܵܡܐ perh. Pers. گوی ball and ܚܣܟ Eryngium, the round ball of the Eryngium, a medicine for diarrhoea and heartburn, Med. 294. 9.

ܚܘܿܡܣܐ or ܚܘܿܡܣܗ perh. جوريسية between Emesa and Damascus, C. B. M. 613. a.

ܚܘܿܟܝ col. 678. جوخی Guki, a bpric. mentioned with Ctesiphon, so it was in Beit-Aramaye, not in Beit Garmai, Abbeloos, Act. Maris 67 and n., Pers. Mart. 259, 277; Coupes ii. 152. med. Or. Xt. ii. 310. 2.

ܚܘܿܠܒܐ ܠܠܓܼܠܒܵܢ pease, Hunt. clxx. and K. under ܗܘܿܡ col. 3871.

ܚܘܿܠܣܗ i. q. ܚܟܣܐ, ܚܠܡܣܐ &c. an ape, Sindb. 17. 19.

ܚܘܿܠܢܵܪܐ جولنار col. 680. pomegranate blossom, Chimie 7. 9.

ܚܘܿܠܟܐ. ܚܘܿܟܠܐ and ܚܠܟܐ col. 679. Add: a parcel, package, ܡܢ݁ܠ ܕܨܘܐ? ܚܠܲܟܐܼܗ she tied up the rice in a parcel, Sindban 10. 8, 11, ܗܢܐ ܕܚܠܠܗ? ܘܚܠܵܡܐ he untied the string of her parcel, l. 12. Rit. an altar-cloth, ܩܡ ܚܡܐܠܟܡ ܩܒܘܨܐ ܚܠܟܐܗ ܘܙܕܟܗܐ, Takhsa 146. 18.

ܚܘܿܡܟܐ col. 680. 9. of par. a bean used as a measure, ܗܘ ܡܚܒܵܐܠ ܐܲܣܝ ܚܘܿܡܟܐ ܣܒ administer a draught the size of a bean, Med. 99. 6.

ܚܘܿܡܕܙ Heb. עֹמֶר an omer, γόμορ, $\frac{1}{10}$th of an ephah, Hex. Ex. 16. 16, 18, 36, Epiph. 4; ܚܘܿܡܕܙ ܐܚܕܘܐ? ib.

ܓܘܡܠ 1) *Gumal*, a large village in the Marga valley, BH Chr. Eccl. ii. 121. 15. 2) *Gomel* river, Pers. Mart. 194–198.

ܓܘܡܣܛܝܩܐ *Mazici*, a tribe living in hills to the south of Lake Moeris, Pallad. 120. 3. Budge gives *Geomastike* and says Bedjan reads ܓܝܡܣܛܝܩܐ.

ܓܘܡܨܐ i. q. ܐܩܡܨܐ col. 681. *the marten*, Med. 589. 5 with gloss. ܩܘܡܨܐ and cf. 8 ff. of par.

ܓܘܡܨܐ *the weasel*, nickname of Timotheus, Bishop of Alexandria, Doc. Mon. 228. 13, 231. 22. Cf. Nöldeke's note ZDMG. xxxv. 235.

ܓܘܡܨܐ col. 682. *a ditch, trench*, ܣܥܝܡ ܓܘܡܨܬܐ Geop. 28. 8. Pl. ܓܘܡܨܐ ܐܚܡܬܐ ܣܝܐ ib. 12. 7, 18. 29; ܓܘܡܨܐ ܕܐܦܚܐ Chimie 52. 12; *a hole* or *hollow* in a mixture, ܚܒ ܕܒܘ ܘܓܘܡܨܐ ib. 25. 15.

ܓܘܡܨܐ name of a town near Mt. Izla, Anecd. Syr. ii. 372. 2. Cf. ܡܪܓܐ ܕܓܘܡܨܐ *a village in the marsh*, ib. 211. 3.

ܓܘܢ, ܓܢ col. 683. Pauel ܓܘܢ part. ܡܓܘܝܢܐ *coloured*, N. Hist. viii. 3. 2, pl. ܓܘܡܨܕܐ ܣܘܝܐ ܘܡܓܘܝܢܬܐ ib. 3. Ethpaual part. ܡܓܘܝܢܐ ܕܚܩܚܩܢܬܐ *coloured with Melian earth*, Sev. Lett. 427. 17; *coloured*, N. Hist. viii. 3. 2, pl. ib. 4. 5.

ܓܘܢܐ some kind of garment perh. embroidered in colour, pl. ܓܘܢܐ Anecd. Syr. ii. 268. 13, ܓܘܢܬܐ ib. 17.

ܓܘܢܓܪܘܣ γόγγρος, *conger*, N. Hist. vii. 4. 1.

ܓܘܢܟܐ ܓܘܢܟܐ Krauss 169, γαυνάκης = καυνάκης, *a thick Persian rug*, A. M. B. iv. 336. n., 338. n.

ܓܘܣ col. 684. Pael ܓܘܣ i. q. Ethpa. *to take refuge, have recourse to*, ܡܐ ܕܡܓܘܣ ܒܝܬܘܗܝ Mar. Benj. 91. 12 unless this should be considered as a mistake for ܡܓܘܣ.

ܓܘܣܢܐ col. 685. *a refugee*, ܓܘܣܝܟܘܢ *those who take refuge with thee*, Act. Apost. Apoc. ܚܕܡ 18; Anecd. Syr. iii. 247. 25.

ܓܘܣܝܫܘ *Gausishu*, 1) brother of John, third Abbat of the monastery of Sabrishu, M. Z. 198. 3. 2) Bishop of Beit Nuhadra, ZDMG. xliii. 404. 18.

ܓܘܥܠܐ or ܓܘܥܠܐ v. ܓܘܥܠܐ, p. 69.

ܓܢܒܐ from ܓܢܒ *a robber*. *Rapacious, ravening*, BH Chr. Eccl. 801. 18.

ܓܢܒܘܬܐ col. 686. *brigandage, robbery*, But. Sap. Eth. iv. 7; ܚܛܘܦܝܐ ܘܓܢܒܘܬܐ. Mar. Benj. 79. 6.

ܓܘܦ, ܓܦ col. 687. Ethpaulal ܐܬܓܘܦܦ *to be caught in a net*, ܐܙܝܢ ܟܡ ܐܬܓܘܦܦ ܘܠܐ Tekkaf 142.

ܓܘܦܠ name of a Chief Emir, Jab. 183. 7 and n., 185. ult. Perh. for ܓܘܦܢ (see ܓܘܦܢ col. 1690) Pers. چوبان *a shepherd*.

ܓܘܦܣܝܢ γύψος, *gypsum, lime, plaster*, Gest. Alex. 193. 3, 7; Chimie 28. 23. See other spellings under ܓܦܣܝܢ col. 765., Med. 303. 6.

ܓܘܦܢܐ Ar. جفنة *a village and convent in the district of Damascus*, C. B. M. 709 *b* 25, Nöld in loc. ZDMG. xxix. 434.

ܓܘܦܪܐ col. 687. 1) *the spathe* of a palm, ܣܐܪ ܚܛܡܠܐ ܗܘ ܡܢ ܐܝܟ ܕܒܗ ܚܕܚܠ ܓܘܦܪܬܐ ܘܘܪܕܐ A. M. B. i. 496; ܐܩܐܠ ܕܓܘܦܪܐ Med. 682. 18/19. 2) ܓܘܦܪܐ *bastard sponge*, Med. 89. 12, 19, 602. 18. Also *the calcareous shell of the cuttle-fish, cuttle-bone, sepia staire*, ib. 92. 10.

ܓܘܦܢܡܢܘܡ pr. n. Pers. *a bandit chief*, temp. Bahram III. M. Z. 36. 13.

ܓܘܪܐ Chald. ܪܓܢ *a clod*. m. *a lump*, ܓܪܐ gloss. to ܓܘܓܪܬܐ, ܓܡܩܢܐ ܘܟܟܡܐ Op. Nest. 116. 21.

ܓܘܪ, ܓܪ col. 688. *to commit adultery*. Act. part. m. pl. ܓܝܪܝܢ Jac. Edes. Can. 4. 7. Aph. ܐܓܝܪ 1) *to deflower, ravish*, of Greek gods, ܒܬܘܠܬܐ ܢܩܦܐ ܡܬܚܡܬܐ, ܐܓܝܪܬܗ, Arist. Apoc. ܕ 12; c. c. ܠ acc. ܗ 9; absol. ܘ 12; c. c. ܒ, ܗ 20. Act. part. fem. ܡܓܝܪܢܐ ib. ܗ 11. 2) *to cause to commit adultery*, ܡܓܝܪ ܠܗ ܘܗܘ ποιεῖ αὐτὴν μοιχευθῆναι, Matt. v. 32 Curet.

ܓܘܪܐ col. 689. Add: ܐܠܥܐ ܕܓܝܪܐ *the false ribs*, N. Hist. vii. 13. Rit *farcing*, a clause inserted in any psalm or canticle, somewhat similar to Gk. στιχηρόν; as Takhsa 21. 10; ib. 55. 8; ܓܝܪܐ ܕܟܬܒܐ *Ps. cxxii. 1*

ܓܘܐ *farced*, when said in Church opp. a different response when evening service is said in a private house, Qdham W. 28 ult., ܓܒܘ̈ܒܐ ܘܡܙܡܖ̈ܐ *one to four psalms, farced*, ib. 135. 12.

ܓܘܙܐ Ar. جَرَّة *a jar*, Chimie 96. 1.

ܓܘܙܐ perh. = ܓܣܐ col. 710. *quicklime*, ܒܢܐ ܕܝܪܗ ܒܓܘܙܐ *he built his cell with lime and fine plaster*, Jab. 150. 9.

ܓܘܚܐ col. 690. *shoes*. Add ref. Diosc. ed. Nau 94. 7, 10.

ܓܘܚܕܐ Arab. جربز, Pers. گربز *a cheat, sharper*, Kal-w-Dim. 30 bis, 34. 8.

ܓܘܙܢ col. 690. Add: Ar. جُرْجان *Gurgan*, i.q. Hyrcania. A bishopric, Syn. Or. 672; 43, 62 bis, 67, 110; Or. Xt. i. 310. 3, ZDMG. xliii. 399. 2, 400. 1; ܓܘܙܢ Kal-w-Dim. 259. 20.

ܓܘܙܢܝܐ *gentilic from the above*, M. Z. 33, 42.

ܓܘܙܢܝܐ *gentilic from* ܓܘܙܢ. *Surname of Peter of Azerbaijan*, ܒܛܪܘܣ ܡܛܪܘܦܘܠܝܛܐ ܓܘܙܢܝܐ, Jab. 249. 3.

ܓܘܙ̈ܘܛܐ *m. pl. i.q.* ܓܘ̈ܙܛܐ *q. v.* col. 774. *Melilotus, a trefoil*, Med. 372. 6, 397. 7.

ܓܘܙܡܐ so correct ܓܘܙܡܐ? BH. de Pl. 62, cf. no. 149. Τορδύλιον, *Tordylium*, Diosc. i. 56, ZDMG. xliii. 125, Ar. Pfln N. 226.

ܓܘܙܢ col. 691. 1) Ar. جرزان Χορζηνή, *Georgia* or *Iberia*, Eranšahr 116, Syn. Or. 672, 37; ܡܬܐ ܕܒܓܘܙܢ?, Chron. Min. 281. 6. 2) *Arzanene* ܓܘܙܢ ܐܘܟܝܬ ܒܝܬ ܕܐܖ̈ܡܝ, Anecd. Syr. iii. 337. 2; S. Dan. 10 b 4 a f. 3) i.q. Jebel Ghara, S. of Tiari and Amadia, ܓܘܙܢ ܩܠܝܠ ܡܢܗ, A.M.B. i. 414.

ܓܘܙܢܝܐ col. 691. Dele "forte" and add: Pl. *Georgians*, Jab. 351. 2, 359. 12. Prob. *men of Arzanene*, ib. 227. 3 a f. *The language of Gurzan*, Coupes ii. 111.

ܓܘܙܒܐ prob. a miswriting of ܓܘܙܖܐ or ܓܙܖܐ: ܓܘܙܒܐ ܕܘܖ̈ܕܐ *rose hips*, Med. 565. 20.

ܓܘܚܕܐ usually ܓܘܚܕܐ, *a pip, seed, stone*, ܓܘܚܕܐ ܕܚܛܐ ܐܘܟܝܬ ܕܚܛܗ *cotton seed*, Jab. 196. 4 but ܓܘܚܕܐ ed. i. 177. 8, ܓܘܚܕܐ ܕܩܛܢܐ, Med. 572. 2, 9, 578. 15.

ܓܘܚܪܐ *dialect of Tagrit, a plane*, BB. under ܕܠܒ.

ܓܘܚܡܐ *a village in Cilicia*, BH Chr. Eccl. 783. 18.

ܓܘܚܦܐ (ܚܙܘܪ؟) *some cooling draught: the recipe contains grapes, cardamoms and crocus*, Med. 300. 23.

ܓܘܚܝܘܣ pr. n. m. Pers. A. M. B. iii. 515.

ܓܘܚܝܘܙܝ pr. n. m. Pers. *the father of Mar Benjamin*, Mar Benj. 69 n. 1.

ܓܘܚܝܪ Ar. جَسَد *a body, corpse*, Dion. 193. 21, 215. 7.

ܓܘܫܡܕܐ col. 693. Pers. کوش پی *a fillet, head-band*, Mar Kardag 91 ult. marg. ܓܘܫܡܟܐ and Abbeloos gives this word in the text of his edition, 101. 1. See DBB. Appendix 217 under ܟܘܣܐ.

ܓܘܫܠܘܝ pr. n. m. Pers. A. M. B. ii. 648.

ܓܘܫܢܝܙܕ? Hoffmann corrects ܓܘܫܢܝܙܕ?? *Gusnyazdādh*, Nöld. ZDMG. xliv. 534 in Mar Kardag. 65. 1, 66. 5, 77. 8, A. M. B. ii. 636 ult. = Pers. Mart. 68.

ܓܘܫܢܐܙܢ pr. n. f. A. M. B. ii. 637 = Pers. Mart. 69, nn.

ܓܘܫܢܐܣܦ col. 693. Pers. گشن اسپ *a stallion*. pr. n. *Gushnasp*, A. M. B. iv. 229, Pers. Mart. n. 606, ZDMG. xliv. 673.

ܓܘܫܢܝܙܕܢ pr. n. m. Pers. A. M. B. ii. 642 = Pers. Mart. 69, nn.

ܓܘܫܢܕܘܟܬ pr. n. f. Pers. A. M. B. iv. 229 = Pers. Mart. 25, n. 191.

ܓܘܫܬܙܕ? pr. n. m. Pers. *Vahištazadh*, martyr, Pers. Mart. 15, n. 100 = A. M. B. ii. 26, ܒܝܬ ܓܘܫܬܙܕ?, Protection 52. 5.

ܓܘܫܬܣܦ pr. n. m. Pers. *Gushtasp, the protector of Zoroaster*, Coupes ii. 111.

ܓܘܦܬܝ pr. n. m. *Gyphthaios*, Josephus vi. 25. 20.

ܚܩܬܐ (ܘܚܕ ܘܚܕ) col. 694. 1. Geop. 64. 4 for κεγχραμίδες *the seeds within a fig*, hence ܚܩܬܐ must be pl. of ܚܩܐ *pulp of a fruit*, R. Duval.

ܡܚܒܠܢܐ. ܚܒܠ col. 695. *a spoiler*, Tekkaf 112.

ܓܙܐ col. 696. m. *treasury*. Eccles. the *Geza* or *Gaza*, a large service book containing hymns and anthems proper to festivals, ܓܙܐ ܕܥܘܕܥܕܐ ܕܚܦܨܐ ܘܕܟܐܙܐ̈, Brev. Chald. i. 286 tit., ib. 53 tit., ܐܡܪ ܕܓܙܐ܆ Qdham W. 132. 12. L. 10 of par. *the holy elements*, add: ܘܠܐ ܢܣܚܘܡ ܓܙܐ ܚܠܐ ܡܕܒܚܐ ܕܚܬܡ ܡܩܕܫ, Takhsa 168. 6. Also f. ܓܙܐ, ܓܙܬܐ *treasure*, ܐܠ ܚܠܐ ܡܣܒ ܕܡܚܡܕܐ Coupes ii. 128. 12.

ܓܐܙܕܐ col. 696. 2 af. Dele "male" and add: ܓܐܙܕܐ ܣܟܐ ܐܣܬܒܠ here the word seems to mean *advocate, pleader*, A.M.B. iv. 170.

ܓܙܝܬܐ col. 695 ult. Ar. جزية *poll-tax*; Jab. 111 ult. and n., Dion. 10 ult. = B.O. ii. 104 quoted in Thes. See transl. 10. note for history of this tax; ib. 122. 4; ܕܚܩܠܐ ܘܓܒܐܠܐ *tax gatherers*, ib. 124. 21, 128. 13.

ܓܙܡ col. 698. ܡܚܙܡܢܐ *truculent, audacious*, Dion. 136. 12.

ܓܠܡ .ܓܠܘܡܐ col. 699, abs. st. ܓܠܘܡܐ *a tree-stump, hewn-down tree*, ܘܣܒ ܓܠܘܡܐ ܚܐܟܡܕܗ ܡܚܝܬܝ ܗܘܐ S. Dan. 53 b 11; ܘܟܝܠܘܗܝ ܐܨܡܐ ܕܣܠܐ ib. 55 a 15. Gram. *a radical form*, B H. in Matt. vii. 21.

ܓܠܙ Ethpa. ܐܬܓܠܙ col. 700. 2) τέμνεσθαι, "recevoir une incision", Hippoc. vi. 26. Aph. ܐܓܠܙ add: ܒܡܗܕܐ ܓܠܙܐ ܡܠܐ ܚܣܘܡܗ *by grace words were granted to his mouth*, Jos. Narses 8. 16; ܗܕܡܐ ܓܠܝܙܐ ܣܬܝܐ (El. Nis. Chron. 70. 7. *To cut, cut short*, act. part. ܒܗܩ ܣܠܕܢܐ ܡܚܣܕܢܐ ܓܠܝܙܐ ܗܘܐ, ܓܠܝܙܐ, Chron. Min. 56. 11.

ܓܠܡܕ, ܓܠܡܕܐ 1) *decreed*, add. ref. ܗܘ ܓܠܡܕ ܚܠܐ ܕܣܬܢܢܐ ܡܕܠܐ ܡܓܐܒܠܐ Josephus vi. 9. 11. *An executioner*, Charms 79. 17, but ܓܠܡܕܐ id. ib. 80. 1.

ܓܙܪܬܢܐ col. 701. 1) *inhabitants of Al-Gezira, Mesopotamians*, Dion. 69. 16, 82. 9. 2) ܓܠܡܬܐ ܕܩܝܡܝ ܚܡܕܡܠܐ *the town guard*, Chron. Min. 2. 21; *beadles, guard*, Jab. 242 pen.; ZDMG. xxxv. 233.

ܓܙܪܬܐ col. 702. *an island*. Place-names: ܓܙܪܬ absol. *the isles* of the Persian Gulf, Ardai, Darai (these two names are probably variants), Deirin, Marmahig, Ruha, Talwan, Toduru, Syn. Or. 34. 23, 37. 4. Also called ܓܙܪܐ ܕܩܕܡܝܐ ib. 619. 9, opp. ܓܙܪܐ *isles of the Indian Ocean*, l. 12.

ܓܙܪܬܐ f. pl. var. ܓܙܪܘܢܝܬܐ *islets*, Jac. Edes. Hex. xix. ult.

ܓܣܡ or ܓܣܐ Ar. جيحان *the river Pyramus*, Inscript. of 'Enesh, Journ. As. 1900. 287. 3.

ܓܚܙܝܢܐ adj. from ܓܚܙܝ col. 703. ܓܚܙܝܢܐ *leprosy of Gehazi*, C.B.M. 605 a.

ܓܚܟ and ܓܚܟ col. 703. Act. part. ܓܚܟ Chem. *sparkling, as amalgam*, Chimie 26. 18. Pass. part. ܓܚܝܟܐ, ܓܚܝܟܬܐ, pl. f. ܓܚܝܟܬܐ *ridiculous things*, Manichéisme 98. 8. ܓܚܝܟܐ ܗܘܝ ܐܟܠ ܘܕܡܟܐ But. Sap. Eth. 1. 7. Ethpa. ܐܬܓܚܟ reflexive with ܠ, *to make himself ridiculous*, ܟܘ ܐܬܡܣܩܠ, Pallad. 165. 2.

ܓܚܣܐ Ar. جحر Mishna-Heb. גחר *a cleft, cavern*, Theod. bar Khoni ap. Coupes ii. 145. 1, 5; Nöld. WZKM. xii. 359.

ܓܚܬܐ col. 704. *expectoration*, ܟܡ ܘܚܕܐ, ܓܚܬܐ ܦܩܕܗ, Med. 200. 12, 216. 19; pl. ܓܚܬܐ ai ἀποχρέμψεις, Hippoc. iv. 47, vii. 56.

ܓܣܕܚܘܡ [Αἴ]γυπτος, *Egypt*, Act. Apost. Apoc. ܦ. 6.

ܓܣܝܒܘ the Emir *Jajak*, son-in-law of Hulagu, Jab. 186. 3 and 3 af.

ܓܣܝܚܡܐ perh. a suburb of Antioch or a neighbouring village, ܓܣܝܚܡܐ ܡܢܕܗ ܘܐܚܪܐ ܘܐܠܝܗܘܕܐ, Jo. Tell. 73. 9 = Vit. Mon. 87. 20.

ܓܣܡ col. 707. denom. verb from ܓܣܡܐ. Add: *to hew down*, Is. Ant. ii. 270. 11. Ethpa. ܐܬܓܣܡ *to be hewn down*, ܡܢ ܬܚܠܐ ܡܚܣܡ ib. 266 antep.

ܓܝܵܕܵܐ *a nerve*. col. 707. 3 *fibrous roots*, add: ܓܝܵܕܹܐ (ܪ̈ܓܠܐ) ܠܥܡܩܐ ܢܬܝ ܕܕܚܡܚܡܐ *may the vine send rootlets downwards*, Act. Apost. Apoc. 14. ܣܝܒ.

ܕܐܘܚܕ ܓܝܕܘܢܐ for ܓܝܕܘܢܐ *sinewy, a sinew*, Med. 26. 6; pl. 98. 2; ܡܚܕܟܐܠܐ ܘܿܬܓܡܘܢܐ *paralysis*, ib. 136. 18.

ܓܝܕܘܢܐ col. 707. *sinewy*, ܓܝܕܘܢܝܣ (ܥܨܒ̈ܘܢܝ), But. Sap. Econ. iii. 3; *nervous, of the nature of a nerve*, ܫܚܠܐ ܐܘܕܝ ܓܟܬܢܠܐ: ܘܐܝܟܐܘܗܝ ܕܘܒܪܐ ܓܝܕܘܢܐ, Med. 78. 5.

(ܢܚܠܐ) ܓܗܢܐ ܒܐ وادي *valley of Gehenna* جهنم of Mt. Elpeph, now Jebel Maklub, Mar Bassus 195.

ܓܗܐܠܐ col. 708. κολοιός, *a jackdaw*, Greg. Carm. ii. 23. 15.

ܓܘܪ̈ܐ col. 689. See under ܓܘܿܪ.

ܓܝܚܘܢ col. 708. end of par. Metaph. *a Gihon = full stream*, ܐܒܐܕ ܓܝܚܘܢ ܘܡܓܕܗܐ, Is. Nin. B. 46. 1.

ܓܝܚܘܢܐܝܬ *like Gihon, flowing freely*, ܓܝܚܘܢܐܝܬ ܠܐ ܫܟܗܦܣܡܢܐ *flowing freely and uninterruptedly*, Chald. Brev. 424.

ܓܝܚܘܢܢܐ adj. from Gihon, ܢܘܗܪܐ܂ܘ ܓܝܚܘܢܢܐ ܘܡܕܪܘܣܐ *Gihonic and Nilonic rivers*, Babai 3 *a* 2.

ܓܚܕܘܡܐ 1) γέλως, *a ridiculous thing*, Greg. Carm. 100. 6. 2) col. 709. i. q. ܓܚܕܡܠܐ and ܓܚܡܠܐ. *a monkey*, Kal-w-Dim. 243. 9.

ܓܝܠܒܥܒܓܒ the first part of this name must be a mistake, the context and note show that ܓܝܠܘ *Jilu* is meant, A.M.B. i. 417. Written ܓܝܠܘ ib. pen.

ܓܝܣܢܐ for ܓܝܣܘܢܐ *Gehenna*, BH Carm. Proem. 3. 2.

ܓܝܢܐ Pers. جان *soul, life*. pr. n. m. *Gina*, Doc. Mon. 171. 6; 267. 4, 311. 2.

ܓܝܢܐ ܟܣܦܪ Pers. جان سپار or jânavâspâr, *soul-devoted* or *self-sacrificing*, name of a picked corps of cavalry, Jesus-sabran 535. 11, Nöld. in loc. WZKM, xi. 187.

ܓܝܢܦܗ *Genoa*, Jab. 67. 1. Bedjan corrects ܓܝܠܘܐ.

ܓܝܢܝܒ var. ܓܝܢܒ *China, porcelain*, Jab. 145 ult. and note.

ܓܝܣܢܘܣ pr. n. m. *Gaianos* or *Caianus*, a Phantasiast, Sev. Ant. Vit. 286. 1.

ܓܝܣܡܐ *corrupt*. ܓܝܕܐ܂ ܓܝܣܡܐ Chimie 36. 20, ܓܝܣܡܐ ib. 15. 6 where the Cambridge MS. has ܙܦܬܐ *pitch*; 289. 11 af.

ܓܝܪܐ col. 710 med. Add: cf. Ar. غِراء R. Duval. Correct ref. BH. in Jes. xliv. 13.

ܓܝܪܐ for ܓܐܪܐ *an arrow*, Josephus vi. 5. 2.

ܓܠ col. 711. Pael ܓܠܠ 1) *to raise waves, make vibrations*, ܘܡܬܝܡ ܠܐܐܪ ܚܓܝܡ violent rains from the frigid zone *agitate the air and cause wind*, N. Hist. v. 3. 1. 2) perh. denom. from ܓܠܐ *to dig a hollow* for rain water, κύκλῳ φιαλοῦν, Geop. 83. 29. Ethpalpal ܐܬܓܠܓܠ 3) *to waver, to be blown away*, ܫܡܐ ܕܡܠܟܐ ܗܘܐ ܡܬܓܠܓܠ ܘܡܓܘܚܟܐ *if a king disregard justice the name of kingship will slide off him* and leave that of tyrant, Jul. 34. 27.

ܓܠܐܘܬܐ Med. 91. 10: see ܓܘܠܐ.

ܓܝܓܠܐ col. 713. 4. 1) *the wheel, instrument of torture*, A.M.B. v. 534. Add: 8) *a stone rolling in a groove, to close a tomb*, ܕܚܡ, ܡܚܬܐ ܕܓܐܓܗܡ ܕܡܣܓܢܡ ܢܘܗܪܐ ܕܝܠܗܝ, Act. Apost. Apoc. ܣܝܒ 13, Geiger in loc. ZDMG. xxvi. 800.

ܓܝܓܠܐ ܕܓܝܓܠܐ ܓܢܝܐ col. 713. ref. *the turning sphere* of the heavens, BH Carm. 36. 12.

ܓܠܕܘܢܐ Chimie 50. 20. Correct as MS. B. *little rolls, twists or pellets*.

ܓܠܓܠܐ col. 713. *round*. F. emph. ܓܠܓܠܬܐ prob *a round hut*, ܚܓ ܠܗ ܓܠܓܠܬܐ Pallad. 396. 19. Pl. ܓܝܓܠܬܐ *round peppercorns*, Med. 59. 8, opp. ܦܚܠܠܐ ܘܡܙܩܠܐ l. 5; ib. 83 ult., 89. 18, 90. 2, 138. 7.

ܓܠܓܠܢܐ from ܓܠܠ *pulsating, fluctuating*, Med. 41. 15.

ܡܓܠܓܠܢܐ ܓܠܠܐ *tidal*, N. Hist. iv. 5. 3.

ܡܓܠܓܠܐ col. 715. Add: *a roller, bandage*, ܐܝܟ ܓܠܐ ܩܝܡܐ ܐܘ ܓܠܐ ܡܓܠܓܠܐ, Med. 61. 18.

ܩܳܠ ܓܰܠܓܠܳܢܳܐ *set in motion* as waves, ܩܳܠܐ ܡܬܟܢܫܐ ܘܠܐ ܡܫܬܡܥ ܐܠܐ ܐܢ ܓܰܠܓܠܳܢܳܐ ܟܣܙܳܐ ܘܐܢܐ ܗܘܐ *the hearing of sounds is caused by the impact of air-waves against the orifice of the ear*, But. Sap. Philos. 6. 3; N. Hist. viii. 3. 3 bis.

ܓܰܠܓܠܳܢܘܳܬܐ f. *rolling motion of water*, N. Hist. iv. 1. 2; of air, ib. viii. 3. 1; Philos. 6. 3.

ܓܰܠܠܐ f. *Gellala*, a monastery in Qardu, Chast. 8. 17, 10. 2; on the Lesser Zab, Act. Maris 42. 3 and n. Perh. i. q. ܓܠܐ ܡܪܟܐ q. v., Pers. Mart. 261. f.

ܓܰܠܝܐ Pass. part. col. 717. l. 5 of par. ܦܡ ܓܠܝܐ *openly, publicly*, Syn. Or. 18. 2; Bar Sud. 94.

ܓܰܠܳܘܕܳܐ col. 719. *a captor, pursuer of fugitives*, ref. Dion. 127. 4. 152. 18, 19.

ܓܶܠܳܡܐ or ܓܠܳܡܐ *a ford;* under ܡܥܒܪܐ col. 720. 6 of par. Ref. ܕܚܙܐ ܠܓܶܠܡܐ ܕܢܗܪܐ ܘܚܕ ܡܢ ܒܢܝ Anecd. Syr. ii. 73. 16.

ܓܶܠܐ col. 716. *stubble, grass.* ܥܣܒܐ ܕܓܠܐ *snake-grass*, Med. 575. 7, 585. 13.

ܓܶܠܐ col. 716. 2) *a tortoise*. m. but f. Kal-w-Dim. 75. 14. m. l. 18; f. 76 several times. ܓܠܐ ܕܡ ܢܗܪܐ *a river tortoise*, Med. 198. 15; *a turtle*, Chimie 6. 17; ܓܶܠܐ ܕܚܣܕܐ Natur 60. 7, ܓܶܠܐ ܕܚܣܕܐ ib. l. 9; ܓܶܠܐ ܕܡܥܕܐ Med. 86 pen., 87. 1; 148. 6, 584. 13. A battle formation, *testudo*, —ܚܘܕܪܐ ܘܟܕ ܐܣܬܕܪܘ ܡܢܗܘܢ ܘܚܣܡܘ ܐܝܟ ܓܠܐ Jos. Styl. 48. 6; ܡܢܕܝܢ ܓܘܕܐ ܕܐܘܩܪܐ ܗܘܬ ܠܗ ib. 62. 10.

ܓܠܐܘܟܣ γλαύξ, γλαυκός, *an owl*, N. Hist. vii. 4. 3. . Cf. ܒܠܠܘܡܐ col. 722.

ܓܠܐܟܣܘܣ *a carnivorous bat*, N. Hist. vii. 4. 1.

ܓܠܐܢܝܣ γλάνις, *the shad*, N. Hist. vii. 4. 5.

ܓܠܐܩܛܝܛܝܣ (sic) γαλακτίτης λίθος, *galactite*, Chimie 8. 11.

ܓܰܠܒ col. 722. *the Gallab* river, Ar. جَلَّاب, to the East of Edessa, it runs into the Balikh and that again into the Euphrates, Jos. Styl. 57 antep., transl. 49 n.

ܓܠܕܐ ܡܚܝ col. 723. *a scourge;* ܢܚܠܝܟ A. M. B. i. 286. 6. *stripes*, Chron. Min. 247. 1; BH Chr. Eccl. 325. 3.

ܓܠܕܐ col. 724. *staphyloma, protrusion of part of the eyeball*, Med. 83. 12; and so correct ܟܕ ܢܗܘܝܟܠ ܗܢܐ ܕܡ ܓܠܕܐ, ib. 91. 10.

ܓܠܕܘܢܐ dimin. of ܓܠܕܐ m. *a pellicle*, Chimie 34. 9.

ܓܰܠܕܢܳܐ col. 725. 1) *leathery*, name of a kind of onion, Jac. Edes. ap. Nöld. F. S. i. 575.

ܓܠܕܐ col. 725. i. q. ܓܝܠܘ *Jilu*.

ܓܠܕܳܝܐ *a man of Jilu*, Charms 31. 2.

ܓܠܓܠܢ perh. Ar. جُلْجَلَان *sesame*, a remedy for scorpion sting, Med. 578. 13. See Dozy, Suppl. 205.

ܓܠܘܣ Assyrian *Gallu* with Greek ending; a well-known demon, Charms 84; Protection 64, JAOS. xv. 288.

ܓܠܘܣ Sind. 14. 11 for ܩܠܘܣ, ܩܠܘܣܐ etc. *an ape*.

ܓܠܘܦܐ name of a river near Damascus, A. M. B. iii. 343. 6.

ܓܠܘܣܘܩܡܐ alternative spelling of ܓܠܘܣܩܡܐ col. 726. Mand. Gram. xxx, S. Fraenk. ap. ZA. ix. 9. *A chest, coffin*, Anecd. Syr. 80. 2, 83. 18, ܘܣܡܐ ib. 93. 3, 97. 26, ܕܕܗܒܐ ib. 99. 2; C. B. M. 491 a 23.

ܓܠܘܣܩܦܐ col. 726. m. pl. *sandal wood*, marg. ܪܝ ܘܝܩܦܐ ܣ ܡܟܕܘܝܩܦܐ N. Hist. iii. ii. sect. 2.

ܓܠܘܣܩܡܐ col. 126. Pl. ܓܠܘܣܩܡܐ BH Gr. i. 34. 3; ܓܠܘܣܩܡܐ ܚܛܢܬܐ for σιλίγνιον, *fine wheaten meal*, Pallad. 131. 15, Med. 181. 6; used for a plaster, ib. 146. 2, 375. 7; ܓܠܘܣܦܐ ܘܗܘ ܟܣܦܐ ܘܗܢܘܡܐ ib. l. 9.

ܓܠܘܩܝܢ col. 727. *glaucium*, the juice of a plant, prob. the Horned Poppy, *Glaucium corniculatum*, Med. 85 ult., 148. 14, 149. 6, 419. 18; ܓܠܘܩܡܐ ܚܡܣܐ ib. 146. 12. But cf. next entry.

ܓܠܘܩܡܐ (ܚܡܣܐ) col. 727. *a salve made from must*, add ref. Med. 53. 21.

ܓܠܘܩܘܣ Dele "Forte" &c. and put γλυκύρριζα, *liquorice*.

ܓܠܐ ܓܘܡܕܝܐ

ܓܠܝܘܬܐ col. 728. στέρησις *absence, one of Aristotle's three principles*, BH. Hebraica iii. 251. 1, Tim. i. ed. Braun 8; opp. ܡܠܝܘܬܐ ἕξις, ܘܡܢ ܓܠܝܘܬܐ ܠ "Ὅτι δὲ ἡ στέρησις καὶ ἕξις, Cat. Ar. Jac. Edes. 16 med.; N. Hist. iii. pt. 6; ܓܠܝܘܬܐ ܩܡܝܚܬܐ ܡܢܟܐ ܗܝ ܓܠܝܘܬܐ ܕܚܕܐ ܡܕܡ ܐܝܟ ܣܡܝܘܬܐ *simple deprivation is a part of special deprivation such as the loss of sight*, ib. Philos 2. 5.

ܓܠܣ col. 728. Pa. ܓܠܣ *to expose, show plainly*, ܓܠܣ ܦܝܫ ܫܘܐ ܓܠܝܐܝܬ ܕܗܘ ܣܐܡܐ Ebed J. ZDMG. xxix. 501; ܓܠܣ ܘܚܪܡ id. Card. 17. 9.

ܓܠܣܐ m. pl. ܓܠܣܐ ܢܣܝܡܝܢ (sic) ܘܡܦܫܩܝܢ *conjugations are set down and explained in the parts of speech*, C. B. M. 1180 b.

ܓܠܦܬܐ col. 729. Anecd. Syr. iii. i. 208. 10; Ahrens suggests ܓܠܦܬܐ and compares Mishna קלתות, קלתותים, קלתה, and מכלתא like κάλαθος, *the panels of a vaulted roof, spaces between the ribs*.

ܓܠܬܝ *mentioned in a list of heretics*, A. M. B. ii. 150.

ܓܠܝܕܐ col. 724. *ice, crystal*. ܓܠܝܕܐ ܕܐܚܕܐ *the crystalline humour of the eye*, Med. 68. 13, 15, 69. 16.

ܓܠܘܣ *usually* ܘܐܠܝܐ *and* ܓܠܝܐ *Gaul*, Jul. 7. 25.

ܓܠܘܣ *perhaps Gallia, Gaul?* ܓܘܠܝܐ ܡܢ ܓܠܘܣ, Theod. Mops. in Jo. 328. 10.

ܓܠܥܐ col. 730. Γαλεός, *a kind of shark*, Ar. FischN. 74.

ܓܠܥܐ col. 730. antep. This quotation is from the Testament of S. Ephrem but Overbeck 143. 5 has ܓܠܥܪܐ, *galearius. soldier's servant, camp-follower*; ܓܠܥܪܐ Jul. 132. 6, 158, 21, Tekkaf 252.

ܓܠܥܪܘܬܐ col. 731. *camp followers, rabble*, Is. Ant. i. 286. 2.

ܓܠܥܐ col. 731. *One of the outlying parts of a monastery, perhaps a stone quarry*, ܣܡܘ ܦܓܪܗ ܒܓܠܥܐ Anecd. Syr. ii. 204. 25.

ܓܠܥܒܝܢ *name of a kingdom*, Kal-w-Dim. 347. 21.

ܓܠܥܐ col. 732. *a date stone*, ܓܠܥܝܐ Med. 580. 12.

ܓܠܥܡܐ i. q. ܓܠܥܐ, gloss. to ܣܒܠܥܐ ܕܐܡܪܐ BA. Cod. Goth. 2970.

ܓܠܥ col. 732. 1) Metaph. ܓܠܥܘ ܟܣܡܦܐ ܡܢ ܠܒܘܬܟ *strip off envy from your hearts*, Nars. ed. Ming. ii. 397. 5 a af. Act. part. ܐܘܡܢܐ ܕܓܠܥ *a gem-engraver*, Pallad. 118. 6. 2) i. q. ܩܠܦ *to shell, husk*. Pass. part. ܓܠܝܥ. pl. f. ܓܠܝܥܬܐ *husked sesame*, Kal-w-Dim. 179. 3; ܘܠܐ ܓܠܝܥ *in the pod*, l. 4, 181. 6, 8. Ethpe. ܐܬܓܠܥ *to be scraped*, ܚܠܐ ܡܐܡܐ ܣܢܕܠܐ ܡܬܓܠܥ *sandalwood scraped against a sharp stone* Kal-w-Dim. 22. 19.

ܓܠܦܐ, m. *a wing, pinion*, ܓܠܦܐ Med. 593. 6, ܓܠܦܐ ܘܦܩܠܐ ib. l. 8.

ܓܠܦܐ i. q. ܓܠܦܐ. m. pl. metal *scales*, Chimie 257 n. 2, 258 n. 2.

ܓܠܦܐ for ܓܠܦܐ. f. *shell of a crab*, Natur 51. 4.

ܓܠܦܢܐ col. 733. *a feather, a wing;* ܐܣܝܘ ܕܪ ܒܓܠܦܢܐ *apply all round with a feather*, Med. 163. Idiom or proverb ܕܝܢ ܦܚ ܒܓܠܦܢܐ ܕܢܟܗ ܐܝܬ ܠܗ *he is caught in his own feathers*, Sev. Lett. 14.

ܓܠܡ col. 733. Pa. ܓܠܡ, Ar. قلص *to contract, wrinkle*, Nöld. ap. GGA. 1882, p. 1509; ܕܐܝܬ ܦܝ ܙܟܐ ܠܐ ܐܠ ܡܓܠܡ *that thou shouldest not shrink from insult*, Ephr. ed. Lamy i. 281 pen.

ܓܡ col. 734. *to lop off, cut down to the roots*. Add refs. ܡܓܠܝܐ, ܒܓܡܘ ܡܢܬܐ Jos. Styl. 58. 2, 3. Pass. part. ܓܡܝܡ ܘܥܡܘܪ ܘܓܡܘܡܐ, Is. Ant. ii. 262. 4.

Ethpa. part. ܡܬܓܡܡ *cut short, completed, ceased*, ܡܠܐ ܩܕܝܡܐܝܬ ܡܬܬܟܘܠܐ ܐܣܝܡܝܢ ܘܡܣܬܝܟܝܢ ܡܬܓܡܡܢ. ܘܦܫܢܐ ܩܒ ܠܐܠܘܗ ܡܥܠ ܘܡܬܓܡܡ N. Hist. iv. 4.

ܡܬܓܡܡܢܘܬܐ f. *extinction*, ܡܬܓܡܡܢܘܬܐ ܕܐܗܝ, N. Hist. v. 5. 2.

ܓܡܐ γάμμα, letter γ, C. B. M. 594 a.

ܓܘܡܕܐ, ܓܘܡܕܝܐ *Gumada, an Arab month*, ܓܘܡܕܐ ܐܚܪܝ El. Nis. Chron. 64. 2.

ܚܡܨ col. 735. Add: *to press smooth*, ܢܚܡܨ ܟܕܗ ܡܪܙ, Op. Nest. 159. 22. Pa. ܚܰܡܶܨ *to be shameless*. Part. ܡܚܰܡܨܳܐ ܠܳܐ ἀναιδευομένη sc. φαντασία, *shamelessly, impudently*, A.M.B. v. 158. 2. Aph. ܐܚܡܶܨ add: ܠܡܚܡܳܨܽܘ *impudently*, Sev. Ant. Vit. 102. 8; Stat. Schol. Nis. 25. 18.

ܚܳܡܘܽܨܬܳܐ f. *pressing smooth, mangling* as clothes, Op. Nest. 159. 21 in Eph. v. 27. Quoted under ܩܳܡܘܨܳܐ col. 3646.

ܟܡܳܠܳܐ col. 736. 11 of par. the *King-beam, a beam, rafter*, ܟܡܝܠܐ ܕܩܟܬܐ, Natur 53. 12; ܟܡܠܐ ܕܗܝܟܠܐ *the roof-beams of the church*, Brief Xti 108. 18. 8, 22.

ܟܡܠܳܐ pl. ܟܡܠܐ, ܩܟܬܢܐ *a large kind of ant*, Op. Nest. 146. 18 in Matt. xxiii. 24.

ܚܡܳܕܽܘܬܳܐ f. *camel-herding*, so correct for ܚܡܳܕܐ, BH Chr. Eccl. 263. 2.

ܚܡܨ col. 737. ܚܡܨܐ pl. ܩܟܬܢܐ *a sinking feeling, nausea* in pregnancy, N. Hist. vii. 5. 2 bis.

ܚܘܽܡܨܳܐ f. *a handful*, cf. Ar. جماعة, Chimie 99. 10.

ܚܡܪ col. 738. ܚܳܡܽܘܪܐ. Add: f. *a mouthful, chunk*, ܩܳܡ ܚܰܡܳܪܐ ܚܕܐ ܐܝܕ ܘܝܗܒ ܣܡܗ ܠܗ *he put a large chunk* in his mouth and perhaps it was that which choked him, Kal-w-Dim. ed. Bick. 85. 7.

ܚܡܕ Ethpe. ܐܚܡܕ add: *to be initiated*, ܐܚܡܕܘ ܡܠܗ ܠܟܕܗܘ ἐτελέσθησαν, "furent inities," Coupes ii. 128. 23, Cosmog. Manichéenne 26 n. 1. Pael ܚܰܡܶܕ col. 739. 3) add: c. c. ܒ, ܘܐܚܕ ܢܚܡܕ ܡܢܗܘܢ ܡܪܝܐ μή ποτε ἀπαλλάξῃ ἀπ' αὐτῶν Κύριος, Hex. Ex. xix. 22. *To pull up, root out*, ἐκτίλλειν, Geop. 99. 7. 4) denom. from ܚܡܕܪܐ. *to parch, broil*, ܡܚܡܕ ܚܕܘܪܐ Cambridge MS. of Chimie 104 r and passim., WZKM. x. 135.

ܡܚܡܕܐ prob. mistake for ܡܚܡܨܘܬܐ *fulfilment*, opp. ܛܠܐܠܐ *a figure of speech*, ܠܚ ܡܚܡܕܐ ܡܢ ܛܠܐܠܐ, Ephr. ed. Lamy i. 555. 20 "*praeferenda est realitas figuris.*"

ܚܡܕܘܬܐ pl. ܚܡܕܬܐ col. 741. 2) *red, inflamed pustules*, on the eye, Med. 77. 21; ܚܡܕܬܐ ܕܡܬܢܣܒ ib. 538. 1.

ܚܡܕܢܐܝܬ *carbonaceous, sooty*, N. Hist. v. 4. 3.

ܚܡܕܬܐ ܕܚܡܕܐ *name of a monastery*, Chast. 45. 2, 61. 17, 18.

ܚܡܕܐ *surname of* ܣܒܐ *Bishop of* ܐܣܐ, preface to DBB. 3. 5.

ܚܡܕܝܐ (ܚܡܕܢܝܐ) perh. adj. from ܚܡܕܬܐ? *a mode of writing practised in that monastery*, El. Nis. 96. 6.

ܚܡܝܣܐ i. q. ܚܡܘܫܐ col. 741. Pers. كاموس and كاميش : pl. ܚܡܝܫܐ. *A buffalo*, Charms 99. 9, 15, 18. 20; ܚܡܝܫܐ ܕܘܟܪܐ *buffalo bulls*, Gest. Alex. 212. 2.

ܚܡ. ܚܝܢܘܬܐ col. 744. 3) *protection*, Anecd. Syr. ii. 245. 11. 4) *continuance* ܘܗܘ ܐܟܡܗܘܢ ܚܝܢܘܬܐ ܕܓܢܣܐ ܐܝܟ ܒܪܢܫܐ ܐܢܫܐ *existence is the continuance of the species such as the human*, N. Hist. iii. cap. 1.

ܚܡܠ Pael ܚܰܡܶܠ col. 745. Act. part. m. pl. c. c. ܠ of the pers. ܡܚܡܠܝܢ ܘܡܚܡܣܕܝܢ *they bring blame and shame*, Josephus vi. 7. 10.

ܚܡܢܐ col. 746. 3. Add: *a couch, bed*, Hist. Mon. i. 226 ult.

ܚܡܢܐ col. 746 end of par. Pl. f. ܚܡܢܬܐ Ar. جن *a jinn*, ܚܡܢܬܐ ܕܚܡܐ ܢܩܘܡ *she set up images of jinns in the market-place*, Jac. Sar. Hom. iii. 799. 8.

ܚܡܣܢܐ col. 747. Pl. ܚܡܣܢܬܐ *conduct deserving blame*, Kal-w-Dim. 130. 12.

ܚܡܣ. Pass. part. ܚܡܝܣ *surreptitious, deceptive*, ܚܙܘܐ ܡܚܡܣ *false appearances*, Pallad. 99. 3, 202. 19.

ܚܡܣܟܐ pr.n.m. Mar *Ganiba*, Chast. 40. 12, 55. 14, 15, 56. 7. Protection 52. 8.

ܚܡܣ pr.n.m. Doc. Mon. 164. 18.

ܚܡܙܘܕ *a round vessel*, Lexx. under ܡܪܙܢܐ col. 1680.

ܚܡܣܕ ܕܚܡܣ correct ܚܡܣܕ ܕܚܡܣ pr.n.m. Ganymede, Arist. Apol. ܝ. 3.

ܚܡܣܐ col. 750. Add: *mark, character*, ܘܗܝ ܚܡܣܐ ܠܐ ܡܫܒܚ ܘܡܫܬܩܠܐ, Vit. Mon. 84. 25 = Jo. Tell. 69. 19.

ܚܡܣ ܚܡܣ ܚܡܣܕܘܗܝ ܚܡܣ γονεύς, Charms 10. 19.

ܓܢܘܣܛܝܩܘܣ *γνωστικός*, usually written with ܠ. *Having the powers of a seer*, Hist. Mon. i. 36. 18. Pl. ܡܓܢܘܣܛܝܩܘ *celebrated for wisdom*, Bar Penk. i. note 3 = Journ. As. 1907, 169.

ܓܢܘܣܝܣ col. 750. *γνῶσις, a schedule. An inventory*, C.B.M. 1. 23 *b*.

ܓܢܙ col. 750. Aph. ܐܓܢܙ *to conceal*, ܠܐ ܐܓܢܐ ܢܚܡܘܢ ܡܢ ܣܐܘܠ, Is. Nin. B. 66. 5.

ܓܢܝܐ col. 751. *a mysterious being, a spirit*, ܓܢܝܐ ܕܝܡܐ *the spirit of the sea*, Kal-w-Dim. ed. Bick. 25. 1, 18, 19, *spirit of the air*, ll. 17, 19; ܓܢܝܐ ܕܐܘܝܪ ib. 74. 21.

ܓܢܙܘ كَزْنَا *Gazna* or *Siz*, a town near Maragha in Azerbaijan, Phet. 30. 4, Pers. Mart. 248 sqq., n. 564, ZDMG. xliii. 398. 14.

ܓܢܙܟܢ *Ganzkan*, an officer in the army of Sapor I, M. Z. 34. 46.

ܓܢܚ col. 751. *to sigh, groan*, ܓܢܚ ܪܥܝܢܗ *his mind was sorrowful*, Cyrillona 566 antep., ܓܢܚ ib. 568. 8. Act. part. ܓܢܚ ܢܦܫܗ, Natur 10. 8.

ܓܢܝܚܐ col. 752. ܓܢܝܚ ܠܒܐ *καρδιωγμός*, Hippoc. iv. 18. 65, *palpitation*, Med. 262. 12, 21, 263. 5 &c., BH. de Pl. 109. Metaph. *terror, horror*, Anecd. Syr. ii. 19. 14.

ܓܢܝܚܘܬܐ col. 752 f. *terrible nature*, Sev. Lett. 143. 12, Anecd. Syr. ii. 54. 12.

ܓܢܛܝܠܐ and ܓܢܛܠܝܐ Lat. *gentilis, gentile, foreign*, ܐܓܢܛܝܠܐ A.M.B. iii. 285. 3, 10; (ܓܢܛܠܝܐ) marg. Γεντίλιοι, Sev. Ant. Hymns 153 tit., C.B.M. 332 *a*.

ܓܢܛܝܢܐ col. 753. *Gentiana, gentian*, refs. Med. 49. 9, 19, 50. 8, 51. 6, 13, i. q. ܓܢܛܐ ܘܫܬܠܐ, ib. 264. 16.

ܓܢܝ pr. n. m. *Gani*, founder of a monastery in Beit Aramaye, Chast. 8. 14, 17. 20.

ܓܢܣ, ܓܢܣܐ col. 754. l. 2. Pl. ܓܢܣܐ *genera, kinds*, ܐܘܟܕܘ ܥܬܝܪܐ ܓܢܣܐ: ܓܢܣܐ ܘܠܐ ܓܢܣܢܐ, Nars. ed. Ming. ii. 185. 7 af.

ܓܢܣ col. 754. denom. verb Pael conj. Part. ܡܓܢܣ. ܕܡܓܢܣܗ ܠܓܢܣܐ ܕܝܠܢ *Christ our kinsman, of our race*, Poet. Syr. 98. 15.

ܓܢܣܢܘܬܐ col. 785. *generality, generic characteristics*, opp. ܡܕܝܩܢܘܬܐ and ܝܚܝܕܝܘܬܐ *specific character* and *universality*, But. Sap. Philos. 7. 1.

ܓܢܣܢܝܘܬܐ f. *being of the same genus*, But. Sap. Philos. 2. 5.

ܣܦܪܐ ܕܓܢܘܣܛܝܩܘܣ *γνωστικός, Book of the Higher Wisdom*, by Evagrius, C.B.M. 445 *b*, 770 *b*.

ܓܢܦܐ i. q. ܙܢܒܐ col. 758. *angles, sharp edges* of hailstones, Dion. 194. 20.

ܓܢܟܪܐ col. 775. *colocynth pulp*, refs. Med. 50. 5, 51. 23, 52 bis, 136. 20, 137 bis. Cf. under ܝܩܐ above.

ܓܢܫܐ col. 756. Heb. גִּיד הַנָּשֶׁה Nöld. Gram. § 142. *The sciatic nerve; sciatica*, Hippoc. iii. 21, vi. 56, 57, Med. 48. 19, 50. 5.

ܓܢܝܐ, جانية *Janiyeh*, a village 15 miles NNW. of Jerusalem, Pléroph. 39. 8 and n., R.O.C. iii. 252. I. q. ܓܢܝܐ ib. 23. 10 and R.O.C. xiii. 186 in loc.

ܓܣ Aph. ܐܓܣ col. 736. denom. verb from ܓܣܐ *the side*, R. Duval. *To lie down, recline*, add: ܐܓܣ ܠܚܫܡܝܬܐ *he took his place on a couch for supper*, Act. Apost. Apoc. ܪܡܐ 9; ܐܓܣ ܒܥܪܣܐ *he lay down in bed*, Kal-w-Dim. ed. Bick. 73. 8, ܡܓܣ ܐܣܝܪ l. 9; ܐܝܢ ܥܠ ܓܣܐ ܒܥܪܣܐ? Anecd. Syr. ii. 223. 2, 3; ܡܓܣܝܢ ܗܘܝܢ ܒܓܘ *we were lying down indoors*, Jos. Styl. 29. 10.

ܓܣܝܘܬܐ f. *extravagance, squandering*, Syn. Or. 226. 5. Cf. ܓܣܐ *riches* col. 757 2).

ܓܣ col. 757. 3) *to pour forth*, ܘܐܝܟ ܙܘܦܐ ܥܛܦܬ ܡܢ ܢܘܙܐ Ephr. Jos. 120. 9, 125. 7. Pa. ܓܣܝ *to belch, vomit*, add; refs. ܐܠ ܓܣܐ Natur 17. 8; ܓܣܐ ܠܐ ܡܓܣܩܝܢ ܓܣܘܩܐ ܐܢܬܘܢ Med. 284. 14.

ܓܣܩܐ col. 758. f. *eructation, disgorging*, ref. Hippoc. vi. 1, 32; pl. ܓܣܩܐ, Med. 284 bis, mis-written ܓܣܩܐ l. 8; Ephr. Ref. i. 28. 9, 15, 24, 47.

ܚܡܣܢܐ col. 758. γῆ Σαμία, *Samian earth*. *talc*, Med. 207 ter, 208 bis, 209. 2, 413. 2, I. q. ܐܘܚܠ ܚܡܪܐ q. v.

ܚܡܣܛܝܪ; γῆς ἀστήρ, *talc*, Med. 205. 13.

ܚܡܥܡ, ܚܡܥܡ Pers. گزران *a remedy*. ܘܡܚܡܕܙܐ ܘܐܘܢܐ for indigestion, Med. 307. 17/18.

ܓܐܝܘܣ, Γάϊος or Γαϊανός, *Caius* (Nau), a noble of Sebaste in Palestine, Pléroph. 127. 8.

ܓܝܐܣ probably *Gyas*, a hundred-handed giant. Here one of many names of a female demon, Charms 84 = Protection 64.

ܓܦܐ. ܓܦܐܠܐ col. 761. *commendation, committal*, add: Apis. ܣ. 12; *the commendatory prayer at the end of the liturgy*, B. Sal. in Lit. 94. 20.

ܓܥܡ col. 761. *to vomit*; ܡܥܒܕ ܓܚܡܐ ܡܬܐ ܘܐܠܝܚܕ, Ephr. ed. Lamy i. 681. 26, BH Carm. 135. 7.

ܓܥܡܐ col. 762. *vomiting, retching*. Pl. ܓܥܡܐ, Med. 31. 18, 44 bis, 224. 20, 282. 11, 289. 8.

ܓܥܬܢܝ *Ga'tani*, a monastery on the road to Tagrit, built to succour travellers, Patr. Or. iii. i. 32. 10, 11.

ܓܦ col. 763. *to fish, catch*, ܓܦܕ ܡܕܡܐ ܘ, M. Z. 216. 8. Aph. ܐܓܦ *to set close together*, cf. N. Heb. גפף W. B. ܘܩܘܡܚܐ ܚܝܐܝܡ ܗܘܘ *the soldiers locked their shields*, Josephus vi. 24. 11.

ܓܦܐ, ܓܦܐ col. 763. *a fathom*; refs. ܚܡܣܝ ܓܦܝܢ, Nest. Chrest. 121 ult., ܐܠܦ ܓܦܝܢ 1000 *fathoms*, Ahikar ܬܢ. 13.

ܓܦܐ for ܓܒܐ *side*? ܫܝܗ ܕܘܢܐ, ܓܦܐ *the marrow of the spinal column is diseased on both sides*, Med. 113. 11.

ܓܦܢܐ col. 764. *a winged creature*, ܓܦܐ ܘܦܢܐ, N. Hist. viii. 3. 1 infra.

ܓܦܬܐ *Gapitha*, a village of Marga, M. Z. 187. 50.

ܓܦܡ col. 764. Correct: denom. verb Pael conj. βλαστολογεῖν, *to pick off young shoots*, *to disbud* a vine. Inf. ܕܢܓܦܡ ܠܟܪܡܐ, Geop. 14. 11; *to disbud* an olive, l. 18, 35. 12; ib. 32. 19. Ethpa. ܐܬܓܦܡ *to be disbudded*, ܘܡܚܬܠ ܘܡܚܡܠܗ ܢܬܓܦܡ *grafted plants should be disbudded, lit. places where eyes have been inserted should have shoots rubbed off*, Geop. 15. 15, ܡܕܐ ܘܐܬܚܝܒ ܢܬܓܦܡ ib. 72. 16, 81. 28.

ܓܦܢܐ col. 764. m. *propagation by layers or cuttings, layering*; κατάστρωσις, Geop. 14. 11. 13; ܦܠܚܢܐ ܕܟܪܡܐ ܒܓܦܢܐ *the cultivation of vines is by means of layering*, ib. 81. 27, 28. But the word seems to mean *disbudding*, ܓܦܢܐ ܘܐܩܝܡ, ib. 14. 25; ܓܦܢܐ ܘܠܐܚܕ, ib. 15. 12, 32. 19.

ܓܦܬܐ N.-Syr. *cheese*, ܠܚܡܐ ܕܓܦܬܐ, ܓܪܝܡܐ, Med. 569. 4, 577. 22.

ܓܨܐ and ܓܨܐ i. q. ܓܨܐ col. 766. *lime, fine white plaster*, ܕܩܝܩܐ ܕܓܨܐ built of stones and plaster, Gest. Alex. 138. 14, 146. 12; Hist. Mon. i. 124. 9; ܓܡܪܐ ܕܘܗܝ ܓܨܐ, A. M. B. ii. 439 pen., ܣܘܕܐ ܓܪ, Chimie 4. 13, ܓܨܐ ܕܚܠܐ ܕܓܨܐ *we make a paste of lime and vinegar*, Med. 65. 12, 602. 20.

ܓܨܬܐ *plastered*? Name of a church, Jab. 215 ult.

ܓܪܬܐ *beans*, Lexx. under ܣܘܠܐ col. 1372, under ܚܡܨܬ col. 3199. Cf. ܓܪܝܐ col. 688.

ܓܪܒܐ *scab*, Lexx. under ܓܪܒܐ, col. 779.

ܓܬܐ now ܓܬܝ Mongol name of the river *Jagatai*, the Persian name is ܘܕܘܢܐ, Jab. 152. 4 af.

ܓܪ col. 766. *to drag up, to beach* a ship. Act. part. ܓܪ Jud. v. 17, Ephr. i. 314. E in loc. To *drag at, to tear*, add: ܡܕܒܚܐ ܕܓܪܘ, Dion. 34. 2. With ܟܠܐ add: astron. *to be intercalated, inserted*, ܡܚܠ ܕ ܘܓܪܘ ܕܚܕܘ ܘܥܠܗ *six intercalary hours, lit. six hours dragging after the year*, Georg. Arab. 25. 24.

ܓܪܐ col. 768. *dragging up, beaching* a ship, ܓܚܬܡ ܘܡܘܟܒܝܣܓܦ ܓܪܐ ܘܠܚܦܐ, Odes of Sol. ii. 284.

ܚܕܬ

ܚܙܐ Ar. جرى *to run down, melt, flow,* act. part. ܚܙܐ ܐܝܟ ܡܥܕܟܐ *it is of the consistency of melted wax,* Chimie 97. 1. ܚܡ ܘܩܚܕܐ, correct ܚܡܡ, Ephr. ed. Lamy iii. 193.

ܚܙܐ col. 769. 5 of par. *to urge, incite,* Act. part. ܚܡܐ, Jo. Tell. 75. 12; ܐܚܕܬܝ ܗܘܘ ܕܗܘܟܣ ܗܢܘܢ ܕܚܕܩܐ ܚܙܡ, Pallad. 762. 15.

ܚܕܘܐܢܐ col. 770. *exhortation,* ܗܡ ܩܘܡܐ ܡܚܕܢ ܐܚܐ, "*Paraeneses Mar Abae,*" Ephr. ed. Lamy iv. 88. 7.

ܚܙܐ col. 770. f. ܚܕܝܐ *a lion's whelp.* Pl. f. ܚܕܘܬܐ, Is. Ant. ii. 328. 5.

ܚܕ Aph. ܐܚܕܝ col. 771. *to become leprous.* Causal ܐܚܕܝܐ *the covetousness of Gehazi made him leprous,* Ephr. ed. Lamy iv. 237. 4 af.

ܚܕܘܐ col. 772. Add: Pl. ܚܕܘܐ *stone jars for oil,* Jac. Edes. Hex. xliii. 5. Perh. Ar. جربان *a sword-belt, sash,* ܚܕܘܐ ܕܡܐ ܕܚܩܡܢ ܡܚܕܟܐ *precious sword-belts fit for a king,* Jab. 143. 9, 152. 5. But cf. ܚܘܕܐ col. 690.

ܚܕܝܒܗܡ *name of a village,* mentioned soon after Beit Aphthonia, Doc. Mon. 200. 18.

ܚܕܝ col. 773. Pali ܚܕܝ *to clash, knock,* ܡܚܬܝܗܝܡ ܡܗܡܕܩܝܗܘܢ *birds clash their beaks,* Caus. Caus. 255. 2.

ܚܕܝܘܐܐ col. 775. 1. m. pl. *Gregorians,* i. q. Julianists, BHChr. Eccl. 299. 18.

ܚܕܘܩܟܐ γίγαρτον, *a grape-stone.* Pl. *grapes,* Galen 240; ܚܕܩܝܐ ܕܚܕܩܐ Med. 240. 3, 241. 16. Cf. ܚܘܕܩ.

ܚܕܩܘܡܚܐ Arab. جَرَاجِمَة *the people of the Lebanon,* now called Maronites, and, by the Byzantines, Μαρδαΐται, Nöld. ap. ZDMG. xxix. 82 n., Sachau Hist. Geogr. Syriens ii.

ܚܕܝܩܐ col. 775. *Eruca sativa, a colewort,* add refs. Med. 86. 8; ܐܦ ܚܕܝܩܬܐ ib. 582. 10. Ar. جرجير ib. 603. 1.

ܚܕܝܗܘܕ pr.n.m. Pers. A.M.B. iv. 145.

ܚܕܕ col. 776. Imper. ܚܕܘܕ *scrape off,* Chimie 38. 7. 51. 1. 2) *To dissolve,* ܚܕܕ ܟܕܢ *black bile dissolves the earth on which it falls,* Med. 13. 13; ܐܗܕܬ ib. 554. 14. Ethpe. ܐܬܚܕܕ col. 777. 1 of par. Dele ܘ *the verb is* ܐܬܚܕܕ.

ܚܕܝܡ, ܚܕܝܡܐܝܬ col. 776 infra. 1) *threadbare,* ܚܕܡܝܐ ܕܚܩܡ Is. Ant. ii. 332 ult. *Articulate, distinct, clear,* ܠܐ ܩܕܡ ܕܚܕܢ ܡܝܝܒ ܒܩܚܟܠܐ *he could not articulate distinctly and intelligibly,* Pet. Ib. 41. 23; ܩܚܟܠܐ ܚܕܡܐܠ, ܘܩܚܝ ܟܩܢܐ ܚܕܡܩܐ A.M.B. v. 424. 16.

ܚܕܝܡܐܝܬ *distinctly,* with ܐܟܡ, Pet. Ib. 42. 16; Anecd. Syr. ii. 270. 1.

ܚܕܕܐ m. *abraded membrane,* pl. ܚܕܕܐ ܘܩܚܟܡܐ, Med. 406. 10; ܚܕܕܐ ib. ter, sing. ib. bis, pl. 407 bis.

ܚܕܕܬܐ col. 777. Add: 3) *a scrap, scraping,* ܚܕܘܕܐ ܘܒܣܡܐ, ܚܕܕܬܐ ܘܩܢܢܐ Med. 292. 15; *a brass filing,* Chimie 240 n. 2.

ܚܕܝܕ Ar. جرّ *a jar,* Chimie 7. 6.

ܚܕܘܕܡܠܐ Ar. جَرْدَحْل *a great camel,* ܘܗܝܣܠ ܚܡܠܐ ܗܡܝܣ ܕܚܐ But. Sap. Cap. 4, sect. 3.

ܚܕܝܣܠ *name of a monastery near Antioch,* Anecd. Syr. ii, 227. 13.

ܚܕܘܕܐ col. 779. ܚܕܘܕܡܐ m. *the gnawing or crunching of bones,* Lexx. under ܚܩܘܕܐ col. 2987.

ܚܕܘܕܡܐܐ f. *the gnawing or crunching of bones,* Lexx. under ܡܚܟܕܘܕܐ col. 2988.

ܚܕܘܘܐ *a rake or poker,* ܚܕܘܘܐ ܘܒܘܕ ܣܟܗ Kal-w-Dim. 276. 25.

ܚܕܝܡܠܐ Neo-Syr. Arab. جرح *a wound* ܚܩܡܣܬܐ ܚܩ ܚܕܝܡܠܐ Med. 587. 2.

ܚܕܝܗܡ pr.n.m. C.B.M. 906 b.

ܚܕܝܡ *name of a bishop,* ZDMG. xliii. 395 infra.

ܚܕܝܒ, ܚܕܝܒܐ col. 780. Ar. جريب *from* Pers. اريب El. Nis. 58. 46; Lag. Arm. Stud. § 536, id. B.N. 45. *a measure of capacity,* then *the piece of land sown with that measure,* Tabari 242 n. 2. It is equal to 1 ܩܦܝܙܐ, ܩ. ܟܕ ܟܚܡܢܒ ܡܩܢܒܠܐ G. Busâmé 27 b 14 in Gen. Cf. BH. in Hos. iii. 2, Thes. Syr. and Suppl. under ܣܘܕ.

ܓܪܝܒܐ i.q. ܓܪܒܐ cf. Talm. גריבא, גריוא, Isoyabh ed. Duval, Letters 41 and 47, 70. 26, 92. 3, ed. Moncrieff 66. 6 af., 87. 12.

ܓܪܡ col. 781. to pay a غرامة *fine, mulct, to be mulcted,* ܐܓܪܡ ܐܢܘܢ ܟܣܦܐ ܕܠܐ ܒܙܘܓܐ, Dion. 111. 3. Pass. part. ܓܪܝܡ *keen, acute,* ܚܟܝܡܐ ܐܝܬ ܗܘܐ ܘܓܪܝܡ ܣܘܟܠܗ, Anecd. Syr. ii. 53. 10.

ܓܪܡܬܐ col. 783. *decision,* ܓܪܡܬܗ ܕܦܘܪܥܢܐ *a decisive course of action,* Sev. Lett. 103. 14.

ܓܪܡ, ܓܪܡܐ col. 782. *the hard part of a fruit, plant or mollusc,* ܐܘܩܕ ܓܪܡܐ ܕܟܬܢܐ *burn the stalks,* JAOS. xx. 189. 7; ܓܪܡܐ ܕܦܛܝܦܬܐ *date stones,* ib. 194. 14; ܓܪܡܐ ܕܩܢܛܐ *crab shells,* ib. 193 antep., Med. 553. 13. Sing. ܓܪܡܐ ܕܩܢܛܐ, ib. 558. 11.

ܓܪܡ ܣܪܐ *the backbone,* refs. Hippoc. v. 15, vii. 33, Med. 132. 5, 8, 133. 7, 134. 10.

ܓܪܡܢܝܐ col. 782. *bony.* Add: *bodily, material,* ܒܣܪܐ ܘܓܪܡܐ of animals, Ephr. Ref. ii. 19. 22.

ܓܪܡܐ for ܓܪܡܨܐ col. 784. *a gramme, a scruple,* equal to four carats, Chimie 69. 12, ܓܪܡܐ ܣܪܐ ܘܐܪܒܥܐ ܙܘܙܐ i. e. *a quarter drachm,* Med. 447. 3. But *half a drachm* ܦܠܓܘܬ ܣܪ ܕܓܪܡܐ: ܐܘ ܩܛܝܡܐ ܗܘ ib. 136. 22.

ܓܪܡܘ name on a mosaic tombstone at Edessa, Journ. As. 1906, 283 ff. Cf. Gr. Γάρμος and the latter half of the Edessene name ܫܡܫܓܪܡ Σαμψιγέραμος, ZDMG. xxxvi. 158.

ܓܪܡܝܘܢ col. 783. Pl. ܓܪܡܝܘܢ *writings of debts,* Anecd. Syr. ii. 8. 8.

ܓܪܡܟܐ col. 784. Arab. دَرْمَك, Pers. كرمك, Mand. גראמנא, Fremdw. 33. *fine white flour,* Med. 85. 21; ܣܘܦܐ ܕܓܪܡܟܐ Op. Nest. 97. 12.

ܓܪܡܟܐܝܬ *in the dialect of Beit Garmai,* BA. and BB. under ܟܕܟܘܕܐ col. 1960.

ܓܪܡܩܝܐ (ܚܒܠܐ) *the dialect of Beit Garmai,* Ephr. Ref. ii. 222. 34.

ܓܪܡܩܢܝܐ Arab. جرمقاني *grasshopper,* Dozy, *gutter-snipe,* BHChr. Eccl. 337. 7.

ܓܘܪܝܬܐ col. 785. ܓܪܣܐ ܕܒܘܐܠ Fleischer note to Levy NHWB. Pers. جَرِّيث and قريث *an eel,* Fremdw. 121, Ar. PflnN. 96 f. where other spellings are mentioned. I. Löw ZA. xxii. 86. Pers. مار ماهى Med. 603. 1.

ܓܪܣ col. 785. *to tear,* ܟܕܗ ܓܪܝܣ ܐܦܘܗܝ, ܠܐܚܘܝܢ, But. Sap. Pol. iii. 2. *To dissipate, lose,* ܓܪܣ ܠܟܕ ܘܩܦ ܫܒܠܐ, Anecd. Syr. ii. 40. 3; Ephr. ed. Lamy ii. 465. 3. Pass. part. ܓܪܝܣܐ, ܓܪܣܐ. F. pl. ܓܪܝܣܬܐ *fine meal or gruel,* Med. 231. 2. But ܘܟܣܡܚܐ A.M.B. i. 402. 10 correct ܓܪܝܡ ܠܠ *a flat loaf.* Ethpe. ܐܬܓܪܣ *to be made to perish,* ܢܬܓܪܣܐܠ ܒܪܡܟܐ ܕܚܩܠܢܐ, BHGr. 1. 52 ult. Pa. ܓܪܣ col. 786. l. 2 of par. correct to part. fem. ܚܡܪܗܐ ܕܟܠܒܬܐ ܡܝܓܪܣܐܢ ܠܓܪܝܘܬܐ *like a bitch thou destroyest thy whelps,* BH Carm. 102. 9. 11. denom. from ܓܪܣܐ *to become a snake,* ܓܪܣ ܗܘܐ ܟܕܗ Judas *turned serpent, or he destroyed himself;* the paronomasia is probably intentional as the word ܓܪܣܐ is used just before, Cyrillona v. 268. Ethpa. ܐܬܓܪܣ denom. from ܓܪܣܐ, *to become a serpent,* Tekkaf. 36. 187.

ܘܦܡ ܡܓܪܣܝܬ ܓܪܣܐܝܬ *finely,* Med. 142 bis, 303. 15.

ܓܪܣܢܝܐ *resembling flour, floury,* with ܡܩܠܐ κριμνώδεες αἱ ὑποστάσιες, Hippoc. vii. 28.

ܡܓܪܣܘܬܐ f. *fragmentariness,* ܡܝܓܪܣܘܬ ܕܚܣܡܐ ܘܐܟܠܩܪܨܐ ܗܘܐ *chance broken victuals, scraps,* Jesus-Sabran, 522. 14.

ܡܓܪܣܢܐ col. 786. *destructive,* ܒܚܪܘܬܐ ܡܓܪܣܢܝܬܐ *bondage leading to perdition or bondage to the Serpent,* Jesus-Sabran, 507. 13 af.

ܓܪܣܝܡܐ prob. ἄγρωστις, triticum repens, *couch-grass,* Jos. Styl. 41. 13.

ܓܪܥ col. 787. Pass. part. ܓܪܝܥ ll. 4 and 25 of par. *a lad, servant, slave,* Kal-w-Dim. 117. 1. ܗܓܪ ܘܐܝܟܬܐ ܘܢܩܦܐ ܓܪܝܥܟܐ Dion. 221. 12, 14, 227. 7; ܟܣܡܐ ܣܢܐܐ ܓܪܝܥܟܐ ܘܓܪܝܥܐ *les miscréants Arabes,* ref. to Jer. xxv. 23, ib. 111. 6. *Shaven, tonsured; Jacobite monks,* ib. 76. 1, C.B.M. 945 *b,* Hormizd 2445, 2463 and passim. Used of other monks ܓܪܡܐ ܘܓܪܝܥܢܝܐ A.M.B. iii. 404.

ܓܲܕܘܼܕܵܐ and ܓܲܕܕܘܼܢܵܐ dimin. of ܓܲܕܘܼܕܐ m. *a lad, servant*, Dion. 213. 2, ܓܲܕܘܼܢܵܐ Sind. 10. 8, ܓܲܕܘܼܢܵܐ ܒܲܪ ܐܰܚܕܰܐ ܕܬܠܬ ܫܢܝܢ *a little lad of three years*, ib. 24. 3.

ܓܲܕܘܼܕܘܼܬܵܐ f. col. 787. collective noun, *Jacobite monkhood*, C.B.M. 945 *b*.

ܓܲܕܵܕܘܼܬܵܐ f. *shaving, the barber's art*, Kal-w-Dim. 33. 22.

ܓܲܕܵܕܵܐ f. *a razor*, Dion. 126. 10.

ܓܵܕܘܿܦܵܐ . ܓܵܕܸܦ col. 788. Add: *a mop*, ܐܣܒܪ ܘܲܚܠܲܠ ܓܵܕܘܿܦܵܐ ܐܵܘ ܡܚܲܣܡܣܵܠܵܐ ܠܚܣܡܵܠܵܐ ܓܕܵܦܝ ܘܣܚܡܝ ܠܒܲܝܬܵܐ *as a mop and broom scour and sweep a house*, Dion. 112. 18.

ܓܪܵܦܵܐ γραφεῖα *with gloss*. ܓܪܵܦܵܐ ܕܡܵܕܪܵܐ ܗ *Hagiographa*, Epiph. 11. 23.

ܓܪܘܿܦܵܐ col. 789 under ܓܪܵܦܝܬܵܐ, *a stylus*, Journ. As. 1906, 280. 7.

ܓܪܵܪܵܐ of *Gerar*, ܓܪܵܪܝ, ܐܕܡܣܕܝ ?, Ephr. ed. Lamy iii. 193.

ܓܪܲܪ col. 789. *to draw, drag*, ܘܕܘܼܢܒܗ ܓܵܪܪܵܐ ܠܬܠܬܵܐ ܕܟܘܿܟܒܹܐ ἡ οὐρὰ αὐτοῦ σύρει τὸ τρίτον τῶν ἀστέρων, Apoc. xii. 4 ed. Gwynn, but ܓܪܵܪ Bagst. Gutbir corrects ܓܪܝܼܪ. ܓܪܘ ܢܦܫܗܘܿܢ ܠܒܪ ܡܕܝ̈ܢܵܬܵܐ *they dragged themselves outside the plague-stricken towns*, Dion. 42. 20. With ܩܹܣܵܐ *to haul wood*, ib. 87. 1.

ܓܫܲܫ Aph. ܐܓܹܫ col. 791. *to touch*, ܘܬܣܓܘܿܕ ܠܐܲܠܵܗܘܵܬܵܐ ܘܲܬܓܘܼܫ *thou shalt prostrate thyself before the gods and touch the ground*, A.M.B. ii. 581. 14. Palpel ܓܲܫܓܸܫ *to grope*, ܡܓܲܫܓܫܝܼܢ ܗܘܘ ܒܩܸܣܡܵܐ, A.M.B. ii. 19. 19.

ܓܫܵܐ m. *taste, feeling*, ܓܫܵܘܵܬܵܐ ܚܲܟܝ̈ܡܹܐ *men of taste, the wise*, BH Carm. 257. 5. Ar. ذوق.

ܓܫܵܐ abs. st. of ܓܫܵܬܵܐ f. *touch, contact*, ܡܟܲܠܹܐ ܠܒܝܼܫܘܼܬܗ ܡܢ ܓܘܫܵܬܵܐ ܕܥܒܵܕܵܐ *he restrains the evil in himself from action*, Kal-w-Dim. 236. 2.

ܓܫܵܬܵܐ, ܓܫܵܬܵܐ col. 791. f. ܓܫܵܬܵܐ ܕܙܲܪܩܵܐ *feeling the pulse*, Med. 128. 16, 259 five times.

ܓܫܵܢܘܼܬܵܐ *feeling*, ܪܓܸܫܬܵܐ ܕܓܫܵܢܘܼܬܵܐ *the sense of touch*, N. Hist. vii. 3. 1 = ܪܓܸܫܬܵܐ ܕܓܫܵܬܵܐ ib. ii. v. sect. 4.

ܓܫܵܬܵܐ f. *an investigation*, C.B.M. 519 *b*.

ܓܫܝܼܫܵܐ and ܓܫܝܼܫܵܢܵܐ col. 792. *palpable*, ܚܫܘܿܟܵܐ ܓܫܝܼܫܵܐ ψηλαφητὸν σκότος, Hex. Ex. x. 21; ܓܫܝܼܫܵܐ, Ephr. Ref. i. 32. 1.

ܓܫܘܿܡ maig. زرنيخ; *arsenic, but Duval says "poix,"* Chimie 36. 22.

ܓܫܲܦ col. 792. *to skin, flay*. Add: ܐܦ ܙܘܼܩܵܐ ܕܝܡܗ ܕܣܠܘܼܩܵܐ ܗܘܵܐ ܓܫܝܼܦ *he tore away a picture from the altar*, Or. Xt. i. 94. 10. Ethpa. ܐܬܓܫܸܦ *to be cut or torn away*, ܢܸܬܓܫܸܦ ܡܢ ܩܝܣܐ ܗܘ ܐܘܿ ܘܐܲܚܕܘܗܝ, *so read* for ܐܬܓܫܸܦ, Nest. Funeral Service, Hebraica, iv. 194. 8.

ܓܫܝܼܦܘܼܬܵܐ col. 792. *laceration, abrasion*, ܓܫܝܼܦܘܼܬܵܐ ܕܘܲܪ̈ܟܘܬܗܘܢ, Hist. Mon. i. 313. 10.

ܓܫܘܿܠܵܐ Ar. غَسُول *honey-sweet; "homme mielleux,"* Martin Métrique 54.

ܓܫܲܡ col. 792. Ethpa. ܐܬܓܫܸܡ *to be solidified*, Chimie 10. 10.

ܓܫܝܼܡܵܐܝܼܬ *corporeally, materially*, Is. Nin. B. 20. 1; ܐܢ ܐܣܟܝܡܐ ܘܓܸܪܡ ܗܘܐ ܘܣܡܟܐܝܬ ܠܐ, Athan. ap. *Apollinaristische Schriften* 45. 8.

ܓܫܲܡ Ar. جاسم, *name of a village and monastery*, Nöld. ZDMG. xxix. 429, C.B.M. 709 *b*, 710 *b*, 714 *a*, Doc. Mon. 213. 22, 215. 14, 216. 5, 16, 224. 6.

ܓܫܲܪ col. 795 ult. Correct ref. 2 Sam. xix. 17. Denom. verb from ܓܫܪܵܐ. ܓܫܲܪ *he constructed a bridge*, Gest. Alex. 206. 2, but ܠܓܫܪܐ, ib. 205. 14. N.B. E-Syr. vocalization. Ethpe. ܐܬܓܫܲܪ *to be bridged over*, ܕܡܣܬ ܓܫܸܪ Ephr. Ref. i. 97. 18.

ܓܫܪܐ or ܓܣܪܐ γέφυρα, *Gisra, an estate two miles from Tripoli*, Pet. Ib. 109. 23.

ܓܬܝܢ Zend *gaetha*. *the world of living creatures*, A.M.B. ii. 576. 16.

ܓܬܝܣ col. 796. *name of the* ܬܪܥܐ *of Simon Magus*, Coupes ii. 113.

ܓܬܐ i.q. ܓܬܐ, *a village belonging to Eudoxia: see above.*

ܕ

ܕܐܒܐ the *Dabha* river, a tributary of the Nile, i.q. ὁ Λύκος ποταμός, Rosweyde, Vitae Patrum, 51. col. 2, Pallad. 60. 15, 124 bis, A.M.B. vii. 41; Dion. Ined. 61. 7; ܕܒܐ ib. l. 10, ܕܝܒܐ l. 15.

ܕܐܒܐ a kind of spider which does not spin, N. Hist. vii. 4 and 5.

ܕܐܒܐ col. 801. 11 of par. Lupi Arabici, λύκοι τῆς Ἀραβίας is a LXX mistake for זאבי ערב, Hab. i. 8, Soph. iii. 3, Nau Journ. As. 1905, 372; cf. l. 5 of par.

ܕܐܒܬܐ pl. f. *she-wolves*, BB. under ܠܘܩܝܘܣ, col. 1917.

ܕܐܒܕܗܪܡ King *Dabdharam*,, Kal-w-Dim. 3. 6, 95. 24, 96. 10.

ܕܐܒܘܪ or ܕܐܒܪ *Debhwar*, a district under the Bishop of Arbela, towards Azerbaijan, Pers. Mart. 244; Chast. 12. 14, ܕܝܒܪ l. 20.

ܕܐܓܡܘܣܝܐ see ܕܘܡܣܝܐ col. 832.

ܕܐܕܐܕܘ ὁ Ἀδάδων, *Adada*, now Kara Bavlo in Pisidia, Nöld. F. S. i. 473. 108.

ܕܐܕܡ pr.n.m. a Governor of Azerbaijan, Jab. 239. 9.

ܕܐܕܪ ܡܗ pr.n.m. Ant. Patr. 304. no. 122.

ܕܐܡܘܣܝܐ δημόσια, *public latrines*, Zach. Rhet. 319 n. 6, Bull. Arch. Rom. 222 ult. See ܕܡܘܣܝܐ col. 884.

ܕܐܘܪܝܢ unknown place, "Doarenses," Wright, C.B.M. 429 *b*.

ܕܐܘܬܢ for ܕܘܬܢ land of *Dothan*, Jos. ed. Engel 10. 12.

ܕܐܝܢ and ܕܝܢ Pers.-Ar. دين *religion*, Phet. 26. 7; ܕܐܝܢ ܡܙܕܝܣܢܘܬܐ, ib. 32. 9; Nöld. in Sassanidi 21 n. 5; A.M.B. ii. 576. 6.

ܕܐܠܘܣ δαλός, *a thunder-bolt*, N. Hist. v. 4. 3.

ܕܐܠܡܛܝܐ *Dalmatia*, Jab. 74. 9.

ܕܐܡܐܪܐܠܝܩܘܢ an Indian animal which has a human face with the paws and body of a lion, Brit. Mus. Cod. Add. xxv. 878 *b*.

ܕܐܡܘܣܝܐܝܬ *publicly*, Pléroph. 26. 3, R.O.C. iii. 244 infra.

ܕܐܡܘܣܝܘܢ *the public service*, ܗܢܘܢ ܕܕܐܡܘܣܝܘܢ *officials*, Sev. Ant. Vit. 66. 10. See ܕܡܘܣܝܘܢ, col. 884.

ܕܐܢܐܝܕܣ Δαναΐδες, *the Danaids*, Clem. Cor. ܐ. 2.

ܕܐܢܐܛܝܒܘܢ Lat. donativum, *largess, a gift*, Anecd. Syr. iii. 219. 26.

ܕܐܦܢܐ col. 803 ult. Δάφνη, *Daphne*, a suburb of Antioch, C.B.M. 541 *a*.

ܕܐܦܐܢܐ δαπάνη, *extravagance*, Greg. Carm. 32. 12.

ܕܐܦܢܘܣ *Daphnos*, Bishop of Derbe in Lycaonia, Nöld. F. S. 473. 101.

ܕܐܩܐ for ܕܩܐ *pulse*, QdhamW. 186. 20.

ܕܐܩܝܕܣ δοκίδες, *meteors*, Jul. (Neum.) 52. 22.

ܕܐܪܒܐܝܐ Δερβαῖος, of Derbe, BH. in Act. xx. 4. See ܕܪܒܐ col. 944.

ܕܐܠܝܣܢܕܘܣ Δαλισανδός, *Dalisandos* in Isauria, Nöld. F. S. i. 471. 72.

ܕܐܪܪܐ *an athlete*, Arist. Apol. ܝ 5, ܕܪܪܐ l. 2. See under ܕܪ col. 942.

ܕܒܐ col. 805. 14 of par. Bathsheba compared to a bear. So is Potiphar's wife, Jos. Ephr. 88. 4, 89. 2, 111. 6.

ܕܒܒܐ *a fly*, col. 805. Add: ܪܫ ܕܒܒܐ *fly's head*, name of a sore on the eye, Med. 77. 17.

ܕܒܝܓܐ col. 806. *brocade*: ܬܫܥܐ ܕܒܝܓܐ ܩܛܥܐ *nine pieces* or *dresses of silk brocade*, Jab. 91. 5.

ܕܒܫ col. 806. ܡܕܒܫܢܐ name of a district on the borders of Amid, Anecd. Syr. ii. 210. 6.

ܕܒܪ. ܕܒܘܪܐ col. 809. Pl. ܕܒܘܪ̈ܐ *stings* of bees, Anecd. Syr. iii. 33. 1; *spines* of a hedgehog, ib. iv. 42. 25; Physiol. 8. 2.

ܕܒܪܐ col. 809. m. *prick, sting, bite; a flea-bite*, Kal-w-Dim. 55. 13; ܕܒܪܬܗܘܢ ib. 209. 18.

ܕܒܘܪܬܐ col. 809. f. *sting* of a scorpion, pl. ܕܒܘܪ̈ܬܐ (sic). Med. 27. 2.

ܕܚܡ. ‍‍‍ܐܕܚܡܐ col. 810 ult. *gum, glue, viscous substance*, Med. 108. 1, 358. 10, 401. 14; ܐܕܚܡܐ ܘܕܟܘܢܝܐ, ib. 402. 16.

ܘܐܘܕܟܐ col. 811. 1) *solder*, Ar. لحام, جرّا, Chimie 2. 10; ܘܐܘܕܟܐ *chrysocolla*, ib. 4. 10, 5. 3; ܘܐܘܕܟܐ ܦܫܝܢܐ the same, 17. 17, written ܘܚܡܐ ܡܘܡܚܝܐ, ib. 18. 8. 3) *a volume*, ܡܐܕܐ ܡܚܕܡ ܘܘܚܡܐ, BHChr. Eccl. i. 419.

ܡܕܘܚܡܢܐ m. *a book-binder*, Hist. Mon. i. 117. 3.

ܡܚܕܘܚܡܢܐ *compact*, with ܠܐ *loose*, ܫܠܐ ܕܝܢܐ ܘܠܐ ܡܚܕܘܚܡܢܐ *shifting sand*, Jac. Edes. Hex. 17. 2.

ܘܟܕ col. 811. Add: Med. διαιτᾶν, *to diet*, Hippoc. i. 7. 9. Chem. *to treat*, Chimie 10. 12, &c. Ethpe. ܘܟܕܝ Chem. *to be treated*, Chimie 10. 9 n. 4. Pael ܘܟܕ l. 20 of par. correct ref. ܩܕܫܐ ܡܘܕܟܬܝ Hex. Josh. v. 14, ܡܘܕܟܬܝ ܣܬܟܚܠܐ ib. l. 15 and dele οἱ μάχιμοι and "teste Masio." Add: ܡܘܕܟܬܝ ܕܚܩܠ‍ܐ κυβερνήτης, Apoc. xviii. 17 ed. Gwynn, ܡܘܕܟܢܝܠܐ Bagst. Med. *to prescribe a regimen, to diet*, Hippoc. i. 15. Ethpa. ܘܟܕܝ add: *to rule, govern*, ܡܚܫܒ ܐܝܕ ܐܕܫܬܡܘܕܟܘ *can you govern your thoughts?* Pallad. 532. 20. *To be practised*, ܢܩܕܡܘܢ ܡܚܬܠ ... ܕܟܝܘܕܗ ܘܠܐܝܕܗ Sev. Lett. 179. 17. Med. *to submit to a regimen, to be dieted*, Hippoc. i. 15.

ܘܚܕܘܐ col. 814. Add: ἡ σφηκιά, Hex. Ex. xxii. 28 Lag.

ܘܚܕܐ (sic) but if it is Part. with act. sense it should be ܘܚܕܐ see col. 812. Or ܘܚܕܘܐ as Var. M. pl. *lictors, officers*, Apis 143. 9.

ܘܘܟܕܐ col. 815. 2) δίαιτα, *regimen, diet*, Hippoc. i. 4, 5, 7, 8, 15, ii. 45, Med. 291. 21. Chem. *treatment*, ܘܟܕ ܣܐܡܐ *treatment of silver*, Chimie 20. 6; ܘܕܢ ܘܗܒܐ, ib. 25. 17.

ܘܘܟܕܢܐ col. 816. for the third word ܡܘܕܟܢܐ correct ܣܘܕܠܐܘܗܝ BHGr. i. 17. 1.

ܡܕܘܕܢܢܐ *of or living in the desert*, Kal-w-Dim. 21. 16.

ܘܚܕܘܘ perh. synonym for *thapsia* or for Egyptian pomegranate, Chimie 50. 4, 252. 16.

ܘܚܕܣܠܝܣ name of a bishopric in Adiabene, probably the same as ܕܚܣܡ and ܐܕܗܒܣܡ, Syn. Or. 670 b ult. ib. 33. 27, Eranšahr 24.

ܘܚܕܢܠ suffragan See to Arbela, prob. same as ܘܚܕܢܣܠܣ, M. Z. 63. 19.

ܕܒܫܐ col. 810. ܘܟܒܐ pl. m. *honey bees*, Med. 579. 11, 589. 19, 590. 24.

ܘܒܫ denom. verb Pael conj. from ܘܒܫܐ, *to become like honey*, Chimie 100. 5 bis.

ܘܒܫܢܢܐ col. 819. *of the consistence of honey*, Med. 302. 4, f. ܘܒܫܢܢܝܐ ib. 247. 3. ܛܐܩܐ ܘܚܣܠܐ *honey stone, mellite*, Chimie 8. 12.

ܘܟܝ col. 819. Act. part. ܘܟܐ, ܘܟܝ. Pl. f. ܘܟܬܡ *dumb*, ܘܟܝܢܐ ܘܣܬܡܝܢ, Med. 559. 16. Aph. ܘܘܟܝ part. ܡܘܟܡ *to render deaf and dumb*, ܡܟܡܝܢ ܡܫܡܥܬܗܘܢ *they turn a deaf ear*, Sev. Lett. 496. 13.

ܘܟܝܐ col. 820. *dumb*, epithet of lead, opp. tin which sounds. ܘܐܒܪܐ ܘܟܝܐ *molybdochalque*, h. e. *le plomb-cuivre*, Chimie 254 n. 1.

ܘܟܝܐ *deaf*, ܐܒܐ ܬܐܘܡܐ ܘܘܟܝܐ *deaf Father Thomas*, Pléroph. 22. 10.

ܘܟܝ col. 823. *to be blear-eyed, have dim sight*, ܠܐ ܟܗܝܬ ܚܙܬܗ ܒܣܐܒܘܬܐ *his eye was not dimmed by age*, A. M. B. v. 119. 6 = Pallad. 90. 18. Act. part. f. pl. (ܘܟܝܬܢ) ܘܟܝܢ, ܥܡ ܣܐܒܐ Is. Ant. 254. 7.

ܘܟܢܐ BHGr. i. 21. 7. m. ὀφθαλμία, *ophthalmia* Hippoc. iii. 11, 15, 20, vi. 17; ܟܝܢܐ ܝܒܝܫܬܐ ὀφθαλμίαι ξηραί, ib. iii. 12, 13; Med. 90. 17; ܘܟܢܐ ܕܟܬܢܐ (sic) ib. ult., 91. 1; ܘܟܢܐ ܘܝܒܝܫܐ ib. 53. 3, 78. 6; 82. 5.

ܘܟܫ col. 823. *to touch*, ܣܡܚܝ ܘܒܢܐ ܡܥܒܕ ܘܕܟܬܠܐ. ܘܚܡ ܘܐܚܡܢ Hist. B. V. M. 110. 4.

ܘܕܓܘܫܢܣܦ pr. n. Pers. *Dadhgushnasp*, A. M. B. ii. 560 ult.

ܘܕܗܘܪܡܙܕ pr. n. Pers. *Dadh Hormizd*, the Chief Mage early in the reign of Khosroes Anushirwan, contemp. with the Catholicos Aba, Jab. 226. 12.

ܘܕܝ pr. n. Mart. Pers. A. M. B. iv. 142.

ܘܕܝܣܘܣ i. q. *Zeus*, Stud. Sin. ix. 97, 24.

ܘܕܝܐ (ܘܕܝܢܐ) pr. n. m. *Dadianus* Mart., Warda 23, 5 and often, S. Dan. 16 v bis.

ܘܕܪ *Dadar*, a village in Qardu, Chast. 58. 20, 65. 2.

ܕܗܒܐ 84 ܕܘܡ

ܕܝܘܕܝ pr. n. of a king of Arzene, Kal-w-Dim. 348, Preface xxii, id. ed. Bick. 105. 5, Introd. xcii.

ܕܗܘܐܐ name of a country, ܕܐܠܐ ܕܗܘܐܐ ܠܐܩܠܐ, ܟܬܒܐ, N. Hist. vii. 1. 4.

ܕܗܘܒ or ܕܗܘܟܐ a village to the E. of Maragha, Jab. 139.

ܕܗܘܒܐ a goldsmith, Ephr. Ref. ii. 36. 1.

ܕܗܘܒܢܐ col. 826. ellipt. for *arsénique dorée*, Chimie 54. 2.

ܕܗܘܒܢܬܐ col. 826. Fem. ܕܗܘܒܢܬܐ "*terre dorée*" = *l'électrum, le sori ou la pyrite*, Chimie 3. 6, 4. 5, 8. 17.

ܕܗܒܬܐ δέσποινα, *lady, princess*, BHChr. Eccl. ii. 461. See ܕܡܨܝܡܐ.

ܕܗܒܢܐ col. 826. ܐܠܕܗܒܐܢܗ *Dahbana*, a village to the S. of Edessa on the way to ar-Rakkah, Jos. Styl. 61. 8 transl. 53 note.

ܕܗܘܠܐ Kurd. دهل m. *a drum*, Yezidis 103. 4.

ܕܗܠܝܙ Ar. دهليز *a vestibule, space between two gates*, glosses to ܣܬܘܢܐ", ܫܩܦܐ and ܐܘܕܢܐ", Op. Nest. 116. 3, 14.

ܕܗܝܢܐ *slow, inert*, blood from a morbid growth is of this character, Med. 204. 19.

ܕܗܢ. ܡܕܗܢܐ col. 827. *lubricating*, tears which arise from the passions are ܕܡܥܐ ܕܗܢܝܬܐ *burning* or ܡܕܗܢܬܐ *such as add oil* to the flame, Is. Nin. B. 245. 17.

ܕܗܩܢܐ m. pl. Pers.-Arab. دهقان and دهقین, pl. دهاقنة and دهاقین *the chief man or magistrate of a village; landed proprietors, gentry*, Tabari 351, 440, Pers. Mart. 239, Hist. Mon. i. 120. 4, ii. 256 and note: ܥܡ ܕܗܩܢܐ ܘܚܒܐ M.Z. 212. 5. Cf. ܥܘܕܝ.

ܕܘܒ, ܕܘ col. 830. Pael act. part. ܡܕܘܒ. *to let flow, to run, drip*, ܡܕܘܒܐ ܘܕܡܐ *she has a flow of blood*, Hippoc. v. 29. Pass. part. ܡܕܘܒ *drained of strength, weak*, ib. ii. 35, v. 60. Ethpa. ܐܬܕܘܒ" *to be wasted away* with fever, Hippoc. ii. 28; Josephus vi. 9. 8, 16. 9; ܘܠܐ ܕܟܕܗܐܘ ܕܠܝܠܐ ܘܢܝܚܐ ܢܬܕܘܒܘܢ *that they be not worn out by a long and useless session*, Sev. Lett. 62. 12.

ܕܘܟܐ col. 831. for κατάρροος, *rheum, a cold*, Hippoc. iii. 12, 30, v. 22, vii. 35; ܡܕܘܕܐ ܕܘܟܐ ܘܕܘܟܐ, Med. 609. 14; ܢܣܝܡ ܥܡ ܩܠܐ *dripping which runs down from* a half-roasted liver, ib. 88 ult.

ܕܘܒܐ m. *a flow, discharge*, ܕܘܒܐ ܕܙܓܘܓܝܬܐ a spout *for the discharge of wrought* glass, Chimie 101. 11.

ܕܘܓܡ with ܚܫܒ δογματίσαι, *to dogmatize*, Sev. Ant. Vit. 252. 9.

ܕܘܓܡܛܝܩܝ col. 832. δογματική, ܘܐܚܕܬܐ *doctrines of the Fathers*, Anecd. Syr. ii. 162. 26; ܕܘܓܡܛܝܩܝ ܕܐܒܗܬܐ, Sev. Ant. Vit. 271. 7.

ܕܘܓܡܛܝܩܝ with ܗܘܬ ܣܒܪܐ *doctrinal theories*, Sev. Lett. 405. 1.

ܕܘܓܡܕܝ from δόγμα, *learned*, Dion. 68. 14.

ܕܘܕ, ܕܘܕ col. 832. pl. ܕܘܕܐ *disturbance, perturbation*, A.M.B. ii. 67. 2, 102. 16.

ܕܘܕܣܡ place-name, Chast. 8. 7.

ܕܘܕܝ for Ar. دجاج *a chicken*, Med. 144. 11.

ܕܘܕܝ pr. n. f. foundress of a monastery in Hirta, Chast. 69 pen.

ܕܘܕܩܛܐ col. 834. *the Twelfth Indict*, add refs. Sev. Ant. Vit. 307. 3; Anecd. Syr. iii. 287. 7; C.B.M. 423 b.

ܕܘܕܩܛܡܘܪܝܘܢ δωδεκατημόριον, *a twelfth part of the Zodiac*, R.O.C. xv. 241.

ܕܘܝܕ col. 834–5 and ܕܘܝܕ *David;* the Psalter, ܕܘܝܕ ܗܢܐ *this Psalter*, C.B.M. 133 a; ܡܙܡܘܪܐ ܩܕܡܝܐ ܕܕܘܝܕ, QdhamW. 132. 6.

ܕܘܝ *a village* in Dinahwar, A.M.B. ii. 560.

ܕܘܟ, ܕܘܟܐ col. 835. 5 af. *place*, add: ܕܘܟܬܐ ܘܡܠܐ *a pace, step*, Pallad. 137. 11; ܕܘܟܐ ܫܩܦܐ prob. *a local remedy*, Med. 553. 21. *Time*, ܕܘܝ ܘܡܕܒܪܢܘܬܗ *during the reign of Constantine*, Anecd. Syr. iii. 22; ܕܘܝ ܣܬܘܗܝ ܘܐܠܚܫܒ ib. 113. 1.

ܕܘܟܬ Pers. دخت *a maiden*. Pr. n. f. A.M.B. iii. 515.

ܕܘܙ, ܕܘܙ *to be moved*. col. 837. 34 ff. C.c. ܡ, ܕܘܙ ܕܚܘܫܒܝܗܘܢ *the thought stirred in their minds*, Mar Bassus 15. 191; ܘܕܘܙ ܗܘܐ ܓܗ *her feelings were deeply moved*, Anecd. Syr. ii. 354. 12. ܕܬܕܡܪܐ—ܐܕܟ ܚܡܗܐ ܕܘܙ ܘܒܪܒܪܝܐ *the barbarians rolled up to the wall of* Constantinople, Dion. Ined. 483. 11. Ethpe. ܐܬܕܠܝ̈ *to be troubled, moved*, ܐܬܕܠܝ̈ܘ ܐܬܟܕܡ Kal-w-Dim. ed. Bick. 108. 12. Pael ܕܰܠܝ *to serve*. R. Duval derives this from δοῦλος. Ethpaual ܐܬܕܰܠܝܘ̈ *to be balanced*, ܠܩܠ ܐܬܕܰܠܝܘ̈ *in equilibrium*, Chimie 18. 20. Aph. ܐܕܠܝ add: ܐܕܠܝ(ܐܕܠܝ ܚܕܕܗ *God put into his heart*, BH Chr. Eccl. 141. 24. L. 16 of par. *to bring in* or *to attend to, wait upon travellers*, Anecd. Syr. ii. 139. 1.

ܕܠܠ col. 838. διάρροια, refs. Hippoc. iii. ter, v. bis, vi. quater, vii. bis, Med. 65 ult., 209. 4, ܕܠܠܐ ܘܟܢܦܐ l. 15; 404 ter. A disease of the eyes, prob. *a continual running*, ܕܠܠܐ ܘܟܢܦܐ ܕܟܢܦܐ, Med. 78. 6, 81. 5, 84. 5, 88. 8.

ܡܕܠܢܐ col. 839. *an attendant*. Pl. νεωκόροι, Pléroph. 12. 8; Anecd. Syr. ii. 21. 16; Dion. Ined. 67. 4. It. adj. ܡܕܠܢܐ ܕܚܫܚܐ ܘܩܛܝܪܐ *a subsidiary and servile office*, Sev. Lett. 303. 12.

ܕܠܦܝܢܐ col. 839. *a dolphin*. Add: BH Gr. i. 24. 5; Jac. Edes. Hex. 44 v; Ar. Fisch N. 48. 13.

ܕܘܠܩܐ perh. Pers. دولچه *a leathern bucket*. A measure of capacity, ܐܪܒܥܐ ܕܘܠܩܐ ܕܡܝܐ *4 measures of water*, Med. 138. 8, 142. 2, 213. 5.

ܕܘܡܐ Ar. دُمّا, *Dumma*, a town near the mouth of the Diiala, A.M.B. ii. 668.

ܕܘܡܐ for ܕܘܡܘܣ q.v. col. 840. ܕܘܡܐ ܘܩܘܙܡܐ legendary names of the two robbers crucified with Our Lord, Stud. Sin. ii. 9. 15; ܕܘܡܐ ܘܩܘܙܡܐ ib. ult.

ܕܘܡܣܘ n. of a demon, Protection 64.

ܕܘܡܛܝ pr.n.m. Δομέτιος, *Dometius*, Sev. Ant. Vit. 207; Bishop of ܩܘܣ ZDMG. xliii. 396. 12.

ܕܘܡܢܕܘܢ ὁ Οὐαμανάδων, *Homonada* in Lycaonia, Nöld. F. S. i. 472. 93.

ܕܘܡܣܐ col. 840. For ἐνδόμησις, Apoc. xxi. 18 ed. Gwynn; Bagst. ܕܘܡܣܘܬܐ.

ܕܘܡܣܐܝܬ i.q. ܕܘܡܣܐ col. 917. *publicly*, ܣܒܪ ܕܘܡܣܐܝܬ(ܠܗܘܢ *public opinion acquitted them*, Pallad. 630. 17.

ܕܘܡܣܢܘ *the Secretariat; public offices*, Jab. 36 and n. See ܕܘܡܣܢܘ col. 884.

ܕܘܡܬ ܐܠܓܢܕܠ Ar. دومة الجندل *Dumat-al-Jandal*, a part of Arabia Petraea, thought to be the same as Duma, Sassanidi 36. 7 = Chron. Min. 38. 23.

ܕܘܡܝܠܘܬܐ col. 845. *civilization*, ܐܪܥܐ ܐܝܟܢܐ ܕܡܕܝܢܬܐ(ܘܡܕܝܠܘܬܐ, But. Sap. Pol. 1. 1, N. Hist. vii. 1. 1.

ܕܘܡܠܐܝܬ *rightfully, duly*, Syn. Or. 131. 27, R.O.C. iv. 257, 5 af.

ܕܘܡܠܬܐ col. 845. add ref. Hist. Mon. ii. 141. 12.

ܕܘܢ or ܕܘܡ *Dun*, a small town in the diocese of Dinahwar, Pers. Mart, 67, Phet. 42. 9.

ܕܘܣܢܛܪܝܐ pl. ܕܘܣܢܛܪܝܣ col. 845. *dysentery*, Hippoc. iii. iv. v. vi. vii. often, Med. 171. 5, 603. 7, ܕܘܣܢܛܪܝܟܐ M. Z. 32. 18.

ܕܘܣܝ pl. ܕܘܣܝܐ from *Dositheus*. A frequent name for Mandaeans, Coupes i. 6, 12 n. 1, ii. 154. 3, ܕܘܣܝ ܘܚܕ l. 17, Mich. Syr. ix. cap. 6; Nöld. ap. WZKM. xii. 357. Cf. ܕܘܬܝ and ܚܬܡܐ.

ܕܘܣܐ cf. Pers. دَوْصَى or دوس *water in which red hot iron has been plunged*, others say *scoria, dross of iron*, Chimie 296. 9.

ܕܘܩ, ܕܘܩ. II. *to grind*, pass. part. ܕܝܩ *ground*, Chimie 37. 3, 4. Aph. ܐܕܝܩ *to rise up*, ܘܠܐ ܡܕܝܩ ܘܚܙܐ—ܕܘܡ ܚܠܫܐ ܠܘܬܗ ܚܕܬܐܝܬ with gloss. ܕܘܡ, Cosmog. Manichéenne ii. 111. 7; ܠܩܕܡܘܗܝ ܕܢܚܣܐ ܕܚܫܚܐ ܥܡ ܚܬܠ DBB. 504. 1. *To indicate*, ܕܚܣܦܐ ܫܚܠ ܘܡܕܝܩܝܢ ܩܘܕܡܐ ܚܘܡܐ Isoyabh iii. ed. Duval 5. 7, ܘܡܕܝܩܝܢ ܣܡܩܬܐ ib. 12. 22.

ܕܘܩܐ col. 848. ὁ σκοπός, in both senses, a) *a watchman, sentinel*, Sev. Ant. Hom. 25. 3, 26 five times. b) *a mark, target*, ܕܘܩܐ ܕܣܝܡ, ib. 25. 10, 26. 1. Astron. ܕܘܩܐ ܕܡܚܠ ὡροσκόπος, Gest. Alex. 8. 12, 9. 6.

ܕܘܩܢܐ i.q. ܕܘܩܐ col. 849. *an observer*. Pl. ܕܘܩܢܐ, Warda 147 r.

ܕܘܩܡܢܐ m. *a student, expert*, BH Gr. i. 37. 13; ܕܘܩܡܢܐ ܕܚܩܬܐ(ܠܟܬܒܐ, M.Z. 73. 8.

ܕܘܪܐ pr.n.m. Bishop of Susa, ZDMG. xliii. 395.

ܕܘܡܐ place-name, Or. Xt. ii. 183 sqq.

ܕܘܡܥܐ col. 849. *a wallet*, trs. to col. 2014 i.e. place under ܦ.

ܕܘܩܢ؟ daucus carota, *parsnip*, Med. 99. 4, 293. 14, 297. 15, 299. 8.

ܕܘܟܘܣ؟ Lat. ducatus, *the position of dux*, Jo. Tell. 72. 11 = Vit. Monoph. 89. 2.

ܕܘܩܣܝܣ؟ col. 850. Correct Gr. δοκίδες, *meteors*.

ܕܪ؟, ܕܪ؟. Pael ܕܰܪ col. 851. 7 of par. *to dwell, live.* C. c. ܒ usually but ܟܠܡ ܬܢܝܢ ܕܡܢ ܠܥܠ A.M.B. Anecd. Syr. ii. 223. 6, iii. 490.

ܕܪܐ, ܕܪܐ؟ col. 851. ܕܪܐ؟ ܚܡܝܥܘܣ BHGr. i. 44. 4, but E.-Syr. vocalization ܕܪܐ؟ ܚܡܛܐ ܬ *the gums*, Op. Nest. 118. 1, Med. 167. 9 marg., ܕܪܐ؟ l. 12, 169. 3, 18; ܕܪܐ؟ ܘܗܘܠܐ ܘܡܕܟܕܒ *swollen gums*, ib. 168. 8.

ܕܪܐ؟ ܕܣܥܪܐ m. *barley water*? Med. 141. 11.

ܕܝܪܐ *a monastery*. Add to the list on col. 853.—

ܕܝܪܐ ܕܐܘܟܠ Doc. Mon. 164. 22, 171, 26, C.B.M. 706 *b*, 707 *b*. Cf. ܕܝܪܐ؟ ܕܟܢܐ ܐܚܐ

ܕܝܪܐ ܕܐܬܚܒܣܐ Doc. Mon. 224. 9, 19. This and those following mentioned in C.B.M. are in Arabia.

ܕܝܪܐ ܕܚܕ ܦܥܪܐ C.B.M. 1711 *a*.

ܕܝܪܐ ܕܟܢܐ Doc. Mon. 173. 2.

ܕܝܪܐ ܕܟܢܐ ܐܚܐ Doc. Mon. 213. 26, C.B.M. 707 *b*.

ܕܝܪܐ ܕܚܕܬܐ C.B.M. 712 *b*.

ܕܝܪܐ ܕܚܠܒܐ Doc. Mon. 222. 26, C.B.M. 713 *a*.

ܕܝܪܐ ܕܚܢܒܠܐ Doc. Mon. 223. 1, 3, C.B.M. 713 *a*.

ܕܝܪܐ ܕܚܡܝܐ Doc. Mon. 224. 3, C.B.M. 713 *b*.

ܕܝܪܐ ܕܚܢܝܢܐ Doc. Mon. 218. 9, C.B.M. 711 *a*.

ܕܝܪܐ ܕܚܘܨܒܐ Doc. Mon. 223. 7, C.B.M. 713 *b*.

ܕܝܪܐ ܕܝܘܢܒܐ Doc. Mon. 214. 13, C.B.M. 709 *b*.

ܕܝܪܐ ܕܝܘܣܦ Doc. Mon. 219. 2, C.B.M. 711 *b*.

ܕܝܪܐ ܕܝܚܬܝܠܐ Doc. Mon. 223. 13.

ܕܝܪܐ ܕܟܚܡܐ Doc. Mon. 217. 22, C.B.M. 711 *a*.

ܕܝܪܐ ܕܟܬܘܒܣܐ BH Chr. Eccl. 273. 25.

ܕܝܪܐ ܕܘܐܪ *Duair* in the region of Antioch, BH Chr. Eccl. 473. 2, 481. 21.

ܕܝܪܐ ܕܪܘܣ Doc. Mon. 165. 3.

ܕܝܪܐ ܕܕܘܚܒܠ Doc. Mon. 219. 30, 220. 3, C.B.M. 712 *a*.

ܕܝܪܐ ܕܡܚܣܡ Doc. Mon. 182. 10, C.B.M. 708 *b*.

ܕܝܪܐ ܕܘܥܡܐ Doc. Mon. 220. 19, 20, 232. 2, 3, C.B.M. 712 *a*.

ܕܝܪܐ ܕܡܪܬܡܣܐ in Edessa, Hist. Édesse, Duval 18; Patr. Or. v. 5. 710. 11.

ܕܝܪܐ ܕܝܬܢܐ Doc. Mon. 146. 6, 163. 18, 170. 25, 181. 27.

ܕܝܪܐ ܕܟܒܢ ܐܚܐ WZKM. viii. 306 and 303.

ܕܝܪܐ ܕܩܢ ܣܝܡ Doc. Mon. 223. 23.

ܕܝܪܐ ܕܡܪܢ ܟܒܝܫܘ (ܗܢܐܠܐ) *Mar Audishu*, near Amadia, now ديري cf. *Münster, minster*, Kal-w-Dim. ed. Bick. 126, Introd. xxviii.

ܕܝܪܝܐ col. 855. correct l. 2 to ܢܛܣܝܡ. Add: ܗܘܘ ܕܝܪܝܐ ܡܬܕܚܩܝܢ *they were being brought up in a monastic school*, or *to the monastic life*, Sev. Lett. 248. 18.

ܕܝܪܘܢܝܬܐ dimin. of ܕܝܪܐ f. *a little convent*, ܕܝܪܘܢܝܬܐ ܚܕܐ ܢܛܪܬܐ A.M.B. ii. 429. 4.

ܕܪܬ, ܕܪܬܐ col. 855. *a procession in church*, refs. Bar Sal. in Lit. 19. 24, ܠܚܡ ܝܡܬܐ ܕܕܪܬܐ ܚܪܢܐ, ib. f., 25. 26.

ܕܪܬܐ, ܕܪܬܐ f. col. 856. *a hall, court*, etc. Add: *a Church*, ܐܚܕܬ ܠܢܐ ܘܐܢܐ ܝܕܡ *those who do not belong to our Church*, Georg. Arab. 34. 17. Astron. *a house, mansion*, ܠ ܣܗܪܐ ܕܪܬܐ ܢܚܬ Brit. Mus. Or. 2084. 6 *r*.

ܕܪܬܘܢܐ dimin. of ܕܪܬ, ܕܪܬܐ f. *the little enclosure* or *yard* of a monk's hut, Hist. Mon. i. 297. 2, Anecd. Syr. ii. 45. 26, ܕܐܚܠ ܕܪܬܘܢܗ؟ Pallad. 136. 13, A.M.B. vii. 56. Pl. ܕܪܬܘܢܐ Doc. Mon. 164. 2.

ܕܘܪܐ *Dura* on the Euphrates, add: Pers. Mart. 28, n. 226, 161 ff.; ܕܘܪܐ ܚܕܬܐ in Tirhan, Chast. 54. 2; ܕܘܪܐ ܩܘܡ Chast. 48. 7, 62. 1.

ܕܘܪܬܐ col. 857. Add: *a deed of gift*, Syr. R. Rechtsb. 18, 15 ff., ܕܘܪܬܐ ܕܡܘܗܒܬܐ *free gift of ownership*, ib. ll. 16, 20.

ܕܘܪܬܐ or ܕܘܪܬܢ *name of a desert in India*, Kal-w-Dim. ed. Bick. 116. 8.

ܕܘܪܝ *a village between Beit Garmai and Belesphar*, Chast. 37. 4 af.

ܕܘܪܟܐ col. 858. δόρυ, δόρατος, *a lance, javelin*, Josephus vi. 14. 4, Gest. Alex. 100. 14; ܕܘܪܟܝ ib. 42. 6.

ܕܘܪܘ *a mountain near Jilu*, A. M. B. i. 417.

ܕܚ, ܕܚܘ. col. 859. Act. part. ܕܳܚܶܠ, add: ܠܐ ܕܳܚܶܠ ܕܣܓܕܐ ܠܐܠܗܐ = φόβος ἐμπατεῖ Aeschylus (Agam. 1434), Philox. de Trin. 18. 8.

ܕܚܝܠܬܐ f. = ܕܚܝܠܐ col. 860 *trampling*, ܕܚܝܠܬܐ ܕܥܠܠܐ ܘܕܣܥܪܐ S. Dan. 9, v 14.

ܕܚܝܠܐ ܕܝܡܥܠܐ *trampled on*, ܚܩܠܐ ܕܡܥܠܐ ܕܥܠܠ *open to all comers*, Isoyabh iii. ed. Duval 22 ult.

ܕܚܫ col. 861. Pael part. ܡܕܚܫ ܠܓܠܕܐ ܛܳܡܶܫ the worm *pulverizes the skin*, Greg. Carm. ii. 16. 18.

ܕܚܫ Ethpe. ܐܬܕܚܫܝ, N. B. fut. ܢܬܕܚܫܘܢ by assimilation of ܕ to ܬ, An. Syr. 142. 14, ܡܬܕܚܫܝܢ ib. 143. 24, Mand. Gram. 212, n. 3.

ܕܚܫܐ col. 862. *rebound, resilience*, ܕܚܫܐ ܠܐܠܥܠ and ܠܬܚܬ ܕܚܫܐ ܠܐܠܥܠ *a bladder pushed into the water rebounds upwards and a stone hurled into the air tends downwards*, N. Hist. v. 1, Philos. 6. 1.

ܕܚܝ *Dechakh, Emir of Gezirtha*, Brook's Chron. 575. 13.

ܕܚܠ Pa. ܕܲܚܶܠ *to terrify, to threaten*, ܝܗܘܕܝܐ ܗܘ ܕܡܚܣܕ ܘܡܕܚܠ ܕܝܢ *a certain Jew used insulting and scornful and alarming language*, Josephus vi. 29. 3.

ܕܚܘܠܐ col. 863. *timid*, ܡܚܝܠ ܘܕܚܘܠܐ, Manichéisme 107. 4.

ܕܚܠܐ col. 865. *a scarecrow, horror*; Add: ܕܚܠܐ ܕܣܟܬܐ *terrifying apparitions*, Is. Nin. B. 274 pen., ܐܡܪ ܕܣܟܬܐ ܕܚܡܪܐ ܬܢܐ ܕܐܠܬܣܝܡ ܠܚܘܡܟܐ *an idol was set on a hill to scare away devils*, Jac. Sar. Hom. iii. 802. 11.

ܕܚܠܬܐ ܕܐܠܗܐ, ܕܚܠܬܐ ܕܣܟܬܐ col. 864. infra, ܕܚܠܬܐ ܬܪܝܨܬܐ *right religion, orthodoxy*, Jul. 54. 13.

ܡܕܚܠܢܘܬܐ col. 865. *inspiring fear*, Sev. Ant. Hom. 16. 11.

ܕܚܢܐ or ܕܚܢܐ perhaps i. q. ܬܚܢܐ col. 4419, both are carminative. Pl. ܕܚܢܐ *Lepidium sativum, pepperwort*, Med. 563. 3, 567. 12, 572 ult.; ܐܦ ܕܚܢܐ *cardamoms?* ib. 582. 10; ܬܚܠܐ ܕܚܢܐ *watercress*, ib. 566. 8; (sic) 569. 11.

ܕܚܣ Ar. دَحَضَ *to slip*. Aph. ܐܕܚܣ *to cause to slip*, ܐܕܚܣܘ ܠܗܘܢ ܥܡ ܚܕܚܕܝܡ ܣܢܝܣܡ, Greg. Carm. i. 24. 1.

ܕܚܩ. ܕܚܝܩܘܬܐ col. 867. *rejection*, ܕܚܝܩܘܬܐ ܕܐܠܟܝܦ, Pléroph. 25. 12.

ܡܕܚܩܢܘܬܐ f. *expelling*, Syn. Or. 73. 6.

ܕܚܪܐ col. 867. *hard stone, flint*, ܟܐܦܐ ܕܚܪܐ Jac. Sar. Hom. iii. 797. 2.

ܕܚܪܢܝܐ, ܕܚܪܢܝܬܐ *flinty, of very hard stone*, ܛܪܩܐ ܘܩܨܡܐ ܕܚܪܢܝܬܐ *black flints; basalt*, Jac. Edes. Hex. xliii. 2.

ܕܝܐܦܪܐ see Suppl. under ܕܝܐܦܪ and Thes. under ܕܝܬܠ col. 892 and dele the article.

ܕܝܐܡܣܘܢ sic for ܕܝܐܡܣܘܢ διάμεσος, -ον, *the middle plane of the zodiac*, De Astrolabe 247 bis; ܕܝܐܡܣܘܢ, ib. 84.

ܕܝܐܠܠܟܬܐ διαλαλίαι, *discussions, opinions, decisions*, Syn. ii. Eph. 294. 24, f. 4; ܕܝܐܠܟܬܐ, ib. 280. 10; ܕܝܠܟܬܐ, Anecd. Syr. iii. 101. 12, ܬܠܟܕܣܘܢ, l. 10; ܕܘܒܠ ܣܥܘܪܐ, ܕܣܠܟܕܗܣ ܗܢܝܢ ܡܬܚܕܡܠܐ, But. Sap. ܗܘ b, civ. p. 3.

ܕܝܐܠܩܛܝܩܐ διαλεκτικός, pl. *dialecticians*, But. Sap. Éth. iv. 3.

ܕܝܐܠܩܛܝܩܐ διαλεκτική, *the art of disputation*, But. Sap. Philos. 1. 1.

ܕܝܐܠܩܛܝܩܐܝܬ col. 884. *dialectically*, But. Sap. Periherm. 11. 6.

ܡܶܬܕܰܠܩܒܳܢܳܐܝܺܬ؟ διαλεκτικός (adj.), *dialectic*, Probus 83. 10, 87 infr. 88. med. ter.

ܡܶܬܕܰܠܩܒܳܢܳܝܳܐ؟, ܡܶܬܕܰܠܩܒܳܢܳܝܳܬܳܐ؟ f. pl. *dialectic methods*, Tekkaf. 26; ܡܶܬܕܰܠܩܒܳܢܳܝܳܐܝܺܬ؟ ܣܶܡܠܰܐ But. Sap. Philos. 8. 1, N. Hist. vii. 1. 6.

ܐܡܪ؟ ܕܟܰܕ ܒܳܐܠܨܽܘܢܳܗ̈ܝ ܗܕ̈ܡܝܗܘܢ pl. ܥܳܩܡܺܝܢ = κατὰ διάμετρον, *quadrupeds move their legs cross-corner-wise*, N. Hist. vii. 6. 6 infr.

ܡܳܐܠܨܳܢܐ؟ διάμετρον, col. 870 infra. I. q. ܠܘܩܒܰܠ ܚܕܳܕܐ؟ *being opposite*, Caus. Caus. 208. 18: pl. ܡܳܐܠܨܶܐ؟ *opposite positions*, Georg. Arab. 26. 23; ܡܶܬܕܕ̈ܢܐ؟, But. Sap. Bk. ii, cap. iii. sect. 7; ܘܡܶܬܕ؟ ܕܝܢ ܡܚܠܐ ܡܚܕܐܠܐ ܡܶܬܕܶܢܐ ܒܦܘܡܐ ܢܶܬܒ ܚܕܡܳܗܐ διαμετρῆσαι, ib. Theol. 2. 5 infr.; N. Hist. Bk. ii. cap. iv. sect. 3.

ܡܳܐܠܨܳܢܐ؟, ܡܳܐܠܨܶܐ؟, ܡܳܐܠܨܳܢܽܘܬܐ؟ see ܡܳܐܠܨܐ؟ col. 879 and Suppl. infra.

ܒܳܐܠܨܚܕܳܐ؟ col. 872. διάφραγμα, *the diaphragm*, ܗܘܝ̈ܐ ܚܢܛܐ ܟܢܕܐ ܕܡܥܺܝܪ؟, N. Hist. vii. 6. 4; αἱ φρένες, Hippoc. vii. 50; ܡܶܨܥܳܝܳܐ؟, Med. 131. 7, 228. 17, N. Hist. vii. 1. 3.

ܒܳܐܡܠܰܨܶܡ؟ διάκλασις, *refraction* of light, N. Hist. v. 2. 1. Cf. ܡܰܠܡܰܨܡܳܐ؟ ܒܳܐܡܠܰܨܠܡ؟ p. 23 b.

ܡܶܟܝ؟ col. 874. *varicoloured silk*, Op. Nest. 116. 1 ܒܶܟܝ؟ gloss. to ܗܳܟܒܳܐܒܳܐ؟. Cf. ܘܶܟܝ؟ col. 806 and Suppl.

ܡܳܟܝ name of a region: see ܐܰܚܕܽܘܢ؟.

ܡܳܝܕܰܡܳܐ؟ Digamus, *twice married*, name of ܒܰܪܐܽܘܡܰܐ؟, C.B.M. 701 a.

ܡܳܝܕܰܥܣܳܐ؟ διάγνωσις, *writ, plaint*, Syn, ii. Eph. 78. 8.

ܡܳܝܽܘ̈ܩܢܶܐ؟ m. pl. *the landed gentry*, A.M.B. ii. 584. 11. See ܡܳܘܣܶܐ؟ above.

ܡܰܘܕܳܐ؟ i. q. ܡܳܐܠܳܐ؟ q.v. 876. *assize court, session*, Kal-w-Dim. 150. 10.

ܡܳܕܺܝܣܺܝܳܣ؟ܐ؟ τῆς Διονυσιάδος, *Dionysias* in Arabia, Nöld. F. S. i. 469. 36.

ܡܳܕܺܝܦܳܘܢܣܳܐ؟ διοπετής, -οῦς, *heaven-sent*, a name of Venus, col. 542 under ܕܰܚܠܰܬ.

ܡܶܕܘܳܦܰܐ؟ col. 879. infr. διόπτρα, *a flat rule with an upright piece at each end with a hole to look through*, De Astrolabe 76 bis, f., ܡܶܕܘܳܦܰܐ؟ ܗܘ ܐܰܘܟܝܐ ܡܶܣܕܝܐ ܘܡܶܚܕܽܘܣܰܐ؟ *the diopter called the index*, ib. 86, also written ܡܶܕܘܳܦܳܐ؟, ib. 243, 251. 8, ܡܰܕܘܳܦܝ؟, ib. 244 bis, ܡܶܕܘܳܦܳܢ؟, ib. 239.

ܡܶܕܘܳܦܣܳܐ؟ δίοψις, *transparence*, one of the names for mercury, Chimie 46. 11.

ܡܶܕܩܘܢܳܐ؟ surname of John, an Egyptian bishop and archimandrite, perh. (τῆς) διακονίας, Plēroph. 120. 9.

ܡܶܕܝܽܘܬܳܢܳܝܳܐ؟ col. 880. adj. from ܡܶܕܝܽܘܬܳܐ؟ *ink*. ܒܡܶܕܝܽܘܬܳܢܳܝܳܐ ܚܠܳܦ ܣܶܦܘܳܬܐ ܢܽܘܕܰܥ *that we may make known with ink instead of lips*, Apis. ?. 6.

ܡܰܕܝܳܕܐ؟ col. 880 infr. *a decree*, A.M.B. v. 470; ܘܡܰܕܝܳܐ؟ (sic) ܕܡܰܠܝܳܐ؟, Anecd. Syr. 129. 9.

ܡܰܝܽܘܣ؟ name of a book: C.B.M. 388 b; ܡܳܣܳܐܝܽܘܣ؟, ib. 114 b. See ܡܳܝܽܘܣܰܢ؟ col. 869.

ܡܶܕܕܰܪܟܳܡܽܘܢ؟ a δίδραχμον, *half-stater*, Epiph. 2.

ܡܶܕܣܳܢܳܐ؟. ܡܶܠܳܐ؟ col. 882. Add : ܟܺܐܒܳܐ؟ ܣܦܺܝܩܳܐ؟ *independent pain* i.e. independent of other illness, Med. 227. 11 opp. ܟܺܐܒܳܐ؟ ܣܦܺܝܩܳܐ؟ܥܡ *sympathetic pain*, ib. l. 10.

ܡܶܬܕܰܠܩܒܳܢܳܐ؟ etc. See ܡܠܰܠ؟ above.

ܡܶܕܝܽܘܡܳܣܳܐ؟ δημοτικός, *popular*, Anecd. Syr. iii. 145. 24.

ܡܶܟܣܰܐ؟ δεῖμα? *object of terror*, Tekkaf. 17.

ܡܶܕܡܳܣ؟ i. q. ܡܳܕܡܳܣ؟ col. 884. δῆμος, *the populace*, C.B.M. 1051 a, b, Anecd. Syr. iii. 56. 17, 66. 26, 254. 1, ܘܡܕܡ؟, ib. 271. 23, C.B.M. 1059 b.

ܡܶܕܡܽܘܣܺܝܳܐ؟ col. 884 infr. δημόσιος add: *a public show, games*, ܟܚܣܕ؟ ܡܶܣܕܡܣܺܝܐ؟, A.M.B. v. 589.

ܡܰܕܡܣܺܝ؟ and ܡܰܕܡܣܺܝ؟ i. q. ܡܶܕܡܳܣܳܐ؟ *the public bath*, Jos. Styl. 25. 16, 26. 2, 70. 20.

ܡܶܕܡܽܘܪܳܢ؟ διὰ μόρων, *a decoction of mulberry juice*, Med. 160. 12, 161. 15.

ܡܶܕܡܰܪܛܽܘܪܺܐܰܐ؟ διαμαρτυρία, *protest*, Nest. Hérac. 173. 16.

ܡܠܛܪ؟ pr.n.m. Pers Dindadh, Jab. 234.

ܡܶܕܢܳܗܘܰܪ؟ Ar. دينور *Dinahwar*, a diocese suffragan to Hulwan, Pers. Mart. 259, cf. 67 ; formerly a large town 20 parasangs from Hamadan, 3 from Kirmanshah, Nöld. ZDMG. xxviii. 102 ; A.M.B. ii. 560.

ܕܝܘܢܣܐ pr. n. f. Διόνυσα, *Dionysa*, Jul. 148. 20, 149. 2.

ܕܝܘܢܘܣܘܣ Διόνυσος, *Bacchus*, Arist. Apol. ܗ. 3.

ܕܝܢܝ Pehlevi from دين *religion*: *a man of religion, a Brahman*, Kal-w-Dim. ed. Bick. 69. 5, 74. 23, Introd. lxxiii.

ܕܝܣܛܛܐ διάστατα, *dimensions*, ܐܘܚܕܐ ܕܝܣܛܛܐ τὸ τριχῆ διάστατον, *the three dimensions*, Ephr. Ref. ii. 9, 22, i. q. ܡܬܚܣܝ ܐܘܚܕܐ, ib. 14 bis, etc.

ܕܝܢܪ Ar. دينار pr. n. m. ܕܝܢܪ ܚܙ ܕܝܢܪ an Arab general, Brook's Chron. 572 ult.

ܕܝܢܪ, ܕܝܢܪܐ col. 887. as a measure of weight a dinar equals 6 grammes, Chimie 69. 12: or 24 carats, ib. l. 14. 6 dinars weigh 1 lb. ib. l. 14. 1 dinar equals 6 white zuze. Jab. 38. 12 f.

ܕܝܣܣ δέησις, *a petition*, Anecd. Syr. iii. 132. 2, i. q. ܒܥܘܬܐ l. 9, 140. 1. Ib. 134. 8, 139. 18, 19, ܕܕܝܣܣ ܣܚܬܚܠܐ, ib. 163. 24, C.B.M. 1052 a, f. a, 1057 a, ܕܝܣܣ ܚܒܨܘ *they framed a petition against heretics*, Sev. Ant. Vit. 268 ult.

ܕܝܣܩܘܪܘ Διόσκοροι, *the Dioscuri*, Mar Benj. 64 n. 1.

ܕܝܣܦܘܠܝܛܝܣ col. 888 and ܕܝܦܘܠ col. 879. 1. Διοσπολίτης *a draught to be taken after a purge*, Med. 45. 21, 290. 8, 304. 22.

ܕܝܣܦܘܠܝܣ col. 888. *Diospolis* i. q. اللدّ Lydda, R. Duval; ܕܝܣܦܘܠܝܣ Nöld. F. S. i. 468. 4.

ܕܝܐܣܦܪܡܛܘܢ col. 888. διὰ σπερμάτων, *compounded of seeds*, Med. 321. 5, 12, 408. 21.

ܕܝܦܘܢܕܝܘܣ διποῦνδιος, *a freshman* at the University of Beyrout, pl. ܕܝܦܘܢܕܝܘ, Sev. Ant. Vit. 48. 2; marg. note to 47. 4.

ܕܝܦܘܢܛܝ col. 889. Correct διαπόντιος, *beyond the sea*, Syr. Rom. Rechtsb. 19. 4 af.

ܕܝܦܘܣܝܛܣ διφυσίτης, *a Dyophysite*, one who declares two natures in Christ, Sev. Ant. Vit. 274. 1, Anecd. Syr. iii. 230. 3; pl. ܕܝܦܘܣܝܛܐ ib. 162. 10, 179. 16, 263. 12. Cf. ܕܝܦܘܣܝܛܐ col. 880.

ܕܝܦܛܘܟܘܢ col. 889. *diptychum, a twofold writing tablet*, Act. S. Pelag. 5. 3. Add: ܕܝܦܛܘܟܘ, ܕܐܝܦܛܘܟܘ, ܕܐܦܛܘܟܘ, and ܕܝܦܛܘܟ *a diptych* in the eccles. sense.

ܕܝܦܠܘܣܝܣ δίπλωσις, "opération qui consistait à doubler le poids des métaux ou à changer les métaux en or ou argent," Chimie 27. 9, ܕܝܦܠܘܣܝܣ ib. l. 21. Cf. ib. translation, 51, f.

ܕܝܦܠܐ διπλοῦν or διμοιριαῖον, ܐܣܛܪܘܠܒܘܢ ܕܝܦܠܐ *a double astrolabe*, De Astrolabe 74.

ܕܝܦܣ abbrev. of LXX διάψαλμα for Heb. סֶלָה; Ps. xxxvii. 37, lxviii. 13, lxxxix. 4, 24, Lee.

ܕܝܦܪܘܓܡܐ col. 889 infr. *a mineral produced by art, sediment of molten copper*, etc. Chimie 4. 13, 5. 16. See ib. p. 128.

ܕܝܦܬܓܡܐ col. 889. See examples under ܕܝܦܬܓܡܐ Suppl.

ܕܝܩܢܐ perh. Ar. ذفرى *the parts of the skull which stick out behind the ears*, BH Gr. i. 23. 16.

ܕܝܩܐ δίκη, col. 890. Pl. ܕܝܩܐ δίκαι, *rights, privileges*, Anecd. Syr. iii. 164. 4; ܕܝܩܐ, Syr. Rom. Rechtsb. 20. 6. With ܐܚܕ *to bring a lawsuit, plead*, ib. 7. 16, 17.

ܕܝܩܐܘܡܛܐ δικαιώματα, col. 890. *documents*, Syr. Rom. Rechtsb. 25. 4; ܕܝܩܐܘܡܛܐ *principles of right, maxims of law*, ib. 39 tit.

ܕܝܩܘܕܝܘܢ name of a medicine, *syrup of poppies*; see under ܗܡ.

ܕܝܩܘܢܝܐ col. 891. διακονία, *hospital*, ref. Anecd. Syr. ii. 237. 21; pl. ܕܝܩܘܢܝܘ, ib. 241. 12.

ܕܝܩܘܢܝܩܘܢ col. 891. διακονικόν, *the vestry*, Pet. Ib. 109. 1.

ܕܝܩܛܡܢܘܢ col. 891. δίκταμνον, *Dittany*, N. Hist. vii. 4. 4.

ܕܝܩܠܣ Διοκλῆς, *physician and writer on medicine*, Med. 19. 2, 4.

ܕܝܩܢܝܩܐ δικανική, *Civil law*, ܕܝܩܢܝܩܐ ܕܩܢܘܢܐ *the law (profession of), the bar*, Sev. Ant. Vit. 46. 10, 52. 7; ܕܝܩܢܝܩܐ, ib. 54. 9, ܐܚܕ ܕܝܩܢܝܩܐ, ib. 92. 7.

ܕܺܝܩܳܢܳܘܣܐ? *δικανικός, a pleader, counsel, barrister-at-law,* Sev. Ant. Vit. 52. 4.

ܡܕܝܢܝܐ? col. 892. *δικαστήριον, a tribunal,* A. M. B. i. 247. 18, iii. 306. 3. Pl. ܡܕܝܢܝܐ? ܕܚܛܝܐ *civil courts*, Sev. Lett. 137. 5, ib. 434. 10, 13.

ܡܦܪܫܢܐ? *διακρινόμενοι, Separatists,* those who did not acknowledge the Council of Chalcedon, B H Chr. Eccl. 227. 13, n. 3.

ܕܝܐܪܐ Lat. *diaria, allowance, stipend*, Jac. Edes. Chron. Can. 266, Fraenk. in loc., ib. 534, ܕܝܐܪܐ ܘܡܐܕܢܐ? ܘܕܚܫܚܐ, Sev. Lett. 27. 4 af.; ܕܝܪܐ? Jo. Eph. 10. 9; ܕܝܪܐ? *daily allowance* made to monks, Anecd. Syr. iii. 219. 4, Chron. Min. 288. 2.

ܕܝܪܐ? 1) see preceding word. 2) col. 892. ܕܳܐܪܝܢ *Dirên,* one of the Bahrein group of islands, Eranšahr 43, Tabari 57 n. 2, Sassanidi 13. 8, Hist. Mon. i. 869, ii. 188, n. 5, ZDMG. xliii. 406 ult., 407. 1.

ܕܰܝܐ pr. n. m. *Dajath* of Amid, Anecd. Syr. iii. 201. 15, ܕܕܝܐ? ܚܣܕܚܘ, ib. 213. 13, ܕܝܐ? ܐܝܬ ܗܘ ܡܘܕܥ, ib. 326. 13.

ܕܰܝܐ? col. 892. *milvus, a kite.* For ἰκτῖνος in the LXX. Anecd. Syr. iv. 62. 13 transl. 59 n. 2; Kal-w-Dim. ed. Bick. 74. 24.

ܕܩܘܩܐ col. 896. Dele ll. 7, 8 and 9 of the article, beginning "Haec." *A mortar.* In Syriac treatises on alchemy this form is far more frequent than ܕܩܘܩܐ. The verb ܕܩܩ *to rub or grind down* is derived from ܕܩܘܩܐ. R. Duval. Refs. Chimie 22. 17, 19, 47. 19, 21, 52 pen. etc.

ܕܟܐ. Pael ܕܰܟܺܝ col. 894. *to purge, clear away,* Hippoc. ii. 9, iv. 8, 12. Med. 45. 14, 19; ܘܡܕܟܝܐ ܗܕܐ? ܘܡܕܟܝܐ? ib. 47. 11, ll. 12, 13. Ethpa. ܐܬܕܟܝ? 1) *to be purged,* ܗܘܐ? ܘܢܩܐ ܘܨܦܢ ܘܢܣܝܒ ܕܚܢܦܐ Med. 45. 9, 10, 23, Hippoc. ii. 36, 37, vii. 38. 56. 2) *to be ejected, vomited forth,* ib. i. 2. 24, iv. 3. 1, note 2.

ܕܟܝܢܐ? col. 895. m. *purging, cleansing,* Med. 45. 20, ܕܟܝܢܐ? ܐܚܪܢ ܩܫܡܐ ib. l. 22.

ܕܘܟܪܢܐ for ܕܘܟܪܢܐ? *δόξα, praise,* ܡܢ ܩܠܠ ܕܘܩܢܐ? Hist. B.V.M. 41 ult., 42. 1.

ܕܟܪ? col. 897. Ethpe. ܐܬܕܟܪ? c.c.? *to remember,* Jul. 12. 22. Fut. 2 p. s. ܬܬܕܟܪ for ܬܬܕܟܪ by assimilation of ܬ, C.S.B. 158, Nöld. Mand. Gr. 212 n. 3.

ܕܘܟܪܢܐ? col. 898. 9 af. ff. *the Eucharist* celebrated *in commemoration* of a saint, Jac. Edes. Can. 3. 4, ܕܘܟܪܢܐ? ܕܚܕ ܡܢ Stat. Schol. Nis. 30. 4. Col. 899. 2 add: ܕܘܟܪܢܐ? *memorials, Saints' days* opp. ܥܐܕܐ? the *Feasts* of Our Lord, Brev. Chald. i. 25. 6, 28. 9, 29. 7 and often; opp. ܡܫܬܡܗܐ ܥܐܕܐ Takhsa 77. 5, 10, 83. 16.

تذكرة الكحالين ܠܐܘܕܥܐ ܐܚܣܐܣܡܝ *memoranda for oculists,* a text book by ܥܠܝ ܒܪ ܥܝܣܐ *Ali Bar-Isa,* BH Chr. Eccl. § iii. 277.

ܕܟܪܐ?, ܕܟܪܐ? col. 899. Add: 3) *arsenic,* Chimie 19. 6. 4) i. q. ܕܘܟܪܢܐ?: f. pl. ܕܟܪܐ? ܕܢܣܚܐ? *to visit memorial stones* (Budge) or *to perform memorial services,* Pallad. 86. 17.

ܕܠܐ?. ܕܠܐ ܛܪܝܐ? col. 902. *with little trouble, without ado,* Hunt. clxx under ܣܡܛܠܐ col. 3315.

ܕܠܐ? *to thread the shuttle* or *to fasten the threads of the warp,* ܥܡ ܡܘܠܐ ܘܫܬܝܐ?, Op. Nest. 72. 17, ܬܐ ܠܚܡܝ ܚܨܪܐܡ ܘܚܩܒܝܠ ܚܡܫܝ ܘܠܐ ܡܟܠܐ ܟܪܡܘܙ women *toil at weaving and at threading* i.e. *at making warp and woof for cloth,* B H Gr. i. 98. 7, ܐܡܬܝ ܘܙܩܡ ܠܐܣܬܢܐ, Ephr. ed. Lamy iii. 687. 17. Cf.: ܕܠܐ? ܚܩܒܝܠܐ ܬܐ BA. under ܕܠܐ? col. 900.

ܕܘܠܐ? col. 904. *the warp; thread;* ܩܡܬܠܐ ܘܘܠܐ ܘܟܐܛܢܐ? *linen and silken tunics,* Sassanidi 27. 3 but cf. quotations under ܕܠܐ?.

ܕܠܐ? col. 903. Pa. ܕܠܝ? *to draw up, lift out.* Add: ܠܥܠܝܟ ܬܐ ܐܘܠܐ? gloss to Prov. ix. 12, Op. Nest. 100. 16, N.B. ܚܣܬܘܗܝ ܘܚܕ *"il leva les yeux,"* Coupes ii. 155. 1. Ethpa. ܐܬܕܠܝ? inf. and part. *raised up* opp. ܚܒܛ ܐܣܬܟܠ?, ܚܒܛܐܟܢܬܐ ܚܕܐܠܐ? ܕܡܠ ܚܡܥܕ ܘܚܕܐܘܠܐ?, ܠܐ ܡܚܒܐܐ ܡܣܡܦܢܐ? ܘܡܕܚܐܠܐ?, Is. Nin. Serm. 16 ult., 18. 1. 2.

ܕܠܚܡ? *Dolichê,* a bishopric in Euphratesia, Sev. Ant. Vit. 325. 5 i. q. ܕܠܝܟܐ? ܕܠܝܟܘ? col. 906.

ܕܠܚ ܘܕܚܝܫ? ܕܚܝܫ? col. 906. ܐܘܩܘܡܐ? ܘܟܬܢܘܗܝ? *whoso hath clouded pupils* = sight, But. Sap. Econ. iii. 1.

ܕܠܝ݂ ‏‎*Dolichê*: see ‏‎ܕܠܘܡܝ‎. Nöld. F. S. i. 470. 50, Or. Xt. ii. 273, 280, Gelzer 44. 875.

ܕܲܠܝܵܢܵܐ ‏‎*a man of Daliatha* ܕܲܠܝܵܬܵܐ‎ q. v. col. 908. ܚܒܣܐ ܡܘܣܡ ܡܙ ‏‎Protection 54. 3.

ܕܲܠܝܵܬܵܐ ‏‎col. 908. 6. *Daliatha*, add: ܘܐܦ ܚܬܚܚܐ ܘܚܬܚܐ‎ Chast. 66. 17, 24, ܘܚܬܚܐ, ib. 67. 1, ܘܚܬܚܐ ܘܡܘܣܡ ܡܢܐ‎ Journ. As. 1907, 164. 15.

ܕܲܠܡܵܛܝܘܿܣ ‏‎*Dalmatius, a Dalmatian*, Doc. Mon. 269. 8, 28.

ܕܲܠܡܵܛܝܼܩܹܐ ‏‎pl. m. *dalmatics*, worn at Holy Communion, Anecd. Syr. iii. 49. 27.

ܕܲܠܡܥܘܿ ‏‎*a village near Heliopolis*, A.M.B. iii. 348.

ܕܸܠܡܲܚ ‏‎col. 908. According to Op. Nest. it is *Elam* or *Khuzistan*, ܐܘ̇ ܚܒܠܟܲܡ ܆ ܐ. ܕܸܠܡ̇ܲܚ‎. 128. 13; *female idols were worshipped there* ܒܕܸܠܡܲܚ ܐܢܝܡ ܚܠܢܬܘܿܗܝ ܕܲܟ݂ܬܲܢܝܵܢܝܵܬܵܐ‎, Jac. Sar. Hom. iii. 798. 11.

ܕܠܲܦ ‏‎col. 908. *to drop, drip*. Act. part. ref. ‏‎ܕܲܚܦܵܐ ܕܚܕ ܚܠ ܚܢܕܗܐ Ephr. Ref. i. 57. 17.

ܕܠܲܩ ‏‎col. 909. Act. part. ܕܵܠܩܵܐ add: ܕܵܠܩܵܬ ܫܐܕܐ‎ *fire-flies* or *glow-worms*, N. Hist. vii. 2. 2.

ܕܡܵܐ ‏‎*to resemble*. Act. part. col. 912. add: ܕܡܹܐ ܟܲܓܝܼܢܐ݂, ܕܡܸܢܵܐ ܟܓܝܼܒܢܵܐ‎ *crystalline*, Med. 68. 13, 15, 69. 16; ܕܩܸܡ݂ܒ (ܠܚܕܕܐ)‎ ܚܠܥܡܸܢ ‏‎*homogeneous*, Ephr. Ref. i. 4. 36. L. 18 of par. ܕܡܹܐ ܒܩܸܛܠܲܬܹܗ‎ *consisting of like parts*, ܒܐܘ̇ܚܕܐ ܕܡܹܐ ܩܸܛܠܲܬܵܐ ܕܬܸܡܐ ܕܐܠܟܠܐ ܥܡ‎ N. Hist. vii. 6. 1, Hebraica iii. 250. 13. Pa. ܕܲܡܝܼ add: *to see a likeness, to recognize*, ‏‎ܡܠܟܠܐ ܡܕܡܝܢܝ ܟܕܗ A,M,B. iii. 235. 18.

ܕܡܘܿܬܵܐ ‏‎col. 913. *likeness*. Add: ‏‎ܐܝܟ ܕܡܸܢ ܕܡܘܿܬܵܐ‎ *by comparison*, Pallad. 331. 10.

ܕܡܘܿܬܵܢܵܐܝܼܬ ‏‎*similarly*, Hist. Mon. i. 327. 17.

ܕܡܘܿܬܵܢܵܐ ܕܡܘܿܬܵܢܵܐ ‏‎col. 914. *ideal*, ref. ܒܚܕ ܡܚܬܒܠܐ ܡܐܘܚܕܵܐ ܘܡܘܚܬܸܠܐ‎ But. Sap. Theol. 4. 3.

ܕܡܹܗ ܘܕܡܹܗ ‏‎col. 914. Pl. of our Lord ܕܘܢܐ ܘܒܣܪܐ ܡܐܦܠܡ ܡܕܚܒܪܬܐ ܡܐܦܠܡ ܘܩܘܒܠܐ‎ "naturas," BHChr. Eccl. 277. 6; ܘܩܸܛܠܐ ‏‎*proprie formae*, ib. n. 3. ܘܡܸܩܢܐ ܩܲܢܢܵܐ‎ κερασφόρος, *horned*, Gest. Alex. 20. 8.

ܡܸܕܲܡܝܵܢܘܿܬܵܐ ‏‎f. *resemblance*, Nest. Hérac. 411. 3.

ܕܡܵܐ ‏‎*blood*, col. 910. ܐܸܬܕܲܡܝ denom. verb Palpel conj. col. 911. αἱμάττεσθαι, *to be covered with blood, to be bleeding*, ܢܸܬܩܸܡܕܲܡ ܐܝܕܘܗܝ̈‎, *his hands would be covered with blood*, A.M.B. v. 174. 12 = Pallad. 341 ult.

ܕܡܵܢܵܐ ‏‎αἱματώδης, *tinged with blood*, refs. Hippoc. iv. 47, vii. 56, Med. 338. 1.

ܕܡܵܢܵܐ ‏‎m. *haemorrhage*, Hippoc. iv. 47, vii. 56.

ܕܹܝܡܘܿܟܲܪܹܣ ‏‎pr. n.m. Δημοχάρης, *Démocharès*, Sev. Ant. Vit. 39, 10.

ܕܹܡܘܿܣܝܵܐ ‏‎col. 917. δημόσια, add: ܩܸܢܝܵܢܐ ܕܕܹܡܘܿܣܝܵܐ‎ *public property*, A.M.B. v. 520; ܚܘܒܐ ܕܕܹܡܘܿܣܝܵܐ‎ *the public debt*, ib. 521. 1, ܬܟܠܐ ‏‎*wheat belonging to the community*, Pallad. 322 ter; ܕܡܕܚܡܠܐ ܕܡܘܣܝܐ‎ *publicly attested*, Pléroph. 25. 3; 26. 6.

ܕܲܡܘܿܟܵܐ ܕܡܘܿܟ ‏‎col. 919. *a sluggard*; ܡܕܘܲ ܚܫܒܲܣ ܠܲܚ ܕܐܡܸܦ ܡܕܡܲ܆ ܬܐ ܘܐܣܡ ܥܝܢܐ‎, BH. on Prov. xxiii. 21.

ܕܡܸܟ݂ܬܵܐ ܕܡܵܟ݂ ܘܕܡܸܟܬܵܐ ‏‎col. 919. *sleep*, gloss. to ܡܣܚܝܠܘ‎ *prayers at bedtime*, QdhamW. 242. 2.

ܕܹܡܘܿܣ ‏‎δῆμος, *the populace*, C.B.M. 1059 b; Anecd. Syr. iii. 271, 23. Usually written ܕܡܘܣ‎.

ܕܡܘܣܝ ‏‎see ܕܡܘܣܝܐ: cf. ܕܡܘܣܝ etc.

ܕܹܡܣܛܝܵܘܲܣ ‏‎Lat. *domesticus, -um*, *belonging to the household*, ܩܕܣ ܗܘܐ ܒܚܡܠܐ ܕܕܡܣܛܝܘܣ‎ *he served in the Imperial household*, Pallad. 226. 13.

ܬܸܡܝܣܬܘܩܠܣ ‏‎*Themistocles*; Stud. Sin. iv. 11, 12; 17. 14.

ܕܡܲܥ ‏‎col. 920. Act. part. ܕܵܡܥܵܐ, ܕܡܲܥܵܐ‎ f. pl. ܐܠܟܡ ܕܕܵܡܥܵܐ ܟܬܣܢܘܗܝ̈ ‏‎*whose eyes run*, Med. 55. 19.

ܕܡܸܥܬܵܐ, ܕܲܡܥܵܢܵܐ ‏‎col. 921. 3 add: ܕܲܡܥܵܢܵܐ ܓܸܦܬܵܐ ‏‎*a vine producing* ܩܸܢܝܼܢܵܐ ܡܸܡܘ‎ *watery gum*. N. Hist. vi. 3. 3.

ܕܡܲܪ. ܘܕܡܲܪܵܬܵܐ ‏‎col. 922. Dele the article; it is ܘܕܡܲܪܵܬܵܐ‎ *the things* = *business of the Lord*.

ܢܕܐ؟ Ethpe. ܐܬܕܢܝ col. 923. *to call, summon*, ܠܕܐܘܣ ܝܘܣܦܐ Josephus vi. 12. 14.

ܕܢܐ col. 924. 1) *a wine-jar ending in a point*; ref. Lexx. under ܩܘܡ, col. 3701. 2) *a thick branch*; ܕܢܐ ܘܥܦܝܐ̈, Apis ܐ. 11; BH. de Pl. 1. 19. NB. f. ܘܓܘܡܕܐ ܘܥܩܪܐ ܕܢܒܟܐ̈ *branch, stem, and root*, N. Hist. vi. 2. 1.

ܕܢܐ *a village one day's journey from Ctesiphon*, Jab. 375.

ܘܬܓܕܢܝ؟ emend ܘܡܐܚܕܢ؟ *devil*, A.M.B. v. 457. 15, 19.

ܕܢܒ col. 924. Pa. ܕܢܒ *to cut off the rear*, ܕܕܠܡܐ ܢܥܒܕ ܠܢ ܟܡܐܢܐ ܘܢܕܢܒܢ *lest he lie in wait for us and cut us off*, Jul. 167. 4.

ܒܝܬܢܘܕ؟ *name of a village*, Jab. 384. 1. Hoffmann suggests در ناهيد *the gate of Nāhīt* (ܢܘܕ) and adduces names of other gates named after goddesses, Pers. Mart. n. 764.

ܕܢܚ col. 926. Act. part. ܕܢܚ ܘܕܢܚ (ἥλιος) δύνων καὶ ἀνατέλλων, Arist. Apol. ܡ. 10. Pass. Part. ܕܢܝܚ *manifest, revealed*, ܗܘ ܕܚܕ ܐܘ) ܗܢܐ ܘܕܢܝܚܐ Philox. de Trin. 11. 20; ܕܡܫܝܚܐ̈ ܫܟܝܢܬܗ ܕܡܬܚܙܝܢ A.M.B. v. 639. 9. Ethpa. ܐܬܕܢܝ *to be shown, made manifest*, ܫܠܡ ܘܠܐ ܕܓܠ ܗܘܐ ܘܩܝܡ ܘܡܬܕܢܝ ܠܟܠ ܕܗܘܐ Jul. 47. 24.

ܘܕܢܝܣܬܐ col. 928. *the making clear of an affair*, Kal-w-Dim. 103. 6.

ܕܢܝܫܐ col. 928. 14 of par. Pl. dele "in stat. constr. tantum usurpatur" and write; ܕܢܝܫܐ̈ ܘܡܚܘܕܟܐ BH. Gr. i. 49 ult. from Matt. viii. 11 = Luc. xiii. 29 VHh. Add *the direction of prayer* i.q. Ar. *Ḳiblah*: ܐܗܠ ܐܩܒܝ ܠܩܒܠ ܘܣܝܪܐ ܕܢܝܫܐ transl. of Ḳur'an II 139, Mingana 89 or 27.

ܕܢܝܣܬܐ f. *easterly position*. ܕܢܝܣܬܐ ܘܡܕܢܚܘܬܐ ܕܡܫܡ ܣܘܛ *relative position to the East and West of each other* of two cities, De Astrolabe 260, but ܘܡܕܢܚܘܬܐ ܕܢܝܣܬܐ ib. 261.

ܕܢܣܩܢܝ؟ *a place on the left bank of the Great Zab*, M.Z. 215. 8. 9.

ܘܕܣܩܐܦܝܢ correct ܕܣܩܐܪܝܢ؟ δισκάριον, *a small salver or paten*, A.M.B. iv. 299. 5.

ܘܕܣܦܣܚܗ prob. corrupted from ἀσπίς. *A kind of viper*, Med. 279. 21.

ܕܢܩ؟ col. 929. *to torture*. Act. part. ܘܗܘ ܕܢܩ, Dion. 147. 17. Pael ܕܢܩ *to torment*. Pass. part. ܡܕܢܩܢܐ ܫܢܝܬܐ, Jul. 63. 23.

ܕܢܩܐ؟ (vowels uncertain) col. 930. Add: a ܘܕܢܩܐ *weighs 4 carats*, Chimie 69. 15, pl. ܘܕܢܩܐ̈, Med. 49. 16, 55. 10, 92. 17, 18. But ܘܕܢܩܐ̈ ib. 49. 20.

ܕܣܢ؟ col 930. *Dasen, a mountainous district extending from Daudiya to the Upper Zab*, Pers. Mart. 202. sqq. ܘܐܘܠ ܘܕܣܡ ܚܟܝܡܐ̈, A.M.B. i. 405. Cf. ܘܕܣܡ ܚܣܒ above.

ܕܣܢܝܬܐ̈ *men of Dasen, a name for Yezidis*, Monte Singar tit., 5 ult., 44 med.

ܘܣܛܓܪܕ col. 930. 10 af. quoted from Act. Mart. i. 199. 6 af. Correct ܘܣܛܓܪܕ؟ i.q. ܘܣܛܓܪܕܐ؟ ib. 134. Syr. 17 and ܘܣܛܓܪܕܐ̈ Syn. Or. 671. Byz. Δαστάγερδ, Talm. דסקרתא, *Dastagerd, N. of Baghdad on the road to Media. Now Eski-Baghdad*, Tabari 295 n. 1, Pers. Mart. 120, n. 1075, a bishopric, Syn. Or. 37, 44, ZDMG. xliii. 396 pen.

ܕܥܟ؟ col. 931. 9 of par. *to have hope extinguished*, ܘܕܥܟ ܡܢ ܣܒܪܗ ܘܦܡܗ؟ ܐܣܒܪ ܠܢ, Josephus vi. 6. 10. Pa. ܕܥܟ chem. *to cool, to plunge into cold water*, Chimie 96. 19.

ܕܥܟ؟ col. 932. Ethpe. ܐܬܕܥܟ *to be fixed, firm*, ܐܬܕܥܟ ܚܒܝܒܐܝܬ, M.Z. 17, 100.

ܕܩܪ؟ col. 932. *to be pierced*, ܘܐܬܕܩܪܬ ܡܚܒܠܐܝܬ ܚܡܬܐ ܘܒܝܫܐ ܘܕܘܝܐ *I was transfixed and wasted with sore sufferings*, Or. Xt. vi. 12. 3. Pa. ܕܩܪ *to pierce*, ܕܩܪ ܚܒܠܐ—ܚܒܥܝܢ, Med. 79. 11; *to pierce, shine through*, ܚܘܕܕܘܗܝ ܘܙܗܪܐ ܚܒܥܘܗܝ̈ ܐܬܚܛܦ *bright rays dazzled his mistress*, Hist. Jos. 69. 10. ܗܘܢܐ—ܘܡܕܥܟ ܚܫܒܘܢܐ *a mind riddled with wandering thoughts*, Is. Nin. B. 284. 8.

ܘܕܥܬܐ col. 933. denom. verb from ܘܕܥܬܐ *to sweat*, ܐܬܕܥܬ *I perspired*, Mar Marcos 164. Pa. ܕܥܬ *to perspire freely*. Part. ܡܕܥܬܢܐ ܚܡܛܗ *one whose skin acts*, BH. Stories 62. 232.

ܘܕܥܬܐ Heb. זֵעָה *from an older root* יזע, Ar. ودع. ἱδρώς, *sweat*, Hippoc. i. 11, iii. 6, iv. 6 times, v. 67, vii. 3; Med. 330. 16, 360.

20, 538. 12, 13. Metaph. ܘܬܼܟܐ ܘܙܘܼܥܬܵܐ ἱδρῶτες, *sweat of monastic labours*, Sev. Ant. Vit, 227. 1. *Gum, resin*, Med. 585 ult., ܕ̇, ܕܼܟܐܙܼܠ ib. 582. 12, ܕ̇, ܕܸܚܠܝܼܓܐ ib., ib. 566. 18; ܕܕܼ ܐܚܼܐ *scum on honey*, ib. 160. 20, ܘܕܼܟܐܗ ܘܡܝܠܐ ܕܒܫܐ *skimmed* or *clarified honey*, ib. 301. 7/8; ܕܕ ܕܙܝܼܬܐ *gum of the olive*, ib. 87. 10; ܕܕܼܟܐ ܕܸܢܼܟܼܐ ib. 93. 13 should probably be ܕܘܼܟܐ *meerschaum*, Pers. كف دريا ܕ ܕܕܿܡܐܙ *gum of the almond tree*, ib. 582. 8; ܕ ܕܐܵܠܘܼܐ *what?* ib. 565. 17.

ܘܲܓܼܟܐ ܘܲܚܼܒܲܠܐ ܢܼܦܸܩ ܘܲܚܼܕܼܐ *sweaty, toilsome labour dripping with sweat*, Hist. Mon. i. 343. 9.

ܕܿܟܠ for ܕܵܟܠ *a stream*: ܕܵܟܠ ܘܢܲܚܼܠܐ Gest. Alex. 261. 1, 268. 17.

ܕܿܟܠ col. 934. 11 of par. *an altar slab*, Takhsa 146. 4, 165. 25, 129. 19. Col. 935. 2 *leaf, page*, Brev. Ant. 36 pen., ܚܕܝ *on p.* —; ib. 61 a 13, 14, 16, 191, 196.

ܕܩܘܣܩܝܢ ὅπουσκιν, transliterated by Duval without explanation, Chimie 14. 11.

ܘܩܝܢܘܩ a fabulous winged creature, Natur. 58. 14.

ܕܿܟܠ col. 935. f. add: for ܕܿܟܠ *a plank*, Apoc. Lit. 15. 9. Pl. ܕܿܟܬܼܐ *writing tablets*, ܩܛܝܡ ܘܥܒܼܕܐ ܕܐܒܪܘܣܡܘܗ ܣܒܼܣܐ, Chron. Min. 354. 21.

ܕܩܝ col. 936 denom. verb from ܕܵܩܝܼܠ. *to expend, spend*, ܢܼܦܸܩ ܐܘܣܒܸܠ ܢܦܸܥ, Sev. Ant. Lett. 217. 7.

ܕܿܦܢܝܢ col. 936. Add: Δαφνίδιον, *Laurus Nobilis, the laurel* or *bay-tree*, ܕ̇ܪܐܐ ܘܕܦܢܝܢ *bay leaves*, Med. 40. 13, 103. 14, 107. 12, ܟܼܢܦ ܕܿܦܢܝܢ *laurel berries*, ib. 293. 14 and often, ܚܡܼܣܼܐ ܘܕܿܦܢܝܢ ib. 102. 6, 148. 14, ܡܝܠܐ ܘܕܿܦܢܝܢ, ܚܘܼܪܟܼܐ ܘܚܸܡ ܘܕܿܦܢܝܢ ib. 375. 2; ܐܘܡܣ ܒܘܙܐ ܚܡܬܗܐ ܘܕܿܦܢܝܢ An. Syr. 185. 6; Jul. 247. 26.

ܘܕܕܒܐ col. 936. ἄρκευθος, *juniper*, ܐܘܡܣܼܒ ܟܼܐܐ ܣܬܼܡ ܢܚ ܚܡܕܐܘ ܡܢ ܐܗܘܐܙ ܡܝܗܼܬܐ ܕܠܐ BH. de Pl. 28, ܘܕܕܒܐ ܚܢܼܟ Galen. 252. 57.

ܕܟܝܼܢܐ f. *the mange*, BA. under ܫܸܟܐܠ, col. 1265.

ܕܿܩ. col. 936. ܕܿܩܼܠ m. *that which is ground*, ܘܡܐܠ ܕܡܬܝܼܚܼܠܐ *pearls reduced to powder*, Chimie 84. 20.

ܘܕܘܼܩܼܐ col. 938. m. *the pestle* of a mortar, Chimie 22. 21, 47. 20.

ܘܕܘܼܩܬܼܐ col. 938. f. *fine dust*, ܐܐܘ ܡܐܗܐ ܘܣܡܩܐ *powdered stone*, Chimie 56. 20.

ܘܕܩܼܠ col. 938. *grinding, beating*, ܘܡܩܐ ܘܕܡܕܿܬܼ Chimie 23. 1.

ܘܕܿܟܠ, ܘܕܵܩܘܼܩܠ ܘܕܿܟܠ *pounded beans*, Med. 181. 10, 22. *dust, powder*, A.M.B. v. 510. 8.

ܘܡܕܘܼܟܠ col. 938. *a mortar*: Chimie 50. 18, 56. 9, Med. 242. 10, 320. 17.

ܘܕܐܩܝܣܡܐܣ corruption of δοκιμασία(ν) *trial*, the ref. to Pat. Vit.= A.M.B. v. 198. 7.

ܘܩܘܣ var. ܠܩܘܣ Copt. ⲧⲕⲱⲟⲩ *Antacopolis* a bishopric in Egypt, held by Macarius, Diosc. ed. Nau 41. 7, R.O.C. i. 189; name of a desert, A.M.B. iii. 614. 16.

ܕܵܩܘܿܩ col. 938. *Dakouk*, 8 miles South of Kerkuk in Beit Garmai, Jab. 37, M.Z. 17. 96.

ܘܕܘܼܩܼܐ place-name BB. col. 450 under ܟܼܦܠ.

ܘܕܩܘܕܩܢܘܣ col. 939. 1. *a decurion*, add ref. Anecd. Syr. iii. 201. 10/11.

ܘܕܩܗܠ col. 939. 2. *the tenth Indiction*, Anecd. Syr. iii. 249. 13.

ܘܕܩܟܠ f. pl. ܘܩܩܠܟܠ ܘܕܩܟܕܘܗܝ *the soles of his feet*, J.A.O.S. xv. 293. 3.

ܘܕܩܸ col. 940. Add: *to lance an abscess*, ܘܘܕܩܝܢ wrongly for ܘܕܩܒܝܢ, Med. 127. 7; ܘܕܩܼ ܐܢܗܟ ܚܢܟ̇ܟܗ *he kicked at them*, Pallad. 588. 21. Pass. part. ܘܕܩܝܢ *thrust through, pierced*, Jac. Syr. Hom. iii. 808. 18.

ܘ/ ܘܪܝ, ܘܕܩܘܼܕܼܟܠ ܘܣܡܕܐܠ *stimulation?* Bar. Sud. 85.

ܕܵܩܢܐ col. 941. *stabbing pain, pleurisy*, add refs. Hippoc. i. 11, iii. 22, 29, v. 7, 14, vi. 16, 32, vii. 9, ܘܕܵܩܢܐ, Med. 217, bis, ܕܵܩܢܐ 213. 1, 14, pl. ܘܕܵܩܼܬܼܐ ib. 202. 4, 227, bis.

ܕܵܩܢܐ f. a plant with leaves like garlic and yellow blossoms, Med. 600. 11.

ܕܩ *to fight*. ܘܕܩܘܿܬܼܐ sing. of ܘܕܩܘܼܬܼܐ col. 942. *a combat*, ܘܕܩܘܼܬܼܐ ܒܩܠ ܟܒܼܗ ܚܝܘܕܩܼܠ Jac. Sar. Hom. ii. 57. 7.

ܕܪ col. 942. ܟ݁ܽܘܪܳܢܳܐ *a cylinder, the roller of a mill.* ܟ݁ܽܘܪܳܢܳܐ ܕ݁ܪܰܚܝܳܐ N. Hist. ii. pt. 6, eight times.

ܟ݁ܽܘܪܳܢܳܝܳܐ, ܟ݁ܽܘܪܳܢܳܢܳܐ *cylindrical*, ܫܶܡ ܚܰܣܺܝܪܳܐ ܥܰܡ ܐܚܟ݁ܢܬܗ ܘܐܦܝܣܡܐ ܩܢܒܟܢܟ ܐܟܬܟܐ ܒܚܡܚ. ܘܢܕܙܢܐ ܚܪܚܐ ܘܐܘܩܕܝ ܟܡܥܩܕ ܩܪܚܠܐ. ܟ݁ܽܘܪܳܢܳܢܳܐ ܗܘܝܐ But. Sap. Philos. 6. 8.

ܕܪ *a river in Adiabene*, Chast. 27. 1.

ܕܪܰܐܚܕ݂ *correct* ܕ݁ܪܳܐܚܶܡ *and* ܕ݁ܳܪܳܟ݂ܶܡ q.v. col. 369. Pers. داراباد *Darabhad, the abode of Darius;* a district and episcopal See in Beit Garmai, Act. Maris 41. ult. n.=A.M.B. i. 64. 14, 15, B.O. ii. 459.

ܕܪܚܐ Ar. دَرْب *a defile, pass*, Dion. 24. 23. Nöld. in loc. WZKM. x. 166.

ܕ݁ܰܪܓ݂ܺܝ, ܕ݁ܳܪܶܓ݂. Denom. verb ܕܪ݂ܓ݁ col. 945. *to advance gradually.* Add: act. part. ܡܕ݂ܰܪܓ݂ܳܐ ܕ݁ܰܪܓ݁ܺܝ ܠܢܰܦܫܳܐ ܠܝܺܕ݂ܰܥܬ݂ܳܐ ܘܡܰܣܬ݁ܰܪܳܬ݂ܳܐ *science leads the soul on towards the knowledge of hidden things*, Patr. Or. iii. i. 105. 5. *To promote*, ܕ݁ܰܪܓ݁ܺܝ ܘܡܰܕ݂ܪܶܓ݂, Bar. Sal. Journ. As. 1908, 96. Ethpa. ܐܶܬ݁ܕ݁ܰܪܓ݁ܺܝ *to be ranged, arranged*, ܠܡܶܬ݁ܕ݁ܰܪܓ݂ܳܐ ܢܰܟ݂ܬ݁ܳܐ ܩܕ݂ܳܡ ܪ̈ܰܚܝ݂ܶܐ Is. Nin. B. 186. 16. *To proceed in an enquiry*, ܡܶܬ݁ܕ݁ܰܪܓ݂ܺܝܢܰܢ—ܒ݁ܰܥܬ݂ܳܐ, Patr. Or. iii. i. 103. 4.

ܕ݁ܰܪܓ݂ܳܢܳܐ ܘܕ݂ܽܪܓ݂ܳܢܳܐ adj. *gradual*, ܐܝܢ ܡܶܕܶܡ ܕ݁ܰܕ݂ܪܓ݂ܳܢܳܐܝܺܬ݂ ܠܳܐ ܡܶܫܬ݁ܰܚܠܰܦ ܒ݁ܰܬ݂ܚܽܘܡܳܐ ܕ݁ܙܰܘܥܳܐ *if gradual change be not conditioned by the definition of motion*, N. Hist. cap. iii. part 4.

ܕ݁ܰܪܓ݂ܳܐܺܝܬ݂ col. 946. *gradually*, N. Hist. cap. iii. part 1, and part 4.

ܒ݁ܰܪܕ݁ܰܪܓ݁ܳܢܽܘܬ݂ܳܐ f. *gradual increase*, ܒ݁ܰܪܕ݁ܰܪܓ݁ܳܢܽܘܬ݂ܳܐ Nest. Hérac. 296. 13.

ܕ݁ܰܪܳܓ݂ܳܐ, ܕ݁ܰܪܳܓ݂ܳܐ col. 946. better ܕ݁ܳܪܳܓ݂ܳܐ, Ar. دراج Praet. Miss. 45. 23. m. *the francolin*, pl. ܕ݁ܳܪ̈ܳܓ݂ܶܐ, Med. 137. 20.

ܕ݁ܰܪܓ݂ܽܘܫܳܐ col. 946. *a cradle*, BH Gr. i, 35. 17; ܕ݁ܰܪܓ݂ܽܘܫܬ݂ܳܐ ܘܕ݂ܰܪܓ݁ܶܬ݂ Lexx. col. 3815.

ܕ݁ܰܪܕ݁ܶܐ m. pl. *Dardans*, Chron. Min. 355. 14.

ܕ݁ܰܪܕ݁ܰܡ Ar. درهم *a dirham, drachm*. Used in weighing money and pearls, Med. 447. 3. Cf. ܕ݁ܰܪܕ݁ܰܡ.

ܕ݁ܰܪܕ݁ܶܐ in the phrase ܚܶܕܒ݂ܐ ܘܢܚܕ ܡܢ ܡܥܕ ܕܕܪܕ prob. corrupt for τὰ δάκρυα τῶν Ἡλιάδων, *electrum, amber*, Chimie 236, n. 4.

ܕ݁ܽܘܪܟ݁ܺܝܡ Chald. ܕ݁ܽܘܪܓ݁ܽܘܢ, דּוּרְגּוֹן, *retinue*, ܟ݁ܰܚܢܳܐ ܘܟ݁ܰܚܟ݂ܳܐ ܕ݁ܰܘܦܢܰܝܡ ܐܥܩܦ *he detected the vizir among the attendants*, Ibn S. Thes. 22 a.

ܕ݁ܪܰܘܡܳܐ δρόμος, with ܥܒ݂ܰܕ *he made a rush at*, Anecd. Syr. iii. 100. 16.

ܕ݁ܰܪܢܳܐ Zend draono, *a small round shewbread*, Pers. درون, Jab. 440 ult., Pers. Mart. n. 860.

ܕ݁ܰܪܢܺܝܟ݂ Ar. درنج *Doronicon, leopard's bane*, Med. 141 ult., 263. 12, 393. 10, 397. 16 and so correct ܕ݁ܰܪܢܺܝܟ݂, ib. 262. 23.

ܕ݁ܰܪܽܘܢܳܐ Pers. درونی *a confidential servant*, A.M.B. ii. 590. 8.

ܕ݁ܰܪܘܶܣ col. 947 quoting Apoc. Act. i. 278. 8. Perh. corrupt for ὕδραυλις, *a hydraulic organ*. Usual form ܗܶܕ݂ܪܰܘܠܳܐ, S. Fraenkel ap. ZA. xvii. 86.

ܕ݁ܰܪܘܶܣ see under ܕ݁ܽܘܪ Suppl.

ܕ݁ܰܪܽܘܣܬ݁ܒ݂ܶܕ Pers. دُرُست *health* + ܒܕ *lord, master*. Transl. of ἀρχίατρος, *Chief physician*, Syn. Or. 562. Syr. 5, Pers. Mart. n. 971 i. q. ܪܺܝܫ ܐܳܣܰܘܳܬ݂ܳܐ col. 169. Sassanidi 13 n. 2, Jab. 522, Or. Xt. i. 64. 11.

ܕ݁ܰܪܽܘܣܬ݁ܰܚܺܝܙ Pers. رستاخیز, *the Day of Resurrection*, opp. ܟ݁ܰܚܟ݂ܳܐ ܗܳܢܳܐ, A.M.B. ii. 576. 13.

ܚܶܕܒ݂ ܕ݁ܰܚܶܡ i.q. ܕ݁ܰܚܳܦܳܐ q.v., cf. ܕ݁ܳܒ݂ܳܐ and ܕ݁ܳܝܳܐ, ZDMG. xliii. 405. 12.

ܕ݁ܰܪܽܘܢ name of a fosse at Shuster, from ܕ݁ܰܪܽܘܢ, Sassanidi 32.

ܕ݁ܰܪܙܳܐ col. 948 ult. Dele.

ܕ݁ܪܶܫܐ *Drisha*, a place in Beit Nuhadra, Chast. 25. 19.

ܕ݁ܰܪܝ. ܕ݁ܽܘܪܟ݁ܳܐ col. 950 f. Add: an abject form of address, *your footprints*, ܚܽܘܣܳܢܰܢ ܕ݁ܶܝܢ ܕ݁ܽܘܪ̈ܟ݁ܳܬ݂ܟ݂ܽܘܢ, note ܚܽܘܣܳܢ, ܚܽܘܣܰܢܳܢ, A.M.B. v. 611. 15.

ܕ݁ܽܘܪܟ݁ܬ݂ܳܐ, col. 950. =Ar. جارية *a slave girl, girl*, Nöld. G. G. A. 1884. 683, El. Nis. 77. 42; ܕ݁ܽܘܪ̈ܟ݁ܳܬ݂ܳܐ ܘܐܶܡ ܚܰܣܡܳܢܳܐ ܣܳܕ݂ܳܐ, Kal-w-Dim. 228. 9.

ܡܶܬ݂ܕ݁ܰܪܟ݂ܳܢܽܘܬ݂ܳܐ col. 952. Add: *perception*, ܡܶܬ݂ܕ݁ܰܪܟ݂ܳܢܽܘܬ݂ܳܐ ܚܰܬ݁ܺܝܬ݂ܳܐ ܗܳܢܳܝ But. Sap. Theol. 5. 4; ܡܶܬ݂ܕ݁ܰܪܟ݂ܳܢܽܘܬ݂ܳܐ ܣܰܟ݂ܠܳܐ ܗܺܝ *knowledge is exact comprehension*, BB. under ܣܟ݂ܠ col. 1560.

ܕܪܘܚܡܐ ܘܙܘܚܡܐ col. 952 f. δραχμή, *a drachm*, ܫܬ ܙܘܚܡܐ equals eighteen siliquae or carats, and four ܙܘܚܡܐ equal fifteen denarii, or dinars, Chimie 69. 13/14.

ܘܙܘܚܐܕܟܬ prob. corruption of Pers. درخت *a tree?* Kal-w-Dim. ed. Bick. 61. 9.

ܕܙܦ col. 952. Ethpe. ܐܙܕܦܝ *to use trickery, act with cunning*, ܡܢ ܣܕܐ ܪܚܝܣܗ ܘܡܬܚܬܐ ܡܕܙܦܙܝ ܘܗܘܐ. ܘܐܦ ܡܕܪܢ ܢܚܡ ܡܟܕܘܗܝ, Anecd. Syr. iii. 217. 11, 271. ult.

ܡܕܙܦܐܝܬ *craftily*, Nest. Hérac. 17 ult. 177. 6.

ܡܕܙܦܢܘܬܐ f. *low cunning, trickery*, ܡܬܚܬܐ ܡܕܙܦܢܘܬܐ *profiteers and plunderers need trickery* Philox. 123. 8.

ܕܙܘܡܪܐ col. 952. dromonarii, *boat-men*, Anecd. Syr. ii. 18. 25.

ܕܙܘܡܣܘܢ var. ܕܙܘܡܘܣ δρόμος, *a faction of the circus*, A.M.B. v. 558. 1, 5.

ܕܙܘܚܡ pr. n. m. of a Persian, Jab. 522.

ܕܙܘܝܣ pr. n. f. Persian, A.M.B. ii. 636.

ܕܙܣܚܝܣ pr. n. m. *Darsakis*, bishop of the Armenian city Arzargan, BHChr. Eccl. 733. 3, called Sergius, B.O. ii. 378 b infra.

ܕܙܘܣܡܠܝ see ܕܙܚܠܘܣܡܝ.

ܕܙܚܠܡ place-name, Doc. Mon. 172. 7, C.B.M. 707 b.

ܕܙܗܘܝܢܐ, read ܕܙܗܝܘܢܐ ὕπατον, *the highest*, as M.S. Sachau quoted Schatzh 4. 14. But *the third* or *lowest heaven*, loc. cit., Fraenk. in loc. ZDMG. lvi. 100; Spec. Thesaur. 1 ult.

ܙܗܝܙ, act. part. m. pl. ܙܗܝܡܝ *correct* ܐܡܙܡܝ.

ܕܙܘܣܘܣ *name of a fortress in Thrace*, Anecd. Syr. ii. 22. 1, 178. 18.

ܙܗܐ. ܙܗܘܕܦܢܐ col. 956. *a doctrinal hymn*, add refs. ܡܕܪܢܡܐ ܘܚܠܐ ܕܐܘܗܣܘܐ ܘܡܕܙ, Ephr. ed. Lamy ii. 807. 1; ܙܗܘܕܦܢܐ ܕܚܙܘܓܒܗ ܘܥܘܪܕܢܐ Brev. Chald. i. 129. 15; Qdham W. 123. 5; pl. ܙܗܘܕܦܢܐ, ib. 246. 5, 253. 12, 255. 8.

ܙܗܘܕܢܐܓܘܢܐ col. 957. pl. ܙܗܘܕܢܐܓܘܢܐ ἐν τοῖσι γυμναστικοῖσιν, *those who take much exercise*, Hippoc. i. 3.

ܕܙܗܠܐ col. 956. *a drug for spleen and liver complaints*, ref. Med. 399. 3.

ܕܠܗܝ Greg. Carm. ii. 49. 10 should be ܠܗܝܐ λαιμός, *gullet of a bird*.

ܕܗܒܢܐ col. 957. *a gift*. E.-Syr. ܕܗܒܢܐ Jab. 77. 4, 5 and passim.

ܕܗܒ denom. verb from ܕܗܒܢܐ *to give gifts*, ܡܕܗܒ•. Jab. 93. 4, 97. 5, ܠܚܘܗܝ ܐܡܪ ܕܗܒܬܐܓܒܐ *he gave away* women and children *as presents*, ib. 200. 4.

ܕܗܒܠܐ col. 958. *the desert, a certain plant grows* ܚܝܒܙܐܘ ܕܒܚܗܒܠܐ Med. 576. 3.

* * * **ܗ** * * *

ܗܘܐ i. q. ܗܘܐ pl. of ܗܘܬܐ *an abyss*, Jac. Edes. Hex. 32. 7.

ܗܝܠܝܣܘܝ correct ܗܝܠܝܣܘܢ ἐλατήριον, *elaterium*, ܠܘܝ ܗܝܠܝܣܘܢ ܡܗܦܠܐ ܐܚܕܐ ܣܬܡ ܬܚ. ܡܝܕ ܡܕܝܗ ܠܡܘܕܐ ܚܝܡܥܐ ܘܢܣܒ BH. de Pl. 73, Gottheil in loc. ZDMG. xliii. 125. Cf. Ar. PflnN. 332.

ܗܠܕܐ Ἑλλάς, -άδα, *Hellas*.

ܗܒܐ pl. of ܗܒܐ f. col. 964, *blossoms* ܗܒܐ ܡܣܒܐ Jul. 93. 21; metaph. ib. l. 14, 100. 10, Is. Ant. i. 174. 11.

ܗܒܬ col. 964. act. part. ܡܗܒܬ *shining, adorned, splendid*, ܟܬܒܬܐ ܡܗܒܬܚܝ *which dazzle the eye*, Is. Nin. B. 34. 6. Pass. part. *adorned*, ܚܣܡܠܐܓܒܬܐ ܘܐܠܗܐ ܡܕܗܒܬܐ *a city adorned with trumped-up gods*, Jul. 21. 10.

ܡܗܒܬܢܘܬܐ f. *blossoming*, ܐܒܟܠܐ ܠܡܗܒܬܢܘܬܐ But. Sap. N. Hist. vii. 5. 1; ܚܩܫܝ ܠܡܗܒܬܢܘܬܐ, Theol. 3. 2.

ܗܒܒܐ col. 964. *The enemy = Satan*, Hormizd. 169, 1255, 1672, 2236, 3066.

ܗܘܒܢ extra name of Athanasius archimandrite of Karthamin, ܪܗܘܒܐ ܐܣܝܐ?, Jac. Edes. Chron. Can. 575. 10. Fraenkel corrects ܗܘܒܢ ZDMG. lii. 153.

ܗܓܝܼܕ pr. n. m. *Abib*, Bishop of Tarsus, BHChr. Eccl. 387. 2.

ܗܓܐ col. 966. Ethpe. ܐܬܗܓܝ fut. ܢܬܗܓܐ *to spell*, ܩܘܪܚܡܐ ܐܒܐ ܩܫܐ ܢܓܘܢ ܟܗܢܐ ܓܒܪܐ ܩܝܪܝܡܐ ܢܩܠܐ ܟܠܐ ܦܩܕ. ܘܐܣܛܘܢܐ ܟܠܐ ܟܘܢܗܐ, Op. Nest. 39. 1.

ܗܓܝܐ m. *spelling, reading aloud*, add: ܗܓܝܐ ܕܠܚܡܐ, Stat. Schol. Nis. 25. 7, ZDMG. xxxvi. 132, xlvi. 24. 2.

ܡܗܓܝܢܐ col. 967. 11 of par. 5th word, corr. ܠܚܓܝܒ *to pronounce*, El. Tir. 49. *Teacher of spelling = teacher of the lower classes*, opp. ܡܚܓܡܢܐ *teacher of reading intelligently*, C.B.M. 53 b, Stat. Schol. Nis. 7. 9, 25. 6, 27. 3. Pl. M.Z. 73. 15, Barḥad 383. 12. ܡܗܓܝܢܐ may also mean *teacher of rhetoric* from ܗܓܐ μελετάω *to meditate, study, teach rhetoric*, ib. 399 n. *Teacher of the spiritual meaning of Holy Scripture*, Mingana ap. Journ. As. 1906, 278.

ܡܗܓܝܢܘܬܐ col. 967. *interpretation of Holy Scriptures*, Barḥad ap. Journ. As. 1905, 160 n., 171. 7 af., Nars. ed. Ming. 33. 1.

ܗܓܓ: ܗܓܓ col. 968. *to delude*, Jab. 471. 4, ܗܓܓܝܢ ܚܫܟܝܒܐܠ ܘܡܚܝܢܟܡ ib. 478. 14.

ܗܓܓܐܝܬ *phenomenally, illusorily*, colours have no ܐܝܬܘܬܐ but appear ܗܓܓܐܝܬ, But. Sap. Philos. 6. 2.

ܗܓܓܢܐ *imaginative*, ܘܒܝܪܐ ܗܘܝܒܠܐ ܕܡܚܨܕܐܠܐ, N. Hist. viii. 3. 5, ܡܚܗܓܓܢܒܝܪ, Theol. 2. 5.

ܡܗܓܓܢܘܬܐ f. i. q. ܗܓܓܢܘܬܐ col. 969. ܠܐ ܡܨܝܢܢ ܕܠܚܫܚܘܬܐ ܡܗܓܓܢܘܬܐ ܕܠܐ ܡܣܬܝܟܐ, *we are not capable of limitless meditation*, But. Sap. Philos. 5. 4.

ܗܓܐ col. 970. 1. *Aega*, a bishopric in Cilicia, De Goeje B. 64. 3.

ܗܓܘܡܘܣ pr. n. m. N. Hist. vii. 5. 3.

ܗܓܡܐ ἔριον, *wool*, Chimie 274, n. 3. Cf. ܗܡܐ, p. 3, and ܥܡܪܐ below.

ܗܓܝܢܐ *half-bred*. Add: ܚܝܢܐ ܕܟܝܐ ܟܢܝܢܐ *a common or barndoor fowl*, Gest. Alex. 18. 7.

ܗܓܢܘܣܐ αἴγειρος, *the black poplar*, N. Hist. vi. 4. 1; Gottheil in BH. de Pl. 4. 10.

ܗܕܡ col. 970. Ethpe. ܐܬܗܕܡ *to be overthrown, beaten down*, add: ܐܬܗܕܡܘ A. M. B. v. 58 n. Ethpa. ܐܬܗܕܡ 1) *to be destroyed*, ܘܚܠܠ ܕܐܬܗܕܡ, But. Sap. Pol. iii. 3; Poet. Syr. 8. 6. 2) *to gather force, be vehement*, ܘܗܘܐ ܡܬܟܗ ܘܡܬܚܫܢ ܐܘܣ, ܘܠܐ ܢܗܕܡ, Jac. Sar. Hom. ii. 67. 9.

ܗܓܡܘܢܝܩܐ ἡγεμονικός, *authoritative*, But. Sap. Philos. i. 1. Eccles. *provincial*, Syn. Or. 69. 17, 24. See ܗܓܡܢܣܘܣ below, and col. 3265.

ܗܓܪ Ar. ܗܔܪ col. 971. Add: *Hagar*, capital of Bahrein, Ṭabari 260, Eranšahr 42; ZDMG. xliii. 404. 12, 407. 2; Syn. Or. 128, 216; Nöld. Syr. Chron. 47, n. 1.

ܗܓܪ col. 971. ܐܬܗܓܪ *to live as a Mohammedan, have intercourse with Mohammedans*, 3 p. f. impf. ܐܬܗܓܪܬ, Jac. Edes. Can. 13. 10 and n.

ܡܗܓܪܝܐ *Moslem*. Add: ܡܬܢܐ ܕܡܗܓܪܝܐ *era of the Hijrat*, Chron. Min. 348. 17, Dion. 1. 13.

ܗܕܐ col. 972. *to wander in thought*, ܡܕܠ ܕܗܕܐ ܘܩܘܫܬܐ ܗܣܩܚܕ ܡܬܗܝܡܐ (correct ܗܕܐ), Philox. 160. 4.

ܗܕܝܐ pass. *guided, led*, BH Gr. i. 38. 15, ܘܡܣܝܓܠܒܐ ܚܓܒ ܗܕܝܐ ܡܪܒ ܦܗܝܕܐܪܬ ܗܕܝܡܠܐ, l. 16.

ܗܕܘܝܐ for ܗܕܝܐ *a guide*, Pallad. 24. 6. Pl. ܗܕܘܝܐ ib. 533. 2; Gest. Alex. 183. 5 cod. B. C. D. but ܗܕܝܐ in text; Schatz. 240. 3 var. ܗܕܝܡܠܐ; ܘܡܣܐܠ ܡܨܐܠ ܐܕܚ Is. Nin. Chab. 91. 1, ܗܕܝܡܠܐ ib. 10. 15.

ܗܕܝܒܐ pr. n. m. Ant. Patr. 304 n. 126.

ܗܕܣܦܘܣ river *Hydaspes*, A. M. B. iii. 240.

ܗܕܕ, Aram. הֲדַד *Hadad*, a storm god, Inscript. of Zenǧirli, Lidzbarski 409, 441, WZKM. vii. 130. 1.

ܗܕܝܘܛܐܝܬ col. 974. ἰδιωτικῶς, *vulgarly, in the vernacular*, BB. under ܚܕܒ col. 1879.

ܗܕܝܘܛܝܐ *Edictales, Law students in their second year*, Sev. Ant. Vit. 47. 4, marg. ܗܕܝܘܛܝܐ ܐܠܕܝܣܘܢ ܘܟܝܬ ܕܡܣܚܝ ܠܐܚܝ ܥܡ ܘܩܒܘܒܝܢ Nau in loc. R. O. C. iv. 556.

ܗܲܕܵܡܵܐ col. 975. *a member*. Add: *a passage of a MS.*, DBB. 1364. 1, 2677 under ܣܡܝܼ.

ܗܲܕܵܡܘܿܢܵܐ dimin. of ܗܲܕܵܡܵܐ *a limb*. Pl. ܗܲܕܵܡܘܿܢܹܐ, 4 Macc. 331.

ܗܕܡ denom. verb. Pass. part. m. pl. ܡܗܲܕܵܡܹܐ *large-limbed*, ܐ̈ܒܲܝ̈ ܐ̈ ܘܚܸܡܣܹܐ ܘ ܐܡܲܕܵܡܹܐ, Anecd. Syr. iii. 337. 22; horses cannot carry them ܚܒܘ ܘܚܕܡܘܼܗܝ, ib. 23.

ܡܗܲܕܵܡܘܼܬܵܐ f. *the being endowed with limbs*, Is. Nin. B. 17. 14; *manifestation in bodily form*, ib. 50. 13.

ܗܕܪ col. 976. 1. The passage from Sanct. Vit. = A. M. B. v. 412. 9 means: *she occupied herself with the clothing of the nuns*.

ܗܕܪ col. 976. Ethpa. ܐܸܬܗܲܕܲܪ add: trans. *to glorify*, Sev. Lett. 230. 18.

ܗܸܕܪܵܐ col. 396. ἕδρα, *the anus*, Hippoc. v. 20, Hunt. clxx under ܣܗܪܐ col. 2727.

ܗܸܕܪܘܿܡܵܐ col. 977, *the poppy*. Cf. ܣܪܕܘܿܡܵܐ col. 1206.

ܗܸܕܪܵܘܵܓ̈ܐ, ὑδράργυρος, *quicksilver*, Med. 220. 4, ܗܸܕܪܵܘܓ̈ܵܐ, ib. 321, 21. Cf. ܗܸܕܪܵܘܓܘܿܣ below.

ܗܸܕܪܵܘܠܵܐ col. 977. *a water-organ*, add ref. Is. Ant. 294. 10, 296. 12.

ܗܲܕܪܸܠ denom. verb from ܗܸܕܪܵܘܠܵܐ *to play the water-organ, to praise*, ܕܲܢܗܲܕܪܸܠ ܘܲܢܫܲܒܚ Hormizd. 2301.

ܗܲܕܪܘܿܡܠܝܼ col. 978. ref. Warda 247 v with gloss. ܚܲܡܪܵܐ ܘܕܸܒܫܵܐ *wine and honey*.

ܗܸܕܪܝܼܢܘܿܣ 1) river *Hedrinos* = *the Pishon*, Chron. Min. 354. 2. 2) *Hadrian*(opolis), bishopric in Caria, De Goeje B. 65. 20.

ܗܕܪ col. 978. See a conjecture of Hoffmann in ZA. xi. 247.

ܗܸܕܪܘܿܦܝܼܩܘܿܣ i.q. ܗܸܕܪܘܿܦܝܼܩܘܿܣ col. 978, *dropsical*, Anecd. Syr. iv. 87. 9; pl. ܗܸܕܪܘܦܝܼܩܘ ib. 19.

ܗܘ col. 980. ܗܘ ܗܘ used impersonally, with a plural, in a corroborative sense, *those very, those same*, ܗܵܢܘܿܢ ܗܘ ܗܘ, Ephr. Ref. ii. 50. 7; ܗܘ ܠܐ ܗܘ *not the same*, ib. 43. 27, 46. 40.

ܗܵܘܝܘܼܬܵܐ col. 980. Add: *state, condition*, BH Carm. 139. 11.

ܗܵܘܝܘܼܬܵܐ col. 981. with ܒ, *identically, exactly*, opp. ܒܕܘܼܡܝܵܐ Nars. ed. Ming. 358 note.

ܗܘܐ col. 983. Aorist passive infinitives in -θῆναι formed with ܗܘܐ are common; ܗܘܵܐ ܡܸܬܓܲܠܝܵܐ ἐξωρίσθη *he was exiled*, ܗܘܵܐ ܡܸܬܬܣܝܵܡ ܐܝܕܵܐ ἐχειροτονήθη *he was ordained*, ZDMG. xxvi. 830 in BHGr. i. 47. Add: ܡܐ ܗܘܵܟ *what happened to thee?* Kal-w-Dim. ed. Bick. 12. 8, 56. 7, Pallad. 690. Imper. with pron. suff. ܗܘܲܝܠܝ contr. of ܗܘܲܝ ܐܲܢܬ ܠܝ, ܗܘܲܝܠܝ ܘܡܸܬܬܦܝܼܣ ܠܝ *be persuaded*, Theod. Mops. in Jo. iv. 21.

ܗܘܵܢܵܐ correct ܗܘܵܝܵܐ *state, likeness*, Mar Marc. 165.

ܗܘܵܝܘܼܬܵܐ add: *production*, ܗܘܵܝܬܵܐ ܕܚܸܡܨܐ, Chimie 15. 9.

ܡܗܲܘܝܵܢܵܐ col. 988. *having creative influence*, ܓܘܼܫܡܹܐ ܕܐܪܕܝܼܡܲܝܵܐ ܕܡܗܲܘܝܵܢܹܐ *heavenly bodies have creative and destructive influence over the elements*, N. Hist. ii. v.

ܡܗܲܘܝܵܢܘܼܬܵܐ *the act of creation, creativeness*, add ref. But. Sap. Theol. 2. 3; Philos. 3. 4.

ܗܘܐ perh. ὕαλος or κύανος, a stone which cures dropsy, Anecd. Syr. iv. 87. 8, Land, ib. 83 trans.

ܗܘܒܠܐ, الأُبُلَّة, *Ubulla*, near Basra, province of P'rath d'Maisan, ZDMG. xlvi. 756. 9 af., ܘܣܓܝ ܗܘܒܠܐ corr. ܘܗܘܒܠܐ, ib. 757. 11.

ܗܘܓܝܼܐ ὑγίεια, *Hygeia*, goddess of health, A. M. B. iv. 284.

ܗܘܓܢܐ (ܗܓܕܠܐ) Chald. הוּגְנָא, Ar. هَجَان. m. pl. *swift dromedaries*, so corr. ܗܘܓ̈ܢܹܐ, Kal-w-Dim. ed. Bick. 96. 23, 97. 19, 127 n. F. ܗܘܓ̈ܢܹܐ BHGr. i. 23. 24; pl. ܗܘܓ̈ܢܹܐ, ib. 35. 1. Cf. ܗܓܝܼܢܐ and ܗܘܼܓܢܵܐ col. 971.

ܗܘܕܝܼ Ar. هُوذَي interj. *Ho*, Hist. Mon. i. 288, ii. 517 n.

ܗܘܕܝܼܣ ὁ Ὕδης, *Hyde* in Lycaonia, Nöld. F. S. i. 473. 99.

ܗܘܕܪܵܘܓܘܿܣ ὑδράργυρον, *mercury*, Chimie passim; spelt ܗܘܕܪܲܓܘܿܣ and ܗܘܕܪܵܘܓܘܿܣ col. 989.

ܗܘܕܪܘܿܣ ὕδωρ, *moisture*, gloss. ܪܲܛܝܼܒܘܼܬܵܐ Chimie 7. 13.

ܗܘܕܪܘܦܝܩܐ m. pl. ὑδρωπικός, *dropsical*, Anecd. Syr. iv. 87. 19, ܗܘܕܪܘܦܝܩܐ l. 12 and ܗܘܕܪܘܦܝܩܘܣ col. 978.

ܗܘܐܩܝܢܬܘܣ see ܝܘܩܢܬܐ ὑάκινθος *the jacinth*, Apoc. xxi. 20.

ܗܘܝܢ, ܗܘܝܢܐ col. 988. perh. Ar. ھين, اھون *cool, tranquil, wise* (as BB. not *strong* as B.A. ib.) Nöld. and Schulthess emend ܗܘܡ for ܗܘܡ in the phrase ܐ̈ܚܕܢ: ܐܚܕܢ ܘܐܫܬܐܠ: ܕܗܘܝܢ ܚܟܝܡ *in the hour of victory when we are wise and think it over*, A.M.B. v. 15. 18; and again for ܗܘܝܢܐ read ܗܘܡ ܘܡܪ ܒܠܝܠܐ *anyone with a troubled mind visiting* S. Antony *returned reasonable and calm*, ib. 113. 2.

ܗܘܢܐܝܬ *quietly, reposefully*, ܗܘܢܐܝܬ ܘܡܠܟ ܗܘܐ, Stud. Sin. ix. 118. 21; A.M.B. v. 64. 20. Three MSS. have this variant for ܗܘܢܐܝܬ; ܗܘܢܐܝܬ ܢܟܐ Hormizd. 3352 with gloss. ܗܘܢܐܝܬ.

ܗܘܦܐ *a tambourine*, Mt. Singar 11. 6.

ܗܘܠܐ col. 990. *matter.* ܗܘܠܐ ܕܣܡܡ̈ܢܐ *materia medica*, Galen. 246. 7, 248. 4.

ܗܘܠܢܝܐ *materialistic*, ܐܘ ܡܟܐ ܘܗܘܠܢܝܐ ܐܦܠܐ ܓܘܢܐ Is. Nin. B. 19. 4 af.

ܗܘܠܢܘܬܐ add: ܗܘܠܢܘܬܐ ܘܨܘܪܬܐ *material form*, Is. Nin. B. 182. 10.

ܗܘܠܐ *a village and monastery in Anzitene*, Anecd. Syr. ii. 75. 5, 230. 2.

ܗܘܠܝܐ *a dweller in* ܗܘܠܐ, Anecd. Syr. ii. 230. 3.

ܗܘܠܐܘܘ usually ܗܘܠܐܘܘ *Hulachu, Khan of the Mongols*, BHChr. Eccl. 733. 6, 755. 8, 759. 24.

ܗܘܡܘܣܝܘܢ col. 992. ὁμοούσιον, add ref. Syn. Or. 134. 23.

ܗܘܢ denom. verb Pael conj. *to compose one's mind, be calm*, ܠܚܕ ܕܡ ܣܒ ܩܚܝ. ܗܘܢ ܢܦܫܟ *be courageous and calm thyself*, S. Dan. 46 b 3 af. Palel ܗܘܢ *to comprehend*, ܡܕܝܢ ܡܚܡܣ ܘܐܝܕܝܥ ܠܗܢܘܢ ܕܠܐܠܗܐ ܢܚܙܐ S. Dan. 57 b ult.

ܗܘܢܐܝܬ col. 993. Add: *intellectually, reasonably*, Ebed J. Card. 19. 3.

ܗܘܢܢܘܬܐ f. *mental perception, intellectual consideration*, Hist. Mon. i. 307. 22.

ܗܘܢܢܐ *endowed with mind*, But. Sap. Philos. 6. 5; pl. ܗܘܢܢܐ Warda 25 r.

ܗܘܢܢܘܬܐ col. 993. διάνοια, 4 Macc. ii. 2, *reasonableness*, ib. ed. Bens. v. 19, vii. 3; ܠܐ ܗܘܢܢܘܬܐ ܘܠܐ ܣܘܟܠܐ, Med. 5. 11 and marg.

ܗܘܢܢܐ = ܗܘܢܢܐ *intelligent*, ܗܡܥܐ ܕܗܘܢܢܐ Nöld. F. S. i. 477.

ܗܘܢܛܝܩܘܢ ἑνωτικόν, *the Henoticon of Zeno*, C.B.M. 936 b. Cf. ܗܘܢܛܝܩܘܢ and ܗܘܢܛܝܩܘܢ col. 1028.

ܗܘܣܝܘܣ and ܗܘܣܘܣ pr. n. m. *Hosius of Cordova*, Or. Xt. i. 84. 4.

ܗܘܣ abbrev. of ܗܘܦܪܟܝܐ *a province*, Or. Xt. ii. 286. 9, 290 pen.

ܗܘܦܒܠܣܡܘܢ Balsamodendron *opobalsamum, the balm tree*, Pallad. 123. 7.

ܗܘܦܘܕܘܛܘܣ ὑποδύτης, *under garment*, Jac. Edes. ap. Manichéisme 100 n. 13.

ܗܘܦܘܕܝܣܛܠܐ ὑποδιαστολή, *a minor stop* #, Epiph. 7. 6, 8.

ܗܘܦܘܠܡܢܝܣܩܘܣ col. 996. ὑπολημνίσκος, *the critical mark* ÷, Epiph. 16. 10, pl. C.B.M. 905 a, Lag. Vet. Test. 356. 69.

ܗܘܦܘܠܦܣܝܣ ὑπόληψις, *reputation*, Sev. Lett. 148. 6, ܗܘܦܘܠܦܣܝܣ, ib. 378. 8. 14, ܗܘܦܘܠܦܣܝܣ, ib. 347. 23, ܗܘܦܘܠܦܣܝܣ, id. Vit. 60. 8, Pallad. 225. 8, A. M. B. vii. 124.

ܗܘܦܘܡܢܝܣܛܠܐ col. 996. ref. *records, minutes of a synod*, Sev. Lett. 61. 6.

ܗܘܦܘܡܢܝܣܛܝܩܘܢ col. 997. ὑπομνηστικόν. *a memorandum, memorial*, Sev. Lett. 107. 10; ܗܘܦܘܡܢܝܣܛܝܩܘܢ, Epiph. 6. 14.

ܗܘܦܘܩܢܛܘܪܘܣ (in Thes. ܗܘܣ col. 998) ἱπποκένταυρος, *hippocentaur*, A.M.B. v. 565; ܗܘܦܘܩܢܛܘܪܘܣ, Pallad. 245. 8.

ܗܘܦܛܝܐ ὑπατεία, *largesse* on the accession of an emperor, Jul. 23. 8. See ܗܘܦܪܟܝܐ 2.

ܗܘܦܛܝܩܘܣ ὑπατικός, *consular* rank, Sev. Ant. Vit. 104. 8.

ܗܘܦܛܘܪ *Agrimony eupatorium*, Med. 52. 17, 198. 12, 296. 5, 603. 11.

ܗܘܰܕ݂ܟ݂ܳܠ i.q. ܗܘܰܐܦ݂ܳܐ and ܗܘܶܦ݁ܳܐ *Hypaepa*, a town in Asia, Ebed J. 206, col. 2099 under ܡܝܺܕ݂ܰܐܦ݂ܳܐ.

ܗܘܶܦ݁ܶܢ ὑφέν, *hyphen*, Epiph. 7. 6.

ܗܘܶܦ݁ܳܣܺܘܳܢ pr. n. m. A. M. B. iii. 276.

ܗܘܶܦ݁ܘܺܩܝܺܡܶܢܘܺܢ ὑποκείμενον, logic *subject*, Syn. Or. 250. 2.

ܗܘܶܦ݁ܘܳܩܳܡܺܣܛܺܝܣ i. q. ܗܘܶܦ݁ܘܳܩܺܝܣܛܳܘܣ col. 998. ὑποκιστίς, *Cytinus hypocistis*, a parasite of the cistus, Med. 64. 10, 159. 9, 160 bis, 208. 21, 235. 16.

ܗܘܶܦ݁ܰܪܺܝܩܘܺܢ Med. 49. 15: see ܗܘܰܦ݂ܪܺܝܩܳܘܢ col. 995 *Hypericum*.

ܗܘܶܦ݁ܘܳܬ݂ܶܐܛܺܝܩܳܘܣ ὑποθετικός, *hypothetical*, f. ܗܘܶܦ݁ܘܳܬ݂ܶܐܛܺܝܩܺܐ ܕܝܢ, But. Sap. Theol. 2. 2; Nat. Hist. ii. i. sect. 7; ܗܘܶܦ݁ܘܳܬ݂ܶܐܛܺܝܩܳܘܣ Philos. 6. 5.

ܗܘܶܦ݁ܘܳܬ݂ܶܣܺܝܣ col. 999. legal. *a cause, charge*, Sev. Lett. 18. 10; pl. ܗܘܶܦ݁ܘܳܬ݂ܶܣܰܝܳܣ ib. 128. ult.

ܗܘܺܪܘܳܠܐܶ *the Heruli*, Dion. Ined. 474. 2.

ܗܘܳܪܝܳܐ ὡρεῖον, ὥριον, *a storehouse, magazine*, Pet. Ib. 106. 4, 112. 4.

ܗܘܶܪܝܺܦ݁ܳܐ pl. ܗܘܶܪܝܺܦ݁ܶܐ εὔριπος, *a narrow strait*, N. Hist. iv. 5. 3.

ܗܘܳܪܝܰܪܝܺܐ ὡρειάρειος, *superintendent of a depot*, Pet. Ib. 106. 20.

ܗܘܳܪܡܺܝܣܕ݁ܳܐ(ܕܺܐܝܬ݂) name of a Byzantine Imperial residence, Anecd. Syr. ii. 242. 2.

ܗܘܳܪܡܺܝܙܕ݁ܰܐܗܘܪܳܐ *Hormizd + Ahura*, name of a King of Mosul, A. M. B. i. 409.

ܗܘܳܪܡܺܝܙܕ݁ܰܐܪܕ݁ܰܫܺܝܪ *Hormizd-Ardašir*, i. q. سوق الاهواز and again in our days *Ahwaz* on the Karun, Tabari 13 n. 3, 19 n. 5, Eranšahr 144; E.-Syr. bishopric Syn. Or. 673; 35, 44, and often; ZDMG. xliii. 410. Later contracted to ܗܘܳܪܡܺܝܙܕ݁, Hippoc. xxv. n. 3. Intermediate forms see col. 1000.

ܗܘܳܪܰܦ݁ܘܳܠܳܘܢ *Horus + Apollo, Horapollo*, a grammarian of Alexandria, Sev. Ant. Vit. 14. 2, 15. 6, and often, ܗܘܳܪܦ݁ܘܠܘܢ, ib. 23. 4; R.O.C iv. 348.

ܗܘܳܫܳܐ i. q. ܐܘܳܫܳܐ *gum ammoniac*, Med. 153. 4, 250. 10.

ܗܰܙܶܡ Ar. هزم *to put to flight, rout*, Dion. 26. 6, 45. 12. Ethpe. ܐܶܬ݂ܗܰܙܰܡ *to be routed, defeated*, Dion. 7. 2, 5; c. c. ܥܰܡ ib. 45. 6, 71. 11.

ܗܰܙܺܝܡܬ݂ܳܐ Ar. هزيمة *rout, defeat*; so correct ܗܰܙܺܝܡܬ݂ܳܐ, Dion. 71. 14.

ܗܰܙܰܪܦ݁ܰܬ݂ Pers. هزاربد *lord of a thousand*, pr.n.m. A. M. B. ii. 318. 5, n.

ܗܰܛܶܛ denom. verb from ܗܰܛܳܐ. *to prick, vex*, Poet. Syr. 98. 9. Ethpa. ܐܶܬ݂ܗܰܛܰܛ *to become thorny*, ܟ݁ܰܪܡܳܐ ܠܳܐ ܢܶܬ݂ܗܰܛܰܛ Tekkaf. 107.

ܗܰܛܳܐ pr. n. m. of a bishop present at the Council of Dadišu, A. D. 430, ZDMG. xliii. 396. 17.

ܗܰܛܢܺܝ Mt. *Etna*, N. Hist. iv. 11. 2.

ܗܶܛܰܪܝܳܐ col. 1002. pl. Luc. xxiii. 19 Curet. Dele the conjecture ἑτερότης and substitute ἑταιρεία, *a political party*, with Syr. termination, S. Fraenk. ZA. xvii. 86.

ܗܺܝܒ݂ܳܪܳܘܢ ὁ Ἴβωρων, *Ibora* in Pontus, Nöld. F. S. i. 475. 140.

ܗܰܝܓ݂ܳܐ Ar. هاج *in must*, ܓܰܡܠܳܐ ܕܗܰܝܓ݂ Med. 588. 23. Cf. ܗܳܓܳܐ.

ܗܰܝܓ݂ܘܠܳܐ, هاغلة *a village on the Tigris*; add: Hist. Mon. i. 53. 16, 199. 5, Pers. Mart. 238; M.Z. 202. 8.

ܗܺܝܓ݂ܶܪ ܕܳܐܪܳܡ *Eger* = Colchis in Armenia, Pers. Mart. 736. f.

ܗܰܝܢܶܐ name of a village, A. M. B. iii. 474.

ܗܺܝܠܳܐ Arabic form of ὕλη *matter* (for ܗܘܠܐ), Pallad. 99. 5, Hist. Mon. 1. 283. 20, Sassanidi 21. 11. Pl. ܗܺܝܠܳܐ ܕܡܶܢ ܟ݁ܰܘܠܳܐ ܒܛܺܝܠ Is. Nin. B. 91. 4 af.

ܗܰܝܡܠܶܐ name of a village near Nisibis, Chast. 57. 8.

ܗܰܝܡܰܢܳܐ BHGr. i. 21. 13, f. ܗܰܝܡܰܢܬ݂ܳܐ, ib. 22. 5, pl. ܗܰܝܡܰܢܶܐ, ib. 33. 24. *A thorny vetch on which the parasite dodder grows*, Ar. PflnN. 146. Cf. ܗܰܝܡܰܢܳܐ col. 143 f.

ܗܰܝܡܩܰܠܺܝܣ ἔγχελυς, *eel*, N. Hist. vii. 4. 1.

ܐܶܬ݂ܗܰܝܟ݁ܰܠ denom. verb Ethpaial conj. from ܗܰܝܟ݁ܠܳܐ *to be enshrined, to be lodged in a temple*, ܐܰܠܳܗܳܐ ܕܗܰܝܟ݁ܰܠ ܥܰܡ ܚܰܡܫܳܫܳܐ Warda 62 v.

ܗܝܟܠܘܢܐ dimin. of ܗܝܟܠܐ, *a small temple*, Chast. 31. 8.

ܗܝܠܠܐ ܗܝܠܠܐ cries uttered by demons, Pallad. 521. 9, quoted Hist. Mon. i. cliv. n. 1.

ܗܝܡܝܘܠܝܐܣ ἡμιόλιαι, -*as, half as much again*, i. e. one hundred and fifty per cent., Sev. Lett. 29. 8, 14.

ܗܝܡܝܣܘܣ ἥμισυς, -νν, *twice*, ܗܝܡܣܘܣ ܚܡܣܐ ܙܒܢ̈ܝܢ ܗܘܐ, Anecd. Syr. ii. 118. 10.

ܗܝܢܕ pr. n. f. *Hind*; see ܗܢܕ.

ܗܝܢܕܘ, ܗܢܕܘ Ar. هندو. pr. n. Chwolson Grabinschriften 133;' id. ap. ZDMG. xliv. 527. 12.

ܗܝܣܝܡܠܝܘܢ with ܐܡܪܐ؟ *the Indiction of the Lamb* = 849 of the Greek era, Jo. Tell. 81. 16. See ܐܢܕܝܩܛܝܘܢܐ.

ܗܝܦܣܐ perh. αἱ Πύλαι, *the Straits* of Gibraltar, ܘܒܗܝܦܣܐ ܙܡܝܢܐ ܘܓܦܠܐ ܘܡܕܗܒܐ, Brev. Ant. i Calendar 35. 4.

ܗܝܦܪܘܣ (؟ ܐܦܝܪ؟) γῆ ἤπειρος, *the mainland, continent*, Pet. Ib. 23. 15.

ܗܪܐܣ Ἥρας, one of the Isles of the Blest, Jac. Edes. Hex. 19. 14.

ܗܝܪܢ place-name. Perh. the Ḥirran of Sabaean inscriptions, ܒܙܒܢ؟ ܗܪܢ, Med. 236. 18, 247. 19.

ܗܝܬ Ar. هيت, *Hit*, on the Euphrates, Chast. 61. 15, 19.

ܗܟܣܐܦܠܐ τὰ ἑξαπλᾶ, *the Hexapla*, Origen's comparative edition of Gk. versions of the O. T., Or. Xt. i. 300. 4, 8, 10. Byz. Zts. x. 300. 3.

ܗܟܝܢܘܣ col. 1006. ἐχῖνος, add *the middle or true stomach* of ruminants, N. Hist. vii. 6. 5.

ܗܟܢܘܬܐ f. *thusness*, ܐܟܬܠ ܟܕ ܗܟܢܘܬܐ ܐܒܗܝܬܐ؟ ܐܚܘܝܬܝ ܠܘܬܝ *I trusted in your being thus fatherly-minded toward me*, Ishoyahb ed. Moncrieff 68. 5 af.

ܗܟܣܦܘܛܐ m. pl. ἐξηγηταί, *commentators*, Hippoc. xxii. 9.

ܗܟܣܩܘܣܛܐ m. pl. ἐξηκοστή, *astron. a sixtieth, a minute*, Georg. Arab. 18 bis. Cf. ܚܘܫܒܢܐ col. 187.

ܗܟܣܩܝܡܣ with prosthetic ܐ. *To hew*, ܗܟܣܩܝܡܣ S. Dan. 65 b 5.

ܗܘܠ and ܗܘܠܐ col. 1009. K.'s quotation is from BHGr. i. 60. 21 and 23.

ܗܠ col. 1010. Aph. ܐܗܠ *to praise*; act. part. ܡܗܠ؟—ܗܘܐ ܡܗܠ *he praised the conduct of the boy*, R. O. C. vii. 116. 28. Ettaph. ܐܬܗܠܠ *to be derided, scorned*, Hex. Num. xxiii. 19 Lag.

ܗܘܠܐ 2) Rit. E.-Syr. *each of twenty parts of the Psalter*. Seven ܗܘܠܐ comprising Ps. i.–lviii. are recited on Mondays and Thursdays; seven, Ps. lix.–ci. on Tuesdays and Fridays; six, Ps. cii.–cl. with a 21st ܗܘܠܐ consisting of O. T. canticles, on Wednesdays and Saturdays. On Sundays ten *hulale* are said, Maclean and Browne 227. f., Takhsa 84. 1, 106. 18, 114. 9. ܘܗܘܠܐ ܩܕܡܝܐ ܐܘ ܐܡ ܘܐܠܐ ܗܘܠܐ, Qdham W. 82. 15; l. 17 ter, 19 bis, 83 ter; ܐܠܐ ܐܡܝܪܝܢ ܗܟܠܘܬܐ ܚܕ ܗܘܠܐ, ܗܘܠܐ, 132. 7, 8; ܗܘܠܐ, ܗܝ, Brev. Chald. i. 26. 6, 40. 10, ult., 41. 3, 4, ܗܘܠܐ ܡܕܡ ܡܢ, ib. 78. 4 af. 3) Jac. the response Hallelujah, ܚܠܐܠܐ ܕܗܠܠܘܝܐ ܗܟܢܘܬܐ, Brev. Ant. i. 59 *a* 3. Pl. ܗܘܠܐ Warda 148 *v*.

ܗܘܠܐܬܐ, ܗܘܠܐܬܐ m. *derision, scorn*, But. Sap. Eth. iv. 5.

ܗܠ, ܗܠܐ col. 1009. *beyond*, ܗܠܝܐ adj. ܒܘܣܡܐ ܗܠܝܐ *supernal bliss*, Warda 184 *r*.

ܗܠܒܝܐ *a man from Aleppo*, Protection 20. 6.

ܗܠܝܘܣ τοῦ Ἑλέωνος, ܗܝ ܗܠܝܘܣ ܕܡܚܒܙܐ؟ ܘܚܒܕ ܗܠܝܘܣ, Sev. Lett. 248. 12.

ܗܠܘܣ Egyptian name for Venus, under ܟܘܟܒܐ col. 542, under ܐܣܛܪ؟, DBB. 245. 1.

ܗܠܘܪܝܣ, ܗܠܘܪܣ, ܗܠܪܝܣ, ܗܠܘܪܝܘܣ, *Haloris*, near the source of the Tigris, Gest. Alex. 260. ult., 261. 2, id. ap. Z. A. vi. 374, ZDMG. lx. 200.

ܗܠܘܣ ἕλειος, *marsh (asparagus)*, Ined. Syr. 94. 5 af., Ar. PflnN. 52. 53.

ܗܠܝܩܘܢ Ἑλικών, *Mt. Helicon*, Greg. Carm. 32. 12.

ܗܠܝܠܓܐ col. 1013. m. pl. *Terminalia Chebula*, ܗܠܝܠܓܐ ܚܘܪܐ؟ Med. 51. 17, 137. 7,

162. 2; ܗܳܠܰܟܬܐ, ib. 557. 13, JAOS. xx. 192. 16.

ܗܠܩܡܐ m. pl. *Elissaei*, a people named with Tyrians, Sidonians, and Phoenicians, Chron. Min. 356. 5. Cp. Vergil's *Elissa*.

ܗܠܟ Pa. ܗܰܠܶܟ col. 1014. *to advance*: add: *to flow on*, sea waters ܐܕܪܠ ܠܐ ܦܗܕܚܡܝ, ܗܠܟ؟ ܕܚܠܘܬܐܘ, Jac. Edes. Hex. xvii. 14. Cf. Heb. of Eccles. 1. 5.

ܟܠܢܐ ܕܕܗܘܢܐ ܗܟܕܝ ܗܟܝ *at once*, ܐܢܐ, S. Dan. 58 b 15.

ܗܰܠܳܟܐ *fluent, flowing* as ܡܐܡܪܐ *a narrative*, BH. Stories 6 ult. but ܗܰܠܽܘܟܐ id. ZDMG. xl. 440.

ܗܰܠܳܟܐ *peripatetic, wandering* opp. ܝܳܬܶܒ, Is. Nin. B. 147. 17.

ܗܶܠܟܬܐ f. *a walk, walking*, ܕܗܠܟܬܐ܆ܫܐ ܕܗܶܠܟܬܐ *as far as one could walk*, Pallad. 97. 1. *The power of walking*, G. Warda 47. 17.

ܡܗܰܠܟܢܘܬܐ f. *walking, the power of walking*, Hebraica iv. 211. 100.

ܗܠܟܡܘܣ see ܗܠܟܡܐ.

ܗܠܟܘܦܘܠܝܣ *Heliopolis*, Pallad. 93. 5. Cf. ܗܠܦܘܠܝܣ col. 1004.

ܗܠܡܘܕܘ pr. n. f. a martyr under Shahpur, A. M. B. iv. 166.

ܗܰܠܡܘܢ col. 1016. *Halamun* in Beit Nuhadra, add refs. Hist. Mon. i. 62. 1, Pers. Mart. 215, Badger Nest. i. 394.

ܗܠܢܣܘܣ B. Sal. in Lit. 2. 14. Corr. ܗܠܢܝܣܘܣ ἑλληνικός, *Greek*.

ܗܠܣܘܣ ἔλλοψ, a sea-fish, prob. *sturgeon* or *sword-fish*, Ar. FischN. 71.

ܗܠܦܣ pr. n. m. *Elpidius*, Nöld. F. S. i. 469. 31, ܗܠܦܝܣ l. 36, ܗܠܦܣ, De Goeje B. 65. 19.

ܗܠܦܩܬܘܣ m. pl. perh. ἀλώπηξ, *a fox*, N. Hist. vii. 4. 6.

ܗܰܡܽܘܢ col. 1019. Dele "Forte sit" and add ܗܡܕܢ, *Hamadan*, Jab. 127 med., 178. 7.

ܗܡܘܣ,ܗܡܘܣܪܘܙܐ,ܗܡܘܪܘܙܐ pl. f. αἱμορροΐδες, *piles*, Hippoc. iii. 29, vi. 11, 12, 21.

ܗܡܣܕܢܝܣ a Spanish bpric., perh. *Numantium*, Nöld. F. S. i. 475, 145.

ܗܡܝܪܐ from ܗܡܝܪܐ. f. *hostageship*, Dion. 63. 4.

ܗܡܝܢܐ denom. verb from ܗܡܝܢܐ *to put on a collar* or *neckchain*, ܗܰܡܢ ܘ ܡܗܰܡܢ ܗܰܡܝܢܐ ܚܘܘܙܗ ܝܠܒܣ ܐܠܥܠܘܩ ܘܐܠܡܚܢܩܗ Hunt. clxx.

ܗܡܦܕܘܩܠܝܣ ܘܗܡܦܕܩܠܝܣ pr. n. m. *Empedocles*, N. Hist. vii. 1. 7, 6. 2 and often.

ܗܡܪܟܪ Pers. شمار گیر *accountant, treasurer*, Jab. 215, 12, 216. 6.

ܗܡܫܟܐ ܘܡܫܟ and ܡܫܟ i. q. ܗܡܫܟܐ *the Land of Darkness* i. e. the *boreal regions* with their long dark winter, Gest. Alex. 170 notes 9 and 10 f. Id. ap. Z.A. vi. 368. 2, 3, 369. 2, 10, ZDMG. lx. 190. 3, 192. 8.

ܗܢܐ col. 1924. ܗܢܝܐܝܬ *pleasantly*. ܠܚܡ ܗܢܝܐ ܠܗ ܗܘܐ N.B. construction. οὐκ εὐκόλως ἔσχε, *he did not enjoy his food*, Pet. Ib. 98. 12; ܠܚܡ ܗܢܝܐ ܠܗ ܗܘܐ *il ne trouvait nullement agréable*, Pléroph. 16. 6.

ܗܢܝܢܐ, ܗܢܝܢܐ *blissful, sweet*, But. Sap. Theol. 5. 1.

ܗܢܝܢܐ Jab. 367. 14 corr. ܗܡܝܢܐ and see above.

ܗܢܕ Ar. هند *a hundred camels*. *Hind*, sister of Nu'man, a Christian Arab King, Sassanidi 9. 17; i. q. ܗܢܕ daughter of Nu'man, BH Chr. Eccl. ii 105.

ܗܢܕܒܐ Ar. هنديا *Cichorium endivia, endive*, Med. 553. 21. Cf. Ar. PflnN. 255, Lag. Sem. 61.

ܗܢܝܟ name of a village, C.B.M. 1130 a.

ܗܢܘܕܘ. ܗܢܘܕܐ, Med. 572. 10.

ܗܢܒܥܐ name of a monastery near Edessa, Anecd. Syr. ii. 293. 12.

ܗܢܒܥܝ col. 1027. *best refined sugar*, add: Med. 603. 10.

ܗܢܘܦܝ col. 1028. Add: ἐνεκότουν, Ps. liv. 11, Field Otium Norvic. 24.

ܗܢܦܡܐ *a drug*, Med. 586. 13.

ܗܘܢܙܝ col. 1028. *Anzete*, a town of South Armenia, ܕܐܢܙܝܛܐ ܐܬܪܐ *Anzitene*, Dion. 64. 14, 87. 23, Anecd. Syr. ii. 279. 20, B.O. ii. lxiv.

ܗܢܙܡܢ col. 1028. Pers. اَنْجُمَن *Anjuman*, *assembly*, ref. Jo. Tell. 10. 2.

ܗܢܛܘܣ ἔνατος, *ninth*, ܩܪܒܐ ܕܝܘܡܐ ܬܫܝܥܐ *the battle on the ninth day*, C.B.M. 1059 *a* = Anecd. Syr. iii. 258. 9, ib. 249. 7, 12.

ܗܢܛܠܟܝܐ ܐܘ ܓܡܝܪܘܬܐ ἐντελέχεια, *actuality*, N. Hist. viii. 1. 2 gloss. (ܐܘ ܡܫܡܠܝܘܬܐ).

ܗܢܝ river *Hani* which flows past ܗܐܢܝ in ʿIrāḳ ʿArabi near the Euphrates, Dion. 26. 20; B.O. iii. ii. 717.

ܗܢܝܘܟܣܐ (ܚܙܡ) ἡνιοχῆσαι, *to hold the reins*, BH Gr. i. 47. 20.

ܗܢܝܟܘܣ ἐχῖνος, *sea urchin*, N. Hist. vii. 1.

ܗܣܘܟܝܘܣ col. 1029. *Hesychius*, head of the Φιλόπονοι or Zealous, at Alexandria, Sev. Ant. Vit. 32 ult.

ܗܣܛܝܢ ἔστιν, col. 1029, BH Gr. i. 159. 15, 20. Cf. ܐܝܬܘܗܝ col. 298 and ܐܝܬܝܗ̇ col. 299.

ܗܣܛܝܢܝܐ a form of sentence in which ἔστιν, Syr. ܐܝܬܝܗ̇ is used, BH Gr. i. 159. 22.

ܗܦܓܘܓܝܣܝ (ܚܙܡ) ܕܘܡܝܬܐ ἐπαγωγῆσαι (?) (ἐπάγειν), *to infer by deduction*, But. Sap. Theol. 3. 5 infr., N. Hist. vii. 6. 5.

ܗܦܘܕܩܛܐ col. 1030. ὑποδέκται, *receiving vessels*, Ephr. Ref. i. 15. 43, 28. 6.

ܗܦܘܛܝܩܘ perh. corrupt for ὑπατικοί, *royal commissioners* or *officials*, A.M.B. ii. 176. 2, ܗܦܘܛܝܩܘ and ܪܘܡܝܐ note ib.

ܗܦܝܛܪܓܝܐ ἐπιτραγίας, -αι, a female fish with male form, N. Hist. vii. 2. 3.

ܗܦܝܠܡܦܣܝܐ ἐπιληψία, *epilepsy*, Hippoc. ii. 45, iii. 15, 19, 21, 28.

ܗܦܝܡܪܘܣ col. 1033. ἐφήμερος, ܐܫ̈ܬܐ ܗܦܝܡܪܘܣ *fièvres éphémères*, Hippoc. iv. 55.

ܗܦܝܦܠܘܢ i.q. ܗܦܝܦܠܘܢ col. 1034. ἐπίπλοον, *the caul which encloses the bowels*, N. Hist. vii. 1. 3, 6. 5, Hippoc. vi. 55, vii. 51.

ܗܦܝܪܘܣ Ἠπείρως, *the Epirote*, Sev. Ant. Vit. 40. 10.

ܗܦܟ col. 1035. ܢܬܗܦܟ ܒܝܫܐ ܦܩܪܐ *the Evil One will be turned back*, Pallad. 81. pen. Pass. part. ܗܦܝܟ add: ܗܘܐ ܦܩܝܡ ܗܘܐ "ܗܘܐ ܐܦܘ̈ܗܝ ܗܦܝܟܝܢ *his face was distorted*, Pallad. 607. 10. Ethpe. chem. *to be transformed*, Chimie 10. 10, 11. 17, ܡܬܗܦܟܐ ܘܡܣܬܡܣ ib. 12. 9. Also ܩܢܝܢܐ ܡܬܗܦܟܢܐ *movable and convertible property*, Pallad. 193. 4. Aph. part. ܡܗܦܟ pl.m. ܡܗܦܟܝܢ *recurved, hooked* letters of the alphabet, Hist. B.V.M. 68. 23.

ܗܦܟܐ col. 1039. *act, manner*, ܗܦܟܐ ܕܚܫܡܝܬܐ, N. Hist. viii. 4. 9; ܗܦ̈ܟܐ ܕܚܟܡ̈ܢܐ But. Sap. Eth. 1. 3.

ܗܦܟܬܐ f. *inversion*, with ܒ *inversely*, BB. under ܚܨܦ ܚܨܦܐ Thes. 1919, DBB. 959.

ܗܦܘܟܝܐ *return*, ܟܐܒܐ ܕܗܦܘܟܝܐ *recurrent sickness*, ܘܡܩܒܠܝܢ ܠܗܦܘܟܝܐ ἀντεγκύκλιον, *a counter-circular*, Pet. Ib. 80. 8.

ܗܦܘܟܬܐ col. 1641. *turning*, ܕܗܦܘܟܬܐ *of the stomach*, Med. 243. 18.

ܗܦܟܐ i.q. ܗܦܘܟܐ col. 1041 infra. *the turn, return* of the day, year, *the next* day, next year, ܕܗܦܟܬܗ ܕܝܘܡܐ, Jab. 81. 1, 152. 9, 160, 6; ܗܦܟܬܐ ܕܫܒܬܐ *on the Sunday following*, ib. 78. 12; ܕܗܦܟܬܗ ܕܫܢܬܐ, ib. 141. 10 = ܕܫܢܬܐ, ib. 88. 1, 367. 13.

ܗܦܟܐ col. 1042. 3) *a response, second part* of an anthem or canon, add: Brev. Chald. 1. 25. 19, 28. 8, 103. 11, 293. 6 af., 317. 4 &c., Takhsa 135 1. 4) with ܦܘܡ ܕܡܗܦܟܘ *nausea, vomiting*, Med. 290. 18, 305. 19. 5) adverbial use, *contradictorily, to the contrary*, ܡܬܗܦܟܐܝܬ ܐܡܪ ܒܗ̇, Ephr. Ref. i. 78. 12.

ܗܦܘܟܬܢܘܬܐ f. *conversion*, ܒܟܬܒܐ ܕܗܦܘܟܬܢܘܬܐ, M.Z. 64. 7.

ܗܦܣܛܝܘܢ Ἡφαιστίων, *Hephaestion*, Gest. Alex. 39. 11.

ܗܢܦܥܡ *Hanfaʿamm*, a book of the Ḥimyarites, Ḥimyarites 25 *a*.

ܗܦܨܝܡ Med. 208. 4 for ܗܦܩܝܡ above.

ܗܦܩܐ col. 1043. 5 af. For "Credo legend." put "Correct ܗܦܩܐ for ܗܦܩܐ, B.O. iii. i. 178. 12 as Hist. Mon. i. 143. 8."

ܗܶܪܒܰܩܳܢ possibly πραικόκιον, the apricot, Med. 49. 5, but it may be for Hypericum, cf. l. 15.

ܗܶܪܓܳܠܐ occurs Natur 7 n. 1 synonym for ܢܳܒܐ and ܐܰܦܥܳܐ the hyena; gloss to ܢܳܒܐ A.M.B. vii. 58.

ܗܶܪܛܳܠܐ m. Ἐφθαλῖται, Ἀβδέλαι, a Haftarean or Hephthalite, Jab. 269. 1, pl. l. 3, 267, 1. 4, white Huns in Bactria and on the Oxus (Labourt). Cf. Hippoc. xxvii. n. 1.

ܗܶܪܡܝܺܙܕ̱ܓܽܘܦܰܪ Pers. pr.n.m. a Bishop of the ܗܶܪܡܝܶܙܕ̱, Jab. 266. pen., 267. 12,

ܗܶܪܡܝܢܐ col. 1045. ἑκατοστή, one per cent. interest per month, Syn. Or. 151. 20, ܗܶܪܡܝܢܐ ܕܥܺܕܬܐ so-called because this rate was regarded as authorized by the Church, ib. 180. 21, Stat. Schol. Nis. 22. 15. Pl. ܗܶܪܡܝܢܶܐ, Sev. Lett. 29. 4. Cf. ܗܶܪܡܝܢܳܐ Syr. R. Rechtsb. 16, quoted in Thes. from Anecd. Syr.

ܗܶܪܡܟܽܘܣ col. 1045. Pl. ܗܶܪܡܟܶܐ ἐκλογαί, select, Sev. Lett. 1. 1, 8.

ܗܶܪܡܟܶܢܛܪܳܣ ἔκκεντρος, -ον, eccentric opp. ܗܳܘ ܩܶܢܛܪܳܝܐ concentric, But. Sap. Theol. 4. 5

ܗܪܐ col. 1046. to dispute, act. part. ܗܳܪܳܐ: ܗܳܪܳܝܐ disputant, BH Gr. i. 163. 13. Ethpalpal ܐܶܬܗܰܪܗܰܪ to be excited, stirred up, ܗܰܪܗܳܪܐ ܕܝܗܒ ܚܝܠܐ ܠܗ a cause of arousing the Tree of Death, Manichéisme 104. 4; 116. 17, ܐܶܬܗܰܪܗܰܪܘ ܗܰܕܳܡܝ̈ܗܘܢ ܕܐܝܠܢܐ ܕܡܘܬܐ the members of the Tree of Death excited and instigated each other to issue forth, ib. 123. 7.

ܗܶܪܳܪܐ f. strife, Hist. Mon. i. 45. 12, Stat. Schol. Nis. 21. 2, 183. 2.

ܗܶܪܝܐ col. 1048. reproof, with pers. pron. ܗܶܪܝܟ, Ephr. ed. Lamy iii. 391 bis.

ܗܶܪܝܐ perh. the spleen, Med. 593. 20. Cf. ܛܚܳܠܐ col. 4376.

ܗܶܪܝܬܐ for ܗܶܪܬܐ anger, rage, ܒܚܶܡܬܐ ܘܒܗܶܪܝܬܐ ܡܪܚܡܬ ܗܘܬ Dion. 56. 9.

ܗܶܪܐ col. 1049. 4 of par. Correct Herat and see the passage quoted from Dion. in Chabot's edition, p. 100, 11, 12, trans. 84 n. Cf. ܗܶܪܐ col. 1052 and Nöld.'s transliteration Harê, Harên, Tabari 42 n. Herat is the Arabic form.

ܗܶܪܬܐ fem. of ܗܳܪܐ col. 1049. noise, tumult, ܘܒܰܐܟܣܢܝܐ ܕܠܝܬ ܗܶܡ ܘܠܐ ܗܶܪܬܐ ܘܠܐ ܕܠܘܚܝܐ ܘܠܐ ܟܡܽܘܚܬܐ, Greg. of Cyprus 49 b.

ܗܳܪܶܚܕܰܕܢܳܝܐ (ܗ ܚܳܝܬ) Pallad. 711. 2: corr. ܗܳܕܚܕܳܢܳܝܐ q. v. subter.

ܗܳܪ col. 1040. Ethp. ܐܶܬܗܰܪ with ܒ to consider, Jul. 12 15.

ܗܳܪܡܶܙ col. 1050. Ref. Anecd. Syr. i. App. 8. 13 Ardašir, usually ܐܳܪܕܫܝܪ.

ܗܰܪܘܳܕܝܐ = ܐܳܪܳܕܝܐ ἐρωδιός, the heron, i. q. ܒܓܠܐ, Anecd. Syr. iv. 62. 23. ܗܶܕܪܘܕܝܐ ܐܡܪܐ ܕܗܘܕܐ, N. Hist., vii. 6. 6 infra.

ܗܳܪܬܒܶܝܢܐ ἐρυθρῖνος, red mullet, N. Hist. vii. 2. 3.

ܗܳܪܘܒ Chimie 38. 13 mistake for ܚܳܪܘܒ wars.

ܗܳܕܘܡܒܐ Pers. ܡܝܙܐܪܡܐ wild mint, Mt. xxiii. 23, Lewis and Evang. da Mephar. ib. Cod. S. The parallel passage Luc. xi. 42 in both these versions has ܢܥܢܥܐ. Add: Med. 159. 23, 292. 13, 294. 2, 5 and often, ܡܶܢ ܗܳܕܘܡܒܐ 181. 10.

ܗܳܪܳܐ col. 1052. or ܐܺܪܐ Ἀρεία, a province of Central Africa where Heria, now Herat, was situated, Jac. Edes. Hex. 41. 9; a Metrop. See, Syn. Or. 53. 7; ZDMG. xliii. 396. 11.

ܗܶܕܺܝܐ ἔριον, wool, Warda 247 marg. ܥܡܪܐ, ܗܶܕܝܐ ܕܓܡܠܐ id. ap. Hippoc. ii. vii. 7.

ܗܶܪܰܝܣܩܘܣ Héraiskos, a professor of Alexandria, Sev. Ant. Vit. 16. 8, ܗܪܣܩܘܣ, ib. 22. 13.

ܗܳܪܝ poet. for ܗܳܪܟܐ here, hereupon, ܡܪܚܡܢܐ ܡܫܢܐ ܗܳܪܝ ܡܶܫܟܚܳܢܐ, App. BH Carm. 258. 1.

ܗܳܪܟܣܝܣ ῥάχεις or ὀρέξεις, 4 Macc. 353.

ܗܶܪܡܐ and ܗܶܪܡܣ Hermas, BH. in Rom. xvi. 14, Bagst. ܗܶܕܡܐ.

ܗܳܪܡܢܐ (ܗܶܕܡܐ) Med. 565. 23, prob. ܗܶܕܡܐ q. v.

ܗܶܪܡܙܪܝܐ Pers. Buzurg framadhâr, (grand) Vizier, Tabari 111, Syn. Or. 21. 21.

ܗܶܪܡܘܕܰܟܛܘܠܘܣ ἑρμοδάκτυλος, Colchicum autumnale, i. q. ܗܳܪܡܝܠܐ, BH. de Pl. 81, Gottheil ZDMG. xliii. 125; Ar. PflnN. 174.

ܗܳܪܦܳܢܐ Pers. ܗܪܝܢܐ or ܗܳܪܦܳܐ, asylum, sanctuary, refuge, with ܕܒܝܬ Jab. 252. 6 gloss. ܥܡܗ ܗܳܪܦܳܢܐ ܐ, ib. 254. 4 af.

ܗܳܪܦܽܘܠܳܘܣ prob. ἕρπυλλος, *serpyllum, creeping thyme*, N. Hist. vi. 4. 1.

ܗܳܪܰܩܠܳܘܛܰܝ m. pl. Ἡρακλεῶται, *a kind of crab found near Heraclea*, N. Hist. vii. 2. 2.

ܗܳܪܰܩܠܝܺܢܳܘ pl. m. *Heracleonites, an Alexandrian sect of Gnostics*, Coupes ii. 117.

ܗܳܪܰܩܠܺܝܰܐ col. 1055. *Heraclea;* add: ܐܳܦ ܗܳܪܰܩܠܺܝܰܐ *a district of the Thebaid, near Deir Antonius*, Pallad. 400. 11 i. q. ܒܶܪ̈ܚܰܠܰܐ Be-harkala, ib. 237. 6 af.

ܗܳܪܰܩܠܺܝܕܶܐ collective abstract, *the Heraclidae* ܕܗܳܪܰܩܠܺܝܕܐ ܝܡܰܥܡܰܐ But. Sap. Isag. ii. 1.

ܗܳܪܳܐ col. 1056. *pearl barley, groats, porridge:* see ܚܳܘܳܪ col. 3871 where all the synonyms are given.

ܗܳܫܶܡ Ar. هاشم pr. n. m. *Hashim*, ܒܢܝ ܗܳܫܶܡ *the Banu Hashem*, prob. here the Abbasides, Bahira 205. 12, 229 bis, &c.

ܗܳܫܶܡܳܝܰܐ either one of the Hashimite clan, or one from a village named Hashem, BH Chr. Eccl. § ii. 265.

ܗܳܬܳܘܣ ἦθος, *manners*, ܠܐ ܚܰܣܝ ܗܳܬܳܘܣ *this is not a nice way to behave*, Jo. Tell. 69. 20 = Vit. Mon. 84. 26.

ܗܳܐܝܪ αἰθήρ, *air*, N. Hist. iii. ii. 1, v. 2. 4.

ܘ

ܘܐܘ col. 1058. quotation from Mark, BH Gr. i. 178. 20.

ܘܳܐܘ *Wah Wah*, interj. of derision uttered by demons, Pallad. 521. 10.

ܘܐܺܝܠ Ar. وائل *Wail*, the commonest name in Sinaitic Inscriptions, Nöld. ZA. xxi. 153 sq., ܘܐܺܝܠ ܕ ܘܐܺܝܠ Inscript. Sémit. 1907; Himyarites 25 *a, b*.

ܘܳܐܠܰܫ *Balaš* or Wales, بلاش Pers. form of the name Vologeses, Shah of Persia, A. D. 484–488, Tabari 10 n. 2, ZDMG. xxviii. 93, ff., xliii. 397. 12; Syn. Or. 53. 13. Cf. ܒܠܰܫ col. 1063.

ܘܰܪܕܳܪ pr. n. Pers. Read ܟܰܪܕܳܪ *Kârdâr*, Gest. Alex. 130. 2.

ܘܰܪܕܳܐ: see ܘܰܪܕܳܐ below.

ܘܰܓܽܘܣ Ar. وجوس, *Vagus,* surname of an Edessene, BH Chr. Eccl. 667. 25.

ܘܳܗܶܡ or ܘܰܗܡ pr. n. m. A. M. B. v. 449. 10, 458. 14.

ܘܳܗܡܰܢ ܐܰܪܕܰܫܺܝܪ Pers. بهمن اردشير *Wahman or Bahman-Ardašir*, official name of P'rath d'Maisan, Eranšahr 41, ZDMG. xliii. 462. 6; Syn. Or. 89. 29 so correct for ܡܶܣܰܢ ܕܐܰܪ̈ܕ, ib. 94. 21.

ܘܳܥܕܳܐ m. i. q. ܘܰܥܕܳܐ col. 1065. *the making of an appointment*, BH Gr. i. 50. 5.

ܘܳܙܳܐ pr. n. of a Persian woman, A. M. B. iv. 155.

ܘܰܙܺܝܩܳܝܶܐ *Waziqites*, El. Nis. Chron. 186. 16. See ܘܳܙܳܐ col. 1058.

ܘܰܙܺܝܪܽܘܬܳܐ col. 1061. *vizier-ship*, add refs. El. Nis. Chron. 202. 22, 203. 23, AKM. viii. 85. 10, 15, 19.

ܘܳܙܳܐ col. 1061. Add: *a coffin*, ܘܳܙܳܐ ܕ ܘܐܝ ܗܘܐ ܨܒܪܡ, Gest. Alex. 138. 16.

ܘܰܙܳܐ col. 1060. f. *a goose*, add: Jos. Styl. 66. 9;

ܘܳܝ, ܘܳܝܳܐ col. 1061. Pl. with pron. suff. ܘܳܝܰܘܗ̈ܝ *his woes*, Ephr. ed. Lamy iii. 53.

ܘܳܠܝ col. 1062 ult. of par. BH Gr. i. 31. 9 gives ܘܝܠܚܣ as the Greek pl. ܘܳܠܚܶܐ, Anecd. Syr. iii. 75. 26.

ܘܶܠܳܐ *velarium, curtain,* poet. for *shield*, ܘܶܠܳܐ ܕܐܣܦܰܪ Jac. Sar. Hom. ii. 74.

ܘܶܢܺܝܕܳܘܦܳܐ so correct ܘܶܢܺܝܕܳܘܦܳܐ Pers. name of the Caspian Gate, Eranšahr 103, Gest. Alex. 140. 12. Nöld. identifies this with a fortress famous in Sassanian times, ZDMG. xlv. 318. 19.

ܘܠܐ col. 1062. Ethpa. ܐܬܥܠܝ *to be incumbent on, be fitting*, ܠܡ ܥܠܐ ܕ ?, Anecd. Syr. iv. 93. 2.

ܘܠܓܫ col. 1063. *Vologesus.* L. 3 of par. corr. ܡܠܟܐ ܦܪܣܝܐ.

ܘܠܢܛܝܢܘܣ col. 1064. The Gnostic *Valentinus*, Syn. ii. Eph. 138. 11, ܘܠܢܛܝܢܐ l. 22, ܘܠܢܛܝܢܘܣ, ib. 146. 2.

ܘܠܚܠ a place near Mardin, Mar. Benj. 64. 4.

ܘܠܪܝܢܐ *Valerianus*, Bp. of Iconium, C.B.M. 720 a.

ܘܠܦܘܩܐ prob. Pers., explained as ܦܘܩܕܢܐ ܕܡܠܟܐ *an imperial order*, A.M.B. iii. 237. 15.

ܘܣܛ Ar. واسط, *Wasit*, on the Tigris; the port of Kashkar, Mar Aba ii. 44.

ܘܣܝܡ Ar. اوسيم, a place in Egypt, A.M.B. v. 230. 13, Amélineau 51 ff., GGA. 1895, 690.

ܘܣܡܐ or ܘܨܡܐ Pehlevi väčak, *a blessing, grace* before meals, Pers. Mart. 857 on Jab. 440. 11. Col. 1064 *a slave*, Mar Bassus (colophon) 5 Syr.

ܘܣܡܘܬܐ f. *bondage*, BHCarm. Proem. 1. 10.

ܘܣܦܪ̈ܐ m.pl. waspur, *nobles*, Tabari 501 n. Act. Apost. Apoc. 279. 6.

ܘܩܦ Ar. وقف, *a charitable gift*, Jab. 93. ult., the *endowment* of a monastery, ib. 139. 12.

ܘܪܕܐ col. 1068. 14 corr. ܘܪܕܐ ܕܡܣܥܕܐ *ox eye daisy*; Lexx. under ܚܡ ܛܠܘܕܐ col. 2868. ܘܪܕܐ ܚܡܪܐ *Anemone coronaria*, add ref. JAOS. xx. 197. 6. Chem. *a pellicule* on the surface of a liquid, ܚܘܡܪܐ ܕܡܫܚܐ.—ܘܪܕܐ ܚܕܬܐ. ܘܗܢܘ ܘܪܕܐ ܕܒܠܚܘܕܗ Chimie 34. 10, 19, transl. 61 n. 1.

ܘܪܕܘܢܝܬܐ dimin. of ܘܪܕܐ f. *a little rose*, ܘܪܕܘܢܝ̈ܬܐ ܣܘܡܩܬܐ *small red roses*, Med. 562. 11, ܘܪܕܘܢܝܬܐ ܡܕܒܪܝܬܐ ib. 575. 19, 579. 17.

ܘܪܕܘܢܝܐ, ܘܪܕܝܢܐ 1) *rosaceous*, BB. under ܘܪܕܐ. 2) *a village near Nisibis*, A.M.B. iii. 552. 19.

ܘܪܐܢ Zend *Verethragma*, the Genius of Victory, usual forms on coins *Vararanes, Varahrân*, Gr. Οὐαραράνης = Βαραράνης, Tabari 46 n. 3, 420; later form *Bahram*. Name of several Persian Kings, Sassanidi 7 quater, 8 ter; A.M.B. ii. 559, M.Z. 36. 14, 37. 34. Cf. ܒܗܪܡ.

ܘܪܣ Ar. وَرْس *wars*, a dye, *Indian saffron, Memecylon tinctorium*, Chimie 38. 10, ܘܪܣ ib. 13, ܘܪܕܐ ib. 44. 6, ܘܪܣܐ l. 20, 49. 7, 50. 4, transl. 67 n.

ܘܪܝܕܐ col. 1069. 1) *veins*, Hippoc. iv. 7, 8, vi. 14, vii. 49, 50. 2) *sinews, nerves*, metaph. ܕܡܬܚܬ ܘܪ̈ܝܕܐ ܕܚܘܫܒܟ *because you have stretched the sinews of your mind*, Sev. Lett. 156. 11. 3) Dele "bestiola". ܡܠܝܒܪܐ is μαγάς, -άδα, the bridge of a cithara. 4) *a root*, ܘܪܝܕܐ ܕܫܟܦܐ *a willow root*, Med. 567. 18; ܘܪܝܕܐ ܕܐܚܙܢܐ *saffron root*, ib. 586. 15.

ܘܪܝܕܢܝܐ ܘܪܝܕܢܝܐ ܕܥܘܡܐ *venal, of the veins, liquefaction of food in the veins*, N. Hist. vii. 2. 1, ib. 1. 3.

ܘܪܛܐ perh. ἑορτή, *a festival*, Jul. 128. 6.

ܘܪܙ i. q. ܘܪܣ, ܘܪܙܐ = ܡܘܪܙ ZDMG. xliii. 395 ult., 396. 2, Pers. Mart. 43, 420.

ܘܪܟܐ perh. Pers. ورك, *a blue pigeon*, Med. 559. 8.

ܘܪܩܐ col. 1070. *a leaf, page*, — ܕܟܬܒܐ on p. —, Brev. Ant. iii. 74 b 18; 76 b six times.

ܘܪܩܐ see ܘܪܩܐ. ܥܕܬܐ ܕܘܪܩܐ *Wartangird*, a village on the Euphrates, S. Maris 78. 2.

ܘܪܪܐ and ܘܪܪܐ col. 1070. Talm. ורציצא, Ar. ورهت الدجاجة ZA. xxii. 206, *a newly-hatched chicken*.

ܘܪܬܪܢ col. 1070. *Varathrân* = Verethragma, earlier form of ܘܪܐܢ q. v. Nöld. ZDMG. xxvii. 196 n, xxviii. 156, C.B.M. 1093 b bis.

ܘܫܩ Ar. وشق, *sandarac*, gloss. to ammoniac, Chimie 5. 15.

ܘܫܢܝ pr.n.m. prob. Pers. هوشنك *Hoshang*, Gest. Alex. 130. 1.

ܘܫܬܣܦ Pers. Vištasp i. q. ܓܘܫܬܣܦ, ZDMG. lvii. 563. 2.

ܘܬܘܬܐ pl.f. Arab. وطواط *swallows*, Warda 248 r.

ܙ

ܙܳܐ name of a goddess identified with ܢܒܽܘ. Gest. Alex. 204. 7, 206. 14. Cf. ܢܒܺܝ col. 2387, Pers. Mart. 130 sqq. Budge corrects ܙܳܐ.

ܙܳܒܳܐ col. 1071 and ܐܳܙܳܐ 1) Mandaic, *a stream, river, the Zab*, Coupes iii. 234, f. 2) Ζάβα, an Isle in the Red Sea, Jac. Edes. Hex. 20. 8.

ܙܳܒܳܝܳܐ *an inhabitant of Zaba* or ܙܒܳܕ ܐܰܚܺܝܕ i.e. *Lower Adiabene between the two rivers Zab*, Syn. Or. 44. 33; ܐܚܪ ܐܚܪ *Zabidas of Zaba*, ZDMG. xliii. 396 antep.

ܗܳܪ̈ܐܙܐ var. ܗܪܘܙܐ *Mt. Zagros*, Jac. Edes. Hex. 37. 9.

ܙܐܦܘܪܝܘܢ Ζεφύριον, *Zephyrion*, a bpric. in Cilicia, Nöld. F. S. i. 470. 55.

ܙܳܐܒܺܝ col. 1072. *scurf, dandruff*, Hippoc. iv. 77. ܐܳܒܺܝ *the mange, itch*, Med. 48. 21, 50. 2, 90. 10; ܐܳܒܺܝ, ib. 105. 2. ܙܳܐܒܺܢܐ *the rash of measles*, ܗܩܣܡܐ ܝܐܙܒܢܐ ܘܗܳܘܶܐ ܙܰܒܢܳܐ BB. col. 4121.

ܙܳܐܒܶܡ denom. verb: see under ܙܒܡ col. 1115.

ܙܐܓܢܐ Kal-w-Dim. 296. 6 &c.: see ܙܓܕ ζήτημα, *accusation, fault*.

ܙܳܐܓܶܕ ζάλη, metaph. *raging, riot*, ܙܳܓܶܕ ܗ̱ܘܳܐ, BH Gr. i. 14. 19; Tekkaf 13.

ܙܳܐܡܳܣܦ col. 1072. Pehlevi Jāmāsp, Pers. جاماسب, Blochet, Journ. As. 1895, 347. Pr.n.m. *Zamasp*. Also written ܙܡܐܣܦ, ܙܡܣܦ.

ܙܐܚܐ col. 1073. Pl. ܐܳܚ̈ܐ παράφερνα, *trousseau, gifts* from the bride's father, over and above the dowry, opp. ܡܗܪܐ, *gifts* accompanying a proposal of marriage and ܙܘܡܢܐ *wedding gifts*, ܗܐ ܚܬܢܐ ܝܗܒܬ ܐܚܪ̈ܐ ܘܙܘܡܢܐ, Jac. Sar. Hom. iii. 104. 17.

ܙܐܕܝܠܐ Ar. زبد ܐܚܪ̈ *spuma sinapis*, an aromatic herb; see under ܚܡܥ col. 1675.

ܙܐܚܕܐ col. 1073. *butter*, refs. ܐܘܕܐ ܬ ܟܬܒ, Med. 586. 15, 598. 18.

ܙܰܒܕܳܝܳܐ inhabitant of Beit Zabdai, Chast. 2. 16, 15. 3; ܙܒܕܐ ܘܐܘܟܪܘܙܘܗܝ ܘܐܝܠܐ, ib. 3. 15.

ܐܚܪܝܦܢܐ *the same as* ܐܚܢܐ, ܐܚܪܢܐ, M.Z. 214. 2; pl. Mar Aba II 169.

ܐܚܪܬܡܐ m.pl. prob. same as ܐܚܪܣܡܐ. Mentioned with Armenians and Kurds as children of Ashkenaz, Chron. Min. 355. 9.

ܐܚܢܕܐ place-name, col. 1074. Add: الزبيرة in the Hauran, Nöld. nn. on C.B.M. in ZDMG. xxix. 434; ܙܡܪܐ ܕܐܚܢܕܐ, Doc. Mon. 216. 30.

ܐܚܠܐ col. 1074. 8 of par. corr. ܐܚܡܠܐ.

ܐܚܟܢܬܐ f. *muckiness*, N. Hist. vii. 6. 5.

ܐܚܢܐ col. 1077. from Zend zrvan, *time, age*, Pers. زمان (R. Duval). Cf. ܙܢܐ.

ܐܚܢܐ *articles for sale, trade*, ܡܚܕܗܘܢ ܗܩܕܗܢܗ ܐܚܢܐ ܚܡܝܡ ܚܘ, Gest. Alex. 75. 14. *The goods bought, a purchase*, ܢܗܡܚ ܚܕ ܐܚܢܕܗ, Syr. Rom. Rechtsb. 12. 19.

ܐܚܢܐ col. 1079. With ܠܐ *timeless, ageless*, Mar Bassus 33; i.q. ܘܠܐ ܐܚܢܐ ib. 34.

ܐܚܢܐܝܬ (ܠܐ) ἀκαίρως, *at an unfit time, unseasonably*, Sev. Lett. 517. 6.

ܡܙܕܒܢܘܬܐ f. *sale*, Nest. Hérac. 385. 5.

ܐܚܘܕܐ col. 1079. f. *a dish, platter*, Clem. Rom. Rec. 144. 5 quoting Mt. xxiii. 25, 26; in both verses the usual masc. form ܐܚܕܐ is used.

البلبلة ܙܚܢܐ *a pitcher with a long spout*, DBB. 678. 1.

ܐܚܢܝ Ar. زبرقان, Byz. Ζαβεργάνης, pr.n.m. *Zabergan*, Pers. Mart. n. 731, Jab. 360. 10, 361. 6.

ܙܚܠܐ *pitch*. col. 1080. corr. Jes. for Jer.

ܐܚܠܐ = ܐܩܠܐ see ܐܩܠܐ, ܐܚܠܐ ܘܣܠܡܐ *a hog's bristle*, Chimie 85. 17, 322 n. 2.

ܙܳܐ col. 1080. *to tinkle, tingle*. Ref. ܪܢܐ, ܘܠܐ ܡܫܡܥܐ ܠܐ ܢܶܙܐ *a deaf ear hears no ringing*, BH. Eth. 250. 13.

ܙܐܐ 1) *a mortar*, ܚܠ ܘܗܣܡܐ, Chimie 35. 14, BB. under ܣܡܠܐ. 2) Pers. زاج *vitriol*, Med. 583. 1. Cf. ܚܘܡܠ.

ܙܳܐܚܐ i.q. ܙܐܐ 2. *vitriol*, i.q. ܡܚܡܠ, Chimie 5. 5 transl. 10. Cf. ܡܚܡܕܗܣ.

ܙܵܓܘܿܓܵܢܵܐ col. 1081. *a glass blower*, Chimie 9. 15, 21. 1, 5.

ܙܓܘܿܓܝܼܬܵܐ col. 1081 end of par. *a glass vessel*, Chimie 55. 10, 19. *The vitreous humour* of the eye, Med. 68. 7, 8.

ܙܓܘܿܓܢܵܝܵܐ, ܙܓܘܿܓܢܵܝܬܐ adj. *for making glass*, (a furnace), Chimie 100. ult. *The vitreous humour* of the eye, N. Hist. vii. 1. 2.

ܙܓܘܿܓܵܐ col. 1081 from ܐܙܓܵܐ *a chicken*. *an infant*, add B H Gr. i. 65. 13; pl. ܐܙܵܘܵܬܼܐ, Tekkaf 221.

ܙܓܲܪ col. 1081. Add: ܐܲܙܓܲܪ ܗܘܐ ܕܐܝ̈ܗܘ̈ܕܝܐ *he stemmed the rush of the Jews*, Josephus vi. 15. 9. Pass. part. *restrained as evil spirits*, ܐܣܝܪ̈ܐ ܘܙܓܝܪ̈ܐ ܥܡ ܚܫܟܵܢ̈ܐ Anecd. Syr. ii. 10. 13 f. ܚܫܟܢ̈ܐ ܙܓܝܪ̈ܐ *forbidden intercourse*, Isoyahb ed. Duval 1. 6. Ethpe. ܙܓܲܪ *to be restrained*, ܗܕ̈ܐ ܘܠܐ ܢܙܕܓܪ̈ܢ, Coupes ii. 114. 5.

ܙܓܵܪܵܐ m. *restriction, limitation*, ܢܦܩܼܬ ܘܠܦܠܢ ܒܠܝ ܙܓܵܪܵܐ, Nars. ed. Ming. ii. 115. 12.

ܙܓܵܪܬܵܐ *the throat*, ܒܚܘܲܟܬܗ ܕܠܙܓܵܪܬܗ, Pallad. 288. 15, Hormizd 3240 glossed ܠܘܥܗ.

ܙܵܘ name of a village near the Tigris, A. M. B. i. 455.

ܙܵܘܝܼܢܵܢܵܐ col. 1083. from Pers. زندان *a prison*. *A hangman; gaoler*, Aphr. 705. 24.

ܙܘܒ Pa. ܙܲܘܸܒ col. 1084. 2) *to verify, confirm*, ܢܙܘܒܘܢ ܘܢܫܪܪܘܢ ܥܡ ܚܒܝܒ̈ܗܘܢ, El. Nis. Chron. 42. 15; ܐܡܪ ܕܢܙܘܒܘܢ ܕܟܠ ܫܢܝܢ̈ *according to the Canon* of Ptolemy, ib. 13. 3, 7. Pass. part. f. ܡܙܵܘܒܐ ܗܘܼܬ *she was justified, acted rightly*, Pallad. 199. 8. 4) *to bestow, assign* with ܠܐ ܙܲܘܸܒ ܠܝ ܟܬܒ̈ܐ, ܠܐ ܡܓܢ *he did not give me the books for nothing*, Or. Xt. iii. 10, 12.

ܙܲܘܒܵܐ, ܙܲܘܒܵܢܵܐ add: زنديق *a grade of Manichees*, ܡܢܣܲܒ ܘܡܚܕ̈ܐ ܙܘܒ̈ܐ, Ephr. Ref. i. 30. 18. Pl. f. ܙܲܘܒܵܬܐ, ib. 128. 2.

ܙܵܘܒܘܼܬܼܵܐ f. *alms, a kindness, a good action*, add: Stat. Schol. Nis. 190. 1, 2, ܡܛܠ ܙܘܒ̈ܘܬܐ, A. M. B. v. 19. 5.

ܙܵܘܒܵܐ with ܒ, *normally, so correct*: ܠܚܡ ܒܠܠ ܥܕܡܐ ܕܐܬܐ ܚܪ̈ܒܐ ܠܙܘܒܐ *till the fight came in normal course to hand to hand fighting*, Josephus vi. 5. 3. Cf. ܙܘܒܐ ܕܚܪ̈ܒܐ ib. 24. 12.

ܙܕܩ ܙܘܒ Ar. صدقة المال *legal alms, tithe*, Dion. 127. 22, 155. 4, 7 and often. Cf. ܙܕܩ.

ܙܵܘܒܵܐ col. 1086. i. q. Ar. وقف *a charitable bequest*, Jab. 93. ult., 139. 13.

ܡܕܙܘܒܵܐ *justified*, B H Gr. i. 38. 21.

ܙܘܙܒܐ col. 1086. Dele article and see ܙܘܙܒܐ below.

ܙܘܗ. ܙܘܗܐ col. 1087. Add: ܙܘܗܐ ܕܒܝܥܬܐ *glair, white of egg*, Med. 577. 12.

"*lungs*", Budge, ܫܘܫܡܢܐ ܟܕܙܘܗܡܐ ܘܢܩܕܐ ܗܘܬܐ Med. 593. 20.

ܡܙܗܪܢܘܬܐ col. 1088. *illuminating*, ܡܗܝܪܘܬܐ ܡܙܗܪܐ ܠܪܥܝܢܐ *keeping vigil enlightens the mind*, Is. Nin. Chab. 95. 11, 80. 6, 13; ܠܪܘܚܐ, ܡܙܗܪܢܝܬܐ ܘܡܐܚܕܐ id. Bedj. 52. 5.

ܙܗܡ. ܙܘܗܡܐ col. 1038. *stinking*; ܡܙܘܗܡܐ *unclean food*, Jab. 6. 1.

ܙܘܗܡܘܬܐ *foulness*, ref. ܐܣܝܪܐ ܒܙܘܗܡܐ ܘܣܡܡܐ, Coupes ii. 131. 3.

ܙܗܪ col. 1088 *to shine*. Act. part. ܙܗܪ, ܗܦܘܟܐ ܙܗܪܐ *of glowing red colour*, Med. 289. 13.

ܙܗܪܐ col. 1091. Pers. زهر *poison*: pl. ܙܗܪ̈ܐ ܡܘܬܐ, B H de Pl. 207.

ܙܗܪܐ i. q. ܙܘܗܪܐ col. 1092. Pers. زهره; and ܙܗܪܐ *bright*. *The planet Venus*, ܟܘܟܒܐ ܕܙܘܒܝ ܙܗܪܐ *Uzzi which is Aphrodite Zuhra*, Bahira 203. 10 f.

ܙܘܗܪܐ col. 1092. *the planet Venus*, add refs. Med. 470. 19, 487. 16.

ܙܘܗ col. 1092. *to swell, become swollen*, ܚܐܟܡܐ ܕܙܗܐ ܡܢܗ, Med. 571. 12; ܙܗܐ ܠܘܗܝ, A. M. B. iii. 35. 6; Anecd. Syr. ii. 315. 19. Pass. part. ܙܗܐ *swollen*, ܟܕܡܘ ܙܗܘ̈ܝ, B H Carm. 44. 12. Ethpa. part. ܡܙܕܗܝܢܐ *swaggering*, Mar Bassus 84. 1. Aph. ܐܙܗܝ 3 of par. the ref. is to B H Carm. 162. 15.

ܙܗܝܬܐ add: ܙܗܝܬܐ ܘܦܘܙܡܠ *swollen veins*, Med. 66. 14, 79. 1.

ܡܙܕܗܝܢܐ col. 1093. *puffed up, swollen with conceit*, Tekkaf 110.

ܙܘܝܬܐ Ar. زاوية *a village in the country of Kashkar*, Syn. Or. 245. 25; A. M. B. iv. 215.

ܗܘܝ. Aph. ܐܗܘܝ col. 1095. *to subjoin*, ܠܚܕ ܩܡܡܐ ܣܘܢܣܪܐ ܘ ܠܗܐܘܢܐ ܐܩܡܢ B. Sal. in Lit. 94. 4/5.

ܐܘܝܐ col. 1090. 18 of par. Add: ܙܘܓܐ ܣܡ ܕܩܠܒܐ *a pair of trousers*, Jos. Styl. 56. 14; ζεῦγος ἱματίων, Gest. Alex. 147. 13; ib. 16. 4) *couplets*, ܩܕܐܘܚܐ ܕܙܝܩܐ *a chant of which each choir takes two clauses at a time*, Qdham W. 83. 15, 97. 13, 15.

ܩܕܐܘܝܘܬܐ f. *conjunction, union* ܩܕܐܘܝܘܬܐ ܘ, N. Hist. v. 5. 2.

المزدوج Ar. (ܩܢܥܬܣܟܐ) ܩܕܐܘܝܟܢܝܟܐ, ܩܕܐܘܝܟܢܐ *double-rhymed, having a rhyme at the end of each hemistich*, Poet. Syr. 2. 3.

ܙܘܕܝܐ m.pl. *Zodiaca, signs of the Zodiac*, De Astrolabe 85. pen.

ܙܘܗܪܗ planet *Venus*: see under ܙܘܗ Thes. and Suppl.

ܐܘܙܢ col. 1098. Kurd. زوزان *mountain pasture, a summer encampment*, S. Maris 33 n.

ܗܘܝ. ܡܗܘܝܢܐ *one who walks in a procession*, Warda 15 v, ib. ed. A. Deutsch 12. 3.

ܙܘܫܒܠ Ar. زُحَل *the planet Saturn*, ܘܣܠܟܐ J.A.O.S. xv. 141; ܘܙܘܫܒܠ ܒܓܕܐ Charms 34. 1 ܙܘܫܒܠ ܘܝܘ ܡܓܙܘܫܒܠ, Med. 470. 7, 486. 18.

ܐܘܙܢܐ col. 1101. BHGr. i. 22. 8. Pl. ܐܘܙܢܐ *planks*; ܐܘܙܢܐ ܕ ܡܬܣܝܡܐ ܥܡ ܡܚܕܐܠ ܘܒܗܘܢ ܡܩܒܥܝܢ ܩܠܐܩܓܠ ܘܣܟܝܢ. ܘܐܦ ܩܕܙܘܕܡ ܠܚܡܕܐܠ. ܐܣܛܘܢܐ ܩܡܬܐ ܟܠܢ ܘܣܒܥܒܝ ܓܝܪܟܝܢ ܐܝܟܪܐ ܡܟܕܝܢ ܚܟܡܗܘܢ ܟܘܕ ܠܘܗ ܠܚܕ, Op. Nest. 127. 4 ff.

ܙܘܟܣܝܣ pr.n.m. *Zeuxis*, De Goeje B. 65. 14.

ܙܘܥ, ܐܙܥ col. 1101. *to ascend*. Act. part. ܙܐܙܝ Loof's Nest. 372. 7.

ܙܘܦܐ *a forgery*, Warda 247 r, marg. ܓܠܕܐ ܘܡܘܡܗܐ.

ܙܘܡ, ܙܘܡܐ col. 1102. 2. ζύμη for ζωμός, *liquor*, Chimie 12. 1, 2, 8; ܙܘܡܗܡܣ ܩܕܘܒܘܣ ζωμὸς Κύπριος, ib. 17. 6, 19, ܙܘܡܗܡܣ ܚܘܒܘܣ *dye*, ib. 57. 17.

ܙܘܡܕܐ col. 1102. ζύμη, *yeast, leaven*, refs. ܙܘܡܕܐ ܣܥܕܪܐ, Chimie 5. 19, 7. 14.

ܙܐܡܗܣܦ see ܙܡܗܣܦ. *Zamasp, father of Mar Saba, Mar Bassus* xii Syr. 4, ܙܡܗܣܦ ib. 118.

ܙܘܢ col. 1102. Ethpe. ܐܬܙܝܢ *to be nourished*, ܬܠܗܐܝܢܬܝ ܢܬܠܐܗܢܝܢ *my orphans will be fed*, Pallad. 549 ult., ܢܬܙܝܢܘܢ ܝܬܡܐܝ, Ephr. ed. Lamy iii. 439.

ܐܘܢ *and other spellings*, col. 1103. Geogr. *a zone*, ܙܘܢܐ ܕܡܗܡܣܟܐ Ζῶναι τροπικαί, *the tropics*, De Astrolabe 73.

ܙܘܢܓܪ *verdigris*, Chimie 52. 9, 11, ܡܡ ܗܘܗ ܐܘܝܢܓܪ ܚܢ ܘܫܩܐܦܐ ܡܫܘܦܐܠ, But. Sap. Philos. 6. 2. Cf. ܐܝܢܓܪ.

ܙܘܢܪܐ col. 1104. *a girdle*, worn by the clergy, Takhsa 119. 5; by a deacon, Qdham W. 33. 3 af.

ܙܘܢܪܣܗܣ pr.n.m. *Zwanarses*, M.Z. 189. 21.

ܙܘܣ *Zeus*: 1) alchemist's name for tin, Chimie 3. 4, 6. 6; cf. 125. Earlier Hermes signified tin, transl. 4 n. 9. 2) astron. the planet *Jupiter*, Caus. Caus. 208. 2, 216. 19.

ܙܘܥ col. 1105. *to move*. Ethpe. part. ܓܚܫܐ ܘܩܡܢܐ ܘܩܕܫܐܠܒܕ ܘܩܫܓܝܘܩܝܢ add: ܡܓܠܗܘܝܢ *all her moveable and convertible property*, Pallad. 193. 4.

ܙܘܥܐ *impulse*, add: ܘܐܩܫܐ ܘܩܕܫܐ ܘܡܟܥܘܪܐ ܘܚܘܗ *growth from the impulses of the earth and the roots within her*, Pallad. 752. 17.

ܙܥܘܦܐ, ܐܣܥܘܦܐ *timid*, ܠܐ ܐܣܥܘܦܐ *fearless*, S. Dan. 55 a 16.

ܙܥܘܦܐ *timid*, ܙܢܥܟܐ ܩܕܚܟܐ, A.M.B. vii. 526; f. ܐܣܝܥܟܐ Brit. Mus. Or. 3337. 42 r. Pl. f. ܐܒܬܟܐ ib.

ܡܙܝܥܢܐ ὁ κινῶν, ܘܥܠ ܩܕܡܚܠ *the Mover of all*, primum mobile, Arist. Apol. 1. 13. ܚܡܠܐ ܡܕܝܥܟܢܐ *motor nerves*, add: Med. 118. 19.

ܡܕܝܥܢܘܬܐ col. 1110. *power of motion*, ܡܕܝܥܢܘܬܐ ܘܩܕܘܡܓܐ, N. Hist. viii. 31.

ܡܙܕܚܕܦܘܬܐ f. *shakiness, irregularity of handwriting*, Sev. Lett. 469. 15.

ܚܘܼܫܵܒ݂ܐ ܕܡܘܼܚܵܐ the brain possesses two *powers that of receiving impressions and that of causing motion*, Med. 129. 13.

ܚܘܼܫܵܒ݂ܐ ܡܬܟܲܝܢܵܢܵܐ add: ܣܛܪ ܘܠܐ ܚܘܼܫܵܒ݂ܐ ܬܟ݂ܢܵܢܵܐ *perpetual motion*, But. Sap. Philos. 3. 5 tit. Metaph. *emotion*, ܠܐ ܐܬܬܙܝܥ ܚܡܐ ܚܘܼܫܵܒ݂ܐ ܒܡܠܝܐ *I was not roused to just indignation*, Sev. Lett. 134 ult.

ܙܘܿܦܐ 1) Pers. زوفا *hyssop*, i. q. ܙܘܿܦܐ q. v. col. 1110. ܐܢܒ݁ ܙܘܼܦܐ, Med. 319. 12. 2) perh. for زهر, the planet Venus, ܙܘܿܦܐ ܙܘܿܦܐ ܣܪܐ, ܩܣ ܚܕ: ܕܐܬ, Med. 549. 21; ܣܩܕ݂ܠܐ, Rylands 44, fol. 5 b.

ܙܘܿܦܘܿܢܐ for ܙܘܿܦܘܿܢܐ *Zephyr*, Med. 533. 2.

ܙܘܿܦܐ prob. *the egret*, Kal-w-Dim. 40. 3, 41. 2, 42. 3. The word corresponds to Ar. عُلْجُوم *a white aquatic bird*, n. ib.

ܙܩܦ col. 1112. 1) *to rush or dart swiftly*, ܟܡܢܚܠܐ ܐܘܡܝܢ ܐܙܩܠܐ, Ephr. iii. 609 A; ܟܣܝܦܟܐ ܐܢ, Is. Ant. ii. 264. 4 af. 2) *to steep*, ܙܩܦ ܚܦܪܐ ܐܢ ܣܘܼܪܐ *steep galls like grains of vetch in strong vinegar*, Is. Nin. Chab. 29. Pa. ܙܩܦ perh. denom. from ܙܩܦܐ, *to blow violently*.

ܙܘܩܐ *Zuqa*, Bp. of Susa, ZDMG. xliii. 393, Syn. Or., 34. 6, 35. ult.; 617. I. q. ܙܘܡܐ ib. 42. 17.

ܙܩܪ col. 1113. *to grasp*, ܐܘܡܝܢ ܘܡܩܦܣ *grasping and then letting go a battering ram*, Gest. Alex. 101. 12.

ܙܩܪܐ add: ܩܦܿܨ ܟܐܪܘܼܗ݀ܝ *he clenched his fist*, Anecd. Syr. ii. 15. 18. Metaph. with ܒ *in the grasp, in the power of* ܕܟܐܪܘܿܗܿ ܡܝܚܕܐ ܙܢܐ ܙܩܡܝܗܿ ܢܨܝ G. Busâmé 43. 16.

ܙܪܘܿܕܘܿܝܣ corr. ܙܪܘܿܐܫܛ *Zoroaster*, Sev. Ant. Vit. 62. 3. The usual form is ܙܪܕܘܿܫܬ.

ܙܪܘܿܚܒ col. 1114, ܙܪܘܿܐ col. 1083, and col. 1156. *Amomum Zedoaria, Zedoary, a ginger-wort*; ܙܪܘܿܚܒ, Med. 262. 22, 263. 12; 393. 10, 426. 6; ܙܪܘܿܚܒܐ ib. 263. 22, 265. 8, ܙܪܘܿܡܚܕ ib. 1. 15, ܙܪܘܿܚܕ ib. l. 21, 141 ult., but corr. ܙܪܘܿܚܒ as ib. 266. 2, Ar. PflnN. 139.

ܙܪܘܿܐ pr.n.m. King of a mountainous tract between Jilu and Gawar, A.M.B. 1. 417.

ܙܐܠܝ i. q. ܙܘܿܠܝ and ܙܠܝ col. 1114. *beer*, ܙܬܐ ܕܩܨܡܒܐ *Greek beer*, Med. 586. 12; ܙܠܝ, Chimie 54. 10, ܙܠܐܡ ܕܡܚܕܐ ܘܚܕܣ, *sirop de bière*, ib. 86. 3.

ܙܪܐܡܣ try correction ܙܘܢܐܣܟ݂ܕܝܡ (ܪܐܣܕܡ) *the concussion of the foundations*, Josephus vi 5. 13.

ܙܚܓܘܼܫܢܣ pr. n. m. Pers. *Zachgushnas*, A. M. B. ii. 649. Cf. Pers. Mart. 70 n. 622.

ܙܥ col. 1115. *to jolt, jerk, push, hustle* with ܠ of the pers. Anecd. Syr. iii. 73. 21; ܚܕܟܐ ܠܐܣܟܘܡܝ ܕܐܠܗܐ ܘܢܬܢܐ ܚܬܝ ܐܬܢܿܦ *souls which are not firm in the knowledge of God rush headlong down deeps of passions*, But. Sap. Theol. 4, 7 infra. Pa. ܙܥ *to nudge*, Anecd. Syr. iii. 73. 8. Ethpe. ܐܬܬܙܝܥ *to be thrust*, ܟܡܟ݂ܕ ܐܬܬܙܝܥ, Hormizd 2880.

ܙܘܿܥܐ m. *temptation, occasion of sin*, Sev. Ant. Vit. 284 ult.=Anecd. Syr. iii. 284. 21.

ܙܠܝ and ܙܠܢܐ see ܐܙܠܐ, *itch*.

ܙܩܡ col. 116. Pael. act. part. ܡܙܩܡ ܐܬܡܚܕ ܘܡܕܠܟܝܗܡ ܠܗ *the charges they bring against me*, Kal-w-Dim. 147. 2; ܐܙܩܡܘܢܝ *they accused me*, ib. 299. 14. Ethpa. ܐܬܙܩܡ *to be accused*, ܡܬܩܠܣ ܘܐܢܙܦܚ, ib. 114. 11, part. 1. 2; ܣܡ ܘܡܚܕܐܠܗܡ *heaven forbid that he be guilty*, ib. 299. 14; ܕܡܝܗܒ ܘܐܘܡܕ ܠܡܘܬܐ *condemned to death*, ib. 309. 9.

ܙܣܚܡ i. q. ܙܚܝ col. 1116. *quicksilver*, Chimie 39. 15, BH. Isag. 14.

ܙܗܪܐ col. 1116. *brightness*. ܙܗܪܐ *luminous, shining*, ܐܡܗܪܐ ܣܦܚܕ Coupes ii. 130. 23; ܣܚܡܠ ܐܠܗܬܐ ܐܙܗܪܢܐ *the five shining gods* = the five pure elements, sons of Primal Man in Manichean teaching. ib. 127 infra, 128. 5 af. 129. 2; Ephr. Ref. i. 101. 9, 33, ܣܚܡܘܒܡܠ ܐܙܗܪܐ ib. 122. 12. These are Light, Wind, Water, Fire, the fifth is uncertain. Not earth, that is dark.

ܙܚܝ col. 1117. *quicksilver*. ܙܚܝ ܣܕܘܿܗ݀ *chloride of mercury*, Chimie 4. 5, ܙܗܪܝܐ ܣܚܡܕܡܡ *oxide or sulphide of mercury*, ib. l. 3.

ܙܗܡ *dust*: see ܙܗܡܐ, ܘܡܝ, ܙܐܢܢܝ ܗܕ ܣܝܢܕܙܚܡ Chimie 39. 19.

ܐܝܡܣ col. 1117. *Zeus = tin*, Chimie 256 n. 1, but Brit. Mus. Or. 1593. 12 has ܐܘܤ ܐܢܕܐ ܡܘܣܛܝܢ ܐܝܡܣ ܚܦܪܐ i.e. *Zeús = tin* and ζιος = *dust*.

ܐܝܦܣ 1) another name for River Pishon, Op. Nest. 126. 1. 2) i.q. ܐܣܝ, Chimie 46. 2, ܐܣܡܐ ib. 45. ult.

ܐܝܬ a corruption of ܬܠܬ *three* which belongs to an ancient Syriac system of notation of numerals derived from the Palmyrene, BB. under ܐܬܡܣ col. 1162 bis, Duval Gram. xv; 14, Rödiger ap. ZDMG. xvi. 578, Gottheil, ib. xliii. 122, Anecd. Syr. i. xxv.; Med. 446. 3.

ܐܝܬܐ Chald. איתא, ܐܝܬܐ ܣܟܬܐ prob. *projecting stone corbels* which sustain the roof beams, Hist. Mon. i. 211. 6. Hoffm. thinks it is γεῖσα *eaves, parapet, coping*, ib. ii. 407 n.

ܐܝܬܘܬܐ cf. Heb. איתן. f. *compactness, indissolubility* by moisture, e. g. iron or brass, ܚܟܡ ܐܝܬܘܬܗ ܕܡܝܐ ܠܐ ܡܫܬܪܝܐ, But. Sap. Philos. 6. 4.

ܐܝܬܪܘܢ a town in Beit Aramaye, Syn. Or. 70. 28.

ܐܝܡܝ i.q. ܐܡܝ, ܐܡܕ, and ܐܡܡ, the fortress of Ziyad, ܣܡܩܐ ܕܐܡܝ ܕܚܐ ܕܡܫܩܢܐ ܕܐܡܝ ܣܡܩܐ, Dion. Ined. 61. 8. I.q. Arm. Garperd, Kharpert, Harpoot, NW. of Amid; also called Arsamosata. ܣܡܩܐ ܕܐܪܡ, BHChr. Eccl. i. 643, ܐܡܕ, ܣܡܩܐ ܕܐܡܪ, ib. ii. 339: ܣܡܩܐ ܕܐܡܝ, Dion. 86 pen. Cf. ܣܡܩܐ col. 1338. 1 f. and cf. Ammianus 19. 6. 1.

ܐܝܛܐ letter ἦτα, Byz. Ztst. x. 302. 16.

ܐܝܬܝܟܐ see ܐܝܬܝܟܐ above.

ܐܝܢ col. 1102. denom. verb from ܐܝܢܐ, Lag. Arm. Stud. 779, G. Abh. 43, Chrest. Targ. Merx 193. Add ref. ܕܢܙܕܝܢ ܚܫܟܐ ܒܠܩܘܒܠܗ ܕܢܘܗܪܐ ܛܒܐ *to arm Darkness against the Good Light*, Manichéisme 95. 10.

ܡܙܝܢܘܬܐ f. *bearing arms, being armed*, Josephus vi. 4 antep.

ܐܣܠܡܒܪܝܡ ܚܠܦܐ pr.n.m. an Emir, Jab. 155. 1.

ܐܝܢܣ pr.n.m. *Zenas*, BH. in Tit. iii. 13, Pesh. ܐܝܢܐ.

ܐܝܢܝ 1) pr.n.m. *Zinai*, ܐܝܢܝ ܕܚܐ, Chast. 40 ult., 41. 5. 2) *Mt. Zinai* in Adiabene, Hist. Mon. i. 60. 13, 381. 22, M.Z. 189. 1, 2, 210. 16, Chast. 33. 11, 61. 2. ܐܝܢܝ ܛܘܪܐ ib. l. 3.

ܐܝܢܝܐ *gentilic, a man from Mt. Zinai*, Hist. Mon. i. 113. 20.

ܐܝܥܐ col. 1118. m. Add: Assyr. ziqu, Ar. صيق, Hübschmann ZDMG. xlvi. 250, Fremdw. 285. 1) *A gale, gust*. Metaph. ܐܝܥܐ ܕܬܩܢܐ ܕܚܡܬܐ *gusts of anger*, Ebed J. Card. 20. 4. 2) *a shooting star*, ܐܝܥܐ ܘܡܨܕ ܩܛܝܠܐ ZDMG. xv. 651 ult.

ܐܝܥ Pa. see under ܗܘܣ.

ܐܝܥܬܐ f. i.q. ܐܝܥܐ *violent wind*. ܗ ܐܝܥܬܐ, ܐܝܥܐ, Op. Nest. 115. 3; ܐܝܥܬܐ ܕܐܩܠܝܒ ܕܘܣܝܐ, ܠܡܩܢܝ ܗܡ ܡܓܘܙܐ, G. Busâmê 35. 4.

ܐܝܙ, ܐܝܙܐ Ar. زير. *the string* of a musical instrument. Used for torture, ܣܘܬܡܣܝ ܕܠܡܐܟܢܐ ܘܕܢܩܕܢܣܗܘ ܚܕܬܐ, Dion. 136. 3.

ܐܙܝܐ *Zaira*, a village NE. of Arbela, M.Z. 19. 14, Trans. 96, n. 3.

ܐܙܝܦܐ col. 1119. The river near Zaita, on the Euphrates below Karkisiya is so-called, Dion. 26. 17.

ܐܟܐ col. 1119. Add: *to beat at cards*, ܐܚܣܒ ܐܡܢܐ ܟܠܝܟܐ ܕܡܣܥܕ ܕܚܡܕܢ ܕܟܠܡܩܣ. ܚܒ ܐܡܢܐ ܚܣܒܝ ܕܠܐܘܚܕ ܕܚܡܕ ܕܟܠܡܩܣܢ. ܘܣܦܝ ܐܡܢܐ ܟܠܩܠܡܝ ܕܡܣܥܕ ܕܟܠܡܩܣ, &c. Brit. Mus. Or. 2084. 487.

ܐܙܐ, ܐܙܒܐ Ar. الزكاة explained as ܚܡܣܐ, ܨܕܩܬ ܡܐܠ *enforced alms, tithe, income tax*, Dion. 127. 21, Nöld. in loc.

ܐܙܡ col. 1122. Denom. verb Pa'el conj. from ܐܙܡܘܢ. *To practice necromancy*. Correct ܐܙܡ and ܐܙܡ in the quotation from Ephr. Add: ܡܙܡܢܣ ܘܙܐܡܐ, ZDMG. xxviii. 666. n. 6. Act. part. ܡܙܕܢܦܝܡ, ܡܢܣܚܕ ܘܡܪܡ ܘܡܙܕܢܦܝ, Jul. 93 10; pl. C.B.M. 730 a.

ܐܟܐ col. 1123. ܐܓܝܢܟܝܬܐ col. 1124. Add: *mincing gait*, ܥܡ ܐܓܝܕܓܘܢܘ ܘܐܟܣܒ ܘܐܡܘܙܐ, Hist. Mon. i. 113. 3.

ܐܟܠܐ m. *blandishments*, Is. Ant. ii. 226. 6 af.

ܙܠܠ col. 1125. 1) ζάλη, *surging of the sea, tempest*, ܚܪܐܠ ܕܚܣܡܣܐܠ Sev. Ant. Vit. 221. 8, ܚܪܐܚܐ ܘܪܐܠ, ib. 261. 1. 2) *a reed*, ܩܢܝܐ ܘܙܠܐ ܘܬܥܟܐܠ Mar Kardagh 72. 9, A.M.B. i. 442. 7, ܬܡܐ ܙܠܐ *a reedy place*, ib., Hist. Mon. i. 159. 12; ܘܪܠܐ ܘܓܐܙܠܐ *reedy islands*, Dion. 15. 17; ܙܠܐ ܨܥܝܪܐܠ. ܝ. ܩܠܡ ܗܙܠ Op. Nest. 16. 1.

ܙܠܚ col. 1226. Ethpe. ܐܙܕܠܚ *to shine, sparkle*, ܬܪܐܙܕܠܚܝ ܐܡܪ ܪܥܬܗ ܕܘܐܕ BB. under ܢܗܣ col. 2348, ed. Duval 1240.

ܙܠܚܘ̈ܬܐ col. 1126. ܡܕܐܟܠܕܘܐܙܐܡܟ *scantily*, Anecd. Syr. ii. 114, 1, Isoyahb ed. Duval 8. 23.

ܡܕܐܙܠܚܘܬܐ f. *privation*, ܘܡܕܐܙܠܚܘܬܐ ܣܬܝܐ Is. Nin. B. 234. 5; BH Chr. Eccl. i. 643; opp. ܣܘܥܣܐܠܐ, BH Sap. Pol. iii..

ܙܠܟ col. 1127. Add: Ar. زلخ 2) *to pour*, ܐܚܣܝܢ ܠܡܘܝ *they pour away* water after use in baptism, Takhsa 75. 16. Past part. ܣܕܘܙܝ ܙܠܝܚ ܢܗܪܐ ܚܠܝܐ ܚܬܡܐܠ *light broad-cast over Creation*, Jac. Sar. Hom. iii. 61. 5.

ܙܠܟܢܐ col. 1128. *extravasation of blood*, pl. ܙܠܟܢܐ, Med. 200. 4.

ܐܚܣܢܐ *a plaque, metal plate*, ܘ. ܐܚܣܢܐ. ܬ. ܠܩܝܪܐ. ܝ. ܣܘܩܒܠܐ BH. in Cant. 1. 11, ܨܦܝܥܝ Op. Nest. 16. 2.

ܙܠܚ col. 1128. Ethpe. ܐܙܕܠܚ *to be distorted in paralysis*, ܩܕܡܝܟܡ ܚܕܠ ܘܗ ܘܦܕܐܡܥܠ ܚܕܦܠ ܚܕܠ ܘܗ ܐܣܝܪܐ ܘܦܨܘܗܠ Med. 119. 12, 122. 11. Aph. ܐܙܠܚ with ܟܬܢܠ *to squint*, BH. ap. ZDMG. xl. 441.

ܐܙܠܚܐ, ܐܙܠܚܥܐ, ܐܙܠܚ *oblique, awry*, ܚܦܩܠ ܐܙܕܠܚܦܠ *oblique sections*, Med. 119. 2; ܐܙܠܚ ܟܬܢܠ *squinting*, N. Hist. viii. 3, 4; ܐܟܝܥܣ ܥܘܪܚܐܠ *squint-eyed*, ib.

ܙܠܚܢܐ col. 1129. m. *obliquity of vision*, Med. 71. 21.

ܙܠܚܦܐ i. q. ܙܠܚܦܐ but always thus vocalized in E-Syr. *fault, flaw*; ܡܢ ܟܠܢܐ ܕܠܐ ܙܠܚܦܐ ܗܡܘܩܦܐ G. Busâmé 5. 17, ܙܠܚܦܐ ܘܐܙܠܚܦܐ ܝܬܝܪ ܩܣܬܣ ܙܠܚܦܐ *ill-will and envy*; *severe and spiteful flogging*, S. Dan. 62 *b* 1, 66 *a* antep.

ܙܠܚܦܘܬܐ *corrupt for* אֵלֶה שְׁמוֹת *the Book of Exodus*, Euseb. ed. McLean 416. 2.

ܙܠܟ col. 1130. Ethpe. ܐܙܕܠܟ *to be stained, polluted*, ܚܕܩܬܟܐܠ ܘܐܙܕܠܟܬ, Ephr. ed. Lamy ii. 377. 26. Pa. ܙܠܟ *to polish, embellish*, opp. ܣܟܠܐ, ib. 379. 14; ܡܡ ܠܚܕ ܡܨܡܨܡܝ ܡܙܠܟܝܡ *adorned outwardly*, Syn. Or. 142. 18; ܡܨܡܚܕ ܡܙܕܠܟܐܠ, ib. 176. 23; Pallad. 277. antep. Ethpa. ܐܙܕܠܟ *to be polished*, ܣܢܐ ܗܩܒܠܐ ܦܕܐܙܕܠܟܝܡ ܣܢܐ, A.M.B. ii. 58 pen.

ܙܠܟܐ *elegance*; pl. ܐܙܠܟܦܐ *elegances of style*, BH. Journ. As. 1898, 77. 29.

ܐܙܠܓܦܐ *a small cake*, BB. under ܚܚܐ, ܚܚܩܐܠܐ col. 1878 and DBB. 937.

ܙܠܦܐ col. 1131. 3. m. *an oyster, oyster-shell*, ܙܠܦܐ ܣܠܚܦ ܘ ܙܠܓܦܐܠ ܣܬ̣ܡ ܘܩ̣ܬܘ ܙܘ̈ܗܐ Caus. Caus. 29. 18; ܘܩܢܟܨ ܙܠܟܦܐܠ *scaly tailed*, Gest. Alex. 178. 8; ܟܩܦܠ ܘܙܠܟܦܐܠ *dishes of mother-of-pearl*, ib. 190. 6.

ܡܙܠܟܦܐ *elegant*; with ܠܐ *plain, simple*, ܡܚܥܝܢܐܠܐ ܠܐ ܡܙܠܟܦܐܠ Lit. S. Athan. 120.

ܙܠܟ. Aph. ܐܙܠܟ col. 1131. ܐܙܠܟ ܣܘܘܢܦܐ ܥܠ ܚܥܚܠܐ Ephr. ed. Lamy i. 127. 16.

ܐܙܠܓܦܢܐ *a person conversant with rays, a student of rays*, ܐܡܪ ܐܚܝܢ ܘܢܩܡ ܐܙܠܓܦܢܠ N. Hist. viii. 3. 4.

ܙܠܓܐ m. *brilliance*, Jul. 49. 4.

ܙܠܦ col. 1132. ܘܕܒܟܐ ܐܙܦܓܐ *a fly*, ܙܐܦܓܐ. ܬ. : Med. 548. 19.

ܙܣܣܥܕܠ i. q. ܙܩܣܥܕܠ col. 1133. *cord or halter of a camel*, Protection 84. 14.

ܡܙܕܩܕܝܥܢܠ m. pl. Ar. الزَّمَازِمَة *magicians*, Kal-w-Dim. 375. 9.

ܙܡܐܠ, ܐܙܡܐܠ col. 1133. *a hair*, ܡܡ ܣܘܡܐ ܐܩܦ ܦܘܡܝܗ Is. Ant. ii. 318. 10 translates *the lips of the serpent's mouth*.

ܙܡܗܘܢ. Ar. زَمَهرَان *a drug, poison*, Kal-w-Dim. 142. 8, 143. 14; *so correct* ܙܡܗܘܢ *in both places*.

ܙܡܗܪܘܙܐ *correct* ܙܡܗܪܘܪܐ col. 1138. *a water-pipe, conduit*, ܘܩܦܣܐ ܐܣܘܗ ܚܕܐܚܕܠ ܘܙܡܗܘܙܐ ܘܗ ܚܪܙܡܗܪܘܙܐ ܘܣܠܡܝ ܚܡܟܚܠ Dion. Ined. 61. 14. Nau suggests ܙܡܗܘܙܐ *bath-pipes*.

ܙܡܝܢܪܘܙܝ Pers. زمين روز = *day of the land, a feast day*, Jab. 564. 3, ܡܘܦܕ ܘܚܓܐܪܝ : ܘܐܥܟܐ ܘܘܓܐܙܝ ܘܣܘܚܐ n. ib.

ܐܚܡܠܡܐ the incisor teeth, ܗܿܢܘ ܡܢܘ̈ܚܬܢܟܐ ܘܐܡܬܟܠܢܘ ܠܐܚܟܐ ܬܚܬܝܐ N. Hist. iii. ii. sect. 4 with gloss ܟܣܬܘܡܟܐ.

ܐܡܣܦ or ܐܡܝܣܦ Zamyasp, Zamasp, natural brother of Shapur II, A. M. B. iv. 224, 475. Cf. ܐܡܣܦ.

ܐܚܡܕܐ col. 1134. *hoar frost*, Pers. ژمی WZKM. viii 364, ܐܝܟܢ ܕܐܡܪܢ ܗܢܐ ܡܕܡ ܒܗ, ܐܚܡܕܐ, A. M. B. iii 366. 16.

ܐܡܚ, ܐܘܡܕܢܐ col. 1135. *invitation*, *summoning*, ܒܩܥܢ ܦܘܡܐ ܕܐܘܡܕܢܐ Poet. Syr. 28. 6 af.

ܐܝܡܝܕܘܬܐ f. *state, condition*, ܚܕܘܡܝ ܕܐܡܝܣܒܘ ܕܥܒܝܕܐ ܐܢܫ ܐܘ ܕܢܝܬܐ : ܚܕܘܡܝ ܠܐ ܗܘܝ ܡܬܕܟܝܢܝܢ ܐܘ ܝܥܢܕܐ some live in domesticity, as man; some never become domesticated, as the leopard, Nat. Hist. vii. 1. 1.

ܐܚܡܠܐ with gloss. جُمْحَكْ Ar. جَمَاعَة *troop, band*, Gest. Alex. 207. 6. Budge doubts the correctness of the phrase.

ܡܚܡܕܢܘܬܐ f. *invitation*, eccles. *exhortation* to catechumens before baptism, Nest. Chrest. ed. 1. 82 n.

ܡܚܡܕܢܝܬܐ f. col. 1136. *invitation, summoning*, var. to ܡܚܡܕܢܘܬܐ A. M. B. v. 201. pen.

ܡܚܠܐܚܡܕܢܝܬܐ f. astron. *conjunction*, Anecd. Syr. iv. 3. 22.

ܐܡܣܦ Pehlevi יאמאסף, Pers. جاماسب, Gâmâsp or Zâmâsp, King of Persia A.D. 496–502, Tabari 142 n. 2, M. Z. 68. 50, ܙܐܡܣܦ, ZDMG. xliii. 399. 8. Cf. ܐܡܣܦ col. 1138, Jos. Styl. 19. 3.

ܐܡܪ col. 1136. ܐܘܡܕܐ add: Rit., verses of the Psalms sung before the reading of the Epistle or Gospel, Brev. Chald. 12. 5, 282. 6, pl. l. 2, 283 bis, &c., Hist. Mon. i. 142. 7.

ܐܡܘܕܐ m. *the singer*, a fabled fish, Natur 54. 1.

ܐܡܕ (ܛܘܪܐ) *Mt. Zamar* in Beit Nuhadra, M.Z. 209. 15, Chast. 33. 13.

ܐܡܕܘܢ col. 1138. The quotation in BB. = Natur. 36. 14 ff. Probably ܙܡ for Pers. زمین *earth* and روان *runner*, Hoffm. in loc., name of a bird.

ܐܢ, ܐܢܢܐ col. 1139. Dele "in pl. tantum exstat, sc." Ar. نوعي *specific, special*, BH Nom. 1155. ܣܘܥܪܢܐ ܐܢܢܝܐ *generic action*, BH Gr. i. 5. 23, ܣܘܥܪܢܘܬܐ ܠܐ ܐܢܢܝܬܐ *specific activity*, ib. 24.

ܐܢܢܝܘܬܐ *variety, diversity*, refs. Is. Nin. B. 90. 4 af., 176. 10, But. Sap. Theol. 4. 3 infr., Philos 3. 4, pl. ܐܢܢܝܘܬܐ ib.

ܐܢܐ col. 1139. Ethpa. ܐܬܐܢܝ *to commit fornication*, Is. Ant. i. 236. 15. Part. ܡܕܙܢܐ ܡܬܐܢܐ μοιχεύεται, Greg. Carm. ii. 23. 24.

ܐܢܝܐ col. 1140. 16 of par. adj. *unchaste*, ܥܡܐ ܐܦܬܐ ܐܢܝܬܐ, BH Nom. 147. 6.

ܐܢܝܐܝܬ *meretriciously*, Sev. Lett. 273. 2.

ܐܢܝܢܐ m. pl. *whoremongers*, Ephr. ed. Lamy iii. 137. 2.

ܐܢܘܦܐ col. 1140. Dele the article; it is another spelling of ܐܟܘܦܐ *thyme* and is found in BH. de Pl. 93, quoted under ܐܘܡܚܐ.

ܐܢܒܐ *Zenobia* or *Zelebi*, on the W. bank of the Euphrates, a summer resort from Palmyra, Anecd. Syr. i. App. 16. 5.

ܐܢܟܐ col. 1140. f. *an array of chariots*, Op. Nest. 96. 1 ff. has the same definition as BB. but fuller. Metaph. *a rank, line, series*, ܟܐܢܝܟܘܢ ܒܚܬܐ *there are prophets in your ranks*, M. Z. 217. 6; ܐܢܝܐ ܕܐܫܬܥܝܐ *a series of narratives*, Hist. Mon. i. 139. 10, 302. 18. Pl. ܟܐܢܝܬܐ ܡܓܬܦܚܒܐ, Jab. 5. 7.

ܐܢܝ denom. verb Pael conj. Part. ܡܐܢܝ; ܡܐܢܝܐ ܘܡܙܪܙܐ *a horse harnessed and well-equipped*, Act. S. Pelag. 1. 25. Aph. ܐܐܢܝ *to make resound, to rehearse*, ܡܚܟܐ ܐܐܢܝ, Hormizd 1228, ܚܐܢܝܘ (ܡܬܟܘܢ), ib. 1638.

ܐܢܓܝܠ Med. 49. 8 i. q. ܐܢܓܒܝܠ col. 1141 and ܐܢܒܝܠ.

ܐܢܓܒܝܠ *Zingiber officinalis, ginger*, Galen 257. ult., Med. 59. bis, 88. 3, 137. 8 and often; ܐܢܓܒܝܠ ܝܘܪܩܐ *green ginger*, ib. 587. 4; ܐܢܓܒܝܠ ܨܝܢܝܐ *Chinese ginger*, ib. 309. ult.

ܐܢܓܦܪ Pers. زنجفر; *cinnabar, red lead, minium*, Chimie 52. 20, ܙܢܓܦܪ, ܐܢܓܦܪ ib. 3. 8; ܐܢܓܦܪ, Ibn S. Thes. c. 9, El. Nis. 25. 62; ܐܢܓܦܪ BB. col. 1104, under ܣܢܕܘܣ ib. 3658.

ܐܚܕܪ ‧

ܐܝܚܙܐ col. 1141 and ܐܝܚܙܘܐ col. 1104, Ar. زنجار, Pers. زنگار, *verdigris*, Lag. G. Abh. 42, 106, El. Nis. 25. 61; Chimie 52. 9, 11.

ܐܚܙ *to deprive*, pass. part. ܐܚܝܙ; Aristobulus ܐܚܝܙ (ܗܘ) ܐܒܒܝ ܗܡ, ܐܚܙܘܐ ܕܐܚܙܬ ܡܥܐܠܐ ܐܒܬܡܗܐ, Chron. Min. 172. 6. Pa. ܐܚܙ col. 1141. *to deprive*, ܐܚܕܡܐ ܢܘܪܘ ܠܓܫܐ, Is. Ant. ii. 34. 13.

ܐܪܣܢܝܩܘܢ σανδαράχη *sandaraque*, h. e. l'arsénic métallique sublimé, Chimie 12. 7. 9 and n.

ܐܚܕܒܐ *Zenobia*, Queen of Palmyra, BH Chr. Eccl. i. 57. 14.

ܙܢܘܕܘܪܘܤ *Zenodorus* of Gaza, Sev. Ant. Vit. 56. 3.

ܐܙܠ col. 1141. Ethp. ܐܙܕܠܙܠ *to shake, totter*. Refs. ܐܙܕܠܙܠ ܕܢܝܚ̈ܐ Bar-Ce. Hom. 246 v, ܡܥܕܚܠܐ ܕܢܘܬܐ ܘܡܕܪܒܠܚܡ, Greg. Carm. 1. 100. 4.

ܙܘܠܙܠܐ m. *quaking*, Tekkaf. 102.

ܐܚܕ col. 1141 ult. a) *to cast, hurl along*, ܐܥܒܝ ܟܕܗ ܟܕܓܠܐ Natur 58 ult., *to throw a polo ball* ܟܕܘܣܦܐ ܬܪܥܒܝܗ Mar. Kardagh. 9. 15. b) *to reject a heresy*, B. Sal. in Lit. 34. 14; Bar Penk. 141. 7. Ethpe. ܐܬܚܕ *to break forth*, ܦܩܕܪܘܬܗܡ ܬܩܡܚܐܠܐ φλόγες ἀκοντίζονται, Aristot. ap. An. Syr. 138. 2, 145. 3; thunder and lightning are caused by wind compressed in a cloud ܘܡܬܕܪܒܢܐ ܟܕܗ ܕܡܥܨܘܪܐ ܘܗܘ ܐܢܕܦܥ ܘܡܫܐ ܘܗܘܐ N. Hist. v. 4. 1. I. q. Ar. اندفع, ܡܬܚܕܗ, BH Cand. 30 v; *to be repulsed, a fly* ܕܬܚܕܦ ܠܐ ܕܣܥܡܚܡ ܐܘܚ, id. Eth. 6. 3 af. Metaph. *to be rejected*, ܡܨܒܥܬܐ ܡܬܕܪܒܢܐ ܘܒܕܗ ܗܡ id. Cand. 11 r.

ܐܬܕܘܦܝܐ ܕܐܬܘܦܢܐ m. *repulsion, rejection*, N. Hist. v. 4. 2; ܘܡܘܫܐ ܐܬܘܦܢܐ BH Eth. 421. 16.

ܐܚܕܦ synonymous with ܡܫܬܢܩ *tormented* and cf. ܐܚܕܦ. ܐܚܬܩܝ ܐܗܘܘܢ ܠܚܕܐ ܚܕܒܪܝܗܡ ܠܐ S. Dan. 62 a 5 af.

ܐܚܕܦ col. 1142. for ἐξακοντισμός, *the breaking forth* of fire, An. Syr. 145. 4; *a downpour of rain*, ܘܐܣܒܝܡܐ ܣܪܝ ܕܚܣܦܐ ܬܕܗܟܢܝܕ ܡܥܘܕܗ; ܡܕܚܐ ܐܚܕܦ ܢܣܚ N. Hist. v. 1. 1. 2; ܐܘܚܪܐ؛ ܘܡܗܝܪܐܘܬܐ *archery is the skilful discharge of arrows*, Lexx. under ܡܗܪ col. 3771.

ܐܚܕܦ col. 1142. Add: 1) *the gullet*, Geop. 108. 28; 2) *part of the chin*, ܐܚܕܦܐ. ܗ. ܦܟܐ, ܘܐܡܦܠ ܗܘ ܘܚܒܨܝܠܐ ܟܥܕ ܕܗܘ ܗܩܕܙܐ Op. Nest. 15. 17. 3) Ar. الشناق *the cord or strap with which the neck of a wineskin is tied*, Ibn S. Thes. c. 16.

ܐܚܕܠ = ܚܕܠ so the following is prob. only a mis-spelling. Act. part. ܐܚܕܠ *impudent*, Sev. Rhet. 86 v.

ܐܚܟܡ Pa. ܐܚܟܡ col. 1143. *to reprove*, ܬܚܟܡܢ, Jac. Sar. 433 v; BH Eth. 154. 15. Ethpa. ܐܬܐܚܟܡ *to be reproached, taunted*, Ephr. ed. Lamy i. 505. 4; ܘܠܐ ܢܓܗܠ ܬܐܚܟܡܟܡ ܣܡܥܬܐ ܘܚܕܡܐ Philox. 218 v.

ܐܚܟܣ col. 1143. 1) *to rail*, ܐܚܟܣ ܗܘܗ ܘܡܨܚܪܐ, Diosc. ed. Nau 56. 9. 2) *to thrust, resist*, ܐܥܦܠ ܘܠܐ ܐܚܟܣܝܡ *force which they cannot resist*, Ephr. ii. 107 F.; ܐܡܪ ܐܚܟܣ ܠܚܘܡ ܕܡܩܠܐ. ܘܐܚܟܣ ܣܬܪܘ ὠθοῦσαι καὶ βιαζόμεναι ἀλλήλαις, Geop. 101. 9: ܠܝ ܐܚܟܣ ܚܕܬܐ ܐܚܙܐ ܡܥܡܐ if winds *drive the clouds with strong pressure*. Bar-Ce. Hex. 181 v, ܡܒܐ ܘܐܚܟܣܡ, ܢܓܗܠܐ ib. 196 r. Ethpe. ܐܬܚܟܣ 1) *to rail, rage at* with ܒ of the person, Jul. 42. 11. 2) *to be pressed or driven forward*, ܐܙ ܘܡܬܐܚܟܣ ܚܒܠܐ܇ ܟܚܡܐ ܡܢ ܘܐܣܝܡ ܠܗ ܚܘܩܠܐ, Caus. Caus. 228. 13; ܬܚܟܣܕܚܥܒ ܚܡܐܘܗܡ ܡܥܠ ܐܡܣܐܝܗܡ, Bar-Ce. Hex. 167 r. Pa. ܐܚܟܣ *to menace, treat roughly*, ܓܕ ܟܚܟܣܦ ܢܝ ܐܚܟܣܦ ܩܥܒܬ ܘܐܚܟܣܦ ܐܥܒܪ Gad *and Asher seized and knocked me about and cast me out*, Jos. Narses 99. 13, 14, 101. 17, Act. part. ܡܐܚܟܣ: ܡܐܚܟܣܝܡ ܚܒ ܠܝ ܢܠܝܡ ܚܒ Jac. Sar. 163 r.

ܐܘܚܟܦܐ add: *altercation*, ܚܒ—ܕ ܘܗܟܦܠ, Or. Xt. i. 90. 3; ܚܠܘܚܟܦܠ ܘܣܩܐܗܠ Jo. Eph. 8. 4.

ܐܚܝܦܐ, ܐܚܣܦܐ a) *rough, harsh*, ܟܚܣܦܐ, Ephr. i. 99 A., ܩܥܠܐ ܐܚܬܦܟܐ, BH Eth. 151. ult., 335. 19; ܐܚܣܦ ܗܘܐ ܘܐܡܗܠܚܙܐ ܕܚܢܫܢܗ Pallad. 72. 7. b) *raging*, ܐܚܣܝܒܝ ܚܣܐܠܐܘܗܡ ܘܚܦܟܬܗܡ A.M.B. v. 20. c) *acrid, sour* ܕܚܝܡܚܠ ܐܚܣܦܐ, ܚܢܝܥܐ BH Terot. 268 r. d) *terrible*, ܩܠܐ ܐ̈ܘܐ ܕܝܢܐ ܩܥܡܐ ܗܐܚܣܦܐ ܐܚܬܦܟܠܐ Ephr. i. 503. B, ib. 522 D, Protection 78. 13; ܕܚܣܝܕܗ ܐܘܐܪ ܘܐܚܟܢ *a country terrible to encounter*, Hist. B.V.M. 122. 5.

ܐܲܚܸܦܬܵܐ f. *raging* of the sea, Pat. Vit. 319 v.

ܐܲܚܙܵܢ Ar. زعفران; *saffron*, Med. 559. 5, 586. 15, BH. in Prov. vii. 17.

ܐܲܟܸܪ col. 1143. *to shout*; *to sound* a trumpet. Pass. part. ܐܸܚܹܡ: ܐܸܬ݂ܟ̇ܚܼܟ݂ܐ ܘܐܸܟ݂ܸܚܼ *shrill clamorous* voices, Bar-Ce. Hex. 134 v. Aph. ܐܲܟ݂ܸܪ for σαλπίζειν, Apoc. viii 8 ed. Gwynn vv. 6, 7, and passim where Bagster has ܐܲܟ݂ܸܚ. C. c. ܒ of the pers. S. Maris 40. 13. Ettaph. ܐܸܬ݁ܬܲܟ݂ܸܚ *to be proclaimed loudly*, ܐܲܟ݂ܸܪ̈ܚܼܐ ܘܐܸܬ݁ܬܲܟ݂ܸܚܼܚܘܢ ܒܹܝܬ݂ ܐܸܚܼܚܼܚܼܐ ܕܡܸܚܼ̇ܕ̣ܢ, Hist. Mon. i. 379. 5; Greg. Carm. i. 90. 6.

ܐܲܚܵܟ݂ܵܐ *a cry*, col. 1144. for זעקה Koh. ix. 17, pl. with suff. ܐܲܚܟܵܦ̈ܝ Job xvi 18.

ܐܲܚܸܘܼܼܵܪܵܐ m. σαλπιστής, *a trumpeter*, pl. Apoc. xviii. 22 Gwynn ܐܸܚܼܘܪܹܐ Bagst.

ܐܲܚܸܦܵܐ, ܐܲܚܼܸܦܼܝܼܵܐ *loudly chanted*, ܦܲܟܼܘܼܟ݂ܵܐ ܐܲܚܼܼܵܢܵܝܼܐ BH Eth. 60. 10.

ܐܲܚܼܢܲܟܼܵܝܼ *insistently*, Georg. Arab. 4. 8.

ܐܲܚܼܟܵܦܼܘܼܵܐ add: *proclamation*, ܘܐܸܚܸܒ݂ܵܐ ܕܐܸܚܲܡܼܚܲܐ ܘܐܲܚܲܡܚܲܐ ܘܐܲܚܲܚܼܐ DBB. 68. Pl. ܐܲܚܟܵܦܼ̈ܘܼܵܬ݂ܵܐ *outcries*, *rumours*, Sev. Lett. 408. 13; *articulation*, ܐܲܚܟܸܦܬܵܗܼ̇ ib. 450. 6.

ܐܲܟܸܪ col. 1144. Pa. ܐܲܟܸܪ Heb. Hiph. המעיט *to diminish*, *make few*, Lev. xxvi. 22; *to lessen*, Ephr. i. 529 C; ܠܐ ܬܸܚܼܼܟ݂ܼܵܡܵܐ ܠܲܚܼܣܼܵܪܵܐ *do not despond*, Kal-w-Dim. 175. 11. Aph. ܐܲܚܟܸܼܪ *to lessen in estimation*, *to consider less*, ܘܐܲܚܼܟܸܪ ܟ݁ܚܼܟ݁ܵܐ ܦܸܡ ܐܲܚܼܵܐ Poet. Syr. 11. 8 af. Gram. *to form a diminutive*, BHGr. i. 65. 7, 8, 20.

ܐܲܚܘܵܕ add: ܟܚܼܕ݂ ܟܲܚܼܘܵܦ *timid*, Ephr. ii. 163 A; ܐܲܚܼܘܵܦ ܠܐܹܓܵܡܼܵܐ *low-spirited*, ib. 293 A. ܐܲܚܼܘܵܦ ܩܲܠܼܝܼܠ Heb. מְעַט־רֶגַע *a very little while*, Jes. xxvi. 20, xxix. 17; *a short distance*, Pallad. 8. 18, ܩܲܠܼܝܼܠ ܐܲܚܼܘܵܦ ܬܲܚܼܟܼܵܡܼܚ *he lived on a very little* of his earnings, ib. 9. 18.

ܐܲܚܼܘܵܕܘܼܢܼܵܐ dimin. of ܐܲܚܼܘܵܕܐ m. 1) adj. *diminutive*, *tiny*, BB. under ܙܼܥܼܘܼܪܐ. 2) subst. *a dwarf*, *pigmy*, Pallad. 245. 16 = A.M.B. v. 565.

ܐܲܚܼܘܵܕܘܼܬ݂ܵܐ f. add: ܢܲܦܼܫܼܵܐ ܕܐܲܚܼܘܵܕܬ݂ܵܐ ἀποψυχία, *a swoon*, Hippoc. vii 7, μικροψυχία, *meanspiritedness*, Pet. Ib. 6. 13; ܐܲܚܼܘܵܕܘܼܬ ܠܐܹܓܼܡܵܐ *impatience*, Pallad. 264. 15. 19.

(ܚܸܛܵܐ ܠܐ) ܚܸܕ݂ܵܘܼܟ݂ܢܼܵܐ *a noun from which no diminutive can be formed*, BHGr. i. 66. 8.

ܐܲܟ݂ܵܐ, ܐܲܟ݂ܵܐ col. 1145. Op. Nest. 15. 19 gives ܐܸܦܼ̈ܟ݂ܵܐ as the sing., ܦܸܚܼܟܵܐ ܣܸܪܼܵܐ ܘܦܸܚܼܕܵܐ. ܬ ܐܸܦܼܟܵܐ; Prov. xxiii. 7 Maus. and Urmi have ܐܸܦ݂ܟ݂ܵܐ and so BH. in loc. ܐܸܦ݂ܟ݂ܵܐ: ܕ݂ܸܙܹܼ ܐܵܬ ܕܵܘܼܼܡܝ ܗܵܠ ܘܠܗ: Caus. Caus. and BHEth. have pl. ܐܵܦ݂̈ܟܹܐ. Refs. ܐܲܦ݂ܟܵܐ ܣܲܪܢܐ (no points) *a hog's bristle*, Chimie 322, n. 2; *eyelash*, ܐܸܦ݂ܟܵܐ ܘܚܸܣܼܕܵܐ ܕܬܲܚܼܬܐ, ܕܥܸܡܼܘܼܡ *the eyelids and eyelashes*, Caus. Caus. 63. 9; *mustaches* ܚܸܕ݂ܵܐ ܘܚܸܣܼܕܵܐ ܕܦܹܼܡܵܐ BH Eth. 161. 16.

ܐܸܦ݂ܘܣܼܘܼܣ ζέφυρος, *the West wind*, Geop. 97. 14.

ܐܲܟ݂ܵܐ col. 1146. ܐܲܟ݂ܵܢܼܵܐ *such*, ܐܲܚܼܸܣܼܒܵܐ ܘܕܲܟ݂ܸܡܼܵܐ ܐܹܟ݂ܵܐ ܚܼܕܵܐ BHCand. 17 v.

ܐܸܟ݂ܼܒ Ar. صنوبر *the fir*; *resin*, BHCand. 40 r.

ܐܸܟ݂ܼܙ col. 1146. *to stink*. add ref. ܐܲܦܼܠ ܘܕܟܣܼܐ ܐܸܟ݂ܝܼܙ, Jac. Edes. 48 v.

ܐܸܟ݂ܼܘܼܐ Pers. زوقرا; *Panaces asclepium*, a plant with leaves like fennel, Diosc. 547 b 2, Dozy; ܐܸܟܼܘܼܙܐ ܐܵܕ݂ܵܐ Med. 319. 12. Ib. 549. 21 correct ܣܼܵܣܼ *the planet Venus*.

ܐܸܟ݂ܸܘܼܵܐ *stinking*, ܐܸܟ݂ܸܘܼܵܐ ܦܸܣܼܐ, Sanct. Vit. 189 r, ܐܸܟ݂ܸܘܼܵܐ ܥܸܡܼܪ Hist. Mon. i. clxv. 4 a.

ܐܸܟ݂ܼܙ *foul*, *abominable*, add: ܘܐܸܟ݂ܝܼܙܐ ܕܚܸܡܼܪܐ ܘܚܸܣܼܦܼܠ ܕܐܸܟ݂ܝܼܙܐ ܘܚܲܣܼܒ݂ܐ Mur Benj. 68, ܘܚܸܒܼܝܼܚܼܵܡܼܐ Anecd. Syr. iii. 24. 20, 26. 28. A.M.B. iii. 549. Fem. ܐܸܟ݂ܸܘܼܬܐ ܚܸܡܼܝܼܵܐ Philox. 382. 17. Chimie 9. 21 n. correct ܩܘܼܛܼܵܐ *bran* for ܐܸܟ݂ܝܼܙܐ.

ܐܸܟܼܵܐ *pitch*, col. 1147. correct ref., Hex. Jes. xxxiv. 9 not Jer. ܐܸܟ݂ܵܐ ܕܚܼܸܣܼܒܼܵܐ πίσσου ξηρά, *dry* or *prepared pitch*, Galen 15 v, ܐܸܟ݂ܵܐ ܦܸܚܼܝܼܠ ἡ ὑγρὰ πίσσα, *liquid pitch*, ib. 46 v, used as ointment, ib. 26 r; ܐܸܟ݂ܵܐ, Med. 108. 2, ܚܘܼܪܼܸܕ݂ܐ ܐܸܟ݂ܵܐ ܟ݁ܒܼܝܼܡܼܟܵܐ, ib. 287. 1, ܐܸܟ݂ܵܐ ܕܦܸܥܼܒ݂ܵܐ ܘܚܲܣܼܒ݂ ܥܸܡ, ib. 151. 21, ܐܸܟ݂ܵܐ ܕܦܸܝܼܒ݂ܟܵܐ, ib. 152. 1 and often.

ܐܸܟ݂ܼܪܐ col. 1147. Dele "rescribe &c." It is another writing of ܐܵܪܼܟ݂ܵܐ col. 1163 and Suppl. The phonetic value is the same.

ܐܸܟ݂ܵܐ i.q. ܣܸܩܼܵܐ *sacking*; ܐܸܡܼܐ ܘܕܚܸܡܼܕܐ σάκκος τρίχινος, *sackcloth*, Apoc. vi. 12 ed. Gwynn, ܣܸܩܼܵܐ Bagst.

ܐܙܠ col. 1147. pl. ܐܩܠ inflated *bladders,* Gest. Alex. 205. 8, 206. 1. *Bellows,* BB. under ܐܘܦܚܢ col. 91, DBB. 88. 14.

ܐܡܬܐ m. pl. *a kind of dropsy,* Med. 339. 14, ܐܡܬܐ id. ib. 338. 2.

ܐܡܬܠܐ *a currycomb,* col. 1148. From ܐܡܠ the ܠ being hardened to agree with ܡ, Z.A. xvii. 86.

ܐܡܦܐ *a number which can be divided without remainder,* Med. 518. 1, 3, 519. 7 ff. Cf. Ar. زكا.

ܐܡܨ col. 1148. Add: *to hold oneself erect, stand erect,* a hermit to avoid sleep ܐܡܨ ܢܦܫܗ ܟܬܠܐ ܥܡ ܩܢܐ ܐܡܝܢܐ Pallad. 460. 23. L. 14 of par. With ܪܓܠ it is a way of acknowledging defeat, ܙܐܘܡܣ : ܐܘܒܕ ܪܓܠ, Jul. 56. 13, ܪܓܠ ܐܣܘܟܐܠ ܐܡܥܝ A.M.B. v. 629. 6; ܘܐ ܐܡܨ ܪܓܠ ܘܠܐ ܗܪܐ ܘܒܐܣܒܐ ܘܙܠ Nars. Ming. i. 262. 7. Pass. part. ܐܡܝܨܐ ܐܡܝܨ name of a vein in the forehead, ܘܐܝܬ ܐܡܥܐ ܘܪܓܠ ܚܬܝܠ ἡ ἐν μετώπῳ ὀρθίη φλέψ *la veine perpendiculaire du front,* Hippoc. v. 64. Pael pass. part. ܡܕܐܡܨ ܡܕܐܡܨܩܠ ܓܦܐ *erect wings,* Natur 58. 15.

ܡܕܐܡܨܢܘܬܐ *steepness, ruggedness* of a mountain, Mar Bassus 33. 453. Metaph. *a rugged task,* ܡܕܐܡܨܢܘܗܝ ܕܬܫܡܠܐ ܘܡܕܒܪܢܘܬܐ Sev. Lett. 433. 2.

ܐܡܪ col. 1150. *to weave.* Act. part. fem. ܐܡܪܐ used of a bee *constructing* her cell, Bar-Ce. Hom. 198 v, under ܡܕܠܝܠܐ col. 4347.

ܐܡܘܦܐ col. 1150. 3 of par. Correct ܐܡܘܦܐ παραρρύματα, Hex. Ex. xxxv. 11 Lag.

ܐܡܪܐ col. 1151. add ref. pl. ܐܡܪܐ *weavers,* Sassan. 29. 2.

ܐܡܪܠܐ *a town in Beit Balan,* E. of Ctesiphon, Jab. 369. 3 af. Pers. Mart. n. 744.

ܐܡܨ col. 1151. *to goad.* Add: ܟܐܒܐ ܕܐܡܨ *stabbing pains* (of pleurisy), Med. 225. 6. Ethpē. ܐܬܐܡܨ *to be goaded, pricked;* ܡܕܐܡܨܬܐ of the pain of pleurisy, Med. 225. 7. Metaph. ܡܠܠܐܝ ܗܢܘܢ : ܘܡܕܐܡܨܐܝܬ ܘܡܚܝܢ ܗܢܘܢ *my words which pierced you* to the heart, Vit. Mon. 84. 24.

ܐܡܟܐ or ܐܡܟܐ col. 1152. *tetanus, spasms,* refs. Med. 139. 18, 149. 1, ܐܡܟܐ ܘܚܡܬܐܢܐ, ib. 10. 4, 7, ܐܡܟܐ ܥܡ ܚܡܬܐ ܟܡܦܨܡܐ, ib. 146. 11, 22 ; pl. ܐܩܡܠܐ Hunt. clxx. under ܡܥܡܐ col. 3697.

ܐܨܨ col. 1152. *to press.* Add: ܠܐܓܪܐ ܚܒܪ ܐܨܨ *he made the doors fast,* Pet. Ib. 53. 20, Pléroph. 34. 3; ܘܐܕܝܣܟܢܗ ܘܓܠܐ ܬܘܪܥܬܗ ܟܬܡ ܐܨܨ *a sweet odour which gathered in itself all the spices in the world,* Hormizd 1190. Pass. part. ult. of par. correct *having the vowel* e ܐܨܝܨ ܗܡ ܐܡܝܨ. ܡ. : ܣܟܪܐ or i ܐܨܝܨ BA. Cod. Goth 4679 under ܡܨܠܐ col. 1717 = ܒܓܕܐܢܠ ܗܡ ܐܦ ܐܘ ܗܐܘ ܡܨܝܪܐ ܗܡ Hunt. clxx. ib., and id. col. 1817. Ethpe. ܐܬܐܨܨ refl. *to contract, constrict,* add: a snake trying to slough its skin ܚܕܪܐܨܨ ܡܒܝܢ ܘܩܛܝܟܕܘܡ *presses tightly into a narrow crevice and writhes,* Natur 38. 7. *To knot, become thick and firm;* (ܚܒܠܐ) ܢܐܙܕܚܒܝ ܚܝܢܗ ܐܬܒܢܠܐ ܬܐ ܬܠܐܬܫܪܝܗ, Med. 112. 17, 18. *To be coerced, restrained,* the principles of Good and Evil ܗܠܠܐ ܚܒܘܡܝ ܡܕܘܐܨܝܢ, Manichéisme 93. 2.

ܐܘܨܠܐ m. *constriction, congestion,* ܗܥܠܐ ܐܘ ܐܘܨܠܐ Med. 111. 12, ܘܟܗܥܩܠܐ ܬܝܒܢܠ ܟܢܒܠܐ ib. ult., ܫܒܝܠ ܘܐܘܨܠܐ ܗܘ ܘܩܕܐܗܢܐ ܥܕܠܝܠ *power of compression which causes coughing,* ib. 224. 19.

ܢܨܒܝܢ ܐܘܨܚܢܠܐ m. Ar. زَرْبِيَة, زَرْب *a fold, pen,* ܟܒܪܓܘܠܐ ܓܒܠܐ ܦܡ ܐܘܨܚܢܠܐ, A.M.B. v. 447. 19.

ܐܘܨܚܢܠܐ ܚܒܣ add: καταράκτης, *the stocks,* Schol. ad Hex. Jer. xxix. 26.

ܐܘܨܟܐܒܝܠ *tightly,* Natur. 19. 1.

ܐܘܨܝ Ethpa. ܐܬܐܘܨܝ *to be dull* (?) ܘܗ ܠܐ ܐܘܨܝ Cod. S. ܠܐܘܨܝܗ, Tekkaf. 167.

ܐܘܨܦܢܠܐ col. 1154. prob. i.q. ܐܚܕܦܐ col. 1079, ܐܘܨܦܐ and ܐܚܕܦܐ col. 1140. *savory, thyme,* Ar. PflnN. 181, Med. 39, 19, 231. 3 but ܐܘܨܘܦܐ trans. 256.; ܐܘܨܦܐ, ib. 603. 16.

ܐܘܨܚܒܗ *name of a tribe who eat dogs' flesh,* Kal-w-Dim. ed. Bick. 83. 15.

ܐܩܐ col. 1154. Pass. part. ܐܩܝ *glowing,* ܐܩܒܝ ܕܐܩܝܗ ܐܡܪ ܐܘܚܕܐ, Pallad. 3. 3 af. but the other edition, A.M.B. v. 2. 6. has ܐܩܒܝ *scattered.* Palpal ܐܩܩܝ *to shine with yellow light*, in an eclipse the moon appears black ܕܡ ܚܙܵܐܝܼܢܲܢ ܡܚܕܗ ܐܟܣܦ ܡܚܫܟܐ, N. Hist. ii. 1. 5.

ܐܘܙܘ̈ܢܹܐ *glittering*, ܐܘܙܘ̈ܢܹܐ ܟܬ݂ܵܢܹ̈ܐ, Med. 128. 22.

ܐܙܕ col. 1155. *to tie tightly, to strangle.* Pa. ܐܙܕ *to gird*, ܐܙܕ ܚܵܠ̈ܨܹܐ, Hormizd 1310.

ܙܕܘܩ prob. formed by analogy of Marduk. *Zarduk,* a demon who strangles children, Charms 79. 13, 15, 81. 18, 84, Protection 34. 14, 40. 7, 59. 14, 64. 20, J.A.O.S. xv. 141 ult. Cf. ܡܚܒ̈ܘܡ.

ܐܙܘ̈ܪܣ pr. n. mentioned with Balaam, G. Busâmé 62. 6.

ܐܙܘܪܕܫܛܡܓ̈ܐ m. pl. *Zoroastrians,* G. Busâmé 60. 4 af.

ܐܙܘܪܕܐ col. 1155. Dele par. Pers. زردك and زرد آب a synonym for ܚܘܪܕܥܐ *Carthamus tinctorius, Bastard saffron, safflower,* DBB. App. 219. 1 ult., Ar. PflN. 219.

ܐܙܘܪܕܫܛܡܓ̈ܐ patronymic from Pers. زردشت *Zarâdušt* + آن *ân,* the magian sect of Mazdakites, followers of Mazdak son of Bâmdâdh, disciple of Zarâdušt son of Khoragan, Tabari 456 ff., Jos. Styl. 16. 21 transl. 13 n.

ܐܙܘܚܐ and ܐܙܘܚܐ col. 1156: see ܐܙܚܐ.

ܐܙܕܝ Pers. زرول; *a leech*, col. 136 under ܚܫܘܕܐ܆ and DBB. 15. 15.

ܐܙܦܐ pr.n.m. A.M.B. i. 511.

ܐܙܙ܆ Zend *zrvan time*, *Zôrvân* or *Zarwan* boundless time personified. A creature of Ahura-mazda, Zad-sparam i. 24, Vendidad xix. 33. 44. Later he was thought of as the father of Ahura-mazda and Angra-mainyu, Hippoc. iv. 11 af., 3 af. ܐܙܢ ܐܕܐ ܘܐܚܕܣܘܗ̈ܝ, ܐܚܙܢ ܚܝܼܵܚܵܐ, ZDMG. lvii. 563. 7. Then as a god, A.M.B. ii. 577 quater, Barhad. 366. 3.

ܐܙܘܡܕ col. 1156. unknown. Can it be from Zend zar *to unite* + kar *maker* = Maker of Union? M. Addai Scher's note is ذريوخن *splendeur du soleil,* Barhad 366. 3 and n., mentioned there and A.M.B. ii. 577 with ܚܘܡܦ̇, ܦ̈ܚܡܦܵ, and ܐܙܙ.

ܐܙܙ col. 1156. *to gird oneself, to be valiant, strenuous,* ܐܘܐܙܢ ܘܟܕܝܼܒܹܐ ܘܬܵܗܕܹܐ ܢܚܡ̈ܘܢ ܠܚܫܕܐ Is. Nin. B. 270. 3 af.

ܐܙܐ col. 1157. Pa. ܐܙܐ *to tear, lacerate,* ܠܟܝܼܢܹ̈ܐ ܚܦܬܒܐ ܢܙܐ Poet. Syr. 132. 14.

ܐܙܝ or ܐܙܝ the capital of Segestan, Coupes ii. 111. 13, Syn. Or. 343, 344.

ܐܙܝ a village in Beit Garmai, Chast. 23. 2.

ܐܙܝܚܒ see ܚܒܝܐ *cinnabar*.

ܐܙܘܢܘܡܐ col. 1158. a monastery near Melitene, add refs. BHChr. Eccl. i. 459. 8, ii. 305, Chast. 2. 19, 3. 4 af., 8. 19, A.M.B. iv. 216.

ܐܙܘܢܝܦܐ col. 1158. *arsenic,* add: Chimie 3. 11, 5. 6, ܐܙܢܦܐ ܘܚܡܪܐ ib. 8. 4; ܐܙܢܦܐ ܣܘܡܩܡܐ *red sulphuret of arsenic.* Lexx. under ܚܒܪܘܐ col. 2674.

ܐܙܕܐ col. 1158. Aph. ܐܙܕܪܝ *to cause to sow,* Dion. 126. 7.

ܐܙܕܘܥܐ m. *the act of sowing,* Anecd. Syr. ii. 273. 15.

ܐܙܕܐ, ܐܙܕܥܐ col. 1159. 3) add: ܐܙܕܥܐ ܘܡܥܡܕ *an irrigated crop,* Book of Shem 114. 14. Many kinds of seed are mentioned in Med. add only: ܐܙܕ ܟܵܬܵܢܐ *linseed,* Med. 103. 12, ܐܙܕ ܟܵܬܵܢܐ ܘܡܩܦܟܣ *parched linseed,* ib. 241. 23; ܐܙܕ ܗܘܩܠܐܚܝܒܠܐ ܬܐ ܐܙܕܐ ܘܡܝܐ *seed of psyllium, flea bane,* ib. 603. 17, 18; ܐܙܕ ܡܝܐ *flea bane seed,* ib. 415. 19, 603. 17; ܐܙܕ ܩܪ̈ܙܚܬܐ *nettle seed,* ib. 185. 10, 303. 21, 352. 8.

ܐܙܕܩܠܬܐ col. 1160. Add: ܩܩܠ̈ܬܐ ܘܚܣܡ̈ܐ ܐܙܕܩܠܬܐ *digestive tablets compounded of seeds,* Med. 408. 22.

ܐܙܝܥܐ act. part. fem. *a sown field, cultivated land,* Hist. Mon. i. 104. 16, pl. ܐܙܝ̈ܥܬܐ l. 5.

ܐܙܕܐ name of a village, BHChr. Eccl. § ii. 395.

ܐܙܕ col. 1160. ܐܙܬܐ nom. unitatis of ܐܙܦ̈ܬܐ, *one mark* or *spot,* Hebraica vii. 70.

ܐܙܐ col. 1161. Pass. part. ܐܙܣܠܝܚ ܚܒܗ *his fame and praise were spread abroad,* Barhad. 392. 12. Pa. ܐܙܐ *to shake off, scatter,* ܙܠܝܬ̇ ܚܒܕܢܐ ܘܚܩܠܘܦܥܐ ܘܟܚܕܥܘܒ ܐܙܐ Ephr. i. 477 B.

ܙܗܘܪܝܬܐ γλαύκωσις, *cataract*, Hippoc. iii. 30.

ܙܪܟ *Zark*, village near Merv, Chast. 23. ult.

ܙܘܗܪܐ col. 1163. Arm. zoh, *sacrifice*, Sanscrit hotrá, Bactrian zaotra, Lag. G. A. 8. 25 f., 42. 108. ܩܘܪܒܢ ܕܙܘܗܪܐ S. Dan. 64 b 6 af., Hist. Mon. i. 201. 4, 396. 17; ܙܘܗܪܐ ܕܨܢܡܐ, Jab. 445. 3, Pers. Mart. n. 874.

ܙܥܘܪܐ *dispersion*, ܘܕܒܚܐ ܕܒܝܬ ܙܥܘܪܐ Epiph. de M. 16. 1, 2.

ܙܪܩܐ *blue*; add: ܙܪܩܐ ܠܚܡܝܗܐ Chimie 85. 20; ܙܪܩܐ Josephus vi. 5: see ܙܪܩܐ.

ܙܪܩܐ *blue*, ܚܒܪ ܙܪܩܐ, J.A.O.S. xv. 285. 5.

ܙܪܩܘܬܐ col. 1162. *apparent colour of the sky, blue* ܚܙܠܒܐ ܘܐܕܟܚܝ̈ N. Hist. ii. cap. i sect. 3, cap. iii pt. 5 sexies.

✧ ܚ ✧

ܚܒܠܐ col. 1166. *wrongly referred to* ܚܒܠ. It is ܚܒܠܐ *an abyss*, col. 1237.

ܚܒܣ col. 1166. *a fort in Tur Abdin*. Add: BH Chr. Eccl. 569. 13, 571. 2, R.O.C. xv. 229 bis.

ܚܠܠܐ ܕܪܕܢ or ܚܠܐ *Ḥalē, capital of the district Radan*. Probably Ar. حولايا *North of Baghdad*, A.M.B. ii. 654 = Pers. Mart. 71; ܚܠܠ, Jab. 211. 7, Anecd. Syr. ii. 24, 195.

ܒܩܐܚ col. 1167. *gnats*, براغي, Natur 44. 16.

ܚܒܘܪܐ *reeds*, col. 1168. Dele "forte." The passages quoted from Pat. Vit. are also in Pallad. 326. 10, 13, 341 ult. = A.M.B. v. 153. 16, 19, 174. 13, 175. 14.

ܚܒ col. 1168. *a seed, grain*, ܒܚܒܘܕܡ, Ar. حب الملوك *Euphorbia lathyris*, Med. 568 ult.; ܚܒܬ ܚܘܪܐ الحبة السوداء *black cummin*, ib. 583. 5.

ܚܒܬܐ col. 1172. *nom. unitatis of* ܚܒ. *one grain, a quarter carat*, Chimie 44. 3.

ܚܒܒ Pa. ܚܒܒ col. 1169. *to love, embrace, long for*, ܚܒܒܘ ܕܢܚܝܘܢ ܥܡܗ *they embraced the opportunity of living with him*, Hist. Mon. i. 45. 14. Aph. ܐܚܒ *to love, desire*, ܐܚܒ ܠܐܬܪܐ *he was in love with the place, was entirely pleased with it*, Pallad. 50. 1; ܐܚܒ ܠܩܕܡܝܬܐ, ib. 111. 6.

ܚܒܒ *as much as they wished, their fill*, ܚܒܒ ܗܘܘܢ, ܐܚܒܘ ܣܒܥܐ, Dion. 221. 15, 222. 3.

ܚܒܝܒܐܝܬ col. 1171. *diligently* opp. ܠܩܠܝܠܐ *slightly*, Syn. Or. 172. 29.

ܚܒܠ. ܚܒܠܐ col. 1172. *mist*. The ref. to Zach. = Anecd. Syr. iii. 207. 12, 26. Add: ܚܒܠܐ ܕܡܬܬܪܝܡ *fogs lifting and blown away*, Al Ihkham 65. 3.

ܚܒܘܪܐ *Ḥabura, formerly Circesium, at the junction of the Ḥabur or Khabur with the Euphrates*, Dion. 68. 22.

ܚܒܛ *to beat down, batter down*, col. 1173. 4, 5 ܚܒܛ ܠܫܒܠܬܐ ܕܦܘܪܩܢܐ *he beat down the spike of salvation*. Act. part. ܚܒܛ, ܚܒܛܐ; ܘܐܟܡܐ ܕܚܒܛܐ ܗܘܬ ܪܘܚܐ. ܘܐܦ ܠܒܠܥܡ ܚܒܛܐ ܗܘܬ ܘܠܫܐܘܠ *in like manner as the Spirit beat down Saul and laid Balaam low*, G. Busâmé 89 b 12, 13; ܚܒܛܐ ܣܓܝܐܐ i.q. ܣܚܦܐ ܚܒܛܐ *pelting rain*, Ephr. ed. Lamy i. 197. 3; سحاب المطر السريع, El Nis. 79. 77. Ethpe. ܐܬܚܒܛ *to be beaten down*, ܐܬܚܒܛ ܦܡ ܟܐܦܐ, Hist. Mon. i. 391. 13; ܡܫܬܚܒܛܝܢ ܡܢ ܪܘܚܐ ܚܣܢܐ, G. Busâmé 89 b 14, A.M.B. i. 197.

ܚܒܛܐ *beating down*, metaph. ܚܒܛܐ ܕܣܡ ܫܡܥܘܢ ܠܥܘܡܩܐ *the downfall of Simon Magus to the depths*, Ishoyahb, Hist. Mon. ii. 169. 20.

ܚܒܛܐ *a staff for beating off leaves*, cf. Ar. مخبط ܥܡ ܡܚܒܛܐ ܠܛܪܦܐ ܘܥܡ ܡܥܙܩܐ ܘܐܚܪܢܝ̈. ܠܗ ܘܪܘܚܐ ܘܡܥܡܕܝܢܐ, G. Busâmé 89 b 16.

ܣܚܦܐ a river to the north of Tur Abdin, C.B.M. 1110 a.

ܣܚܘ col. 1174. *to mix, blend.* Add: intrans. ܚܡ ܚܕ̈ܝܗܡ ܘܢܣܚܘ *till the mixture is molten and tempered,* Chimie 54. 8.

ܣܚܝܦܘܬܐ col. 1175. *tempering,* add: ܐܚܝܘܩܡܐ ܕܣܚܝܦܘܬܐܗܘܢ, Caus. Caus. 187. 14, Galen 286. 12. Metaph. *mingling,* Bar Sud. 110 n. a.

ܣܚܦܐ m. *combination* of the four elements, Galen 274. 3, ܣܚܦܐ ܘܡܕܩܐ ܡܪܩܒܐ, ib. l. 6; *a mixture,* Chimie 54. 14. Correct ib. l. 9 to ܣܚܦܐ ܕܒܠܐ ܘܪܦܐ where the text has ܣܚܦܐ. *Connexion* of the veins and arteries of the eye, Med. 74. 23.

ܣܚܦ Pa. ܣܚܦ col. 1175. *to do wrongfully, fraudulently,* ܣܚܦܘܗܝ ܚܠܝܡܘܗܝ ܐܢܐ ܘܨܒܐ ܡܠܦܢܐ *they set up a false patriarch,* Mich. Syr. 492. 20, Chron. Min. 257. 15. Pass. part. ܡܣܚܦܐ m.pl. ܠܡܣܚܦܐ *for those in pain,* Med. 576. 9.

ܣܚܝܦܐ, ܣܚܝܦܐ, ܣܚܝܦܐ col. 1177. *perverse,* ܣܩܠܐ ܕܣܚܝܦܘܬܗ, Is. Ant. 130. 4, ܣܚܦܐ ܕܚܠܝܗ *the snares of his perversity,* l. 5.

ܣܚܠ col. 1179 end of par. interj. *Alas,* add: frequent on tombstones, Lidz. Epigraph. 147.

ܣܚܟܢܐ *dangerous, fatal* of diseases, BB. under ܚܡܣܢ col. 1911.

ܡܣܚܟܢܐ *infectious, pestilential,* ܒܣܚܟܢܬܐ ܕܐܐܪ, N. Hist. vii. 2, 4.

ܣܚܡ col. 1181. Aph. ܐܣܚܡ *to be slow, negligent,* ܐܢܚܒܠ ܘܐܗܡܘܕ, Sev. Lett. 158. 21; ὤκνησας, var. ܡܚܠ, A.M.B. v. 355. 17.

correct ܡܣܚܒܝܐ (ܐܢܫܐ̈) ܡܣܚܟܠܝܐ, Jac. Edes. Can. 4. 5.

ܣܚܦ col. 1181. Add: *to contract,* ܐܘ ܝܣܚܦܘܢ ܠܗ ܚܩܝܢܘܗܝ Brit. Mus. Or. 2084. 43 v. Pa. ܣܚܦ *to press close together,* ܣܚܦ ܗܢ ܗܝܩܠܐ ܗܘܩܠܣܘܗܝ R.O.C. iv. 360; ܐܣܚܦ ܘܡܣܚܦܝܢ ܠܩܒܠܗܡ *those who press forward to receive,* Aphr. ܘܗܠ. 7 another manuscript reads ܘܡܚܣܚܡ. Ethpe. ܐܣܚܦ add: ܠܐ ܐܣܚܦ ܡܢ *I have not refrained from evil-doing,* G. Warda, Folkm. 9. 4.

ܣܚܝܡܐ col. 1182. *a batter* or *gruel* of flour, butter, and honey, ܡܚܟܡ—ܕܣܚܝܡܐ Med. 599. 21, ܘܡܚܠܐ ܣܚܝܡܐ ܢܚܠܝ ܕܣܚܝܡܐ Coupes ii. 127 infra.

ܣܚܝܡܐ f. *alum,* DBB. 1332 ult., cf. Duval's note Journ. As. 1893, 329 under ܙܗ.

ܣܚܪܐ col. 1182. E-Syr. ܣܚܪܐ *a press, throng,* Gest. Alex. 81. 16, 92. 3, 216. 2, ܣܚܪܐ ܕܚܢܡܐ Hist. B.V.M. 220. 20.

ܣܚܘܦܐ col. 1183. *smoke,* ܡܚܟܡ. ܣܚܙ. ܬܥܟܘܗܝ ܐܡܘ ܣܚܘܦܐ BH. de Div. Sap. 11. 1; *a funeral pyre,* id. Carm. 129. 2. But the same passage quoted col. 1587 has ܡܣܚܘܦܐ.

ܣܚܝܦܐ col. 1183. *carded wool* ܡܚܡ ܣܚܠܐ ܚܘܪܐ ܘܣܚܝܦܐ ܥܙܠܐ Ephr. ed. Lamy iii. 87 ult.

ܣܚܝܦܐ col. 1183. 3 af. correct ܟܚܦܐ *bustard* for ܒܚܐ.

ܣܚܪܐ col. 1185 *ink,* ܕܘܗ ܣܚܪܐ Is. Nin. Chab. 29; recipe for making ink, C.B.M. iii. Praef. x. ܠܐ ܐܣܚܪܘܐܗ ܘܚܠܒܗ *in fellowship* ܣܚܪܐ ܘܡܣܝܒܠܡܗ *dissociation from friendly and cheerful intercourse,* Is. Nin. Chab. 99. ult.

ܣܚܪܐ col. 1184. 18 of par. *a prayer which connects with the preceding,* Brev. Chald. i. 29. 15, 39. 1, Takhsa 74 bis.

ܣܚܪܘܬܐ col. 1185. *some kind of sorcery,* Jaç. Edes. Can. 27. pen.

ܣܚܪܐ add: τρῶμα, οἴδημα, *a wound, open sore,* Hippoc. v. 2, 61, Med. 192. 11, Bar Sud. 44. 17.

ܣܟܡ col. 1186. Logic: *to imply* ܚܘܒ ܘܐܚܕ ܕܣܚܟܠܐ ܣܚܡ ܘܚܠܣܡ *in mentioning the particular he implies the distributive,* Probus 92. 6. Pass. part. ܟܠܗܘܡ ܩܗܐ̈ܡܘܗܝ ܣܚܒܩܡܝ *all the propositions are included,* ib. 96. 1.

ܣܚܘܡܐ col. 1187. Dèle art. 1), it may be a mistake for ܚܣܘܕܐ: see Ar. PflnN. 143. 2) *the Persian apple,* pl. ܣܚܘܡܐ *apples,* Med. 412. 13, 575. 17, ܗܢܐ ܘܣܚܘܡܐ ܣܚܘܡܐ ib. 578. 10.

ܣܚܘܦܐ m. *a besieger,* Ephr. ed. Bick. 22. 4, 5. ܡܣܚܦܐ *incarcerated; included,* But. Sap. Isag. iii. 3, Theol. 4. 6 and often.

ܣܚܦܐ pr.n.m. Chast. 14. 14. 16, ܚܡܚܪܐ ܕܣܚܦܐ near Arzun, ib. l. 11.

ܣܚܕܬܐ for ܣܥܕܐ see below. A bishopric on the left bank of the Zab, Syn. Tim. i. 310, Or. Xt. ii. 310. 1, 311. n. 1. ܣܟܕܐ Mar Kardagh 41. 2. n. 11; ܒܥܕܐ id. ed. Abbeloos.

ܫܢܐ col. 1189. *a market day*, hence *selling*. ܕܗܢܐ ܫܢܐ ܒܝܫܐ ܘܠܝܛܐ ܡܢ ܐܝܡܢ ܗܘ *who instituted this evil and accursed* custom of *selling* into slavery? Jos. Narses 15. 4. ܟܚܕܗ ܕܗܢܐ ܫܢܐ ܒܝܫܐ Noah by his cursing of Ham *gave occasion to this evil custom of slavery*, l. 9.

ܫܢܐ see ܫܢܝ. *the Hajj*, ܐܙܠ ܠܚܓܐ *he went on pilgrimage to Mecca*, El. Nis. Chron. 174. 4, 175. 18.

ܫܢܐ col. 1190. Dele the article; ܫܢܐ is pl. of ܫܢܝܐ, El. Nis. 78. 62, *a hill shrine, high place, crag*. Job xxx. 6 points ܫܢܐ but Ephr. ii. 13 B. in loc. has ܫܢܐ and BH Schol. in Job has ܚܡܪ: ܠܐܣܝܐ ܫܢܝܐ: ܚܐܡܗ ܣܝܢܐ ܕܘܪ ܡܨܕܚܓܐ: ܩ ܣܕܘܚܐ ܘܡܘܚܐ. ܘܐܢܬܡ ܫܝܢܐ ܚܕܚܝ ܬ ܡ ܕ ܚܥܡܚܠܐ ܕܐܚܕ ܚܠܬܐ ܘܥܕܢܐ A.M.B. ii. 599 ult. ܫܢܐ should probably be emended to ܫܢܝܐ: ܣܘܐܦ ܩܝܢܬܐ ܐܘ ܫܢܐ ܢܩܝܡ ܠܓܒܠ ܫܢܘܪܐ *heaped up round her body like a cairn*. End of par. dele "Vox suspecta."

ܣܝܓܐ col. 1190. Geop. 86. 2 correct ܣܝܓܐ ܕܢܚܫܐ *a brass rim*, S. Fraenkel ZA. xvii. 86. See ܣܝܓܐ from ܣܘܓ, ܣܝܓ col. 1218.

ܫܢܝ Pael denom. verb from ܫܢܐ col. 1189. *to make a funeral feast, to wake*, ܫܢܝܘ ܠܗ ܚܒܠܐ ܩܕܡܝ *they kept his wake for a week*, Alexis 27. 18. Aph. ܐܫܢܝ *to make a feast*, ܐܫܢܝ ܩܘܡ ܠܓܠܐ Aphr. 741. 20.

ܫܢܝ i.q. ܚܓܝ Ar. حاج *Hajji, a pilgrim to Mecca*, Jab. 159. 6. Pl. ܫܢܝܬܐ الحجاج, El. Nis. Chron. 173. 24, 175. 11, 181. ult.

ܫܢܝܐ, ܫܢܝܬܐ i.q. ܫܢܝܐ col. 1190. *festal*; ܡܐܡܪܐ ܫܢܝܬܝܐ πανηγυρικά, *a festal oration*, Act. S. Pelag. 4. 13.

ܫܢܝܬܐ col. 1190. eccles. *procession* at a feast, add Dion. Ined. ap. R.O.C. ii. 480. 11: ܛܟܣܐ ܕܫܢܝܬܐ ܘܕܫܠܡܐ ܒܦܨܚܐ *order of the procession of the Pax at Easter*, Brev. Chald. ii. ܩܡܣ 4 af.

ܫܢܝܘܬܐ col. 1190. *celebration*, Sev. Lett. 466 ult.

ܫܢܐ pl. ܫܢܝܐ *thorns*. Add: ܫܢܝܢܐ; ܫܢܝܢܐ *thorny*, BB. under ܗܘܣܘܪ col. 3545.

ܣܚܪ col. 1191. *to surround*, ܣܝܚܕܗ ܕܣܝܘܪܘܗܝ, A.M.B. v. 92. 5. Var. ܢܚܕܗ Ar. عجل *to hasten*, Pallad. in the like passage has ܦܓܕܗ; as it was for security the former reading is preferable.

ܣܚܝܠܐ, ܣܝܚܝܠܐ add: ἑλικτός, ἑλικοειδής, *tortuous, winding*, the cave of Machpelah ܟܥܦܐ ܚܠܝܚܕ ܚܓܠܐ ܕܣܝܚܠܐ ܘܣܚܘܪܐ, Nest. Chrest. 91. 106.

ܣܝܩܕܐ m. Ar. حَجَّام *a cupper, blood-letter*, Hunt. clxx under ܣܩܘܥܐ col. 2582, DBB. 1321.

ܣܚܝܙܐ, ܣܝܚܙܐ col. 1193. *lame*, BA. under ܐܚܝܙܐ, DBB. 10. 23.

ܣܚܝܘܕܐ *hindering*, ܣܚܝܘܕܐ ܣܢܝܦܐ *restraining modesty* is a human and animal trait, But. Sap. Philos. 6. 8.

ܣܚܝܘܬܐ f. *haltingness, lameness*, ܠܚܡ ܗܣܕܗ ܣܛܡܐܠܐܬܘ ܣܚܝܙܐܘܢܣܚܕܘ, Epiph. 8. 11.

ܣܚ col. 1194. *one*. ܚܕܐܘܒܣ ܣܚ *unique*, Natur 28. 6.

ܣܚ ܒܫܒܐ ܚܕܬܐ col. 1195. 3 of par. *New Sunday* = Anglice *Low Sunday*, κυριακὴ καινή or κυριακὴ νέα so-called because it follows the ἑβδομὰς διακαινήσιμος *the week of renewal* as the resurrection of Christ renews mankind each Easter Sunday, Hist. Mon. i. 215. 11, ii. 413 n.

ܣܚܒܪܐ col. 1195. σύν in comp. ܐܚܕ ܣܚܒܪܗ συνέδησε, Hex. Ex. xiv. 25. Logic: *the co-attribute*, Probus 97. 5.

ܣܚܝܕܐ col. 1197. *a monk is called* ܣܝܚܝܕܐ *solitary*, from his ܚܝܘܬܗ ܣܝܚܝܕܬܐ ܠܐ ܣܛܝܢ *simple and single-minded life*, BA. under ܣܝܣܝܢ col. 1589. *A dog's skull is* ܣܝܚܝܕܐ ܓܪܡܐ *all in one piece*, N. Hist. vii. 1. 7.

ܣܝܚܝܕܐ ܕܐܕܫܐ *being of one kind only*, Is. Nin. Bedj. 206. 9.

ܣܡܡ col. 1197. Pass. part. ܡܚܰܣܰܡ united: ܡܚܰܣܡܳܐ ܐܚܺܝܕ ܥܰܡ ܚܰܣܝܳܐ؟ "uni à l'Unique," Journ. As. 1907, 169; ܝܚܺܝܕܳܝ̈ܶܐ ܘܰܡܚܰܣܡܶܐ ܘܰܠܐܰܠܗܳܐ solitaries and truly united to God, Jab. 508. 2. Joint, combined, ܡܚܰܣܡܳܐ, ܡܚܰܣܡܳܐ ܘܰܣܬܺܝܪ ܘܰܥܶܡ ܘܰܚܰܕ, Patr. Or. iii. i. 113. 7 bis, ܘܰܥܶܡ ܘܰܚܰܕ, ib. 110. 1 bis, 2. Cf. ܐܺܝܬܳܐ ܠܳܐ ܡܚܰܣܡܳܐ ܘܰܩܢܽܘܡܬܳܐ incorporeal beings = i.e. not united to bodies, Is. Nin. Bedj. 195. 3; consistent, ܘܠܳܐ ܡܚܰܣܡܳܐ ܣܘܽܚܳܢܶܗ: ܘܠܳܐ ܐܰܚܕܶܐ ܗܽܘ ܣܘܽܚܳܢܶܗ whoso is inconsistent in action, is undisciplined, ib. 206. 20.

ܡܚܰܣܡܽܘܬܳܐ col. 1198. ܡܚܰܣܡܽܘܬܳܐ ܘܰܚܰܕܽܘܬܳܐ ἕνωσις, WZKM. ix. 102.

ܣܰܡ to heap up, ܣܰܡ ܐ݀ܪܓܶܐ ܟܰܠ ܝܰܓܦܶܗ Heb. חֹתֶה, Prov. xxv. 22. Ethpe. ܐܶܬܚܰܣܰܡ to be heaped up, ܘܰܐܣܺܝܒ܆ܘ ܘܰܐܺܦܥܺܝ܆ with gloss ܣܰܡ ܐܢܶܫ, Hormizd. 1960.

ܣܰܡܳܐ the breast, col. 1200. 3 of par. The pl. form ܣܰܡ̈ܘܳܬܳܐ Lev. ix. 20 seems borrowed from the Targum, the Syriac form of pl. is ܣܰܡ̈ܶܐ. See Merx. Chrest. Syr. 195 ult.

ܣܰܡܟܳܐ col. 1201. a wooden flap fixed to one flange of a folding door, BA. under ܣܝܩܣܳܐ col. 2340.

ܣܰܘܳܐ or ܣܰܘܽܘ col. 1198. ܣܰܘܽܘܢܳܐ col. 1200. ܫܰܒܬܳܐ ܘܣܰܘܽܘܢܶܐ Saturday of the merry-makers, i.e. the eve of Low Sunday, A.M.B. ii. 241. 8.

ܡܚܰܣܡܳܢܳܐ diverting, amusing said of theatres, Sev. Ant. Hom. 54. 11. Gram. expressing joy, ܪܺܝܫ ܚܰܝ̈ܳܐ ܡܠܳܐ ܚܘܶܣܡܳܢܳܐܺܝܬ Hebraica iv. 169. 11.

ܣܘܳܕܳܐ col. 1201. endive, pl. ܣܰܘ̈ܘܳܕܶܐ Med. 39. 12, 86. 6, 565. 12, 16; ܣܘܳܕܳܐ ܘܰܗܘܳܐ Galen. 297. 33 is given as a synonym for ܡܰܚܡܽܘܡ Sonchus oleraceus. See col. 2568 and Ar. PflnN. 253, 255.

ܣܘܓܝܬܐ col. 1202. a wedding feast; master of the ceremonies at a wedding, BHGr. i. 24. 11, pl. ܣܰܘ̈ܓܝܳܬܳܐ ib. 35. 14.

ܣܰܘܽܕܳܐ = ܣܰܘܽܘܬܳܐ endive, chicory, Med. 553. 6, 566. 7.

ܣܰܘܽܕܗܘ pr. n. f. Ḥaduhdokt, Chast. 31. 18.

ܫܒܳܐ col. 1203. a village in Tur Abdin, A.M.B. iv. 499. 15; Mar Bassus 40 n., 55. 5. 66. ult.; ܫܒܽܘܝ ib. 48. 670.

ܣܰܘܽܘ col. 1203. Parts. ܣܰܘܽܘ ܘܰܐܳܙܶܠ ܘܳܐܚܶܕ a running sore of the head which spreads, JAOS. xx. 188. ܣܰܘܽܘ ܗܘܳܐ ܡܰܚܡܳܚܳܐ all-round health, Jos. Styl. 21. 3. Aph. ܐܰܣܘܺܝ col. 1204. to give alms, ܚܰܣܽܘ ܚܰܣܰܡ Cyrillona 587.

ܣܰܘܽܘ, ܣܰܘܽܘ col. 1204. going round to beg, ܣܰܘܽܘ ܘܩܰܕܡܳܐ begging for water, Cyrillona 587.

ܣܘܳܘܳܐ col. 1205. that which is obtained by begging, ܣܘܳܘܳܐ ܘܣܰܘܺܝܬ the alms which I have begged, Hist. Mon. i. 168. 18, Cyrillona 587.

ܣܰܘܽܘܬܳܐ col. 1204. vagrancy, begging, Gest. Alex. 20. 7.

ܣܰܘ̈ܳܘܳܐ col. 1205. odd jobs of housework, chores ܡܚܰܕܶܒ ܣܰܘ̈ܳܘܳܐ ܗܘܳܐ Pallad. 183. 9. Med. pl. ܣܰܘ̈ܳܘܶܐ περίοδος, period of an intermittent fever, Hippoc. i. 10, 11, 18, iv. 59. Eccles. the Khudhra or Cycle, a large vol. of the parts of the liturgy and daily offices proper to Sundays, Feasts of Our Lord, and Saints' Days, ܩܐܶܚܘܰܣܡܳܠܐ ܘܰܚܣܽܘܕܳܐ a hymn of praise from the Khudhra, QdhamW. 161, 7; ܐܰܝܟ ܘܰܚܣܽܘܕܳܐ according to the Khudhra, ib. 123. 14, 128. 4, 144. 8 and often, Brev. Chald. 1 tit. 53. 2.

ܣܰܘ̈ܳܘܳܢܽܘܬܳܐ col. 1206. circularity, ܠܰܕܳܘܽܘܢܳܘܬܳܐ ܐܳܚܰܕ ܘܰܐܶܫܚܡܰܩ circular motion and form, But. Sap. Theol. 4. 5.

ܡܚܰܣܒܳܢܳܐ col. 1206 should have P'thakha on the Mim, not on the Khet, as it is formed from the Aphel. revolving, causing to revolve, ܐܰܥܡܰܙܺܝܢ ܚܰܣܒܳܘܳܢܳܐ ܘܰܐܚܶܕܘܺܝܠ the Eccentric which causes the epicycle to revolve, N. Hist. Bk. II, Cap. iv. 2. Pl. ܡܚܰܣ̈ܒܳܢܶܐ mendicants, gloss to ܚܰܢ̈ܦܶܐ, heretics, perh. followers of Audo (ܐܰܘܕܽܘ) as he taught mendicancy, A.M.B. ii. 150 ult.

ܣܰܬܳܐ col. 1206 infra. Ar. حَدَثَ to be or become new, ܣܰܬܳܐ ܡܚܰܕܡܰܥ ܚܕܰܡܳܠܳܐ Ephr. ed. Lamy i 619.

ܣܬܳܘܳܐ, ܣܬܳܘܳܐ for ܣܬܳܘܬܳܐ Nöld. Gram. § 26 B. f. a newly married woman. Cf. Lexx. under ܣܰܘܽܘ col. 1200.

ܣܝܼܡܵܐ, ܣܝܼܵܡܠܵܐ col. 1207. *new*; ܣܝܼܡܵܐ ܗܘܼ ܦܐܠܵܐܚܕܼܒܼ ܣܝܵܡܵܠܵܝܵܐ *he who is created anew is new*, Nest. Hérac. 54. 5; ܘܣܝܼܡܵܠܵܐ ܡܲܠܦܵܢܵܐ *new doctrine*, Nöld. F. S. i. 477; ܚܨܨܡܵܐ ܣܝܼܡܵܠܵܐ *innovations*, Sev. Ant. Vit. 113. 1.

ܣܝܼܵܡܬܵܐ ܐܵܠܵܝܬܵܐ col. 1208. *novelty*, ܣܝܼܵܡܬܵܐ ܚܨܨܡܵܐ *an innovation*, Pet. Ib. 79, Sev. Lett. 13. 12, 14 bis, 15 ter, id. Hymns 48. 3; pl. ܣܝܼܵܡܵܝܬܵܐ ܚܨܨܡܵܐ ܘܣܝܼܡܵܢܘܬܵܐ αἱ τῆς πίστεως καινοτομίαι, id. Vit. 111. 13, 113. 12.

ܣܝܼܵܡܬܵܐ ܟܝܡܬܵܐ synonym for ܣܝܼܡܬܵܐ, *the four weeks before Advent*, Or. Xt. iv. 208, ܟܝܡܬܵܐ ܘܣܝܼܡܵܐ ܕܚܡܬܵܐ ܡ *the eighth Sunday before Christmas*, also called ܗܲܟܵܟܵܠܐ Brev. Ant. ii. 27.

ܣܝܼܡܬܵܐ Ar. الحديثة *al-Ḥaditha* now Keshaf on the left bank of the Tigris about a farsakh below the mouth of the Great Zab, Hist. Mon. i. 95. 21, 130. 16 and often, Pers. Mart. 178, 190, 234, a bishopric Syn. Or. 619, 6, Chast. 34. 12, 57. 11 etc.

ܣܝܼܡܵܬܵܝܵܐ *an inhabitant of Haditha*, M. Z. 212. 20 pl. ܣܝܼܵܡܵܬܵܝܹܐ ib. 1. 19, 210. 13.

ܣܝܼܘܿܡܚܕܼܘ *a city of Persia in* ܐܵܨܝܡܗܵܝ, Chast. 5. 4.

ܣܝܼܡ Pa. ܣܝܵܡܝ col. 1268. With ܡܲܚܣܘܼܠ *to issue coin*, Anecd. Syr. i. 19. 1. Chem. with ܩܲܠ *to act superficially* (ܡܣܲܐܠ ܩܲܠ ܚܝܼܸܢܸܘ) opp. ܡܥܲܡܸܩܵܡܐ ܢܚܸܣ *to penetrate deeply*, Chimie i. 5 and 6 af.

ܣܝܵܡܘܿܡܐ col. 1210. Logic: *demonstration* opp. *induction*, Probus 101. 17.

ܫܘܿܡܟܠܐ col. 1210. any animal resembling a serpent, as *the salamander*, Anecd. Syr. iv. 75. 23; *the lizard*, BB. under ܚܩܘܿܡܐ col. 2584.

ܫܘܿܡܠܐ col. 1210. *a snake* ܚܨܨܡܐ ܕܐܝܼܡܵܐ ܘܐܡܲܪ ܚܨܨܡܵܢܵܗܘܿܢ ܒܐܟܵܗܘܿܢ ܚܸܓܼܝܒܵܢܵܐ *the serpent drug is, in my opinion, gentian*, Med. 264. 16.

ܣܝܘܿܡܬܵܐ pl. m. *Ophites, serpent worshippers*, Coupes ii 117. Cf. ܚܲܟܠܵܐ.

ܡܲܚܣܝܵܢܵܐܝܼܬ *demonstrably, obviously*, Nest. Hérac. 79. 14, 449. 19.

ܡܲܚܣܝܵܢܵܠܐ *demonstrable, reasonable*, ܗܘ ܠܡ ܚܸܣܡܵܐ ܘܡܸܣܬܒܼܪܵܢܵܐ ܠܚ ܡܲܚܣܝܵܢܵܠܐ ܚܡܸܣܒܲܕܼܠܐ Sev. Ant. Hymns 293.

ܠܡܲܚܣܝܵܢܵܐܝܼܬ *clearly, convincingly*, Is. Nin. B. 80. 6; BB. under ܡܲܚܚܠܐ col. 1560.

ܣܝܘܿܥܢܵܐ col. 1215. *mist, darkness*. Dele: it is given col. 1172.

ܣܝܘܿܕ, ܣܝܼܕ col. 1212. ܣܝܘܿܕܬܵܠܐ col. 1215. add: *a defeat, rout*, Josephus vi. 8. 10, 13. 12.

ܩܝܵܕܵܐܝܼܣܟܼܠܵܠܐ col. 1216. *duly, as in duty bound*, Hist. Mon. i. 117. 1; opp. ܡܚܘܿܕܣܵܠܐ, Syn. Or. 140. 9; ib. 130. 6.

ܣܝܘܿܙܣܝܘܿ col. 1218. Correct: *Rhamnus infectorius*; it grows on the mountains of N. Arabia, has small black berries of a harsh flavour; in Khorasan they are eaten boiled: BB. under ܣܝܘܿܙܐ col. 1162, under ܚܣܡܲܥ col. 1916, Ar. PflnN. 257; ܣܝܘܿܙܣܝܘܿ ܩ ܚܸܕܼܙܵܠܐ. ܠܐ ܚܸܓܹܠܐ Med. 604.

ܣܝܘܿܗ interj. stronger form of ܐܘܿܗ *Oh, ah, fie* with ܬܦܼ: ܣܝܘܿܕܢܸܣܝܘܿܗ ܢܩ Anecd. Syr. ii. 81. 5.

ܣܝܘܿܚ pr. n. m. Stat. Schol. Nis. 189. 3.

ܣܝܘܿܚܡܐ col. 1219. *sloe, blackthorn*, add ref. ܟܸܙ ܐܘܿܟܠܵܐ ܘܣܝܘܿܚܒܼܵܠܐ Med. 572. 7. Op. Nest. does not know the bush, ܣܝܘܿܚܡܐ ܡܥܵܡܵܐ ܘܚܨܒܼܢܵܐ 138. 6.

ܣܝܘܿܛܝܼܪ *Ḥutir*, a village, Chast. 21. 19.

ܣܝܘܿ, ܣܝܼ and ܐܠܣܝܸܡ col. 1221. Dele both articles.

ܣܝܘܿܚܬܵܠܐ f. *weaving; texture*, BA. under ܠܒܵܙܘܿܠܐ col. 2261.

ܣܸܚܠܗܵܘܿ col. 1221. *in the mountains N. of Damascus*. Nöld. identifies this with Helbon הלבן Ezech. xxvii. 18, ZDMG. xxix. 436.

ܣܝܘܿܣܝܐ col. 1222. Dele: *it is a mistake for* ܣܝܘܿܣܝܐ col. 1219.

ܣܝܘܿܕ, ܣܝܼܕ col. 1223. 8 of par. ܣܘܿܕ ܪܝܼܫܟܼ *shampoo thy head*, Med. 554. 10.

ܣܝܘܿܦܵܐ col. 1223. 5 f. of par. correct ܩܘܿܫܦܗ *His breath*; "even that which is born from our bosoms is not, save by the breath of God"; see Gen. ii. 7.

ܣܘܡܝ, ܣܘܡ col. 1224. *to close, tie up* a pot, Chimie 36. 8; *to become thick, to thicken* ܟܕܘ ܕܬܚܙܐ ܕܫܪܝ ܠܡܣܟ ܡܘܡܐ *lorsque tu verras que le produit trituré commence à s'épaissir sous le pilon*, ib. 22. 21. Pass. part. 18 of par. correct ref. Not Clem. Rom. Rec. but Clem. Ep. 80. 8, add 176. 4. Pael ܣܡܝ pass. part. *well-knit*, ܩܠܝܡ ܗܘܐ ܒܚܝܠܐ ܘܡܚܣܢ Josephus vi. 10. 15. Ethpa. ܐܬܡܣܝ add: with ܟܠ *to be strong, to prevail over* ܐܬܡܣܝ ܚܟܡ ܡܘܬܐ Th. Mops. in John 1. 29.

ܣܘܡܐ col. 1225. *spathe* of a palm, ref. ܣܘܓܐ ܕܩܠܐ Med. 98 ult.

ܣܘܡܪܐ col. 1225. ܣܡܐ ܕܩܢܝܐ *a partition of reeds, a reed mat*, Kal-w-Dim. ed. Bick. 40. 14, cf. ܣܘܪܐ id. ed. Wright 179. 10.

ܡܣܡܪܢܐ col. 1226. f. pl. ܡܣܬܪܢܐ ܕܟܘܕܬܐ *the contractile or constricting muscles of the colon*, N. Hist. vii. 1. 3. *Astringent*, Med. 212. 6, 293. 3.

ܣܘܡܐ a village of ܒܝܬ ܕܩܘܡܐ Chast. 62. 13.

ܣܘܡܐ col. 1226. *a step*; add: ܕܘܡܥܠܝܢܐ ܣܘܡܐ *the ladder of preferment*, Hist. Mon. 167. 3; ib. 174. 9, 270. 20.

ܣܘܡܐ col. 1226. 1) *a line*, ܣܘܡܐ ܕܟܬܒܝ *written closely*, Pallad. 106. 11; ܣܘܡܐ ܕܕܗܒܐ *sentences illuminated in gold*, Is. Ant. 126. 12, ܣܘܡܐ ܕܩܕܝܫܐ *sentences of Holy Scripture*, ib. l. 14; Nars. ed. Ming. i. 10 n. 1. Metaph. ܐܝܟ ܐܡܪ ܕܡܫܒܠܘܗ ܒܚܕܘܬܐ ܗܕܐ *guided in a straight line*, Hist. Mon. i. 174. 9; 270. 20; ܣܘܡܐ ܕܡܥܠܝܢܐ *line or ladder of preferment*, ib. 167. 3. 2) for ܣܘܡܐ *a pitcher, pot, the leaven is to be set apart* ܚܡܝܪܐ ܢܗܘܐ ܒܣܘܡܐ Takhsa 118. 2.

ܣܘܕ, ܣܪ col. 1226. *to look, to take a direction*, ܣܦܢܐ ܕܟܠܒ ܗܠܚܘܕܐ *the ship's course was directed towards*, A. M. B. 149. 14 = Pallad. 323. 4; Budge "was about to arrive". Act. part. add: ܐܝܟܢ ܡܣܟܐ ܕܣܘܕ ܕ *how can he expect that?* ref. Ephr. Ref. i. 65. 23, 24. Perhaps i. q. Ar. ܚܐܪ *to be amazed, to marvel*, ܣܘܕܬܐ ܕܚܝܠܐ A.M.B. v. 53. 1. Aph. ܐܣܝܕ with ܣܦܠܐ

to hasten eagerly, Sassan. 7, 17, ܐܝܣܕܘ ܘܐܦܟܘ ܥܠܝܗܘܢ *they turned swiftly towards*, A.M.B. ii. 585. 13. ܒܕܘܡ ܢܬܟܕ ܚܟܡܝ ܣܦܢܝ *he turns all his guiles against thee*, ib. iii. 222. 10, 277 10; ܒܢܐ ܚܠܐ ܢܦܫܝ ܚܣܝܢܐ *I bring judgement upon myself*, ib. 278. 5 af.

ܣܘܕ Pa. ܣܘܕܝ col. 1229. Chem. *to blanch, whiten* act. part. ܡܣܘܕܐ Chimie 12. 17; pass. part. fem. ܡܣܘܕܐ l. 16. Arabism بيّض *to wear white* in token of opposition to the Abbaside party whose colour was black, ܣܘܕܘ ܠܡܬܐ Dion. 51. 3 af., 52. 1, 3, Nöld. WZKM. x. 166. Ethpa. ܐܣܬܘܕܝ *to be blanched*, Chimie 12. 10, 14.

ܣܘܕܘܕܐ m. *blanching*, Chimie 20. 22, 32. 10, 47. 11,

ܣܘܕܐ col. 1228. 2) *an example*, ܣܘܕܐ ܕܡܫܡܠܝܐ ܘܐܝܟܘܬܐ *a perfect pattern of the heroic life*, A.M.B. v. 3. 11; *archetype* ܣܘܕܐ ܕܠܟܠܗܘܢ ܘܓܡܘܪܐ BH. Hebraica iii. 251. 14. 3) *the white poplar*, ܩܝܣܐ ܕܣܘܕܐ sic Budge, an infusion of *poplar leaves*, Med. 575. 17, 582. 6.

ܣܘܕܐ col 1230. *white*. Add under β) *silver* opp. ܣܡܘܩܐ *gold*, Chimie 12. 4 but tin ib. 34. 4. γ) ܣܘܕܐ ܕܚܕܒܐ *Easter week*, Brev. Ant. i. 38 *b* pen., 48 *a* pen. ܚܓܐ ܣܘܕܐ *white Feast* of the Mongols, Jab. 142 ult. It is Feb. 1, the Mongol New Year's Day, Bedj. note ib. δ) ܐܟܠܩܪܬܐ πολιοφάγος, *a white-haired glutton*, Hist. Mon. ii. 34. 27, A.M.B. vii 86 &c., Act. S. Pelag. 7. 27, 8. 6. M. pl. i. q. ܣܘܕܘܘܬܐ ܣܘܕܐ ܡܬܒܥܐ ܟܡܣܬܐ Pallad. 352. 5, Med. 559. 1. See 3 ll. lower.

ܣܘܕܐ col. 1231. Pl. *leucoma, cataract*, add: Med. 78. 2, 82. 8, 91. 5, 12, ܣܘܕܘܕܐ ܣܝܕܐ ܘܗܘ ܚܟܬܝܒ ib. 604. 5.

ܣܘܕܬܐ col. 1231. *a white cloud or mist* ܒܝܕܘܥܐ ܣܒܓܥܝܐ ܗܘܐ ܕܐܙ ܚܝܗ ܩܥܐ ܡܚܬܣܐ ܘܡܚܕܡܥܡܝ ܡܝܣ ܐܣܚܐ ܕܕܘܕܚܠܐ ܘܡܬܠ But. Sap. Philos. 6. 2. Pl. ܣܘܕܬܐ *white film* on the eyes, Med. 89. 9.

ܡܣܘܕܘܢܐ col. 1232. *bleaching, blanching*, Chimie 1. 1.

ܣܘܕܚܡܢܐ *hellebore*; see under ܣܕܒ.

ܣܘܕܘܢܐ col. 1232. a district under the Bishop of Sarug, add refs. Brooke's Chron. 573. 8, Ant. Patr. 301. 10.

ܣܘܕܘܦܢܐ 1) a kind of laurel with narrow, bitter leaves, note to Chabot's Youssef Bousnaya, R. O. C. iii. 173. 2) حردفنذ, حردفنين perh. *mountain hollow*, Hordaphne village in the land of Amadia, C. B. M. 1067 a, Pers. Mart. n. 1544. A village in Beit Arabaye, Chast. 15. 1, 32. 21.

ܣܘܕܘܦܢܝܐ *an inhabitant of Hordaphne*, C.B.M. 1067 a.

ܣܘܕܡ col. 1232. Add: *Hurin* (l. *Haran = Carrha*) De Goeje B. 65. 1, 4.

ܣܘܕܝܗܐ (? ܡܕ) a monastery in the region of Amadia, Anecd. Syr. ii. 210. 6, 286. 14, ܣܘܕܝܗܐ l. 1.

ܣܘܕܪܐ see Suppl. under ܣܕܝܪܐ.

ܣܘܚܒܐ E-Syr. form of ܚܘܫܒܐ *Hoshaba* pr. n. m. BHChr. Eccl. 785. 5.

ܣܘܚܝܡ (ܘܚܢ) see ܣܚܝܡ (ܘܚܢ) above.

ܣܚ Ethpael ܐܣܬܚܝ denom. verb 1) from ܣܚܐ, *to penetrate*, BH Carm. 137. 14. 2) from ܣܚܐܝܐ *to be mangy, covered with scab*, Poet. Syr. 58. 5 af.

ܣܚܐ col. 1237. *infra, innermost recess*, add: ܣܚܐ ܕܡܨܥܐ μυχοῖς, Greg. Carm. ii. 48. 20; ܬܪܥ ܟܕܘܢ BH Carm. 121. 4, ib. 152. 1; ܣܚܬܗ ܕܐܝܠܢܐ *lee-side of the island*, A. M. B. iii. 383. 1.

ܣܚܘܢܐ col. 1235. *endowed with sight or insight, a seer*, ܣܚܘܢܐ ܕܣܘܕܐ lit. "seer of the opening", *the retina, back of the pupil*, Med. 71. 6, ܣܚܘܢܐ ܚܙܝܐ l. 16.

ܣܚܘܢܘܬܐ f. i. q. ܣܚܘܬܢܘܬܐ *perception, vision*, ܚܟܡܐ ܫܠܠ ܘܣܚܘܢܘܬܝ Is. Nin. B. 50. 15, 18, ܣܚܘܢܘܬܐ ܕܡܨܝܕܐ ib. 31. 2, DBB. 735. 20 under ܣܘܕܘܢܘܬܐ.

ܣܚܘܝ, ܣܚܘܢܐ col. 1235. Dele sing., ܬܪܥܢܐ is pl. of ܣܚܘܐ: see end of par. and ܣܚܘܐ ܚܡ BH Gr. i. 31. 1, Nöld. Gr. § 74 n.

ܣܚܝܐ *the Seer*, title of certain monks, sometimes considered a gentilic from ܣܚܐ *Hazza*. Joseph ܣܚܝܐ Chast. 64. 13, Jacob ܣܚܝܐ ib. 71. 1. See Chabot, Journ. As. 1906, 265.

ܣܚܝܐ col. 1236. Metaph. *perception, mental vision*, Is. Nin. B. 128. 3, 4; *spiritual vision*, l. 6.

ܣܚܝܬܐ col. 1236. *a*) act. *vision*. *b*) pass. *reputation*, ܒܚܕܐ ܕܘܗܡܐ ܣܚܝܬܐ Sev. Lett. 377. 16.

ܣܚܝܬ ܐܦܐ col. 1237. *a braggart, swaggerer*, Tekkaf. 111; pl. ܣܚܝܬܝ ܐܦܐ opp. ܚܬܝܬܐ Is. Nin. B. 189 n. 1; Syn. Or. 147. 6 af.

ܣܚܝܬ ܐܦܐܝܬ col. 1237. *ostentatiously*, Syn. Or. 137. 29; R. O. C. iv. 262. 1.

ܣܚܝܬ ܐܦܐ ܕܚܬܡܐ col. 1237. ὀπισθοφανῶς, *a backward look*, A. M. B. v. 355. 11.

ܣܚܪܐ m. perh. *prow of a boat*, Gest. Alex. 205. 1.

ܣܚܙܐ or ܣܚܙܐ col. 1238. BB. is wrong, it is حزّة *Hazza*, an ancient town near Arbela, sometime capital of Adiabene, Nöld. ap. ZDMG. xxxii. 401 f., Tabari 20 n. 4, Syn. Or. 619. 5, Jesus-Sabran 490 n. 1, 516. 21, 519. 28, A. M. B. iv. 134. 12.

ܣܚܦܬܐ col. 1239. *ringworm, dandruff*, add: λειχήν, Hippoc. iii. 19; on the eyelid, Med. 92. 22, on the head, ib. 554. 20, ܣܚܦܬܐ ܗܘ ܫܘܚܢܐ ܕܡܣܩܕ ܒܟܠ ܡܢ ܕܘܟܬܐ ܕܓܘܫܡܐ. ܘܒܡܪܝܪܐ ܘܒܚܪܐ ܣܩܕܐ *ringworm is a sore which may occur in any part, it is of the colour of sparks, it is irritable and itches*, ib. 604. 8 ff., Pet. Ib. 40. 11.

ܣܠܡ name of a village, Anecd. Syr. ii. 199. 11, 144. 24; 203. 23.

ܣܠܡܐ, ܣܠܡܬܐ col. 1239. *a hog*. Pl. ܣܠܡܐ *scrofula*, Med. 50. 1 i. q. ܣܠܡܬܐ ib. 594. 6, col. 1240. 7. χοιράδες, Galen. 240, Hippoc. iii. 25.

ܣܠܡܘܢܐ pl. i. q. ܣܠܡܐ *scrofula*, Med. 583. 5.

ܐܣܬܠܡ denom. verb Ethpaal from ܣܠܡܐ *to be like a hog*, ܘܐܣܬܠܡܘ ܕܚܒܘܒܝܢ ܗܢܘܢ *those of swinish minds*, Manichéisme 98. 7.

ܣܠܡܕ col. 1240. Arab. حزام *belt, girth*, Beit Assyr. iii. 81. Cf. Fremdw. 103 n., El. Nis. 40. 5.

ܣܪܕ col. 1240. *to cause a commotion, to incite,* ܗܘܐ ܣܪܡܗ ܘܩܪܡ ܚܡܘܡܐ|ܒܚܙܐ|, Jac. Edes. ap. Ephr. ed. Lamy iv. 363. 5.

ܣܪܕ col. 1241. ܣܪܕܘܢܐ col. 1242. 1) ܒܩܠܐ ܣܪܕܘܢܐ ῥυάδες χυτοί, *migratory fishes, those which go about in shoals,* Ar. FischN. 89. 2) ܫܟܚܠܐ ܣܪܘܕܘܢܐ *or ellipt. an enveloping membrane e. g. the diaphragm,* Med. 131. 7; ܫܟܚܠܐ ܣܪܕܘܢܐ ܘܐܚܬܝܠ *the pleura costalis,* ib. 223. 7; ܫܟܚܠܐ ܣܪܘܕܘܢܐ ܕܣܡܠܐ *the pleura,* ib. 223. 2, 225. 4.

ܣܪܕܘܢܐ col. 1242. With ܘܢܦܠܟܠܐ *prolapsus uteri,* Med. 50. 22.

ܣܪܕܐ col. 1243. Pl. ܣܪܕܐ *arteries, veins,* ܣܪܘܕܚܘ ܣܪܕܐ ܐܝܟ ܕܒܗ ܠܚܘܫܐ, BB. under ܫܥܠܐ col. 1638 = DBB. 1995. 4; ܣܪܘܩܠܐ ܕܣܡܣܥܕܐܠ ܚܥܝܐܠ ܚܡ ܕܠܣܚܕܐܠ Hebraica iv. 212, 120, 129.

ܣܪܕܘ *the Khaser,* a tributary of the Zab, Bar Penk. 157. 12.

ܣܪܕܘܢܐ col. 1239. Add: ܣܪܕܘ ܫܡܐ *nightshade berries,* prob. *Strychnos colubrina,* BA. under ܡܟܪ col. 3698.

ܣܪܕܐ col. 1243. 1) *fine flour,* الدقيق السميد El. Nis. 78. 71. 2) *the dust which rises before a shower or the latter part of a shower,* القفو من السيل; El. Nis. 78. 72.

ܣܪܕܘ *Ḥazru,* a village on the road from Maipherkat to Amid, Dion. 54. 10.

ܣܥܠܐ col. 1243. *the plum,* add: ܒܩܠܐ ܘܣܛܠܐ Med. 107. 6, ܣܛܠܐ ܣܥܩܚܠܐ *black plums,* ib. 556. pen.; 557. 14; ܣܛܠܐ ܣܥܩܚܩܠܐ ib. 557. 1; ܣܛܠܐ ܘܣܚܐܚܗܡ ܘܣܗܣܩܥܠܐ *damascenes, damsons,* Jac. Edes. ap. Nöld. F. S. i. 576; ܣܛܠܐ ܩܘܬܚܠܐ *peaches,* ib.

ܣܥܘܪܐ col. 1244. Dele article; it is corrupt for ܣܡܝܘܪܐ q. v. col. 3347.

ܣܥܝ col. 1244. Past. part. ܣܥܝܠܐ *dug out,* ܣܥܝܠܐ ܣܥܝܠܐ ܘܣܚܛܠܐ *channels excavated for water,* Nöld. F. S. ii. 894. Pa. ܣܥܝ *to engrave,* Poet. Syr. 98. 7 misprinted ܣܥܝ. Ethpa. ܐܣܬܥܝ *to be dug or ploughed,* ܘܐܚܕ ܚܣܛܣܥܝܠܐ Arist. Apol. o. 5.

ܣܛܝܩܠܐ col. 1245. 11 of par. ܚܩܠܐ ܣܛܝܩܠܐ ܣܛܝܩܠܐ *striped, rainbow-coloured,* A.M.B. v. 188. 9.

ܣܥܘܩܠܐ m. *the field mouse,* Op. Nest. 90. 21.

ܣܛܝܩܠܐ col. 1245. *pointed,* ܗܢܝ ܣܢܒܗ ܘܣܚܝܢܝ ܣܗܘܕܘܢ *the extremities = tails of the roach and scorpion are sharp and pointed,* Med. 25. 21.

ܣܛܝܩܘܬܐ f. *pointedness, stiff sharpness* of the tip of a palm-branch, Pallad. 666. 19.

ܣܛܐ col. 1245. Ethpe. ܐܣܛܝ pass. *to be sinned,* ܘܐܣܛܝܗ ܒܗ ܚܛܐ *the sin committed by him,* Sev. Lett. 295. 9, 296. 5, 8; pl. ܘܐܣܛܝܬܡ ܣܥܝ *the sins committed,* ib. 202. 2, 203. 5 &c.; Cyr. 35. 13.

ܣܛܐܠ col. 1247. 3. correct "caret pl." to pl. rare, ܣܛܝܠܟܐ ܣܒܐ ܡܢ ܚܛܐ *each separate sin of ours,* Ephr. Syr. ed. Overbeck 329 pen. = Ephr. Jos. 260. 5; ZDMG. lii. 132.

ܣܛܐ col. 1247. ܠܚܛ *al-Khaṭṭ,* a city in Bahrain, the coast district on the Arabian side of the Persian Gulf, official name ܚܡܝ ܘܪܚܣܢ| Syn. Or. 216. 23; 679. Add: Ἄττα κώμη, Sprenger Alt. Geogr. Arab. § 170, Sassanidi 36. 9.

ܣܛܦ. Pass. part. ܣܛܝܦ add: ܘܚܣܛܐ ܘܣܛܝܦ ܣܡ ܣܘܕܘܙܐ *a mind captivated by vainglory,* Syn. Or. 147. 6 af. Ethpe. ܐܣܛܦ col. 1248. *to go headlong;* ܐܣܛܦܕܠ ܕܐܬܝ *to come,* Pléroph. 46. 3.

ܣܟܝ. ܣܟܝܠܐ col. 1249. masc. in the Bible, fem. ܠܐܛܣܐ ܕܚܟܣܠܐ *in the vernacular,* Apis. ܣܚܝ. ult. and note, ܝ note. Pl. ܣܟܝܠܐ *pastoral staves,* Hist. Mon. i. 236. 12. L. 18 of par. *sceptre,* cf. חטר Inscript. of Zengîrli 3, 9, 20, 25, WZKM. vii. 131. 12. ܣܟܝܠܐ ܘܐܚܠܐ col. 1250. 3 *Shepherd's staff, Polygonum seminale* Med. 39. 10/11, ܣܟܐܠܐ ܘܐܚܟܣܐ ib. 572. 6, 580. 6. Cf. col. 3946.

ܣܟܘܪܠܐ m. dimin. of ܣܟܘܠܐ, *a small staff, stick,* A.M.B. i. 506. 15, Hist. Mon. i. 340. 21, Vat. MS. ib. ܣܟܘܠܐ.

ܣܟܐܠ or ܣܟܠܐ col. 1250 infra. ܠܚܛܪ Ἄτραι, Ἄτρι, Ἄτρα, *Ḥatra,* a city in Tirhan, NW.

from Tekrit, Coupes ii. 111 f., WZKM. xii. 361, Pers. Mart. n. 1440, Hist. Mon. i. 148, 173. 7, ii 305 n. 5. I.q. ܣܡܝܐ. Other Ḥatras were in Marga, Athor, &c.

ܣܗܐ col. 1250 ult. Dele.

ܣܡܐ col. 1252. 2 to be reviving, refreshing, some fruits ܬܐܡ ܡܚܐܬ BH. de Pl., ܣ. 4. Imper. used as a salutation, ܣܡ، ܣܡܐ Hail, Pallad. 495. 12, 13.

under ܣܟܟܐ col. 1253. Sempervivum, add: i.q. Gr. ܐܒܪܘܢ col. 3 and Pers. ܡܣܡܚܕܘܗ or ܡܣܡܚܕܘܗ col. 2098; Ar. PfInN. 161. Med. 139. 16, 563. 15, 598. 20.

ܣܬܐ col. 1254. Astron. ܘܣܬܐ ܡܠܘܝܢ the first of four spaces on the outer circle of the astrolabe, it is from the Eastern horizon to the 30th degree of the lower meridian. "In hoc loco vita hominum et spiritus continetur", Firmicus Maternus ii. xvii. 2, De Astrolabe 251 infra and 284 n., ܡܚܘܕܐ ib. 255 ult., 273. 12, 16, ܘܗܢ ܘܡܬܒܣܠ ܗܢ ܕܐܘܠܡܘ ܘܐܡܝܕܗ ܣܬܐ 272. med.

ܣܡܐ، ܣܡܐܐ 1255. med. 1) life, lifetime, ܘܐܚܘܣܡ ܚܣܡܐܘ، Syr. Rom. Rechtsb. 27. 3, 60. 12. 2) Add: ܟܘܕܝ ܣܡܟܐ half beast, half man, Gest. Alex. 177. 5. A sheath, case, a pearl has ܘܐܘܐܡ ܢܘܣܐܐ، Natur 65. 3, 5.

ܣܡܐܐܢܐ col. 1256. sc. ܣܡܠܐ δύναμις ζωική, Hoffm. Herm. 173.

ܣܡܐܢܐܢܐ col. 1256. organic, ܣܣܡܐܢܐ sc. ܐܘܕܗܒ opp. ܐܣܒܣܐ "impetus organicus et anorganicus", Hoffm. Herm. 173.

ܣܘܣܐܐ f. victuals, provisions, ܘܐܗ ܡܚܐ ܚܡܕܡܚ ܘܣܡܐ ܠܐ ܐܣܗܕ what measures should be taken to avoid lack of victuals, Ined. Syr. 41. 3; ܣܥܢܐ ܘܣܡܐ ܘܐܘܗܣܡܐ ܘܣܥܢܘܐܣ lack of fodder for the cattle, Dion. 193. 5 misprinted ܣܡܣܝܐ here and 191. 17; ܒܦܠܢ ܘܗܘܘܣܬܘܣܗ ܘܗܘ ܘܗܥܣܘܗ ܣܢܟܐܐ to collect victuals for their sustenance, Hist. Mon. i. 186. 18. But Budge and Fraenkel think the word is Talm. ܣܟܐܠ = חייתא a sack, ib. ii. 368 n., ZA. xvii. 87.

ܣܡܢܠܐ a fortress in Mt. Singar, BH.Chr. Eccl. 633. 1.

ܣܡܠܐ, ܣܡܠܐ col. 1258. under 2) powers, add: δυνάμεις, facultates, Ar. قوى الأدوية ZDMG. xxxiv. 475 = ܘܐܚܚܠ ܠܩܗܣܐ ib. xxxix. 285. 3, ܣܬܠܐ ܗܡܬܢܐ viz. ܐܠܘܗܡܘܗܐ، ܣܣܡܚܕܗܐ، ܐܠܗܣܡܚܐ، ܐܠܘܚܕܢܘ ib. 287. 2, 4, Gottheil in BH. de Pl. ib. xliii. 124.

ܣܡܠܐ col. 1261. oppression, ܘܗܣ ܘܐܡܕ ܣܠܐ BH. in Koh. iv. 1.

ܘܐܗܣܚܐ Aph. col. 1263. to enfeeble, ܘܗܘܚܐ ܟܘܕܚܐ ܘܕܚܘܬ ܗܣܚܫܐ Ebed J. Card. 23. 12. Metaph. ܗܣܥܣܠܐ ܬܚܟܢܐ the virtues of Aphthonia surpass speech, R.O.C. vii. 114. 26.

ܣܡܠܐ a herb, ܘܣܡܠܐ ܟܩܠܐ Med. 575. 20, 584. 21.

ܣܒܟܦܐ Chald. חילפא, willow, Med. 575. 17, 576. 1. Cf. ܣܚܦܐ col. 1288 and ܫܚܦܐ col. 1289.

ܣܥܐ col. 1264. Add: the spot where the monastery ʿIwa was situated. ܣܥܐ ܗܢܚܐ Doc. Mon. 215. 4, 219 quater, 220. 11.

ܣܥܐ for ܣܢܐ q. v. infra. henna, gloss to ܣܘܗܙܐ BH. in Cant. Cant. 1. 13.

ܚܕܢܣ ܗܘܩܣܒܐ ܚܣܥܐ ܘܣܥܦܐ for ܦܐܣܥܐ q. v. at a gallop, Dion. 57. 6.

ܣܥܟܣ col. 1264. for ܦܐܟܣ a gnat, mosquito, Mar Aba II 343.

ܣܥܕܡ for ܚܝܪܡ Hiram King of Tyre, Jac. Edes. Hex. 21. 4.

ܣܢܕܢ Hiran, eighth bishop of Adiabene, M.Z. 27 infra.

ܣܢܕܐܐ col. 1264. 1) a camp, sheepfold, ܣܢܕܐܐ ܘܟܣܩܟ ܐܘܟܠ N.B. E-Syr. vowels, M.Z. 175. 18. 2) Hirta, capital of the Lakhmite Arabs SE. of the modern Meshed Ali, Hist. Mon. ii. 51 n., Pers. Mart. 863; Sassanidi 9. 14, Chast. 43. 6, 20.

ܣܢܕܐܐ m.pl. people of Hirta, Chast. 44. 4, 16; ܣܢܕܐܐܢܐ Jab. 441. 12, 483. 11.

ܣܣܥܐ brass, Alexanderlied, ZDMG. lx. 180. 86.

ܣܡܪ col. 1265. to scratch, rub. Act. part. ܣܐܪܘ: ܣܐܪ ܚܕܗ he scratches his ear with a stick, Kal-w-Dim. Bick. 5. 9; ܣܐܪܘܣܡܪ

ܚܩܕܠ the ass *rubs himself among briars*. N. Hist. vii. 4. 3; Lexx. under ܡܲܚܓܹܐܠ col. 3641. Ethpe. ܐܣܬܚܩ *to be rubbed*, ܐܝܟܢܐ ܕܢܣܒ ܩܢܝ ܟܬܢܐ ܘܡܬܚܣܚܩ N. Hist. viii. 3. 3. Pa. ܣܚܩ *to rub off*. Metaph. *to re-open* a question, —ܣܚܩܝܢ ܚܕ ܡܢ ܣܪܚ ܐܚܪ ܒܐܓܪܬܐ Sev. Lett. 156. 15.

ܣܚܘܩܐ m. *mange, itch*, Rylands MS. 44 fol. 3 *b*.

ܣܚܟܐ add: ξυσμός, *itching*, Hippoc. iii. 30, vi 9; ܣܚܟܐ ܕܚܟܡ ZDMG. xxxix. 241. ܣܚܟܐ ܝܚܝܢܐ ܕܚܐܠܝܐ *slow friction in the air*, N. Hist v. 1. 3 on the formation of hail. L. 3 of par. dele "forte sit" after the ref. to Geop. and add: *Urtica, the nettle*, Ar. PflnN. 162.

ܣܟܐ col. 1265 i. q. ܫܟܐ col. 1321. *The palate*. Gen. com. ZDMG. xliv. 531 n. 1, e.g. ܫܟܐ is oftener m. but ܫܡܝ ܡܫܚܠܦܐ Mar Kardagh ed. Abb 48. 3 = ed. Feige 37. 12. ܫܟܐ is usually f. in the pl. but ܣܠܩ ܘܚܡ ܗ̄ܐܠܐ Is. Ant. i. 54. 17. *The throat, gullet*, φάρυγξ, Hippoc. ii. 15, iii. 5, iv. 34, vii. 55 cf. ib. 16 n. 1. ܚܕ ܣܚܡ *open-mouthed, gaping*, Sev. Ant. Hom. 42. 11. Metaph. ܝܣܟܐ ܕܚܘܬܬܐ *the jaws of error*, Mar Kardagh. 75. 9.

ܣܟܡ col. 1265. Ethpa. ܐܣܬܟܡ. Part. m. pl. ܣܡܣܩܢ ܡܣܟܡܢ *men of superior knowledge*, Georg. Arab. 9. 23.

ܣܘܟܦܐ col. 1266. bono sensu, *plan, device*, ܐܪܙܗ ܕܗܘܐ ܠܐ ܣܘܕܡܐ Sev. Ant. Hymns 13.

ܣܠܐ *to gird up*: ܘܟܕ ܘܓܝܠ ܚܦܐܠܕ ܣܠܐ ܚܨܗ ܕܐܒܪܗ Jos. Narses 101. 13.

ܣܠܐ col. 1268. Ar. ܚܠ *to mine, dig a mine*, ܡܠܠ ܘܣܠܐ ܩܠܐ ܕܘܩܪܬܐ Josephus vi. 13. 7. Pa. ܣܟܠ Ar. ܚܠܠ *to penetrate*; ܣܟܚܕܘ ܣܛܘܦܘ̈ܗܝ *they made a way through* the throng *and surrounded him*, Pallad. 70. 7. Palpel ܣܟܣܠ *to bore through, excavate*, ܩܣܕܡܝ ܕܗܒܐ ܛܘܪ̈ܐ ܡܣܟܣܠܝܢ *mountains are hewn out and dug through* by gold-diggers, Is. Ant. ii. 82 pen. Ethpalpal ܐܣܟܣܠ *to be loosened, unbound*, ܚܣܝܢܐ ܟܐܦܐ ܘܗ̄ܝ ܕܠܐܣܟܣܠ *is it easier* to dissolve a stone *or to unbind* a barren womb? G. Busâmé 7. 3 af.

ܣܘܟܐ col. 1270. Add: ܚܣܬܢ ܥܝ̈ܢܬܐ ܫܦܝܪܬܐ ܗܘ̈ܝ ܣܝ ܟܬܡܬ ܘܗܢܐ ܘܩܕܢܐ *her beautiful eyes were cavernous from fast and vigil*, Brit. Mus. Or. 3337. 17 *r*.

ܣܚܕܐ col. 1270. *a banquet*, ܣܚܕܐ ܕܡܝܐ *the Feast of Water*, Coupes ii. 157. 12, 16, ܣܚܕܐ ܕܡܝ̈ܬܐ *Feast of the Dead*, ll. 17, 21.

ܣܝܓܠܐ col. 1271. subst. *a cavity, ventricle* of the spider, N. Hist. vii. 3. 1, *of molluscs* ib. 2. 2; ܓܘܐܝܡ ܒܣܝܓܝܗ ܕܠܒܐ *vena cava* of the heart, Med. 337. 2, 15. *A ship*, Kal-w-Dim. Bick. 112. 2.

ܣܟܠܐ A.M.B. iii. 603. 10 should probably ܣܟܠܐ *a ravine, cleft*.

ܣܟܠܐ or ܫܟܠܐ i.q. ܣܟܠܐ *a cleft, mine* ܐܣܦܢܐ̈ܗ ܕܬܚܠܣ Warda 52 *r* but ܣܟܠܐ ܕܡܚܩܡܕ *concealed mines*, Isoyahb ed. Duval, 23. 2.

ܣܟܕܘܢܐ *a plant with milky sap*, Med. 568. 23, perh. corrupt.

ܫܠܐ col. 1272. 1) *dust*. 2) *Trichoma, granulation of the eyelid*, Med. 88. 21; ܫܠܐ ib. 91 *ter*, 92 *ter*.

ܫܠܐ pl. ܬܠܐ *a scabbard*, Is. Ant. ii. 278 pen.

ܬܠܐ see ܬܠܐ *Hale*.

ܣܟܕ col. 1273. *to yield milk* ܬܡܠܐ ܠܚܢܐ N. Hist. vii. 2. 1; ܡܢܣܒ ܣܟܕܐ ܠܩܢܗ ܘܡܟܕܗ ib.; ܕܣܟܕ ܥܡܗ ܡܬܐ ܣܟܕܘ *that she may allow herself to be milked*, Protection 17. 3. Ethpe. ܐܣܬܟܕ *to be milked*, ܘܗܘ ܘܐܣܬܟܕ C.B.M. 1008 *a*.

ܣܟܕܐ pl. ܣܟܕ̈ܢܐ *kinds of milk* ܡܛܠ ܩܠܝܢ ܕܚܠܒܐ ܘܗ̄ܝ ܣܟܕܘܢܐ ܘܩܬܝܠ N. Hist. vii. 2. 1, Med. 211. 17. Chem. *quicksilver*, Chimie 12. 6, 13. 7, 267. 1; ܣܟܕܐ ܕܚܕܐ ܟܠܐ id. ib. 15. 15.

ܣܟܕ ܡܘܙܐ *opopanax juice*, Med. 49. 6, 87. 11, 186. 11, 398. 8, 604. 11. Cf. ܡܘܙܩܐ col. 1627 and ܡܘܙܩܐ col. 1630.

ܣܟܕ ܣܝܦܘܢܐ col. 1274. *laser, juice of Laserpitium*, Med. 99. 8, 166. 4.

ܣܠܕ col. 1274. 1) *fat.* pl. ܫܠܚܬܝ ܫܠܚܐ, *unguents,* A.M.B. ܝܠܚܩܒ ܘܚܓܡ ܚܐܘܡܪܒܐܝܠ iii. 378. 10. 2) *membrane,* add: Hippoc. v. 43, ܫܠܚܐ ܗܘ ܐܡܝܪ ܟܠܐ ܚܡܘܢܐ *the peritonaeum,* ib. vi. 55; ܡܠܚܗܘܬ ܘܡܗܘܢܐ Med. 32. quater, ܡܠܚܐ ܘܣܡܝܢܐ ib. 123. 13, ܡܠܚܐ ܩܗܘܡܐ ib. 234. 2, ܡܠܚܐ in general, ib. 380. 22; ܫܠܚܐ ܡܪܘܩܐ *the pleura,* ib. 223. 2, 9, ܡܠܚܐ ܘܐܠܚܓܐ 1. 7, ܫܠܚܐ ܡܪܘܡܘܡ, ܣܓܚܘܡ, ܘܣܡܝܢܐ ib. 191. 15, 281. 16; *membranes* of a bat, Anecd. Syr. iv. 69. 16; *drum* of a cicada, N. Hist. 4. 2.

ܡܪܘܩܡܐ *bristly,* a hog's ear is ܚܐܡܥܠܐ and has upon it a ܣܠܚܢܐ N. Hist. vii. 1. 4.

ܫܠܚܢܐ and ܫܠܚܢܐ *membranaceous,* Anecd. Syr. iv. 69. 6, 15 but ܣܓܬܐ ܘܡܓܡܩܠ Natur. 35. 15. ܩܠܐ ܡܠܚܕܐ ܘܡܓܡܥܠܝ

ܫܠܚܢܘܬܐ f. *fatness, greasiness,* ܡܗܘܢ ܘܐܣܡܗܘܢ ܣܠܚܣܒܠܐ ܚܡܢܘܬ Nat. Hist. vi. 3. 3.

ܫܠܚܢܣܐ col. 1275. *galbanum,* add: Med. 105. 15, 147 bis and often.

ܣܠܟ col. 1276. Metaph. ܫܠܟܝ ܕܣܠܕܣ ܐܘܚܕ? *those who burrow in holes* = anchorites, R.O.C. xii. 324. 6; ܣܠܟ ܕܚܕܬܝܠ *burrowing into the future,* Hist. Mon. i. 245. Pa. ܣܠܟ *to insert,* ܣܠܟ ܟܣܘܬܠܐ ܩܐܘܢܠܐ ܠܝܒܘܐܣܕ Med. 108. 2.

ܣܠܚܐ col. 1276. pl. ܣܠܚܢܐ *a hole in the earth,* ZDMG. xlix. 615 n. 1.

ܣܝܕܘ *a city near Babylon built by Nebuchadnezzar,* Jab. 142. 12.

ܣܠܚܝ col. 1277. *Holwân* i. q. ܣܠܚܘ col. 1221. Modern name of ܣܠܚ Syn. Or. 673; 109, 164, 214, ZDMG. xliii. 403. 6, 405. 1, Journ. Sac. Lit. new series viii. 16.

ܣܠܚܘܢܠܐ col. 1277. l. 3 correct ref. An. Syr. 201. 25. L. 6 ܣܠܚܘܢܐ ܠܐܦܝ ܘܩܗܝܒܠܐ *columnae cochlides,* cf. Fr. escaliers en limaçon; *spiral columns* i. e. those of Trajan and Antoninus, Zach. Rhetor's description of Rome, ed. Guidi 220 n. 2, 222. 13.

ܣܠܚ col. 1277. *Ḥalaḥ,* pointed ܣܠܚ 2 Reg. xvii. 6 &c. Lee and Mausil. L. 6 of par. add: Syn. Or. 619 n. 5.

ܣܠܚܠܣ *Halḥalah, a monastery,* Chast. 2. 18, 51. 10.

ܣܠܚܝ col. 1277. 8 of par. *To unite* the Two Natures, Ephr. ed. Lamy ii. 607 n. and often. *To infuse,* ܣܠܚܝ ܚܡ ܣܬܗܘܡܘ ib. 609. 3. Pass. part. ܣܬܚܠܝܡ opp. ܣܬܗܘܠ, *monks living in community,* R.O.C. vii. 115. 1. Fem. ܣܚܝܠܬܐ col. 1280. *a mixture?* a drink like barley-water made of wheaten flour, Med. 286. 5. Pl. ܣܬܚܠܬܐ *miscellanies,* BH. on Prov. 25. 1.

ܣܠܚܝ ܡܣܚܕܠܐ col. 1279. *complicated* or *intricate discourse,* Sev. Gr. under ܡܠܚܕ col. 3578.

ܣܠܚܠܐ col. 1279, 11 of par. *the gadfly,* Dion. 59. 7.

ܣܠܚܠܐ col. 1280. *mixing* ܝܠܚܡܐ ܕܣܠܚܠܐ ܘܡܕܠܐ ܕܩܗܕܝܠܐ *Order of mixing and preparing* Eucharistic bread, Takhsa 105. 1, 8.

ܣܠܚܝܠܐ col. 1280. Ar. ܚܠܬܝܬ *asafoetida,* i. e. gum of Ferula Persica, *Laserpitium,* Med. 318. 20, 22, ܣܠܚܝܠܐ ܚܣܡܚܠܐ *sweet laserpitium,* ib. 143. 13. Written ܣܠܚܠܐ ib. 172. 10, 562. 7, 566. 16.

ܣܠܚܝ Ethpalan ܐܣܠܚܠܝ* denom. verb from ܣܠܚܠܐ. cc. ܒ *to hold intercourse, have dealings with,* BH Carm. 114 pen.

ܣܠܕ col. 1280. Pa. ܣܠܝܕ *correct the word in brackets to* [ἐλίπανεν]. Ethpa. ܐܣܠܝܕ* l. 2 of par. corr. to ܐܡܣܝܡܢ BH Gr. i. 60. 13. Aph. ܣܠܝܕ* metaph. ܟܣܡܪ ܕܠܐ* *speak sweetly,* Ahikar ܡܕ 5.

ܣܠܚܢܐ col. 1280. *must,* Med. 59. 7, 295. 24, 296. 12.

ܣܠܚܢܐ col. 1281. *sweet sleep:* refs. ܕܣܡܚܐ ܣܠܐ ܚܣܢܡܠܐ Is. Ant. 298. 6; ܕܣܡܚܢܘ ܘܚܡܠܢܐ* Pallad. 16. 18 = A.M.B. v. 19. 1.

ܣܓܕܠܐ *name of a mountain,* Chast. 30. 9.

ܣܠܟ col. 1282. LXX συνεφώνησεν, ܘܐܣܠܡ ܐܘܙܡ ܚܠܐ ܐܙܢܡ Hex. Jes. vii. 2 Psch. ܐܣܡܕܠ. Pass. part. ܣܠܝܡ ܗܕܐܠܐ ܣܠܝܣܚܐ *native, unforged iron,* Ephr. ed. Lamy iv. 505. 21. Ethpe. *to grow stout, sturdy,* ܗܘܡܝܓܡܚ ܡܕܣܠܚܡܒ Natur 17. 3.

ܫܚܠܡܢܐ i.q. ܫܚܠܡܢܐ *of* or *belonging to dreams*, ܣܪܩܐ ܕܚܠܡܐ Dion. 141. 21.

ܫܚܠܡܢܐܝܬ *dreamily*, "*fictivement*," Syn. Or. 180. 31.

ܫܚܠܡܢܐ col. 1284. m. pl. *Phantasiasts, followers of Julian of Halicarnassus*, C.B.M. 929 b.

ܣܚܡܟܐ col. 1284. f. *anchusa, alkanet*, Chimie 2. 9.

ܡܣܚܠܡܢܘܬܐ col. 1284. θεραπεία, *treatment, regimen*, Hippoc. 1. 6.

ܡܬܚܠܡܢܐ 1) *convalescent*, But. Sap. Isag. 2. 4. 2) *made known in a dream, there are three orders of revelation*, ܓܠܝܢܐ ܚܠܡܐ ܘܚܙܘܐ G. Busâmé 2. 9.

ܣܠܚܠܣ sc. ܚܡܪܐ ܘܐܙܝ ܡܠܚܐ *brine, white vinegar filtered*, Chimie 4. 1, 22. 21, 44. 12.

ܬܟܠܐ pl. *some kind of stone*, Pers. فرنوج. Possibly بَرَنج or پرنگ, *copper*, Gest. Alex. 9. 6 and note; ZDMG. xlv. 314. 3 af.

ܣܟܝܢܐ ܣܟܘܦܐ col. 1288. *a blade, knife*; refs. Kal-w-Dim. Bick. 10. 7, f., pl. ܣܟܘܦܬܐ C.B.M. 993 b.

ܣܟܝܢܐ Ar. خليفة m. *deputy, lieutenant*, Dion. 208. 9.

ܣܟ col. 1289. Add: ܐܘ ܣܠܡ ܕܣܟܝܢ ܘܡܚܕܗܐ ܣܩܡܝܢ ܣܠܡ *for we are appointed to the succession of the Empire*, Jul. 16. 14.

ܣܟܘܐ *upupa, the hoopoe*, Anecd. Syr. iv. 59.

ܫܟܘܢܐ col. 1289. Corr. *Salix Aegyptiaca, the Egyptian willow*, Med. 579. 5, 584. 15, BB. under ܚܘܝܚܐ col. 2597.

ܡܚܣܟܠܐܝܬ col. 1290. With ܠܐ *indiscriminately*, ܘܚܡܢܐ ܠܐ ܒܦܘܣܩܐܡܐ Sev. Lett. 86. 21, ܘܗܘܐ ܟܠ ܡܚܣܟܠܐܝܬ ܘܚܡܢܐ ܕܒܠܠܡܝܐ ib. 195. 3.

ܡܡܚܣܟܢܐ col. 1290. *transforming, transmuting*, Med. 346. 1.

ܡܘܣܟܠܐ col. 1290. *change*. Add: ܡܘܣܟܠܐ ܕܠܘܝܒܢܐ *delirium from fever*, &c., Med. 227. 3. *Conversion*, Ephr. iii. 334 a; *apostasy* ܡܘܣܟܠܐ Phet. 32. 9; ܡܘܣܟܠܐ ܕܐܡ ܘܡܚܝܡܠܐ ܕܩܝܠܐ ἀντιλογία, *altercation*, Is. Nin. Chabot.

14. 6. Col. 1291. 17. Rit. *a variable part*; also *a hymn in which the tone changes*, Brev. Chald. 1. 82. 12, 96. 8, 97. 1, 98 pen., 107 pen., 298 bis ff. ܡܠܐ ܡܣܚܟܗ, Ephr. ed. Lamy ii. 429; ܡܣܚܟܠܐ Nars. ed. Ming. ii. 134. 10. *Logic, one of the things which can be predicated, accident*? Cat. Arist. Jac. Edes. 24. 6, 12.

ܣܝܟܪܐ ܣܟܪ col. 1293. *a small bladder or skin*, add: Lexx. under ܚܒܪ col. 1607.

ܡܣܟܪܢܘܬܐ col. 1293. *spoliation*, Sev. Lett. 135, ܡܣܟܪܢܘܬܐ ܕܩܘܕܫܐ *sacrilege*, ib. 28, 1.

ܣܠܟܒܝ *name of a mountain in N. Syria*, C.B.M. 756 b.

ܣܠܚ col. 1294. Ethp. ܐܣܬܠܚ *to be destined, fated*, ܐܙܐ ܡܪܡ ܕܡ ܐܣܬܠܚܬ Poet. Syr. 109. 6.

ܣܠܚܐ Ar. حلق *a large ring on a door, through which bolts pass*, BB. under ܐܡܘܡܐ col. 1147.

ܣܟܠܝܬܐ see ܣܟܠܝܬܐ.

ܣܡ. ܣܘܡܐ perh. חומה *a wall, enclosure*, D.S. Marg.: ܒܘܣܡܐ νομή *pasture*, Hoffm.; ܣܚܡܗ ܕܣܡܘܬܐ *they shut him up in the pigsty*, Anecd. Syr. iii. 230. 23.

ܟܡܚܬܐ ܣܡܚܢܬܐ col. 1298. *calefacient drugs*, Philox. ed. Budge 21; abbrev. ܣܡ BH. de Pl. ܗ. 5. 6. and passim.

ܣܡܘܕܐ col. 1298. *amomum*, i.q. ܚܡܘܕܐ Merx ap. ZDMG. xxxix. 251, Lag. Agathang. 154, cf. Mitth. ii. 356; Med. 49. 8, 51. 6.

ܣܡܝܕܐ col. 1300. *a caldron*, ref. Act. Mart. iii. 264.

ܡܣܡܦܢܐ col. 1300. *burning, glowing*, BH Gr. 1. 37. 15, pl. = ܣܡܩܐ Is. Nin. B. 187. 7.

ܫܡܚܠܐ and ܣܡܚܠܐ col. 1303. *a hard sore*, Hippoc. iii. 19, vi. 1, 32, Med. 77. 21, ܣܩܚܠܐ ܘܠܐ ܚܒܝܡ ib. 127. 4, Galen. 304, Jos. Styl. 21. 12.

ܣܡܚܠܢܐ and ܣܘܡܚܠܐ col. 1303. Dele *propugnaculum murorum. It is Talm.* חומטון *saltpetre*, Fraenk. ZDMG. lii. 296, cf. xlvi. 743.

ܣܡܟ col. 1303. *to collect, pile up close.* L. 15 of par. ܣܡܟ—ܗܘܬ ܘܣܡܟܬ *Sheol gaped wide and piled up,* Act. Mart. i. 13 cf. ܡܕܝܢܬܐ ܕܗܘܬ ܣܡܟܬ ܟܠ ܥܡܘܪܝܗ̇ *a city overthrown by earthquake heaped up all her inhabitants within her,* Jos. Styl. 28. 19. *To draw close together, to contract,* ܡܬܩܦܠܐ Med. 293. 20 f.; ܘܣܡܟܝܢ ܒܗ ܚܡܘܢܗ ܓܢܐ *a strap to bind his knees together,* Hist. Mon. i. 218. 21. *To be in close formation, form close,* ܩܡܘܗܝ ܣܡܟܬܗ Josephus vi. 5; ܣܡܟܗ ܠܥܠ ܡܢ ܠܥܐ ܕܩܕܝܫܐ *he pressed right under the saint's beard,* Chron. Min. 80 ult. = Jo. Tell. 65. 8. *To rush at,* ܣܡܟ ܥܡ ܚܝܠܘܬܗ ܘܣܡܣܡܗ Pallad. 230. 11, ܣܡܟ ܚܝܠܗ ܠܗ *"il s'élance sur elle d'un bond,"* Chimie 245 n. 1. Pass. part. ܣܡܝܟܐ, ܣܡܝܟܐ some letters of the alphabet are ܣܡܝܟܝܢ *compact, squat,* opp. ܡܣܪܣܝܢ Hist. B.V.M. 68. 22. *Hidden,* ܕܐܣܡܐ ܘܣܡܝܠܐ ܒܗܘܢ *the mystic signification* in signing the Cross over the elements, Bar Sal. in Lit. 12. 10, ܠܐܬܘܬܐ ܘ, ib. 13. 27. *Wrapped up,* ܣܩܒܝܟܐ ܒܩܠܐ κολεόπτερα, *sheath-winged,* Natur 44. 14. Ethpe. ܐܣܬܡܟ 2) *to limit, restrict,* ܘܐܣܬܡܟ ܡܡܣ ܒܕܡܐ Dion. Ined. 477. 13. Pa. ܣܡܟ *to draw close, draw up,* ܐܣܝ ܘܦܪܣ—ܠܬܝܟܕܘܗܝ ܡܣܡܟܐ Manichéisme 111. 6; the bear ܕܝܒܐ ܠܥܕܢܗ ܡܣܡܟܐ ܠܥܦܗ *squats close in his den,* Natur. 8. 3. Aph. ܐܣܡܟ add part. with suff. pron. ܡܣܡܟܬܗ *that which he has amassed, his store,* BH. Stories 18. 73.

ܣܡܝܟܘܬܐ col. 1305. *compression of air in the ear,* N. Hist. vii. 1. 2; see ܠܚܘܕܐ in Suppl.

ܣܡܟܠܐ col. 1305. Hoffmann thinks this word North-Aramaic and Edessene while ܣܡܟܠܐ, ܐܣܡܟܠܐ, ܐܡܠܐ are Babylonian vernacular, Pers. Mart. n. 206, Ar. Fremdw. 93. Vullers thinks Pers. كملى may be the original, ZDMG. l. 630. For western forms, καμηλωτή, Span. *camelote,* Engl. *camlet* see Lane, Dozy, and Vullers. *Fringed* rugs or material with soft, long hair, Hist. Mon. i. 135. 1, ii. 280 n. 3.

ܣܡܣܡܐ perh. *ginger,* ܙܢܓܒܝܠ Chimie 25. 18, 20.

ܣܡܥ Aph. ܐܣܡܥ col. 1306. *to leaven.* Metaph. ܐܣܡܥ ܕܗܘ ܣܡܥܬܐ ܐܢܫ ܠܐܬܐ Bar Sal. in Lit. 27. 10.

ܣܡܥܬܚܐ col. 1306. Add the vowel P'thakha to ܥ. *Lapathum, sorrel,* pl. ܣܩܕܘܚܝܐ Med. 175. 7, 231. 4, 388. 11, 390 pen.

ܣܡܩܐ col. 1306. *pomegranate seed,* ܒܬ Med. 211. 14, nom. unitatis ܒܬ ܐܠܓܐ ib. 566. 9, 569. 11. ܘܣܡܩܬܐ

ܡܣܡܩܢܘܬܐ f. *the cooling of glass* &c. Chimie 101. 1.

ܣܡܩ col. 1306. Act. part. ܣܡܩܐ ܡܚܡܨ ܡܐܟܘܠܬܐ *a disease which turns food sour in the stomach,* Med. 304. 22. Ethpa. ܐܣܬܡܩ *to become acid* ܐܚܡܨ ܐܣܬܡܩ ܠܐܘܟܠܐ ܘܐܝܙܓܐ N. Hist. iv. 111.

ܣܡܩܐ col. 1307. *acid,* ܣܡܩܐ ܘܚܡܘܨ *acid and sour food,* Med. 278. 5 and often; ܓܣܬܐ ܣܡܩܬܐ *acid eructations,* ib. 44. 22; ὀξυρεγμία, Hippoc. vi. 1. 32. *Bitter, briny,* springs of ܡܝܐ ܣܡܩܘܪܐ N. Hist. ii. v. 4.

ܣܡܩ denom. verb Pael conj. from ܣܡܩܐ. *to ferment,* ܚܡܝܪܐ ܘܐܣܡܩܢܐ ܗܒ ܡܚܡܨܐ Hochfeld Fabel 46. But the Brit. Mus. copy has ܣܡܣܡ. Ethpa. ܐܣܬܡܩ *to become red,* litharge and sand are to be left to cool in a slow furnace ܟܒ ܡܣܬܡܩܝܢ Chimie 100. 9.

ܣܡܩܐ pl. ܣܡܩܬܐ *wines,* BHGr. i. 30. 4 and trs. from ܣܡܩܐ on col. 1309 deleting the singular. Add: ܡܠܐ ܣܡܩܐ *pure wine,* Hippoc. vi. 30, Med. 430. 6; ܘܣܡܩܐ ܡܠܐ *vinegar made from wine,* ib. 583. 3.

ܣܡܪܐ col. 1309. com. gen. *ass* but ܐܣܢܬܐ *a she-ass,* Kal-w-Dim. ed. Bick. 52. 18, ܣܠܒܐ ܐܣܡܪܐ *ass's milk,* Med. 561. 2, 563 ult. but ܐܣܡܪܐ ܣܠܒܐ ib. 89. 3, 98. 15. L. 5 of par. forms of pl., see BHGr. i. 28. 3, Duval, Gram. 62 quoting Ephrem's Comment. on Gen. xxxvi. 24.

ܣܡܣܡ Ar. الخُمَّر *bitumen, Jew's pitch,* DBB. 881. 3 under ܡܘܡܐ and col. 1799.

ܣܡܣܬܐ i. q. ܣܡܩܐ *wine,* ܘܒܗ ܚܒܠܐ ܘܐܚܣܡܬܗ. ܚܡܣܝ ܚܕܣܠܐ ܥܡ ܚܡܠܐ Cyrillona in John xv, 581. 1.

ܣܘܡܕܪܐ col. 1310. Add: ܣܘܡܕܪܐ BH Gr. i. 22. 10; ܣܘܡܕܪܐ ܘܓܕܓܕܐ *the wheel* or *roller* of a battering ram, Gest. Alex. 101. 11; ܣܘܡܕܪܐ *a stone* or *row of stones* of a column, A. M. B. iv. 624. 15, pl. ܣܘܡܕܪܐ l. 10, 625. 15. Pl. ܣܡܕܬܐ *glass beads* or *similar round objects*, Chimie 99. 13, 14, 101. 5; ܣܡܕܬܐ l. 6. *Amulets*, ܣܡܕܬܐ ܐ. ܘܡܩܡ ܚܘܘܙܒܢ ܕܪܘܚܡ ܀ܓܘܡܝܐ, ib. 8. 6. ܣܘܡܕ ܬܟܐ perh. *heartburn*, Med. 566. 7, cf. Ar. ܚܡܳܐܪ. ܣܘܡܕܪܐ *nightshade* (Budge) ib. 397. 11; ܣܘܡܕܬܐ *millipeds, wood-lice*, ib. 197. 8; *links* of a chain, Phet. 11.

ܣܡܝܕܐ col. 1312. ܡܝܐ ܘܣܡܝܕܐ *yeast and water*, Med. 566. 6, ܣܥܪܐ ܘܣܡܝܕܐ *barley yeast*, ib. 568. 5. L. 7 of par. Rit. *leaven*, i.e. a portion of dough reserved from the special baking for the Eucharist, Takhsa 105 ter, 106: cf. ܡܚܡܥܐ. *The Eucharist bread*, reserved, ܐܘ ܣܡܝܕܐ ܡܩܕܡ ܣܝܡܝܢ ܟܗܢܐ ܘܡܥܠܐ Jac. Edes. Can. 2. 8, 8. 25.

ܡܣܡܕܢܝܬܐ f. *a furnace* for glass, Chimie 99. 3.

ܣܥܕ *to be angry*, impers. with ܠ and pers. pron. ܠܝ ܣܥܕܠܝ, trs. three examples placed under Pael on col. 1299. Act. part. ܣܥܕܐ ܟܪܝ *thou art angry*, Philox. ed. Guidi 472 a 16; pass. part. ܣܥܝܕܐ *same*, Ephr. ed. Lamy iii. 485, 575, cf. col. 1299. Add: ܣܥܝܕܐ ܗܘܐ ܠܗܘܢ Theod. in John v. 15. Aph. ܐܣܥܕ *to arouse wrath, excite fury*, ܕܠܐ ܢܣܥܕ ܚܡܬܗ ܕܡܠܟܐ Dion. 56. 10.

ܣܥܝܢܘܬܐ f. *ferocity*, Anecd. Syr. iv. 35. 12.

ܣܥܝܢܐ col. 1300. Add: ܣܥܝܢܢܝܬܐ *the irascible part* of the nature, Patr. Or. iii. i. 106. 11.

ܣܡ col. 1317. 5. *to suit the aim, to meet the need* with ܠ, *the pool of Siloam* ܠܐ ܣܡܐ ܘܚܣܪ ܚܝܕܐ Ephr. ed. Lamy i. 105. 15. Act. part. m.pl. ܣܝܡܝܢ ܘܡܚܕܐ ܠܗܘܢ *they aim at highly coloured speech*, Is. Ant. ii. 206. 2. Add: *to conjecture*, Jac. Edes. on J. Styl. 586. 11 af. *to infer, conclude*, ܡܢ ܗܘ ܀ܣܡܝܢ Med. 132. 12; *from certain symptoms* ܣܝܡܝܢܢ, ib. 270. 13.

ܣܡ col. 1317. 5 af. *the bosom, lap*. Probably Heb. חֵן, Arab. ܚܣܢ *the bosom*, Hoffm. ZDMG. xxxii. 753. Cf. Lag. Mitth. ii. 361 ff.

ܣܢܐ Ar. ܚܢܐ *henna*, Med. 553. 13, 557. 12 &c., 583. 5.

ܣܢܐ *unripe dates*, D BB. 1334 under ܡܨܡܥ: cf. Ar. PflnN. 120. I.q. ܣܐܬܐ col. 1167.

ܣܡܢܐܝܬ *with careful aim*, Sev. Ant. Hom. 25. 10.

ܣܡܟܪܘܬܐ f. *tavern-keeping*, BH Gr. 24. 21.

ܣܢܒܠܝܐ *Hanbalite* i.e. a follower of the fourth orthodox school of Islam, named after Ibn Hanbal of Baghdad, A.D. 780–855, BH Chr. Eccl. ii. 263 and note.

ܣܢܝ col. 1319. *to sigh for, long for*. Part. ܣܢܝ with active meaning ܣܝܡܐ ܕܓܘܫܡܐ *soft treatment of the body makes death long for it*, Is. Nin. B. 285. 9. But cf. ܣܢܝ *same* col. infra. Aph. ܐܣܢܝ add: ܚܣܢܝ ܦܩܛܘ *a cock partridge chirps plaintively in wooing*, N. Hist. vii. 4. 4: cf. ܐܣܢܝ ܚܣܠܝ ܬܐ ܠܡܥܕ ܕܚܫܠܘ ܕܚܡܠܐ ܐܡܪ ܘܥܘܒ ܝܚܣܢ ܦܝ ܥܝܢܝܟ Hunt. clxx.

ܣܢܝ *Ḥani*, a large village in Tur Abdin 50 kil. north of Amid, Dion. 103. 10, 142. 17.

ܣܢܝܬܐ col. 1321. Add: Ar. ܠܚܢܝܬܐ Xναιθα (Theophylact) Χαμαιθά (Theophanes), Ḥnaitha, a city and diocese on the Upper Zab, Hist. Mon. i. 108. 1, ii. 239 n., Pers. Mart. 216–222, Badger Nest. I. 174, Syn. Or. 672: 608 n. 3, 619. 6, Jab. 162. 1 and n., Or. Xt. ii. 310. 1, 311 n. 1, Chast. 45, 69.

ܣܢܝ col. 1322. Now called Bavian, 25 miles N. of Mosul. See Layard's Nineveh and Babylon 208 ff.

ܣܢܦܐ col. 1322. *heathen, pagan*. ܣܢܦ denom. verb Peal conj. *to turn pagan*, Warda 166 r. Aph. ܐܣܢܦ 1) *to apostatize*. 2) *to cause to apostatize* ܘܐܣܢܒܝ ܘܬܢܦ ܟܢܫܘܗܝ ܀ܟܚܢܦܐ ܘܐܣܢܦ *devils danced in the congregations of the heathen whom they had made impious*, Jac. Sar. Hom. iii. 801. 18.

ܣܢܘܢܐ col. 1324. *a sucking-pig*, add ref. BH. in Prov. xxx. 26: ܣܢܘܢܐ i.q. ܣܢܘܢܬܐ f. Brit. Mus. Or. 2084. 55 r.

ܣܘܕܪܐ *a pigling*, sucking-pig, ܣܘܕܪܐ؟ ܘܚܙܐ
ܘܣܪܕܐ؟ Chron. Min. 378. 25, the passage is
quoted Or. Xt. i. 96. 19: cf. ZDMG. lx.
678 in loc.

ܣܘܪܕܐ col. 1324. place-name, *Anasartha*,
Sev. Lett. 101. 15. Cf. Mansi vi. 1090.

ܣܘܢܩܐ pl. ܣܘܢܩܐ col. 1324. 3 of par.
angina, κυνάγχη, *sore throat*, *quinsy*, Hippoc.
iii. 11, 19. 21, v. 9, vi. 36, vii. 45; ܣܘܢܩܐ
ܚܝܢܩܐ؟ Med. 123. 8, 153 ult., 154 ter.,
155. 10 &c. F. emph. ܘܐܢܩܐ ܣܘܢܩܐ *strangler
of children*, name of a demon, JAOS. x. 289. 4,
Protection 34. 15 &c.

ܣܘܢܩ ܕܚܢܝܬܐ *Hangman of robbers*,
nickname of Cometes, Jo. Tell. 48. 5. Perh.
correct ܣܢܩ ܚܢܝܬܐ؟

ܣܘܢܩܢܐ add: πνῖξ, *choking*, *suffocation*,
Hippoc. iv. 34, vii. 55, Med. 50. 2.

ܣܚܠ col. 1324. Add: *narrow neck of a
vessel*, Chimie 50. 15. ܣܚܠ ܢܦܫܗ *suicide by
hanging*, Med. 78. 6.

ܣܛܦܐ col. 1328. *lettuce*. E.-Syr. points
ܣܛܦܐ ܘܚܙܐ Op. Nest. 133. 20 gloss to ܚܙܘܪܐ,
Exod. 12. 8; ܣܛܦܐ Med. 58. 3, 98. 11, 574. 3,
ܐܕ̈ܢܝ ܣܛܦܐ ib. 358. 13.

ܣܚܦܐ col. 1329. 1) *disgrace*, *dishonour*,
pl. ܣܚܦܐ Ephr. ed. Lamy ii 221.

ܣܡܝܕܐ col. 1330. Add: χόνδρος, Hippoc.
vi. 19; ܣܡܝܕܐ ܘܐܬܪ ὑποχόνδριον, ib. v. 60,
vi. 39; pl. ܣܡܝܕܐ Med. 178. 13, 217. 7.

ܡܙܚܠܐ *a mistake for* ܢܨܝܒܝܢ *Nisibis*,
C.B.M. 1100 b; Vit. Malch.
Van den Ven. 104, Kugener in loc. gives
Νισιβενία, Or. Xt. ii. 203.

ܣܡܝ Ethpe. ܐܣܬܡܝ col. 1331. *to be spared*,
preserved from, ܚܣܬܡܝ ܡܢ؟ Coupes iii. 109. 17,
ܐܣܬܡܝܘ ܘܐܣܬܡܝܘ ܚܠܦܐ *the simple were
saved from error and enlightened*, Sev. Ant.
Vit. 279. 8; ܥܡ ܕܠܐ ܣܡܝܐ ܠܢ we (the
brethren of Joseph) *shall be saved from killing
him*, Ephr. ed. Lamy iii. 289.

ܣܡܝܐ col. 1331. *abstinence*, Is. Nin. B.
25. 4 af.

ܣܡܝܩܘܬܐ col. 1331. Add: *parsimony*,
stinginess, Gest. Alex. 38. 1.

ܣܡܝܩܘܬܐ f. *abstention* from sending the
usual Easter greeting, Sev. Lett. 68. 14.

ܣܡܠܐ perh. for sake of metre = ܣܛܠܐ
abstinence, *deprivation*, Poet. Syr. 101. 13.

ܣܡܡ. ܣܡܡܬܢܐ col. 1333 *curious*, ref.
Arist. Apol. 9. 9.

ܣܡܚܕܐ *enviable*, *distinguished*, ܠܐ
ܣܡܚܕܐ ܕܚܙܘܬܐ Josephus vi.
10. 6.

ܣܡܚܕܘܬܐ f. *enviableness*, ܐܡܚܬ ܣܡܚܕܘܬܐ
ܡܕܝܢܬܐ *the city was to be envied*, Hist. Mon.
i. 303. 2.

ܣܡܚܕܐܝܬ col. 1333. With ܠܐ. *liberally*,
unsparingly, Epiph. 9, 12.

ܣܡܚܕܢܐ *envious*, *subject to envy*, ܐܚܘܬܐ
ܕܠܐ ܣܡܚܕܢܝܐ *that brotherhood which is
never attacked by envy*, Hist. Mon. i. 378. 17.

ܣܡܚܦ. ܣܡܚܦ col. 1335. *to hold fast*.
Add: ܠܐ ܣܡܚܦ ܘܢܡܬܐ ܩܛܝܡ *he never held to
any possession*, Pallad. 209. 16.

ܣܡܢܐ col. 1337. *a fortress*. ܣܡܢܐ ܘܐܡܪ col.
1338. 1 add: حصن زياد Dion. 74. L. 12
ܣܡܢܐ ܚܢܝܢܐ add: i. q. Mosul, Chast. 32. 13,
Nars. ed. Ming. ii. 408. 10 and n., Mosul and
its environs, ib. ii. 410, M.Z. 11. 3, transl.
87 and n. 1. But Hoffm. says it is محلّة
اليهود near Mosul, cf. Nöld. in Sassanidi
22 n. 9.

ܣܡܢܬܐ col. 1338. pr. n. Add, earlier sense,
ܠܐ ܐܚܕܬ ܡܕܝܢܬܐ ܐܠܐ ܣܡܢܬܐ ܚܕܐ؟ *only
a small fort*, Chast. 32. 14.

ܣܡܣܡ col. 1338. misprinted ܣܚܣܡ
and add refs. Jos. Styl. 10. 15, Jul. 23. 21,
cf. ib. 37. 25.

ܣܡܣܡܢܐܝܬ *patiently*, Is. Nin. Chabot
48. lxiv.

ܣܡܣܡܢܐ col. 1338. *genitalia*, add: ἦτρον,
περίνεον, κτείς, Hippoc. ii. 35, iii. ter, iv. 80,
vi. 44, vii. 36.

ܣܡܣܡܢܘܬܐ col. 1339. With ܠܐ *unanswer-
ableness*, *irrefutability*, Jab. 260. 12.

ܣܢܩ col. 1339. 3) *to suffer*, ܐܚܕ ܗܘܐ
ܣܢܩ ܠܬܐܪܬܗ *he said his conscience was hurt*,
Sev. Lett. 122. 12; ܣܢܩ ܐܒܐ ܚܒܝܒܐ Pallad.
537. 11. 16.

S 2

ܚܣܪܘܢ Pers. خسرو fuller form خسروان *Khosran* or *Khosruwan*, a noble of Edessa, Doc. Addai ܡܝ 17: see Moses of Chorene ii. 237 &c. Marquart, Öst. Syr. Züge. 296.

ܣܡܩܐ *mallow?* Duval translates *mauve*: synonym for ܐܢܟܘܣܐ *anchusa*, Chimie 2. 12.

ܣܟܐ and ܣܟܝ col. 1343. ܫܩܢܐ ܚܟܣܘܗܝ the stork cowers over its young, Natur 36. 12. Pa. pass. part. ܚܓܢܐ ܡܣܟܝ ܥܡ ܐܠܦܐ *a port crowded with ships*, Natur 46. 1.

ܫܩܡܐ sing. of ܫܩܒܐ col. 1344. m. *a mosquito*, Dion. 59. 6.

ܡܣܬܡܝܐ col. 1344 ult. *occultation*, ܡܕܚܠܝܗܝ ܕܘܗܝ ܘܡܟܚܕ ܘܡܣܬܡܝܢܐ ܠܣܓܝܐܐ S. Dan. 57 b 6, Hist. Mon. i. 327. 4.

ܣܟܝ. Ethpa. ܐܣܬܟܝ Pass. sense *to be desired*, ܣܝܡ ܚܕܗ ܡܕܣܬܟܝ ܠܗܘܢ *their one object was*, Sev. Lett. 3 penult., ܚܘܢ ܘܡܕܣܬܟܝ ib. 48. 2; ܘܢܝ ܘܡܕܣܬܟܝ ܗܘܐ ܡܢ ܩܕܡܗܘܢ ib. 378. 4; ܡܕܣܟܘܗܝ ܕܢܐ ܇ ܠܐܣܒܥܠܐ ib. 438. 3.

ܣܟܝܐܝܬ add: ܕܣܦܠܓܝܢ ܒܣܟܝܘܬܐ *divided in sympathies*, Sev. Lett. 229. 9.

ܡܣܟܢܐ col. 1347. pl. ܩܣܣܟܢܐ *urgent messengers*, Sev. Ant. Vit. 268. 8.

ܡܣܟܝܘܬܐ l. 4 of par. προτροπή, add: Epiph. ed. Lag. 617, cf. Symm. 152. 7. *Diligence*, Dion. Ined. 479. 12; ܐܘܚܕ ܠܚܕ ܘܡܣܟܝܘܬܝ Jul. 8. 10.

ܣܥܝ ܣܥܦܐ col. 1347. Add: *a measure, a handful*, Med. 143. 14, ܣܟ ܣܘܥܠܐ 144 ult. N.B. ܣܘܩܠܐ ܕܢܥܡܝܢ ܕܓܦܘܗܝ ܘܕܟܡܘܠܐ ib. 163. 22, *sores*; corr. ܒܘܩܠܐ.

ܣܥܕܢ col. 1347. pr.n.m. a noble of Edessa, add: Doc. Addai ܣܝ 16. A martyr, deacon of Adiabene, A.M.B. iv. 133 ff., M.Z. 60. 84.

ܣܦܙ col. 1348. ܣܦܙܢܐ m. *putting to shame*, ܐܦܐ ܕܚܣܦܐ ܠܠܐܠܗܐ ܡܣܦ Apis. ܢܕ 9.

ܣܦܪܐ, ܣܦܪ col. 1349. 8 *a mine*, ܡܕܣܓܗܒܐ ܕܣܗܒܐ ܣܦܪܐ Chimie 8. 1; *the burrow of a mole*, Natur ܦܠܟܐ ܡܐܟܐ ܚܝܥܕܐ (ܣܘܟܪܐ) 45. 6.

ܣܦܪܩܝܢ col. 1349 often spelt ܣܚܕܘ q. v. *a bishopric on the left bank of the Great Zab and in the diocese of Arbela*, Pers. Mart. 233 f., Syn. Or. 608 n. 3; ܠܗܘܙܐ ܘܐܣܚܕܘ Chast. 29. 10, 49. 7, 67. 20.

ܣܪ, ܣܪܐ col. 1350. 22 of par. *the back*, add: ܣܪܝ ܡܕܪܚܕܐ constr. state. N. B. E.-Syr. points, BH Gr. i. 53. 20. For ܣܪܝܦܐ *a double-edged axe*, ܘܢܐܬܐ ܇ ܣܪܐ A.M.B. v. 534. 19.

ܣܪܝܦܐ col. 1350. *a small axe, hatchet*, Kal-w-Dim. ed. Bick. 41. 22, 106. 23. For deriv. see ZDMG. xlvi. 241, Fremdw. 86.

ܣܪܐ *Ḥaṣṣa*, a hamlet near Kerkuk, Pers. Mart. 48, 270; Mon. Syr. ii. 66. 11, M.Z. 199. 22.

ܣܪܝܠܐ col. 1352. Delete and see ܣܪܝܛܐ and so correct Jo. Tell. 50. 5.

ܣܘܪܝܐ Arab. حصان *a stallion*; *a thorough-bred horse*, Hochf. Fabel. 39.

ܣܪܗ col. 1352. Pael ܣܪܗ l. 4 of par. correct ref. Ephr. iii. 328 B, C. to ܡܣܬܪܗ *is careful*. So Can. Jac. Edes. 1. 12 should be ܡܬܪܗܝܢ as in the variant.

ܣܪܘܚܐ 1) *ungovernable, refractory*, ܣܪܘܚܐ Warda 246 v marg. 2) from ܣܪܦܐ *testaceous*, Natur 60 ult.

ܣܪܦܐ col. 1353. 1) *a shell, valve* of a shell. Fem. Natur 61. 4, ܣܪܦܗܕܬܐ ܠܝܘܡ ܦܟܣ ll. 6 and 8, ܣܪܦܗܕܬܐ ܠܝܣܡ ܘܠܩܦܐ l. 12; ܣܪܦܐ ܘܡܟܪܕܬܢ *sea-shells*, Med. 93. 8. 2) *earthenware*, ܘܣܪܦܐ ܠܚܕܙܐ *potsherds*, Jac. Sar. Hom. iii. 804. 18; ܣܪܦܐ ܕܙܓܘܓܝܬܐ *broken glass*, Med. 570. 13. 2) *bones* of the skull, ܣܪܦܐ, Med. 33. ter, ܘܒܣܪܦܐ ib. 48. bis, ܘܡܟܡܟܐ 78. 19, 79. 5.

ܣܪܦܝܕܐ crustaceous, chitinous, ܣܪܦܢܝ ܡܚܡܐ ܣܪܥܡ ὀστρακόδερμον, Natur 60. 16; ܣܪܦܢܬܐ ܩܡܩܐ i.q. ܘܐܝܟ ܣܪܦܐ *thin-shelled*, N. Hist. vii. 6, 5. Chem. ܣܪܣܡܐ ܠܡܕܚܣ καδμεία ὀστρακῖτις, *argillaceous calamine* or *cadmium*, Chimie 44. 17.

ܣܪܐ col. 1354. *a pebble*, ܣܪܐ Prov. xx. 17 Maus. and Urm., ܚܣܕ ܣܦܗܝܕܘ BH. in loc. Add: ܘܚܕ ܣܪܐ ܕܚܪܡܐ. ܐ ܕܐܪܩܠ ܚܕܡ i.e. *worthless riches*, G. Busâmê 13 v 5 af., cf. Num. xxiv. 13.

ܣܪܐ, ܣܪܘܐܝ col. 1354. Arab. خنصر, Mand. חיזרא see Ar. PflnN. 9 note. *The mid-riff* ܢܚܬ ܣܪܐ ܐܚܕܐ ܘܣܪܝ ܚܕܗ Schatzh. 18. n.g adding the word from Brit. Mus. Add. 25875.

ܡܚܣܡܢܐ col. 1354. *a tooth-pick*, ref. BH Eth. B. 125. 14, 160. 9.

ܣܥܝ col. 1355. with ܥܠ *to leap upon*, ܣܥܝ ܚܠܕܗܘܢ ܣܝܡ ܥܡ ܦܬܟܪܐ Mart. Luc. 166. 2 = R.O.C. iii. 166. 2.

ܣܥܝܐ col. 1355. *vainglory, boasting,* ܠܚܘܒ ܘܠܥܡܠܐ ܕܣܥܝܐ Jul. 174. 1.

ܣܦ col. 1355.

ܣܦܐܘܢܐ, ܣܝܐܘܢܐ col. 1356. Add: ܘܐܪ ܡܚܣܢܐ ܣܝܐܘܢܐ *serene and open air*, Is. Nin. B. 92. 3 af.; ܡܩܚܥܒܐ ܣܐܩܡܐ *the liberal arts, belles-lettres*, Sev. Ant. Vit. 9. 12. With ܠܐ *ignoble, mean,* ܣܐܩܡܐ ܠܐ ܠܝܚܐ *ignoble rumours*, Or. Xt. ii. 302. 9.

ܣܩܘܦܐ col. 1358 infra. ܣܩܘܦܐ ܕܡܫܡܥܬܐ *orifice of hearing*, which birds have though no outer ear, N. Hist. vii. 6. 6; ܣܩܘܦܐ ܕܢܣܝܬܐ *the nostrils*, But. Sap. Econ. iii. 2 infra, BA. col. 3559 under ܡܢܚܣܝܡ; *the opening* in the nerves of the eye, *the pupil* Med. 69. 8, 70. 8, 18, 71. 1, 6. ܒܕܡܘܬܐ ܦܠܓܝܐ ܘܐܣܟܘܦܐ *in a semicircular form*, ib. 178. 14.

ܡܚܣܙܘܦܐ *emancipated*, pl. ܡܚܣܙܘܦܐ Syr. Rom. Rechtsb. 47. 10.

ܣܙܘܦܐ col. 1358 infra. ܡܚܡܕ ܣܙܘܦܐ *Shabib the Harurite*, Brooke's Chron. 573. 15.

ܣܙܘܦܝܐ col. 1359. *sect or party of the Harurites*, later called *Kharijites*, Dion. 47. 1, 52. 6, ܣܙܘܦܝܐ id. ib. 30. 13, see note p. 27.

ܣܙܝ col. 1359. *to mute* as birds, c. c. ܥܠ, ܥܠ ܡܐܢܐ ܣܙܝܐ ܚܠܕܗܘܢ Kal-w-Dim. ed. Bick. 77. 12.

ܣܙܢܐ col. 1359. *dung, droppings,* BH. ZDMG. xl. 442; ܣܘܢ ܬܘܢܐ ܕܚܠ ܣܙܢܐ ib. Med. 140. 11, 141. 7. ܦܕܠܐ ܣܙܢ *iron slag*, Chimie 5. 21, Med. 104. 3.

ܣܙܝ Ethpe. ܐܣܬܙܝ col. 1360. 6. Add: ܐܣܬܙܝ ܒܥܠܐ ܚܪܡ ܣܝܒܠܝܗܝ *a fishbone stuck in his throat*, Anecd. Syr. iii. 48. 14. Part. ܡܣܬܙܝܐ *contentious, contradictory*, Pallad. 61. 1; fem. ܡܢ ܡܣܬܙܝܢܐ ܕܗܝ ܘܗܘ ܠܡܣܒ ܠܩܕܡܗܘܢ *clamouring to take the first place*, R.O.C. vii. 113. 18.

ܣܙܘܐܐ col. 1360. ἰσχίον, *the haunches*, Hippoc. iii. 22, vi. 44, 50, vii. 56, 57. ܡܚܕ ܣܙܘܐܠܗ *squatting*, Kal-w-Dim. ed. Bick. 26. 4, 12, the suggestion of ܣܙܘܐܠܗ n. ib. seems superfluous: ܟܐܒ ܣܙܘܐܠܐ *sciatica*, Med. 50. 22, 52. 8, ܟܐܒ ܣܙܘܐܠܐ ib. 60. 17.

ܣܙܢܘܢܐ col. 1361. 14 of par. with ܕܠܐ *doubtless*, ܠܐ ܡܚܠܐ Ephr. Jos. 316 ult.

ܣܙܢܘܢܐ "*litigatores*," BHChr. Eccl. 689. 6 should be ܣܙܢܝܐ *men of Harran*. Cf. ib. 687. 24 and Thes. col. 1376.

ܣܙܠܐ Dion. 89. 9 should be ܣܐܙܠܐ f. *a drain, gutter*. See under ܣܝܠܐ col. 1168.

ܚܡܣܙܢܘܬܐ f. *irritation*, BH Gr. i. 50. 21.

ܚܓܣܡܝܢܟܐ, ܚܕܣܡܢܐ ܠܐ ܚܝܐ ܥܠܐ *La is a word expressing contradiction*, Hebraica iv. 169. 12; ܠܠܐ ܘܡܣܬܢܐ ܥܡ ܡܚܣܡܣܝܒܐ ܗ ܡܫܓܗܒܝܕܐ ܡܡܣܬܟܚܐ ܘܥܡ ܚܕܥܘ BH. on Luke 11. 34.

ܣܪܝ col. 1362. 1) *to decay, be spoiled*, ܦܐܪܐ ܕܣܪܝ *rotten fruit*, Ephr. Ref. i. 143. 35: cf. vulg. Arab. خربان. 2) *to lay waste*. Metaph. ܡܣܪܟܝ ܠܝܘܠܦܢܐ *spoilers of doctrine* i. e. heretics, Pallad. 99. 15.

ܣܪܘܕܝܢܐ adj. *desert*, ܐܬܪܘܬܐ ܣܪܘܕܝܢܐ Hist. Mon. i. 274. 2.

ܣܪܘܚܐ col. 1365. pl. m. *wild or bad grapes*, add: Schatzh. 261. 5 ܣܥܕܐ ܐܓܪܘܗ ܥܡ ܣܪܘܚܐ ib. l. 6; Ephr. ed. Bick. 81 ult. ܒܣܪ

ܣܪܘܚܐ col. 1365. *destruction* of the host of Sennacherib, Ephr. Syr. ii. 59 F.

ܣܪܝܘܬܐ col. 1365. *decay, rottenness* of fruit, ܣܪܝܘܬܐ ܕܚܒܘܫܐ Ephr. Ref. i. 143. 41.

ܣܪܕܐ name of a town on the Tigris, Chast. 5. 2.

ܣܘܪܟܡܐ col. 1366. *hellebore*, Hippoc. iv. quater, vi. 1; Med. 104. 19, ܐܘܦܩܕܠ ܣܘܪܟܡܐ ib. 49. 14, 50. 6, 309. 21, ܣܘܪܟܡܐ ܣܐܘܠ ib. 53. 15, 56. 17, 309. 21 and often. L. 5 of par. correct ܡܥܨܪܐ for ܕܡܥܐ and see col. 1803.

ܣܪܒܬܓܠܠܐ col. 1366. Ar. جَلِيل خَرْبَث *Ḥarbathgelal*, E.-Syr. bishopric, probably on the Lower Zab, Pers. Mart. 261, S. Maris 44. 2

ܣܘܦܝ ܥܩܠܐ and nn., Hist. Mon. i. 66. 17, A.M.B. ii. 2. 5. Written ܣܘܦܝܟܠܐ ZDMG. xliii. 394. 10, 396. 10; Syn. Or. 33, 34, 43 and often.

ܣܘܦܝ ܡܩܠܐ *Ḥarbath Šaphlê*, perh. in Beit Nuhadrā, M. Z. 202. 10, 12.

ܣܦܝ col. 1366. *to rub*. Add: Med. 164 bis, ܣܦܝ ib. 170. 15, ib. 582. 13; *rub down with a file*, ib. 264. 7.

ܣܦܝ, col. 1367. *polished*, Jac. Sar. Hom. iii. 796. 18. Metaph. *pleasing and polished manners*, But. Sap. Econ. ii. 3 infr., *elaborate* opp. , ib. Theol. 6. 4 ; *the elaborate is often preferred because the craft of the workman is therein better displayed*, ib.

col. 1367. Add: *agility*, Anecd. Syr. iv. 38. 12 ; *elegance*, A.M.B. iii. 123. 1.

a village near Mosul, M. Z. 11. 2.

ܣܦܝܡ *Ḥardin* in Mt. Lebanon, C.B.M. 1145 b.

ܣܦܪ col. 1369. 10 of par. Correct ZDMG. not xxix. but xxiv. *To pierce, transfix*, Manichéisme 126. 6. *To put in order, assign due place*, Warda 140 r. Pass. part. add: *in due order*, S. Dan. 51 r 8. Ethpe. *to be strung as beads*, BHCarm. 138. 6 ; But. Sap. Theol. 1. 1.

ܣܦܪܐ col. 1369. *an amulet, charm*, JAOS. xv. 140. 9, *he requires a charm two cubits long*, Protection 33. 3 af.

col. 1369. *perforation, pricking* by hairs inside the eyelids, Med. 93. 4.

col. 1370. *to snarl*. Used of a horse, Op. Nest. 113. 12 in Nahum iii. 2. Ethpa. part. m. pl. so correct for with *to snarl*, Dion. 205. 18.

, are frequent printer's errors for *contention* e. g. Hormizd 1488 where metre and vocalization show that is needed, not . So Is. Nin. Chab. 99. Syr. 7.

ܣܦܝ Ethpa. col. 1371. *to be lacerated*, Poet. Syr. 58. 13. *To be cut, gathered as ripe fruit* يلقطون ويذرطون الشجر Hunt. clxx.

i. q. *laceration*, N. Hist. iii. 1. 2.

col. 1372. f. *red-heat*, Chimie 99. 18, ib. 19.

f. *sunburn*, Is. Nin. Chab. 100. 9.

col. 1373. Parel conj. Duval Gram. § 196, *to fawn, wag the tail*, add: Gest. Alex. 33. 7, Ined. Sach. 44. 8 ; Nars. ed. Ming. i. 100. Cf. NHeb. בַרְבֵּשׁ *to shake*.

metaph. pl. *the seductions of a pampered body*, Išoyahb 91. 4.

col. 1375 ult. *pitilessly*, Hist. Mon. i. 180. 1.

, a village in Adiabene, coll. 1375. 3, 1376. 18. Add: M.Z. 190. 5, 203. 17.

col. 1376. *service berry*, ref. *story of Balaam* ap. G. Busâmé 13. 2.

col. 1376. pl. *Sabaeans*, Dion. 174. 2 ; Chron. Min. 356. 16 ; Jac. Sar. Hom. iii. 203. 3.

see under .

col. 1377. *the mange*, refs. Kal-w-Dim. ed. Bick. 52. 4 ; Med. 48. 21, (sic) ib. 582. 15.

col. 1377. Add: *roughness or granulation of the eyelids*, Med. 78. 17; *hoarseness*, ib. 184. 17.

. col. 1378. *an insect*, M.Z. 49. 57.

ܣܘܡܩܘܬܐ f. *yellowness*, N. Hist. iii. 5.

ܣܢܕܐ col. 1378. 3) *Carthamus tinctorius*, ref. Chimie 11. 21, ܡܝܐ ܕܣܢܕܐ "*eau de saffron*," an infusion of the above, ib. 14. 12, 49. 7; ܡܐܘܡ ܣܢܕܐ l. 21.

ܣܢܢ. Aph. ܐܣܢ ܠ *to sharpen*, add ref. ܚܐܪܐܘ ܡܣܝܢܐ ܕܚܫܚܗܝܢ But. Sap. Eth. iv. 2 infra.

ܣܢܝܐ, ܣܢܝܬܐ col. 1380. 3 of par. Correct *claws*. L. 19 add: ܟܐܒܐ ܣܢܝܬܐ *acute illnesses*, opp. ܢܝܚܝܐ Med. 46. 15 bis, Hippoc. 1 quater; BH Chr. Eccl. § ii. 427. 9 af. *Strong-flavoured*, ܚܪܠܐ ܣܢܝܬܐ Med. 560. 11, 561. 6.

ܣܢܝܐܝܬ col. 1301. *shrilly, loudly*, ... ܡܬܘܐ ܦܚܡ ܣܢܝܐܝܬ Cyrillona 570. 5.

ܣܢܝܥܘܬܐ col. 1381. *shrillness*. Add: ܣܢܝܥܘܬܐ ܕܪܟܫܐ *snorting of steeds*, Sev. Ant. Hymns 153, 157 and note. Cf. Hex. Jer. viii. 16.

ܣܢܩܪܒܝ *a garden herb*, ܣܢܩܪܒܝ ܡܣܩܕܡ Med. 575. 11.

ܣܢܩܘܦܬܐ col. 1382. f. *a beetle*; pl. ܣܢܩܘܦܬܐ Med. 578. 22.

ܣܢܦܚܐ m. pl. *Herpathanāye*, sons of Shelah of the family of Aram, Chron. Min. 356. 22.

ܣܢܪ Ar. حرص *to be eager*, ܣܢܪ ܠܚܟܡܬܐ Poet. Syr. 98. 6.

ܣܢܙܢܐ *Ornithogalum, Star of Bethlehem*, Med. 562. 17. I. q. ܣܢܙܢܐ col. 1382. Add ref. Jac. Edes. Nöld. F. S. i. 575.

ܣܢܬܐ col. 1382. *sleet*. Add: Brief Xti 102. 3.

ܣܢܢ col. 1382. *to gnash, grind* the teeth, of lions ܣܢܢ ܒܒܪܐ ܚܝܘܬܐ ܦܗܝܐ Pallad. 250. 7.

ܣܢܬܐ m. pl. *bands* or *stripes* of colour, Chimie 8. 16.

ܣܢܗ col. 1385. *to be silent*. Metaph. ܓܘܒܐ ܣܢܗ *a silent pit*, Isaiah xvii. 9 i.e. waterless so that it returns no sound when a pebble is thrown down, BH. in loc. The Heb. has עזובת החרש. *To be hoarse, husky*, ܚܠܐ ܘܣܢܗ Med. 565. 6. Pa. ܣܢܗ *to make hoarse*, ܡܚܣܢܗܝܢ ܟܕܢܐ ܚܟܕܐ ܚܠܐ Med. 185. 18. Ethpa.

ܐܣܬܢܗܝ Add: 3) *to be slain*, ܣܘܝ ܘܐܣܬܢܗܝ Ephr. ed. Bick. lxxii. 28, cf. v. 28.

ܣܢܗܘܬܐ col. 1386. Add: *hoarseness*, Hippoc. ii. 40, iii. ter.

ܣܢܗܘܬܐ col. 1386. *hoarse*, ref. ܚܦܠܐ ܘܣܢܗ Med. 182. 16.

ܣܢܗܘܬܐ col. 1386. BH Gr. i. 195. 10 and ܣܢܗܘܬܐ l. 6 are mistakes for ܣܢܗܘܬܐ *the throat*. *Hoarseness, huskiness*, Med. 183. 11, 186 bis, 238. 17, 239. 1, 246. ult.

ܣܢܗܘܬܐ Med. 50. 2 should be ܣܢܗܘܬܐ.

ܣܢܥܢܐ, ܣܢܥܢܬܐ *magical*, Test. Dni 124. 4.

ܣܢܥܢܐ, ܣܢܥܢܬܐ (ܠܐ) prob. i. q. ὄλυνθος, Lat. *grossus*, small winter figs which do not ripen, Med. 576. 17, 582. 12.

ܣܢܐ col. 1388. *to plough up, divide*, ref. ܐܦ ܣܢܐܘܬܗ ܘܚܬܟܠܐ Ephr. ed. Lamy ii. 275 pen. on Hab. iii. 9. Ethpa. ܐܣܬܢܝ Dion. 165. 16 should probably be corrected ܐܣܬܢܟܪ *to remain over*, ܠܚܣܡܝ ܐܣܬܢܝ ܚܠܐ ܠܓܠܓܠܐ *there hardly remained enough for the poll-tax*.

ܣܢܝܪ (ܣܘܕܝ) ܚܐܪܬ *a mountain in the Gaulonitis*, ZDMG. xxix. 430, Doc. Mon. 213. 19.

ܣܢ Ar. حس *to be conscious of, recognize*, ܣܢ ܘܐܣܬܢܠܗ *he came to his senses, recovered consciousness*, A. M. B. v. 21. 10, var ܐܪܓܫ.

ܣܢ col. 1389. *to suffer*. Add: ܣܓܠ with ܐܬܚܦܟ ܣܓܠ *to suffer destruction, perish*, ܣܓܠ ܘܡܝܬܘ ܘܣܢ *the succession of priests was brought low and perished in the days of Aristobulus and Hyrcanus*, marg. ܚܡܝܫܝ ܘܣܓܠ, G. Busâmê 7. 10. Aph. ܐܣܢ col. 1390. *to pound, work a mixture to the consistency of dough*, Chimie 45. 14.

ܣܣ Anecd. Syr. iii. 49. 21 should probably be ܟܕܢ ܗܘܐ ܡܣܝܡ *he had suffered*.

ܣܢܦܐ col. 1391 infra, ܣܢܦܐ ܢܓܝܪܐ *chronic diseases*. ܣܢܦܐ ܣܢܝܬܐ *acute diseases*, Med. 46 and passim; Archilogenes' book ܟܬܒܐ ܕܣܢܦܐ ܢܓܝܪܐ, ib. 31. 9; 52. 23. Examples of ܣܢܦܐ ܢܓܝܪܐ are ܦܠܢܐ ܘܙܘܥܢܐ *dementia, epilepsy and vertigo*, ib. 46; ܣܢܦܐ ܕܡܦܘܠܬܐ *the falling sickness* i. e. *epilepsy*, Med. 4. 1,

52 ult. and often; ܣܩܐ ܐܚܫ̈ܫܐ ܣܡܝܩܐ τὰ ἐπιληπτικά, Hippoc. v. 6. With preps. ܚܫܝܼܦܐ passionately, eagerly, Pallad. 343. 15; ܘܠܐ ܚܫܝܼܫ unfeeling, unsympathizing, A.M.B. v. 546.

ܚܲܫܵܢܵܐܝܼܬ col. 1392. Add: *sympathetically*, Sev. Lett. 363. 10.

ܚܲܫܵܢܘܼܬܐ col. 1392. ܟܡ ܚܲܫܵܢܘܼܬܐ *sympathy*, Med. 18. 21, 44 ult. and 45. 1, 46. 10, 11 opp. ܐܬܚܲܕܢܘܼܬܐ܃ ܚܲܫܵܢܘܼܬܐ *affection of any part of the body*, ll. 11, 14; ib. 31. 7, 8, 34. 14; ܠܐ ܚܲܫܵܢܘܼܬܐ *freedom from the passions*, Pallad. 102. 3 af., 129. 8 and often.

ܚܲܫܝܼܫܵܐܝܼܬ col. 1393. Add: *sympathetically*, Sev. Lett. 95. 6, with ܠܐ ἀπαθῶς, ib. 186. 2.

ܚܲܫܝܼܫܘܼܬܐ col. 1393. *compunction*, a monastic virtue, Sev. Ant. Vit. 109. 12.

ܚܲܫܘܼܫܵܢܐ *patient*, pl. Anecd. Syr. iv. 81. 14 opp. ܚܵܪܝܘܿܬܢܐ *turbulent*.

ܚܲܫܘܼܫܘܼܬܐ f. *the passions*, ܡܠܐ ܡܢ ܟܠ ܚܫ̈ܐ ܘܡܐ Sev. Lett. 208. 3.

ܚܲܫܒܐ col. 1393. *sense*. Add: ܠܐ ܒܟܘ ܘܚܲܫܒܐ ܘܗܕܢܝ ܢܥܒܕܘ the Jews were *unwilling to admit the meaning of their actions*, Bar Penk. 54. 10. Or *they felt no compunction for* the Crucifixion: cf. ܚܲܫܝܼܫܘܼܬܐ.

ܚܫܒ Pass. part. col. 1394. ܣܝܼܡܐ ܠܐ *of no account*, Kal-w-Dim. 342. 18. Pa. ܚܲܫܒ c. c. acc. *to reckon with* ܘܚܲܫܒ ܐܢܬ. Dion. 146. 13.

ܚܘܼܫܒܵܢܐ col. 1395. Add: ܠܐ ܬܚܫܒܬܐ *thoughtlessness*, Pallad. 280. 6.

ܚܘܼܫܒܵܢܐ *account*. Metaph. ܠܐ ܕܝܢ ܡܢܗ̇ ܕܝܼܡܐ̇ ܠܗ̇ ܐܝܟ ܚܘܼܫܒܵܢܐ ܘܗܘܐ *he took no count of the other heresies*, Pallad. 68. 6. ܚܘܼܫܒ ܕܚܝܼܫܐ *diagnosis*, JAOS. xv. 138. 1.

ܚܘܼܫܵܒܵܢܐ col. 1397. Add: *mental*, ܟܘܼܪܗ̈ܢܐ ܚܘܼܫܵܒܵܢ̈ܝܐ ܘܢܦܫܢ̈ܝܐ *mental sicknesses* such as ܬܵܗܪܘܿܢܘܼܬܐ *amazement* and ܬܚܲܡܕܘܼܬܐ *senselessness*, But. Sap. Eth. iv. 4.

ܚܫܝܼܒܘܼܬܐ f. *reputation*, ܡܪ̈ܘܼܕܐ ܚܫ̈ܝܼܒܝ ܣܲܡܟܘܼܬܐ *persons of consideration*, Sev. Ant. Vit. 231. 6.

ܚܵܫܚ. ܚܵܫܚܘܼܬܐ col. 1400. Pl. ܚܵܫܚܵܬܐ. 2) *uses*. I. q. Gr. χρήσεις and λέξεις, Op. Nest. xiii. and 120, 3, 145 ult. *Use, meaning, locution*, Nest. Hérac. 44. 5, pl. ܚܵܫܚ ib. ult.

ܚܫܲܚ̈ܢܐܝܬ καταχρηστικῶς, *misapplied*, ܚܕܬ̈ܐ ܡܪ̈ܘܼܬܐ܃ ܘܣܒܪܝܢ ܒܗ̇ܝ *those so-called lords*, Jac. Edes. in Ps. cx. 1, ZDMG. xxxii. 477; ib. 479. 1.

ܚܫܟ col. 1401. Metaph. ܢܦܫܐ ܝܸܗܒܲܬ݀ ܒܗ̇ ܚܘܼܫܵܟ̈ܐ *the soul lost her powers of discrimination*, A.M.B. v. 621. 9; ܘܐܘܪܗܝ ܚܫܟܬ݀ ܘܪܡܚ ܢܨܝܒܝܼܢ *Edessa was eclipsed and Nisibis grew illustrious*, Barhad 386. 9. Aph. ܐܚܫܟ add: ܠܚܘܼܒܟܼܐ: ܠܐ ܬܚܫܟ ܗܕܢ ܗܘܿܢܟ *do not cloud your mind with sleep*, Is. Nin. B. 138. 5, 6. Part. ܡܲܚܫܟ *it eclipses*, N. Hist. ii. c. iii. 6 ter.

ܚܫܘܟܐ̇ ܚܫܘܼܟܐ col. 1402. Pl. ܚܫܘܼܟ̈ܐ *angels of darkness*, opp. ܢܗܝܼܪܐ Is. Nin. B. 196. 7.

ܚܫܘܼܟܘܼܬܐ col. 1402. With ܕܦܘܼܡܐ *indistinct speech*, Med. 221. 19.

ܚܫܘܼܟ̈ܬܐ m.pl. *mistiness, dimness* of sight, ܚܫܘܼܟ̈ܬܐ ܘܟܬ̈ܡܐ Med. 557. 18, ib. 594. 5.

ܚܫܘܼܟܵܢܐ col. 1402. *obscure, inexplicable*. *the human soul is* ܡܚܒܠܐ ܘܣܡܝܟܐ But. Sap. Theol. 1. 1.

ܚܘܼܫܟܐ col. 1403. σκοτόδινος, *giddiness*, Hippoc. iv. 18.

ܚܫܠ col. 1403. Add: ܚܫܠ ܡܕܒܟܐ *to suppurate*, Hippoc. v. 20, 44, vi. 20, vii. 35.

ܚܫܵܠܘܼܬܐ f. *the goldsmith's art*, But. Sap. Econ. 1. 2.

ܚܘܼܫܠܐ m. *formation*, ܚܘܼܫܵܠ ܡܘܼܟܐ *suppuration*, Hippoc. v. 18, 55, vii. 18, 20.

ܚܫܸܫ denom. verb from ܚܵܫܘܼܫܵܐ *to cause a storm, to agitate*, ܚܸܩܫܸܫܝܵܢ ܒܝܐܘܲܝܼܢܐ ܠܐܝܼܪ ܡܚܫܫܬ *chilled vapour in violent descent agitates the air*, BH Eth. 450 ult.

ܣܡܝܼܟܐ col. 1405. ܚܲܣܡܝܼܟ̈ܐ *guests at supper*, Journ. As. 1906; 278 pen., 279. 1.

ܚܣܡ pr. n. m. Ar. الحجّاج, Dion. 33. 6 and transl. 30. n. Probably 'Abdul-'Aziz Ibn Ḥajjāj: cf. Weil, Gesch. d. Chalif. i. 673.

ܚܣܢ col. 1406. *to be accurate, exact*. Ethpa. ܐܬܚܲܣܢ *to be assured*, ܘܬܘܼܟܡ ܬܟܼܢܬܠ C.B.M. 579 a. Palp. ܚܣܢܸܫ *to irritate*,

Hippoc. iv. 54; ܘܩܵܛܡܵܣܡ̈ܵܐ ܡܸܕܿܠܵܐ *drugs which provoke coughing*, Med. 231. 11.

ܣܵܛܘܼܢܵܐ col. 1406. *itching, the mange*, Hippoc. i. 19, iii. 24. Used chiefly metaph. in a bad sense but ܪܘܼܚܵܐ? ܣܸܛܵܢܘܼܬܵܐ *the incitements of the Spirit*, C.B.M. 573 *b*.

ܣܸܛܝܼܩܘܼܬܵܐ f. *accurate definition, exactitude*, ܣܝܼܛܝܼܩܘܼܬܵܐ ܓܙܵܐ ܟ̄ܵܘܿܟ̄ܵܒܿ̄ܵܐ But. Sap. Philos. 1. 2.

ܣܲܝܝܼܩܵܐ, ܣܸܝܝܼܩܵܐ col. 1407. 1) and 2) *careful, accurate*, ܣܡܵܬܸܐܠ ܚܘܵܘܵܐ El. Tirh. 34. 19; ܘܣܲܝܼܝܼܵܐ *this is correct*, BB. under ܚܡܪܐ col. 1729 and often; ܣܝܼܝܼܩܵܐ ܒܥܡܕܗ̈ܐ Georg. Arab. 24. 18. 3) *real*; ܐܠܐܵܢܵܐ ܣܸܝܝܼܩܵܐ̈ *the true ribs* opp. ܡܥܒܪܝܼܬܵܐ N. Hist. vii. 1. 7; ܡܲܝܵܐ ܣܛܝܼܩܵܐ ܡܓܲܫܛܝܼܠ ܚܡܵܐ ܠܐ ܐܝܼܬܼ *pure unmixed water is tasteless*, ib. ii. v. 4.

ܣܝܼܝܼܩܘܼܬܵܐ col. 1407. *exactness*, ܚܕܿܚ ܐܸܡ ܐܲܝܝܼ ܣܝܼܝܼܩܘܼܬܵܐ ܡܚܝܠܵܐ ܡܥܣܡܘܼܬܵܐ *if you make a strict rule, if you stickle for correct behaviour*, Sev. Lett. 484 ult.

ܣܛܵܐ from ܣܠܐ: *another* prayer, *an alternate prayer*, ܣܛܵܐ QdhamW. 36. 12, 133. 2, Takhsa 80. 5, 90 pen., 91. 6 and often.

ܣܲܛܡ denom. verb from ܣܛܵܡܵܐ *to conclude the service, to say the concluding prayer*, Brev. Chald. i. 17. 5 bis, ܡܣܲܛܡ ܣܘܿܦܵܐ ܘܡܣܲܛܡܝܼܢ ib. 52 ult., QdhamW. 180. 4.

ܣܛܵܡܵܐ col. 1410. lit. *sealing: a concluding verse, prayer or benediction*, add refs. ܚܬܡ ܣܛܵܡܵܐ *he proceeds with the concluding ascription of praise*, QdhamW. 40. 8; Takhsa 74 antep., 133. 3, ܕܥܵܐܕܵܐ? ܣܲܛܡܵܐ *a festal ending*, ib. 153. 19; pl. ܣܛܵܡܵܐ̈ ib. 97. 15, 151. tit.

ܣܛܵܡܵܐ̈ m. pl. *fibres*, prob. *fibrous roots*, BB. under ܡܚܡܕܗܘܢ col. 3626, ed. Duval 1786.

ܣܲܛܡܵܐ fem. for ܣܛܵܡܵܐ col. 1410. *a mark*, ܠܐܣܛܡ ܣܲܛܡܵܐ ܕܣܡܚܵܐ ܡܫ ܚܢܝܼܙ ܘܐܝܼܡ ܣܡܚܵܐ *la marque de la perdition* a été abolie, Bénédiction des Raisins, R.O.C. iv. 360. Cf. Journ. As. 1898, 441 ff.

ܣܛܵܡܵܐ ܘܚܵܛܡܵܐ, ܚܛܝܼܡܬܵܐ and ܣܲܛܡܵܐ Althaea officinalis, *marsh-mallow*, Med. 208. 20, 214. 7, 297. 13.

ܣܛܵܡܘܼܬܵܐ col. 1411. *connexion*, ܠܐ ܡܘܿܬܵܢܘܼܬܵܐ ܘܣܡܝܵܢܘܼܬܵܐ *immortal and heavenly connexion*, opp. ܣܘܿܟܵܠܵܐ ܡܘܿܣܚܵܡܵܐ Sev. Lett. 491. 20.

ܣܸܛܵܢܬܵܐ i.q. ܚܠܛܡ ܕ̇ܘ *a lady of high rank*, Protection 4. 14.

ܣܛܵܐܦ. Aph. ܐܣܛܝܼܦ *to grow proud, be puffed up*, ܚܣܛܝܼܦ. ܐܢ̄ܬ ܪ̈ܢ ܘܘܘܼܠ ܩܵܐ ܘܡܲܥܠܝܼ ܟܸܬܢܘܿܦ ܘܡܲܣܛܩ ܕܐܦܘܿܦ̣ܘ Op. Nest. 23. 17, quoting Prov. xxx. 13. F. emph. part. ܡܣܲܛܣܵܐܬܵܐ Jul. 24. 6.

ܣܸܛܘܿܦܘܼܬܵܐ col. 1414. 11 and 12 of par. correct ܐܸܣܕܘܸܡܠܵܐ and ܠܘܿܣܡܵܐ as BB. and Hunt. above. Refs. ܣܘܿܛܐܝܼܪܵܬܵܐ ܘܡܚܕܡܬܵܐ *court flatteries*, Ined. Syr. 3. 3, Jab. 91 ult.

ܛ

ܛ col. 1415. The number *nine*, ܛܥܘ ܦܠܘܿܓ ܥܠ ܛ *divide by nine*, JAOS. xv. 138. 2.

ܛܵܒܹܐ ܓܒܵܘܬܵܢܘܼܬܵܐ col. 1418. *beneficence, kindness*, But. Sap. Theol. 4. 1.

Derivs. in ܛܒܼ see under ܛܒܼ.

ܛܲܒܸܢܢܣܘܿ i.q. ܛܲܒܸܢܢܣܘܢ col. 1418 pen. *Tabenna in the Thebaid*, Diosc. ed. Nau 92. 9, 53. 13 i.q. ܚܡܘܡ ܚܕ ܐܸܡܪܐ ib. ll. 14, 15 *for the monks of Tabenna followed the Rule of Pachomius*, R.O.C. v. 403 n. 2. See ܛܒܼܢܝܸܬܵܘܢ.

ܛܵܓܘܿܢ and ܛܵܓܘܿܢ Ταγών, *Tagoun*, *a monastery in Seleucia of Isauria*, R.O.C. iii. 258 infra; Pléroph. Introd. 9; 54. 6.

ܛܸܛܪܐܣܘܿܦܘܢ var. ܛܸܛܪܐܣܵܦܘܢ (διὰ) τεσσάρων, Or. Xt. iii. 105. 2.

ܛܐܘܿܣ τέως, *for a time, until*, Mar Aba ii. 305; ܟܵܟ̇ ܐ̇ܛܐܘܿܣ *wait a while*, Pléroph. 18. 11 and R.O.C. iii. 240. 5 af. Cf. ܛܵܘܣܘܿܦ col. 1433. I.q. ܛܵܒ emphatic particle, ܒܛܵܒ̣ܐܠ ܛܵܦܵܐܨ ܠܐܚܒ̣ܕܐ: ܘܒ ܓܸܒ G. Busâmé 10. 9.

ܛܘܼܪܘܿܣ 1) *Tyre*, Or. Xt. i. 88. 19. 2) taurus, *a bull*, marg. ܛܘܿܪܐ Warda 246 v.

ܛܲܐܦܝܼܠܵܐ m. pl. *Taphile*, descendants of Noah, Chron. Min. 355. 8.

ܛܲܐܦܝܼܠܘܿܢ Ταπιτολέων, perh. *carpet lion*, a nickname of Leontius the magistrianus, Sev. Lett. 93. 13.

ܛܲܐܦܪܘܿܒܵܢܸܐ Ταπροβάνη, *Taprobanes*, now Ceylon, Jac. Edes. Hex. xv. 14, xx. 3.

ܛܲܐܦܘܿܡܸܐ place-name, perh. Ταριχηίαι; three places in Egypt were so-called from the number of mummies preserved there, Med. 504. 10.

ܛܲܐܪܒܝܼܢܲܐ *Tirhan*, south of Tagrit, M.Z. 174. 6. See ܛܲܪܝܼܬܐ col. 1464 and ܛܘܼܪ col. 1517.

ܛܲܐܪܦܣ see ܛܪܦܣ below.

ܛܲܐܪܣܐ Stud. Sin. ix. 93. 10, ܛܲܐܘܣܘܿܣ l. 5 for ܛܪܣܐ col. 1518 and ܛܲܐܘܣܘܿܣ 1519, *Trajan*, Emperor.

ܛܲܐܪܢܛܝܼܣܘܿܣ pr. n. Τερέντιος, *Terence*, Nöld. F. S. i. 573. 142.

ܛܒ col. 1422. Add: ܛܒܼܥ verbal use, ܕܐܢܫ ܠܐ ܛܒܼ ܗܘܐ ܗܘܐ ܕܗ *of which no one had been informed*, Ephr. Ref. ii. 116. 13. Adj. f. pl. ܛܒܼܝܵܬܼܵܐ *rumoured, supposed* opp. ܫܲܪܝܼܪܵܬܵܐ *real*, But. Sap. Isag. iii. i.

ܛܒܝܼܒܵܐܝܼܬ *notoriously, openly*, K. under ܫܘܼܡܵܗܵܐ col. 1559.

ܛܲܒܸܢܣܲܘܵܝܵܐ see ܛܲܒܸܢܣܝܘܿܛܵܐ *Tabennesiot*, infra.

ܛܒܝܼܓܵܐ shortened form of ܛܒܝܼܓܼܵܐ *a relish made from sour milk*, K. col. 1424, El. Nis. 35. 93, and so correct Ibn S. Thes. under ܛܒܲܓ col. 1429. Lexx. under ܛܒܝܼܓܼܵܐ col. 3087 and DBB. 1534 have the same gloss viz. ܘܡܢ ܣܚܕܐ ܕܟܘܪܡܝܢ.

ܛܒܼܗܡܵܐ i.q. ܛܲܘܣܵܐ, ܛܲܘܣܲܐ *the peacock*, Hochf. Fabel. 41. I.

ܛܒܲܚ col. 1424. Ethpa. ܐܸܬܼܛܒܲܚ *to be crushed*, Jos. Styl. 50. 1; ܐܸܛܛܒܸܚܘ ܟܘܿܣܵܘܵܬܼܵܐ *Coupes ii. 114.*

ܛܲܒܵܚܵܐ *the crusher, smasher*, Syrians understood thus the Persian name for an engine of war. Cf. Pers. tôpâh *ruin, destruction*, Jos. Styl. 49. 20 and trans. 42. n.

ܛܒܼܚܵܬܼܵܐ *blows*, A.M.B. v. 24. 15, n. variant for ܛܒܼܥܵܐ q.v. below, and so Pallad. 21. 4 in the corresponding passage.

ܛܲܒܛܒ i.q. ܛܲܒܲܥ col. 1424. 4 of par. *cane sugar*, Med. 165. 2, 237. 9, 265. 9, 266. 15, 296 ter.

ܛܒܸܠ denom. verb from ܛܒܼܠܵܐ, *to drum*; ܛܲܒܼܠܲܝ̈ ܛܒ̈ܠܐ ܡܛܲܒܸܠ ܗܘ̈ܝ *the drums were drumming*, Warda 3 v.

ܛܒܼܠܵܐ pl. ܛܒܼܠܹ̈ܐ dimin. of ܛܒܼܠܵܐ m. *a small hand-drum*, Op. Nest. 116. 9, so correct ܛܒܼܠܹ̈ܐ under ܣܘܼܡܐ.

ܛܲܒܼܠܹܬܵܐ f. pl. dimin. of ܛܒܼܠܵܐ *tablets* or *small brass plates*, De Astrolabe 75 ult., 76.

ܛܒܼܠܵܐ f. tabula, *tablet, table* of an astrolabe i. e. the two circular planes, ܛܒܼܠܵܐ ܬܪܹܝܢ ܛܒ̈ܠܐ De Astrolabe 74, 75 ter, 81, 251. Pl. ܛܒܼܠܹ̈ܐ ib. 71.

ܛܒܼܠܝܼܬܵܐ col. 1425. *a tray, the top of a table*, opp. ܩܸܢܛܪܘܿܢ Gest. Alex. 51. 13. Rit. *a table of festivals*=a calendar, Brev. Ant. 1. Cal. 16 tit., 18. 1. A moveable *altar slab*, (no longer in use) ܐܸܢ ܟܲܕܼܛܒܼܠܝܼܬܵܐ (sic) ܗܟܲܕܼܩܵܐ ܘܟܵܠ ܚܘܼܕܵܫܵܐ Takhsa 129. 19 bis, pl. ܛܒܼܠܝܼܬܼܵܐ ib. 146. 4, Bar-Sal. in Lit. 25. 6, 7.

ܛܒܼܚܢܵܐ *tympanites*, a flatulent form of dropsy, Med. 338. 2, 339. 9.

ܛܒܼܚܢܵܝܵܐ *crescent-shaped*, i. q. ܣܘܼܗܪܵܢܵܐ of the moon when receding from the sun, N. Hist. Bk. ii. 111. 3; ܗܘܼܕܵܠ ܚܣܝܼܪ ܚܸܨܪܝܼܡ ܛܒܼܚܢܵܝܐ *un orifice bouché à moitié*, Chimie 101. 14.

ܛܲܒܸܢܢܲܐ *Tabenna*, Pallad. 371, ܛܲܒܸܢܣܹܐ ib. 179. 17, ܛܲܒܸܢܣܐ ib. 121. 3 af.

ܛܲܒܸܢܣܝܼܘܿܛܹܐ m. pl. *Tabennesiote monks*, Pallad. 144 pen., 301; ܛܲܒܸܢܣܵܝܹܐ Sev. Ant. Vit. 27. 10, 28. 11, 32. 7, sing. 28 ult.; ܛܲܒܸܢܣܵܝܵܐ A.M.B. iii. 488; ܡܸܣ̈ܐ ܘܛܲܒܸܢܣܵܢܹ̈ܐ Pallad. 148 bis. For their rule see ib. 179 = trans. 214 f., R.O.C. v. 403 n. 2.

ܛܒܲܥ col. 1427. 4) astron. *to set, sink*, ܚܸܨܪ̈ܢܐ ܚܣܝܼܪܲܐ ܘܐܸܛܒܲܥ ܠܥܸܡܕܼܗ ܚܸܨܪ̈ܚܕܐ ܘܚܲܒܼܕܵܐ Rylands 44. fol. 4 sixteen times. Pael ܛܲܒܲܥ *to immerse, baptize*, ܡܛܲܒܸܥ ܓܹܪ ܠܚܲܒܼܐ ܕܹܩܢܸܐ Takhsa 71. 13 bis. L. 18 of par. denom. verb from ܛܒܼܥܵܐ *to affix a mark* or *token*, Dion. 167. 14.

ܠܘܚܟܐ col. 1420. *a passage* of a book, *text of scripture*, ܗܘ ܐܝܟ ܕܗܘܝ ܠܚܟܐ ܕܟܬܒܐ Or. 'Xt. 1. 306. 6. Bot. ܠܘܚܟܐ ܕܒܪܢܫܐ ܠܗܕܐ prob. i. q. ܫܠܚܟܐ ܘܬܚܟܐ ܘܬܚܟܐ q. v. Suppl. *marsh-mallow*, Med. 207. 8, 211. 7, 265. 8.

ܠܘܚܟܐ m. an official who placed tokens on everyone for taxing, Dion. 124. 7, 148. 11, 167. 13.

ܡܬܠܚܚܢܘܬܐ Pael Inf. = subst. f. with ܠܐ *wakefulness*, Sev. Ant. Hymns 60.

ܠܚܕܝ i. q. ܠܚܕܘܐ col. 1424, ܠܚܕܝ col. 1430. Pers. طبرزد *sugar candy*, "*sucre candi blanc*", Chimie 39. 18 but "*espèce d'alun ou de sel clivable*", Duval's notes in Journ. As. both in the Syr. and Arab. lists.

ܠܚܒܐ a country, perhaps *the environs of Lake Tiberias*, Med. 444. 8.

ܠܚܒܘܣ, ܠܚܒܝܣ river *Tiber*, A. M. B. v. 510.

ܠܚܝ col. 1431. *to fry, parch*, ܣܠܘܬ *fais chauffer dans un poêle*, Chimie 29 pen. Act. part. ܘܠܘܝ ܡܠܚܝ ܠܚܡܣ Ephr. ed. Lamy ii. 373.

ܠܚܝܒܐ m. pl. *fried delicacies*, Warda 247 v.

ܠܚܪܝܘܣ *Tagriwos*, a fabled race located south of the Pishon i. e. the Adriatic, Chron. Min. 354. 4.

ܠܝܘܡܪܝܘܢ *Teucrium*, col. 1433. Correct ܡܚܒܒܐ for ܡܚܒܒܐ.

ܠܝܘܬܒܝܕܣ, ܛܝܘܬܝܣ τευθίς, -ίδες, a kind of large cuttle-fish, ܐܚܕܐ ܕܩܒܝܛܐ ܢܝܩܒܬܐ *cuttle-fish five cubits long*, N. Hist. vii. 2. 2, 3. 1, 6. 6.

ܠܝܘܛܪܛܐܝܘܣ col. 1433. τεταρταῖος, *quartan fever*. Pl. ܠܝܘܛܪܛܐܝܘ, ܠܝܘܛܪܛܐܝܘ, ܠܝܘܛܪܛܐܝܘܣ, Hippoc. ii. 25, iii. 21, v. 66.

ܠܝܘܛܪܝܓܣ, ܠܝܘ—, ܠܝܛܪܝܓܣ τέττιξ, *cicada*, col. 1433. N. Hist. vii. 2. 2 infra, 2. 3, 4. 2.

ܠܗܡ Pers. تخم *race, stock*. This word prefixed to the name of the reigning monarch, was granted as a title of high honour, Pers. Mart. n. 2109. ܠܗܡܗܘܪܡܙܕ *Tahm-Hormizd*, a marzban, A. M. B. ii. 620 = ܠܗܡ ܗܘܪܡܙܕ Pers. Mart. n. 565; ܠܗܡܝܙܕܓܪܕ *Tahm-Jazdegerd*, QdhamW. 236. 13, Mon. Syr. ii.

68. 13, ܠܗܡܝܙܕܓܪܕ ll. 21, 28, 31, ܠܗܡܝܓܪܕ ib. 69. 14, ܠܗܡܝܙܕܓܪܕ ib. 29; the name in the corresponding passage A. M. B. ii. 520 pen., 521. 10, 14, 522. 15, 523. 18 is spelt uniformly ܠܗܡܝܙܕܓܪܕ. Cf. ܠܗܡܟܘܣܪܘ *Tahm-Chosroes*, col. 1485 and ܠܗܡܫܒܘܪ *Tahm-Shapur*, col. 1488. Nöld. Tabari 443. n. explains otherwise.

ܠܗܡܣܒ pr. n. m. 1) a Persian noble, A. M. B. ii. 584. 9, 585. 3, 588. 5. 2) Bishop of Siarzur, ZDMG. xliii. 403. 4.

ܠܗܢܘܣ usually ܠܗܢܘܣ τόνος, *a note, sound*, ܠܗܢܘܣ ܕܣܢܘܢܝܬܐ ܕܝܡܐ *the note of the sea swallow*, N. Hist. vii. 2. 3.

ܠܗܪܐ col. 1435. *noon*. Pl. m. ܠܗܪܘܬܐ *midday heat*, Jesus-Sabran 522. 12, A. M. B. ii. 533. 13, vii. 68.

ܠܗܪܢܝܐ adj. *mid-day*, A. M. B. v. 457. 16, 19, 20.

ܠܗܐ Ethpa. ܐܬܠܗܝ *to be roasted*, ܗܘ ܐܚܕ ܗܘܐ ܠܚܡܐ Ephr. ed. Lamy i. 387. 10.

ܠܗܝܐ col. 1436. *a roast, roast meat*, ܡܚܐ ܠܚܡܢܐ, BA. under ܠܚܡܣ col. 2004.

ܠܒܘܬ. ܠܛܒܘܬܐ col. 1439. *goodness*. Add: ܚܙܬܐ ܓܒܠܢܐ perhaps *kind looks*, ܘܚܙܐ ܡܢܣ ܚܒܐ ܠܐܝܬܘ, Chron. Min. 47. 14.

ܠܛܘܕܘܪܡ, ܠܛܘܕܘܪܝܢ or ܠܛܘܪܡܝܢ, place-name, quoted from Ptolemy's Geography, Anecd. Syr. iii. 330. 1.

ܠܘܒܝ and ܐܠܘܒܝ, a red pigment used to stain glass, ܘܚܕ ܕܡܡܚܡ ܘܡܟܡܐܙ ܠܘܒܝ, Chimie 99. 12.

ܠܘܒܝܐ so Duval corrects ܠܘܒܝܐ (ܡܥܒܐ), Chimie 99. 13 "*un rouge toubi*", *coloured with toubi*.

ܠܛܒܠܐ col. 1440. *a donkey's nosebag*, gloss. ܣܕܐ ܘܡܘܒܠܐ G. Warda ap. Hippoc. vii. n. 22.

ܠܛܒܠܝܡ, ܠܛܟܠܝܡ or ܡܛܟܠܝܡ name of a gate of Arbela, Jab. 175 ult. It is the name of some bird of prey, note ib.

ܠܛܘܟܣ corr. ܠܛܘܟܣ *Tokus*; q. v. infra.

ܠܛܐܘܬܐ f. *pomp, pride*; a Sabaean or Nabataean word, Lexx. under ܠܐܘܗܪܐ col. 1414.

ܛܘܼܡܣܵܐ col. 1441. *a space of time.* Add: ܚܕ ܛܘܡܣܐ BB. col. 1578. 15 under ܐܵܡܚܕ. With pron. suff. 2 pl. ܛܘܼܡܣܲܝܟܘܿܢ BH Carm. 125. 12; sing. ܛܘܼܡܣܹܗ ib. ll. 13, 15; 127. 8, 128. 2.

ܛܡܝ col. 1441. Ethpa. ܐܬܛܲܡܺܝ *to supplicate,* ref. ܗܘܐ ܐܒܐ ܕܒܐܝܕܗ ܡܬܛܲܡܐ ܗܘܐ ܟܣܕܘܣ JAOS. xv. 135. 6.

ܛܘܼܬܝܵܐ Arab. توتيا *antimony,* Chimie 101. 17, Med. 604. 21. Cf. ܛܘܛܗܐ.

ܛܘܼܪܦܵܐ (ܪܒܐ) *a sore over the whole surface of the eye;* see ܟܼ, ܚܪܒܐ.

ܛܘܪܡܣܘܣ Sev. Ant. Vit. 33. 13, Nau in loc. R.O.C. iv. 548 n. 5 read ܛܘܪܡܣܐ܆ dux, *commander* and cf. ܛܘܪܡܐ col. 836.

ܛܘܡܝܕܘܢ Τομέων, perhaps *Tomi,* a city of Scythia, Nöld. F. S. i. 473. 142.

ܛܘܡܝܣ *Tomis,* a disciple of S. Maris, S. Maris 32. 2.

ܛܘܢܕܪܘܣ ܠܩܕܡܘܢܝܐ *Tyndareus, the Lacedemonian,* Arist. Apol. ܡ. 11.

ܛܘܢܐ prob. *Tyana* of Cappadocia, Dion. 15. 5. Cf. ܛܘܐܢܐ col. 1436.

ܛܘܣ, ܛܣ. ܛܘܼܣܵܐ col. 1444. *flight,* ܥܪܘܩ ܚܫܘܒܗܝ ܘܢܡܘܣ Ephr. ii. 107 F.

ܛܘܣ for ܛܐܘܣ q. v. Dion. 223. 3.

ܛܘܿܣ col. 1444. *Tus,* capital of Khorasan. Refs. BH Chr. Eccl. ii. 449; its ruins are 22 kilom. NW. of Meshed, Syn. Or. 311, 316, Jab. 20. 4.

ܛܘܥܝܐ see ܛܥܝܬܐ col. 1444. m. pl. a tribe of Christian Arabs nomad in the plain bordering on Tur Abdin, Syn. Or. 526. 26, 527. 8, 532 n. 4, Patr. Or. iii. i. 28. 11. Mentioned with ܬܢܘܟܝܐ Jac. Edes. Hex. 8. n. 2.

ܛܘܦ, ܛܦ col. 1444. ult. *to travel by sea,* Apoc. xviii. 17; ܛܦ ܐܘܠܐ܂ Pléroph. 45. 12; Pet. Ib. 112. 8, 9; *to set sail,* ܥܡ ܕܐܠܦܐ܂ܠܐܚܠܐ Sev. Ant. Vit. 74. 8, 11; *to travel,* ܚܒ ܡܛܘܦ: BH Chr. Eccl. ii. 557. Aph. ܐܛܝܦ *to flood, submerge,* 14 of par. add: act. part. pl. f. ܡܛܝܦܬ ܟܕܗ ܚܒܢܬ so corr. for ܡܛܦܬܝ *materials for biography are too abundant for my mind,* A. M. B. v. 4. 1 = Pallad. 5. 6.

ܛܘܦܐ col. 1445. 1) ܠܐ ܛܘܦܐ *non-navigable,* Sev. Ant. Vit. 253. 2. 2) *a raft,* pl. ܛܘܿܦܹܐ Hist. Mon. i. 205. 18, described ii. 397 ult. ff., ܛܘܦܐ ܕܩܢܐ *a raft made of reeds,* Patr. Or. iii. i. 49. 3; Dion. 84. 11; *a ship,* Pet. Ib. 23. 14.

ܛܘܦܪܐ col. 1446. *the omentum,* ref. Med. 291. 1.

ܛܘܦܢܐܝܬ col. 1446. *superficially,* opp. ܣܓܝܐܝܬ Syn. Or. 132. 9, misprinted ܛܘܦܢܐܝܬ; opp. ܚܬܝܬܐܝܬ ib. 167. 2, opp. ܚܕܢܐܝܬ ib. 172. 29; and so correct the same passage in R.O.C. iv. 258. 10 ܛܘܦܢܐܝܬ.

ܛܘܼܦܢܐ, ܛܘܦܢܝܐ col. 1446. *superficial,* ܝܕܥܬܐ opp. ܣܓܝܐܬܐ But. Sap. Isag. iv. 2, ܚܕܡܢܐ ܘܚܒܪܡܬܐ ib. ii. 4.

ܛܘܦܢܐܝܬ col. 1446. ἐπιπολῆς, Greg. Carm. ii. 19. 14, *obiter,* ܚܕ ܠܝܐ ܒܥܒܪܐ Epiph. viii. 17; *carelessly,* a hireling is less good than a bondslave because he reckons himself an outsider ܘܛܘܦܢܐܝܬ ܡܚܣܒ But. Sap. Econ. ii. 3, ܛܘܦܢܐܝܬ ܚܫܒ ib. Theol. 5. 3.

ܛܘܦܝܘܬܐ with ܠܐ col. 1447. so correct. *non-navigable,* Jac. Edes. Hex. xix. 5.

ܛܘܦ prob. *Taif,* mentioned with ܚܝܪܬܐ *Ḥirta,* Sassanidi 36. 14.

ܛܘܦܘܢܘܣ Τυφωεύς, *a giant,* Greg. Carm. i. 100. 6.

ܛܘܦܪܛܪܝܣ τοποτηρητής, *lieutenant,* Sev. Ant. Hymns 721 tit.

ܛܘܦܘܣܐ col. 1447. *a typhoon,* Išoyahb ed. Duval 102. 7.

ܛܘܦܘܣܐ col. 1447. 1) τόπος? ܛܘܦܣܐ ܐܘܣܠܡܐ ܘܚܣܝܡܐ *we brought the matter to a peaceful settlement or conclusion,* Sev. Lett. 59. 18, 175. 3. 2) τύπος, *a form, draft,* ܛܘܦܣܡ ܠܚܟܡܬܐ *to draft a definition of the faith,* Nest. Hérac. 161. 5; ܛܘܦܣܐ ܓܠܝܐ τύπον φανερόν, ib. 194. 16.

ܛܘܦܘܢܐ col. 1446 under ܛܘܦ. τυφῶν, *a cataclysm* in general, whether caused by fire, wind, or water, Chabot, Journ. As. 1908. 142.

ܛܘܦܣܐ col. 1448. Add: 4) *regulation, order,* ܐܝܣܚܩܐ ܘܐܚܣܕܗܘܢ ܕܡܢܬܐ ܐܣܩܝܡܐ Sev. Lett. 204. 1, 368. 16.

ܛܦܣ col. 1448. denom. verb. Add: 1) *to exhibit an example* ܛܘܦܣܐ ܕܚܪܢܐ ܐܛܦܣ, Pet. Ib. 32. 20. 2) *to regulate, mark out*

ܘܿܗܝ ܢܘܿ ܚܕܡܗ ܘܪܸܓ݂ܫܘ ܠܘܼܗܩܡܗ Sev. Lett. 368. 16, ib. 153. 7. 3) *to impress, make the impression* of a seal, ib. 262. 3; cf. ib. 271 infra, 272.

ܡܕܲܓ݂ܫܵܢܘܼܬ݂ܵܐ *regulation,* ܢܵܡܘܿܣܐ ܘܬܸܚܘܼܡܵܐ (ܘܐܕܬܵܐ) Sev. Lett. 400. 9.

ܡܕܲܓ݂ܫܵܢܘܼܬ݂ܵܐ col. 1441. Add: *typification, inner meaning,* ܡܕܲܓ݂ܫܵܢܘܼܬ݂ܵܐ ܕܐܘܼܚܕܵܢܵܐ ܕܟܠܹܗ ܒܪܝܼܬ݂ܵܐ *the inner meaning of the entire order of the universe,* But. Sap. Theol. 4. 1 infr.

ܕܘܓܐ = ܕܓ݂ܵܐ (col. 1430): both ܘ and ܘ are pronounced alike and form the same diphthongs. *A pan for frying or baking,* Op. Nest. 115. 6, Nöld. in loc. ZDMG. xxxv. 499.

ܕܘܿܩܘܿܙܐܟ݂ܵܬ݂ܘܿܢ col. 1449. Separate the name from the title ܟ݂ܵܬ݂ܘܿܢ q.v. col. 1669. ܬܘܼܟܘܿܣ *Tukōs* or ܕܘܿܩܘܿܙ *Docouz,* first and Christian wife of Hulagu, Jab. 114. 1. Misprinted ܬܘܼܩܘܿܣ ib. 91. 1.

ܕܘܿܨ, ܕܘܿ col. 1449. *to fly, move swiftly,* ܕܵܨ ܗܘܵܐ ܘܡܸܬ݂ܟܪܸܟ݂ ܚܕܵܪܲܘܗܝ *he glanced swiftly round,* A.M.B. v. 88. 9. Metaph. ܐܣܝܘܼܬ݂ܵܐ ܕܝܼܢ *medical science turns swiftly to* any means of relief, Is. Ant. ii. 110. 4. Aph. ܐܕܝܼܨ *to turn swiftly,* ܡܸܬ݂ܟܸܫܠܲܢ ܡܕܲܥܵܐ ܠܐܘܚܕܵܢܵܐ Is. Ant. ii. 110. 5; ܪܸܥܝܵܢܵܐ ܐܝܟ݂ ܓܸܐܪܵܐ ܕܐܝܼܨ *the mind takes upward flight.* Jac. Sar. Hom. iii. 3 ult.

ܕܘܓܵܐ col. 1449. طير سليمان ܕܘܼܓ݂ܵܐ ܗܝܼ ܗܘܿܦܘܿܦܹܐ *Solomon's bird, the hoopoe,* Med. 593. 1.

ܕܘܓܵܐ col. 1451. 1. Add: near Melitene but prob. legendary, Patr. Or. v. 5. 707 ult.

ܛܘܼܪ ܕܘܿܓ݂ܵܐ *Sorcerers' Mountain* near Mt. Izla, A.M.B. v. 442 ult., var. ܕܘܿܓ݂ܵܐ ܕܛܲܝܵܪܹܐ.

ܛܘܼܪ ܕܘܿܓ݂ܵܐ ܘܣܝܼܡܘܿܢ *Mt. Serapion,* Anecd. Syr. iii. 52. 4, a better reading is ܣܘܼܪܦܛܝܼܡ *Mt. Syraphtim,* ib. 53. 6, 13.

ܕܘܿܓ݂ ܐܘܿܪܗܝ col. 1452. Add: B.O. ii. ci. cxxxi. 109, 127, 218; Dion. 55. 20. Also the southern slopes of Mt. Taurus, note ib. and Dion. Ined. = R.O.C. ii. 61. 1.

ܕܘܿܓ݂ col. 1449. Add: 1) *a space of time,* ܡܕܗ ܕܘܿܓ݂ ܩܲܝܛܵܐ *all the summer,* Mar Bassus 23. 306; ܕܘܿܓ݂ ܣܲܓܝܼܐܵܐ *a long time,* Ephr. Ref. i. 116. 23, ii. 33. 39. 2) *distance,* ܚܘܼܡܪܵܐ ܕܘܿܓ݂ ܟܡܵܐ ܣܲܓܝܼܐܵܐ *for some distance,* A.M.B. v. 28, ܕܘܿܓ݂ ܥܲܡ ܚܕܵܐ *far from inhabited land,* ib. p. 24; ܕܘܿܓ݂ ܘܚܸܙܘܵܢܵܐ *the intervening distance,* Ephr. Ref. ii. 32 ter, 33 ter.

ܕܘܿܓ݂ܕܵܐ Lat. *turba, turmoil, uproar,* A.M.B. vi. 61. 6.

ܕܘܿܓ݂ܒܝܼ col. 1452 pen. *Convolvulus,* ref. ܕܘܿܓ݂ܒܝܼ ܒܝܼܕܘܼܙܐ Med. 52. 16.

ܕܘܿܓ݂ܣ *Turgas,* a monastery near Apamea, Sev. Ant. Vit. 111. 2, Nau in loc. R.O.C. v. 95.

ܕܘܿܓ݂ܘܿܣܟܠܸܡ τυροκολιν = χρυσόκολλα i.e. *borax,* Chimie 14. 11.

ܕܘܿܓ݂ܝܼ col. 1453. *a jackal.* Add: Pehlevi *Tūrek,* Pers. تور, Kal-w-Dim. 72. 13, 284. 11, 286. 22.

ܕܘܿܓ݂ܝܼܘܿܣ col. 1453. 19. pr.n.m. *Martyrius* i.q. Sahdona, Bishop of Maḥoze d' Ariwân, Chast. 14. 16, 49. 10, 67. 12.

ܕܘܿܓ݂ܢܵܩܵܐ m. pl. θηριακά, *poison: antidote,* ܐܸܟܸܕ݂ܢܵܐ ܕܘܿܓ݂ܢܵܩܵܐ *a poisonous viper,* Op. Nest. 141. 13; ܥܵܒܕܲܝ̈ ܕܘܿܓ݂ܢܵܩܵܐ *makers of antidotes,* ib. 14. Cf. ܐܘܿܢܵܩܵܐ and ܒܐܝܼܡ.

ܕܘܿܓ݂ܢܵܐ i.q. ܕܘܿܓ݂ܢܵܐ col. 1453. *a chisel,* ܡܢܵܪܬܵܐ ܒܝܲܕ ܕܘܿܓ݂ܢܵܐ λυχνία τορευτή, *a chased candlestick,* Hex. Ex. xxv. 31, 36; ܕܘܿܓ݂ܢܵܐ ܕܲܚܛܸܡ Mon. Syr. ii. 24. 23 in Cant. v. 14, Chimie 8. 16, N. Hist. iii. 2. 1.

ܕܘܿܓ݂ܣܡܣ var. ܕܘܿܣܡܣ *the Tyrrhenian Sea,* Jac. Edes. Hex. xi. 10.

ܕܘܿܓ݂ܚܢܘܿܣ i.q. ܛܪܝܼܦܘܿܠܝܼܣ *Tripoli,* Jab. 37. 15.

ܕܘܿܓ݂, ܕܘܿ col. 1453. Metaph. *to superimpose,* ܚܣܝܼܐ ܘܐܝܼܚܕܐ ܣܡ ܨܝܼܒܝܼ Bar Penk. 59. 6. Pass. part. ܕܘܿܓܝܼܥܵܐ, ܕܛܝܼܥܠܵܐ; ܕܛܝܼܥܵܐ ܘܕܘܿܓܝܼܥܵܐ ܡܝܼܬܪܘܼܬ݂ܗܘܿܢ *their virtue is pretended and superficial,* But. Sap. Eth. 3. 4. Pael act. part. ܡܕܲܓܸ݂ܥ *to smear thickly,* ܡܕܲܓܥܝܼܢ ܠܹܗ ܒܕܸܒܫܐ *they smear it with honey,* Kal-w-Dim. 93. 15: Wr. suggests ܠܝܼܒܸܫ or ܟܕܘܼܒܫ.

ܡܫܚܐ col. 1454. *anointing; liniment,* ܟܠܐ ܡܩܕܡܢܐ ܘܫܚܐܟܕܘܡ ܟܗܢܐ Med. 60. 4, ܡܫܚܐ ܘܢܦܥ ܚܕܕ ܕܢܐ l. 5; Ebed J. Card. 21. 14; ܡܫܚܐ ܐܘܟܡܐ ܘܚܬܝܬ *shining black paste* or *liquid,* N. Hist. viii. 4, 9.

ܡܫ col. 1455. Palpal ܡܫܡܫ *to disturb,* ܢܗܡ ܣܡܝܕܐ ܘܡܡܫܡܫ ܠܚܬܝܬܗ *he razes the fortress and drives away its inhabitants,* Bahira 233. 15.

ܡܫܡܫܢܐ *wavering,* ref. ܗܕܪܘܗܝ ܕܠܐ ܡܫܡܫܝܢ Poet. Syr. 58. 17.

ܛܚܠܐ col. 1455. *the spleen,* Hippoc. iii. 21; BH. de Pl. ܫ. 1. Metaph. ܘܣܓܝܐ ܒܠܝܡܐ ܘܣܕܩܐ ܘܒܗܕܐܚܕܐ Caus. Caus. 220. 10.

ܛܚܠܢܐ *splenetic,* Hippoc. vi. 42, 46, Med. 274. 19.

ܛܚܢ col. 1445. Aph. ܐܛܚܢ *to cause to grind,* ܢܗܪܐ ܘܡܛܚܢ ܪܚܝܐ (= ܐܛܚܢ) *a stream which turns a mill-wheel,* Gest. Alex. 261. 1, 268. 18.

ܛܚܢ col. 1456. *to strain at stool,* ref. ܡܢ ܐܢܫ ܘܡܛܚܢ ܚܕܟܕܚܘ Med. 604. 22.

ܛܚܘܪܐ 1) pl. ܛܚܘܪܐ *piles, haemorrhoids,* Med. 569. 18. 2) I. q. ܛܚܢܐ *tenesmus, straining,* Hippoc. vii. 25, Med. 408. 23, 409. 11, 410. 6, 20, &c.; ܝܕܥ ܚܕܐ ܘܛܚܘܪܐ ib. 406. 4.

ܛܚܢܐ pl. ܛܚܢܐ m. *haemorrhoid,* ܣܟܕܠ ܚܢܐ ܥܡ ܓܝܐܡܟܐ. ܐܡܪ ܘܡܢܐ ܡܩܡܕܘܡ ܠܗ Med. 407. 15.

ܛܚܢܐ m. *tenesmus,* ܟܚܒܐ ܛܚܢܐ ܗܕܝܒܐ Med. 407. 15; ܛܚܢܐ ܣܡܬܢܠ ib. 407. 20.

ܛܝܛܩ pr. n. m. Pers. *Tâtâk,* martyr, A. M. B. iv. 181 ff.

ܛܝܛܪܐ τέτραπα, col. 1457. Add: *a quarter* (drachm), BB. under ܡܬܩܠܐ Thes. 887 infra, DBB. 567. 4.

ܛܝܛܪܐܘܕܩܣܐ var. ܛܝܛܪܐܘܕܩܐ m. τὸ τετράδερμον, *four hides,* some article made of fourfold leather, A. M. B. v. 555. 8, 556. 2, 557. 14.

ܛܝܛܪܝܡܘܪܕܝܢ col. 1458. τεταρτημόριον, *quadrant of an astrolabe,* De Astrolabe 74 ult., 81. 14, ܛܝܛܪܝܡܘܪܕܝܢ ܐܚܕܟܠܐ ܘ ܚܕܟܐ ib. 239. 7.

ܛܝܛܪܦܘܠܐ τετράπυλον, *cross-roads,* ܐܝܬܚܡ ܠܚܡܗܢ *bring to the nearest cross-road, public places,* Dion. 39. 3; ܠܛܝܛܪܦܘܠܐ ܐܝܟܡܘ *thou art open on all four sides = too accessible,* Pallad. 531. 17.

ܛܒܝܢܐܣ ܘܣܡܝܢܝܐ see ܛܒܢܐܣ *Tabenna,* Act. S. Pelag. 1. 11.

ܛܝܒܢܐ col. 1418. BH Gr. 25. 8, 35. 23. *graced, gifted,* BH. Chron. Eccl. ii. 381, ܛܝܒܢܐ ܚܬ ܚܟܢܐ ib. 389.

ܡܛܝܒܝܟܐ 1) a *portent,* ܘܐܬܡܟܐ Pléroph. 26. 5. 2) m. *a buyer, caterer,* ܡܛܝܒܟܐ ܘܢܣܟܙܐ But. Sap. Econ. 1. 1. 3) contraction of ܐܢܐ ܡܛܝܒܢܐ *I am ready,* Kal-w-Dim. ed. Bick. 78. 22.

ܡܛܝܒܟܐ *one ready, prepared,* BH Carm. 34. 2.

ܛܒܝܢܣܘܬܐ ܝܚܕ corrupt for ܛܒܢܐܣܘܬܐ *a Tabennesiot monk,* Anecd. Syr. iii. 176. 13.

ܛܒܪܝܣ *river Tiber,* Georg. Arab. 7. 24.

ܛܒܪܝܣ Jac. Edes. Hex. xix. 11. See ܛܒܪܝܣ.

ܛܝܛ Heb. טיט *dirt.* ܡܛܝܒܢܐ *sordid,* Syn. Or. 152. 1.

ܛܝܠܐ col. 1459. *white spots* on the eyes, add: ܘܚܒܐ ܥܡ ܛܝܠܐ *clear-eyed,* BH. in Cant. iv. 9.

ܛܝܛܝܘܦܘܠܣ Τιτιούπολις, *Titiopolis* in Isauria, Pléroph. 43. 11; ܛܝܡܝܗܘܠܝܐ Nöld. F. S. i. 471. 74.

ܛܝܛܓܣ col. 1460. τέττιξ, *the cicada.* Its chirping was a pleasure to the Greeks and it was customary to keep it in a cage whence the Syrians imagined it to be a bird, Hochf. Fabel 15, Natur 28. 16; ܛܝܛܓܣ ܘܗܢܐ Brit. Mus. Or. 2084. 48 v, 54 v where the fable of the grasshopper and the ant is told of it; it is small, ib 56 v. Also spelt ܛܝܛܓܣ, ܛܝܛܓܣ, ܛܝܛܓܣ, ܛܝܛܓܣ, &c. The Lexx. confuse it with the parrot and the nightingale.

ܛܝܛܠܣ τίτλος, col. 1460. Add: ܛܝܛܠܣ ܘܐܡܪ Section II, Sev. Lett. 222. 1, pl. ܛܝܛܠܐ ib. 1 ter. ܥܡ ܛܝܛܠܐ ܚܕܚ ܥܬܪܐ ܗܘ *he puts in a claim to riches,* Jo. Tell. 60. 16.

ܛܺܝܛܳܢܳܘܣ 1) Τιτάν, ᾶνος, a Titan, Arist. Apol. ܗ̄. 7. 2) τίτᾶνος, lime, Chimie 6. 1. Cf. ܛܺܝܢܳܐ infra.

ܛܺܝܡܳܐ apoc. form of ܛܺܝܡܳܐ col. 1460; ܛܺܝܡܝ ܕܡ Anecd. Syr. iii. 247. 8. Add: pl. ܛܺܝ̈ܡܶܐ Ommiads opp. ܥܰܒܳܐܣܺ̈ܝܶܐ Abbasids, Dion. Préface xx.

ܠܛܺܝܡܳܐ what? ܡܳܢܳܐ ܘܠܛܺܝܡܳܐ "codices confessionis", these were certificates of non-Nestorian opinion, BH Chr. Eccl. ii. 85.

ܛܺܝܡܘܢ col. 1461. See ܛܰܡܝܘܢ Thes. and Suppl.

ܛܺܝܡܘܪܺܝܐ col. 1461. τιμωρία, punishment. ܚܰܕ ܕܛܺܝܡܘܪܺܝܐ ܗܘܳܬ ܒܶܗ a penalty hath been decreed, Pallad. 73, 14 = A.M.B. v. 96. 11, ܛܺܝܡܘܪܺܝܐ ܕܡܰܘܬܳܐ Jul. 160. 7.

ܛܰܡܝܘܢ ταμιεῖον, the exchequer, the state, treasury, Syr. Rom. Rechtsb. 30; ܢܶܗܘܶܐ ܒܰܝܬܶܗ his house shall be confiscated, Anecd. Syr. ii. 297. 17; ܢܶܬܕܰܒܰܪ ܠܛܰܡܝܘܢ id. Pallad. 401 bis.

ܛܺܝܢ, ܛܺܝܢܳܐ col. 1462. Add: ܛܺܝܢ ܣܬܰܡܳܐ lutum sapientiae, philosopher's clay for sealing bottles, &c., hermetically, Chimie 20. 9; ܛܺܝܢ ܐܰܘܟܬܢܺܣ is given as an equivalent of vermilion from Sinope, also as ܛܺܝܢ ܡܰܚܬܡܳܐ ib. 4. 11; ܛܺܝܢ ܡܰܚܬܡܳܐ ܛܺܝܢܳܐ ܚܬܺܝܡܳܐ vermillon, verre scellée (de Lemnos) c'est à dire hématite, ib. 1. 4, transl. 8, n. 2. It was officially stamped, cf. ܚܬܺܝܡܳܐ.

ܛܺܝܢ denom. verb from ܛܺܝܢܳܐ to daub, coat with clay, ܘܛܳܢܬ ܡܳܐܢܳܐ the vessel thou hast clayed, Chimie 20. 10. Pass. part. ܡܳܐܢܳܐ ܡܛܰܝܰܢ a phial coated with clay, ib. 38. 4; 96 ult. Fem. ܡܛܰܝܰܢܬܳܐ ib. pen.

ܛܺܝܢܳܐ, ܛܺܝܢܳܢܳܐ col. 1463. clayey, ܓܘ̈ܒܶܐ ܕܒܰܐܪܥܳܐ ܕܛܺܝܢܳܢܬܳܐ ܐܘ ܫܟܺܝܢܳܐ ܡܶܫܬܰܟܚܺܝܢ ܘܡܶܬܟܰܢܢܺܝܢ ܠܐ ܡܶܫܬܰܟܚܺܝܢ wells are found in clay soil or in loam but not in rocky land, N. Hist. iv. 1, 3. Metaph. ܩܘܕܫܳܐ ܚܰܒܳܠܐ ܠܐ ܛܺܝܢܳܢܳܐ BH Carm. 45. 4. ܠܛܺܝܢܳܢܳܐ pastilles made of musk with a viscid base, Med. 605 with gloss. الرامك والسدك.

ܛܺܝܢܳܢܘܬܳܐ f. muddiness, ܓܘ̈ܒܶܐ ܕܚܰܠܒܝܢܽܘܬܳܐ ܒܰܠܚܘܕ ܟܰܬܪܰܬ wells where only mud is left, N. Hist. iv. 1. 3.

ܛܶܢܓܺܝܛܰܢܺܝ or ܛܶܢܓܺܝܛܰܢܺܝܐ Τιγγιτάνη, Tingitana, a province of Mauretania, Jac. Edes. Hex. xxxiv. 15, ܛܺܢܓܺܝܛܰܢܝ ib. xix. 11.

ܛܺܝܦܘܢܳܘܣ Τυφῶν, Typhon, brother of Osiris, Arist. Apol. ܗ̄ ter, ܛܺܝܦܘܢܳܘܣ l. 12.

ܛܺܝܪܕܰܓ Persian title, Captain of Archers, Phet. 11. 10, Pers. Mart. 61 n. 535 in loc.

ܛܺܝܪܓܘܫܢܰܣܦ pr. n. Pers. Tirgušnasp, Jesus-Sabran 511. 18, Nöld. WZKM. xi. 188.

ܛܺܝܪܗܳܢ col. 1464. Tirhan, a diocese on the Tigris, south of the Lesser Zab, Pers. Mart. 188–191, Hist. Mon. i. 141. 17, Lag. Arm. Stud. No. 2245 p. 152.

ܛܺܝܪܡܳܐ Pers. تيرماه the first month of summer answering to ܬܰܡܘܙ, Syn. Or. 69. 26.

ܛܺܝܡܘܣܬܶܢܺܝܣ Δημοσθένης, Demosthenes, Gest. Alex. 127. 4, ZDMG. xlv. 318. 3.

ܛܺܝܣܦܳܐ col. 1464. a region of N. Mesopotamia, in the neighbourhood of Amid, Anecd. Syr. ii. 119. 10.

ܛܺܝܬܳܘܣ col. 1464. Τηθύς, Tethys. Add: BH. ap. Hebraica iii. 250, Or. Xt. v. 16, n. 2.

ܛܳܟܢܳܐ E-Syr. dissyllabic form for ܛܰܟܢܳܐ col. 1465. fraud ܛܳܟܢܳܐ Op. Nest. 18. 13; Ebed. J. Card. 26. 10, 126 pen.

ܡܛܰܟܢܳܢܘܬܳܐ f. contrivance, machination, Doc. Mon. 36. 8.

ܡܶܬܛܰܟܢܳܢܘܬܳܐ f. skilfulness, ingenuity, ܡܶܬܛܰܟܢܳܢܘܬܳܐ ܕܡܰܚܫܰܒܬܳܐ ܕܶܐܫܬܰܩܠܰܬ is ܡܶܬܕܰܟܪܳܢܘܬܳܐ ܡܚܰܫܰܒܬܳܐ recollection is the ingenious recalling of a thought which might have been effaced, N. Hist. viii. 3. 5 infra.

ܛܶܟܣܳܐ col. 1466. 3. 4) eccles. office, rite, ܛܶܟܣܳܐ ܕܥܺܕܬܳܐ : ܘܕܡܰܥܡܘܕܺܝܬܳܐ the Liturgy and Baptismal Service, Takhsa title page. ܛܶܟܣܳܐ ܕܙܘܘܳܓܳܐ the Marriage Service, Maclean and Browne 233; ܛܶܟܣܳܐ ܘܡܶܬܚܰܙܝܳܐ ܐܳܦ ܡܶܢ ܬܰܟܣܳܐ ܕܚܶܠܬܳܐ ܕܓܢܺܝ ܘܥܳܦܳܐ QdhamW. 242. Use, ritual, ܐܡܪ ܛܶܟܣܳܐ ܘܩܕܡܳܐ according to the Chaldaean use, Brev. Chald. 1. 1.

ܛܶܟܣܺܝܣ col. 1466. Add: a cohort, armed force, ܡܰܕܒ ܘܚܰܡܫܳܐ ܩܶܢܛܪܘܢܳܐ ܘܛܶܟܣܳܣܳܐ

the Governor *sent soldiers and his own guard*, Hist. B.V.M. 181. 9; 202. 21, 208. 19; ܠܓܡܣܘܢ ܕܘܩܣܐ the Prefect's *Guard*, Sev. Ant. Vit. 60. 2, 283. 12. *An order* of angels, ܠܓܡܣܐ ܡܕܝܢ ܒܘܕܢܐ *the entire seraphic order*, ܠܓܡܣܐ ܬܫܥܡܟܢܐ *the ninefold order*, Brev. Chald. ܐܚܝ, Maclean.

ܠܘܓܡܐ col. 1467. *organization, structure* of a furnace, Chimie 101. 5. ܕܘܓܡܐ ܕܝܪܚܐ ܫܬܐ *anthems of ordering the months*: sung on the eve of each month, they begin ܓܙܝ ܝܪܚܐ *order the month* and bless it, QdhamW. 183. 5. ܠܘܓܡܐ ܕܐܪܙܐ *the consumption of the Eucharistic species* remaining after Communion, Maclean.

ܠܓܡ col. 1467. 2. 6) with ܐܪܙܐ to consume what remains over of *the Eucharistic species* when the communicants have received, Maclean.

ܠܓܡܐ m. *warder, apparitor*, Doc. Syr. 65. 18.

ܠܓܡܐܝܬ col. 1468. *conveniently, in an orderly manner*, QdhamW. 33 pen.

ܠܓܢ Pa. ܠܓܢ col. 1469. NB. construction ܠܓܢܘ ܣܟܪܝܗܘܢ ܥܠ ܪܝܫܝܗܘܢ *they held their shields over their heads, shielded their heads*, Josephus vi. 5 pen. Aph. 1) ܐܠܓܢ add: ܐܠܓܢ ܪܝܫܗ ܒܣܟܪܗ *he shielded his head* with his buckler, Josephus vi. 10 pen. *To make a shelter*, part. fem. ܡܠܓܢܐ ܒܟܢܦܝܗ ܕܥܬܢܗ *the stork covers its young making a shelter with its wings*, Natur 36. 12. 2) denom. verb from ܠܠ *dew*. *To distil, drip*, ܗܣܘܡ ܗܘܐ ܛܠܐ ܕܡܪܝܐ ܒܫܠܝܐ ܥܠܝ *the dew of the Lord in quietness He distilled upon me*, Ode Sol. 35. 1.

ܠܓܝܣܐ col. 1470. Add: *a reflection* in the water, Hochf. Fabel 36 f., ܠܓܝܣܐ ܕܫܐܢܐ *shadowy apparitions*, Pallad. 17. 15.

ܠܓܝ *to become young*, act. part. ܠܓܐ: ܕܠܓܝܡ ܚܟܡ *he who tastes* the fruits of Paradise *recovers his youth*, Ephr. Syr. iii. 584 F. Pass. part. ܠܓܝܐ: ܬܠܡܝܕܐ ܕܠܓܝ ܒܗܘܢ *new disciples*, Jul. 12. 17. Ethpa. ܐܬܠܓܝ col. 1473. 3 of par. *to receive fresh youth*, ܣܝܒܘܬܐ ܕܪܟܕܟܐ ܡܬܠܓܝܐ *tottering old age is young once more*, Sev. Ant. Hymns 45. 7; Ephr. ed. Lamy iii. 605; iv. 713. 9; Is. Ant. i. 110. 7.

ܠܓܝܐ col. 1473. par. 3. ܠܓܐ ܚܣܘܡܐ ܘܡܚܐ ܠܓܐ ܕܚܡܝܗ ܚܩܘ. ܚܣܘܡܐ ܐܩܢܘܐ ܠܓܐ in the sense of stature, *youthful* is written with Zekafa over Lamadh, when it means *handmaidens* Teth is written with P'thakha, BH Gr. i. 33. 15.

ܠܓܢܘܬܐ col. 1474. *childish, infantile*, El. Tir. Gram. 3. 6; ܠܓܢܘܬܐ ܡܘܚܕܐ *extreme youth*, Mar Bassus 46. 622; ܟܠܐ ܠܓܢܘܬܐ *puerile fables*, Manichéisme 142. 5.

ܠܓܡܢ pr. n. a country or city near Kashgar, Jab. 19. 11.

ܠܓܐܒܝܢ col. 1474. Pers. ترنجبين or ترنگبين *a kind of manna*, Med. 296. 11, 353. 11, ܠܓܒܝܢ 409. 17.

ܠܓܝܣܐ col. 1475. from στλεγγίδ(a) or στελγίδ(a) *a curry comb*, Ar. Fremdwörter 113.

ܠܓܕܓܘ Ethpalp. ܐܬܠܓܕܓ *to be slow*, ܕܬܠܓܕܓܘ Tekkaf. 106. Cf. ܠܓܕ.

ܠܓܬ *to hammer*, ܠܓܬܘ ܚܕܐ ܣܝܡܐ Chimie 31. 25. Cf. ܠܓܬ. Pa. ܠܓܬ same. Act. part. with pronoun ܡܠܓܬ ܠܗ = ܡܢ ܕܡܠܓܬܬ ܠܗ *when you have beaten it out thin*, ib. 27. 6.

ܠܓܝܣܐ, ܠܓܝܣܬܐ, col. 1475. *flat, narrow*, ܠܓܕܐ ܠܐ ܠܓܝܣܬܐ ܕܒܡܥܐ Jac. Edes. Hex. xlviii. 15.

ܠܓܕ Pa. part. ܡܠܓܕ *lazy*, ܠܝܬ ܕܡܚܝܠ ܘܡܠܓܕ ܣܛܪܛܘܬܐ *no soldier is slack and slothful*, Is. Ant. ii. 272. 9, ܐܬܠܓܕܝ ܣܛܪܛܘܬܐ ib. 324. 8.

ܠܓܕܐ col. 1476. Pl. ܠܓܕܐ *vagabonds*, forbidden to come to Church, Or. Xt. i. 94. 6.

ܠܓܕܐ Gest. Alex. 200. 8 and BA. Correct ܠܓܕܢܐ *talents*, q.v. col. 1478 ult.

ܠܓܣܡܣܡܐ col. 1476. τελέσματα, *charms, magic spells*, Jul. xvii. 12, ܠܓܣܡܐ l. 17, ZDMG. xlvi. 468. 9; ܐܦܝܠܘܣܘܦܘܣ ܣܘܒ BH Chr. 51. 19; ܠܓܣܡܣܓܝܐ *amulets, charms against the evil eye*, N. Hist. viii. 4. *Rites, ceremonies of the Church*, Jab. 52. 12; cf. Sophocles' Greek Lex. But from the context it is rather *relics*.

ܛܠܣܡܐ Pers.-Arab. طالشفر and طالسفر bark of a tree of Malabar, Diosc. i. 111, ii. p. 392, Ar. PflnN. 182; Lag. G. A. 50. 132. Med. 306 ult., 307 bis, 361. 4, 369. 5.

ܛܠܝܡ Pass. part. ܛܠܝܡ col. 1477. F. pl. ܛܠܝܡܬܐ ܡܘܗܒܬܐ fraudulent gifts, bribes, Doc. Mon. 33. 9.

ܛܠܝܡܐ and ܛܠܝܡܬܐ col. 1477. flat bread, Fremdw. 35, BA. and Hunt. clxx. under ܡܥܘ col. 1693.

ܛܠܝܡܐܝܬ unjustly, fraudulently, Hist. Mon. i. 102. 18.

ܛܠܡܛܝܐ col. 1478. Dalmatia, Nau in Mart. Pauli, R.O.C. iii. 51. 3, Guidi Trad. 52 ined.

ܛܠܘܡ ܐܠܗܐ, ܛܠܘܡܐܠܗܐ defrauder of God; nickname given to the Catholicos Timothy, by his successor and opponent, Joshua, BH Chr. Eccl. ii. 181.

ܛܠܣܡ for ܛܠܣܡܐ a talisman, charm, Protection 97. med.

ܛܠܥ col. 1479. Pael ܛܠܥ. Part. ܡܛܠܥܢܐ narcotic, causing torpor, BH. de Pl. 106; ܫܢܬܐ ܡܛܠܥܢܝܬܐ heavy slumber, Med. 6. 19.

ܛܠܥܐ col. 1479. lethargy, drowsiness, Med. 3. 9, 4. 10, 5. 12; pl. ܛܠܥܐ drowsy fits or torpor, ib. 3. 5, 193. 19.

ܛܠܥܐ mire, ܛܠܥܐ ܘܗܘܟܐ Tekkaf. 96.

ܡܛܠܥܢܐ soporific, causing heaviness, pl. Med. 6. 1, ܫܢܬܐ ܡܛܠܥܢܝܬܐ ib. 29. 16.

ܛܠܦܚܐ col. 1479. a lentil, add: pl. Med. 86. 5, 98. 12, ܛܠܦܚܐ ܩܠܝܦܐ ib. 162. 17 and often. As a measure ܣܡ ܛܠܦܚܐ ܣ ib. 138. 23; a freckle, ܛܠܦܚܐ ܩܝ ܡܚܘܬܐ ib. 585. 8.

ܛܠܦܚܢܐ col. 1479. ܘܚܛܝܬܐ ܛܠܦܘܣܢܐ Lenticula stagnina, pond weed, Med. 39. 12.

ܛܠܦܚܢܝܬܐ lenticular, lentiform, But. Sap. Philos. 6. 8.

ܛܠܩ col. 1480. to disappear, ܢܚܡܝ ܣܩܦܐ ܘܛܠܩܝܢ the warts will dry up and disappear, Med. 584. 9. Pa. ܛܠܩ 1) to remove, ܠܛܠܩ ܣܘ, Ephr. Ref. i. 142. 2; to rout, put to flight, Patr. Or. V. 5. 722. 5. 2) Ar. طلق ii. to repudiate, divorce, ܢܛܠܩ ܡܠܚܡܝ Dion. 30. 15. Ethpa. ܐܬܛܠܩ to dry up, evaporate, ܚܙܘܗܐ ܘܬܡ ܠܚܡܝ ܡܬܠ Med. 138. 11, 142. 5.

ܛܠܩܐ col. 1481. a regiment, troop, ܛܠܩܐ ܘܚܝܠܐ Patr. Or. v. 5. 722. 3.

ܛܠܡܐ flat bread, BA. and K. i.q. ܛܠܝܡܐ, ܛܠܡܝܬܐ q. v. under ܡܥܘ col. 1693.

ܡܛܠܩܢܐ col. 1482. that which consumes, ܡܛܠܩܢܐ ܘܣܬܐ the earth consumes the life of all those buried in it, Caus. Caus. 207. 19; ܣܘܕܐ ܘܐܣܟܝܦ ܡܛܠܩܢܝܕܐ ܘܐܙܢܐ ܚܬܐ Doc. Mon. 41. 9.

ܛܠܩ talc, selenite, Chimie 2. 6. Various stones are so-called, ܛܠܩ ܘܐܘܟܐ ὄνυξ ἀλαβαστρίτης ib. 9, 6, 9, ܛܠܩ ܘܐܘܐ ἀφροσέληνος, l. 7, ἀμίαντος, ib. l. 9.

ܛܠܬܐ dirt: add pl. ܛܠܬܐ Tekkaf. 84.

ܛܠܡܐ col. 1483. a mantle, BB. under ܡܛܠܡܝܡ col. 1748.

ܛܡ col. 1483. metaph. to restrain, coerce, ܢܛܠܡ ܘܐܘܚܩܐ Is. Ant. ii. 112. 7, ܠܛܡ ܢܛܠܡ l. 8. Pa. ܛܡܡ to stop up, fill up, ܠܚܟܠܐ ܡܣܡܘܗܘ Jab. 371. 14; ܠܟܣܐܦܘܚܣܡ ܚܝܒܢܐ ܠܚܒܐ to fill up marshy ground with earth, Gest. Alex. 208. 14. Aph. ܛܡ see p. 13 b. Ethpa. ܐܬܛܡܡ to be blocked up as rivers, Gest. Alex. 69. 14, 16.

ܛܡܦܩܐ col. 1483. solid (metal), ܘܚܕܐ ܛܡܦܩܐ (σκεῦος) ὁλοσφύρητον, Hex. Sir. 50. 9; Gest. Alex. 233. 10; pl. ܛܡܦܩܐ l. 7; pl. f. ܛܡܦܩܬܐ ib. 211. 8.

ܛܡ Persian prefix to proper names: see ܛܗܡ.

ܛܡܘܐܗܘܣ a place in Egypt, A. M. B. iii. 589.

ܛܡܐܣܘܣ Τάμασος, in Cyprus, Nöld. F. S. i. 472. 80.

ܛܡܓܐ Mongol, a writing, deed, ܛܡܓܐܘܚܒ ܟܬܒܐ Jab. 107. 11.

ܛܡܚܣܪܘ col. 1485. Tahm-Chosroes, a Persian general, Jo. Eph. 403. 21, 404. 8: see ܛܗܡ.

ܠܚܕ 146 ܠܚܡ

ܠܰܚܳܦܳܐ col. 1485. Infin. المَلْطُ El. Nis. 68. 79.

ܐܶܬ݂ܠܰܚܰܦ݂ ܕܡܘܥܟ ܒܘ ܚܝܢܐ ܐܢ݂̇ܐ polluted, ܠܰܚܦ݂ܳܠܳܐ ܠܰܚܦ݂ܳܠܳܐ S. Dan. 62 b 17.

ܠܰܚܶܡ col. 1486. metaph. ܚܬܝܦܗ ܘܚܕܢܐ Huns overwhelm the ends of the earth like a flood, Ephr. ed. Lamy iii 199. Act. part. ܠܰܚܡܰܬ݂ ܢܟ݂ܺܝܠܳܐ dissembling enmity, Aphr. 673. 16.

ܛܰܢ col. 1488. Fut. add: ܘܠܐ ܐܢܫ ܢܶܛܰܢ ܒܦܶܬ݂ܓ݂ܳܡܰܘ̈ܗܝ nor could any take his words amiss, A. M. B. v. 95. 1 = ܢܶܛܰܢ Pallad. 72. 11. To be zealous, emulous, act. part. f. ܛܳܢܳܐ ܠܐ A.M.B. v. 493. 17; pl. f. ܠܐ ܛܳܢ̈ܝ ܚܘܕܚܦܐ Natur 2. 5. Ethpe. ܐܶܬ݂ܛܰܢܺܝ to be envied, ܐܚܪܒ ܗ̇ܘ ܘܬܚܒܝܠ the destruction of him who is envied, Sev. Lett. 228. 1.

ܛܰܢܳܢܽܘܬ݂ܳܐ zeal; ܛܳܢܝ ܛܢܳܢܳܐ Satan excites false zeal in us, Is. Ant. ii. 8. 14.

ܛܰܢܒܽܘܪܳܐ col. 1489. Correct: not قُنْدُرَة but فَنْدُورَة a three-stringed lute, Gr. πανδοῦρα or φάνδουρα, Ital. pandura, French mandore, Span. bandurria, Dozy Suppl. ii. 284.

ܛܰܒܶܢ̈ܳܝܶܐ pl. m. monks of Tabenna, Pallad. 100. 7 = A. M. B. v. 122 ܛܰܒܶܢܣ̈ܝܰܘܬܳܐ. See ܚܢܢܝܫܘ, &c.

ܛܺܝܛܰܢܽܘܣ read ܛܺܝܛܰܢܽܘܣ τίτανος, chalk, Chimie 6. 1.

ܛܰܥ̈ܡܶܐ pl. of ܛܰܥܡܳܐ. col. 1443. tone, syllable, word ܛܰܥܡܳܐ ܚܕ Jo. Tell. 69. 14 = Vit. Monoph. 84. 20.

ܛܰܦܶܦ col. 1491. to beat out metal, act. part. ܡܛܰܦܶܦ BH: in Jer. xli. 7.

ܛܰܦܺܝܦܘܬ݂ܳܐ f. being hammered out to thinness, N. Hist. iii. 2. 3.

ܛܰܣܽܘܓ݂ܳܐ col. 1491. Ar. طَسُّوج, Pers. تسو a measure of weight, Arabic dicts. give it as ½ the weight of a carob or carat, ¼ of a ܘܰܥܡ. But a ܘܰܥܡ = 4 carats, not 8. Chimie 69, transl. 153: ܛܰܣܽܘܓ݂ܳܐ ܘܢܨܦ ܡܒܛܠܐ Op. Nest. 149. 19 in Mark xii. 42.

ܛܶܣܰܪܰܩܶܕܶܩܰܛܺܝ τεσσαρεσκαιδεκάτη, the fourteenth Indiction, Sev. Ant. Vit. 281. 1; Anecd. Syr.

iii. 288. 14 and so read l. 11 for ܛܶܣܰܪܩܶܕܶܩܰܛܺܝ, ib. 289. 24 and 254. 16 where Land has ܛܶܣܪܩܶܕܶܩܰܛܺܝ.

ܠܚܳܕ col. 1492. Part. add: ܠܐ ܠܚܺܝܕ ܠܰܢ it has not escaped us, Jul. 21. 15; ܠܐ ܠܚܺܝܕ ܠܩܰܕܺܝܫܘܬ݂ܟ݂ܽܘܢ it has not escaped your Holiness, ib. 29. 14; ܠܐ ܠܚܺܝܕ ܠܚܶܙܘ ܥܰܡ Ḳur'an, Mingana, 83 a. 18. 3) ܠܚܺܝܕ̈ܳܐ the planets; add: the four planets are Kronos, Zeus, Ares, Aphrodite, ܚܕܐܪ̈ܟܐ ܘܐܘܚܕ ܠܚܺܝܕ̈ܳܐ N. Hist. Bk. ii. cap. iv.

ܠܚܺܝܕ݂ܽܘܬ݂ܳܐ col. 1494 end of par. M. pl. errors, ܠܐܒܐ ܠܚܝܕܡܐ ܥܡ ܚܕܚܣܝܘܗܝ Is. Ant. ii. 76. 18.

ܠܳܚܽܘܕ݂ܳܐ col. 1495. Add: f. ܕܐܚܕ ܠܳܐ ܠܳܚܽܘܕ݂ܳܐ ܡܟܐܒܚܣܕܐ the infallible judgement seat, Sev. Lett. 278. 3.

ܠܳܚܽܘܕ݂ܳܐܺܝܬ with ܠܐ not remissly, not unmindfully, Bar Sal. in Lit. 64.

ܠܚܺܝܠܐ ܠܚܺܝܠܐ m. the deck of a vessel, Hist. B.V.M. 149. 11, 150. 17.

ܠܚܶܡ col. 1495. With ܛܰܥܡܳܐ to relish, appreciate a remark, Pallad. 71. 10. Cf. ܠܚܶܡܢܳܐ ܛܰܥܡܳܐ wit, wisdom, Jab. 49. 14 and Thes. 1497. Aph. ܐܰܠܚܶܡ to mumble, ܠܚܶܡ ܐܘ ܗ̇ܘ ܘܩܛܝܡ ܡܬܟܫܦ ܐܡܪ A. M. B. v. 458. 1. Metaph. to speak with taste, be witty ܐܰܣܠܶܐ ܚܡܪ ܘܐܠܚܶܡ ܡܥܕܣ ܩܘܡܝ Aḥikar 5.

ܠܚܶܡܳܐ col. 1497. Metaph. 1) taste, flavour ܐܰܝܟ ܘܒܠܚܶܡܳܗ̇ as it were in full flavour, Pallad. 72. 9.

ܠܚܶܡܳܐ BH Gr. 49. 10 gives this form as a passive (ܠܚܶܡ) but no example.

ܠܚܶܡ col. 1498. to take away, carry off, ܠܚܶܡ ܕܐܒܪ ܘܚܙܒ ܕܐܘܪܚܐ depart with dignity and go on thy way, "va t'en honorablement", Dion. 22. 1. 2) to bear, tolerate, ܠܚܶܡ ܠܺܝ bear with me, Pallad. 320 ult. 3) to bring tribute ܠܚܶܡ ܠܛܰܒܰܘܬ݂ܐ ܘܩܘܪ̈ܒܢܐ ܚܒܠ ܡܓܠ ܐܚܐ ܘܡܶܠ El. Nis. Chron. 150. 8, 201. 24, 209. 16, 213. 20, 216. 21. Part. ܠܚܶܡ add: ܠܚܺܝܡܺܝܢ ܗ̱ܘܰܘ ܗܰܕ̈ܳܡܰܘܗ̱ܝ his limbs were full of life, Ephr.

Jos. 5. 13; ܠܚܘܼܒܵܐ ܠܚܘܼܕܐ *full of encouragement*, ib. 125. 1. ܠܚܒܡ ܚܘܼܡܥܐ *plump, full-bodied*, Med. 287. 2.

ܠܚܘܿܢܵܐ m. *a weighty* or *important matter*, ܐܦ̈ܠܐ ܢܫܬܗ ܠܚܘܿܢܵܐ ܡܝܼܬܐ Sahdona, in writing, *let important matters slip*, Hist. Mon. i. 47. 14.

ܠܚܘܿܢܵܐ col. 1500. 1) *conductor, carrier*, ܣܥܒܚܐ ܐܪܘܼ ܠܚܘܿܢܵܐ ܘܦܘܐܠ *compressed air in the ear conducts sound*, N. Hist. vii. 1. 2. Astron. (Ptolemaic) the epicycle as *carrier of a circle or of a planet*, N. Hist. Bk. ii. iv. sect. 2; the eccentric as *carrier of the epicycle*, ib. See ܣܘܼ Suppl. and ܡܚܣܘܼܪܢܐ under ܣܘܼ Suppl. 2) Ar. طاعون *the plague, pestilence*, Lexx. under ܡܘܬ col. 2676 and DBB. 1362.

ܠܚܘܿܢܵܐ col. 1500. *a load*. Add: ܠܚܘܒܵܐ ܠܚܘܒܢܵܟ *as much as you can carry*, A. M. B. iii. 592. 1; ܠܚܘܒܢܐ ܘܚܡܫܐ *a load of money* = *payment, tribute*, El. Nis. Chron. 216. 11.

ܠܚܘܒܠܡܐ Syn. Or. 132. 9 correct ܠܦܘܒܠܐ: see above under ܘܚܠ.

ܠܚܟ col. 1501. *to trip, halt in speech*, ܠܚܟ ܐܪܘ ܚܡܫܟܠܗ ܣܟܠܚܘ ܘܙܡܚܘܙ ܘܦܚܣܝܙ Hunt. clxx. ܘܪܠܩ ܘܙܠܙܠ ܘܙܡܢ ܘܨܠܠܬ under ܡܚܟܡܥܐ. Pael part. *halting, limping*, ܡܠܟܚܡ ܡܢܚܚܡܐ ܗ ܡܚܚܐ ܙܡܢ ܡܩܥܕ. ܐܬܟܚܟ ܗܘܘܡܐ ܘܫܝܼܢ Hunt. clxx. Ethpa. *to be tripped up*, ܠܟܠܐ ܘܟܕܘܠ ܠܣܒܢܗ ܘܠܐܚܟܗ A. M. B. ii. 578 pen.

ܠܚܘܟܡܠܡܐ with ܠܐ *unerringly, correctly*, Ephr. ed. Lamy ii. 55. 8; so correct for ܠܚܘܣܠܡܐ.

ܡܚܚܡܚܢܘܐܠ col. 1501. *blundering*, ܘܡܚܚܐ ܡܠܠ ܪܐܝ ܘܨܡܝܪ Hunt. clxx.

ܠܚܦܐ: ܠܚܘܦܐ col. 1502. m. pl. *flickerings*, Tekkaf. 59.

ܠܚܦܐ col. 1502. *to press close, to cleave, cling*, ܟܠܐ ܐܦܘܗ ܠܚܦ ܗܘܐ ܐܬܒܘܗ *he covered his face with his hands*, Anecd. Syr. ii. 20. 16. Pass. part. ܠܚܦܐ ܚܡ ܚܐܘܚܕ ܠܚܦܐ: ܬܐ ܪܘܣܐ *wheat clave to the ground from drought*, Dion. 165. 1; ܚܪ ܠܚܦ ܠܡܐ ܡܡ *why does this snake cling to you?* Hist. B. V. M. 73 pen.,

ܐܚܕܬܗ ܠܚܦܢܝ *his eyelashes stick together*, But. Sap. Econ. iii. 1. Pa. ܠܚܦ 1) *to press closely*, ܡܥܒܪ ܚܘ ܚܠܐ ܣܝܡܕܐ Ephr. ed. Lamy iii 495, Ephr. Joseph. 308. 4; ܚܡܥܙܗ ܘܦܐܗ ܡܠܚܦܐ ܡܠܚܒܘܐܗ *a sea urchin presses its light body against a heavy stone*, Natur 57. 6, 7. *To apply*, ܠܡܠܦܐ ܥܠܝ ܚܡ ܟܡܦܐ ܚܡܕ *apply (salve) on the forehead*, Med. 559. 9; ܠܚܦ ܥܠܐ ܡܚܫܬܠ Ephr. ed. Lamy iii. 17; metaph. ܠܚܦܐ ܚܚܬܚܢܗ ܚܡܠܚܒܗ *we must force on his notice the fact of Joseph's death*, ib. 309: Is. Ant. ii. 208. 1; ܠܚܦܐ ܘܚܣܢܝ Anecd. Syr. ii. 91. 5; ܠܚܦܐ ܚܡܩܥܗ ܚܓܠܟܐ ܐܘܗ A. M. B. iv. 537. 1.

ܠܚܦܢܐ m. *adhesion*, BB. under ܐܪܚܚܣܚܗ܂ col. 253; ܠܘܚܐ ܘܚܠܐ ܘܠܐ ܣܝܡ *juxtaposition of incoherent words*, id. under ܐܡܐ: ܚܘܕܐ col. 3305, DBB. 796. 4.

ܠܚܦܢܐ col. 1503. *steep side*, ܚܦܐ: ܚܣܐܠ *the side of the roof*, BH Gr. i. 56. 15; ܘܘܢܘܦܐ ܠܚܦܢܐ *steep ascent* of the mountain, Mar Bassus 32. 436.

ܠܚܦܐ *application, bandage*, Med. 47. 19.

ܠܚܦܬܐ f. gram. *a point, mark*, Hist. Ant. Gram. Merx. 126. 17; pl. ܠܚܦܐ ܘܣܡܚܠ l. 13, 124. 6. Of a plant, perhaps Orchis Maculata, ܣܠܐ ܠܚܗܚܘ ܚܝܦܐ *it has marks, is spotted*, Med. 600. 1.

ܠܚܦܐ *a small place in the neighbourhood of Nisibis*, A. M. B. i. 485.

ܠܚܦܘܣܡܝܡ Ταφοσίριον = *Tomb of Osiris*, a fort in the desert, Pet. Ib. 67. 18, see note to transl.

ܠܚܣ 2) *to strike, smite*, ܠܚܣ ܟܠܐ ܐܦܘܗ ܘܐܗܘܗ *he strikes his face with his hands, beats his face*, Takhsa 20. 8, 38. 14; ܠܡܣܗܘܗ ܠܚܣܐ ܗܘܐ ܗܘܐ ܣܘܝ ܚܣܒܐ, Jo. Tell. 73. 20; ܠܚܣܘܗܕܝ Hist. Mon. i. 103. 4.

ܠܚܣܢܐ m. *the flat of a sword*, ܚܣܢܒ ܐܚܦܚܢ ܚܓܚܣܐ ܘܡܣܩܗ Joseph. Narses 99. 14, 101. 16. Three manuscripts have ܠܓܣܬܐ for ܠܚܣܐ in the following passage: ܡܡ ܚܠܐ ܠܚܦܐ ܘܐܬܚܠܒ ܡܚܕܘܚܣܚ *they tremble at the sound of a leaf or at the rustling of trees*, Is. Nin. B. 280. 6.

U 2

ܦܘܫܵܐ col. 1504. 1) *an expanse*, ܦܘܫܵܐ ܕܡܚܡܬܐ, Protection 84. 14. 2) *beating, sound of blows*, ܦܚܬܐ ܗܝܬܐܠ ܘܡܚܘܬܐ ܕܟܘ A.M.B. v. 24. 15 = BB.'s quotation from Paradisus Patrum under ܦܫܐ and that from Pat. Vit. under ܦܘܫܐ col. 1504, Hist. Mon. i. 288. 1; ܦܘܫܐ ܘܦܘܚܘܬܗܘܢ ib. 313. 10. Cf. ܢܚܬܐ above.

ܦܥܠ Pael ܦܚܲܦ col. 1504. *To defile*; ܡܕܥܦܐ ܐܬ ܠܐܩܚܡܪܙ *you have been defiled by the Devil*, Hist. Mon. i. 226. 9.

ܦܥܠܝܠ add refs. ܦܥܣܡ ܐܝܕܝܗܘܢ ܒܕܡܐ *their hands are defiled with blood*, Jul. 98. 18. See under ܦܥܠܠܐ above.

ܦܚܠܐ col. 1504. *filth*, pl. ܦܩܠܐ ܘܣܘܚܬܗܘܢ Ephr. ed. Lamy i. 81. 6; Syn. Or. 39. 17.

ܦܨܡ col. 1505. Ethpa. ܐܬܦܿܨܡ *to take refuge*, with ܒ, Ephr. iii. 413 B.

ܦܨܡܬܐ col. 1505. *a thick rug or carpet*, ref. Op. Nest. 95. 4 gloss ܡܓܠܐ; pl. Warda 246 r marg. ܦܨܡܠ.

ܦܛܥܡܐ col. 1505. 1) *a pancake*; usually written ܦܚܡܐ q.v. Add: כספט Neo-Heb. Levy, G. A. Lag. 49. 126, طابق modern Arabic, ZDMG. l. 645, Rev. Études Juives, xxvii. 277 n. 2. 2) *cover, lid*, Takhsa 106. 5.

ܦܛܪܐ col. 1505. *finger or toenail*. 7 of par. ܡܢ ܛܠܝܘܬܢ ܡܝ ܪܟܝܟ ܦܛܪܢ *from our tender infancy*, Mich. Syr. 282. 11; Hist. Mon. i. 169. 2) *claws, talons*, add: ܘܐܦ ܠܘ ܥܡ ܦܛܪܣܐ ܕܚܠܕܐ Apoc. iv. 8 Gwynn, ܕܠܐ ܣܝܦ ܣܦܪܐ ܘܛܦܪܐ ܒܓܣܬ; ܡܕܐ ܟܕܢܐ Bagst. 5) *the onyx*; ܦܛܪܐ ܘܣܪܕܘܢ ܣܐ σαρδόνυξ, sardonyx, ib. xxi. 20 id., where Bagster has ܣܦܪ ܣܘܣܐ. 6) *a disease; growth of a membrane over the eye*, Med. 79. 7, ܦܛܪܐ ܕܚܬܡܐ, ib. 90. 17, 91. bis, 93. 1.

ܦܛܪܬܐ pl. ܦܛܪܬܐ f. i. q. ܦܛܪܐ 2. *the claws of a bat*, Natur 25. 15, ܘܦܛܪܬܐ ib. 35. 17.

ܦܛܡ *to conceal oneself, hide*, ܡܛܬܠܐ ܣܬܬܡܛ ܘܕܘܟܐ ܕܦܛܡܝܢ *the lurking-places and hollows where they lay hidden*, Dion. 15. 21, act. part. m. pl. ܦܛܡܢ ib. 123. 10, 189. 4, 233. 9. Ethpe. ܐܬܦܛܡ *to lurk, lie hidden*, Dion. 111. 7, 233. 12. But *to take refuge*, ib. 130. 23: cf. ܦܨܡ. Nöld. on Dion. WZKM. x. 166.

ܦܘܦܡܐ m. *indistinctness*, ܘܦܗܡܐ ܡܚܕܡܚܕܡܐ ܘܕܚܡܬܐ ? *muttering under the breath*, reference lost.

ܦܛܩܘܢ τακτόν, *a fixed sum or quantity*, ܦܛܩܘܢ ܘܡܐܚܘܕܟܘܢ *his ration, daily provision*, Alexis 8. 4.

ܦܩܥ and ܒܩܥ *to knock against, to put out an eye*. With acc. ܦܩܥܠ ܠܟܣܕܐ (? Natur 31. 9; ܦܩܥ ܡܚܠܝܐ *he smote thee lightly*, Ephr. ed. Lamy iii. 67. *To leave, let*, ܒܩܥ ܦܐܪ *let it cool*, Chimie 20. 12, ܒܩܥ ib. 50. 1. Ethpa. ܐܬܦܩܥ *to be dislocated, put out*, ܐܬܦܩܥ ܚܟܣܬܗ ܘܕܩܦܐ, Pallad. 545. 17, ܐܬܦܩܥ ܒ ܚܬܡ ܕܐܦܬܝܗ *his shoulder was dislocated*, Med. 121. 1, 3.

ܦܩܥܐ m. *a blow*, ܠܐ ܐܢܫ ܥܡ ܦܩܥܘܗܝ Warda 52 r.

ܦܩܥܐ col. 1508. 2) *pressure, impulse*, Med. 178. 23.

ܦܩܥܢܐ col. 1508. *plaster*, Hist. Mon. i. 122. 16.

ܦܩܥܬܐ f. *daubing*, ܘܛܝܢܐ ܕܦܩܥܬܐ ܗܘ ܐ ܕܟܐܚܟܕܢܝ Hist. Mon. i. 98. 13.

ܦܩܕܚܐ *Tripoli*, R.O.C iii. 338 n. 3. Usual form ܛܪܝܦܘܠܝܣ.

ܦܩܣܛܐ col. 1510. mentioned by BH. as a foreign (ܚܬܐ ܘܢܘܟܪܝܐ) word with gloss ܡܚܘܡܣܐ *commotion*, But. Sap. iv. 3.

ܦܩܣܛܐ col. 1510. Ref. ܦܩܣܘܡܝܐ ܘܠܐ ܣܘܕܪܐ *bustle and disorder*, Syn. Or. 222. 25.

ܦܪܓܟܢܬܐ τραγάκανθα, *gum tragacanth*, Med. 83. 13, 86. 2, 183 ult., 164 bis, 181. 18; ܦܪܓܐܡܐܢܕܐ sic for ܦܪܓܐܡܐܢܕܐ (ܠܩܐ ܐܡܪ ܛܐ) BH. de Pl. 102. Cf. Ar. PflnN. 49, كثيراء 109 and ZDMG. xliii. 126.

ܦܪܙ col. 1510. ܦܪܙܐ *course, race*, ܪܣܘܒܐ ܒܪܚܩܐ ܕܣܗܪܐ ܣܒܪܐ *the moon hastens towards the dawn in swift course*, Jac. Sar. Hom. iii. 75. 19.

ܦܪܒܠܝܢ τρύβλιον, *a half-pint measure*, Epiph. v. 9.

ܦܪܓܘܢ col. 1512. τρυγών, *Trygon pastinaca, the sting-ray*, N. Hist. vii. 3. 1, Ar. FischN. 568. 94, Diosc. i. 176; ܘܣܐܦ ܦܪܓܘܢ Med. 25. 19. Cf. ܦܪܓܝܦ.

ܛܪܘܼܝܼܠܳܘܣ (ܛܪܘܼܝܼܠܘܿܣ ?) pr. n. m. Τρώϊλος in Pamphylia, Nöld. F. S. i. 472.

ܛܪܘܼܠܳܐ col. 1512. τροῦλλα. *a ladle, pan,* Chimie 32. 21, 84. 20; Med. 566. 3, 567. 7.

ܛܪܘܿܢܳܘܣ for ܛܪܘܿܢܘܿܣ *a chisel,* ܚܳܩܩܳܗܿ ܥܠܘܗܝ ܛܪܘܿܢܳܘܣ ܐܚܕܳܐ ܐܝܟܐ *a meteoric stone so hard that it was hardly possible to cut a chip off with a chisel,* N. Hist. iii. 2. 1.

ܛܪܘܦܐ for ܛܪܦܐ col. 1514. τροπή, *the tropic* or *solstice,* De Astrolabe 80. 6, ܛܪܦܐ 1. 3, ܛܪܦܐ 1. 11, ܛܪܦܐ 84. 3, 6, 245. 15, pl. ܛܪܦܐ ib. 1. 13.

ܛܘܪܩܐ m. pl. *Turks,* Ephr. ed. Lamy iii. 197. 2.

ܛܪܛܪܘܿܣ col. 1514. *Tartarus.* Add: pl. ܛܪܛܪܐ *the infernal regions,* Greg. Carm. 121, 17, ܠܚܫܐ ܕܬܚܬܝ ܛܪܛܪܘܣ *Charms, quoted from the MS.*

ܛܪܳܝܳܐ col. 1515. ܡܬܐ ܡܓܠܝܬܐ *boiling water,* Brief Xti 101. 3 af.

ܛܪܝܦܘܬܐ *agitation,* add: ܛܪܝܦܘܬ ܚܫܝܗܘܢ *the vehemence of their distress,* Jab. 103. 8.

ܛܪܝܓܒܪ var. ܛܪܝܓܒܝܪ, Pers. اردشیر *illustrious; the Great King,* A. M. B. ii. 576 ult.

ܛܪܝܓܠܐ *the sting-ray,* Natur 55. 8. See ܛܪܘܠܐ col. 1512.

ܛܪܝܠܐ col. 1517. τρίγλα, *Mullus barbatus, the red mullet,* N. Hist. vii. 3. 1, Ar. FischN. 568. 92.

ܛܪܝܛܐܘܣ col. 1517. *tertian fever,* Hippoc. iii. 20, iv. 59.

ܛܪܝܟܢ perh. τριχοίνικον, Epiph. 49. 71. See Hultsch, Metrologie 106.

ܛܪܝܟܘܠܣ τρίκωλος, *a trivet,* Chimie 285 n. 1.

ܛܪܝܘܪܟܘܣ τρίορχος, *a kind of falcon or kite,* N. Hist. vii. 4. 5.

ܛܪܝܡܬܘܣ Τριμιθοῦς, *Trimithus,* a bpric. in Cyprus, Nöld. F. S. i. 472. 79.

ܛܪܝܡܣܝܢ col. 1518. τριμήσιον, *one-third of an aureus,* Anecd. Syr. ii. 261 quater, ܛܪܝܡܣܝܢ Jos. Styl. 79. 2; *one-third of a* χρύσινος, Dion. Ined. 480. 16.

ܛܪܝܣܟܠܐ τρισκελής, *a tripod,* Gest. Alex. 8. 9; ܛܪܝܣܟܠܐ ib. 106. 8; ܛܪܝܣܟܠܐ ib. 98 ult., 99. 3.

ܛܪܝܦܘܕ col. 1519 ult. Pl. ܛܪܝܦܘܕܐ? ܡܠܬܐ *tripod ravings,* i. e. Delphic oracles, Greg. Carm. 32. 12.

ܛܪܝܦܘܪܓܝܢ col. 1520. Τριπύργιον, *Tripyrgion* part of the city of Amid, Mich. Syr. 258. 14, 6 and 4 af., Anecd. Syr. iii. 206. 26, 207. 8.

ܛܪܝܦܘܣ col. 1520. *ashes,* Warda 246 v, marg. ܩܛܡܐ.

ܛܪܝܦܘܙܐ Τραπεζοῦς, *Trapezus,* Anecd. Syr. ii. 247. 3; ܛܪܝܦܙܘܢ Sev. Ant. Vit. 301. 10. See ܛܪܦܙ col. 1526.

ܛܪܝܦܠܐ col. 1520. *a medicine of triple ingredients.* Refs. ܛܪܝܦܠܐ ܪܚܕܬܐ Med. 311. 13, ܛܪܝܦܠܐ ܐܚܕ ib. 317. 21.

ܛܪܝܦܠܣ τριπλοῦς, *a triple* astrolabe, De Astrolabe 74.

ܛܪܝܦܠ col. 1521. bono sensu *expert in war,* Anecd. Syr. iii. 6. 2, 131. 26, ܛܪܝܦܠ ܩܪܒܐ ib. 230. 15.

ܛܪܠܣ *Tralles,* a city of Asia, Anecd. Syr. ii. 184. 5; ܛܪܠܐܘܣ Sev. Ant. Vit. 57 ult., 66. 4.

ܛܪܡܐ or ܛܪܡܐ? *name of an Emir,* Jab. 125. 13.

ܛܪܡܠܐ *a village in the diocese of Amid,* Dion. 22. 21, 23. 4.

ܛܪܡܣܡܝܢ see ܛܪܝܡܣܡܝܢ.

ܛܪܡܣܬܐ BH. Gr. i. 23. 10 i.q. ܛܪܡܣܬܐ *a sandal,* col. 1522. 7 of par., ܛܪܡܣܬܐ ܐܙܠ ܘܚܣܠ A. M. B. i. 517. 16.

ܛܪܢܐ *flint,* col. 1522. ܛܪܢܘܬܐ f. *induration,* BB. under ܣܡܘܣܐ ܣܡܘܣܬܐ i. e. σκίρος, σκιρώματα, DBB. 1384.

ܛܪܢܠܚܡܝ see ܛܪܠܚܡܝ.

ܛܪܢܛ *Taranton,* a fortress in Cappadocia, Brooks Chron. 574. 7, 582. 7, Patr. Or. v. 5. 743. 11.

ܛܪܢܦܠ (ܚܒܫ) *name of a prison in Damascus,* A. M. B. iii. 340.

ܢܶܣܚܳܦ a prescription for internal chills, Med. 311. 10, 393. 16.

ܛܰܪܶܦ col. 1523. Pael ܛܰܪܶܦ 1) to glance, ܡܶܛܪܰܦ ܚܶܡܣܳܐ ܘܡܶܬܥܰܠܰܡ ܒܚܶܡܬܳܐ Kal-w-Dim. 70. 8. Cf. Arab. طرفة a look, glance. 2) denom. from ܛܰܪܦܳܐ to pluck leaves. Ref. ܛܪܰܦ ܕܥܰܪܦܶܠܳܐ Patr. Or. v. 5. 712. 3.

ܛܰܪܦܳܐ col. 1525. 15 of par. ܘܩܰܕܪܽܘ ܛܰܪܦܶܐ the lobes of the liver, Med. 352. 6, 19. ܛܰܪܦܰܝ ܡܰܪܛܽܘܛܳܐ the edges or fringes of a cloak, Hist. Mon. i. 187. 13.

ܛܰܪܦܳܐ or ܛܪܳܦܳܐ col. 1525. throbbing, pulse, beats, Med. 224. 12.

ܛܰܪܦܺܝܬܳܐ dimin. a skiff, BB. under ܣܟܺܝܦܳܐ col. 2626.

ܛܰܪܦܺܝܠܳܐ i. q. ܦܠܦܠ φύλλον, betel, BB. under ܦܠܦܠ col. 3147. 5; ܛܰܪܦܺܝܠܳܐ ܘܙܳܘܓܳܐ Med. 575. 3, 7, ܛܰܪܦܺܝܠܳܐ ܚܶܕܢܳܝܳܐ ll. 10, 18, 585. 21.

ܛܰܪܦܳܐ fine flour. col. 1526. Add: ܛܰܪܦܳܐ ܠܳܐ ܡܶܬܚܰܠܰܦ has no plural, BH Gr. i. 32. 11.

ܛܰܪܦܳܝܶܐ m. pl. Terphaei, Chron. Min. 355. 19, 20. Cf. ܛܰܪܦܳܝܶܐ 1 Esdr. iv. 9.

ܛܪܰܦܣ from τραπεζῖται perh. to withhold goods till the price rises; ܩܳܕܶܡ ܘܡܶܛܪܰܦܣܺܝܢ BH. Nom. 217. 6. Var. ܘܡܶܛܪܰܦܶܝܢ.

ܛܰܪܦܺܣ Lat. Tarpeius, ܛܽܘܦܳܐ ܕܛܰܪܦܺܣ the Tarpeian rock, Anecd. Syr. iii. 50. 22.

ܛܪܰܕ col. 1527. to drive out, chase away, ܛܳܪܶܕ ܐܢܳܐ ܥܰܡ ܠܳܥܺܝ Anecd. Syr. ii. 294. 2; Dion. 63. 8, 235. 11.

ܛܪܳܕܳܐ, ܛܪܽܘܕܳܐ col. 1528. Pl. ܛܪܽܘܕܶܐ nobles, notables, Dion. 128. 18, 166. 24. Adj. add: ܢܽܘܪܳܐ ܛܪܺܝܕܬܳܐ a clear or glowing fire, Chimie 33. 23; ܟܶܒܪܺܝܬܳܐ ܛܪܺܝܕܬܳܐ strong sulphur, ib. 39. 6; ܢܚܳܫܳܐ ܛܪܺܝܕܳܐ brass of fine quality, ib. 43. 20.

ܛܰܪܩܰܛܳܘܢ τρακτατον, a treaty, Syn. Or. 527. 1, ܛܰܪܩܰܛܰܘܢܶܐ ib. 529. 28, ܛܰܪܩܰܛܶܐ col. 1528. Anecd. Syr. iii. 247. 4, pl. ܛܰܪܩܰܛܳܘܢܶܐ ib. 232. 21, 246. 21.

ܛܪܰܩܠܺܝܢܳܐ col. 1528. triclinium, a banqueting hall, ܛܪܰܩܠܺܝܢܳܐ ܘܦܳܠܳܛܺܝܢ Anecd. Syr. ii. 242. 22, 24, 245. 3; Warda 246 r with gloss ܬܰܘܳܢܳܐ; ܛܶܟܳܐ ܬܰܚܬܳܝܳܐ an upper room, M.Z. 68, 63, S. George 19 b 7 af.

ܛܪܰܫ col. 1529. to daub, taint, with ܒ, act. part. ܛܳܪܶܫ ܒ Is. Ant. ii. 16. 2; A.M.B. 445. 13.

ܛܰܪܫܶܫ col. 1529. Parel conj. S. Fraenk. and R. Duval derive this from ܛܽܘܫ, Beit. Assyr. iii. 76, Duval gram. par. 176. Inf. ܠܰܡܛܰܪܫܳܫܽܘܬܶܗ to besmear, bedaub him = ironically to make him a bishop, Syn. Or. 73 pen. Ethparel ܐܶܬܛܰܪܫܰܫ add: to befoul oneself by unlawful marriage, Jab. 287. 3.

ܛܪܰܦ col. 1529. Gram. to elide one of two similar letters, ܡܶܬܛܰܪܦܺܝܢ ܚܰܕ ܕܡܶܬܕܰܡܶܝܢ ܚܰܕ BA. under ܡܰܚܰܝ̈ܢܶܐ col. 967. Pass. part. pl. f. ܛܪܺܝܦܳܬܳܐ secrets, Kal-w-Dim. 226. 1. Pael pass. part. pl. f. ܡܛܰܪ̈ܦܳܬܳܐ hiding-places, Mon. Syr. i. 92. 9.

ܛܽܘܫܳܐ secret, ܥܰܠ ܒܛܽܘܫܳܐ he entered secretly, Ephr. ed. Lamy iii. 761. 12 af. Cf. N.-Syr. col. 1532.

ܛܽܘܫܺܝܬܳܐ f. a hiding-place, Jul. 26. 13, Hist. Mon. i. 118. 4. Pl. ܕܰܒܰܪܶܗ ܒܛܽܘܫܝܳܬܳܐ ܘܒܚܶܫܽܘܟܳܐ he led him by dark and hidden ways, ib. clxvi Syr. 5. Trs. hither two refs. following "latebrae", col. 1530. 5.

ܛܽܘܫ Tšol or Šūl, pr. n. probably a tribe giving its name to a place in Gurgan SE. of the Caspian, Mon. Syr. ii. 68. 5, Tabari 123, Pers. Mart. 277 ff.

ܛܰܫܳܐ, ܛܰܫܬܳܐ Pers. تشت a tray, pan, bason, ܐܰܪܡܺܝ ܒܛܰܫܬܳܐ lay on a tray, Chimie 34. 12, ܒܛܰܫܬܳܐ ܠܛܳܩܶܦ l. 15; ܛܰܫܬܳܐ ܕܩܰܢܕܺܝܠܳܐ saucer of a lamp, C.B.M. 491 a.

ܝ

ܝܢܐܦܘܠܝܛܐܦܘܠܝܣ ὁ Νεαπόλεως, *of Neapolis* in Pisidia, Nöld. F. S. i. 473. 115.

ܝܐܒ. ܝܳܐܒܽܘܢܳܐ col. 1535. *desirous, longing,* one of the forces of the animal soul is the ܚܰܝܠܳܐ ܝܳܐܒܽܘܢܳܝܳܐ ܗܘ̇ ܕܚܰܝܘܬܳܐ N. Hist. viii. 3. 1. Pl. Theol. 4. 3 tit. quoted under ܪܘܚܳܢܳܝܶܐ.

ܝܳܓܺܝܶܐ m. pl. Turk. ياغى *rebels,* Jab. 157 pen. with gloss ܡܪܘܕܐ, 162. 7, 169. 9; ܝܰܓܺܝܶܐ ib. 193. 1.

ܝܫܥܝܐ for ܐܫܥܝܐ *Isaiah,* Arm. Եսայեայ, Eus. ed. McLean 416. 10.

ܝܡܢܝܐ *Jamnia,* a sea port of Palestine, Nöld. F. S. 468. 11. Usually spelt ܝܰܡܢܺܝܰܐ.

ܝܐܣܘܢܝܘܢ Ἰασόνιον, a mountain in Media, Jac. Edes. Hex. xxxvii. 9.

ܝܩܘܢܝܐ i. q. ܐܺܝܩܳܘܢܺܝܳܘܢ *Iconium,* Nöld. F. S. 472. 92.

ܝܒܝܪܝܐ see ܐܺܝܒܶܪܺܝܰܐ col. 136. *Iberia,* Sev. Lett. 114. 14, 252. 8.

ܝܒܘܣܡܟ pr. n. m. Ahikar 52. 1 &c. should be ܢܒܘܣܡܟ נְבוּ סְמַךְ *Nabusemakh.*

ܝܰܒܺܝܣ col. 1538. 9. *the ibis,* ref. so corr. for ܝܰܒܺܝܣ Natur 33. 10 n. gloss طير نقيا.

ܝܒܠ col. 1538. Pael part. ܡܝܰܒܠܳܐ *aphrodisiac,* Budge, ܡܝܰܒܠܳܐ ܕܚܽܘܫܳܐ Med. 600. 21. Ethpa. ܐܶܬܝܰܒܰܠ N.B. construction. ܐܶܬܝܰܒܠܰܬ ܚܰܝܶܝܗ̇ lit. *her life was led = she led her life,* S. Pelag. 2. 21. Aph. ܐܰܘܒܶܠ *to conduct.* The bladder ܐܝܟ ܐܺܝܢܳܐ ܕܡܰܘܒܠܐ ܠܡܝܐ ܘܡܫܪܐ Hebraica iv. 215. 253.

ܝܽܘܒܳܠܳܐ col. 1540. *course,* add: ܐܙܠ ܒܝܘܒܠܗ the sun *goes on its uniform course,* Ephr. Ref. i. 22. 38.

ܡܝܰܒܠܳܢܳܐ col. 1541. Add: ܡܝܰܒܠܳܢܳܐ ܕܫܰܪܒܳܬܳܐ *a genealogist,* BH. on Luke iii. 23.

ܝܽܘܒܰܠ Heb. יָבָל *Jabal,* Gen. iv. 20, Lee, Maus., Urm., ܝܒܠ ib. Hex. ed. Lag., ܝܰܒܰܠ Ephr. i. 47.

ܝܰܒܠܳܬܳܐ f. pl. Heb. כְּלֵי־גֹמֶא *skiffs of reeds,* Hex. Jes. xviii. 2 where Pesch. and Maus. have ܡܳܐܢܰܝ ܓܡܳܐ and Aquila ܡܳܐܢܰܝ ܕܟܬܳܒܳܐ σκεύεσι βιβλίου.

ܝܰܒܪܽܘܚܳܐ col. 1542. *the mandrake: the badenjan, aubergine* or *black egg-plant,* Med. 85. 15, 86. 1, 148. 18, ܩܠܦܬܐ ܕܝܰܒܪܽܘܚܳܐ ܡܰܟܠܶܐ ib. 297. 13, 426. 19; ܙܰܪܥܳܐ ܕܝܰܒܪܽܘܚܳܐ ib. 263. 20, i. q. لفاح ib. 600. 8: ܝܰܒܪܽܘܚܳܐ ܐܶܫܬܺܝܬܽܘܢ *you have drunk mandragora,* i.e. *have stupefied, benumbed the senses,* Nest. Hérac. 263. 14.

ܝܒܫ col. 1543. ܝܰܒܺܝܫܳܬܳܐ f. pl. *raisins,* Med. 564. 16, ܝܰܒܺܝܫܳܬܳܐ ܕܩܶܛܡܶܐ l. 6, 569. 12. Cf. ܩܛܡܬܐ.

ܝܽܒܫܳܢܳܐ m. *drought,* Ephr. ed. Lamy iii. 95 ult.

ܝܰܒܫܳܢܳܝܳܐ col. 1544. ܕܡܽܘܬܳܐ ܝܰܒܫܳܢܳܝܬܳܐ χερσαίου μορφῇ *any terrestrial form = land animal,* A. M. B. v. 353. 8; pl. f. ܝܰܒܫܳܢܳܝܳܬܳܐ the same, N. Hist. vii. 1. 5. ܓܙܪܬܐ ܝܰܒܫܳܢܳܝܳܬܳܐ *peninsulas,* Jac. Edes. Hex. xii. 6.

ܝܽܘܒܫܳܢܳܐ m. *drought,* ܠܐ ܚܽܘܡܳܐ ܘܠܐ ܝܽܘܒܫܳܢܳܐ A.M.B. v. 467. 5.

ܝܓܐ. ܝܽܘܓܳܝܳܐ col. 1545. 1) *gloom, deep thought.* Add to ref. Jes. xvi. 3; Ephr. ii. 46. C. in loc. where ܝܽܘܓܳܝܳܐ is glossed by ܚܽܘܫܳܒܳܐ. ܠܐ ܬܶܬܟܪܶܟ ܒܝܽܘܓܳܝܳܐ *be not wrapped in deep thought,* Tekkaf. 161. 2) *a terror, horror,* BH Chr. 224. 4, 270. 9, ܡܢ ܩܕܡ ܝܽܘܓܳܝܳܐ ܕܗܘܐ id. Chr. Eccl. 683. 12. A synonym for ܢܶܘܫܳܐ *bent of the mind,* K. col. 2328; for ܚܽܘܫܳܒܳܐ ܥܰܡܺܝܩܳܐ *profound thought,* id. 2838.

ܝܽܘܓܳܝܳܢܳܐ adj. from ܝܽܘܓܳܝܳܐ *gloomy,* ܚܽܘܫܳܒܳܐ ܝܽܘܓܳܝܳܢܳܐ *gloomy depression* leads to diseases of the soul, But. Sap. Eth. iv. 3.

ܝܰܓܺܝܶܐ see ܝܳܓܺܝܶܐ.

ܝܓܪ Eshtaph. ܐܶܫܬܰܝܓܰܪ col. 1546. *to cast away,* ܐܶܫܬܰܝܓܰܪ ܠܟܠ ܚܽܘܫܳܒܳܐ Tekkaf. 42 and n.

ܝܕ, ܐܺܝܕܳܐ col. 1546. *the hand.* Add: 1) *a handful,* ܐܺܝܕܳܐ ܕܪܰܘܒܰܪܒܳܐ *a handful of rhubarb,* Med. 213. 3, ܦܠܓܽܘܬ ܐܺܝܕܳܐ *half a handful,* ib. 2) *a copy, manuscript,* ܥܒܕܢ ܠܬܠܬ ܐܺܝܕܳܬܳܐ *we had three copies made,* Or. Xt. i. 300. 14. 3) ܐܺܝܕܰܘܗܝ ܪܽܘܫܡܰܘܗܝ *his signatures, autographs,* Sev. Lett. 19. 19. 4) pl. *arm-cloths,* the long strips of cotton which Orientals wear twisted round their arms, ܒܡܛܘܢ̈ܐ ܘܒܐܝܕ̈ܐ ܚܕܝܪ̈ܐ, Pallad. 517. 4 af. Cf. col. 1547 θ).

ܚܕ ܒܚܕ one by one, Pet. Ib. 44. 8, 109. 19, A.M.B. iii. 428; one after another, Philox. 59. 14.

ܚܕܝ Eshtaph. ܐܫܬܘܕܝ col. 1551. to promise, Add: to be promised N.B. construction ܐܫܬܘܕܝܬ ܓܒܪ̈ܐ she was promised husbands, Kal-w-Dim. Bick. 74. 20.

ܚܕܝܒ col. 1555. 32. Act. part. ܚܕܒ̈ܐ experts in gold, Nest. Hérac. 10. 11/12.

ܚܘܫܒܐ col. 1560. 2) mind. Add: cf. NHeb. חשב mind, intention. ܣܝܡ ܗܘܐ ܒܚܘܫܒܗ ܕܐܚܘܗܝ Philox. 92. 3.

ܡܚܘܝܢܘܬܐ f. the faculty of expression, Pallad. 444. 4, also 4 Macc. 81. 12 δήλωσις "Urim" but perhaps correct ܡܚܘܝܢܘܬܐ as ib. 95. 22.

ܡܚܘܝܢܐܝܬ col. 1561. evidently, expressly, Ephr. ed. Lamy ii. 125.

ܡܬܚܝܢܘܬܐ col. 1562. recognition, identification, ܡܬܚܝܢܘܬܐ ܕܝܠܗ, N. Hist. iii. 2. 2.

ܚܘܝܐ col. 1562. Pl. symptoms of disease, Med. 61 bis, 67 bis, 267. 2, 269. 12; ܐܘܡܢܘܬܐ ܕܚܘܝܐ the art of diagnosis, ib. 272. 13; γνωρίσματα, Galen. 267. 6.

ܚܘܝܒ prob. זָג a kind of grape, Med. 468. 2.

ܚܘܝܒ Pass. part. col. 1565 end of par. With verb ܗܘܐ or with ܠ and pers. pron. ܚܘܝܒ ܠܡܗܘܐ δεῖ γενέσθαι it must be, Apoc. iv. 1, xxii. 6, ed. Gwynn, ܚܘܝܒ ܠܟ δεῖ σε, ib. x. 11, ܚܘܝܒ ܐܢܘܢ ܕ Bagst. δεῖ αὐτούς ib. xi. 5, ܚܘܝܒ ܠܗ ܕ δεῖ αὐτόν Bagst. ܚܘܝܒ ܠܗ ܠܡܟܬܪܘ δεῖ αὐτὸν μεῖναι, ib. xvii. 10 Bagst.; ܚܘܝܒ ܠܟܘܢ ܠܡܬܟܢܫܘ, ib. xx. 3. Col. 1565 end of 1st par ܚܘܝܒ ܠܡܣܒ gifted, gracious, A.M.B. v. 10. 9.

ܡܬܚܘܝܢܘܬܐ col. 1568. the being imparted, opp. ܡܬܡܚܝܢܘܬܐ Išoyahb ed. Duval 135. 9 = Hist. Mon. ii. 139. 9.

ܝܗܘܕܝ col. 1568. ܝܗܘܕܝ denom. verb

Ethpalpal conj. to turn Jew, be proselytized, BH. Schol. in Act. xiii. 43.

ܝܗܘܕܝܐ add: ܐܫܬܐ ܝܗܘܕܝܬܐ Jewish fever, Charms 18. 27, 28; ellipt. 3. 7, 18. 6 af.

ܝܗܘܕܝܐ explained as ܟܐܦܐ ܕܐܦ ܝܗܘܕܝܐ λίθος Ἰουδαϊκός, Judaean stone, Chimie 8. 16; see below under ܝܐܦ.

ܝܗ col. 1570. interj. lá, lá, Théodoret. Nestle Z.A.T.W. 1901, 329.

ܝܘܐ, ܝܐܘܐ col. 1570. Denom. verb Ethpauel ܐܬܝܘܐܘ to troop, throng, ܐ ܐܬܝܘܐܘ ܠܟܢܫܐ, DBB. 344.

ܝܘܚܫܡ place-name, prob. in Arabia, Bar Penk. 142. 12.

ܝܚܪ Jahar, a judge, Stud. Syr. ii. 14. 1.

ܝܘܚܢܕܣ Juvenalis, bp. of Jerusalem, Diosc. ed. Nau 22. 5; ܝܘܢܠܝܘܣ, ib. 58. 1 ult., Chron. Min. 21. 8, ܝܘܚܢܠܝܣ, Anecd. Syr. iii. 341. 8, Pléroph. 13. 5 and n., 15. 8, 10, 11. Vars. ܝܘܢܐܠܝܣ, ܝܘܠܝܢܘܣ, ܝܘܢܕܠܝܣ.

ܝܘܛܐ, ܝܘܛܐ col. 1572. an iota, jot, ܐܘ ܝܘܛܐ ܚܕ, Ephr. ed. Lamy i. 377. 9. 2) Pl. ܝܘܛ̈ܐ jots, writs, lines. A formula, charm; ܘ: ܝܘ: ܕ. abbrev. for ܡܢ ܕܐܝܬ ܝܘܛ̈ܐ ܗܠܝܢ he who bears these lines, Protection 1 ult., 3. 8; 16, 20, 79 bis, 88 ter, &c.

ܝܘܙܐ col. 1573. a leopard, cheetah, pl. ܝܘܙ̈ܐ Hist. Mon. i. 247. 4, Lag. G. A. 83. 139.

ܝܘܡ, ܝܘܡܐ col. 1576 after 2nd par. f. pl. constr. ܒܝܘܡܬܐ ܕܥܠܡܐ in dies aeternitatis, for ever, in perpetuity, Journ. As. 1906. 2. 284, 7.

ܝܘܡ ܝܘܡ day after day, day by day, Pallad. 80. 15.

ܝܘܡܐ add: ܝܘܡܐ ܗܘ ܕܪܒ astron. "jour maximum" the longest day? R.O.C. xv. (1910), 240.

ܝܘܡܦܬܐ col. 1579. 1. Dele: it should be ܝܘܡܦܬܐ νυμφαία, see col. 2323 and Ar. PflnN. 413.

ܝܘܢܘܬܐ col. 1579. Greek scholarship ܗܘ ܕܝܕܥ ܝܘܢܘܬܐ Hippoc. xxi. 1 cf. note, Or. Xt. i. 302. 12.

ܘܚܢܢ Armenian form of the name *John*, Ant. Patr. 306. 1.

ܝܘܢܛܘܢ *Jonaton*, son of Noah, born after the Deluge, Apis ܠ. 5, Schatzh. 138. 7 and n. 115.

ܝܘܢܝܘܣ Ἰώνιος, the Ionian Gulf i.e. the Adriatic Sea, Jac. Edes. Hex. xi. 14.

ܝܘܣܝܦܘܣ *Aesop* h. e. ܘܚܬܠܐ ܡܚܕܚܢܐ B.O. iii. i. 7; ܡܬܠܐ ܕܝܘܣܝܦܘܣ Hochfeld Fabel 26 and Einleitung 5–7, Kal-w-Dim. x. 1. Confused with Flavius Josephus, col. 1582.

ܝܘܣܐܦܘܣ *Hippasus*, philosopher, BH. ap. Hebraica iii. 250. 7.

ܝܘܦܝܐ adj. *of Joppa*, ܒܪܬܐ ܝܘܦܝܬܐ *a maiden of Joppa*, Warda 221 r.

ܝܘܦܩܪܛܣ *Hippocrates*, Med. 6. 21, 15. 20, 16. 9, 116. 12, 191. 9 and often. Cf. ܐܝܦܘܩܪܛܝܣ col. 165.

ܝܘܩܢܐ col. 1582. *image, figure*. Pl. ܝܘܩܢܐ Ephr. ed. Lamy iii. 445. 3. Add: *a figure of speech, trope*, Sev. Ant. Vit. 13. 8. ܝܘܩܢܐ ܕܬܪܥܐ in a list of Church furniture, Takhsa 146. 6.

ܡܬܝܘܩܢܢܐ *figured in the mind, mental*, ܡܛܠ ܐ' ܣܘܩܠܢܬܐ opp. ܡܬܚܙܝܢܐ ܡܥܠ' But. Sap. Philos. 4. 4.

ܝܩܢ col. 1583. denom. from ܝܘܩܢܐ. *to form, shape*, ܢܓܪ ܘܢܝܩܢ ܬܪܥܐ ܘܡܘܬܒܐ *to carpenter and make doors and seats*, Tim. 1 ed. Braun 26. With ܝܘܩܢܐ *to form an image in the mind*, Ebed J. Card. 25. 2, 30. 4; ܣܠܘ ܕܡܩܦ ܡܥܢܝܐ "*Hénoch que caractérise la grâce*" Sev. Ant. Vit. 212. 5 = Sir. xliv. 16; ܘܐܠܝܢ ܕܚܙܢܐ ܕܡܝܩܢܢ ܠܚܟܝܡ *those virtues which characterize the godly man*, ib. 255. 1. Ethpa. ܐܬܝܩܢ *to be figured*, ܒܗܕܐ ܘܡܢܬܢ ܚܠܠܐ ܘܡܢܝܐ Bar Sal. in Lit. 94. 17.

ܝܥܡ. See p. 156 a 2.

ܡܝܩܢܢܘܬܐ f. *characterization*, But. Sap. Periherm. 1. 4.

ܡܬܝܩܢܢܐ col. 1583. Add: 1) i. q. Ar. متخيل *figurative*, ܡܬܝܩܢܢܐ ܣܘܟܠܐ But. Sap. Periherm. 1. 4. 2) *represented*, ܡܬܝܩܢܢܐ ܣܘܩܠܐ id. Theol. 1. 5. 3) *imaginary*, ܣܘܟܠܐ ܡܬܝܩܢܢܬܐ—ܘܡܢ ܚܬܝܬܐ ܘܥܡܐ ܕܐܚܣܢ ܪܢܝ ܗܘ ܕܓܢ ܗܘ ܠܐ ܗܘܐ ܗܘ ܚܙܪ N. Hist. viii. 4. 6.

ܡܬܝܩܢܢܘܬܐ col. 1583. *characterization*, ܡܬܝܩܢܢܘܬܐ ܚܘܢܬܐ But. Sap. Philos. ii. 4. Pl. *mental concepts*, ܡܣܟܠܢܬܐ ܡܬܝܩܢܢܬܐ id. Isag. 1. 2; Philos. 2. 4 ter.

ܝܘܩܢܛܘܣ i. q. ܝܘܩܢܬܐ col. 1584. ὑάκινθος, *a jacinth*, Apoc. xxi. 20 ed. Gwynn.

ܝܙܕܐܝܕܕ Pers. *Yazdaidad*, Bp., ZDMG. xliii. 395. 2.

ܝܙܕܕ Pers. *Yazdad*, Bp. of Rêw-Ardašir, ZDMG. xliii. 396. 6; Bp. of Herat, ib. 400. 6; Syn. Or. 43. 11, 64. 29: 621.

ܝܙܕܘܝ Pers. 1) m. *Yazdoi*, Bp. of Herat, ZDMG. xliii. 396. 11; Syn. Or. 43. 18; 621. 2) f. martyr of Beit Slok, A.M.B. iv. 201, 207.

ܝܙܕܚܘܣܬ Pers. pr. n. *Yazdkhwast*, Bp. of Media, Syn. Or. 479 = 214. 19. So correct ܝܙܕܚܘܣܬ ZDMG. xliii. 406. 15.

ܝܙܕܝܢ Pers. pr.n.m. *Yazdinnan*, Išoyahb ed. Duval 76. 3. I. q. ܝܙܕܝܢ col. 1585.

ܝܙܕܣܦܘܪ Pers. pr.n.m. *Yazdsapor*, Išoyahb ed. Duval 36. 14.

ܝܙܕܦܢܐ for ܝܙܕܦܢܐ col. 1585. Pers. یزد پناه, *Yazdpana*, Bp. of Nineveh, ZDMG. xliii. 404. 9; ܝܙܕܦܢܗ Bp. of Maaltha, ib. 403. 3. Mart. under Chosroes 1, Jab. 394. 6 ff.; ܝܙܕܦܢܐ ܐܚܪܢܐ ܡܝܩܠܦܐܘܢ ib. 395. 13, Pers. Mart. 87 n. 785.

ܝܙܕܒܘܙܝܕ Pers. pr. n. *Yazdbozedh*, ZDMG. xliii. 397. 1 and n. I. q. ܝܙܕܘܙܝܕ col. 1585. Mart. under Chosroes, Tabari 287 n. 1.

ܝܣܚܘܕܘܦܐ col. 1587. ܝܣܚܘܕܘܦܐ (ܠܥܣܐ) *murky fumes*, But. Sap. Eth. iv. 5.

ܝܬܝܒ, ܝܬܝܒܐ col. 1588 pen. and 1589 mid. of par. pl. m. ܝܬܝܒܐ *accidents which are peculiar to one thing* as blackness to ink, one of six sorts of accident, BB. under ܓܕܫܐ col. 661, where the part about ܡܣܬܝܒܐ is incomplete.

Cf. DBB. 454. ܚܕܳܐ ܕ݁ܰܠܡܶܣܰܒ݂ ܗܝ *it is singular in this, its peculiarity is*, Natur 52 pen.

ܡܣܰܒ݂ܪܳܢܳܐ col. 1589. Add: μονοφαγία, 4 Macc. i. 27.

ܫܒ݁ܺܝ col. 1590, *to mis-carry, be abortive*, add: Hippoc. iii. 12, v. 27, 31, 34, 35, 41, 42, 50, 52, vii. 25. Of goats and sheep, N. Hist. vii. 4. 4. Used of wheat not forming ears, ܚܶܛܶܐ ܡܫܰܒ݂ܝ݂ ܘܩܰܝܡܐ Dion. 165. 1.

ܡܫܰܒ݂ܬܳܐ f. *abortion*, Hippoc. iv. 23.

ܬܰܫܢܺܝܩܳܐ܀ ܢܶܫܠܳܐ col. 1591. *despondency*, But. Sap. Eth. iv. 5 bis.

ܡܫܰܒ݂ܳܬ݂ܳܐ col. 1591. Schatzh. 182. 10, Op. Nest. 97. 22, both on 1 Reg. iv. 23. Conder, *Tent-work*, i. 172, identifies it with our *roe-buck* and says that a great valley S. of Carmel is named from it, *Yahmûr*. Also Lag. G. A. 52, Arm. Stud. § 1546, Praet. Miss. 42–64.

ܣܰܒܠܳܐ uncertain. Perh. *the freight* of a caravan, Jos. Styl. 54. 1 where Martin has ܣܒܠܐ.

ܝܰܒ݂ܶܠ Aph. ܐܰܘܒ݂ܶܠ col. 1594. Add: ܡܽܘܠܶܕ݂ ܓ݁ܰܢܒ݁ܳܪܳܐ *Begetter of the Warrior*, name of a plant, its blossoms are shaped like a hood and shine at night, Med. 598. 1.

ܝܰܠܕ݁ܳܐ, ܝܰܠܕ݁ܳܐ col. 1594. 3) *offspring, children*, N.B. f. ܝܳܠܕ݁ܳܬܳܐ; ܪܺܝܫ ܝܰܠܕ݁ܳܐ ܕܝܳܠܕ݁ܰܬ݂ ܐܰܠܳܗܳܐ ܠܝܰܠܕ݁ܳܐ *Epiphany service*, Gaza, Maclean.

ܝܳܠܕ݁ܽܘܬܳܐ *parentage*, Hormizd. 53.

ܝܳܠܕ݁ܳܐ *birth*. astron. ܡܰܥܠܳܐ ܕܝܰܠܕ݁ܳܐ *New Year*, Georg. Arab. 27. 12 i. q. ܫܰܢ݈ܬܳܐ ܚܕܰܬ݂ܳܐ see below. ܝܰܠܕ݁ܳܐ ܕܣܰܗܪܳܐ *the rising or birth of the moon* is its transit to the west of the sun, ib. l. 16, 28. 5, 6. ܡܰܥܠܳܐ ܘܝܰܠܕ݁ܳܐ ܕܟܰܠܒܳܐ ܕܡܰܝܳܐ *the rising of Sirius is the beginning of the New Year*, ib. ll. 7, 8.

ܝܰܠܕܳܐ col. 1596. Astron. ܡܰܥܠܳܐ ܕܝܰܠܕ݁ܳܐ *New Year's Day*=the rising of the Dog Star, Georg. Arab. 24. 5, 10, 25. 11, 27. 9; ܝܰܠܕ݁ܳܐ ܘܡܶܢ ܫܽܘܪܳܝ ܝܰܠܕ݁ܳܐ ܡܶܣܬܰܟܰܠܝܢ. ܟܰܕ݂ܡܰܬ݂ ܡܶܢ ܢܰܘܦܳܠܐ ܘܝܰܠܕ݁ܳܐ ܕܫܺܝܠܰܝܐ ib. ll. 11–13.

ܝܳܠܕ݁ܳܬ݂ܳܐ col. 1597. f. pl. ܥܶܒ݂ܕ݁ܶܬ ܝܳܠܕ݁ܳܬ݂ܢܳܝܳܐ *midwives who assist at birth*, G. Busâmê 78 *b*, 15, 16. Metaph. ܘܚܽܘܫܳܒ݂ܶܐ ܝܳܠܕ݁ܰܝ ܨܠܽܘܬܳܐ *thoughts which beget prayer*, Is. Nin. 8 r, 5 af.; ܐܳܘ ܐܰܝܟ݂ܳܐ ܕܝܳܠܕ݁ܳܢ ib.

ܡܰܚܘܶܐ Anecd. Syr. iii. 258. 3. Corr. ܝܳܕܽܘܥ̈ܐ Ἔλουροι, *Herulians*, so Brooks in loc. p. 225. Cf. Procop. Bell. Pers. 1. 13.

ܝܠܶܦ Pa. past. part. col. 1599 infra. Add ܡܰܠܦܳܐ ܕܰܐܠܳܗܳܐ *taught of God*, θεοδίδακτοι 1 Thess. iv. 9, Sev. Ant. Vit. 244. 1. Cf. ܝܰܕ݂ܘܽܥܶܐ, ܠܡܽܘܕ݂ܵܥܶܐ ܝܰܗܘܺܗ Heb. לִמּוּדֵי יְהֹוָה Jes. liv. 13.

ܝܽܘܠܦܳܢܳܐ 1) pl. ܝܽܘܠܦܳܢ̈ܐ *heresies, heretics*, Ephr. Ref. ii. 50 ff. 2) *military discipline*, Josephus vi. 24. 14.

ܝܰܡܳܐ col. 1600. ܝܰܡܳܐ ܕܣܽܘܙ add: *the Caspian Sea*, M. Z. 33. 43, 58. 30.

ܝܰܡܳܝܳܐ col. 1602. *marine*, ܫܶܡܥܽܘܢ ܝܰܡܳܝܳܐ ܡܰܘܕ݁ܝܳܢܳܐ *Simon the Mariner, confessor*, Brev. Ant. 34. 16. F. pl. ܓܳܙܰܪ̈ܬܳܐ ܝܰܡܝܳܬܳܐ *the isles of the Persian Gulf* opp. ܓܳܙܰܪ̈ܬܳܐ ܕܶܡܚܶܢܕ݂ܳܐ *isles of the Indian Ocean*, Syn. Or. 619 sqq.

ܝܰܡܶܡ Ethpa. ܐܶܬ݂ܝܰܡܰܡ *denom. verb from* ܝܰܡܳܐ *to become a sea*, ܡܶܙܕܰܘܥܳܐ ܘܡܶܬ݂ܝܰܡܡܳܐ ܘܡܶܬ݂ܚܰܫܒܳܐ ܚܶܫܽܘܟ݁ܽܘܬܳܐ Sev. Ant. Hymns 191 n., f.

ܝܺܡܳܐ col. 1602. *to swear*. ܡܰܘܡܳܬ݂ܳܐ *an oath*. Abs. st. rare, ܗܘܳܬ݂ ܗܳܟ݂ܺܝܠ ܡܶܠܬܰܢ ܘܠܳܐ ܡܰܘܡܳܬ݂ܳܐ ܣܰܓ݁ܝ ܡܰܘܡܳܬ݂ܳܐ *our word, without an oath, is as true as our oath*, Ephr. ed Lamy iii. 657. 10.

ܡܰܘܡܳܬ݂ܳܐ f. *perjury*, Op. Nest. 102. 4.

ܡܰܩܕܶܡ *iambics*, Greg. Carm. tit.

ܡܰܡܒ݁ܪܺܝܣ *Jambres*, col. 1605. Correct BH Chr. 132=ed. Bedj. 128. 18.

ܝܰܡܺܝܢܳܐ col. 1605. Add: ܝܰܡܺܝܢܳܐ ܘܰܣܡܳܠܐ ἀμφιδέξιος, *ambidexter*, Hippoc. vii. 40. τάγμα ܚܰܡܫܳܝܐ ܕܝܰܡܺܝܢܳܐ *the Fifth Legion*, Josephus vi. 12. 15.

ܝܰܡܺܝܢܳܐ add: ܢܨܺܝܒܳܐ ܕܡܶܢ ܝܰܡܺܝܢܳܐ *he who was crucified on the right hand* of Our Lord, Warda 102 r. End of par. ܡܰܠܶܠܬ݂ ܕܶܝܢ ܡܰܠܶܠܬ݁ܺܐ *that which I have said, is right*, Sev. Ant. Vit. 330. 1.

ܝܰܡܶܢ *denom. verb Pael conj. from* ܝܰܡܺܝܢܳܐ, *to take by the right hand*, ܝܰܡܶܢ ܐܶܢܽܘܢ ܒܝܰܡܺܝܢܶܗ Anecd. Syr. iii. 22. 21, 36. 16; ܝܰܡܶܢܰܢܝ ܐܶܢܽܘܢ ib. 45. 9.

ܐܝܣܡܕܐ a bishopric of the province of Assyria, probably *Temanûn* or *Temanîm*, E. of Amadiya, Or. Xt. i. 311. 2 and n. 3, Syn. Tim. i. 310, Syn. Or. 608 n. 3, 619. 6.

ܝܡܡܐ (ܝܐܡܐ) اليمامة *Yemama*, a province of Arabia, Sassanidi 36. 13.

ܡܥܡܗ place-name, *Imameh*, Chast. 70. 6.

ܡܐܥܡܠ Ar. ينبيق *an alembic*, Chimie 33. 21, 34. 4 &c. Usually ܐܡܒܝܩ Ar. انبيق q. v. Suppl.

ܢܝܡܣ for ܝܢܝܣ *Jannes*, Hist. Mon. i. 176. 13.

ܝܣܘ *Isu*: this transliteration of the Greek Ἰησοῦς must have been used by the Syriac-speaking Marcionites. It is not elsewhere preserved in extant Syr. literature, Ephr. Ref. i. 45. 15, ii. 61. 42, 62. 29, 70 four times, and often. Burkitt Trans. xxix.

ܝܫܘܥܒܪܢܘܢ יְהוֹשֻׁעַ בֶּן־נוּן *Jeshuabnun*, title of the Book of Joshua, Eus. ed. McLean 416. 5.

ܝܣܦ. ܝܘܣܦܐ col. 1610. *an increase, augment*, ref. ܬܘܣܦܬܐ ܕܡܘܡܠܐ ܡܬܝܕܥܐ Hist. Mon. i. 65. 14.

ܐܣܦܐ Pers. اسپ *a horse*. Perh. *a swift rider*, ܐܣܦܐܘܢ ܚܢܦܩܢܐ ܥܡ ܡܠܟܐ ܪܟܝܒܐ, Jab. 224. 12.

ܝܥܐ Aph. ܐܘܥܝ col. 1611. Add: intrans. ܗܐܘܐ ܕܡܐܕܐ ܘܐܘܚܒ ܚܡܣܢܘܐ ܡܕܝܢܐ ܘܐܘܐ *that the fruit of the vineyard may grow by fair temperate weather*, Bénédiction des Raisins, R.O.C. iv. 359.

ܕܠܐ ܝܥܐ ܝܟܒܝܠ ܘܠܐ ܕܠܝܦ *unripe*, ܝܟܬܢܐ *unripe and unpeeled terebinth* berries, Med. 586. 5.

ܝܥܢܢܐ *germinal, germinative*, ܥܡ ܪܘܚܐ ܝܥܢܢܐ ܘܡܥܡܕܡܐ ܕܘܝܘܡ N. Hist. vi. 1. 2.

ܝܟܐ or ܢܟܐ col. 1612. *a sand-grouse* but given as an equivalent for ܩܗܝܬܐ *a quail*, Lexx. and Op. Nest. quoted col. 2641 sq. ܢܟܐ N.B. E-Syr. voc. With gloss ܩܗܝܬܐ Nars. ed. Ming. i. 38 note. Pl. f. ܢܟܒܐ Med. 554. 16.

ܝܟܡ denom. verb Pael conj. from ܝܟܢܐ col. 1613. *to cause to covet.* ܡܢܟܡ ܐܘܗܝ ܘܡܣܟܐ ܛܒ ܘܠܐ ܝܟܘܗܝ Kal-w-Dim. 187. 2.

ܝܥܩܘܒܝܠܐ, ܝܥܩܘܒܘܠܐ *Jacobule, Jacobulus*, BH Carm. 153. 4, 9 both times opp. Nestorius.

ܝܩܐ Aph. ܐܘܝܩ col. 1615. 2) *to end, pass away*, ܐܘܝܩ ܡܪܢ ܐܝܟ ܕܡܝܬܐ ܗܘܐ *Our Lord came to an end as if He were dead*, Jac. Sar. Hom. iii. 808 pen. 3) *to bring to an end*; add: ܕܬܘܝܩܘܢ ܥܒܕܟܘܢ *that ye finish your work*, Pallad. 34. 4; ܡܘܝܩ ܐܢܐ ܚܘܫܒܝ *I bring my remark to an end*, ib. 40. 6. *To put an end to*, the devil boasts that he is able ܘܐܘܝܩ ܠܝܡܐ ܘܢܫܝܢ ܠܝܒܫܐ *to finish the sea and do away with the land*, ib. 28. 10. N.B. *to perfect, make efficient* ܕܢܘܗܪܐ ܡܘܝܩ ܓܠܝܬܐ "*lux perfecit manifesta*" opp. ܥܡ ܟܠܝܠܐ ܣܥܡܣܐ Ephr. ed. Lamy ii. 791.

ܝܩܢܐ col. 1616. Arm. յատկանշու *contempt; pertinacity*, Aphr. ed. Par. 605 ult., 677. 5; ܝܩܢܐܘ ܥܡܝܡܐ M.Z. 27. 7.

ܝܨܦ col. 1616. Fut. 1 pers. ܐܝܨܦ. *to care for, provide*, imper. ܝܨܦ: ܝܨܦ ܣܥܕܬܢܝܠ ܘܕܡܗ Or. Xt. iii. 4. 7.

ܝܪܘܩܐ col. 1617. *pure red*, ܝܪܩܐ ܚܡܣܡܩܐ DBB. under ܣܡܩ col. 992.

ܝܪܥܐ col. 1618. Add: ܝܪܥܐ φιλόπονοι, *diligent students, "mugs,"* Sev. Ant. Vit. and Nau in loc, R.O.C. iv. 543.

ܝܪܥܐ scriptio plena for ܝܪܥܐ; ܝܪܥܐ ܐܠܗܝܐ *Divine providence*, Pallad. 331. 16.

ܝܪܐ col. 1619. *disposition, will, desire*, ܝܪܐ ܠܐܠܐ ܐܬܟܢܝ *he was thwarted*, BH Chr. Eccl. Eccl. ii. 375; ܥܕܡܐ ܕܥܒܪ ܝܪܗ *till the mood leaves him*, Natur 55. 6.

ܝܪܢܐ *headstrong, perverse*, add ref. ܘܝܪܢܐ ܐܚܪܝܢ ܗܘܐ ܝܪܢܐ ܝܕܝܥܐ ܝܪܘ Nars. ed. Ming. ii. 94. 6.

ܝܩܕ. ܝܩܕܢܐ col. 1621. καῦμα, *feverish heat*, Hippoc. iv. 65; ܝܩܕܢܐ ܕܐܣܛܘܡܟܐ *heart-burn*, Med. 295. 17.

ܝܩܕܢܐ col. 1622. *hot, burning*, name of a hot medicine i.e. *Syrup of poppies*, ܡܩܕܐ ܝܩܕܢܐ ܕܫܚܡܬܐ ܘܝܩܕܢܐ Med. 235. 9, l. 20; 247. 15.

ܝܩܝܪܐ add: ܐܢܛܝܡ ܝܩܝܪܐ *burnt antimony*, Chimie 99. 6, 8, 12.

ܡܥܒܕܐ *a dragon*, Chimie 273 n. 2.

ܡܥܡ *to congest, be inflamed*, pass. part. ܡܥܝܒ *inflamed*, ܡܥܝܒ ܗܘܐ ܘܙܕܗ ܘܬܣܒ ܗ Hist. B.V.M. 73. 2.

ܡܥܡ see under ܡܥܡܐ.

ܡܥܒܪ denom. verb from ܡܥܒܪ̈ *a jacinth*. *To adorn with jacinths*, Poet. Syr. 99. 4 af.

ܡܥܒܕ. ܡܥܒܕܐ *heaviness*, Med. 204. 10. I.q. ܡܥܒܕܐ.

ܡܥܒܕܐ col. 1624. 5) *margin of a book*, add: ܡܥܬܠ ܘܬܝܣ ܘܚܡܥܕܐ *many are the marginal notes*, Or. Xt. i. 300 ult. 7) *interest*, ܡܥܪ ܘܪܒܝܐ Dion. 184. 9.

ܡܥܒܕܐ col. 1625. 13 of par. Add: ܡܥܡܒ ܘܚܘܡܓܐ γουνάτων βάρος, Hippoc. iv. 20, ܡܥܡܒܐ ܘܙܡܣܐ ib. v. 20, 26, Med. 5 ult. ܡܥܒܝܡ ܘܚܬܚܡܐ *oppression, nightmares*, Charms 285. 11, 286. 4.

ܡܥܒܕܐ *lithargyrum = protoxide of lead*, ܡܥܒܝ ܘܐܡܕܒܣ ܘܡܣܥ Med. 61. 9, 162. 6.

ܡܥܒܕܘܬܐ col. 1627. 2) *heaviness*, add: ܡܥܒܕܘܬܐ ܐܘܟܠܐ ܘܠܐܡܕܐ Med. 6. 8, ܡܥܒܕܘܬܐ ܘܗܐܘܩܕܐ ܘܟܬܢܐ ib. 44. 6; ܡܥܒܕܘܬܐ ܘܥܠ καρηβαρία, Hippoc. iii. 16, ܡܥܒܕܘܬܐ ܡܫܡܥܬܐ βαρυηκοΐα, ib. 5, 16, 30.

ܡܥܒܕܢܐ col. 1627. *heavy, burdensome*, ܡܚܕܩܝܗܝ ܡܥܒܕܢܝܟܐ Vit. Monoph. 64. 20.

ܡܥܒܕܢܐ add: ܡܥܒܕܢܝܬܗ *her attendants*, Jab. 448 pen.

ܡܥܒܕܢܘܬܐ add: *the bestowing of gifts*, BH. Eth. 553. 18.

ܡܥܒܪܐ col. 1630. *a month*. Jos. Styl. has ܡܥܒܪܐ passim e.g. 31. 7, 37. 10, 11, 39. 23, 40. 3, ܡܥܒܪ l. 10.

ܡܥܒܪܘܢܐ dimin. m. *a short month* viz. five intercalated days, Georg. Arab. 5. 13.

ܡܥܒܪܢܝܐ *monthly*, opp. ܝܘܡܢܝܐ *daily*, N. Hist. 5. 3.

ܡܥܒܕܝܐ m.pl. *Yartutāye*, a people descended from Aram, Chron. Min. 356. 19.

ܡܥܝ prob. a constellation, Med. 505. 22, its influence is opposed to that of Saturn, ib. 506. 3, to that of Jupiter, l. 4.

ܡܥܕܠ cf. Arab. ورل *a newt*, m. *a crocodile*, Anecd. Syr. iv. 42 sq.

ܡܥܕܒ Mongol *injunction, charge*, Jab. 48. 10. Vars. ܡܥܕܒܝ, ܡܥܕܒܝ n.

ܡܥܕܩܐ col. 1631. *the Yarmuk river*, BH Chr. 101. 5.

ܡܥܕܩܝܢܐ dimin. of ܡܥܕܩܐ col. 1631. f. *a small rug, a coverlet*, Anecd. Syr. ii. 115. 9.

ܡܥܚܠܒܝ, ܡܥܚܠܒܝ, and ܡܥܚܠܒܝ *Ir'enin*, a village in the dist. of Apamea, R.O.C. iii. 337 n. 2.

ܡܥܙܘܙܐ col. 1630. 6 of par. 1) *a lamia* add: ܡܠܐ ܡܥܙܘܙܐ ܒܩܣ ܚܚܕܚܕ Mar. Marc. 165. 13. 2) *a plant, panaces heracleum*, add ref. Med. 232. 2.

ܡܥܝ col. 1632. *to grow pale*, ref. "ܐܫܩܪ Anecd. Syr. i. 68. 6.

ܡܥܒܐ add: *yolk of an egg*, Med. 61. 10, 86. 11, DBB. under ܚܠܡܘܢܐ 423.

ܡܥܝܘܬܐ col. 1633. *yellowness* ܘܟܬܢܐ in *jaundice*, Med. 557. 17.

ܡܥܝܐ col. 1633. *pale green*? *leaves*, Med. 600. 21.

ܡܥܝܢܐ pl. ܡܥܝܢܒܐ ܝܪ̈ܩܝܢܐ *green potherbs*, N. Hist. vi. 2. 2.

ܡܥܢܐ col. 1633. 3 of par. ἴκτερος, *jaundice*, add Hippoc. iv. 62, pl. 64, v. 68, vi. 41; *jaundice affecting the eyes*, Med. 53. 22, 54. 2, 5, ܡܥܢܐ ܚܡܢܐ ib. 557. 15; ܐܢܐ ܐܫܬܢܝ ܘܡܥܢܐ ib. 383. 21, a) *at the crisis of a fever from yellow bile*, ib. 386 ult., *from snake bite*, 387. 1, *from the liver*, l. 4, *from the spleen*, l. 5, *from the gall bladder*, l. 8.

ܡܥܝܢܐ m. ירקון *a disease*, see ZDMG. lviii. 953, A.M.B. iv. 249, *the symptoms are like dropsy*

ܡܥܝ col. 1634. ult. ܡܥܝܬܐ fem. ܡܥܝܬܐ *an heiress*, ref. ܒܪܬ ܡܘܠܕܐ Or. Xt. vi. 24. 6, 16; ܡܥܝܬܐ ܠܥܡ ܘܡܚܣܢܐ ܘܚܣܡܐ Sev. Lett. 509. 8.

ܡܥܝܒܐ col. 1635. *one who appoints heir, makes to inherit*, ܡܩܕܡ ܝܪܬܢܐ ܠܝܪܬܐ ܠܩܒܪܐ *the heir precedes the testator to the grave*, Hist. Mon. i. 222. 14.

ܡܥܡܡܝܘܬܐ. col. 1638. *progress, advance*, ܚܕܪܘܢܐ ܘܠܐ ܡܩܡܡܗܐܠ ܘܟܚܟܡܥܬܐ *childishness which does not make progress*, Hist. Mon. i. 65. 6.

ܡܥܘܢ col. 1638. ܝܫܘܿܥܡܗ ܡܥܘܿܢ Ishu'ammeh, Master of Maran'ammeh, M.Z. 209. 16, 22.

ܕܡܥܘܿܢ of or belonging to Jesus, fem. ܝܬܐ ܡܥܡܕܟܢܐ ܘܡܝܥܡܥ, Babai 2 v 6 af., ib. 3 r 4 ; ܒܡܥܘܢܝܬܐ followers of Jesus, G. Busâmé colophon.

ܡܥܘܢܐ corr. ܡܥܢܐ a serpent, A.M.B. ii. 265-13 = Act. Mart. 1. 71 see note col. 2477.

ܡܥܬ Zend ܝܫܬ or يشتن adoration. Yasht, a hymn, A.M.B. ii. 589. 15, Jab. 355. 7.

ܡܥ, ܡܥܐ col. 1640. ܡܥܘܬܐ f. essentiality, ܡܥ ܡܥܘܬܗ essentially, BB. under ܥܡܐ col. 3320 = DBB. 1641.

ܡܥܝ denom. verb Pael conj. to give existence, to constitute, Poet. Syr. 68. 5.

ܝܬܒ col. 1642. Imper. with ܠ and pers. pron. ܠܟ ܝܬ sit still, Mar Kardag ed. Feige 83. 8, ܠܐ ܟܕ ܘܠܐ ܚܡܠܐ ܡܬܒܣܡܘܢ ed. Abbeloos 93. 2 ; ܒܝܬ ܚܓܬ it is fixed in my mind, Or. Xt. i. 96. 15. Act. part. ܝܬܒܐ coll. 1643 and 1645. ܝܬܒܐ/ ܡܝܬܒ οἱ κατοικοῦντες ἐπὶ τῆς γῆς, Apoc. xiv. 6 ed. Gwynn, ܟܠܐ ܝܬܒܐ/ ܘܚܙܝܢ ed. Bagst. Ethpa. ܡܬܝܬܒܢ col. 1643. to be imposed, ܡܬܝܬܒܬ ܠܚܒܝܠܐ Dion. 12. 1.

ܝܬܒܐ col. 1645. occupation, habitation, ܥܡܐ ܘܚܡܠܐ ܣܓܝܐ a numerous population, Dion. 13. 7.

ܝܬܒܬܐ add: ὑποχωρήματα, διαχωρήματα, διαχώρησις, ὑποχώρησις, excrement, Hippoc. i. 11, ii. 14, iv. 21, 28. 47, 83, v. 60, vii 5, 21, 27.

ܝܬܒܬܐ the earth, add ref. Is. Nin. B. 124. 11.

ܡܘܬܒܐ col. 1646. 15. Rit. Psalms or prayers originally said sitting. add: QdhamW. 9. 6, ܡܘܬܒܐ ܕܡܚܒܝܢ ib. 84. 16, ܡܣܥܒܝܢ ܥܡ ܡܘܬܒܐ ܘܡܥܢܐ ib. 85. 5, ܡܘܬܒܐ ib. 93. 2, all these refs. are to ܘܩܪܝ ܠܡܥܩܒܬܐ i. e. the second of the seven Hours. 2) a part of Nocturns, said sitting, ܡܘܬܒܐ ܘܚܟܡܐ Brev. Chald. i. 60 ult., 61. 21 and often, 152. 12, 153. 12; Takhsa 90 ter. 3) a collection of anthems in the Burial Service, usually said while walking in procession, Brev. Chald. 82. 33.

ܡܘܬܒܬܐ col. 1647. 5 of par. diocese, ܘܩܡܨܘ ܡܨܒܐ ܠܡܘܬܒܬܗ Sev. Lett. 8. 3 af., 33. 4 af. 42 pen., 43. 5, 179. 5 &c.

ܡܘܬܒܘܬܐ f. dwelling, habitation, Kal-w-Dim. 15. 20.

ܝܬܝܪ col. 1648. Act. part. ܝܬܝܪ used adverbially = ܝܬܝܪ more, ܝܬܝܪ ܦܘ ܚܢܝܢ ܬܫܡܫܬܗ its service is yet more pleasing, Išoyahb ed. Duval 103. 27.

ܝܬܝܪ col. 1650. 2) add: ܝܬܝܪ ܡܢ ܥܝܕܐ ܕܚܫܚܬܐ superior to worldly habits, Philox. 153. 19.

ܝܘܬܪܢܐ col. 1650. Add: benefit, advantage; Peter the Iberian was ordained by God to be ܝܘܬܪܢܐ ܕܥܡܐ Pet. Ib. 103. 7.

ܕܠܐ ܝܘܬܪܢ with ܠܐ, profitless, Kal-w-Dim. 396. 20.

ܝܬܪܐ col. 1642. 1) pl. ܝܬܪܐ tendons, Med. 109. 3, 21. ܝܬܪܐ ܘܝܬܪܐ what? It is a synonym for Tithomalus a kind of spurge, ib. 171. 20.

ܝܬܝܪܐܝܬ col. 1653. more especially. ܝܬܝܪܐܝܬ ܘܫܡܗܐܝܬ "surtout et nommément" Letter to Jac. Baradaeus, Congr. Or. 1897, 119 pen.

ܡܝܬܪܐܝܬ i. q. ܝܬܝܪܐܝܬ even more, even better, Išoyahb ed. Duval 24. 21 ff. quater.

ܝܬܪܬܐ col. 1654. ܝܬܪܬܐ ܕܠܚܡܐ crusts of bread, Med. 554. 20.

ܝܬܪ marg. ܝܬܪܐ, Yathre, a plain in Belešfar, A.M.B. ii. 582. 13.

ܝܬܪܒ, ܝܬܪܒܘ col. 1654. Re-write: يثرب, Gr. Ἰάθριππα, Yathrib, former name of Medina, BH Chr. 97. 9, 101. 15, B.O. iii. i. 443, iii. ii. 715, ZDMG. xxiv. 263 n. 2. The other references on col. 1654 concern ܝܬܒܘܬ a monastery near Aleppo. See Suppl. under ܒ. Add: ܝܬܒܘܬ ܕܡܪܝ Bahira 202. 13, 203. 18, ܘܝܬܒܘܬ ib. 206. 8.

⁘ ܟ ⁘

ܟܐܐ col. 1656. Ethpe. ܐܬܟܐܝ to be reproved, add: impers. ܐܬܟܐܝ ܠܗ ܡܢ ܣܘܟܠܐ. ܡܛܠ ܦܘܪܫܢܘܬܗ Chron. Min. 254 ult.

ܟܘܝܐܐ m. reproof, rebuke ܒܟܘܝܢ ܘܡܟܘܝܢܘܬܢ with our blame and rebuke, Ephr. ed. Lamy iii. 39. Probably this should be ܟܘܝܐ, cf. ܟܘܝܐ from ܟܘܐ.

ܟܐܒ, ܟܐܒܐ col. 1659. Add: ܟܐܒܐ ܕܫܡܫܐ sun-stroke, Med. 296. 17; ܟܐܒ ܐܪܝܐ elephantiasis, ref. ib. 48. 20; ܟܐܒ ܚܨܐ lumbago, ib. 50. 5.

ܟܐܒܐ πονηρός, painful, grievous, Apoc. xvi. 2 ed. Gwynn, Bagst. ܟܐܒܐ.

ܟܐܒܬܐ f. pain, grief, BHCarm. 157. 3.

ܟܐܪܘܐ i. q. ܩܪܕܘ col. 1693. The Ark, one of the Qardu chain of mountains is so-called for the Ark of Noah is said to have rested there. Now Bohtan, A.M.B. i. 445 tit. and n., 449 ult. ff.

ܟܐܘܢ col. 1659. Add: Assyrian Ka-ai-ma-nu, Saturn, Gest. Alex. 19. 15 &c. ܫܥܬܐ ܕܟܐܘܢ (sic) ill-luck, ib. 40. 11. The planet Saturn ܟܐܘܢ ܕܡܬܩܪܐ ܩܪܘܢܘܣ Med. 481. 18. Chem. lead, i. q. ܐܒܪܐ Chimie 3. 9, 11. 9.

ܟܐܘܢ pr. n. Chaeon, ܒܢܝ ܟܐܘܢ a Scythian race allied to Gog and Magog, Ephr. ed. Lamy iii 197.

ܟܐܘܢܝܐ Chaonea, a district of Epirus, N. Hist. iv. 5. 2.

ܟܐܠܐܢܝ Χαλάνη, a monastery, Sev. Lett. 505. 22.

ܟܐܠܘܢܐ col. 1661. Dele; it is probably a mistake for ܦܐܠܐܢܐ φάλαινα, balaena, see col. 435.

ܟܐܠܩܝ Χάλκη, in Libya, N. Hist. vii. 2. 3.

ܟܐܠܩܝܕܝܩܘܣ m.pl. χαλκίς = χαλκιδική, a fish found in Cappadocia, N. Hist. vii. 4. 2.

ܟܐܠܩܝܛܝܣ col. 1661. χαλκῖτις, ref. ܡܥܠܢܐ ܕܟܐܠܩܝܛܝܩܘܣ copper mine in Cyprus, N. Hist. vii. 3. 1.

ܟܐܡܝܐ χημεία, chemistry. Chimie 214 n. 1. Cf. ܟܝܡܝܐ.

ܟܐܢܐܪܬ var. ܟܢܪܬ Gennesareth, Jac. Edes. Hex. xxiv. ult. Usually ܓܢܣܪ.

ܟܐܢܛܝܪܣܐ pr. n. m. Kantirsa, an Egyptian bishop, Pallad. 505. 5.

ܟܐܣܐ i. q. ܟܣܐ full moon, Geop. 7. 2. Arm. կէս, Coptic ϭιc, ϭoc, oyϭoc, ϫec, Lag. Symm. 93.

ܟܐܦܐ col. 1663. ܟܐܦܐ ܕܒܫܠܦܘܚܝܬܐ stones in the bladder, Med. 244. 5, 245. 1, 544. 7, Hippoc. iii. 25, iv. 78. Also called ܟܐܦܐ ܕܬܘܟܣܐ as causing vomiting, A.M.B. iii. 522. To the list of stones add from Chimie:

ܟܐܦܐ ܓܐܘܕܝܣ γεώδης, geodes h.s. hollow nodules, 9. 16.

ܟܐܦܐ ܚܠܒܝܬܐ galactite, ib. 8. 11.

ܟܐܦܐ ܕܚܘܪܬܐ probably white agate, for it is described as having streaks or bands as regular as if turned on a lathe, ib. 8. 15.

ܟܐܦܐ ܕܡܓܢܝܣܝܐ col. 1665. Add: ܟܐܦܐ ܕܡܓܢܝܣܐ ܕܙܓܘܓܐ ܡܩܪܒܐ ܠܟܠ ܨܒܥܝܢ glass-blower's magnesia; it is used as a base for all dyes, ib. 9. 15.

ܟܐܦܐ ܕܡܪܝ ܝܘܚܢܢ St. John's stone, gagates, jet, found in Judaea and in Lycia, ib. 9. 1.

ܟܐܦܐ ܕܢܘܪܐ ܗ̄ ܕܙܢܓܐ flint, ib. 9. 20.

ܟܐܦܐ ܦܘܪܝܛܝܣ pyrites, ib. 9. 16.

ܟܐܦܐ ܦܪܘܓܝܬܐ λίθος Φρύγιος, Phrygian stone, an aluminous stone used in dyeing, ib. 8. 3 af. Cf. ܟܐܦܐ ܦܘܪܝܛܝܣ col. 1665.

ܟܐܦܐ ܕܨܐܦܘܢܝܬܐ soap stone, ib. 9. 15.

ܟܐܦܐ ܩܠܝܠܬܐ "light stone", κουφόλιθος, a kind of chalk, ib. 48. 20. Cf. ܩܘܦܘܠܝܬܘܣ.

ܟܐܦܐ ܐܘܟܡܬܐ ܕܪܚܝܐ black mill-stone, ib. 9 ult.

ܟܐܦܢܐ stony, prob. name of a plant, Med. 265. 9.

ܟܵܐܦܘܿܪ camphor, N. Hist. iii. i. sect. 2. Usually ܡܥܦܘܪܐ q. v.

ܩܵܐܘܼܐ| ܩܵܐܘܼ col. 1668. Add: *penalty, pain*, ܐܸܬܡܢܲܥ ܩܵܐܘܼܐ ܐܸܣܹܐ|, Sev. Lett. 28 ult., 33. 5; Roman laws *fix beheading as the penalty*, ib. 77. 10; ib. 116. 10, 123. 3 &c. With ܠ *liable to shame or punishment*, Ephr. ed. Lamy i. 173. 17.

ܡܩܵܐܘܼܢܵܐܝܼܬ *reprovingly*, Sev. Lett. 192. 6, 276. 16.

ܩܵܐܦܹܐ χαῖρε, *salutation*, A.M.B. iii. 234. 15.

ܟܵܐܪܣܘܿܢܹܐܣܘܿܣ χερσόνησος, *the Thracian Chersonese*, Jac. Edes. Hex. xii. 6; and *the Golden Chersonese*, ib. xv. 16.

ܩܵܐܬܘܿܢ *Mongol princess*, N.B. synonyms, BHChr. Eccl. ii. 461 ult., Jab. 104, 7.

ܩܵܐܬܝܼܡܪܝܼܢܘܿܢ καθημερῶν, *a lectionary from the Gospels for each day of the year*, C.S.B. 114, 128.

ܩܵܐܬܪܝܼܢܐ *Catherine* of Alexandria, Or. Xt. iv. 118. 11.

ܟܿܒܿܒ *Kabab*, a Monophysite, Išoyahb 84. 8.

ܟܒ pass. part. ܟܐܸܒ *angry*. Impers. with ܠ of the pers. ܟܐܸܒ ܠܹܗ *being vexed, angry*, An. Syr. 194. 24; masc. ܟܐܸܒ l. 26.

ܟܲܒܕܵܐ col. 1669. *the liver*. Add: Hippoc. v. 55, vi. 18, 41, vii. 15, 42, 48. 51, Med. 16. 20, 65. 17, 330 quater, 331 sexies and often. Pl. ܟܲܒ̈ܕܹܐ Sev. Ant. Vit. 40. 4.

ܟܲܒܕܵܢܵܐܝܼܬ *angrily*, J. Eph. Lives 183. 1.

ܟܲܒܕܵܢܵܐ col. 1670. *a round loaf*, ܡܚܒܘܠܐ A.M.B. vii. 23 = Pallad. 110. 22; pl. ܟܲܒ̈ܕܘܢܹܐ ib. 344. 11; ܡܚܕܘܢܐ ܘܚܣܡܐ S. Dan. 398. 19; Pet. Ib. 103. 15.

ܡܚܒܘܿܢܟܵܐ f. *a monk's cloak*, Jab. 481. 9 = Pers. Mart. n. 915. I. q. ܡܚܒܿܠܐ col. 1671.

ܟܲܒܵܪܐ Arab. خَبَّاز m. *a baker*, BHChr. Eccl. ii 263 bis.

ܟܒܠܐ col. 1670. 6 af. *a bond*. E-Syr. ܟܒܠܐ Nars. Ming. ii. 41. 9 and n.

ܟܲܒܪ denom. verb, Arab. كَبَّرَ *to cry Allâhu akbar*, "God is great", ܥܡ ܣܘܡܐܠ ܡܓܪ, Dion. 89. 15.

ܟܲܒܝܼܪܐ col. 1672. *great, abundant*, ܒܚܸܩܕܟܵܐ *weeping copiously*, A.M.B. ii. 109. 3.

ܩܕܸܒܪܼܬܵܐ m. pl. "*les soufres*", *sulphureous substances*, Chimie 214 n. 4; i. q. ܩܕܝܼܟܡܵܢܐ ib., 48. 21, 22.

ܟܸܒܪܝܼܬܵܐ col. 1673. *sulphur*. Add: ܚܒܪܝܼܬܐ ܘܚܬܚܐ ܣܘܦܝܐ ܕܘܒ *sulphur i.e. oil of eggs*, Chimie 34. 23.

ܟܸܒܪܝܼܬܐ correct ܟܸܒܪܝܼܬܵܐ, *sulphuretted springs*, ܦܚܬܐܠ ܣܥܬܣܚܕܠ ܘܡܢܬܐܠ, Nöld. F. S. ii. 894.

ܟܒܫ col. 1674. 2) *to master a subject*, ܣܸܠܩܘܦܣ ܢܒܗܐ ܢܬܚܟܸܡ Rylands 44. 92 a. 6) *to salt, pickle*, ܟܒܫܘܡ ܟܬܚܵܐ ܕܕܚܒܝܼ ܠܚܹܗ Natur 53. 13; ܒܘܙܩܐ ܕܚܒܼܥܐ *preserved vegetables, ensilage*, Pallad. 368. 20, ܒܘܫܐ ܕܚܸܒܼܥܐ ib. 385. 21, 420. 1. Ethpa. ܐܸܬܟܒܸܫ col. 1675. *to be subdued*, add: ܐܠ ܐܸܬܟܒܸܫ ܡܪܘܿܗ ܘܫܥܕܘܗ A.M.B. v. 458. 18. Astron. *to be intercalated*, ܡܚܟܒܫܝܼܢ ܘܥܡܕܐ Ephr. Ref. i. 24. 22; ܡܚܟܒܫܝܼܢ ܝܘܡܐ l. 24.

ܟܒܫܐ 1) *siege*, add: Josephus vi. 26. 7. ܟܒܫܐ *Force, pressure*, ܘܒܡܝ ܩܘܒܚܐ ܟܬܒܚܐ ܠܐܣܒܗܘܡܚܐ *the forcing down of food*, Med. 269. 3.

ܬܟܚܒܘܫܬܵܢܘܼܬܐ f. *subjugation*, Dion. 6. 15.

ܟܒܠ Kurd. كچل *ring-worm, baldness*; Med. 554. 15.

ܟܒܪ col. 1677. Add: ܘܟܒܪ *and that was all*, Jab. 165. 12, 15.

ܟܒܘܼܪܐ col. 1679. Turk. قاتق *condiment, sharp sauce* from Pers. كتج *buttermilk*, I. Löw Ar. PflnN. 373; id. in loc. Z.A. xxii. 80. 81.

ܟܗ col. 1682. cf. ܟܚܒ *to breathe*, Ar. نكد *to have foul breath*, col. 2370.

ܟܗܵܐ col. 1683. ref. ܟܗܢܐ ܟܗܘܼܠܐ *foul breath*, But. Sap. Eth. iv. 7.

ܟܗܿܢ Pael col. 1684. Add: *to supply or furnish abundantly*, ܡܟܗܢ ܘܐܸܬܚܠܐ ܣܢܼܟܠܐ

Ebed J. 297. Pass. part. ܡܚܰܣܰܝ ܚܣܰܝ̈ܐ ܘܡܰܝ̈ܐ ἱερόμαρτυς, i.e. *consecrated by martyrdom* but sometimes *a martyred priest*, Dawk. 2. 48 v, 222 r.

ܚܽܘܣܳܝܳܐ col. 1685. 2) *priestly*, ܨܠܰܘ̈ܳܬܳܐ ܚܽܘܣܳܝ̈ܳܬܳܐ *prayers which may be recited by the priest only*, QdhamW. 50. 4 af., 59. 1, 62. 4. *Consecrated, holy.* Add at end of par.: ܟܘܪܗܢܐ ܚܘܣܝܐ ἱερὰ νόσος, *epilepsy*, Sev. Ant. Vit. 85. 5.

ܡܚܰܣܝܳܢܳܐ col. 1686. ܗܘ ܡܚܣܝܢܐ ܕܟܠ *Consecrator omnium*, Bar Sal. in Lit. 24. 6.

ܚܘܺܐ col. 1687. *to cauterize*, ref. Med. 176. 2, 3; imper. ܚܘܝ ܡܣܚܐ ܒܕܘܒܫܐ ܘܡܠܚܐ ܘܚܗܪܐ *cleanse the wound with honey and salt and madder*, ib. 585. 15. Pass. part. ܚܡ ܐܣܶܩܕ ܩܡܟܐ ܗܘܐ ܐܬܐ Pallad. 282. 7. Ethpa. ܐܶܬܚܰܘܝ *to be cauterized*, refs. Hippoc. vi. 26, 57, vii. 41, 42 so correct for ܐܬܚܙܝ.

ܚܘܚܐ col. 1688. *thorn, spine, backbone*, ܚܘܚܐ ܣܡܣܘܗ̈ܠܢܐ ܘܟܕܢܐ ܘܩܫܢܐ *marine mammals, such as sharks, have a cartilaginous, thick, hard, backbone*, N. Hist. vii. 17.

ܚܘܚܐ ܡܨܪܝܐ col. 1689. *Egyptian thorn, Acacia Nilotica*, ref. Med. 209. 5.

ܚܘܚܐ perhaps for ܚܘܡܐ *fomentation, a burning hot application*; ܣܦܩ̈ܣ ܚܘܦ̈ ܡܘܓܒ̈ܠ ܘܟܠܐܣܩܘܝܗܠ ܘܢܚܡܒ ܚܘܦ ܚܦܬܐ ܡܬܒܠܐ *application of sponges dipped in hot water for severe pain in the eyes*, Med. 557. 10.

ܚܘܚܝ i.q. ܚܘܚܢܐ ἀκανθώδης, *prickly*, BB. under ܩܡܐܠܝܢ col. 1783 and so DBB.

ܚܘܚܢܐ col. 1690. *spiny, thorny, stiff*, some thorns are not ܡܚܘܚܢܝܢ *stiff* for want of substance, N. Hist. vi. 3. 3; ܡܚܟܐܕ ܚܨܪ ܚܘܚܢܐ *a cottony substance*, ib. 2. 2.

ܚܘܕܚܣܡ col. 1690. Dele this par. and that below beginning ܚܝܘܕܚܣܡ. The latter is the better form, it is γογγυλίς *turnip*, Löw Ar. PflnN. 424 on 241. See ܚܝܘܕܚܣܡ col. 683 and ܚܝܘܕܚܣܡ DBB. 468. 7.

ܚܘܟܝ Pers. خوبی *beauty, elegance*, name of a Magian, A.M.B. iv. 227.

ܡܩܝ pl. ܡܩܚܐ the fifth of the seven orders of priests with the Yezidis, attendants on sanjaks, Mt. Singar 24 ult., 36. 4, ܚܘܝ ܚܕܐ ib. 37. 7, 11, 38. 5, 44. Yezidis 109. 16, 111. 3, 18, pl. ܡܩܚܐ 109. 6. 13 and often.

ܚܘܕܐܘܝ col. 1691. pr.n.m. Khôdhâwi, Hist. Hormizd. 79. 5, Hormizd. 1973, 2309; founder of the monastery of ܟܡ ܚܝܠ Chast. 43. 6, 45. 14, Hist. Mon. i. lxxvii; 58. 19, 86. 2, QdhamW. 239. 1.

ܚܘܕ̈ܐ col. 1690, *flooding*, ref. ܡܚܙܚܐ ܡܝ ܚܘܕܝܐ *Protection* 34. 1, J.A.O.S. xv. 141. 2.

ܚܘܕܘܣܡ pr.n.f. Pehlevi *Houtos*, Zend *Houtaosa*, wife of Gushtasp, Coupes ii. 111.

ܚܘܕܝ Pers. خدای *Lord* or *God*, A.M.B. ii. 576 ult., 577. 2, Hippoc. xxvii. n. 1.

ܚܘܕܝܕܕ pr.n.m. from ܚܕܐ *God*, *Khodidad God given*, Bp. of Ḥarbath Gelal, ZDMG. xliii. 400. 4. Misspelt ܚܘܕܝܒ ib. 398. 13 and l. 18.

ܚܘܕܝܒܠ see ܚܘܕܝܕܕ.

ܚܘܕܝܒܚܕܝ pr.n.m. Pers. from ܚܕܐ *Lord*. Jab. 215. 13, ܬ ܚܡ ܡܚܢܐ ܚܚܣܡ.

ܚܘܕ col. 1691. *to be timid*, act. part. ܚܘܕ φρίσσεις, Greg. Naz. ii. 20. 24. With ܡܢ *to shrink from*, ܡܚܚܕܐ ܡܕܐܡ ܚܕܢܐ Th. Mops. in Joh. vi. 52. Pass. part. ܚܘܡܐ *bashful*, ܩܡ ܟܕܗ ܚܘܒܐ Hormizd. 1713, 1731. Aph. ܕܚܕܐ ܕܡܒܠܐ ܘܕܚܟܝܡ ܐܚܡܢ *to put to shame*, but perh. it should be Pe. fut. 1 pers. ܐܚܡܕ, Ebed J. Card. 23. 9. ܢܚܕܘܢ ܚܣܝܕܐ (corr. ܢܚܣܡ?) *they will be gathered together*, Book of Shem 111. 5.

ܚܘܕܐ col. 1692. Pers. کوزه *an earthen pot with a long narrow neck*, Fremdw. 73, ܚܘܕܐ ܘܩܦܣܐ Chimie 38. 2, A.M.B. iii. 518. 19, BB. under ܩܕܡܠܐ col. 2036.

ܚܘܕܐ *a drug*, ܘܘܚܕܐ ܟܚܦܐ for ulcers, Med. 575. 19.

ܚܘܣܕܘܚܕ Pers. خوج *crest or tuft* and دوخت *virgin*, pr.n.f. Chast. 55. 3.

ܚܘܣܟܐ col. 1692. 2) Trs. to rt. ܣܚ col. 1718.

ܟܘܿܕܝܘܼܬܵܐ correct ܟܘܿܕܝܘܼܒܵܡܘܼܬܵܐ Zend Kayadha, *unchastity, incest*, A.M.B. ii. 578. 9, Nöld. Festgr. an Roth 36 n. 8.

ܟܘܿܕܵܐ col. 1693 end of par. Pl. ܟܘܿܕܹ̈ܐ *ingots*, Gest. Alex. 171. 7.

ܩܘܿܕܵܐ pl. ܩܘܿܕܹ̈ܐ col. 1693. 6 af. Arm. փայտ *cudgel*, ܒܩܘܿܕܹ̈ܐ ܡܚܐܘܼܗܝ *they smote him with cudgels*, Act. Apost. Apoc. ܕܚܝ 5 = A.M.B. iii. 109. 10.

ܟܘܿܒܵܐ Mod. Syr. for ܣܘܵܒܵܐ, Arab. خوخ *plum*. ܠܟܹܐܒܹ̈ܐ ܘܟܘܿܒܹ̈ܐ for *ulcers*, Med. 575. 20.

ܟܘܿܟܒ col. 1694. Add: ܟܘܿܟܒܵܐ ܘܟܵܦܘܿܚܵܐ ܠܐ ܢܙܕܟܝܵܢܵܐ *tablets of the Invincible Star*, name of a medicine, Med. 297. 4. ܟܘܿܟܒ ܢܓܗܵܐ *the morning star, the planet Venus* add: col. 350 under ܐܸܙܕܘܿܣܦܝ݂; col. 960 under ܐܹܘܿܣܦܘܿܪܘܿܣ. ܟܘܿܟܒ ܐܲܪܥܵܐ *Samian earth* ܘܣܝܼܕܵܐ ܟܪܡܵܐ *chalk*, Chimie 7. 20.

ܟܘܿܟܒ denom. verb Pauēl conj. ܡܟܘܿܟܒ *starred, marked with an asterisk*, Epiph. 9. 57.

ܟܘܿܟܒܢܵܝܵܐ *relating to stars*, ܐܵܬܘܵ̈ܬܵܐ ܟܘܿܟܒܢܵܝܵܬܵܐ *signs manifest in the stars*, Bod. Or. 467. 247 r.

ܟܘܿܟܒ name a) of a village, M.Z. 211. 9. b) of a mountain ib. l. 16. For ܚܕ ܟܘܿܟܒ see ܚܕ.

ܟܝܵܠܵܐ, ܟܝܵ̇ܠ. col. 1697. *a measurer, surveyor*, ref. ܚܒ̣ܪܹܗ ܟܝܵܠܐ ܥܡ ܟܝܵܠܐ Ephr. ed. Lamy iii. 447.

ܟܝܵܠܵܐ *a measure*. Pl. ܚܡܬܐ ܡܬܟܝܠܝ̈ܢ *fever of varying intensity*, Ephr. ed. Lamy iii. 23.

ܡܟܝܠܬܵܐ f. *a measure* of wheat, σιτομέτριον, Sev. Lett. 182. 7.

ܟܘܿܠܐܚܝܢ Χολλαβήν, *a city of N. Africa*, Rel. Jur. 87. 11.

ܟܘܿܠܪܐ col. 1698. χολέρα, *cholera*. Ref. pl. Hippoc. iii 29.

ܟܘܿܟܣܡ for ܟܘܿܟܘܣܡ col. 1698. χυλός, 1) *chyle*, ref. mesenteric veins ܘܥܪ̈ܘܩܐ N. Hist. vii. 6. 5. 2) *juice, an infusion*, ܟܘܿܟܣܡ ܘܡܚܠܐ ܕܡܘܪܢ ܕܙܥܦܪܢ *saffron water is an infusion of the blossom*, Chimie 14. 12; *liquid formed of pounded stone and water* ib. 8. 9, 10, ܡܕܡܡ ll. 11, 12.

ܟܘܿܠܓܝܡ for ܟܘܿܠܓܐ col. 1699. *Galanga, a gingerwort*, Med. 309. 20, 363. 9, 319. 4 but ܟܘܿܠܒܢܝ l. 5.

ܟܘܿܡ, ܟܡ col. 1699. 3) *to withhold, defraud*. Act. part. ܠܐ ܢܩܫܐ ܐܘ ܟܵܐܡ Ebed J. 250. ܐܸܢܬ ܠܐ ܬܩܘܼܡ ܬܫܬܩܸܠ *to be vanquished*, Budge, Med. 589. 3, *thou shalt not fail*?

ܟܘܿܡܵܢܘܼܬܵܐ col. 1700. *fraud, guile*, ܡܥ ܡܘܿܙܢܝܵܐ ܕܓܠܵܐ ܘܡܟܘܿܡܵܢܘܼܬܵܐ ܗܘܝܵܐ *overreaching is the using of a false balance and results in fraud*, But. Sap. Econ. 1. 2.

ܟܘܿܡܐ, ܟܘܿܡܒ for ܟܘܿܡܟܐ *black*, see under ܐܘܿܡܐ, ܐܘܿܟܡ.

ܟܘܿܡ *Koum*, a genius or legendary personage in the teaching of Mani, Coupes ii. 112, trad. 164 n.

ܟܘܿܡܗܐ ܣܪܒܐ col. 1700. *Dele the article*.

ܟܘܿܡܐܛܘܿܣ ὁ Χώματος, *a bishopric in Lycia*, Nöld. F. S. ii. 474. 121.

ܟܘܿܡܬܐ i. q. ܩܘܿܡܬܐ q. v. Suppl. and col. 1753. *name of a monastery*.

ܟܘܿܡܕܝܠ *place-name*, near Tiari, A.M.B. i. 416.

ܟܘܿܡ, ܟܡ. Pael ܟܲܡ col. 1702. *to constitute, fit, adapt*, add: ܗܘܿ ܡܐ ܕܟܝܵܢܵܐ ܨܡܝ̣ܕ ܠܡܟܡܘܼ *the effect which their nature is adapted to produce*, Galen 274. 2; ܠܐ ܡܟܡܝ̇ ܗܘܵܐܘܿܚܬܐ *the limbs of the bear are not adapted to, not well-formed*, Natur 8. 6, 9. 9. Aph. ܐܟܸܡ chem. *to make set* or *harden*, opp. ܡܕܘܿܒ, ܐܟܼܝ̣ܡ Chimie 1. 8: see same passage quoted from C.B.M. 1190 b on col. 1702. 22 af. and cf. ܨܡܕ ib. ult.

ܟܝܵܢܵܐ col. 1703. *nature. Natural* or *physical peculiarity*, Natur 55. 13 and ult., ܟܢܐܝܼܬ *naturally, by instinct*, ib. 2. 6, 25. 3.

ܟܝܵܢܘܼܬܵܐ col. 1705. *state of nature*, Hist. Mon. i. 18. 9.

ܡܟܲܢܢܐܝܼܬ add: *in military formation*, Josephus vi. 5. 3, 24. 12.

ܟܢܝܼܫܘܼܬܵܐ *true nature*, ܘܫܪܝܪܐ BH. Columb. 5. 3.

ܘܦܠ ܚܣܦ, ܡܦ ܚܡ, col. 1701. *to fall*, add: ܚܡܕܐ *which falls on a Sunday*, Brev. Ant. 1. 37. ܠܐܦܡ ܚܐܩܦ ܘܦܣܡ (ܐ) ܦܠ ܚܐܘܐ, 14, ib. 42. 5, l. 15; 234. 20. Ethpa. ܐܬܐܦܫ *to fall*, ܚܕܐܡ ܘܬܐܚܫܦ ܚܘܢ ܚܠܐܐ ܚܘܚܕܐ ܘܚܫܗܡ ܘܐܚܕܐ ܚܐܪܙ *it is computed that Easter falls this year on the 24th of Adar*, El. Nis. Chron. 96. 25, 97. 5. Ethpa. col. 1706. ܐܬܐܦܫ sic Hippoc. vi. 26, 57, vii. 41, 42 for ܐܬܐܟܫ *to be cauterized*.

ܟܘܬܐܠ for ܟܘܬܐܠ *cauterization*, Med. 79. 5, 20.

ܚܒܘܓܐ pr.n.m. *Khonbogha, sun-worshipper* from Turk. کون *sun* and بوغا *a bull*, Jab. 15. 5.

ܟܘܢܕܝܛܘܢ Lat. *conditum, spiced wine*, ܚܒܘܒܦܢ ܚܫܚܠܐ ܐܘ ܘܐܚܐܦ ܚܒܚ ܩܘܗܚܠܐ ܐܡ ܐܠܚܐ ܙܩܘ. ܐܡ ܫܚܢܐ ܟܥܠܐ. ܘܐܚܦܐ ܐܨܠܐ ܘܐܚܠܠܐ, Med. 605. 8, 9.

ܟܘܢܒܘ ܚܥܒ *spelt from Damascus*, Med. 586. 13. See ܟܘܢܒܘܙܐ col. 1707 infra.

ܟܘܢܣ and ܟܘܢܝ χωνεῖον, *a melting pot*, Stud. Sin. ix. 96. 21, 97. 2, Chimie 17. 22, 53. 21, 22. But ܟܘܢܣ ib. 10, 14 is translated "*litharge de Coptos*", the latter word being obtained from the Greek.

ܟܘܢܝܦܣ col. 1708. χοῖνιξ *a quart*. But ܟܘܢܝܦܣ ܟܠܐ ܚܘܦܢܐ ܘܚܘܕܘܢܐ is equal to seventeen pints, Epiph. 4; it also equals an ephah; ܟܘܢܝܣܠܐ = ܘܘܦܣ ܘܐܡܣܦܠܘ ib. But according to Josephus an ephah equals 48 χοίνικες.

ܟܘܣ col. 1709. χοῦς. 2) *a liquid measure*, add: ܟܘܣ ܚܒܡܕܚܒܠܐ ܘܚܘܕܗܐ *six pints*, ܟܘܣ *eight pints*, Epiph. 5 ult.

ܟܘܣ, ܟܘܣܐ col. 1709. ܟܘܣܟܠܐ f. perh. *shoots of barley*, to be boiled with honey &c. Med. 574. 13.

ܟܘܒܟܐܘ ܘܟܚܒܘܠ col. 1710. *convexity*, *the convexity of the liver*, Med. 352. 11.

ܟܘܒܟܐܢܐ add: *convex* opp. ܣܓܠܐ *concave* and ܐܘܡܐ *plane, of the surface of the earth*, N. Hist. ii. v. sect. 5 bis; of the air ܚܝܬܣܗܐ ܟܘܒܟܐܢܬܐ *convex surfaces*, ib. sect. 3.

ܟܘܒܟܐܢܘܬܐ ܟܘܒܟܐܢܘܬܐ col. 1710. *convexity*, ܡܝܐ (water being regarded as spherical), N. Hist. ii. v. sect. 4, ib. iv. 5. 4: opp. ܣܓܝܟܘܬܐ ib. v. 2. 1.

ܟܘܦ. ܟܘܦ col. 1710. *to bend. To arch the jaws to bite*; mouths of evil beasts are bridled ܘܐ ܒܘܗܐ ܦܚܝܣܠܐ ܠܐ ܟܘܦ ܘܐܢ ܝܥܠܐ ܠܐ ܢܥܐܣ *Protection* 22. 12.

ܟܘܦܟܠܐ col. 1711. *calyx* opp. *blossom*, ܣܝܪܘܙܐ ܚܘܦܟܠܐ ܟܘܚܕܚܐ N. Hist. iii. ii. 4; ܚܘܦܟܠܐ ܘܙܘܚܫܛܠ, Med. 605. 10.

ܟܘܦܢ pr.n.m. *Chufan, an Emir*, Jab. 1st. ed. 167. 8; 2nd ed. has ܚܘܦܠ 185. 4.

ܟܘܨ col. 1711. Ethpe. ܐܬܬܚܣܕ *to be reproached*, Dion. 70. 5. Usually ܐܬܬܚܣܕ col. 1668 from ܚܣܕ.

ܟܘܨܐܬܐ f. *sultriness*, Dion. 110. 22.

ܟܘܨܦܐ same as ܚܘܨܦܐ, *stifling, suffocating*, Dion. 74. 21.

ܟܘܨܠܐ col. 1712. 14 of par. Correct ܐܪܟܝܣܠܐ for ܐܪܣܠܐ and so l. 16.

ܚܬܘܢܐ ܫܓܝܬܚܟܠܐ ܘܟܘܙܢܟܠܐ ܟܘܨܠܐ *arid*, ref. Geop. 53. 10.

ܟܘܪܐ, ܟܘܪ col. 1713. *a hive*. f. ܣܪܠܐ Sindb. 9. 18; ܘܙܚܡܐ ܚܒܥܟܕܗ ܘܚܠܐ ܘܒܪܚܣܒܗ ܐܠܚܠ ܣܒܒ ܘܙܒܝܒ ܚܘܚܕܗܐܠ ܟܘܪܐ *a hollow tree such as bees hive in*, ib. 18. 10, 11.

ܟܘܪܬܐ col. 1713. f. *a beehive*, ref. Anecd. Syr. iv. 79. 18.

ܟܘܪܐ col. 1713. *a cor*, usually rather over 11 bushels but Epiph. 4 makes it 30 ܩܒܬܢܠܐ *bushels*. One Phoenician Koros = 30 Sata; the Saton 1½ Modios, Metrologie 415.

ܟܘܪܒܐ *a race*, mentioned with Slavs and Sarmatians, Mich. Syr. 9. 18. Fraenkel corrects ܟܘܪܓܐ ܒܪܓܢ *Bulgars*, ZDMG. lvi. 98 in loc.

ܟܘܪܘܣ col. 1714. χορός. E-Syr. name for the part of a Church in front of the Bema, Hist. Mon. ii. 551. n. 2. Pl. ܟܘܪܘܣܐ χοροί, *choruses*, Hebraica vi. 84.

ܟܘܪܫܝܒ pr.n.m. Pers. خورشید *the sun*, Anecd. Syr. iv. 9. 2, A.M.B. iv. 137.

ܟܘܪܡܗ *Kurma*, Bishop of Segestan, ZDMG. xliii. 404. 7.

ܟܘܪܢ for ܟܘܣܦ Pers. کشور *a country, region*, Nöld. on A.M.B. ii. 577. 1.

ܩܘܢܳܐ col. 1715. *the quiet* or *monastic life*, add: *occupation,* ܩܘܢܳܐ ܘܚܡܝܪܘܬܐ BH. in R.O.C. 1911, 272. 2.

ܩܘܚܝܢ *Cochin,* R.O.C. 1912, 77. 5; 1. 8.

ܩܘܥܳܢܳܐ col. 1716. *Ethiopian*. Probably *a black insect,* ܐܝܬ ܒܩܘܥܢܐ ܣܡ ܐܚܪܢܐ Pallad. 377. 5.

ܩܘܫܢܒ *Kushnab,* a village of Arbela, Syn. Or. II. 8 af.

ܩܘܩܠܝ *Kao-ku-tscheng* or *Kaoscheng,* a city in China, Jab. 9 ult. and note.

ܩܘܬ col. 1717 prep. For different suggestions as to its derivation see Barth, ZDMG. xli. 628, Duval Gram. § 290, 294. 4; WZKM. vii. 130.

ܩܘܬܐ col. 1717. Babyl.-Talm. כותא by elision of ה from כותחא, Pers. كج, Turk. قتق, *a mess of milk, buttermilk, salt, and crumbs, a sharp sauce, digestive relish,* Fleischer ap. Levy N Heb. W. B. ii. 459, I. Löw ap. ZA. xxii. 80. But cf. ܩܘܐܣܐ above.

ܩܘܬܢ *Khotan* in Chinese Turkistan, Jab. 18. 9 n. but in the text ܠܚܘܬܢ.

ܩܚ col. 1718. ܩܚܠܐ *breath,* Greg. Carm. 31. 3, *a breeze,* Jac. Edes. Hex. vii. 8, xlvi. 2.

ܩܚܘܝܬܐ for ܩܚܝܬܐ *a tempest,* Schatzh. 134. 16, 136. 1. Cureton, Spic. 94 offers this correction.

ܩܛܝܢ. Pass. part. col. 1719 ܩܝܣܝܢ add: ܘܩܣܝܐ ܘܩܚܝܡ *and revered by them,* Pet. Ib. 51. 9.

ܩܚܣܒܪܢܐܝܬ and ܩܚܣܒܪܢܐܝܬ *reprovingly,* Theod. Mops. 176 in Joh. vii. 24; ܩܚܣܒܪܢܐܝܬ ܡܩܒܠܐ ܠܚܛܝܐ of Eli, Sev. Lett. 188. 12.

ܩܚܠ col. 1720. 1) Imper. ܩܚܘܠ *apply kohl,* Med. 91 ter, 92 ter, 555. 14 bis, 556 ter. Act. part. (ܐܬܐ) ܩܚܠ ib. 92. 14. 2) *to blind by branding,* ܩܚܠ ܟܬܦܘܗܝ ܚܢܦܐ Dion. 55. 20. Ethpe. ܐܬܩܚܠ. 2) *to be applied to the eyes with a kohl-stick* ܡܬܩܚܠܝܢ ܥܡ ܟܚܠܐ ܘܡܬܬܠܝܡܝܢ ܥܡ ܟܚܠܐ ܐܡܪܝ ܡܟܠܐ ܘܬܢܩܠܐ ܘܟܬܢܐ Med. 84. 6; ܡܩܚܠܐ ܘܡܬܩܚܠܝܢ ܘܢܝܚܒܝܢ ib. l. 4, ܡܚܒܝܒ ib. 86. 20, 87. 19.

ܩܚܝܠܐ *antimony,* add: Chimie 11. 1, 27. 5, 43. 8, 47. 5, 58. 3.

ܩܚܝܠܐ *antimony,* Chimie 53. 18; ܐܠܐܬܡܕ ܟܚܠܐ ܦܝ ܥܝܢܝ Med. 87. 1.

ܩܚܣܠܐ *a kohl-stick.* col. 1720. but ܩܚܣܠܐ K. and so Med. Refs. ܩܚܣܠܐ ܕܬܡ ܐܬܐ ܐܩܚܠܝܗܝ Med. 63. 17, 91. 11, 107 ult., 175. 23, ܩܚܣܠܐ ܘܐܪܙܐ *a kohl-stick* of olive wood, ib. 557. 5.

ܩܚܣܠܐ m. *a smearing or application,* ܐܡܪ ܩܚܣܠܐ 3 *applications,* Med. 88. 14.

ܩܝ col. 1721. *interrog. particle.* N.B. construction at the beginning of a sentence ܩܝ ܬܘܒ ܐܢܐ ܥܒܪ ܒܗܢܐ ܬܪܥܐ *shall I ever pass through this door again?* Pet. Ib. 129 ter.

ܩܝ *the Greek letter* χ: ܣܡ ܣܦܪܐ ܩܝ ܚܠܦ ܩܦܐ *the scribe put* Xῖ *for* Κάππα, Zῆra *for* Xῖ, Or. Xt. i. 302. 16; Pallad. 180. 22.

ܩܝܡܐ and ܩܝܡܐ col. 1721. *mastic.* Add: *used as a flux,* Chimie 11. 20; ܐܣܒ ܨܡܓ ib. 25. 21. *A medicine* ܩܝܡܐ ܒ ܚܣܒ ܢܩܝܐ Med. 40. 17, 50. 13, 51. 3, 11, 24, 59. 3.

ܩܝܣܐ *usually* ܩܦܐ, ܩܐܦ q. v. col. 1659. *Saturn = lead,* ܩܣܐ ܘܩܒܕܐ *a leaden mortar,* Chimie 47. 19; ܚܬ ܩܝܣ *mercury,* ib. 46. 7.

ܩܝܙܪܐܢ Ar. خيزران *Chaizarana,* wife of the Khalifa Mahdi, BHChr. Eccl. ii. 165.

ܩܝܙܘ pr. n. m. *Kizo,* M.Z. 9. 85.

ܩܠܘܩܛܐ prob. miswriting of ܩܠܘܩܛܐ *warriors of darkness,* the Beni Hashem are so-called, Bahira 230. 1. In the corresponding passage in another manuscript ܦܓܪ̈ܢܐ *carnal men.*

ܩܝܡܚܢ Mongol *astonishing, admirable, Chagatay* Il-Khan, a son of Gengis Khan, Jab. 89 tit. and pen.

ܩܝܠܘܣ i.q. ܩܘܠܘܣ χυλός, *juice,* ܚܪܙܐ: ā, Med. 605. 13.

ܩܝܠܝܕܘܢܝܐ col. 1723. χελιδόνιον, *celandine,* *a clear yellow dye,* Chimie 22. 24.

ܩܝܟܠܐ Ar. الخلاف *the willow,* Op. Nest. 81. 1 *under* ܟܬܕܐ. Cf. ܣܟܦܐ and ܣܟܦܐ col. 1288.

ܩܛܡܘܢܩܝܣܘܢ *see* ܩܛܡܘܢܩܝܣܘܢ.

ܚܡܨܐ col. 1723 *the truffle*, BH. ZDMG. xl. 443.

ܚܣܦܘܬܪܦܝܐܘܢܝܐ χειμερινὸς τροπικός, *the winter tropic*, De Astrolabe 271. 3.

ܚܣܦܐ πύρνον? DBB. 889. 1. *Food*, ref. Warda 247 v with gloss ܘܡܚܠܐ.

ܚܣܦܐ Anecd. Syr. iv. 96. 19, 22 and ܚܣܦܘܢܐ l. 24: see ܚܣܡܐ *a small sea-fish*.

ܚܣܦ for ܚܝܦܣ *Chios*, island, Jac. Edes. Hex. xii. 7.

ܚܣܦܢܝܐ *pouched*, ܚܓܐ ܡܬܚܦܢܢܐ *marsi-pobranchii*, *purse-gills*, an order of fishes, N. Hist. vii. 4. 2.

ܚܣܩܠܐ col. 1725. Dele article; it is ܚܠܩܐ.

ܚܝܪܘܥܒܕܐ χειρόπμητα "opérations *faites à la main*," Chimie 239. 4 af.

ܚܪܒܣ or ܚܣܒܪ unknown. If a place-name it should be a residence of the Sassanids, ܘܡܚܕܡܐܠ ܐܦܚܠ ܥܡ ܚܪܒܣܡ ܡܢ ܦܠܐ *he returned from Kiris* (or *by grace*) *from the Royal Residence*, Syn. Or. 70. 21 = trad. 321 n. Chabot prefers χάρις, grace.

ܚܩܐ col. 1727. *a grinder, molar tooth*, ref. ܘܢܥܡܝܢ ܠܚܩܐ *for throbbing teeth*, Med. 561. 17. *A tusk*, ܚܩܐ ܣܒܪ ܘܣܝܪ ܘܐܚܕܐ *walrus tusks each a cubit long*, Gest. Alex. 190. 3, 5; opp. ܥܢܝܢܐ Natur 56. 13.

ܚܩܡܟܬܐ col. 1728. *a press*, Dozy Suppl. تخت Ref. under ܚܩܕܘܪܐ col. 3161.

ܚܩܟܢܐ col. 1728. *blue*, ref. ܒܩܩܠܐ ܚܬܘܠܐ *blue beryl*, Hist. Mon. i. clxiv.

ܚܩܟܢܐ col. 1728. *spotted*, ܚܩܟܢܐ ܢܩܠܢܩܐ, N. Hist. vii. 1. 7: ܚܩܟܢܐ ܣܬܘܠ as snakes and efts, ib. 4. 1, m. pl. ib. 4. 2, ܚܩܟܢܐ ܘܐܦ ܚܕܝܘܡ ܥܩܟܣܝ ܚܠܕܘܡ ܒܐܘܦܠ *all these spotted creatures cast their slough in the spring*, ib.

ܚܩܟܠܐ col. 1728. 2) *pills, tablets*, ܚܩܟܠܐ Med. 85. 11, 14, 367 bis, ܘܗ ܥܒܝܕܐ ܬܠܐܕܘ ܘܡܬܩܠܐ ib. 91. 13, "*gâteaux*" Chimie 51. 16; pl. abs. st. ܚܩܟܠ N. Hist. ii. 6.

ܚܩܪܐ col. 1729. Epiph. agrees with K.'s estimate of 125 ܠܟܡܪܐ *to the talent*, Epiph. 2.

ܚܩܪܡܩܐ col. 1730. 5 of par. ܘܚܒܐ *house cat*, N. Hist. viii. 3. 3. Prob. *a weazel*, Takhsa 119. 7.

ܟܠܐ col. 1731. Pael ܟܠܠ *to crown*. Pass. part. f. pl. ܘܐܪܟܐ ܡܟܠܠܟܢܐ *the crowned* or *perfected things of the earth*, Ephr. ed. Lamy iii. 601. Cf. Ps. lxv. 11, or correct ܟܢܠܟܐ *crops*? Aph. ܟܠܠ col. 1731. Trs. this par., also ܡܟܠܢܐ and ܡܟܠܢܬܐ col. 1734 *to root* ܒܥܠ col. 2372 f. Dele the Latin of first line of par. and compare quotation from the same MS. on col. 2372. *To imagine, think mistakenly.* The second quotation, from C.B.M. 593, should be under ܚܣܒ Aph. of ܚܣܒ, ܚܣܒ col. 1696.

ܡܝܠܐ ܚܝܠܐ col. 1733. 7. ܟܠܠܐ ܡܝܠܐ *King's Clover, Melilotus officinalis*, refs. Med. 81 ter, 94. 4, 148. 10, 321 quater and often.

ܩܠܠܐ pl. ܩܠܠܐ col. 1734. *a web*, add: ܩܠܠܐ ܘܥܘܡܐ *cobwebs*, Ephr. ed. Lamy iv. 629. 21.

ܡܟܠܠܟܬܐ f. *receiving the crown of martyrdom*, Mar Bassus 38. 524; Jab. 455. 11.

ܡܟܠܢܐ and ܡܟܠܢܬܐ col. 1734. See Aph. ܟܠܠ just above.

ܟܠ col. 1735. Add : ܟܠ ܘܦܠ ܟܠ *the all in all, the entirety of the whole universe*, a title of God, Hunt. i. 347. tit. ܘܒܠ ܟܕ *not at all*, Loof's Nest. 371. 13. With pron. aff. ܟܠܝ ܐܢܐ ܚܩܕܐ ܚܣܝ *I am utterly unclean*, Warda 33 r; ܩܠܟܡ *all of you*, Kal-w-Dim. 77. 15, 18.

ܟܠܐ col. 1738. Act. part. ܟܠܐ, ܡܟܠܐ *to stay, stop, cease*, ܟܠܐ ܐܢܐ ܠܐܦܝ ܚܡܐܐ ܘܐܝܠ ܐܬܐ *I will stay there till you come*, A.M.B. v. 433. 15, ܠܐ ܠܐܚܕܝ ܠܐܦܝ ib. 442. 15. ܡܠܟܗ ܢܘܕܘܡܘܢ *their vows ceased* = *could no longer be made*, Jac. Sar. Hom. iii. 804. 3. ܡܟܠܐ (ܢܘܠܐ) ܡܟܕܘܒܠܐܝ Natur 47. 1. With ܠ and pers. pron. *to keep for himself*, ܟܠܝܡ ܗܘܐ ܠܕܘܢ ܬܪܝܢ ܘܚܕܐ ܡܢ ܡܣܩܝܕܘܢ ܚܣܝܕܘܢ *two monks, from their earnings, kept for themselves only just enough for their need*, Pallad. 459. 5, 6. *To be bound of the bowels; costive, constipated*, part. ܡܟܠܐ ܚܩܪܚܐ ܘܡܟܠܐ ܘܠܐ ܚܙܠ ܚܪܟܐ Med. 569. 4; ܚܙܗܘ *diarrhoea will stop*; ll. 6, 7, 13, 15, 17.

Pass. part. ܡܡܢܘܥ ܒܕܐܬܗ ܟܠܝܐ ܚܢܟܗ *that which cannot be*, opp. ܐܠܨܝܐ *necessary*, But. Sap. Philos. 2. 6. Ethpe. ܐܬܟܠܝ 2) add: *to wait, stay*, ܡܢܐ ܚܕܐ ܕܠܐ ܡܐܠܦ A.M.B. v. 447. 17; ܓܡܝܐ ܕܡܐܠܦܐ ܓܡܝܡܝܢ, ib. 473. 1.

ܟܘܠܝܐ pl. ܟܘܠܝܬܐ col. 1740. νεφρός, *the kidneys*, Hippoc. iv. 75, 76, 78, v. 55, vi. 6, vii. 31 ff.

ܟܘܠܝܢܝܐ, ܟܘܠܝܢܝܬܐ νεφριτικός, *relating to the kidneys*, ܟܐܒܐ ܟܘܠܝܢܝܐ *inflammation of the kidneys*, Hippoc. iii. 30; *the loins*, ܡܩܠܚܐ ܕܠܘܡܒܐ JAOS. xx. 196. 4.

ܟܠܝܐ m. *staying, stanching*, ܕܕܡܐ JAOS. xx. 196. 8.

ܟܠܝܬܐ col. 1740. ref. *prohibition*, opp. ܐܠܨܘܬܐ *compulsion*, But. Sap. Periherm. iii. 4.

ܟܠܝܢܘܬܐ f. *obstruction, stoppage*, ܒܬܘܦܝ ܕܩܢܐ, Med. III. 18.

ܟܠܟܐ col. 1743. An old error for ܟܠܟܐ col. 1748, *a bladder supporting a raft*, R. Duval.

ܟܠܒܐ Ar. كَلِب adj. *rabid, mad*, ܗܢܐ ܗܟܐ ܟܠܒܐ Mar Kardag ed. Abb. 38. 4, ed. Feige 27. 12. Nöld. ZDMG. xliv. 534. 21 f.

ܟܠܒܘܢܐ dimin. of ܟܠܒܐ m. *a puppy, whelp*, But. Sap. Isag. iii. 1.

ܟܠܒܬܐ f. *a cricket*, Dion. 144. 8.

ܟܠܒܘܬܐ f. *canine nature*, Warda 230 r; *rabies, hydrophobia*, Lexx. under ܟܠܒܢܘܬܐ col. 3225.

ܡܟܠܒܐ m.pl. *balloons*: cf. ܟܠܟܐ for *an inflated bladder*: Meissner zur Haikârgeschichte, ZDMG. xlviii. 182. But Ahikar ed. Rendel Harris 58. 12 has ܡܟܠܒܐ *cages*.

ܟܠܟܢܐ col. 1743. *Galbanum*, refs. Med. 142. 11, 145. bis. Pl. ܟܠܟܢܐ ib. 238. 2, 239. 2, 359. 4.

ܟܠܕܝ denom. verb Pali conj. from ܟܠܕܝܐ *to play the Chaldaean, to divine*, ܟܠܕܝܘ Ephr. ed. Lamy iii. 403; Ephr. Jos. 121. 7. Aph. ܐܟܠܕܝ infin. ܠܡܟܠܕܝܘ the same, Gest. Alex. 109. 7.

ܟܠܡܝܣ [ܟܠܡܝܣ] col. 1745. *an outer garment*, ܟܠܡܝܣ ܫܕܐܠܚܫܐ ܒܠܘ; BH. Eth. 353. 8; Pallad. 600. 15.

ܟܠܘܬܐ col. 1745. Pl. ܟܠܘܬܐ *children's caps*, Takhsa 71. 16.

ܟܠܘܡ col. 1746. mil. χελώνη, *testudo*, Jos. Styl. ed. Wright 48. 6.

ܟܠܚܡ for ܚܡܚܡ col. 1698 and Suppl. ܟܠܚܡ ܙܐܕܗ ܐܘܡ ܣܠܚܕ *a white liquid like milk*, Chimie 8. 11.

ܟܠܚܡܘܡܠܚܕܘܢ (ܠ for ܝ) χρυσοκοράλλιον, "corail d'or" Chimie 10. 9.

ܟܠܚܡ *a kind of red earth*, Chimie 86. 2.

ܟܠܙܘܢܐ col. 1746. for ܣܠܙܘܢܐ *shell-fish*, ܐܚܩܬܐ ܘܟܠܙܘܢܐ ܕܢܘܪܐ Med. 171. 7.

ܟܠܚ 1) col. 1746 pen. and ult. Dele par. it is ܟܠܚ *worn away*, Jos. Styl. ed. Wright 49. 5. 2) corr. ܟܠܚ imper. of ܡܠܚ. ܟܠܚܘ for ܡܠܚܘ *stanch the flow of blood*, Med. 18. 19.

ܟܠܝ Arm. Կղայ *Kelat*, town on the west bank of Lake Van, Syn. Or. 619; حصن فذي Mar Bassus 243.

ܟܠܝܢܬܐ m.pl. for *cardinals*, Jab. 55. 9, 56. 1, 78. 15 with gloss ܩܪܕܘܢܐ, ܟܠܝܢܬܐ ܩܪܕܘܢܐ; Cf. Hormizd 3147 ܟܠܝܘܢܐ with gloss ܩܪܕܘܢܐ.

ܟܠܚ χολή = ܡܪܬܐ *bile*, Chimie 7. 12.

ܟܠܝܕܘܢܝܢ and other spellings, cols. 1723, 1745, 1747. Cf. under ܟܠܢܝܬܐ ܫܓܠ col. 1251, ܚܡܥ ܡܚܘܗܐ and cols. 1830 and 2971, ܡܚܝܢܘ col. 2150 and ܡܘܡܠܐ col. 3569, χελιδόνιον. Löw says that Syrians and Arabs take the larger variety of this to mean *Curcuma longa*, not *Chelidonium majus*, Ar. PflN. 220.

ܟܠܡܥܕܐ ἰχνεύμων, *ichneumon*, Anecd. Syr. iv. 42. 10 ff.

ܟܠܡܥܘܙܐ see ܟܠܡܥܘܙܐ.

ܟܠܡܝܕܐ see ܟܠܒܕܝܕܐ.

ܟܠܡܘܦܝܣܝܣ χλιαροπαγές, *amalgame fusible*, Chimie 16. 11, ܟܠܚܘܦܝܣܝܣ ib. 18. 7, 12.

ܟܠܟܐ col. 1748. Nöld. prefers the form ܟܠܟܐ Gram. § 121, *a kelek* = raft on inflated sheepskins. Described Hist. Mon. ii. 397 n. 2. Dele l. 12 of par.

ܩܠܩܝܕܘܢܝܐ *an adherent of the Council of Chalcedon*, Bar Sal. in Lit. 72. 5, 79. 10.

ܡܟܚܦܐ col. 1749. 2) for χαλινός, *a bridle or bit*, ref. A.M.B. vii. 63.

ܡܟܠܝܢܝܢ χλανίδιον, *an outer robe*, A.M.B. v. 606. 10. ܕܡ ܡܟܠܝܡܐ ܐܟܡ *A barrister's robe*, ܡܟܠܝ ܕܐܒܠܐ ܘܡܠܒܫܐ Sev. Ant. Vit. 92. 7, 93. 3; ܡܟܠܬܡܐ ܕܘܕܚܠܐ ܘܐܚܡܫܡܘ *flowing silk robes*, Anecd. Syr. ii. 268. 12.

ܡܟܚܘܕܝܘܢ χαλκύδριον, *a preparation of gold*, Chimie 48. 4; ܡܟܚܘܡܝܕܝܘܢ ib. 46. 20, "l'or fabriqué et rouillé par les manipulations de fixation, faites au moyen de soufre", Alchim. Grecs. 16. ܡܟܚܘܡܝܕܝܘܢ *name of a book by Zosimus*, Chimie 243 n. 2.

ܡܟܚܘܣ col. 1750. χαλκός, *copper*. ܡܟܚܘܣܡܘܕܠܐ ܣܝܡܐ χαλκὸς κεκαυμένος "*cuivre brulé*" perh. protoxide of copper, Chimie 5. 12.

ܡܟܚܝܡܣ χαλκοῦ ἄνθος, *flower of brass*, Med. 90. 14, ܡܟܚܝܡܣ l. 20.

ܡܟܚܩܐ pl. m. χαλκεῖα, *forges, furnaces*, Stud. Sin. ix. 96. 20, 97. 6, 16.

ܡܟܚܝܕܘܣ χαλκῖδος, better χαλκίτης, ܣܝܡܐ ܕ ܡܚܫ *brass*, Chimie 3. 1. Cf. ܡܟܚܝܣ col. 1750.

ܡܟܠܝܛܪܘܢ ἤλεκτρον, *electrum*, gold alloyed with one-fifth silver, used for polishing, Chimie 4. 4 trad. 8.

ܡܟܠܝܛܪܝܢ χαλκιτάριον, *copper pyrites*, Chimie 14. 17, Med. 65. 3, ܡܟܠܝܛܪܝܢ ib. 63. 20, ܡܟܠܝܛܪܝܢ ib. 169. 16, ܡܟܠܝܛܪܝܢ ib. 170. 22.

ܡܟܠܝܢ χαλκεῖον, *a caldron*, Chimie 33. 12.

ܩܠܚܐ col. 1751. *chalk, lime*, Chimie trad. 39 nn. 2, 3; ܣܦܪ ܣܘܕܐ ܡܟܠܐ ܕܣܩܡܛܐ sc. *philosopher's lime* i.e. *white copper*, ib. 20. 15 but the recipe for making it, p. 34. 8, 18 shows it to be pure lime from calcined eggshells and so ܡܟܠܐ ܠܐ ܡܒܝܚܠܐ ib. 31. 12; *arsenious acid*, ib. 38. 8 and trad. 66 n. 5; cf. ܗܢܘ ܡܚ ܒܝܛܠ ܕܐܙܢܐ *arsenic* i.e. *eggshell lime*, ib. 35. 4. But ܩܠܚܐ ܘܠܐ ܡܒܟܝ *unslaked lime*, Med. 170. 18, 22, ܡܟܠܐ ܣܘܡܩܐ *red lime*, ib. 593. 4.

ܩܠܚܘܡܐ m. *calcination*, Chimie 20. 10, ܡܟܠܡ ܐܘܕܚܐ ib. 12; ܡܘܟܠܡ ܐܣܝ ib. 41. 1.

ܩܠܚܡ denom. verb from ܩܠܚܐ, *to reduce to lime, to calcine*, ܐܘܕܚܐ ܘܡܟܠܡܢ ܐܢܐ Chimie 20. 12.

ܩܠܬ *river Kallath*, the Νυμφαῖος ποταμός now the Batman-sû, Jos. Styl. 65. 6 and n. 56 of transl. Pointed ܩܠܬ Jo. Eph. 416. 14.

ܡܟܠܕܢܝܐ *Khalednaïe*, a Yezidi tribe living between Mosul and Gezirat, M. Singar 19. 11, trans. 26.

ܟܡ col. 1751. Dele paragraph.

ܟܡ Heb. חָמַם, Arab. ܚܡ *to be burnt, to turn black*, Act. part. ܚܡ ܚܐܡ Chimie 95 ult. Cf. ܐܟܡ col. 182 and ܣܡ col. 1296.

ܟܡܐ see under ܟܐܐ.

ܚܡܐ, ܚܡܘܣܐ &c., see under ܚܡ.

ܚܡܕܪܘܐܦܘܣ col. 1752. *chamaedrys*, ref. Med. 49. 4, ܚܡܕܪܘܐܦܘܣ l. 14, 50 bis, 359. 19.

ܚܡܣܐܦܠܝܢܐ see ܡܫܩܘܣܐ below.

ܚܡܒ col. 1752. Ethpe. ܐܬܚܡܒ *to be withered*, ref. ܐܬܚܡܒ with gloss ܐܬܚܡܒ ܘܟܢܫܬܐ *to be shrivelled up*, Hormizd 1304. Pa. ܚܡܒ *to wither*, ܡܚܡܒܐ ܟܕܗ *a rose fades*, M.Z. 17. 107.

ܚܡܒܐ, ܚܡܒܐ col. 1752. *obscured*, add: ܟܬܗ ܚܡܒܐ ܕܥܝܢܐ *the side of the moon towards us is dark*, N. Hist. ii. iii. 3.

ܟܡܘܠ col. 1753. *Kamoul*, a monastery in Qardu, now *Akmûn*, in Bohtan, A.M.B. iii. 473, Journ. As. 1907, 162 ult.; Chast. 8. 16, 15. 12, ܟܡܘܠ ib. 4. 4.

ܟܡܘܠܝܐ *native of* ܟܡܘܠ, Protection 31. 1.

ܚܡܘܣܡܢܝ *oechomene*, (basil?), Chimie 11. 21.

ܚܡܘܣܐ χυμός, *liquid*, Chimie 8, 9, ܚܡܘܣܐ ܕܬܘܬܐ *mulberry juice*, ib. 83. 14.

ܚܡܘܫ col. 1759. *Chemosh = Zeus*, name for *tin*, Chimie 100. 3.

ܚܡܝܢܐ from χημία *Egypt*, the Egyptian science i.e. transmutation of metals ܩܕܗܦܟ ܚܡܣܒܐ ܕܣܐܡܐ ܘܕܕܗܒܐ *he was engaged in transmuting silver and gold*, Dion. 66. 16. Cf. ܚܡܝܢܐ ܝܡܝܢܐ col. 1724 and ܩܦܛܠܪ col. 1754.

ܟܡܟܐ Pers. كَامَخ, Arab. كَامَخ, Aram. כַּמְכָּא, כַּמְכָא *sharp sauce made with vinegar or with sour milk*, Hunt. clxx under ܡܬܘܚܠܐ col. 3648. Cf. ܟܡܟܐ BB. col. 2756, Fremdw. 288, Ar. PflnN. 373; ZA. xxii. 80, f.

ܟܡܠܐܪ col. 1754. χαμελαία, *Daphne oleoides*, Ar. PflnN. 247, Med. 366. 15, i. q. ܟܕܪܘܒܢ ib. 367. 13.

ܟܡܢ col. 1754. Pael part. ܟܡܒ ܡܟܡܢܐ ܠܚܣܬܐ βωμολόχοι, *lurkers near altars, sacrilegious*, Sév. Ant. Vit. 70. 10. Cf. ܟܡܕ.

ܟܡܢܢܐ for ܟܡܢܐ col. 1756. *insidious*, ܐܢܬ ܡܚܫܒܬܐ ܘܟܡܢܢܐ Hormizd. 673.

ܟܡܣܐ i. q. ܟܝܡܣܘܢܐ col. 1723. *wintry or stormy weather*, Dion. 57. 10.

ܟܡܕ col. 1756. Dele par. and wherever found, correct ܟܡܢ *to lie in wait*; e. g. ܕܟܡܝܢ ܡܟܡܕܝܢ Sev. Lett. 87. 13; ܕ(ܟܡܕ) ܟܡܢ ܠܚܣܬܐ ib. 225. 17, Sev. Ant. Vit. 235. 13 and marginal reading, ib. 70. 10 where the text has ܡܟܡܕܝܢ.

ܟܡܣܝܦܘܣ col. 1756. χαμαίπιτυς, *ground pine*, refs. Med. 354. 18, 355. 9, 359. 18, 370. 4, ܟܡܐܦܝܬܘܣ ib. 49. 16.

ܟܡܪ col. 1756. Pael ܟܡܪ *to sadden*, so read for ܟܡܪܘ Pallad. 241. 15.

ܟܡܫ col. 1759. *to shrivel*, ܐܝܟܢܐ ܕܗܘ ܟܡܫ *that tree withers* from drought, Is. Nin. 3 r 5 af. Metaph. ܣܒܪܘܩܢ ܠܐ ܟܡܫ ܠܚܕܝ Poet. Syr. 58. 5.

ܡܟܡܫܢܘܬܐ *drying up, shrivelling*, refs. ܟܡܘܨܝܐ ܚܣܒܬܐ ܠܐ ܕܐܘܚܕܐ ܗܘܐ ܒܐ *contraction occurs by rarefaction, not by diminution*, N. Hist. vi. 1. 2; opp. ܠܘܚܒܠܐ *increase, bulging*, ib. viii. 2. 3, ܡܟܡܫܢܐ ܟܡܫܐ ib. vii. 2. 1; ܩܠ) ܟܡܫܘܬܐ *a wrinkled face*, BH. in Eph. v. 27.

ܟܡܫܐ col. 1759. *shrivelling from drought*, ref. ܟܡܫܐ ܕܢܚܬܟܐ ܩܕܡܬܐ, N. Hist. vi. 1. 2. Dele second and third lines of par. a mistake for ܟܡܕ.

ܟܢ *Khan*, name of a mountain, ܟܢ ܦܘܕܐ M.Z. 205. 5, 212 ult.

ܟܢܐ col. 1761. m. a) *a stand*, ܡܐܢ ܩܢܐ ܩܢܕܗܘܢ *a tripod*, Chimie 18. 15; b) *a stalk*, ܟܢܐ ܦܡܐ ܦܫܩܪܐ *fresh pea-haulm*, Natur 38. 15.

ܟܢܘܢ col. 1761. *name of two months*. Pl. ܟܢܘܢܐ ܝܒܫܐ *a dry winter*, Brit. Mus. Or. 2084. 23 v; ܒܟܢܘܢ ܘܟܢܘܢ *each winter, each December and January*, Pallad. 168. 8.

ܟܢܘܢܝܐ *wintry*, ܙܒܢܐ ܟܢܘܢܝܐ *winter time*, BH. ap. ZDMG. xl. 443.

ܟܢܪܬܐ *Gennesaret*, Jac. Edes. Hex. 24 ult. Var. ܟܐܪܐܦ.

ܟܢܐ. ܟܢܬܐ col. 1763. 22 of par. Arab. كنية *Kunyahs of the Gods*, Azazail 11. 11. *A naming, appellation*, ܠܐ ܘܠܐ ܘܒܠܐܟܝܟܘܢ ܚܣܡܬܐ ܘܟܢܣ, Ephr. Ref. ii. 31. 9, 12, 22; id. ed. Lamy i. 253. 4.

ܟܠܝܒܢܐ *a race living in N. Armenia and Arzanene*, Jab. 227. 3 af.

ܟܠܝܢܒܣ col. 1764. *the juice of Cynara scolymus, the artichoke*, ܟܠܝܢܒܣ ܘܚܟܠܐ ܘ, Med. 55. 7, 313. 15.

ܟܠܝܢܓܪ prob. χόνδρος, Ar. خندريس and خدرس *fermented wheat gruel*. Or a miswriting of ܟܘܢܕܝܛܘܢ = ܟܘܢܕܛܘܢ *conditum, boiled and spiced must*, a hermit when persuaded to drink wine and water thought it was ܐܣܪ, ܟܠܝܢܓܪ ܘܡܐܢܐ, Pallad. 456. 1, Med. 198. 16, 371 bis, 389 9. But ܐܫܬܝ ܚܝܘܗܝ ܘܣܘܟܪ *he drank coffee and loaf sugar (?)* M. Singar 61. 8.

ܟܢܣ ܟܢܕܘܬܐ ܗܢܝܢ Pael ܟܢܣ col. 1765. ܡܟܢܣܝܢ ܠܢ *these reflections recall us to seriousness*, Is. Nin. 10 r, 5.

ܟܢܘܦܐ m. *modesty, modest behaviour*, Ephr. ed. Lamy ii. 349. 13.

ܟܢܓܪܙܕ Pers. كنگرزد *artichoke gum*, Med. 605. 10.

ܟܢܣ Mand. *to gather together, assemble*, Theod. Bar-Choni Coupes ii. 153. 26. Ethpa. ܐܬܟܢܣ denom. verb from ܟܢܫܐ col. 1767. *to be gathered*, ܡܬܟܢܣܝܢ ܠܚܕܕܐ Is. Nin. B. 257. 14.

ܟܢܦܐ m. pl. ܟܢܦܐ *a disease of the eyes*, Med. 78. 18, 89. 8.

ܩܠܢ name of a plaster of oils and resin, Med. 251. 6.

ܩܠܢܐ Pers. كنار *the lotus fruit*, the red berry of Zizyphus lotus. So correct for ܚܡܪܐ Kal-w-Dim. 67. 15 and gloss, Ar. PflnN. 283; ܡܚܣܐ ܕܩܠܢܐ܂ ܦܐܪܐ ܕܩܠܢܐ ܣܟܠܐ Med. 248. 10; ib. 311. 7.

ܟܢܫ col. 1769. intrans. *to gather together*, ܗܘܝܢ ܐܚܕܝ ܚܝܠܐ ܗܘܘ ܠܐܦܝ ܣܥܕܝ ܚܡ ܠܘܬܝ ܐܬܟܢܫܘ Theod. Mops. on Jo. xviii. 1. Pael ܟܢܫ col. 1771. 4) *to be collected*, with ܠ and pers. pron. ܟܢܫ ܗܘ ܠܗ *he controlled himself*, BH Chr. 404. 16.

ܟܢܘܫܝܐ *inferential*, opp. ܦܪܘܫܝܐ *differentiating*, ܒܡܠܬܐ ܟܢܘܫܝܬܐ ܘܦܪܘܫܝܬܐ, But. Sap. Philos. 6. 5.

ܟܢܘܫܝܐ col. 1772. Add: *college*, ܟܢܫܐ ܕܐܣܟܘܠܐ *the College* of Nisibis, Stat. Schol. Nis. 172. 10, 17.

ܟܢܝܫܐܝܬ col. 1773. Add: *collectively* opp. ܦܪܝܫܐܝܬ, But. Sap. Periherm. 11. 6. *Unitedly* ܡܫܡܠܝܐ ܟܚܕܐ A.M.B. iii. 474; Manichéisme 142. 10.

ܟܢܝܫܘܬܐ add: *concentration* of fire in a furnace, smithy, or the like, Ephr. Ref. ii. 36. 3; of sound in a trumpet, ܘܩܠܐ ܕܫܝܦܘܪܐ l. 20.

ܡܬܟܢܫܢܐܝܬ *by inference* opp. ܡܦܪܫܢܐܝܬ, But. Sap. Philos. 6. 5.

ܡܬܟܢܫܢܐ *consequent, consequential*, ܠܗܘܝܕܝܢ ܒܩܘܡܗ ܡܬܟܢܫܢܐ ܗܝ ܠܐ ܡܬܟܢܫܢܐ ܕܩܪܙܗ ܘܚܝܣܪܗ But. Sap. Eth. iv. 4.

ܟܢܘܬܐ col. 1776. add ref. *association, company, society*, opp. ܚܠܬܐ܂ ܐܚܕܐ ܕܚܡܬܒܪܐ ܘܚܕܐ ܕܚܡܚܕܡ, ܟܢܬܐ Hebr. iv. 215, 266 f.

ܟܢܬܐ perh. from كنّة *cupola, a kanta, temple, shrine*, Coupes ii. 156. 12, 13, trans. 228 n. 2.

ܟܢܬܢܐ m. pl. from ܟܢܬܐ. A Babylonian sect, said to be Philistines deported to Babylonia, Coupes i. 12 n. 1, ii. 151. Med. 153. 10, 156. 12, A.M.B. ii. 150 ult., Mich. Syr. 255 a 5.

ܟܣܐ, ܟܣܐ ܟܣܐ col. 1776. *a cup*. *A measure, a cupful*, ܐܚܕ ܟܣܐ *a square dish* held ܡܩܠܐ ܡܠܐܝ ܐܚܕܘܗ Jo. Tell. 23. 5.

ܟܣܣ col. 1777. Act. part. ܟܐܣ *to grind, crunch*. Add: *to reduce* by boiling, ἀφεψηθῆναι, Geop. 47. 1.

ܟܣܣܐ col. 1786. m. *gnawing* (ܕܓܪܡܐ) *of bones*. Cf. Arab. كَسْكَس and Neo-Heb. כסס Nöld. ZDMG. xlix. 326.

ܟܣܣܬܐ col. 1779. Pl. *methods of conviction*, ܡܛܚܡܝܢ ܘܡܟܣܣܬܐ Sev. Lett. 487. 11 on Num. v. 12–31, ܟܢܬܠ ܘܡܚܟܣܣܢܐ ib. l. 19. Logic *refutation*, Probus 98 antep.

ܟܣܝ Pa. ܟܣܝ col. 1780. *to conceal*. N.B. ܡܟܣܐ ܗܘܐ ܟܠܗ ܐܝܩܪܗ *he concealed his rank* as deacon, Pallad. 352. 19; ܡܟܣܐ ܗܘܐ ܚܢܦܗ *he concealed his virtues*, ib. 372. 1,

ܟܣܐܦܝܢ for ܟܣܡܝܢ *elixir*, Chron. Min. 243. 23, 244. 4, 7.

ܟܣܢܬܘܣ Ξάνθος, *Xanthus*, a bpric. in Lycia, Nöld. F. S. 474. 125.

ܟܣܢܐ a place in Cappadocia, Coupes ii. 156. 15.

ܟܣܕܝܐ *Casdians=Chaldaeans*, Chron. Min. 356. 21.

ܟܣܐ or ܟܣܐܘܣ Ξόις, a) *Sakhâ*, on the Sebennitic mouth of the Nile, Sev. Ant. Vit. 300 ult., Nau in loc. Journ. As. 1905. 375.

ܟܣܘܢܝܐ a country, Jab. 72. Bedj. suggests *Saxony* or ܟܣܟܢܝܐ *Gascony*.

ܟܣܢܘܦܢܛܝܢܐ m. *Xenocratic injunctions*, But. Sap. Pol. iii. 2.

ܟܣܢܘܦܢܛܣ Ξενοκράτης, *Xenocrates* the philosopher, But. Sap. Pol. iii. i. 1.

ܟܣܘܣܛܪܘܢ ὕστρον=ξυστός, col. 1784. Add: *an upper story*, ܟܣܘܣܛܪܘܢ ܗ̇ ܥܪܝܣܐ ܕܚܒܠܐ ܘܚܒܠܐ BH. on Prov. vii. 6; *a balcony*, Hist. Mon. i. 311. 16, ܟܣܘܣܛܪܘܢ ܚܕܪ ܗܝ ܐܣܟܠܐ ܚܒܠܐ BH Nom. 328 ult.

ܟܣܚ col. 1784. Metaph. act. part. m. pl. ܟܣܚܝ ܣܟܠܘܬܐ *pruning away sin*, Syn. Or. 132. 2.

ܟܣܚܢܐ m. *a pruning knife*, Natur 65. 9, 17.

ܩܛܣܝܘܣ *Ctesias* (?) a philosopher, Chimie 313. 1.

ܟܣܝܦܐ col. 1785. Dele and read ܟܣܝܦܐ *by scarification*, R. Duval.

ܟܣܝ the letter ξί, Pallad. 180. 22.

ܡܣܡܝܢ *elixir*, col. 1786. Add: *a dry powder*, ܡܣܡܝܢ ܘܚܬܐ, Chimie 21. 16, 19; *elixir of eggs* pounded with yellow dye stuffs and alum for gilding, ib. 22. 9, 23. 10, 11, 12, for gilding silver, l. 13, 24. 5 and often. ܡܣܡܝܢ ܥܒܬ ܝܠܘܚܐ *powdered aloes*, Med. 43. 5, ܡܣܡܝܢ ܣܩܘܪܩܐ, ib. 84. 13, ܕ ܫܘܦܠܐ l. 20; BHChr. 130. 12, Chr. Eccl. 315. 18.

ܟܣܘܣܬܐ col. 1786. 1) corrupt for ܣܣܘܡܐ *cartilage*, R. Duval. 2) See under ܟܣܣ.

ܟܘܣܟܠܐ col. 1786. σικύη, *a cupping glass*, add: Hippoc. v. 47, pl. ܟܘܣܟܠܐ *cuppings*, Med. 44. 9, 47. 19, BH. in ZDMG. xl. 443.

ܟܣܠܐ f. *clay, argillaceous earth*, Chimie 300. 5.

ܟܣܢܘܦܐܢܣ Ξενοφάνης, *Xenophanes*, BH. ap. Hebraica iii. 250. 9.

ܟܣܦܐ col. 1788. *silver*. Add: ܟܣܦ ܘܐܝܘܦܐ *a kind of alloy*, Chimie 54. 20.

ܟܣܦܢ Ar. برى سوسن, *the Iris*, Med. 605. 12.

ܟܣܦܢܝܐ *pecuniary, monetary*, But. Sap. Eth. iv. 3 infr.

ܟܣܠܐ Talm. כסיתא *coral*, Jac. Edes. Nöld. F. S. i. 574 with gloss ܡܪܘܓܢܐ. Cf. ܟܣܒܐ *coral*, BB. and others col. 1787.

ܟܦ ܟܦܐ col. 1791. Pl. f. ܟܦܐ *gloves*, ܟܦܐ ܕܥܡܪܐ ܚܘܪܐ *white woollen gloves*, Apis. 9 but it may mean a hank of wool.

ܟܦܘܬܐ col. 1793. *convexity, convex surface* opp. ܟܦܦܐ *concave, inner part of an arch*, Jos. Styl. 32. 14, 15.

ܟܦܦܐ col. 1793. Add: 1) *the centre, arch of a bow*, Dion. 132. 14. 2) *bowing the body* opp. ܦܫܛ *straightening*, N. Hist. vii. 6. 6. 3) pl. ܟܦܦܐ *bowings* in church service, Is. Nin. B. 284. 2.

ܟܦܦܐ col. 1793. Add: ܟܦܦܐ ܚܙܡ ܕܥܡܐ *curved* or *'arched objects of ivory*, may be *tusks of ivory* or *ivory boxes*, Gest. Alex. 211. 12.

ܟܦܦܐ col. 1793. Add: *the curve, arch of a bow*, Dion. 132. 16; *the peacock* ܡܘܢ ܚܪܒܬܐ ܟܦܦܐ ܚܠܠܐ ܒܡ ܙܢܒܗ *forms an arch above his head with his tail*, Natur 20. 11.

ܟܕܡܥܢܢܐ (ܠܐ) ἀκάματος, *inflexible*, Greg. Carm. ii. 16, 17.

ܟܦܢ col. 1796. *to hunger*. Act. part. m. pl. ܟܦܢܐ *the famine-stricken*, Pallad. 118. 17. Eshtaph. ܐܣܬܟܦܢ *to thirst for*, ܕܟܬܡܟܝ ܐܣܬܟܦܢܢ Sap. v. 14 ed. Maus.

ܟܣܕܐ correct ܟܣܕܐ col. 1768. *clitoris*, Hebraica iv. 215, 256.

ܟܦܪ col. 1797. Pass. part. ܟܦܝܪ *denied*. Add: ܗܘ ܘܡܓܝܢܐ ܘܐܟܝܕ ܟܦܝܪܐ *which is absurd and altogether to be rejected*, But. Sap. Theol. 1. 4. Pa. ܟܦܪ *to scour*. Add: ܟܦܪܬ ܘܡܚܦܝܢܐ ܗܘܐ ܗܘ ܒܠܚܘܕ *she ate only scraps left on the table*, lit. *scraps which she cleaned off the tables*, Brit. Mus. Or. 3337. 37.

ܟܦܘܪܐ col. 1790. Rit. *fair linen cloth*, Bar Sal. in Lit. 88 ult., 89. 2, 4; *towels, napkins*, Takhsa 140. 6; m. pl. *scraps, offscourings*, ܘܟܦܐ ܟܦܘܪܐ *scrapings from the dishes*, A.M.B. vii. 118.

ܟܦܘܪ col. 1800. *camphor*, add ref. Med. 174. 8. Usually written ܟܡܦܘܪ.

ܟܦܪ ܚܢܐ ܡܟܝ, ܟܦܪܐ *Lawsonia inermis, henna*, Med. 605. 5.

ܟܦܪܐ ܕܝܡܐ *sea bitumen*, Chimie 8. 21.

ܟܦܪܐ ܒܘܦܢܐ المقل, *pitch, bitumen*, Med. 605. 6.

ܟܦܪܢܝܐ *bituminous*, (ܝܡܟܐ) ܟܦܪܢܝܐ *the Asphalt Lake*, Jac. Edes. Hex. xxiv. 16.

ܟܦܪ, ܟܦܪܐ *a village*, col. 1800. Add: ܟܦܪ ܐܣܒ prob. in Samaria. Birthplace of the heretic Menander, Coupes ii. 114.

ܟܦܪ ܐܚܙܐ Ar. كفرزمار *same as* ܟܦܪ ܐܚܙܐ on the Tigris near Mosul, Syn. Or. 608 n. 3, Tim. i. 308.

ܟܦܪ ܣܟܪܬܐ *Kefar Seorta*, 15 m. from Gaza, Pet. Ib. 50. 2, Pléroph. 20. 8, R.O.C. iii. 241. 8 af.

ܟܦܪܐ ܪܒܐ ܕܣܪܘܓ *Kafra Raba d'Sarug*, Patr. Or. v. 5. 703 pen., 711. 8.

ܟܦܪ ܥܘܙܝܠ *Kefar Uzil*; add: on the east side of the Great Zab, Hist. Mon. i. 142 ult.; Pers. Mart. 236, 296, Chast. 38. 2, 6.

ܟܦܪ ܫܡܥܐ in Palestine, A.M.B. iii. 192. 7.

ܡܟܦܪܢܐ col. 1802. 1) *antidoron*, a portion of the bread made for the Eucharist but put aside before consecration, Daily Offices, gloss; Brightman's Lit., Takhsa 105. 10. 2) *a small veil* or *napkin*, ܡܟܦܪܢܐ ܐܘܟܝܬ ܡܟܡܟܐ Jab. 101. 5.

ܟܦܪܐ Nabataean *a subterranean passage*. Or for ܫܦܪܐ? *the burrow* of a mole, Ephr. Ref. i. 40. 27, 73. 6, 12.

ܟܦܪܝܣ *Capparissa, the caper* plant, Med. 310. 9. Usually ܩܦܪ.

ܟܦܬ perh. denom. from ܟܦܬܐ *an arch*; cf. ܟܦ col. 1790 *to bend*. Pael ܟܦܬ *to fold back*, ܕܢܟܦܬܘܢ ܪܓܠܘܗܝ they proposed *to fold back his feet* because the grave was too short, Sev. Ant. Vit. 262 ult. Ethpa. ܐܬܟܦܬ *to be folded, squeezed together* ܐܝܟ ܕܢܬܟܦܬ, ib. 263. 3.

ܟܪܐ *to dig deep*, ܟܪܐ ܘܡܦܩ ܐܦܝ ܩܕܝܫܐ *he digs deep and lets loose holy streams*, Greg. of Cyprus 40 *b*.

ܟܪܐ col. 1804. Pass. part. ܟܪܐ, ܟܪܝܐ l. 5 of par. add: ܐܪܥܐ ܕܟܪܝܐ ܩܘܡܬܐ *land of the Pigmies*, N. Hist. vii. 4.

ܟܪܝܐ col. 1806. *a pile, store*, Add: ܟܪܝܐ ܕܡܪܓܢܝܬܐ *a store of pearls*, Ephr. Ref. i. 41. 22; ܟܪܝܐ. ܗ. ܟܢܫܐ Op. Nest. 19. 15.

ܟܪܝܘܬܐ col. 1807. ܟܪܝܘܬ ܢܦܫܐ *shortness of breath*, Med. 130. 13.

ܐܬܟܪܝܘܬܐ col. 1808. *sorrow*, ref. Poet. Syr. 98. 6.

ܟܪܒܐ. ܟܪܒ col. 1808. 2 of par. Jos. Styl. ed. Mart. correct ܟܪܒܝܗܘܢ ܕܐܪܥܐ *furrows* to ܫܒܘܩܝܗܘܢ or ܕܐܪܥܐ *waste lands* opp. ܐܪܥܐ *cultivated ground*.

ܟܪܒܘܙܐ col. 1810. ܟܪܒܘܙ transliteration of Pers. خربوز *Cucurbita citrullus, musk melon*, Gest. Alex. 211. 8 where the Syr. gloss ܟܪܒ ܫܟܪ should probably be ܫܟܪ ܩܪܒ.

ܟܪܕܢܠܐ var. ܟܪܕܝܢܠܐ and ܟܪܕܝܢܠܐ m. pl. *cardinals*, Jab. 55. 12 n., 56 n., 75 n.

ܟܪܗ col. 1811. Pa. part. ܡܟܪܗ ܒܪܥܝܢܐ *sick in mind, morbid*, Warda 215 *v.*

ܟܘܪܗܢܐ col. 1812. Add: ܟܘܪܗܢܐ ܩܕܝܫܐ ἱερὰ νόσος, *leprosy*. Sev. Ant. Vit. 85. 5; ܟܘܪܗܢܐ ܕܟܘܪܗܢܐ, ܡܟܪܗܢܐ ܟܘܪܗܢܐ Protection 17. 5 af.

ܟܪܝܗܐܝܬ col. 1813. *morbidly*; with ܠܐ *wholesomely*, Is. Nin. B. 19 ult.

ܡܟܪܗܢܐܝܬ *sickly*, Hippoc. vi. 2.

ܡܬܟܪܗܢܘܬܐ *disease*, But. Sap. Philos. 6. 5.

ܟܪܐܝܘܢ ἡ Χαιρέου, *Chaereus*, the first stage of the journey from Alexandria, Pallad. 84. 17 = A.M.B. v. 111. 5.

ܟܪܘܝܐ col. 1813. *caraway seed*, Med. 264. 18, 305. 15, 307. 3, 12, 319. 10.

ܟܪܘܟܝܐ for ܟܘܪܟܝܐ col. 1826. *a crane*, Med. 138. 19.

ܟܪܘܟܘܣ col. 1813. *a singer*, Warda 247 *v*, marg. ܙܡܪܐ.

ܟܪܘܣܐ col. 1813. Add: *audacity*, ܗ: ܕܝܢ ܟܪܘܣܐ ܕܒܝܫܘܬܐ Nars. ed. Ming. ii. 329 antep.: ܟܪܘܣܐ ܕܟܠܒܐ *rabidness*, ib. 215. 16.

ܟܪܘܡܛܐ m. pl. Gr. χρώματα, Lat. colores, *ornaments of style*, ܐܝܟ ܟܪܘܡܛܐ ܕܠܐ ܡܬܩܢܝܢ ܐܬܡܠܠ Poet. Syr. 14. 11.

ܟܪܘܡܝܣ χρόμις, a sea-fish instanced by Bar Hebraeus as having keen hearing, N. Hist. vii. 2. 3.

ܟܪܘܣܐܢܬܐܘܢ χρυσανθέων (?), *having golden efflorescence*, Chimie 16. 9. See ܟܪܘܣܐܢܬܝܘܢ Suppl. above.

ܟܪܘܣܘܙܘܡܝܘܢ χρυσοζώμιον, "*liqueur d'or*," Chimie 11. 4, ܟܪܘܣܘܙܘܡܝܘܢ ib. 55. 14, 56. 13, 15.

ܟܪܘܣܘܢܝܣܘܣ the Thracian *Chersonese*, Nöld. F. S. 475. 143.

ܟܪܘܣܘܦܪܣܘܣ χρυσόπρασος, *chrysoprase*, Apoc. xxi. 20 ed. Gwynn. Bagst. has ܟܪܘܣܘܦܪܣܘܣ.

ܡܪܙܘܡܘܬܐ 171 ܟܪܙܘܕܐ

ܡܪܙܘܡܘܬܐ and other spellings: col. 1816. χρυσόκολλα, refs. Chimie 4. 10, 5. 2, 57. 22, ܡܪܙܘܡܘܕܚܐ ܕܐ ܐܘܡ ܐܙܕܐܙ liquor of copper, ib. 58. 6; ib. 2. 8, 46. 7; ܡܪܙܘܡܘܕܠܡܣ "alliage d'or", ib. 10. 10.

ܡܪܙܘܡܘܕܐܘܢ χρυσάργυρον, tax on a trade, Syr. Rom. Rechtsb. 32.

ܡܪܙܘܡܘܐܘܢ correct ܡܪܙܘܡܘܐܘܢ πρόσοδον, revenues, Anecd. Syr. ii. 267. 11.

ܡܪܙܘܡܚܝܚܕܐ Chimie 11 pen. and ib. 47 pen. See ܡܪܙܘܡܚܝܚܕܐ residue after extraction of saffron oil.

ܡܪܙ Aph. ܐܡܪܙ col. 1817. 1) to proclaim, ܟܪܙܐ ܡܚܡܚܣܐܝ Takhsa 24. 4 af., to repeat a Karuzutha, ܡܚܪܙ ܡܚܟܡܐ ܟܪܙܘܬܐ ib. 58. 9 af., ܡܚܪܙܐܒܝ ib. 8 infra. 4) to disinherit publicly, ܙܢܝܘܬܗ ܥܒܕܬܗ ܕܢܬܐܟܪܙ his profligacy caused him to be disinherited, Ephr. ed. Lamy iii. 43; ܘܠܐ ܬܗܘܐ ܡܬܟܚܫ ܥܡ ܡܪܝܐ ܘܢܬܟܪܙ Philox. 98. 17. Cf. Aph. part. ܡܟܪܙܐ, disinherited. 5) ἀπεκήρυξε, to execrate, pronounce accursed, ܐܟܪܙ ܠܘܛܡܣ Sev. Lett. 348. 17, 397 variant n. 15 where the text has ܡܟܪܙ: and so 460 n. 7, text ܡܚܡܐ ܟܪܙܘܗܝ ܠܘܛܡܣ. Ettaphal ܐܬܬܟܪܙ ἀπεκηρύχθη i. q. Aph. 5) Sev. Lett. 397 n. 6, text ܡܚܠܚܡ.

ܟܪܙܘܬܐ col. 1818. 3) add: bidding prayer before the litany, Gk. ἐκτενή, Daily Offices, Maclean. Refs. Takhsa 10 bis, Brev. Chald. i. 9. 13, 19, 29. 2 and often, Qdham W. 9. 4 af., 33 pen., ܟܪܙܘܬܐ ܕܡܚܣܦ ib. 267. 2. Pl. ܟܪܙܘܬܐ ib. tit.

ܟܪܘܙܐܝܬ clamorous, vociferous, ܫܒܪܐ ܡܚܟܚܕܐ ܟܡܐ ܥܡ ܫܒܪܐ ܠܐ ܡܚܟܚܕܐ ܟܪܘܙܐܝܬ, But. Sap. Pol. iii. 3.

ܡܟܪܙܐܝܬ publicly, Chimie 253. 6.

ܡܬܟܪܙܢܐ col. 1818. ref. He Who was heralded, Ephr. ed. Lamy iv. 721. 16.

ܟܪܙܝܬܐ with gloss ܕܢܠܝ ܐܥܣܒܝܡ wormwood, Warda 246 r. But see ܟܪܙܘܬܐ col. 1819 and Ar. PfInN. 130.

ܟܪܟܕܢܐ col. 1819. a hut, cell; ܟܠܐ ܠܟܪܟܕܢܐ ܘܐܟܠܟܗܠ ܣܟ ܗܘ ܟܕܘ i. e. he took a hut for his solitary cell and shut himself in, Mar Benj. 67.

ܟܪܟܕܢܝܬܐ dimin. m. a poor hut, A.M.B. i. 490; ܢܐܟܬܫ ܟܪܟܕܢܝܬܐ ܕܚܣܟܘܬܗܘܢ let the cells of their poverty open, Sev. Lett. iii. 13.

ܟܪܗܠܝ m. pl. perh. corrupt for Lat. creditor, Syn. Or. 157. 17 "créanciers"; Chabot infers this meaning from the context. Neither ܟܪܗܠܝ nor the heirs may take the φερνή.

ܟܪܝܘܢ Chariton, Syr. Melchite saint, Or. Xt. iv. 118. 7; Brev. Ant. 36. 5.

ܟܪܝܒܐ m. i. q. ܚܪܝܒܐ Ar. جريب a measure, Dion. 135. 11.

ܟܪܝܡܛܐ m. pl. χρήματα, money, goods, Dion. 7. 15.

ܟܪܝܣܡܐ ܚܠܝܐ τὸ χριστόν sweet oil. Perfumery, marg. ܚܣܡܐ Warda 246 v.

ܟܪܟ col. 1823. to go round begging, ܐܟܪܟ ܐܚܒ ܐܘܡܝ ܘܩܒܚܢܐ I will beg two darics, Pallad. 474. 14, 15, 21, 22. To form a round mass, boil honey and asparagus ܘܟܪܟ ܬܚܡܠ ܟܝܚܕܐ ܗܠܐ ܘܐܚܕ ܕܚܝܠܐ Med. 306. 4. To ball or clench the fist, ܟܚܠ ܘܡܚܟܚܕܣܝ ܐܝܕܐ ܟܪܝܟܐ ܥܒܝܡܐ Comment. on Ps. lxxxiii, WZKM. ix. 205 pen. Ethpe. ܐܬܟܪܟ l. 13 of par. 3) trs. Ex. xii. 39 to following col. It is Ethpa. ܟܚܣܬܟܪܟܝܬ to go about; see Maus. and Urm. To be in circulation, ܡܐܡܪܘܗܝ ܘܡܬܟܪܟܝ the treatise which is being circulated, Sev. Lett. 504. 15. Pa. ܟܪܟ add: to twist round, ܢܩܒ ܘܟܪܟܗ ܕܚܝܟܗܐ ܐܣܝܠܕܢܐܝܬ he bored a hole spirally like a shell, Jac. Sar. Hom. iii. 158. 9. Ethpa. ܐܬܟܪܟ with ܘܚܕܘܪܐ to turn round and round, Med. 30. 9. Rit. to walk round, form a procession, ܘܐ ܡܬܟܪܟܝܢ ܥܡ ܣܝܘܢܢܐ ܕܢܚܒܠ Bar Sal. in Lit. 19. 24. Aph. ܐܟܪܟ to turn, ܐܟܪܟ ܚܕܝܪܝܢ turn it incessantly, Chimie 16. 14.

ܟܪܘܟܝܐ col. 1826. Rit. the refrain of a hymn or psalm, ܡܥܢܝܬܐ ܘܐ ܟܡܥܛܐ Brev. Ant. i. 54 a 15, ܟܪܘܟܝܗ ܐܘ ܚܣܝܐ ܘܐܣܥܚܠܟ its refrain or response Have mercy on me, ib. 58 b 4, 128 b 3, ܡܙܡܘܪܐ ܘܟܪܘܟܝܐ psalms and refrains, ib. 125 a 12, 16, b 6, 17, iii. 360 b 13, Hist. Mon. i. 142, ii. 291 n. 3, 446 n. 3. Cf. Anglice rounds.

Z 2

ܚܘܕܚܒܐ 172 ܚܘܡܟܐ

مَوۡڎُمُا col. 1826. l. 5 of par. *a crane*. Dele the ref. to Kal-w-Dim. and add 205. 15; pl. Anecd. Syr. iv. 66. 15.

مَوۡڎُمَا col. 1826. m. Add: ܣܘܡܚܐ ܡܘܗܒܐ ܕܣܘܡܐ ܠܗ ܘܦܣܩܐ *a certain term of days has been fixed for him*, Sev. Lett. 24. 13.

مَوۡڎمَكاًا Med. 30. 12 correct ܡܨܘܡܟܐ col. 1826 infra. *whirlpools*, *eddies in rivers*.

ܡܟܕܢܘܬܐ col. 1828. *encyclopedic*, ܕܘܡܝܐ ܡܟܕܢܝܟܐ Sev. Ant. Vit. 15. ult., marg., 98. 2. Pl. f. ܡܟܕܢܝܬܐ ἐγκύκλιος παιδεία *current affairs*, R.O.C. 115. 14.

ܡܟܕܢܘܬܢܐܝܬ col. 1828. *with circular motion*, said of a whirlwind, N. Hist. v. 3. 3.

ܟܪܟܐ *Fort* as a place-name, col. 1829. Cf. under ܟܪܟܐ col. 1827 and add: ܟܪܟܐ ܕܒܝܬ ܣܠܘܟ the capital of Beth Garmai now *Kerkuk*, Syn. Or. 674; 53. 16, 91 etc. Hist. Mon. i. 68. 10, Pers. Mart. 267; ܟܪܟܐ or ܟܪܟܝ or ܕܟܪܟܝ in Khuzistan, below Susa, near the ruins of Iwân-i-Kerk on the river Kerha, Syn. Or. 271 n. 4, f. and often; Ar. كَرَخَ مَيَسَان formerly Σπασίνου Χάραξ between the Tigris and the Eulaeus (Karun) rivers, not far from Bassora, ib. 272 and often, Guidi ZDMG. xliii. 411; ܟܪܟܐ ܘܟܬܘܢܐ the same place, Rahlfs on Kessler's Mani, G.G.A. 1889, 921, 923; ܢܗܪܐ ܕܟܪܟܐ *the Tigris*, ib. 97. 4 f.

ܟܪܟܡ *to brand*, ܘܦܩܕ ܕܢܠܚܕ ܠܐܢܫܘܬܐ ܣܒܪܟܕܘܗܝ another governor was sent *to brand and mark men on the neck like slaves*, *"stigmatiser et marquer"*, Dion. 124. 8; ܦܩܕ ܕܢܐܙܠܘܢ ܘܢܟܪܟܘܢ ܠܗܘܢ, ib. 148. 13, 149. 4.

ܡܟܪܟܢܐ m. *a brander*, pl. Dion. 124. 7, 148. 11, 12.

ܟܪܟܐ f. *a ring at the end of a girth*, حلقة الحزام El. Nis. 40. 7, BA. Cod. Goth. 4883. Cf. K. under ܚܘܩܐ col. 3145, and ܟܪܟܟܐ col. 1839.

ܟܘܪܟܡܐ col. 1830. m. *saffron, autumn crocus*, Ar. PflN. 215, احمر .ܘ BH. on Prov. vii. 17, Med. 49 bis, 50. 8, 82. 19, 83 bis, ܫܘܫܢܗܩܠܐ̈ 148. 5, ܚܡܪܐ ܘܟܘܪܟܡܐ ܟܘܪܟܡܐ, ib. 370. 17, 19 and often. ܟܘܪܟܡܘܢܝ *the blossoms* or *heads of lilies*(?) ib. 302. 6; ܟܘܪܟܡܐ ܩܝܠܝܩܝܐ *Cilician saffron*, Chimie 3. 7, 11. 21. ܚܦܪ ܟܘܪܟܡܐ is probably the *rhizome of Curcuma longa*, the turmeric plant, a gingerwort, Ar. PflN. 220, Med. 61. 13.

ܟܪܟܡ denom. verb from ܟܘܪܟܡܐ, *to turn yellow* or *reddish*, col. 1830. Ethpalpal ܐܬܟܪܟܡ *to be made yellow* or *reddish*, ܢܚܫܐ ܡܬܟܪܟܡ ܡܢ ܦܘܡܦܘܠܘܟܣ ܐܘ ܐܣܛܡܐ *brass is turned yellow by pompholyz or antimony*, N. Hist. iii. 11. 3.

ܟܪܟ denom. verb from ܟܪܟܐ col. 1831. Pass. part. ܟܪܝܟ *bent like a hook*, 4 Macc. 467; *hooked, fastened with a hook*, ܐܝܟ ܚܟܐ ܡܢ ܚܩܠܐ, S. Dan. 67 b 2.

ܟܪܡܐ col. 1832. *a vinedresser*, ref. Med. 9. 3.

ܟܪܡܐ col. 1832. *a vinedresser*, ܟܪܡܐ ܕܟܪܡܗ But. Sap. Pol. ii. 1.

ܡܟܪܡܐ Poet. Syr. 14. 11. See under ܟܘܪܡܐ.

ܟܪܡܢܐ *vintage season, autumn*, ܕܘܡܚܐܐ ܘܟܘܪܡܐ ܘܣܬܘܐ R.O.C. iv. 359.

ܟܪܡܐ col. 1832. i.q. ܟܪܟܐ col. 1833. a Jacobite bishopric, not identified, prob. *Karma*, a fortress belonging to Tagrit, Syn. Or. 299 and often, Guidi ZDMG. xliii. 411; Pers. Mart. 231.

ܟܪܡܒ *a drug used with* ܚܠܒܐ *lichen for liver complaints*, Med. 355. 11.

ܟܪܡܠܝܐ m. pl. abbrev. form from ܟܪܡܠܝܐ col. 1834. *people of Carmelish*, G. Warda ed. A. Deutsch 8. 8, 9. 9. Cf. Nöld. Gr. 75.

ܐܬܟܪܢܝ Ethpa. denom. verb from χειροτονία *to be consecrated bishop*, El. Tirhan 3, 4.

ܟܪܢܝܩܘܢ *a chronicle*, Anecd. Syr. iii. 133. 7, 134. 23. See ܟܘܪܢܝܩܘܢ and other spellings, col. 1814.

ܟܪܣܐ, ܟܐܒ ܟܪܣܐ col. 1835. 7 *diarrhoea*, ref. Med. 291. 17, 301. 20.

(ܟܪܦܐ?) ܟܪܦܐ *some plant*, Med. 576. 9.

ܟܘܪܣܝܐ col. 1835. Add: *village and monastery in Kashkar*, Chast. 62. 8, 9.

ܟܘܪܣܝܘܢܐ m. dimin. of ܟܘܪܣܝܐ *a chair*, Jab. 36. 10.

ܟܘܪܨܢܐ cf. Heb. חַרְצַנִּים (?) pl. *stones of grapes*, ܟܘ̈ܪܨܢܐ ܕܥܢܒܐ, Med. 573. 18, and see ܐܘ̈ܩܦܐ ܕܦܩܘܣܬܐ ib. 59. 16.

ܟܘܪܣܝܐ col. 1835. 1) add: E-Syr. *burial service-book for the clergy*, that for the laity is ܟܬܒܐ, Maclean. 2) Ar. خرج dual خرجين *saddle-bags*, Hübschmann, ZDMG. xxxvi 130. Cf. ܚܘܪܓܐ col. 1811 and ܟܘܪܐܙܐ col. 1817.

ܟܪܣܛܝܢܝܗܘܕܝܐ *Christian-Jewish*, El. Tir. Gram. 4. 2.

ܟܪܣܛܝܢܝܘܬܐ, ܟܪܣܛܝܢܝܐܝܬ f. *Christianity*, Syn. Or. 69. 15.

ܟܪܥܐ ܟܪܥܐ ܕܥܪܣܐ col. 1837. *the leg of a bedstead*, Pallad. 604. 18; pl. Gest. Alex. 218. 13. L. 15 of par. dele ref. to ܐܢܕܪܘܣܡܘܢ / Androsaemum, and corr. ܟܪܥܐ: and so col. 257 and DBB. 200. 3, see Ar. PflnN. 320.

ܟܪܟܐ col. 1837. *beestings or butter*, an ingredient of Marham, a salve for wounds, Med. 585. 12, 586. 1, ܐܘܟܪܐ ܕܟܪܟܐ ib. l. 16, ܙܒܕܐ, gloss. ܟܪܟܐ ܘܠܐ ܚܠܒܝܣ ib. 587. 1, Protection 27. 3, 6.

ܟܘܪܟܐ m. pl. *pustules*, BB. under ܢܦܛܝܐ col. 2411 = DBB. 1263.

ܟܕܪܝ (text ܟܕܪܘܕܝܐ) Arab. خرص pl. m. *earrings*, BHChr. 324; id. in Jos. iv. 18.

ܟܪܣܩܐ col. 1839. ref. *a girth*, ܚܟܡ ܟܪܣܩܐ ܟܣܦܕܗ A.M.B. vii. 399. 4 af.

ܟܪܙܐ col. 1840. *a bundle, load*, ref. ܐܝܙܠ Hist. Mon. i. 126. 16.

ܟܘܪܕܝܐ col. 1840. *a Kurd, Kurdish*, ܘܐܕ ܟܘܪܕܠܐ ܡܓܕܠܐ *Kurdish grammar*, Journ. As. 1906, 72 infra. Pl. ܟܘܪ̈ܕܝܐ *Kurds of Kartaw*, a region west of the Lower Zab, above Arbela, Pers. Mart. 207, Hist. Mon. i. 98 f., 294, 321, Jab. 121. 6, 123 med.

ܟܪܝܐ or ܟܪܝܐ *name of the principal church in Tagrit*, BHChr. Eccl. ii. 309.

ܟܪܗ col. 1842. *of shooting stars*, ܗܘܘ ܟܪܗܝܢ Dion. 6. 14. Ethpa. ܐܬܟܪܗ "to be *transfixed, pierced with arrows*, Anecd. Syr. iii. 305. 9.

ܟܣܗ col. 1843. Rit. *a large book of variable anthems for use at evening service*, Brev. Chald. i. 41. 10, 44. 5 af. ܚܕܪܐ ܘܟܣܗ / ܐܡ ܕܚܣܘܣܐ ib. 41. 10; 53. 2; QdhamW. 84. 16, 85. 5.

ܟܣܟܪ col. 1843. 1) كَشْكَر *Kashkar*, now *Wasit*, the chief bpric. under the patriarchal See of Ctesiphon, Eranšahr 21; Syn. Or. 675; 33, 36 and often, ZDMG. xliii. 395. 7. 2) *Kashgar* also spelt ܟܫܝ, on the borders of China and Turkistan, col. 1842; Jab. 19. 6 and n.

ܟܫܟܪܝܐ *a native of Kashkar*; add: Syn. Or. 44. 23, 70. 29, 246. 18, ܐܚܝܕ ܟܫܟܪܝܐ / ZDMG. xliii. 396 pen.

ܟܫܠܐ col. 1844. ܡܟܫܠܢܐ m. *scandalous, an offender*, Ishoyahb Lett. 49 ult. Pl. Syn. Or. 174. 29.

ܟܘܫܐ col. 1846. 2) Pers. كوش پيچ *a rug*. Cf. ܡܟܫܐ col. 693, ܟܘܣܡܐ and ܐܟܘܡܐ R. Duval.

ܟܣܥܐ i.q. ܟܣܣܐ *rough material*, ܟܣܥܐ ܕܟܣܙܐ *a girdle of rough hair-cloth*, Jo. Tell. 25. 1. Cf. NHeb. כַּשָּׁא.

ܟܣܪ col. 1847. כתר *Hammurabi Code*, Ar. كَثَرَ *to abound, be in perfect condition; to be energetic, lucky*, S. Langdon, ZA. xxi. 283 ff.

ܟܬܒ col. 1850. Aph. ܐܟܬܒ "to dictate*, Or. Xt. i. 300. 12: see under ܡܟܬܒܢܐ.

ܟܬܒܐ m. *a register*, S. Fraenk. ZDMG. lii. 153; ܟܬܒܐ ܕܐܩܣܛܝܣ Brook's Chron. 573. 6, Chron. Min. 232. 14.

ܟܬܝܒܐܝܬ *in writing*, Hist. Mon. i. 65. 9; *in the words of Scripture*, Sev. Lett. 123. 6.

ܟܬܒܘܬܐ col. 1852. *the chancery, public office*, BH. ZDMG. xl. 443.

ܟܬܒܟܐ, ܟܬܝܒܟܐ col. 1852 infra. ܘܡܘܕܥ *hieroglyphics*, Gest. Alex. 70. 12. Cf. ܟܘܪܣܝܐ col. 1758.

ܟܬܝܒܐܝܬ with ܠܐ ἀγράφως, *unwritten, oral*, A.M.B. v. 384. 17, 18, 20.

ܟܬܘܒܘܬܐ f. *writing.* For ܡܚܡܣܚܡܘܡ Anecd. Syr. iii. 275. 23 corr. ܚܡܚܟܚܡܘܡ *in what you have written.*

ܡܟܬܒܢܐ add: *a Writing Master. One who reads, dictates,* ܘܗ̇ ܘܡܟܬܒܝܢ ܚܟܬܒܢܐ ܐ̇ܘ ܡܟܬܒܢܐ ܕܪܫܡ *readers who dictated to copyists according to the text of the codex,* Or. Xt. i. 300. 12.

ܡܟܬܒܢܘܬܐ add: *the text,* ܐܝܬܝܗ ܕܐܚܕܢܘܗܝ ܕܠܐܚܕܐ Or. Xt. i. 362. 6 and see under ܡܟܬܒܢܐ.

ܟܬܝ *Cathay* i.e. North China, Jab. 29. 1. I. q. ܟܬܝ col. 1849 and ܟܬܝ col. 1721.

ܟܬܝܐ col. 1849. *Cypriotes, Greeks;* add: ܟܬܝܐ: ܩ: ܐܟܐܝܐ ܘܗܝ ܩܘܪܝܢܬܘܣ Op. Nest. 127. 18. Correct ܡܘܙܒܝܢܬܘܣ Ἀχαΐα Κόρινθος.

ܟܬܡ Ethpa. ܐܬܟܬܡ col. 1856. 1 and 2 of par. 1) *to be deeply marked, indelible,* to the ref. to Eth. ed. Par. 267 ult. dele the suggestion and add: δυσαπάλλακτοι ܚܝܐ ܒܥܡܐ ܕܢܬܟܬܡܘܢ Stud. Sin. iv. 15. 8. Cf. An. Syr. 16. 9.

ܡܬܝܢܐ, ܡܬܝܢܬܐ col. 1857. Add: *a membrane,* ܡܐܬܢܐ ܕܒܬܐ (sic) *egg-shells,* Chimie 25. 22 = ܡܟܠܐ ib. 26. 11.

ܡܕܐ. ܡܟܝܠܘܬܐ col. 1860. Add: 1) geom. *length, extension,* ܚܡܫܐ ܟܝܠܘܬܐ ܐܝܬ ܐܣܝ ܐܘܪܟܐ. ܣܘܥܪܢܐ. ܣܟܠܘܬܐ. ܘܥܡܩܐ *there are three properties of linear figures, outline, surface, solidity,* But. Sap. ii. 2. 2. 2) *a midday meal,* BA. under ܟܘܪܟܐ col. 4314.

ܡܟܬܪܢܝܬܐ *stationary, fixed,* f. pl. aquatic animals are ܡܟܬܪܢܝܬܐ as sponges, opp. ܡܬܟܬܫܢܝܬܐ *moving from place to place* as fishes, N. Hist. vii. 1. 1; *continuing, abiding,* ܟܬܝܢ ܡܟܬܪܢܘ μονιμώτερος, 4 Macc. 63. 19, Cat. Ar. Jac. Edes. 15. 1.

ܟܬܫ. ܟܬܫܢܝܬܐ *relating to contest, of contest,* Hist. Mon. i. 216. 11.

ܠ

ܠ end of first par. add: often substituted for *r* in Latin words e.g. ܦܠܛܩܛܘܪ *protector,* and in Greek names especially those from Pehlevi or Persian sources. See confused mis-spellings of names in Gest. Alex.

ܠܐ col. 1869. par. 9. Followed by the Nom. in oaths, *Verily, by,* cf. Gr. οὐ τόν, ܘܠܐ ܐܚܕܢܘܗܝ ܠܐ ܗ̇ܘ ܘܐܚܕ Mar Bassus 22. 285; *by al-Uzza,* Bahira 203. 12, transl. 205 n. 4.

ܠܒܘܕܐ ܠܒܘܕܐ col. 1881. pr. n. *Laboda,* twin sister of Abel, BHChr. 3, Apis ܨ. 5 but called twin sister of Cain, trans. 25 n. 1 = Schatzh. 34. 2.

ܠܒܘ λαβος for λέπος *a scale, husk*: see ܡܣܠܒܘ and ܣܘܒܠܒܘ below.

ܠܐܘܪܐ λαύρα, *a monastery,* Pléroph. 13. 8, 10, 17. 7, 111. 7.

ܠܐܓܝܕܐ Λαγίδης, *Lagide.* Pl. ܠܐܓܝܬܒܪ ܡܠܟܐ *the Lagide dynasty,* Jac. Edes. R. O. C. v. 587. 2.

ܠܘܒܐ *Libya,* Or. Xt. i. 84. 6. See ܠܘܒܐ col. 1903.

ܠܘܡܦܝܢ perh. *lucerna, a lamp,* with gloss ܥܢܙܗ̇. Warda 246 r.

ܠܘܢܛܝܘܣ *Leontius,* col. 1873. Add: professor of law at Beyrout, Sev. Ant. Vit. 47. 10. ܠܘܢܛܝܐ *a priest of Tripoli,* ib. 81. 4.

ܠܘܠܒܐ col. 1873. Corr. *a vice, screw, press,* K. under ܡܥܨܪܬܐ col. 3519. See لولب Dozy 358 sq.

ܠܘܪܝܢ λαυρᾶτον, ܘܡܣܒܐ ܠܘܪܝܢ *a garlanded bust,* Zach. Rhet. ii. 200. 1 = Anecd. Syr. iii. 325. 4, Hamilton and Brooks. But see other explanations under ܐܘܪܝܢ p. 10 *b.*

ܠܐܙܘܪܕ col. 1874. *lapis lazuli*, ref. Caus. Caus. 265. 1, Chimie 4. 6.

ܠܐܝܕܩܝܐ Λαοδίκεια, *Laodicea*, Apoc. iii. 14 ed. Gwynn, ܠܐܘܕܝܩܝܐ Bagst. ib., id. i 11 ed. Gwynn, ܠܐܕܘܪܝܩܝܐ Bagst.

ܡܠܐܟܐ ܐܘ. col. 1874. *title of a bishop* ܥܡܠܐ ܡܕܝܐ ܡܠܐܟܘܬܟ ܥܩܒܐ *he enquired after your Angelicalness*, Jul. 12. 2.

ܡܠܐܟܬܐ f. *a company of angels*, Apoc. xii. 7 Bagst., ܡܚܘܝܢ ܘܡܠܐܟܬܗ̇ ib. Gwynn.

ܠܐܩܐܢܐ λιμένες, *ports*, Anecd. Syr. iii. 221. 11. See ܠܡܐܢܐ col. 1952.

ܠܐܣܡܘܣ (ܦܘܣܝܘܣ) perh. *Pontus Polymoniakos*, Nöld. F. S. 475, 146.

ܠܐܣܡܘܢ λειμώνιον, *wild beet*, Galen. 279. See ܚܣܡܪܝܐ col. 1940 pen.

ܠܐܡܦܛܝܘܣ *Lampetius*, a heretic, Sev. Lett. 61. 3. Cf. ܠܡܦܛܝܣ id. Vit. 106. 12, col. 1947.

ܠܐܣܐܢܐܣܝܣ *Lasanasis*, daughter of Constantine the Great, A. M. B. v. 450. 6, 453. 10.

ܠܐܣܡܐ f. *a woollen cloak*. Ref. Lexx. under ܠܚܡܐ col. 2764.

ܠܐܩܘܣܡܐ *Laconian*, *Lacedaemonian*, Bod. Or. 467. 28 *v* quoted under ܡܟܐܠ col. 1742.

ܠܩܚܐ ܠܐܡܦܒܓܢܐ same as the preceding: *hybrids from the dog and the vixen*, N. Hist. vii. 4. 2. Pl. f. ܠܩܚܬܐ ܠܐܡܦܒܓܢܝ ib. 4. 3.

ܠܐܬܟܐ i.q. לֶתֶךְ, ܠܬܟܐ col. 1976. *A half-homer*, it contains 15 ܩܒܐ̈ so equals ½ a Phoenician cor or ܚܕ ܟܘܪܢܘܣ γόμορ, Epiph. 4.

ܠܚܟܐ col. 1877. Add: *the pylorus was so-called*, ܗܘܡ ܩܐܒܐ ܐܘ ܠܚܟܐ Med. 267. 6, 272. 10; ܟܐܒ ܠܚܟܐ *a pain at the lower end of the stomach*, ib. 280. 9; ܪܦܝܘܬ ܠܚܟܐ *suffering from diarrhoea* i.e. *loosened pylorus*, ib. 567. 3; ܘܠܚܟܐ ܩܡܛܐ *cramp*, Protection 92. 1; *the inner part* = *palm of the hand*, ܠܚܟܐ ܚܦܢܐ ܘܒܝ ܠܚܟܐ ܟܠܐ ܥܨܘܪܐ ܘܐܬܡܘܫ ܘܘܩܠ ܟܦܬܐ ܘܣܕܢܐ *dip a rag in it and cool the palms and soles*,

ib. 580. 23. Metaph. *the heart, affections*, ܘܒܡ ܠܚܟܐ ܕܐܠܚܟܐ *David, the man after God's heart*, Is. Nin. B. 116. 16. ܐܦܠܐ ܠܗ ܠܚܟܗ ὃν θυμὸν κατέδων, *ipse suum cor edens, his mind fretted* = *reproached him*, Pet. Ib. 54. 4.

ܒܠܚܟܘܢܐ *in his heart* i.e. *silently*, ܡܪܝܝܠ ܒܠܚܟܢܝܗ̣ Takhsa 13. 13.

ܠܚܟܐܒܝܣ *Libya*, Gest. Alex. 10. 15. Usually ܠܘܒܐ col. 1903 or ܠܘܒܝܐ col. 1936.

ܠܚܒܢܐ pr. n. m. *Lebana*, Patr. Or. v. 5. 729. 1, 3, 7.

ܠܚܝܡ pass. part. ܠܚܡ col. 1880. *congealed, frozen*, ܡ ܠܝܟܘ̇ܐ ܘܠܚܝܡܐ ܐܡܣ Gest. Alex. 134. 8. Ethpe. ܐܠܬܠܚܡ" *a soft substance can be crushed together, compressed*, N. Hist. iii. i. sect. 2.

ܠܚܒܝܗܘܢܐ prob. from Levi. *a levitical garment, a dalmatic*, A. M. B. v. 166. 13. 15. Cf. Du Cange 795.

ܠܚܟܘ col. 1882. Add under 1) *to take to, betake oneself to*, ܩܪܝܒܐ ܠܚܟܡܘ ܩܢܐ ܘܘ ܘܠܡܘܕܝܘ *they nearly came to the point of confessing*, Nest. Hérac. 500. 16; ܠܐ ܠܚܟܦܘ ܟܚܣܐ ܠܟܒ̣ܐܘܣܝܐ Pallad. 653. 22. 2) *to adopt a profession, a monastic rule*; ܐܚܒܠ ܘܪܡܘܡܣܡܐ ܘܡܬܐܠ ܘܢܩܦ Sev. Ant. Vit. 89 ult., ܘܐܚܬܒܩܘ ܗܒܠ ܒܥܩܒܗܡܐ Pallad. 182. 9. 3) *to take root*, ܒܪܟܘܐ̈ ܠܚܕܝܐ̈ ܠܚܡܐ Med. 587. 16. 4) *to persist, endure*, ܠܚܟܘ ܚܒܡܐ ܠܚܟܠܡ "*Ille tenebit*", *Our Lord holds on for evermore*, Stud. Syr. ii. 14. With nouns: ܐܣܡܐ *to be based, founded*, ܡܩܕܝܡ ܡܠܐܩܬܐ ܐܣܡ ܠܚܟܐ ܘܡܥܩܠܠܐ ܚܠܨܘܡ ܘܠܚܟܡ ܐܗܐ ܐܣܡ ܘܠܐܚܝܬܘܠ ܐܣܡܢܒ ܚܨܨܘܡ *the loins are the foundations of the heart (or stomach) which is built upon them and the loins are based on the sinews which are bound up with them*, Hebraica iv. 215, 239 f. ܠܚܘܣܡܐ *to take refuge*, Ephr. Jos. 305. 14. ܠܫܘܥܟܐ *the opinion prevailed*, Pet. Ib. 131. 12. ܠܩܐܠ ܘܠܚܟܘ *a current rumour*, Sev. Ant. Vit. 58. 6. With ܠܚܟܐ *to take to heart, understand*, A. M. B. v. 250. 18. ܠܢܦܩ *to refrain, be abstinent*, ܘܐܚܬܒܩ ܢܦܩܘܡ Pallad. 207. 18, 312. 11; ܠܚܟܘ ܢܦܩܗ ܥܡ ib. 313. 7, pl. l. 19. ܩܘܡܐ *to hold the breath*, Natur 5. 6.

ܚܣܒܐ *to take to*, adopt a custom; *to become customary*; Jul. 61. 16, ZDMG. xxix. 90. 5, Pet. Ib. 136. 9, ܚܣܒܘ ܚܣܒܐ ܕܐܒܗܘ̈ܗܝ Sev. Ant. Vit. 11. 10. Part. ܚܣܝܒ active sense: *containing, comprising*, ܢܗܓܐ ܕܐܚܝܕܐ ܘܚܣܝܒ Pallad. 119 ult. Astron. *to hold, have power over,* ܟܕ ܗܘܐ ܡܚܝܕܐ ܥܡܗܘܢ ܘܚܣܝܒ Gest. Alex. 19. 14 = ܣܝܒܪ ib. 21. 10. Chem. *to seize, combine with,* Chimie 47. 7. Aph. ܐܚܣܒ *to take hold, hold fast with* ܒ *to,* ܛܝܒܘܬܐ ܡܚܣܒܐ ܢܦܫܗ Natur 57. 6.

ܚܣܘܒܐ col. 1885. *retentive,* one of the four ܚܝ̈ܠܐ Med. 110. 11, 22; ܡܥܠܢܐ ܘܡܚܣܒܢܐ *binding and astringent,* ib. 212. 6; ܪܘܚܐ ܚܣܘܒܐ "*l'esprit saisissant*", Chimie 19. 11.

ܚܣܘܢܐ col. 1885. Add: *let, hindrance, obstacle,* ܐܘ ܕܘܡ ܥܠ ܚܣܘܢܐ ܥܡ Sev. Lett. 194. 14. *Restraint,* ܒܝܬ ܚܣܘܢܐ *prison,* id. Vit. 289. 6; ܚܣܘܢܐ ܘܐܚܕܢܗ Is. Nin. B. 253 ult.

ܚܣܟܐ or ܚܣܟܢܐ col. 1885. Add: *a tone, melody,* ܙܡܝܪܬܐ ܗܕܐ ܒܬܪ̈ܬܝܢ this psalm *is recited two clauses at a time and to a tone,* QdhamW. 97. 15.

ܡܚܣܒܢܐ m. *music, a tone,* ܩܠܐ ܡܠܚܡ ܚܠܝܡ ܐܘܕܡܝ ܘܡܚܣܒܢܐ ܘܦܘܡܝ ܕܟܣܝܠܐ ܘܡܚܣܒܢܐ Journ. As. 1908, 348; ܡܠܚܡ ܡܕܘܢܐ ܘܡܚܣܒܢܐ "*fin des anciennes toniques*", ib. 349. Cf. ܚܣܟܢܐ.

ܡܚܣܟܢܐ f. i.q. ܚܣܟܢܐ col. 1885. *a handle,* BA. under ܦܪܘܚܗ col. 3597.

ܡܬܚܣܟܢܘܬܐ col. 1885. *liability to be ensnared,* Pallad. 258. 19; ܚܣܝܩܬ ܡܬܚܣܟܢܘܬܐ *difficult to restrain,* Is. Nin. 7 a 11.

ܚܣܡ col. 1885. ܚܣܡܐ (ܣܡܐ) χαλκολίβανος, Apoc. i. 15, ii. 18 ed. Gwynn where Bagst. has ܚܣܢܠܐ.

ܡܚܣܢܐ col. 1887. *the frame* of a doorway, Pallad. 130 ult.

ܠܒܪܟܣܘܣ ܚܣܦܘܕܐ Labrax, *sea-bass,* Ar. FischN. 82.

ܚܣܦ col. 1887. Ethpe. ܐܬܚܣܦ" add: ܡܚܣܦܐ ܘܐܬܚܣܦ *ready to wear,* Sev. Coll. Lett. 242. 12. Metaph. ܗܘ ܕܐܠܒܫ *that which is put on, assumed,* viz. human nature, Nest. Hérac. 303. 6.

ܚܣܣ col. 1890. Ethpalp. ܐܬܚܣܚܣ" *to be lisped, muttered* ܡܢ ܡܚܣܐ ܚܣܝܣܐܝܬ ܐܬܚܣܚܣ Sev. Lett. 244. 12.

ܚܣܝܪܐ ܕܚܡܪܐ (ܒܢܐ. ܚܣܝܪܐ ܕܚܡܪܐ) *name of a strong draught,* Med. 48. 15, 49. 21, 136. 16.

ܚܣܡܐ λόγος, *word, promise* = *safe-conduct,* Jo. Tell. 39. 4. *Discourse, narrative,* ܠܡܐܡܪܐ ܕܬܫܥܐ *the Ninth Book,* Sev. Ant. Vit. 275. 9; 276. 4, Anecd. Syr. iii. 216. 20, 226. 23, ܚܣܡܐ ib. 253. 6. Cf. ܚܣܡܐ ib. l. 1 and col. 1893.

ܚܣܝܬܐ dimin. of ܚܣܬܐ f. *a small bowl, little dish,* ܚܣܝܬܐ ܕܗܒ Anecd. Syr. ii. 198. 18.

ܚܣܝܢܐ col. 1894. Cynara Scolymus, the *artichoke,* ܚܦܪܐ ܘܚܣܝܢܐ Med. 575. 18 and ult.

ܚܣܟܡ denom. verb from λογικός, *to reason,* ܐܣܒܪ ܘܐܡܚܣܟܡܝܢ S. Dan. 54. 19; the prophet Haggai ܚܣܟܡ ܗܕܐ ܚܣܟܬܐ ib. 57 b 7. Ethpa. ܐܬܚܣܟܡ" *to be calculated,* Poet. Syr. 109. 6.

ܚܣܬܐ col. 1891. 1. *a basin.* Dele the form ܚܣܬܐ. BH Gr. i. 30. 16. Fibre(?) ܕܓܘܙܐ ܚܣܬܐ *walnut fibre,* Budge, Med. 55. 15, ܓܪܕ ܠܗ ܡܢ ܚܣܬܐ *scrape it off the fibre,* l. 16.

ܚܣܬܐ col. 1891. *a garden bed.* Add: *a plot of ground* ܚܩܠܐ ܐܝܣܚܩܐ ܒܪ ܟܘ̈ܬܗ BH. Nom. 189. 3 af. 190. 2, 6.

ܚܣܒܩܡܐ Anecd. Syr. iii. 215. 25 quoted col. 1813: audit, "*statement of accounts,*" Hamilton and Brooks.

ܚܥܕܘܣ for ܗܠܕܝܘܣ and ܐܚܠܕܘܣ q. v. Pr. n. m. *Helladius,* Plérophe. 18. 8.

ܠܘܕܝܡ the *Ludim,* descended from Mizraim, Chron. Min. 324. 7, 355. 23.

ܠܕܢܐ col. 1894. *ladanum, resin from gum cistus,* see Lexx. under ܣܣܡܚܘܣ col. 3110. Ref. Med. 374. 4, 20, 378. 1, 419. 6.

ܠܕܘܢܐ col. 1894. Dele. It is a quotation from Prov. vi. 19 given under ܐܘܕܐ col. 3922.

ܠܗܓ Ethpalpal ܐܬܠܗܓܠܗܓ" col. 1894. *to be*

madly excited, ܫܚܠܟܘܗܘܡ ܕܠܐ ܡܕܢܝ ܡܬܥܠ ܘܡܥܢܝܘ ܠܘܥܕܡܗܡܠܐ Sev. Lett. 82. 12.

ܟܘܗܳܐ for ܟܘܗܳܘܳܐ m. *stupefaction*, Tekkaf. 38. 192.

ܟܘܗ col. 1894. ܡܟܘܗܢܐܝܬ *panting, wearily*, ܚܢܬܐ ܡܟܘܗܢܐܝܬ ܡܬܥܡ N. Hist. vii. 4. 4.

ܡܟܘܗܢܐ *stupid; a simpleton*, BH. ZDMG. xl. 443.

ܟܘܗܝܦܘܐܠܘܢ, *Leontopetalon*, so correct for ܟܘܗܝܩܘܐܠܘܢ, BH. de Pl. 116 Gottheil ZDMG. xliii. 126.

ܟܘܕ col. 1895. ܡܟܘܕܚܐܝܬ διάπυρον, *ardently*, A. M. B. v. 348. 10.

ܫܚܟܘܚܬܐ f. ἐπιφλογίσματα, *inflammation*, Hippoc. v. 21.

ܟܘܝ Ethpa. ܐܬܟܘܝ col. 1897. *to be kindled, to glow*, Poet. Syr. 58. 13. Metaph. *to long fervently* ܬܬܟܘܐ ܕܥܡ ܕܚܫܡܥܐܠ Tekkaf. 105.

ܟܘܡ. ܟܘܡܢܘܬܐ col. 1898. *a craving*, ref. ܫܚܟܘܡܢܘܬܐ ܐܘܡܠܐ ܘܕܚܟܢܝ But. Sap. Eth. 4. 3.

ܟܘܗܐ denom. verb from ܟܘܗܬܐ col. 1898. Aph. ܐܟܘܗ *to pant*, ܟܘܗܐ 4 Macc. vi. 11. Thes. has this ref. as Pael. ܟܘܗܡܐ ܥܡ ܦܝܚܘܐܡܒ ܐܝܡ ܨܚܕܐ ܘܦܝܚܝܡܐ ܥܡ ܪܘܡܐ يلهتون من العطش Hunt. clxx.

ܟܘܗܬܐ and ܟܘܗܐ 1) *panting, breathlessness*, Sev. Ant. Hom. 15. 12; ܦܩܥ ܒܥ ܦܠܐ ܟܘܗܐܝܬ *the floor of the den will break asunder at the sound of thy shout*, Jac. Sar. Hom. iii. 746. 1. 2) *asthma*. Refs. BH. de Pl. Nos. 108, 216, Hippoc. iii. 21, 25, 29, vi. 44, Med. 186. 18, 189 bis and often.

ܟܘܗܬܢܐ *asthmatic*. Pl. ܟܘܗܬܢܐ Med. 194. 4.

ܟܠ col. 1898. *double negative* ܟܠ ܠܐ *not at all, by no means*, BH Gr. i. 49. 7.

ܟܗܠ col. 1899. Act. part. ܟܗܠ: add: ܗܕܐ ܟܗܠܐ ܕܘܝ ܕܚܬܐ *this befalls thieves, this is a consequence of thieving*, Ephr. ed. Lamy iii. 551. Pael ܟܘܗܠ Talm. לָוָה *to accompany*. Esp. *used of a funeral procession*: ܟܡ ܡܟܗܡܢ ܥܕܣܐ *the birds will attend us to the grave*, Ephr. ed. Lamy iii. 207. Ethpa. ܐܬܟܘܝܠ *to accompany*, ܐܕܗ ܚܡܟܚܕܐ ܘܐܟܕܘܐ ܚܗܡ ܒܐܟܕܘܐ *go in peace and God be with you*, Ephr. ed. Lamy iii. 193 sexies.

ܟܘܝܐ col. 1901. Add: *company*, ܚܕܣܝ ܟܠܘܝܐܗܝ Ephr. ed. Lamy iii. 343.

ܟܘܝܬܐ f. *the companion*? Name of a demon, Charms 84. 8.

ܟܘܐܗ *corrupt*: probably meant for ܟܚܘ. ܠܘܚܣܝܟܝ ܐܘܬܢ ܘܠܐ ܕܐܘܐ ܚܣܡ ܥܠܐ ܘܡܬܐܘܙ *blessed are ye, my ears, for the voice of jackals has not taken hold of you*, Mar. Marc. 165. 13.

ܟܘܚܣܢܐ Arab. اللوبية El. Nis. 49. 15. f. *Phaseolus, haricot bean*, Ar. PflnN. 234, Med. 597. 8.

ܟܘܚܒܝܪ *a village near Khantour*, M. Z. 213. 1.

ܟܘܚܡܝܦܢ col. 1903. *Ligusticum, lovage*, ref. Med. 99. 4, 196. 22, 299. 8, 308 ult. See ܟܝܘܣܡܝܦܢ col. 1938.

ܟܘܕܘܢܘܢ, *Lugdunum, Lyons*, ܟܘܕܝܘܢܘܢ ܘܕܝܟܠܐ Or. Xt. ii. 354 ult., Sev. Lett. 193. 21. Cf. ܟܝܘܢ col. 1891 and ܟܘܐܘܢ col. 1903.

ܟܘܦܐܝܛܐ col. 1904. λογοθέτης, *auditor, chancellor*. Add: A.M.B. iv. 320, ܟܘܗܦܐܝܛܣ Sev. Lett. 324 pen.

ܟܘܝܩܬܐ col. 1904. pl. m. *high civic functionaries*, ref. A.M.B. i. 251. 1.

ܟܘܕܝܩܦܢܐ m. pl. *Laodicean* sc. *swine*, N. Hist. vii. 1. 4.

ܟܘܕܪܘܐ col. 1905. a) λουδάριος, *a player, gladiator*, ܬܥܡ ܟܘܕܪܘܐ ܘܩܝܢܐ ܒܝܫܐ *bad characters*, BHChr. Eccl. ii. 385; Syr.-Rom. Rechtsb. 7. b) λοίδορος, *an informer*, Zach. Rhet. ii. 114. 6, 128. 7 = Anecd. Syr. iii. 272. 5 where Land has ܟܘܐܪܘܐ; ib. 282. 11, 283. 2. So Ahrens but R. Duval says λουδάριος is correct. See Nöld. Lit. Central Bl. 1899, p. 1364. Pl. ܟܘܕܪܘܐ *calumniators*; so Severus calls his gainsayers, Sev. Ant. Vit. 283. 5, 284. 1.

ܠܘܙ col. 1906. 2 af. *Luz*, a village on the Zab, add: Hist. Mon. i. 361. 18, Pers. Mart. 277.

ܠܘܚܐ, ܠܘܚܬܐ col. 1906. *a tablet*. add: pl. emph. ܠܘܚܬܐ Dion. 213. 1. Pl. abs. ܠܘܚܬܝܢ *paradigms*, But. Sap. Periherm. iii. 4.

ܠܘܛ Pa. ܠܘܛ col. 1907. *to rail at*, ܠܐ ܠܘܛ Mar Bassus 45.

ܠܘܛܬܐ f. *accursed thing, abomination*, Is. Ant. ii. 234. 15.

ܠܘܛܝܢ name of a country. Perh. a mistake for ܟܘܬܢ? Jab. Khotan, Jab. 18. 9 ult. and n.

ܠܘܛܢܝܐ seems to be the usual spelling for *litany*. See ܠܛܢܝܐ col. 1939 and add B. Sal. in Lit. 21. 8.

ܠܘܛܡܘܣ col. 1909. Dele par.

ܠܘܛܪܐ col. 1908. λωτάρια, *Rhamnus lotus*, *the lote* or *jujube-tree*, Ar. PflnN. 283, السدر El. Nis. 50. 57.

ܠܘܢܟܝܛܝܣ col. 1909. Corr. *Lonchitis*. The quotation in BB. is from Dioscorides iii. 162, λογχῖτις ἑτέρα φύλλα ἀνίησιν ὅμοια σκολοπενδρίῳ, Ar. PflnN. 108.

ܠܘܠܘ Arab. لولو *pearls*, Chimie 7. 4, 85. 9.

ܠܘܝܢܝܛܐ pl. *followers of Julian of Halicarnassus, Phantasiasts*, G. Busâmé 42. 24.

ܠܘܪܝܐ col. 1910. For deriv. Nestle proposes *lorarius, a harness-maker*.

ܠܚܡ, ܠܚܘܡܐ col. 1910. ܠܘܚܡܬܐ f. *free admission* or *access*, Tekkaf. 40. 229.

ܠܘܡܐܣ λύμας, *disgrace*, BH. in 1 Cor. iv. 21.

ܠܘܣܛܐ λησταί, *robbers*, Syn. Or. 77. 9.

ܠܘܣܘܪܝܢ var. ܠܘܣܘܪܝܘܢ λουσόριον, *lusoria navis, a pleasure boat, yacht*, Du Cange, A.M.B. v. 539. 16 n., 540. 2.

ܠܘܥ col. 1913. *to lick up*, Act. part. ܕܠܐܥ S. Dan. 66. 7.

ܠܘܥܐ 2) add: γνάθος, *the jaw*, Hippoc. iv. 31, vi. 19.

ܠܘܦ col. 1914. pass. part. ܠܝܦ *joined, bound together*, ܕܚܢܫܘܢ ܘܠܝܦ ܟܘܠܗܘܢ MZ.

183. 18. Ethpe. ܐܬܠܝܦ *to be joined, united*, ܘܐܬܠܝܦܘ ܚܣܢܘܗܝ ܠܐܟܣܢܝܐ Hist.Mon. i. 36. 14. The ref. in Thes. is Philox. 19. 22.

ܠܘܦܩܐ *connexion* of words, ܩܛܠܐ ܕܡܥܒܕ ܠܘܦܩܐ G. Busâmé 8 b 14.

ܠܘܦܩܝܢܘܣ *Lupicinus*, Bp. of Limyra in Lycia, Nöld. F. S. 474. 124.

ܠܘܦܪܘܣ prob. Φάρος, the island *Pharos* in the bay of Alexandria, A.M.B. v. 558. 13. Var. ܠܘܦܪܐ.

ܠܘܩܐܕܐ ἡ λευκάς, -άδα, *white*, place-name, A.M.B. v. 558. n. 8.

ܠܘܩܝܘܢ col. 1916. 1) λύκιον, *Lycium*, Ar. PflnN. 259. Ref. Med. 81. 7, ܠܘܩܝܐ ܦܘܩܐ l. 13, 85. 10. 2) Λύκειον, *the Lyceum*, ܡܢ ܠܘܩܝܘܢ Jac. Edes. in Cat. Arist. 24. 3) λευκόν, *chemist's paste*, Chimie 29. 20. See ܠܘܩܡܐ.

ܠܘܩܝܦܘܣ pr. n. m. *Leukippus*, BH. Hebraica iii. 250. 16.

ܠܘܩܝܦܪܘܣ *Lucifer*, Bp. of ܡܪܕܐ, Ant. Patr. 298. 8.

ܠܘܩܡܚܠܘܒܐ and ܠܘܩܡܚܠܘܒܐ corr. λευκὸν χαλκομόλυβδον for λκοχλκον μθρκιον, *molybdochalque blanc*, Chimie 18. 6, 17, ܠܘܩܡܚܠܘܒܐ n. 3.

ܠܘܩܝܢܬܐ col. 1917. See Leucacantha, Diosc. iii. xix.

ܠܘܩܡܐ λεύκωμα, *a white substance*, Chimie 237 n. 6.

ܠܘܩܢܝܐ col. 1917. λευκή? λευκανία, *whiting, cement, paste*, ܣ ܒܠܘܩܢܝܐ ܕܣ Chimie 29. 18, ܠܘܩܢܝܐ ܕܩܘܣ ܠܩܘܡܐ l. 20.

ܠܘܩܢܛܝܢ m.pl. *encaustic*, Chimie 294 n. 1.

ܠܘܪܐ λαύρα, *a monastery*, Sev. Ant. Vit. 97. 7.

ܠܘܪܐ col. 1917. 1) Delete, it is a mistake for ὄλυρα, *spelt*; see ܐܘܠܪܐ col. 66, ܐܘܠܪܐ col. 67, ܐܘܠܪܐ col. 68, Ar. PflnN. 104. 2) ܠܘܪܐ *lorum, lora, a lash, stripe*; pl. ܠܘܪܝܢ A.M.B. iv. 282 ult.

ܠܘܪܒܐ τῆς Λύρβης, *Lyrbe*, a bpric. in Pamphylia, Nold. F. S. i. 472. 83.

ܠܚܘܕܘܣ pr. n. a martyr, brother of ܚܕܘܣܐ, Brev. Ant. i. 35. 11.

ܠܚܘܕܐ correct (ܘܡܚܘܕܐ) ܚܣܠܗܐ؟ Jul. 128. 5.

ܠܚܘܪܢܛܐ pr.n.m. *Laurence*, Jab. 67 n. 3, ܠܚܘܪܢܛܝܘܣ ib.

ܟܘܕܒܐ m. pl. burial place of Mar Narses, Mart. in Persia, A. M. B. iv. 180.

ܚܡܥ, ܚܡܐ col. 1917. *to knead; to weld*, ܟܡܘܗܝ ܚܩܪܝܠܐ ܐܝܟ ܚܕܐ ܗܐ ܘܟܚܡ ܠܗܝܢ Gest. Alex. 267. 8, 268. 9.

ܚܡܥܬܐ m. dimin. of ܚܡܐ *a scrap of dough*, Chimie 85. 18.

ܚܡܥ a drug, ܚܠܘܡ؟ ܚܡܥܐ Med. 576. 10.

ܚܡܬ with ܥܡ col. 1919. ܘܗܦܟܗ ܚܡܬܗ ܟܠܗ ܒܗܦܘܟܝ ܐܝܟ ܘܥܡ ܚܡܬܐ *he turned the whole province inside out*, Sev. Lett. 25 pen.

ܚܡܠ Ethpe. ܐܬܚܡܠ col. 1922. *to be compressed*, air is rarefied in a vessel filled with water ܐܐܪ ܗܘ ܡܬܚܡܠܐ ܘܐܚܕ N. Hist. iii. 4. Aph. ܐܚܡܠ *to contract, cause to shrink* ܠܒܣܝܡܐ ܚܣܡܗ ܘܐܚܕܗ N. Hist. iv. ii. 3.

ܚܡܠܘܬܐ f. *contraction*, opp. ܡܬܦܫܛܢܘܬܐ But. Sap. Philos. v. 4.

ܠܣܒܝܐ Λεσβία, the island of *Lesbos*, Sev. Ant. Vit. 26. 1.

ܠܣܒܝܐ *a Lesbian*, ib. 24. 2.

ܠܣܒܝܐ an Arab *of el-Azd*, Hist. Mon. i. 386. 8.

ܚܠܘܡܐ (ܘܟܬܒܐ) Arab. لزوق m. pl. *a viscous discharge* of the eyes, Med. 557. 4.

ܠܘܩܐ = λευκά؟ *white vinegar*, Chimie 4. 1.

ܠܣ Arab. الحاح, لج *to insist*.

ܒܣܝܠܐܝܬ *urgently, earnestly*, ܐܚܕܝ ܡܢܗ ܠܣܝܠܐܝܬ MZ. 41. 125.

ܚܣܐ, ܚܣܦܐ col. 1924. *effacing*, the meeting of two lines at an angle ܠܐ ܚܣܦܢܐ ܘܐܘܬܢܘ؟ *does not forbid them to continue to be two*, But. Sap. Philos. 6. 8.

ܡܬܚܣܦܢܘܬܐ add: *obliteration*, ܠܐ ܡܬܚܣܦܢܘܬܐ ܕܩܘܡܐ ܡܬܚܝܬܢܐ ܡܢ ܗܘܢܐ *memory is the non-effacing of intellectual forms from the mind*, But. Sap. Eth. 2. 2.

ܚܣܡ Arab. لحام *glue, solder*, Chimie 54 pen.

ܚܣܦܢܐ col. 1925. Add: ܚܣܦܐܝܬ μονοφυής, *one-natured*, of the hypostatical union ܚܘܕܢܝܐ ܘܚܢܘܬܐ Loof's Nest. 369. 6; *separate* ܚܣܦܐܝܬ ܚܕܚܕܡ. ܟܡܒܝܣܬܐ ܡܢ ܐܚܕ ܚܣܦܘܬܗ ܘܦܬܝܘܬܐ ܡܢ ܐܒܝܠ *a line consists of two separate* points, *a plane of four separate lines, a solid of eight*, But. Sap. Philos. 8. 3.

ܚܣܡܐ col. 1926. *plaintain*, ref. ܚܪܘܒܐ؟ ܚܣܦܐ Med. 170. 19.

ܚܣܦܡ. ܚܣܦܡܐ col. 1926. *enticing*, ܚܣܦܡܝܢ ܗܘܘ ܡܠܬܢܘܗܝ ܐܝܟ ܘܚܡܠ Dion. 161. 20.

ܚܣܦܡܟܢܐ *fawning* as a dog, Ephr. ed. Lamy iv. 91. 7 af. κέρκωψ, Greg. Carm. ii. 26. 10.

ܚܣܦܡܟܢܘܬܐ f. *obsequiousness, adulation*, ܚܣܦܡܟܢܘܬܐ ܝܬܝܪܬܐ *excessive obsequiousness* But. Sap. Pol. ii. 3 infra; ib. iii. 4.

ܚܣܡ pass. part. ܚܣܝܡ *threatened, predicted*, ܗܘܐ ܕܝܢ ܗܕܡܐ ܗܘ ܘܚܠܐ ܠܗܘܕܐ ܚܣܝܡ Anecd. Syr. ii. 19. 18. Pa. ܚܣܡ col. 1928. *to articulate, to compose a dead body*, ܟܣܡ ܦܓܪܐ ܡܝܬܐ ܥܡ ܦܘܪܓܐ ܕܪܘܡܣܗ A.M.B. v. 608. 3.

ܚܣܦܬܐ col. 1929. *wrath*, ܚܣܡܬܗܘܢ ܘܐܚܘܬܗ؟ Jul. 36. 16.

ܚܣܦܐ col. 1930. = ܚܠܘܚܣܐ *a threat*, Dion. 130. 2.

ܡܚܣܡܬܐ col. 1931. Add: ܡܚܣܡܬܐ ܘܚܠܚܠܐ *the harmony of the universe*, Manichéisme 150. 1. ܚܬܝܬ ܩܠܐ ܥܡ ܡܚܕܐ ܡܚܣܡܬܐ ܩܩܘܝܡ *expressions torn from their context*, Sev. Ant. Vit. 106. 2.

ܚܣܦܢܐ, ܚܠܚܣܦܝܢܐ add: *contractile*, the *contractile* membrane of the eye sc. the iris, N. Hist. vii. 1. 2.

ܚܫܡ Ethpa. ܐܬܚܫܡ col. 1933. *to be whispered*. add: ܠܐܘܕܝ ܘܐܬܚܫܡ ܡܢ ܡܓܘܫܐ *he was directed and influenced by the Magians*, M.Z. 7. 25.

A a 2

ܠܚܫܵܬܵܐ f. *incantation*, Schatzh. 134. 9, a variant is ܠܚܫܬܐ.

ܠܛܫ col. 1934. *to shave, sharpen*, ܠܛܫ ܡܬܠ ܘܩܡܘܪ ܘܕܡܚܐ Dion. Ined. 461. 6. Pa. ܠܛܫ pass. part. ܡܠܛܫ *well-sharpened*, Geop. 12. 19 bis.

ܠܛܐ Lat. lata, *broad*? or from ܠܛܫ *sharp*, Gest. Alex. 205. 2. But Budge thinks the word corrupt.

ܠܛܘܡܐ (ܕܡܐ) λατομία, *a quarry*, Ephr. Ref. i. 94. 40.

ܠܛܘܣ pr. n. m. *Laetus?* colophon to a late MS. Mar Bassus x. 5 Syr.

ܠܛܫ Arab. لطخ *to smear*. Imper. ܠܛܫ *apply salve*, Med. 583. 20.

ܠܛܥ perh. Arab. لطع *to lick*; ܘܠܛܥ Med. 591. 3.

ܠܛܡܐ col. 1934. prob. *pistachio nuts*, add ref. ܠܚܒܒܝ ܙܘܐ ܘܓܘܙܐ ܡܠܛܡܐ ܘܢܘܦܐ Jos. Narses 9. 17.

ܠܚܡ. ܠܚܡܐ col. 1934 infra. Add: Fraenkel identifies with N. Heb. לוחם *a common fellow*, ref. ܠܚܡܩܐ ܘܙܢܝܐ *lewd men and harlots*, Vit. Mon. 89. 10.

ܠܛܪܢ (ܠܛܪܝܢ) *The Lateran* Palace in Rome, Anecd. Syr. iii. 55. 16.

ܠܛܫ παροξύνειν, *to urge, encourage*, ܘܠܛܫ ܚܣܡܘܗܝ ܘܚܕܬܐ ܠܛܫܐ Pet. Ib. 77. 20; ܠܛܡܘܢ ܠܚܕܬܐ ܕܡܠܝ ܡܬܝܢ Patr. Or. iii. i. 35. 7. Ethpe. ܐܬܠܛܫ col. 1936. Add: *to be keen, addicted to*, ܐܬܠܛܫ ܐܚܪ̈ܢܐ ܚܫܚܬܐ ܘܬܘܗܬܐ Jab. 436. 7.

ܠܝܒܐ λίψ, λίβα, *the south-west wind*, col. 1936. Cf. ܠܒܣ col. 1887, ܠܒܣ col. 1966, ܠܒܣ col. 1942.

ܠܒܘܢܘܣܐ i.q. ܠܒܢܐ *frankincense*. Ref. BH. de Pl. ܢ 118, col. 1936 ult. Corr. ܡܥܩܡ ܩܕܐ *a decoction*. Col. 1937. 3 delete the sentence beginning "Post".

ܠܝܒܘܐ Λιβύη, *Libya*, N. Hist. vii. 4. 2, Jac. Edes. Hex. xix. 11, xxxi. 15, xxxii. 9. Var. ܠܒܘܐ. Cf. ܠܒܘܣܐ col. 1937 and ܠܒܣ above, p. 20 a.

ܠܒܘܢܛܣ col. 1937. λιβόνοτος, *SSW. wind*, N. Hist. v. 3. 2.

ܠܒܝܣܐ Λιβιάς, *Livias*, a place of hot springs beyond the Jordan, Pet. Ib. 83. 16 trans. 81 n. 2.

ܠܒܝܣܐ corrupt for ܠܒܘܣܐ Med. 533. 8.

ܠܒܝܣܢ col. 1938. *a salve made from frankincense*, Med. 82. 5. I. q. ܠܒܢܐ col. 1937. *frankincense*, Sev. Ant. Vit. 28. 6, Nau in loc. R. O. C. iv. 546, n. 2.

ܠܓܘܣ perh. λαγῶς, *a hare*, ܡܟܒܐ ܐܒܐܝܢ ܘܙܢ ܘܕܚܒܘܣ ܐܚܬܢܣ ܐܚܕܐ ܐܢ N. Hist. vii. 1. 7.

ܠܓܡܐ *a spice used in embalming*, Nau in Mart. Petri, R. O. C. iii. 47.

ܠܕܢ (ܠܪܢ) *Ledan* in Susiana, a residence of Sassanian kings, A.M.B. iv. 160, 6, Jab. 378. 2. See ܠܕܢ col. 1893.

ܠܕܪܐ col. 1939. *a pound weight*; 1 lb. equals 12 oz. or 6 dinars, Chimie 69. 13. = 20 staters i.e. 100 drachms, Med. 446. 11.

ܠܟܐ Pers. لك *lac*, Chimie 2. 14, ܠܟܐ ib. 50. 6, 252. 9 af., Med. 309. 20.

ܠܝܡܝܛܢ col. 1941. λιμητόν, *boundary, border country*, A.M.B. iii. 299; ܠܡܛܝܢ Anecd. Syr. iii. 314. 8, ܠܡܛܝܢ ib. 315. 2; ܘܠܡܛܝܢ ܐܠܐ El. Nis. Chron. 118. 15.

ܠܡܣ *Limes*, a fortress in Cappadocia, Dion. Ined. 460. 6.

ܠܡܢܘܣ *Lemnos*, Chimie 7. 17; ܠܡܢܣ ib. 4. 10. Cf. ܠܡܢܝܬܐ *Lemnian earth*, col. 1941.

ܠܣܛܐ 1) col. 1942 infra. Ref. ܠܣܛܐ ܘܓܝܣܐ *robbers and brigands*, Brooks Chron. 573. 14. 2) *a cave, ravine*, Lexx. under ܦܣܬܐ col. 3086.

ܠܦܪ̈ܘܐ *the Liparian islands*, N. Hist. iv. ii. 2. Cf. ܠܦܪܐ col. 1943.

ܠܒܓܒܢܝ *electrum*? Budge, Med. 60. 7.

ܠܟܐ col. 1943. Pali ܠܟܐ *to annihilate*, ܢܟܢܐܠ ܘܢܣܦ ܥܡ ܚܠܐ ܐܦ ܐܦܚܕ M.Z. 32. 8.

ܠܳܐܺܝܬܳܝܳܐ non-existent, opp. ܐܺܝܬܳܝܳܐ, But. Sap. Philos. 2. 5, N. Hist. ii. 5, iv. 1 quater, ܠܳܐܺܝܬܳܝܳܐ id. Philos. 2. 6.

ܠܳܐܳܣܝܳܐ col. 1944. Add: ܠܳܐܳܣܝܘܬܳܐ ܕܟܽܘܪܗܳܢܳܐ incurability, incurable disease, But. Sap. Philos. 2. 2 bis.

ܠܰܐܶܪܓܳܘܣ λήθαργος, lethargic, Hippoc. iii. 29.

ܠܺܐܰܪܓܘܪܳܘܣ col. 1945. λιθάργυρος, "litharge," Chimie 5. 3, ܠܰܐܪܓܘܪܳܘܣ ib. 58. 1, ܠܰܐܪܓܘܪܳܘܢ l. 4.

ܠܺܐܳܘܣܦܪܘܓܝܘܣ λίθος Φρύγιος, Phrygian stone, Chimie 219 n. 6. Cf. Lexx. under ܟܺܐܦܳܐ col. 1946.

ܠܰܐܬܳܪܒ, الاتارب, λίταρβα, Litarba, al-Athārib, near Aleppo, Brooks Chron. 576. 14 = C.B.M. 595, ܐܰܡܕ ܘܠܰܐܬܳܪܒ ib. 988, Georg. Arab. 3. 3, ܐܰܡܕ ܘܠܰܐܬܳܪܒ C.B.M. 708, Jac. Edes. ZDMG. xxiv. 261, 263.

ܠܰܒܰܐ see ܠܶܒܳܐ.

ܠܳܟ݂ܘܽܡܳܪܰܢ = ܠܳܟ݂ ܗܽܘ ܡܳܪܰܢ To Thee, Lord of all, an anthem of praise beginning thus. Also called the Prayer of Adam. Takhsa 3. 11, ܨܠܘܬܐ ܕܠܳܟ݂ܘܽܡܳܪܰܢ prayer before the Lakhumara, l. 3, 63. 8, 77 antep., QdhamW. 7, 10, 12. 2 and often, Brev. Chald. i. 49. 7, 11.

ܠܰܒܳܐ a kind of comet, Med. 550. 13.

ܠܰܒܰܐ col. 1951. a lamia, spectre, Charms 84. 7, JAOS. xv. 288 f., 289. 3.

ܠܰܒܶܒ Pael part. ܡܠܰܒܶܒ a doubtful word. To jeer at, insult, Anecd. Syr. iii. 119. 19, 123. 12 = Zach. Rhet. i. 148. 7; 153. 15. Mai has ܡܚܰܣܶܡ in both places. See Script. Vet. Nova Collectio 332 f. Brooks suggests ܡܠܰܒܶܒ for ܡܨܰܚܶܐ Anecd. Syr. iii. 177. 10.

ܠܶܒܒܳܐ the pleura pulmonalis, Hebraica iv. 213. 182.

ܠܰܒܶܒ col. 1953. ܡܠܰܒܒܳܢܳܐ connecting, ܡܠܰܒܒܳܢܽܘܬܳܐ ܡܝܰܬܰܪܬܳܐ But. Sap. Philos. 2. 4.

ܡܠܰܒܒܳܢܽܘܬܳܐ col. 1955. the doctorate, teaching, Jab. 209. 5.

ܡܠܰܒܒܳܢܽܘܬܳܐ f. catechumenate, Jab. 209. 5.

ܠܰܒܕܳܐ col. 1956. from Pers. نَمَد Fraenk. Fremd. W. 102. felt, ܡܰܫܟܢܳܐ ܗ̇ ܒܰܝܬܐ ܘܗܝ a tent is a house made of curtains or of silk or of felt, G. Busâmé 27 b; ܠܒܝܕܐ ܘܡܚܬܐ ܚܦܝ ܓܘܢܳܐ a felt coat wadded with cotton, Op. Nest. 96. 13.

ܠܶܡܢܺܣܩܘܣ prob. for ܠܶܡܢܺܣܩܘܣ lemniscus, the sign ÷ Epiph. 15. 3.

ܠܰܡܦܣܰܩܐ a city, A.M.B. iii. 276.

ܠܰܡܦܛܝܳܢܐ m. pl. followers of Lampetius, a Cappadocian, anti-monk, anti-chastity and poverty, Coupes ii. 141.

ܠܰܡܒܪܘܣ or ܠܰܡܒܪܘܣ Lambrus, n. of a demon, JAOS. xv. 288. Cf. ܚܶܣܪܘܡ.

ܠܰܡܶܕ i. e. ܠ 30, 60, 100: ܗܘܝܘ ܠܗܘܢ ܚܕ ܣܒ ܕܠܡܶܕ may He reward them thirtyfold, sixtyfold, an hundredfold, Mar Bassus 62. 9.

ܠܥܰܥ i. q. ܠܰܥܰܥ col. 1959. to lap, lick, ܠܰܥܥܺܝܢ ܘܡܺܐ Jul. 18 ult.

ܠܰܥܕܺܝܣܳܐ, ܠܰܥܕܽܘܣܳܐ ܠܰܥܕ col. 1959. voracious, Natur 58. 3.

ܠܥܽܘܒܳܐ ܒܰܪܒܰܪܝܬܐ اللعبة البربرية Colchicum autumnale, BB. under ܐܙܐ, ed. Duval 33; Ar. PflnN. 174. Cf. ܣܶܡܦܽܘܢܳܐ col. 1308.

ܠܥܶܙ col. 1901. ܠܰܥܳܙܳܐ m. an orator, Sev. Rhet. 133 r.

ܠܥܰܣ col. 1963. Imper. ܠܥܽܘܣ eat, Med. 557. 4.

ܡܠܰܥܣܳܐ col. 1964. Point ܡܠܰܥܣܳܐ BH Gr. i. 49. 22, m. chewing; a meal; ܡܠܰܥܣܳܐ ܕܡܪܩܐ a meal of broth, Hist. Mon. i. 343. 3; ܡܶܒܠܰܥ ܥܽܘܕ ܗܘܐ ܠܥܶܣ ܡܠܰܥܣܳܐ he drank just sufficient water to enable him to swallow the bread, Pallad. 145. 12.

ܠܰܥܩܳܐ col. 1966. Correct ܐ̇ܥܩܳܐ [Ezech. x. 13] with ܠ prefixed, R. Payne Smith, R. Duval, R. L. Bensley. Probably an old mistake, for the supposed word is found in use, ܟܕ ܠܟܐ ܗ̇ܘ ܒܥܩܒ ܟܬܒܐ on this

ܠܚܙܘ̈ܐ 182 ܠܚܡ

wheel I make my bed, S. Dan. 65 *r*, said of a martyr; ܚܩܩܢܐ ܓܝܓܠܐ ܘܐܓܢܐ ܩܝܡ ܘܡܕܡܟܝ Poet. Syr. 108. 4.

ܠܚܘܙܐ correct ܠܚܘܦܐ λεπίδες, *scales, thin plates*, Chimie 212 n. 2.

ܠܚܝܦܐ col. 1966. Delete par. It is ܠܚܦܐ: see Suppl. above.

ܠܚܪܘܙܝܟܐ col. 1966. According to BH Gr. i. 65. 15 this is a diminutive of ܠܚܪܝܟܐ f. *flashing*. He quotes ܘܟܕܡ ܠܚܪܢܟܐ Sap. xi 19 where BH. ed. Rahlfs also has this reading; Lag. has ܠܚܪܘܙܝܟܐ: see col. 546.

ܠܚܡ col. 1968. *to attract*, the magnet ܠܚܡܝܬ Chimie 9. 14, amber ܠܚܡ ܗܙܐܠ ܩܐ l. 21; *to absorb, incorporate*, ib. 16. 23.

ܠܚܡܝܥܝܢ λεκτίκιον, *a litter*, Hist. Mon. i. 311. 11.

ܠܚܡܝܦܙܐ λεκτικάριος, lecticarius, *a coffin-bearer, grave-digger*, Vit. Monoph. 88. 24, Jo. Tell. 74. 20.

ܠܚܡܣܘܣ *Licinius*, King of Magedo, Stud. Sin. ix. 123. 3. Cf. ܣܝܡܘܢ below.

ܠܚܡܐ λεκτόν, λεκτή, *a bedstead*, ܗܘܐ ܚܠܝܠ ܘܐܣܠܝ ܐܣܛܠܐ ܘܗܘܐ ܢܦܠܝܬ ܠܚܡܐ Pet. Ib. 96. 2 and n. to transl.

ܠܟܪ name of a district in Persia, prob. in Beit Garmai, A.M.B. ii. 2. 3.

ܠܪܕܝܢ *Lardin*, a village, prob. legendary, Patr. Or. v. 5. 728 pen., 730 pen.

ܠܫܝܥܐ col. 1972. A mistake in Geop. 62. 10: corr. ܣܟܕܘܣܝܐ *buxus, box*, Ar. PflN. 316.

ܠܫܚܦܘܬܐ col. 1972. *ravings, folly, absurdity*, Clem. Cor. Rec. o. 23, ܠܚܫܦܘܬܗ ܘܠܫܚܡܙܗ ܘܠܫܡܐܝܗܘܢ Tit. Bostr. 124. 30.

ܠܫܘܡ col. 1972. ܠܫܘܡ Arab. لاشوم *Lashom*, a bpric., now the village *Lasim* on the highroad from Baghdad to Mosul, Hist. Mon. i. 25, ii. 44 n., Pers. Mart. 274, Syn. Or. 675; 33. 29 and often, A.M.B. ii. 663.

ܠܫܡܒ an Indian salve, Med. 143. 7.

ܠܫܢܐ ܠܫܢܐ, col. 1973 end of par. *a strip of water*, ܠܚܒܠܐ ܘܡܢܕ ܘܡܕܡܐ ܘܠܫܢܐ BH. on 1 Cor. i., ܠܫܢܐ ܗܘ ܘܠܕܡܟܙ ܠܐ ܡܒܪܢܐ *the Zab was not fordable*, M. Z. 184. 19, ܠܫܠܐ ܘܠܚܡ ܘܠܐ l. 20.

ܠܫܢܐ ܐܡܪܐ col. 1973. *Lamb's tongue*, a kind of plaintain, refs. Med. 168. 15, 207. 11, 208. 5, 399. 15 and often.

ܠܫܢܢܝܐ *rhetorical*, ܡܬܕܠ ܡܩܕܝܠܝܢ ܘܠܫܢܢܝܬܐ *matters of logic and rhetoric*, El. Tir. Gram. 3; f. ܠܫܢܢܝܬܐ *relating to the tongue*, marg. n. to ܠܟܟܕܬܐ *the uvula*, Med. 165. 16.

ܠܫܢܐܘܦܗ and ܠܫܕܘܦܗ λίθος, *stone* (the disease), A.M.B. iii. 522. 9.

ܠܚܒܘ col. 1975. Act. part. add: ܠܐܘܝ̈ܐ ܘܠܚܝܡܐ *befitting gratitude*, DBB. 2041. 5 af., ܘܠܚܝܡܐ ܣܘܚܝܩܡܘܣ *correct syntax*. Nöld. F. S. i. 482.

ܠܚܝܡܐܝܬ *aptly*, G. Busâmê 15 *v* 7; Ishodad. 31. 19.

ܡܟܟܠܐܘܬܐ col. 1976. *craftiness*. So correct Anecd. Syr. iii. 132. 10 where Land has ܡܟܚܠܘܬܐ.

ܡܟܠܚܦܢܐ col. 1977. *full of guile*; add: ܠܐ [ܗܘ] ܘܡܬܢܐ ܡܟܠܚܦܬܢܟܐ *pure and free from guile* (so correct) Theod. Mops. 408. 14 in Jo. xxi. 17.

ܠܫܡ col. 1977. Two roots: I. dialectic form of ܠܦܬ *to murmur*, Arab. رجم. II. Arab. لدم *to heap up, to impute*, Fraenk. Z. A. xvii. 87.

✶ ܡ ✶

ܡܐ col. 1980. 4) *how much.* ܘܡܐ ܠܚܕ *however much, although indeed*, Ephr. Ref. i. 45. 19.

ܕܡܐ add: ܕܡܐ ܕܐܝܟ *as often as, in proportion as*, Pallad. 77 bis; ܕܡܐ ܕܗܘ *to some extent*, Sev. Lett. 475. 11; ܕܡܐ ܐܕܝܢ *how many times! too often*, Pallad. 111. 14; ܕܡܐ ܟܡܐ ܡܢ *how many out of how many*, Syr. Rom. Rechtsb. 5.

ܟܡܝ denom. verb from ܟܡܐ *to quantify, determine the quantity*, ܡܘܕܟܢܐ ܚܡܬܐ ܡܟܡܝܟܐ ܚܡܣܢܘܬܐ ܡܟܙܥܐ But. Sap. Philos. 7. 4.

ܟܡܝܘܬܐ ܟܡܝܘܬܐ col. 1981. *quantity*. Pl. ܟܡܝܘܬܐ ποσότητες mentioned with ܩܘܒܣܡ̈ܐ and ܩܢܘܡ̈ܐ *as subjects of consideration apart from matter*, But. Sap. Philos. i. 1.

ܟܡܢܝܐ col. 1982. *quantitative*, add: ܒܘܕܘܬܐ ܘܫܚܕܐ ܡܟܡܢܝܐ ܐܝܟ ܡܣܟܢܐ ܘܥܘܬܪܐ *irascibility* i.e. overplus and *despondency* i.e. lack, But. Sap. Philos. iv. 5; ܡܟܝܠܝܕܐ ܟܡܢܝܐ N. Hist. i. 1. 3, iii. 4; ܠܐ ܡܥܡܠܐ ܒܗ ܟܡܢܝܐ *a point has no bulk*, ib. iv. 3; ܘܗܝ ܟܘܠܐ ܠܐ ܟܡܢܝܐ ܗܝ Philos. 8. 2 infra; ܠܐ ܡܣܬܥܪܐܠ ܚܪܓ ܓܝܪ ܟܠܐ ܠܐ ܟܡܢܝܬܐ ܡܗܐܡܪܐ N. Hist. iv. 3; ܐܡܪ) ܡܣܒܪܐ ܘܗܘ ܟܡܢܝܐ ܢܒܝܐ ܚܬܝܬ ܓܕܐ ܕܘܬܩܝ ܘܐܝܬܝ ܐܘܟܕܬܝܡ. ܐܘ ܟܡܢܝܐ ܗܘ ܕܟܡܢܬܐ. ܐܝܘ ܩܚܬ ܕܢܩܢܐ ܐܩܠܡ ܘܕܗܘܝܗܐ ܐܘܚܕ *quantity relates to bulk as, the eyes of the owl are large and of the eagle small, or it defines number*, ib. vii. 1. 11.

ܡܐܪܘܕܣ *Ma'êdos*, an island, Natur. 45. 13, perh. *Arados*, cf. Strabo xvi. 2. 13, ib. n. to No. 80. See col. 370.

ܡܐܕܝܡܢܘܣ μέδιμνος, *a corn-measure containing* 4½ *or* 5 *pecks*, Epiph. 6. 6.

ܡܐܕܘܡ perh. for ܡܐܕܘܢ μήδιον, *a kind of clover*, Med. 599. 15.

ܡܐܘܛܝܣ var. ܡܐܘܛܝܣ *Lake Maeotis*, Jac. Edes. Hex. xiii 2.

ܡܐܘܪ *name of a village where Ezekiel was buried in the sepulchre of Shem and Arpachshad*, Nest. Chrest. 91.

ܡܐܘܪܝܛܢܝܐ *Mauritania*, Sev. Lett. 332. 14. Cf. ܡܕܘܪܝܛܢܝܐ col. 2051.

ܡܐܙܐܪܦ *Mazarp*, an Indian city, Kal-w-Dim. 160. 8, ܡܐܙܐܪܦ ib. 166. 22, ܡܐܙܪܦ ib. 177. 17; *these are corruptions of a Sanskrit name Mahilâropya as is also* ܚܝܘܠܟܦܬ ed. Bick. lxi, lxiii.

ܡܐܗܘܡܐ Ar. الْمُطَرَّقَة *a ringdove*, Kal-w-Dim. 166. 4 sqq. 167. 16, 23, ܡܐܗܘܡܐ ib. 168. 19.

ܡܐܟܣܘܣ pr. n. m. *Maxôs*, Pléroph. 24. 11.

ܡܐܠܐ, ܡܐܠ Ar. مال *goods, riches*. m. *sum total, amount* of a tax, ܡܐܠܚ Dion. 18. 3, ܡܐܠܚ l. 4, 134. 18, 155. 14, ܡܣܚܕܘܢ ܚܡܬܐ ܡܐܠܐ *they reckoned the whole amount*, ib. l. 20, 162. 3, 170. 14; Nöld. on Dion. WZKM. x. 165.

ܡܐܠܓܡܐ φλεγμός or φλογμός, *phlegm, blood*, A.M.B. vii. 517.

ܡܐܠܝܒܘܩܘܢ Μηλίβοκον, *a mountain in Germany*, Jac. Edes. Hex. xxxiv. 11.

ܡܐܠܝܛܝܢܐ *Melitene*, Nöld. F. S. i. 471, ܡܐܠܝܛܝܢܝܣ ib. Usually ܡܝܠܝܛܝܢܝ col. 2138.

ܡܐܠܠܘܢ (ܕܐܝ) μᾶλλον δέ, *or rather*, Bar-Sal. Journ. As. 1908. 92.

ܡܐܠܢܝܐ pr. n. f. *Melania*, Pet. Ib. 27. 18, 29. 18, 20. Cf. Thes. ܡܐܠܐܢܝܣ and ܡܟܠܢܐ.

ܡܐܠܟܣ col. 1989 for ܡܐܠܟܐ μαλάχη, *mallow*, ZA. xvii. 88. Cf. Löw bei Krauss 341.

ܡܐܡܪܣܐ pr. n. f. *Mémarsa*, Journ. As. 1907, 419.

ܡܐܢܝܐܡܣ *Mnemius*, bp. of Citium in Cyprus, Nöld. F. S. i. 472. 81.

ܡܐܢܕܢܐ *Mandana* ܡܕܝܬܐ *the Median*, wife of Cambyses and mother of Cyrus, Journ. As. 1905, 282. 26.

ܡܐܢܦ *fish sauce*, می سمکا, Med. 606. 6.

ܡܐܢܘܬܝܣ *Ménouthis*, *a village devoted to Isis* 14 *miles from Alexandria and near Canopus*, Sev. Ant. Vit. 17. 10, 18. 1, 19. 2, R.O.C. iv. in loc. 350.

ܡܐܢܝܩܐ col. 1994. τὰ μανικά, Hippoc. iii. 19, 21, occurs in spring and autumn, ib.

ܡܐܣܘܓܐܒ Μασσηγάβ, Heb. הַמִּשְׂגָּב, *Misgab*, a town of Moab, Hex. Jer. xlviii. 1.

ܡܐܣܘܢܝܘܣ *Musonius*, bp. of Kalenderis, Nöld. F. S. i. 471. 71.

ܡܐܣܢܛܪܝܩܐ *mesenteric* veins which proceed from the liver, Med. 267. 9.

ܡܐܩܕܘܢܝ *Macedonius* bp. of Xanthus, Nöld. F. S. i. 474. 125.

ܡܐܩܕܘܢܝܐ usually ܡܩܕܘܢܝܐ *Macedonia*, Jac. Edes. Hex. xi. 14.

ܡܐܩܪ *Macer*, bp. of Jericho, Mich. Syr. 1, Fasc. 11. 158 *c* 7 af. so correct ܡܐܩܐ Nöld. F. S. i. 468. 6.

ܡܐܩܪܐ μακρά, *long accent*, Epiph. 7. 6.

ܡܐܩܪܝ *Macarius*, Diosc. ed. Nau 41. 6, ܡܐܩܐܪܝ ib. 42. 14. Usually ܡܩܪܝ

ܡܐܪܝܣ Μάρις, *Maris*, bp. of Doliche, Nöld. F. S. i. 470. 50; ܡܐܪܝܣ Mich. Syr. i. ii. 159 *c* 37.

ܡܐܪܛܝܘܣ col. 1997. The Roman month Martius, *March*, ܐܕܪ ܕܝܪܚܐ ܡܐܪܛܝܘܣ Georg. Ar. 6. 10, ܒܐܕܪ ܕܡܐܪܛܝܘܣ ib. 7. 1.

ܡܐܪܝ col. 1997. *Mari*, daughter of Pharaoh, G. Busâmé 78 *b* ult., 79. 1; BB. under ܒܪܬ ܦܪܥܘܢ col. 594.

ܡܐܪܝܢܐ *Marinus*, bp. of Beyrouth, Sev. Ant. Vit. 325. 2.

ܡܐܪܝܣ μάρης, a measure used in Pontus containing 20 pints, ܡܐܪܝܣ ܟܝܠܐ ܦܘܢܛܝܩܝܐ ܗܘܐ ܠܬܪܝܢ ܗܘ ܕܐܠܦܘܢܛܐ ܡܫܚܐ ܐܟܣܛܐܪܝܢ ܟܣܪܝܢ Epiph. 6. 2–4.

ܡܒܘܓܝܐ col. 1999. *Hieropolitans*, inhabs. of Mabug or Hierapolis, Sev. Lett. 20. 3 af. ܟܢ ܡܒܘܓܝܐ correct ref. to Jos. Styl. 74. 8.

ܡܒܘܓܢܝܬܐ (ܓܙܪܬܐ) *the island of Mabug*, Nars. ed. Ming. 6 n.

ܡܒܪܟܬܐ name of a place near Mahoze, the Talmudic מברכתא means a caravan, Syn. Or. 676: 625.

ܡܓܕܘ col. 2002. *Megiddo*, Apoc. xvi. 16 ed. Gwynn for ܐܪܡܓܕܘܢ *Armageddon* ib. Bagst. See Gwynn's note.

ܡܓܕܘ i. q. ܡܓܕܘ col. 2002. *Magedo*, birthplace of the princess and martyr Irene, Stud. Sin. ix. 123. 3.

ܡܓܕܠ *Magdal*, daughter of Abdallah, Inscript. Sém. No. 46, Nöld. ZA. xxi. 155.

ܡܓܢܘܢܣ m. pl. Lat. machinas, *engines of war*, Jab. 123. 1. Cf. ܡܢܓܢܝܩܐ col. 2105.

ܡܓܘܫ col. 2003. μάγος, *Magianism*, usually ܡܓܘܫܘܬܐ, ref. Syn. Or. 186. 1. ܠܡܓܘܫ Jab. 268. 15 emend ܠܡܫܡܫ *hardly*.

ܡܓܠܐ col. 2004. infra. 1) *pus, matter*. Add πύος, Hippoc. ii. 47, iv. 75, 81 f. 2) adj. perh. for ܡܓܠܢܝܐ *purulent*, Med. 189. 14, 18, ܣܩܠܐ ܡܓܠܐ ib. 202. 2.

ܡܓܠܢܝܐ διάπυος, ἔμπυος, *purulent, suppurating*, Hippoc. vi. 26, 40, vii. 41, ܟܠܝܬܐ ܕܡܓܠܢܝܬܐ Med. 224. 22, 237. 10.

ܡܓܠ Ethpe. ܐܬܡܓܠ denom. verb from ܡܓܠܐ, cf. Aphel col. 2005. *to become purulent, form matter*, Hormizd 3075.

ܡܓܢ *gratis, free*, col. 2005. Add: ܠܚܡܐ ܕܡܓܢ *unearned bread*, Pallad. 126. 19.

ܡܓܢܝܐ *gratuitous, unearned*, ܠܐ ܠܡܐܟܠ ܡܓܢܝܬܐ ܕܗܘܝܢ ܐܝܟ ܠܐ ܐܟܠܝܢ But. Sap. Econ. 1. 2.

ܡܓܢ, ܡܓܢܐ col. 2006. *a shield*, metaph. Narses was appointed to be against heretics ܡܓܢܐ ܘܦܠܚܐ ܙܪܝܙܐ *a shield and a strenuous warrior*, Nars. ed. Ming. 35. 1. N.B. E-Syr. vowels.

ܡܓܢܢܘܢ μάγγανον, *a water-wheel*, col. 2006. *stakes round a wheel* ܩܘܪܣܐ ܕܡܓܢܢܘܢ S. George 17 *v* 3 af.

ܡܓܢܛܝܣ 1) perh. *magnetic iron ore*, Med. 594. 17. 2) pr. n. prob. *Magnentius*, Prefect of Libya, Mart., G. Warda, Einleitung 8.

ܡܓܢܝܣܝܐ *magnesia*, the drug, col. 2007. Add: ܡܓܢܣܝܐ ܡܕܘ ܚܪܝܦܐ ܚ Chimie 2. 6, 10. 4, 12. 8 ܡܓܢܝܣܝܐ ܕܕܗܒܐ *magnésie dorée*, ib. 54. 5. Cf. Suppl. under ܡܐܓܐ.

ܡܓܐܗܣܦܪܝܢ Μέγα ἑσπερινόν, a Syro-Melchite Office, R. O. C. iv. 156.

ܡܲܓܼܸܣܛܪܝܵܢܘܿܣ magistrianus, *an official*, Pallad. 754. 9, 11; ib. 186. 6; ܡܲܓܼܸܣܛܪܝܵܢܐ Sev. Lett. 93, 17. See ܡܓܝܣܛܪܐ col. 2004.

ܡܓܫ Ar. مغص *to feel pain*, ܟܐܒܐ ܘܡܓܫ Med. 601. 2.

ܡܓܘܫ 1) *to worship according to Magian rites*, ܠܐܠܗܐ ܡܓܘܫ Mar Kardag 66. 1; 71. 2. Esp. before food, pass. part. ܡܓܘܫܝܢ col. 2010 food *blessed according to Magian rites*, ܠܚܡܐ ܘܡܓܘܫܝܢ Jab. 238. 10. Pael ܡܓܘܫ *the same*, ܡܓܘܫܗܘܢ ܗܘ ܘܡܓܘܫܗ ܗܘܐ ܟܕܗ ܡܠܐ ܐܟܠܘܗܝ ܘܟܕܡܗ ܗܘܐ Mar Kardag 25. 3 af. and ult., Anecd. Syr. iii. 50. 24; BB. under ܡܓܘܫܐ col. 2009 ult. 2) *To use magic arts* ܡܓܫܐ ܘܡܓܚܫܐ Sev. Ant. Vit. 16 ult.

ܡܓܘܫܡܢܐ 1) *a Magian, fire-worshipper*, ܡܓܘܫܡܐ ܗܕ ܫܗܐ Chast. 4. 5. 2) *magian, magical*, ܙܡܪܐ ܡܓܘܫܡܢܐ But. Sap. Philos. 8. 1.

ܡܓܝ col. 2010. Aph. ܐܡܓܝ 5) *to reach, attain*, ܗܢܘ ܘܒܘ ܘܠܐ ܡܓܝܢ Philox. 142. 1. 8 af. Cf. ܠܐ ܡܡܓܝܢܢ ܠܪܡܫܐ *we shall not attain = shall not live until, the evening*, Pallad. 24. 11.

ܡܓܕܐ *to take refuge, escape, go free*. Part. ܕܡܕܘܕܐ ܡܓܕ, ܡܓܕܢ, ܩܕܡܘܗܝ pl. ܡܓܕܐ, ܡܓܕܝܢ ܠܐ ܡܓܕ ܘܚܕ ܚܕܝܠ ܘܟܕ ܚܣܢ *truly he is steadfast and he seeks refuge in God*, Lamy, Cong. Or. No. xi. 1897. 121. 1; ܐܦ ܠܐ ܠܚܣܝܡܘܗܝ ܡܓܕܝ *nor did they escape their threats*, Dion. 130. 2. Pl. m. emph. ܩܕܡܐ *blowing about, loose as mists*, ܥܢܢܐ ܩܕܡܐ ܡܬܚܫܠܐ *fogs lifting and blowing about*, Al'yhkam 65. 3. Aph. ܐܡܓܕ *to cause to rush out*, ܠܐܡܓܕܐ ܥܡ ܣܒܬܐ ܡܓܕܢܘܬܗ N. Hist. vii. 2. 1.

ܡܓܕܘܢܐ col. 2012. Lat. *mediator, go-between*, Al'yhkam 70. 8.

ܡܓܕܘܢܘܬܐ f. *pandering*, But. Sap. Eth. 3. 4, Econ. 1. 2.

ܡܓܘܕ col. 2012. *Media* = the bpric. of Hulwan; *it stretches from Hulwan to Hamadan inclusive*, Eranšahr 18, Pers. Mart. 259, Syn. Or. 60. 1 and often, ZDMG. xliii. 399. 2. See ܡܓܕܐ ܚܒܠ Syn. Or. 53. 11 and above under ܚܒܠ.

ܡܓܕܠܐܝ Milan, Brev. Ant. i. 27. 1. See other spellings coll. 2012, 2013.

ܡܓܝܩܐ perh. Lat. *mantica*, ZA. xvii. 87. Trs. from col. 849 to col. 2014. *a wallet, hand-bag*, ܗܩܕܗ ܕܝܢ ܡܓܝܩܗ Hist. Mon. i. 102. 17.

ܡܓܗܘܪ col. 2014. denom. verb from ܡܓܗܘܪܐ *a mortar*, R. Duval, *to pound* spice. In Syr. works on alchemy the form ܡܓܘܗܪܐ is far more used than ܡܓܗܘܪܐ.

ܡܓܗܘܡܢܐ col. 2015. pl. of ܡܓܗܘܡܐ *condiment*, Nöld. Gram. 47 n. 2.

ܡܓܗܘܦܐ col. 2015. *a mixture*; add: *culinary preparations, "made dishes"*, Sev. Ant. Vit. 243. 2.

ܡܓܗܡ pl. ܡܓܗܘܡܐ col. 2017. 39. For deriv. see ZA. ix 137. *Something, anything* ܗܢܘ ܓܝܪܐܝܠ ܘܡܓܝܣܬܢܟܝܐ *show us something of your churches and shrines*, Jab. 73; ܡܓܗܘܡܐ ܘܡܘܕܟܗ *gifts*, ib. 104. B.

ܡܓܗܘܢܐ col. 2018. *an innkeeper*, ܡܩܦܠ ܣܟܒܠ ܗ. ܣܠܘܗܡܐ. ܡܓܗܘܢܐ Nars. ed. Ming. 360. 10.

ܡܓܗܣܝ *ingredient of a salve for wounds*, Med. 586. 11.

ܡܓܗܘܪ col. 2019. *to moulder*, act. part. ܟܐܒܠ ܘܒܚܟܢܝܐ ܡܓܗܘܪܐ ܘܡܬܚܫܠܠ *the stork's egg crumbles and decomposes*, Natur 36. 8.

ܡܓܗܘܪܘܬܐ f. *earthliness*, ܚܬܝܟܒ ܚܩܝܗܘܪܘܬܐ *those formed out of earth, earthly beings*, Hormizd 376, 1639.

ܡܓܗܘܡܐ col. 2022. 1. Delete this line. It is ܡܓܗܘܡܐ from ܐܙܕܐ Aphel of ܦܙܕ q. v. col. 3981.

ܡܓܗܘܐ col. 2022. *to reach boiling point*, pass. part. ܡܓܗܘܐ, ܡܓܗܘܡ pl. f. ܡܓܗܘܡܢ ܟܡܠܐ ܚܒܗܘܐ ܘܡܓܗܘܢܡ *bring to boiling point, boil thoroughly*, Med. 196. 19. Ethpe. ܐܬܡܓܗܝ *to run down, become liquid*, ܐܝܟ ܗܙܝܣܗܢܐ ܡܓܗ ܚܙܐܟܚܐ ܐܬܡܓܗܝܗ Hormizd. 2423.

ܡܓܗܘܢܐ or ܡܓܗܘܢܐ *watery*, Chimie 14. 3. *Weak, insipid*, ܐܪܝܢܐ ܡܓܗܘܐ ܙܥܘܪܐ *thou feeble Arian*, Pallad. 241. 12.

ܡܓܗܘܬܐ f. *slackness*, Philox. 575. 17.

ܡܓܗܢܘܫ perh. Pers. مهانوش *The Great Immortal*, Chabot, Jesus-Sabran 488 n. 2 and

WZKM. xi. 188 but Nöld. ib. xii 144 on Coupes de Khouabir says the name is Mandaic מהנש, *Mahanosh*, Magian name of Jesus-Sabran ref. 509. 22.

ܡܝܓܠܝܘܢ $\mu\epsilon\gamma\alpha\lambda\epsilon\hat{\imath}o\nu$, cols. 2022, 2023. Sophocles (Greek Lex.) derives the Greek from Heb. מגלה *a roll*. Ref. ܬܐ. ܡܝܓܕܝܢ ܣܘܣܡܐ G. Busâmê 1 *b*, 2. 13, 5 *b* 17, Hormizd. 1138.

ܡܗܕܘܝ prob. for ܡܗܕܘܒܪ Pers. مه *moon* + دوخت *daughter*, pr. n. f. ܡܗܕܘܟܬ Mart. A.M.B. ii. 1 tit.

ܡܗܕܝ col. 2023. Ar. مهدى pr.n.m. *Mahdi*, ܡܗܕܝ ܒܪ ܦܛܡܗ *Mahdi, son of Fatima*, Bahira 206. 3, 207. 2, ܡܗܕܝܒ 206. 15; surname of a Christian, Hist. Mon. i. 237.

ܡܗܘܠܘܓܝܐ $\mu\epsilon\tau\epsilon\omega\rho o\lambda o\gamma\acute{\iota}\alpha$, *meteorology*, N. Hist. v 1 with gloss ܐܘܡܢܘܬ ܩܛܢܬܐ.

ܡܗܛܦܘܣܝܩܐ $\mu\epsilon\tau\grave{\alpha}\ \tau\grave{\alpha}\ \phi\upsilon\sigma\iota\kappa\acute{\alpha}$, *metaphysics*, But. Sap. Philos. 1. 2, Eth. 4. 1.

ܡܛܠܝܩܘ m. pl. $\mu\epsilon\tau\alpha\lambda\lambda\iota\kappa o\acute{\iota}$, *minerals*, ܡܛܠܝܩܘ N. Hist. iv. 1. 1; ܡܩܕ ܡܛܠܝܩܘ Chimie 101. 21 perhaps *ore, unsmelted minerals*. ܡܘܡܐ ܡܛܠܝܩܝܐ *natural* or *unrefined cadmia*, Chimie 16. 25.

ܡܛܠܝܩܐ $\mu\epsilon\tau\alpha\lambda\lambda\iota\kappa\acute{o}s$, *mineral*, N. Hist. iv. 1. 1.

ܡܗܝܡܢܝܢ *the Nicene Creed* which in Syriac begins in the pl. *We believe*. ܡܗܝܡܢ ܡܗܝܡܢܝܢ *they proceed* to recite *the Creed*, QdhamW. 43. 4; Brev. Ant. i 58 *a* 16.

ܡܗܪ see ܡܗܪܘ. Pers. مهر *the sun*, Anecd. Syr. iv. 9. 2. Often used as part of names, e. g. ܡܗܪ ܫܒܘܪ *Mihr Sapor*, Mar Bassus xii. xiv. But see nn. in ܡܗܪܘ and ܡܗܪܘܢ.

ܡܗܠܕܓܪܕ? col. 2025. ميلادجرد *Mihladgerd* in the diocese of Rai, named after the hero Mīlād, ancestor of the noble House of Mihran, ZDMG. xlix. 633, f.; xxxiii. 148, Pers. Mart. n. 2051.

ܡܠܐܓܪܝܣ $\mu\epsilon\lambda\epsilon\alpha\gamma\rho\acute{\iota}s$ *a kind of guinea fowl*, N. Hist. vii. 3. 2.

ܡܗܓܘܐ marg. ܡܗܠܘܐ, the city *Meloe*, Sev. Lett. 98. 14.

ܡܗܠܡ, ܡܗܠܐ $\mu\acute{\epsilon}\lambda\alpha\nu$, *black*, Chimie 58. 5; ܡܗܠܐ ܕܒܝܬܐ *ink*, Med. 606. 1.

ܡܗܠܠܐ col. 2026. 2) *Hallelujah*, Hormizd. 2302.

ܡܗܠܕܦܐ name of a city in the country ܣܥܕܐ, Sanskrit *Mahilâropya*, Kal-w-Dim. ed. Bick. Introd. lxiii. refs. 34. 7, 39. 18. Cf. ܡܕܐܪܘܦ.

ܡܗܕܝܢܫܐ ZDMG. xliii. 397. 6 correct ܡܗܕܙܢܫܐ q. v.

ܡܗܙܢܛܪܝܘܢ $\mu\epsilon\sigma\epsilon\nu\tau\acute{\epsilon}\rho\iota o\nu$, *the mesentery*, col. 2027. N. Hist. vii. 6. 5.

ܡܗܣܡܒܪܝܢܘܣ ὁ $\mu\epsilon\sigma\eta\mu\beta\rho\iota\nu\acute{o}s$, *meridian*, De Astrolabe 79. 9, 80. 2, 265, ܡܗܣܡܒܪܝܢܘ ib. 240, ܡܗܣܡܒܪܝܢܐ ib. 244.

ܡܗܪ Ethpa. ܐܬܡܗܪ ^{n} *to be expert, ready*, ref. to Kal-w-Dim. add i. q. ed. Wr. 204. 11.

ܡܗܪܒܐܢ Pers. مهربان *benevolent*; name of one of the Magi, G. Busâmê 64 *b* 5.

ܡܗܪܕܕܢ pr.n. *Mihrdâden*, a Marzban of Nisibis, Jo. Tell. 16.

ܡܗܪܢ Pers. مهران *Mihran*, a family name. See ܡܗܪܢ and add: Mar Saba was of this family, (ܡܗܪܢ) ܒܝܬ ܡܗܪܢ, A. M. B. ii. 636. 11 = Pers. Mart. 68. A cousin of Pirangashnasp, Jab. 367. pen.

ܡܗܪܘܙܢܫܐ see ܡܗܕܙܢܫܐ.

ܡܗܪܣܛܘܣ Gr. Ἀμέριστος, n. of the martyr Daniel the Physician, before conversion, A.M.B. iii. 484.

ܡܗܪܙܦܠܐ or ܡܗܪܙܦܠܐ col. 2028. *a whip*, Gest. Alex. 15. 7, 59. 3. Cf. ZDMG. xlv. 321. 4.

ܡܗܬܕܘܣ $\mu\acute{\epsilon}\theta o\delta os$, *method*, col. 2029, Pl. ܡܗܬܕܘ ܕܣܒܪܬܐ Georg. Ar. 24. 11; ܡܗܬܕܘ ܩܕܝܫܬܐ BHGr. i. 14. 23.

ܡܘ col. 2029. *Meum athamanticum*, refs. Med. 245. 13, 370. 19.

ܡܘܐܟܣ col. 2030. $\mu\acute{\upsilon}\alpha\xi$, -ακες, *the pearl oyster*, N. Hist. vii. 2. 2.

ܡܘܒܕ Pers. موبذ mediaeval and modern word equal to Pehlevi *magupat*, Zend *magnupaiti* = ܡܓܘܦܬܐ, ܡܓܘܦܐ *the Chief Mage*.

ܡܘܗܦܢ݇, ܡܘܗܦܢ *a Chief Mobed*, of whom there were five in Sasanian times, "*Oberpriester der Oberpriester*," Tabari 9 n. 3, 450 f. They were Ministers of State for Religion and Worship and often filled the office of Judge, Mar Kardag Introd. n. 14; 57. 14, Jab. 226. 11, and often. Cf. ܡܘܗܦܝܠ col. 2045 and Suppl. below.

ܡܘܓܠ col. 2030. 1) winter station of the Mongols, ܡܘܓܠ ܫܢܐ ܡܓܡܐܪܐ Jab. 106. 7, 110. 9. 2) Persian pl. of ܡܘܓ *Mogâns* or *Magians*, ܚܩܩܡܕܐ ܘܡܓܡܐܕܘܡ ܡܘܓܐܢ ܘܡܘܓ ܡܕܝܢܬܐ G. Busâmé 60. pen. The name of a city gate: see ܠܘܓܠ.

ܡܘܓܠܐܝܕ *in the language of the Mongols*, Jab. 152. 12.

ܡܘܗܘܦܝܠ see ܡܘܗܦܝܠ.

ܡܘܚܐ col. 2033. Refs. 1) *marrow*, ܡܘܚܐ ܕܓܪܡܐ ܘܚܕܘܕܐ Med. 580. 2, ܕܚܨܡ ܘܥܩܠ ܘܢܓܝܢܐ ܘܚܘܕܪܐ ܡܨ̇ܝ νωτιαῖος μυελός, *the spinal marrow*, Hippoc. v. 16; ܡܘܚܐ ܕܓܪܡܐ N. Hist. vii. 6. 2 opp. 2) ܡܘܚܐ ܘܥܩܠ ܕܡܘܚܐ *brains*, ἐγκέφαλος, Hippoc. v. 16, vi. 18, 48, vii. 46, 47, 53. 3) *yolk* or *soft part of an egg*, مخ البيض Chimie 25 pen., ܡܘܚܐ ܕܒܐܥܐ ܚܕܐ ܕܝܘܡܐ Med. 85. 22.

ܡܘܚܫܡܝ *Mahomet*, Bahira 202. 11, 12. Cf. ܡܚܫܡܝ ib. l. 5 and col. 2071 and ܡܫܡܥ.

ܡܘܚܝ col. 2033. Ethpa. ܐܬܡܘܚܝ/" *to quiver, totter*, ܐܡܪ ܐܬܚܠܐ ܥܡ ܢܘܣܐ ܠܐܬܡܘܚܝ/" ܡܘܚܟܠ Ephr. ed. Lamy iii. 317. 16; ܡܚܡܘܚܝܠ ܘܐܩܠܐ Philox. 103. 9. Aph. ܐܡܘܚܝ/" *to make to rock* or *reel, to shake*, Hormizd 1941; ܠܚܦܐ ܐܗܝܬܗ ܐܬܟܠܐ ܘܐܡܘܚܝ ib. 1943.

ܡܘܚܠܐ col. 2034. m. *tottering*, ܠܚܦܐ ܘܡܫܘܚܠܟܠ ܩܪܢܬ Hist. Mon. i. 372. 12.

ܡܘܚܘܢܝ ἔμμοτον? *a salve*, Med. 249. 4.

ܡܘܚܘܣ μοτός, *lint*, ܕܥܡ ܡܕܠܢܐ ܗܘ ܡܘܚܘܣ ܡܠܝܢܝܢܢ ܘܡܚܕܐ Epiph. 15. 14.

ܡܘܚܢܬ Arab. مارية *wife of Nu'mân, King of the Arabs*, Sassanidi 13. 11.

ܡܘܚܝܠܐ Arab. مُوَئَّل, مَوَالَة *a refuge, shelter. A khan*, Hist. Mon. i. 104. 9, 10, ii. 232. nn. 3 and 6. Cf. ܫܢܐ ܡܘܗܦܠ.

ܡܘܚܠܐ col. 2035. μοχλός, *a bolt* or *bar*. Add: *a crowbar* ܚܡܨܘܠܐ ܡܕܐܩܐ ܣܝܡܝ Josephus vi. 5 ult.

ܡܘܚܬܐܪ Arab. مختار *Mukhtar*, an Omayyad prince, Bar Penk. 156. 2, 157. 2.

ܡܘܠܝܐ ܘܡܘܠܝܐ Arab. مولى *nobles.* "*la Plénitude Royale*", Chabot, as if from verb ܡܠܐ. Name given to various armies, Dion. 85. 9, Nöld. WZKM. x. 195.

ܡܘܠܟܢܐ μύλλος, *mullet*, Ar. FischN. 60; ܡܘܠܟܢܐ ܗܘ ܢܘܢܐ DBB. 1031 ult.

ܡܘܠܒܝܢܐ μολύβδαινα, *dross from gold and silver furnaces*, الرماص Alchim. Grecs. 265 infr., a remedy for wounds, Al'yhkam 70. 11. Written ܡܘܠܒܝܢܐ Med. 173. 8.

ܡܘܠܚܡܐ Μολίβαι, an Ethiopian tribe, Anecd. Syr. iii. 330. 3.

ܡܘܠܚܣܐ col. 2037. *a pander*, ref. Greg. Carm. i. 113. 22.

ܡܘܠܚܝܐ μαλάχη, *mallow*, Med. 39. 12.

ܡܘܠܚܣ col. 2037. Add: μολόχιον, *Corchorus olitorius*, a potherb, Jac. Edes. Nöld. F. S. i. 575; Ar. PflnN. 190.

ܡܘܡܝܐ col. 2038. *bitumen*, used to embalm mummies, ܡܘܡܝܐ ܕܡܨܠ Med. 56. 8, 14, 559. 17.

ܡܘܢܒܝܩ a corrupt form of μαγγανικόν, *an engine of war*, Dion. 87. 2, 4; ܡܘܢܒܝܩ ib. 89. 5.

ܡܘܢܛܝܢܘܣ *Montanus*, Bp. of Claudiopolis, Nöld. F. S. i. 471. 68.

ܡܘܢܝܐ منية *a common Egyptian place-name*, prob. meaning *garden* or *valley*, ܡܘܢܝܐ ܘܐܘܣ A.M.B. iii. 620.

ܡܘܢܣܝܠ or ܡܘܢܣܘܡ name of a bishop present at the Council of Constantinople, Nöld. F. S. i. 482.

ܡܘܢܣܘܡ *Montanus*, Bp. of Neo-Caesaria, Nöld. F. S. i. 471. 76.

ܡܘܢܝܣܝ col. 2040. *coin, die*. Metaph. ܡܘܢܣܝܐ ܘܡܘܢܝܣܝ ܕܚܘܣܡܣܐ *rhetoric is the figure and mould of locutions*, Ant. Tagrit. Rhet. Nöld. F. S. i. 482, ܡܘܢܝܣܝ ܠܚܕܐ ܘܐܘܣܐ ܘܚܘܣܡܣ ib.

ܡܘܓܢܐܪܙܒܕ corruption of Mogân-Arzbedh, a Persian title, Mon. Syr. ii. 68. 14, A.M.B. ii. 519. 7 var. ܡܘܓܐܘܙܒܪܗ, Tabari 451 n. 3.

ܡܘܕܡܐ col. 2041. ܚܒܠܐ ܕܡܘܡܐܪ. ܘܡܘܪܕܐ Warda 245 v, "un mulet qui piaffe", a mule which paws the ground, id. Hippoc. vi. 4.

ܡܘܣܐ col. 2041. pl. ܡܘܣܣ μούσας, the Muses, Arist. Apol. ܒ 20, Gest. Alex. 95. 11.

ܡܘܣܛܝܣ col. 2041. f. μύστις, the sac of the cuttlefish, N. Hist. vii. 2. 2.

ܡܘܣܛܝܐ Misthia, a city of Lycaonia, Brook's Chron. 574. 7, 582 n. 9.

ܡܘܣܝܐ Amasia, fortress in Pontus, Brook's Chron. 574. 7, 582 n. 8.

ܡܘܣܝܡ μίσυ, shoemaker's vitriol or copperas, Chimie 3. 5, 4. 2, 11. 14, 18, 230 n. 3, ܡܘܣܝ ܕܚ ib. 39. 10, (sic) ܡܘܣܡܐ ib. 42. 8. Cf. زاج Duval's Arabic list, Journ. As. 1893, 320, 345.

ܡܘܣܡܣܝܡ for ܡܘܣܝܡ q. v.

ܡܘܣܝܡܣ col. 2042. correct ܚܝܘܬܐ animal to ܟܢܘܬܐ chanting. It is μουσική, ZDMG. xxxvii. 471.

ܡܘܣܡܦܘܣ μόσχος, a shoot, sprout, ܘܩܕܡ ܠܟܠ ܡܣܡܦܬܗ ܐܝܟ ܗܝ ܡܣܡܦܬܐ: ܡܢ݂ܗ݀ܪܐ ܐܝܟ ܕܥܠ ܐܠܐ ܫܕܐ ܘܦܐܪܐ N. Hist. vi. 1. 3.

ܡܘܣܪܘ col. 2044. 1. correct ܡܣܪܘܬܐ for ܣܪܘܬܐ.

ܡܘܣܕܐ col. 2044. 8. Dele "felicitas", it = ܡܘܣܕܬܐ a scented sedge, col. 2177.

ܡܘܥܟܘܢܗ Arab. موعوية pr.n.f. BH Chr. 65 ult.

pr. n. m. معز الدولة ܡܘܓܕ اكبوكبه a Buwaihid prince, BH Chr. 181. 3.

معز الدين ܡܘܓܕ اكبنم prince of Melitene, son of Qilij Arslan, BH Chr. 381. 13, 389. 19.

معين ܡܘܥܝܒ prince of Damascus, BH Chr. 313. 12.

ܡܘܥܝܢ vars. ابحي, ابحبه, ابحيم ابحيبه معين للجيش pr.n.m. BH Chr. 500. 12.

ܡܘܥܠܩ Arab. معلّق "suspended". Moallak, a monastery mentioned with Balad on the Tigris, BH Chr. Eccl. ii 363.

ܡܘܦܓܐ col. 2045. Pehlevi מאופם, Lag. G. Abh. 189, f. I. q. ܡܘܓܒ Suppl. q. v. Add refs. Jesus-Sabran 564. 6. Oftener written ܡܘܦܓܐ ib. l. 1, A.M.B. ii. 559 tit., ܡܘܦܓܗܘܢ ܘܡܚܒܠܐ ܘܥܡܣܚ ܗܘܐ ܠܗܘܢ Act S. Maris 34. 5; Mar Bassus 10, 26. 345, ܘܐ ܕܡܘܦܓܐ ܕܝܢ ܒܝܬ Jab. 235. 8, 9; pl. ܡܘܦܓܐ Mar Kardag 65. 1, 66. 5.

ܡܘܦܚ, ܡܘܦܗ col. 2045. ܡܘܦܚܢܐܝܬ scoffingly, Hist. Mon. i. 166. 1.

ܡܘܦܠܐ col. 2046. add: priest's slippers worn while ministering, opp. قفازل Jab. 83 ult.

ܡܘܦܠܐ col. 2047. bdellium, add refs. Med. 49. 16, ܡܘܦܠܐ ܓܝܕܪܐ ib. 237. 7; Chimie 7. 12; ܡܘܦܠܐ ܣܘܪܐ ib. 252. 11.

ܡܘܦܢܝ col. 2047. Arab. موقان Mukan or Moghan, a bpric. near Gilan, Hist. Mon. i. 238 = ii. 448. n. 1.

ܡܘܦܪܐ Μαρρά, Marah, Hex. Ex. xv. 23. Usually ܡܘܦܪܐ q. v.

ܡܘܦܪܐ col. 3048. 12. 3) myrrh: add ܡܘܪܐ . . . ܗܡܣܐ ܘܡܘܗ ܣܠܐ ܚܡܘܪܐ ܚܡܚܣܐ ܕܚܛܐ Galen. 362.

ܡܘܦܪܟܐ see under rt. ܡܪܕ. The Magnificat: pl. praises of the B.V.M. ܡܘܩܚܐ ܚܬܢܐ Brev. Ant. i. 15 b tit.

ܡܘܩܙܐ col. 2049. Correct: not a planet but a bird: prob. a wild pigeon, I. Löw, Z.A. xxii. 87. I. q. ܙܡܘܪܐ DBB. 550. 4.

ܡܘܩܙܪܐ col. 2049. litharge, dross of silver, Chimie 5. 4, ܡܘܩܙܪܐ ܣܘܪܐ ib. 10. 13; ܡܘܩܙܪܐ ܡܘܣܝ ib. 37. 5, 99. 8. Cf. مرتك Duval's 2nd List, Journ. As. 1893, 355.

ܡܘܩܙܘܣ a village to the south of Amadia, A.M.B. i. 414. 3.

ܡܘܩܘܪܡܣܗܢ i. q. ܡܘܩܘܣܡܘܣ col. 2049. μόροχθος λευκογραφίς, a kind of pipe clay used to dress cotton cloth, Chimie 8. 13.

ܡܘܩܘܣܐ col. 2050. m. pl. signs made with consecrated oil, Jac. Edes. Can. 8. 8.

ܡܲܕ݂ܘܿܢܵܐ col. 2050 infra. L. 1 of par. delete الآسّ مرسين, these words belong to μυρσίνη, *the myrtle*, col. 2052. Ll. 2 and 3, delete the words between فيلون and "legend." L. 5 and half l. 6 seem to belong to ܡܲܚܙܝܼܬܵܐ col. 2182. L. 6 after ܡܘܼܡܐ to end of par. delete. 1) "*wild myrtle*", Budge, Med. 389. 6 ܡܲܕ݂ܘܿܢܵܐ correct (2 : مرّى : و marg. *murena*, Natur 39. 7, 40. 2.

ܡܲܕ݂ܘܿܪܝܼܛܹܐ m. pl. Μαυριτανίαι, *Mauritanians*, Pallad. 120. 3.

ܡܲܕ݂ܘܿܪܝܼܩܵܐ col. 2051. μυρίκη, *tamarisk*, Med. 93. 23. For deriv. cf. Nöld. ZDMG. xxix. 649.

ܡܲܕ݂ܘܿܢܵܐ μύραινα, *murena, the lamprey*, Anecd. Syr. iv. 71. 8, Natur 39 marg.; ib. pen. and 40. 2 ܡܲܕ݂ܘܿܢܵܐ.

ܡܲܕ݂ܘܿܦܢܵܐ col. 2052. The second meaning, *yolk of egg* and the words من البيضة belong to ܡܲܕ݂ܘܿܦܢܵܐ col. 1627.

ܡܲܕ݂ܘܿܪܣܝܼܢ μυρρίνη = μυρσίνη, *the myrtle*, ܡܲܕ݂ܘܿܪܣܝܼܢ ܐܗܐ ܡܬ܏. ܘܢ̇. ܡܚܬܐ ܩܐܙܘ ܐܗܙ ܡܪܗܐ ܡܕ݂ܐ ܘܡܚܡܣܪ ܡܡܗܬ BH. de Pl. 140.

ܡܫܲܡ, ܡܲܫ col. 2052. *to feel*, ܚܡܿܫ ܐܝܼܕܹܗ *he felt his pulse*, BH. Stories 337, p. 63. *to grope* ܐܩܠܐ ܡܫܡܫܝܼܢܲܢ *we grope along the walls=are blind*, note ܥܘܝܪ̈ܐ ܐܩܠܐ. ܒ̇. ܡܫܡܫ. Nars. ii. 343. 10. Metaph. ܡܫܡܫܐ ܘܠܐ ܡܬܡܫܚ *inscrutable treasure*, Warda 32 r.

ܡܘܿܫܟ̈ܵܝܹܐ m. pl. *Muschaei, a Scythian race*, Ephr. ed. Lamy iii. 198. 3.

ܡܘܿܫܟ̈ܵܝܹܐ *Moschi, a race between the Black and Caspian Seas*, Ephr. ed. Lamy iii. 197 ult.

ܡܘܿܫܟܵܡܝܢ col. 2055. *musk or moschatin*, ref. Med. 410. 1, 3.

ܡܘܿܫܟܵܐܝܼܠ col. 2055. *the planet Jupiter*, add ref. Med. 470. 1.

ܡܚܼܐ, ܡܚ col. 2058. ܡܲܚܝܵܢܘܼܬܵܐ f. med. *mortification, gangrene*, Hippoc. v. 20.

ܡܲܚܠܐ Arab. مُثْلَة *mutilation*, Hormizd 2453.

ܡܲܚܐܡ Arab. المتقى *an Abbaside Khalif*, BHChr. 179. 12.

ܡܲܚܡܵܐ ܡܲܚܡܵܘ̈ܵܬܵܐ correct (ܘܡܲܚܣܵܘ̈ܵܬܵܐ) ܡܲܚܣܵܘܵܬܵܐ *corruption, matter*, Ephr. ed. Lamy i. 83. 9.

ܡܚܕܵܡܵܐ and ܡܚܕܵܡܹ̈ܐ m. pl. μᾶζα, *lumps, nodules*, Chimie 240 n. 3, ܦܨܡܼܗ ܟܗ ܡܚܕܵܡܹ̈ܐ ib. 245 n 2.

ܡܚܠܝ col. 2059. Ethpa. ܐܸܬ݂ܡܲܚܠܝܼ" *to become temperate*, ܐܸܢ ܕܝܢ ܒܚܘܡܕܘ ܡܚܡܐ ܡܬܡܚܠܐ ܐܐܪ *in springtime the air waxes temperate*, N. Hist. iii. i. Ethpalpal ܐܸܬ݂ܡܲܚܠܲܚܠܝܼ" *to be mixed*, Hormizd. 1242.

ܡܚܲܠܝܼܛܵܐ *mingled*. Countries which have little rain and are far from the sea ܘܩܘܪ̈ܝܐ ܡܣܡܣܗܐܠ ܐܝܟ ܡܚܙܘܢܬܐ ܡܚܒܣܝܐ ܘܩܚܕܢܟ̈ܢܣܐ N. Hist. v. 1. 2.

ܚܡܝܼܡܘܼܬܐ ܕܫܲܦܝܼܪܵܐ *temperate warmth*, ܐܝܬ ܒܠܚܘܕ ܘܗܘܝܐ *is only present* at the Equator in Spring and Autumn, N. Hist. iv. 4. 2.

ܡܚܲܠܛܘܼܬܵܐ, ܡܚܲܠܛܘܼܬܵܐ f. *mixture*, ܡܚܠܛܘܬܐ ܘܚܕܨܡܐ N. Hist. v. 5. 2 ter, ܡܚܠܛܘܬܐ ܐܡܗܘܼܬ݂ܵܐ ib. vi. 4. 2, Theol. 4. 8.

ܡܲܚܕܪܵܐ col. 2061. Arab. مسد *a strong rope*. Part of a bird, perh. *the crop*, ܡܲܚܕܪܐ ܘܦܝܪܐ ܡܚܟܒܠܐ ܘܩܬܣܟܠܐ N. Hist. vii. 1. 7.

ܡܲܚܪܘܿܢ Arab.-Pers. المَزون *Mazôn* i. q. Oman on the Arabian shore of the Persian Gulf, Syn. Or. 676: 43 pen., 76. 29 so restore for ܡܚܪܘܿܢ and so 110 ult. ZDMG. xliii. 402. 4, 404. 10; rightly ܡܚܪܘܿܢ ib. 396. 16; Eranšahr 43 f., ܐܠܘܐܙ ܘܡܚܪܘܢ Sassanidi 36. 11 = Chron. Min. 38. 3 af.

ܡܲܚܪܘܿܢܵܝܹܐ m. pl. so correct ܡܚܪܩܣܝܐ Syn. Or. 216. 21 *inhabitants of Mazôn, Omanites*.

ܡܲܚܪܘܿܢܵܐ col. 2061. *Amazon*. Add: name of medicine, ܩܨܩܟܠܐ ܘܡܲܚܪܘܿܢܵܐܗܡ Med. 296. 15.

ܡܲܚܪܝܼܩܵܐ pl. ܡܲܚܪܝܼܩܹܐ Μάζικοι, *a robber tribe*, Pet. Ib. 85. 21; ܡܲܚܪܝܼܩܗܡ Plèroph. 82. 8.

ܡܲܚܕܲܡܝ Anecd. Syr. ii. 106. 20 read ܡܕܐܡܝ κανίσκιον, *a little basket*, S. Fraenk. ZA. xvii. 87.

ܡܲܚܲܪܒܘ or ܡܲܚܲܢܩܝ *a village to the E. of the Upper Tigris*, A. M. B. i. 453.

ܡܲܚܪܐ *Mazra*, Bp. of Beit Zabde, M. Z. 3 ult., 4. 2.

مازريون ܡܚܙܡܐ‎ χαμελαία, *Daphne oleoides*, ܡܚܙܡܐ، ܘܗܘ ܚܐܡܐܠܐܝܐ، ܣܡ ܢܚܠܐ ܣܢܩ. ܡܬܠ [ܚܠܒ؟] ܡܚܘܐ ܡܢ ܚܒ؟ BH. de Pl. 126 Ar. PflnN. 247, ZDMG. xliii. 125, Med. 366. 15, 367. 13, 368. 3, 402. 14, 431. 14 and often.

ܡܚܙܘܢܐ pl. for ܡܚܙܩܐ q. v. col. 110. *a rough belt* or *cord*, Dion. 160. 8 quoting Jes. iii. 24.

ܡܚܣ col. 2064. metaph. *to desire*, ܢܗܐ ܕܡܐ ܚܩܪܐܝܬ Hormizd 1816. Palp. part. m. pl. ܡܚܡܚܣܢܝܐ *those who have mouldered into dust*, gloss ܡܚܬܣܝ̈ܐ Hormizd 3249. Ethpalpal ܐܬܡܚܡܚܣ *to moulder, to crumble into dust*, Hormizd 1799.

ܡܚܣܐ col. 2065. With ܠܒܟܢܐ *to make bricks*, Dion. 120. 21; with ܡܕܡ as nom. *to touch, concern*, ܕܠܐ ܚܠܩ ܠܗܘܢ ܘ̇ܠܐ ܡܕܡ ܥܡ ܕܚܠܬܐ *the affair had no concern with religion*, ib. 174. 3. Ethpe. ܐܬܡܚܣܝ *to be spoilt, withered* as a plant set in bad soil, part. ܡܬܡܚܣܐ Geop. 29. 16.

ܡܚܣܐ، ܐ ܡܚܣܬܐ col. 2067. *a parapet, balustrade = obstacle to view*, ref. ܠܒܝܬ ܕܘܐ ܘܐ܃ ܩܕܡ ܚܘܣܐ ܘܠܐ ܡܚܣܬܐ ܕܚܙܬܐ Odes of Sol. ii. 379.

ܡܚܘܙܐ col. 2068. ܐܘܕܚܝܒ ܠܗ ܚܠܦܬܗܝ ܕܐ *they sow this plant on walls*, Med. 598 ult. L. 8 af. ܡܚܘܙܐ ܕܐܪܒܝܠ add: this city was on or a little south of the Lesser Zab, in Beit Garmai, Syn. Or. 109. 3, 164. 23, 214. 7, Išoyahb 123. 22, M. Z. 59. 53, A. M. B. iv. 134. Cf. ܐܪܒܝܠ.

ܡܚܘܙܐ ܗܕܬܐ Arab. المخوزي الجديدي Νεάπολις, built by Chosroes Anushirwan for the deported inhabitants of Antioch, A. D. 540. It is south of Seleucia-Ctesiphon; called by the Arabs Ar-Roumiya, Jab. 435. 13, Pers. Mart. n. 834, Tabari 239. But Syn. Or. 109 = 366 the Bp. of Mahozê Ḥedata signs as Metropolitan and the context seems to indicate that Rewardašir, capital of Fars, is meant (Chabot) ib. 676.

ܡܚܣܢܝܢܐ col. 2069. *mucous, viscous*, Hippoc. vi. 56.

ܡܚܣܠܚܐ *the man of Abel-Meholah*, i. e. Elisha, M. Z. 196. 15.

ܡܚܣܘܢܝܐ *Mahunaeans*, a Scythian race, Ephr. ed. Lamy iii. 197.

ܡܚܣܢ col. 2071 infra. *to measure swords*, ܣܝ̈ܦܐ ܡܚܣܒ ܠܟ ܠܚܡܚܠܐ ܗܪܡܙ Hormizd 578.

ܡܚܫܠܐ col. 2072. Ethpalpal ܐܬܡܚܫܠܐ *to be storm-tossed*, ܗܘܐ ܕܘܢܐ ܢܚܠ ܡܬܡܚܫܠܐ BHChr. 424. 16, Hormizd 2996.

ܡܛܐ col. 2075. ܡܛܝܢܘܬܐ f. *attainment*, ܡܚܛܝܢܘܬܐ ܘܬܦܢܝܬܐ But. Sap. Isag. I. 2.

ܡܚܛܢܘܬܐ col. 2075. *impact*, But. Sap. Philos. 6. 3 quoted under ܢܚܠܐ، rt. ܢܚܠ p. 74.

ܡܝܛܘܠܢܝ *Mytilene* in Lesbos, Sev. Ant. Vit. 25 ult.

ܡܚܟ col. 2075. *to lick* or *suck*, add: fut. ܢܡܚܟ ܗܘ̇ Med. 186. 8, 237. 23; ܗܘ̇ ܡܚܟ ib. 235. 19; ܗܘ̇ ܠܡܚܡܟ ib. 236. 16. Pa. ܡܚܟ *to lick up, suck*, ܗܘ̇ ܡܚܟܝܢ ܚܫܠܐ *administer some as an electuary*, Med. 184. 22.

ܡܚܠܬܐ f. *an electuary: lozenge*, Med. 186. 5, 9, 236. 10, 237. 1, 9.

ܡܚܘܟܐ col. 2079. 2. *Althaea ficifolia* or *officinalis, Marsh Mallow*, i. q. ܚܛܡܐ خطمى Ar. PflnN. 361; ib. 166; Med. 146. 5, 232. 14.

ܡܚܬ col. 2079. ܡܚܬܢܐ *rainy* add: ܡܚܬܐ ܡܚܬܢܐ ܕܢܝܕܐ Georg. Ar. 30 pen., ܠܥܬܡܕܐ ܡܚܬܢܐ *a rainy autumn*, Hippoc. iii. 13. Ethpe. ܐܬܡܚܬܝ *to fall down like rain*, ܠܚܣܕ ܡܬܡܚܬܝܢ ܗܘܘ 4 Macc. 64. 24.

ܡܚܝܬܐ col. 2080. 1. *watered by rain*, ܝܪܩܐ ܡܚܝܬܐ *wild vegetables* i. e. not from irrigated ground, Nest. Chrest. 95. 186.

ܡܚܝܬܢܐܝܬ *in the form of rain*, BB. and Hunt. clxx under ܪܣܣ، col. 3939.

ܡܛܪܘܦܘܠܝܣ *Metropolis*, a bpric. in Pisidia, Nöld. F. S. i. 473. 112.

ܡܚܬܝܣܐ m. pl. mentioned with rugs, silks, &c. Mt. Singar 24. 4 af.

ܡܛܪܘܣ μετρητής, a liquid measure equalling seventy-two pints, BB. under ܐܚܕ col. 3798. Epiph. gives the same number of pints in ܡܣܕܐ ܕܡܚܝܐ as a ܗܠܐ ܕܘܡܐ، *measure of the sanctuary*, 5. 7, ܡܚܝܐܢܝܬܐ ܗܠܐ ܕܪܡܣܩܘܣ ܡܢ ܟܕܐ ܘܡܚܡܣܐ، ib. ll. 8, 20. See ܐܟܠܬܐ col. 2256.

ܡܛܪܬܐ *Matarta*, a place near Samarra, BB. under ܣܡܪܐ col. 3562, DBB. 1752. 12 and xxv.

ܡܬܒܐ col. 2080, f. *a tincture, medicine*, ܐܦܠܐ ܡܬܒܐ ܐܘܢ ܚܟܡܬܐܘܢܘܢ" Med. 51. 20. Phrases: add: ܡܬܒܐ ܘܐܣܩܪܙܐ *poplar sap* or *a solution of* some part *of the white poplar*, Med. 565. 22; ܡܬܒ ܣܦܠܐ or ܡܬܒ ܐܙܕܘܢ *an amalgam of mercury with brass or copper*, Chimie 47. 15; ܡܬܒܐ ܘܐܕܣܒܐ *barley water*, Med. 144. 7, 166. 3; ܡܬܒ ܐܪܟܠ *slime*, a name for leeches ܐܪܟܠ ܡܬܒ ܘܡܪܐܡܘ ܘܚܠܩܠܐ N. Hist. vii. 3. 3; ܡܬܒ ܚܩܠܐ ܘܡܟܚܠ *whey*, Med. 429. 7; ܡܬܒ ܐܘܚܐ μελίκρητον, *honey and milk* or *honey water*, Hippoc. v. 38, Med. 45. 16, 21, 561. 3; ܡܬܒ ܘܪܕܐ *rose-water*, ib. 299. 22, Takhsa 165. 11; ܡܬܒ ܫܚܠܐ *milky sap*, Brit. Mus. Or. 1593. 28 r; ܡܬܒܐ ܣܘܬܩܐ *aqua fortis*, Chimie 35. 3, 37. 16; ܡܬܒ ܣܩܐ *the sweat of suffering*, Hormizd 2362; ܡܬܒ ܩܚܝܕܐ ὕδωρ θεῖον, *sulphuric acid*, Chimie 37. 3, 48. 13, 15 trad. 87 n. 1; ܡܬܒ ܩܚܐ *lime water*, Chimie 57. 8; ܡܬܒ ܟܦܐ try ܓܬܟܚܦܐ *pieces of silk*, Gest. Alex. 200. 8; ܡܬܒ ܣܪܘܦܐ *fish sauce*, Med. 105. 13; ܡܬܒ ܡܛܪܐ *rain water*, Med. 196. 14, 19; ܡܬܒ ܩܚܢܠܐ *acid* or *alkaline liquids*, Chimie 4. 2 but *briny pickle*, ܡܬܒ ܩܚܢܠܐ ܟܠܝܩܐ ܘܐܡܠܐ Med. 105. 11 and *salt water* ܡܬܒ ܢܘܢܐ, ib. 554. 10; ܣܕܗ ܝܥܘ ܚܩܬ ܩܚܢܠܐ *river water*, name for *an amalgam of mercury with tin*, Chimie 47. 15; ܡܬܒ ܣܦܠܐ i. q. ܡܬܒ ܚܩܠܐ ܐܙܕܘܢ; ܡܬܒ ܫܚܕܡܠܐ *a decoction of beet*, Med. 98. 21, 561. 3; ܡܬܒܐ ܘܩܘܡܚܐ *a decoction of sumach*, ib. 98. 22, 567. 7. ܩܕ ܡܟܡܠ delete. ܡܬܒܐ ܘܡܩܚܕܐ *the mixture*, ib. 554. 5; ܡܬܒܐ ܘܩܘܝܡ ܡܬܒ ܣܗܕܢܐ *lye*, Chimie 50. 8; ܡܬܒܐ ܚܢܘܢܐ *lemon juice*, ib. 12, 16; ܡܬܒܐ ܕܢܙܐ *Meiacarire* = *Fontes Gelidi*, Ammianus Marcellinus, a village between Mardin and Amid, Hist. Mon. i. 144. 2, 163. 20; ܡܬܒ ܡܚܠܦܐ *a decoction*, Med. 40. 13, 45. 23, 58. 5, 6, 292. 23, 293. 18.

ܡܕܢܐ col. 2084. Arab. ميدان *meidan*, *a race-course*, BH. on 1 Cor. ix 24 gloss to ܐܣܛܕܝܘܢ.

ܡܗܘܡܘ perh. from Assyr. utukku, Sumerian uduk. Name of a demon, which appears to women as a man and to men in the shape of a woman, Charms 40. 10, 59. 3, 62. 18; she has various other names, ܠܝܠܝܬܐ, ܟܘܡܗ, ܟܚܕܙܘܗܡ, ܡܗܕܝܐܘܗܡ, ܡܗܡܗܡ, ܘܗܡܕܗܡ, ܢܕܐ ܘܐܝܚܡܐ, ܙܘܢܐܘ, ܘܚܟܡܐܠ, ܡܚܕܡܠܐܠ, ܐܨܠܝܡ, ib., id. Congr. Or. xi. 79. 15, 81. 18, 83. 8 af., JAOS. xv. 287 infra.

ܡܗܬܒܬܐ m. pl. a Persian sect, A.M.B. ii. 150 ult., ܡܗܬܒܬܐ n. ib.

ܡܗܪܘ Pers. مهر *the sun* for Zend *Mithra*, the Deity of Light; ܡܗܪܘ ܐܟܘܐܠ so correct for ܡܗܪܘܐ Gest. Alex. 81. 5 and n., 86. 1, 5, Nöld. ZDMG. xlv. 318. Often forms part of proper names; see the following and cf. ܡܗܪܘ.

ܡܗܪܘܐܚܕܐܡ pr. n. m. *Mihrbozed*, Syn. Or 36. 5, ZDMG. xliii. 395. 5.

ܡܗܪܓܐܢ ܩܕܩ ܡܗܪܘܚܠܡܗܡ or ܡܗܪܘܚܥܡܝ *Mihrakan-K'atak*, a Kurdish name "*House of the Mihrak*", a district between the rivers Shirwan and Choaspes in Khuzistan, Eranšahr 20; E-Syr. bishopric Syn. Or. 110. 22, ܡܗܪܘܚܠܡܙܝ ib. 165. 2, ZDMG. xliii. 404. 6, ܡܗܪܘܚܠܝܙܘ ib. 405. 2; ܡܗܪܘܡܠܝ Phet. 42. 4 = Pers. Mart. 67, col. 2084. 10 af. Mihraganqadaq is the same as ܚܣܡ ܡܗܪܘܡܐ q.v.

ܡܗܪܙܒܝܪ ܡܗܪܘܐܙܒܝܕܘܗ a Persian noble, A. M. B. iv. 207.

ܡܗܪܘܙܝܗܡ pr. n. m. one of the Magi, G. Busâmé 64 v 4.

ܡܗܪܘܚܘܐܣܬܗܢ Pers. مهر خواستی pr. n. m. *Mihrkhwast*, Jesus-Sabran 569. 5, 570. 3, WZKM. xi. 188.

ܡܗܪܘܚܫܢ ܐܣܦ ܡܠܡܗܡ مهرگشن آسپ *Mihramgushnasp*, Magian name of S. George, Jab. 436. 2, 564. 6.

ܡܗܪܘܚܕܗ Pers. مهر ماه *Sun month*, the seventh month of the Persian year, Jab. 564. 3.

ܡܗܪܘܐܢܚܪܣܐ *Mihrnarses*, bp. of Zabé, Jab. 378. 4, Syn. Or. 78. 7, 79. 1, 95. 5, ܡܗܪܘܢܕܣܐ ib. 59. 23; ZDMG. xliii. 398. 5, ܡܗܕܘܢܕܣܐ ib. 397. 6; ܡܗܪܘܢܕܣܐ M. Z. 60. 74, A.M.B. ii. 5, ܡܗܪܘܢܙܗܡ ib. iv. 163.

ܡܗܪܝܪ Mihrir, a Magian noble, A.M.B. ii. 560. 7.

ܡܗܪܫܦܘܪ Mihrshapur, a Syrian bishop, ZDMG. xliii. 404. 9. Cf. ܡܗܪܡܗܕܕ col. 2024. 5 af.

ܡܝܘܡܐ col. 2085. 6. Add: *Maiuma*, the port of Gaza and name of a convent there, ܬܐ ܕܡܐܪܐ Pléroph. 11. 5, Pet. Ib. 53. 15; ib. 44. 13. 49. 13, Sev. Ant. Vit. 97. 8, 221. 10, 229. 12.

ܡܝ ܙܗܒ Heb. מֵי זָהָב pr. n. m. Gen. xxxvi. 39 Maus.

ܡܝܛܪܝܩܘܢ μετρικός, *metrical*, pl. m. ܡܬܕܐ ܡܝܛܪܝܩܘܢ But. Sap. Philos. 8. 4.

ܡܝܢܝܘܢ for ܡܢܝܘܢ *minium*, Chimie 57. 6.

ܡܝܠܐ modern form of ܢܝܠܐ col. 2361. Pers. نيل Indigofera Tinctoria, *indigo* and Isatis Tinctoria, *woad*, ZDMG. li. 602 n. 1, ܡܝܠܐ ܘܩܛܝܢܐ ܩܨܡܐ *dark blue*, ib., ܡܝܠܐ ܘܡܚܡܕ *a strip of blue cotton*, Med. 585. 18; 609. 7 cf. ܡܢܕܠ.

ܡܝܠܐ and ܡܝܠܘܣ *Melos*, ܡܝܠܐ *one mithqal of Melian earth*, Chimie 85. 20; ܡܪܐ ܠܡܝ ܡܝܠܘܣ *soufre de Mélos*, ib. 56. 11, Trad. 100 n. 4. Cf. ܡܠܚܕܘܢ col. 1988 and ܡܠܚܕܣ col. 2133.

ܡܝܠܘܠܢܬܐ μηλολόνθη, a kind of beetle, ܡܝܠܘܠܢܬܐ ܚܝܘܬܐ ܡܢ ܣܘܩܕܡܢܕܐ N. Hist. vii. 1. 1 infra.

ܡܝܠܢܘܢ Mediolanum, *Milan*, Syn. Or. 242. 30.

ܡܚܬܒܪ col. 2090. BH Chr. 130. 14. Bedjan suggests ܡܬܓܠ.

ܡܠܟܝܕܣ for *Melchiades*, Pope of Rome, Anecd. Syr. iii. 48. 20, ܡܠܟܝܕܣ ib. l. 25.

ܡܠܝܛܝܬܣ 1) μελιτίτης, *honey stone*, Chimie 8. 12; cf. ܡܠܝܛܝܬܣ col. 2091. 2) *Militis*, name of a prescription, corruption of ܡܠܝܠܘܛܘܣ *Melilotus*, Med. 320 pen.

ܡܝܟܠܐ col. 2092. *a soft rug*, Jos. Narses 6. 19, Jul. 173. 25, Ahikar ܠ. 15. *Tapestry, fine needlework*, ܡܚܕܐ ܕܚܡ ܡܝܟܬܟܐ, ib. ܣ. 12. Perh. Gr. μαλή, μαλίον, Poznański Z. A. x. 119.

ܡܝܡܒܟܠܐ Med. 162. 1, 12 correct ܡܝܡܒܟܠܐ q. v. col. 2150 and below.

ܡܝܡܣܬܐ col. 2093. Add: ܡܘܡܪܐ ܡܝܡܣܬܐ ܕܐܣܟܡܐ *sur la comédie ou la mimique*, Ant. Tag. Rhet. Nöld. F. S. i. 484 ult.

ܡܝܡܕܦ Med. 161 ult., 162. 11. prob. = ܡܚܡܕܢܐ, ܡܕܐܚܡܢܐ *Chelidonium majus*, celandine, swallow wort, coll. 1989, 2156.

ܡܝܢܘܣ *Minos*, Arist. Apol. ܡ. 1,

ܡܝܣܐܘܡ col. 2095. μίσυ, *cobbler's vitriol*, ܡܝܣܐܘܡ ܘܦܩܘܒ Med. 91. 2.

ܡܢܣܐܪܟܘܣ correct ܡܢܣܐܪܟܘܣ *Mnesarchus*, the Samian, father of Pythagoras, BH. Hebraica iii. 251. 5,

ܡܣܡܘܡ Chimie 57. 3 i. q. ܡܝܣܐܘܡ.

ܡܝܣܦܟܠܐ col. 2095. an aquatic bird, dark blue verging on black, ܡܢ ܡܕܢܐܘܐܠܐ ܠܐܘܡܚܡܕܐ ܡܣܟܣܟܐ N. Hist. vii. 17.

ܡܝܣܘܪ the 12th month of the Egyptians, Georg. Arab. 5. 12.

ܡܝܣܬܝܘܢ ὁ Μισθίων, *Misthia* in Lycaonia, Nöld. F. S. i. 142. 97.

ܡܝܩܘܢܐ col. 2096. *the poppy*, add: ܙܪܐ ܡܩܕܦܢܐ *poppy seed*, Med. 185. 19, 211. 1, 231. 18, ܦܚܕܐ ܘܡܩܕܦܢܐ *poppy juice = opium*, 243. 22, 244. 16.

ܡܝܩܠܐ col. 2098. *oak gall*, ref. Med. 181. 23. *Long-shaped grapes*, ref. Pallad. 131. 15.

ܡܝܫܡܗܝ from Pers. ماش ماهی *fish island*. E-Syr. bpric. on the Persian Gulf between Bahrein and Oman, Eranšahr 43; ZDMG. xliii. 404. 12, Syn. Or. 128. 15, ܡܝܫܡܗܝ ib. 34. 26, 36. 28, ZDMG. xliii. 395. 11.

ܡܝܣܢ Arab. ميسان col. 2099. Add: properly the province of Mesene, Syn. Or. 62. 18, 66, 4, 8, 71 ter, but used absolutely a) for ܕܙܐ ܘܡܝܣܢ the ancient capital, ib. 19. 12, 34. 11, 36. 6; scriptio plena, ib. 94. 31 so correct for ܕܡܣܢ ܘܡܝܣܢ ib. 213. 28. b) in later times for ܗܙܐ ܘܡܝܣܢ ZDMG. xliii. 399. 12, 400. 14, 15.

ܡܝܣܢܝܐ an inhabitant of Mesene, add refs. Syn. Or. 90. 8, 164. 15, ZDMG. xliii. 404. 17, Jab. 225. 6.

ܡܸܬܪܵܕܵܛܝܼܣ (for ܡܸܬܪܵܕܵܛܝܼܣ?) See of a Metropolitan bp. in Beit Qatraye viz. on the W. of the Persian Gulf, Z.A. ix. 367.

ܡܚܵܓ݂ܒܝܼܡ col. 2099. Add: Arab. موثبين a village of the Hauran, ZDMG. xxix. 431.

ܡܸܬܪܵܕܵܛ(ܝܼ)ܘܿܣ *Mithridates*, a Georgian, Pet. Ib. 29. 5.

ܡܟܼ col. 2100. Pass. part. ܡܟ݂ܝܼܟ݂ ܐܢܼܐ ܒܩܸܛܡܵܐ *I lie prostrate upon ashes*, Journ. As. 1907, 163. 19. Pl. ܡܟ݂ܝܼܟ݂ܵܬ݂ܵܐ *snares laid down*, Tekkaf. 56. Pa. ܡܲܟܸܟ݂ *to lay low*; ܠܡܲܟܵܟ݂ܘܼ ܠܐܲܪܥܵܐ Apoc. xi. 6 ed. Gwynn, ܠܡܲܟܵܟ݂ܘܼ ܠܐܲܪܥܵܐ ed. Bagst., παράξαι τὴν γῆν. Part. m. pl. ܡܡܲܟܟ݂ܝܼܢ ܒܥܵܩ̈ܬ݂ܵܐ ܘܡܲܟܝܼܟ݂̈ܐ *prostrate under adversity*, Išoyahb 22. 18.

ܡܲܟܘܿܟ݂ܵܐ Arab. مكوك col. 2102. Add: a dry measure, $\frac{1}{12}$ of an ܐܲܪܕܲܒ݂ (ܐܲܪܕܲܒ݂) = 5 bushels, BH. on Bel 2. $\frac{1}{8}$ of a cab ܘܐܲܠܣܩ̈ܐ ܘܬ݂ܸܡܪܵܐ ܘܟܲܟܵܐ ܠܒܸܣܪܵܐ ܡܲܟܘܿܟ݂ܵܐ El. Nis. Chron. 228. 9.

ܡܲܟܝܼܟ݂ܘܿܬ݂ܵܐ col. 2102. Add under 1) *lowliness of plants in the scale of creation*, opp. ܪܵܡܘܼܬ݂ܵܐ, But. Sap. Eth. i. 3. Under 4) *a ship*. Mandaic מאכותא Nöld. and Arab. مَكِيد Dozy Suppl. See notes S. Fraenk. ZA. iii. 54 and xvii. 254.

ܡܲܟܝܼܟ݂ܘܿܬ݂ܵܐ *faintness* of light, opp. ܚܲܝܠܬܵܢܘܼܬ݂ܵܐ *intensity*, Ephr. Ref. ii. 32. 9.

ܡܲܟܟܲܢ *our low estate*, correct ܡܲܟܟ݂ܘܼܬܲܢ *our death* opp. ܚܲܝܲܝ̈ܢ Ephr. ed. Lamy i. 277. 25.

ܡܸܬ݂ܡܲܟ݂ܟ݂ܢܵܐ *humiliated, abased*, Hormizd 274, 944; pl. m. ܡܸܬ݂ܡܲܟ݂ܟ݂ܢܹ̈ܐ (ܗܘܵܘ) ܡܸܬ݂ܟܲܡܪܝܼܢ G. Warda ed. A. Deutsch 8. 10.

ܡܲܟܼܢܘܼܣ Arab. مخانس Μωγχώσει, *ancient name Makhânis or Tmouschous i. e. Temple of Khousou, now Bakhânis in the province of Qéneh*, Egypt, Amélineau 515 ff. A.M.B. v. 164. 16.

ܡܲܟ݂ܘܿܢܹܐ col. 2104. *villages, districts*. Sing. ܡܲܟ݂ܘܿܢܵܐ BHGr. i. 34. 3.

ܡܲܟܸܣ prob. denom. verb from ܡܲܟ݂ܣܵܐ col. 2105 *impost, tax*. *To hire or let out*, ܘܒܝܵܘܢܹܐ ܕܡܡܲܟܣܝܼܢ *those who hire* sanjaks (Yezidi images), M. Singar 19. 4 af.

ܡܲܟ݂ܣܵܢܵܐ m. *the hiring, letting out* of sanjaks, M. Singar 19. 10, ܣܲܢܓ̈ܐ ܕܡܡܲܟܣܝܼܢ sanjaks *which have been hired*, ib. 20. 6, ܡܡܲܟܣܬ݂ܵܢܹ̈ܐ ib.

ܡܲܟ݂ܣܵܢܘܼܬ݂ܵܐ f. *the letting* of land ܡܢܵܬ݂ ܠܐܲܪܥܵܐ M. Singar ܘܥܲܡܠܵܐ ܘܕܸܢܚܵܐ ܕܡܲܟ݂ܣܵܢܘܼܬ݂ܵܐ ܐܠܵܐ ܚܣܸܢ ܡܸܢ ܡܬ݂ܡܵܐ 25. 7, 39. 7.

ܡܲܟܣܝܼܡܘܿܣ *Maxinos*, one of the Seven Sleepers of Ephesus, Charms 96 infra.

ܡܲܟ݂ܪܵܐ col. 2108. m. *minium, vermilion*. Add: Chimie 4. 4, ܡܲܟ݂ܪܵܐ ܕܥܸܡ ܠܸܡܢܘܿܣ *Lemnian earth*, l. 10, ܡܲܟ݂ܪܵܐ ܕܥܸܡ ܣܝܼܢܘܿܦܘܿܣ *earth of Sinope = red ochre*, l. 11; ܡܲܟ݂ܪܵܐ ܕܢܲܓܵܪܹ̈ܐ *carpenter's vermilion*, ib. 7. 18.

ܡܲܟ݂ܬ݂ܵܐ ܘܐܲܪܥܵܐ col. 2109. pl. *cracks, fissures*, caused by frost, Dion. 194. 10.

ܡܸܠܬ݂ܵܐ, ܡܸܠܹ̈ܐ col. 2110. Add under 1) ܡܸܠܹ̈ܐ ܕܡܲܟ݂ܢܝܼܬ݂ܵܐ *rhetoric*, Coupes ii. 142. 20. ܐܸܣܬ݂ܝܼܡ ܠܸܗ ܗܘܵܐ *he was placed under an injunction* by the clergy, Sev. Lett. 134. 10. 2) *matter, affair*, ܡܸܠܬ݂ܵܐ ܩܲܠܝܼܠܬ݂ܵܐ ῥῆμα ἐλαφρόν, Hex. Ex. xviii. 26 ed. Lag. ܩܲܠܝܼܠ ܐܲܚܕ݂ܘܼܗܝ Pesh.; ܟ݂ܡܵܐ ܠܐܲܠ ܚܣܲܢ ܠܝܼ *how great account I take of*..., Sev. Lett. 107. 13. 4) *reason*, ܩܘܼܘܲܡ (sic) ܡܸܠܬ݂ܵܢܘܼܬ݂ܵܐ Pallad. 104. 19. ܕܠܵܐ ܡܸܠܬ݂ܵܐ ἄλογος, *a bad speaker*, Hex. Ex. vi. 12 ed. Lag. ܟ݂ܒܲܝ ܟܘܼܡܸܐ Pesh.; *irrational, unreasonable*, Sev. Lett. 240. 17 and often. ܓܲܠܝܼܙܝܼܢ ܡܸܢ ܡܸܠܬ݂ܵܐ ܘܡܸܣܬܲܟܠܵܢܘܼܬ݂ܵܐ *devoid of reason and thought*, Patr. Or. iii. i. 104. 8. Under 5) *end of par*. ܡܸܠܬ݂ܵܐ ܕܐܘܼܣܝܼܵܐ λόγος τῆς οὐσίας, *definition of essence*, Cat. Arist. Jac. Edes. 21 quater.

ܡܸܠܵܢܝܵܬ݂ܵܐ f. pl. dimin. of ܡܸܠܹ̈ܐ, ܡܸܠܹ̈ܐ. *Vain speech, pretexts*, Sev. Lett. 427. 17; ܡܸܠܹ̈ܐ ܕܡܸܣܬܲܕܩܵܢ *falsehoods, calumnies*, id. Vit. 9. 13.

ܡܸܠܬ݂ܵܐ ܡܸܢܵܢܝܼܬ݂ܵܐ ܡܸܠܬ݂ܵܐ ܡܸܢܵܢܝܼܬ݂ܵܐ *verbally*, ܡܸܠܬ݂ܵܢܵܐܝܼܬ݂ Syn. Or. 138, Hormizd 3392.

ܡܠܵܐ col. 2117 *to fill*. *To rise* as the Nile, ܕܢܸܡܠܹܐ (ܢܸܡܠܹܐ) ܘܐܲܪܥܵܐ ܘܝܲܡܵܐ Pallad. 32. 12. Pass. part. phrases: ܡܠܹܐ ܟܬܲܢܵܐ col. 1120 *a moment*, add: ܐܠܐ ܐܸܢ ܬܸܡܟܸܣ ܘܬܸܣܓܘܿܕ݂ ܠܸܗ ܡܠܹܐ ܟܬܲܢܟܘܿܢ Pallad. 749. 11; Nars. ed. Ming. ii. 133. 8.

ܚܕܠܐ *patched*, Pléroph. 42. 9. Ethpe. ܡܬܡܠܝܢܐ ܠܐܡܠܝܘ *to fill*: Pallad. 41. 20. *To be filled, supplied* ܡܬܚ Dion. 38. 11. Pa. ܡܠܝ *to fulfil, accomplish*, ܠܐܡܠܝܘ ܩܡܐ ܕܡܘܡܐ A. M. B. v. 547. Ethpa. ܐܡܠܝ *to be used up, come to an end*, ܠܐܡܠܝܘ ܠܕ ܠܣܦܩܐ Pallad. 540. 2.

ܡܠܚܐ *name of an army*: see under ܡܠܐ.

ܡܘܠܝܐ f. pl. i. q. ܡܘܠܝܐ *fullness, abundance*, ܣܠܡܐ Lit. S. Athanas. 114.

ܡܠܠ col. 2125. ܡܠܠ D BB. 1086. 3 *adversity, misery*, Warda 157 r.

ܡܠܠ for ܡܠܠ *inundation*, ܡܠܠܗ *the rise of* the Nile, Pallad. 38. 17.

ܡܠܠ and ܡܠܠܗ *a tax*: see ܡܠܠ.

ܡܠܚܢܐ col. 2127. *repairer, tailor*, A. M. B. vii. 116.

ܡܡܠܝܢܐ, ܡܡܠܝܢܐ col. 2128. 24 of par. *performance, completion* of a rite, add: ܡܡܠܝܢ ܗܕܐ ܕܚܒܝܠܐ ܚܡܡܠܝܢ *they conclude or complete the funeral rites*, Hebraica iv. 84; ܒܡܠܐ ܗܡܡܠܝܢ *he should perform* magic ceremonies, Pet. Ib. 72. 6. *Conclusion, end*, ܚܕܐ ܡܘܠܝܐ N. Hist. iii. Pt. 3, ܡܘܠܚܡ ܗܡܘܡܠܟܐ ib., ܘܗܘ ܕܝܢ ܡܡܠܝܢܐ *a subject and its end*, Probus 85. 9 e. g. *the art of Medicine* ܐ ܕܡܐ ܕܝܢ ܡܣܝܡ ܚܝܬܐ ܘܚܠܛܡܐ *has for its subject human bodies and its* ܡܡܠܝܢܐ *is health*, ib. ll. 11, 12. *Fulfilment*, everything has a ܡܠܝܐ *special characteristic* ܣܠܡܝܡ ܡܡܠܝܢ ܘܗ ܘܝܟܠܗܘ ܚܡܡܠܝܢ But. Sap. Eth. i. 4 ܠܐܩܝܡ ܐܢܐ ܡܘܩܠܝܟܣ ܒܥܡܐ ܚܘܢ ܘܠܐܘܝܡ ܐܢܦ ܣܬܝܘܗ ib. 5, ܐܢܥܡܐ ܘܐܗܘܦܠ ܘܡܡܠܝܢܐ ib. tit., ib. 6; opp. ܣܣܡܝܗܘܬܐ *luck*, ib. 4 tit.

ܡܠܐ ܟܐܙܒܠܝܢ *Malobathron*, Med. 147. 3, 148. 5, See ܡܐܕܚܙܐܘܥܝܢ col. 1988, ܡܡܠܚܙܐܘܦܢ col. 2131. Cf. ܡܗܠܗ 3146 ult.

ܡܠܒܕ pr. n. m. (ܡܠܒܕ؟) *Malbadh*, founder of a monastery, Hist. Mon. 373. 19, 389. 4.

ܡܠܒܕ vowels uncertain. Perh. a corruption of ܡܘܒܕ *mobed*; see ܡܡܘܗܠܐ. A Persian official ܚܡܝ ܘܒܗܘܗ ܠܚܦܠܚܬܡ ܘܬܢܗܝܘܗܘܗ ܠܐܚܣܡܗܘܗܘ *Jab. 257. 10, 11.

ܡܠܟܝ col. 2131. *to pluck, rub*. Metaph. ܦܪܕܬܐ ܕܩܘܫܬܐ ܘܐܢܫ ܡܠܟܝ *the grain of truth which the just man plucks out*, Ebed J. Card. 17 ult.

ܡܠܓܡܐ μάλαγμα, *amalgam*, Chimie 12. 19. *An emollient plaster*, i. q. ܡܪܟ Med. 586. 11.

ܡܠܘܣ *Mallus*, a bpric. in Caria, De G. Bündel 65. 20. Cf. ܡܠܘܢܝܬ col. 2132. But there Mallus is said to be in Cilicia.

ܡܠܘܡܐ col. 2132. 5 af. Delete par. it is done col. 2145.

ܡܠܟܘܣܐ, ܡܠܟܘܣܐ perh. a corruption of μαλακία, *weakness, sickness*, ܡܠܒܘܣܐ ܘܕܘܡܐ Protection 85. 12, ܘܕܘܡܐ l. 14.

ܡܡܠܚܩܡܠܐ see under ܡܠܠ, ܡܠܚܢܐ above.

ܡܠܚܐ col. 2134 infra, *salt*. Metaph. *hospitality*, ܒܠܐܡܓܣ ܚܡܗ. ܘܢܩܚܕܫܗ ܚܣܢ ܥܡܢ *shall we take his salt and let him become familiar with us by entertaining us?* Ephr. ed. Lamy iii. 513. 1.

ܡܠܚܐ ܐܡܘܢܒܥܢ؟ *Sal Ammoniac*, Med. 87. 4, 91. 5.

ܡܠܚܐ ܕܟܐܦ *common salt*, Chimie 56. 23, Med. 84. 1, 89. 20, 137. 10 &c.

ܡܠܚܐ ܕܒܘܣܐ *Saccharum officinale, sugar-cane*.

ܡܠܚܐ ܘܣܦܣܐ *household salt*, Med. 198. 6. ܡܠܚܐ ܝܘܕܡܐ *rock salt*, ܡܠܚܐ ܝܘܕܡܐ ܦܕ Chimie 14. 9 trad. 27 n.

ܡܠܚܐ ܕܢܦ *rock salt*, Med. 89. 13, 19, 143. 13.

ܡܠܚܐ ܦܪܣܝܐ *Persian salt*, Med. 164. 9, 169. 2.

ܡܠܚܐ ܡܥܘܡܝܐ *Cappadocian salt* viz. salt obtained by evaporation from salt-pits, Chimie des Anciens 266, Med. 165. 5. But see ܡܠܚܐ ܝܘܕܡܐ.

ܡܠܚܬܐ f. *a salt-wort*, the dove is said to feed his young with it, ܡܠܚܡ ܡܠܚܘܣܝܐ N. Hist. vii. 4. 4. Cf. Quatremère under ܡܠܟܬܐ.

ܡܠܚܐ col. 2134. *the nautilus*, N. Hist. vii. 2. 2.

ܡܠܚܘܬܐ 4) *saltness*, Chimie 57. 18.

ܡܠܚܢܝܐ adj. ܡܠܚܢܐ ܚܘܡܨܐ *salts*, Z.A. xii. 158. 5.

ܡܠܚܝ. ܡܠܚܝܘܬܐ f. col. 2137. 4 of par. ܡܠܚܝܘܬܐ ܕܝܘܐ ܕܩܠܐ *sharpness of the points of palm leaves*, Pallad. 666. 20.

ܡܠܛܝܢ ܘܠܒܝܫ, μηλωτή, *a sheepskin*, A.M.B. iv. 313 ult. Hoffm. Z.A. xi. 237. 5, Fraenk. ib. xxii. 88.

ܡܠܛܝ col. 2138. 8. Delete and see ܠܛܝ *to sharpen*; it is pass. part.

ܡܠܛܝܐ Heb. מְלַטְיָה *Melatiah the Gibeonite*, Neh. iii. 7.

ܡܠܛܝܘܣ usually ܡܠܛܝܘܣ *Meletius*, bp. of Larissa, Syn. ii. Eph. 10. 8.

ܡܠܛܝܢܝܐ m. pl. *Meletians*, followers of Meletius, bp. of Lycopolis, A.D. 306, ܡܠܛܝܢܝܐ Pallad. 68. 3, 87. 7, ܡܠܛܝܢܐ ܘܨܒܘܬܗ and ܡܠܛܝܢܝܐ, ܡܠܛܝܢܐ A.M.B. v. 114. 17.

ܡܠܚܘܢ Heb. מַחְלוֹן *Mahlon*, Ruth i. 2, iv. 10, ܦܚܠܘܢ BH. in loc.

ܡܠܟ مالك بن طَوْق *Malik ibn Tawk*, Dion. 94. 11, Nöld. in loc.

ܡܠܢܬܝܘܢ, μελάνθιον *Nigella sativa*, ܟܚܕܘܢܐ ܡܚܘܟܒܐ (sic). ܘܐܘܢܐ ܡܠܢܬܝܘܢ Med. 606. 10.

ܡܠܣܡܐ *Melian earth*, which is white and greasy, Chimie 48. 19. Cf. ܡܝܠܝܢܣܐ col. 2091.

ܡܠܚܢܐ col. 2139. μιλιάριον, *a copper vessel*, ܠܐܘܡܠܗ ܬ ܡܠܚܢܐ ܘܐܝܬ ܒܗ ܕܚܩܐ ܡܗܬܢܐ ܘܡܠܟܐܦܐ ܚܠܐܘܘ ܠܣܡܐ BH. on Prov. 26. 21.

ܡܠܚܐ, ܡܠܚܐ ܡܬܟܘ col. 2142. 11 af. 1) *Holy leaven* used in making Eucharistic bread: the dough for this is doubly leavened, with ܣܥܒܐ kept from the last baking, and with this holy leaven, handed down from age to age and renewed yearly. 2) the priest's *Eucharistic loaf*; Catholicos 247 ff., Maclean's Daily Offices, Glossary; Brightman's Liturgies under Malca, H^emira and leaven. Refs. Takhsa 105 bis, 106 ter, ܡܠܚܐ ܘܝܘܡܐ ܘܚܡܝܪܐ ܣܥܒܐ ib. 114. 1, 118 ult.

ܡܠܟܢܐ col. 2141. Add: 2) *counsel, proposition* ܡܥܩܐ ܚܘܦܝ ܗܘܐ ܡܘܠܟܢܐ ܘܟܐܡܠ ܘܐܡܬܢܐ Pallad. 132. 12. 3) *benefaction, possession* ܘܗ ܡܘܠܟܢܐ ܐܣܬܒܠ. ܐܣܝ ܟܬܢܐ ܬܡܨ: ܐܘܨܝܠ Jab. 139 pen., ܘܟܬܒܐ ܘܡܘܬܩܢܐ ib. 149. 11.

ܡܘܠܟܢܝܐ *relating to promises*, ܐܝܣܪ ܩܝܐ ܢܘܦܬܘܗܝ ܡܘܠܟܢܝܐ S. Dan. 56 a ult.

ܡܠܟܐܝܬ *wisely*, ܗܘܐ ܡܠܟܐܝܬ ܡܠܟܐܝܬ Sev. Ant. Vit. 219. 10.

ܡܠܟܢܐ (ܗܘܕܥܢܐ) *the priest's portion*, Takhsa 105 med., 106. 2; ܗܒܪ ܚܘܦܝ ܡܠܟܘܣܐ ܕܟܗܢܐ ܒܣܛܪ ܘܐܠܘܘܢܐ *he places the priest's loaf on the east side of the oven*, ll. 5 and 3 af.

ܡܠܟܘܬܐ col. 2144. *kingship, royalty*, Sev. Ant. Hymns 113.

ܡܘܡܠܟܘܬܐ f. *accession to the throne*, Jab. 45. 6.

ܡܠܟܐ ܐܘܡܨ pr.n.m. an enemy of Kubla Khan, Jab. 19. 1.

ܡܠܟܝܫܐ col. 2147. Pr. nn. m. and f. add: a name of Moses before he was circumcised, Lexx. under ܡܘܫܐ col. 2054.

ܡܠܟܡܘܬ name of the mother of Nestorius, Or. Xt. i. 278. 4.

ܡܠܡܒܪܘܟܝܢ perh. μελάμβροχον, *inkstand*, Epiph. 47. 17. S. Fraenk. suggests ܩܠܡܕܘܟܝܢ καλαμοδοχεῖον, *pen-tray*, Z.A. xvii. 88.

ܡܠܢܝܐ pr. n. f. col. 2147. Add: ܐܚܬܐ ܐܘܚܪܝܬܐ *Melania the Elder*, Pallad. 192 ff., ܡܠܢܝܐ ܐܚܪܝܬܐ *Melania the Younger*, ib. 198 pen.

ܡܠܢܟܘܠܝܐ μελαγχολία *melancholy*, Hippoc. iii. 13, 19, 21, ܡܘܚܡܕܡܐ ib. iv. 9, vi. 11, 25, 53, vii. 37.

ܡܠܢܟܘܠܝܩܐ, ܡܘܚܡܕܡܝܐ, and ܡܘܚܡܠܢܘܣܚܡܐ μελαγχολικός, *melancholic*, Hippoc. iv. 9, vi. 23, 53, vii. 37.

ܡܠܚܦܐ col. 2147. 8 af. Delete; it was treated under ܠܚܦ col. 1961.

ܡܲܠܩܵܬܼܵܐ col. 2147 ult. μηλοπέπονες (?), *melons*, text. ܡܲܩܕܿܘܿܕܼ Gest. Alex. 217. 7.

ܡܲܠܟܝܼ *Melki*, a hill near Arbela, Chast. 6. 10, Mar Kardag 6. 16, 49. 4, village, ib. 71. 8.

ܡܲܟܼܬܵܡܵܐ perh. metaph. *barren places* or else a mistake for ܡܲܟܟܿܬܵܐ *caves*, ܘܓܲܕܼ ܡܲܟܼܬܼܡܵܐ ܘܘܲܙܝܼ, ܘܐܸܬܼܒܿܠܵܡ ܚܘܘܼ ܟܼܣܕܼܢܲܡ, Bahira 203. 15.

ܡܲܡܐ or ܡܲܡܝܼ f. Sumerian *Mama* or *Mami*, a title of the goddess Ishtar, Jensen ZDMG. xliii. 198. Pers. ماما, مامى title of the goddess Anāhita, Vullers. Cf. ܢܘܿܡܝܼ Pers. Mart. 74 n. 678. Z.A. xxi. 255.

ܡܲܡܣܝܼܣܘܿܣ corr. ܡܲܡܣܝܼܣ *mamisis*, a sanctuary built at the side of a large temple, Sev. Ant. Vit. 29. 9, R.O.C. iv. 546 n. 4.

ܡܲܡܝܼܪܵܢ Arab. ماميران *Chelidonium, celandine*, Med. 169. 23, ܡܲܡܝܼܢܵܐ 606. 11.

ܡܲܡܝܼܬܼܵܐ *Glaucium phoeniceum*, the juice of a plant, prob. *the Horned Poppy*, Med. 61. 13, 81. 12, 84. 1, 7, 85. 1.

ܡܲܡܦܲܐ i.q. ܡܲܡܦܲܣ col. 2150. *Memphis*, Gest. Alex. 76. 6.

ܡܲܢ col. 2159 toward end of par. 5. ܡܲܢ ܠܢܲܦܫܹܗ *for himself alone*, a Hebraism often used by Ephr. Syr., Nöld. Gram. § 249; αὐτόματος ܡܢܘܿܡ ܘܕܘܿܡ Tit. Bostr. 14. 8, 26. 29. καθ᾽ ἑαυτόν, *by himself, apart*, A.M.B. v. 377. 20 = ܡܲܢ ܠܢܲܦܫܹܗ ib. 376 ult.

ܡܸܢܵܐ col. 2160. *what?* Add: ܡܸܢܵܐ ܗܘܿ *what then*, Hist. Mon. i. 157. 8. Often occurs after a preamble to introduce the narrative.

ܡܲܢܘܼܬܼܵܐ col. 2162. *quiddity, quality*; ܡܵܩܢܲܝ ܚܘܼܘܵܬܼ ܡܢܘܼܬܼܵܐ *mental images of things as they are* = *concepts, ideas*, But. Sap. Isag. i. 1.

ܡܲܢܝܵܐ col. 2164. *a mina, a talent.* Add: equals 12 carats ܡܲܢܝܵܐ ܘܡܲܢܝܵܐ ܡܸܬܼܩܵܠܵܐ ܘܘܼܘܵܬܼ Med. 447. 6. Equals 12 oz. ܘܠܵܐ ܡܲܢܝܵܐ ܠܘܲܚܕܲܚܘܹܬܼ ܘܝܲܬܼܡܵܘܲܣ ܘܡܲܠܝܼ ܘܣܘܼܡܹܐ ܙܐܵܪܹܗ BH. on Luke xix. 13. Equals 20 oz. ܡܲܢܝܵܐ ܘܡܲܘܼܟܿܠܵܐ Epiph. 2, 30 oz. ܡܲܢܝܵܐ ܝܲܩܣܹܗ ܚܲܣܡܵܘܼܠܵܐ or ܠܝܼܬܪܵܐ ib., 4 or 2 lb., ܘܠܝܼܬܪܵܐ ܘܐܲܘܕܼܠܲܐ ib. Equals 2 lb. Chimie 69. 11. For deriv. see P. Haupt Z.A. ii. 265 n. 1.

ܡܸܢܝܵܢܵܝܵܐ col. 2167. *pertaining to number.* ܡܸܢܝܵܢܵܝܹܐ *Pythagoreans*, But. Sap. Philos. 8. 3, Philox. ed. Guidi 484 *a* 8 af.

ܡܲܢܬܵܐ col. 2168. 3) *a degree*, add: 700 stades equal one ܡܲܢܬܵܐ Med. 531. 6. 300 ܡܲܢܬܼܵܐ equal one ܘܐܲܚܕܼܵܐ Jac. Edes. Hex. 20. I.q. ܡܲܢܬܼܵܐ *account, reckoning*, ܘܝܼܠܝܼ ܘܣܝܼܡ ܚܘܼܫܒܵܢܵܐ Sev. Lett. 386. 3.

ܡܲܢܬܵܢܵܐ col. 2168. logic *the particular* opp. ܡܲܟܼܢܵܢܵܐ *the universal*, N. Hist. viii. 4. 2. F.pl. ܡܲܢܬܵܢܹܐ Probus 87. 5, 6, 101. 7, 11.

ܡܲܣܲܣܝܼܣ μνασίς = μέδιμνος. A measure; 34 equal 10 bushels of wheat or barley, ܡܲܣܲܣܝܼܣ ܟܵܘܵܐ ܣܘܿܡܵܐ ܘܐܲܣܐܢܵܐ Epiph. 6. 5.

ܡܲܣܐܝܼܠ name of an angel, Protection 79. 3. Cf. ܡܸܢܬܵܐܝܼܠ col. 2169.

ܡܲܢܐܬܼܘܿܢ pr. n. m. *Manethon*, Sev. Ant. Vit. 62. 4.

ܡܲܢܓܼܘܼܘܲܪܣ Arab. منغورس *a slave of Saladin*, BH Chr. 272. 4 af.; 380. 2.

ܡܲܢܕܝܵܐ pl. ܡܲܢܕܵܝܹܐ *Mandaeans*, Coupes i. 6, 12 n. 1, ii. 154. 16, Mich. Syr. ix. cap. 6; A.M.B. ii. 150 ult.

ܡܲܢܕܝܼܘܿܡܝܼ *Mendidium* in Egypt, prob. near Alexandria, Sev. Ant. Hymns 132. n. f.

ܡܲܢܕܝܼܠܵܐ, ܡܲܢܕܝܼܠ col. 2170. Add: *the chrisom* or *white baptismal robe*, Maclean; ref. Takhsa 71. 15.

ܡܲܢܕܝܼܡ col. 2171. 3. μαντίον, a cloak of palm leaves, Z.A. xvii. 88.

ܡܲܢܕܝܼܒ a bpric. in Asia Minor, De Goeje B. 65 antep.

ܡܲܢܓܵܢܝܼܩܲܡ a corruption of μαγγανικόν *an engine of war*, Dion. 95 ter. Usually ܡܲܢܓܵܢܝܼܩ col. 2170.

ܡܲܢܕܪܵܐ ܘܲܟܼܕܲܪ Lat. mandra, *a flock, herd*, Dion. 116. 13.

ܡܲܢܕܪܲܣ the river *Meander*, De Goeje B. 65. 13.

ܡܲܪܙܝܼܦܲܢ pr. *Marzifan*, Ahikar 53. 13.

ܡܲܢܟܼܠܵܐ col. 2172. *coin, money*, Anecd. Syr. iii. 95. 27, ܡܲܢܟܿܠ l. 7, ܡܲܢܟܼܠܲܝ ib. 97. 9.

ܡܚܬܡܐ pl. m. Manichaei, *Manichaeans*, Dion. Ined. 478. 1, 4.

ܡܝܢܐ col. 2165. *a weevil*, QdhamW. 186. 15, Dion. 58. 4 ܐܚܕܘܐ؟ ܐܚܕܘܢܐ ܚܠܠ ܚܣܠܐ ib. 59. 5. Metaph. *contemptible* ܡܬܒܣܐ ܠܚܕܐ glossed ܡܬܩܬܟܐ ܓܬܠܐ Hormizd 2639.

ܡܢܝܢܐ from ܡܢܐ *number*; see above and under ܡܢܐ *to reckon*.

ܡܚܢܡܒܠܐ see ܒܩܐ.

ܡܢܝܢܟܐ col. 2172. Turk. منكشد, Arab. بنفش, Pers. بنفش *the violet*, ܡܢܝܢܓܐ ܚܡܣܐ Med. 39. 17, 54. 23, 57. 2, 58. 10. Cf. ZDMG. xlvi. 244.

ܡܢܫܐ pr. n. m. *Manasses*, N. Hist. iii. i. sect. 2, ܡܢܫܐ ܐܡܪ؟ ܘܡܘܚܡܕ Jo. Tell. 73. 10, 77. 8.

ܡܚܢܦ̈ܐ m. pl. *heretics*, glossed by ܩܘܣܪܘ A. M. B. ii. 150 ult.

ܡܚܣܐ ܩܚܣܬܐ؟ col. 2177. f. *rennet*. Add: ܣܚܕܐ ܠܐܠܐ؟ ܐܣܝ ܡܚܣܘܒܐ؟ ܡܚܣܦܐ؟ ܣܚܕܐ N. Hist. vii. 2. 1, ib. 6. 5; ܡܚܣܒܐ؟ ܘܐܪܢܒܐ *rennet from a hare*, Med. 57. 6, 105. 23, 567. 16, 569. 22, *from a sheep*, ib., *from a bear*, ib. 590. 23.

ܡܚܣܬܐ ܩܚܣܬܐ؟ col. 2177. 7 af. Delete the third word, *arbor*. ܡܚܣܬܐ is a *sweet-scented marsh sedge*, Diosc. i. 13, 17.

ܡܚܣܐ col. 2177. *dirt, filth*, ܡܚܣܐ ܘܠܐ ܥܡܪܐ *clean wool*, Med. 559. 4.

ܡܚܣܟܐ col. 2178. *rennet*: *curds* E-Syr. ܡܚܣܐ؟ Med. 575. 14. *Paste* ܠܠ ܘܡܚܣܐ؟ ܠܠܐ؟ ܘܐܣܪܐ ܚܘܡܐ ܘܠܐ ܡܐܕܐܦ Ephr. Ref. ii. 218. 37.

ܡܬܚܣܢܢܐ a substance *capable of decomposition*, Chimie 48. 14.

ܡܚܣܕܬܐ؟ col. 2178. *decomposition*, add: ܡܘܩܘܢܐ ܘܡܚܣܕܬܐ؟ *wasting diseases, consumption*, Med. 261. 11.

ܡܚܣܐܘܣ μίσεως (μίσυ) *shoemaker's vitriol*, Med. 104. 9. Usually ܡܢܗ ܡܝܣܝ.

ܡܚܣܒܝ col. 2179. Ar.-Pers. ܡܚܣܒܝ and ماه سبدان (Tabari) Μασαβατική (Strabo) a region the capital of which was Sirwan now Šahri-Kailûn, Eranšahr 20, Syn. Or. 677: ib. 108. 29, 110. 25 so correct for ܡܚܣܒ or ܡܚܣܒ.

see transl. 368 n. 6; ZDMG. xliii. 403. 2, 404. 8, Chast. 69 antep. ܘܡܚܣܐܝ ܗܘܐ؟ ib. 46. 1.

ܡܚܣܒܠܗܐ *Masablaha*, one of the Arab buyers of Joseph, Jos. Weinberg 22. 16.

ܡܣܐܬܘܣ μασεθος i. e. μᾶζα θείου? *lumps of sulphur*, Chimie 55. 8.

ܡܚܣܘܕܐ؟ Arab. مسود *clad in black* i. e. *Abbasides*, Chron. Min. 349. 10, Dion. 50. 3.

ܡܚܣܘܢܝܘܣ *Musonius*, Bp. of Therme, De Goeje B. 64. 6. Written ܡܚܣܘܢܝܘܣ col. 2043.

ܡܚܣܦܐ see ܡܚܣܦܐ col. 2095 *a wild duck*, N. Hist. vii. 1. 7 infra.

ܡܚܣܝܢܐ, ܡܚܣܝܡ see below, under ܚܣܡ.

ܡܚܣܘܣ var. ܡܚܣܘܣ *Mt. Masis*, Gest. Alex. trans. 168 ult. = Z.A. vi. 365 l. 112.

ܡܚܣܣܐ col. 2175 *a goad*. L. 4 of par. delete *trutina*, Act. Apost. Apoc. ܚܣܐ. 7.

ܡܚܣܦ col. 2181. *to deliver up, to accuse*. Add: ܘܡܚܣܐ ܗܘ ܡܚܣܘܕܐ؟ κατήγορος ὁ κατηγορῶν, Apoc. xii. 10 ed. Gwynn ܡܚܩܐܟܢܐ؟ ܒܐܡܬܝ؟ Bagst. Ethpe. ܠܐܬܚܣܦ *to be accused*, ܐܣܬܚܣܦܐ؟ Chron. Min. 107. 10 M. S. ܐܬܚܣܦܐ؟. *to be despised*, ܘܠܐ ܗܘܐ؟ܡܠܝ ܠܡܚܣܦܐ Bar Penk. 15. 19.

ܡܚܣܦܢܐ *scorner, scoffer*, ܗܘܐ ܠܢܬܐ ܓܚܠܐ ܡܚܣܦܢܐ S. Dan. 65 b 20.

ܡܚܣܦܢܘܬܐ؟ f. *contempt*, ܡܚܣܦܢܘܬܐ؟ܘܐܦܐ؟ ܘܒܠܐ ܡܟܚܠ؟ A. M. B. iii. 304.

ܡܚܣܦܘܦܐ some *bivalve*, N. Hist. vii. 2. 2.

ܡܚܣܪܘܟܝܣ marg. Μασροκίς, an Arab king under whom the Homerites suffered, Sev. Ant. Hymns 613. 2.

ܡܥܥܐ col. 2184. *an obol, small coin*, ܐܢܬ؟ ܐܣܝ ܡܥܥܬܗ *as each could afford*, Jac. Sar. Hom. iii. 797. 5; A. M. B. vii. 808. 8, 10.

ܡܚܥܢܐ col. 2185 infra. *a place, region* ܡܓܕܠ ܡܚܥܢܝܣ *the Seven Limbos* of Manichaeans, Ephr. Ref. ii. 204. 45, ܒܥܡܐܠ ܘܩܕܡ ܚܡܚܢܝܣ ib. 164. 36.

ܡܚܥܬܐ؟ col. 2186. f. *an intestine*, add ref. Chimie 54. 25, ܡܚܥܬܐ ܠܚܣܐ *a sheep's gut*, ib. 55. 3.

ܡܚܟܝ *to pity*, col. 2186. Prob. a mistake for ܚܢܢ ; BB. col. 1314 has ܡܚܟܝ = ܣܡ in its second sense *to be rancid*, but DBB. 764 in the same passage has ܚܒܠ with var. ܡܚܟܝ. Duval BB. 1447. 1 also has ܚܒܠ ܕܚܟܐ ܘܚܒܙܐ ܣܡ although 762 he has ܣܡ ܚܒܐ ܘܚܒܙܐ ܐܘ ܡܚܟܝ.

ܡܥܠܬܐ col. 2186. Add: E.-Syr. ܡܥܠܬܐ, Arab. معلثايا *one of* 12 *dioceses under the Maphrian of Tekrit, now a village an hour W. of Dehok and about* 60 *kilometers N. of Mosul*, Syn. Or. 676: 62. 4 and often, Hist. Mon. i. 107. 21, ii. 238 n. 3, Pers. Mart. 208, Layard's Nineveh 299 f.

ܡܥܠܬܝܐ *an inhabitant of Ma'altha*, M. Z. 200. 10.

ܡܚܡ. ܡܚܝܣܬܐ col. 2187. 5. Correct misprint to ܚܡܬܦܠܬܘܡ (Nun omitted). L. 8 after BA. add: under ܢܓܡܐ col. 3957 = DBB. 1910. 1. Ethpe. ܐܬܡܚܡ" metaph. *to succumb*, ܐܘܟܠ ܢܚܦܠ *magnanimity is, not to rejoice in this world's goods nor* ܕܢܓܦܐܘܢ ܢܬܡܚܡ *to be trodden down by its evils*, But. Sap. Eth. 2. 2.

ܡܚܡܬܐ ܘܟܡܬܐ Arab. مغص *colic, gripes*, Med. 263. 8, 410. 1, 6, 411. 20, στρόφος, ܟܐܒܘܗܝ ܡܚܡܬܐ Hippoc. v. 38; pl. ib. iv 11, 20, ܡܚܡܬܐ στροφούμενοι, Galen. 241: ܡܚܡܬܐ ܟܗܘ ܡܚܡܬܐ Hormizd 2784. *Treading out corn* add: BA. and K. under ܡܟܠܐ col. 3622.

ܡܚܡܬܐ f. *colic*, Med. 568. 9. *The colon, the spirit of lunacy is adjured to go* ܥܡ ܡܚܡܬܐ ܠܐܘܚܠ Charms 10. 3.

ܡܥܪܬܢܝܐ *inhab.* of ܡܥܪܬܐ *Maara in the diocese of Nisibis*, ܐܚܕܘܗܝ ܟܕ ܡܥܪܬܢܝܐ Chast. 56. 14.

ܡܥܪܫ col. 2188. 1. *Ma'rash*, ܡܥܪܫܐ Or. Xt. i. 278. 3.

ܡܚܠܚܡ (ܐܟܠ ܕ) ܡܚܠܚܡܐ ἀφέψημα, perh. *eatable*; *a decoction thick enough to be eaten*, Galen. 240.

ܡܚܕܬܢܐ *correct* ܡܚܕܬܢܐ q. v.

ܡܟܣܘܣ *Mopsus, a demon worshipped* ܚܡܪ ܥܒܕ ܡܟܣܘܣ ܘܗܝܠܐ Warda 53 r.

ܡܨ col. 2188 *to suck*. Act. part. fem. ܡܨܐ ܚܠܒܐ ܘܚܠܒܐ ܘܚܠܒ BH. on Prov. xxx. 15.

Ethpe. ܐܬܡܚܪܝ" *to drain, empty*, ܡܚܪ ܓܒܗ ܘܐܬܡܚܦܐ N. Hist. iii. pt. 4. Palpel ܡܚܪܡܚܪ *to draw out, empty*, ܚܕܝܐ ܗܘܐ ܡܚܪܡܚܪ ܘܡܚܠܐ *the weevil had eaten the heart out of the ear of corn*, Dion. 59. 2.

ܚܡ ܕܚܐ col. 2188. *to grow bloodless* ܚܪܐ ܘܐܬܡܚܣܒܐ ܗܘܘ ܚܪܐ ܘܐܬܡܚܣܒܐ Chron. Min. 217. 20.

ܚܪܢܐܝܬ *with no heart in it, perfunctorily*, Jul. 36. 13.

ܡܨܐ col. 2190. part. ܡܨܐ with ܣܢܠ col. 2191. *to be able*. Add: ܠܐ ܡܨܐ ܐܢܐ ܣܬܟܗ *I am no match for him*, Kal-w-Dim. 179. 1; ܐܘ ܡܨܐ ܘܣܝܣܠܡ *to the best of our power*, Jos. Styl. 43. 17.

ܡܨܝܢܘܬܐ col. 2192. Add: *potential* opp. ܡܒܪܝܢܘܬܐ *creative and* ܚܪܢܐܝܬ" *necessarily existent*, But. Sap. Theol. 1. 3 and often, ܡܨܝܢܘܬܐ ib. Philos. 1. 3; pl. ܡܨܝܢܬܐ *possible*, opp. ܣܢܝܩܐ *necessary*, Ishodad 14. 21.

ܡܨܝܢܐܝܬ *potentially*, But. Sap. Periherm. iii 2 bis.

ܡܨܥܬܐ col. 2194. *middle*. Astron. ܡܥܩܢܐ *the meridian*, De Astrolabe 82 ult., 83. 1, i.q. ܡܣܡܥܕܢܘܗܝ ib. l. 4; 253. 14.

ܡܨܪܐܝܬ *in the Egyptian language*, Pallad. 333. 9.

ܡܟܐ pr.n.f. *Maka*, Anecd. Syr. iii. 246. 17.

ܡܩܕܘܢܝܣܛܐ *followers of Macedonius*, Syn. Or. 132 ult. and n.

ܡܩܩ col. 2198. 4. Correct misprint to ܡܩܩ q. v.

ܡܩܩܘܣ Chimie 5. 11, ܡܩܩܘܣ 20 ult. Correct ܡܩܩܘܣ χάλκανθος, *verdigris*.

ܡܩܩ col. 2198. 4 and 5 af. Correct ܚܡܢܠܐ for ܚܡܢܠܐ. *The word is spelt* ܡܩܩ *under* ܩܡܬܕ col. 3221. Ar. مكوك *a) drinking cup. b) a measure* = 1 seah i.e. 1½ *pecks*, BB. under ܣܐܐ col. 2489.

ܡܩܡܡܐ *the recipient or receiver of a still*, Chimie 36. 9.

ܡܪ col. 2199. Ethpa. ܐܬܡܪܡܪ *to be embittered, saddened,* ܠܐ ܐܬܡܪܡܪ Hormizd 3230. Ethpalp. ܐܬܡܪܡܪ *to become bitter* add: ܡܪܬܐ ܐܬܡܪܡܪܘ ἐπικράνθησαν, Apoc. viii. 11 ed. Gwynn ܡܪܘ ed. Bagst.

ܡܪܝܪܘܬܐ pr. n. Πικρία, *Marah,* Hex. Ex. xv. 23 ed. Lag.

ܡܪܪܬܐ col. 2203. 1) *colocynth, bitter cucumber,* ܟܕܐ ܕܡܪܪܬܐ Med. 102. 4. 2) *gall,* ܡܪܪܬܐ ܕܕܐܒܐ *wolf's gall,* Med. 54. 6; ܕܬܘܪܐ ܘܡܣܬܘܟܠܐ l. 16; ܕܬܘܪܐ *ox-gall,* ib. 86. 21, 87, 88.

ܡܪܪܬܐ add: χολή, *the bile,* Hippoc. iv. 22 ff., v. 60, vi. 48, vii. 39; ܡܪܪܬܐ ܐܘܟܡܬܐ *black bile,* Med. 12 ter, ܡܪܪܬܐ ܐܘܟܡܬܐ *bile,* ib. 14. 8, ܕܡܪܪܬܐ ܣܘܣܘܟܡܬܐ ib. 44. 19, 45. 22, ib. 382. 1. *Venom* of a scorpion, Med. 25. 18. 22; metaph. *gall* or *venom* of Nestorius, Jo. Eph. 122. 17.

ܡܪܪܬܢܐ add: χολώδης, *bilious,* Hippoc. ii. 15, iv. 28, 47, vii. 29, 56, Med. 7. 15, pl. ܡܪܪܬܢܐ ib. 15. 2, 291. 9, ܐܠܡܝܢ ܘܡܪܪܬܢܝܢ l. 11.

ܡܪܪܬܢܘܬܐ f. ܡܪܪܬܢܘܬܐ ܟܐܒܘܬܐ ib. 45. 4; ܡܪܪܬܢܘܬܐ *a vomiting of gall,* ib. 273. 20.

ܡܪܐ col. 2205. *master, owner.* Add: *relative,* ܘܠܐܪܒܥ ܡܪܘܬܐ Sind. 14. 23, 16. 13. Cf. ZDMG. xxxv. 234.

ܡܪܬܐ ܚܡܬܐ and ܐܘ ܡܪܐ ܡܥܠܐ see below after ܡܪܚܝܐ and after ܡܪܝܐ.

Phrases compounded with ܡܪܐ add:—

ܡܪܐ ܟܠܐܬܐ *rich in treasures,* Ephr. ed. Lamy i. 13, 16, Hormizd 227.

ܡܪܐ ܕܡܠܐ *Chief Secretary of State* = ܦܡ ܡܠܟܐ ܘܡܚܫܒܢܗ Jab. 40. 1.

ܡܫܠܛܐ ܡܪܐ ܣܬܡܐ *reason set over dumb creatures,* Nars. ed. Ming. ii. 238. 13.

ܡܪܐ ܟܬܪܐ *slave-owners,* Pallad. 6. 5.

ܡܪܢܝܐ col. 2210. 3) *dominical,* ܚܓܐܘܬܐ ܡܪܢܝܬܐ *Festivals of Our Lord* opp. ܘܕܩܕܝܫܐ *Saints' days,* Takhsa 78. 17.

ܡܪܐ col. 2213 = ܡܪܪܐ *a mattock.* Pl. ܡܪܐ Ephr. ed. Lamy iv. 231. 19. L. 5 of par.

correct ܡܪܐ ܘܡܩܕܡܢܐ ܚܕ ܗܠܡܓܪܦܐ *a bearer's* i. e. *a gravedigger's pick* or *spade,* DBB. 194. 5.

ܡܪܘܬܐ f. pl. *iron picks* or *shovels* (R. Duval) i. q. ܡܪ, see ܐܓܡܐ DBB. 194. 3.

ܡܪܓܐ *Maragha* on the E. side of Lake Urmi, Jab. 43. 13, BHChr. Eccl. ii. 531 var. ܡܪܓܐ. See col. 2213 par. 8.

ܡܪܓܚܐ Arab. مرابط مُرابطين, *garrison, outpost,* Dion. 165. 17, 235. 9, Nöld. WZKM. x. 165.

ܡܪܕ m. pl. perh. ܡܪܕܚܬܐ ܚܡܗܐ from Arab. بوس *evil,* Hist. Mon. i. clxv. n. 1, Hormizd 2445.

ܡܕܢܝ col. 2213. Add: *to glance aside,* ܚܙܐܘܗܝ ܡܕܢܝ. ܗܘܐ ܐܡ ܗܘܝ Gest. Alex. 68. 8, BH. Moberg 60.

ܡܪܓܐ col. 2213 infra. *meadow.* For differing views as to derivation see Fremdw. 129, Hübschmann ZDMG. xlvi. 244. 75.

ܡܪܓܐ *Marga* 1) مَرْج الْمَوْصِل, *a district and town* NE. *of Mosul.* Col. 2214. 4 of par. delete "Forte sit" and add: Pers. Mart. 222 sqq., Hist. Mon. ii. 43 n. 2 and often, bpric. ib. and Syn. Or. 608 n. 3, 619. 6, Chast. 58 pen. 2) *a monastery at the foot of Mt. Zinai in Adiabene,* Chast. 60 antep., 65. 21. I. q. ܡܪܓܐ ib. 61. 3, Hist. Mon. i. 314, ܚܣ ܡܪܓܘܢܐ ܕܠܐ ܚܬܬ ܐܢܫ M.Z. 210. 18, 211. 17; ܚܘܡܕܢܐ ܘܡܪܓܐ the same, Chast. 66. 11. 3) ܡܕܢܝ ܘܡܪܓ col. 2214, near Aleppo, add: Brook's Chron. 574 pen. 4) ܡܪܓܐ ܕܐܘܚܕ مرج الشحم *the Fertile Meadow,* El. Nis. Chron. 138. 12, 159. 25.

ܡܪܓܐ and ܡܪܓܘܢܐ see preceding article.

ܡܪܓܘܢܝܐ adj. *fit for meadow* or *pasture,* ܡܪܓܘܢܝܐ ܢܗܘܢ ܠܠܬܚܬܐ ܐܢܘܢ ܐܡܕܘܝܗܝ *beneath snow mountains are moist meadow-* or *pasture-lands,* N. Hist. v. 1. 2.

ܡܪܓܝܘܡܐ Μαργιανή, Gest. Alex. 208. 17 i. q. ܡܪܘ *the city of Merv,* l. 18.

ܡܪܓܠܐ see ܓܠܐ Suppl.

ܡܪܓܠܐ col. 2214 infra. *a scourge*. Add: BH Gr. i. 22. 17 pl. ib. 31. 14, ܡܪ̈ܓܠܐ Op. Nest. 98. 14. Nöld. on deriv. WZKM. viii. 365 and Mand. Gr.

ܡܪܓܢܝܬܐ col. 2215. 14 af. *a pearl=a relic*, add: A.M.B. v. 613. 3 af., 614. 8, 10.

ܡܪܕ col. 2216. Pa. ܡܪܕ *to oppose, resist*, ܒܪܝܬܐ ܡܡܪܕܐ ܗܘܬ ܒܗܘܢ ܠܐܢܫܐ ܡܚܝܠܐ *the created world opposes weak mankind* by hindering seas and mountains, Ephr. Ref. i. 37. 12. Ethpe. ܐܬܡܪܕ *to be fortified*, ib. l. 27.

ܡܬܡܪ̈ܕܢܐ m. pl. *rebels, runaways*, coupled with ܡܝܘܬܐ *mortals*, Apollinarist. Schr. 48. 19 opp. ܒܢ̈ܝ ܫܠܡܐ ib. 20.

ܡܪܕܐܘܝܓ prob. مرداويج a king slain by his Turkish bodyguard, BH. Stories 23. 106.

ܡܪܕܝܢܝܐ *an inhabitant of Mardin* in Tur Abdin, Ant. Patr. 303, 304.

ܡܪܕܪܘܐ col. 2219. *litharge*, ref. Med. 151. 20, 152. 1, 8, 153. 1. Cf. ܡܪܕܘܪܬܐ.

ܡܪܕܝܢܫܗ *Mardinshah*, a son of Chosroes II and Širin, Sassanidi 12. 8 = Chron. Min. 19. 13.

ܡܪܕܐܣܢܓ Pers. مردہ سنگ *protoxide of lead, litharge*, Med. 59. 13, 570 ult., 574. 13, 583. 16, 586. 12.

ܡܪܕܪܘܢܝ col. 2219. *wild pomegranate*, add: ܪܘܡܢܐ ܒܪܝܐ Med. 607. 8: see ܚܡܨܐ ܕܪܘܡܢܐ Suppl.

ܡܪܗܘܢ perh. Ar. مَرِيًّا *may it do you good*, said before drinking, Med. 587. 14.

ܡܪܗܡ Pers. مرهم *plaster* or *salve for wounds*, Med. 585 ter, 586 quinquies, ܡܪܗܡ ܫܥܘܐ l. 11, ܡܪܗܡ ܐܘܦܘܩܐ l. 12, ܡܪܗܡ ܗܘܡܘܩܐ ܡܟܠܘܦܐ l. 14.

ܡܪܗܪܚܡܗ *Marehraḥmeh*, Bp. of Beit Dasen, Syn. Or. 62. 5, 68. 1, ZDMG. xliii. 401. 11.

ܡܪܘ col. 2220. 7. 3) add: Arab. مرو *Merv*, now in Russian territory, Syn. Or. 677, 299 n. 2; 43. 18, 62. 5, ZDMG. xliii. 396. 11, Hist. Mon. i. 198. 8, Chast. 22. 16, 24. 5, Sassanidi 30. 10. Name of the river, now the Murghab, on which Merv is situated, ib. l. 8.

ܡܪ̈ܘܣ incorrect pl. of ܡܪܘܣ μέρος, *faction, party*, Anecd. Syr. iii. 272. 6, 8. For ܡܪܘܣ see col. 2221.

ܡܪܘܐ col. 2220. *Origanum Maru, wild marjoram*. Refs. Med. 58. 6, 606. 5. Delete the second sentence beginning "Exponit".

ܡܪܘܓܐ *Marauge*, name of a scribe, corrupted from ܡܪܝ ܐܘܓܝܢ C.B.M. 1178 *a*.

ܡܪܘܙܝܐ *a native of Merv*, add: Chast. 23. 9, 24. 3, Syn. Or. 66. 25. *The language of Merv*, DBB. 18. 20 under ܐܠܦܒܝܬܐ.

ܡܪܘܙܢ pr. n. m. *Maruzan*, Išoyahb 72. 20.

ܡܪܘܢ place-name: see ܡܙܘܢ.

ܡܪܘܢܝܐ col. 2220 par. 5. Delete and see ܡܪܘܙܝܐ ib. par. 11. In the passages quoted from letters of Išoyahb, B. O. iii. i. 127 = Hist. Mon. ii. 154 Syr. ult., B. O. iii. i. 129, 132 correct ܡܙܘܢܝܐ inhabitants of ܡܙܘܢ *Mazon* now Oman, R. Duval. So ZDMG. xliii. 407. 2 = Syn. Or. 216. 21 trad. 482 n. 2, Chabot, Sassanidi 26. 13.

ܡܪܘܪܘܕ مرو الرود *Merv on the river*, some days journey south of Merv, Syn. Or. 109. 23 and see trad. 366 n. 6 = ZDMG. xliii. 412. 14 and n. 4, ܡܪܘܡܪܘܕ (sic) ib. 403. 12. Cf. AKGW. 1901. 76, and Barthold Christ. in Mittel Asien 16.

ܡܪܙܢܓܘܫ col. 2222. Pers. مرزنگوش *Origanum, Marjoram*, Med. 57. 5, 59. 5, 11, ܡܪܙܢܓܘܫ l. 7, 393. 11; Ar. PflnN. 41.

ܡܪܚ col. 2223. ܡܬܡܪܚܢܢܐ *presumable*, f. pl. ܠܐ ܡܬܡܪܚܢ̈ܢܝܬܐ things or opinions which should *not be assumed nor presumed*, Sev. Lett. 480. 8.

ܡܪܛ col. 2223. Pass. part. ܡܪܝܛ, ܡܪܝܛܐ, ܡܪܝܛܬܐ *bare, featherless*, ܟܠ ܪܚܫܐ ܡܪܝܛܝܢ ܐܢܘܢ ܘܠܐ ܕܡܐ *all insects are featherless and bloodless*, N. Hist. vii. 1. 1, Ebed J. Card. 21. 9. Ethpe. ܐܬܡܪܛ *to tear out, tear away*, ܩܡ ܒܫܚܢܐ ܐܝܟ ܡܬܡܪܛ Hormizd 1896.

ܡܪܛܘܛܐ col. 2224. *a pallium* worn by the Patriarch (obsolete), Maclean.

ܡܪܛܘܣ *Martus*, name of a demon, JAOS. xv. 288. Cf. ܡܪܡܘܣ.

ܡܪܛܝܣܡܠܐ name of a Roman legion, A.M.B. vi. 69. 6, ܠܓܝܘܢܐ ܕܡܪܛܝܣܡܠܐ ib. 80. 12.

ܡܪܝܐ(ܛܐ) *Mareotis*, Pallad. 162. 3. Cf. ܡܪܝܘܛܐ col. 2225.

ܡܪܝܛܐ (ܕܡܪܝܐ) *Lake Moeris*, Pallad. 119 pen., 134. 7.

ܡܪܝܚܘ Pers. مريخ *the planet Mars*, Med. 470. 14, 487. 7.

ܡܪܝܪܒܩܠ ܡܪܝܛ Pallad. 162. 3, see ܡܪܡܪܝܩܐ.

ܡܪܝܪܐܘܐ col. 2227. Pers. مرماهوز. Duval suggests مروخوش *sweet herb. Origanum maru, Marjoram*, Med. 88. 6, 142. 16, 162. 1, 265. 14, Guigues on Serapion مرماحور vars. مرماحوز and مرماخور, Journ. As. 1905, 57; Ar. PflnN. 252.

ܡܪܝܢܡܩܛܐ *Cuminum sylvestre, wild cummin*, BB. under ܟܐܡܘܢ col. 3558, DBB. 689. 3, Ar. PflnN. 207.

ܡܪܝܬܐ ܘܡܪܝܬܢܐ col. 2227. *marble*, ܡܟܐ Chimie 13. 9.

ܡܪܝܪܝܩܐ *Marmarica* in Libya, A.M.B. vii 90, written ܡܪܝܛ ܡܩܠ Pallad. 162. 3.

ܡܪܝܢܒܐ var. ܡܪܝܢܬܐ *a wine vessel*, Gest. Alex. 130. 8. Cf. ܡܪܝܢܐ.

ܡܪܟ col. 2227. Metaph. *to repress, suppress* thoughts, Anecd. Syr. iv. 51. 4, 18. 20. Ethpe. ܐܬܡܪܟ *to be plucked, torn out*, ܪܚܡܒ ܐܬܡܪܟܘ Hormizd 2683. Pa. ܡܪܟ *to tear down*, ib. 2682.

ܡܪܟܘܫܐ *being bruised, hurt*, ܕܠܐ ܐܬܢܟܦ ܓܝܪ ܡܪܟܘܫܗ Hormizd 2788.

ܡܪܟܢܐ i.q. ܡܪܟܘܫܐ. ܡܪܟܢܐ ܓܝܪ ܠܝܬ ܠܐ ib. 2785.

ܡܪܟܘܡܘܣ col. 2228 infra. I.q. ܡܪܣܘܡܣ col. 1998 μαρασμός, *decay*,

ܡܪܟܚܬܐ col. 2229. *disease, illness*, add: ܩ. ܥܠܥܠܐ ܕܢܝܚܐ ܥܡ ܪܥܡܐ ܐܘܟܝܬ ܘܪܫܐ ܕ*dizziness from a thunderstorm* i.e. *headache* n. marg. to Cyr. 431. 9.

ܡܪܩܡܐ = ܡܪܩܡܐ *the epigastrium*, upper fore-part of the abdomen, A.M.B. iv. 155.

ܡܪܩܡܐ col. 2231. *polishing*, add: Chimie 49. 11, 251. 6, 15.

ܡܪܩܪܕܘ corrupt for Pers. کرکدن *rhinoceros*, Gest. Alex. 211 ult.

ܡܪܩܣܘܣ corrupted from ܢܪܩܣܘܣ *narcissus*, ܚܠܐ ܐܘ ܡܪܩܣܘܣ Med. 599. 16.

ܡܪܩܣܝܬܐ *marcassite*, Chimie 3. 10, 4. 9. Cf. ܡܪܩܫܝܬܐ col. 3770 and Suppl.

ܡܪܩܠܘ prob. i.q. Arab. مرتك *litharge*, Chimie 2. 6. Usually ܡܪܕܣܘܩܐ and ܡܪܕܩܐ.

ܡܪܩܐ col. 2234. par. 5, l. 3. Act. part. of ܡܪܩ *to gather figs*, ܡܪܩ ܬܐܢܐ ܘܐܟܕܚܒ Pallad. 334. 20. This is the story of Jonan the Gardener to which BA. refers. Pa. ܡܪܩ *to collect with pains, to amass* ܠܟܢܫܘ ܕܕܐ ܒܚܡܨ Pa. ܘܡܚܠܐ ܥܡ ܡܚܡܨܕܬܐ *the glutton makes more trouble for himself than those who endure hardships*, Philox. 375-4. But the passage is difficult.

ܡܪܩܐ col. 2235. river *Masius* or *Mygdonius*, now the Jaghjagha, refs. Dion. 71. 8, A.M.B. i. 442.

ܡܪܚ col. 2235. 1) *to anoint*. Add: *to apply, smear on*, ܐܡܪܚ ܐܢܘܢ ܒܝܚܐܠ ܘܠܚܕ Geop. 69. 8. 2) *to measure*. Add: *to equal in measure, be commensurate*, ܠܐ ܡܫܚ ܥܕܠܝܐ ܕܡܚܒ ܠܗܝ ܣܘܪܚܢܐ *he does not mete out the blame due to the offence*, Philox. 109. 1. Ethpe. ܐܬܡܫܚ *to be smeared*, blood ܡܬܡܫܚ ܟܠܗ ܐܬܡܫܚ Sev. Ant. Hymns. 233.

ܡܫܚܣܢܐ col. 2236 infra. *a bull-calf*. Add: ܡܫܚܝܬܐ ܩܝܬܦܩܐ μόσχοι metaph. of youths ready for martyrdom, A.M.B. ii. 85.

ܡܫܚܬܐ *a measure,* measurer, *that which measures*, ܚܣܘܪܣܐܠ ܘܣܗܝܐܠ ܡܚܕܡܣܐ ܘܡܚܐܟܡܣܝܠ ܩܪܒ ܠܗ ܚܣܠܝܕܡ. ܠܐ ܕܝܢ ܒܟܝܢܣܒܐܠ ܘܕܟܐܟܡܣܢܘܬܐܠ ܗܝܡܐ ܐܢܝܢ ܘܡܬܚܘܕܟܢ *the singular and the plural are the measure and the measured, not however in their nature but in that measuring and being measured have happened to them in contrary fashion*, But. Sap. Philos. 2. 5.

ܡܫܚܢܐ col. 2257 f. 2) *he who rubs athletes with oil*, metaph. Jab. 465 ult., 492. 7.

ܡܡܫܚܢܘܬܐ col. 2242. Add: *a temperate climate*, ܐܘܐܝܪ ܡܡܫܚܢܐ ܘܕܐܚܝܕ ܡܡܫܚܢܘܬܐ N. Hist. iv. 4. 3. Pl. ܡܡܫܚܢܘܬܐ BH Gr. i. 35. 13, *temperatures*, ܥܡ ܐܩܐܡ ܡܡܫܚܢܘܬܐ ܕܓܘܫܡܐ ܘܣܝܥܢܘܬܐ. ܘܢܝ ܒܣܘܥܪܢܐ ܕܚܘܠܡܢܐ *for healing the body more attention is to be paid to the relative than to the specific temperature*, ib. Eth. 2. 3 but ܡܐ ܕܝܢ ܡܡܫܚܝܕ ܠܡܡܫܚܢܘܬܐ ܡܨܥܝܐ *when the temperature most nearly approaches the mean*, ib. 1. 3.

ܡܫܚܐ *to list of various oils add*: ܡܫܚܐ ܕܢܪܕܝܢ *nard*, Med. 40. 14, 67. 8, 140. 5; ܡܫܚܐ ܕܢܪܩܣ *narcissus oil*, same refs., ܕܫܘܫܢ *lily-oil*, ib. 138 ult.; ܕ id. ib. 53. 6, 327. 9; ܕ ܡܪܘܢ *castor oil*, Chimie 3. 10; ܕ ܡܘܦܪ *camphor oil*, Med. 142. 10; ܕ ܡܘܕܒܠܐ *cedar oil*, ib. 146. 12.

ܡܫܚܐ col. 2241. 8. Pl. ܡܫܚܢܐ *oil-merchants*, Dion. 234. 18.

ܡܫܚܐ col. 2241. *an unguent*, pl. ܡܫܚܢܐ Med. 262. 18.

ܡܫܚܢܐ col. 2242. *oily, oleaginous* as walnuts or olives, BH. de Pl. 3; N. Hist. vi. 3. 3. Chem. ܡܫܚܢܐ ܡܥܕܡ *such as arsenic and sulphur*, Z. A. xii. 158. 6. See Suppl. under ܡܚܡܕ.

ܡܫܝܚܢܘܬܐ col. 2241–2, ult. of par. *Messiahship*, Poet. Syr. 32. 1. *Belief in the Messiah* = ܡܪܝܚܢܘܬܐ Bahira 219. 9, 10.

ܡܬܡܫܚܢܘܬܐ f. *measurement, being measured*, But. Sap. Philos. 2. 5: see under ܡܫܘܚܬܐ.

ܡܫܚܝ col. 2243. ܡܫܚܐ m. *a yoke?* ܐܘܩܐ ܕܡܫܚܝ ܕܚܡܫܬܐ ܬܘܪܐ *the ox submits to the yoke*, Pallad. 536. 2.

ܡܫܛܚܐ Arab. مَسْطُوح *prostrate, slain*, ܐܝܟ ܡܡܫܛܚܐ ܘܡܕܐܡܐ ܓܠܠܐ ܣܝܐ/ܐܘܪܚܐ *like corpses lying on the road-side*, BH. Journ. As. 1878, 97. 822.

ܡܫܟܘ *river Mascas*, A.M.B. iii. 387.

ܡܫܟܐ col. 2244. *skin, hide*. Deriv. not Indo-Germanic as Lag. G. A. 282, Arm. Stud. 1432 but Semitic: Assyr. mašku, Arab. مَسْكٌ, Fraenk. Z. A. iii. 54.

ܡܫܟܢܐ col. 2245. ܡܫܟܢܐ ܟܢܝܟܐ ܘܟܢܝܫܐ ܚܫܐ ܚܟܝܡ *the frivolity of human society carries you away*, Is. Nin. B. 131. 12.

ܡܫܩܕܘܝ *island and bishopric*: see ܡܫܩܕܘܝ.

ܡܫܩܠܐ Sanskrit मकर *some large amphibian*, Gest. Alex. 175. 9.

ܡܫܩܢܝ Armenian Զոփա (?) i.q. ܙܘܦܐ *hyssop*, BA. under ܙܘܦܐ col. 1110.

ܡܬܐ col. 2245 infra. *birthplace, native country*, prob. Assyr. mātu, Mand. מאתא *town*, Talm. also מאתא Z. A. xxi. 256 n. 3, Inscript. of Zenjirli, WZKM. vii. 134 b. Pl. ܡܬܘܬܐ Duval Gram. § 262.

ܡܬܐܡܚܣܝܐ Heb. מתא מחסיא, a Jewish village between Mahoze and Hirta, Sassanidi 27. 3 af. Cf. ZDMG. xxxix. 12.

ܡܬܐܘܠܘܩܘܣ *name of a potion*, Med. 220. 9, 244, 20.

ܡܬܐܘܠܝܩܘܣ (ܡܥܐ ?) Mattūlīqōs, Natur. 52. 13, prob. a mistake for Ἀτλαντικόν, cf. Anecd. Syr. iv. 97. 24.

ܡܬܘܬ Mount *Matut*, the boundary of Khuzistan, Chast. 63 pen.

ܡܬܚܐ *hair-shirt?* ܠܒܫ ܡܬܚܐ ܘܨܡ ܘܫܗܪ Sev. Ant. Hymns 201, Chron. Min. 209. 12.

ܡܬܚ col. 2247. Add: *to stretch out with* acc. of the body = *to die*, ܡܬܚ ܢܦܫܗ ܘܡܝܬ *he stretched himself out and died*, A.M.B. v. 118 marg. ܡܬܚ ܚܝܐ. Absol. or ellipt. *to prolong life, to live*, ܐܬܡܬܚ ܚܝܘܗܝ *his life was prolonged to these days*, Schulthess, Probe = BHChr. Eccl. i. 85. 10. With ܒ *of the object and* ܠܘܬ *of the pers. to refer*, Sev. Lett. 92. 4, 7, ܡܬܚ ܠܗ ܠܡܠܬܐ ܠܘܬܗܘܢ *he refers the matter, addresses his remarks to them*, ib. 235. 10. With ܨܝܕ διέτεινε, *he directed his steps, hastened*, ܗܘ ܕܡܬܚ ܪܡ ܨܘܕܘ Pet. Ib. 34. 21.

Ethpe. ܐܶܬ݂ܡܬܰܚ" with ܥܡ *to strive with*, ܐܶܬ݂ܡܬܰܚܘ ܥܡ ܚܕ̈ܕܐ Ephr. ed. Lamy ii. 775. 21. Cf. Peal with ܥܡ col. 2247. 34.

ܡܬ݂ܝܚܐ *stretching, tense*, headaches from wind are called ܡܬ݂ܝܚܐ because there is a feeling of ܡܬ݂ܝܚܘܬܐ *tension* with them, Med. 33. 16.

ܡܬ݂ܝܚܐ col. 2248. *dimension*, ܐܘܟܝܬ݂ ܦܬܝܐ ܐܘܪܟܐ i. e. *length, breadth, height*, But. Sap. Philos. 5. 4; ܡܬ݂ܝܚ̈ܐ ܕܝܢ ܠܐ ܥܐܠܝܢ... ܕܘܡܣܐ ܕܝܢ ܘܓܘܫܡܐ ܫܪܝܪܐ ܗܘ ܕܡܩܒܠ ܡܬ݂ܝܚܐ *dimensions have no concern with* (lit. *do not enter into*) *the essential body; and true corporeality is substance susceptible of dimension*, ib. 4. 2. *Tension*, Med. 21. 17.

ܡܬ݂ܝܚܐܝܬ *in extended line, open order*, opp. *serried rank*, Dion. 15. 13.

ܡܬܝܚܘܬܐ f. *tension*, ܪܓ݂ܫܐ ܕܡܬ݂ܝܚܘܬܐ a feeling of *tension in the head* from a heavy cold, Med. 66. 14, in the eye, ib. 78. 11, *constriction*, *tightness*, ib. 135. 16, 23, ܘܐܚܣܝܢܘܬܐ ib. 151. 17.

ܡܬ݂ܡܬܚܢܘܬܐ f. *extensibility*, ܣܛܪ ܡܢ ܡܬ݂ܡܬܚܢܘܬܐ ܠܐ ܡܨܛܝܪ But. Sap. Philos. 5. 2.

ܡܬܘܡ col. 2251. Add: without ܠܐ or ܦܢ, ܠܡܬܘܡ ܕܥܠܡܝܢ *for ever and ever*, Ephr. Ref. i. 77. 43, 78. 21, 171. 15, ܡܬܘܡ ܘܥܡ ܚܒܝܒܐ ib. 84. 41.

ܡܬܘܡܐ col. 2252. third par. always pl. *Entity, constituent parts*, Mingana. L. 2 of par. sic, i. e. without ܦܢ, ܡܢܐ ܡܬ݂ܘܡܐ ܘܡܬ݂ܘܡ̈ܐ Ephr. Ref. i. 6. 37; ܡܢܐ ܐܝܬܘܗܝ ܡܬ݂ܘܡ̈ܐ (ܘܡܢܐ) ib. 83. 40; ܐܢ ܒ̈ܢܝ ܢܘܗܪܐ ܡܬܘܡܐܝܬ ܠܐ ܐܬܪܟܒܘ *if the Sons of Light from all eternity have not been compounded*, ib. 84. 8; ܗܠܝܢ ܕܥܡܗ ܡܬ݂ܘܡܐܝܬ ib. 171. 37.

ܡܬܢܐ abs. st. of ܡܬ݂ܢ̈ܐ col. 2254. *the loins; ridges*, ܡܬ݂ܢܐ ܕܛܘܪܗܘܢ *their dorsal ridge*, Dion. 226. 20. ܡܕܡ ܕܒܣܟܝܢܐ *what cut with a knife*, Budge, Med. 584. 3.

❖ ܢ ❖

ܢܐܒܝܘܕܐ pr. n. m. A.M.B. iv. 296. 3. Perhaps a corruption of ܦܘܛܝܢܐ *Photinus*, cf. ib. pen., ܢܒܝܘܕܐ l. 15.

ܢܐܟܠ col. 2259. a liquid measure = 150 pints, ܚܕ ܢܐܟܠ ܐܝܬܘܗܝ ܣܐܬ̈ܐ ܘܡܕܐܠ ܘܩܣܛܐ ܐܘ ܠܚܕܐ ܣܐܐܐ ܘܦܠܓܗ Epiph. 4.

ܢܒܪܢܘܓܝܘܣ *Nabarnugios*, native name of Peter the Iberian, Diosc. 59. 6, R.O.C. iii. 251 n., 368, Pléroph. 19 n. 2, ܢܒܪܢܘܓܝܘܣ Pet. Ib. 4. 11, 9. 1, ܢܒܪܢܘܓܝܘܣ ib. n.

ܢܐܠܐ col. 2259. Delete *caminus* &c. it is *puffs of smoke*. Cf. النآفجة *venti adversi in contrarium flantes*, Freytag.

ܢܐܘܢ *Neon*, bp. of Selinus, Nöld. F. S. i. 471. 75. Vars. ܢܐܘܢ *Ieon*, Mich. Syr. 316 n. *Leon* text.

ܢܘܐܢܛܝܢܐ *Noventianus*, he opposed Eustathius, Basil of Ancyra &c., at the Council of Rimini, Or. Xt. i. 90. 19.

ܢܐܘܩܣܪܝܐ *Diocaesaria* in Isauria, i. q. Prakana, Nöld. F. S. i. 471. 76. *Neocaesarea*, De Goeje B. 65. 19 as Thes. col. 2259 infra and list in Mich. Syr. 316 No. 77.

ܢܐܝܢ for ܢܐܝܢ *Nain*, Sev. Ant. Hymns 47.

ܢܐܢܐ *Nane* voc. form of ܢܐܢܘܣ *Nonnus* col. 226. Inscript. Sém. No. 14, Nöld. ZA. xxi. 159. Cf. Nöld. Gr. § 144; prob. νᾶνος, νάννος, Heb. ננס.

ܢܐܘܣܒܘ see ܢܐܘܣܒܘ.

ܢܐܣܛܒܘܣ *Nestabus*, bp. of Acre, Nöld. F. S. i. 468. 14, ܢܐܣܛܐܒܘܣ Mich. Syr. 313 n. 15.

ܢܐܗܐ *a crocodile*, Nest. Chrest. 88. 47.

ܢܐܘܡܛܐ Νικολαῖται, *Nicolaitans*, Apoc. ii. 6. 15 ed. Gwynn ܢܝܩܘܠܝܛܐ Bagst. and col. 2365.

ܢܐܘܬ, ܢܐܘܬܐ col. 2262. *a mountain peak; a glen or ravine.* Often pr. n. of monasteries and villages. ܢܐܘܬ a monastery in Jilu, Doc. Mon. 163. 23, 170. 27, 182. 2; ܢܐܘܬܐ ܘܒܝܬ ܙܒܕܝ a district in Beit Zabdé, W. of the Tigris, near Gezirat Ibn Omar, B. O. iii. i. 184, &c. = Hist. Mon. 7. 14, 61. 16, 99. 18. ܢܐܘܟܕܐܒ or ܢܐܘܕ ܟܕܐܒ is NE. of Mosul, in the diocese of Marga, ib. 368, ii. 632 f., Pers. Mart. 225. Also *Nairab* near Damascus and another near Aleppo, Z. A. xi. 210. sq.

ܢܐܘܩܘܣ corr. ܟܐܘܩܘܣ Καρκός, an isle in the Red Sea, Jac. Edes. Hex. xx. 7.

ܢܐܘܪܩܐ νάρκη, the *torpedo* or *electric ray,* ܢܐܪܩܝ ܒܘܠܐ ܚܕܚܟܢܐ ܘܡܟܝܢܟܐ ܘܐܦ ܓܡܘܕܝܗ N. Hist. vii. 3. 3.

ܢܒܝ col. 2265. *to emerge, burst forth* ܐܝܟ ܕܠܐ ܢܐܟܝ ܢܨܒܬܐ ܕܟܪܡܐ *so that the plantation of the true vine should not flourish in the world,* A. M. B. ii. 70. 9; Or. Xt. i. 341 n. Part. ܢܒܝ; ܢܒܝܗܘܢ ܚܝܠܗܘܢ *sacramental power sprang up in their hearts,* Hormizd 1290.

ܢܒܓܐ *a shoot, sprout,* col. 2266. l. 11 ff. correct بشكونغ *a flower* for ܕܫܩܘܦܥ Fraenk. WZKM. 1889. 242.

ܢܒܓܘܬܐ col. 2266 infra. Delete; it is ܢܒܝܘܬܐ *emergence.*

ܢܒܗ Aph. ܐܢܒܗ *to set in motion.* Part. (ܡܢܒܗܢܐ) ܡܢܒܗܘ But. Sap. Theol. 3. 2.

ܢܒܗܢܐ gram. *active, of action.* The long quotation from K. is out of BH Gr. chap. 9, p. 46. One ܚܣܢ *note* is omitted: col. 2268. 11 after ܡܫܒ add: ܘܗܣܐ: ܡܥܒܕ ܢܒܗܢܐ ܡܝܐ ܠܐܟܐ ܡܝܐ ܒܟ ܕܢܦܨܚܠܠ. ܚܡܘܙܕ ܦܕܚܘܐܠ. ܐܝܟ ܚܙܠܐ ܚܝܐܠ ܐܚܝܒܗ. ܘܓܚܕܚܦܘܠܗ ܪܒܐ. ܐܝܟ ܥܒܕܘܗܕܗܢܐ ܗܘܗ ܘܡܥܕܐ ܘܚܕ. ܘܚܥܥܗܢܗ ܐܣܬܚܐܠ. ܐܝܟ ܐܦܗܗ ܚܠܟܘܗܝ ܐܩܕܗ ܗܣܘܗܡ.

ܢܒܗܘܢܐ f. *causation, originality,* ܚܒܗܘܢܐܠ ܚܕ ܥܡ ܚܕܐܘܐܡܠ ܚܡܢܐܕܡܥܐ ܩܕܡܝܐ But. Sap. Theol. 3. 2, 4. 1 infra.

ܢܒܘܐܝܠ col. 2268 infra. pr. n. *Nabuel.* Add: name of Nadan's warder, Ahikar 66. 15, ZDMG. xlviii. 177.

ܢܒܘܙܪܕܢ pr. n. *Nebuzardan,* Ahikar 49. 3, 6.

ܢܒܘܒܝܐ *Nubian,* ܡܪܝܡ ܢܒܘܒܝܬܐ Sev. Ant. Vit. 231. 9, but possibly ܚܒܘܒܝܬܐ.

ܢܒܘܣܡܟܝ so write for ܢܒܘܣܡܚܝ pr. n. *Nabu-semakh,* Ahikar 52. 1, 8 &c. ZDMG. xlviii. 177.

ܢܒܚ. ܢܒܘܚܐ col. 2209 ult. *a barking dog; a brawler,* ref. BH Gr. i. 40. 21.

ܢܒܘܚܘܣ *Neptune,* col. 96 under ܐܘܢܘܣ.

ܢܒܝܗܡ for ܢܒܝܗܡ *the ibis,* Natur. 33. 10 bis.

ܢܒܥ Aph. ܐܢܒܥ *to bring forth.* N. B. ܐܢܒܥ ܐܠܗܐ ܠܐܕܡ ܒܬܕܝܐ *God caused breasts to bud forth on Adam,* Yézidis 102. 12. ܘܡܬܐ ܘܡܬܟܝ ܡܠܚܕܡܐ *volcanoes,* Natur 47. 15.

ܢܒܥܓܝܢܐ col. 2272. *spirtling, bubbling?* ܣܡ ܓܠܐ ܚܡ ܚܕ ܡܥܠܐ put alum on hot metal ܡܢܒܥܓܐܗ Chimie 31. 20.

ܢܒܕܐ col. 2273. 3) *a narrow band or tie,* ܢܒܕܐ ܘܡܐܪܐ Jab. 481. 9 = Pers. Mart. n. 915.

ܢܒܪܘܐܠ or ܢܒܪܘܐܠ *Nabröel* or *Nebroel,* mother of Adam and Eve, Mich. Syr. 118 col. 3 trad. 200; Cosmog. Manichéenne 42 n. 3. So correct ܢܒܪܘܐܠ Coupes ii. 130. 20.

ܢܒܪܝܡܣܘ Iberian name of Peter, Pet. Ib. 29. 5.

ܢܒܪܫ col. 2274. ܢܒܪܫܬܐ *lighting a candle.* Metaph. *fervency;* add: BH Gr. i. 50. 9; ܩܝܢܐ ܠܝܬ ܠܢܦܫܗ ܘܢܘܦܩ *we carry his body in procession with lights and salutations,* Hormizd 3096.

ܒܝܟܐ ܐܝܟ ܢܒܪܫܟܐܠ *flame, blazing up,* ܘܐܕܘܐ ܦܫܬܡܐ ܦܡ ܚܩܬܘܗ ܚܟܝ ܦܢܫܗ *the firefly shows as it were a flame of fire from its wings at the moment of its flight,* Lexx. under ܡܒܚܐ col. 1559.

ܦܫܐܢܒܪܢܐܝܟ and ܦܫܐܢܒܪܢܐܝܬ *hotly,* Pléroph. 30. 4.

ܢܒܫܟܝ Pers. نبشت, نوشت *a writing;* sentence = ܢܒܣܡܗ ܦܫܟܝ *deposition,* A. M. B. ii. 569,

Mar Kardag 66. 6, 90. 10=ed. Abb. 77. 4, 99. 14, Nöld. ZDMG. xliv. 532.

ܢܚܼܟܼܐ Arab. نَبَات *crystallized sugar*, ܢܚܼܟܼܐ ܡܿܕܚܒ *gourd sugar*, Med. 559. 6.

ܬܚܟܐ ܬܚܟܐ Arab. نبات *a plant*. ܬܚܟܐ ܘܡܩܕܚܐ *seaweed*, Med. 559. 2.

ܢܓܼܒ col. 2275. 8. Delete and trs. ref. to col. 2404, and see correction there.

ܢܓܼܒ col. 2275. *to dry up, become dry*, intr. add: ܠܐ ܢܼܓܒ ܚܣܝܐ ܡܦ ܘܩܼܕܚܐ Ephr. ed. Lamy iii. 319. ܡܦ ܢܓܼܒ *when it is dry*, Chimie 16. 24. Pael ܢܼܓܒ *to dry*, trans. add: Can. Jac. Edes. i. 13, ܢܓܼܒ *dry it*, Chimie 16. 6, 21. 1, 27. 15, 17; ܚܩܐܠ ܡܢܝܟܐ ܘܩܢܼܝܟܡ *desiccative drugs*, Phil. 21; ܘܡܚܐ *it dries up rheum*, Med. 237. 10. Pass. part. fem. ܢܢܐ ܢܝܚܒܐ *a cloud which has evaporated*, Hunt. clxx, Hormizd 674.

ܢܓܼܒܐܡܕ col. 2276. *an Indian fruit resembling the pomegranate, with fragrant flowers*, refs. Med. 307. 15, 318. 3, 319. 7. It is good for the liver. I.q. ܢܓܼܒܕܡܐ.

ܢܓܼܕ col. 2276. *to drag*. ܐܬܐ ܟܕ ܢܓܼܕ ܠܐܦܐ *he came, dragging the hyena*, Pallad. 494. 1. ܢܓܼܕ ܠܒܐ ܟܕܚܐ ܩܘܡܐ *recollected*, opp. ܘܫܘܥܚܐ ܡܚܫܒܬܐ *wandering thoughts*, Is. Nin. B. 129. 7. Ethpe. ܐܬܢܓܕ col. 2278. 18 of par. *to be forced, compelled*, ܠܐ ܡܬܢܓܕܝܢ ܘܣܘܡ (ܠܐܚܬܘܬܐ) ܠܬܐܡܪܐ *they are not compelled to undertake guardianship*, Syr. Rom. Rechtsb. 32. 9. Pa. ܢܓܼܕ *to beat, scourge*. Metaph. add: ܘܐܢܼܓܕ ܐܬܐ ܠܚܣܕܘ ܚܫܒܬܗ *he came to reproach that Arian*, Pallad. 241. 11. Aph. ܐܓܕ *to draw, attract*, the quotation from C.B.M. is found in Chimie 1. 8, 9, 11. Add: ܙܐܒܩ ܡܦ ܢܘܪܐ *mercury avoids, flees from fire*, ib. 13. 16, pl. ܙܐܒܩܝܦ ܡܢܓܕܝܦ l. 15.

ܢܓܼܕܐ col. 2279. *scourging*. Metaph. add: ܢܓܕܝܗܘܢ ܘܡܟܣܬܘܗܝ *their scathing reproaches*, Jo. Tell. 74. 1.

ܢܓܼܕܬܐ f. i.q. ܢܓܕܘܬܐ col. 2280. *dragging*, ܢܓܕܬܐ ܕܗܘܡܐ ܡܦܬܠܐ But. Sap. Eth. i. 1.

ܢܓܕܢܝܬܐ f. *being drawn up* ܟܡܣܦܬܐ ܢܓܕܢܝܬܐ ܘܡܬܢܐ ܡܦ ܚܣܝܐ ܠܐܩܦ ܠܚܠܐ *of birds with long necks lifting up their heads when they drink*, N. Hist. vii. 4. 1 infra.

ܢܓܗ Aph. ܐܢܓܗ col. 2282. Ettaph. ܐܬܢܓܗ for ܐܬܢܓܗ *to burst forth*, ܐܬܢܓܗ ܚܡܐ Ephr. ed. Lamy iii. 589 = Ephr. Jos. 268. 4.

ܢܓܗܘܡܬܐ f. i.q. ܢܓܗܐ m. *twilight*, Evang. Mephar. Mark xiii. 35.

ܢܓܼܗܐ pl. ܢܓܼܗܬܐ usually constr. st. ܢܓܼܗܬ *dawn, eve*; ܕܚܝܫܒܐ ܕ ܚܙܥܘܪܐ BH Gr. ii. 101 ult. ܢܓܼܗܬ ܠܐܘܫܒܐ *dawn or eve of Monday=Sunday evening*, Brev. Chald. ii. 64 this is the heading of a service preceding that of ܠܠܝܐ *the night service*.

ܢܓܼܗܐ BH Gr. i. 49. 11 given among examples of substantives with Zkapa on the second radical.

ܢܓܼܕ ܢܓܼܕܐ m. pl. Hist. Mon. i. 142. 6. Budge translates *accents* and thinks it is the same as ܬܓܼܢܝ a kind of hymn, Thes. 2280.

ܢܓܠ col. 2283. Ethpa. ܐܬܢܓܠ *to be removed*, ܕܡܬܢܓܠܝܢ ܡܢ ܫܘܩܐ ܘܡܬܩܒܪܝܢ "*enlevés des rues et ensevelis*", Dion. 219. 17.

ܢܓܣ col. 2284. *impure*, Arab. نجس, ref. ܢܓܼܣܐ ܕܟܠܝܒܐ ܕܙܝܬܐ *old oil which is cloudy*, Med. 560. 17.

ܢܓܣ *to be depressed* or *hollow of the earth's surface*, ܚܕܐ ܢܦ ܕܢܓܣ ܚܝܦ ܘܐܚܣܢܝܝܢ Jac. Edes. Hex. viii. 8 opp. ܘܪܡ ܠܥܠ.

ܢܓܼܣܐ m. *a depression, hollow*, ܢܓܼܣܐ ܚܝܦ ܐܘ ܒܝܢܬ ܚܕ *at the Creation the earth had no depressions nor protuberances*, Jac. Edes. Hex. vi. 9, viii. 5.

ܢܓܪ col. 2284. 2) *to do carpenter's work*. Metaph. ܚܡܣܒܐ ܘܠܐܪܥܐ ܢܓܪ ܠܢ *He framed us for heaven and earth*, Sev. Ant. Hom. 89. 11. Probably the Greek had a play on the words τέκτων *a carpenter* and τεκταίνομαι *to plan, devise*. Aph. ܐܢܓܪ add: *to last, keep*, ܣܓܕܐ ܚܠܐܟܐ ܩܝܡܝܐ ܘܛܝܒܐ the vineyard yielded *manifold quantities of wine and of good keeping quality*, Pet. Ib. 101. 21.

ܢܓܼܕܘܕ col. 2286. m. *patient*, ܢܓܼܘܕܐ ܠܒܐ ܘܡܣܝܒ ܢܝܕܘܬܐ *the patient mind and restraining modesty are not possessed by dumb animals*, But. Sap. Philos. 6. 8 infra. BH Gr. i. 139. 16 on Prov. xxv. 11 has ܢܓܝܕܐ twice for ܢܓܝܕܐ *chased silver*.

ܢܓܝܼܪܵܐ, ܢܓܼܝܼܪ *lasting. Of diseases chronic* opp. ܡܸܬܒܲܩܵܐ *sudden, acute,* ܟܐܒܐ ܢܓܝܪܐ Med. 46. 15, 19, 139. 2, 3; ܟܘܪܗܢܐ ܢܓܝܪܐ *chronic asthma,* ib. 48. 19.

ܢܓܝܪܘܬܐ f. *duration, length of time.* Add: ܢܓܝܪܘܬ ܙܒܢܐ *the lapse of time,* Pallad. 11. 12.

ܢܓܝܢܐ col. 2287. *a sparrow,* ref. B. H. Stories 73. 3, 5.

ܢܓܪܘܬܐ f. *carpentering, joinery,* ܒܘܬ ܢܓܪܘܬܐ ܟܕܢܘܐ But. Sap. Theol. 3. 2.

ܢܕ. ܢܒܠܐ col. 2290. *abomination,* add: ܟܕ ܚܒܝܪ ܒܢܒܠܐ ܠܐܚܣܢ *you are engaged in abominable traffic,* A. M. B. v. 96. 13.

ܢܒܘܚܡܐ i. q. ܢܒܚܡܐ q. v. col. 2276 and Suppl. Med. 361. 11, 369. 6.

ܢܒܠ *to move, disturb* ܒܛܝܒܘܬܗ ܐܠܐ ܢܒܠܢ ܥܡ ܢܩܫܘܗܝ Dion. 151. 6.

ܢܕܢ *Nadan,* nephew to Ahikar, Ahikar 33 ter, 38. 7. ܢܕܢ l. 11 &c. ZDMG. xlviii. 177 in loc.

ܢܕܪ col. 2292. *to vow,* add: imper. ܢܕܘܪ; ܢܕܘܪ ܢܕܪܐ ܕܡܥܢܝܢܘܬ ܨܒܝܢܐ *vow a vow of purity of will,* Chimie 1. 5.

ܢܕܪܐ m. cf. Arab. ندر. *collapse of a building,* ܕܚܠܐ ܕܢܕܪܐ ܕܒܢܝܢܐ *anxiety as to the fall of a building,* Hist. Mon. i. 271. 17.

ܢܘܚ Ethpa. ܐܬܢܝܚ 1) see ܐܬܢܝܚ. 2) write ܡܢܚܢܐ from ܢܘܚ *to be refreshed, invigorated,* ܡܚܝܠܘ ܘܬܐܘ Med. 9. 6 opp. ܡܚܝܠܝܩܐ ll. 4 and 1.

ܢܘܕ col. 2295. *to disturb, agitate* (so correct ܡܬܢܕܕܗܐ ܘܢܒܘܒܝ ܚܘܣ (ܢܒܘܟ) Pallad. 726. 13. Ethpa. ܐܬܢܘܕ *to be struck, wounded,* (so correct for ܐܬܢܘܕ) ܚܢܦ ܘܐܬܢܘܕ ܥܡ ܡܘܕܚܐ ܡܚܡܝܐ Anecd. Syr. iii. 257. 10.

ܢܘܗܝܕ col. 2295 infra. Pers. ناهيد Old Pers., *Anahita,* goddess of the waters. See ܐܢܗܝܕ.

ܢܘܦܐܠܝܘܣ ܕܠܘܬܗ *Nephalios* to whom Sev. Ant. addressed at least two discourses, Journ. As. 1907, 344. Cf. ܣܦܠܝܘܣ col. 2363 and ܣܦܠܝܘܣ Suppl.

ܢܘܠܐ see ܢܘܠ.

ܢܘܡ col. 2295. ܢܘܗܘܡܐ f. *roaring, groaning,* ܢܘܗܘܡܐ ܕܐܘܣܝܐ ܠܓܘܐܪ Op. Nest. 94. 7.

ܢܘܗܘܠܐ νεφέλη, *sublimed mercury,* Chimie 16. 9, 57. 12, 58. 9, ܢܘܗܘܠܐ ܕܩܘܡܚܐ l. 10.

ܢܘܢܘܬܐ col. 2301. *a rivulet, streamlet,* synonym for ܢܘܒܥܐ DBB. 24. 13. Pl. BA. under ܪܕܝܘܬܐ col. 977.

ܢܘܗܪܢܘܬܐ col. 2305. *enlightenment,* add: for ἔλλαμψις, A. M. B. v. 345. 5, 10, Georg. Ar. 18. 1.

ܢܘܗܓܘܪ oftener ܢܘܗܪܓܘܠ Arab. نهرجور *Nehargur* or *Nehargul,* a bpric. between Maisan and Ahwaz, Yakut. The official name was ابرقباذ Eranšahr 41, Syn. Or. 678; 33. 24 sqq.; Sassanidi 28. 16, 30. 6, ZDMG. xliii. 394. 5, 396. 8, 397. 8, 401. 8, 406. 10.

ܢܘܚܕܪܐ pl. m. ܢܘܚܕܪܐ perh. miswriting of Nomads? Name of a Christian people, Doc. Mon. 132. 21, 272. 13.

ܢܘܚܘܡܐ col. 2306. 3 af. Delete; it is 3 p. sing. fut. Aph. of ܐܚܕ *to destroy* and occurs in a colophon warning against ill-use of the MS.

ܢܘܚܕܟܐ corrupt for διάβολος, gloss ܣܛܢܐ, Hormizd 1492.

ܢܘܒܝܢܝܢܘܣ *Novinianus,* Bp. of Jerusalem, Conc. Eph., Dion. Ined. 67. 14.

ܢܘܒܟܪ *Nubkar,* daughter of a Governor of Alexandria, Hist. B. V. M. 126. 21.

ܢܘܥܐ Heb. נוה *pasture.* ܚܝܘܬܗ ܟܐܦܚܡ ܥܠ ܐܪܥܗ ܘܥܢܗ ܕܠܬ ܢܘܥܘܗܝ *His wild beasts find food on His earth and His flocks on His pastures,* Jac. Sar. Hom. iii. 100. 14.

ܢܘܕ, ܢܒ col. 2308. ܡܘܡܐ ܕܡܣܠܐ ܐܢܐ ܘܒܗܬ ܐܢܐ ܒܗ *the stains which I abhor and am ashamed of,* Act. S. Maris 74. 12. Abbeloos thinks the part. ܢܒ should be corrected ܢܒ from ܢܒ *to abhor;* if so three passages from Ephr. Syr. ll. 20—22 of par. c. c. ܥܡ should also be transferred to ܢܒ. Palpel ܢܒܢܒ *to shake* ܙܘܥܐ ܐܝܟ ܗܢܐ ܕܡܢܒܢܒ *such an earthquake as will shake buildings,* Sev. Lett. 383. 22.

ܢܘܕܐ col. 2310. *a trembling, quaking.*
Add: for σεισμός Apoc. viii. 5, xvi. 18 ed.
Gwynn and so Gwynn reads for ܢܘܕܐ ib.
vi. 12 (Bagst. ܘܥܠ) and for ܢܘܕܐ xi. 19.
Bagster has ܐܘܟܠܐ in these three places.

ܢܘܕܢܐ *earthquake,* Nars. ed. Ming. i.
221, 19.

ܢܗܘܕܪܐ Pers. نه دار *Nohodares. Commander,
governor,* ܐܠܗܐ ܢܗܘܕܪܐ ܕܘܐܝܠ *Wail, Governor of
Sura,* Nöld. on Pognon's Inscript. Sém. Z.A.
xxi. 153 sq. In But. Sap. it must mean
champion ܢܗܘܕܪܐ ܚܓܪܬ ܚܣܕܘܟܬܐ ܠܚܝܠܐ ܕܠܚܡܝܢ ܘܚܠ ܡܘܬܐ ܡܚܣܦ *the
champion offers single combat to the warrior
ranks and scorns death,* Theol. 5. 1.

ܢܗܘܕܪܐ col. 2310. end of par., add:
ܒܝܬ ܢܗܘܕܪܐ Or. Xt. ii. 302. 2, 8. *House of
the Nohodar,* Pers. Mart. 209.

ܢܗܘܕܪܝܐ inhab. of ܒܝܬ ܢܗܘܕܪܐ, Syn. Or.
44. 24, ZDMG. xliii. 396 ult., pl. Išoyahb
145. 5.

ܢܕܐ col. 2310. Aph. ܐܢܝܕ *to spurn,* Hormizd
1735 with gloss ܕܚܝ.

ܢܘܚ, ܢܚ col. 2310 ff. Ethpe. ܐܬܬܢܝܚ for
ܐܬܢܝܚ *to be at rest, to keep calm,* ܘܗܘ ܪܡܐ
ܗܘܐ ܥܠ ܐܒܐ ܟܕ ܡܬܬܢܝܚ Sev. Ant. Hymns 255,
cf. Jes. xxx. 15 ܗܕܐ ܕܐܘܚܕܢܝ ܘܐܠܐ ܐܬܬܢܝܚܢ
ܐܬܬܢܝܚ. Aph. ܐܢܝܚ add: *to cause to rest,
to cause to recline or sit down* : ܣܡ ܒܝܐ ܡܓܠܐ
ܒܝ ܒܬܪ ܕܐܡܪ ܠܗܘܢ *Jesus, after He had told
them to sit down, took a towel,* Ephr. ed. Lamy
i. 391. 10 on John xiii. 4. ܐܢܝܚܬ ܐܢܐ ܡܡܠܠܝ
ܒܠܡܐܢܐ ܕܫܠܝܐ *I have let my discourse find
rest in the haven of silence,* Pallad. 343. 14.
To obtain a favour, to persuade, with fut.
ܕܢܢܝܚ ib. 496. 6; 40. 19. Part. with
ܒ, ܥܠ ܡܢܝܚ *pleased with,* Ephr. Ref.
i. 178. 7.

ܢܝܚܐ col. 2315. *rest, cessation,* add: *con-
clusion, end,* ܢܝܚܐ ܗܟܝܠ ܕܗܢܐ ܟܠܗ ܦܚܡܐ this
chapter now concludes, Bar Sal. in Lit.
45. 13.

ܢܘܚܢܝܐ *Noachian,* ܙܒܢܐ ܢܘܚܢܝܐ *the Noachian
era, time of Noah,* Warda 37 v.

ܢܝܚܐ, ܢܝܚܐ col. 2315. *gentle, quiet.*
Add: ܐܫܬܐ ܢܝܚܬܐ *fièvre légère, slight fever*
opp. ܐܫܬܐ ܚܪܝܦܬܐ Hippoc. iv. 37.

ܢܝܚܬܐ, ܢܝܚܘܬܐ col. 2316. Pl. ܒܢܝܚܬܐ ܘܩܝܢܬܐ
recreations, pleasures of the body, Pallad.
734. 3.

ܡܢܝܚܢܐ col. 2317. adj. *soothing,* ܒܚܡܪܐ ܣܡܣܡܐ
ܡܢܝܚܢܐ ܘܡܒܣܡܢܐ Ephr. Ref. i.
2. 23.

ܡܢܝܚܢܘܬܐ col. 2318. Add: *solace, relief,*
ܡܘܥܕ ܐܣܝܐ ܘܡܢܝܚܢܘܬܐ ܕܐܣܝܕ ܠܢܦܫ Sev.
Lett. 156. 19, 157. 15.

ܢܘܬ Ethpa. ܐܬܬܢܘܬ denom. from ܢܘܬܐ ναύτης,
to navigate, ܟܝ ܬܬܬܢܘܬ ܐܠܦܐ Tekkaf 123.

ܢܘܛܣܛܐܢܘܣ qu. Νωτοσθενής ? *Notostanus,
Bp. of Tamasus,* Nöld. F. S. i. 472. 80 but
Mich. Syr. has Tichon, trad. 316, supplied,
nothing in the text, p. 160.

ܢܘܩܠܐ *a flower plot, garden bed,* ܢܩܠܐ
ܕܡܢܫܚܢܐ ܘܫܘܪܝܢ ܕܚܒܨܠܬܐ *violet beds and rows
of lilies,* Greg. Cyprus 42 a.

ܢܘܟܢܪ *Nochanor, a bpric. in Asia or Caria,*
De Goeje B. 65 ult.

ܢܘܣܡܐ prob. corruption of some deriv.
from ܢܣܡ *to forge, cast,* ܐܘ ܕܚܕܘܬܐ ܢܘܣܡܐ
ܕܨܠܡܐ *forged or molten images,* Spic. Syr.
26. 24.

ܢܘܟܪܝܐܝܬ from ܢܘܟܪܝܐ. adv. *as an
anchorite,* A.M.B. i. 484. 3 af.

ܢܘܟܪܝܘܬܐ col. 2319. *the life of an anchorite,*
Hist. Mon. i. 25. 8, 33 ult.

ܢܘܠ, ܢܘܠܐ col. 2320. ܢܘܠܐ *misery,* ܣܢܝܐ
ܘܚܒܘܠܐ A.M.B. ii. 146.

ܢܘܠܐ add: ܕܓܘܓܝ ܘܢܘܠܐ *a spider's web,
cobweb,* Anecd. Syr. iii. 109. 12.

ܢܘܠܬܐ from ܢܘܠܐ *a web.* Metaph. ܢܘܠܬܐ
ܕܡܬܢܚܬܢܘܬܐ *the interweaving of the assumption
of human nature by Our Lord,* Nöld. F. S.
i. 477. Perh. correct ܡܫܡܠܝܘܬ *perfection.*

ܢܘܡܐ νομή, *gangrene,* col. 2322. Add:
with final ܡ, ܢܘܡ ܢܘܣܒ ܒܝܐ BH. in
2 Tim. ii. 17.

ܢܘܡܘܣ νόμος, *rule, usage* ܘܢܣܡܘܢ ܕܘܟܬܐ
ܘܕܘܟܬܐ ܠܡܣܡ *they should assign a place*

and rules for the combat, Dion. Ined. 64. 14; ܢܘܡܐ ܕܩܪܒܐ Išoyabh 75. 6, 125. 22 = Hist. Mon. ii. 133. 7 af. Cf. ܢܘܡܘܣ.

ܢܘܡܕ̈ܝܐ *Nomads*, Chron. Min. 356. 2.

ܢܘܡܝܣܡܐ νόμισμα, a coin worth rather more than half a dinar, for 100 ܐܣܪ̈ܐ equal one ܕܝܢܪܐ but 60 ܐܣܪ̈ܐ make one ܢܘܡܝܣܡܐ Epiph. 2.

ܢܘܡܝܣܡܛܘܬܐ col. 2323. Add: ܒܚܘܫܒܢܐ ܕܢܘܡܝܣܡܛܘܬܐ *by just reckoning*, Poet. Syn. 41 Syr. 10.

ܢܘܡܪܘܢ col. 2324 *a cohort*, Ref. ܪܝܫܐ ܕܢܘܡܪܘܢ Pallad. 559 pen., A.M.B. vii. 618.

ܢܘܢܟܝܪ corr. ܝܘܢܟܝܪ *Jonachir* = Joachim, father of the B. V. M. Journ. As. 1906, 283. 10.

ܢܘܣ, ܢܣ col. 2325. Delete and transpose quotation to ܢܣ col. 2387. ܢܣܝܘܬܐ is more probable than ܢܘܣܝܘܬܐ.

ܢܘܣ denom. verb from ܢܘܣܐ. *To enshrine*, Hormizd 278.

ܢܘܣܐ ναός, col. 3225. Add: *an idol*, ܐܠܗܐ ܐܠܗܐ ܢܘܣܐ ܕܐܠܗܝܢ ܡܪܝܐ ܘܗܘܐ ܠܟܠܗܝܢ ܐܠܗ̈ܐ S. Maris 65. 9. *A shrine, chapel*, ܢܘܣܐ ܕܒܝܬ ܩܒܘܪܐ *a chapel with sepulchral monuments*, Jul. 222. 27.

ܡܢܘܣܢܐ m. *the maker of a shrine*, ܡܢܘܣ Hormizd 290.

ܡܬܢܘܣܢܐ *that which is to be enshrined*, Hormizd 281, 290.

ܢܘܣܪܕ col. 2326. Zend nawa sardi = Pers. نوروز *New Year*, the rising of Sirius in July, F. Müller, WZKM. 366; ܢܘܣܪܕ العذق El. Nis. 51. 59.

ܢܘܣܪܕܝܠ from the preceding. Pers. Mart. n. 523, Tabari 407 nn. 2, 3, Lag. Arm. Stud. iii. 1601. The first day of Summer, kept on the seventh Sunday after Whit-Sunday, the Festival of the Twelve Apostles is held on this day.

ܢܘܦ, ܢܦ *to start, shy* as a horse, ܡܢܘܦܐ note to Hormizd 3174. Ethpalpal ܐܬܢܦܢܦ *to be moved* with compassion, Tekkaf 122.

ܢܘܦܝܐ pl. ܢܘܦܝ̈ܐ constr. st. ܢܘܦܝ̈ by metathesis for ܐܘܢܩܝܐ *an ounce*, ܢܘܦܐ Chimie 28. 8, 9, 29. 12, 32. 9; pl. ܢܘܦܝܢ ib. 34. 21; ܢܘܦܝܐ ܕܚܠܒܐ Med. 163. 7, ܢܘܩܝ ib. 148. 15, ܢܘܩܝ̈ܐ ib. 147. 8, 10, 11 but ܐܘܢܩܝ l. 19.

ܢܘܩܛܪܕܝܣ var. ܢܘܩܛܪܕܣ Νυκτάδεις, *people of the night*, Jac. Edes. Hex. xxxii. 11.

ܢܘܪ col. 2328. *to be alarmed, stricken with fear*, ܡܬܢܘܪ ܗܘܐ ܒܪܘܚܗ Nest. Hérac. 502. 9.

ܢܘܪ, ܢܪ col. 2329. Part. f. pl. ܢܝܪ̈ܬܐ πολιαί, *grey hairs*, Hex. Hos. vii. 9 Pesh. ܣܝܒܘܬܐ.

ܢܘܪ, ܢܘܪܐ col. 2303 l. 23 of par. add: ܒܝܬ ܢܘܪܐ τὸ πυρεῖον, *the part of the altar where fire is made*, Hex. Ex. xxvii. 3, Pesh. ܡܝܩܕܐ. ܒܬ̈ܐ ܢܘܪ̈ܬܐ *temples of fire-worship*, Hist. Mon. i. 262, Mar Kardag ed. Ab. 16. 3, 62. 7.

ܢܘܪܬܐ col. 2304. f. 1) *a blossom*, BH. de Pl. ܒ. 1. 2) *arsenic*, Chimie 4. 7, 38. 1, 42. 22. Synon. βατράχιον ib. 7. 11 h. Arab. نورة *a depilatory* composed of quick-lime and arsenic, DBB. 298 pen. and ult.

ܢܘܪܐܘܩܪܘܡܝܣ λύρα καὶ χρόμις, a fish *Sciaena nigra*, N. Hist. vii. 2. 3, see Arist. Zoology 535 *b* 17.

ܢܘܣܐ col. 2330. Arab. ناووس *a sepulchre, tomb*, Ephr. Ref. i. 72. 35, 73. 1.

ܢܘܫܕܪ col. 2330. *sal ammoniac*, Chimie 36. 15, 40. 12 &c., Z.A. xii. 158. 5; ܢܘܫܕܪ Med. 555 ult.; oftener written ܐܢܘܫܕܪ.

ܢܙܕܓܪܕ Pers. prob. *Yazdgerd*, King of the Sabaeans, ܢܙܕܓܪܕ ܡܠܟܐ ܕܫܒܐ Ephr. in Magos, G. Busâmé 64 *b* 10.

ܢܙܠ col. 2331. Ethpa. ܐܬܢܙܠ *to be shaken, rocked*, ܐܬܢܙܠܘ ܡܢܗܘܢ ܬܗܘܡ̈ܐ ܕܐܪܥܐ. Sev. Ant. Hymns 258.

ܢܙܕܘܕ, ܢܙܕܘܪ var. ܝܙܕܘܕ *Yazdod*, one of three messengers sent by Nimrod to Balaam, Schatzh. 178. 13.

ܢܙܪ col. 2332. Add: ܢܛܪܘ ܢܘܪܗܘܢ ܡܢ ܛܡܐܘܬܐ the gods *have preserved their* altar-*fire from* pollution, Jul. 52. 15. Part. ܢܙܝܪ *consecrated for special service*, Religion of the Semites, Robertson Smith 1. 463, ܢܙܝܪ̈ܐ ܕܐܠܗܝܢ ܗܘܘ—ܠܟܠܗܝܢ Is. Ant. i. 212. 7.

ܢܣܬ col. 2334. Pa. ܢܰܬܶܫ *to render lean, to emaciate,* ܠܐ ܡܶܬܕܟܝܐ ܢܬܚܟܡܗ Pallad. 90. 15 = A.M.B. v. 119. 3.

ܢܰܬܝܼܫܐ *meagre, scanty,* E.-Syr. voc. ܩܰܡܟܳܐ ܢܬܝܼܫܐ Pallad. 110. 14.

ܢܰܬܝܫܐ, ܢܰܬܫܰܬ *meagre, barren,* add: ܡܕܒܪܬܐ ܢܬܝܫܐ ܘܚܬܥܐ Jac. Edes. Hex. xlii. 5; ܢܙܠܐ ܣܘܕܐ ܘܣܒܪܐ ܘܚܡܥܐ ib. 14.

ܢܰܬܝܼܫܐܝܬ *meagrely, sparingly,* Med. 38. 20.

ܢܰܬܝܫܘܬܐ two MSS. have this E.-Syr. voc., two have ܢܬܝܫܘܬܐ; *leanness,* A.M.B. v. 63. 8, Pallad. 48. 3.

ܢܶܫܶܠ col. 2335. *Nechel,* add: a village in Arzun ܐܰܪܙܘܢ, Chast. 13. 5, 7, a monastery near Nechel, ib. 8. 19, 13. 1.

ܢܶܫܠܳܢܳܐ *surname, of the valley* or *of the monastery of Nechel,* ܚܕ ܡܘܫܐ ܢܫܠܢܐ Charms 30. 20.

ܢܫܠ col. 2336. Ethpe. ܐܬܢܫܶܠ *to be sifted*; metaph. ܦܫܩܢܫܟܘܢ ܕܐܘܟܪܝܐ Ephr. ed. Lamy iii. 143.

ܢܳܫܠܐ f. *a sieve,* pl. ܢܳܫܠܶܐ, Pallad. 631. 4, 11, 15.

ܡܢܫܠܐ *a sieve, a tammy,* ܡܢܫܠܶܐ Chimie 16, 12, ܡܢܫܠܐ ib. 53. 10.

ܢܫܡ col. 2237. Ethpa. ܐܬܢܫܶܡ *to be raised, revived,* ܚܡܣܢܐ ܕܡܟܚܐ ܕܡܬܢܫܡ ܒܣܘܟܝܐ ܕܡܠܟܐ Titus thought that *the courage of the distressed fighters would be revived by expectation of the emperor,* Josephus vi. 7. 3.

ܢܰܣܝܣܬܐ col. 2339. *the tonsils,* sing. Med. 166. 3. Pl. ܚܢܘܟܬܐ ܕܚܝܡ ܘܢܣܝܣܬܐ ܐܣܝ ܬܢܫܰܣܝܐ ib. 59. 2; ܣܢܣܝܐ ܚܬܦ παρίσθμια, Hippoc. iii. 25.

ܢܫܦ act. part. m. ܢܳܫܶܦ, f. ܢܳܫܦܐ *barefoot,* ܡܩܬܝܢ ܘܢܫܦܝܢ ܘܣܘܩܕܝܢ Dion. 15, 5; ܡܩܝܢ ܘܡܚܣܢ ܘܢܫܦܝܢ ib. 160. 11. Aph. ܐܢܫܶܦ *to go unshod,* fut. ܕܟܐܡܐ ܢܢܫܶܦ *he shall wander barefoot,* Jac. Sar. Hom. ii. 48.

ܢܫܰܦ col. 2339 ult., pen. Delete. Correct ܢܣܘܦܬܐ pl. ܢܣܘܦܬܐ f. *the knobs or thick top of the shin-bone*; ellipt. for ܢܣܘܦܬܐ ܕܚܰܣܐ. Cf.

Neo-Syr. ܢܣܘܦܐ. In Tripoli it is called عظم الساق and in ancient Arabic خَشْم السَّاق Schulthess Z. A. xix. 128. For ἀντικνήμιον, ܢܣܘܦܬܐ ܕܚܣܐ Eus. H. E. 292. 6. Pl. ܢܣܘܦܬܗ ܐܬܚܒܫ̈ܡ *his shins were grazed,* Jo. Eph. 210. 9.

ܢܣܝܼܡܐ *the hollow of the shin-bone* into which the patella fits, ܡܥܣܐ ܕܢܣܝܼܡ ܚܕܘܬܐ BH. in 2 Cor. xii. 7. *The head* of the Nile flood, ܟܠܣܝܼܢܘܬܗ ܚܙܢܼ ܡܠܘܐ ܡܕܐܓܕܝܢ ܕܝܘܡ Pallad. 422. 11.

ܡܐ ܕܐܚܘܕܐ ܢܣܝܡܐ *hollow, concave,* ܢܦܩܐ ܦܘܩܝܐ *convexity* (ܣܚܕܦܐ) occurs *when an outer surface is contingent on concave matter,* But. Sap. Philos. 8. 2.

ܢܣܦܐ *brass,* col. 2341. Add: ܡܟܚܕܐ ܕܢܣܦܐ *brass filings,* Med. 82. 20, 91. 19; ܣܡܥ *oxide of copper,* Chimie 3. 1; ܢܣܦܐ ܕܚܘܡܪܐ id. Med. 60. 12, 13, 292. 22, 570. 12, ܢܣܦܐ ܕܟܠܐ ib. 63. 15, 64. 19, 21.

ܢܚܫ *Nahash,* name of the mother of David, Journ. As. 1906, 283. 8.

ܢܚܫܝ name of an angel who went before Primal Man in his combat with evil. Greek Στεφανοφόρος, Cosmog. Manichéennes 17 n. 4.

ܢܫܝܪܘܢ place-name, *Naḥshirwan,* M.Z. 191. 9, 195. 17, Chast. 38. 15.

ܢܣܝܢܘܬܐ col. 2343. *the chase.* (sic) ܢܣܝܢܘܬܐ ܚܣܓܪܐ ܕܢܒܐ ܕܚܣܒ BH Gr. i. 24. 21. Metaph. *persecution,* ܪܕܘܦܝܐ ܘܢܣܝܢܘܬܐ Mar Bassus 190.

ܢܫܰܬ col. 2343. Add: *to come forth* from the womb ܢܫܬ ܚܒܟܕܐ Med. 593. 17. *To go down* a list, Philox. 59. 14.

ܢܫܰܬ—ܚܕܘܐ ܘܢܫܠܐ col. 2345. *descent.* ܓܠܗ an oppressor *left* the city and *at his going down = away, trouble ceased,* Dion. 125. 2.

ܢܶܫܠܐ col. 2346. *abatement* of disease, opp. ܚܬܘܐ, Med. 81. 1.

ܢܶܫܠܬܐ *descent.* ܢܫܠܬܐ ܕܫܡܫܐ *sunset,* Georg. Ar. 19. 10, 20. 12; *shrinking, subsidence* of a swelling, Med. 161. 14, 21.

ܡܚܣܟܢܐܝܬ *condescendingly, courteously,* ܐܘܪܚܐ ܕܡܚܣܟܢܘܬܐ "*la voie de la condescendance,*" Syn. Or. 250. 9.

ܢܘܛܪܐ usually ܢܘܛܪܐ *νοτάριος, a notary, public secretary,* ܪܒ ܢܘܛܪܐ *protonotary,* Syn. ii. Eph. 12. 26. Apparently a popular etymology. Cf. R. O. C. vii. 19.

ܢܛܦ col. 2348. ܢܛܝܦܐ *a gleam, ray* But. Sap. Theol. 4. 8. Metaph. *sign, indication* ܐܪܙ ܗܢܐ ܢܛܝܦܐ ܕܦܓܪܐ ܘܕܕܡܐ ܗܘ ܗܢܐ Jab. 9. 9, ܘܣܗܕܐ ܢܛܝܦܐ ib. 132. 1.

ܢܛܦܐ *striking, falling* of light on any object, ܚܙܬܐ ܕܡܢܗ̇ ܡܢ ܢܛܦܐ ܘܐܘܟܡܗ̇ "*rencontre*", *the glancing of the eye upon an illuminated object,* Ephr. Ref. ii. 42. 33.

ܢܛܝܠܐ, ܢܛܝܠܐ. col. 2349. *heavy;* ܫܢܬܐ ܢܛܝܠܬܐ *heavy slumber,* G. Busâmé II. 14.

ܢܛܠܐ Arab. ناطل, نيطل cf. Talm. נטלא *a)* a weight = 2 staters, 12 mithkals or 1½ oz. Nöld. sec. Gottheil. *b)* a measure, *half-pint,* ܢܛܠܐ ܕܡܣܝܒܪܝܢ ܣܒܪ ܐܢܬ Chimie 69. 15; *a wine cup,* ܡܣܝܒܪܐ. ܩ. ܢܛܠܐ ܐܚܪܬܐ ܕܚܡܪܐ Op. Nest. 88. 5. A ܢܛܠܐ equals 5 spoonfuls, a spoonful equals 2 mithkals. The numerical signs in the glosses to ܢܛܠܐ are ܚ 5 and ܡ 2, Gottheil ZDMG. xliii. 123; Med. 393. 16.

ܢܛܦ col. 2351. Aph. ܐܛܦ add: with ܕ *to apply by drops, to let drop,* ܐܛܦ ܕܘܡ JAOS. xx. 195. 4, 11, 13, Med. 101. 20, 560. 1, 9.

ܢܘܛܦܐ pl. ܢܘܛܦܝܢ f. *a drop.* Nöld. derives this word from ܢܛܦ, Gr. § 105; Barth ZDMG. xli. 613.

ܢܛܦܐ Add: Convent of *the Drop* i.e. where water drops from the roof of the cavern; this monastery is hewn in the rocks near Mardin, Mar Benj. 85. 6, R. O. C. ii. 263 n.

ܢܛܦܐ f. *Althaea ficifolia* or *officinalis,* Ar. PflnN. 360, Med. 58. 10, 139. 16, 315. 20, 316. 21 i. q. ܡܛܦܐ ib. 590. 15.

ܢܛܦܐ in the Lexx. *a drop,* ܢܛܦܐ Natur 64. 9.

ܐܣܛܪܓܘܪܝܐ ܡܚܡܨܐ *στραγγουρία, strangury,* Hippoc. iii. 15, 21, 30, iv. 80 &c.

ܢܛܦܐ Delete art. It is done under ܡ col. 2079. I. q. ܢܛܦܐ.

ܢܛܪ col. 2353. *to keep.* N.B. ܐܢܐ ܢܛܪ ܐܢܐ ܠܗܠܝܢ ܚܣܡܐ ܡܛܠ ܡܫܝܚܐ *I keep within these walls for Christ's sake,* Pallad. 154. 5. Add under 2) with ܗܝܡܢܘ *to keep faith, be true, faithful with* ܠ *of the pers.,* Pallad. 283. 17. Under 4) ܢܛܪ ܙܒܢܐ *the serpent bided its time, watched for an opportunity,* Thes. col. 4 pen.; ܓܢܒܐ ܢܛܪܝܢ–ܠܡܥܒܪܗ *thieves watched for his passing,* Hist. Mon. i. 168. 9. Act. part. in composition, add: ܢܛܪ ܟܘܪܣܝܐ *a bishop's successor,* Journ. As. 1906, 68 med., 69. 8. Cf. Maclean Dict. Vernacular Syr. Pass. part. ܢܛܝܪ, pl. m. ܢܛܝܪܝܢ ܟܣܝܬܢܐܝܬ *self-sustaining,* Nest. Hérac. 414. 3. Aph. ܐܛܪ add: ܐܛܪ ἐγώ σε τηρήσω, Apoc. iii. 10 ed. Gwynn ܐܢܐ ܠܟܝ ܐܛܪ Bagst.

ܢܛܘܪܘܬܐ *keeping, guarding.* ܢܛܘܪܘܬ ܐܕܫܐ *preservation of the species,* But. Sap. Eth. 1. 5 infr., ܢܛܘܪܘܬ ܥܒܘܪܐ *keeping back corn,* ib. Econ. i. 2.

ܢܛܘܪܐ m. pl. ܢܛܘܪ̈ܐ *guards,* ܐܡܪ ܠܢܛܘܪ̈ܐ Dion. 52 ult. So correct for ܢܛܘܪ̈ܐ Jab. 471. 8.

ܢܛܪܘܢ usually ܢܛܪܘܢ col. 2360. *natron,* ܢܛܪܘܢ ܘܣܡܡܢܐ Chimie 11. 20.

ܢܓܕܝܒܐ ܓܙܪܬܐ *Νηγάδιβα, an island near Ceylon,* Jac. Edes. xx. 9, Ναγάδιβα, Ptol. vii. 4, § 13.

ܢܝܒܐ col. 2359. *a canine tooth.* κυνόδους, Hippoc. iii. 24, ܢܝܒܐ ܕܢܡܪܐ *of lions,* Pallad. 250. 7.

ܢܝܒܢܐ *tusked,* ܚܝܘܬܐ ܢܝܒܢܬܐ–ܐܝܬ ܠܗܝܢ ܫܢܐ *tusked animals have teeth showing outwards,* N. Hist. vii. 6. 3.

ܢܝܒܝܢ col. 2359 ult., i. q. ܢܓܪܢ col. 2288 med. *Najran in S. Arabia,* Sev. Ant. Hymns 154 tit., 613; apparently a Byzantine centre of government, sixth cent., Barhad. 388. 10,

ܢܐܘܣ܁ Nars. ed. Ming. 36. 10. Spelt ܢܲܚ݂ܡ܁ add: Anecd. Syr. iii. 232. 17, 236. 7; ܢܚܡ܁ ib. 235. 9; ܢܣܝܼܚ: ܘܐܝܼܬܼܘܗ Brev. Ant. Kal. 27 b 12.

ܢܲܗܘܿܢܕ݂܁ Νιφαόνανδα Ptol., نهاوند 60 kil. S. of Hamadan, Syn. Or. 678; ref. ib. 603. 8.

ܢܩܘܿܡܘܿܙܐܕ݂ܡܗ νυκτικόραξ, the screech-owl, Löw ZDMG. xli. 363 البوم.

ܢܲܪܟܼܠܵܐ (ܩܘܼܦܚܐ) prob. corr. ܣܲܚܒܵܐ spear-shaped, a comet, Med. 550. 19.

ܢܲܪܓܵܐ܁ col. 2360. a scimitar, A.M.B. ii. 273 var. ܒܪܵܢܵܐ.

ܣܝܼܓ݂ܘܿܠܲܚܡ νίτρου λέπος, scales of nitre, Chimie 58. 4. See ܚܙܘܿܠܲܚܡ.

ܢܝܼܬܼܪܘܿܢܵܐ nitric, N. Hist. vi. 42; ܘܡܣܐ ܢܝܼܬܼܪܘܿܢܵܝܵܐ ܚܛܒܬܼܐ ܡܬܼܟܼܕܵܢܐ nitric substances are soluble in water, ib. vi. 4. 2.

and ܣܲܚܒܘܿܣ܁ col. 2361. μάλαγμα Νείλου, Nile plaster, شياف يعرف بنيلوس Galen. ed. Kühn xiii. 181, Löw ZDMG. xli. 360.

"ܢܣܓ݂ܠܐ ܒܝܦܚܠܐ ܥܡ ܐܣܐܒ plaster," Budge ܐܲܣܘܵܐ Med. 574. 5.

ܢܝܼܓܼܐ col. 2362. 2) ἄμμι, an umbelliferous plant, Med. 99. 3, 161. 7, 19, 214. 8, انَف. ܢܝܼܓܼܐ ib. 361. 4, 393. 9. A spice, Ar. PflnN. 260. 261.

ܢܝܼܓܼܐ Neo-Syr. for ܢܥܢܥ = ܢܥܢܥ mint, Med. 83 ult. It is the Arabic نانخواه.

ܢܣܦܣ܂ pr.n.m. Νηφάλιος, Nephaleos = sober, Sev. Ant. Vit. 231. 9.

ܢܝܼܩܲܪܐܡܗ col. 2365. See ܢܣܡܗ.

ܣܐܡܝܢ܁ Νικαινόν, Nicene silver or copper, Chimie 233 n. 4, 236 n. 2, ܢܣܡܝ ib. 42. 5, ܢܣܡܝ l. 15.

ܣܡܘܿܕܘܿܣ νίκυδρος, that which conquers water. A stone to which curious qualities are attributed, Chimie 9. 3. I. q. Thracian stone trans. 17. 1 n. 1. Cf. Diosc. v. cxlvi.

ܡܣܐ ܣܡܚܡܝܕ݂ܐ ܝܒܘܼܩܼܡܝܢܵܐ Nicomedian, the pint of Nicomedia equalled 20 oz., Epiph. 5. 15.

ܢܝܩܘܿܡܓ݂ܝܼܒܵܐ ܕ(ܐܐܠܚܐ) the Nicomachean Ethics, But. Sap. Eth. 3. 4.

ܣܲܡܗܐ col. 2365. Nicias, Bp. of Laodicea, add: Sev. Lett. 42. 4, id. Vit. 325. 2, ܢܝܩܐ ib. 319. 6, 320. 2; ܢܣܡܐܝܣܗ ib. 321. 6; ܝܒܩܣܘܿܡܗ ib. 320. 9.

ܣܣܡܗܗ col. 2365. place-name Arab. نقيوس, Νικιοῦς or Peschati, now Ibschadj, about 4 kil. E. of the Canopic branch of the Nile, Amélineau 277 ff.

ܣܡܐܣܡܝ, ܣܡܐܣܡܝ: see ܢܡܐܣܡܝ.

ܢܝܼܪܵܐ ܙܘܓܵܐ ܕܐܚ̈ܐ ܗܕܐ ܗܝ col. 2366. a yoke ζυγομαχία, bickering between brothers, Sev. Ant. Vit. 103. 11, 12.

ܢܝܼܪܐ col. 2367. Add under 3) category; ܓܕܫ̈ܡܝ ܘܐܘܿܬܹܗ. ܚܠܐܦܡܝ ܒܩܒܡܝ ܩܦܐܩܠܟ݂ܝܒܡ Pallad. 218. 20; ܘܐܘܿ ܬܹܐܘܼ ܒܩܒܡ ܗܢܘܿ ܕܓ̈ܠ he had tried in every way, ib. 285. 17.

ܣܡܚܘܼܕ݂ Arab. نيسابور Nishapur in Khorasan, Syn. Or. 619. 10. Cf. ܢܲܗܡܵܐܚ݂ܘܼܕ݂.

ܢܟܼܐ܁ col. 2368. Pa. ܢܟܝ to injure, ܠܐ ܢܲܚܒܣ ܢܵܕ݂ܘܼܙܵܐ ܘܒܘܿܡܝܒܘܿܡܝ ܐܘܿ ܘܠܣܝܼܣܕ݂ܡܢܣܗ Apis 94 n. 15: ܡܣܘܼܣܣܝܲܢܐܝܕ݂ܐ obnoxious. ܠܐܣܝܼܣܣܡܠܐ, ܢܣܹܐܢܡܠܐ ܠܐܚܝܢܠܐ ܘܒܝܗ ܠܟܐܢܘܿ ܢܟܝܵܢܘܼܬܼܐ perseverance is hateful to the young, BH. Stories 24. 145.

ܢܣܦܦܝ ܢܒܟܼܘܵܐܪ Pers. Nekhwar, a family name or title, Hist. Mon. i. 248. 18, M.Z. 212. 12 transl. ii. 261 n. ܘܦܣܡ ancestor of the ܣܦܦܝܢ race, Marquart ZDMG. xlix. 644 med.

ܢܣܦܦܝܢ from ܐܪܘܟ݂ܣܐ ὁ Ναχοραγάν, the Nikhurgan or Nachwergan, a racial name = title, Tabari 152 n. 2, 347; Pers. Mart. 250; ܢܣܦܦܝܢ ܡܟܼܣܝܦܐ ܘܡܝܣܡܚܐܒ Sassanidi II. 19. 22; Mar Kardag 80. 12, 81. 1, 8, Syn. Or. 526. 26, 529. 21.

ܢܣܒܡ col. 2371. Aph. ܐܲܦܹܐ to be of opinion, to suspect, ܡܸܩܬܲܐܦ ܐܘܿ ܢܐܦܸܐ ܠܐ But. Sap. Theol. 4. 6; ܠܐ ܐܲܦܹܐ ܠܗ ܘܒܚܬܸܓܼܗ ܘܩܲܦܡܚܝܒܦܐ Hist. Mon. i. 102. 13.

ܢܣܐܡܕ݂ܓܼܠܵܐܝܼܬܼ cunningly, craftily, Nest. Hérac. 451. 4.

ܡܹܬܼܚܲܟܼܡܵܢܵܐ with ܐܲܚܡܐ or ܣܘܿܟܼܠܵܐ subconscious reasoning = instinct, given (wrongly) with ref. under ܝܕܥ, col. 1734.

ܢܘܟܪܝܘܬܐ cols. 2273 and 1734. *suspicion,* ܐܣܬ ܡܬܟܪܝܐ Sev. Lett. 22. 10; 64 ult., ܢܘܟܪܝܘܬܐ ܩܢܛ ܠܘܬܗ ܟܕ ܗܘܐ *he felt some suspicion concerning him,* Jab. 442. 4.

ܡܬܟܪܝܢܐ cf. Arab. مُخَيِّل, with ܚܝܠ *the imaginative faculty,* N. Hist. viii. 3. 1, 5.

ܢܟܪ col. 2378. *to repudiate.* Ethpa. ܐܬܢܟܪ *to be disowned, repudiated;* ܠܐ ܢܬܢܟܪ G. Busâmé 7 b 19.

ܢܟܪܝ col. 2379. *to alienate, excommunicate.* Add: ܡܢܟܪܝ ܒܚܘܫܒܐ *strange in mind,* Pallad. 72. 8. *To expel,* ܢܟܪܝ ܐܦ the Bp. *expelled and excommunicated two monks,* ib. 576. 18, 23; 577. 7.

ܢܘܟܪܝܐ ,ܢܘܟܪܢܝܐ col. 2381. *obsolete forms;* ܠܐ ܨܚܐܚܕ ܢܘܟܪܢܝܐ ܐܘ ܢܘܟܪܝܐ BHGr. i. 38. 3.

ܢܘܟܪܐܝܬ col. 2380. *as a stranger, outsider,* opp. ܟܣܝܐܝܬ *intimately,* Jac. Edes. on Arist. 27.

ܢܘܟܪܝܘܬܐ col. 2381. 10 of par. *a strange thing,* ܚܫܐ ܢܘܟܪܝܐ ܘܐܣܝܡܘܬܐ Hist. Mon. ii. 105. 6.

ܢܘܟܪܝܘܬܐ see under ܓܕ.

ܢܟܝܡ ܢܟܝܡܐ col. 2381. Delete par. It is ܢܩܝܡܐ *hammered in.*

ܢܟܬ, ܢܘܟܬܐ emph. st. ܢܘܟܬܐ col. 2382. Delete metaph. &c. and add: *gnawing pain,* ܢܘܟܬܐ Med. 15. 3; ܘܐܣܝܘܡܚܛܐ ܘܩܢܨܐ ib. 73. 7; pl. ib. 44. 20, 290. 19. *A bite,* ܢܘܟܬܐ ܘܕܟܬܐ ܟܡܐ Med. 50. 3.

ܢܟܘܬܐ col. 2383. 1. add: *a biter,* ܟܡܐ ܘܟܠܒܐ *mad dogs and biters,* Ephr. Ref. i. 30. 41.

ܡܢܬܟܢܐ *griping, gnawing,* ܟܐܒܐ ܘܐܚܙܐ Med. 21. 16.

ܢܡܪܘ col. 2383. *corrupt for* νούμερον, *a cohort,* Fraenk. WZKM. vii. 78.

ܢܡܘܣܗܘܢ *lawful, rightful,* αὐτόνομος, Manichéisme 114. 8. ܢܡܘܣܗܝܐ ܘܩܛܡ *ensuing resolutions,* Sev. Lett. 179 ult.

ܢܡܘܣܝܘܬܐ col. 2384. inf. *lawfulness.* With ܠܐ *injustice,* Sev. Ant. Hom. 28. 8. ܕܠܢܡܘܣܝܘܬܐ ܚܫܒ ܢܦܫܗ ܡܢ ܘܐܦܠܐ ܚܠܐ ܨܒܐ *one who taking his own will for law, does whatever* *comes into his mind,* Sev. Lett. 209. 2; ܚܣܡܣܡܘܬܐ ܒܩܢܘܡܗܘܢ *proprio jure, self-authorized,* Bar Sal. in Lit. 49. 25. 26.

ܢܡܣܝܘܣ pr. n. m. *Nemesius of Emesa,* Tim. i. ed. Braun 10.

ܢܡܣܡܛܐ νόμισμα, *a coin* Epiph. 2 *under* ܩܘܕܪܐ.

ܢܡܣܐ col. 2385. *the ichneumon.* ܢܡܣܐ النمس El. Nis. 43. 75.

ܢܡܩܐ Pehlevi *namak,* Pers. نامة *a firman, deed,* Hippoc. trad. iv. 4 ܢܡܩܐ ܘܙܐܦܐ *forged deeds,* Syn. Or. 142. 24. Cf. ܢܩܡܐ col. 2385. end of par.

ܢܡܪܐ col. 2386. ܢܡܪܢܝܐ *pardine, tigerish,* ܨܢܦ ܢܡܪܢܝܐ *felidae.* S. Dan. 64 r 10.

ܢܡܪܐ pr. n. f. see ܐܠܢܡܪ.

ܢܡܪܘܕ col. 2386. *Nimrod.* ܢܡܪܘܕܢܝܐ *descended from Nimrod,* ܚܝܣܐ ܢܡܪܘܕܝܐ Mar Kardag ed. Abb. 11 n., Hormizd 625.

ܢܡܪܘܡ m. pl. a Scythian race in the armies of God and Magog, Ephr. ed. Lamy iii. 19.

ܢܩܝܡܝܐ (cf. Νομαῖοι, ancient name of Scythians) m. pl. *inhabitants of the seventh or Northern clime,* Poet. Syr. 46. 5.

ܢܢܝ col. 2387. *Nanai, a goddess,* Pers. Mart. 21, 29, 49, Hoffm. collects allusions to her, ib. 130 f., 134–139, 151–161.

ܢܢܣܬܐܘ *Nanestar, a district to the east of Babylon, birthplace of S. George,* Pers. Mart. 92, f. and n. 831.

ܢܣܐ or ܢܣܐ for ܢܟܐ *mint;* ܐܫܢܬ ܘܦܘܡܐ Hist. Mon. i. 159. 12, 338. 12 = ii. 322 n., Med. 568. 19, 20, 575, 21 ult. Nöld. Lit. Centralblatt, Dec. 1893, 1752.

ܢܣܐ for ܢܟܐ *mint,* Med. 138. 14, 238. 6.

ܢܣܐ for ܢܟܐ *mint,* Med. 579. 19.

ܢܟܐ col. 2387. *mint,* Ar.PflnN. 259, ref. Med. 159. 23. Misspellings are frequent.

ܢܣܐ col. 2387. Ethpe. ܐܬܢܣܝ *to be taken ill,* S. George *drank poison twice* ܘܠܐ ܐܬܢܣܝ *and was unharmed,* G. Warda ed. A. Deutsch. 321.

ܢܣܝܡ, ܢܣܝܡܐ add: *debilitating*, ܡܬܚܕܢܐ ܚܝܠܐ ܢܣܝܩܐ Nars. ed. Ming. ii. 232. 9. *Temperate, moderate,* ܡܒܝܐ ܐܡ ܚܡ ܚܪ ܘܐܣܪ̈ܐ ܗܘܐ ܢܣܝܡ ܕܚܝܦ̈ܢ ܗܘܐ ܣܡܣܡܐ Rylands MS. 44. 3 b.

ܢܣܐ. Pa. ܢܣܝ col. 2389. Pass. part. ܡܢܣܝܐ *tried, proved* of a prescription, Med. 56. 14. L. 11. ܡܬܢܣܝܢܐ ܓܪ̈ܒܢܐ *declared lepers*, see Hallier Edess. Chronik and Ephr. ed. Overbeck 203. 25. Ethpa. ܐܬܢܣܝ *to experience, have experience of*, ܡܬܢܣܝܢܘܬܐ—, Sev. Lett. 293. 18.

ܢܣܝܡܗ corr. ܢܣܝܡܗ ισάτις, *Isatis tinctoria, woad*, with gloss ܡܢܕܪ, Chimie 7. 15.

ܢܣܒ col. 2392. inf. ܠܡܣܒܐ λαβεῖν, Apoc. v. 12, vi. 4 ed. Gwynn ܠܡܣܒ Bagst. With nouns: ܢܣܒܬ ܒܘܚܢܐ *I have experienced, made observation*, Jul. 21. 1. With preps. ܣܒܘ ܒܝܢܝܟܘܢ ܐܘ ܕܘܢܘ *decide among yourselves*, Bar Sud. 40. 14. Ethpe. ܐܬܢܣܒ add: ܕܡܬܢܣܒ εὐαίρετος, *easily caught* opp. ܕܠܡܬܢܣܒ δυσαίρετος, Sev. Ant. Vit. 240. 6, 7.

ܡܣܒܐ *receiving*, ܕܗܕܡܝ̈ ܚܒ "ܢܣܒܐ" BH. on Philippians iv. 15.

ܡܣܬܒܪܢܐ *taken, assumed*, ref. ܐܒܐ ܕܐܡܬܢܣܒ ܡܢܗ ܚܠܦܝܢ; ܡܣܬܒܪܢܐ Nest. Hérac. 289. 19; ܝܫܘܥ ܡܣܬܒܪܢܐ *Jesus Who takes our substance*, Hormizd 279.

ܡܣܬܒܪܢܘܬܐ *receptivity; assumption*, Išoyahb Hist. Mon. ii. 139. 9. Astron. *determination* of stars, hours, &c. De Astrolabe 73 bis.

ܢܣܘܣܝܢܝܘܬܐ perh. from νόσος, νόσοι with Syr. termination, *illnesses prevalent in autumn.* But more probably a mis-spelling of ܘܦܛܝܢܐ, Med. 538. 3.

ܢܣܛܒܘܣ *Nestabus*, Archdeacon of Maiouma, Pet. Ib. 133. 15; ܢܣܛܒܘܣ ܘܟܕ Mich. Syr. 159 a 1. See ܒܐܢܣܛܒܘܣ.

ܢܣܟ col. 2398. *to pour out.* Add: *to inject*, ܢܣܟ ܟܠܣܛܪܐ Med. 53. 9, 18, 20, 21. Absol. ܘܣܘܟ ܘܢܟܪܘܙ ܘܦܘܫ ib. 11. 13, 14. With ܠ of the pers. ib. 140. 13, ܢܣܘܟ ܠܗ ܚܘܩܢܐ

l. 16, 141. 13, ܢܣܝܟ ܟܒܪ ܚܘܬܪܐ *blessings poured into* Egypt as water into a haven, Ephr. ed. Lamy iii. 437. Ethpe. ܐܬܢܣܟ *to be given for food*, ܚܣܬܗ ܘܣܓܘܢܐ ܕܡܬܢܣܟ ܟܚܘܒܐ Natur 42. 11.

ܢܣܟܐ or ܢܣܘܟܐ col. 2400. *an injection, drench*, Med. 55. 17, 62 ult., ܢܣܟܐ ܘܟܠܣܛܪܐ ib. 98. 7.

ܢܣܟܐ *liquefaction, fusion;* ܢܣܟܐ ܠܚܘܓܕܐ *the melting of glass*, Chimie 53. 9. Pl. *fluxes*, ib. 97. 2.

ܚܘܩܢܐ *a clyster, purge;* ܚܘܩܢܐ ܚܪ̈ܝܦܐ *sharp clysters*, Med. 47. 20, 65. 19, 80. 19, 135. 8 &c. *A syringe*, ܣܦܝ ܠܕܗ ܕܚܘܩܢܐ ib. 140. 16, 141. 13.

ܡܬܢܣܟܢܘܬܐ f. *fusibility, flexibility*, Anecd. Syr. iv. 19. 22–25.

ܢܣܟ i. q. ܢܣܘܟܐ col. 2400. Zend *naçka* prob. from نسخة, *a nusk, treatise*, ܐܟܕ ܢܣܟ ܡܢ ܓܡ ܐܓܣܛܩ *let him recite a part of the Avesta*, A. M. B. ii. 580. 6.

ܢܣܪ. ܢܣܘܪܐ col. 2402. m. *a sawyer*, ܢܣܘܪܐ ܕܚܘܒܪ̈ܐ ܘܩܠܐ But. Sap. Theol. 3. 2 bis.

ܢܣܘܪܐ col. 2403. 4. 1) *Sierra*, legendary mountains, Patr. Or. v. 741. 8. 2) *sawfish, Pristis,* ܡܣܪܐ Natur 7 and trans. 76 n. In Syr. glosses it is the dolphin and crocodile, Ar. FischN. 49.

ܢܥܢܥ Arab. نَعْنَع *mint*, Med. 554.

ܢܥܒܐ adj. *raven*, ܓܦܐ ܢܥܒܐ *raven wings*, Pallad. 752. 8.

ܢܦܨ col. 2404. *to snatch, tear.* Trs. from col. 2275 ܚܣܕܐ ܢܦܨܗ so correct ܢܦܨܗ, *envy shall tear him to bits*, Ephr. ed. Bick. xxxv. 287.

ܢܦܨ *ruined*, ܦܢ ܘܢܦܨ with gloss ܒܛܠܐ ܘܠܐ ܡܘܥܕܐ Hormizd 1295.

ܢܩܡ. ܢܩܡܐ col. 2406. *a chant, canticle*, ܢܩܡܬܐ ܕܐܕܡ *Chants of Adam*, in praise of the B.V.M., Brev. Ant. i. 90 b 13.

ܢܩܡ col. 2406. 10 af. *to grunt.* Bedjan gives the quoted passage ܐܢܩܡܢ ܐܢܩ ܣܒܐ A.M.B. iv. 588. 5.

نܵܦܩܒ Ital. Napoli, *Naples*, Jab. 54. 3.

ܢܦܚ col. 2408. *to blow.* Imper. ܗܦܘܚ ܒܚܛܡܬܐ܊ *inject by the nostrils*, Med. 55. 21, 56. 5. *To snort, breathe hard* as a horse, act. part. ܢܵܦܚ Op. Nest. 113. 12 on Nahum iii. 2. Add: ܐܬܘܢܐ ܕܢܦܚ ܒܢܦܫܗ *a furnace with its own draught*, Chimie 222 n. 1. Pass. part. ܢܦܝܚ ܚܕܝܗ *his chest is inflated* or *expanded*, Med. 187. 10; ܠܐ ܢܦܝܚ ib. 189. 11. Ethpe. ܐܬܢܦܚ *to be inflated*, ܢܦܝܚܐ ܕܡ̇ܫܬܢܦܚ Med. 188. 22, 189. 4, 190. 11; *to be swollen*, ܘܐܬܢܦܚܬ ܐܬܢܦܫܬ ib. 154. 10, ܐܦܐ Hebraica iv. 214. 233. f. *To be distended* ܡܛܠ ܪܘܚܐ ܕܡܬܚܐ ܘܡܬܢܦܚܐ Natur 58. 6. Aph. ܐܦܚ *to blow glass*, ܒܢܦܘܚܐ ܟܙܓܘܓܝܬܐ ܘܡܬܚܦܝܐ ܒܚܙܝܐ Chimie 100 ult. *To inflate*, ܢܦܚ ܫܘܦܝܗܘܢ ܡܚܦܝܒ Med. 189. 14.

ܢܦܚܐ m. *a swelling* in the chest, Med. 190. 18.

ܢܦܚܐ add: *inflation.* ܢܦܚܗ ܘܫܘܡܗ Med. 190. 20, 191. 2. 3. *Snuffing* or *blowing* up the nose, ܚܒܫܦ ܟܢܦܚܐ ib. 53. 17.

ܡܢܦܚܢܝܟܐ, ܡܢܦܚܢܐ *flatulent, causing flatulence*, ܡܐܟܠܐ ܡܢܦܚܬܢܝܐ N. Hist. vii. 4. 1; Med. 18 ult., 19. 6, ܝܐܚܐ ܡܢܦܚܢܐ ib. 1. 20; ܕܘܡܣܐ ܡܢܦܚܢܐ ib. 281. 21, ܡܢܦܚܢܝܟܐ ib. 21. 1, inside the ears, ib. 101. 2, 19.

ܢܦܚܐ ܕܙܩܘܪܐ *bellows*; add: ܡܦܘܚܐ Jes. liv. 16 but Heb. נֹפֵחַ בָּאֵשׁ פֶּחָם; Chimie 222 n. 1.

ܡܦܘܚܝܬܐ add: *exhalation, expiration* opp. ܒܩܠܡܟܐ Med. 178. 21, 179. 6, ܟܕ ܘܠܐ ܩܠܐ and ܘܟܡ ܩܠܐ *audible* and *silent breathing*, ib. ll. 6, 18; ܡܦܘܚܣܝܬܐ ܐܘ̇ܢܐ ܠܗܘܢ *they gasp*, ib. 189. 15.

ܡܚܢܦܫܢܘܬܐ f. *inspiration.* (pass.), ܟܕ ܘܕܘܡܣܐ G. Busâmê 4 b 15.

ܢܦܛܐ col. 2411. *naphtha.* Add: ܢܦܛܐ ܚܘܪܐ *white naphtha*, Chimie 37. 19, ܢܦܛܐ ܝܘܢܝܐ Med. 574. 18, ܢܦܛܐ ܢܦܛܐ (sic) ib. 101. 20.

ܢܦܠ with preps. col. 2413. With ܡܢ: ܢܦܠܘ ܡܢ ܦܪܘܫܘܬܐ *heretics have failed in discernment, erred*, Philox. de Trin. 78. 21; ܢܦܠ ܡܢ ܡܠܟܘܬܗ *to lose his kingdom*, Mich. Syr.

364 b 19; ܢܦܠ ܡܢ ܨܠܝܚܘܬܐ *to fall short of success, to fail*, Tit. Bostr. 68. 18. With ܠܟܠ *to be equivalent*, Chimie 295. 18; *to coincide* as lines, BH. Stories 9. 12 bis. With ܥܡ *to fight, struggle*, ܐܡܪ ܕܢܦܠܢܐ ܢܦܠܐ ܚܡܣܢܐ *it engages in a contest with it*, Ephr. Ref. i. 29. 32. Act. part. ܢܦܠܐ col. 2412. 13. *epileptic*, ܢܦܘܠ Med. 10. 3, 11. 9; 14. 2, 264. 12; ܡܬܠܟ ܕܢܦܠܝܢ ܚܕܝܐ ܘܡܘܠܕ *those who have fits at the beginning of each month*, ib. ult. Pass. part. ܢܦܝܠܐ πτωτικός, gram. *of* or *belonging to a case*, DBB. 1535 under ܦܥܠܝܡܘܣ. Pa. ܢܦܠ part. ܡܢܦܠܐ *ruined, tumble-down*, ref. ܡܢ ܕܢܚܬ ܘܡܝܠܐ Pléroph. 32. 10. Aph. ܐܦܠ *to cause to fall away*: with ܡܢܦܠܐ *to turn from a purpose*, Pallad. 137. 10.

ܡܦܘܠܬܐ *fall, ruin.* Add: ܘܡܓ ܡܦܘܠܬܐ ܕܦܓܪܐ *the ruin of the body = death* opp. ܡܢܠܕܐ, Pallad. 729. 15.

ܢܦܨ col. 2416. Ethpa. ܐܬܢܦܨ *to be carded*, Anecd. Syr. iii. 68. 17 ult.

ܢܦܨܐ 1) *wool-carding*, Anecd. Syr. iii. 69. 2. 2) *raw cotton, cotton-wool*, ܣܝܡ ܚܢܦܨܐ *a desiccative laid on cotton-wool*, Med. 64. 3; ܢܦܨܐ ܘܚܟܢܐ ib. 164. 22, 165. 14. ܢܦܨܐ ܥܬܐ ܕܡܣܝܡ ܚܘܦ *wicks placed in lanterns*, ib. 68. 20, but ܢܦܨܐ and ܥܬܐ seem to need transposing.

ܢܦܚܠܐ col. 2417. *Aristolochia rotunda, birthwort*, Chimie 23. 18, 33. 1; ܢܦܚܠܐ Med. 561. 9, 563. 3, 587. 11, 607. 5 where it is gloss to ܡܚܕܘܠܐ; JAOS. xx. 197. 3, Ebed. J. Parad. ed. Cardahi 79. 8 ap. Nöld. ZDMG. xliii. 681 n. 1.

ܢܦܩ col. 2417. Ethpe. ܐܬܢܦܩ *to evacuate, discharge*, Hippoc. iv. 19. Pa. ܢܦܩ *to purge.* l. 9 of par. after Galen, add: Hippoc. iv. 1, 4, 6, 10, 15; ܡܩܦܩܠܐ ܕܡܢܦܩܢ *purging draught*, Med. 48. 14. *To empty out, clear out*, ܗܕ ܢܦܩ ܘܓܘܕܐ ܘܢܦܩ ܡܘܫܗ Med. 587 ult. Metaph. ܡܒܥܝ ܚܕܬܐ ܘܡܒܕܐ ܚܡܕܗ Jac. Edes. Lett. 122. 3 af. Ethpa. ܐܬܢܦܩ *to be purged*, Hippoc. iv. 26, 76, vii. 56; *to be evacuated*, ܐܬܢܦܩ ܟܝܡܘܣܐ Med. 262. 2, 278. 10.

ܢܦܩܐ *evacuation: excretions*, Hippoc. ii. 15, 18, 35, iv. 5 and often, v. 33; Med. 44. 10, 45. 11, ܡܕܐܚܕܢܘܬܐ ܘܬܘܦܪܐ *obstruction, a stoppage*, ib. 111. 18; ܒܘܦܪܐ ܘܕܥܡܐ ib. 236. 2, 20; ܘܙܘܥܐ ܬܘܦܪܐ *eructation, belching* said of elephants, N. Hist. vii. 4. 2. *Brandishing*, ܘܬܡܐ ܘܒܪܩܐ ܚܒܝܬܐ ܕܚܡܐ *thunderstorms and brandishing of lightning*, Greg. Carm. ii. 32. 4.

ܢܦܩ col. 2419. *to go forth*, Ar. حرج *to revolt*, ܒܓܡ ܣܝܦܐ ܘܕܬ ܣܐܚܕܘܐ; El. Nis. Chron. 171. 10; ܚܡܕܐܚܕ ܚܙܝܐܐ ib. 174. 15; 177. 15, 17. *To utter, express*, Sev. Lett. 30. 17, 31. 6, 193. 17, 251. 16; ܡܕܝܠ ܡܕܟܐ ܘܢܦܩܟܐ τὸν λόγον ὃν εἶπεν, Pallad. 61. 5 = A.M.B. v. 80. 9. *To break out*, ܡܐ ܘܢܩܩܐ ܢܩܦܝܡ ܚܝܡܩܦܐ Hippoc. ii. 15, ܒܥܩܡܐ ܒܙܪܦܝܢܟܐ *a carbuncle broke out*, Pallad. 167. 14; Med. 583. 12; 584. 6, 19. *To be put out*, ܐܠܝܙܝܢ ܚܟܝܠܡ ܘܢܦܩܡ Pallad. 545. 17, 546. 2. *To fast, go without food*, ib. 15. 2; with ܟܘܡܐ *to go on fasting*, Pet. Ib. 46. 19. Aph. ܐܦܩ add: with nouns: ܐܠܐ *to exhale*, Pallad. 636. 19; ܘܡܐ *to let blood*, Journ. As. 1900, 89. 7; ܗܘ ܘܐܦܩ ܩܕܡܝ ܝܘܠܦܢܐ ܘܪܘܚܢܐ *he who set before me spiritual teaching*, Pallad. 110. 12; with ܠܫܢܐ *to put out the tongue*, A.M.B. v. 599. 9.

ܢܦܩܐ col. 2424. i. q. ܢܦܩܐ *an eruption, pustules* on the eyes, Med. 84. 14.

ܢܦܩܐ and ܢܦܩܐ col. 2425 infr. ܢܩܩܐ φύματα, *eruptions, boils*, Hippoc. ii. 15, iv. 44, 45, 82 and glossary; ܡܒܕܪ ܚܣܩܡܐ ܬܒܕܪ ܠܚܪܓ *it disperses a boil*, DBB. 2012. 7.

ܢܦܩܐ, ܢܦܩܐ and ܢܦܩܐ col. 2426. Not only *a mine* but *metal, mining products*, ܡܥܠܠܬܐ Caus. Caus. 4. 4, 149. 14 transl. 4. 14 and n. 2. But *mines* ܢܦܩܐ ܘܣܥܬܐ ܘܗܕܐ ܘܣܐܚܕܐ ib. 59. 1.

ܟܠ ܚܘܘܕܢܐ ܚܡܩܠܕܘܦܗ *result, issue* ܢܦܩܐ ܐܘ ܕܠܢܦܩܗ *there is no advantage in discussions* (of heresies) *nor in their result*, Pallad. 68. 8; ܚܣܩܦܘܒܬܐ ܢܦܩܐ opp. ܚܣܩܘܦ ܡܐܬܐ But. Sap. Pol. 1. 2.

ܢܦܩܐܝܬ *consequently*, Pallad. 301 ult.

ܢܦܩܬܐ col. 2426. par. 7. Delete par. and see ܢܦܩܬܐ col. 2462. 7.

ܡܬܢܦܩܢܘܬܐ f. *experience*, with ܠܐ *inexperience*, Is. Nin. B. 20. 2.

ܡܦܩܢܐ col. 2428. Under 5) add: ܡܦܩܢܐ ܘܐܣܕܘܐ οὐρήθρα, *the urethra*, Hippoc. iv. 82.

ܡܦܩܢܝܬܐ add: *Exodic*; ܚܓܐ ܡܦܩܢܝܬܐ ἡ ἑορτὴ ἡ ἐξόδιος, Greg. Theol. ap. BH. on 1 Cor. v. 8.

ܡܦܩܬܐ col. 2428. ܘܐܕܪ ܡܦܩܬܐ *the going out of March, end of the month*, Sev. Ant. Vit. 288. 11. ܡܦܩܬܐ ܘܓܪܡܐ *exfoliation* of a bone, Hippoc. vii, 58; φῦμα, *abscess*, ib. iii. 19, 25, vii. 7. Cf. ܢܦܩܐ.

ܢܦܪ col. 2429. *to start, shy* as a horse, with ܡܢ and pers. pron. Hormizd 3174. Ethpe. ܐܬܢܦܪ *to glitter*, ܡܘܬܩܒܢ ܘܐܬܢܦܪܘ ܚܝܛܝܣܗ *blessed be thy walls which shine brightly at the rising of His light*, Ephr. ed. Lamy iv. 537. 23.

ܢܦܫ Ethpe. ܐܬܢܦܫ 1) *to breathe, respire* Budge points as if Ethpa. ܐܢ ܠܐ ܡܕܢܦܫ Med. 179. 12, 13, 14, 189. 12, 15; ܡܕܐܚܕܪܝܒ ܕܦܩܕܢܦܫܡܘ *their breathing is laboured*, ib. 190. 2, 13. *To exhale* opp. ܒܣܘܡ *to inhale*, ib. 193. 7.

ܢܦܫܐ col. 2431. 3) αὐτός, *of itself*, ܡܢܗ ܘܢܦܫܗ αὐτόφυτον, *herb which grows of itself, self-sown*, Pallad. 378. 7; ܡܕܒܣ ܕܡ ܢܦܫܗ Manichéisme 109. 3; *spontaneous*, ܢܦܫ ܢܦܫܗ récipient à *digestion spontanée*, Chimie 34. 14, 39. 17; ܐܬܟܡ ܘܢܠܝܘܢ ܚܟܚܕܦܐ ܘܘܦܗ ܘܢܦܫܗܘܢ (monks) *who despised the world and possessed their souls*, Pallad. 85. 7, ܟܠܐ ܢܦܫܗܘܢ, ib. 117. 18; ܕܪܐܡܘ ܐܝܢܐ ܢܦܫܐ ܟܠܝܠ ܦܠܝܡ ܠܗ *in what mood* each monk *went into* church, ib. 298. 14. N.B. ܘܚܡܕܐܠ ܘܢܦܫܘ *inconsistently*, Sev. Lett. 348. 1. 4) *a grave stone, monument*, add refs. Lidzb. Handb. 139. 1, 325, Müller Epigr. Denkmäler 67, Z. A. xix. 133 n. 3. Cf. Phoen. נפש.

ܢܩܳܥܬܳܐ col. 2432. *breathing time, repose.* Add: ἀνάπαυσις, Apoc. xiv. 11 ed. Gwynn, Bagst.; ܢܦܳܫܳܐ ܢܦܳܥܳܐ ܕܚܰܕ Mar Bassus 26. 346. *An air-hole* ܠܐܳܐܰܪ ܢܩܳܥܬܳܐ ܬܚܶܝܬ ܚܣܽܘܟܬܳܐ Natur 8. 15.

ܢܩܳܥܡܳܐ col. 2433. *respiration, breathing,* Med. 62. 8, 119. 23, 24, 120. 2; *inhalation* opp. ܡܰܦܶܩܣܝܳܟܳܐ *exhalation,* ib. 179. 6, ܡܰܦܣܩܳܢܳܐ id. 180. 5, 6.

ܢܦܽܘܥܳܐ m. *becoming alive,* ܡܚܰܕܶܐ. ܡܚܰܕܝ. ܢܦܥܳܐ *the formation, constitution and animation* of the Lord's body, Jac. Edes. Lett. 122. 16.

ܢܦܽܘܥܬܳܐ col. 2433. *life,* ܢܦܳܥܽܘܬܳܐ ܘܐܺܒܥܳܐ *the vegetable life of trees,* Natur 65. 16. *Vivacity, courage,* Josephus vi. 8. 2.

ܡܢܰܦܥܳܢܳܐ col. 2433. *animate life,* Mar Bassus 35. 483, Probus 104. 8.

ܢܰܪܳܐ col. 2434. ܟܡܳܐ ܢܰܪܳܢܳܐܝܬ *contentiously,* Jul. 36, 13.

ܢܰܪܒ col. 2436. ܢܰܪܒܬܳܐ f. *founding; laying foundations,* Philox. 4. 1.

ܢܳܪܒܽܘܬܳܐ col. 2437. metaph. *the founding* of a school, Nars. ed. Ming. Pref. 42. 2.

ܢܨܺܝܒܝܢ *Nisibis,* col. 2440. ܢܨܺܝܒܢܳܝܳܐ *Nisibene;* add fem. ܕܚܰܕ ܩܰܪܛܰܣܳܐ ܕܛܳܥܳܐ ܒܢܳܐ ܢܨܺܝܒܢܳܝܬܳܐ *written on paper of the size used at Nisibis,* Or. Xt. i. 300. 10.

ܢܪܶܓ col. 2440. *to pour* ܘܫܰܢ ܟܠܳܐ ܒܦܘܡ ܚܬܰܢ ܢܰܪܓܶܒ Med. 63. 12; *to bathe, foment,* ܚܰܡ ܐܣܩܽܘܦܐ ܘܡܒܽܘܟܠܳܐ ib. 43. 11. *To run as a sore,* ܚܳܘܣܶܠ ܘܢܳܪܓܰܝܢ ܚܬܰܢ ib. 581. 16.

ܢܰܪܓܳܐ m. *bathing, fomentation,* ܢܰܪܓܳܐ ܘܚܬܰܠ ܩܰܢܺܝܬܳܐ Med. 39. 8. So correct for ܢܰܪܕܳܐ ib. 41. 21, 42 ult., ܢܰܪܓܳܐ ܘܡܚܳܕܟܳܐ ib. 45 ult., 58. 5, pl. ib. 20, 62 ult., 67. 7, 135. 9.

ܢܪܳܘܶܣ. ܢܳܪܽܘܩܳܐ *clear,* ܣܘܡܰܩܳܐ *the outer circle of a rainbow is of a clear red,* N. Hist. v. 2. 3 infra; ܘܚܰܠ ܢܳܪܽܘܩܳܐ Med. 271. 4.

ܢܳܪܽܘܩܬܳܐ col. 2442. with ܚܠ ܕܝ *sand of a reddish colour,* N. Hist. vii. 4. 4.

ܢܪܰܙ col. 2442. *to make a harsh sound,* ܢܪܰܙ ܘܢܦܰܨ ܬܰܦܚܰܕܠ Med. 216. 20. Of the grating sound of tin ܐܶܡܰܪ ܗܘܐ ܕܡܗܪܰܙ ܗܳܠ ܢܪܳܙ *how the Crier (tin) can be prevented from sounding,* Chimie 15. 6. Pael ܢܰܪܶܙ ܠܚܶܡ ܢܚܶܡ ib. 40. 6, cf. ܘܠܐ ܢܪܳܙܶܙ ܚܕܶܡ misspelling, ll. 9, 11. ܡܗܪܳܙܰܢ ܘܨܡܳܐ ܬܐ ܕܗܪܡܣ *the pure crier i. e. Hermes* = tin, ib. 53. 25, 15. 6.

ܢܳܪܥܳܬܳܐ col. 2443. *joyful hymns* opp. ܐܶܟܪܳܝܳܬܳܐ *dirges,* Brev. Ant. i. Cal. 56 a, ܒܡܶܦܰܩ ܒܪܰܘܥܳܢܳܐ ܘܢܶܚܕܶܐ ܐܚܕܰܘܗܝ ib. ii. 525 a 2.

ܢܳܪܽܘܪ Persian through Arabic ناسور Nöld. F.S. i. 220 n. 5. *a running sore, fistula,* in the eye, Med. 79. 17, 94. 12; in the foot, ib. 581. 23, ܢܳܪܽܘܪ ܘܠܐ ܡܫܰܕܩܒ ib. 582. 3, 5.

ܢܳܨܪܳܝܳܐ col. 2444. *a Nazarene, a Christian,* add: Mar Kardag 42. 11; pl. m. l. 14, f. ܢܳܨܪܳܝܬܳܐ ib. l. 8.

ܢܳܨܪܳܝܘܬܳܐ f. *Christianity,* Mar Kardag 82. 11.

ܢܨܰܪ pr. n. col. 2445. E-Syr. vowels ܢܰܨܰܪ Jab. 155. 6.

ܢܰܨܪܰܟܕܝܢ pr. n. *Nasareddin,* Jab. 130. 5, 194. 3 af.

ܢܨܰܚ col. 2445. Pass. part. ܢܨܺܝܚ, ܢܨܺܝܚܳܐ *apt, prompt,* add: ܚܰܡܥܳܕܟܳܐ ܘܐܰܘܢܳܐ ܢܨܺܝܚܳܐ ܩܳܒ ܠܘܚܟܳܢ *what we hear is readily forgotten,* Pallad. 354. 6; ܩܳܒܠ ܚܣܰܕܘܦܳܐ ܢܨܺܝܚܳܐ *capital is apt to vanish,* But. Sap. Econ. 1. 2.

ܢܘܰܩܳܐ *a libation,* ܚܕܝܳܐ ܘܒܘܩܢܳܐ *the mixed chalice,* Takhsa 169. 11, 13, ܒܘܩܢܳܐ ܘܐܘܨܚܐ l. 19.

ܢܩܺܝܣܒܟܳܐ col. 2447. Add: *a flagon,* ܢܣܚܶܕܐ ܘܢܩܳܐ Takhsa 109. 5 af., 110. 3. *A measure, a cupful* i. q. ܢܺܝܠܳܐ i. e. 1½ oz. or ½ *pint,* Chimie 69. 15, Med. 446. 13, 14, ܣܡܳܐܰܡ ܢܩܺܝܣܒܟܳܐ ܣ ܠܳܐܘܬܳܐ. ܠܳܐܘܬܳܐ, ib., *others say 1 menekitha = 1 spoonful and 1 spoonful = 4 mithqals,* ib. Pl. abs. ܢܩܺܝܡ ib. 55. 2, 60. 15. Cf. ܢܽܘܒܠܳܐ col. 2350 and ܐܚܣܢܳܐ col. 1130.

بقَد col. 2447. Pa. نقَّد denom. verb from ܢܩܕܐ : *to make effeminate.* Act. part. ܡܢܩܕܐ var. to ܡܕܢܩܐ, Sev. Ant. Hymns 165 n. Ethpa. ܐܬܢܩܕ *to be made effeminate*, ܡܕܢܩܕܝܢ, Sev. Ant. Hom. 54. 13.

ܢܩܕܐ, ܢܩܕܬܐ f. col. 2448. *female.* Chem. *mercury*, Chimie 19. 2.

بعم col. 2450. Pa. نقِم ܢܩܡ ܢܟܐ *to purify*, Pallad. 34. 11. Ethpa. ܐܬܢܩܡ *to be purified, refined*, ܡܡܢ ܘܡܕܢܩܡ Chimie 14. 10.

ܢܩܪ col. 2453. *to prick*, imper. ܡܢ ܢܩܣܝ Chimie 22. 16. Pa. ܢܩܪ *to peck*, ܡܢܩܪܝܢ ܩܘܩܝܠܒܝܢ ܠܒܢܝܗܘܢ pelicans *peck their young to death*, Natur 28. 1.

ܢܩܪܐ or ܢܩܪ m. *a bird's beak*, should probably be transferred to this root, from col. 3515 under ܢܩܪ, Poznański Z. A. x. 119 and cf. Nöld. Gr. § 126. D.

ܢܩܫ Ethpe. ܐܬܢܩܫ col. 2455. *to be cleared off* as stones, ܩܐܦܐ ܕܐܬܢܩܫ Ephr. Ref. ii. 63. 23; ܐܬܢܩܫ ܢܫܠܐ id. ed. Lamy ii. 277. 2; *to be cast away* as a stone, ܓܝܪܐ ܕܐܬܢܩܫ *the adulterer shall be thrown away into darkness*, ib. iii. 157. 25; ܐܬܢܦܟܬ ܡܢܗ ܡܕܝܢ ܘܠܝܚܘܬܐ *after the Flood all moisture dried up*, Jac. Sar. Hom. iii. 55. 1.

ܢܩܥܐ col. 2456. Usually *a lump of flesh*, add : *a lump* or *mass of molten glass*, Chimie 100. 1.

نقِّف col. 2457. *to adhere.* Add : 1) imper. ܢܩܦܘ ܠܡܕܒܪܢܝܟܘܢ *follow your leaders*, C. B. M. 739 b, A. M. B. iii. 307. 2) *to follow, ensue*, ܢܩܦܝܢ ܠܗܘܢ ܡܛܐ *symptoms follow*, Med. 40. 5, ܩܪܝܪܐ ܠܐ ܢܩܦ ܠܗܘܢ *chilly people in consequence of their feeling cold do not suffer from thirst*, ib. 1. 6; 291. 14; ܦܣܩܐ ܘܢܩܦܝܢ *lawful and proper* resolutions, Sev. Lett. 179 ult. Ethpa. ܐܬܢܩܦ *to unite, to agree*, ܐܬܢܩܦܘ ܘܒܐܝܕܝܗܘܢ ܚܕܐ ܚܕܐ ܠܐ Jos. ed. Weinberg 18. 4 af. Aph. ܐܢܩܦ *to bring close together*, add : ܡܢܩܦܝܢ ܠܟܣܩܬܐ ܕܦܣܩܐ ܙܢܐ *we must bring the edges of the cut together*, Med. 43. 14; ܠܢܩܦܘ ܘܠܡܟܫܟܡܘ ܡܙܕܐ *to piece together and harmonize histories*, Hist. Mon. i. 16. 12; ܢܩܦ ܟܕܝܒ ܟܕܘܒܘܬܗ *Satan stuck to him whatever he was doing*, Pallad. 11. 6. *To apply oneself* with ܠ and a verb, ܐܢܩܦܘ ܝܗܘܕܝܐ ܠܡܢܩܘܬ ܕܚܒܝܬܘܗܝ *the Jews attempted to hinder* the Romans, Josephus vi. 3. 3 af., ܐܢܩܦ ܠܟܡܟܡܗ ܦܘܡܒܪܢܩܦ Pallad. 4. 16, 17. With ܕ, ܚܘܢܐ ܥܒܕܐ ib. 5. 4, 15. 14, 24. 20. N. B. ܢܩܕܟܠ ܐܢܩܦ ܘܟܡܩܐ ܬܐܡܐ ܟܕܐ *the subject which had occupied him*, ib. 80. 10. *To give heed, pay attention to*, act. part. ܢܩܦ for ܢܩܦ as if from a ܢܩܣ verb. Unless it should be ܢܩܣ q. v. col. 2460 and Suppl. BH. puts this word under ܢܩܣ Gram. i. 97. 23. ܘܩܝܣܐ ܡܢܩܦ *even a fool is concerned for his body*, Is. Ant. ii. 56. 11, 204. 7. With ܥܠ, ܢܩܦ var. ܡܢܩܦ A. M. B. 25. 7 = Pallad. 21. 16 which has only ܢܩܦ. Rit. ܢܩܦ *he proceeds, continues*, Brev. Chald. i. 51 infr., 54. 3 af., ܐܢܩܦ ܕܣܦܪܐ ܚܬܢܐ *he goes on to the tune of the Blessed Martyrs*, Takhsa 114. 18, 23, 115 bis. Usually act. part. ܢܩܦ ib. 7 ult., ܢܩܦ ܦܘܢܐ ib. 11 pen., 13 ter. Pl. ܢܩܦܝܢ ib. 63. 8; ܡܢܩܦܝܢ ܡܕܢܩܒܢܝ *they proceed* to recite *the Creed*, QdhamW. 43. 4; Brev. Chald. i. 26. 8, 54. 12, 59. 12, 13 and passim.

ܢܩܦܐ col. 2459. rit. *a sequence*, Brev. Chald. i. 238. 3, 295. 6, 308. 22, Takhsa 52. 16, 53 quater, 54 bis.

ܢܩܦܘܬܐ = κοινωνία, *fellowship, intercourse*, ܒܢܩܦܘܬ ܘܐܚܕܐ ܕܐܢܫܐ Pallad. 73. 6 = A. M. B. v. 96. 3, Schulthess n. G.G.A. 1895, 9. 679.

نقِس, ܢܩܣ col. 2460. 24. With ܥܠ ܠܐ ܢܩܣ ܥܠ *to stick to, pay attention, study*, ܥܠ ܘܕܐ ܘܐܚܐ Ephr. ed. Lamy iv. 429. 7. m. pl. ܢܩܣܐ *adherents, "compagnons,"* Sev. Ant. Vit. 24. 4 i. q. ܢܩܦܘܢܕܐ q. v.

ܢܩܣܘܬܐ add : rhet. *co-ordination*, Nöld. F.S. i. 485.

ܢܩܬܐ col. 2461. ܠܘܬ ܘܐܪܙܐ Natur 40. 2; ܠܚܕܐ ܘܢܩܬܐ Nars. ed. Ming. ii. 40 pen. with n. ܢܩܬܐ *conjugal intercourse; a wife.*

ܢܩܬܐܝܬ add : *consecutively*, ܠܡܢܐ ܢܩܬܐܝܬ ܐܘܝܢ *numerals run consecutively*, Sev. Ant. Hymns 44. 2; *in continuation*, ܢܩܬܐܝܬ ܒܐܚܕ Išoyahb ed. Duval i. 18, Nest. Hérac. 80. 2.

ܢܩܦܢܐ, ܡܢܩܦܝܢܐ *causing to cohere,* ܡܟܠܝܢ̈ܐ ܩܢܦܐ̈ܠ ܘܡܢܩܦܝܕܗ̈ܡ ܟܬܝܪܐܝܬ *fitting portions closely and making them cohere,* But. Sap. Philos. 2. 4.

ܢܩܪ col. 3462. *To break out* as a rash, Lexx. under ܡܪܣ col. 3486. DBB. 1710. 9.

ܢܩܕ, ܢܩܕܐ col. 2463. Arab. نقرة *an ingot,* Chimie 38. 7, 40. 17, 52. 9, 10.

ܢܩܪܐ *boring, making an incision,* N. Hist. iii. i. sect. 2 : cf. ܢܩܥܐ.

ܢܩܪܐ m. *a chip,* ܝܩܪܐ ܘܝܐܦܐ Med. 554. 11.

ܢܩܪܘܬܐ m. *the beak* of a vulture, Med. 589. 11. Cf. ܢܩܕܘܪܐ col. 2273 and ܢܩܕܪܐ col. 2453.

ܡܢܩܪܐ *a beak*; add : Mar Bassus 37. 499.

ܢܩܪܐ col. 2463. *a channel.* Add : *spout of a kiln,* ܢܩܪܐ ܕܢܦܚܐ Chimie 101. 10.

ܢܩܪܬܐ cf. Arab. منقر *a reservoir.* A cistern, Hist. Mon. i. 225. 7, ii. 426 n. 4.

ܢܩܪܘܣ pr. n. a village in Armenia, Patr. Or. v. 5. 730, antep. and ult.

ܢܩܫ col. 2464. *to strike.* Add : ܢܩܫܗ ܠܟܣܐ ܒܨܒܥܗ *Joseph tapped the cup with his finger,* Jos. ed. Wolflink 15. ܢܩܫ ܘܐܟܪܙ ܘܐܣܗܕܘ̈ܗܝ ܘܐܪܝܡ ܚܫܚܬܐ ܕܐܘܢܓܠܝܘܢ *he put forward and urged in witness of his opinion, the saying of the Gospel,* Pallad. 166. 9. To beat the *Nakusha* = board = to summon to a feast, ܢܩܫ ܣܡܟܐ Brev. Chald. ܐܚܝ. Pass. part. ܢܩܝܫ *palpitating, flickering,* ܚܡܬܐ ܘܢܩܘܦܐ ܩܐ ܢܩܝܫ A. M. B. ii. 282 pen. Ethpe. ܐܬܢܩܫ with ܩܪܒܐ *to declare war,* Jul. 103. 25 ; ܐܬܢܩܫ ܬܠܐ ܕܥܦܪܐ *a mound of earth was thrown up,* Hist. Mon. i. 206. 3.

ܢܩܘܫܐ *the board struck to summon the congregation to church,* Gr. σήμαντρον, ἅγια ξύλα, Jac. Edes. Can. 147. Perhaps *a plectrum,* mentioned with ܟܢܪܐ as borne by Apollo, Gr. κιθάραν καὶ ἐπαυθίδα or ἐπανθίδα or ἐπαυλίδα, Arist. Apol. ܣܡ. 22 ; cf. ܢܩܫ ܕܩܝܣܐ ܘܪܡܙܐ ib. ܡ. 5. *Throbbing pain,* ܢܩܫܐ ܘܟܐܒܐ ܘܩܕܚܝ̈ܐ ܢܩܫܐ *throbbing headache and migraine,* Charms 79. 12 ; J.A.O.S. xv. 285. 8. 9.

ܢܩܫܐ col. 2466. 7 of par. *the pulse; throbbing, a rapid pulse,* Med. 39. 3 ; ib. 41. 14, 79. 2 ; ܠܐ ܢܩܫܐ ܘܪܚܦܘܢܐ ܢܩܫܐ ܘܚܡܝܡܐ ܢܩܫܐ ܘܗܢܝܚܐ *failure of the pulse (in fainting fits) and a faint or bad pulse,* ib. 281. 13 &c. ; ܢܩܫܐ ܘܪܝܫܐ *headache,* ib. 54. 3.

ܢܩܫܐܝܬ *with concussion,* of earthquakes, N. Hist. iv. 11. 2, the passage is quoted under ܢܩܫܐ ܕܟܢܘܫܐ Suppl.

ܢܘܪܒܐ col. 2468. *a rod, shoot.* Derived from ܪܒܐ *to grow,* Barth. Z. A. iv. 376. Add : *shoot of a reed* ܢܘܪܒܐ ܕܗܘ ܘܪܡܚܐ ܕܐܘܚܠܐ BB. under ܩܥܒܪ col. 3205. ܢܘܪܒܐ ܕܐܣܠܐ *an olive shoot,* Med. 561. 18 ; ܡܢ ܢܘܪܒܐ ܚܕܟܡ *a single stem,* ib. 598. 3.

ܢܪܓ col. 2469. i. q. ܢܪܓܠ *Nergal,* Assyr. god of war, Coupes ii. 156. 8, 9. Mandaean ܢܝܪܝܓ, Mand. Relig. Brandt 52.

ܢܪܓܝܐ m. pl. *followers of Nergal,* Coupes ii. 156. 1.

ܢܪܕܝܢ col. 2469. *nard.* ܢܪܕܝܢ ܘܒܘܢܐ ܬ Med. 90. 13 and marg., ܢܪܕܝܢ ܡܓܘܫܐ ib. 182 ult. ܚܡܣܐ ܘܢܪܕܝܢ see under ܚܡܣܐ.

ܢܪܘܫܐ col. 2470. ܒܚܕܐ ܢܪܘܫܐ *in the metre of Narses,* Hormizd 4 ; ܡܪܡܟܐ ܢܪܘܫܝܐ Jos. Narses 111. 2.

ܢܪܣܘܝ (ܘܪܒܐ, ܘܚܕܐ) *Narsowai,* prob. Jacobite saint, Jab. 483. 5.

ܢܪܣܒܕܝܐ m. pl. *inhabitants of Narsabad,* Dion. 110. 2, cf. ܢܪܣܒܕ col. 2470.

ܢܪܦܐܠ col. 2470. Correct : title of an official, Act. Mart. i. 166.

ܢܪܩܐ col. 2470. νάρκη θαλασσία, Diosc. i. 174, *Malapterus electricus, the torpedo* or *electric ray,* Ar. FischN. 61, Med. 111. 14. Cf. ܒܪܘܩܣ col. 2263 and Suppl.

ܢܪܩܡܐ col. 2470. Delete. It is ܡܪܩܡܐ *pods,* R. Duval.

ܢܪܩܝܣ col. 2470. *the narcissus;* ܚܒܝܠ ܘܢܪܩܝܣ *narcissus juice,* Med. 557. 18, JAOS. xx. 193, 2. ܟܩܠ ܘܢܪܩܝܣ Med. 572. 20. See under ܚܡܣܐ.

ܢܰܗܘܽܡܳܐ col. 2471. A village in Marga, Sassanidi 25. 7, var. ܢܗܘܡܣܘܢ, ܢܗܘܡܣܣܘܢ, تَرْكِيس Jab. 269. 12.

ܢܰܗ. ܢܰܗܺܝܡܳܐܺܝܬ col. 2472. *sluggishly*, Med. 539. 7.

ܢܗܺܝ col. 2472. *to give over to oblivion*, ܠܐ ܗܘܝ ܠܐܬܢܰܫܺܝ Poet. Syr. 55. 6 af. Ethpe. *to be forgotten*, ܣܰܟܠܐ ܘܣܰܘܝܳܐ ܕܢܶܬܢܫܶܐ ib. 10 af. Aph. ܢܰܫܺܝ *to make to forget*. The quotation—col. 2473. 1 is to be found in Ephr. ed. Lamy iii. 23. 4 af. with ܢܗܺܝ for ܢܶܗܝ; ܠܡܶܚܕܐ ܗܳܢܘ ܚܰܫ Hormizd 1881.

ܢܶܗܝܳܢܘܽܬܳܐ col. 2473. *loss of memory*, Hippoc. iii. 29, Med. 5. 12, 9. 7, 29. 9; a disease of the soul, But. Sap. Eth. iv. 3.

ܢܶܩܒܬܳܐ f. dim. of ܢܶܩܒܳܐ *women*. *A poor little woman*, add: BH Gr. i. 66. 13. Pl. ܢܶܩܒܬܳܐ *stupid women*, But. Sap. Eth. iv. 5, BH. on 2 Tim. iii. 7.

ܢܶܗܒܰܬ, ܢܗܶܒ col. 2473. *effeminate; feminine*, add: ܢܶܗܒܰܬ ܩܳܠܐ ܘܬܰܪܺܝܡ ܩܳܠܐ Nestorius had *a high voice like a woman's*, Pléroph. 12. 3 and n. 162; Dion. Ined. 66. 3 af., ܘܩܰܡ ܢܶܗܒܬܳܐ τὰ γυναικεῖα, *menses*, Hippoc. v. 26.

ܢܰܫܳܕܪ *sal ammoniac*, Chimie 37 antep., 39. 4. Oftener ܢܫܳܕܪ col. 2330 and Suppl.

ܢܰܗܶܒ col. 2474. *to blow*. Act. part. pl. f. ܢܶܗܒܳܢܽ *violent winds*, Dion. 194. 6.

ܢܗܰܒ Chimie 59. 14: see ܢܫܳܕܪ.

ܢܶܗܡ col. 2476. *to breathe*; ܢܳܦܚܺܝܢ ܘܠܐ ܣܳܗܡܺܝܢ *breathing out pitiless anger*, Nest. Hérac. 367. 20. *To inject* ܢܶܗܡ ܦܶܡ ܚܕܳܐ ܠܐܰܕܢܳܐ Mt. Singar 15. 3 af.

ܢܶܗܡܬܳܐ, ܢܰܗܡܳܐ *breath*, add: ἀνάπνοια, Hippoc. vi. 52; ܢܶܗܡܳܐ ܚܰܣܺܝܪܳܐ δύσπνοια, ib. iv. 50; ܚܰܣܺܝܪܘܽܬ ܢܰܗܡܳܐ *the same*, ib. iii. 30, Med. 186. 17.

ܢܽܗܳܡܳܐ col. 2477. 2) *a serpent*, add: נישוך *the hiss* of a snake, Buxtorf; Pers. Mart. 77 n. 708; Harkavy Festschrift 40.

ܢܶܗܡܳܐ *a snake*. So Hoffm. corrects ܣܶܡܗܳܐ ܕܚܶܣܡܐ Pers. Mart. n. 708 = A. M. B. ii. 678. 7 where Bedj. has ܣܶܡܳܐ ܕܚܶܣܡܳܐ. The story is full of the casting out of serpents.

ܢܶܗܡܳܐ m. i. q. ܢܗܡܳܐ 2) *ridge* or *gable*, A. M. B. v. 535. 8, 12.

ܢܬܰܠ Ethpa. ܐܶܬܢܬܶܠ col. 2483. *to be weighed down, to bend beneath a weight*, (ܐܳܠܘ ܚܫܕܗܘܢ) ܘܚܟܺܝܡ ܦܩܰܪ̈ܐ ܡܓܰܢܕܶܠܺܝܢ ܠܗܘܳܐ Manichéisme 141. 2; ܫܐܺܕܺܝܢ ܣܚܶܦܘܽܗܝ ܕܐܺܝܬܰܘ ܒܰܐܘܰܐܪ demons *held him dangling downwards in the air*, Hormizd 2834.

ܢܬܰܠ col. 2483. *to draw*, add: ܘܗܘ ܢܳܬܶܠ ܚܽܘܪܬܳܐ *the elephant's trunk draws up water*, Natur 11. 1; ܢܬܳܠ ܢܰܦܡܶܗ ܠܓܰܘܗ *a fox draws his breath inwards* when shamming death, ib. 5. 6; Gest. Alex. 192. 9; ܐܰܡܬܠ ܘܢܳܬܶܠ ܒܓܰܘ ܗܳܘܗܳܐ ܕܡܺܝܬ *in order to draw away matter from the suffering member*, Med. 42. 20; ܢܳܬܠܺܝܢ ܘܡܰܣܩܺܝܢ *the veins draw chyme upwards*, ib. 267. 10, ܘܢܬܳܠܐ ib. 278. 14, ܚܡܶܣܟܶܢܕܐ ܢܬܳܠܐ ܘܚܳܟܠܳܐ ib. l. 19. ܠܬܰܫܥܺܝܬܐ *the soul is ardently attracted to sacred history*, Is. Nin. ed. Chab. 96 Syr. ult. L. 19 of par. ܡܰܓܢܳܛܳܣ ܗܳܝܘ *the magnet*, cf. Pers. ربا آمن Lag. Abh. 53. 20, B. N. 11. Pa. ܢܰܬܶܠ 7 of par. add: ܠܐ ܡܶܬܢܬܠܳܐ *undistracted, unharassed*, Syn. Or. 57 ult. Ethpa. ܐܶܬܢܬܶܠ. ܢܳܦܫܶܗ ܒܗܰܠܝܢ ܘܐܳܣܺܝܪܳܐ ܒܚܰܫܳܚܬܐ for τρεπομένους, Josephus vi. 3. 14.

ܢܬܳܠܳܐ pl. ܢܬܳܠܶܐ col. 2485. *snatching, clutches* of beggars, Pallad. 373. 16. *Draggings away*, Dion. 79. 18. *Distractions*, ܘܠܐ ܡܶܟܠ ܢܬܳܠܐ *undistracted peace*, Pet. Ib. 66. 17; ܢܬܳܠܐ ܥܰܡ ܓܶܠܳܐ ܬܘܳܠܐ Hist. Mon. i. 381 ult., Is. Nin. B. 1. 10, 130. 14.

ܢܳܬܘܽܠܳܐ add: ἑλκτικός, Galen. 242. The ref. to BH Eth. = ed. Bedj. 39. 12. *Attraction, one of the four natural powers* ܡܬܳܠ of the *body*, ܢܬܳܠܐ ܘܡܣܰܟܠܐ ܘܐܺܣܘܽܪܳܐ But. Sap. Eth. 1. 2, N. Hist. viii. 2. 1, Med. 110. 11. Adj. an *alembic is* ܡܟܰܢܣܽܘܕܐ ܘܡܶܫܠܐ *draws upwards and whitens*, "distille et blanchit," Chimie 19. 2, ܡܚܰܒܶܢ ܠܳܬܶܠ "notre alembic pour distiller," l. 6.

ܢܬܽܘܠܐܺܝܬ *rapaciously*, Pallad. 454. 5.

ܢܬܽܘܠܽܘܬܳܐ *attraction*, add: *the drawing away* of evil humours, Med. 47. 20, 65. 19,

80. 19, 150. 11, 206. 2. ܒܲܡܥܘܼܠܵܐ ܘܐܲܡܪܠܝ wryness of the neck, ib. 155. 16. ܒܲܡܥܕܐ ܡܚܒܠܐ ܡܢ ܣܛܪܐ the pulling away of parts from each other when a rent is made, N. Hist. iii. i. sect. 2.

ܢܦܠܐ col. 2485. Delete the reference to ܐܙ; R. Duval corrects by BA. ܡܥܕܐ ܘܡܚܡܠܐ ܠܩܘܒܠܐ ܕܢ ܘܢܚܬ the scale of the balance opposite to that which dips down, DBB. 691 n. 1. Add: suction, drawing in the breath, ܒܲܠܩܦ ܘܒܲܕܡܢ Gest. Alex. 192. 9; drinking ܟܲܒܟܦܵܐ N. Hist. vii. 4. 1.

ܢܲܦܵܪ col. 2485. i. q. ܚܡ ܒܲܦܪ a village in Adiabene, cf. ܒܲܝ col. 2430.

(ܐܚܕܢ) ܢܲܦܬܪܢܵܐ of Nethpar, add: M. Z. 83. 21, Chast. 26 infr. f.

ܢܦܠ col. 2485. to fall out, add: ܡܢ ܣܒܪܐ ܠܐ ܣܢܘܦܬܗ ܬܦܠܐܢ Pallad. 90. 19. Metaph. to fail, perish, ܢܦܠܐܢ ܚܡܚܕܡܝܗܢ Pléroph. 15. 15. Trans. ܢܚܦܝܢ ܕܢ ܢܚܠ ܡܘܬܒܐ they powder it on sores, BB. under ܒܲܡܕܪ col. 287, DBB. 216. 11. Aph. ܐܦܠ to make to fall, to cast, add: ܐܒܝܟܠܐ ܘܥܠܪܘܗܝ ܢܦܠܐ Warda 40 v, ܠܐ ܠܡܢܦܠ ܡܢ ܒܫܩܠܐ ܠܐ ib. 118 r;

ܣܝ) ܚܨܕܐ ܘܐܠܠܝ ܚܣܕܐ let not the sheaf given by mercy fall from our hands, Ephr. ed. Lamy iv. 425. 5. ܒܲܡܦܢ ܘܒܲܟܦܐ ܢܦܬܐ opp. ܡܘܝܟܐ a depilatory, Med. 580. 13.

ܢܦܠܐ add: 1) anything which falls; shavings, filings, ܢܦܠܐ ܘܡܢ ܡܚܡܣܐ Gest. Alex. 233. 11. Metaph. ܢܦܠܐ ܕܐܪܙܝܟ ܚܡܦܟ I have picked up a few crumbs of Thy mysteries, Ephr. ed. Lamy i. 705. 19; ܡܟܪ ܐܚܪܐ Narses ed. Ming. 233. 1, Poet. Syr. 35. 8 af. ܢܦܠܘܗܝ ܘܦܓܪܐ the remains of the dead, Warda 118 r. 2) a drip-board, ܗܘ ܗܕܐ ܕܢܒܐ ܐܪܝ ܢܦܠܐ ܡܝ ܡܐܚܕܢܐ BB. under ܪܘܬܒܐ col. 1101. 15, DBB. 679. 3) Nitre, Chimie 44. 6, Med. 55. 13. Also ܢܘܦܐ ܘܚܩܪܘܒܝ ܘܦܟܚܡܬܐ ܘܢܦܠܐ viz. Nitria, Pallad. 278. 10. Med. 606. 15 has the same as BA. and adds ܐܙ ܢܦܠܐ ܘܐܡܠܐܠ ܒܘܪܩ ܐܪܡܢܝ ܘܗܘ ܒܝܙܢܦ.

ܢܦܠ col. 2487. to tear. add: imper. ܐܦ ܠܦ ܘܐܚܘܕ come, with eagerness seize and eat, Is. Ant. ii. 32. 9; to excerpt, ܢܦܠܐ ܚܡܩܕܚܝܕܠܐ Sev. Ant. Vit. 105 ult. Pa. ܢܦܠ of geese, to peck, tug at an intruder, Natur 22. 14.

❖ ܣ ❖

ܣܐܬܐ, ܣܐܘܐ ܣܘܪ col. 2489. f. a seah. ܣܐܬܐ ܚܕܐ a liquid measure equalling fifty pints, Epiph. 4.

ܣܐܒ col. 2491. to be old. Aph. ܐܣܐܒ to grow old. Add: ܘܡܚܒܠܐ ܐܣܐܒ ܗܘܐ who was even then aged, Pléroph. 28. 3.

ܣܝܒܐ ܘܩܫܝܫܐ relating to age, ancient, ܩܫܝܫܐ refutation of the conjectures of the elders, N. Hist. iv. 4. 3 tit.

ܣܒܐܣܛܝܐ Sebaste, in Palestine, Nöld. F. S. i. 468. 8. Usually written ܣܒܣܛܝܐ q. v.

ܣܒܢܝܛܘܣ Sebennytos, bpric. in Egypt, Sev. Ant. Vit. 78. 9. Cf. ܣܒܢܝܛܘܣ col. 2505.

ܣܒܬܐ pl. of ܣܒܐ col. 2492. sagae, Sibyls, ZDMG. lviii. 497 on Stud. Syr. Rahm.

ܣܓܐܦܝܢܢ σαγάπηνον, a resin: see ܣܓܦܝܢܗ.

ܣܐܘܝ (ܘܐ) ܣܪܢܓ Pers. gloss to ܣܘ ܙܐܘܦ white mercury, Chimie 4. 6.

ܣܘܐܢܐ i. q. ܣܘܐܢ col. 2493. Syene, Pallad. 100. 6; ܣܘܐܢܐ ܦܡܐ ܘܐܟܐܪܒܝ ib. 349. 12.

ܣܘܐܦܝܣܡܘ σαυριασμοί, swellings, Hippoc. ii. 19 n. 4, iii. 25.

ܣܘܕܣ for ܐܣܕܝܗ oyster, Natur 61. 6, 12.

ܣܘܡܐܒܝܠ with gloss ܙܪܢܝܚ (Pers.) arsenic, Med. 606. 20.

ܣܓܠܣܘܣ Σαγαλασσός, *Sagalassos* in Pisidia, now *Agulasun*, Nöld. F. S. i. 473. 110.

ܣܒܠܐܒܝ prob. i. q. ܣܒܠܘܢܐ col. 2643. *a turtle*, N. Hist. vii. 2. 3.

ܣܒܠܟܢܐ see ܚܢܦܐ Suppl.

ܣܠܘܩܒܝܐ Σελευκόβηλος, *Seleucopolis* in Coele-Syria, Nöld. F. S. i. 469. 27.

ܣܠܝܢܘܣ ὁ Σελινοῦντος, *of Selinus* in Isauria, Nöld. F. S. i. 471. 75.

ܣܠܟܢܐ oftener ܣܠܚܘܢ. σέλαχος, -η, *selachus*, *a shark*, N. Hist. vii. 1. 4.

ܣܐܡܐ, ܣܐܡܢܐ *silver*. Pl. f. emph. ܣܐܡܢܐ for ܣܐܡܢܐ in a Comment. on the Psalms, WZKM. ix. 201. 18.

ܣܐܡܢܝܐ col. 2495. ܐܒܐ ܣܐܡܢܝܐ *pierre argentée, argentiferous pyrites*, Chimie 8. 17.

ܣܐܡܘܣ col. 2495. *the island of Samos*, l. 2. corr. ناحية for ناحية. Add ref. Jac. Edes. Hex. xii. 7.

ܣܐܢ col. 2495. *to put on shoes*. Pael ܣܐܢ *to shoe*. ܣܐܢ ܡܣܐܢܐ *shoe those who wear sandals*, Poet. Syr. 99. 8.

ܣܐܢܬܐ f. *wearing shoes, being shod*, But. Sap. Isag. 2. 8.

ܣܐܝܗܘܣ for ܣܐܝܗܘܣ? σαίτης, a measure of capacity = 22 ξέσται, Epiph. 5. 3.

ܣܢܛ ܠܘܪܢܛܝܘܣ = ܡܪܝ ܠܘܪܢܛ *Saint Laurence*, Jab. 67. 6.

ܣܐܡܐܚܕܣ see ܣܐܡܠܐܦܣ col. 2682 and Suppl.

ܣܐܪܕܘ Σαρδώ, *Sardinia*, Jac. Edes. Hex. xii. 5. See ܣܪܕܘ &c. col. 2731.

ܣܐܪܢܘܣ i. q. ܣܪܕܘ *sorry*, Chimie 11, 13 bis.

ܣܚܠ col. 2499. 5. Transpose ܚܣܪ : ܣܚܠ *he slighted Thee by enquiry*, Ephr. iii. 25. 9.

ܣܒܝܢܐ *the savin*, col. 2500. 2 of par. add: ܡܫܚܐ ܣܒܝܢܐ *oil of savin*, Med. 147. 22.

ܣܒܝܢܐ col. 2500. pr.n.m. *Sabinus* should be *Olbinus*, procurator of Tiberius Caesar, Hist. B.V.M. 97. 1, xii. 2. See Duval Litt. Syr. 113.

ܣܒܝܪܐ m. pl. Σάβειροι, *Sabirites*, a Uralian tribe related to the Huns, WZKM. ix. 92.

ܣܒܟ col. 2501. Act. part. ܣܒܟ ܐܝܠܢܐ ܕܡܬܒ a tree suffering from drought *sucks up within it the strength of the water*, Is. Nin. 3 pen. Pass. part. ܣܒܝܟ, ܡܣܒܟ *clinging, clogging*, ܟܢܫܐ ܕܣܒܝܟܐ ܕܡܒܝܬܘܗܝ ܘܐܣܝܘܡܕܟܐ Pael ܣܒܟ i. q. Pe. 2) *to attempt*, with ܠ, ܣܒܟܘ ܠܡܚܕܟܗ ܠܐܚܪ ܘܩܘܡܚܣܐ Dion. 13, 2, ܡܣܒܟܝܢ ܠܚܣܡܗ ib. 89. 9. Aph. ܐܣܒܟ *to fix, attach*, ܥܡ ܝܣܒܩܗܐ ܐܣܒܟ ܟܡ Ephr. Jos. 176. 4; ܚܛܬܢܟܐ ܐܣܒܟ ܐܢܫ ܠܚܫܡܫܚܬܐ *Satan attached* mankind *to the service* of the creatures, Jac. Sar. Hom. iii. 801. 4.

ܣܒܠ col. 2503. *to carry*. Add: ܣܒܠܐ ܡܒܘܒܠ *he conveys*, Ephr. Ref. i. 179. 1, 2, l. 5. Pa. ܣܒܠ *to bring*; ܡܣܒܠܝܢ ܡܒܣܕܝܡ *to inflict*. Add: ܡܣܒܠܕ ܠܛܘܥܝܝ *to perpetuate error*, Sev. Lett. 63. 12. Aph. ܐܣܒܠ *to woo*, ܡܣܒܚܝܡ ܠܚܢ ib. 496. 7, 498. 1. Ettaph. ܐܬܣܒܠ *to be made to suffer*, Hormizd 2340.

ܣܒܠܐ col. 2504. *a porter*. Pl. *carriers of corn to the threshing-floor*, ܐܘܕܐ ܦܝܣܟܠܐ ܘܐܒܝ ܐ.M.B. v. 456 ult. ܚܢ ܟܢ ܣܒܠܐ

ܣܒܠܐ or ܣܒܠܐ Pognon thinks this the act. part. yet points in the second manner for ὁ Ὠμοφόρος (Epiph.) of the Manichees, *the Supporter = Atlas*, a giant who bears the earth on his shoulders, ܚܒܠ ܐܘܗ. ܘܢܡܙ ܡܚܕܠܐ ܣܒܪ ܕܩܕܝܗ ܘܠܚܒܣ ܐܒܚܕܐ Coupes ii. 128. 5, 4, 3 af., Ephr. Ref. ii. 208. 39; Burkitt Introd. cxxxv.

ܣܒܕܘܡ col. 2504. *carrying*, ܘܦܚ ܡܒܪܕܐ Pallad. 481. 3 *of thieves carrying goods*.

ܣܒܘܪܐ ܣܒܝܟܢܐܝܬ, ܣܒܝܟܢܐ *gradual*, ܡܣܝܒܕܕܐ ܐܚܕܘܦܚܡܣܒܝ ܣܒܝܟܢܐ ܦܬܒ ܩܒܚܬܐ But. Sap. Philos. 5. 2.

ܣܒܘܟܐ col. 2504. *a symbol*. See under ܣܚ.

ܣܒܠܝܢܝܣܗܐ with ܚܟܒ for Greek infin. σαβελλιανίσαι, *to be a Sabellian, profess Sabellianism*, BH Gr. i. 47. 17.

ܣܒܡܚܐ *Sibmah*, col. 2505. l. 3 of par. corr. the ref. to Jer. It should be Jos. xiii. 19.

ܣܒܠܝ ܐܡܒܕ *The Book of Maccabees*, Eus. ed. Maclean 416. 13.

ܣܓܕ col. 2506. *to be frequent.* Pa. ܣܲܓܝ݂ *to multiply,* ܣܓܝ ܐܠܗܐ ܠܝܡܐ ܓܙܪܬܐ *God strewed the sea thickly with islands,* Jac. Edes. Hex. xix. 1, 18. 13, 25. 9; ܣܓܝ ܩܕܡ ܐܢܬ ܚܩܠܐ ܡܠܬܚܕܐ *he filled the tables of the Law with many words,* Ephr. ed. Lamy ii. 735. 9, ܠܘܩܒܠܗ ܣܓܝ ܚܘܒܗ ib. 739. 5, Hormizd 2697. Ethpa. ܐܣܬܓܝ *to do anything rapidly,* ܢܦܫܐ ܐܣܬܓܝ *the breathing becomes rapid,* Med. 229. 3.

ܣܘܓܼܦܐ m. *rapidity,* ܠܣܘܓܦܐ ܕܡܪܕܝܬܐ *to travel at speed,* Hormizd 2778.

ܣܒܥ col. 2508. *to be filled, satisfied.* Ethpe. ܐܣܬܒܥ "*to cause satiety,* ܡܐܟܠܐ ܕܠܐ ܣܒܥܐ ܡܡ Jul. 6. 25. Pa. ܣܲܒܲܥ *to fill.* L. 9 of par. delete the first ref. to Kal-w-Dim. Add: ܚܒܪܗ ܣܒܥܗ ܚܘܡܬܐ Pallad. 41. 21.

ܣܥܘܕܐ col. 2509. 1) *supper, evening meal* esp. of monks who fast all day, ܘܣܥܘܕܐ ܕܠܚܡܐ *grace after meat,* Takhsa 101. 6. 2) *compline, service following supper,* Qdham W. 128 quater, 167 quater, 176. 2; B. Nin. 6. 17 ff., 7. 2. 3) ܒܝܬ ܣܥܘܕܐ *the refectory,* Badger, Nest. ii 18. Also *the place where compline is said.* The latter is probably right in B.O. iii. i. 217 ܚܫܡ ܣܥܘܕܐ ܣܒܝܥܝ ܘܡܝܢ ܩܝ݂ = Hist. Mon. i. 94. 4, ii. 216 n. 6. ܫܠܝ ܘܣܥܘܕܐ ܕܪܘܩܐ ܗܘܐ܂ ܐܝܟܐܘܗܝ B. Nin. 6 pen.

ܣܥܘܕܬܐ f. i. q. ܣܥܘܕܐ *compline,* QdhamW. Index 15, ܘܣܥܘܕܬܐ ܕܥܡܕܐ ib. 242 tit., 266 ult.

ܡܣܒܥܢܐ col. 2509. 1) *He who feeds,* add: BH Eth. 125. 3 af. 2) *replete,* pl. ܡܣܒܥܢܐ opp. ܩܦܩ Išoyahb 52. 22.

ܣܒܪ col. 2509. *to be of opinion.* Pael ܣܲܒܲܪ 2) *to announce, inform,* ܡܫܡܫܢܐ ܥܠ ܣܒܪ ܠܗ ܘܐܡܪ *the deacon entered to give him notice,* Jul. 11. 20.

ܣܒܝܪ, ܣܒܝܪ *reputed, held in esteem,* ܣܒܝܪ ܒܝܘܠܦܢܗ ܘܐܡܝܘܬܐ *esteemed for his Magian learning,* A.M.B. ii. 565. 10; ܐܦܠܐ ܐܝܬܘܗܝ ܣܒܝܪܐ܂ *nor can it be supposed that —,* Jac. Sar. Hom. iii. 65. 15.

ܣܒܝܪܐܝܬ *in semblance,* ܐܝܕܥܬܢܐ—ܚܙܝܐ ܗܘ ܣܒܝܪܐܝܬ Sev. Lett. 511 ult.

ܣܒܝܪܐܝܬ *confidently,* Hormizd 2306.

ܣܒܪܐ col. 2513. *news, tidings.* Add: ܢܣܒܐ ܟܡ ܣܒܪܐ ܘܚܡܣܢ Hormizd 989.

ܣܒܘܥܐ *the season of Advent,* QdhamW. 144. 19; ܣܒܘܥܕܐ ܘܣܒܘܥܐ Brev. Chald. 1. 27, 7.

ܣܝܒܪܬܐ m. *sustenance, food,* ܚܓܝ ܚܩܠܐ ܚܝܝܡ ܣܝܒܪܬܐ Warda 126 r, 127 v.

ܣܒܪܢܘܬܐ col. 2515. Add: Gr. οἴησις, *self-conceit,* ܣܝܡ ܣܪܘܐ ܘܢܦܫܐ ܡܣܒܪܢܘܬܐ Is. Nin. Chabot 12. 6.

ܡܣܒܪܢܘܬܐ gram. *illation, putativeness,* ܕܐܪܐ ܡܚܠܐ ܘܡܣܒܪܐ ܚܟܡ ἄρα *forms a putative sentence,* Hebr. iv. 169. 14. Cf. BA. and BB. col. 1721.

ܡܣܒܪܢܝܬܐ gram. *expressing opinion, supposition,* ܦܐܡܚ ܡܣܒܪܢܝܬܐ ܘܗܝ Tract. on Syr. conjunctions, Hebr. iv. 169. 9. Cf. BB. col. 1662.

ܡܣܬܒܪܢܘܬܐ f. *tolerableness,* BHGr. i. 50. 24.

ܣܒܬܐ col. 2517. *Sâbthâ, the native country of Ezra the scribe,* Apis ܚܒ 1, Epiph. ἐκ γῆς Συνβαθά.

ܣܓܝ col. 2519. *Equivalents of Greek compounds add:* ܣܓܝ ܕܩܢܬܐ πολύμορφος, *varied,* Sev. Ant. Hom. 36. 9; ܣܓܝܒܝܐ ܡܟܠܕ πολυτόκος, *prolific,* Natur 50 ult., ܣܓܝܐܐ ܗܘܣܪ (l. 12 af. of par.) πολύστιχος, *a long letter,* Sev. Ant. Vit. 257. 13; ܣܓܝܐ ܕܡܘܬܐ πολυειδής, *multiform,* Manichéisme 141. 2; ܣܓܝ ܢܘܢܐ ܝܡܬܐ πολύιχθυς, *a lake abounding in fish,* Jac. Edes. Hex. xxiv. 16, xxv. 3; ܣܓܝ ܪܫܐ a) *polypus, a growth in the nose,* Med. 62. 13, 180. 16. b) *Polypodium,* a solvent and deobstruent drug, ib. 352. 8, 365. 16. Cf. ܦܘܠܘܦܘܕ.

ܣܓܝܬܐ col. 3521. Add: *an anthem at morning service on certain festivals,* Maclean.

ܡܣܓܝܢܐ col. 2521. 3 af. *a chanter; chanting,* Nöld. F. S. i. 485.

ܣܡܝܟ col. 2523. Ethpa. ܐܣܬܡܟ part. ܡܣܬܡܟܝܢ prostrating himself, Hist. Mon. i. 340. 21.

ܫܡܫܐ ܚܡܣܡܣ the sunflower, col. 2523. 20 before المروزّي add ܣܩܕܐ I. Löw, ZDMG. xli. 363.

ܡܝܩܪܘܬܟ, ܡܝܩܪܘܬܟܘܢ in the address of a letter, ܡܝܩܪܘܬܟܘܢ your Worship, John of Tella 3. 8.

ܘܐܡܬܢܣܒ Pers. سگ دیس as a dog, ܣܡܣܝ Phet. 29. 16, Pers. Mart. n. 562.

ܣܡܣܟܐ col. 2524. a bunch of grapes. m. but fem. ܣܡܣܟܐ ܚܕܐ DBB. 792 under ܠܘܦܗܐ.

ܡܣܡܣܓܢܝܐ an inhabitant of Seistan: see ܣܓܣܬܢ.

ܡܣܡܥܢܐ m. pl. i. q. ܡܚܠܦܐ col. 2625. 4 and ܡܣܡܥܢܐ 2524 infra, money-changers, Dion. 146. 9, 13, 15.

ܣܡܝܠ col. 2525. Delete end of par. "Quod", &c. and cf. ܣܡܣܬܐ col. 2177. Sweet sedge, add: ܩܢܝܐ ܕܗܕܬܐ. ܣܡܝܠ ܣܥܕ Med. 606. 20. Cf. ܣܓܕ col. 2684 and Suppl.

ܣܡܣܪܐ m. Lat. sequester, a depositary, trustee, Dion. 128. 15. Cf. ܣܡܣܪܐ ib. 146 ter and ܣܡܣܥܢܐ col. 2524 infra.

ܣܡܝܩ ܣܡܝܩܘܬܐ col. 2526. faultiness, ܣܡܣܦܐ ܕܐܚܕܗ ܘܚܕܐܣ the vitiated conception of Manes, Sev. Lett. 358. 10.

ܣܡܣܦܢܐ col. 2522. σαγάπηνον Ferula Persica, fennel and its resin, Med. 55. 6, 87. 9, 136. 21, 137. 1, 138 ult., ܣܡܣܦܢ ib. 49. 7, ܣܡܣܦܢ 50. 10, ܣܡܣܦܢ ib. 49. 18, 55. 10.

ܣܡܝܢ to shut up, restrain, col. 2526. 8 af. add: ܚܣܬܡ ܣܡܝܢܐ ܣܡܝܢܗ ܘܐܠܗܐ ܐܚܕܗ ܒܣܡܝܢܗ ܟܠܝܐ on a day of violent rain he hemmed its flood as he confined it by restraining it, BH Gr. ii. 113, 1324.

ܣܡܣܝܢܐ vars. ܣܡܢܬܐ, ܣܡܢܬܐ f. a rush, reed or sedge growing in stagnant water, the name may = the impenetrable from its dense growth, Jac. Edes. Hex. ap. Nöld. F. S. i. 573, f. شجرة ܣܡܝܢܐ. ܐܘܟܠ ܕܚ grains of Sagira, J. A. O. S. xx. 188 = Med. 554. 8.

ܣܡܢܥܐ col. 2527. hindrance, obstruction. Abs. st. ܣܡܢܥ Hormizd 3189 with gloss ܚܒܠܐ.

ܣܡܦܐ or ܣܡܦܐ col. 2528. 10, a measure of 100 paces. Add: i. q. ܐܣܡܦܐ 200 cubits or the length of a furrow, Nars. ed. Ming. 1. 2 note; ܐܗܠܦܐ ܕܐܦܕܐ ܣܡܦܐ ܐܘܦܕܐ ܕܒܝܠ ܡܚܕܦܣܝܢ BH. on Luke xxiv. 13. A Sabbath day's journey and so ܐܩܛܣܘܢ ܐܘܡܕܐ ܣܡܦܐ ܡܕܣܐ ܐܘܦܕܐ ܘܚܣܕܐ ܐܚܕ G. Busâmé 71 v 8 af. Med. 531. 3 distinguishes between ܣܡܦܐ and ܐܣܡܦܐ saying, ܐܗܡܦܐ ܠܐܟܠܐ ܣܡܦܐ ܀ ܣܡܦܐ = I stade, 3 ܣܡܦܐ. ܚܕܐ ܩܣܛܢ.

ܣܡܦܪܐܬ Arab. سدابة, سداب rue given as a gloss to ܦܝܓܢܐ BH. on Luke xi. 42; ܣܡܦܘܬ Med. 544. 12, 581. 5, 582. 12.

ܣܡܦܠ col. 2529. 1) i. q. ܣܢܕܠܐ col. 2673 σανδάλιον, a sandal, by assimilation of Nun, ZDMG. xlii. 392. 2) perh. Arab. سِدْل a long string of pearls. Pl. ܣܡܦܠܝܟܘܢ our levies or ranks, Hormizd 911 with gloss ܣܝܦܘܡ, sing. ܚܣܦܪܟܕܗ ib. 2367.

ܐܣܬܡܟܠ denom. verb Ethpael conj. from ܣܡܦܠ 2) to be drawn up in a rank, to form a line, ܣܕܐ ܕܣܚܣܟܐܘܚܒ ܩܢܛܠ ܣܡܦܐ Hormizd 3241.

ܣܡܦܐ m. a block or flat piece of wood, A. M. B. v. 603. 13 with gloss ܩܣܝܣܐ.

ܣܡܦ ܐܚܕܐ col. 2530. horehound, add: Med. 209. 21.

ܣܬܘܕܐ col. 2530. a sixth part. Add ref. BH. on Prov. vi. 16 with var. ܣܬܘܬܐ.

ܣܡܩ col. 2530. To rend. Act. part. ܣܡܩܐ, add: ܣܡܬܩܣ ܚܛܠܐ schismatics, Ephr. ed. Lamy iii. 137. Pass. part. ܣܡܝܩܐ, add: ܣܣܡܦܩܐ ܩܠܐ ܘܪܚܠܒܬܐ having separate toes and fingers opp. webfooted, N. Hist. vii. 1. 4, 6. 6. Pael part. ܣܣܡܬܦܩܐ ܩܠ σχιζόπτερα opp. ὁλόπτερα, cleft-winged, Natur 23. 8.

ܣܡܩܘܬܐ f. tearing asunder, rending ܦܠܐ ܐܠܗܕܘܣܗ ܢܩܣܐ ܕܚܣܣܕܐ ܩܣܦܐ ܟܬܒܪܐ܀ ܣܣܡܩܘܬܐܘܦܠܒܘܗܝ ܓܒ ܣܬܘܐ But. Sap. Philos. 6. 3; ܠܐ ܣܣܡܩܘܬܐܘܦܠܒܘܗܝ ܓܒ ܣܬܘܐ inseparability, ib. Theol. 4. 6.

ܡܫܡ̈ܫܢܐ. ܡܫܲܡܫܵܢܵܐ col. 2523. *a server, butler,* ܒܝܬ ܡܫܡܫܢ̈ܐ *butler's pantry,* Hist. Mon. i. lxiv. 19, 232. 12. Eccles. *a minister, any of the lesser orders,* Jac. Edes. Can. 110.

ܡܫܡ̱ܠܝܐ col. 2533. Add: 1) Eccles. *in due order, as in the Service* Book, — ܡܫܡ̱ܠܝܐܝܬ "ܐܡܪ ܘܐܡܕܝܢ ܕܚܫܡܝܢ QdhamW. 119. 18, "ܐܦܢ ܕܚܫܡܝܢ ܕܝܢ̇ܙܗ̣ܝܪܐܝܬ ib. 123. 16, ib. 129. 4, 178. 6, 179 ult. 2) *A canticle,* ܡܫܡܠܝܐ ܘܡܟܟܟܠܐ Bar Sal. in Lit. 28. 26, 32. 20. ܩܠܡ ܕܫܡܡܕ̈ܐ ܡܙܡ̱ܠܝܐ Jac. Edes. Can. 7. 8. *An alphabetical hymn,* Brev. Ant. i. 58 b 17, 20, ܡܫܡܠܝܐ ܘܐܡܚܐ ib. 212 a 5, 216 a 5, ܡܫܡܠܝܐ ܕܩܛܕܥܗ̈ܐ 217 a 5; b 18.

ܣܗ̈ܕܐ. ܣܗܕܐ col. 2535. *a martyr.* Rit. pl. *anthems commemorating martyrs* said in the Daily Prayers, ܣܗܕ̈ܬܐ ܕܝܘܡ̇ ܕܣܗ̈ܕܐ Brev. Chald. i. 51. 4, 52. 6, QdhamW. 72. 4, 77 ult., ܚܘܬܡܐ ܕܣܗܕ̈ܬܐ ib. 189 ff., Daily Offices, Maclean 12 and n. 2. N. B. *witness,* ܗܢܘ ܘܡܠܦܢܐ̣ܐܫܬ ܡܫܡܠܝ̈ܐܦܝܣ ܬܐܕܘܣܝܘܣ ܕܐܘܪ̇ܫܠܡ ܗܓܒܪ ܘܩܡܗܘܡܐ ܣܗܕ̈ܬܐ Theodosius of Jerusalem *ordained approved men to be bishops and witnesses,* Pet. Ib. 53. 4.

ܣܗܕܘ̈ܬܐ col. 2537. *testimony.* Hex. τὸ μαρτύριον, *the ark of testimony,* Ex. xvi. 34 ed. Lag.; ܣܝܢܐ ܕܠܐ ܣܗܕܘܬܐ *unrestrained living,* Sev. Ant. Vit. 108. 12.

ܡܣܗܕܘܬܢܐ *testimony, testimonial, recommendation,* pl. Sev. Ant. Vit. 15. 4, 24. 8.

ܡܣܗܕܘܢܐ *approved,* S. Dan. 65 v 19; with ܠܐ, ܣܝܡ̇ܝܕܘ̈ܬܐ ܕܓܒܪܐ̈ ܠܐ ܡܣܗܕܘܬܢ̈ܐ *ordinations of men of low repute,* Sev. Lett. 218. 16.

ܣܗܘܡ *iron,* Chimie 3. 8, 6. 9, 40. 5; ܣܗܘܡ ib. 221 n. Cf. ܣܗܘܡ col. 2538.

ܣܗܠܘ pr. n. m. *Sahlon,* on a pilgrim's inscription at Mt. Sinai, Journ. As. 1906, 292; cf. ܣܗܕܝ ܗܢ C. B. M. 282 a 1.

ܣܵܗܸܢܕ Mt. *Sahend,* between Tabriz and Maragha, Jab. 147. 1 n.

ܣܗܘܐ col. 2538. com. gen. but fem. ܣܗܘܬܐ ܡܚܕܐ ܘܡܚܕܚܐ ܚܛܡܢܐ Caus. Caus. 208. 6. Chem. ܚܐܡܕܐ .ܬ. ܣܗܘܬܐ Chimie 4. 8.

ܣܗܘܕܢܟܐ col. 2539. ܣܗܘܕܢܟܐ ܡܐܘܐ *selenite,* Anecd. Syr. iv. 100. 14. Cf. Chimie Trad. 3, n. 11.

ܣܗܘܢܡܣ col. 2539 infra. σέρις, *endive, succory.* Add: ܣܗܘܢܡܣ ܣܚܪܚܐ so corr. for ܣܚܪܚܐ BH. de Pl. 148.

ܣܗܐ col. 2540. *to desire.* Pass. part. ܣܗܐ, ܣܗܝܢܐ *desirous,* ܗܘܐ ܣܗܐ ܘ Jul. 12. 13, ܣܗܐ ܠ ib. 55. 21.

ܣܗܕ, ܣܗܕ col. 2541. Pa. ܣܗܸܕ l. 4 of par. insert μεμίανται, ܡܣܗܕܝܢ ܗܘܘ Hex. Ex. xx. 22 ed. Lag.

ܣܗܕܘܬܐ *impurity,* add: τὰ ἀκάθαρτα, Apoc. xvii. 4 ed. Gwynn ܠܐ ܕܟܝܘ̈ܬܐ ed. Bagst.

ܡܣܗܕܠܐ col. 2504. ܣܗܕܠܐ Nöld. Gram. § 25. Translating σύμβολον, *a symbol, token, sign,* Sap. ii. 9 quoted Anecd. Syr. iii. 3. 15 but understood by Syrians to be συμβολή, *a clubfeast,* Lexikalisches to Zach. Rhetor, Ahrens and Krüger. Add: ܣܗܕܠܐ ܘܡܚܕܟܐ ܚܝܢܠܐ ܘܚܟܙ̇ܕܡܐ Stat. Schol. Nis. 30. 22, 192 pen., Syn. Or. 25. 17. *A poker or stick to stir embers* (Pogn.) Hippoc. Trad. iv. n. 2.

ܣܗܝ, ܣܗܝ col. 2542. *to fence or hedge round.* ܡܢ ܡܣܗܝܢ ܣܗܝ ܕܩܛܝܢ *who can be our defence?* Ephr. ed. Lamy iv. 829. 9. *To divide by a fence,* ܒܣܗܝ ܣܚܪܝܢ ܐܢܢ ܣܡܝ Manichéisme 94 pen. *With* ܬ *to put the blame on another,* ܡܣܗܝ̈ܢܗ ܚܬܝܟܠܐ ܚܫܘܡܠܐ Nars. ed. Ming. ii. 202. 4. Ethpe. ܐܬܣܗܝ *to be hedged in,* add: ܬ ܚܓܢܙ ܗܚܕܚܐ ܡܣܗܝܢ ܕܐܬܬܣܗܝܝ BH. on Cant. ii. 9.

ܣܗܝܐ col. 2543. *hedge, enclosure. Safe-conduct,* ܣܗܘܒ ܕܚܣܝܢܠܐ ܘܐܡܒܝܬ Jab. 186. 13. Fem. ܣܗܘܒ ܣܗܝܬܐ ܘܐܡܗܚܝܬ ib. 193. 9.

ܡܣܗܝܢܘܬܐ f. *definiteness;* with ܠܐ *the being indefinite,* Anecd. Syr. iv. 15. 22, 16. 8; ܘܠܐ ܡܣܗܝܢܘܬܐ *indefinite,* ib. 12. 7.

ܣܗܘܛܘܡ Lat. scutum, *a shield,* Josephus vi. 5. 19, ܣܗܘܛܘܡ ib. 24. 11.

ܣܗܚܝܡܣ? *an ingredient of electrum* i.e. *of synthetic amber,* Chimie 260 n. 4.

ܣܘܕ, ܣܘܕܐ col. 2543. *conversation*: add: ܡܫܚܠܦܐ ܗܘܬ ܣܘܕܗ̇ *address*, ܟܛܒ *she changed her mode of address*, Th. Mops. on Jo. iv. 11.

ܣܘܕܐ denom. verb Pael conj. from ܣܘܕܐ. Part. m. pl. ܡܣܘܕܝܢ *accused*, ܐܘܣܝܐ ܕܡܣܒܪܐ Kal-w-Dim. 300. 12, Wr. thinks the word corrupt. ܡܣܘܕܢܐ Ming.

ܡܫܬܥܝܢܐ *a talker, chatterer*, ܐܢܫܐ ܣܘܕ̈ܬܢܐ ܡܗܝ̈ܡܢܐ ܘܠܐ ܣܘܕ̈ܢܐ *trustworthy and not flattering speechifiers*, Anecd. Syr. iii. 217. 14.

ܣܘܕ col. 2545. Add ref. *Sogdiana*, Gest. Alex. 202. 4, 204. 16.

ܣܘܕܛܐ Σούδητα, *Sudetes*, now the Erzgebirge, Jac. Edes. Hex. xxxiv. 1.

ܣܘܙܘܓܝܐ συζυγία, ܬܪ̈ܥܐ ܣܘܙܘܓܝܐ *folding-doors, portes à deux vantaux*, Chimie 101. 4; ܣܘܙܘܓܐܝܬ *as if paired, correspondingly*, Hormizd 1964.

ܣܘܙܘܦܘܠܝܣ col. 2546. *Sozopolis* in Pisidia, add: birthplace of Severus of Antioch, Sev. Ant. Vit. 211. 5, Nöld. F. S. i. 473. 115, WZKM. ix. 97.

ܣܘܚ *to long for, desire eagerly*. Add: ܣܘܚ ܕܐܒܐ ܥܠ ܛܠܝܐ *the wolf leapt eagerly on the youth*, Ephr. ed. Lamy iii. 361.

ܣܘܚܬܐ col. 2547. *desire*. Add: BA. ed. Gottheil 156 n. 10 to ܣܘܚܬܐ.

ܣܘܚ, ܣܚܝ col. 2547. *to be burnt*, ܣܚܝ ܙܝܬܐ *the olive tree is parched and dried up by frost*, Ephr. ed. Lamy iii. 105. Pael ܣܚܝ *to parch*. Act. part. ܡܣܚܝܐ: ܦܕܪ̈ܐ ܓܝܣܢܐ ܟܕ ܦܪܚ ܥܠ ܛܪ̈ܦܐ ܕܚ̈ܛܐ ܡܣܘܚܐ ܠܗܘܢ *the weevil—when it flies over corn leaves it blackened as if burnt*, BHGr. ii. 107 quoted under ܚܠܕܐ col. 2165. Pass. part. ܡܣܚܝ: ܡܣܚܝ ܗܘܐ ܓܠܕܗ ܡܢ ܚܘܡܐ *his skin was burnt by the heat* of the sun, Vit. Mon. 93. 22 = Jo. Tell. 81. 5. Ethpa. ܐܣܬܚܝ *to be burnt up, consumed*, ܐܝܟܢܐ ܕܠܐ ܢܣܬܚܘܢ ܗܢܘܢ ܕܒܡܛܪܐ ܥܡܠܝܢ Hormizd 1147.

ܣܘܛܘܝܟܝܐ for ܣܛܘܝܟܝܐ and ܐܣܛܘܟܣܐ στοιχεῖα, *constituent parts*, ܘܚܕ ܡܢ ܣܘܛܘܝܟܝܐ $\frac{1}{12}$th of the Zodiac, Rylands MS. 1917, 116. 1.

2716

ܣܘܝ for ἄνθος in the Gk. text; (ܐܡܐܠ) ܣܘܝܗ ܕܚܘܡܨܡܐ Chimie 11. 20.

ܣܘܛܪܝܩܘܣ Σωτηρικός, *Sotericus*, Bp. of Caesarea, Sev. Lett. 61. 11, 291. 10, 387. 15.

ܣܘܡ, ܣܐܡ Pael ܣܝܡ col. 2550. *to conclude, finish*. Rit. *to say or chant the concluding prayers or clauses*, ܚܬܡܐ ܡܣܝܡܝܢܢ ܒܗܝܢ with note ܘܐܡܪܝܢ ܐܦ ܟܕܟܕ ܐܬܢܝܢ Nars. ed. Ming. ii. 134. 11; ܡܕܠܚܡܝܢ ܘܡܣܝܡܝܢ ܠܗܝܢ ܡܪܚܡܢܐ Brev. Chald. i. 30. 6.

ܣܘܡܟܐ *end, clause*. col. 2551. 11 of par. add: pl. ܣܝܘܡܐ *concluding psalms, clauses or prayers*, B.O. iii. i. 178 = Hist. Mon. i. 142. 7, ii. 292, Brev. Chald. i. 58. 5 af., Journ. As. 1907, 348. ܒܣܘܡܟܐ ܒܚܕ *summarily, briefly*, Sev. Ant. Vit. 324. 9.

ܣܘܡܟܐ, ܣܘܡܟܐ add: *the extremities, arms* of a shell fish, the nautilus ܐܘܡ ܣܘ̈ܡܟܐ ܗܠܝܢ ܣܘܡܠܐ N. Hist. vii. 4. 5.

ܡܣܬܝܡܢܘܬܐ with ܠܐ *illimitability, infinity*, this is predicated of time, number, force (ܚܝܠܐ) and measure (ܡܫܚܬܐ), ܡܣܬܝܡܢܘܬܐ ܠܐ ܓܘܐ ܘܐܚܪܢܐ N. Hist. iv. 3 tit. There cannot be ܠܐ ܡܣܬܝܡܢܘܬܐ of two sides of a triangle, ib. Philos. 5. 2.

ܡܣܝܡܢܐ *limiting, defining*, ܥܡ ܣܝܡܐ Ephr. Ref. i. 61. 3, 7; ܠܐ ܡܣܝܡܢܐ ܘܡܣܝܡܝ ܒܝܢܝܗܘܢ ܡܣܬܝܟܢܐ *the indefinite cannot be defined (contained) within two limiting lines* (two sides of a triangle cannot be indefinitely prolonged) But. Sap. Philos. 5. 2; Hormizd 291 opp. ܡܫܬܠܡܢܐ.

ܠܐ ܡܬܚܡܢܐܝܬ ܐܚܝܕ add: ܠܐ ܡܫܬܟܚܢܐܝܬ ܚܡܪ ܓܕܠ *the Word of God was contained in the womb without being confined*, Sev. Ant. Hymns 4.

ܣܘܟܐ prob. *Socho*, a village south of Jerusalem, Pet. Ib. 53 ult.

ܣܘܣܡܒܪܘܣ *the flowering rush*, cf. ܣܘܣܡܒܪ col. 2626.

ܣܘܦܪܐ Mongol from Pers. چادر *a veil, head-covering*, Jab. 36. 11, 97. 4, 131 ult. Cf. ܥܙܪܐ Suppl.

G g

ܣܘܼܠܵܐܓܝܼ col. 2554. συλλαβή, *a syllable.* Add: ܗܩܼܕܡܼ Sev. Lett. 450. 6. Ll. 14 and 11 af., corr. ܡܩܡ for ܡܩܠ.

ܣܘܼܠܒ݂ܣܛܪܘܿܣ *Silvester,* bp. of Rome at the time of the Council of Nicaea, Or. Xt. i. 84. 18. Usually ܣܘܼܠܘܼܣܛܪܘܿܣ and ܣܘܠܝܣ see cols. 2611, 2612.

ܣܘܼܠܘܿܓܝܣܡܐ ܥܒ݂ܕ *to reason,* Probus 92. 16.

ܣܘܼܠܘܿܓܝܼܣܡ *to syllogize:* ܘܠܐ ܒܥܐ ܣܘܼܠܘܿܓܝܼܣܡܐ *lest we turn to debate and reasoning,* BH. Stories 35. 187.

ܣܘܠܘܓܝܣܡܐܝܬ from ܣܘܠܘܓܝܣܡܐ col. 2555 and cf. ܡܠܝܼܠܐܝܼܬ &c. col. 2641. *supported by reason, soundly,* Tekkaf. 21.

ܣܘܼܠܛܵܢܝܼܐ *Sultaniyeh,* S. of Tehran, founded by the Mongol Uljai-tu, in 1305, Jab. 151. 2, 178. 11.

ܣܘܼܠܠܐ col. 2556. *delete;* it is ܩܘܼܠܠܐ q. v. col. 2639.

ܣܘܼܠܥܢ *place in Egypt,* Sev. Ant. Vit. 26. 1.

ܣܘܿܡ, ܣܵܡ col. 2556. Add: with ܥܠ *to attack, make an onslaught,* ܣܵܡ ܚܟܡ ܥܠ Pallad. 160. 3, ܣܵܡ ܚܟܡ ܥܠ ܪܘܡܝ l. 10. Pass. part. ܣܝܼܡ, ܣܝܼܡܐ. Col. 2560. 12 add: *placed, situated* ܣܝܡܐ ܠܚܕܕܐ Jac. Edes. Hex. xiii. 1, ܣܝܡ—ܐܘܪܟܐܝܬ *situated lengthways from west to east,* ib. l. 9. ܘܗܠܝܢ ܣܝܼܡܢ ܣܦܼܠܝܬܐ ܘܕܟܘܬܐ Jul. 51. 1. *End of par. add: logic* ܣܝܡ? ܗܘ *thesis, subject,* Jac. Edes. in Arist. 23, Probus 97. 2, ܣܝܡ ܠܘܬܐ *relative,* ib. 106. 8/9, 11, 107. 9. *Ready, prepared,* ܣܝܼܡܝܼܢ ܠܚܡܠܐ ܚܡܕܐ Jul. 45. 15, A.M.B. vi. 235. 1; ܣܝܡܝܢ ܣܛܝܼܡ *able to see,* Corp. Script. Xt. Or. xxvii. 111. 12. Ethpe. ܐܬܬܣܝܼܡ with ܢܡܘܼܣܐ ἐνομοθετήθη *to be ordained,* Sev. Lett. 481. 5 cf. ܥܠ ܒܥܕܣܐ ܣܡ ἐνομοθέτησε ib. 487. 1, 2. *To set oneself, prepare,* ܐܬܬܣܝܡ ܣܝܡ ܕܢܚܘܬ ܥܠ ܠܐܘܪܫܠܡ *Julian set himself with a great army to descend upon Rome,* Jul. 7. 23; *to set on, attack,* ܣܡ ܥܠܘܗܝ ܐܬܬܣܝܡ? ܘܐܚܕ ܘܒܙܗ ib. 8. 16; ܐܬܬܣܝܡ ܥܠܝܗܘܢ ib. 24. 26.

ܣܘܼܡ col. 2562. *position;* add: ܣܝܼܡܐ ܠܘܩܒ݂ܠ *being in a straight line,* N. Hist. iii. sect. 2; ܠܘܩܒ݂ܠ ܣܝܡܐ ܘܡܬܚܬܐ ib. ii. cap. iv; ܣܝܼܡܐ ܣܵܡܐ ܘܩܦܠܐܐ ib. Philos. 6. 1. *Deposition* of relics, *interment,* Pet. Ib. 33. 2. ܣܝܡܐ ܕܗܘܦܛܐ *a list of consulates,* Chron. Min. 269. 25.

ܣܘܼܡܝܕܐ 1) *confirmation.* 2) *ordination.* 3) *consecration of a church, also called* ܩܘܕܫܐ ܚܘܼܕܬܐ. 4) *any prayer or blessing said with laying on or stretching forth the hands* as Gk. χειροθεσία, Takhsa 65. 4 af., 72. 17, 73. 8. 5) *the Ordinal,* Maclean. Cf. Brightman Lit. 578.

ܣܘܡܪܛܐ pr. n. m. *Sumarta* (?) the Magistrian sent by Marcian to take Dioscorus into exile, Diosc. ed. Nau 56. 8.

ܣܘܼܡܛܝܘܢ σωμάτιον, *parchment,* Mar Kardag 44. 3, ed. Abb. 54. 5. Cf. ܡܓ݂ܠܬܐ col. 2658.

ܣܘܼܡܦܪܣܡܐ col. 2566. συμπέρασμα, *logic, the conclusion.* Ref. Probus 99. 14, 15, 16, 18, ܣܘܡܦܪܣܡܐ Manichéisme 145. 5.

ܣܘܼܡܦܘܣܝܘܣ *Symposius,* Bp. of Seleucia, Nöld. F. S. i. 471. 67.

ܣܘܼܡܦܘܛܘܢ col. 2566. σύμφυτον, *comfrey,* Chimie 83. 15.

ܣܘܼܡܘܪܝܢܐ σμύραινα = μύραινα, *Muraena,* Ar. FischN. 553.

ܣܘܿܢ imper. of ܣܢܐ *to filter;* see below.

ܣܘܿܢܐ prob. i. q. ܣܒ݂ܢܘܿ σάβανον = ܣܕܝܢܐ Chald. סָבִנְתָּא, Arab. سَبَنِيَّة *un morceau carré de toile doublée et de couleur, servant à envelopper des habits ou des livres,* Dozy Suppl. i. 631, quoted by Budge, Hist. Mon. ii. 410 n. 3; *eaves of a house,* Ming. *Two pilgrims to Jerusalem left money in charge of a monk;* ܣܡܘ ܬܚܘܬ ܗܕܐ. ܘܐܘ ܡܕܡ ܠܝܬ ܣܡܘ *they placed under this — ? whatever they did place,* ib. i 213. It may be a) ܣܘܿܢܐ usually ܣܐܘܢܐ *a shoe.* b) ܣܘܿܢܐ *a napkin.*

ܣܘܼܢܘܿܢܘܼܡܐ i. q. ܣܘܼܢܘܼܡܐ col. 2568. συνώνυμος, -ον *a synonym,* ܣܘܢܬܐܦܛܘܼܩܬܐ ܘܚܕܐ ܘܚܟܡ ܣܦܪ But. Sap. Bk. ii. 1. 2, Jac. Edes. in Cat. Arist. 21. 8, 30.

ܣܘܢܕܒܪܐ σύναξις, *an assembly*, Sev. Ant. Hymns 181 tit. Cf. ܣܘܢܕܘܣ col. 2570.

ܣܘܢܐܡܦܘܬܪܘܢ συναμφότερον, *the point* ÷, Epiph. 15. 20, ܣܘܢܐܡܦܘܬܪܘܢ ܕܐܘ ܥܠܡ‍ܐ ib. 16. 18. Cf. col. 2570.

ܣܘܢܕܐ i. q. ܣܘܢܕܐ col. 2567. *Synnada in Phrygia Salutaris*, Dion. 28. 2, 3, Weil Gesch. Chalifen i. 638, ܣܘܢܝܐ Ant. Patr. 302. 18.

ܣܘܢܕܘܟܘܣ ξενοδόκος, *the guest-master* of a monastery, R.O.C. iv. 340 n., 342. 1. Cf. ܟܣܢܕܘܟܐ col. 1787 and ܐܟܣܢܕܘܟܐ col. 185.

ܣܘܓܕܝܐ m. pl. *Soghdians*, Gest. Alex. 204. 10, 11; ܘܣܘܓܕܝܐ 1. 5. Cf. ܣܘܓ Suppl. and ܣܘܓܕܝ col. 2543.

ܣܘܢܕܣܡܘܣ see col. 2674. 2) astron. *conjunction* ܐܘܣܦ—ܕܗܘܐ ܚܘܫܒܢܐ ܗܘ ܕܣܘܢܕܣܡܘܣ N. Hist. ii. cap. iv. sect. 3; *conjunction* of the moon, ib.

ܣܘܢܕܘܣ ܕܠܡܦܓܥ astron. *to come into conjunction*, opp. ܠܡܪܚܩ ܚܕ ܡܢ ܚܕ N. Hist. ii. iv. 3.

ܣܘܢܕܘܣܐ col. 2675. astron. *in conjunction*, the position of the ܟܘܟܒܐ towards each other is ܐܘ ܕܝܝܢܐ ܐܘ ܕܢܐ ܐܘ ܕܡܠܬܐ ܐܘ ܕܐܡܪܐ) ܐܘ ܕܣܘܢܕܘܣܐ Georg. Arab. 26 infra, ܡܬܘܝܐ ܡܘܫܠܡ G. Busâmé 42. 20.

ܣܘܢܕܘܢܛܐ συνόδους, -δοντα, *having teeth which meet evenly*, as serpents and bulls, N. Hist. vii. 4. 1.

ܣܘܢܘܓܘܣܡܘܣ col. 2568. συλλογισμός, *a syllogism*, Georg. Arab. 28. 12, ܣܘܢܘܓܘܣܡܘ Išoyahb 37. 14, ܣܘܢܠܘܓܝܣܡܘ Probus 87 infra, 88. 1.

ܣܘܢܦܘܢܘܣ σύμπονος, *a fellow-labourer, assistant magistrate*, Sev. Ant. Vit. 25. 10.

ܣܘܢܦܝܠܐ *desirable, loveable*, with gloss ܐܚܝܒܬܐ. ܗܘ ܚܒܝܒ. A.M.B. v. 488. 1.

ܣܘܢܦܪܣܛܝܩܘܣ συμπερασματικῶς, *conclusively*, Syn. Or. 250. 3.

ܣܘܢܘܦܣܝܣ col. 2571. σύνοψις, *estimate*, Anecd. Syr. iii. 214. 20.

ܣܘܦܬ Mongolian, *tablet*, Jab. 93. 6. Cf. ܠܐܠ.

ܣܘܢܩܠܘܣ col. 2571. σύγκελλος. pl. ܣܘܢܩܠܐ Pléroph. 28. 1. A member of the Caliph's Court circle, Tim. i. Or. Xt. 1901, 300, 11 af., cf. 149 n.

ܣܘܢܩܪܛܘܣ (ܚܒܪ) col. 2572. add: σύγκρατος, *closely united*, Jo. Eph. 41. 15.

ܣܘܢܩܪܝܐ col. 2572. Delete "*concilium, congregatio*," and add: *secret*, i.e. *private letters*, the ref. to Sanct. Vit. = A.M.B. iv. 320. 14 n. 8.

ܣܘܢܓܘܪܘܣ col. 2572. *an assessor, colleague*, add ref. A.M.B. iii. 341; ܡܠܦܢܐ ܘܣܘܓܘܪܐ. ܒܪ ܓܘܐܓܐ ܐ: ib. v. 539, 540.

ܣܘܢܛܪܘܢܐ col. 2592. pl. ܣܘܢܛܪܘܢܐ *the clergy assisting at the enthronement* of a bishop, C.B.M. 914 b.

ܣܘܣܐ pr. n. m. *Sosa*, Josephus vi. 16 pen.

ܣܘܣܪܐ var. ܣܘܣܘܪܐ Σουσάρα, Σουσουάρα, an island in the Red Sea, Jac. Edes. Hex. xx. 9.

ܣܘܣܘܢ col. 2572. σῶσον, *save*. add: ܐܘܣܒܝܐ: ܣܡܟܐ ܣܘܣܘܢ ܠܢܐ ܐܘܣܒܕ B. Sal. in Lit. 54. 17.

ܣܘܣܛܪܘܢ σεῖστρον. m. pl. *metallic rattles*, Apis. 29 n. 6 = Schatzh. 60. 6.

ܣܘܣܝܐ col. 2574. *a horse*. Pl. ܣܘܣܘܬܐ Dion. 93. 21, ܣܘܣܘܬܐ ib. 57. 6.

ܣܘܣܝܐ ܟܢܝܫ col. 2574 pen. *a centaur*, add BH Gr. i. 20. 7.

ܣܘܣܝܐ ܕܝܡܐ col. 2574. *hippocampus, sea-horse*, add: Nöld. F. S. i. 566. Cf. ܐܡܐ ܘܚܡܪ Suppl. below.

ܣܘܣܝܐ ܕܟܢܦܐ *tassels* or *knotted fringe* of a Kefiyeh, Hist. Mon. i. 168.

ܣܘܣܢ ܘܣܘܣܡ Arab. ܣܘܣܢ *the lily*, ܣܚܡܠ Med. 138 ult.

ܣܘܣܬ. ܣܝܕܟܐ col. 2576. 12 of par. *choir*. add: *a concerted piece of music* ܐܚܕ ܣܘܣܐ ܐܘ ܩܥܡܐ ܢܪܣܝ *Narses recited the words of a chant each day and explained it*, Barḥad. 383 Syr. ult., 389. 3.

ܣܘܣܬܟܢܐ f. pass. *receiving assistance*, ܣܘܟܠܐ ܕܣܘܣܬܟܢܘܬܐ ܕܚܬܢܡܐ ܚܬܪܐ *mutual aid, co-operation*, But. Sap. Pol. i. 1, Eth. 3. 4, N. Hist. vii. 1. 1.

ܣܘܦ, ܣܳܦ col. 2577. Ethpe. ܐܶܬܬܣܺܝܦ *to be made an end of, destroyed,* ܦܶܓܪܶܗ ܡܶܬܬܣܺܝܦ Hormizd 2872, 2877: ܐܶܬܬܣܺܝܦܘ ܡܶܢܗ ib. 2887. Ethpa. ܐܶܬܣܰܝܰܦ *to be brought to naught,* ib. 2909. Aph. *to consume, cause to cease,* ܢܰܣܶܦ ܚܶܫܽܘܟܳܐ ܕܡܰܣܺܝܦ ܠܚܶܫܽܘܟܳܐ Natur 3. 10. ܐܰܪܕܝ ܡܰܝܳܐ ܘܐܰܣܺܝܦ ܢܽܘܪܳܐ ܘܦܰܪܶܣ ܚܶܫܽܘܟܳܐ *he made waters to flow away, put out the fire and spread darkness,* Nars. ed. Ming. ii. 174. 10; ܐܰܣܺܝܦ ܚܰܪܒܳܐ ib. 179. 7.

ܣܽܘܦܳܐ col. 2579. *slaughter,* ܟܽܠܗܽܘܢ ܣܽܘܦܰܝ̈ܗ̇ ܕܣܳܛܳܢܳܐ ܣܳܦܘ ܠܥܳܠܰܡ *the slaughterings of the devil are brought to an end for ever,* Pallad. 41. 16; Budge points ܣܰܝ̈ܦܰܘܗ̱ܝ *his slaughterers;* Bedjan in the parallel passage has ܣܰܝ̈ܦܰܘܗ̱ܝ *his swords,* A. M. B. v. 54 ult.

ܡܶܬܬܣܺܝܦܳܢܳܐ *ready to perish,* ܐܰܘܕܺܝ ܕܠܳܐ ܬܶܐܒܰܕ ܡܶܬܬܣܺܝܦܳܢܳܐ *confess lest thou perish,* S. Dan. 63 *r* 19.

ܣܰܘܰܛܪܽܘܢ ὁ Σαυάτρων, *Savatra* or *Sopatra* a city of Lycaonia, Nöld. F. S. i. 472. 94.

ܣܦܘܕܝܘܢ σπόδιον, *ashes,* Chimie 279 n.

ܣܦܘܕܝܐ col. 2579. corr. σπουδαῖοι, *earnest, diligent.* Cf. ܣܦܘܕܝܐ col. 2697.

ܣܘܦܣܛܝܐ *a sophist,* But. Sap. Philos. 1. 1, 2. 3.

ܣܘܦܣܛܐܝܬ *sophistically,* Syn. Or. 137. 29.

ܣܘܦܣܛܝܐ *sophistical,* ܠܐ ܡܢ ܣܘܦܣܛܝܐ ܡܡܠܠ Sev. Ant. Vit. 101. 1.

ܣܘܦܝܣܛܝܩܘܣ σοφιστικός, *sophistical,* Probus 83. 10 with gloss المغالط, ib. 87 infra, 88 med. ter.

ܐܶܣܬܦܣܛܶܩ denom. verb from the foregoing, Ethpalp. conj. *to be sophistical, use sophistry,* ܐܢܫܝܢ ܕܝܢ ܡܶܣܬܦܣܛܩܝܢ ܐܡܪܝܢ *now some say with sophistry,* But. Sap. Periherm. 1. 3; Philos. 2.

ܣܘܦܪܘܢ Σώφρων, King of Egypt, Hist. B.V.M. 127. 13.

ܣܘܩ, ܣܳܩ col. 2581. 8 of par. ܣܘܩܐ ܣܘܩܐ Act. Apost. Apoc. cf. "*the loud-breathing serpent,*" Bevan, Hymn of the Soul, 12. 13 *b*, 20. 58; and ܗܘ ܣܘܩܐ ܕܣܳܩ ܡܢ ܐܬܪܗ ܘܒܠܥ ܠܙܟܝܐ *that all-devouring one* (Dragon) *which crawled from its place and swallowed the innocent,* Ephr. Ref. i. 121. 14. *To inhale, sniff up, take a breath* ܣܳܩ ܘܢܳܫܶܒ ܢܶܫܡܬܳܐ Med. 53. 8. Ethpe. ܐܶܬܬܣܺܝܩ *to be inhaled,* ܐܶܢ ܠܳܐ ܡܶܬܬܣܺܝܩ ܐܳܐܰܪ ܣܰܓܺܝܐܳܐ the chest is inflated although *much air is not inhaled,* Med. 190. 1, 10, 12, 191. 1 &c., Hormizd 3078.

ܣܘܩܐ col. 2582. Add: 1) *inhaling* opp. ܢܦܩܬܐ *exhaling,* Med. 193. 4; ܣܘܩܐ ܪܒܐ *a deep breath,* ib. 123. 16. 2) ܣܘܩܐ ܕܣܘܩܐ *the sense of smell,* ib. 61. 21, 62 ter; ܢܦܫܐ ܕܣܘܩܐ Caus. Caus. 186. 4.

ܣܩܪܘܣ col. 2583. σκάρος, *the parrot-fish* or *parrot-wrasse,* Natur 52. 18, transl. 94 and see p. 25 n. 71. I. q. ܐܣܩܪܘܣ col. 2712.

ܣܘܪ (ܡܕܒܪܐ ܕ) ἡ ἔρημος Σούρ, *wilderness of Shur,* Hex. Ex. xv. 22. Heb. שׁוּר.

ܣܘܪܐ col. 2584. σαύρα, *a lizard.* So corr. Natur 39. 7 ܣܘܪܐ ܣܘܡܩܬܐ.

ܣܘܝܪܐ vocative Σέουηρε, *Severus;* for this spelling add Chast. 21. 4, Jesus-Sabran 571. 17, Sev. Ant. Vit. 277. 3.

ܣܘܪܐ for σκωρία, *slag,* ܣܘܪܐ ܕܦܪܙܠܐ Chimie 282 n. 4. Cf. ܐܣܩܘܪܝܐ col. 2714.

ܣܘܡܪܝܢ col. 2584. *Samaria,* Sev. Ant. Hom. 26. 9, 10.

ܣܘܪܓ *Surag,* a district of Khuzistan, Syn. Or. 323 n.

ܣܘܪܓܐ *a flask,* ܩܢܝܢܐ ܐܘ ܦܩܘܥܬܐ .ܗ. ܣܘܪܓܐ Med. 304. 6, 14.

ܣܘܪܝ col. 2584 infra. σῶρυ, *red vitriol,* Chimie 3. 6 trad. 6 n. 6, 4. 5 *le sori* = un sel de fer basique, i. e. mêlé de peroxyde de fer rougeâtre, trad. 8 n. 4, 42. 12.

ܣܘܪܝܓܐ i. q. ܣܘܪܝܓܐ col. 2584. σῦριγξ, *fistula.* Refs. ܣܘܪܝܓܐ ܐܘ ܢܘܪܐ Med. 79. 16; pl. f. ܣܘܪܝܓܐ ܕܡܝܬܐ ܘܡܣܪܚܬܐ ib. 317. 22 but ܣܘܪܝܓܐ ܕܡܝܬܐ ܚܕܬܐ ib. 393. 5.

ܣܘܪܝܢ col. 2586. Add: *Surin,* Head of the School of Nisibis, Barḥad 400. 15. Bishops of that name, ZDMG. xliii. 403. 6, 8, 12.

ܣܘܪܢܓܢ col. 2586. *Colchicum autumnale,* ref. ܣܘܪܢܓܢ Med. 245. 12.

ܣܘܪ̈ܝܐ *Severians*, followers of Severus of Antioch, M. Z. 179. 8. See ܫܐܘܪ̈ܝܐ col. 2549; ܣܘܪ̈ܒܝܐ G. Busâmé 42. 23.

ܣܘܙܒܝܢܐ a strengthening eye lotion, ܣܘܙܒܝܢܐ ܕܢܦܠ ܠܗ ܚܟܬܐ ܕܚܟܬܐ Med. 87. 2. Prob. same as ܣܘܙܢܝܟܢܐ.

ܣܘܙܠܒܝܩܢ i. q. ܣܘܙܠܡܝܩܢ col. 2586. σωρυ ἀνθικόν, an astringent lotion, Med. 171. 18, 176. 2, 215. 15.

ܣܘܒܒ name of an Emir, Jab. 159. 4, 160. 10.

ܣܚ col. 2587. *to make bare.* Ethpa. ܐܣܬܚ *to be stripped,* ܘܐܬܐ ܠܙܢܟ ܐܣܬܚ Ephr. ed. Lamy iii. 686. 16; of plane leaves, N. Hist. vi. 2. 3 see under ܣܚܝ.

ܣܚܝܢ, ܣܚܝܢܐ *clear, pellucid, shining,* ܕܡܝ ܟܢܘܦܣܒܝܐ ܕܓܐܡܐܕܐ ܟܫܒܢܢ ܘܩܢ *pure and shining as drops of molten silver,* Natur 64. 10.

ܣܚܡܣܢܐ Arab. ܣܚܣܚܢ *level ground, a flat, plain,* gloss to ܐܪܒܘܦ Nars. ed. Ming. i. 19, *course of a river,* ܨܒܐ ܕܢܦܩܗ ܢܘܒܠ ܘܟܬܒ ܚܘܦܐ ܗܣܟܣܢܐ *he wanted to turn the river water into that course or on to the flat land,* BH Chr. 110. 9.

ܣܚܐ col. 2588. 1) *to bathe,* ܗܐ ܣܚܝܐ ܐܝܣܝܣ ܕܬܣܚܐ *Isis wants to bathe,* Sev. Ant. Vit. 35. 6; ܢܣܡܘܢ ܣܚܬܐ̈ ܚܡܝܡܐ ܘܚܟܬܐ *they should take hot baths,* Med. 2. 22. *To spread as leprosy,* ܗܘܐ ܣܚܝܐ ܓܪܒܐ *she was covered with running leprosy,* Hist. B. V. M. 126. 22; ܚܕ ܡܢܗ ܕܓܪܒܐ ܣܚܝܐ ܒܓܘܫܡܐ *one kind of leprosy spreads over the body,* BB. col. 771. 5 af. under ܓܪܒ = DBB. 512. 23.

ܣܚܝܐ *a bather, swimmer,* add: ܘܚܝܘܬܐ. ܚܪܣܐ ܘܙܪܕܐ ܕܦܪܚܬܐ *beasts, fowl, birds and other swimming creatures,* Warda 274 r.

ܣܚܘܬܐ col. 2589. ܒܝܬ ܣܚܘܬܐ *a bathroom,* Stud. Sin. ix. 103. 14 = ܒܝܬ ܣܚܢܐ ib. l. 8.

ܣܚܝܐ *swimming, bathing.* Georg. Arab. 37. 1. ܥܡܪܐ ܕܩܦܣܝܐ *rags for rubbing down animals,* BA. col. 3980. See Nöld. Syr. Gram. § 78.

ܣܚܢܣܢܐ see ܐܣܟܚܢܐ.

ܣܚܝ *Sahi* river: see ܣܚܐ below.

ܣܛܝܠܐ. ܣܛܝܠܐ col. 2595. *alum from Yemen,* corr. يماني. Delete the words "forte" and "species".

ܣܛܡܢܘܣ col. 2596. στάμνος, *a pot, vase,* ܣܛܡܢܘܣ ܕܚܕܐ ܗܘ ܘܐܣܝܡܗ ܗܘܐ ܘܣܛܡܢܐ ܡܠܝܐ. ܕܚܕ. ܘܐܣܛ ܗܘ ܚܒ ܡܢܢܐ *a golden vase holding four pints, containing the manna,* Epiph. 6. 1 on Heb. ix. 4 VHh.

ܣܛܢܠܐ Στενόν, -ά, *the Straits* i. e. the Bosphorus, Pet. Ib. 237; ܣܛܢܠܐ/ l. 13.

ܣܛܕܝܘܢ *stadium, stade,* Jac. Edes. Hex. 20 n. l. 7, pl. ܣܛܕܝܐ ib. l. 2, n. l. 6. Add these refs. to ܣܛܕܝܘܢ col. 2597. 7.

ܣܛܕܡܐ ܘܕܟܪܐ *une corne de bélier* = *a conical melting pot,* Chimie 54. 16.

ܣܛܘܒܕܐ στοιβή, perhaps *Poterium spinosum,* an astringent plant, Galen 297. 38; ܣܛܘܒܕ DBB. 1329. 22 quoted Ar. PflnN 168. See Diosc. iv. 12.

ܣܛܘܟܘܕܘܣ col. 2597 under ܣܛܘܟܣ. στοιχάς, -άδος, *Lavender,* Ar. PflnN. 272; Med. 245. 8.

ܣܛܘܟܡܣ col. 2597. *collyrium, eye-paint, Kohl,* ܗ. ܟܘܚܠܐ. ܣܛܘܟܘܕܡܣ Med. 607. 14.

ܣܛܘܟܣܐ col. 2597 for ܐܣܛܘܟܣܐ/ στοιχεῖον, *the elements* of writing, ܐܕܣܚܟܝܬܐ ܕܡܟܬܒܢܘܬܐ (ܐܘܬܐ̈) ܘܒܣܝܘܡ ܟܚܟܕܡܚ ܟܣܚܕܠܐ But. Sap. Philos. 6. 3, Isag. iii. 2.

ܣܛܘܡܢ ܩܠܘܣ Στῶμεν καλῶς, *stand we aright,* the deacon's invocation at the beginning of the Anaphora, Jac. Ord. R. O. C. i. 6.

ܣܛܘܦܛܝܪܐ col. 2598. στυπτηρία, *alum,* Chimie 12. 8, 16, ܣܛܘܦܛܪܐ/ l. 13 bis, ܣܛܦܛܪܐ/ l. 14.

ܣܛܘܪ Arab. ساطور m. *a butcher's knife,* Hist. Mon. i. 150. 16, ii. 308 n.

ܣܛܘܪܟܐ col. 2598. 21 af. στύραξ, *storax,* (so corr. for ܣܚܕܐ) ܐܣܛܘܪܟܐ. ܘܡܝܥܬܐ ܘܗܘ ܚܣܡ ܕܦܪܚ ܡܢ ܗܘܠܝ BH. de Pl. 159.

ܣܛܘܪܘܣ col. 2598. *a satyr.* Add: pl. ܣܛܘܪ̈ܘܣ and ܣܛܘܪ̈ܐ, A. M. B. v. 565; ܦܢ ܘܣܛܘܪ̈ܘܣ ܕܝܠܗ ܡܘܣܝܩܪ̈ܐ *Pan and his satyrs were musicians,* Gest. Alex. 181. 13.

ܣܛܝܡ name of a Mongol Emir or Beg, ܣܛܝܡ ܚܝ Jab. 162. 2.

ܣܛܝܡܗܐ col. 2599. στιγμή, *a moment*, ܚܕܐ ܕܡܪܐ ܘܐܚܕܐ ܘܠܐ ܡܚܕܦܢܝܐ ܘܒܗ ܣܛܝܡܗܐ BH. on Luke iv. 5.

ܣܛܝܒܡܗ perh. στάδιος, *stiff* processes, ܣܛܝܒܡܗ ܣܟܗ ܡܛܠ ܐܡܪ ܟܗܕܐ ܘܐܣܕܐ ܟܢܬܐ *instead of teeth it has stiff processes like hog-bristles*, N. Hist. vii. 1. 7.

ܣܛܝܟܪܐ, ܣܛܝܟܪܐ στιχηρά, *lines*, Alexis 56. 6.

ܣܛܝܠܣ pr. n. m. *Stilas*, Governor of Alexandria, Anecd. Syr. iii. 144. 12.

ܣܛܡ col. 2600. Ethpa. ܐܣܬܛܡ *to be girded*, ܚܕܐ ܣܟܕܡܐܝܠܘܐ؟ ܐܣܬܛܡܘܢ Doc. Mon. 12. 15.

ܣܛܡܐ col. 2601. στόμωμα, *steel*; ܦܘܠܐܕ Chimie 6. 9, 53. 19; ܡܣܬܛܡܐ ܗܙܠܐ ܘܡܐܡܐ ܡܣܛܡܐ ? ܣܛܡܐ *steel filings*, Med. 60. 13, 93. 9.

ܣܛܡܢܐ col. 2601. σταμνάριον, dimin. of στάμνος, *a wine jar*, Duval.

ܣܛܡܝܐ στασιάριος (Duval) *seditious*, BH Gr. i. 18. 24, Sev. Lett. 203. 9.

ܣܛܦ col. 2602. Ethpa. ܐܣܬܛܦ *to be scarified, scraped*, the broad leaves of the plane (ܕܠܚܢܐ) are ܡܬܣܛܦܝܢ ܠܡܣܟܚ ܘܡܛܠܩܗܘܢ *stripped off to be scraped and refreshed*, N. Hist. vi. 2. 3 infra. ܐܡܪ (ܘܡܣܛܦܚܢܐ ܡܣܬܛܦܚܐ) ܚܕܬ *a deep abscess must be opened that it may discharge outwardly*, Med. 223. 23; ܓܘܫܡܗ ܡܣܬܛܦ ܗܘܐ *his body was cut on account of gangrene*, so correct for ܡܣܬܛܦܚ Pallad. 162. 19 = A.M.B. vii. 91.

ܣܛܦܐ m. pl. *incisions*, Med. 47. 20.

ܣܛܦܨܝ؟ see under ܣܛܦܨܝܠܐ Suppl. above.

ܣܛܪ col. 2604. denom. verb from ܣܛܪܐ. Add: Peal pass. part. ܣܛܝܪ *set aside, divided*: Nestorius was ܣܛܝܪ ܡܢ ܚܣܡܗ ܘܐܚܐ Or. Xt. i. 284. 8.

ܣܝ see ܣܝܐ below.

ܣܝܠܐܝܘܢ Σύλειον, *Syllion*, in Pamphylia, Nöld. F. S. i. 472. 90.

ܣܝܟܐܠܘ col. 2607. 1. Pers. سیا کوه, Turk. Kara Dagh, *Black Mountain*, in Azerbaijan, Jab. 35. 9, ܣܝܟܘܦܘܗ 120. 7.

ܣܝܒܝܠܐ col. 2607. 2 of par. *a sibyl*. Corr. ref. to ܣܒܝܠܐ col. 2554.

ܣܝܒܪܝܘܣ *Sibarius* ? = *Syrianos*, Head of the third and last School of Neo-Platonism, BH. Hebraica iii. 251. 4 af.

ܣܝܓܝܣܬܢ col. 2607. *Seistan*, add: ܣܓܣܬܢ Syn. Or. 43. 19, ܣܓܣܬܢ Chast. 70. 9.

ܣܝܓܣܬܢܝܐ *inhabitant of Seistan*, Chron. Min. 355. 6; ܣܓܣܬܢܐܝܬ *the language of Seistan*, DBB. 18. 20, Coupes ii. 111.

ܣܝܓܢܐ m. pl. Lat. signa i.e. *statues* (or *standards*) Stud. Syr. ii. 4. 1–5, ܣܓܢܬܐ ib. 3 ult.

ܣܝܕ denom. verb from ܣܝܕܐ *to cover with lime*. Act. pl. m. ܡܣܝܕܝܢ Dion. 224. 9.

ܣܝܘܪܘܣ pr. n. m. notary of Abušta, Bp. of Adiabene, ܣܝܘܪܘܣ M.Z. 68. 55, ZDMG. xliii. 401. 14.

ܣܝܛܡܥܐ Epiph. 44. 31. Corr. ܣܝܛܩܘܢ from σιτικόν, *of wheat*. Cf. Hesych. κάβος· μέτρον σιτικόν, ZA. xvii. 89.

ܣܝܢܕܪܘܟ ? *sandarach*, Med. 65. 4. Cf. ܣܢܕܪܘܣ and ܣܢܕܪܘܣ col. 2674 and Suppl.

ܣܢܕܘܣܐ see ܣܢܕܘܣܐ col. 2620 and Suppl.

ܣܝܢܐ col. 2610. Add: ܐܢܐ ܣܝܢܐ ܗܘ ܚܒܛܐ ܘܐܣܬܟܝ *the tamarisk is of the nature of brushwood*, G. Busâmê 57 b 10, given as an equivalent of ܚܒܛ and ܐܠܐ, other names of the tamarisk, ib. ll. 13–15. Cf. ܚܒܛ Suppl.

ܣܝܛܠܐ col. 2611. Lat. situla, *a bucket*. Add: BH Gr. i. 21. 13, Georg. Arab. 35. 16.

ܣܝܠܘܪܝܘܣ *Silverius*, Bp. of Rome 536–537, Sev. Ant. Vit. 288. 7.

ܣܝܠܘܒܐ col. 2611. σίλλυβος, סלבן, *a fringe* or *tassel* = an unimportant appendage. Used as an expression of humility, S. Fraenk. ZA. ix. 6. ܠܐ ܣܝܠܘܒܐ ܬܬܚܫܒ *thou shalt be accounted no necessary part*, Tekkaf. 95.

ܣܝܠܘܢܐ col. 2611. 1) σωλήν, *a gutter, channel*. Pl. *drains*, Jab. 136. 3. Metaph. ܣܝܠܘܢܐ ܕܚܘܫܒܐ *channels of the understanding blocked by drink*, Ephr. ed. Lamy iii. 517 pen.

ܣܡܠܘܢ *A cylinder, tube,* ܗܕ ܐܩܐ ܒ. ܡܚܡ ܣܡܠܘܢ Chimie 44. 11. 2) *Solen, the razor-fish,* pl. ܣܡܠܘܢܐ N. Hist. vii. 2. 2.

ܣܡܠܝܘܢ col. 2612. σελίδιον, add: ܣܡܠܝܘܢ ܕܐܫܡܠܐ *a title-deed,* Ant. Patr. 306. 8; ܣܡܠܝܘܢ an astronomical *table,* De Astrolabe 249 bis, 255. 1.

ܣܡܠܝܢ col. 2612. 1) σελλίον, sella, *a seat,* Mar Kardag ed. Feige 44. 1, ܣܡܠܝ ib. ed. Abb. 54. 4.

ܣܡܠܥܝܢ col. 2612 pen. σίλφιον, *a plant the juice of which was used for food and for medicine,* (ܐܫܝܒܐ) ܠܡܒܐ (sic). ܣܡܠܥܝܢ (Pers. انگدان) BH. de Pl. 152, *Silphium is Laserpitium, Ferula Asa foetida, carminative, desiccative, digestive;* ܣܡܠܥܝܢ ܚܡܪܐ ܘܣܟܡܐܕܐ (ܐܚܣܢܕܐ) (حلتيت مغروت) *Silphium is the drug Asa foetida and the root of the same plant,* Galen 296. 16; ܣܡܒܥܢܝܢ Med. 299. 6.

ܣܡܝܕܐ col. 2613 infra. σημεῖον, add: 1) astron. *a sign, a point,* ܣܡܕܐ ܘܪܡܚܐ ܡܥܡܐ ܐܗܣܐ ܠܥܝܕܘܢ ܘܡܢܥܐ ܠܚܠܐ ܡܢ ܐܢܦܝ *a point immediately over our heads i. e. the zenith,* De Astrolabe 78 pen. ܣܡܕܐ ܠܡܥܕܠܐ ܐܘܡܚܐ ܘܡܕܘܣܡܕܢܝܐ *the meridian point,* ib. 265. 4, 267. 3, 268. 9, 273. 8. The North *Pole,* ib. 270. 11, ܟܘܗܠܐ ܕܡܨܥܝܘܢ ܘܩܒܠܐ ܕܝܡܐ ܘܕܨܢܚܐ ܣܬܝܝܐ ib. 272. 1. 2) *The mark* of a scar, A.M.B. iii. 236. 1. ܣܡܕܐ ܐܘܡܚܐ ܐܠܐ ܘܟܕܢܐ ܗܕܣܦܝ ܦܩܠܐ ܠܐܦܐ *a mark at which archers aim,* Sev. Ant. Hom. 25. 8. 3) *a mile-stone,* cf. Neo-Heb. סִיָּן; pl. ܣܝܡܟܢܐ ܐܘܚܐ ܣܝܒ Op. Nest. 131. 10, Nöld. in loc. ZDMG. xxxv. 499. Col. 2614. 4 corr. for *Einladung, Ankündigung* in BHChr. p. 11. 4) *shorthand, cypher,* ܣܟܕܬ ܣܡܕܢܐ *in Geheimschrift,* Anecd. Syr. iii. 123. 14 but ܐܚܕܘܢܦܐܝܠܐ ܗܐܡܝ ܘܣܡܒܥܢܝܢ ܐܟܕ ܚܠܫܘܦܝ *in few words, as it were in shorthand,* Hist. Mon. i. 218. 6, 386. 5.

ܣܡܕܝܪܣ σμύρις, *emery,* ܡܐܦܐ ܣܡܥܕܝܪ ܕܡܥܕܪܝ Chimie 9. 5.

ܣܡܢ col. 2614. The Moon god of the Chaldaeans, *Sin.* Chem. *silver,* Chimie 42. 6

unless *asem* = Egyptian silver is meant, see pp. 230, 232, and p. xx. Name of an idol, Lag. B. N. 46, Jul. 146. 13, 22; B.O. i. 327 *b* Syr. 12 where the prefix prep. ܒ is mistaken by the translator for part of the name.

ܣܡܢ Pael conj. of ܡܣܢ. *to shoe, put on shoes.*

ܣܢܕܘܣ col. 2615. Sinope. Add: ܣܢܕܘܣ Vit. Mon. 13. 4.

ܣܢܒܒ A.M.B. ii. 651. 11, see ܣܢܒܝ name of a river.

ܣܢܝܢܐ col. 2615. 2) ܣܢܝܢܐ *children of Canaan,* Chron. Min. 356. 8.

ܣܢܝܬܪܐ col. 2616. σείστρον, *a brothel,* S. Fraenk. ZDMG. lvi. 99. For Guidi's suggestions on this word see Nuovo MS. 63. 26.

ܣܣܢܩܘܣܝܣ correct ܣܣܢܩܘܣܝܣ Σεσόγχωσις, *Sesonchosis, King of Egypt,* Gest. Alex. 71. 12 as ib. 70. 14, ܣܣܢܩܘܣܝܣ ib. 173. 16, ܣܣܢܩܘܣܝܣ ib. 76. 5, ܣܣܩܠܡܝܣ ib. 225. 11, 226. 4, 252. 2.

ܣܣܡܒܪܝܘܢ σισύμβριον, *mint or a similar aromatic plant,* ܣܣܡܒܪܝܘܢ N. Hist. vi. 4. 1 infra; ܣܣܡܒܪܘܢ ܢܥܢܥ ܕܢܗܪܐ. Med. 607. 2.

ܣܣܢ col. 2617. perh. participle of Pers. سيستن *to hop, jump,* some small bird. The passage quoted by BB. is given Natur 24. 16, see transl. 49 n.

ܣܣܦܐܪܐ col. 2617. *a company,* add: ܚܣܦܗܐ ܗܥܠ ܡܚܠܣܐܠ ܘܐܣܦܐܢܘܦ ܡܚܐܐܚܐ *the soul freed from matter takes its place in the company of intelligences and becomes divine like them,* But. Sap. Theol. 1. 1, 4. 8, ܘܣܢܐ ܚܣܒܣܦܐܪܐ ܐܠ ܕܗܒܚܐ, Warda 140 *r*; Takhsa 49. 11.

ܣܣܦܘܢܐ col. 2618. pl. σίφωνες, *fire-hose* ܣܘܕ ܚܣܡܩܘܢܐ ܘܠܐܣܝܕ ܘܘܗܕܐ ܡܚܒܘܦܝ ܘܐܦܝܣ ܕܩܢܐ *see to what a height water-pipes send up and spray the water,* Ephr. Ref. ii. 35. 16.

ܣܣܦܪܐ col. 2619. Lat. *securis, an axe,* ܦܩܩܝܕ (ܐܢܦ ܚܣܦܘܩܐ A.M.B. v. 534. 12.

ܣܝܩܠܝܡܘܣ var. ܣܝܩܝܠܝܩܘܣ Σικελικός, the *Sicilian gulf*, Jac. Edes. Hex. xi. 11.

ܣܝܡܙܒܝܢ col. 2619. *anything secret or private; a private room*, ܟܬܒܐ ܚܡܝܥܙܒܝܢܐ A.M.B. v. 559. 16; *a letter*, ܥܢܕܘ ܚܡܝܥܙܒܝܢܐ *he opened the letter*, ib. iv. 320. 14. Cf. ܡܘܥܙܒܝܢܐ col. 2572.

ܣܝܡܬܐ σειρά, *a new section or chapter*, Chimie 11. 19 &c., ܣܝܡܬܐ id. ib. 16. 3, 9; ܪܝܫܗ ܕܣܝܡܬܐ ܣܝܡܬܐ ܕܠܚܚ ܟܣܐ *section entitled Hidden Power*, ib. 50. 3; 233 n. 3.

ܣܝܡܡܬܐ ܣܝܡܬ ܫܝܪܝܡ, שִׁיר הַשִּׁירִים, *the Song of Songs*, Eus. ed. Maclean 416. 10.

ܣܝܡܬܐ col. 2619 infra. σειρά. pl. ܣܝܡܬܐ BHGr. i. 31. 8, ܣܝܡܬܐ ܗܝ ܕܕܗܒܐ ܟܠܗ ܡܢ ܚܕܝܘܗܝ ܘܠܐ *a solid gold chain, not a twist of many strands*, ib. 14. 19.

ܣܝܢܙܪ col. 2620. A later spelling is ܣܝܐܙܪ, see below. Arab. شَهْرَزُور, τό Σιαρσοῦρον, *Siarzur, a mountainous region between Arbela and Hamadan*, see Yakut iii. 340 f. Syn. Or. 683; 109. 5, 128. 19 &c., Hist. Mon. ii. 211. n. 3, Pers. Mart. 264, Or. Xt. i. 310; Jab. 288. 7; ZDMG. xliii. 403. 4, 405. 2, 406. 15. ܣܝܐܙܪ Chast. 34. 12, ܣܝܢܙܪܘܬܐ *city and bpric.*, ib. 39. 6 af.

ܣܝܢܕܘܢ *Sirmium, on the Save*, Or. Xt. i. 90. 6.

ܣܝܢܪܡ col. 2620. *a siren*. add: pl. ܣܝܪܢܬܐ Natur 26. 11, sing. ܣܝܪܢܬܐ ib. l. 15, Warda 246 v. Col. 2621. 18 corr. ܡܥܕܟܡ *it is wont for* ܡܥܕܗ.

ܣܝܪܢܘܣ Σιρῖνος, perh. Serenus, Bp. of Augusta but Brooks translates *the Syrian*, Sev. Lett. 128. 1.

ܣܝܪܝܩܘܢ col. 2621. *minium*, add: Chimie 51. 12; pl. ܣܝܪܝܩܐ σιρίκια, *red pigments*, l. 17.

ܣܟ col. 2622. Pa. ܣܟܝ *to nail*, add: ܡܣܢܘܗܝ ܡܣܟܝ ܗܘܐ ܒܨܨܐ ܚܪܝܦܐ *his sandal was studded with sharp nails*, Josephus vi. 15. 17.

ܣܟܬܐ pl. ܣܟܐ *a peg, stake*, proverb ܣܟܬܐ ܠܣܟܬܐ ܡܦܩܐ *one peg drives out another*, Pallad. 167. 7. End of par. ܣܟܐ ܕܚܫܬܢܝܬܐ *boils on the privy parts*, Med. 105. 1; BB. under ܐܘܠܡ col. 1114, DBB. 684. 23 under ܣܘܡܠܡܘܣ.

ܣܡ Pers. شك, Arab. شَك, *arsenic*, Chimie 101. 20.

ܣܡܚ. ܣܡܚܐ col. 2624. *a clyster* ܣܡܚܐ ܡܙܝܓܐ *a sharp purge*, Med. 42. 20. Pointed ܣܡܚܐ BHChr. 220 ult., pen.

ܣܡܟܢܘܬܐ *expectation*, col. 2624 under. ܣܡܡܐ, trs. lower to follow ܣܡܟ. ܣܡܟܢܘܬܐ.

ܣܟܘܠܣܛܝܩܐ σχολαστικός, *an advocate, barrister*, Sev. Ant. Vit. 39. 11, ܣܟܘܠܐܣܛܝܩܐ, Jo. Tell. 63. 14.

ܣܟܘܠܣܛܝܩܘܬܐ col. 2626. σχολαστική, *jurisprudence*, add: Sev. Ant. Vit. 81. 8, 225. 3, R.O.C. vii. 106 p. 2.

ܣܟܝܢܐ col. 2626 infra. σχῖνος, *Pistacia lentiscus, mastic tree*, Med. 52. 10, 145. 7, ܒܟܟܐ ܕܣܟܝܢܐ ib. 50. 10, 51. 6, 14.

ܣܟܝܢܝܐ *Sakhināye, a race descended from Aram*, Chron. Min. 356. 19.

ܣܟܠ col. 2628. Ethpa. l. 15 of par., after Rom. i 21 add: ܠܐ ܡܣܬܟܠܢܐ ܕܚܛܗܐ ܡ ܡܣܬܟܠܡܝ ܡܣܬܟܠܣܡ VHh. Rom. i. 20, and quoted BH. in loc. Aph. ܐܣܟܠ add: *to advise* ܗܘ ܕܡ ܘܡܢ ܕܣܥܕܘܗܝ ܡ ܡܣܟܠ *he who will not receive advice from his friends*, Kal-w-Dim. ed. Bick. 24. 9.

ܣܟܠܬܢܐ, ܣܟܘܠܬܢܐ col. 2629. 5 of par. *ideal, according to the idea* opp. ܣܟܠܬܢܐ *literal*; ܗܘ ܗܢܐ ܕܡ ܕܣܝܡܗ ܣܟܘܠܬܢܐ ܗܘ ܘܗܘ ܕܡ ܡܢ ܣܟܘܠܬܢܐ But. Sap. Periherm. 11. 4.

ܣܟܠܘ, ܣܟܠܘܬܐ col. 2630. *folly, fault*, add: ܠܐ ܠܒܝܢ ܘܠܐ ܣܟܠܝܢ *pupils who do not repeat without a mistake*, Sev. Lett. 195 ult.

ܣܟܘܠܬܢܐ *intelligent*; fem. ܣܟܘܠܬܢܝܬܐ BHGr. i. 25. 5.

ܣܟܠܪܐ σχολάριοι, *the Imperial guards*, Anecd. Syr. iii. 219. 25, ܐܣܟܠܪܐ ib. 233. 20.

ܡܩܡ col. 2632. Ethpa. ܐܬܡܩܡ 2) add: *to be shaped* or *formed in a mould*, col. 226 under ܡܩܡܐ.

ܡܩܡܩܐ *shaping, moulding,* ܡܢܐ ܕܠܐ ܡܩܒܠ ܡܩܡܩܐ ܥܡܝܩܐ (ܐܝܬܘܗܝ ܐܘ "ܐܪܥܢܝܐ *a heavy substance which does not readily admit of shaping is an earth or of earthy nature*, N. Hist. ii. cap. v; ܥܡܕܐ ܐܪܥܢܝܐ ܘܡܩܡܩܐ ܐܘܚܕܬܐ ib. 5. 3.

ܡܣܡܣ pr.n.m. Αἰσχίνης, *Aeschines*, Probus 98. 5, 141 n.

ܡܩܡ col. 2652. delete the line.

ܡܣܟܢܐ from Assyr. muškīnu, Littmann Z.A. xvii. 262 ff. A modern meaning is *leprous*; the cry of lepers in Jerusalem is Ana mäskin, ana mäskine. Rabbula cared especially for the ܡܣܟܢܐ dwelling outside the city and built a hospital (lazar-house) for them, Ephr. ed. Or. 202. 19, 203. 25 ff. Add: ܡܣܟܢܝ ܐܓܢܐ *wretched is this time*, Nars. ed. Ming. 210. 3.

ܡܣܟܢܘܬܐ *poverty*, add: of the monastic life, ܐܠܦ ܠܚܡܣܡܢܪܘܬܐ C.B.M. 1096 a.

ܡܣܟ Ethpa. ܐܬܡܟܟ denom. verb from ܡܣܟܐ *to be shielded*, ܐܬܡܟܟܘ Hormizd 1684.

ܡܘܟܠܐ col. 2636. *a bolt.* Add: *impounding*, ܡܘܟܠܐ ܘܡܣܒܐ Dion. 235. 17, 21.

ܡܘܟܠܐ col. 2637. *a stoppage, obstruction*, ll. 3–5 of par. add: ܠܐܦ ܡܣܒܐ ܐܘܚܕܘܢܐ ܘܡܟܠܐ τῶν σπλάγχνων ἐκφρακτικόν, Galen. 242, Med. 16. 13, 53. 4, 57. 18, 63 ult.

ܟܡܘܟܠܐ ܡܕܡ ܣܟܢܝܐ *shield-shaped* ܘܢܕܘܡ ܕܝܢ ܣܠܝܚܘܬܗ ܕܡܟܢܐ ܡܕܐ ܣܘܩܠܝܗܝ But. Sap. Philos. 5. 2 infra on triangles, ܐܢܐ ܣܟܢܐ ܘܡܣܬܥܦܐ ib.

ܡܟܬܐ col. 2637. ἐσχάραι, *scabs over burns*, add: Galen. 242. ܩܘܡܘܪܝ ܘܚܕܝܒܝ ܡܟܬܗ Med. 65. 8.

ܡܣܟܪܝܘܬ ܐܣܟܪ from ܡܣܟܪܝܘܬܐ col. 2637. *in the manner of Judas Iscariot*, Syn. Or. 172. 8. See quotation under ܡܠܠܠܡܐ.

ܡܣܐ col. 2627. Ethpe. ܐܣܬܡܝ *to be depreciated in value*, But. Sap. Econ. 1. 2 infra.

ܡܣܝܟܢܐ *vile, waste*, Hormizd 497, 895.

ܡܠܐܣܝܕܘܣ Pléroph. 29. 3, ܡܠܐܡܝܕܘܣ ib. 128. 13, ܡܠܐܦܝܕܘܣ Pet. Ib. 70. 21. Vars. of ܡܠܐܚܕܡܐܣܠܚܕܘܣ col. 2640. *Salofacialus*, nickname of Timothy, Bp. of Alexandria.

ܡܠܝܐ col. 2641. Geop. 17. 28 corr. ܡܥܠܠܕܐ Fraenk. ZA. xvii. 89.

ܡܠܝܗ col. 2641. 9 of par. corr. ܡܠܥܘܡܕ.

ܡܠܩܡܣ mistake for ܘܠܟܝܡܣ and ܐܠܐܕܝܣ *Helladius*, Nold. F. S. i. 473. 118.

ܡܠܟܢܐ col. 2643. pr. n. m. add: ܡܠܟܢ ܕܐܘܪܝܡ *Silvanus of Urim*, one of the twelve Bishops who consecrated Severus, Sev. Ant. Vit. 319. 9, Or. Xt. ii. 270, ܡܠܟܘܣ id. Sev. Ant. Vit. 321. 7; Charms 10. 19.

ܡܠܦܝܕܘܣ see ܡܠܐܦܝܕܘܣ above.

ܡܠܟܘܡܪܐ col. 2643. σελευκίς, -ίδα, *a bird which eats locusts*, Natur 37. 3 ff. has the same as BB.

ܡܠܟܘܙܐ col. 2643. silurus, *the shad-fish*, Ar. FischN. 50, Arist. Apol. ܣ. 9, perhaps a misreading of αἴλουρος, Bensley 62. For the name cf. ZDMG. lxi. 637.

ܡܠܛܘܢ Σαλτών or Σαλτόν, *Salton a district of southern Palestine*, Pléroph. i. 7, 177, R.O.C. iii. 361.

ܡܠܝܡ σελλίον: see ܡܠܝܣ Suppl. above.

ܡܠܟܣ col. 2642. *Seleucia*. Cf. ܣܠܘܩܝܐ col. 1693–4.

ܡܠܟ *Salakh*, a Church province on either side of the Mountains of Kurdistan, ܐܠܟ ܘܡܠܟ B.O. iii. i. 478. and 482 = Hist. Mon. i. 108. 8, 109. 2, 3, ܡܠܟ ܒܪܝܐ *Outer Salakh*, west of the mountains and round about Arbela, B.O. iii. i. 470 = Hist. Mon. i. 109. 3, ܡܠܟ ܓܘܝܐ *Inner Salakh*, on the border of Azerbaijan, B. O. iii. i. 479 = Hist. Mon. i. 110. 16. See ib. ii. 240 n. 5, Pers. Mart. 243-245. Trs. hither the refs. under ܡܠܟ col. 2642 excepting the first of them.

ܡܠܟܡܝܐ col. 2644. *Salamia*, a bpric. under the See of Antioch, add: Or. Xt. ii. 270, Sev. Ant. Vit. 319. 11, 320. 5, 321. 8, vars. ܡܠܟܢܝܐ and ܡܠܟܡܛܐ ib. l. 2.

ܡܵܟ݂ܚܵܟ݂ܵܐ an aperient medicine, Med. 569. 2.

ܡܲܟ݂ܚܸܕ݂ܙܵܐ col. 2645. *the salamander*, add: Natur 63. 6.

ܡܚܲܒ݂ܝܵܐ (σιλέντιον, silentium) ܡܘܡܚܒ݂ܝܵܐ (κομβέντον, conventum), *a secret meeting, Privy Council*, Anecd. Syr. iii. 221. 18; ܡܚܲܒ݂ܝܵܐ only, ib. 217. 15, ܡܚܲܒ݂ܝܵܐ ib. 219. 11.

ܡܲܚܥܵܐܡܸܢܘܵܬ݂ܵܐ see ܡܚܘܕ݂ܥܘܬ݂ܵܐ above.

ܡܚܲܟ݂ col. 2646. *to rise*. ܘܢܲܠܗܸܒ݂ ܢܒ݂ܗ݇ܘܢ ܡܚܟ݂ܐ ܠܐܕ݂ܝܼܕ݂ܵܟ݂ܐ they went to try *if his mind would rise=they tried to get a rise out of him*, Pallad. 478. 4. *To refer*, ܦܲܚܸܕ݂ ܠܘܵܐ ܣܹܡܵܐ *referring to the aim of the book*, Probus 88 ult. Pass. part. ܡܚܝܼܟ݂ *sublimated, distilled*, Chimie 39. 7. Ethpe. ܐܸܬ݂ܡܲܚܟ݂) " to set oneself up, ܕܘܢܼ ܕܲܐܟ݂ܚܸܒ݂ܪܐ ܘܢܲܚܟ݂ܘܼܢ ܠܐܲܟ݂ܚܵܒ݂ܝ ܘܢܸܟ݂ܚܲܒ݂ܘܢ ܐܸܢܘܢ *they set themselves on a level with the disciples and rebuked them*, Pallad. 104. 8. Aph. ܐܲܚܸܟ݂ 1) *to rise as a river*, ܢܲܣܸܩ ܣܸܕ݂ܢܘܼܣ ܕܘܼܙ ܡܲܚܣܸܡ ܚܲܟ݂ܡܵܐ *the Nile will rise high*, Bk. of Shem iii. 5, 112. 18, 113. 9, 115. 17. 2) *to raise*, add: *to raise the voice* in song, the siren ܡܲܚܣܸܩ ܡܘܕ݂ܩܝܼܡܵܐ ܚܲܦܬܠܵܗܿ Natur 59. 8. 3) *to lift up, place above*, ܒܡ ܕܡܲܚܸܟ݂ ܠܘܵܐ ܡܲܪܚܣܵܐ Takhsa 6. 10. 4) *to distil*, ܐܲܚܸܟ݂ ܚܠܵܚܸܒ݂) " Chimie 25. 3, 28. 16, 36. 10, 39. 18. Pass. part. ܡܲܚܟ݂ܵܐ *sublimated, distilled*, ܙܵܠ ܡܲܚܟ݂ܵܐ Chimie 22. 21, 24. 14 = ܙܵܠ ܘܲܡܚܝܼܟ݂ ib. 39. 7, ܡܲܚܟ݂ܵܐ ܕܐܲܣܝܼ *sublimate of mercury*, ib. l. 14. Pl. ܡܲܚܟ݂ܐ ib. 2 pen., ܡܸܚܬܵܐ ܡܲܚܟ݂ܬܵܐ ib. 27. 14, ܣܘܕ݂ܵܐ ܕܐܲܚܬ݂ܵܐ ܘܡܲܚܟ݂ܝܼܡ ib. 25. 2.

ܐܲܚܸܟ݂ܵܐ col. 2649. *sublimation*, Chimie 40 pen.

ܡܲܚܸܟ݂ܵܐ, ܡܸܚܵܐ m. 1) *rise of a river*, ܣܠܸܩ ܕܘܼܙ ܒܣܸܡ ܡܲܚܸܗ ܡܲܚܣܝܼ *the Nile will rise to its full height*, Bk. of Shem 112. 18, 115. 17, ܘܲܡܣܲܚܝܼ ܒܗܝܼܢ ib. 113. 9. 2) *ascending, rising*, ܚܲܕ݂ ܡܲܚܣܵܐ ܘܡܸܬ݂ܠ *when the water rises in vapour*, Chimie 36. 9.

ܡܲܚܣܵܐ, ܡܲܚܣܟܵܐ f. 1) ἀναγωγή, *expectoration*, Hippoc. v. 12. 2) ܡܲܚܣܵܐ ܕܫܸܡܫܵܐ *sunrise*, Georg. Arab. 19. 10, 20. 13. Cf. ܡܲܚܣܲܦ ܫܸܡܫܵܐ

3) *sublimation, distillation*, ܡܲܚܸܣܵܐ ܘܕ݂ܝܼܡ Chimie 22. 1, ܡܲܚܸܣܵܐ ܘܐܵܘܣܸܡܘܿܢ ib. 57. 18.

ܡܲܚܣܵܢܘܼܬ݂ܵܐ pl. of ܡܲܚܣܵܐ *ascent*. col. 2651. 15. "*staircases*" Zach. 359, Guidi thinks this means *coenacula, upper rooms* to which ascent was by outside stairs, Zach. ed. Guidi 221. 1 Syr. 8.

ܡܸܬ݂ܡܲܚܸܟ݂ܵܢܘܼܬ݂ܵܐ f. *the being made to rise*, ܡܸܬ݂ܡܲܚܸܟ݂ܵܢܘܼܬ݂ܵܐ ܟܲܕ݂ܚܵܐ ܡܲܢܬ݂ܝܵܐ N. Hist. ii. v. 3.

ܡܲܚܡܝܼ *name of a river*, Dion. 96. 18.

ܡܲܚܣܵܐ ܕܝܵܘܡܵܐ col. 2652. *gentian*, Med. 264. 16, 607. 7.

ܡܲܚܣܵܐ ܕܲܡܚܵܐ ܚܠܵܐ ܚܠܵܐ ܡܸܬ݂ܵܐ *this is quoted from Galen*. ed. Kühn xiii. 350, Ar. PflnN. 38 under ܐܙܝܼ. Correct (*Lepidium*) *latifolium* to *sativum*.

ܡܲܚܕܵܡܝܼ or ܕܸܡ ܐܵܚܝܼܡ lit. *blood of two* (brothers) ܕܡ ܐܠﺈﺧﻮﻳﻦ. *Dragon's blood*, a dark red resin from Calamus Draco, stops haemorrhage, Med. 64. 22, 65. 2, 211. 6, 9, 667. ܘܚܲܕ݂ ܘܐܲܣܒܲܕ݂ ܩ ܡܲܚܕܵܡܝܼ ܘܐܘܿܣܵܟ݂ܵܐ ܘܡ ܐܚܘܵܡܝܼ i. e. *Dam-Akhouên* (see above) Chimie 42. 12, 50. 6, 7, Ar. PflnN. 274, 424.

ܣܘܼܡܒܲܛܝܘܿܣ col. 2656. *Symbatius*, an Isaurian bishop, Sev. Lett. 75. 19.

ܣܡܝܼܓ݂ܪܵܦܘܿܣ Σημειογράφος, *shorthand writer*, surname of John the Sophist, Sev. Ant. Vit. 12. 1. See R.O.C. iv. 437.

ܣܡܝܼܕ݂ܵܐ col. 2656. *broken wheat*, ܘܼܣ ܣܡܕܐ ܣܡܝܼܕ݂ܵܐ ܘܣܲܠܝܼ ܘܲܡܚܲܣܣܹܡ ܘܒܲܥܬ݂ܝܼ ܚܒܝܼܣܲܡܐ Epiph. 4.

ܣܡܲܕ݂ܪܵܐ col. 2656 infra. *bud* or *flower of the vine*, ܚܸܕ݂ܢܵܐ ܘܓܸܡܬܵܐ ܘܣܲܡܕ݂ܵܪܹܐ *are seen at one time on vines at Antioch*, N. Hist. iv. 4. 3; Med. 573 pen.

ܣܡܘܿܕ݂ܐ col. 2627. m. *the sable* or *marten*, ܚܡܪܐ ܘܣܲܡܕ݂ܵܕ݂ܐ Med. 587. 10, 589. 5.

ܣܡܘܿܕ݂ܵܢܵܐ i.q. ܣܲܡܘܿܕ݂ܢܵܐ col. 2657. *the Muraena, sea-eel* or *lamprey*, ܣܲܡܘܿܕ݂ܢܵܐ ܘܟܸܬ݂ܟ݂ܚܵܐ ܘܡܲܚܣܵܐ ܩܘܲܠ ܐܵܣ ܘܸܬ݂ܝܼܩܵܐ ܡܚܲܠܫܸܦܣ *the sea-eel which uses for fins a broad process or tentacle of skin*, N. Hist. vii. 1. 1. Cf. ܣܘܡܚܕ݂ܠܝܼܣ Suppl.

ܣܡܘܪܢܐ col. 2657. σμύρνα, *myrrh*, add: ܣܡܘܪܢܐ ܚܕܐ ܣܐܡ ܚܕ ܡܥܠܐ ܘܥܩܥܩ .ܘܣ. BH. de Pl. 155, ZDMG. xliii. 127, Galen. 297. 30, 31, Chimie 7. 11, Med. 606 ult., Ar. PflnN. 246.

ܡܓܠܝܢܘ col. 2658. *parchment*. See proof passage ܡܓܘܡܢܐ Suppl.

ܣܡܝܐ Σαμία γῆ, *Samian earth*, Chimie 48. 19 and perhaps 44. 22. Cf. ܣܐܡܢܐ col. 2495 and ܣܡܥܬܐ.

ܣܡܐܝܠ *name of an angel*, Protection 79. 13.

ܣܡܝܘܣ 1) Σάμιος [λίθος], Chimie 2. 8. 2) *name of a demon*, Charms 84, Prot. 54.

ܣܡܝܩܐ *the ichneumon*, BB. under ܚܘܠܕܐ col. 2684. Duval 1427.

ܣܡܝܕܟܘܢ col. 2658. Corr. ܥܠܝܟܘܢ to ܛܘܣܦܪܐ *taxus, the yew*.

ܣܡܝܪܣ col. 2658. σμύρις, *emery*: cf. ܣܡܝܪܣ Suppl.

ܣܡܟ col. 2659. 3) *to arrive, reach a destination*, with ܠ add: Jul. 13. 27, Mar Kardag 50. 11, 57. 4, with ܒ 61. 5. Metaph. *to attain* ܠܫܘܒܝܐܠ ܘܪܘܟܢܐ ܕܟܘܢܐ ܣܡܟܘ (so corr. for ܣܡܟܘ) Pallad. 127. 18. Ethpa. ܐܣܬܡܟ l. 8 of par. *to be supported, sustained with food*, add: part. ܡܣܬܡܟܝܢ Ephr. ed. Lamy iii. 425.

ܣܡܟܬܢܐ or ܣܡܟܢܐ f. pl. Prob. ܡܣܬܡܟܢܐ pass. part. of ܣܡܟ *supports of a flooring* or *step*, ܣܡܟܐ ܕܪܘܡܐ ܣܡܟܬܐ ܢܣܒ ܕܚܠܬܝ ܕܡܘܡ ܘܩܝܡܐ DBB. 1815, Thes. col. 3677.

ܣܡܠܐ col. 2662. *the left*. ܣܡܠܝܬܐ f. *the being on the left side*, Apis. transl. 19 n. 1.

ܣܡܠܝܢܐ m. pl. ܣܡܠܝܢܐ *those on the left side* = *the worldly*, opp. ܝܡܝܢܝܐ *those on the right hand*, Syn. Or. 166. 14, 15; opp. ܝܡܝܢܬܐ Is. Nin. ed. Bedj. 88. 12.

ܣܡܠܐ col. 2663. *left-handed, unlucky*, Tekkaf 140.

ܣܡܣܡܩܐ i. q. ܣܡܣܡܩܐ col. 2664. *Origanum, marjoram*, Med. 40. 15, 80. 21, 266. 5, ܣܡܣܡܩܐ ib. 148. 4, 9, Ar. PflnN. 41. 135. Cf. ܚܙܪܝܥܐ Thes. and Suppl.

ܣܡܩܠܐ col. 2663. Arab. شمعلة *to read Holy Scripture*. *To say private* or *public prayers*, Goldziher ZDMG. xlvi 44, Schwally ib. lii. 143, Fraenkel ib. p. 511, Schulthess ZA. xix. 134. Ethpalpal ܐܣܬܡܟܠ *to choose poverty*; *to renounce gain*, ܩܘܡ ܐܣܬܡܟܠܬ ܣܟܦܐ Tekkaf 162.

ܣܡܟܠܐ *simple* or *poor clothing*, cf. ܣܡܟܠܐ l. 2 of par. ܣܡܟܠܐ ܕܚܬܡܐ Philox. 14. 4, opp. ܪܓܐ ܕܚܬܡܐ ib. 23. 10, Ephr. i. 82 bis, ed. Lamy ii. 343 bis. Hence *monastic garb*, ܒܪܒܢܝܐܠ ܘܣܡܟܠܐ Hist. Mon. i. 24. 17, Jul. 288. 12.

ܣܡܣܡܟܬܐ add: *renunciation*, ܣܡܣܡܟܘܦܐܠ ܣܡܣܚܒܘܦܐܠ ܟܒܪܐܠ ܘܓܒܠ ܟܘܟܬܐ *renunciation is extreme endurance in all adversity*, Op. Nest. 24. 12. *Wretchedness*, κακουχία, ܒܪ ܘܪܩܩܐ ܘܣܡܣܡܟܘܦܐܠ ܝܟܡ ܪܚܦܐܠ (ܠܟܕܐ ܣܡܟܠܐܝܡ A.M.B. vi. 403. 5.

ܣܡܩ col. 2665. Pael ܣܡܩ *to dye red*, ܣܡܡܩܡܐ ܕܡܡܩܐ δέρματα ἠρυθροδανωμένα, Hex. Ex. xxv. 5. *To redden, to gild*, Chimie 2. 1.

ܣܡܘܩܐ col. 2665. adj. add: 1) φαιόν, *drab* i. e. a colour intermediate between black and white, Cat. Ar. Jac. Edes. 16. 4. 2) *red*, ܚܙܐ ܣܡܘܩܐ *minium*, Chimie 14. 9, = *gold*, ib. 12. 4, ܐܬܩܐ ܣܡܘܩܐ *gold dinars*, Journ. As. 1907, 350. Subst. pl. ܣܡܘܩܐ *sinopis, earth of Sinope* = *red ochre*, Chimie 7. 9 trad. 13 n. 3; *cornel berries*, ib. 45. 4; *rhubarb*, Med. 98. 23, 170. 14, 294. 10, so correct for ܣܡܩܕܐ JAOS. 192. 17, 196. 3. Sing. Med. 59. 8. *A litter* or *palanquin covered with red*, as in India now, ܣܡܘܩܐ ܕܟܠܬܐ *a bride's litter*, Ephr. ed. Lamy iv. 627. 13.

ܣܡܘܩܘܬܐ col. 2666. Add: *being flushed, red in the face*, Med. 44. 5, 234. 6; ܣܘܡܩܘܬܐ ܕܥܝܢܐ *redness, inflammation of the eyes*, ib. 91. 21.

ܣܡܘܩܐ col. 2666. *red*, ܚܒܘܫܐ ܣܡܘܩܐ *red plums*, Med. 557. 1, 13. ܟܐܒܐ ܣܡܘܩܐ *a disease*, ib. 575. 3, 11. Subst. perh. *sumach*, pl. ib. 560. 11, 562. 17, 565. 19, 568. 22.

ܣܡܘܩܐ *reddening, producing a red colour*, Chimie 1. 1, 42. 8.

H h 2

ܐܠܬܚܡܪܬܐ f. *dyeing red, imparting a red colour, rubefaction,* Chimie 18. 5, 20. 25.

ܫܡܪܐ a broad-leaved plant with waxen flowers, Med. 599. 19.

ܣܡܘܪ *marten:* see above, p. 234.

ܣܡܪܘܢܐ *Samaruna,* a monastery on Mt. Ephraim in Palestine, Chast. 9. 2, 24. 5.

ܣܡܪܢ *Samran,* capital of the Jewish King who persecuted the Ḥimyarites, Journ. As. 1907, 450; Barthold, Christenthum in Mittel-Asien, v. 16.

ܣܡ col. 2667. *to filter, clarify,* ܣܡܝ ܡܬܠ Chimie 13. 20, ܣܡܝ ܡܕܝܢ ܡܬܠ ib. l. 21, 83. 14.

ܣܡܐ col. 2668. ܣܡܬܢܐ for ܐܣܝܡܬܐ *hideousness, ugliness,* ܡܘܣܢܗ ܡܕܝܩܡܐ Jac. Sar. Hom. iii. 216. 12.

ܣܡܚܐ Turk. ســنجاق *sanjak, a standard,* the Yezidis give this name to a bronze peacock, the symbol of Divinity, Yezidis 105. 7, ܣܡܝܣ ib. 3 af., 121 n. *there are seven of these,* ib. 107. 9, Mt. Singar 18, 5, 7, ܣܡܬܗܐ ܐܘܡܨܠ ܩܕܡܙܐ) ib. 20. 5, 23 n.

ܣܡܝܕ Ethpal. ܐܬܬܡܟܝ *to ask intercession or influence,* ܐܬܬܡܟܝܢܝ ܘܘܗ ܩܬܠܗ ܠ Jab. 88. 10.

ܣܡܪ col. 2673. *Sindh,* add: Dion. 88. 16.

ܣܡܪܝܐ *people of Sindh,* ܐܬܘܢܐ ܚܒܝ ܩܛܠܐ ܡܚܫܡܪܝܐ Brit. Mus. 2084. 12 r, 24 r i.q. ܡܬܢܝܐ col. 2673, Dion. 85. 10, 196. 18.

ܣܡܢܬܐ col. 2673. *quercus ilex, holm-oak,* so corr. for ܣܡܪܐ (ܡܚܠܐ ܘܡܚܕܡܐ) Natur 4. 14 and n., transl. 36, Ar. PflnN. 72.

ܣܡܕܪܘܣ col. 2674. 1) *opobalsam or storax* ܣܡܕܪܘܣ. ܐܢܝ ܟܚܫܡܐ ܘܝܩܠ ܥܣܠ ܐܠܠܒܢ ܘܘܗ ܙܘܦܐ. ܙܘܦܐ ܐܝܒܕܗܣ ܒܣܡܝܢ ܘܡܕܗܢ). ܘܡ ܚܟܝ̈ ܚܒܘܙܐ ܐܗܒ ܘܡܝܒܐ ܘܐܣܛܒܠ ܙܘܦܐ ܚܪܘܦܐ ܘܐܗܠܝܘܗܘܙܐ Med. 607. 11–14. 2) *Senderus, Sandaracha Arabum* opp. S. Graecorum i.e. realgar. Senderus is the resin of Thuja articulata, a Moroccan cypress, ZDMG. xliii. 387. ܣܡܕܪܘܣ ܫܘܦܐ a *whitish brittle resin,* Med. 310. 7; ܣܡܕܪܘܣ N. Hist. vi. 3. 3: see ܣܢܕܪܘ Suppl.

ܣܡܕܪܘܟܐ col. 2674. 1) *sandarach, red sulphide of arsenic, realgar,* Chimie 46. 3, ܣܡܕܪܘܚܐ ib. 3. 2, ܣܡܕܪܘܟܐ ܐܘܣܡܐ l. 11, ܣܡܕܪܘܚܐ ib. 10. 9, ܣܡܕܪܘܟܐ ib. 45. 23. *Red arsenic or saffron,* ܐܘܣܡܐ ܣܡܕܪܘܡܐ ܡܚܘܪܕܚܐ ܣܘܡ ib. 5. 6. Med. 170. 17, 416. 14, &c. 2) I.q. ܣܡܕܪܘܚܐ q.v.

ܣܡܕܪܘܒܚܡܐ see ܡܣܒܪܘܢ under ܡܣܐ.

ܣܡܕܡܝܓ unknown word, Med. 161. 5.

ܣܡܝ col. 2676. Pael part. ܡܣܡܝܐ *beardless,* add ref. ܘܚܕܘܐ ܚܣܢܐܐܐ A.M.B. vii. 80.

ܣܡܬܢܐ *beardless,* ܣܡܝܕܢܐ Med. 588. 11, 591. 19. A nickname of various men, Chast. 55. 17; ܣܡܬܐ Hist. Mon. i. 94. 10, 95. 1.

ܣܡܘܙܘ Parthian pr. n. *Sanatruq,* Tabari 18 n. 3, Pers. Mart. 185. Name of a Persian martyr, A.M.B. iv. 169.

ܣܡܒܚܙܘܡ pr. n. m. A.M.B. i. 430.

ܣܡܢܒ, ܣܡܣ or ܣܡܒܝ another name of river Gozan or Hulwan, which flows into the Tamara, a tributary of the Diala, ܒܘܕ ܚܘܠܐܢ ܘܝܗ ܣܡܢܒ Phet. 20. 8 = A.M.B. ii. 613. 13, ܣܡܒܝ ib. 651. 11, Pers. Mart. n. 544; ܣܡܣ *Sahi* n. 626.

ܣܡܫܡܕܐܠ m. pl. prob. for Kurd. شمشال *sprigs of box* worn in a Yezidi ceremony, Journ. As. 1896, 115, E. G. Browne's n. in Parry's "Six Months in a Syrian Monastery", p. 387.

ܣܢܕ Aph. ܐܣܢܕ with ܚܠܐ *to cause to need, to deprive of,* add ref. ܚܠܐ ܐܢܬܝܩܡܝ ܠܐ ܘܡܣܒܐ QdhamW. 186. 3; *to make to depend upon,* Ephr. Ref. i. 134. 15, 17; *to declare lack, dependence,* ܡܣܢܕܝܢ ܣܥܡܘܡ ib. ii. 3. 16.

ܣܢܕܦܟܘܘܐܠ: see ܣܢܕܦܟܘܘܐܠ.

ܣܢܕܠ: see ܣܢܕܠܐ below.

ܣܢܣ *to gnaw, corrode.* Pa. ܣܢܣ *to corrode, fret,* Poet. Syr. 99. 8.

ܣܢܛܐ col. 2682. *a wart*—but the description is rather that of an eruption, *vesicles;* ܣܢܛܐ ܘܢܗܡܝ ܚܐܬܘܒܐ ܕܩܝܠܐ ܘܩܡܕܡܙܝ ܣܝܒܩܚܢܣܒܐܠ Med. 584. 6, 7, 9, ib. 589. 11.

ܡܣܡܐ col. 2682. vowel-points uncertain. m. a measure; five sese go to one minute and ten to one foot, Med. 531. 10; one ܡܣܡܐ equals twenty ܙܘܥܬܐ ib.

ܣܣܡܠܝܘܢ ܣܣܡܠܐܘܢ col. 2682. Seseli officinale, meadow saxifrage, Med. 99. 4, 355. 3, 15 and often. ܩܡܠܐܗܘܢ ܕܒܘܕܐ ܡܟܣܕܢܝܐ زهر الانجدان الرومي the blossom of Greek fennel, ib. 607. 3; ܩܐܛܐܚܒܩܘܗ ܘܘ ܐܠܙܘܦܪܐ ܘܘܘ ܐܠܟܐܫܡ Seseli i. q. Asa foetida, ib. l. 4. But cf. ܐܘܗܐ Suppl. and Ar. PflnN. 36 under ܚܒܬܢܐ.

ܣܣܡܣܕܐ Σάσιμα, a town in Cappadocia, Greg. Carm. ii. 39. 17.

ܣܣܡܠܕܘܣ name of an idol, corrupt for Dionysos, Hist. B.V.M. 200. 20.

ܣܣܢ (ܡܪܝ) Mar Sassan, Prot. 68. 14, Charms 86 pen.

ܣܣܡܟܐ col. 2683. the medlar. Delete "arsenicum rubrum" زرنيخ احمر, these words belong to ܣܡܝܙܪܐ.

ܣܥܐ col. 2683. Pael ܣܝܥ to attack. Part. ܠܗ ܡܣܥܕܬ ܩܕܝܡܝ ܡܥܕܐ; ܘܡܣܥܚܢܐ/ܘܕܚܡ Bahira 206. 16.

ܣܥܕܐ unknown. Used to pulverize tin, ܩܡܣ ܘܘܘܗ ܚܡ ܣܥܕܐ Chimie 36. 20.

ܣܥܕ col. 2684. pr. n. m. add: ܣܥܕ ܚܕ ܘܡ ܣܥܕ ܒܢ ܐܒܝ ܘܩܐܨ founder of ܚܡܕܐܠ, Sassanidi 33. 1.

ܣܥܕܐ sing. uncertain, pl. ܣܥܕܐ Nöld. Gr. § 84. Cyperus, sweet sedge, add: ܣܥܕܐ Med. 239. 6, 12, ܣܥܕܐ ܟܝܣܬܩܠ ib. 246. 13; Ar. PflnN. 276.

ܣܥܕܐ pl. ܣܥܕܐ berries, caperberries, Budge, perh. the root of Cyperus esculentus, Med. 572 ult., 587. 5, 606. 20.

ܣܥܟܝ col. 2684. to abhor; ܡܝ ܕܡܝ ܠܐ ܣܥܟܝ Nest. Hérac. 103. 13. Ethpe. ܐܣܬܥܟܝ to be abhorred, ܡܝ ܒܘܘܐ/ ܡܣܥܐܟܚܝܡ G. Busâmé 13 v 13, ܩܣܬܥܟܝ with gloss. ܩܠܝܡܚܪ Hormizd 1872.

ܣܥܝܓܢܘܬܐ abhorrence, ܘܘܐ ܣܥܝܒܗܢܘܬܐ of ܐܣܥܐ ܡܐܬܠ ܕܚܡܐ the detestableness of pretended friends, But. Sap. Pol. iii. 4.

ܣܥܕܒܐ what? Ahrens and Krüger give excrement, Anecd. Syr. iii. 212. 16.

ܣܥܚܡܐ (ܟܚܡܐ?) perh. ܣܥܚܡܐ beet-root, Med. 584. 6.

ܣܥܪ col. 2686. end of par. to visit = punish, ܢܣܥܝܗ ܚܕܣܐܠ Apoc. xvii. 16 ed. Gwynn, who suggests ܢܣܢܝܢ Gr. μισήσουσιν, Bagst. Pass. part. ܣܥܝܪ healed, tended, A.M.B. v. 454. 16, 462. 14. Ethpe. ܐܣܬܥܪ to be cared for, nursed, tended, Hippoc. vi. 37.

ܣܥܝܪܐ fem. ܣܥܝܪܬܐ 1) adj. with ܠܐ inactive, ܠܐ ܣܥܝܪܬܐ (ܗܘܐ) Manichéisme 108. 1. 2) subst. l. 15 of par. caterer, purveyor, add: Pet. Ib. 110. 3, 15. 3) a visitor of the sick, a healer, A.M.B. v. 462. 4. Eccles. a visitor i. q. chorepiscopus and periodeuta, a priest who visited villages and monasteries as representative of the bishop of the diocese, Takhsa 128. 20.

ܣܥܪܐ col. 2689. hair, ܣܥܪܐ ܕܓܒܝܢܐ the eyebrows, Med. 580. 11. ܣܥܪܐ ܕܕܩܠܐ palm fibre, Daniel 398. 13. ܣܥܪܐ ferns, Budge, but perhaps ܣܥܪܐ Med. 162. 4, 14; or for ܣܥܪܐ ib. 316. 8 as l. 2. ܣܥܪ ܟܬܒܐ add: τὸ ἀδίαντον, Galen. ZDMG. xxxix. 268; Med. 198. 19.

ܣܥܝܪ denom. verb Pe. part. from ܣܥܪܐ hair. Shaggy, thick, ܕܣܥܝܪ ܚܐܬܟܠܐ ܠܗܘܐ a mountain thickly covered with trees, Ahikar ܡܝ 4. Aph. ܐܣܥܪ to have the hair grow, ܐܣܥܪ ܬܩܢ the hair grew again on his head, Pallad. 151. 23.

ܣܥܪܢܐ hairy, ܣܥܢܝܐ ܚܕ ܘܘ Jos. Wolflink 17 infra.

ܣܥܪܢܝܬܐ hair-like, capillary, ܠܩܘܟܝܢܐ ܣܥܪܢܝܬܐ veins and arteries branch into capillaries, N. Hist. vii. 1. 3.

ܣܥܪܐ, f. ܣܥܪܬܐ barley. Pl. only masc. forms, Nöld. Gr. § 81 but N. B. ܐܪܒܥ ܣܥܪܐ four barley corns, used as a measure, Med. 447. 7 but ܣܥܪܐ ib. 530. 19, 23; sing. ܐܥܠܐ ll. 20. 21. ܘܡܣܥܪܐ ܚܩܬ ܩܬܪܐ ܘܡܢܘܠܐ A measure of time, ib. 531. 17, 18. The passage seems corrupt.

ܣܥܪܬܐ؟ place-name col. 2692. Add: *Séert*, near Arzun, Chast. 14. 12.

ܣܥܪ col. 2692. *to burn.* Ethpa. ܐܣܬܥܪ *to be inflamed* with *love,* ܒܚܠܐ ܐܚܕܘ ܣܚܪܘ "Alexis 59. 7. Aph. ܐܣܥܪ *to set fire to* ܐܣܥܪ ܢܘܪܐ ܕܚܬܡܐ ܘܚܬܡܐ Jul. 51. 11; ܚܠܒ ܚܫܚ ܢܘܪܐ ܘܟܬܦܐ Nars. ed. Ming. 224. 2.

ܣܥܝܦܐܝܬ col. 2693. Add: *hastily,* Anecd. Syr. iii. 135. 17.

ܣܥܦܐ col. 2693. *conflagration,* Hormizd 1273.

ܣܦܐ col. 2694. *to heap up* and Ethpe. ܐܣܬܦܝ *to be heaped together:* see refs. in Dion. under ܣܦܝ Suppl.

ܣܦܐ, ܣܐܦܐ col. 2694-5, l. 14. Add: ܣܦܐ ܡܠܐ *filled to the brim,* Chimie 59. 14. Metaph. ܥܕܬܐ ܣܦܐ ܚܡܦܐ ܒܐܚܕܝܢ *the churches will be crowded,* Dion. Ined. 488. 2/3.

ܣܦܐܪ col. 2696. *Sepia officinalis, the cuttle-fish,* Med. 92. 3, 607. 9; ܘܣܦܐܪ ܡܟܬܒܐ *cuttle-bone, dentifrice,* ib. 169. 21, 173. 22. Cf. ܣܚܦܐ, ܣܦܐܪ &c. col. 2618.

ܣܦܐܡܘܪܘܚܣ σφάκελος, *gangrene, caries,* Hippoc. vii. 46.

ܣܦܩ col. 2696 infra. *to quake for fear,* ܣܦܩܘ ܢܘܪܐ ܟܢܫܐ ܩܬܡܝ ܣܦܩ the Israelites, *quaking with fear, stood like a flock of sheep among the mountains,* Jac. Sar. Hom. ii. 36. 13; ܣܦܩ ܠܚܘܡ ܘܢܣܦܩ ܟܘܬܐ ib. 71. 8, ܘܣܠܟܘܢ Jul. 79. 25; Ephr. ed. Lamy iv. 511. 1.

ܣܦܪܐ 1) i. q. ܐܣܦܪܐ col. 311 and Suppl. *a wine measure,* Dion. 107. 21. 2) for ܟܦܪܐ *a pillow,* by metathesis, *put a bat's head* ܒܟܦܪܬܟ *in thy pillow,* Med. 589. 2.

ܣܦܗܘܕ col. 2697. Correct; *the best reading is* ܣܦܗܘܕ for ܣܦܗܘܕܝ Pers. سپهبدان *Syriac pronunciation being responsible for the change of* ܒ *to* ܘ. *Spahbedh, General,* Tabari 444. Cf. ܐܝܪܐܢܣܦܗܘܕ *Erânspahbedh, Commander-in-Chief,* col. 393.

ܣܦܘܝܢ perh. *Spanish,* ܣܦܘܒ ܒܣܠܐ ܓܘܫܡܐ Med. 593. 22.

ܣܦܘܕܘ col. 2697. σπουδή, *study, labour* ܣܦܘܕܘ ܘܐܣܚܙܘܡܚܡܐ G. Arab. 24. 16.

ܣܦܘܕܝܠ col. 2698. Hex. Prov. vii. 16 add: BH. in loc., ZA. xvii. 88.

ܣܦܘܢܝܪ Saponaria, *Soapwort,* ܩܕܒ *lye,* "*eau de cendres*", Chimie 50. 8.

ܣܦܘܩܠܛܘܪ Lat. *speculator, an Intelligence officer, a scout,* BHChr. 518. 8. Usually written ܣܩܐ.

ܣܦܣܢ *to lurk, lie in wait,* ܣܦܣܢ ܚܬܡܐ Dion. 123. 11. Part. ܣܦܣ ܐܘ ܚܘܡ ܘܢܟܠ *wrath lay in wait for them,* ib. 135. 2.

ܣܦܥܘ for ܐܣܦܠܛܘ *asphalt, bitumen,* Chimie 8. 3.

ܣܦܝܕܓ Pers. سپيداج *white lead,* Med. 586. 15; ܣܦܝܕܐ Chimie 5. 13, 10. 2, 25. 10, 46. 19, 47. 5, ܐܣܦܝܕܝܢ l. 11.

ܐܣܦܝܕ denom. verb Ethpalpal conj. from ܣܦܝܕܐ *to become like white lead,* Chimie 100. 15.

ܣܦܝܢܓܝܕܣ Sphyngidae, *hawk-moths,* N. Hist. vii. 1. 1.

ܣܦܝܢܬܐ 1) col. 2700. *a ship.* Pl. ܘܣܦܝܢܐ/ BHGr. i. 34. 1, ܣܦܩܐ ܡܚܬܠ *express boats, mail service,* Syn. Or. 19. 9. 2) f. *a yellow-flowered plant like henbane, with berries, good for jaundice* ܣܦܝܢܬܐ ܚܕܘܢ ܟܦܪܐ ܘܘܚܕ ܚܡܬܘܢܝܠܐ ܘܢܫܝܡ ܐܩܕܡܐ Med. 600.

ܣܦܝܢܬܦܣܟܐ f. dimin. of ܣܦܝܢܬܐ πλοιάριον, *a little boat,* A. M. B. v. 370. 5.

ܣܦܝܪܐ 1) usually ܐܣܦܝܪܐ. σφαῖρα, *a ball, round mass* ܚܡ ܡܝܩܬ ܐܝܣ ܣܦܝܪܐ Chimie 33. 19. 2) col. 2699. σφῦρα, *a heavy hammer,* A.M.B. iii. 351 n., ܓܐܡܣܩܪܐ ܢܡܣܩܢܘܬܐ ܟܠܐ ܒܥܝܘ text ib. l. ult.

ܣܦܝܬܐ *a mushroom,* gloss فطر ة Med. 564. 5, ܣܦܝܬܐ ܘܡܢܕܐ *same gloss* 576. 2.

ܣܦܣܛܠܘ col. 2699. *Aristolochia,* add refs. BHGr. i. 65. 14; Med. 50. 10, 196. 10, 198. 10, ܐܙܒܩܐ ib. 49. 7, 305. 14, 354. 12, ܚܒܝܒܐ ib. 49. 19, 264. 1, 14, 355. 8; ܣܩܕܘܠܐ ܠܐܙܘܡܢ ib. 232. 1, 242. 21.

ܣܦܣ correct ܣܦܩ ‎to heap up, ܣܠܩ ܘܠܐ ܚܣܠ. ܚܪܡܕܐ ܕܝܠܗ ܡܢܗܐ ‏|ܐܘ ܣܡ ܚܣܠܐ܂ ܘܠܐ ܡܚܣܒܢܐ ܂ ܡܚܣܗ ܘܡܢܗܝܢ, Dion. 126. 4. So correct Ethpe. ‏|ܐܣܬܦܩ to be heaped up, overfull for ‏|ܐܬܦܝ. (sic) ܘܢܝܢܐ|ܐܣܬܦܩܝܢ ܒܬܐ ܘܟܠ, ܣܦܩܘܗܝ Dion. 38. 19.

ܣܦܣ Arab. سَفَن any rough substance used for scouring, e.g. cuttlebone or fish skin; under ‏|ܣܦܣܗ col. 2618, DBB. 1346; ‏|ܣܦܪܘܐ col. 2618, DBB. 1393; under ܣܣܡ col. 3326 DBB. 1644.

ܣܦܣܝܠܦܘܢ or ܣܦܣܝܠܝܦܘܢ ? "tout-à-fait," Duval, ܐܬܦܘܕܗ|ܘ ܣܦܣܝܠܦܘܢ ܣܢܕ܂ Chimie 10. 10.

ܣܦܣ the asp, adder, ‏|ܣܦܣܐ ܣܝܢܐ Protection 88. 8.

ܣܦܣܦܐ, ‏|ܣܦܝܣܦܐ violent, ‏|ܩܠܠ ܣܦܣܝܦܐ Anecd. Syr. iii. 73. 5, ‏|ܥܢܢܐ ܣܦܝܣܦܐ stormclouds, ib. 325. 23. Prob. read ‏|ܡܬܣܝܦܐ.

ܣܦܝܣܦܐܝܬ col. 2701. i. q. eagerly, often. Refs. Anecd. Syr. iii. 3. 5 af., 215. 2, 224. 13.

ܣܦܣܩ denom. verb. See under ‏ܣܦܣܩܐ.

ܣܦܣܩܐ col. 2701. a stool, bench, A.M.B. v. 577. 4, 608. 3. L. 4 of par. the presbyter's seats, ܡܢܘܬ ܚܕ ܣܕܪܐ ܘܣܝܡ ܣܦܣܩܐ they are to leave one row of seats for the teachers, before those of the presbyters, Stat. Schol. Nis. 185. 5.

ܣܦܣܦܐ col. 2704. Saphsapha, a district of Marga, north of Beit Abhe, Pers. Mart. 223, Hist. Mon. ii. 150 n. 3, refs. ib. i. 76. 7, ܣܦܣܦܐ|ܘ ܒܘܪܢܐ ܘܣܦܣܦܐ‎ ib. 239. 18; ‏܀ܣܟܠܐ|ܘ ܐܠܗܐ Chast. 67. 19.

ܣܦܣܩܐ Persian سپستان sebesten, fruit of the Cordia Myxa, Med. 576. 5, 578. 19.

ܣܦܩ col. 2704. Pael ܣܦܩ 2) to pour out, empty, ‏ܘܐܣܦܩ Chimie 28. 16, 29. 4, 5, ‏|ܢܗܘܬܐ ܘܡܣܦܩܝܢ ܒܗ rivers which discharge into the Red Sea, Natur 48. 6. To purge, evacuate, Hippoc. i. 22, 14, 17, with ܦܡ, ib. iv. 2, ܕܡܐ| ܣܦܩ to clear out a vein, to bleed, ib. vii. 49. I.q. Aph. to grant, bestow, ܣܟܕ—ܚܘܒܬܟܐ ܕܡܝܐ ܘܠܐ ܣܦܩܘܗܝ

‏|ܣܦܝܩ Nest. Hérac. 397. 19. Ethpa. ‏|ܐܣܬܦܩ to be purged, Hippoc. i. 3, 22 ; to be evacuated, discharged, ib. i. 22, iv. 2, 25, 47, ‏|ܐܣܬܦܩܬ ܚܢ ܚܡܘܠܐ|ܘ ܘܡܘܚܢܗܘ Med. 278. 12, and so corr. ‏|ܐܣܬܦܩܬ l. 11.

ܣܦܝܩܘܬܐ col. 2705. κένωσις, φαρμακεία, evacuation; the evacuations, add: Hippoc. i. 3, 22, ii. 8. 22, iv. 18, 41, Med. 135. 19, 136. 5, 278. 12, ܘܣܦܩ ܕܡܐ blood-letting, ib. 203. 2, 7, Hippoc. vii. 49.

‏|ܣܦܝܩܘܬܐ col. 2706. 6 of par. emptiness opp. ‏|ܡܠܝܘܬܐ repletion, Med. 46. 19, 24, 116. 13, 135. 19, 23, 136. 6 &c. vacuity ‏|ܣܦܝܩܘܬܐ ܘܣܡ ܠܠܐ ܝܕܥܬܐ ܘܗܘܕܐ|ܘ ܒܘܪܘܬܐ lack of knowledge is called boorishness, But. Sap. Theol. 5. 5, Periherm. ii. 5; ‏|ܣܦܝܩܘܬܐ ‏|ܕܠܐ ܣܟܐ an infinite vacuum, Hebraica iii. 250. 19, 251. 4.

‏|ܣܦܩܢܐ adequate, competent, ‏|ܣܦܩܐ ܒܪܢܫܐ Jac. Edes. Can. 4. 13, 5. 16; opp. ‏|ܠܐ ܣܦܩܐ of the human soul, But. Sap. Philos. 7. 4, ‏|ܣܦܩܢܐ ܚܕܢܝܐ ib. N. Hist. ii. cap. 2. 2.

ܣܦܩܠܝܣ σφέκλης, lye, Chimie 12. 18.

ܣܦܪ col. 2706 infra. Delete the ref. to 1 Esdras vii. 21, that is the word ‏|ܣܦܪ repeated, ‏|ܣܦܪܐ ܘܢܡܘܣܐ the scribe of the law, S. Fraenk. ZA. xvii. 88. The quotation from Aphr. (= ed. Par. 700. 20) = Heb. ספר to recount; with his mouth he recounts the usual instruction.

‏|ܣܦܝܪܐ ‏|ܣܦܝܪܐ tonsured, a shaveling, ‏|ܣܦܝܪܐ ܕܝܪܐ| moines, Chabot. Dion. 82. 16, 100. 22.

‏|ܣܦܝܩܬܐ f. filings, ‏|ܣܦܝܪܐ ܘܥܠܝ Chimie 21. 14, 52. 18.

ܣܦܪ, ‏|ܣܦܪܐ col. 2708. 17. 1) βίβλος, Act. i. 20; add: Apoc. iii. 5, xx. 12 ter. ed. Gwynn where Bagst. has ‏|ܚܝܐ ‏(ܐܣܝܪ ܒܣܦܪ ܠܒܗ prob. bound in the book of his heart, Charms 100. 5. 2) the art of writing, script; Syrians have seven ways of writing, ‏ܣܢܒܠܝܐ.ܣܪܛܐ.ܣܝܡܐ ‏|ܐܣܛܪܢܓܠܐ. ‏|ܚܣܦܐ. called Edessene also ‏|ܣܝܒܐ ‏|ܣܦܪܐ El. Nis. 95-73, 96. Cf. Thes. col. 2739. 3) letters, learning,

ܣܦܪܐ ܒܠܚܘܕ, ܣܦܪܐ ܘܡܝܬܪܐ Mar Bassus 11. 133; ܫܦܪܐ ܡܣܦܪܐ profane learning, Pallad. 25. 4.

ܣܦܪܘܬܐ col. 2709. learning, with ܠܐ ignorance, Išoyahb. 6. 22, ܠܐ ܡܬܚܕ ܣܦܪܘܬܐ uneducated, Georg. Ar. 30. 19.

ܡܣܦܪܙܝܟܐ f. i. q. ܡܣܦܪܬܐ barber's shears or scissors, Pallad. 128. 7.

ܣܦܪܓܠܐ col. 2710. the quince, BH Gr. i. 22. 7.

ܣܦܪܝܬܘ ܣܢܩܬܘ transliteration of Spiritu Sancto, Charms 6 med. Cf. ܦܕܪܐ Padre.

ܣܦܩ Arab. سفت, to drink, ܐܠܚܕ ܢܣܦܩܐ ܐܚܬܡ ܚܡܘܚܐ Med. 566. 21.

ܣܩܐܠܝܢܘܣ σκαληνός, -ή, scalene, with unequal sides sc. ܠܒܝܢܬܗ N. Hist. vii. 6. 6. See ܣܩܠܒܝܢ col. 2718.

ܣܩܐܢܕܝܐ (ܐܚܕܐ) Great Scandia, an island at the eastern end of Ocean, Scandinavia? Jac. Edes. Hex. xxxiii. 8.

ܣܩܐܪܘܣ col. 2712. 4. Scarus, the Parrot-wrasse, the only ruminant among fishes, N. Hist. vii. 4. 1, 6. 3, 5.

ܣܩܠܘܦܢܕܪܐ col. 2713. scolopendra, milleped, ܣܩܠܘܦܢܕܪܐ ܐܘܚܕ ܘܒܠܐ ܣܝܠܐ ܝܘܒܠܐ N. Hist. vii. 1. 4 infra, ib. 4, 5. ܣܩܠܘܦܢܕܪܝܘܢ scolopendrium vulgare, hart's tongue fern, Med. 398. 17.

ܣܩܘܢܕܝܢܘ m. pl. Secundians, followers of ܣܩܘܢܕܘܣ Secundus, a disciple of Valentinus, Coupes ii. 116.

ܣܩܘܣܐ σκευάσεις, preparations, Chimie 13. 6.

ܣܩܘܪܕܝܘܢ col. 2714. σκόρδιον, Allium silvestre, garlic Galen. 296. 25, ܐܘܡܐ ܘܟܕܐ Med. 51. 1, 607. 2 so correct for ܣܩܘܪܕܝܘܢ.

ܣܩܘܪܝܐ col. 2714. scoria, slag, dross ܣܩܘܪܝܐ ܣܬ ܗܙܠ ܘܦܚܕܘܢ ܝܘܥܡܕܐ Chimie 5 ult., 26. 8.

ܣܩܘܪܝܘܢ σκευάριον, a utensil, vessel, Sev. Ant. Vit. 28. 5, Nau in loc. R.O.C. iv. 546 n. 1.

ܣܩܘܪܝܢܘܣ pr. n. m. Σκορεινός, teacher of Bar Daisan, El. Nis. 96, 81 = ult.

ܣܩܠ. ܣܩܠܐ col. 2715. Chabot suggests Arab. سقل base, mean, ܣܩܠܐ men of low condition opp. ܙܘܘܕܐ Dion. 232. 12.

ܣܩܠܐ 1) a usurer, Dion. 107 antep., ܘܣܩܠܐ ܡܢ ܚܕܩܐܡܐ ܫܠܡ! ib. 167. 14, 232 pen. 2) a debt, ܘܗܘ ܣܩܠܐ ܚܡܦܐ ܐܚܣܝ ib. 162. 14, ult., 199. 11.

ܣܩܠܘܦܣ ἀσκίαστος, unshaded, Chimie 10. 11.

ܣܩܛܐ Scete, Pet. Ib. 85. 20.

ܣܩܛܝܐ m. pl. dwellers in Scete, Pet. Ib. 85. 19.

ܣܩܠܐ col. 2717. elegance, add: ܣܦܠܐ ܢܛܘܪ 20. 11. ܣܦܠܐ ܡܥܝܪܐ Jab. 450. 10 should be ܣܦܠܐ glittering ornaments.

ܣܩܠܚܡܣ χαλκός, copper, Chimie 2. 14.

ܣܩܡ. ܣܩܘܡܐ col. 2719. Add: ܡܚܝܠ ܣܩܘܡ animals have feet in pairs for the sake of equilibrium, N. Hist. vii. 1. 1.

ܣܩܘܡܐ col. 2719. date, ܣܩܘܡܐ ܕܠܐ ܣܩܘܡܐ ܕܒܥܝ an undated MS. and the date of which is missing, Syn. Or. 11. 4 af.

ܣܩܡܘܬܐ symmetry, add: ܣܩܡܘܬܐ ܟܬܒܘܬܐ the evenness of handwriting, Or. Xt. iii. 4. 15.

ܣܩܡܘܢܝܐ col. 2719. scammony, convolvulus, Med. 49. 2, 14, ܣܩܡܘܢܝܐ ib. 50. 6, 51. 7, 15, 23, Chimie, Cambridge MS. 74 v 6.

ܣܩܢܩܘܪ lizard of the Nile, Med. 607. 1 gloss ܣܪܕܝܠ ܘܒܚܦܐ.

ܣܩܘܦܬܐ col. 2721. Neo-Syr. threshold. So correct ܠܫܬ ܣܩܘܦܬܐ ܘܚܠܬܐ Charms 34. 13. Cf. ܣܩܘܦܬܐ col. 307.

ܣܩܪ col. 2721. Ethpe. ܐܣܬܩܪ to be detested, ܐܥܕܝܢܗ Ephr. ed. Lamy iii. 373, ܡܣܬܩܪܝܢ ib. 387. 11, Warda 126 r. Pael ܣܩܪ part. ܡܣܩܪ odious, a boy at first is apt to be ܡܣܬܩܪ But. Sap. Econ. ii. 2.

ܣܩܝܪܐܝܬ malignantly, Sev. Lett. 444. 17.

ܣܩܪܣܛܝܢ var. ܣܩܪܣܛܘܢ secretarium, sacristy, Jo. Tell. 60. 10, 63. 5, Vit. Mon. 77. 1. Cf. ܣܩܪܣܛܝܢ col. 2619.

ܣܛܪ col. 2724. 2, 3 ܡܚܠ ܣܛܪܐ *the Ocean*, add: ܣܛܪܐ ܕܡܚܣܐ܂ܐ ܘܗܣܡ ܚܡܠ ܠܡ ܡܚܕܪ܀ܡܣܠ Is. Nin. Chabot 8*, 14 10*.

ܣܛܪ col. 2725. *to deny* an accusation, Ephr. ed. Lamy iii. 363. 9. Ethpe. ܐܣܛܛܪ܇ *to rave*, ܐܣܛܛܪܘ ܡܢ ܚܡܠܠ܂ Jos. Weinberg 24. 5.

ܣܛܪܚܠ Arab. شراب *syrup*, Chimie 36. 20.

ܣܛܛܡܝ col. 2726. (Hymn of the Soul)— an unknown place. Delete ref. to Nöld. ZDMG. xxv. (so corr. for xxx.) 679 and add his later opinion, ib. lvi. 431; Bevan's n. op. cit. 19 *b*.

ܣܛܛܚܣ *the inner fortress of Beit Slok* = *Kerkuk*, A.M.B. ii. 511 ult., Eranšahr 21, Pers. Mart. 45.

ܣܛܛܒܝ *Sarbat*, a tributary of the Tigris, Chast. 13. 20. See ܐܒܕ܇ Suppl. p. 35.

ܣܛܛܡܗܕ ܡܚܕܠ ܣܠܐ col. 2726. Title of the Books of Maccabees. Add: Σαρβηθ σαρβανὲ ἔλ, Grimm Makk. xvii, Keil Makk. 22, Geiger Urschrift 205. Note by I. Löw, ZDMG. xli. 360. Cf. ed. Maclean 416. 13 and n.

ܣܛܛܢܝ col. 2726. Ethpe. ܐܣܛܛܢܝ܇ *to be connected, knit together*, ܘܩܛܪܐ ܗܝ ܣܛܛܠܠܐ ܘܩܚܡܟܐܢܝܡ ܚܬܪܘܐ N. Hist. vii. 1. 3 infra. Ethpa. ܐܣܛܛܢܝ܇ *denom. verb from* ܣܛܛܚܠܐ *to harness*, ܚܗ ܣܛܛܢܝ܂ ܐܣܛܛܢܝ ܡܫܢܡܚܠܐ Ephr. ed. Lamy iii. 417. 10.

ܣܛܛܚܠܐ col. 2723. Pl. ܣܛܛܚܠܐ ܕܕܗܒܐ *saddle-cloths, trappings worked with gold*, Sassanidi 27. 3.

ܣܛܛܪ *to write*, add: Ebed J. Card. 25. 11, Hormizd 1326.

ܣܛܛܪܐ *a line*. Add: Arab. تاريخ *date*, ܚܣܛܛܪܝܝ ܕܛܗܠܝ Liber Turris 16. 7, 20. 3, and ܣܝܚ܇ ܕܛܗܠܝ are *Easter letters*, see Chronologie des S. Sanqlawaja ed. F. Müller 18, ZDMG. l. 747.

ܣܛܛܪܐ *a village at the foot of Mount Kardo*, A.M.B. iii. 446. 5, Hist. Mon. i. cxxviii. n.

ܣܛܪ܇ ܣܚܣܛܪܐܪܐܝܬ *deterrently*, Syn. Or. 138. 29, 140. 6.

ܣܛܪܘܣ col. 2731. 5 af. Correct ܣܛܪܘܣ ܕܡܚܠ ܗܘ ܣܛܪܐ܀ τάριχος, *dried* or *pickled* fish, ܒܝܬܐ ܕܣܛܪܘܣ ܘܕܓܢܐ܇ܐ A.M.B. v. 83. 1, ܣܛܪܘܣ Pallad. 63. 6.

ܣܛܪܘܣ for ܣܛܪܝܣ col. 2722. *Sardis*, Brook's Chron. 574. 16.

ܣܛܪܘܣ a *Scythian race*, Ephr. ed. Lamy iii. 197.

ܣܛܪܘܓܝ adj. *fistular*, Med. 202. 11. Cf. ܣܛܪܘܓܝ, ܣܛܪܘܓܝ, ܣܛܪܘܓܝ &c.

ܣܛܪܘܫ Pers. سروش *"the Obedient"* an angel, Sacred Books of the East, xxxvii. 21. 8 nn. 2, 3. With alchemists a name for whitened copper, ܣܛܪܘܫ ܣܡܠܐ Chimie 3. 7, 6. 7, *cuivre* (*saroch*) ib. 260 n. 2, 266. 16.

ܣܛܪ col. 2732. pass. part. pl. f. ܣܛܪܝܢܝܠܐ *adulteresses*, Ephr. ed. Lamy iii. 165. 14 gloss ܐܢܬܠܐ. Ethpe. ܐܣܛܛܪܝ܇ *to be spoiled, corrupt*, ܐܚܠܐ܇ܐܣܛܛܪܝ ܚܠܐܣܕ ܡܢ ܠܚܓܠܐ *the seed rotted under the snow*, Dion. 57. 16.

ܣܛܪܐܝܠܐ *viciously*, Ephr. Ref. i. 67. 15.

ܣܚܡܣܛܪܐ *predicate*, BH Gr. i. 52. 8.

ܣܛܪ col. 2738. *to prick, scratch*. Add: *to delineate, draw*, ܣܛܪ ܚܕܡ ܚܠܐܗܠܐ *he drew the sign of the Cross on the wall*, Mar Kardag 24. 7. Pass. part. ܣܛܪܝ *written about, mentioned*, ܣܛܪܝ ܠܐܕܚܣܟܢܐ܀ ܕܡܠܢ܇ Ebed J. Card. 21. 6.

ܣܛܪܐ col. 2739. 5, 6 of par. *a line. Cursive, Jacobite*, or *Maronite script*, Duval Gram. § 9, Nöld. Gr. i., El. Nis. 96. 1. Cf. ܣܛܪܐ Suppl.

ܣܛܪܢܐ col. 2739. *crab*. Add: BH Gr. i. 22. 20. Pl. ܣܛܪܢܐ *kinds of crabs and crayfish*, Chimie 6. 17. L. 4 of par. *Cancer*, a sign of the Zodiac, Med. 443–522, its colour is ܣܡܕܐ ib. 503. 19, its country i. e. that over which it has influence, ܐܕܡܢܝܐ܇ *Armenia*, ib. 504. 1. L. 6 of par. correct ܚܕܝܐ for ܣܚܕܐ and cf. col. 3001. L. 8 of par. the *disease cancer*, Hippoc. vi. 37; ܣܛܪܢܐ܇ ܡܐܕܐ Med. 524. 10, 11; pl. ib. 48. 21, 50. 1 and often.

ܣܛܪܢܝܠܐ *crab-like*, ܣܛܪܢܝܠܐ ܕܟܠܒ܇ N. Hist. vii. 6. 6 infra.

ܣܛܪܘܣ see ܣܛܪܘܣ.

ܣܪܩܡ = ܣܪܩܡ col. 2740. *a red basic salt*, Chimie 5. 8 trad. 10 n. 10. Pers. اسرنج or σιρικόν or σηρικόν, *red lead, minium*, ib. 2. 7, 14. 8, 51. 14, Med. 607. 1; ܣܪܩܢ ܘܟܐܦܪܓܐ زنجفر *cinnabar, minium*, l. 6.

ܣܪܕ col. 2740. *to adhere, stick* of food, ܣܡܚܬܐ ܡܬܕܩ *kinds of food which stick fast, clog*, Med. 269. 16.

ܣܪܘܕܐ, ܣܪܘܕܘ. Add: *clogging*, ܡܘܩܕܗ Med. 189. 23; *adhering, sticking* ܣܪܘܕܐ ܚܡܝܐ ib. 216. 21, 218. 2, 277. 24.

ܣܪܕܢܬܐ col. 2741. 2) *a burr*, add: ܣܪܕܢܐ ܡܬܠܐ *the water-burr* or *burr reed, growing in Libya*, N. Hist. vii. 4. 2.

ܣܪܕܗ, ܣܪܕܘܗܡ i. q. ܣܪܕܗ col. 2741. Pers. سرخس *Pteris aquilina, the brake fern*, Med. 215. 5, 430. 4.

ܣܪܕܝ col. 2742. Pers. سرمد, سرمج *Atriplex hortensis, orach* ܐܘ ܣܪܕܗ ܕ ܩܦܠܐ قطف Med. 607. 5, Ar. PflnN. 337.

ܣܪܕܣ col. 2743. ܡܣܪܕܢܐ *a eunuch*, add: metaph. *to abstain* ܡܢ ܩܠܐ ܠܚܡܝ ܚܕܢܗܐ. ܘܕܡ ܪܒ ܣܒ ܕܘܝ ܕܘ ܡܣܪܕܗܐ *Gaza* MS. 218 a, Maclean.

ܣܪܕ pass. part. ܣܪܝܕ, ܣܪܝܟܐ col. 2744. *slit, fissile*, ܓܦܐ ܣܪܝܟܐ *the wings of birds* opp. ܓܦܐ ܫܟܝܢܬܐ *membranaceous wings* of bats, Natur 35. 14.

ܣܪܕ col. 2754. Ar. شرب *to drink*. 1) *to sip, sup*, Med. 566. 16, 567. 15, 573. 10. ܣܪܕܢ? corr. ܡܫܬܝ ܣܡܬܦ ܕܗܓܡ ܣܪܕܢܐ *foods which contract and block the exit of the rectum*, Med. 46. 6. Ethpe. ܐܣܬܪܕ *to be sucked, swallowed* ܟܕܐ ܕܡܣܬܩܦ ܒ ܡܫܬܒܠ Med. 181. 11.

ܣܪܕܩܐ *soft moist food, slops* ܘܟܠ ܚܘܙܐ ܡܣܟܠܐ ܘܕܓܦܐ Med. 181. 5.

ܣܪܕܝܐܬܐ col. 2746. Delete *"naves"*. The word is a miswriting of ܣܪܕܠ *cuttlefish*.

ܣܪܕܝܢ i.q. ܣܪܕܝܡ col. 2746. *Sarpedon*, Arist. Apol. ܣ. 1.

ܣܪܩܗܡ, ܣܪܩܝܗܡ, i. q. ܣܪܗܡ col. 2747. Σέραπις, -ιδος, *Serapis*, Gest. Alex. 69. 18; ܣܪܩܝܗܡ ib. 70. 16, 71. 13, ܣܪܩܒܝܒ l. 16, ܣܪܩܝܒܢ ll. 1, 3.

ܣܪܗܡ *the Serapeum* of Alexandria, Epiph. 20 ult.

ܣܪܗܡ and ܣܪܓܝܡ *names of a mountain*, Anecd. Syr. iii. 52. 4, 53. 6, 13.

ܣܪܙܠ Kurdish سَرْ سَال *New Year*, the 4th of Nisan, ܣܪܙܠ ܕܗ ܥܠܡܐ Mt. Singar 32. 2, 6.

ܣܪܕ. ܣܪܕܐ col. 2750. *a cirrus, feathery cloud*, Dion. 133. 5.

ܣܪܕܟܠܐ col. 2751. *cotton waste*, ܣܪܕܟܠܐ A.M.B. iii. 273; *waste, refuse*, ܐܚܠ ܣܪܕܘܟܠܐ Anecd. Syr. iv. 77. 6.

ܣܪܩܘܕܐ *a comb*. pl. ܡܣܪܩܘܕܐ BHGr. i. 34. 2. ܡܣܪܩܘܕܐ ܘܟܠ ܟܚܠ *what?* Med. 259. 8, perhaps *a membrane over the heart*, cf. ܡܣܪܩܗܐ col. 2752, and just below.

ܡܣܪܩܘܦܠܬܐ (ܣܟܠܐܘܢܠ) *the Pectinidae* or *scallop shells*, N. Hist, vii. 2. 2.

ܡܣܪܩܝܦܐ col. 2752. *mesenteric veins*, Med. 267. 9; ܡܣܪܩܝܦܐ ib. 329, 1.

ܡܣܪܩܘܦܐ under ܡܣܪܩܘܦܐ col. 2751. *the metatarsal bones, the instep*, ܡܣܪܩܘܦܐ ܘܓܟܕܗ ܘܓܗܢܐ *his right instep*, A. M. B. i. 361. 5.

ܡܣܪܩܟܐܘܦܠܐ col. 2752. *one who can be emptied*, Hormizd 274 with ref. to Phil. ii. 6.

ܣܪܩܘܩܠܐ col. 2753. σαρκοκόλλα, *a Persian gum*, ܣܪܩܡܝܚܡ ܣܪܩܘܩܠܐ ܠܪܘܙܗ Chimie 7. 10; Med. 61. 1, 5, 15, 84. 1, 85. 1, 3. Cf. ܚܕܪܘܙܐ.

ܣܪܕܩܢܬܐ col. 2753. *Mohammedanism*, Jac. Edes. Can. 28. 11.

ܣܪܩܝܢܐ Pers. سرکین, Arab. سرقين, *dung*, ܣܪܩܝܢܠܐ ܐܚܠ ܕܗ ܣܪܩܝܢܠܐ Chimie 41. 5, 79. 5, WZKM. viii. 365.

ܣܪܩܛ *name of a village, an important centre of Magianism*, Jab. 240. 4.

ܣܪܩܣ *see above*.

ܣܪܩܠܘ col. 2755. ܟܠ ܡܣܪܩܠܢܐ *winter quarters*, Jab. 131 med. and often.

ܣܶܬܘܳܝܳܐ *the winter plant*, perh. *Eranthis hyemalis, winter hellebore*, ܘܣܶܬܘܳܝܳܐ ܢܶܨܳܐ Med. 575. 20.

ܣܬܰܡ col. 2756. *to shut oneself up*, ܐܠܳܐ ܣܶܬܡܶܬ ܣܬܳܡܐ ܚܕܒܝ *unless I had secluded myself entirely*, Pallad. 675. 14. Pa. ܣܰܬܶܡ *to conceal, cover up, bury*, ܘܠܳܐ ܢܶܣܬܰܡ ܦܝܟܳܐ ܕܐܢܳܫ ܕܚܰܒܝܒܝܢ Pallad. 88. 6, ܩܥܕܘ ܣܰܬܶܡܘ ܚܰܘܰܪܳܐ *they laid in the earth and covered over*, l. 7. Ethpa. ܐܶܣܬܰܬܰܡ col. 2758 end of par. The quotation from BB.

about ܐܽܘܪܰܙܕܽܘܣ *the heron* is to be found in Natur 34. 13.

ܣܳܬܳܪܳܐ col. 2758. The second canonical hour of service (cf. ܦܰܘܣܳܐ) Jac. i. q. ܣܘܚܕܐ Nest. *compline*, Brev. Ant. i. Cal. 51 *a* 11, 57 *b* 2, 59 *b* 5.

ܣܰܬܪܳܐ Arab. سعتر *thyme*, m.pl. a medicine for the throat, ܟܽܘܠܳܐ ܣܰܬܪܳܐ Med. 162. 3. Cf. ܢܰܬܪܳܐ.

ܣܶܬܳܪܳܐ f. *a shelter* or *hiding place*, Dion 152. 5.

ܥ

ܥܳܖ̈ܘܳܕܶܐ m.pl. for ܥܪܳܕ̈ܶܐ *wild asses*, Georg. Arab. 31. 5.

ܥܒܳܐ col. 2762. Act. part. ܥܳܒܶܐ ܥܒܳܐ *to thicken*, ܕܢܶܥܒܶܐ ܥܰܡ ܚܰܡܺܝܡ ܡܶܢ ܕܶܒܫܳܐ *till it becomes rather stiffer than honey*, JAOS. xx. 188; ܥܳܒܶܐ ܛܰܦܫܳܐ *dense, stupid*, But. Sap. Econ. 11. 3 infra.

ܥܰܒܳܐ fem. i. q. ܥܒܳܐ, ܥܰܒܳܐ *a wood*, Hist. Mon. i. 339. 8.

ܥܰܒܳܝܳܐ m. dimin. of ܥܰܒܳܐ. *a thicket* of reeds, Hist. Mon. i. 159.

ܥܽܘܒܳܐ m. *thickness*. The solid part of arsenic, Chimie 42. 3.

ܒܥܽܘܒܳܐ *in the gross*, Georg. Arab. 13. 22.

ܥܽܘܒܳܢܳܐ m. *thickness*, ܥܒܺܝܒ ܐܰܝܟ ܚܰܒܠܳܐ *as thick as a cord*, Dion. 133. 2.

ܥܒܺܝܒܳܐ pl. ܥܒܺܝܒ̈ܶܐ *thick darkness*, ܠܰܚܒܽܘܫܬܳܐ ܗܘܳܐ ܠܚܶܫܽܘܟܳܐ, Odes of Solomon, ii. 231.

ܥܒܺܝܒܽܘܬܳܐ (ܕܝܰܐܟܳܐ) metaph. *deepseated, heavy sorrow*, Jab. 6. 4.

ܥܒܰܕ col. 2766 infra. 3) *to make, appoint* to an office, add: with ܠ *to make* a man *governor*, Arab. عمّل, Dion. 26. 6. Act. part. ܥܒܳܕܳܐ ܘܥܳܒܕ *it has taken place, the result is achieved*, Chimie 18. 3; ܥܳܒ̈ܕܰܝ ܕܽܘܟܳܝܶܗ *locum tenentes, representatives*, Anecd. Syr. iii. 326. 11, 12. Col. 2767 supra. With ܠ *to become, to do*, ܠܳܐ ܗܘܳܐ ܠܟܽܘܢ Ref. Ephr. ii. 76. 5. Pass. part. ܥܒܺܝܕ with ܠܳܐ *uncreate*,

Takhsa 44, ܠܳܐ ܥܒܺܝܕܳܐ ܗܽܘ τὸ ἀγένητον, la qualité de l'incréation, Manichéisme 98. 2, ܗܘܳܐ ܠܳܐ ܥܒܺܝܕܳܐ, ib. l. 5. Aph. ܐܰܥܒܶܕ add: *to prompt, induce*, Georg. Arab. 12. 7. Ettaph. ܐܶܬܬܰܥܒܶܕ col. 2771. end of par. *to be possessed, bono sensu* ܡܶܢ ܪܽܘܚܳܐ ܕܩܽܘܕܫܳܐ ܡܶܬܬܰܥܒܶܕ Hormizd 1355. Palp. ܥܰܒܥܶܕ? *to subjugate*, wild elephants ܡܥܰܒܥܕܺܝܢ N. Hist. vii. 4. 3; tyrants endeavour ܠܰܡܥܰܒܥܳܕܽܘ ܠܟܽܠ ܐܢܳܫ, ib. Pol. 1. 3 infra.

ܥܒܳܕܳܐ col. 2773, 3 af. i. q. ܥܒܳܕܳܐ f. *goods, property*, ܥܒܳܕܶܗ ܘܩܶܢܝܳܢܶܗ, Chron. Min. 258. 8, A. M. B. v. 434. 2, Dion. 40. 16, 52. 1. *Effect, proof*, ܗܳܐ ܡܶܢ ܥܒ̈ܳܕܶܐ ܣܥܽܘܪ̈ܳܬܳܐ, Pallad. 75. 17, 21; pen. 76. 2.

ܥܒܺܝܕܽܘܬܳܐ col. 2776. Add: ܠܳܐ ܡܶܝܠܳܐ ܥܒܺܝܕܽܘܬܳܐ πυργοποιία, *the construction of the tower* = the *teaching of Nestorius*, Sev. Ant. Vit. 330. 11.

ܥܰܒܕܫܽܘܟ 'Abd Šuk, name on a mosaic tombstone, Flor. Vogüé 234. 10.

ܥܰܒܕܒܽܘܫܛܳܐ pr.n.m. 'Abušta, eighteenth bishop of Adiabene, M. Z. 65 pen., ZDMG. xliii. 401. 15. Cf. ܒܽܘܣܛܰܐ and ܥܒܕܒܽܘܣܛܰܐ Pers. Mart. n. 810.

ܥܒܺܝ col. 2781. Pael ܥܰܒܺܝ metaph. *to increase, enlarge*, ܥܰܒܺܝ ܠܰܟܒܽܘܫܳܐ Brev. Chald. ܡܶܝ.

ܥܒܺܝܽܘܬܳܐ *denseness*. Add: ܥܰܒܝܽܘܬܳܐ ܕܩܪܳܒܐ *serried ranks of battle*, Josephus vi. 5. 4.

ܥܰܒܕܥܽܘܙܰܐ pr.n.m. i. q. ܥܰܒܕܥܽܘܣܰܐ? A. M. B. ii. 50. 11, 13.

ܚܒܡ pr.n.m. Ar. عبيدة, *Ubaida*, Brooks Chr. 574 ult., ܚܐܕܝܒ ib. 875. 1.

ܚܕܳܐ col. 2783. Add: *to surpass*; the size of the snakes in India ܟܕܐ ܚܐܕܐܢܐ N. Hist. vii. 4. 2.

ܒܚܕܳܦܐܝܬ *in passing, cursorily*, Pet. Ib. 20. 3, Sev. Lett. 323. 2; *superficially, incidentally*, Nest. Hérac. 18. 8, 169. 3.

ܚܕܳܦܐܢܐ col. 2787. *evasion by quibbling, betrayal*, ܚܕܳܦܐܢܐ ܘܡܣܠܡܢܘܬܐ Pléroph. 14. 5, 16. 10.

ܚܕܝܕܐ read ܚܘܝܪܐ *blind*, ܘܗܘܐ ܕܚܡܠܗ ܐܡܣܝܒ—ܐܚܕܝܕ S. George 24 *a*, 4 af.

ܚܕܝܐ col. 2787. ܚܕܝܐ ܘܐܣܬܡܥܕ *the limits of figures*, Probus 90. 15, 93 ult., ܚܣܩܐ ܘܐܣܬܡܥܕ ܡܚܕܕܐ ܠܣܘܡܥܐ ܡܢܐ ib. 94 ult., logic. ܚܕܝܐ ܘܩܘܡܐ *both extremes*, ib. 107. 6.

ܚܕܝܘܬܐ col. 2788. Spic. Syr. correct ܚܕܝܘܬܐ *manhood*, Nöld. WZKM. xii 355.

ܡܚܕܕܐ, ܡܚܕܕܘܬܐ col. 2789. Add: *issue, conduit*, ܡܚܕܕܐ ܠܟܣܡܠܐ *a gutter for filth*, Ephr. Ref. i. 126. 6. ܐܚܪܢܐ ܘܡܚܕܕܘܬܐ *a period of transition* from ordinary life to the monastic, Is. Nin. B. 126. 19, ܡܚܕܕܐ ܠܐܢܫܟܐ ib.

ܡܚܕܕܢܐ col. 2709. 5 af. *a hymn*, Brev. Ant. i. 81 *a* 8, 86 *b* 3, 91 *b* 4, ܡܚܕܕܐ ܒܡ ܚܒܬܪܐ 96 *b* 13.

ܫܓܡܚܕܕܢܘܬܐ *swerving from the right way*, Pléroph. 13. 11 = ܚܕܳܦܐܢܐ ܘܡܣܠܡܢܘܬܐ. ܡܓܡܚܕܕܢܐ ܐܣܠܐ ܣܘܪܦܐ *surpassing comprehension*, But. Sap. Theol. 5. 2.

ܚܕܪܘܒܐ *name of a Persian Christian*, Jab. 410. 12, i. q. ܐܕܪܒܘܝ ib. 232. 10.

ܚܕܣܝ col. 2791. *'Abshai*, pr.n.m. on a mosaic tombstone, Flor. Vogüé 234 ter.

ܚܝܓܐ col. 2793. Parel ܟܢܝܓܐ add: *to roll away*, VHh. Mark xv. 46, xvi. 3, 4, other versions have ܚܝܓܐ (ܚܓܦܠ); ܚܕܢܠܗ ܕܠܗ Theod. Mops. on Jo. xi. 38.

ܚܕܘܢܠܐ col. 2795. 5 of par. *a fomentation*, Med. 301. 22, 316. 7.

ܟܕܝܬܢܐ *dimin. a little ball*, Anecd. Syr. v. 77. 12.

ܚܝܡ col. 2796. 1) *to lie*, ܘܡܣܐ ܘܟܝܝܡ ܒܗ ܥܦܬܐ *the dust wherein the dead lie*, Ephr. ed. Lamy iii. 239. Ethpe. ܐܚܝܡ *to be cast down*, add: ܥܠܡܝܡ ܘܢܚܐܟܝܒܘ ܕܓܠܐ ܣܓܝܐܐ Nars. ed. Ming. 360 n. 2.

ܚܝܢܬܐ col. 2797. 3 of par. For "Sanct. Vit." read "A.M.B. v. 269. 14."

ܚܝܢܐ, ܚܝܢܐ col. 2797. *solid, massive*, BH. on Gen. i. 21; ܐܦܩܐ ܚܝܢܐ ܥܡ ܘܐܒܐܡܐ Knös Chrest. 116. 5. Metaph. *heavy, toilsome*, ܘܥܡܠܐ ܩܫܝܐ ܘܚܝܢܐ ܚܣܡܕܐ Pallad. 169. 1, Anecd. Syr. ii. 61. 8.

ܚܝܢܘܬܐ i. q. ܚܝܢܬܐ *weightiness*, ܚܕ ܘܩܠܐ An. Syr. 120. 2.

ܚܝܢܘܬܐ *thickness, bulkiness* of fishes, ܠܘܬ ܒܘܡܩܐ Natur 52. 4, 7, 53. 6.

ܚܝܢܦܐ m. col. 2789. m. *the sting* of a scorpion, Med. 25. 14.

ܚܓܐ col. 2801. m. *a festival*, add: ܚܓܐ ܡܪܢܝܐ *festivals of Our Lord*, opp. ܘܡܬܐ *Saints' days*, Takhsa 78. 17; Brev. Chald. i. 32. 4 af. often ellipt. ܚܓܐ ܘܡܘܬܒܠ *Holy days*, ib. 25. 6.

ܚܓܝܬܐ m.pl. not from ܚܓܐ but from ܚܒܐ as ܡܕܝܢܬܐ from ܡܕܝܢܐ, Brockelmann, ZDMG. lxii. 391 in loc., *clerics, ecclesiastics*, Vit. Monoph. 90. 17.

ܚܕܘܪܐ col. 2804. *a pad or plug* of cotton wool, ܠܥܒܕܗ ܚܕܘܪܐ ܘܡܣܒ ܚܓܪܐܢܐ Med. 101. 21, 102. 11, 103. 20, 104. 7, 22, for the womb, 325. 10 so corr. for ܚܕܘܪܐ.

ܚܛܦ col. 2804. Aph. ܐܚܛܦ *to snatch*, ܘܣܡ ܠܣܢܓܐܠܐ ܣܗܝܒ ܚܣܝܐ Tekkaf. 34; ܡܚܛܦܝܢ ܘܡܘ Ephr. Ref. ii. 141. 21; *to slash off*, ܘܣܡܥܝܘܢ ܡܚܒܐ ܣܒܥܐ id. ed. Lamy iii. 305 pen.

ܚܘܝܐ col. 2806. παροξυσμός, *attack* of illness, Hippoc. i. 9. 11, 18, ii. 13, iv. 30.

ܚܒܘܣܢܐ *alien*, add: ܐܣܣܢܬܐܐ ܡܥܝܩܐܠܐ *the troubled and alien condition of pilgrimage*, Jab. 475. 6.

ܚܝܘܬܐ col. 2807. *deliverance*, ܘܚܝܘܬܐ ܘܐܠܦ Ephr. ed. Lamy iii. 225.

ܚܘܕܐ and ܚܬܘܕܐ col. 2807. *wood pigeon*, Anecd. Syr. iv. 83. 5.

ܚܒܘܒ col. 2808. pr.n.m. *'Adi*, ref. Or. Xt. ii. 415 med., ܚܐܕܝܒ ib. infra, scribes of MSS. Syr. 26 and 27, Bibl. Nationale, Paris.

ܥܕܠ Arab. عدل to decide justly, apportion equally. Pael ܥܰܕܶܠ *to assess, estimate* ܗܘ ܕܡܥܕܠ ܠܩܢܝܢܐ ܕܒܢܝ̈ܢܫܐ ܠܐܘܪܚܘܬܗܘܢ Dion. 148. 2, 9. Ethpa. ܐܶܬܥܰܕܰܠ *to be disputed,* ܡܬܥܕܠܐ ܕܠܐ ܚܘܫܒܐ Syr. Rom. Rechtsb. 7. 7.

ܡܥܰܕܠܳܢܳܐ *a censor, assessor* of taxes, Dion. 121. 20, 147. 21, 148 ter.

ܥܕܝܠܬܐ f. name of a demon, see ܡܥܝܕܘܢ Suppl. above.

ܐܥܕܝܠ col. 2810. *census,* WZKM. x. 165, refs. Dion. 10. 20, 11. 5, 12. 1.

ܥܕܢ Ethpa. ܐܶܬܥܰܕܰܢ *to be delighted with, take delight in,* Tekkaf 66.

ܡܥܰܕܢܳܢܶܐ m. pl. *dainties, delicacies,* Hist. Mon. i. 373. 1.

ܥܶܕܳܢ, ܥܶܕܳܢܳܐ col. 2811. N.B. ܒܥܕܢܐ ܕܠܐ ܥܕܢܐ νὺξ ἄκαιρος, *in the dead of night,* Pet. Ib. 22. 11, Sev. Ant. Vit. 24. 12. Col. 2812. 15. Rit. *the three night services,* add ref. ܩܘ̈ܡܐ ܐܘ ܥܶܕܳܢܶܐ ܕܠܠܝܐ Brev. Ant. i. Kal. 59 *b* antep., 60 *a* sexies, 64 *b* 16, ii. 541 *a* 12, 13, 564 *b* 18, 581 *a* 11, 13.

ܥܕܘܩܐ col. 2813. *a lock* of hair, add: ܡܣܪܩ ܥܕܘܩܐ ܕܣܥܪܐ Stud. Sin. iv. 11. 1. *A wad* of wool, ܥܕܘܩܐ ܕܥܡܪܐ Med. 411. 16, 18.

ܥܶܕܪܰܝ (ܕ ܛܘܪܐ) *Mount Edrai* near Alqosh, Hormizd 1397. Cf. ܛܘܪܐ ܥܶܕܪܰܝ Pers. Mart. 21 and col. 2815.

ܥܶܕܪܳܢܳܐ col. 2815. m. *Saponaria officinalis,* ܥܶܕܪܳܢܳܐ ܕܐܝܬܘܗܝ ܐܫܢܢܐ, Med. 607. 17; كندس, ܥܕܪܢܐ, ܨܒܘܢܐ, ib. 313. 12; it. ib. 390. 1, 398. 9, 429. 18; Ar. PflnN. 244, f.

ܥܗܶܕ Ethpe. ܐܶܬܥܗܶܕ col. 2817. 3) *to be mentioned* ܗܘ ܕܐܬܥܗܕ *the* (afore-)*mentioned,* Vit. Mon. 10. 19. Pa. ܥܰܗܶܕ *to mention, remind,* ܠܐ ܡܣܩ ܐܢܫ ܕܥܗܝܕ ܗܘ: ܕ—ܡܥܗܕ *he who is mindful needs not to be reminded,* Ephr. ed. Lamy iii. 4/3 af., ib. pen., 33. 1. Pass. part. ܡܥܰܗܰܕ, ܡܥܰܗܕܳܐ Abishag the Shulammite ܡܥܗܕܐ ܒܗ *is mentioned in it,* BH. on Cant. Cant. Proem.

ܥܘܗܕܢܐ col. 2819. *remembrance, reflection,* ܥܘܗܕܢܐ ܙܥܘܪܐ ܐܥܗܕܢ *a little reflection has brought to our mind,* Pallad. 38. 7. ܡܠܐ ܥܘܗܕܢܐ *mindful,* Natur 11. 15.

ܡܥܗܕܢܐ commemorative, ܚܠܦ ܡܥܗܕܢܘܬܐ, ܕܦܘܪܩܢ ܡܥܗܕܢܐ ܐܘ ܡܥܗܕܢܘܬܗ ܕܐܘܪܚܐ, Or. Xt. i. 335, note 2; ܡܥܗܕܢܘܬܐ ܕܡܠܬܐ But. Sap. Theol. 6. 1.

ܡܥܗܕܢܐܝܬ *recapitulatory,* De Astrolabe ed. Nau 86.

ܡܥܗܕܢܘܬܐ col. 2820. f. *recapitulation,* ܡܥܗܕܢܘܬܐ ܐܘ ܕܐܠܦ ܥܬܝܩܬܐ "*rappel en abrégé*", R.O.C. xv. 241.

ܥܗܰܪ *to be excited with lust.* Add: ܗܢܘܢ ܕܥܗܪܝܢ ܥܡ ܣܪܝܩܘܬܐ ܕܒܫܢܝܘܬܐ *those who argue madly,* BH. Stories 30. 159.

ܥܘܒܐܝܠ n.pr.m. *Ubael,* Ahikar 58. 12.

ܥܘܕ col. 2825. Pael ܥܰܘܶܕ pass. part. fem. rare ܡܥܰܘܕܳܐ ܗܝ ܠܢ *we are accustomed,* Sev. Lett. 17 pen.

ܥܝܳܕܳܐ col. 2826 infra. m. *custom.* Add: ܒܢ̈ܝ ܥܝܳܕܶܗ συνήθεις, *his friends,* Sev. Ant. Vit. 240. 9. ܡܡܠܠܐ ܕܥܝܳܕܳܐ *the vernacular,* Merx, Hist. Gram. 172. 1.

ܥܝܳܕܳܝܳܐܝܬ *vulgarly, according to usage,* ܥܝܕܐܝܬ ܡܫܬܡܠܝܢ ܠܐ ܡܫܬܡܠܝܢ El. Tirhan 3 ult.

ܥܝܳܕܳܝܳܐ with ܠܐ contracted? ܫܘܚܠܦܐ ܠܐܥܝܕܝܐ ܘܠܐܟܝܢܝܐ *unusual and unnatural changes,* Jab. 148. 11.

ܥܘܕ col. 2827. particle *again, indeed.* Add: ܥܘܕ ܟܝ ܥܘܕ Pallad. 21. 9; A.M.B. v. 13. 20, 34. 13, 55. 7, QdhamW. 185. 6. ܗܘܝܢ ܥܘܕ: ܗܟܢ ܐܡܪ Bar Penk. 46. 5, 65. 3. Cf. Nöld. ZDMG. xxii. 485, xl. 725. The quotation from K. col. 2827. 4 af. to col. 2828. 6 ending ܕܡܪܝܐ is from BHGr. i. 162. 21.

ܥܘܕܝ col. 2828. *Audi,* founder of the sect of the ܥܘܕܝܐ Coupes ii. 132. 9.

ܥܘܕܝܢܐ (ܕ ܕܝܪܐ) *monastery of the Audianites* at Rome, A.M.B. v. 291. 15, Bedj. corrects to ܥܘܕܝܢܐ.

ܥܘܙܝ col. 2829. 2. *Al 'Uzza,* one of the two chief goddesses of the Arabs; she was worshipped at Hira, Tabari 171, Anecd. Syr. iii. 247. 11, ܠܥܘܙܝ ܕܗܝ ܟܘܟܒܬܐ ܕܦܪܝܕܝܢ ܗܘܬ Bahira 203. 10, 11, Is. Ant. i. 210. 14, Nöld. ZDMG. xli. 710; BB. under ܐܠܗܬܐ col. 326.

ܚܕܘܬܐ col. 2829. Add: i.q. ܡܪܡܚܐ col. 144 and ܡܪܡܚܐ col. 1003. *Hedysarum alhagi*, camel's thorn, Ar. PflnN. 146. 282. DBB. 483. 5 af. gloss to ܘܥܡ ܘܥܪܡ ܚܠܐ Ps. lxxxiii. 13, ܚܕܬܐ ܘܚܕܬܐ WZKM. ix. 209. 20.

ܚܕܝ, ܚܕܝ. ܚܕܘܬܐ col. 2831. f. *hindrance*, ܚܕܘܬܐ ܕܚܕܬܐ ܘܠܐܦܝ ܚܠܠܐ ܚܕܪܐܣܪ *nodes in grass stems serve to hinder moisture from being pressed upward*, N. Hist. vi. 2. 2.

ܚܕܠܐ col. 2832 ult. *the foetus*, ἔμβρυον, add: Hippoc. iv. 1, v. often. ܢܓܝ ܚܕܠܐ *euphorbia, spurge*, so-called because cattle eating too much were hindered in bringing forth, Galen. xiii. 268, 270 ap. BB. col. 2355. 9, ܢܓܝ ܒܥܬܐ *the same*, col. 86.

ܚܕܝ. ܡܚܕܝܐ cols. 2185, 2834. *place, abode, limbo.* m. pl. ܡܚܕܝܐ Ephr. Ref. i. 161. 26, ܡܚܕܝܣ ii. 160. 21, 164. 36, ܚܡܚܕ ܡܚܕܝܣ ib. 204. 45.

ܚܕܘܣ, ܚܕܣ, see under ܚܕܣ.

ܚܕܦ, ܚܕܦ col. 2835. *to double, to gain*, act. part. m. pl. ܚܕܝܦܐ ܚܦܦ ܡܝܠܐ Th. Mops. 206. 19 on Jo. ix. 3.

ܚܕܘܦܐ col. 2836. *a swoon*, λιποθυμία, Hippoc. i. 22, ܚܘܢܩܐ ܘܡܥܕܝܗܡ ܚܪܡܘܪܐ ܚܕܟܪܐ Med. 271. 22, 274. 5, ܚܘܢܩܐ ܘܐܣܝܘ ܡܚܕܐ ib. 281. 11.

ܚܕܘܦܐ collective *twigs, sprigs, foliage*, add: ܗܘܡܟܠܐ ܚܕܘܦܐ ܘܐܩܫܕܝܗܡ Med. 303. 3, 14, ܚܕܘܦܐ ܘܐܒܐܬܗ ܡܕܝܒ ib. 115. 17. A *thicket, a bed of reeds*, ܐܝܩܣܗ ܚܕܘܦܐ ܟܠܐ ܚܕܘܟܐ ܘܢܘܦܐ A.M.B. iii. 387. 7 = Hist. Mon. cxxvi. gloss ܐܠܝܐ.

ܚܕܝ, ܚܕܝ *to press*, ܟܐܚܓܐܡ ܡܝܪܐ ܚܡܚܝܒܗܡ ܚܪܝ Hormizd 2995.

ܚܕܣ, ܚܕܣ Aph. ܐܚܕܣ col. 2838. i.q. Peal *to loathe*, ܐܚܣܡ ܘܘܣܡ ܡܣܝܘܡ ܚܬܘܗܠܐ ܘܚܕܡܐ *colophon*, A.D. 1470, R.O.C. 1912, 88 Syr. 3.

ܟܣܘܡܟܢܬܐ a disease of the soul, *acedia, boredom*, But. Sap. Eth. iv. 3.

ܡܚܕܡܬܐ col. 2840. *sadness*, with suff. ܡܚܕܡܬܗ Ephr. ed. Lamy iii. 495. 5.

ܚܕܡܬܚܡܐ m. pl. i.q. ܚܕܡܐ ܚܢܦ ܚܕܡܣܟ col. 2840. *'Uqailites*, a robber tribe in the desert of the Euphrates, El. Nis. Chron. 221, 11, 222. 21, 233. 20, ܐܚܕܐ ܚܕܡܣܟܠ ib. 226. 19.

ܚܕܘ, ܚܕܢ I. ܚܕܘܢܐ col. 2841. *blind*. Add: ܚܕܢܐ ܐܢܒܝܩܐ ܚܕܡܣܐ *an alembic without a head*, Chimie 33. 20. *The caecum*, a part of the great intestine, Hebr. iv. 215, 259, N. Hist. vii. 6. 5.

ܚܕܘ, ܚܕܢ II col. 2842. Pa. ܚܕܢ *to rouse, stimulate*, infin. ܐܘܦ ܚܕܡܟܢܘܐܝܢ ܚܣܥܡܝܩܡܐܘܢܗ Med. 262. 10.

ܚܕܢܐܬܐ col. 2845. *insomnia*, Med. 538. 15.

ܡܚܕܢܢܐ l. 5 of par. With ܘܚܠܡܐ *invitatorium*, part of Nocturns, Brev. Ant. ii. 342 b 16; 381 a med., 419 a 15.

ܚܕܘ, ܚܕܢ III col. 2845. Pael ܚܕܢ *to raid, plunder*, ܡܚܙܐ ܡܟܢܝܗܡ. ܘܡܫܥܗܡ ܡܗܡܕ ܚܕܘܗܡ Dion. 132. 4.

ܚܕܘܙܐܠ see ܚܕܪܠܐ.

ܚܕܘܟܪܐ see ܚܕܢ.

ܚܕܡܚܢܬܐ from ܚܕܡܚܡ. m. pl. *ottomans* i. e. *Turkish coins*, given for a manuscript in the year 1555, Journ. As. 1907, 355.

ܚܕܪܐ col. 2848. *a goat*. Place under ܚܢܪ, ܚܕܪܐ col. 2934.

ܚܕܪܐ col. 2850. Ethpa. ܐܬܚܕܪܐ *to be patient*, ref. ܠܐ ܢܒܗܣ ܡܢ ܘܒܐܬܚܕܪ *let him not cease to endure*, Is. Nin. 8. v. 3.

ܡܚܕܪܢܐܝܬ col. 2851. *bravely*, Išoyahb 10. 10.

ܡܚܕܪܣܕܐܠ ܘܥܡ ܡܚܕܪܣܢܬܐ f. *abstinence*, ܐܠܘܣܪܩܐ, Sev. Lett. 490. 9.

ܚܕܪܦ for ܚܕܪܘܦ, Med. 607. 17. *Sarcocolla*; see ܚܕܪܘܦܐ for other spellings.

ܚܕܪܠܐ. ܚܕܘܙܐܠ col. 2852. *woven stuff*, ܠܚܒܝܡܝ ܚܕܘܙܐܠ Pallad. 390. 19. *The clash of battle*, ܚܕܘܙܐܠ ܘܚܡ ܡܡܬܚܡܐ Sev. Lett. 500. 7; ܚܕܘܙܐܠ ܡܘܟܢܐ ܘܘܙܐܠ A.M.B. v. 598. 9. L. 10 of par. *predicates are* ܚܕܘܙܐܠ *compound*, as ܚܢܝܡܐ, ܦܘܢ or ܘܠܐ ܚܕܘܙܐܠ *simple*, as ܪܨܐ. ܘܢܝ. ܐܘܙܐܠ Jac. Edes. in Arist. 22. 3, 4 ff., 24. 16. 19.

ܡܬܥܪܒܠܘܬܐ *intricate relation*, ܡܬܥܪܒܠܘܬܐ ܕܥܘܢܕܢܐ ܘܚܝܐ ܕܥܡ ܚܒܪܐ Georg. Arab. 25. 3.

ܥܪܘ. ܥܪܘܝܐ, ܥܪܘܝܘܬܐ col. 2854. *a hoarse* voice, Med. 182. 16, 607. 17.

ܥܪܘܝܘܬܐ *hoarseness*, ܥܪܘܝܘܬܗ ܕܩܠܐ Med. 181. 12.

ܥܪܛܐ col. 2854. 21 of par. *the anus*. Refs. Hippoc. vii. 36, Med. 570. 7, 16.

ܥܛܐ col. 2856. *to abolish*. Add: ܥܛܐ ܠܒܗ ܡܢ ܬܪܝܨܘܬܐ Pharaoh *swept his heart clear of uprightness*, Nars. ed. Ming. ii. 296. 8. Cf. Aph.

ܥܛܘܝܐ *a destroyer*, ܚܡܬܐ ܘܪܘܓܙܐ ܥܛܘܝܐ ܠܗܢܘܢ ܕܡܬܚܪܦܝܢ ܥܠܝܗܘܢ wrath and anger *destroy those against whom they are whetted*, Sev. Lett. 227. 17; ܥܛܘܝܘܬܐ ܗܝ ܕܚܛܝܬܐ Greg. Carm. I. 4. 22.

ܥܛܠ *to find great difficulty*, slave and master ܥܛܠܝܢ ܒܦܘܠܚܢܐ ܥܡܐ But. Sap. Pol. I. 2. Ethpe. ܐܬܥܛܠ same ܡܬܥܛܠ ܐܢܐ ܠܡܫܬܥܝܘ *I labour to relate*, Pallad. 139. I.

ܥܛܡܐ, ܥܛܡܬܐ col. 2859. *the thigh*. Original meaning, *bone*, Nöld. Z.A. xxi. 152 n. 2. Cf. proverb ܥܛܡܐ ܢܦܩ ܬܘܠܥܐ (dead) *bones bring forth worms*, Jab. 194. 13.

ܥܛܦ col. 2860. 1) *to return*, of the tides, Natur 46. 4. Rit. *to repeat the responses* ܥܛܦܝܢ, Brev. Chald. i. 31. 14, 36. 16, 37. 16, 59. 13 and often. 3) *to put on*. Imper. ܥܛܘܦ ܫܠܡܐ *be enwrapped in peace*, Ephr. ed. Lamy iii. 495. Aph. ܐܥܛܦ 1) *to cover, clothe*, ܡܠܐ ܘܡܥܛܦ the Tree of Life *is filled and covered* with blessings, Manichéisme 70, ܟܕ ܡܥܛܦ ܗܘ ܒܗ ܐܝܪܐ ܕܚܝܐ, ib. 102. 3. N.B. ܐܦܠܐ ܟܣܐ ܚܕ ܐܥܛܦ *nor did he pass round a single cup* of wine, Pallad. 461. 4. 2) *to return*, ܐܥܛܦ ܕܢܐܙܠ *he turned to go away*, Chron. Min. 332. 26.

ܥܛܘܦܝܐ col. 2862. m. *return*, ܥܛܘܦܝܐ ܕܟܘܪܗܢܐ, N. Hist. viii. 3. 4. ὑποστροφή, *a relapse*, Hippoc. ii. 12.

ܡܬܥܛܦܢܘܬܐ *the putting on of clothing*, ܡܬܥܛܦܢܘܬܐ ܡܢܐܝܬܐ But. Sap. Isag. 2. 8.

ܥܛܪ col. 2863. *to rise as fumes*, add: metaph. ܥܛܪ ܥܦܪܐ ܡܢ ܐܪܥܐ *the dust rises like vapour from the earth*, Ephr. ed. Lamy iii. 197; ܥܛܪܝ ܫܚܘܝܬܗ *her lamentations rise up*, ib. 283. Aph. ܐܥܛܪ add: *to cense*, ܐܥܛܪ ܝܒܪܘܚܐ *cense* the mandrake, Med. 596. 5. Ettaph. ܐܬܬܥܛܪ *to be censed* ܡܬܬܥܛܪ ܥܠܘܗܝ ܒܣܡܐ Brev. Ant. i. Kal. 52 *a* 3 af., *b* 3, 5. *To be burnt as incense*, ܟܕ ܡܬܬܥܛܪ ܒܢܘܪܐ ܩܘܡܦܢܐ ܕܐܪܘܡܐ ܘܦܠܦܠܐ ܘܙܢܓܒܝܠ N. Hist. vii. 2. 3.

ܥܛܪܢܐ *cedar oil*, add: Med. 583. 11, 18, 23, ܥܛܪܢܐ ib. 553. 11, 584. 4, ܥܛܪܢܐ gloss to ܡܫܚܐ, Chimie 7. 11, to ܩܘܡܦܢܝܘܢ l. 15; 100. 21.

ܥܛܫ col. 2835. ܡܥܛܫܢܐ πταρμικός, *snuff*, Hippoc. v. 46, ܣܡܐ ܡܥܛܫܢܐ Med. 290. 18.

ܥܝܐ col. 2865. *woe*, ܩܥܐ ܥܝܐ ܥܠ *to cry woe upon*, Jul. 10. 6, 11, 30. 1, 32. 4 and very often.

ܥܝܠ perh. for ܥܠܝܠ *included*, ܥܝܠ ܒܥܕܝܠ "*comprise dans le t'adil*," any shop not *included in the census list* was confiscated, Dion. 122. 10. Cf. ܥܝܠ ܐܢܐ for ܥܠܝܠ ܐܢܐ *I have entered*, ib. 186. 13.

ܥܝܢܐ *a spring*, names compounded with: ܥܝܢ ܓܪ *Ain Ger*, Brook's Chr. 573. 14, 581 n. 7. ܥܝܢ ܕܠܒܐ *Ain Dulbe* or *Dilebb*, a village near Maaltha, Narses, Pref. 41. ܥܝܢ ܕܩܠܐ *Ain Dekla* in Beit Garmai, Chast. 5 ult. ܥܝܢ ܨܦܢܐ *Ain Siphni*, E.-Syr. bpric., 15 kil. north of Mosul, Syn. Or. 665; 110 ult., Pers. Mart. 197; ZDMG. xliii. 404. 10; ܥܝܢܐ ܣܪܝܬܐ *Aina Sritha*, M. Z. 209. 8. ܥܝܢܝܢܐ i. q. ܥܝܢ ܩܢܐ a monastery in Beit 'Arbaye, Patr. Or. iii. i. 29. 5, 30. 1.

ܥܝܢ ܬܘܪܐ col. 2868. *Aldebaran*, the chief star in the constellation *Taurus*, ܟܘܟܒܐ ܕܡܬܩܪܐ ܥܝܢ ܬܘܪܐ But. Sap. Periherm. 11. 6.

ܥܝܢ denom. verb Pael conj. from ܥܝܢܐ. Ethpa. ܐܬܥܝܢ *to be regarded, respected*, ܒܝܠܕܘܬܐ ܡܕܡ ܠܐ ܢܬܥܝܢ ܙܒܢܐ ܕܠܡܫܚܩ ܒܡܪܕܘܬܐ in education *let not a settled time for play be regarded as despicable*, But. Sap. Econ. ii. 2. ܐܝܟܢܐ ܕܠܐ ܢܬܥܝܢ ܚܕ ܡܢ ܗܠܝܢ. ܠܐ ܡܬܥܝܢܝܢ ܗܢܘܢ ܗܟܢܐ Philos. 4. 2. ܢܬܥܝܢܘܢ *let them be acknowledged, respected*, El. Nis. Chron. 71. 18.

ܡܲܒܘܼܥܵܐ col. 2871. *of a fountain*; ܡܣܲܝܒܪܵܐ ܗܘ ܨܘܡܐ ܕܟܠܗܝܢ ܡܝܬܪ̈ܬܐ *fasting is a source of all the virtues*, Is. Nin. Chab. 80. 12.

ܬܲܚܡܲܨܬܵܐ *illusion, hallucination*, Ephr. ed. Lamy iv. 47. 13.

ܚܡܠ. Ethpa. ܐܬܚܡܠ col. 2875. *to complain* with ܒ, ܠܐܚܠܐ ܕܘܦ ܘܐܬܚܡܠܬ Sev. Lett. 481. 19.

ܚܡܠ col. 2887. prep. end of par. 1. add: ܚܠܝ ܠܟܘ ܚܟܡ *I owe thee*, Hist. Mon. i. 170. 10, 16, 19.

ܠܚܘܕܵܝܐ col. 2878. 10 of par. *accidental*, add: ܡܕܡܐ ܠܚܘܕܝܐ *a casual or external matter*, opp. ܚܝܙܘܢܐ Hist. Mon. i. 19. 2.

ܚܒܝܫܘܼܬܵܐ col. 2879. *entrance*, add: ܚܒܝܫܘܬܐ ܐܠܝܬܐ *entering in, withdrawing into the mind* opp. ܡܣܥܦܐ ܚܕܢܝܐ ܡܢ *an external hindering body*, But. Sap. Philos. 5. 2.

ܚܒܠܠ *entering in* opp. ܣܦܝܩܘܬܐ *emptiness*; ܘܗܘܐ ܠܐ ܟܬܝܦܐ ܡܣܥܦܐ ܚܒܠܠ N. Hist. Bk. ii. cap. 1, sect. iv.

ܟܝܲܚܟܢܐ *pastor*. Add: *leader of the choir, choragus* ܚܒܒܐ ܐܘ ܪܫܝܘܡܐ Brev. Ant. i. 8. 5.

ܚܲܒܟܵܢܵܝܵܐ col. 2881. delete "i. q. ܚܲܒܟܵܢܵܝ" and add: αἰτιατικόν, *causal*, ܗܘ ܩܠܐ ܚܒܟܢܝܐ ܗܘ ܕܚܟܐ *a sound is causal of = causes the vibration of the nerve of the ear*, N. Hist. viii. 3. 2.

ܡܲܚܒܟܵܐ *bringing up, vomiting*, Med. 268. 4, 7. Col. 2882, 7. Rit. *Entrance* 1) the first day of the ܡܘܫܚܐ called ܚܒܠܐ ܕܡܘܕ which is the fourth Sunday before Advent. On this day the congregation move from the summer chapel i.e. an open court, to the nave of the Church for daily prayers, Maclean. 2) (rare) *Palm Sunday*.

ܚܠܠ Pael ܚܠܠ col. 2883. *to lift off, take off*, ܚܠܠ ܡܢ ܢܘܪ Med. 142. 22, 146. 15. Pass. part. ܡܚܠܠ *super-excellent*, ܗܘܡܣܐ ܡܚܠܠ Sassanidi 12. 19.

ܚܠܠܘܼܬܵܐ col. 2891. ܚܠܠܘܬܟܝ *thy Highness*, Ephr. ed. Lamy iii. 521.

ܡܬܚܠܠܢܘܼܬܵܐ col. 2892. *sublimity of arguments*, Išoyahb 7. 1.

ܚܠܕܵܐ or ܚܠܕܵܐ col. 2895. *a skin, bladder*, add: *a bellows*, ܚܠܕܐ ܚܒ ܗܘܡܝ Chimie 240 n. 4. *A leathern bottle*, B H. Stories ZDMG. xl. 447.

ܚܠܕܵܐ and ܚܠܕܵܐ *a vision seen on waking*, add: pl. ܪ̈ܣܐܠ ܚܡܦܬܐ ܗܢܐ ܫܚܠܐ Nars. ed. Ming. i. 35. 14; with suff. 1 pl. ܚܕܚܠܕܢ *in our waking vision*, Ephr. ed. Lamy iii. 87. 2.

ܚܒܝܐ i.q. ܐܚܝܐ col. 202. *Elijah*, ܚܒܝܐ ܒܚܡ ܚܕ ܐܡܐܒܠ Bahira 207. 14 pen. but ܐܚܝܐ ib. 209. 3, 16.

ܚܠܝܼܡ Pael ܚܠܡ col. 2896. *to rejuvenate, renew the youth*, add: ܣܝܢܩܐ ܘܡܚܠܚܠܐ *in sound health and youthful vigour*, Sev. Lett. 157. 5 af., ܠܐܒܢܐ ܦܠܚܬܐ ܡܚܠܚܠܒܝ ܚܝܐܘܪ̈ܠܐ *gardeners restore the vigour of trees by pruning*, G. Busâmê 2 b 17. Rit. ܚܠܡ *to repeat the second half of the doxology*, ܡܚܠܚܠܒܝ ܘܡܘܡܒܝ *they say*, For ever and ever *and continue*, Brev. Chald. i. 26. 8, 27. 21, 31. 1, 56 infra, 59. 7, 13, 21, 64. 8, ܡܚܠܚܠܒܝ ܬܪ̈ܗ *they repeat* For ever and ever *after a psalm*, Takhsa 135. 12. Ethpa. ܐܬܚܠܡ add: ܠܐܚܠܡ ܠܥܘܡܠܐ ܚܬܡܠܐ ܘܡܬܚܠܐ *Eleazar confronted evils and hardships with youthful vigour*, Sev. Ant. Hom. 11. 14.

ܚܠܡܦܵܢܵܐ col. 2896. dimin. of ܚܠܡܦܐ, *a youthful bachelor*, Sev. Gr. 47 r.

ܚܲܠܡܵܐ, ܥܠܡ col. 2898. 1) Rit. ellipt. for ܥܠܡ ܥܠܡܝܢ *For ever and ever*, In Saecula saeculorum i.e. the second part of the doxology; ܥܡܪ ♦ ܥܠܡ *to repeat the doxology*, QdhamW. 47. 7, 17, 48. 4, 20, 49. 16; ܡܢ ܗܘܒܢܐ ܘܟܡ ܕܢܣܐ ܥܠܡ *from Advent to Epiphany*, In Saecula *is said*, Brev. Chald. i. 10. 15, 20; ܡܢ ܨܘܡܐ ܥܕ ܚܩܝܡܐܘܡܣܗܐ ܟܣܒ ܥܠܡ ܕܚܢܐ ܚܘܫܒܢܩܠ ܘܠܐ ܚܕܘܒܢܟܐ ܘܚܢܐ *from Lent to Whit-Sunday the clause* For ever and ever *is not said after the Royal Anthem nor at the Evening Anthem*, ib. 11. 3, QdhamW. 124. 14; ܕܚܕܗ ܡܬܦܟܐ ܕܡܬܟܒܝܫܐ ♦ ܥܠܡ *every week of the Apostles* In Saecula *is said*, ib. l. 16, 125 ter, Brev. Chald. i. 11. 5, 11, 19, 26. 2) *the world*, l. 14 of par. ܚܠܡܐ ܡܚܡܪܢܐ *man is called the microcosm*, N. B. without ܪܚܬܘܪܐ, Apol. Arist. ܓ. 1.

ܥܠܡܝܢܐܝܬ col. 2901. *eternally, for ever and ever,* add refs. But. Sap. Theol. 5. 4, Eth. 1. 3.

ܥܠܡܝܢܝܐ compounded with ܠ *to,* ܢܝܚܐ ܠܥܠܡܝܢܝܬܐ *eternal repose,* Hist. B.V.M. 100. 2.

ܥܠܡܣܬ (ܕ ܕܝܪܐ) a monastery, Doc. Mon. 218. 1.

ܥܠܦ Ar. علف *to feed.* Pass. part. ܥܠܝܦ, ܥܠܝܦܐ pl. f. ܥܠܝ̈ܦܬܐ ܦܪ̈ܘܓܠܬܐ *fattened fowls.* Chron. Min. 378. 26.

ܥܠܩܘ col. 2902. Delete the article and cf. the passage from Geop. in Anecd. Syr. iv. 101. 20 where ܢܥܠܩܘ is given for ܥܠܩܘ.

ܥܠܟܘܡܐ *tough,* as the sinews of a camel, Natur 18 ult.

ܥܠܩܐ, ܥܠܩܬܐ f. morbid growth obstructing the wind-pipe, nostrils, or bowels, ܥܠܩܬܐ, Med. 204. 14, 18, 314. 18, ܥܠܩܐ ܕܐܘܪܝܐ, ib. 563. 14. Pl. f. ܥܠ̈ܩܬܐ *locks* or *the wards* of a lock, ܐܦܬܚ ܥܠܩܘܗܝ ܥܠ̈ܩܬܐ ܕܩܦܠܐ, Gest. Alex. 268. 12.

ܥܡܐ col. 2905. *to blind.* Ethpa. ܐܬܥܡܝ *to be blinded,* ܡܬܥܡܝܢ ܥܝܢܝ̈ ܠܒܗܘܢ ܕܥܡܐ ܡܢ ܡܫܘܚܬܐ ܕܥܘܠܐ Patr. Or. iii. i. 112. 2.

ܥܡܕ col. 2906. 21 of par. *to penetrate,* add: ܡܛܪܐ ܣܚܝܦܐ ܗ̇ ܕܚܘܠܐ ܘܠܐ ܥܡܕ ܒܗ ܒܐܪܥܐ *pelting rain* i. e. *violent rain which does not sink into the ground,* BH. on Prov. 28. 3. Pa. ܥܡܕ *to immerse,* ܟܗܢܐ ܡܥܡܕ ܘܡܥܡܕ ܠܛܠܝܐ the priest *baptizes and immerses the child,* A.M.B. v. 625. 9.

ܥܡܕܝܢ *an undergarment,* ܥܡܕܝܢ ܐܘ ܟܘܬܝܢܐ ܠܒܘܫܐ ܥܡܝܩܐ, Jac. Edes. Manichéisme 100 note 13.

ܠܐ ܥܡܝܕܐܝܬ *like unbaptized heathen,* Syn. Or. 180. 22.

ܥܡܛ col. 2910. *to grow dark;* add: ܥܡܛ ܚܙܘܗ̇ *its sight grows dim,* Natur 22. 16. N.B. ܗܘܐ ܪܡܫܐ ܘܥܡܛ ܠܡܚܙܐ *evening drew on, and it was difficult to see,* A.M.B. iii. 306. Aph. ܐܥܡܛ *to obscure, dim,* ܡܥܡܛ ܠܥܝ̈ܢܐ, Med. 37. 17; metaph. ܠܐ ܐܥܡܛ time *has not obscured* the heroism, Sev. Ant. Hom. 10. 2.

ܥܡܛܘܬܐ f. *dimness,* add: ܥܡܛܘܬܐ ܕܪ̈ܓܫܐ *blunting of the senses,* Med. 29. 11.

ܥܡܟܪܐ i.q. ܕܥܡܟܐܪ and ܥܡܟܪܐ col. 2912. a village near Arbil, Jab. 192. 8, 195. 8. Now ܥܡܟ ܗܘܐ.

ܥܡܟܪܝܐ col. 2912. ܦܘܠܘܣ ܥܡܟܪܝܐ, Anecd. Syr. iii. 208. 12, Hamilton and Brooks 157. note 5 translate "a native of 'Amkhoro" but say it should be an adjective; Ahrens and Krüger 109. 8 and n. correct ܥܡܕܝܐ and supply *of Amid.*

ܥܡܠ. Pass. part. ܥܡܝܠ, ܥܡܝܠܐ col. 2913, l. 5 of par. ܗܘ ܕܥܡܝܠ *the patient,* add refs. Med. 18. 12, 24. 19. ܥܡ̈ܠܐ ܥܡ̈ܝܠܐ Journ. As. 1896, 122 = ܥܡܝܠܬܐ *toilsome labours,* Narses 6 n. Aph. ܐܥܡܠ *to vex, harass,* ܠܐ ܬܐܥܡܠ ܠܥܡܐ ܡܫܝܚܝܐ Mar Kardag 7. 16. ܕܢܥܡܠ ܢܦܫܗ Jab. 7. 13 corr. as n. Peal ܕܢܥܡܠ *to cultivate his soul.*

ܥܡܠܬܢܐ *painstaking, diligent,* Hist. Mon. i. 101.

ܥܡܠܬܢܐܝܬ *wearily, painfully,* Is. Nin. B. 207. 4.

ܥܡܠܐ add: ܝܘܡ ܥܡܠܐ ܥܡ ܥܡܠܐ ܬܪܝܢ ܒܫܒܐ *Monday work-a-day,* Lexx. under ܬܪܝܢ ܒܫܒܐ col. 4469.

ܥܡܠܐ col. 2914. Arab. عامل *an official, governor,* ܡܢ ܥܡ̈ܠܐ ܕܝܠܗ Dion. 33. 8, ܥܡ ܥܡ̈ܠܐ ܟܠ ܗܘ ܗܘܐ ܕܐܥܡܠ ib. 127. 21 and often.

ܥܡܠܘܢܐ dimin. of ܥܡܠܐ m. *a little task,* Georg. Arab. 37. 20.

ܡܥܡܠܐ, ܡܥܡܠܢܘܬܐ col. 2914. *business,* ܠܬܓܘܪܬܐ ܐܘ ܡܥܡܠܢܘܬܐ Charms 19. 5 af., ܠܬܠܬܝܢ ܡܥܡܠܢܘܬܗ ܡܛܝܐ ܠܫܬܝܢ ܘܠܡܐܐ *his turnover may reach* 30 *or* 60 *or* 100 *per cent,* ib. 20. 2.

ܥܡܨ col. 2915. *to shut the eyes;* metaph. *to shut out, preclude,* ܥܡܨܬ ܦܘܡܗ ܡܢ ܫܐܠܬܐ Or. Xt. v. 102. 69.

ܥܘܡܪܐ *a mouthful, morsel* usually of bread. Add: *a morsel, bolus* of a medicine thickened with honey, Med. 306. 7.

ܥܡܩ col. 2916. *to be deep*. Pael ܥܰܡܶܩ *to imbue deeply*, add: ܡܛܠ ܕܗܝܡܢܘܬܐ ܡܥܡܩܬܐ ܣܡܟܐ ܫܬܐܣܬܐ ܡܩܝܡܐ *of faith deeply implanted the foundation stands firm*, Babai 2 *b* 7 af. ܕܐܬܥܡܩ ܢܦܫܗ ܒܥܘܡܩܐ ܕܐܠܗܘܬܐ ܬܘܕܝܬܐ Is. Nin. Chab. 96. 9. Aph. ܐܰܥܡܶܩ *to deepen, make deep*, the lions digging St. Paul's grave ܡܥܡܩܝܢ ܗܘܘ ܠܗ ܒܦܘܪܬܐ ܐܘܪܟܐ ܘܥܘܡܩܐ A.M.B. v. 571 pen.

ܥܘܡܩܐ 2) *lowland, valley*, add: ܥܘܡܩܐ ܕܐܢܛܝܘܟܝܐ *the Valley of Antioch, Al ʿAmak*, ten miles from Marʿash, Brook's Chron. 572 pen., 581 n. 1, ZA. xxii. 377.

ܥܡܪ Act. part. ܥܳܡܰܪ col. 2919. add: ܥܳܡܪ̈ܝ ܩܘܪ̈ܝܐ *villagers* were called ܥܳܡܪ̈ܝ ܩܒܪ̈ܐ *grave-dwellers* because they knew not the pleasures of city life, But. Sap. Eth. 3. 3.

ܥܘܡܪܐ add: ܟܠܗ ܥܘܡܪܗ̇ ܕܠܐ ܥܘܡܪܐ ܐܝܬܝܗ̇ ܗܘܬ *all her life she was without a habitation*, Pallad. 203. 21.

ܥܳܡܘܪ, ܥܳܡܘܪܐ col. 2920. ܥܳܡܘܪ̈ܝ ܐܪܥܐ οἱ κατοικοῦντες ἐπὶ τῆς γῆς, Apoc. vi. 10, viii. 13, xi. 10 ed. Gwynn, ܗܢܘܢ ܕܥܳܡܪܝܢ ܐܪܥܐ Bagst.

ܥܡܪܘܬܐ col. 2921. *dwelling*. ἡ παροίκησις, Hex. Ex. xii. 4 ed. Lag. End of par. *cohabitation*, ܥܡܪܘܬܐ mariages *concubinaires*, Nau on Sev. Ant. Vit. R.O.C. iv. 568 med.

ܥܡܝܪܐ for ܐܡܝܪܐ *Emir*, ܥܡܝܪܐ ܕܡܫܠܡܢܐ Dion. 138. 15. For ܓܡܝܪܐ *perfect*, ܥܡܝܪܐ ܕܝܠܗ ܦܘܩܕܢܐ ܥܡܝܪܐ G. Warda ed. A. Deutsch 27. 5.

عمر بن الخطّاب, ܥܡܪ ܒܪ ܚܛܒ, *ʿOmar Ibn Khaṭṭāb*, Khaliph, Chast. 64. 16.

ܥܢܢܐ col. 2924. Chem. a name for mercury, Chimie 10. 4, 15. 4, 25. 6. Cf. ܙܝܘܓܐ.

ܥܢܢܢܐ, ܥܢܢܢܝܬܐ *cloud-laden*, ܪܘܚܐ ܥܢܢܢܝܬܐ ܒܛܘܪܐ ܕܥܡܘܕܐ ܥܢܢܐ N. Hist. v. 3. 3.

ܥܢܢܝ̈ܐ add: *Karaites*, named after the founder of the sect, Löw ZDMG. xlv. 702.

ܥܢܐ col. 2924. With ܨܶܒܝܳܢܳܐ, ܐܢ ܥܳܢܶܝܬ ܠܨܒܝܢܝ *if you respond to my desire*, Išoyahb 51. 12.

ܥܘܢܝܐ col. 2927. *a response, antiphon, first verse of an anthem*, refs. Brev. Chald. i. 58. 9, 315. 10. Pl. Hist. Mon. i. 142, ii. 293 n.

ܥܘܢܝܬܐ τροπάριον, *a short hymn*, Or. Xt. ii. 215, iv. 206, 207. *An anthem, stanza of an anthem*, Takhsa 66. 16 pl. ܥܘܢܝ̈ܬܐ l. 9, ᾠδαί, Hist. Mon. i. 142, ii. 293 n. *A response*, ܥܘܢܝܐ ܡܥܢܝܢܐ Bar. Sal. in Lit. 79. 17, 18. The anthems sung during the Liturgy are:— ܥ̄ ܕܐܘܢܓܠܝܘܢ sung after the reading of the Gospel; ܥ̄ ܕܒܐܡ *anthem of the Bema*, q.v., sung during the communion of the laity by those outside the sanctuary; ܥ̄ ܕܩܢܟܐ *anthem of the sanctuary*, sung in the first part of the Liturgy, Takhsa 2. 17, 3. 2; ܥ̄ ܕܐܪ̈ܙܐ *anthem of the Mysteries*, sung after the elements have been placed on the table, ib. 7. 13, 16. Others are: ܥ̄ ܕܪܝܫ ܝܪܚܐ the anthem sung on the first day of each month; ܥ̄ ܕܠܠܝܐ three special *anthems* on Sundays, festivals, and Saints' days *at Nocturns* after ܩܠܐ ܕܫܗܪܐ; ܥ̄ ܕܣܗܕ̈ܐ *the martyrs' anthems* sung twice daily, QdhamW. 189; ܥ̄ ܕܨܦܪܐ a special anthem on Sundays, festivals, &c., after psalms *at morning service*; ܥ̄ ܩܕܡܝܐ *the First anthem* at every evening service; ܥ̄ ܕܬܪܝܢ *the Second*, ib. 44. 12, 45. 11; ܥ̄ ܕܬܠܬܐ *the Third anthem* at evening service on ferias; these are proper to the season and are found in the ܚܘܕܪܐ, Maclean: refs. Brev. Chald. i. 91. 8, 104. 18, 105. 4 af.

ܥܢܝܢܐ col. 2930. 3) Rit. Jac. = E.-Syr. ܥܘܢܝܐ, *response, refrain* made by the congregation in a prayer or hymn, Brightman's Lit.

ܡܥܢܝܢܝܬܐ 2) Jac. *an antiphon, a psalm* or *hymn recited antiphonally*, Brightman's Lit., Brev. Ant. i. 58 *a* pen.

ܥܢܒܬܐ col. 2932. *a grape*. Add: ܦܘܪܣܐ ܕܥܢܒܬܐ ܕܥܝܢܐ *the choroid membrane* of the eye, Med. 68. 9, 77. 16, 17, 19.

ܡܘܰܒܠܳܐ ܟܰܕܒܳܢܳܝܳܐ *grape-like*, ܟܰܕܒܳܢܳܐ same as the aforegoing, N. Hist. vii. 1. 2.

ܟܒܰܢ Pael ܟܒܢ *to prepare for burial*, ܠܡܶܟܒܰܢ ܩܳܡܘܳܡܳܐ Hist. Mon. i. 357. 20.

ܟܒܺܝܢܳܐ add : E.-Syr. ܟܒܺܝܬܳܐ *the Burial Service* for the laity, Maclean.

ܟܬܳܢܳܐ m. pl. Arab. عنز *the Aneyza*, an Arab tribe, M. Z. 205.

ܟܰܕܪܘܬܳܐ col. 2934. Arab. عنزروت from Pers. انزروت and انجروت *the gum* of Penaea sarcocolla and P. mucronata, Med. 557. 9, 586. 14, JAOS. xx. 192. 11; ܡܶܢܙܐܠ ܚܒܺܝܒܳܢܳܐ ܐܘ ܟܰܕܪܘܬܳܐ *Kedria, résine de cèdre ou sarcocolle*, Chimie 7. 11. Cf. ܩܶܢܕܪܘܣ. Miswritings in the Lexx. are ܟܰܪܕܘܬܐ, ܟܰܪܕܘܬܐ, ܟܪܕܘܬܐ and Med. (Budge) only ܟܰܪܕܘܬ.

ܟܒܢܳܐ col. 2934. Arab. عرف *mane*, ܟܒܕܐ ܘܐܰܝܟ ܟܒܢܘܡܰܢܐ ܚܰܠܐ ܘܰܣܥܘ ܘܚܰܠܐ ܣܘܺܡܗܳܐ Dion. 49. 12, 14.

ܟܒܳܕܐ *name of a village*, Sassanidi 7. 18. Prob. i. q. ܟܒܕ on the Euphrates, col. 2936.

ܟܚܶܣ, ܟܚܶܡ, so correct for ܟܚܡ col. 2936. Arab. عاش, *to live, revive*. Correct pointing in the quotation from Ephr. ed. Bick. ܟܚܶܡ ܢܰܦܫܶܗ ܒܛܰܝܒܘܬܐ *his soul revived by grace*, Nöld. WZKM. xvii. 199. L. ult. of par. corr. ܢܶܟܚܶܡܘܢ ܡܚܺܝܠܐ ܡܣܰܣܠܰܝ *may the weak recover new life*, Ephr. ed. Lamy iv. 383. 13.

ܟܚܰܡ Arab. عسّ *to patrol, go the rounds*. Pass. part. ܟܶܚܡܶܬܐ, ܟܶܚܡܶܣܬܐ *confused, distracting*; see under Aphel. Ethpa. ܐܶܬܟܚܰܡ *to be worried, distracted*, ܠܐ ܐܶܬܟܚܡܶܬ ܟܰܣܰܦܬܘܬܗܘܢ *he was not distracted by their envy*, Hormizd 2769. Aph. ܐܰܟܚܶܡ *to worry, chafe, fret* ܘܠܐ ܢܰܟܚܶܡ ܠܶܢ ܗܰܝܡܢ ܚܶܡܪܐ ܟܚܰܡܳܢܐ *let us not worry over their frantic tale* of Marcion, Ephr. Ref. ii. 91. 15, 16; ܐܘ ܚܕܐ ܡܠܐ ܒܳܚܟܶܡܝ ܬܰܪܥܰܝܬܐ ܘܡܬܟܰܠ *Oh words searching the feelings*, Is. Ant. ii. 256. 11.

ܟܚܶܣܳܐ col. 2938. *an army*, add : Dion. 71. 17, 97. 3.

ܟܚܶܡ col. 2938. *to be difficult*, ܟܚܺܝܡܐ ܘܡܶܣܬܰܒܪܰܢܐ ܟܚܰܡܰܥ ܡܰܪܚܺܝܣܬܐ ܠܡܰܣܒܪܰܢܐ *it is difficult to establish the victory of our religion*, Išoyahb 3. 2, 3.

ܟܚܺܝܡܘܬܐ col. 2939. *difficulty*, add : ܟܚܘܡܐ ܒܶܣܪܐ ܕܠܐ ܦܘܓܺܝ *the untamed flesh*, Pet. Ib. 33. 22, ܒܛܡܐ ܟܚܘܡܐ *insensibility*, But. Sap. Econ. iii. 2; ܟܚܺܝܡܘܬܐ ܡܶܕܥܰܐ Med. 102. 23; ܟܚܺܝܡܘܬ ܠܐܘܓܺܝܢܐ ܘܡܰܟܚܺܕܐ ܘܩܰܡܕܚܰܪܬܐ *indigestible food of contrary rumours*, Išoyahb 4. 10.

ܟܚܶܡܰܠܝ add : ܐܣܰܝ ܠܢܕ ܠܕܐ ܟܚܶܡܰܠܝ *it was awkward for me*, Pet. Ib. 74. 10.

ܟܚܽܘܡܐ *crisp* hair, Med. 37. 15, ܟܚܘܡܐ l. 22.

ܟܚܘܡܘܬܐ *crispness*, Med. 36 ult.

ܚܶܣܪ, ܟܚܶܣܰܪ, ܟܚܶܣܰܪܬܐ col. 2940. *ten*, ܗܘ ܕܝܰܗܒ ܟܚܶܣܰܪܳܝܬܐ *He Who gave tenfold increase*, R.O.C. 1912, 70. 11. End of par. Nöld. (WZKM. xvii. 199) thinks that three refs. to ܟܚܶܣܰܪܬܐ in Ephr. ed. Lamy mean *a ten-stringed lyre* as Bickell conjectures, on Cyrillona ZDMG. xxvii. 596. 4 af. All four places refer to the joy of harvest and it seems more likely that ܟܚܶܣܰܪܬܐ means *a tenfold increase, tenfold harvest*; ܟܚܶܣܰܪܬܗܘܢ ܒܕܰܡܪܺܬܡ Ephr. ed. Lamy iv. 399. 13, ܒܶܬܟܠܺܝܣܘܢ—ܟܚܶܣܰܪܬܐ ܒܣܘܬܰܡ ib. 415 pen., ܠܐ ܒܰܩܩܣܶܡ ܠܰܐܚܬܰܐ : ܡܬܢܰܚܳܐ ܘܟܚܶܣܰܪܬܐ *let not the songs of increase be changed to lamentations*, ib. 423. 5.

ܟܚܶܣܰܪ denom. verb Pael conj. ܐܶܬܟܰܠ ܘܡܰܟܚܶܣܰܪ ܡܰܟܚܶܣܰܪ *a woman whose child is carried into the tenth month*, Med. 593. 17. Ethpa. ܐܬܟܚܶܣܰܪ a) *to pay tithe*. b) *to receive tithe*, with ܦܡ, ܐܶܬܟܚܶܣܰܪ ܡܰܟܚܣܰܪܘ ܡܶܢܗ Anecd. Syr. iii. 11. 25.

ܟܚܶܣܪܳܐ 1) *a tithe*, pl. ܟܚܶܣܪܶܐ Ephr. iii. 187. 13. 2) *tithing, tithe collecting*, Dion. 122. 6, 123. 4, 149. 14, BH. on Lev. xxiii. 13, xxvii. 32.

ܟܚܶܣܪܳܐ *a decade*, pl. ܟܚܶܣܪܶܐ Brev. Chald. ܠܬ.

ܟܚܶܣܪܳܢܳܐ *tithable, liable to tithe*, BH. on Lev. xix. 19 ter.

ܡܰܟܚܶܣܪܳܢܐ *a tithe collector*, Dion. 122. 5, 123. 3, ܟܚܶܣܪܐ ܕܰܠܐ ܠܶܩܛܶܠܐ = ܡܰܟܚܣܶܪܳܢܐ ib. 149. 13.

ܐܘܚܕܥܣܝܪܵܐ the duodenum, N. Hist. vii. 6. 5.

ܐܘܚܕܥܣܝܪܵܝܬܵܐ a company of twelve, Apis ܡ̱ܥܒ. 10.

ܟܦܠ col. 2942. to double, multiply. Act. part. m. pl. ܡܢܦܠܝܢ ܣܓܝ they gain much, Theod. Mops. 206. 19 on Jo. ix. 3.

ܟܦܦܐ, ܟܦܘܦܐ col. 2943. δίπλωσις, ܕܕܗܒܐ compound or alloy of gold, Chimie 38 ult.

ܟܦܝܦܐ i.q. ܟܦܠܐ, ܣܓܝ ܟܦܩܐ manifold, many times as much, Dion. 162. 16. Cf. ܟܦܠܐ, ܟܐܦܠܐ l. 3 of par.

ܟܦܪ col. 2945. ἀπανθίζω, to cull a flower, ܟܕ ܟܦܪܘ ܚܒܐ ܘܗܡܣܐ Greg. Carm. ii. 40. 11. Ethpe. ܐܬܟܦܪ pass. part. ܡܬܟܦܪܝܢ ܒܚܘܒܐ enwrapped in love, Is. Nin. 6 v 9. Pa. ܟܦܪ to pick, select, ܡܦܘܠܐ ܕܟܒܝܬ ܡܢ Sev. Ant. Hom. 9. 8. To be occupied, involved, wrapped up in, ܐܘ ܒܟܦܝܕܐ ܐܢܐ ܢܦܠ ܡܬܝܕܐ ܚܙܡܝܐ Jul. 49. 18.

ܟܦܘܫܢܐ col. 2946. Add: hay, Chimie 277 not. 2.

ܟܦܩܐ, ܟܘܟܦܐ col. 2947. a swoon, fainting fit, λιποθυμία, Hippoc. v. 15, 53. Pl. ܟܦܩܐ Med. 274. 22.

ܟܦܪܐ col. 2948. m. an oak gall, Med. 237. 16, 560. 13 and often.

ܟܦܬ col. 2949. Pass. part. ܟܦܝܬ dusty, ܡܕܐ ܟܦܝܬ ܣܥܕܐ hair sprinkled with dust, Anecd. Syr. iii. 89. 23.

ܟܦܬܢܘܬܐ f. earthiness, dust, all things, plants and animals, return to this state when emptied of moisture, N. Hist. ii. v. 5.

ܟܦܬܢܘܬܐ f. earthiness ܕܦܓܪܐ of the body, Hist. Mon. i. 379. 9.

ܟܘܟܝܬܐ, ܟܘܟܝܬܐ col. 2950. a cloak, ܡܟܕܒܗ ܕܫܐܪܐ her silken mantles, Pallad. 200. 1. The ܡܟܕܒܐ of the Nestorians is a large oblong piece of white linen or cotton cloth with a coloured ornament of needlework in the centre and coloured crosses at the ends. It is worn over the shoulders and can also be put over the head, ܡܟܕܒܐ: ܕܡܟܕܒܗ ܟܥܒ ܐܬܗ ܟܠܐ ܒܐܟܦܗ ܘܦܓܐ ܬܗܐ, Jab. 36. 8, 9; QdhamW. 103. 4. Also a veil put on a child's head at Baptism, Maclean.

ܟܡ col. 2951. Ethpa. ܐܬܟܪܝ to be written with the vowel ܟܪܘܙ, ܟܡ, ܘܟܬܟܪܙ ܐܬܘܬܐ, BHGr. i. 64.

ܟܪܐ col. 2952. 16. Add: to put out the eye, ܗܘܐ ܘܝܒܠܐ ܚܣܡܗ ܘܟܡܐ ܒܓܡܠܐ, Chron. Min. 289. 6, 7. Pa. ܟܪܝ to show restraint or repugnance, ܐܢܬ ܟܡ ܡܟܪܐ ܟܕܗ. ܐܢ ܠܐܠܐ if you give from compulsion, unwillingly, Pallad. 528. 5.

ܟܪܘܙܐ col. 2953. The point ܀ indicating a short pause, ܘܠܐܡܪܐ ܚܟܡܝܠܐ ܘܠܐ a pause must be made in reading to indicate hesitation, Theod. Mops. 55. 14, 60. 15.

ܟܪܝܐ constraint, pressing entreaty, Severus came to Constantinople ܒܟܪܝܐ ܣܓܝܐܠܐ ܕܡܢ ܡܠܟܐ, Sev. Ant. Vit. 300. 6.

ܟܪܝܢܘܬܐ col. 2953. obstinacy, disobedience, add refs. ܕܐܬܢܐ ܕ of Balaam's ass, G. Busâmê 15. 7 af.; Stat. Schol. Nis. 10. 17.

ܟܪܟ col. 2954. to bandage, apply a bandage, imper. ܟܪܘܟ Med. 315. 10 and often. Ethpe. ܐܬܟܪܟ to be bandaged, bound on, ܡܬܟܪܟܝܢ ܟܠܐ ܐܢܦܐ ܘܟܠܐ ܙܘܥܐ ib. 39. 16.

ܟܪܟܐ m. a bandage, plaster, add: Med. 132. 1, 6, pl. l. 15, 212. 4, 11, 315. 4, ܟܪܟܐ ܡܚܡܬܢܐ fomentations, 98, 8, 132. 4, ܐܘܡܪ ܐܬܐ, ܟܪܟܐ ܡܫܬܪܝܢ ib. 293. 3. Proverb ܒܐܡܕ ܘܚܡ ܡܣܡܐ ܠܥܡܠܐ ܟܪܟܐ Philox. 98. 14. To the references at end of par. add: synonyms ܘܡܣܡܕܡܝܢ ܐܣܟܕܩܕܡܐ col. 309, col. 888, ܡܚܝܡܐ col. 2132, ܣܡܝܡܝܢ col. 2198, ܣܘܬܕܐ col. 2561.

ܟܪܙ col. 2955. to squeeze, press, imper. ܟܪܘܙ ܕܘܣܗ press out its juice, Med. 599. 1; ܕܘܣܗ ib. 303. 17. Ethpe. ܐܬܟܪܙ to be squeezed, ܡܬܟܪܙܐ ܒܪܡܬܐ ܐܣܩܦܐ ܘܕܐܝܒܝܢ, Med. 224. 10, 11.

ܚܳܪܳܐ m. *juice*, add: ܚܳܪܳܐ ܡܚܰܣܝܳܢܳܐ *refreshing juices*, Med. 39. 10 ff.; ܚ ܕܐܣܦܪܓܝ *asparagus juice*, ib. 292. 12, 301. 10; ܚ ܕܣܥܪܐ *barley water*, ib. 607. 18; ܚܡܨܬܐ ܚ *juice of sour grapes*, ib. 39. 10, 292. 11, 301. 1, 7; ܚ ܕܐܣܐ ܗܦܐ *juice of myrtle berries*, ib. l. 13; ܚ ܕܪܘܡܢܐ ܬܟܠܠ *juice of sweet pomegranates*, ib. 561. 14, &c. ܚܪܐ ܗܘ ܕܚܒܪ ܐܣܛܘܡܟܐ ܚܪܘܠܐ chyme, ib. 267. 10. ܚܡ ܗܩܕܢܐ prob. corr. ܚܪܓܐ ib. 133. 13.

ܚܪܓܐ col. 2957. Heb. עֲצָרָה, *a sacrificial feast*, the traditional vocalization is ܚܳܪܓܳܐ, BH. on Amos v. 21. Nöld. thinks ܚܪܓܐ should be corrected to ܚܪܕܐ in the following passage, ܡܫܬܥܒܕܐ ܗܘܝܬ ܠܚܪܓܐ *Thou didst submit to the slaughter*, Ephr. ed. Lamy iii. xxvi. 3 af.

ܚܓܠܐ col. 2958. ܙܘܩܐ ܕܚܓܠܐ *the ring round the neck of a dove*, N. Hist. iii. ii. sect. 4. ܚܓܠܐ ܐܘܟܡܐ *the black line* round the neck of a sparrow in its second year, ib. vii. 4. 4.

ܚܡܐܡ pr.n.f. *Acacia*, cf. ܚܡܐ *Acacius*; ܚܡܐܡ ܕܡܢ ܣܡܢܝܐ *Nestorian tombstone from Séminietschie*, now in Paris, Chabot, Journ. As. 1908, 142.

ܚܡܕ col. 2558. ellipt. for ܐܘܡܠܐ ܚܡܕ *to take the place*, ܘܣܰܡܶܕ ܩܘܒܠܐ ܢܚܦܟܐ ܠܢ ܚܠܦ ܐܠܗܘܬܐ *love of money supplies to us the place of all Gods*, Jac. Sar. Hom. iii. 814. 10. Ethpa. ܐܬܚܡܕ *to investigate*. L. 8 of par. the passage from Bar Cephas is given by Bensley Arist. Apol. 53 and seems rather to mean "they, viz. the heavier parts of creation, unless supported, *would be sought for* according to the law of their being, viz. *they would sink down*.

ܚܬܡܐ col. 2960. 25 of par. *the lowest part, the root, foot*, ܡܐ ܐܣܠܐ ܕܚܬܡܗ ܕܚܒܠ Philox. 7. 19. Col. 2961. 3. Rit. Jac. *a variable termination of a prayer, a short prayer* at the conclusion of an office, ܚܬܡܐ ܕܗܠܝܢ Brev. Ant. i. Kal. 60 b 3, ܕܚܣܡ ib. 3 af., ܚܬܡܐ ܩܕܡܝܐ to ܐܚܪܝܐ *first to eighth termination*, ib. pp. 6 and 7; ܦܬܓܡܐ ܕܚܬܡܐ ܕܗܠܐ ܦܣܘܩܐ *the appointed verse or termination or refrain*, ib. 54 a 14, ii. 364 b 3 af., iii. 8 a 12, 83 b 8, 84 b 12, 90 b pen. E.-Syr. ܚܶܬܡܶܐ ܕܩܕܡ ܚܕܡܝܐ QdhamW. 157. 3 af., 158 pen. F. pl. ܘܠܐ ܡܕܥܡ ܚܟܝ ܡܥܕܐ ܕܚܬܡܟܬܗ ܘܚܕܐ perh. corr. ܚܬܡܬܗ *her resentment*, Pallad. 205. 15.

ܚܬܡܟܢܐ col. 2961. *good at tracking*, ܟܠܒܐ ܚܬܡܟܢܐ ܗܘ *the dog is a pursuer, tracker*, Natur 11. 13.

ܚܬܡܟܢܐ ܡܚܬܡܟܢܐ gram. *explanatory*, ܘܡܚܘܝ ܡܚܬܡܟܢܐ, Hebraica iv. 169. 10.

ܡܚܬܡܟܢܐܝܬ *curiously*, Sev. Lett. 485. 10; ܒܥܬܐ ܡܚܬܡܟܢܐܝܬ *after full enquiry*, Hippoc. xxi. Syr. 4.

ܚܡܚܕ *'Oqba b. Mohammed al Chuzâi*, Wali of Mosul, A.D. 886, Hormizd 1696, 1717, ZDMG. xlviii. 532.

ܚܡܚܠܐ and ܚܕܡܐ ; see ܚܕܡܐ

ܚܡܚܠܐ *'Aqbalaha*, Bp. of Karkha d' Beit Slokh, Syn. Or. 34. 17, 35. 22, 45. 10, ZDMG. xliii. 394. 8; Bp. of Ramonin, ib. 394. 7, Syn. Or. 34. 16.

ܚܡܚܐ (ܚܢܝܐ?) at Kennesrin, Sev. Ant. Vit. 268. 10, 305. 3, Sev. Lett. 117. 4, ZDMG. liv. 380.

ܚܡܩ *to hold firmly*, ܐܚܡܩ ܣܘܦܐ ܚܡܝܢ *they brandished great cudgels*, Dion. 173. 3. *To set up, to establish* ܗܘܐ ܚܡܩ ܡܚܡܐ ܬܚܡܩܡܐ, G. Warda, ed. A. Deutsch 18. 24. Chem. *to fix, become firm*, ܚܡܟ ܚܡ Chimie 96. 3, 100. 19. For ܐܣܝ ܚܡܟ ܚܡ ib. 95 ult. Brit. Mus. 1593. 41 v has ܚܡ ܚܡܒܝ ܐܣܝ ܚܡܐܠ, ܚܡ ܦܠܗ ܚܡܐܠ ib. 96. 8.

ܚܡܩܐ chem. *"fixation"* ܚܡܐ ܘܐܣܝ Chimie 95. 20.

ܚܡܠܐ العاقول *'Akula*, ancient name of Kufa and 35 miles S. of Babylon, Hist. Mon. ii. 187 n. 4, Dion. 49. 2, 62. 3.

ܚܡܠܬܢܐ pl. m. *inhabs. of Akula*, Jac. Edes. Hex. 8 n. 2, Bar Penk. 156. 14, 157, 3, Patr. Or. iii. i. 28. 11, Dion. 85. 11, 155. 21.

ܚܡܣܡ pr.n. col. 2963. 4 af. Delete "corruptum est", &c. and see ܐܣܡܝ in Suppl.

ܚܡܠ. Ethpealal ܐܬܚܰܡܚܰܡ to writhe, coil round, ܣܘܡܐ ܠܐܬܚܡܚܡ (sic); corr. ܠܐܬܚܡܕܡܕ Yezidis 103. 12.

ܚܡܠܐ the gripes, a griping pain, Med. 296. 17, 23, 297. 6.

ܚܡܡ. ܚܰܡܚܰܡܳܢܳܐ distorted, perverse, a man with very long feet is ܘܚܒܝܛܐ ܚܰܡܚܰܡܳܢܳܐ But. Sap. Econ. iii. 3. Or corr. ܢܳܩܰܡܚܳܢܳܐ revengeful.

ܚܡܡ. ܚܰܘܡܬܳܢܳܐ having stings, ܘܕܒܘ̈ܪܐ ܠܐ ܚܰܘܡܬܳܢܝܳܢ drones are stingless bees, N. Hist. vii. 4, 5.

ܚܡܝܨܐ col. 2968. a spiral shell, Nöld. F. S. i. 551.

ܚܰܡܰܪ, ܚܰܡܪܳܐ col. 2970. stock, root, a medicinal plant, drug, add: ܘܰܚܡܳܐ ܚܰܡܪܳܐ honey-bearing flowers, A. M. B. v. 9. 7. Metaph. 1) father, Ephr. ed. Lamy iii. 431. 5, 507. 10, 12. 2) the lower or inner part, ܚܡܪܐ ܕܟܬܠܐ the optic nerve, Med. 32. 7, pl. ib. ult., ܚ ܕܙܩܪܐ the lower joint of the finger, ib. 27. 7.

ܚܡܪܐ ܕܐܪܥܐ Agrimonia Eupatorium, Med. 357. 2.

ܚ ܕܐܦܪ̈ܐ wild pomegranate, ib. 324. 18.

ܚ ܕܨܝܕܐ the Splendid Root which has magical properties, Med. 594–597. It is the mandrake, Mandragora officinalis. Cf. Frazer's Folklore of the O.T. Vol. ii., pp. 372–397.

ܚ ܕܡܬܘܫܐ rock parsley, Med. 299. 7, 312 ult.

ܚ ܘܡܪܘܠܐ chicory, endive, ib. 172. 13.

ܚܰܡܪܳܐ ܕܘ̈ܓܡܐ rhubarb, ib. 163. 12.

ܚܡܪܐ ܘܣܒܝܢܐ Pistacia lentiscus, ib. 247. 7, 312 ult.

ܚܡܪ ܫܩܡܐ beetroot, ib. 172. 17.

ܚ ܩܦܪ the caper, ib. 88. 6, 171 ult.

ܚ ܥܘܕܐ pyrethrum, ib. 55. 20, 59. 3, 7, 555. 2.

ܚܰܡܪܳܐ ܕܚܠܟܐ or ܘܚܘܡܐ liquorice, ib. 175. 3, 247. 7, 299. 15.

ܚ ܘܫܡܪܐ fennel root, ib. 299. 15, 351 ult.

ܚܕܟܡܬܢܐܝܬ (ܠܐ) ineradicably, Syn. Or. 132. 18.

ܚܡܕܬ place-name, Doc. Mon. 214. 4, 215. 21.

ܚܢܢ col. 2094. Palpel ܚܢܚܢ to gargle, add: ܢܚܢܚ let him gargle, Med. 59. 6, 11, 24, ܢܚܢܚ ܚܘܩܘܡܗ, ib. 561. 6, 10, 16; 565. 10.

ܚܰܢܘܚܳܐ a gargle, Med. 59 ult., pl. ib. l. 1; 6. 2.

ܚܰܢܘܳܐ add: sleet; a storm. ܬܳ. ܙܘܦܐ ܘܗܘܐ ܒܠܐ ܙܡܢܐ ܩܛܝܢ ܗܕܢܝܢ ܐܘ ܒܚܓܐ, ܘܒܚܓܪ ܘܒܨܦܨܦܐ ܐܡܪ ܚܢܘܐ ܚܡܨܘܕܐ, Op. Nest. 112. 12 on Amos 1–14. A tempest, ܚܢܘܩܠܐ ܚܓܡܐ ܥܡ ܚܢܘܦܐ, N. Hist. v. 1. 3.

ܚܢܬ denom. verb from ܚܢܘܦܐ a tempest? tumultuous, ܐܘܩܝܢܘܣ ܕܒܚܢܦܐ "the ocean was tumultuous with spray," (Brooks) Anecd. Syr. iii. 290. 2.

ܚܢܘܦܐ m. mast of a ship, ἱστός, Greg. Carm. ii. 32. 5.

ܚܢܙ, ܚܢܙ col. 2975. to take. To take food, ܚܢܙܢܐ ܚܡ ܘܠܐ ܫܬܐܡܫ BA. under ܐܚܢܘܙܐ col. 4314. Ethpe. ܐܬܚܢܙ add: to be occupied, ܐܝܟ ܚܡܬܚܢܙܢܐ ܗܘܐܘܝܢܐ ܗܘ ܘܘܩܡܠܐ ܠܐ ܡܬܚܢܙܐ ܗܘܐ when he was not occupied in some spiritual work, he prayed continually, Jo. Tell. 25. 3.

ܚܢܙܐ col. 2977. E.-Syr. ܚܰܢܙܳܐ m. myrica, tamarix, the tamarisk, ܚܢܙܐ ܘܐܙܚܐ ܬܳ, ܐܙܚܐ ܘܚܢܙܐ, ܘܗܘܦ ܚܘܕܒܝܛܐ, Med. 607. 22, ܬܡܪ ܛܪܦܐ, ib. 603. 15; Ar. PflnN. 64 f. L. 13 of par. ܚܢܙܐ ܣܘܕܘܡܐ, Med. 561. 18. ܚܢܙܐ ܘܢܘܦܐ, ܬܳ. ܥܕܢܝܐ ܐܠܦܢܓܢܟܫܬ Agnus castus vitex, Med. 607. 23. ܚܢܙܐ ܐܠܣܕܪ the lotus tree, Praet. Miss. 50. 57; Onomasticon Lag. 16. 6, 23. 28 quoted Ar. PflnN. 419.

ܚܢܙܬܐ f. rigor, shivering fit of fever, add: ῥῖγος, Hippoc. iv. 29, 46, 58, 63 and often, ܚܢܙܘܬܐ, Med. 143. 2, 244. 2, 328. 8 and often.

ܚܢܙܐ col. 2977. frost, metaph. ܚܢܙܐ ܘܚܣܕܐ the chill or shiver of shame, Jul. 149. 4.

ܥܪܒܐ delete. The gloss belongs to ܥܪܒܐ and is rightly given col. 2993.

ܥܪܒܬܐ pl. ܥܪܒܝܬܐ *occupation, pre-occupation,* ܥܪܒܝܬܐ ܕܡܫܟܢܬܐ Is. Nin. B. 130 ult., 131. 5 bis.

ܥܪܒܐܝܐ (ܥܪܒܝܐ) var. ܥܪܒܐܝܬܐ *the Arabian Gulf,* Jac. Edes. Hex. 14. 10, 12. Usual form ܥܪܒܝܐ.

ܥܪܒ col. 2929. 2) *to give security, to pledge,* ܐܢܐ ܥܪܒܬ ܗܘܝܬ ܥܠ ܛܠܝܐ *I pledged myself for the lad,* Jos. Wolflink 20 ult. 3) *to mix,* Chimie 11. 13, 12. 14. Pael ܥܪܒ *to take a pledge, appoint a surety,* ܥܪܒ ܐܢܘܢ ܚܕ ܒܚܕ Dion. 111. 22.

ܥܪܒܐ *a pledge, security,* ܥܪܒܐ ܥܠ ܐܘܕܝܘܬܐ Josephus vi. 8 ult., Dion. 111. 21.

ܥܪܒܘܢܐ col. 2980. last par. but one, from Op. Nest. 95. 6 should be ܥܘܪܒܢܐ col. 690. Delete the paragraph.

ܥܪܒܘܝܐ *an Arab,* Hist. Mon. i. 131. 18, ܐܢܫ ܥܪܒܘܝܐ ib. 316. 15, Or. Xt. i. 304. 14.

ܥܪܒ col. 2982 infra. Add: ܐܬܪܘܬܐ ܕܥܪܒ i.q. Beit 'Arabaye, the western part of Mesopotamia which formed the Metropolitan diocese of Nisibis, Syn. Or. 52. 17; 617, ZDMG. xliii. 399. 12, Eranšahr 25, Z. A. xxi. 153.

ܥܪܒܐ, ܥܪܒܬܐ col. 2981. 2) *the willow,* ܥܪܒܬܐ ܕܦܩܚܐ Med. 567. 15, ܥܪܒܬܐ ܙܘܪܐ l. 13 af. add: شجر مريم *Mary's Tree,* prob. *the rose-laurel* or *oleander,* Med. 607. 20, 21 where the description is that given in Op. Nest. 105. 3, viz. a willow with blossoms like roses.

ܥܪܒܝܐ i.q. ܚܝܪܬܐ ܡܕܝܢܬܐ *the Arab City* of Naaman, the Lakhmide Arab, i.e. *Hira,* Bahira 203. 3, 10. A place in Qardu. Chast. 65. 15.

ܥܪܒܬܐ col. 2983. *a desert, a hollow waste,* add: ܥܪܒܐ ܕܡܝܐ ܠܐ Chast. 55. 18.

ܥܪܒܝܐ *an Arab; an inhabitant of* ܥܪܒ = ܒܝܬ ܥܪܒܝܐ Hist. Mon. i. 69. 18; ܩܪܝܬܐ ܕܥܪܒܝܐ *the Village of the Arabs* in Adiabene, M. Z. 60. 85.

ܥܪܘܒܬܐ col. 2984. 10 of par. ܥ̄ ܕܦܢܛܩܘܣܛܐ *Friday in Whitsun week,* add to refs.: Daily Offices, Maclean 276, Brev. Ant. i. Kal. 40. 14; ܥ̄ ܕܐܘܣܢܝܐ ib. l. 2, 46 *a* infra; ܥ̄ ܕܥܢܝܕܐ *Friday of the Departed,* ib., it is the Friday after the Eighth Sunday of the Epiphany, Daily Offices 268; these two Fridays and ܥ̄ ܕܨܘܡܐ are mentioned together, Brev. Ant. i. Kal. 50. 1, 56. 12, 13, 14; ܥ̄ ܕܨܘܡܐ only, ib. iii. 182. 2; the other two Fridays, 184.

ܡܥܪܒܘܬܐ 1) *mixture,* BA. under ܥܪܒܐ (ܥܪܒ) col. 3982. 2) *westerliness, lying to the west,* opp. ܡܕܢܚܘܬܐ, De Astrolabe 260 antep. ܡܥܪܒܢܘܬܐ opp. ܡܕܢܚܢܘܬܐ ib. 261. 4 af.

ܥܪܒܝܪ col. 2986. *centaury, knapweed,* PflnN. 302, Med. 140. 9, 141. 5.

ܥܪܒܠ col. 2986. Ethpa. ܐܬܥܪܒܠ *to be sifted,* metaph. ܐܝܟ ܕܒܥܪܒܠܐ ܐܬܥܪܒܠܘ Stat. Schol. Nis. 170. 1, 2.

ܥܪܓܐ col. 2987. m. pl. *truffles,* Ar. PflnN. 303, Med. 161. 4.

ܥܪܕܐ Arab. عرّادة *a catapult, engine of war,* ܥܠ ܥܪܕܐ ܘܐܩܝܡ ܥܠܝܗܘܢ ܥܪܕܐ Cyrillona 600. 4 af.

ܐܬܥܪܙܠ Arab. عَرَزَ *to be contracted, to shrivel,* ܡܢ ܕܗܘ ܕܒܝܫܐ ܩܕܡ ܐܬܥܪܙܠ QdhamW. 187. 18.

ܥܪܛܠ. ܥܪܛܠܘܬܐ ψίλωσις, *being stripped bare of flesh* as a bone, Hippoc. vii. 17.

ܥܪܛܢܐ col. 2990. Corr. ܥܛܪܢܐ *incense* and trs. to col. 2864.

ܥܪܛܢܝܬܐ col. 2990. *Leontice Leontopetalon,* Ar. PflnN. 304 f., ref. Med. 429. 18.

ܥܪܟ col. 2990. *to knead.* Ethpe. ܐܬܥܪܟ *to be kneaded, pounded,* Hormizd 2177.

ܥܪܢܣܐ Arab. عرناس, ἠλακάτη, *distaff,* A. M. B. v. 362. 11

ܥܪܥܪܬܐ perhaps Arab. عرعر *juniper,* Med. 575. 13.

ܥܪܩ col. 2994. Pael ܥܪܩ *to change money, to commute,* ܙܒܢܬ ܩܢܝܢܗ ܘܡܥܪܩܐ ܩܢܝܢܗ *she sold her goods and realized her property,* Pallad. 193. 6. Ethpa. ܐܬܥܪܩ *to be changed* as money; ref. under ܡܥܪܩܘܢ Suppl.

ܥܘܪܦܐ m. Arab. عُرْف *comb* of a cock, ܦܠܝܓ ܥܘܪܦܗ *its comb is divided*, Med. 588. 3.

ܥܘܪܦܢܐ *money, gain*, ܐܡܝܢܘܬܐ ܕܥܘܪܦܢܐ ܕܗܪܓܐ *the constant profit of meditation*, Pallad. 55. 19 =A.M.B. v. 73. 10.

ܥܘܪܦܢܘܬܐ *moneychanging, banking*, pl. ܥܘܪܦܢܘ̈ܬܐ mentioned with ܐܟܪ̈ܘܬܐ and ܬܓܪ̈ܘܬܐ *the labours of husbandmen, merchants, and bankers*, Poet. Syr. 71. 5.

ܥܪܒܐ, ܥܪܒܬܐ col. 2995. *the willow*, add ref. ܡܟܥܒܬܐ ܕܥܪܒܬܐ Med. 175. 11.

ܥܪܦܠ denom. verb from ܥܪܦܠܐ. *to envelop, cover*, ܥܪܦܠܬ ܠܓܒܝܐ ܢܘܪܐ ܡܛܫܝܬܐ *hidden fire enveloped the elect one*, Hormizd 460, 677. Pass. part. ܒܫܢܬܐ ܥܡܝܩܬܐ ܡܥܪܦܠ ܗܘܐ *he was enwrapped in deep slumber*, ib. 409. Ethpalal ܐܬܥܪܦܠ *to be enwrapped, unfolded*, Hormizd 1115, 1828.

ܥܪܦܠܢܘܬܐ *dullness of apprehension, denseness*, Is. Nin. B. 218 ult.

ܥܪܝ col. 2996. Ethpe. ܐܬܥܪܝ *to be exposed*, ܢܬܥܪܘܢ ܠܢܘܪܐ, Arab. يُعرضون *they will be exposed to fire*, S. Dan. 67 *b* 10.

ܥܪܝܘܬܐ *happening*, ܣܟ̈ܠܘܬܐ ܕܥܪܝܘܬܐ *accidental sins* opp. ܣܟ̈ܠܘܬܐ ܕܨܒܝܢܐ *premeditated sins*, C. B. M. 570 *b*.

ܥܪܩ col. 2997. *to flee*. Chem. ܥܪܩ ܡܢ ܢܘܪܐ *it is volatilized by fire*, Chimie 40. 17.

ܥܪܘܩܐ col. 2998. 5 of par. *the fugitive* = mercury as volatile, Chimie 15. 1, 36. 7, 43. 23; ܥܪ̈ܘܩܐ ܐܢܘܢ *these* drugs *are volatile*, ib. 40. 15.

ܥܪܩܐ col. 2999. m. *juniper, cedar*, &c. Ar.PflnN. 57, 63 f. *The cypress, Cupressus sempervirens*, Hjelt on Jac. Edes. Hex. Nöld. F. S. i. 578, ܥܪܩܐ ܗܘܝܘ ܫܪܒܝܢ G. Busâmé 78 *b* 17.

ܥܪܩܐ, ܥܪܩܬܐ col. 2999. Add: ܥܪ̈ܩܝ ܪ̈ܓܠܐ ἱμαντόποδες, *crook-shanked*, name of a tribe of Ethiopians, Gest. Alex. 177 ult.

ܡܬܥܪܩܢܐ col. 3001. F. pl. ܡܬܥܪܩܢܝ̈ܬܐ actions *to be avoided, shunned*, Sev. Lett. 274. 5.

ܥܪܩܝ *of Irak*, (sic) ܟܒܪܝܬܐ ܥܪܩܝ *sulphur of Irak*, Chimie 43. 14.

ܥܫܩ col. 3002. Ethpe. ܐܬܥܫܩ *to be coerced*, ܐܬܥܫܩ ܒܛܘܪܢܘܬ ܡܢ ܗܘܠܐ "*celui qui a été forcé tyranniquement par la matière*", Manichéisme 149. 10.

ܥܫܢ col. 3003. *to wax strong*, add: ܟܘ ܢܥܫܢ ܐܦ ܡܫܘ̈ܚܬܐ *may even thy* younger *branches grow strong*, Ephr. Jos. 324. 12.

ܡܬܥܫܢܢܘܬܐ col. 3005. Add: *kingly power* opp. ܡܠܟܐ ܥܠܡܢܝܐ ܕܡܠܟܐ Nest. Hérac. 147. 8; 488. 4.

ܥܛܠ col. 3008 i.q. ܥܘܠ col. 2935 *to be wicked*.

ܥܛܠܐ *wickedness*; ܠܘ ܐܢܫ ܥܛܠܐ ܥܘܠܐ ܠܐ ܡܥܝܩ *he would not grieve even a wicked man*, Pallad. 10. 4 af.

ܥܬܩ col. 3011. ܥܬܝܩܘܬܐ *old age*, ܫܘܠܡܐ ܕܥܬܝܩܘܬܗ *his extreme old age*, Hist. Mon. i. 167. 20.

ܥܬܠܐ pl. ܥܬ̈ܠܐ i.q. ܥܬܒ̈ܐ *nap, shag, tufts of wool*, Op. Nest. 95. 4, cf. ܥܬܒܐ l. 22. ܥܬܠܝ ܡܫܪܐ Is. Ant. i. 118. 10.

ܥܬܪ col. 3012. ܥܘܬܪܐ *riches*. Add: in Mandaic the name of aeons or jinns, ܥܘܬܪ̈ܐ ܒܢܝ ܢܘܗܪܐ *'Uthré, "splendours", sons of Light*, Bar Khoni, Coupes ii. 155. 4, 10; 241 n.

ܥܬܝܪ pl. ܥܬܝܪ̈ܐ *the rich*, Dion. 35. 2, 189. 3, 204. 10.

∴ ܦ ∴

ܦ : ܕ : ܐܘ : ܗܘ: abbrev. for ܦܠܢ ܒܪ ܐܦܠܢ *so and so, son of so and so*, Charms 96. 97.

ܦܐܘܕܟ πόλιον, a dye plant, Chimie 17. 7. See ܦܘܟܡܢ col. 3063, and Suppl.

ܦܐܘܪ *Paor*, an Egyptian martyr, Sev. Ant. Hymns 610. 2.

ܦܐܘܿܦܳܐ col. 3019. *a duck*, N. Hist. vii. 1. 5, 3. 2.

ܦܐܛܪܝܐ *an inhabitant of* ܦܐܛܪܐ, *Patara*, Sev. Ant. Vit. 88. 3.

ܦܐܠܐܐ *Palaea*, a village near Ascalon, Pet. Ib. 77. 15.

ܦܐܠܐܝܢܐ col. 3020. φαλάγγιον, a kind of spider, N. Hist. vii. 3. 1.

ܦܐܠܛܝܐ m. pl. *Paltians*, Sev. Lett. 51. 6. See ܦܠܛܘܣ below.

ܦܐܡܐܢܝܣ perh. Παμένης, *Pammenius*, Bp. of Ariassos in Pamphylia, Nöld. F. S. i. 472. 91.

ܦܐܢܐ Παῖνα, an island off the coast of Mauritius, Jac. Edes. Hex. xix. 11.

ܦܐܢܐ φήνη, *the bearded vulture*, Natur 23. 5.

ܦܐܢܐܣ for ܦܐܢܝܐܣ col. 3022. *Paneas* (Caesarea Philippi), Nöld. F. S. i. 468. 16.

ܦܐܢܘܪܘܣ πάνουρος, a kind of crab, N. Hist. vii. 2. 2.

ܦܐܢܣܘܦܝܘܣ perh. Πανσόφιος, *Pansophius*, Bp. of Ibora in Pontus, Nöld. F. S. i. 475. 140.

ܦܐܣܐܠܝܣ i.q. ܦܐܣܐܠܝܣ col. 3022. 3 af. *Phaselis* in Lycia, Nöld. F. S. i. 474. 126.

ܦܐܩܘܣ φακός, *duck-weed, Lemna*, ع. الطحلب Med. 608. 2.

ܦܐܪܢܐܣܘܣ Παρνασσός, *Parnassus*, a bpric. in Cappadocia, Nöld. F. S. i. 471. 63.

ܦܐܪܘܓܐ for *Philadelphia*, De Goeje B. 65. 21.

ܦܐܪܐܢܩܦܐܠܝܣ παρεγκεφαλίς, *the cerebellum*, N. Hist. vii. 1. 3. Cf. ܚܕܐ ܡܘܚܐ Suppl.

ܦܐܪܘܣ Πάρος a) *Paros*, Brit. Mus. Or. 1593. 287, ܦܐܪܘܣ ܘܡܠܟܗ Epiph. 20. 32. b) *Parian earth*, Chimie 48. 19.

ܦܐܪܘܙܝܘܣ name of a priest to whom S. Basil wrote, Journ. As. 1909, 280.

ܦܐܪܝܣܦܘܡܐܢܕܪܝܣ col. 3027. περισπωμένη, a circumflex accent called also ܒܳܪܰܐܟܺܝܰܐ βραχεῖα, Hebraica iv. 168, Syr. 1, 2.

ܦܐܪܡܢܝܕܝܣ Παρμενίδης, *Parmenides*, N. Hist. vii. 6. 2.

ܦܐܪܘܢܘܡܐ παρώνυμος, *a derivative noun*, marg. ܦܐܘܢܘܡܐ ܐܘܡܣܕ ܘܣܡ ܣܡܕ Jac. Edes. Arist. 21. 14. Cf. ܦܐܪܐܣܘܡܘܢ col. 3025.

ܦܐܬܐ col. 3028. pl. ܦܐܬܐ *a corner, end of hair*, ܣܡ ܦܐܬܐ ܘܕܩܢܝܗܘܢ a fire *scorched the ends of their beards*, Warda 33 v, Hist. B.V.M. 116. ult.

ܦܐܝܢܐ col. 3029. Add: *delectation*, ܕܠܐ ܬܟܡܣܚܡ ܡܠܝ ܦܐܝܢܐ Tekkaf 174.

ܦܐܠܛܘܣ Πάλτος, *Paltos in Coele-Syria*, Nöld. F. S. i. 469. 29.

ܦܓܡ col. 3029. Pa. ܦܰܓܶܡ *to bridle, restrain*, metaph. ܘܦܓܡ Sev. Lett. 490. 6. Act. part. ܗܿܘ ܕܡܦܓܡ ܘܬܡܗ ܡܚܦܝ Pallad. 230. 3. Ethpa. ܐܬܦܰܓܰܡ *to be yoked, harnessed*, ܡܬܦܓܡܝܢ ܐܟܗ ܬܘܪܐ Ephr. ed. Lamy iv. 6.

ܦܓܡܐ pl. ܦܓܡܐ *stammerers*, Med. 180. 12.

ܦܓܣ Lat. *pagus?* ܦܓܣ ܢܦܩ ܠܡܣܥܪ ܟܦܪܗ *he went to visit his village*, A. M. B. vi. 87. 9.

ܦܓܣܘܣ Πήγασος, *Pegasus*, Ephr. Ref. ii. 27. 1.

ܦܓܥܐ col. 3032. used in magic, prob. interpreting *chance meetings*, Ibn S. Thes. 22 v.

ܦܓܪ 258 ܦܘܒܐ

ܦܓܝ col. 3033. 5 af. correct the passage from Athan. Ep. ܣܡ. 25 to (ܕܚܕܬܐܒܠ) ܡܚܕܝܢ *rejoicing in temptations*.

ܦܓܪܢܘܬܐ f. *incarnation*, But. Sap. Isag. 2. 8.

ܦܓܝܪܐ col. 3034. ܐܟܪܐ ܕܚܬܝܡ ܘܣܝܡ ἐνυπόγραφος, a husbandman *inscribed as belonging to the glebe*, Syr. Rom. Rechtsb. 48. 8 af.

ܦܓܝܪܐ corrupt fr. ὑπογραφαί, m. pl. *the epistles of S. Paul*, Hormizd 3197.

ܦܓܪܣܦ pr. n. m. Persian, *Pagrasp*, mobed of Adiabene, M. Z. 50. 89.

ܦܓܡ col. 3035. *to wander, flee*. Part. adj. ܦܓܡ ܐܢܐ *I flee*, Test. Rahm. 64 med.

ܦܓܪܘܕܐ one of the ingredients of a salve for wounds, Med. 585. 11.

ܦܓܝܦܩܘܢ, ἠπατικόν, a medicine for the liver, Med. 308. 4.

ܦܕܛܘܪܐ πεδατοῦρα, Lat. pedatura, Nöld. quoted by Hoffm. nn. to Ahrens and Krüger's Zach. Rhetor. *Parapet* or *the passage just within the wall* of a fortress, Anecd. Syr. iii. 207. 20, 208. 12.

ܦܕܡ a Persian village, A. M. B. iv. 215. 13.

ܦܕܢܐ col. 3038. Arab. فَدَّان *a yoke of oxen; as much ground as a yoke of oxen can plough in a day*, Dion. 155. 14, ܚܝܘܬܗܘܢ ܘܩܢܝܢܗܘܢ *their land and cattle*, l. 9, 157. 7.

ܦܕܢܣ pr. n. m. *Pedanius*, Josephus vi. 27. 12.

ܦܕܥ col. 3039. *to crush, shatter*, ܟܐܦܐ ܛܪܬ ܒܐܦܘܗܝ ܘܦܕܥܬܗ *a stone hit his face and crushed it*, A. M. B. ii. 26. 11.

ܦܕܥܐ add: ܦܕܥܐ ܕܙܠܐ ܣܘܝܐ *the iron head of a bludgeon*, BH. on Prov. xxv. 18. Pl. ܦܕܥܐ A. M. B. iii. 267. 8, 9.

ܦܕܡܐ col. 3039. *the stringing of a bow, discharge of an arrow*, BA. and BB. under ܡܥܠܐ col. 3771, DBB. 1854. 11.

ܦܕܠܐ for ܦܕܬܐ *a piece of bread*, Dion. 98. 18.

ܦܗܘܝܐ. ܦܗܘܝܐ col. 3041. *a vagabond*, Sev. Ant. Vit. 72 ult., ܢܩܡ ܦܗܘܝܐ ܘܡܣܬܥܪܐ ib. 70. 10, 71 ult.

ܦܗܕܐ col. 3042. add: Arab. فهد *a cheetah, ounce*, ZDMG. xlv. 703, xlvi. 468. 5, Dozy Suppl. ii. 285.

ܦܘܠܕܘܢܝܣ col. 3044. πελωρίς, *a large shell-fish*, pl. ܦܘܠܕܘܢܝܣ N. Hist. vii. 2. 2.

ܦܗܪܓܒܢܐ from Pers. بان + پهرگ *pahrag-ban*, Lag. Arm. Stud. no. 1796, 1799, 1793, *the town guard*, Pers. Mart. n. 866 = Jab. 442. 3.

ܦܪܝܦܢܘܡܘܢܝܐ col. 3047. *peripneumonia*, Hippoc. iii. 22. 29.

ܦܪܝܗܪܡܢܝܐܣ περὶ ἑρμηνείας, Probus 91. 3, ܦܪܝܗܪܡܢܝܐܣ But. Sap. Periherm. tit., Isag. iii. 1. See ܡܚܘܝܢܐ col. 3262.

ܦܪܝܦܛܝܩܐ *Peripatetics*, But. Sap. Periherm. 1. 2; ܦܪܝܦܛܝܩܐ *peripatetic*, But. Sap. Pref.: see ܦܪܝܦܛܝܩܐ col. 3261.

ܦܘ col. 3047. φοῦ, *Valerian*, refs. Med. 245. 15, 354. 18, 359. 2, 370. 13.

ܦܘܒܘܣ ܗܘ ܡܕܝܢܐܝܠ Φοῖβος, *Phoebus Apollo*, Sev. Ant. Vit. 246. 7.

ܦܘܓ col. 3049. *to grow weak* or *cold*; add: *to vanish as youth* ܦܘܓ ܡܢ ܠܚܕܐ Is. Ant. ii. 122. 2, ܦܢܝܐ ܠܚܕܡܘ ib. 124. 20. Pael ܦܘܓ *cool with a moist rag*, Med. 580 pen. quoted under ܟܚܠ. Aph. ܐܦܝܓ add: *to cool, calm* ܟܕ ܐܦܝܓ ܡܠܠܐ ܕܚܫܗ ܚܣܝܪ ܒܩܕܚܐ *when his mind was somewhat relieved by tears*, Jul. 8. 14.

ܦܘܕܓܪܐ *gout*, Hippoc. vi. 27 ff. See ܦܘܓܪܐ col. 3037.

ܦܘܕܓܪܝܩܘܣ ποδαγρικός, *gouty*, Hippoc. v. 23.

ܦܘܕܐ col. 3052. πούς, *a foot*. 1) *measure of length, a pace*? ܦܘܕܐ ܕܐܝܬܘܗܝ ܬܪܝܢ ܐܡܝܢ *a pace equals two cubits*, Med. 531. 7. 2) *measure of time, equals ten sese* (i. e. $\frac{1}{5}$ *of a minute*) ib. l. 10.

ܦܘܕܐ col. 3052. *a pustule*, Med. 159. 5, ܦܘܕܐ ܘܗܘ ܣܘܝܐ ܘܫܚܕܡܬܐ ib. 163. 21, ܣܥܕܩܐ ܘܣܘܦܚܐ ib. 164. 3.

ܦܘܣ. ܦܳܢܝܳܐ col. 3054. *airy, spacious,* ܦܳܘܢܳܐ ܚܲܠܳܐ Med. 39. 5.

ܦܳܘܢܳܝܘܼ *coolness, refreshingness,* ܟܳܘܡܳܘܬܐ ܕܐܐܪ Is. Nin. B. 237. 4.

ܦܳܘܛܳܒܐܣܛ Coptic *Peṭā-Bast,* name of a monk, Pallad. 126. 11.

ܦܘܛܳܝܩܣ col. 3055. ψιττακός, *parrot,* Natur 33. 5.

ܦܳܘܛܠܝܩܐ πουταλική, *a wide-mouthed glass bottle,* Chimie 58. 12, ܦܳܘܛܠܩܐ ib. l. 18.

ܦܳܫ, ܦܳܫ col. 3057. *to mix, work up; to knead,* imper. ܦܳܘܫ Chimie 43. 10, Med. 164. 8, 558. 17.

ܦܘܠܐ col. 3058. 7 af. Delete "forum". Πύλη, *gate,* ܦܘܠܐ ܕܡܕܝܢܬܐ Act. Mart. ii. 142. 10 = A.M.B. iv. 109. 18.

ܦܘܠܐ var. ܦܘܠܐ Nest. Hérac. 65. 15 abbrev. for ܦܳܘܠܢ̈ܝܐ *Paulinians,* ib. 64. 17.

ܦܘܠܐܕ *steel.* See col. 3143 and Suppl. under ܦܳܐܠܕ.

ܦܳܘܠܢ̈ܝܐ *Paulonians, followers of Paulonas,* a pupil of Ephrem Syrus, Hist. Mon. i. 177 = ii. 354 n., 141. 1, Nest. Hérac. 12. 3, 6, 64. 17. Cf. ܦܳܘܠܐ col. 3058.

ܦܳܘܠܘܣ col. 3058. Add: fem. ܦܳܘܠܘܣܬܐ *Pauline,* Takhsa 134. 2 af.

ܦܳܘܠܝܐܝܕܣ πολυειδής, *of various forms,* ܦܩܳܟܠܐ ܕܨ Med. 213. 12.

ܦܳܘܠܝܛܝܐ, ܦܳܠܝܛܝܐ col. 3060. πολιτεία, *the state.* ܢܡܘܣܐ ܕܦܘܠܝܛܝܐ τὸ πολιτικὸν νόμιμον, *Civil Law,* Sev. Ant. Vit. 52. 6, 56. 1. Add: *kingdom* ܦܘܠܝܛܝܐ ܕܚܕܒܐܕ ܐܕܙܝܥܡ A.M.B. iii. 233. 10. Metaph. *mode of life,* ܦܳܘܠܝܛܝܐ ܕܒܟܝ ܡܥܕܒܪ *thy former way of life,* ib. 243 pen., ܦܘܠܝܛܝܐ ܕܨܡܐ ܘܒܕܐ Sev. Lett. 261. 2, ܘܚܠܝ ܦܘܠܝܛܝܐ ܕܐܠܗܐ ib. 365. 18 perhaps *statesmanship* here; ܕܒܩܕܡܬܐ ܦܘܠܝܛܝܐ ܕܐܒܝܐ ܘܢܒܝܐ *following* Elijah's *mode of life,* ib. 390. 5; ܦܘܠܝܛܝܐ ܕܡܫܝܚܝܘܬܐ Anecd. Syr. iii. 66. 11.

ܦܳܘܠܝܛܝܩܘܣ πολιτικός, *civil,* add: ܚܒܠ ܕܡܝܐ ܦܳܘܠܝܛܝܩܐ *a civil court,* Sev. Lett. 127. 19, with ܕܝܢ̈ܐ 128. 10, with ܕܢܡܘܣܐ l. 13,

ܦܳܘܠܝܛܝܐ ܥܠܡܢܝܬܐ *secular administration* opp. ܪܘܚܢܝܬܐ *spiritual* i.e. *ecclesiastical,* ib. 427 pen., ܦܳܘܠܝܛܝܩܐ ܡܕܡ *politics,* But. Sap. Philos. i. 1, Pol. ii. tit.

ܦܳܘܠܛܝܢ παλάτιον, *a palace,* Diosc. ed. Nau 23 pen., 28. 15; see ܦܠܛܝܢ col. 3155 infra.

ܦܳܘܠܒܬܪ *malabathrum,* Med. 362. 23; see ܡܠܐ col. 3146 ult.

ܦܳܘܠܝܦܘܣ col. 3061. πολύπους, *polypus,* a zoophyte, ܦܳܘܠܝܦܐ Natur 54. 11, ܦܳܘܠܝܦܘܣ ib., Anecd. Syr. iv. 92. 3, ܦܘܠܐ l. 5.

ܦܳܘܠܝܢܣ̈ܝܛܐ m. pl. *Apollinarians?* G. Busâmé 42. 22.

ܦܳܘܠܟܪܝܐ pr. n. f. *Pulcheria,* Diosc. ed. Nau 22. 10.

ܦܳܘܠܩܪܝܘܢ *Polcarion,* name of various medicines, ܦܳܘܠܩܪܝܘܢ ܕܡܕܚܩܢܐ Med. 317. 6, ܕܐܡܢܝ 5 ib. 320. 7, 321. 18.

ܦܳܘܠܝܛܝܣ φυλλῖτις, prob. *Scolopendrium officinarum,* hart's-tongue, Diosc. 3. 121. ܦܳܘܠܝܛܝܣ ܡܫܡܗܐ ܒܠܫܢܐ ܕܦܢܩ N. Hist. vi. 2. 3 infra.

ܦܳܘܡܘܣ φλόμος, *Verbascum, mullein,* Ar. PflnN. 67; Anecd. Syr. iv. 38. 21.

ܦܳܘܠܝܦܘܕܝܢ col. 3002. πολυπόδιον, *a disease, polypus,* Med. 62. 13.

ܦܳܘܠܩܐ φυλακή, *prison, jail,* Sev. Ant. Hymns 181. n. ter.

ܦܘܡ, ܦܘܡܐ col. 3063. 14 of par. ܦܳܢܡܐ i. q. ܟܟܪ *the middle part of the alimentary canal,* viz. *the stomach* or *the pylorus;* the passage is confused, Med. 267. 5, 271. 20, 272. 9, 10, 23 opp. ܐܣܛܘܡܟܐ *the vent,* ib. 267. 7, 329. 2. ܦܘܡ ܪܘܡܢܐ *what? "inside of pomegranates",* Budge, Med. 213. 14, 214. 9 *"pomegranate pulp",* ib. 409. 22, 411. 2. L. 2 af. *edge* ܦܘܡ ܕܚܒܠܐ ܕܡܥܕ see ܟܢܦܐ Suppl. Col. 3064. 17 ܩܘܡ ܦܡ (ܠܐܠ) *to repeat from memory,* A.M.B. v. 484. 2 i. q. ܥܡ ܗܘܐ ܠܐܠ ܠܒܐ *to say by heart,* Hist. Mon. ii. 586. n. 6 = Pallad. 232. 2. *Orally,* add El. Tir. Gram.

3. 16. L. 30. ܩܘܡܠܐ ܕܐܕܝ name of a monastery, Doc. Mon. 219. 14.

ܦܘܿܡܸܡ denom. verb Palel conj. *to pronounce*, ܡܦܘܼܡܸܡ El. Tir. Gram. 36. 5.

ܦܘܿܡܸܡ denom. verb. Pauel conj. from ܦܘܿܡܐ Add: *to mouth, to emphasize*, ܡܦܘܿܡܦܡܝܢܢ *we lay stress on the second* letter, BA. under ܡܨܘܼܣ col. 967.

ܦܘܿܡܕܿܪܝܡ Chimie 15. 22. See ܦܘܿܙܿܕܪܝܡ.

ܦܘܿܡܪܘܢ, Πυμανδο = Τύμανδος, *Tymandos* in Pisidia, Nöld. F. S. i. 473. 111, Byz. Ztst. 1901, 129.

ܦܘܿܡܦܘܿܠܘܓܣ col. 3064 ult. πομφόλυξ, *deposit from a furnace* esp. *copper slag*. Ref. *soot*, Med. 81 ult.

ܦܘܿܡܐ φωνή, *the voice*, ܗܒ ܦܘܿܡܟ ܘܠܐ ܢܚܙܢ *give your word not to escape*, Vit. Monoph. 85. 27 ult. Pl. ܡܚܐܘ ܩܥܬܗܘܢ *they applauded loudly*, Anecd. Syr. iii. 170. 9.

ܦܘܿܢܐ πίννα, *a mussel which produces golden threads*, Natur 57. 11.

ܦܘܿܢܝܩܣ col. 3065. *the phoenix*, refs. Anecd. Syr. iv. 58. 6, Natur 28. 6, ܦܘܢܓܐ ib., ܦܘܢܟܣ Or. Xt. v. 24. 8.

ܦܘܿܢܝܩܐ col. 3066. 1) Φοινίκη, *Phoenicia*, add: Hex. Ex. xvi. 35 ed. Lag. 2) *a prescription for phthisis*, Med. 242. 3.

ܦܘܿܢܝܩܝܐܣ φοινικίας, *the Phoenician wind*, so the Greeks called the wind between *the wintry East and the South* ܒܝܢܬ ܡܕܢܚܐ ܣܬܝܐ ܘܬܝܡܢܐ N. Hist. v. 3. 2.

ܦܘܿܡܐ ἄφθαι, *eruption*, Hippoc. iii. 23.

ܦܘܣܐܡ (ܠ) Budge corrects ܠܦܝܣܐܡ εἰς Πίσαν, *Pisa*, Gest. Alex. 38. 8.

ܦܘܣܛܘܣ Φαῦστος, *Faustus* (*Prostas?*) Bp. of Limenia, Nöld. F. S. 473. 109.

ܦܘܣܛܝܢܝܐܢܘܣ pr.n.m. *Faustinianus*, C.B.M. 1130 *b*.

ܦܘܣܝܩܐ col. 3068. οἱ φυσικοί, *physicians*, Coupes ii. 111. 1.

ܦܘܣܐܡ πεῖσμα, *persuasion*; ܒܦܘܣܡܐ ܕܝܠܝ *in my opinion*, Th. Mops. on Jo. i. 23, p. 43. 11.

ܦܘܣܩܐ Lat. *posca, an acidulous drink, a beverage of water and beaten egg*, used by common people and soldiers, Jo. Tell. 23. 8.

ܦܘܣܛܩܝܢܐ (ܦܘܢܡܐ) *pistachio green*, Brit. Mus. Or. 1593. 44 *r* and so correct ܦܘܣܛܩܐ in the corresponding passage, Chimie 100. 2, ܦܘܢܡܐ ܦܘܣܛܩܝܢܐ ib. l. 14. See ܦܘܣܛܩܐ col. 3199 pen. and add: Ar.PflnN. 69, Jac. Edes. Hex. Nöld. F. S. 575 ult.

ܦܘܥܬܐ pl. ܦܘܥܬܐ *pustules* in the mouth, القلاع الذي يكون من الفم, Med. 608. 3.

ܦܘܥܬܐ Lee ܦܘܥܐ, Heb. פּוּעָה pr. n. f. *Puah*, Ex. i. 15 Pesh. i.q. ܦܘܥܐ col. 3047.

ܦܘܡܦܐܘܦܘܠܝܣ Πομπηϊόπολις, *Pompeiopolis* in Cilicia, Nöld. F. S. 470. 56.

ܦܘܩܢܐ πέπονες, *cucumbers* or *pumpkins*, Sev. Ant. Vit. 28. 6, Nau in loc. R.O.C. iv. 546 but πόπανον, *a sacrificial cake*, Kugener.

ܦܘܩ, ܦܘܡ. ܦܘܩܡܐ col. 3069. χάσμη, *yawning*, Hippoc. vii. 52.

ܦܘܩܬܐ col. 3070. λυγμός, λύγξ, *hiccoughs*, Hippoc. v. 3. 55, vi. 13. 38, vii. quater, Med. 28. 10, 20, 289. 8, 290 ter and often.

ܦܘܩܬܐ *a cleft, ravine*, pl. ܦܘܩܬܐ ܕܐܪܥܐ Ephr. Ref. ii. 36. 6.

ܦܘܩܐ col. 3070. φώκη, *a seal*. Pl. ܚܬܢ ܦܘܩܐ Natur 59. 17. Perhaps also ܦܘܩܢܐ which, as snakes and efts, has a double tongue, N. Hist. vii. 6. 6, ܦܘܩܒ ib. 1. 5.

ܦܘܩܝܐܪܐ φύκαιδα, *red dye stuff*, Chimie 235 n., ܦܘܩܝܐܪܝܢ ib. 260 n. 5.

ܦܘܩܣ col. 3070. 2) φῦκος, *sea-weed*, Nöld. F. S. 568.

ܦܘܩܘܣܝܣ φύκωσις, *red dye*, Chimie 58. 23 bis, 59. 1, 2, ܦܘܩܘܣܢ ib. 55. 18, 56. 3.

ܦܘܩܛܐ πύκτης, *a boxer*, ܦܘܩܛܐ ܕܡܫܐ ܟܬܢܪܘ Pallad. 596. 10, Greg. Carm. i. 110. 11.

ܦܘܩܛܝܩܐ m. pl. πυκτικοί, *pugilists, boxers*, ܦܘܩܛܝܩܐ ܐܘܡܨܐ ܕܢܟܬܫܘܢ ܚܕ ܒܚܕ But. Sap. Isag. 2. 4.

ܦܘܩܛܝܩܐ col. 3070. *the art of boxing*, ܦܘܩܛܝܩܐ ܐܘܡܢܘܬܐ ܕܢܟܬܫܘܬܐ But. Sap.

Isag. 2. 4. *A boxing match, a contest* ܟܕܠܐ ܚܣܘܡܐܢܒܣܒ S. Dan. 59 *a* 21, ܐܬܟܠܐܙܝ ܘܩܘܡܢܒܦܪܝ ib. 67. 1.

ܗܘܡܦܠܕܗ cod. B. ܗܘܡܦܠܕܗ Βουκέφαλος, *Bucephalus*, Gest. Alex. 31. 12.

ܗܘܢ, ܦܘ col. 3071. *to be hot.* Act. part. fem. pl. ܦܢܬ, ܦܢܬܢ var. ܟܬܢ, ܟܬܚܟ *my hot tears* flowed, Jos. Narses 105. 2. Ethpaual ܐܬܬܦܗܘ *to be red-hot,* ܝܐܩܪܐ ܕܒܓܘ ܟܐܦ̈ܐ ܕܡܬܢܦܩܢ ܡܩܕܢ ܘܡܬܚܡܡܢ *stones cast forth from Etna are burning hot,* N. Hist. iv. 1. 1.

ܗܘܢ ܚܣܡܘܣ πυριλάμπης, *fire shine,* Ephr. Ref. ii. 26. 47.

ܗܘܢ Πῶρος, *Porus,* an Indian King, Gest. Alex. 139. 17. See ܗܘܢܘܣ col. 3073.

ܗܘܢܘܕܗܙܐ ܡܣܝܒܢܐ *a fragrant salve,* Med. 220. 7. Possibly πύρεθρον ἱππικόν, *Horse's Pyrethrum?* Cf. ܗܘܕܐܬܘܢ col. 3072 infra, two other spellings col. 3073.

ܗܘܢܘܢܐ Πυρήνη, *the Pyrenees,* Jac. Edes. Hex. 34. 8.

ܗܘܢܓܣܝܡ πoργίσιν i.e. σκόρπισον, *magnesia,* Chimie 54. 3.

ܗܘܢܘܡܐܚܣ πυρίμαχος, *fire-proof* sc. *fire-clay* ܡܕܚܢܣ ܚܝܠܐ ܗܘܢܘܡܐܚܣ Chimie 16. 6, 294 n. 2 and so Duval corrects for ܗܘܢܡܐܚܣ ib. 15. 22, 292. 1. The corresponding passage Brit. Mus. Or. 1593 has ܗܘܘܢܡܐܚܣ.

ܗܘܢܘܢܣܐ *Pyrrhonians,* followers of the philosopher Pyrrhon, Probus 102. 6.

ܗܘܢܘܣ pl. ܗܘܢܘ 1) Sev. Ant. Vit. 68. 4, Nau corrects φόνοι, *ruffians, cut-throats,* R.O.C. iv. 567 n. 1. 2) πόροι, *pores of the skin,* Med. 195. 19, 232 ult. ܗܘܢܘܣܘܢ ܘܡܚܡܠ ib. 330. 16, 380. 19. ܗܘܢܘ ܗܘܢܐ ܕܐܘܟܠ ܟܚܝܣܐ ܟܬܢܟܠܐ *the opening of the pores of the earth to let springs gush forth,* N. Hist. iv. 1 sect. 3, 11. 3.

ܗܘܢܘܣ col. 3073. 1) pr.n.m. *Pyrrhus* of Epirus, philosopher, Sev. Ant. Vit. 40. 10. 2) the island *Pharos,* A.M.B. v. 558 nn. 8, 9, ܗܘܢܬܐ in the text.

ܗܘܢܬܐ Lat. *porta,* m. ܗܘܢܬܐ ܠܐܢܣܢܐ A.M.B. iii. 306. 5 var. ܗܘܠܐ πύλη.

ܗܘܢܘܣܝܢܣ col. 3073. πυρίτης, *pyrites,* ܗܘܢܘܣܝܢܣ ܘܚܕܠܐ ܘܡܐܚܕܢܕܠܐ Chimie 8. 17, ܗܘܢܘܣܝܢܣ ܕܐܕܐ ib. 9. 13, 16.

ܗܘܢܘܠܐܡܦܝܪܘܗܣ πυρολαμπίς, -ίδες, *glow-worms* or possibly πυραλίς, *pyralis, fireflies,* N. Hist. vii. 2. 2 ܘܕܘܢ ܐܟܚܣ ܘܡܚܐ gloss, ib.

ܗܘܢܘܣܒܝܢܗ the pre-Zoroastrian religion of Persia, Jab. 526. 1.

ܗܘܢܘܡܐ Lat. *forma, a sealed letter, an Imperial rescript,* ܗܢ ܘܐܝܓܪܐ ܗܘܐ ܡܚܬܡ ܘܦܚܝܡܐ ܗܘܢܘܡܐ Pet. Ib. 57. 19. Forma, Τύπος vel Epistola, littera *formata* cui impressa est *forma* seu imago scribentis, in sigillo scilicet, Du Cange.

ܗܘܢܘܐ col. 3074. 1) furnus, *an oven,* refs. Natur 63. 5, 8, A.M.B. iii. 383; ܗܘܢܝ *a furnace,* Chimie 12. 14. 2) πόρνη, *a harlot,* C.B.M. 1122 *b*, pl. ܗܘܢܘܣ Anecd. Syr. ii. 269. 27.

ܗܘܢܘܣܟܠܐ col. 3074. *a flat loaf,* ref. pl. ܗܘܢܘܣܢܟܠܐ ܘܟܣܦܠܐ Jab. 222. 6.

ܗܘܢܘܦܕܐ ܗܘܢܘܦܕܗ Lat. *furfur, chaff,* ܗܘܢܘܦܕܐ ܗܢ *his delight is mere chaff* compared with his former bliss, Ephr. ed. Lamy iii. 53, 26, iv. 423. 21; ܘܐܝܟ ܗܘܢܘܦܕܐ ܠܡܥܡܟܠܐ *lest we be as light as chaff before him,* Hormizd 909, ܟܕܠܐ ܐܝܟܐ ܐܝܪ ܗܘܢܘܦܕ ܩܪ ib. 2982.

ܗܘܢܘܢܡܠܢܩܝ ܦܪܫܢܐܡܗ Pers. *a written accusation,* Jab. 238. 3, 14.

ܗܣܡ, ܦܣ col. 3075. *to fall short of,* ܗܢ ܘܚܐܘܡܣܒܠܐ ܗܘܐ ܦܓܪܐ: ܦܠܥ ܓܝܪ ܗܓܡ ܗܢ ܘܢܗܘܐ ܐܠܗܐ *they say that He who was of fleshly substance fell short of being God,* Nest. Hérac. 20. 8. Aph. ܚܣܝ *to leave off,* ܠܐ ܡܚܣܡ *he does not leave off* throwing stones, Anecd. Syr. iii. 44. 6; *to leave* ܐܚܣܡ ܠܐ ܒܝܪܐ *they left none remaining,* G. Warda ed. A. Deutsch 8. 13.

ܦܣܡܐ col. 3077. *pause, rest* from labour, Is. Ant. ii. 118. 15. L. 6 of par. *intermission, pause between attacks of intermittent fever,* Hippoc. iv. 43, 50, vii. 56.

ܦܝܣܡ add: ܗܣܝܡܝܢ *they only remain,* Anecd. Syr. iii. 69. 24, ܟܣܒܝܝܢ ܚܣܡܚܕܘܬܐ

ܡܣܟܢܘܬܐ *they are left lonely in* their *old age*. Jab. 476. 7; Nest. Hérac. 106. 18.

ܡܟܬܦܢܘܬܐ *cessation* from *daily labour, rest*, Poet. Syr. 71. 7.

ܡܛܥܝܢܘܬܐ *a falling short, non-attainment*, Is. Nin. B. 88. 19.

ܦܘܫܢܝ correct ܦܘܫܢܝ Arab. بوشنج E.-Syr. bpric., now Gôriyan W. of Herat, on the Heri Rud, Syn. Or. 165. 11.

ܦܘܐܐ col. 3078. *Rubia tinctorum, madder*, add refs. Chimie 45, 4, 11, &c., Med. 198. 12, 354. 11, 14, 370. 19, Dion. 87. 14, 123. 12.

ܦܘܬܐܓܘܪܝܐ m. pl. *Pythagoreans*, BH. Philos. 8. 3; ܡܬܠܐ ܦܘܬܐܓܘܪܝܐ ib.

ܦܘܐܩܡܢܐ πυθμήν, the *bottom of a furnace*, ܚܕܪܗ ܦܘܐܡܪܐ ܘܚܩܠܐ Stud. Sin. ix. 97. 5.

ܦܘܣܒܪܐ col. 3080. 10 of par. *the powerful muscles on each side of the neck*, ܐܢ ܚܠܒܠܒܝܢ ܘܩܛܝܢܝܢ ܦܘܣܒܪܘܗܝ *if the muscles of the neck are full and firm*, Med. 36. 13, ܦܘܣܒܪܘܗܝ l. 15.

ܦܫܪ col. 3080. ܡܚܣܪܢܐ *making lascivious*, ܘܡܣܒ ܚܣܪܢܐ ܘܗܘ ܘܚܕܐ BH. in Koh. vii. 3.

Pa. ܦܫܡ col. 3082. *to settle, determine* ܚܫܒܬܐ ܘܡܪܫܥܐ ܦܫܡܘ ܐܢܘܢ ܚܠܦܬܗܘܢ Syr. Rom. Rechtsb. 33. 6.

3) *equality*, ܦܘܫܡܐ ܘܬܟܢܬܐ ܦܘܫܡܐ ܓܘܢܝܬܐ ܕܚܕ ܡܕܘܢ *equality of ratio of the universal to the particular*, BH. Theol. 4. 2.

ܡܦܫܡܢܘܬܐ *the comparative position* of *heavenly bodies*, Georg. Arab. 25. 3.

Ethpa. ܐܬܦܫܟ col. 3085. 1) *to be shattered*, ܗܘܐ ܐܬܦܫܟ ܙܝܢܗ ܕܓܘܠܝܕ *Goliath's armour was shattered as potsherds*, Jac. Sar. Hom. ii. 74. 2) *to be made out of clay*, ܢܦܫܟܬ ܘܠܐ ܬܬܦܫܟ *hard stone, not artificial as earthenware*, ib. 65.

ܦܫܟܐ *an earthen vessel*, Takhsa 106. 7 af., 109. 8.

ܦܫܟܐ 1. 3 of par. adj. ܡܨܪ ܦܫܟܝܐ *an earthenware spout*, Chimie 101. 10, 11. The ref. to Jac. Edes. ed. Mart. is ܦ not ܨ.

? marg. كبريت *sulphur*, Chimie 36. 22.

ܦܣܣ col. 3085. Pass. part. ܦܣܝܣ, ܦܣܝܣܐ *pierced, bored through*, ܦܣܝܣܐ ܕܐܚܘܕܗ ܘܡܟܐ ܗܘܐ ܒܗ ܚܝܠܐ ܘܟܡܐ A.M.B. v. 24. 8 Cod. B.; the text and the parallel passage in Pallad. have ܦܪܝܣܐ.

ܦܫܠܐ col. 3087. *a relish*, add: ܦܫܠܐ ܣܚܕܐ ܘܥܡ *sour curds, yaourt* or *masta*, Z. A. xxii. 81.

ܦܘܕܓܪܐ m. pl. *those suffering from gout*, Pallad. 428. 7. See ܦܘܕܓܪܐ col. 3038.

ܦܘܐܛܝܩܘܢ col. 3088. πτωτικός, ܡܕܡ ܦܘܐܛܝܩܘܢ *is defined as referring to time past or future* opp. ܠܗܘܢܐ *which refers to the present only*. Also ܣܘܟܡܘ ܦܘܐܛܝܩܘܢ ܕܒܕܝܠܒܦܐܠ ܘܐܦܘܗܣܡܣ ܘܗܘ ܡܘܣܦ ܕܗ ܫܡ ܣܘܟܡܣܗ ܡܪܟܐ ܕܡܟܝܠܒ ܨ πτωτικός *means that (word) which by the addition of a case has its original form changed i. e. is inflected*, BH. Periherm. i. 2.

ܦܘܐܛܝܩܐܝܬ πτωτικός, *grammatically declined but here a play upon words*, ܐܦܠ ܘܠܐ ܦܘܐܛܝܩܐܝܬ *lest thou fall into evil case*, lit. *lest thou fall fallingly*, Tekkaf. 22.

ܦܘܣܡܐ col. 3088. *a case*, add: BH. gives four letters which form cases ܘ ܠ ܕ ܐ, ܘܕܒܪܡ. ܚܕܒܪܡ. ܠܕܒܪܡ. ܘܕܒܪܡ; Stoics and grammarians add a fifth, the sign of the Vocative ܒܪܡ ܐܘ ܢ Periherm. i. 2 infra ܘܣܡܕ ܕܗܘܐ ܗܠ ܚܠܕܟܡܐܠ ܦܘܣܡܐ ܕܐܬܟܝܢ: G. Busâmé 51 v 4; Jac. Edes. Arist. 21 ult.

ܦܝܛܟܫ Arm. պիտախշ, *a Governor, chiefsatrap*, Lat. *vitaxa*, Lag. G. A. 187. 31, Arm. Stud. 375, ZDMG. xxxiii. 159, xliv. 533, lvi. 435, Tabari 449, Pers. Mart. 34. 2 and n., 250. 6. ܐܘܕܐ ܦܝܛܟܫܐ Mar Kardag 5 pen, 31. 10, 32. 4, ܦܝܛܟܫ Anecd. Syr. iii. 259. 1, 13, 25, 260. 1; ܚܕܐ ܦܝܛܟܫܐ ܘܡܠܟܐ A.M.B. iii. 497, 498, iv. 221, ܦܝܛܟܫܐ ib. n. Cf. ܦܝܛܟܐ col. 3038.

ܦܝܛܟܫܘܬܐ *governorship, vice-royalty*, ܡܩܒܠ ܦܝܛܟܫܘܬܐ ܕܡܕܚܕܢ ܐܪܥܬܐ ܘܢܬܘܗ̈ܐ S. Dan. 10 b 19 = A.M.B. iii. 497 med.

ܦܛܠܐ πέταλον, -α, a *leaf* or *flake* of metal, ܦܛܠܐ ܕܢܚܫܐ Chimie 2 ult., ܕܕܗܒܐ ib. 3. 1, ܕܐܒܪܐ l. 6, ܕܐܒܪܐ l. 11 and often. I.q. ܦܛܠܝܐ col. 3089.

ܦܛܠܝܬܐ see ܦܘܛܠܝܬܐ.

ܦܛܡ. ܦܛܡܬܐ *gorging, fattening,* ܦܛܡܬܐ ܕܦܛܡܐ Is. Nin. B. 18.

ܦܛܡܐ i.q. ܦܐܛܡܐ col. 3019. *Fatima,* Bahira 238. 24, 234. 15 &c. ܒܢܝ ܦܛܡܐ *Fatimites,* ib. 242. 6.

ܦܛܢ col. 3091. *to perceive,* refs. ܠܐ ܦܛܢ ܠܪܒܘܬܐ he complained that Severus *did not recognize his dignity,* Sev. Ant. Vit. 279. 1; ܦܛܝܢ ܗܘ ܒܢܝܐ—ܕܢܒܢܐ *that builder was intelligent enough to frame,* Ephr. Ref. i. 14. 41.

ܦܛܪ Aph. ܐܦܛܪ col. 3093. 17 of par. Add: *to bring* ܐܢܐ ܐܦܛܪܬܟ ܠܐܝܩܪܐ *I have brought thee to honour,* Ahikar 51. 13 possibly ܐܦܪܛܬܟ.

ܦܛܝܪܐ col. 3094. *new, crude,* metaph. ܐَنقىٰ ܦܛܝܪܝ ܪܥܝܢܐ *crude thinkers,* BH. Theol. 3. 1.

ܡܬܦܛܪܢܝܬܐ *transient,* ܠܐ ܡܬܦܛܪܢܝܬܐ ܢܘܗܪܐ Hist. Mon. i. 378. 16.

ܦܛܪܘܢܘܬܐ col. 3095. *patronship,* ܐܡܠܟ ܥܠܘܗܝ ܗܘ ܬܪܥܝܬܐ ܦܛܪܘܢܘܬܗܘܢ Is. Nin. B. 266. 1; ܚܟܡܐ ܘܦܛܪܘܢܐ with gloss συνηγορία, *pleading,* Hormizd 1611.

ܦܛܪܘܢܝܬܐ *patronage,* ܕܠܐ ܦܛܪܘܢܝܬܐ ܕܐܢܫ Bar Penk. 13. 1.

ܦܛܪܘܢܝܘܣ *Petronius,* a disciple of Pachomius, Diosc. ed. Nau 94. 2.

ܦܛܪܘܣܠܝܢܘܢ col. 3096. *Petroselinum, rock-parsley,* ܦܛܪܐܣܠܝܢܘܢ Med. 49. 7, 20, 50. 8, 608. 5.

ܦܛܫ ܦܛܫ col. 3098. ܦܛܫܘܬܐ (for ܦܛܫܘܬܐ?) BH. says this is a description of a natural object opp. ܣܠܩܘܬܐ which is a mathematical figure, ܦܛܫܘܬܐ ܕܐܝܬܝܗ ܟܝܢܝܐ ܠܗ ܣܢܝܐ *snub-nosed is a natural figure* ܡܢ ܦܛܫ ܣܠܩܘܬܐ ܡܢ ܢܚܝܪܐ ܡܬܝܕܥܐ. ܦܛܫܘܬܐ ܕܝܢ ܘܠܐ ܢܚܝܪܐ ܠܐ ܡܨܝܐ ܕܬܬܝܕܥ ܗܘ ܕܝܢ *concavity is a concept apart from nostril; now it is nowise possible to conceive of snubness without a nose,* Philos. 8. 2.

ܦܝܠܓܘܢܝܘܢ name of a prescription, Med. 320. 18.

ܦܒܝܟܝܘܣ pr. n. of an alchemist, *Pebichius* sc. *Epibichius* i.e. *Horus the falcon,* Chimie 47. 16, trad. 85 n.

ܦܝܓܐ col. 3099. Add: *guards, armed police,* Tabari 448, *infantry,* ib. and 442, Lag. G. A. 74. 188. ܦܝܓܐ ܕܐܠܟܣܢܕܪܘܣ ܪܒ ܦܝܓܐ ܘܦܪܫܐ Anecd. Syr. iii. 258; ܦܝܓܐ ܘܦܪܫܐ Jab. 391. 1; Gest. Alex. 63. 1, A.M.B. iv. 129; ܪܝܫ ܦܝܓܐ Paigân sâlâr, *chief of police,* Jab. 269. 10.

ܦܝܓܢܐ &c. col. 3100. *wild rue,* add: ܦܝܓܢܐ ܕܒܪܐ .ܗ. ܦܝܓܢܐ Chimie 54. 10, Ar. PflnN. 371 f., Med. 135. 9, ܙܪܥ ܦܝܓܢܐ ib. 393. 8, 608. 2 and often, cf. ܣܦܝܢ Suppl.

ܦܝܕܓܪܢ vars. ܦܝܛܓܪܢ, ܦܝܛܟܪܢ, ܦܝܕܢܓܪܢ perh. Arm. P'aitakaran, *Paidangaran,* the fourth region of Azerbaijan along the Araxes, Κασπιανή, Syn. Or. 76. 28, 89. 25, 109. 17, 332 n. 3, ܦܝܛܓܪܢ ZDMG. xliii. 402. 3, ܦܝܕܢܓܪܢ l. 9.

ܦܝܕܘܪܘܣ cod. B., ܦܝܕܘܪܘܣ cod. S., ܦܝܕܪܘܣ name of one of three messengers sent by Nimrod to Balaam, Schatzh. 178. 13.

ܦܝܕܘܪܘܢ or ܦܝܪܘܕܘܢ pr. n. m. Schatzh. 178. 13.

ܦܝܙܐ *a tablet* or *plaque* of metal used as a symbol of authority with the Mogul Kings, Jab. 36. 15, taken away from the Catholicos, ib. 41. 9, ܦܝܙܐ ܕܕܗܒܐ ܐܘܒܕ ܟܘܪܣܝܐ. ܘܚܬܡܐ ܘܦܘܩܕܢܐ ib. 93. 5.

ܦܝܛܘܢܐ col. 3101. πεζίδιον, dimin. of πέζα, *hem, border,* Du Cange gives στέμματα and στεφάνη to explain πεζετία and πεζίτια, Z. A. xvii. 90.

ܦܝܪܘܙ ܐܪܕܫܝܪ prob. originally ܐ ܦܢܝܕ ܐܪܕܫܝܪ فنياذ اردشير official name of ܣܛܐ *al-Khatt.* City on Persian Gulf, founded or more probably re-founded by Ardašir, Eranšahr 42, Tabari 20, ܦܘܫܐܪܕܫܝܪ Syn. Or. 128. 16, ZDMG. xliii. 404. 12.

ܦܸܓܕܘܿܦܘܿܢ name of a remedy for chills, &c., Med. 359. 22.

ܦܸܠܵܐ Πέλλα, Pella, a city of Macedonia, Gest. Alex. 29. 3, ܦܸܠܵܠܹܐ as if pl. ib. 31. 11, 16, ܦܸܠܵܠܹܐ ib. 50. 7; 58. 19, ܦܸܠܵܝܹܐ ib. 5. 3; ܦܸܠܵܢܹܐ ib. 23. 14. Cf. ܦܠܵܢ col. 3134 and ܦܸܠܵܠ col. 3158.

ܦܝܠܗܐܘܣ i.q. ܦܝܠܘܬܗܐܘܣ col. 3103 ult. *Philotheus*, Bp. of Irenopolis, Nöld. F. S. 471. 69.

ܦܝܠܘܕܦܢ *podophyllin*, Med. 169. 2, 170. 16, 20, 171. 1, 11, 18.

ܦܝܠܘܡܠܝܢ Φιλομήλιον, *Philomelion*, bpric. in Pisidia, Nöld. F. S. 473. 119.

ܦܝܠܘܢ col. 3105. 6 of par. ܣܡܐ ܕܦܝܠܘܢ *the Philo drug*, Med. 103. 10; ܣܡܐ ܕܦܝܠܘܢ ib. 356. 21; ܒܚܩܠܐ ܕܦܝܠܘܢ *by the stones of Philo*, part of an incantation, Protection 4. 19.

ܦܝܠܘܢܝܐ col. 3105. *the Philo medicine*, made of poppy juice and hyoscyamus seed, Med. 172. 12, ܦܝܠܘܢܝܐ ܕܐܒܪܘܡܐ ib. 425. 8, 12, ܦܝܠܘܢܝܐ ܦܪܘܫܐ ib. ult., i.q. ܣܡܐ ܕܦܝܠܘܢ.

ܦܝܠܘܦܘܢܘܣ col. 3108. Add: pl. ܦܝܠܘܦܘܢܐ φιλόπονοι, *the assiduous and diligent*, a body of zealous converts at Alexandria, devout and philanthropic, Sev. Ant. Vit. 12. 6, 24. 3, 33. 1, 214. 12, R.O.C. iv. 347, 543.

ܦܝܠܘܪܐ Geop. 62. 10 corr. ܦܠܘܣܝܐ Ar.PflnN. 316, *the limetree*. Refs. Geop. 23. 21, ܦܠܘܪܐ Chimie 219 n. 3.

ܦܝܠܘܛܡܝܐ φιλοτιμία, *a contribution towards the restoration of a church*, Anecd. Syr. iii. 324. 20. Cf. Jahrb. Theol. vii. 190.

ܦܝܠܩܣܡܣ *Felicissimus*, an associate of Julian of Halicarnassus, Sev. Ant. Vit. 279. 5; ܦܝܠܩܣܡܣ Anecd. Syr. iii. 51. 17. Cf. ܦܠܩܣܡܣ col. 3110.

ܦܝܠܡܘܣܣ *Philomusus*, Bp. of Pompeiopolis, Syn. Or. 470. 56.

ܦܝܠܝܡ see ܦܠܐ.

ܦܝܠܦܘܣ corr. ܦܘܠܦܘܣ *polypus*, Jo. Tell. 60. 6.

ܦܝܠܦܣܝܐ *Philippians*, Gest. Alex. 42. 12. Usually ܦܝܠܝܦܣܝܐ col. 3110.

ܦܝܠܩܘܣ var. ܦܠܩܘܣ Φίληκος, island in the Red Sea, Jac. Edes. Hex. xx. 7.

ܦܝܠܦܩܘܣ *Philippicus*, Emp., Brook's Chron. 572. 4.

ܦܝܢܐ πίνος, superficial colouring of silver, Chimie 213 n. 1.

ܦܝܢܘܐܪܝܐ Πινουαρία, one of the Isles of the Blest, Jac. Edes. Hex. xix. 15.

ܦܝܢܝܢܣ *Pinianus*, husband of Melania the younger, Pet. Ib. 27. 19, ܦܢܝܢܘܣ Pallad. 190. 6, ܦܝܢܢܐ ib. 199. 11, ܦܝܢܝܢܘܣ ib. 201. 6.

ܦܝܣܐ. ܦܬܢܝ denom. verb Ettaph. ܐܬܦܝܣܝ to be an example, ܚܙܝ ܡܢܝ Tekkaf 143.

ܦܝܣ Aphel ܐܦܝܣ col. 3114. Add: ܠܐ ܕܗ ܠܦܝܣܗ μὴ ἀπείθει αὐτῷ, Hex. Ex. xxiii. 21. *To exculpate, justify oneself* ܡܦܝܣܝܢ ܗܘܘ ܢܦܫܗܘܢ Nest. Hérac. 191. 9; *to entreat, persuade*, ܡܦܝܣܝܢ ܗܘܘ ܠܗ ܘܡܦܝܣܝܢ Pallad. 83. 20.

ܡܦܝܣܢܘܬܐ col. 3118. Add: with ܠܐ ἀπίθανος, *unconvincing, incredible*, ܚܣܡܐ ܠܐ ܡܩܬܣܡܐ *impossible slanders*, Sev. Ant. Vit. 65. 9; ܬܚܠܐ ܠܐ ܡܩܦܣܝܟܐ id. Lett. 137. 16.

ܦܝܣܝܐ *inhabitant of* Πεῖσα = Πῖσα, *Pisa* in Elis, Gest. Alex. 42. 14; m. pl. ܦܬܢܝ or ܦܬܢܝܐ ib. 45. 15, 46. 3.

ܦܝܣܣ col. 3119. *faith, belief,* add: Vit. Mon. 80. 9, ܟܠ ܐܢܫ ܢܐܡܪ ܐܝܟ ܕܒܪܥܝܢܗ *everyone may say what he holds to be true*, l. 16.

ܦܝܣܝܕܝܐ col. 3120. *Pisidia.* Add: *a Pisidian*, *of Pisidian birth*, Sev. Ant. Vit. 10. 12, 211. 4.

ܦܝܡܝ col. 3120. 11. ποίησιν, *poetry, a poem*, Moberg, Strahlen ii. 5 n.; BH Gr. 194. 2.

ܦܝܩܡܐ col. 3120. *of streaked or changeable colour*. Pl. f. ܦܬܩܡܬܐ *of the colour of pigeon's plumage*, Natur 32. 5.

ܦܝܣܡܐ col. 3121. i.e. ܐܒܐ̈ ἱερὰ πίκρα, *a bitter draught, bitters*, Med. 45. 16, ܐܒܐ̈ ܘܦܣܡܐ ܦܝܣܡܐ ib. 50. 12, 13; ܚܡܝܢܐ ܐܘܣܡ ܦܣܡܐ ܦܝܣܡܐ ܘܦܣܡܐ an aperient *draught made from aloes*, ib. 74. 5, 273. 9, 291. 5.

ܦܝܪ a village in Tur Abdin, A.M.B. iv. 505. 13, 506. 10 = Mar Bassus 65. 5, 66. 7. Probably i. q. *Feer*, Pers. Mart. 28.

ܦܝܪ col. 3071. Pers. پیر *an aged man, a minister of the Yezidis*, in charge of fasts and feasts, Yezidis 114. 5; ܦܝܪ ܒܘܒ *Pir Bub*, a great personage of the Yezidis, ib. 116. 9.

ܦܝܪܓܘܫܢܣܦ or ܦܝܪܓܫܢܣܦ q. v. *Pirgushnasp, Magian name of Mar Sabha*, Pers. Mart. n. 184 = A.M.B. iv. 227 bis, ff. n., Mar Bassus xii. Syr. 4; ܦܝܪܓܫܢܣܦ name of Mar Grighor before baptism, Jab. 350. 12 = Pers. Mart. 78 n. 716.

ܦܝܪܘܙܐ Pers. فیروز *Victorious*. pr.n.m. *Feroz*, ܦܝܪܘܙܐ ܐܡܓܫܕܘܗܝ *Feroz of the Royal Race*, mobed of Adiabene, temp. Sapor ii, M.Z. 53. 142. Cf. ܣܡ Suppl. Name of a medicine, ܐܢܬܗ ܦܝܪܘܙܐ ܐܢܘܫ *the antidote of Feroz Anosh*, Med. 426. 9.

ܦܝܪܘܦܓܝܐ περίρροια(?) *the flowing around of humour* underneath the cornea of the eye, Med. 75. 22.

ܦܝܪܝܓܝܘܣ περίγειος, *around the earth*, Georg. Arab. 17. 2.

ܦܝܪܝܢ 1) *Pirin = Perrhe*, Anecd. Syr. iii. 316. 17. 2) *Pirin*, a fortress of Beit Zabdai, Mar Bassus 10. 119, 24. 315.

ܦܝܪܡܐ *the censer-bearer*. Brev. Ant. i. Cal. 29. 5.

ܦܝܫܡܦܝ col. 3123. Pers. پیش سپاه *a forerunner*, A.M.B. ii. 25. 9.

ܦܝܬܐܘܣ Πύθιος, *the Pythian*, Gest. Alex. 195. 2, 198. 2 &c. ܦܝܬܐܘܣ ܒܬܘܠܬܐ *the Pythian virgin, the Pythoness*, ib. 31. 8, 109. 9. Cf. ܦܘܬܝܐ col. 3124.

ܦܝܬܘܡ Heb. פתם, Hex. Πιθώμ *Pithom*, one of Pharaoh's treasure-cities, Ex. i. 11, ed. Lag.

ܦܟ col. 3124. Ethpa. ܐܬܦܟܟ" *to crumble, fall to pieces*, add: ܩܛܡܣܚܝܡ ܘܦܟܚܝܡ paper, wood, and stone *rot and fall to pieces*, Anecd. Syr. iii. 72. 27, 205. 22.

ܦܟܐ, ܦܟܐ 2) *the jaw, jowl*. Add: ܦܟܐ ὀδόντες, *the tusks* of a wild boar, Gest. Alex. 174. 12; ܦܟܐ ܕܚܙܝܪܐ Nars. ed. Ming. ii. 357. 2.

ܦܟܝܟܐ col. 3125. *crumbly, consisting of soft or loose particles*, a substance which is ܦܟܝܟܐ ܘܚܒܝܛܐ *loose and dry* when ܠܚܕܪܗ̇ *subjected to pressure* ܥܬܠܚܬܡ *becomes consolidated* and if ܪܛܝܒ *moist* when ܠܚܕܪܗ̇ *squeezed* ܬܚܠܝܛܡ *can be kneaded*, N. Hist. iii. i. sect. 2.

ܦܟܗ col. 3125. *to be or become tasteless*. Add: ܢܦܟܗ ܪܝܚܗ *let its odour grow faint*, Ephr. ed. Lamy iii. 219 ult. Pa. ܦܟܗ add: ܠܥܠܡܐ ܦܟܗܬ *thou hast declared the world insipid, dull*, Hormizd 3431; ܕܠܫܪܝܪܘܬܟܘܢ ܘܒܗܡܣ ܦܟܗܐ ܢܥܒܕܝܗܝ *your stedfastness will make their guile of no avail*, Josephus vi. 10. 1.

ܦܟܝܗܐ, ܦܟܝܗܘܬܐ ll. 4 and 5 of par. ܡܚܬܬܐ ܦܟܝܗܘܬܐ add ref. Jul. 48. 4. Ethpa. ܐܬܦܟܗ" *to fail, be in vain* of an attack, Josephus vi. 4. 1, ܥܗܕܘܬܗ ܐܬܦܟܗ" *his boasting fell flat*, ib. 29 ult.

ܦܟܣܡܐܣ col. 3127 ult. παξαμᾶς, *a hard biscuit*, Anecd. Syr. ii. 348. 22.

ܦܟܣܡܓܝܐ dimin. of the preceding word, παξαμάτια for παξαμάδια, *a little biscuit*, Anecd. Syr. iii. 172. 24.

ܦܟܪ col. 3128. *to bind*. Metaph. ܒܠܚܡ ܣܡ ܦܟܪܡ ܫܠܝܐ *let them sit silent*, Mar Aba ii. 140; ܣܡ ܦܟܝܪܐ̈ (ܒܐܝܕܘܗܝ) *with clasped hands* opp. ܣܡ ܦܫܝܛܐ̈ *outstretched*, Takhsa 22. 12; ܚܕܪܢܝ ܦܟܪܢܝ ܥܠܡܐ *the world held me fast in its net*, Ephr. ed. Lamy iii. 137. Pael ܦܟܪ *to bind up wounds*, ܡܦܟܪܝܢ Med. 43. 11.

ܦܠܐ col. 3131. 1) *to seek out*, ܚܙܢܝܐ ܦܠܡ ܘܣܗܘ G. Warda ed. A. Deutsch 8. 5. 2) *to chew, masticate* ܠܐ ܡܦܟܠܒܝܕ ܚܘܢ ܦܠܡ ܡܚܙܠܐܘܢ ܕܦܠܡܕܝܡ *birds because they do not chew their food thoroughly in their mouths* have crops, N. Hist. vii. 6. 5.

ܦܲܠܸܕ col. 3132. denom. verb from ܦܸܠܹܐܬܼܵܐ. Ethpa. ܐܸܬܦܲܠܲܕ *to be spoken of in parable, to be compared,* ܡܕܡ̈ܐ ܡܥܲܕ ܡܸܬܦܲܠܕܝܢ ܒܗ BH. on Prov. i. 1.

ܦܸܠܹܐܬܵܢܵܝܵܐ *allegorical.* Pl. ܦܸܠܹܐܬܵܢܵܝ̈ܐ *allegorists,* Hist. Mon. ii. 349 n.

ܦܠܓ col. 3133. *Malabathrum, betel,* Med. 92. 18, 99. 2, 237. 6, 354. 3 and often.

ܦܠܐܒܝܐܕܐ Φλαβιάδα, *Flavias* city and bpric, Sev. Lett. 59. 16.

ܦܠܐܢܓܒܐ φαλάγγιον, *a spider,* N. Hist. vii. 2. 2.

ܦܠܐܩܣ col. 3134. m. pl. πλάκες, *slabs of marble,* ܦܠܐܡܬܐ Jac. Edes. Hex. xliii. 7, ܦܠܐܡܣ ib. 48. 16. Cf. ܦܠܕܡܣ col. 3163.

ܦܠܐܩܝܠܠܘܣ pr.n.m. Φλάκιλλος, *Flacillos,* Ant. Patr. 298 no. 27.

ܦܠܒܕܣ col. 3134. φλέψ, -βός, *a vein,* Hebraica iv. 212. 135.

ܦܠܓ . ܦܠܓܐ col. 3137. add: *a decision* ܘܗܘ ܒܗ ܗܘ ܦܠܓܐ ܝܗܒ ܒܥܠܠܬܐ ܕܡ̈ܬܝܢ *he gave the same decision in like cases,* Sev. Lett. 111. 9, 163. 3. 324. 5, 494. 4, 7.

ܦܠܓܐ col. 3138. *part, half.* Ll. 25 ff. of par. ܦܠܓܗ ܕܠܠܝܐ ellipt. *Midnight prayer,* BH. R.O.C. 1911, xii. 273. 30. Geomet. ܦܠܓܝ ܩܛܪܐ ܡܥܢ̈ܝܢܘܗܝ *halves of the diameter* = *radii,* N. Hist. ii. cap. iii. 6. L. 7 af. *hemiplegia,* Med. 54. 8, 10, 96. 5. Cf. ܦܠܓܘܬ ܦܓܪܐ.

ܦܠܓܐ col. 3139. 25 of par. for Gk. φάλαγξ, *a phalanx, army,* add: Gest. Alex. 134. 10, 206. 8, 207. 4 and often; Hist. Mon. i. 108. 12, 228. 21, 302. 18.

ܦܠܓܘܬܐ col. 3140. 8. in compos. *half* ܦܠܓܘܬ ܡܝܬܐ *half dead,* add: Pet. Ib. 67. 13; ܦܠܓܘܬ ܢܫܡܬܐ ἡμίπνοος, Gest. Alex. 52. 4, ܦܠܓܘܬ ܢܫܡܬܐ ib. 142. 8. L. 20 ܐ̄ܟܠܡ ܘܦܠܓܝ̈ܐ ܒܠܒܗܘܢ ܢܩܦܝܢ ܒܬܪ ܐܠܗܐ *those who half-heartedly follow God,* Is. Nin. B. 232. 1. Geomet. ܦܠܓܘܬܐ ܕܡܫܘܚܬܐ *radius*

of a circle, N. Hist. ii. cap. iii. sect. 6. Lexx. 1. 3 ܦܓܡܐ ܦܠܓܘܬ ܩܪܩܦܬܐ *hemicrania, headache of the brows and forehead,* ܟܐܒ ܕܐܚܕ ܦܠܓܘܬ ܦܓܡܐ Med. 33. 5 ff., 48. 17, 60. 17.

ܡܦܠܓܘܬܐ ܕܫܡܝܐ f. *a division,* ܡܦܠܓܘܬܗ the Third Clime is *tranquil in its divisions,* Poet. Syr. 43. 4 af.

ܡܦܠܓܢܐܝܬ (ܠܐ) *indivisibly,* Loof's Nest. 375. 10.

ܡܦܠܓܢܘܬܐ col. 3141. 4 af. with ܠܐ, *indivisibility,* But. Sap. Philos. 2. 5.

ܦܠܓܬܐ m. pl. Turk. توفنك *rifles,* Yezidis 115. 5.

ܦܠܓܝܐ pr. n. f. *Pelagia,* Lewis, Gospels vii; Stud. Syr. ix. 48. 8, 306. 5 but ܦܠܓܐ ib. 280. Cf. ܦܠܓܝܐ col. 3142 under ܦܠܓܘܡ.

ܦܠܓܡܢܐ col. 3143. 2, *phlegmatic,* Med. 19. 15, 217. 17.

ܦܠܓܡܐ see ܦܠܓܡܐ.

ܦܠܓܡܘܢܐ col. 3443. φλεγμονή, *inflammation,* Hippoc. v. 21, vi. 39, 47, vii. 15.

ܦܠܓܡܢܘܢܐ *phlegmatic, of the phlegm,* ܦܠܓܡܢܘܢܐ ܘܠܒܝܓܘܢܐ N. Hist. vii. 5. 2.

ܦܠܕܡ. ܦܠܕܡ col. 3143. *steel;* ܗܒܘܡܕܐ ܦܠܐܙܪ ܘܗܘܓܕ ܘܐܝܙܗܒܐ; ܗܘܐܠܘ Chimie 21. 14, *a steel filing,* ib. 52. 18.

ܦܠܘܐܡܐ var. ܦܠܘܐܪܡܐ Πλουιάρκα(?), Πλουϊάνα or Πλουϊάλα, Ptol. one of the Isles of the Blest, Jac. Edes. Hex. xix. 14.

ܦܠܘܐܪܡܐ φλυαρία, -ς, *nonsense,* ܦܠܘܐܪܡܐ ܕܡܣܒܕ ܐܡܪ Manichéisme 142. 4.

ܦܠܘܓܐ Arab. فَلُّوجَة Qal'at *Felluje* on the Euphrates, latitude of Baghdad, where irrigation from that river begins, ܐܣܡ ܘܡܕܦܠܓܝܢ ܡܢܬܐ ܘܗܢܐ ܚܡܥܡܐ ܘܐܘܚܕܢܐ Sassanidi 28 ult., ܦܠܘܓܐ ib. 29. 1.

ܦܠܘܣܝܘܢ col. 3145. *Pelusium,* Dion. 27. 13, 17, 19 but ܦܠܘܣܝܐ l. 7 prob. misprint.

ܦܠܘܛܘܢ col. 3145. *Pluto,* ܦܠܘܛܘܢܘܣ gen. case Πλούτωνος, Arist. Apol. ܠ. 15.

ܦܠܘܢܐ col. 3145. *felt,* ܦܠܘܢܝܬܐ *a felt coat* or *cloak, cut to measure,* Gest. Alex. 198. 3, 7,

200. 5, 6. Assyrians of to-day wear felt coats.

ܦܘܠܟܪܝܐ Pulcheria Empress, Pléroph. 11, 12.

ܩܕܚ col. 3146 ult. Malabathrum, betel or base cinnamon, Med. 49. 5, 87. 17, 161. 18 &c. It. ܩܕܚܐ ib. 290. 13. I.q. فل see above.

ܦܠܘܢܐ pr. n. f. Palona of Thessalonica, Hist. B.V.M. 127. 2.

ܦܠܘܣܐ col. 3147. a citizen of Pelusium, pl. ܦܠܘܣܝܐ ܘܦܠܘܣܝܐ Doc. Mon. 136. 9, 143. 4.

ܦܠܘܣܝܢܘܣ pr. n. m. Πλουσιανός, Plousianus, Sev. Ant. Vit. 89. 7.

ܦܠܘܦܣ pr. n. m. Πέλοψ, Pelops, BH. Econ. iii. 1.

ܦܠܘܪܘܣ Florus mart. ܦܠܘܪܘܣ ܘܠܘܩܝܘܣ ܣܗܕܐ(Brev. Ant. i. 35. 11.

ܦܠܚ col. 3149. 14 af. To work, form, fashion, ܦܠܚ-ܦܠܫܗ ܚܕܘܗ(of the creation of Adam, Jac. Sar. Hom. iii. 159. 16; ܚܕ(ܦܠܚ ܡܐܢܐ? μολυβδουργός, a plumber, Sev. Ant. Vit. 208. 8, cf. ܦܠܚ ܡܢܚܫܬܐ! χαλκεύων, to be a smith, work in metal, Arist. Apol. ܓ. 17; ܦܠܚ ܒܕܝܪܐ he served in the monastery, Hist. Mon. i. 254. 8. ܦܠܚ ܟܝܢܐ man-worshipper, epithet applied to Nestorius, Jo. Tell. 40 ult. Ethpe. ܐܬܦܠܚ' to be performed ܕܘܒܪܐ ܕܐܝܚܝܕܝܘܬܐ(the monastic life which is perfectly led, R.O.C. iv. 341. 8. Aph. ܐܦܠܚ' to make to serve, to rule over ܘܡܦܠܚ ܕܦܠܛܝܢ an official of the Palace, Pallad. 57. 11 = A.M.B. v. 75. 14.

ܦܘܠܚܢܐ col. 3150. business. Add: ܗܘ ܕܐܝܬ ܠܗ ܦܘܠܚܢܐ ܥܡ ܢܫܐ he who has anything to do with women, Pallad. 759. 9. A cloth, ܒܦܘܠܚܢܐ ܕܟܝܐ ܟܪܟ he wrapped it in a clean cloth, Pet. Ib. 39. 10, 40. 6. Parchment, ܘܟܬܒ ܒܠܐ ܦܘܠܚܢܐ ܕܠܐ Stud. Syr. Rahm. 42. 11, ܗܘܐ ܗܘܐ ܒܗܘܢ ܦܘܠܚܢܐ ܕܠܐ ib. 42. 13. A Service Book, Hist. Mon. i. 47. 7, 9, many service books are inscribed ܡܥܕܐ ܗܢܐ ܗܕܐ ܦܘܠܚܢܐ ܩܪܒ Mar Shamta presented this Service Book, ib. l. 11.

ܦܠܚܐ col. 3151. a soldier; the planet Mars, Chimie 291. 6.

ܦܠܚܐܝܬ after the manner of a servant, opp. ܡܠܟܐܝܬ royally, Nest. Hérac. 30 ult., 31. 14. 18.

ܦܠܚܘܬܐ col. 3152. service, worship; add: ܐܢܬܪܘܦܘܠܛܪܝܐ ܦܠܚܘܬ ܒܪܢܫܐ ἀνθρωπολατρεία, anthropolatry, so his opponents called the opinion of Nestorius, Sev. Ant. Vit. 242. 6.

ܦܠܣܐ a plaster, Med. 575. 8, 9.

ܦܠܛ Aph. ܐܦܠܛ' col. 3153. delete the ref. to Kal-w-Dim. To free, loose ܡܦܠܛ ܕܩܪܡܗܘܢ the net or upper table of an astrolabe moves freely in its grooves, De Astrolabe 74.

ܦܘܠܛܐ col. 3154. 1) freedom, ease; a groove, see under Aphel. 2) ܦܘܠܛ ܚܕܡܐ! dislocation of the joints, ref. Med. 112. 20.

ܐܡܪ ܚܒܪܐ ܕܦܘܠܛܘܡܐ ܕܡܐ ܒܘܐ πλάτος, he wrote after the Greek manner of amplification, Anecd. Syr. iii. 200. 2.

ܦܠܛܘܣ Πάλτος, a Syrian city on the border of Phoenicia, Sev. Lett. 51 n. 4. Cf. ܣܠܘܩܝܐ above.

ܦܠܛܝܢܘܣ A.M.B. v. 148. 5 = Pallad. 322. 5. corr. ܦܠܛܝܢܘܡܢܘܣ πολιτευόμενος, a magistrate; ܦܠܛܝܢܘܣ ib. 266. 11. Cf. ܦܠܛܝܢܘܣ col. 3156.

ܦܠܝܕܢܘܢ col. 3156. coriander, ܟܣܒܪܬܐ ܘܦܠܝܕܢܘܢ(ܘܦܠܝܕܢܘܢ? Med. 140. 20.

ܦܠܛܝܢܘܣ corr. ܦܠܛܝܢܘܣ Πλάταια, Plataeae, Gest. Alex. 125. 8.

ܦܠܝܘ transliteration of Filio: see ܚܙܝܐ? Charms 6 med.

ܦܠܝܘܡ Med. 266. 10, 425. 20 i. q. ܦܘܠܝܘܢ? Teucrium polium, q. v., col. 3063.

ܦܠܝܪܘܦܘܪܝܐ col. 3157. assurance, confirmation, ܦܠܝܪܘܦܘܪܝܐ ܡܚܬܐ! ܘܣܗܕܘܬܐ! ܥܡ ܐܚܪܢܐ! ܕܗܘܗ? Pléroph. 11. 1, 26. 1, ܗܘܐ ܦܠܝܪܘܦܘܪܝܐ ܚܕܐ ܘܠܐ ܡܣܬܦܟܐ a great and undoubted assurance, ib. 45. 12, 52. 7; Sev. Ant. Vit. 108. 2.

ܦܠܡ ܦܠܡ col. 3158. ܦܠܝܡܐ add: ܦܠܝܡ ܘܥܩܝܡ *crooked and distorted*, Hormizd 2429; ܡܢܬܗ ܕܦܠܡܘܬܐ of the moon, Prognostic. 18 *r*, 20 *v*.

ܦܠܣ. ܦܘܠܣܐ col. 3160. *a coin*: ܦܘܠܣܐ ܢܚܫܐ ܕܗܘܐ ܬܩܠܐ ܡܬܩܠ Epiph. 2.

ܦܠܣܘܢ φάλσον, *falsified, forged*, Anecd. Syr. iii. 160. 17.

ܦܠܣܛܐ πλαστός, *false, forged*, ܟܬܒܐ ܦܠܣܛܐ ܕܗܘܐ ܒܫܡܗ Anecd. Syr. iii. 221. 15. Cf. ܦܠܣܛܘܣ col. 3160.

ܦܠܣܡܣܘܢ col. 3161. ܒܠܣܡܣܘܢ or ܦܠܣܡܣܘܢ *the balsam*, A.M.B. vii. 39, ܦܠܣܡܝܣܘܢ Pallad. 123. 6.

ܦܠܣܪ denom. verb from Lat. falsarius, *a forger*. *To forge, falsify*, ܡܢ ܕܙܢܝ ܐܘ ܦܠܣܪ ܐܘ ܓܢܒ ܠܐ ܢܬܩܒܠ Sev. Lett. 76. 20, ܐܓܪܬܐ ܡܦܠܣܪܬܐ ib. 19. 14; f. pl. ܡܦܠܣܪܢ ib. 505. 10.

ܦܠܣܘܪܐ col. 3161. Lat. pressura, *a press, mangle*. L. 7 of par. corr. to ܦܘܠܩܝܢܘܢ.

ܦܠܣܛܪܝܩܘܣ παλαιστρικοί, *frequenters of the palaestra*, ܩܘܫܬܐ ܕܐܬܠܝܛܐ ܘܦܪܣܐ ܘܬܐܛܪܘܢ But. Sap. Isag. 11. 4.

ܦܠܛ col. 3161. *to shake off* a yoke, ܡܢ ܡܬܦܠܛܝܢ ܠܗ ܠܢܝܪܐ ܕܡܠܟܘܬܐ Hormizd 2846 with gloss ܡܢ ܦܠܛܐ ܗܿ: ܐܝܟ ܡܫܘܫܐ ܢܝܪܐ ܡܢ ܩܕܠܐ ܘܡܢ ܦܟܐ, infin. ܠܡܦܠܛܘ ib. 2850. Aph. ܐܦܠܛ *to throw off*, ܐܦܠܛܘܗܝ ܠܡܦܩܢܘܬܐ ܕܝܠܗܘܢ Jab. 481. 8. *To make to cast off* the yoke ܐܦܠܛ ܐܢܘܢ ܠܐ ܢܣܒܠܘܢ ܢܝܪܐ ܕܥܒܕܘܬܐ Hist. Mon. i. 26 ult.

ܦܠܦܠܓܘܣ perh. πάμφλογος, *the all-flaming*, Ephr. Ref. i. 58. 4.

ܦܠܦܠ col. 3131. *pepper*, ܦܠܦܠܐ ܚܘܪܐ ܘܦܠܦܠܐ ܐܘܟܡܐ ܘܙܢܓܒܝܠ Med. 141. 20. Pl. ܦܠܦܠܐ ܐܪܝܟܬܐ *long pepper pods*, ib. ult., ܬܠܬ ܦܠܦܠܝܢ *three pepper corns*, ib. 45. 21, 260. 9.

ܦܠܦܠܡܘܝܙ col. 3162. *pepper root*, ref. Med. 312. 16, 19.

ܦܠܩܐ πλάξ, -κα, *a flat stone, a tablet*, ܦܠܩܐ ܕܫܘܫܐ Ebed J. Card. 27. 5, ܦܠܩܐ ܕܟܐܦܐ with gloss ܠܘܚܐ Hormizd 3235. The vowels are probably by confusion with ܦܠܩܐ *a battle axe*.

ܦܠܩܪܣܘܣ col. 3163. *a stork*, ref. BH Carm. 104. 16.

ܦܡܪܦܝܢܐ see ܦܡܦܪܘܦܝܢܐ.

ܦܡܦܪܦܝܘܣ *Pamprepios*, Sev. Ant. Vit. 40. 2, 6, ܦܡܦܪܦܝܘܣ Anecd. Syr. iii. 352. 4. I. q. ܦܢܦܪܘܦܝܘܣ q. v.

ܦܢ *Pan*, Gest. Alex. 181. 13.

ܦܢ (ܛܘܪܐ ?) var. ܦܝܢ. *Mt. Pan* in Outer Ethiopia, Anecd. Syr. iii. 330. 1.

ܦܢܝܐ col. 3171. *a turning point*. Add: ܦܢܝܐ ܕܪܘܝܘܬܐ *being two-thirds drunk*, Jo. Tell. 73 ult.

ܦܢܝܬܐ *turning again*, ܣܡܟ ܠܗܘܢ ܕܠܐ ܦܢܝܬܐ G. Warda ed. A. Deutsch 27. 17.

ܦܢܝܬܐ *midday meal, lunch* ref. ܚܕܐ ܠܡܥܪܘܒܐ ܐܘܚܕܐ ܠܦܢܝܬܐ ܘܐܚܪܬܐ ܠܡܥܠܢܐ BH. Stories 70. 371.

ܦܢܐ φήνη, *the ossifrage eagle*, Anecd. Syr. iv. 53. 19, 26.

ܦܢܚܘܣ (ܐܚܐ) pr.n.m. Vit. Mon. 12. 1.

ܦܢܘܡܘܓ pr.n.m. Pers. پناه موغ, Pers. Mart. 70, nn. 620, 621 = A.M.B. ii. 649.

ܦܢܘܡܛܘܡܩܘܣ πνευματομάχοι, *fighters against the Holy Spirit*, viz. followers of the heresy of Macedonius, ܗܢܘܢ ܡܩܕܘܢܝܢܘܣ ܗܢܘܢ ܕܪܘܚܐ ܕܩܘܕܫܐ ܡܡܪܝܢ Coupes ii. 136. 3 af.

ܦܘܡܢܣܛܝܩܘܢ ὑπομνηστικόν, *index of works*, R. Duval on Labourt's De Timotheo 1, Journ. As. 1905, 179.

ܦܢܘܦܪܘܦܝܘܣ *Panôprôpiôs* or *Pamprepios*, Bp. of Titiopolis in Isauria, Diosc. ed. Nau 66 ult., 67, 8 ff., Pléroph. Introd, 8. 5; 43 ult., 47. 12, ܦܢܘܦܪܦܝܘܣ ib. 52. 4; cf. ܦܡܦܪܦܝܘܣ.

ܦܢܛܐ πέντη = πέμπτη, *the fifth* year, Anecd. Syr. iii. 200. 17, 225. 4, 249. 22. Cf. ܦܡܦܛܐ πέμπτη col. 3165.

ܦܢܛܐܘܣ col. 3176. πέντε θεοί, *God of five provinces* ܘܦܠܚܝܢ ܗܘܘ ܠܐܠܗܐ ܟܕ ܦܢܛܐܘܣ ܐܡܝܢ ܗܘܐ ܕܟܠܗ ܐܪܥܐ S. Dan. 57 *a* 8.

ܦܢܛܦܘܠܝܣ πεντάπολις, *the Cyrenaica*, Diosc. ed. Nau 105. 10.

ܗܣܡ perh. Ar. فانيد a preparation of sugar and almond = *marzipan*? Dozy Suppl. Used with various drugs for palsy, &c. Med. 137. 10, 242. 1, 245. 21.

ܐܦܠܢܝ" see under ܦܣܠܛܐ Suppl.

ܦܢܟ and ܦܢܝܟ col. 3178. ܦܳܢܶܟ *Pénék* or *Penk*, a village in Beit Zabdé, near the Tigris, Chast. 3, 17, Bar Penk. i. n. 3; ܦܢܝ A.M.B. i. 452. 9, a Persian city? ib. iv. 215 pen.

ܦܢܩܝܐ from ܦܢܟ. *an inhabitant of Phanak* or *Pénék*, ܦܢܩܝܐ ܕܝ ܡܣܠܡ Bar Penk. 1. 4 tit.; ܡܣܠܡ ܣܝܡܐ ܘܚܕܐܡܐ ܕܚܠ ܡܙܕܗ ܥܠܝ ܗܢܐ ܚܟܡ, Journ. As. 1897, 169. 6.

ܦܢܡܘܣܢܐ *Mnemosyne*, Arist. Apol. ܣܕ. 20. Cf. ܡܢܗܡܘܣܢܐ col. 2193.

ܦܢܡܐ col. 3178 pen. Geop. 48. 22 corr. ܕܝܐܪܐ ܦܢܡܐ *fir cones* as ib. 49. 15, 113. 5.

ܦܢܘܣܘܣ cognomen of a certain John, Vit. Mon. 11 ult.

ܗܢܦ. ܡܕܦܢܩܘܬܐ *luxury*, add: Jab. 485. 8.

ܦܣ col. 3181 ult. Delete the line: it is a mistake for ܟܣ.

ܦܣܬܐ col. 3182–3. 14 f. *sole of the foot*, *palm of the hand*, add: (ܒܝ ܗܣܡ ܡܠܐ ܕܗܠܐ) *not a handbreadth*, Josephus vi. 14. 17. Ll. 18 and 26 *a linen or cotton cloth, a rag, bandage*, pl. ܦܣܬܐ Med. 43. 17, 18, ܠܒܚܐ ܕܟܬܢܐ ܘܦܣܬܐ ib. 553. 18, 570. 10, 571. 14, 578. 8, ܘܨܒܥ ܦܣܬܐ *dip a rag in it*, ib. 588 pen., 596. 2. *A napkin*, G. Warda Hippoc. Trad. vii. n. 20. *A head veil*, BA. under ܡܥܕܚܐ col. 3752.

ܦܣܦܣܡܐ *red rhubarb*, ܦܘܐ ܝܬ ܦܘܐܦ ܣܦܣܡܬܐ Chimie 5. 9.

ܦܣܐܒ place-name, near Seleucia-Ctesiphon, Jab. 262. 10.

ܦܣܟܘܦܘܠܢ *Psychapollon*, Ψυχαπόλλων, *destroyer of souls*, nickname given to Horapollo by the plebs of Alexandria, Sev. Ant. Vit. 32 pen., Nau R.O.C. iv. 548 n. 4.

ܦܣܘܠܢ col. 3185. *Plantago psyllium*, *flea bane*, add: ܠܒܘܢܝ ܐܘܨ ܐ ܦܣܘܠܒܢܝ

N. Hist. iii. ii. sect. 4, vi. 3. 2, Med. 93. 11, 14, 297. 2.

ܦܣܘܡ *P'som*, an Egyptian martyr, Sev. Ant. Hymns 610. 2.

ܦܣܘܡܐ φοσσεῦσαι, *to dig a trench*, ܦܣܘܡܐ ܓܚܒܘ ܚܒܚܕܐ Anecd. Syr. iii. 256. 22.

ܦܣܛܠܝܢ col. 3187. 6. περιστύλιον, *a porch*.

ܦܣܛܡܐ πίστωμα, *a pledge*, Hormizd 312.

ܦܣܢܐ, ܦܣܢܐ &c. col. 3187. Pers. فسان, اوسان, ايسان, افسن, *a whetstone*, I. Löw ZDMG. xlv. 699.

ܦܣܝܛܩܝܢ for ܦܣܡܣܛܩܝܢ: see below. Chimie 50. 14, 51. 12.

ܦܣܝܛܩܐ col. 3187. 2 of par. *parrot*, ref. Ephr. ed. Lamy iv. 363. 2/3.

ܦܣܝܠܘܓ *a kind of fish*, N. Hist. vii. 2. 3 infra.

ܦܣܬܝܐ m. pl. ψιχία, *bits of bread*, Pet. Ib. 84. 7.

ܦܣܩܐ *the stop* ⁑, Epiph. 7. 6.

ܦܣܝܠܐ ψιλή, *a Greek accent*, Hebraica iv. 168. Syr., 2.

ܦܣܝܡܛܝܢ col. 3188. 1) ψιμύθιον, *white lead*, ܦܣܝܡܛܝܢ Chimie 5. 13, 11. 5, 12. 10, 25. 10, for eye lotion, Med. 81. 7, 18, 22, 82. 6.

ܦܣܢܘܬܐ m. pl. ψῆνες, *the gall-insects* which infest the fruit of the wild fig, N. Hist. vii. 3. 1 infra.

ܦܣܝܢܘܣ Πεσσινοῦς, *Pessinus*, a village, Sev. Lett. 95. 3.

ܦܣܝܣ col. 3188. logic, *affirmation*, ܣܐܡ ܫܡܐ ܚܡܪ ܘܡܚܕܕܠܐ *il donne le nom de* φάσις *au nom et au verbe*, Probus 91. 8, ܦܣܝܣ ܟܘܟܒܐ ܕܟܐܦܣ Tekkaf 31. 2) *apparition* of a star, De Astrolabe 266.

ܦܣܝܦܐ Πασιφάη, *Pasiphae*, Arist. Apol. ܣܕ. 11.

ܦܣܝܦܘܢ ψηφεῖον, *a voting room*, Sev. Lett. 121. 6.

ܦܣܝܦܣܡܛܝܩܐ ψηφισματικοί, *ratifiable*, marg. ܡܚܕܬܢܐ But. Sap. ii. cap. 1, pt. 2.

ܩܨܡ col. 3189. *to hew* stone, *to 'quarry*, add: ܡܥ ܠܘܕܝܢܗ ܠܐܗܡܕܐ ܣܦܪ Bar Penk. 33. 4; ܡܟܣ ܘܩܨܚܒܝ ܟܕܐ ܠܐܗܟܐ *wall-breakers*, A. M. B. v. 551. 16.

ܩܨܕܟܗ *Psylli*, an African tribe, snake-charmers, WZKM. ix. 97 n. 1.

ܩܨܕܘܗܐ for ܩܘܚܠܣܗ φλόμος, *verbascum*, Natur 8. 10.

ܩܨܢܕܪܐ Πεσενδάραι, an Ethiopian tribe, Anecd. Syr. iii. 330. 5.

ܩܨܣܗ col. 3191. ψήν, the *gall-wasp* which impregnates the female flower of the palm, I. Löw ZDMG. xlv. 700. Cf. ܩܣܣܬܘܗ.

ܩܨܡܩܐ from ܩܨܡܐ col. 3184. f. *dicing*, BH. Econ. 1. 2.

ܩܨܡܩܬܐ col. 3184. *Medicago sativa*, *lucerne*, Med. 53. 11, 54. 12, 172. 18, Ar. PflnN. 95. 422.

ܩܨܨ col. 3193. 2) *to decree*. Impers. ܩܨܝܨܐ ܗܘ ܘܫܪܝܪ *it is sure and certain*, Ephr. Jos. 177. 3. With ܟܠܐ; ܩܨܨ ܥܠܘܗܝ *a man cannot be a monk unless he convicts himself of folly continually*, Pallad. 746. 10. *To tax*, ܘܠܐ ܬܣܥܕ ܩܨܨܝ Dion. 233. 19. L. 36 ܐܘܪܚܐ ܩܨܨ ܠܩܘܒܠܗ *he crossed the road in front of him*, Mar Kardag 8. 14; but ܐܘܪܚܐ or ܩܨܨ Ar. قطع الطريق *to rob on the highway*, Nöld. on Dion. WZKM. x. 166, ܩܨܘܨܐ *highwaymen*, Dion. 198. 13, 199. 6. With ܡܘܪܙܐ *to take usury*, Syn. Or. 180. 21. Pass. part. ܩܨܝܣ ܩܨܝܣܐ ܩܨܝܣܐ *determined*, *decreed*, ܣܘܦ ܘܩܬܣܐܝܬ *the end of all things decreed*, Ephr. ed. Lamy iii. 187. (ܚܙܕ ܚܕܚܠܐ) ܩܨܝܣܐ *excommunicated, schismatic*, Diosc. ed. Nau 86. 4. Ethpe. ܐܬܩܨܨ *to be spoiled, crushed*, ܐܡܬܝ ܕܐܬܩܨܨ ܠܗ ܐܣܟܐ *when a rib has perished from gangrene*, Med. 223 ult., 224. 1. Metaph. ܐܬܩܨܨ ܠܗ ܡܢ ܣܘܟܠܗ *his back was broken by fear*, Hist. Mon. i. 211. 8. Ellipt. with ܚܝܐ understood, ܘܐܩܨܨ ܚܝܘܗܝ *so that his life was despaired of*, Pet. Ib. 41. 10; ܐܬܩܨܨ ܣܦ ܬܘܢܝܬܗ *her thoughts were broken off, confused as the result of evil living*, Pallad. 169. 20.

ܩܨܨܐ col. 3195. 2) *oxymel*, ܚܡܪܐ ܘܩܨܨܐ ܘܩܨܨܐ ܘܐ Chron. Min. 46 pen. = Jo. Tell., Life of.

ܩܨܘܨܐ col. 3195. 4 af. *hewing*, ܢܪܓܐ ܘܩܨܘܨܐ *a woodcutter's axe*, Philox. 9. 1. *A term of years*, Coupes ii. 112.

ܩܨܡܐ col. 3197. *a rag*, ܒܟܬܢܐ ܕܩܨܡܐ ܣܚܘܠ *strain through a woollen tammy*, Med. 587. 15, ܩܨܡܐ ܬܟܠܐ ܘܩܝܡܐ *a scrap of blue cotton*, ib. l. 18. *A tatter, broken bough?* φύσκη? *if the moon in Dec.* ܚܣܐ ܘܐܬܟܠܠ ܢܗܡ ܚܘܗ ܩܨܡܐ Prognostics ܕܚܒܝܒ ܚܘܦܐ ܐܘ ܕܚܒܝܒ ܘܚܕ 28. v. 2) *a flock*, ܚܕܐ ܘܚܕܐ, ܩܨܡܐ ܕܥܢܐ ܘܕܥܙܐ *herds of sheep and goats*, Anecd. Syr. ii. 311. 10; ܕܩܡܢ ܩܨܡܝ ܟܢܫܐ ܠܘܬ ܓܠܝܬ *at Goliath's threats, the flock of Israel stood in huddled groups on the mountains*, Jac. Sar. Hom. ii. 36. 11. 3) *the abdomen* of an insect, ܚܫܚܕ ܪܡ ܩܨܡܗܘܢ ܕܩܨܝܡܝܢ ܒܟܬܢ ܡܒܠܐ *cicadas make a shrill noise and tune with the membrane at their abdomen*, N. Hist. vii. 2. 3.

ܩܨܡܐ *cutting*. ܐܪܚܐ ܘܩܨܡܐ ܓܢܣܐ ܣܘܓܐ ܒܗܢܐ ܗܘ ܗܢܘܢ ܣܟܝܢܐ *the different kinds of cutting are scraping, gashing, sawing, boring, piercing*, and *digging*, N. Hist. iii. cap. i. sect. 2. ܩܨܡ ܘܪܝܕܐ φλεβοτομίη, *blood-letting*, Hippoc. vi. 22, 30, 35, 45, vii. 44. (sic) ܘܩܨܡ ܒܚܬܡܐ ܕܡܘܬܒܐ *at the conclusion of a Motwa*, Takhsa 90 infra. ܩܨܡܐ ܚܕܬܐ *an innovation*, see ܣܘܪܡܐ Suppl. Gram. ܩܨܘܨܐ pl. ܩܨܨܘܣܐ *an abbreviation, contraction*.

ܩܨܡܩܐ *assessment* of taxes, Dion. 204 ult.

ܫܩܨܡܢܐܝܬ *occasionally*, Chald. Brev. ܪܡ ܠܪܡ, with ܠܐ *unintermittently*; Bar Sal. in Lit. 87. 13.

ܩܨܡܝܬܐ col. 3198. Add: φασκίδιον, *a monk's habit*, Vit. Dan. R. O. C. v. 398 n. 2; the text has ܩܨܣܝܐܬܐ l. 13. Cf. Chald. פְּסִקְיָא.

ܩܨܣܣܝܘܣ *Paschasius*, a deacon, Anecd. Syr. iii. 217. 23.

ܩܨܦ Pa. ܩܨܦ *to reject, cast off*, ܘܕܠܐ ܬܩܨܦ ܢܩܝܬܗ Dion. 191. 11.

ܩܨܪܝܘܢ pr.n.m. *Pesarion*, Pet. Ib. 35. 8.

ܟܣܡܟܘܬܪܐ col. 3199. *a small flat cake*, ܘܟܠܡ ܘܡܐܟܠܝ ܟܣܡܟܘܬܪܐ *pastry cooks*, Pallad. 121. 6.

ܦܣ pass. part. col. 3200. ܚܒܝܛܐ ܡܩܥܡܐ κεφαλὴ ἐσφαγμένη εἰς θάνατον, Apoc. xiii. 3 Gwynn, ܚܒܝܛܐ ܘܡܩܥܡ ܙܥܐ ed. Bagst. Ethpa. ܐܬܟܒܟ" *to be pelted with stones*, Anecd. Syr. iii. 205, 23; ܐܪܝ ܡܚܠܐ ܗܡܐ ܘܒܐܚܕܗܘ Philox. ed. Guidi 487 a 5; ܡܩܒܐܝܬ ܟܐܗ ܘܡܥܕܘܢ ܚܠܐܘ ܘܠܐ ܐܬܟܒܟܘ *his devils made him able to fly in the air and he did not fall and get bruised*, Hormizd 2790, 2795.

ܦܠܚܐ col. 3201. denom. from ܦܠܚܐ *to be a labourer, to labour*, WZKM. xvii. 199, xxii. 199. K.'s quotation from S. Ephr. ܘܚܠܐ ܡܦܠܚܝܢ ܕܡܐ ܬܦܠܚܘܢ is in BH. Gr. i. 48. 10; ܣܠܡ ܦܠܚܐ ܕܝ ܪܝܡ *our company laboured fasting*, Ephr. ed. Lamy iv. 387. 17; ܦܠܚܐ ܘܡܚܡܥܝ Jul. 77. 13.

ܦܠܐ ܠܦܩܠܐ for *a radish*, Med. 585. 3 and often.

ܦܟܪ col. 3202. *to open the mouth wide*, ܐܣܝܠܐ ܐܦܟܪܘ ܦܘܡܗܘ Ephr. Ref. ii. 36. 23.

ܦܩܕܐ Ar. فاغرة *Xanthoxylon Avicennae*, Ibn Bait éd. Leclerc no. 1650 (from Duval's nn. on Chimie), ܡܩܬ ܘܦܩܪ Chimie 38. 13.

ܦܩܩܐ ܘܦܪܩܠܐ *a kind of oak*, JAOS. xx. 192. 5, Med. 557. 4. Cf. ܦܟܟܪܐ col. 3203.

ܦܦ pr.n.m. *Pap*, ܦܦ ܕܝܪ ܠܐܘܪܝ Anecd. Syr. iii. 206. 19.

ܦܦܐ for بَبَّغَا *a parrot*, Gest. Alex. 211. 9.

ܦܦܘܣ Πάφος, *the island Paphos*, Epiph. 6. 6.

ܦܪܣ *to separate*, ܐܢܫ ܘܢܦܪܘܢ ܐܟܐ two snakes fought and another came to *separate them*, (uncertain) Æsop's Fables, Brit. Mus. Or. 2084. 49 v, Hochfeld Fabeln 29 pen.

ܦܪܝܣܘܬܐ ܘܗܡ ܚܐܪܘܬܐ *escape, liberty*, ܘܢܘܒ ܘܣܠܟܐ ܚܠܐ ܗܘܪܬ ܚܝܠܐ Can. J. Tell. 29. 13. ܦܪܝܣܘܬܐ ܡܩܡܣܟܠܐ ܠܐ ܚܣܝܠܐ *a reasonable man does not object to a moderate amount of liberty*, But. Sap. Eth. iv. 5.

ܕܝ ܬܚܡ ܚܣܝܒ i. q. ܦܪܓܐ, ܦܪܓܐ *a lot*, G. Warda ed. A. Deutsch. 17 ult.

ܗܪܣ Ethpe. ܐܬܦܪܣ" col. 3208. *to rejoice*. ܐܬܦܪܣܘ εὐφραίνεσθε, Apoc. xii. 12 ed. Gwynn, ܐܟܚܣܡܗ Bagst.; ܢܬܦܪܣ ἀγαλλιῶμεν, ib. xix. 7 Gwynn, ܢܘܪܐ Bagst. Ethpa. ܐܬܦܪܣ" *to suffer from dysury*, see BA. ܐܣܝܪ, ܗܐܟܠܐ ܘܦܚܪܣ ZDMG. xlii. 459. 2.

ܦܪܣܝܠܐܝܬ col. 3211. *cheerfully*, Hist. Mon. i. 124. 20.

ܦܪܣܝܠܘܬܐ *joking*, given as one of ten causes of exasperation, But. Sap. Eth. iv. 5.

ܦܪܣ col. 3211. ܟܠܐ m. i. q. ܟܠܐ *sawing planks*, ܕܩܐ ܘܣܒܩܐ ܢܩܦܐ But. Sap. Theol. 3. 2.

ܦܪܫܐ Arab. تفصيل *particularization*, ܟܬܒܐ ܕܦܪܫܐ *a book giving details*, Dion. 232. 9.

ܦܩܕ. ܦܘܩܕܢܐ col. 3215. σύνταξις, *a task*, Hex. Ex. v. 14, 18 &c. Lag. ܦܘܩܕܢܐ *a command*. Add: ܦܘܩܕܢܐ ܡܠܟܝܐ *Imperial edicts*, Sev. Ant. Vit. 91. 10, Jab. 150. 5. *Authority, he restored to the Catholicos* ܦܘܩܕܢܐ ܘܐܬܐ *authority and the symbol of it*, ib. 43. 9; *orders, requisitions*, ܦܘܩܕܢܐ ܠܚܝܠܝܢ (ܒܝܘܡܗܘܢ) ib. 107. 1, 9.

ܦܘܩܕܢܐ *given orally of God's laws*, opp. ܟܬܝܒܐ and ܡܚܕܝܐ, Syn. Or. 138. 29.

ܡܫܬܡܥܢܘܬܐ *subjection to command, obedience* opp. ܦܩܘܕܘܬܐ, Nest. Hérac. 238. 20.

ܦܩܘܕ name of the grandfather of the B.V.M., Schatzh. 212. 10, 226. 8.

ܦܩܝܕܐ *Pqidha*, first bishop of Adiabene, M.Z. 2. 2.

ܦܘܩܣܠܐ col. 3219. i. q. ܦܩܝܠܐ φακιόλιον, *a kerchief*, Anecd. Syr. iii. 324. 9.

ܦܩܠ Ethpaial ܐܬܦܩܠ" denom. verb from ܦܩܝܠܐ *to put on a turban, wear a head-cloth*, Lexx. under ܐܦܩܠ.

ܦܩܝܠܐ *a cloth, cloak, kerchief*, add: ܘܐܡܪ ܚܕܩܐ ܘܚܢܠܐ ܚܕܬܐ N.B. E.-Syr. vowels, Jab. 83. 12, ܘܒܝܠܐ ܘܡܒܝܠܐ A.M.B. vii. 19.

ܦܩܠܐ Lat. faecula, *lees, sediment of vinegar or wine*, ܦܐܡܠܐ Chimie 17. 9, ܘܣܥܕܐ ܠܐܙܐ ib. 329 n. 3.

ܦܩܰܕ col. 3220. *to crack, split open*, frog's spawn ܦܩܳܐ ܚܠܐ ܘܡܩܡ Natur 50. 10; ܠܚܶܣܦܳܐ ܘܦܩܺܝܕܰܡ *for cracked lips*, Med. 563. 6. Metaph. ܦܩܰܕ ܚܘܫܳܒܐ ܢܐܙܠ "*let the thought perish*, Pallad. 533. 14.

Pa. ܦܩܶܕ denom. verb from ܡܰܦܩܕܳܢܐ *to sling*, Pallad. 136. 20. Aph. ܐܰܦܩܶܕ "*to crackle* as salt over a fire, ܡܠܚܐ ܘܡܶܬܦܩܕܐ Chimie 23. 17. *To sound a rattle* ܢܳܛܪ̈ܝ ܡܕܳܘܪܐ ܘܡܦܩܶܕ *the guard keeps watch and sounds a rattle*, Lexx. under ܢܳܩܘܫܐ DBB. 1737. 5.

ܦܘܩܳܕܐ *crackling, crepitation*, add ref. *the crackling of salt over the fire*, Chimie 31. 19.

ܦܩܳܐ or ܦܩܳܐ col. 3222. 2) *a crack, fissure*, ܦܩܳܐ ܘܐܶܒܥܐ *chapped hands*, Med. 563. 16, ܘܦܩܳܐ l. 19.

ܦܩܰܕܢܳܢܝܳܐ plants *growing in the plains* opp. ܛܘܪܳܢܝܐ N. Hist. vii. 4. 1.

ܦܩܰܕܐ *flat country, a field*, add: *a garden bed*, ܦܩܰܕܟܐ ܘܪ̈ܟܐ ܚܡܐܠ R.O.C. iv. 257 ult.

ܦܩܰܕܳܢܳܝܳܐ i.q. ܦܩܰܕܳܢܳܐ col. 3223. *of the plains*, ܦܩܰܕܳܢܳܝ̈ܐ ܣܬܘܐܠܐ N. Hist. vii. 4. 2.

ܡܰܦܩܕܳܢܐ col. 3223. *a sling*, ܒܡܦܩܕܳܢܐ ܐܕܪܳܢ ܘܡܘܢܝܐ *using a sling as an huntsman*, Pallad. 136. 19.

ܚܡܰܕ. Ethpa. ܐܶܬܚܰܡܰܕ "col. 3223. *to go mad, rave*, ܡܢ ܕܡܐ ܕܠܚܡܶܥܝܢ ܐܣܠܡ ܘܡܣܥܒܝ ܕܡܝܬܩܘܘܢܐ ܡܥܬܐ Prognostics 43.

ܚܰܡܳܐ, ܚܰܡܳܢܐ col. 3224. 1) *a highwayman*, Hunt. lii. under ܡܚܡܕܐ col. 3658. 2) one of the seven eccles. orders of the Yezidis, i.q. ܡܚܕܘܢ *a sacristan*, Mt. Singar 25 ult., they perform menial duties, also they dance and teach the children, Parry's "Six Months in a Syrian monastery", 362, 368.

ܚܰܡܐ 1) *a vertebra*, for σπόνδυλος, Hippoc. iii. 25, Med. 113. 14, 18, 19, 21, pl. l. 12, 114. 2. 2) *demented*, Med. 10. 8.

ܚܡܐ *dementia, raving*, ܘܚܡܳܢܐ Med. 9. 8. 2) *flatulence* ܣܶܦܠܐ ܣܒܪܐ ܟܐܒܐ—ܚܡܳܐ ܚܡܐ—ܟܕܗ ܐܘ ܡܬܠܚܢܐ *that pain round the belly is called inflation or flatulence*, ib. 19. 6.

ܚܡܙ col. 3225. Ethpal. ܐܶܬܚܰܡܰܙ "*to writhe, a snared bird* ܐܢܕܐ ܟܠܐ ܘܡܬܚܡܙ Philox. 293. 10.

ܚܶܙܕܘܙܐ *convulsive agitation*, Jab. 519. 2.

ܚܶܙ *an Indian drug*, Med. 141. 23.

ܚܙܐ col. 3226. ܚܙ̈ܐ m. pl. for ܚܙܐ *fruits*, Josephus vi. 7. 4 af.

ܚܶܙ col. 3228. *an uneven number*. Correct the first word quoted from B.O. to ܩܠܝܠ. Add: ܚܶܙ ܘܡܚܕ ܚܒܝܫܐ ܠܐܡܝܢܐ ܘܚܕܘ ܐܩܡܠ B. Sal. in Lit. 24. 14, 22; ܘܐܢ ܐܩܡܐ ܦܡܥܡ ܠܡ ܗܘܝ ܗܳܘ ܚܕܘܗ ܐܩܠܐ ܚܠܐ ܗܙܐ Rylands MS. xliv. 7 b and passim.

ܚܶܙܳܬܐ col. 3229. f. *a hide, pelt*. add: ܚܶܙܳܬܐ with gloss ܣܒ ܘܕܟܕܐ *a sheepskin*, A.M.B. vii. 79.

ܚܶܙܳܘܐܡܘܬܐ f. *peltry, dealing in hides*, BH. Econ. 1. 2.

ܚܶܙܐܘܪܐ Lat. praeda, *prey*, ܚܪܒܐ ܘܗܙܐܘܪܐ ܘܚܡܝܬܐ Journ. As. 1901, 242 n. 5 = Test. Dñi 8.

ܚܶܙܐܘܣܘܡܐ Lat. pronomen, *a pronoun*, ܚܙܢܐܦܶܢܩܕܐ ܐܘܡܟܝܐ ܘܥܡ ܡܩܠܐ But. Sap. ii. ch. i. pt. ii.

ܚܶܙܐܘܡܝ Βάραθα, *Perta in Lycaonia*, Nöld, F. S. 473. 98.

ܚܶܙܐܘܗܡܣ Fravitas, disciple of Acacius, Patriarch of Constantinople, Sev. Ant. Vit. 102. 1.

ܚܶܙܐܢܬܒ *a medicine containing oxide of iron, for fistula, &c.*, Med. 310. 17.

ܚܶܙܕܣܡܐ Pers. pr.n.m. ZDMG. xliii. 397. 1.

ܚܶܝܡܣܡܠܐ var. ܡܣܠܐ *an Asiatic people*, Anecd. Syr. iii. 334, 2 from Ptol,

ܚܶܙܝܡܣܠܡܕ Pers. ܦܪ or ܚܪܙ *glory*. *Farn-gushnasp, glory of the fire*, Journ. As. 1895, 348. Cf. ܚܶܙܝܡܠܣܗ.

ܚܶܙ̈ܩ col. 3234. *to charge, prescribe*. add: ܚܢܩܶܠ ܐܘܡܝܕ ܩܡܝ Bar Sal. in Lit. 62 ult. N.B. ܐܣܛܦܢܘܣ ܚܢܩܠܐ ܐܢܐ ܘܒ ܘܒܚܡܐܠܟܗܘ *Stephen the slave prevented Bassus and Lily from learning Magian doctrine, Mar Bassus* 143. *To repeat in order to learn*, ܐܣܝ ܡܚܕܘ ܘܡܚܢܝܠ ܘܐܠܐ ܚܕܐ ܚܝ Philox. 159. 15. Ethparal ܐܶܬܚܰܢܰܩ " add: ܡܢ ܡܕܚܢܝܟܘܢ ܗܡ ܘܚܕܠܡܗ restrained by their fears, Mar Bassus 225.

ܚܶܙܗܡܕ for πρόλογος, *preface, introduction*, Anecd. Syr. iii. 232. 24. See ܡܣܘܚܡܐ col. 3246.

ܦܰܪܓܡܳܛܺܝܳܐ col. 3236. 3. *business, trade,* Stat. Schol. Nis. 21. 14, 183. 14, ܐܝܟ ܡܢ ܐܢܬ ܦܪܓܡܛܝܐ ܘܐܡܪܐ ܠܐ ܒܥܕܡܐ Canon v. ib. 184. 3, 17; ܡܥܒܪ ܡܚܝܠ ܓܢܦܪܓܡܛܐ *set stoutly to work,* Tekkaf 119.

ܦܰܪܓܡܳܛܳܐ col. 3236. *a merchant, buyer,* so correct ܦܪܓܡܛܘܕܐ Ephr. ed. Lamy iv. 237 pen.

ܦܶܪܓܰܡܳܣ Περγάμιος, *Pergamios*, a bishop, Anecd. Syr. iii. 169. 8; a hyparch of Alexandria, ib. 177. 27, 178. 20.

ܦܰܪܓܢܳܝ an Indian herb, Med. 324. 1. See under ܦܰܪܓܢܳܝ col. 3234.

ܦܰܪܓܠܝܐ var. ܦܪܓܠܛܐ name of a country, Ptol. Anecd. Syr. iii. 328. 11.

ܦܪܰܕ col. 3236. Ethpa. ܐܶܬܦܪܰܕ *to fly,* gloss ܐܶܬܦܪܰܚ Hormizd 1348. Aph. ܐܰܦܪܶܕ add: *to put to flight,* ܐܦܪܕ ܐܦ ܐܦܠܐ ܥܠܡ Dion. 44. 22; ܢܒܕܪ ܒܗ ܣܘܓܕܐ ܘܢܦܪܕܝܡ ܥܠܡܐ BH. on Koh. xii. 5; ܡܦܪܕܐ ܩܢܬܝ ܗܘܢܥܐ ܘܐܚܦܫ *it scatters my recollectedness,* Is. Nin. B. 146 pen. ܐܣܘ ܦܪܕܘ ܡܦܗܪܘ *it crumbles,* Chimie 299 n. 1. This should probably be the Palel ܦܰܪܕܶܕ.

ܦܰܪܕܳܐ col. 3237, *a grain.* Add: ܦܰܪܕܳܐ ellipt. Med. 59. 5, ܦܰܪܕܳܐ ܕܩܘܡܚܠܐ ib. l. 9; انجرة ܦܰܪܕܳܐ *the nettle,* ib. 608. 4. ܦܰܪܕܶܐ ܕܚܠܐ *grains of sand,* Ephr. Ref. ii. 218. 47; *an atom,* ܚܕ ܦܪܕܐ ܦܰܪܕܶܐ ܕܚܒܪܦܠܐ ib. l. 33, 219. 7; ܦܰܪܕܶܐ ܕܐܝܬܘܬܐ *atoms of being,* ib. 217. 44, 218. 7, 18. 29.

ܦܰܪܕܳܐ m. *a particle,* Chimie 299 n. 1.

ܦܰܪܕܶܐ m.pl. *scattered fragments, particles,* Ephr. Ref. ii. 67. 41 or ܦܰܪܕܶܐ n. ib.

ܦܰܪܕܶܐ Lat. *Patre,* ܦܰܪܕܶܐ ܘܦܝܠܝܘ ܘܣܦܝܪܝܛܘ ܣܢܩܛܘ *Patre et Filio et Spiritu Sancto,* Charms 6. med.

ܦܰܪܕܶܒܰܝܛ mis-spelling. Ἀφροδίτη, synon. ܟܘܟܒܐ. See ܦܰܪܕܘܕ col. 3244, ܐܦܪܘܕܝܛ col. 350.

ܦܰܪܕܘܢ (ܛܘܪܐ ܕ) Mt. *Pirdoun* on the borders of the Zabdaye and Arabaye, Chast. 15. 3, 32. 19 ult.

ܦܰܪܕܰܡ *tetter, dry scab,* Dion. 216. 2, 217. 3.

ܦܰܪܕܳܐ col. 3239. BHChr. 144. 7 = ed. B. 138. 2. Not περιδέεια as suggested but ܦܰܪܕܳܐ *fear,* Z. A. xvii. 90, BB. col. 3238. 2nd par. Not ܦܰܪܕܳܐ but ἀφραδία, *frenzy,* Schulthess ib. 266.

ܦܰܪܕܳܐ col. 3239. *the leopard.* Add: ܥܩܪܐ ܕܦܰܪܕܳܐ *Leontodon pardelianches, Leopard's bane,* a plant, Brit. Mus. Cod. Add. 25. 878. 10 a.

ܦܰܪܕܰܣܘܬܳܐ *gardening,* Hist. Mon. i. 271. 9.

ܦܰܪܕܺܣܩܳܐ col. 3240. late Greek πυργίσκος, *a case, closet, cupboard,* S. Fraenk. Z. A. ix. 8, Du Cange 1276. I. q. ܦܪܓܣܩܐ col. 3072.

ܦܰܪܕܳܟܳܐ col. 3241. *a hut, tent,* A. M. B. iv. 256. 18.

ܦܰܪܳܗ Φρά, Φράδα, *Pharah,* capital of one of the three provinces of Segestan, Syn. Or. 89. 1; ܦܰܪܗ ib. 88. 26.

ܦܰܪܰܗܢܽܘܫ pr. n. m. *Farrahanōš,* Pers. فَرَّه انوش = Zend. ḫvarenō, aḫvaretō, A.M.B. ii. 662. 11 = Pers. Mart. 72 n. 642.

ܦܰܪܘܢܺܝܛܺܝܣ col. 3242. φρενῖτις, *inflammation of the brain,* Hippoc. iii. 29, vii. 10. See ܦܰܪܘܢܺܝܩܳܐ col. 3269.

ܦܰܪܘܢܺܝܩܳܐ m.pl. φρενιτικός, *suffering from inflammation of the brain,* Hippoc. iv. 72.

ܦܰܪܘܢܶܣ φρένες, *the diaphragm,* Hippoc. iv. 17, vi. 18.

ܦܰܪܘܣܛܰܣܺܝܐ προστασία, *protector, surety,* ܦܰܪܘܣܛܰܣܺܝܐ ܕܝܠܢ Stat. Schol. Nis. 187. 16.

ܦܰܪܪܶܣܺܝܰܣܛܺܝܟܳܐ *from the infin.* παρρησιάσθαι. *boldness of speech, confidence,* Hist. Mon. i. 287. 5.

ܦܰܪܙܘܙ *a district of Azerbaijan,* Jab. 240. 2.

ܦܰܪܙܘܕܡܐ see ܦܰܪܙܩܐ.

ܦܰܪܙܟܠܰܝܬܳܐ col. 3243. ἡ προβατική, add: ܥܕܬܐ ܕܦܰܪܙܟܠܰܝܬܳܐ ܘܕܡܥܡܘܕܝܬܐ *Church of the Sheepgate and Pool,* Jo. v. 2, Pléreph. 35. 3.

ܦܰܪܙܘܕܟܐ πρόβολος, -ον, *a bird's crop,* N. Hist. vii. 6. 5.

ܦܪܘܓܝܐ col. 3243. 7 of par. *Phrygia*, add: ܦܪܘܓܝܐ ܦܪܘܓܝܐ ܦܪܘܓܝܐ *Phrygia Salutaris* and *Phrygia Pacatiana*, Nöld. F. S. 474.

ܦܪܘܓܝܢܐ col. 3243. *Phrygian*, add: λίθος Φρύγιος, *Phrygian stone*, Chimie 8. 19.

ܦܪܘܓܐ correct ܦܪܘܓܐ *Franks, Italians,* ܦܪܘܓܐ Jab. 48. 8, 53. 1, 127 ult.

ܦܪܘܓܬܐ *chicken*; name of a daughter born to Joachim and Anna, later than Mary, Hist. B.V.M. 15. 4, 5, 6.

ܦܪܘܓܪܐܡܐ πρόγραμμα, *a public notice*, ܦܪܘܓܪܐܡܐ Sev. Lett. 423 ult.

ܦܪܘܓܪܦܐ προγραφή, rhet. *an introductory sentence*, Nöld. F. S. 484.

ܦܪܘܕܝܛܝ Ἀφροδίτη, col. 3244. a name for brass, Chimie 4. 9; ܦܪܘܕܝ abbrev. of the same, ib. 45. 15.

ܦܪܘܕܝܩܛܝܩܝ προδεικτική, *foreseeing*, ܦܪܘܕܝܩܛܝܩܝ BH. Econ. iii. 1.

ܦܪܘܣܛܐܢܐ Πρόσταμα but on coins *Prostanna*, a city of Pisidia, Nöld. F. S. 473. 107.

ܦܪܘܛܪܝܢܘ Προτεριάνοι, *Proterians*, Sev. Lett. 314. 20. See ܦܪܘܛܪܝܢܘ col. 3259.

ܦܪܘܟ ܐܒܕ Pers. فرخ *fortunate* + آباد *abode, city*. *Pharokh Abad*, a village of Adiabene, Chast. 18. 12.

ܦܪܘܟܒܢܕܕ pr.n.m. Pers. فرخ *fortunate* + بنداد *origin, stock*. *Farrukhbindad* or *Wandad*, Hist. Mon. i. 109. 9, Pers. Mart. 289, 297.

ܦܪܘܟܕܕ pr.n.m. Pers. فرخ + داد *Happy Gift*. *Pharokhdad*, Jab. 253. 1.

ܦܪܘܟܝܪܘܣ πρόχειρος, *a manual, table*, R.O.C. xv. 240.

ܦܪܘܠܐܘܣ Anecd. Syr. iii. 171. 26. Hoffmann suggests ܦܪܘܠܐܘܣ for ܦܪܘܠܐܘܣ παιδολέτις, παιδολέτορες, *the infanticide* (monks) but Kugener, R.O.C. v. 463 infra, rejects this as it would entail six further corrections. Hamilton and Brooks regard the word as a pr. n. mis-spelt, Chron. Zach. 111. Brooks, Hist. Zach. 217. 8 and n. suggests ܦܪܘܣܘܡܘ or ܦܪܘܕܠܝܣ.

ܦܪܘܠܘܓܘܣ col. 3246. πρόλογος. Pl. ܦܪܘܠܘܓܘ *preliminary considerations*, BH. Theol. 4. 6, 7.

ܦܪܘܡܐܟܘܣ = ܦܪܘܡܐܟܘܣ πυρίμαχος, *fire-proof*, Chimie 17. 23.

ܦܪܘܡܢܣܘܣ *Primnessus*, a city of Phrygia, Nöld. F. S. 474. 129.

ܦܪܘܡܝܘܢ col. 3246 infr. προοίμιον, *preface, exordium, introduction*, ܦܪܘܡܝܘܢ ܐܘܡܠܐ Sev. Lett. 70. 8, 184. 1; pl. ܦܪܘܡܝܘܢ ib. 357. 2; Nöld. F. S. 484. 2.

ܦܪܘܡܢܕܪ usually ܦܪܘܡܢܕܪ q. v. col. 3267. παραμονάριος, *keeper of a church or shrine*, Sev. Ant. Vit. 63. 12, R.O.C. iv. 344.

ܦܪܘܡܢܕܪ Lat. primicerius, *proto-notary*, ܦܪܘܡܢܕܪ Sev. Ant. Vit. 25. 5.

ܦܪܘܣܐ prob. a weapon of Northern barbarians, Jos. Styl. 62. 13 where Wright accepts Bensley's conjecture of ܦܪܘܣܐ *clubs, cudgels*; ܦܪܘܣܐ Ephr. ed. Lamy iii. 199, cf. ܦܪܘܣܐ Gest. Alex. 264. 8 which Budge thinks is the same word.

ܦܪܘܣܐ *a runner*, see ܦܪܘܣܐ col. 1426. 8 of par.

ܦܪܘܣ φόρος, *tribute*, Anecd. Syr. iii. 203. 6.

ܦܪܘܣܠܘܢ ὁ Ποσάλων or Πόσσαλα in Lycaonia, perh. *Passala = Thebasa*, Ramsay's Asia Minor 339, Nöld. F. S. 473. 102.

ܦܪܘܣܕܝܐ col. 3247. Lat. praesidia, *fortresses, fortified palaces*, Anecd. Syr. ii. 329. 1. Delete ll. 3 and 4 of par.

ܦܪܘܣܕܝܘܪܝܣܡܢܘܣ col. 3248. προσδιωρισμένος, *definite*. Add fem. ܦܪܘܣܕܝܘܪܝܣܡܢܐ with ܠܐ = ܠܐ ܡܬܚܟܡܢܐ BH. Periherm. 2. 2 bis.

ܦܪܘܣܕܝܘܪܝܣܡܘܣ col. 3247. προσδιωρισμός, *a corollary*, BH. Periherm. 2. 2, Tekkaf. 33.

ܦܪܘܣܘܣ *Prusa*, in Bithynia, now Broussa, Nöld. F. S. 475. 139. See ܦܪܘܣܐܠܣ and ܦܪܘܣܐܡܐ col. 3247.

ܦܪܘܣܛܝܘܢ, προάστειον, *a house near a city, country house*, Pet. Ib. 15. 15, ܦܪܘܣܛܝܘܢ ib. 105. 1, A. M. B. v. 554, ܦܪܘܣܛܝܘܢ ܕܡܕܝܢܬܐ *suburb of* Alexandria, ib. 558. 14.

ܦܪܘܣܛܣܝܐ and ܦܪܘܣܛܣܝܐ col. 3249. προστασία. Delete "forte." *Support, defence*, Pet. Ib. 70. 8. ܕܢܣܒ ܦܪܘܣܛܣܝܐ *to obtain support, countenance*, Jab. 279. 13, Syn. Or. 73 antep. but *to protect, support*, ib. 565. 15.

ܦܪܘܣܠܝܢܘܢ [ἀ]φροσέληνον, *selenite, talc* ܦܪܘܣܠܝܢܘܢ ܕܗܘ ܐܚܐ ܗ̄. ܘܚܠܐ ܘܡܐܚܕ ܦܪܘܣܠܝܢܘܢ ܕܪܐܥܐ ܠܚܡ Chimie 9. 6, 7, ܘܣܝܡ ܠܚܡ ib. 86. 3. See Diosc. v. clviii under σεληνίτης λίθος.

ܦܪܘܣܝܣܘܬܐܣ προσισωθεῖσαι from προσισόω? R. Duval *equal*, Chimie 100. 23.

ܦܪܘܣܦܘܢܣܝܣ col. 3249. προσφώνησις, an *address*, add: Sev. Ant. Vit. 322. 4.

ܦܪܘܣܦܘܢܗܣܐ with ܠܘܬ προσεφώνησε, *he addressed, dedicated*, Sev. Ant. Vit. 105. 11.

ܦܪܘܣܦܘܪܐ adj. from προσφορά, *an oblational hymn*, ܡܕܢܚܝܐ ܕܐܣܝܐ ܘܕܚܕܡܝܡ ܦܪܘܣܦܘܪܐ ܕܚܕܒܫܒܐ ܘܣܝܡ Sev. Ant. Hymns 674 tit. 681 tit.

ܦܪܘܩܝܣܝܣ παροίκησις, *a dwelling beside*; with ܠܘܬ παροικίσαι *to settle near*, A. M. B. iii. 298 ult.

ܦܪܘܪܐ *a thin paste*, "une bouillie", Chimie iii. 32. 2, 3, 52. 2.

ܦܪܘܪܐ *an Indian race*, Anecd. Syr. iii. 335. 3.

ܦܪܘܪܬܟ Pehlevi fravartak, *a letter, writing*, Syn. Or. 19. 10; ܡܐܟܠܐ ܗܘ ܘܦܪܘܪܬܟ A. M. B. ii. 136. 7.

ܦܪܘܪܕܝܓܢ col. 3251. a Magian Feast, Pers. Mart. 79 = Jab. 351 with gloss ܐܘ ܦܪܘܪܬܟ ܗ̄: ܦܪܘܪܕܝܓܢ: ܡܫܬܠ ܢܝܗܕܘ. This Feast was connected with the vernal equinox.

ܦܪܘܪܕܝܢ Pers. فروردين col. 3251. *a) a guardian angel. b) name of the 1st Persian month* = March.

ܦܪܘܗܪ Pehlevi fravashi, *guardian angels.* See preceding paragraphs.

ܦܪܘܬܐܘܪܝܐ col. 3252. προθεωρία, *preface* e.g. to books of Aristotle, in But. Sap. to Econ., Eth., Periherm &c., Poet. Arist. 114. 3.

ܦܪܘܠܐ col. 3252. par. 4. *a latrine.* Corr. ref. to ܦܪܘܙܘܡܐ col. 3244.

ܦܪܙܐ܇ *almond*, Budge. ܦܪܙܐ ܘܚܠܒܐ prescribed for pleurisy, Med. 576. 7.

ܦܪܙܠܐ col. 3253. *iron.* Add: ܦܪܙܠܐ ܗܘ ܐܠܡܘ ܕܗܘ ܦܘܠܕܐ *Indian iron = steel*, Chimie 21. 14, ܦܘܠܕ ib. 52. 18.

ܦܪܙܠܬܐ f. pl. *iron tools*, ܐܕܘܡܝ ܦܪܙܠܬܐ ܕܦܠܚܘܬܐ ܦܟܣ Pallad. 700. 10.

ܦܪܙܠܢܝܐ *ferruginous*, Chimie 12. 10, ܦܪܙܠܢܝܐ f. ib. 8. 1, 47. 13.

ܦܪܙܚܠܐ f. *a splinter* or *flake of iron*, Med. 584. 11.

ܦܪܚ col. 3254. 12 of par. *to float*? ܦܪܚܬܐ ܚܡܫܬܩܘܦܠܐ ܘܚܕܣܢ ܦܪܚܣܝܢ N. Hist. vii. 2. 2. Pa. ܦܪܚ *to make to fly, to carry, convey*; the Holy Spirit ܦܪܚܐ ܕܩܕܫܐ ܘܡܬܠ ܦܪܣܢܐܝܬ ܠܦܝܠܝܦܘܣ Ephr. ed. Lamy iii. 235 on Acts viii. 39.

ܦܪܚܬܐ col. 3255. f. *flight*, add ref. ܦܪܚܣܟܐ ܘܡܩܛܪܐ ܚܠܐ ܦܪܚܣܘܐܠܐ ܡܚܬܒܡ, G. Busâmé 37 b 10, 11.

ܦܪܚܐ m. *flight, power of flying*, Natur 27. 8.

ܦܪܚܬܐ col. 3256. 7. *a winged insect*, ܦܪܚܬܐ ܡܓܒܠܐ N. Hist. vii. 1. 1.

ܦܪܚܣܢܐ *spendthrift*, ܗܣܢܝܒ ܘܦܪܚܣܢܝܒ" But. Sap. Eth. 3. 3.

ܦܪܚܕ pr.n.m. Pers. فرخاد *victorious, Parkhad*, R. O. C. iv. 167.

ܦܪܛ col. 3257. *to burst, break*, ܚܦܛ ܚܒܠܐ ܘܦܪܛ *the necklace broke and* the pearls were *scattered*, Jac. Sar. Hom. iii. 157. 10. Aph. ܐܦܪܛ *to dissipate, make havoc of*, ܘܐܦܪܛ ܐܠܗܝ ܡܚܕܬܐ ܘܚܬܠܐ Sev. Lett. 128. 3 af.

ܦܪܛܐ *a section, half* the pinion of a bird, ܦܪܛܐ Med. 593. 7, 9.

ܦܪܛܘܪܐ col. 3258. add: *an official in the Praetor's office*, L. E. S. 159. 3.

ܦܪܰܬܟܣܺܝܣ *παράταξις*, *an army in array*, ܗܰܝܠܳܐ ܕܦܪܰܬܟܣܺܝܣ Anecd. Syr. iii. 128. 21.

ܦܪܰܩܠܺܝܛܶܐ m. pl. *guardian saints*, add ref. A.M.B. vi. 33 ult., i. q. ܦܪܰܩܠܺܝܛܳܐ ib. 48 pen.

ܦܰܪܺܝܶܐ m. pl. *inhabitants of the city* ܦܰܪܺܝ *Perrhe*, Anecd. Syr. iii. 316. 19.

ܦܪܰܩܛܺܝܩܺܝ *πρακτική*, *Practice*, one of the books of Mar Aba, Syn. Or. 69. 22. See ܦܪܰܩܛܺܝܩܺܝ col. 3298.

ܦܰܪܺܝܣܰܓ a royal city of India, Anecd. Syr. iii. 335. 19.

ܦܰܪܺܝܕܽܘܛܳܐ col. 3260. Originally the deputy of the chorepiscopus, Maclean.

ܦܰܪܺܝܕܽܘܛܽܘܬܳܐ *office of a periodeutes* or *chorepiscopus*, Sev. Lett. 123. 5.

ܦܰܪܺܝܦ pr. n. m. Gest. Alex. 207. 8, 208. 6, 8. Nöld. identifies him with a notorious robber chief who lived towards the close of the Sassanid empire, ZDMG. xlv. 318. 26 ff.

ܦܰܪܺܝܙ the city of *Paris*, Jab. 68. 6.

ܦܰܪܺܝܡܒܘܠܺܐ so Guidi corrects for ܗܰܘ ܕܒܥܰܠ *παρεμβολή*, *camps*, *barracks*, Zach. Brooks 197, 11, Bull. Arch. Rom. xii. 222; Mich. Syr. 310. 15. Cf. ܦܰܪܺܡܒܘܠܳܐ.

ܦܪܺܝܡܩܺܪܺܝܳܐ Lat. *primicerius*, *chief of a cohort*, Pléroph. 68. 1.

ܦܰܪܺܝܣܰܓ *Parisag*, to whom the Earth, a young virgin, betrothed herself, Coupes ii. 112.

ܦܪܺܝܣܛܺܝܪ col. 3261. *πρηστήρ*, a kind of meteor; *a violent wind*, ܦܪܺܝܣܛܺܝܪ ܕܡܶܢ N. Hist. v. 4. 2; pl. ܦܪܺܝܣܛܺܝܪܶܐ ib. 1. 3; ܦܪܺܝܣܛܺܝܪܶܐ ib.

ܦܰܪܺܝܣܦܽܘܡܶܢܳܘܣ *περισπώμενος*, *marked with a circumflex*, Epiph. 7. 6.

ܦܰܪܺܝܦܠܶܘܡܽܘܢܺܝܰܐ *περιπλευμονία*, *inflammation of the lungs*, Med. 189. 20, 234. 5.

ܦܰܪܶܟ col. 3262. *to rub*, *crumble*, imper. ܦܰܪܶܟܝ Chimie 33. 20. Ethpe. ܐܶܬܦܪܶܟ *to be friable*, Chimie 52. 6. Pa. ܦܰܪܶܟ *to rub*, ܦܰܪܶܟ Hormizd 1455; ܦܰܪܶܟ ܐܰܦܰܘܗܝ ܡܶܢ ܒܶܗܬܬܳܐ *Nero rubbed his face in confusion*,

Mart. Luc. ed. Nau 164 ult. Palel ܦܰܪܟܶܟ *to break into small pieces*, part. ܡܦܰܪܟܶܟ. ܐܰܝܟ ܕܡܦܰܪܟܟܺܝܢ ܒܰܪܒܳܐ *broken*, *shattered*, *crumbled*, N. Hist. iii. i. sect. 2.

ܦܰܪܟܽܘܟܳܐ *friable*, Chimie 44. 16.

ܦܰܪܽܘܚ pr. n. m. Pers. فرخ *Fortunate*, *Farrukhân*, son of the Parthian Artaban and maternal grandfather of Sapor I, ZDMG. lvii. 563. 2.

ܦܪܰܟ col. 3264. *to bind*, *συνδέοντα*, ܠܚܰܣܡܳܐ ܕܚܰܣܡܺܝܢ ܘܠܐ ܣܳܡܩܺܝܢ ܡܶܢܗܽܘܢ Greg. Carm. ii. 18. 13. Ethpal ܐܶܬܦܰܪܰܟ *to be fast bound*, ܐܶܬܦܰܪܰܟܘ ܒܕܶܚܠܬܳܐ Tekkaf. 154.

ܦܰܪܟܶܐ m. pl. Dion. 151. 20 for ܡܰܓ̈ܕܠܶܐ *towers*: see ܦܰܪܟܶܐ col. 3072.

ܦܪܰܟܣܺܝܐ (Eu)*praxia*, Jan. 12, Syr. Melchite Lit., Or. Xt. iv. 118. 10.

ܦܪܰܟܣܺܝܡܰܛܣܡܽܘܣ col. 3265. *παρασχηματιστικοί* books *about changes* or *reforms*. So correct ܦܪܰܟܣܺܝܡܰܛܣܡܽܘܣ *reforms*, Syn. Or. 69. 17 and so correct ܦܪܰܟܣܺܝܡܰܛܣܡܽܘܣ ib. l. 24.

ܦܪܰܟܠܐ pr. n. m. a deacon, A.M.B. iii. 323.

ܦܰܪܰܠܘܣ pr. n. m. *Πάραλος*? *Paralios*, Sev. Ant. Vit. 14. 1, 5, 37. 3; ܦܰܪܰܠܘܣ ib. 15. 3.

ܦܪܰܡ col. 3266. Pa. ܦܰܪܶܡ *to cut up*, ܘܰܦܪܰܡܬ݀ ܦܰܪܡܰܟ *she cut up rags* to stuff cushions, Anecd. Syr. ii. 199. 18.

ܦܰܪܢܶܐ m. pl. place-name, *Perne*, Hist. Mon. i. lxiv. n., Pallad. 472, 603.

ܦܰܪܶܡܒܘܠܳܐ *παρεμβολή*, *the Camp*, in Nicopolis, now Ramleh, Amélineau 31, A.M.B. 555. 6.

ܦܰܪܡܰܐܦܳܐ col. 3267. *a powder for the eyes*, ref. Med. 84. 5, 10.

ܦܰܪܡܺܝܣ place-name, *Parmis*, Pallad. 595.

ܦܰܪܡܶܢܺܝܕܶܣ *Παρμενίδης*, *Parmenides*, Hebraica iii. 250. 10.

ܦܰܪܢܽܘܣ *the diaphragm*, Med. 129. 22, 131. 7, *πρόνοος* (Budge) the diaphragm considered as the seat of *discernment*, ib. 226. 5, 7.

ܦܰܪܢܐ prob. of *Paran*, ܦܰܪܢܐ ܐܶܙܰܠ ܠܰܒܢܰܝ̈ܐ Pallad. 621. 12.

ܦܰܪܢܺܝܛܽܘܢ pr. n. m. *Parniton*, Pallad. 57. 12 = A.M.B. v. 75. 14.

ܦܲܪ̈ܢܫܵܐ pl. f. *turtle doves*, Budge, Med. 137. 21.

ܦܲܪܢܥܵܐ (ܕܘܿܠܐ) see ܡܥܕܕܠܐ above.

ܦܲܪܢܫܵܐ pr.n.m. Pers. *Phranses or Farr-Narses* from ܢܘܼܪܐ *a holy Fire.* Pers. Mart. 289. ܦܲܪܢܫܵܐ ܚܙܝܼ Hist. Mon. i. 109. 6, ii. 241 n. 3 = B.O. iii. i. 479 col. 3272. Badger, Nestorians ii. 307, M.Z. 203. 16.

ܦܲܪܢܫܵܐ ܦܲܪܢܫܵܐ *France*, ܐܘܿ ܦܲܪܢܫܵܐ Jab. 68. 5.

ܦܲܪܢܣܝܣ pr.n.m. *Francis.* Or ܕܦܪܢܣܝܣ of *France*, Jab. 69. 3 and n.

ܦܲܪܣ col. 3272. *Fars, the province east of the Persian Gulf*, Syn. Or. 679, 257 n. 2; ܘܕܦܪܣ ܐܘܪܗܩܘܣܗܐ ib. 19. 16, 53. 6, 62. 6, ܘܕܦܪܣ ܢܘܿܫܝܼܐ ib. 72. 26.

ܦܪܲܣ. Ethpa. ܐܬܦܲܪܲܣ denom. verb from ܦܲܪܣܵܐ *a portion.* col. 3276. 16. *to allow, put upon allowance; to be divided into portions*, ܠܚܣܚܵܐ ܐܚܘܿܕܵܐ ܘܡܬܦܲܪܲܣ ܗܘܵܐ ܟܗ ܡܚܝܼܠܐ *a little bread of which he allowed himself small portions*, Hist. Mon. i. 126. 20. Probably Kal-w-Dim. 4. 6 should be transferred hither from Ethpe. col. 3276.

ܦܲܪܣܵܐ col. 3278. *thick cloth,* ܦܪܣܐ ܘܣܥܪܐ *hair cloth*, Patr. Or. v. 5. 725. 1, 747 pen. *A rug, carpet*, ܦܪܣܐ ܕܥܒܕܠܢ El. Nis. Chron. 202. 6.

ܦܲܪܣܘܼܢ 1) prob. ܦܲܪܣܵܢܐ *a provider*, ܚܒܝܚܘ ܡܿܢ ܕܲܦܝܼܟ ܟܡܿ ܦܲܪܣܘܼܢܐ ܘܐܟܘܼܠ ܚܣܕܝܼܟܐ Ephr. Jos. 313. 12. 2) *a hoof*, see col. 3280. 3) ܦܲܪܣܘܼܢܐ for ܦܲܪܣ ܥܢܒܼܐ *grape stones*, Med. 569. 5.

ܦܲܪܣܟܐ *the peach tree*, Chimie 48. 17.

ܦܲܪܣܐܘܣ *Perseus*, Arist. Apol. ܚܡ. 18.

ܦܲܪܣܲܓܡܐ πρόσταγμα, *an imperial rescript*, add: A.M.B. iii. 233, Bar Penk. 118. 5, Jul. 66. 17.

ܦܲܪܣܛܠܘܢ col. 3281. περίστυλον, *a peristyle, inner court with a colonnade, a pillared corridor*, ܚܣܕܝܐ ܕܕܪܬܐ ܘܦܲܪܣܛܠܘܿܢܐ Zach. Br. ii. 195. 12, Guidi Bull. Arch. Rom. xii. 221 and n.

ܦܲܪܣܝܢ πράσιον, *horehound*, refs. Med. 49. 5, 50. 5, 209. 17, 21 and often.

ܦܲܪܣܝܢܐ col. 3281. πράσινος, *the Green Faction at Constantinople*, add: ܦܪܣܝܢܐ Sev. Ant. Vit. 101, marg. gloss to l. 6.

ܦܲܪܣܡܐ m.pl. *an Indian people*, Anecd. Syr. iii. 335. 3.

ܦܲܪܣܡܠܝܢ col. 3282. *selenite, talc*, Chimie 10. 5. Usually ܦܲܪܣܡܠܝܢ q. v.

ܦܲܪܥ col. 3282. Part. ܡܲܦܪܲܥ add: *few, scattered*, Hormizd 2793 with gloss ܕܟܠܝܠ Ethpa. ܐܬܦܲܪܲܥ *to swell out*, add ref. ܠܡܥܒܕ ܘܡܚܙܘܼܪܗ ܕܚܙܘܼܪ ܥܡ ܡܚܦܲܪܥܼܡܐ N. Hist. iii. cap. 1, sect. 2 infra.

ܦܲܪܣܵܬܐ, ܦܲܪܣܲܚܝܵܐ *hoofed*, N. Hist. vii. 1. 4.

ܦܲܪܣܦܘܿܢܣܝܣ προσφώνησις, *a public address*, Anecd. Syr. iii. 122. 19, 189. 16.

ܦܲܪܣܬܐ f. *a hoof,* ܦܲܪܣܬ ܚܡܪܐ *an ass's hoof*, Med. 172. 15, 558. 13.

ܦܲܪܣܵܢ and ܦܲܪܣܵܢܠ *having strong hoofs*, Ahikar ܩܡܗ. 15, N. Hist. vii. 1. 4.

ܦܲܪܣܬܡܐ col. 3283. *a legate, official of the Shah*, ref. Jesus-Sabran 522. 4 af., 533. 17 transl. 493 n. 2.

ܦܲܪܨ Pass. part. col. 3284. ܦܪܝܨ, ܦܡܟܠ *bare*; ܣܛܐܵܐ ܡܣܬܐܠܐ ܘܦܪܣܝܐܠ G. Warda ed. A. Deutsch 7. 13.

ܦܲܪܨܘܿܦܐ col. 3286. gram. *relating to, demonstrative,* ܘܕܘܵܗ ܡܠܐ ܦܪܨܘܿܦܐ ܕܘܵܗ ܘܕܘܿ ܐܘܡܪ ܕܘܿ Hebraica iv. 169. 10.

ܦܲܪܨܘܼܦܐ 1) *derivative* opp. ܦܲܪܨܘܼܢܐ *radical*, But. Sap. Periherm. ii. 5, iii. 2. 2) *fissured*, ܕܘܟܬܐ ܦܲܪܨܘܼܦܐ ܘܡܬܒܣܝܵܐ *localities which have fissured and porous depths have especially violent earthquakes*, N. Hist. iv. 11. 3.

ܦܲܪܨܘܼܦܠܐ Lat. praepositus, *a prefect, governor*, A.M.B. v. 536 with gloss : ܦܲܪܨܘܼܦܐ ܓܡܠ : ܗܿ.

ܦܲܪܨܘܼܦܝܛܝܢ pr.n.m. Πορφυρίτων, *Porphyrites*, Pallad. 215. 13,

ܦܲܪܨܦ col. 3290. *to gargle*, ܬܠܚܙܘܢ ܚܣܥܦܣܐ ܦܲܪܨܦ Med. 168. 12, 15, 17, 20. Ethpalpal ܐܬܦܲܪܨܦ *to splash, souse, so correct for* ܐܚܕܐܠ ܐܣܝ ܘܗܿ ܘܡܚܕܨܣܐ; or ܘܡܚܦܪܨܦܐ ܘܗܿܣ ܘܚܲܣܒܐ ܡܚܕܨܦܐ *I sweated as if I had been doused with water*, Mar Marc. 164. 14.

ܦܪܙܐ Pers. پرپر *a small coin.* The Pope gave to each ܦܪܙܐ ܘܐܘܪܐ ܘܐܚܕܝܢ ܠܐܘܡܐ ܘܡܐܐܚܐ *two sheets of gold and thirty silver coins,* Jab. 80. 9.

ܦܪܙܝܢ *purple,* Chimie 53. 17.

ܦܪܙܠܐ col. 3291. *a pip, grain.* F. pl. ܦܪܙܠܐ pomegranate *seeds,* Med. 556. 18, 565. 4; ܦܪܙܠܐ ܣܩܘܒܠܐ so correct for ܦܪܙܠܐ *small unripe grapes,* ib. 137. 22. 2) *a fragment, splinter* of ice, ܦܪܙܠܐ ܕܩܘܡܬܐ ܘܚܪܘ ܘܫܠܐܕܬܐ ܣܣܣܣܣܣ *its splinters melt and become small and by slow friction of the air their angles are broken off and they are rounded into hailstones,* N. Hist. v. 1. 3.

ܦܪܙܘܦܐ col. 3291. Add: *the Patron Saint* of a Church, Maclean. *A representative,* with ܡܠܠ to represent, ܡܠܠܐܩܐ ܕܐܝܬܝܗܘܢ ܘܡܚܙܝܢ ܦܪܙܘܦܐ ܡܢܐ ܘܡܦܩܝܢ ܠܢܦܫܗܘܢ Nest. Hérac. 83. 12. With ܐܬܚܙܝ *to be apparent, likely* ܐܬܚܙܝ ܐܣܒܐܠ ܕܡܚܕܐܬ ܠܗܘܢ ܘܩܡܠ ܦܪܙܘܦܐ *he alleged another pretext which seemed to have some likelihood,* Coupes ii. 132. *Appearance,* ܦܪܙܘܦܐ ܕܫܡܗܘܬܐ Is. Nin. B. 153. 17; ܦܪܙܘܦܐ ܕܫܦܝܪܘܬܐ *seemliness,* Sev. Lett. 104. 18.

ܦܪܙ col. 3293. With ܛܝܡܐ *to settle a price,* ܘܦܪܙ ܠܗܘܢ ܐܓܪܐ *they settled the wage for reaping a field,* Pallad. 548. 8.

ܦܪܙܘܡܐ col. 3295. *a mulct, forfeit,* ܘܙܕܩܐ Dion. 109. 20, 23, 103. 11, 184. 15; written ܦܪܙܘܡܐ ib. 135. 5.

ܦܪܙܐ col. 3296. *a rag, piece of cloth,* ܘܩܠܠܐ Chimie 17. 10, 34. 8, ܘܚܡܪܐ ib. 28. 7; *a bandage* ܦܪܙܐ ܥܠ ܡܩܒܪܘ ܗܘܬ ܟܠܐ ܙܗܐ with gloss ܥܨܒܐ ܘܚܐܠ, A.M.B. vii. 118. So correct for ܦܪܙܐ ܘܕܡܐܠ Ephr. ed. Lamy iii. 297.

ܦܪܙܘܢ for ܦܪܙܘܢܐ *right of redemption,* Dion. 184. 10.

ܦܪܙܘܢ Lat. praeco, -onis, *a crier,* Stud. Syr. ii. 3. 5.

ܦܪܙܠܐ φράκτης, *a screen, lattice,* ܦܪܙܠܐ ܘܟܠܗ ܐܦܘ ܡܛܠ Hist. Mon. i. 306. 19.

ܦܪܟܛܝܩܘܣ πρακτικός, *energetic,* Anecd. Syr. iii. 183. 17, 192. 7, ܦܪܟܛܝܩܘܣ ib. 135. 8.

ܦܪܟܐ *Africa,* Dion. 88. 14.

ܦܪܣܡܐ col. 3297. *a drain, sewer, conduit,* Jab. 254. 18.

ܦܪܣܐ m. pl. *towers, turrets,* Dion. 122. 16. See ܦܪܣܐ col. 3072.

ܦܪܙܒܝܠ Fr. frères, col. 3299. Correct as Bedj. BH Chr. 462 ult. ܐܢܝܢ ܦܪܙܒܝܠ ܘܐܚܐ ܘܐܣܦܝܛܠܐܪܝܐ *Brethren (Frères) Templars and Hospitallers.*

ܦܪܫ Pass. part. ܦܪܝܫܐ, ܦܪܝܫܐ 3) add: ܦܪܝܫܐ ܠܒܘܫܐ *special vestments* worn for the procession, Brev. Chald. i. ܥܡ pen., ܠܚܡܐ ܦܪܝܫܐ ܘܚܡܪܐ Brev. Ant. i. Cal. 62 *b* 15. Pael ܦܪܫ. Part. ܡܦܪܫܐ col. 3303 infra. Add: ܡܦܪܫܐ ܠܐ ܡܦܪܫܐ ܘܢܣܝܒ ἀδιάκριτοι, B H. on Prov. 21. 1, ܘܝܚܝܕܝ ܘܡܦܪܫܝ *the separate Gospels* opp. the Diatessaron or Harmony col. 3304 supra, add: Lewis's Four Gospels xxii, Burkitt's Evang. da Mepharreshe ii Introd. ܡܦܪܫ ܡܪܡܚܠܐ corr. *it aids digestion,* BH. de Pl. 152.

ܦܪܘܫܐ, ܦܪܘܫܘܬܐ *distinguishing, differentiating* opp. ܦܪܢܣܝܘܬܐ But. Sap. Philos. 6. 5.

ܦܪܘܣܬܐ col. 3305 infra. *a portion, loaf* for the Eucharist, Takhsa 109. 7, ܦܪܘܣܬܐ ܘܣܡܒܝܪ ib. 166. 22, 167. 2, 13, 21. Pl. *oblations,* A.M.B. v. 621. 6, 8; ܦܪܘܣܬܐ ܘܠܒܫ *the Holy Eucharist,* ib. 625. 17. *A portion = food, a meal,* Pallad. 460. 1, 461. 2, 519. 14, 568. 19, 635. 6, 713 ult.

ܡܚܐ ܘܫܚܡܙܐ ܦܪܫܡܐ *dividing:* add: *the diaphragm,* Med. 223. 6, 225. 4.

ܡܦܪܫܐܝܬ *by differentiating* opp. ܡܣܒܪܢܐܝܬ *by inference,* both adverbs used with ܥܡ But. Sap. Philos. 6. 5.

ܡܦܪܫܢܘܬܐ add: *distance,* Sev. C. L. 333. 11.

ܡܦܪܫܢܐ *separating,* add: ܝܘܡܐ ܡܦܪܫܢܐ *the Day of Judgement,* Philox. 8.

ܡܕܦܪܫܢܘܬܐ ܦܪܫܘܬܐ f. *separation,* ܘܒܩܠ ܥܡ ܡܚܘܝܢܐ Dion. 79. 19.

ܦܪܫܘܟܪ Zend Frashôkara, *the Forwarder, Helper of progress,* Yasht xiv. 28, Vendidad Introd. v. 8, iv. xi. Nöld. Frašokereti, ZDMG.

xliii. 676 note on Ebed J. Cumont suggests frashagar, *the Renewer*, "le rénovateur," Cosmog. Manichéenne i. 8, n. 2, A.M.B. ii. 597, ܦܠܚܝ̈ ܕܦܪܫܘܟܪ *servants of Frashokar* =*flatterers and haters*, Ebed J. Card. 101. 13. For further refs. and explanations see ܐܦܪܫܘܟܪ.

ܦܪܬ col. 3311. *to split, burst open*, vipers at their birth ܦܪܬܝܢ ܠܟܪܣܗܘܢ Warda 36 *r*. Ethpe. ܐܬܦܪܬ *to be burst, broken* ܕܠܐ ܬܬܦܪܬ ܥܠܩܬܐ *lest the leech break*, Med. 214. 21.

ܦܪܬܚ col. 3313. Ethpa. ܐܬܦܪܬܚ *to have a splitting headache*, ܡܬܦܪܬܚ ܗܘܐ ܪܝܫܗ Dion. 126. 13. Metaph. *to be crushed with grief*, Hist. Mon. i. 206. 5.

ܦܪܬܢܝܐ *fibrous*, ܩܢܝܐ ܦܪܬܢܝܐ *fibrous stalks*, Pet. Ib. 28. 19.

ܦܪܬܟ col. 3313. Ethpal. ܐܬܦܪܬܟ *to be cleft, divided*, ܡܬܦܪܬܟܐ ܐܝܟ ܓܦܣܐ *it has the cleavage of gypsum*, Chimie 9. 8. ܡܬܦܪܬܟ ܩܝܪܐ ܚܡܪܐ ܘܡܬܦܠܓ ܠܦܬܘܬܐ asphalt *is broken up and divided into small pieces*, Natur 47. 10.

ܦܪܬܘܬܐ so correct for ܦܪܬܘܬܐ ܕܕܗܒܐ *grains of gold*, Chimie 49. 10 see 251 med. ܦܪܬܘܬܐ *fragments*, ib. 233 n. 2.

ܡܦܪܬܢܝܬܐ *doubtful*, But. Sap. Bk. ii. Ch. i. Pt. 2.

ܦܪܬܢܝܘܣ pr.n.m. Παρθένιος, *Parthenius*, Jo. Tell. 82. 8.

ܦܣܘܠܝܢܐ col. 3315. 7 of par. *Plantago psyllium, flea-bane*, ܙܪܥ ܦܣܘܠܝܢܐ Med. 603, Ar.PflnN. 314.

ܦܫ col. 3315. Aph. ܐܦܫ delete and see BA. Cod. Goth. 2605 ܐܦܫܝܢ ܠܟܣܦܐ ܘܠܕܗܒܐ. 2604 also has ܕܡܫܐ ܐܘ ܦܣܝܐ ܡܢ ܗܘܐ. Pauel ܦܘܫܫ *to dissolve*, add: imper. ܦܘܫܫ ܟܦܢܐ Med. 572. 5. Metaph. *to dispel*, ܢܦܫܫ ܘܢܒܕܪ ܚܫܘܟܘܬܗܘܢ Th. Mops. on Jo. 326 ult. Ethpaual ܐܬܦܘܫܫ *to evaporate, be wasted* ܐܬܦܘܫܫ ܡܢ ܩܘܡܬܐ. ܫܠܐ Med. ii. 15, ܡܬܦܘܫܫܐ ܦܓܪܐ ܐܝܟ ܩܛܡܐ ib. 275. 14, 276. 21; *to be dissipated, dispelled*, ܟܦܢܐ ܕܐܬܦܘܫܫ ܟܪܘܒܐ ib. 43. 41.

ܦܘܫܫܐ *evaporation*. Add: ܦܘܫܫܐ ܕܒܠܓܡܐ ܕܡܢ ܚܡܪܐ *dissipation of the fumes of wine*, Med. 41. 23; *waste* ܦܘܫܫܐ ܕܟܠܗ ܦܓܪܐ ib. 277. 10. 289. 24; 290. 4.

ܦܫܚ col. 3316. *to pluck*. Add: ܨܒܝܢ ܗܘܘ ܕܢܦܫܚܘܢ ܠܗܘܢ ܫܘܒܚܐ ܕܓܒܪܐ *they wanted to crab the man's reputation*, Sev. Lett. 377. 15, 378. 13. Pass. part. ܦܫܝܚ *reduced*, Med. 191. 2. Ethpa. ܐܬܦܫܚ add: *to take trouble*, ܠܐ ܐܬܦܫܚܘ ܕܢܫܡܫܘܢ ܩܕܡܘܗܝ of the angels in Isaiah's vision, Narses ed. Ming. ii. 136. 14.

ܦܘܫܚܐ col. 3318. *disappointment* opp. ܣܘܟܝܐ, Ephr. ed. Lamy iv. 429. 7 af.

ܦܫܚܐ *a slip, cutting*, ܦܫܚܐ ܕܓܦܬܐ ܐܘ ܕܙܝܬܐ ܐܘ ܕܦܩܘܣܐ N. Hist. vi. 4. 1.

ܦܫܝܚܘܬܐ col. 3318. *slackness, indifference*, the ref. to Pat. Vit.=A.M.B. v. 29. 13.

ܦܫܝܛܐ. ܦܫܝܛ col. 3319. 3) *simple, not compound*, the four elements, fire, air, water, earth, are ܫܬܩܐ ܦܫܝܛܐ N. Hist. Bk. ii, cap. v. Eccles. *without farcing*, ܐܡܪܝܢ ܐܢܘܢ ܦܫܝܛܐ. ܕܥܡ ܩܢܘܢܐ Brev. Chald. i. 51. 1, ܥܒܕܐ ܦܫܝܛܐ ib. 13. 26, 40. 3. *Absolute*, ܦܫܝܛܐ ܡܠܬܐ opp. ܡܠܬܐ ܡܩܪܒܬܐ, But. Sap. Eth. i. 6. *An ordinary person*, ܦܫܝܛܘܗܝ *its citizens*, id. Pol. 1. 3.

ܦܫܛܐ, ܦܫܛܬܐ col. 3320. *a prayer said with hands outstretched*, ܦܫܛܬܐ opp. ܟܘܢܫܬܐ Bar Sal. in Lit. 52. 10, 55. 6, 72. 6, 7; ܦܫܛܐ ܘܩܘܡܐ Jab. 488. 5.

ܦܫܝܛܐܝܬ col. 3321. Rit. *with outstretched hands*, Takhsa 134. 10. *Simply*, ܦܫܝܛܐܝܬ ܗܢܘܢ ܕܝܢ ܕܠܐ ܩܝܢܬܐ psalms *read* i.e. *not chanted*, Brev. Ant. i. Cal. 53 *b* 4 af.

ܦܫܝܛܘܬܐ add: ܦܫܝܛܘܬ ܢܫܡܬܐ *difficulty of breathing*, Med. 154. 6.

ܡܬܦܫܛܢܘܬܐ with ܠܐ *non-expansion of* the ܪܘܚܐ ܢܦܫܢܝܬܐ *psychic spirit*, N. Hist. viii. 3. 4.

ܦܘܫܩܐ col. 3323. add: *doubtful, embarrassing*, ܠܐܘܚܕܢܐ ܕܦܘܫܩܐ ܡܬܥܒܕܝܢ Sev. Ant. Vit. 106. 11.

ܡܦܫܩܢܐ *doubtful*, ܡܫܡܥܬܐ ܡܦܫܩܢܝܬܐ Sev. Lett. 95. 4.

ܦܫܠ col. 3323. Ethpe. or Ethpa. *to be wrested, perverted*, of Nestorius, ܡܢ ܡܬܦܫܠ Pléroph. 12. 7. Aph. ܐܦܫܠ *to wring, wrench*, ܘܡܦܫܠ ܗܘܐ ܕܐܦܫܠ ܘܐܚܕܗ ܕܡܣܟܢܐ Jab. 548; ܡܦܫܠ ܗܘܐ ܠܟܘܢ so correct for ܡܦܫܠ Pallad. 227. 2.

Ethpaiel ܐܬܦܫܦܫ *to be frizzled up*, with gloss ܐܬܟܡܫ Hormizd 2348.

ܦܫܦܫܐ *a bug*, pl. ܦܫܦܫܐ *bugs*, Anecd. Syr. iv. 100. 24. ܦܫܦܫܬܐ Med. 555. 2.

ܦܫܦܫܝܢ a village near Maiphercat, Dion 53. 18.

ܦܫܦܫܝܢ perh. *a shark*, Ar. FischN. 22, quoted from DBB. 1644, 1393. 9. col. 3326. *Chagrin-roche*, cf. Dozy Suppl. under سفين and Maimonides 'Mischnah: Commentar zu Kelim' 16. 1 ed. Derenbourg 137.

ܦܫܩ col. 3326. *to digest, get rid of* ܒܪܘܚܐ ܕܒܛܢܐ ܕܡܬܥܒܕܐ ܡܢܗ Med. 41. 16. Pass. part. ܦܫܝܩ ܦܫܝܩ add: ܦܫܝܩ ܘܫܛܝܛ *εὐκαταφρόνητος, contemptible* opp. ܠܐ ܦܫܝܩ ܠܐܬܟܬܫܐ *δυσμάχητος, unconquerable*, Sev. Ant. Vit. 240. 7; Pet. Ib. 28. 5. Ethpa. ܐܬܦܫܩ *to be permitted* ܡܠܐ ܕܠܐ ܡܬܦܫܩ ܠܢ ܕܢܟܬܘܒ words *which we may not write down*, Vit. Mon. 87. 10.

ܡܦܫܩܢܐ *interpreter* add: *professor of exegesis*, Journ. As. 1905, 160 n. 3, 162 n. 3, 1906, 275 n., Barḥad. 398 n., Or. Xt. i. 322 pen., 323. 4 af., 332. 4 and nn. 1 and 3.

ܡܦܫܩܢܐܝܬ col. 3328. Delete; it should be ܡܦܫܩܢܐܝܬ.

ܡܦܫܩܢܘܬܐ *exegesis, literal interpretation* of the Holy Scriptures, Journ. As. 1905, 160. 3, 169 ult., 171 n. 3, Narses 32. 1 ult.

ܦܫܪ Pa. ܦܫܪ col. 3329. 2) *to liquefy, melt* ܡܦܫܪ ܠܗܘܢ ܘܡܥܒܕ ܠܗܘܢ ܡܫܚܐ Natur 53. 16; ܦܫܪ ܡܪܘܬܐ Med. 60. 23; ib. 140. 2, 16, 22. Ethpa. ܐܬܦܫܪ *to be melted, melted down* ܢܬܦܫܪܘܢ ܒܡܪܐܐ ܕܥܒܐ Med. 58. 19.

ܦܘܫܪܐ m. *fusion* (of metal), Chimie 52. 17.

ܦܫܘܪܐ 3) add: *liquefying, aiding digestion*, ܡܐܟܠܐ ܦܫܘܪܐ Med. 187. 3.

ܡܬܦܫܪܢܐ col. 3331. *soluble*, add: ܦܫܪ ܡܬܦܫܪܢܐ *liquefy the soluble drugs*, Med. 148. 20, 149. 8.

ܦܫܪ ܡܠܟܐ col. 3331. *Black Bryony*, Med. 264. 1, ܦܫܪܡܠܟܐ l. 15; Ar. PflnN. 91.

ܦܬ. Ethpa. ܐܬܦܬܬ *to be broken, divided* as bread, add ref. S. C. L. 87. 8.

ܦܬܐ or ܦܬܬܐ col. 3332. 8. *A piece of linen*, the priest covers the Mysteries ܒܗ ܐܘ ܕܡܟܣܐ ܒܦܬܐ Bar Sal. in Lit. 88 ult., 89. 1.

ܦܬܐ col. 3333. Ethpa. ܐܬܦܬܝ add: *to become dilated* of the eye, Med. 75. 7; ܐܢ ܬܦܬܐ ܡܚܘܬܐ ܐܬܦܬܝܘܬܐ *if the sore spread to any extent*, ib. 77. 18; ܓܝܕܐ ܕܢܦܩ ܡܢ ܡܘܚܐ ܘܡܬܦܬܐ ܘܡܥܒܕ ܐܕܢܐ *a tendon which proceeds from the brain and spreads out to form the ears*, ib. 99. 18. *To be malleable, capable of extension* as metals, Sev. b. Šakko Z.A. vii. 157. Aph. ܐܦܬܝ *to spread out*, ܐܦܬܝܘ ܛܝܝܐ ܥܠ ܐܪܥܬܗܘܢ *the Arabs spread over their lands*, Dion. 52. 7; ܥܠ ܥܒܕܐ ܕܐܦܬܝܘ ܚܪܢ *of slaves who overspread Harran* i.e. *who revolted*, Chab. ib. 117 pen.

ܐܦܬܐ col. 3334. *room, opportunity.* But ܐܦܬܐ ܕܥܡܪܐ ܕܚܕܡܐ correct ܦܬܐ *a scrap of woollen cloth*, Med. 103. 20.

ܦܘܬܝܘܬܐ *expansion, dilatation* of metals, Sev. bar Šakku, Z.A. xii. 158. 2. For ܦܬܝܘܬܐ *breadth*, ܐܘܪܟܐ ܘܦܬܝܘܬܐ Jac. Sar. Hom. iii. 143. 18, 20, 21.

ܦܬܝܐ col. 3334. *breadth*, ܦܬܝܐ ܕܐܦܬܝܘܬܗܘܢ Bar Penk. 104. 15. Metaph. *superabundance*, ܦܬܝܐ ܕܪܚܡܐ ܚܝܬܝܬܐ Jul. 220. 9.

ܦܬܘܠܐ (ܦܬܘܠܐ) *Pattula* (?) name of a scribe, in a colophon, Kal-w-Dim. ed. Bickell 152 *a*.

ܦܬܚ col. 3337. *to open.* Add: ܦܬܚ ܚܙܘܗ *it begins to look bright*, Chimie 24 antep., 99. 16 and cf. trad. 47 n. 2. Pass. part. ܦܬܝܚ, ܦܬܝܚܐ ܦܬܝܚ *open.* Add: birds ܦܬܝܚܝ ܡܡܠܠܐ *able to speak*, N. Hist. vii. 6. 3.

ܦܬܚܐ col. 3339. Add: *an opening, cut* in the veins, Med. 271. 9.

ܦܬܝܚܘܬܐ *an opening.* Add: *rupture, internal haemorrhage*, Med. 200. 4.

ܦܬܚܘܬ ܦܘܡܐ add: *freedom of speech, free utterance*, Ephr. ed. Lamy iii. 59. 13; ܡܦܬܚ ܦܘܡܐ *an opening for argument*, id. Ref. ii. 142. 11.

ܡܬܦܬܚܢܘܬܐ *the being opened* (of the womb), N. Hist. vii. 5. 3.

ܦܬܝܣܝܣ col. 3340. φθίσις, *consumption*, add: ܦܬܝܣܝܣ Hippoc. iii. 13, 15, 21, 28, v. often, vi. 12, vii. 14, Med. 243. 12, 249. 3, 608. 4 and often.

ܦܬܟ col. 3340. Pa. ܦܰܬܶܟ i. q. Pe. *to mix*, imper. ܗܠܝܢ ܦܬܟ ܟܠ ܣܡܐ or corr. Pe. ܦܬܘܟ? *mix these ingredients*, Chimie 15, 15; Hormizd 2183 with gloss ܚܠܘܛ ܙܘܓܐ. Pass. part. ܡܦܰܬܟܳܐ. ܢܡܘܣܐ ܡܦܬܟܐ *multifarious laws*, Or. Xt. i. 68. 22; ܪܝܫܐ ܡܦܬܟܬܐ *chapters on various subjects*, Journ. As. 1906, 56. 2.

ܦܘܬܟܐ col. 3342. *variety*, ܚܘܠܦܐ ܦܘܬܟܐ ܣܓܝ *very varied changes*, Med. 7. 2: ܦܘܬܟܐ ܕܙܘܥܐ ib. ult.

ܦܬܟܐ *an embroidered* or *variegated garment*, ܐܫܬܠܚ ܦܬܟܐ ܕܢܘܗܪܐ ܘܠܒܫ ܒܗܬܬܐ *he was stripped of the many-coloured garment of light and clothed in shame*, S. Dan. 51 *b* 7.

ܦܬܟܪܐ col. 3343. *an idol*. Term of abuse, Dion. 22. 19.

ܦܬܠ col. 3343. Pass. part. ܦܬܝܠ *crooked* opp. ܬܪܝܨ, Ephr. ed. Lamy iii. 47, ܦܬܝܠ ܒܥܝܢܘܗܝ *cross-eyed, squinting*, But. Sap. Econ. iii. 1 infra; ܦܬܝܠ ܩܕܠܐ *crook-necked*, ib. 2. Ethpe. ܐܬܦܬܶܠ *to be crooked, awry* of the spine, Med. 124. 8, of separate vertebrae, l. 22.

ܦܬܠܬܐ col. 3344. metaph. *complication*, Hist. B.V.M. 206. 19.

ܦܬܝܠܘܬܐ *crookedness, crooked gait* of a crab, Ephr. ed. Lamy iii. 47.

ܦܬܝܠܬܐ *a wick*. Add: ἔμμοτον, *a roll of lint*, Hippoc. v. 44, *a wad, plug*, Med. 63 ter, 64 ter, 104. 14, 561. 1, 570. 1, 6. *A coil*, ܦܬܝܠܬܐ ܡܢ ܚܘܝܐ : ܠܗ : ܟܕ Protection 33. 6.

ܦܬܠܐ *distortion, crookedness* of the spine, Med. 124. 12, 14.

ܡܦܬܠܘܬܐ col. 3345. *crooked ways*, Anecd. Syr. iii. 342. 24.

ܦܬܢ Ar. فتن i, ii. Aph. ܐܦܬܶܢ *to revolt, to excite sedition*. So correct for ܐܦܬܢ, with ܥܠ Dion. 52. 7, with ܒ ib. 53. 12, 117. 22.

ܦܬܢܐ Ar. فتنة *civil war, sedition*, ܥܒܕ ܦܬܢܐ Dion. 9. 1, 18, 10. 11, 56. 15, Harkavy F. S. 42.

ܦܬܩ col. 3346. Ethpe. ܐܬܦܬܶܩ *to burst*, as an abscess, Hippoc. iv. 82, ܟܕ ܡܬܦܬܩ ܡܢ ib. vii. 7, Med. 231. 15, 233. 16.

ܦܬܩܐ (ܦܬܩܬܐ ?) correct ܦܬܩܐ, *a sensation of retching*, Med. 270. 15.

ܦܬܘܪܐ col. 3346. *a table, tray*, hence *a meal*, ܢܥܒܕ ܦܬܘܪܐ *let us make a feast*, A.M.B. v. 423. 4, 9, 428. 13, 433. 7. ܒܘܪܟܬܐ ܕܦܬܘܪܐ *grace before meat*, Takhsa 101. 2; *the paten*, ܢܣܝܡ ܥܠ ܦܬܘܪܐ ib. 23. 4 af., 24. 8, ܦܬܘܪܐ ܘܟܣܐ l. 13. Col. 3347 ult. and pen. *a gift, trayful of gifts*, ܦܪܫܘ ܦܬܘܪܐ *they set apart, dedicated gifts*, Jab. 24. 1.

ܨ

ܨ col. 3349. 3, 4. Numeral value of the letter: corr. octoginta to *nonaginta*, octingenti to *nongenti*, Amir 13. 9, 15 ult., Duval Gram. xiii, Nöld. Gram. 2.

ܨܐܝ col. 3349. Pa. ܨܰܐܺܝ, ܨܰܝܺܝ, or ܨܰܝܺܝ *to defile*. Imperf. 2 pl. m. (ܠܐ) ܬܨܐܘܢ Ephr. ed. Lamy iii. 145. Ethpa. ܐܬܨܰܝܺܝ *to be flecked* with blood, ܡܢ ܚܘܛܪܐ ܠܐ ܬܨܛܪܟ, var. ܬܣܬܢܩ, *do not need the goad*, Tekkaf 120.

ܨܐܒܐ a bpric. on the W. bank of the Tigris, stretching from Seleucia to Kashkar, Tim. i. Or. Xt. ii. 300. 4, Eranšahr 164. Hoffmann, Pers. Mart. n. 759 identifies this region with ܙܐܒܐ but ܙܐܒܐ or ܒܝܬ ܙܐܒܐ is the country between the two rivers Zab.

ܨܐܦܘܢ *soap*, Med. 586. 8, 9, ܨܐܦܘܢ ib. 583. 4. See ܨܦܘܢܐ col. 3430.

ܪܟܐ col. 3352. *to be willing.* L. 23 of par. add: ܟܝ ܪܟܐ ܗܘ ܠܐ ܪܟܐ *nolens volens*, A.M.B. v. 456. 16. Pass. part. ܪܟܐ *desired, longed for* unless you emend ܐܪܟܐ ܥܡ ܡܚܘܡܝ, ܐܪܟܐ ܡܥܡܕܐ ܘܡܓܪ (ܐ ܟܝ) ܚܒܥܐ Ephr. ed. Lamy iv. 75. 9.

ܪܟܝܢܘܬܐ col. 3355. *will*; ܪܟܝܢܘܬܐ ܘܣܓܕܬܐ ἐθελοθρησκεία, *will-worship* (cf. Col. ii. 23), Sev. Lett. 207. 2. corr. ܪܟܝܢܘܬܐ ܘܣܓܕܬܐ as ib. 336. 7.

ܪܟܙ *Sebazaz*, a country of Central Asia, Gest. Alex. 201. 17.

ܪܟܟ col. 3356. *to dip, soak,* —ܪܟܟܗ ܠܡܨܢܦܬܐ ܘܨܡܚܗ ܘܡܛܪܐ ܗܘܐ ܚܬܬܗ rain *soaked the leather cap on his head*, Med. 133. 21.

ܪܟܟܐ, ܪܘܟܟܐ col. 3357. *finger.* Paw, the bear ܚܠܘܦܐ ܪܟܟܬܗ Natur 8. L. pen. of par. corr. to ܪܟܟܬܐ. The lesser intestines i.e. *the duodenum* ܪܟܟܬܐ ܠܐܚܡܬܐ is *twelve fingers long*, N. Hist. viii. 1. 3.

ܪܟܟܢܐ col. 3358. *possessing fingers*, ܣܒܥܬܐ ܪܟܟܢܐ ܩܝܠܐ as man and cranes, opp. *webfooted*, N. Hist. vii. 1. 4.

ܪܘܟܟܐ *dye.* Add: ܪܘܟܟܐ *wet bandages, compresses*, Med. 135. 10, 195. 14, 235. 1.

ܡܪܘܟܟܐ *baptism*, Coupes ii. 155 antep.

ܪܟܐ col. 3359. Act. part. ܪܟܐ *delirious*, add: ܐܝܠܝܢ ܕܡܚܒܨ ܘܪܟܐ *those who suffer from torpor in the head and delirium*, Med. 55. 22. Ethpe. ܐܬܪܟܝ *to be said foolishly*, Sev. Lett. 253. 14.

ܪܟܐ *the aloe*, add: ܪܟܐ ܣܘܩܛܪܝܐ *the Socotrine aloe*, Chimie 45. 4, ܪܟܐ ܣܘܩܛܪܝ Med. 355. 18.

ܪܟܐ παρακοπή, παραφροσύνη, *delirium*, Hippoc. ii. 2, iv. 50, vi. 11, 25, 51, vii. often, Med. 4. 9, 6. 6, 15. 6. Pl. *phrenitis, inflammation of the brain*, ib. 228. 13 &c.; ܪܟܐ ܡܠܠ ληρήματα, Greg. Carm. ii. 47. 3. ܪܟܐ ܩܦܩܐ *nonsense, idle tales*, A.M.B. iii. 309 ult.

ܪܟܝܘܬܐ *vain talking*, Test. Dñi. 74. 6.

ܪܟܢ col. 3360. Pa. ܪܟܢ *to prepare* bread for the Eucharist, Takhsa 105 med., ܡܕܡ ܕܡܬܪܟܢ ib. 106. 10 af.

ܪܘܟܢܐ add: *preparation of bread for the Eucharist*, ܠܥܡܐ ܕܣܟܠܐ ܕܪܘܟܢܐ ܘܐܡܠܟܐ Takhsa 105 tit. 8, 9, 110 ult.

ܓܪܘܟܢܐ E.-Syr. ܓܪ col. 3361. *a raised pace*, in front of the altar, Takhsa 10. 7, 129 pen. ܓܪܘܟܢܐ ܘܡܕܒܚܐ ib. 145. 11.

ܓܪܘܟܢܝܐ *given to personal adornment, a dandy*, Probus 98. 6.

ܓܪܓܐ col. 3361. 1) *adornment, beauties*, said of the trees surrounding a city, ܕܡܚܡܡܝܢ ܠܪܚܒܬܐ Josephus vi. 2. 9; the wisdom which adorned S. Antony, ܘܡܕܡ ܠܪܓܒܬܐ Pallad. 78. 3 af. 2) *preparation*, ܝܩܦܐ ܕܠܐܪܓܒܬܐ ܕܡܪܝ *the stone on which Eucharistic bread is prepared*, Takhsa 114. 5. 6.

ܪܓ col. 3362. Aph. ܐܪܓ add: ܪܓܐܪܘܡ ἐθεώρησαν, Apoc. xi. 12 Gwynn, ܪܓܐ ܣܪܗ Bagst. *To regard, esteem.* ܟܕܝܢܐܝܬ ܟܕܗ ܐܣܝ ܐܘܚܕܪܐ. ܐܠܐ ܐܣܝ ܐܚܟܚܒܐ ܚܟܚܠܐ ܪܓܪܐ But. Sap. Econ. ii. 1.

ܪܓܘܬܐ add: *gazing fixedly* for divination ܪܓܘܬܐ ܦܬܚܝܠܐ ܐܘܦܛܐ ܘܚܙܬܗ N. Hist. viii. 4. 9.

ܪܙܐ, ܪܙ col. 3363. Ethpe. ܐܬܪܙܝ add: *to play, pretend*, ܥܪܩܝܢ ܗܘܘ ܡܣܬܒܪܝܢ *they were playing with the idea of leaving their home*, BH. Stories 34. 181 but Palladius has ܐܬܪܙܝܘ *they were torn in their mind*; see below under ܪܙܐ.

ܪܙܝܢܐܝܬ *hypocritically, in appearance* opp. ܫܪܝܪܐܝܬ *really*, Syn. Or. 167. 3.

ܪܘܙܐ *mockery.* Add: *hallucinations*, ܪܘܙܐ ܘܥܡܝ ܘܡܬܐ ܣܝܝܡܬܐ Coupes ii. 140. 19. L. 14 of par. correct refs. to Is. Ant. For 216. 4 read 218. 4 af., for 218 read 220. 6.

ܪܙܝܐ (ܚܒܐ) *a desolation*, Jab. 392. 11.

ܙܳܪܥܳܐ col. 3366. the city *Zorah*, add: ܓܒܪܐ ܕܙܳܪܥܳܐ i.e. Manoah, G. Busâmé 28 ult., ܓܒܪܐ ܣܡ ܗܘ ܕܙܳܪܥܳܐ Brit. Mus. Or. 2084. 60 v, ܕܙܳܪܥܳܐ ܩܒܪ ib. 62 r, Samson buried there, ib. 66 v.

ܙܳܪܥܳܐ the temple, ܡܢܗ ܟܠܐ ܕܙܳܪܥܐ Med. 600. 17.

ܙܘܦ Arab. صدف oyster shell, ܙܘܦ ܡܚܘܡ all kinds of shell-fish, Chimie 6. 17; mother-of-pearl, ܙܘܦ ܡܚܘܕܐ ib. 85. 9.

ܙܳܙܝ col. 3365. Pael part. ܡܙܰܙܝ giddy, dazed, Dion. 126. 14.

ܙܳܙܝܬܐ κραιπάλη, *crapula*, add: Hippoc. v. 44.

ܨܰܗܝܳܐ col. 3368. *a drought* opp. ܠܘܚܒܐ, Ephr. ed. Lamy iii. 71. Pl. *thirst*, ܙܕܳܝܳܬܐ ܘܠܐ ܕܡܥܐ Med. 279. 20, 565. 23.

ܡܙܰܗܝܳܢܐ col. 3369. *causing thirst*, pl. f. ܡܙܰܗܝܳܢܬܐ said of vipers, Med. 279. 22.

ܙܗܝܘܢܐ col. 3369. *of Zion*, ܥܠܝܬܐ ܕܙܗܝܘܢܐ the upper chamber in Jerusalem where the apostles assembled, Warda 125 r. A native of Zion, Lebbaeus, ܙܗܝܘܢܐ ib. 222 v.

ܨܳܗܶܠ col. 3370. usually *to neigh, whinny*. To *hiss* or *roar*, of the Burning Bush, ܨܗܠܟ ܐܡܪ ܠܡܘܫܐ Narses ed. Ming. ii. 289. 13; of the ears ܐܕܢܐ ܕܩܥܝܢ ܘܨܳܗܠܢ Brit. Mus. Or. 2084. 44 v. Pael part. ܡܨܰܗܠܬܐ. ܡܨܗܠܢ ܘܪܗܛܝܢ *neighing herds*, Ephr. ed. Lamy iv. 663. 18.

ܨܳܗܶܠ col. 3370. usually ܙܥܠܐ or ܙܥܠܳܐ. *the roaring* of a fire ܙܥܠܐ ܕܢܘܪܐ ܡܢܦܩܐ ܠܗܒܝܬܐ ܘܙܥܠܐ Narses ii. 289. 14; ܚܘܡܗܘܢ *Protection* 100. 4 af.

ܙܗܘ ܣܗܪܒܘܟܬ *Ṣaharbokt*, other name of Ṣliwazeka, G. Busâmé 5 v tit., quoted Nöld. F. S. i. 491, 493.

ܙܳܙܳܝܐ col. 3370. *Cicuta virosa, hemlock,* Med. 232. 10, add: شوكرن حشيشة ib. 608. 8, Ar. PflnN. 381.

ܙܳܙ col. 3370. 2) *to wither*, ܚܠܦܬܢܘܦ A.M.B. ii. 70. 10. 3) mimetic *to twitter*, ܙܳܙ ܐܡܪ ܩܢܘܦܐ Jac. Sar. Hom. ii. 67. 10; G. Warda ed. Hilgenfeld 13. 26. 1.

ܙܘܗ, col. 3371. With ܠ *to arrive at*, ܙܕܗ ܠܗܝܟܠܐ Pallad. 49. 4 af., ib. 54. 6. Pa. ܙܗܬ 1) *to bring, conduct*, ܙܗܬ ܘܐܝܬܝ ܐܢܫ Pallad. 53 pen. *To summon* ܙܗܬ ܗܕܟܠ ܚܣܢ ܢܘܕܝܐܘܐ ܠܩܕܡܝܟܘܢ Jab. 86. 9. 2) *to assemble*, ܡܙܗܬ ܠܡܩܦܬܟܠ the trumpet *calls hearers together*, Bar Sal. in Lit. 15. 15; ܢܦܩܘ ܗܘܘ ܠܫܘܩܐ ܘܡܙܕܗܒܝܢ ܗܘܘ *they went forth into the streets and thronged them*, Pallad. 81. 11, 12. 3) *to provide, procure* ܡܙܗܒܝܢ ܟܕܗ ܟܕܢܝܦܘܐ ܥܡܠܐ ܬܡܝܐ Med. 43 ult., A.M.B. v. 2. 14.

ܙܘܕܟܠ add: *a hut, lodge*, Dion. 152. 5, ܢܗܡ ܙܘܕܟܠ *a dwelling-place*, Coupes ii. 156. 10, ܒܥܝ ܘܠܫܒܝ ܙܘܕܗ Pallad. 45. 5.

ܙܟܘܟܠ col. 3373. 4 af. Corr. *laminatum* for *Jemanense*. Cf. Talm. ציב and Buxtorf's note; Syr. ܙܟܘܟܐ *a thin piece*, ܙܟܘܟܐ *layers* of salted meat. *Laminar, laminated, slaty, fissile*, ܙܘܟܠ ܒܟܘܟܠ *rock-alum*, alum occurring in schistose formations, Med. 169. 15, 212. 13, 213. 13, 20, 214. 7 &c., ellipt. i.e. ܒܟܘܟܠ only, ib. 164. 7, 323. 10, ܙܘܟܠ ܒܟܘܟܠ ib. 60. 8, 63 bis, 64. 18, Chimie 2. 13, ܙܘܟܡܠ ib. 10. 19, contracted to ܙܘܪܡܠ ib. 23. 1, 24. 10, 25. 1 &c., ib. 24. 2. Add fem. ܙܪܢܝܟܐ ܙܒܟܠܬܐ *arsenic occurring in schistose rock*, Med. 87. 10.

ܡܙܘܟܠ col. 3374. 3 of par. Delete "*forte*" and add ref. ܩܕܡܙܘܟܠ ܕܡܢܠ ܠܚܓܐ *harbingers of the blessed life*, Bar Penk. 119. 11.

ܙܘܥ imper. of verb ܙܪܥ *to plant*.

ܙܨܝ Pael ܙܰܨܝ col. 3375. *to hunt out, seize*, metaph. ܢܙܨܝ ܠܟ ܦܣܒ ܣܡ ܩܡ ܥܨܠܐ Pallad. 4. 6. Aph. ܐܙܨܝ. Trs. the following ref. to ܙܳܪܝ Aph. of verb ܙܪܝ col. 3362. Inf. ܠܡܙܪܝܘ ܘܥܡܗܐ ܕܟܒܩܕܗ *to gaze intently on the shining sun*, Jo. Eph. 235. 9.

ܙܬ prep. add: *in answer to*, ܐܡܪ ܗܕܡ ܘܙܬ Vit. Monoph. 79. 27.

ܙܡܵܪܵܐ *a haul, catch, take* of fish, metaph. ܗܘܐ
ܙܡܪܐ ܡܫܡܠܝܐ ܠܐܬܐܬܐ ܘܚܝܠܐܘܬܐ ܕܥܒܕ ܤܗܕܐ
there was a perfect haul of conversions due to the signs and wonders worked by the martyr, Sev. Ant. Vit. 218. 3.

ܡܬܪܡܝܢܝܬܐ *of network*, add: ܡܬܪܡܝܢܝܬܐ sc. ܬܠܥܝܬܐ *the retina*, N. Hist. vii. 1. 2.

ܙܥܩ col. 3378. *to scream; to mourn*, ܨܨܚܠ ܝܘܢܐ ܢܗܡ ܢܫܪܐ ܙܥܩ *the partridge calls, the dove mourns, the eagle screams*, Jac. Sar. Hom. iii. 90. 9; ܙܥܩ ܗܘܐ ܒܠܒܗ *he was sad at heart*, Hormizd gloss to 1803.

ܙܩܐ col. 3379. *sole of a sandal*, ܙܩܐ ܕܩܘܪܩܠܐ *bits of old shoeleather*, Med. 554. 12.

ܙܩܘܡ Ar. سلطان *Sultan*, part of a woman's name, A.M.B. ii. 1 tit., 5.

ܙܩܘܪܐ col. 3379. *the jejunum, a part of the small intestine* between the duodenum and the ilium, Med. 267. 8; 329. 3, ܡܥܝܢܐ ܘܕܩܕܡܘ̈ ܙܩܘܪܐ ܚܢܢ ܘܡܥܒܕܢܐ ܠܡܒܠܢܘܬܐ ib. 420.

ܙܩܘܪܐ *the jejunum*: see ܙܩܘܪܐ ܕܥܒܝܕ ܡܨܥܝܐ ܒܠܥܘܝܗ N. Hist. vii. 1. 3, 6. 5.

ܙܩܡܐ *Sauma*, Bp. of ܚܪܛܐ, ZDMG. xliii. 395 infra.

ܙܩܘܡܬܐ see ܙܩܘܡܬܐ col. 3430 and Suppl. below.

ܙܩܦ Ar. الصَّوَافي *taken for the fiscus, confiscated property*, Dozy i. 836, Dion. 122. 5 ff., 150 bis, trad. 103 and n.

ܙܩܪ Pali ܙܩܪ col. 3382. *to chink, clink*, ܙܩܪܝܢ ܐܘܙܐ Hist. Mon. i. 210. 1.

ܙܩܝܪܥܠ *nickname long-haired*, ܣܥܡ ܚܒܝܒ Charms 30 pen. ܙܩܝܪܥܠ

ܙܩܝܩܐ *a separate flame or flake of fire*, Op. Nest. 107. 15 under ܕܢܗܪܢܟ.

ܙܪ, ܙܪܙ col. 3383 infra. 3) *to be dizzy*, add: ܙܪܝܢܝ ܘܬܥܠܒܝܢ Med. 30. 8, 13.

ܙܪܝ Heb. צְרִי *balsam, for a sore mouth or for sores and scabs on the head*, Med. 554. 20, 563. 1, 575. 2, 583. 5.

ܙܪܝܐ col. 3386. *a verse*. Rit. ܕܙܪܝܬܐ *repeat a verse of the Bible*, Brev. Chald. 1. 58 ult.,

60. 12, 65. 4 af., 85. 5, 90. 4 and often, QdhamW. 233. 10, 15, 234 quater, 235 ter, ff. 2) *a constellation*, ܙܘܕܝܩܘܢ ܡܫܡܐ܂) Brit. Mus. Or. 2084. 6 r, ܕܙܘܕܝܩܘܢ ܒܗܘܢ (ܘ ܢܛܫ ib. 7 v, 8 r and often.

ܙܪܝܥܐܝܬ *in formed letters i.e. in writing* opp. ܚܪܫܐܝܬ *silently* and ܓܠܝܢܐܝܬ *orally*, Syn. Or. 138 ult., 140. 6.

ܙܪܢ, ܙܪܢܐ *a painter*, metaph. ܐܘܡܢܐ ܕܗܢܘܢ ܙܪܢܐ ܕܪܘܚܢܐ ܕܨܝܪܘ ܫܡܗܘܗܝ ܒܡܠܝܗܘܢ *those spiritual artists who portrayed His Names in their speech*, Philox. de Trin. 12. 13, 14.

ܙܪܬܐ Ar. سورة *a Surah*, Bahira 228. 3.

ܙܪܬܝܐ *Tyrians*, ܣܠܡ ܐܘܟܡ ܕܪܘܡܐ ܙܪܬܝܐ ܘܐܠܟܣܝܘܢ Chron. Min. 356. 5. Cf. ܙܪܬܐ col. 3389.

ܙܪܡ col. 3390. m. l. 2 of par. add: *society*, ܐܘܣܝܐ ܕܙܪܡܘܬܐ *sociable*, Natur 54. 2. L. 12. *sound*, add: ܙܪܡܐ ܕܡܬܗ *of a cock crowing*, ib. 20. 5. Gifts were to be taken to the sick and afflicted ܐܝܟܢܐ ܕܬܪܡܐ ܠܗܘܢ ܒܘܝܐܐ *that the kind attention may do them good*, Can. J. Tell. 32. 5.

ܙܪܡܢܘܬܐ col. 3390. ref. with ܠܐ *disobedience*, Test. Dñi. 74. 1.

ܙܪܥ col. 3390 infra. *to beat or strike as great heat*, ܙܪܥ ܫܡܫܐ ܡܚܢܗܘܢ *they had sunstroke*, Coupes ii. 156. 24. Aph. ܐܙܪܥ *to write out*, add: *to draw up* a will, Syr. Rom. Rechtsb. 14. 3, 4.

ܙܪܩܐ col. 3392. *burning, sultry*, ܫܡܫܐ ܙܪܩܐ, Jo. Tell. 26. 15.

ܙܪܩܬܐ f. *expression*, ܐܬܬܣܝܡ ܡܢ ܗܪܟܐ ܚܪܫܬܐ ܕܗܘܐ ܕܡܪܐ ܠܟܠ *the letters are arranged according to the chief subject of each*, Sev. Lett. 1. 6.

ܣܚܢ Arab. صحن *to pound, pulverize*. *To bray or rub down*, ܣܚܢ ܐܡܘ̈ ܨܥܢܐ *bray old scraps of burnt leather for kohl*, Med. 554. 13, 15, 570. 23, 571. 16.

ܣܚܪ Ar. سحر *to go far afield*, ܚܙܝܬ ܚܬܢܐ ܕܤܚܪ ܘܢܕ ܒܝܬ ܫܛܝܘܬܐ *he floated and tossed on familiar fatuities and wandered from the point*, Sev. Lett. 376. 9.

ܙܠܦ Ar. صَفَا Ethpaual ܐܙܕܠܦ *to be purified*, ܘܐܙܕܠܦܘ ܗܘܘ Tekkaf. 3.

ܙܠܩܐ, ܒܗܠܐ : see under ܙܘܩ.

ܙܠܦܢܝ col. 3395. *Lepidium latifolium, pepperwort, cress*, ref. Med. 307 ult.

ܙܠܦܘܢܝ col. 3395. m. *cinnamon*, Med. 608.

ܙܠܦܢܐ col. 3395. *Chinese*, add: ܗܘ (فزلاز) ܪܦܣܐ *Chinese metal*, mentioned as one of the seven malleable natural bodies, Sev. b. Šakku, Z. A. xii. 158. 2, 11. Cf. الحديد الصيني Chimie 66 ult. probably an alloy of tin.

ܙܡ *Sis*, ܙܡ ܘܐܚܐܘܗܝ ܘܗܘܘ Ahikar 50. 7.

ܙܡ col. 3396. ܙܟܘܟܐ col. 3397. m. *a mawkin, scarecrow*, ܘܩܕܡ ܕܟܘܟܐ ܚܘܡܘ ܥܪܒ ܠܩܡܒܪ ܬܐܠܐܪܘܐ ܠܟܬܪܐ ܘܐܠܐ ܚܕܗ G. Busâmê 10 v 10, ܘܠܘܥܐ ܬܐ ܘܣܐܠ ܗܪܡ ܘܒܩܬ̈ܡܒܡ ܚܝܒܢܐ ܘܠܝܒ ܪܗܐ ib. marg.

ܙܟܘܟܐ, ܐܘܡܐ ܘܟܣܘܐ *a strainer*, Geop. 52. 11, 14.

ܡܙܕܠܟܢܐ *purificative, refining*, ܘܪܘܝܐ ܩܙܕܠܟܢܐ But. Sap. Theol. 6. 2.

ܙܠ and ܪܠܝܒ. Pass. part. ܙܠ, ܙܠܟܐ col. 3400. ܘܓܡܐ ܙܠܟܐ *run honey*, prob. corr. ܪܠܝܒܐ *clear*, Med. 555. 8.

ܙܠܬܐ, ܙܠܘܬܐ col. 3401. *prayer*. Add: ܙܠܘܬܐ ܟܘܗܢܝܟܐ *a priestly collect*, so-called because only bishops and presbyters may say them, Maclean. ܙܠܟܐ ܘܚܘܘܢܐ *an additional collect at daily offices*, QdhamW. 106. 5 af.

ܙܟܢܐ *inclination, tendency*, defined as inherent in bodies, that natural impulse whereby a body returns to its position, N. Hist. cap. v. sect. 1, ܙܟܢܐ ܕܥܡܠܐ ܚܬܡ *of the variations from sphericity* of the earth's surface, Jac. Edes. Hex. xlviii. 10, xlix. 3.

ܙܟܢܐ *a stone on which spices are pounded*, ܥܡܡ ܒܥܠ ܙܟܢܐ ܘܡܥܘܕ Chimie 51. 2.

ܙܟܝܢܘܬܐ col. 3402. *variation, deviation*, ܙܒܢܐ ܘܐܝܟ ܕܝܚܡܥܢܐ ܘܐܘܚܐ ܗܡ ܚܟܢܝܘܢܐ ܘܐܡܥܢܬܥܗܢ Jac. Edes. Hex. xlviii. 9, xlix. 1, ܘܒܟܠ ܕܡ ܗܝܟܚ ܘܢܡ ܙܟܢܐܠ ܚܣܪܐ ib. l. 5.

ܡܙܟܢܐܝܬ *naturally inclined*, Sev. Lett. 421. 19; with ܠܐ ἀκλινῶς, *unfalteringly*, A.M.B. v. 377. 18, Hist. Mon. i. 216.

ܡܙܟܢܘܬܐ ῥοπή, *inclination downwards*, Greg. Naz. Carm. ii. 28. 14.

ܡܙܟܢܐܝܬ *on a slope, slantingly*, opp. ܠܐܝܙܝܠܐܝܬ *exactly level*, Jac. Edes. Hex. xlviii. 3, 5.

ܡܙܟܢܘܬܐ i. q. ܙܟܢܐ, *slope, inclination* of the surface of the earth, Jac. Edes. Hex. xlix. 9.

ܡܙܟܢܘܬܐ col. 3403. *heresy of the Messalians*, Or. Xt. ii. 13, Hist. Mon. i. 69. 1.

ܙܟܠܐ Ar. سَلَبَة *a bark-rope; a leash*, cf. سلبة الكلاب Dozy Suppl. i. 672 a. Hist. Mon. i. 229. 18, ii. 433 n. *A halter*, ܘܐܡܐ ܣܡܣܘ ܘܙܟܠܘܗܝ Jesus-Sabran 543. 4 af.

ܙܟܘܕܟܐ or ܙܟܘܚܕܟܐ *so correct* col. 3404. *Palma Christi, Ricinus communis, Castor oil plant*, ܙܟܘܚܓܐ ܬܐ ܩܙܘܐ ܘܐܚܐ ܚܩܙܘܐ ܘܐܟܘܐ ܠܚܪܘܥ ܗܘ ܘܡ جناجرجك Med. 608. 10, 11.

ܙܟܐ col. 3405. Anecd. Syr. iii. 205. 19, Hoffmann thinks this is not σελίδες, *columns*, as Thes. but ψαλίς, ψαλίδες, *arches*.

ܙܟܣܘܡܐ Arab. صُلْح *agreement, convention. Assessment of taxes*, Dion. 163. 15, ܚܕܒ ܒܙܟܣܘܡܐ ܘܥܠܗܐ 1. 17; ܙܟܣܘܡܐ ܒܣܣܘܗܘܢ ib. 165. 22; with ܠܐܟܒ ib. 166. 17; with ܗܒܐ ib. 209. 2.

ܙܟܣ denom. verb Pael conj. from ܙܟܣܘܡܐ: cf. Arab. أصلح *to make a convention, to settle by agreement, to assess*, with ܟܡ, Dion. 232. 15. 20, 233. 22.

ܙܟܣ col. 3405. *to split*. See following article.

ܙܟܣܐ *a chip: touchwood* ܒܡ ܙܟܣܐ ܘܐܘܟܐܠ Med. 583. 21. Pl. ܙܟܣܐ col. 3407.

ܙܟܣܟܐ col. 3407. Pl. ܙܟܣܟܐ *chaps, cracks*, Charms 3. 4, *splitting headache* considered as

ܪܡܚܐ

a troop of devils ܪܘܚܐ܂ ܕܩܘܡܚܐ ܘܪܟܫܐ܂ ib. 10. 9, 12, 13, Protection 39 ult., ܚܒܠܐ ܕܪܘܚܐ ܕܚܫܐ: ܩܢܝܐ the source of all spirits of pain is migraine, ib. 77. 4, 3 af. Cf. Talm. T. Sabbath 90 a, Giṭṭin 68 b &c. ܕܘܘܢܐ ܚܡܬܐ ܘܪܟܫܐ ܒܩܘܩܐ ib. 80. 11, ܘܪܟܫܐ ܒܩܘܩܐ throbbing and splitting headache, ib. 21. 1; ܕܓܐܕ ܘܦܠܓ ܠܚܫܐ ܕܚܪܪܟܫܐ for chronic and splitting headache, Med. 55. 12.

ܪܟܫܐ split wood, a stake, slat, they were beaten ܚܡܬܐܐ ܘܡܚܘܕܐ ܘܪܟܫܐ Jo. Tell. 50. 1.

ܡܪܟܫܢܐ distinguished, successful, Sev. Lett. 287. 9.

ܪܟܒܐ ܘܪܟܒܐ col. 3408. Add: a face, ܕܢܙܠܘܥ ܐܢܫ ܟܠܐ ܪܟܒܗ ܡܝܐ sprinkle water over him, Med. 559. 12; ܦܢܙܘܩܘ ܗܝ ܪܟܒܗ his face, i.e. his person, ib. 589. 1. Astron. a sign of the Zodiac, ܠܐܘܡ ܪܟܒܐ Gemini, ib. 464. 14, 465. 7; ܠܐܘܡ ܪܟܒܐ ܕܘܢܒܐ ܕܐܪܝܐ ib. 466. 11.

ܪܟܒܐ col. 3409. some hard tree. Ref. Med. 587. 12.

ܪܟܒܘܫܐ and ܪܟܒܘܫܐ col. 3410. m. the tarantula spider, one codex of BB. has ܪܟܒܘܫܐ DBB. 1670. n. 5. ܪܟܒܘܫܐ ܐܚܘܪܐ Med. 25. 14, 17 but ܪܟܒܘܫܐ ib. 26. 13.

ܪܟܒܘܬܐ col. 3410. conformity; being in the image of God, Is. Nin. B. 151. 14, Hist. Mon. 28. 3 af.; Journ. As. 1906, 117.

ܘܪܟܥ col. 3410. to hurt, injure, ref. ܕܠܡܐ ܪܟܥ ܐܢܬ ܐܚܘܝ lest thou injure thy father, BH. Stories 9. 14. Ethpe. ܘܪܬܟܥ to be bruised, hurt, ܘܐܬܪܟܥ ܩܘܪܨܠܗ his wrist was injured, M.Z. 14. 39. Pael ܪܟܥ to gash, ܪܟܥ ܡܥܘܝܗ ܠܡܚܡܕ Muʿawiyah gashed Mohammed while shaving him, Mt. Singar 15. 4.

ܪܟܦܐ, ܪܟܦܐ col. 3412. 1) a chink, ܛܢܝܢ ܠܗ ܡܢ ܪܟܦܐ ܘܡܢ ܨܝܪܬܐ ܕܬܪܥܐ they watch for him through chinks and by the hinges of the door,

But. Sap. Theol. 4. 7. 2) i. q. ܪܟܥܐ contusion, Chron. Min. 67. 17.

ܪܡܚܐ col. 3413. Pers. زنبق; jasmine, oil of jasmine, Ar. PfInN. 265; ܪܡܚܐ ܕܚܕܕܐ Is. Nin. ed. Chab. 29.

ܪܡܚ ܗܘܦܚܗ to bind up. Metaph. ܪܡܚ ܗܘܦܚܗ ܘܡܠܬܐ he kept his mouth fast closed and spake no word, Pallad. 241. 10.

ܪܡܚܐ col. 3414. a bandage; a sash, wrapper, ܡܥ ܕܘ ܪܩܒܐ ܚܬܝܐ ܘܝܗܒ ܠܚܬܚܦܘ ܚܚܚܘܡܐ S. Dan. 62 a r. A coffer, casket, ܚܠܐ ܠܐܚܐ ܚܫܘ ܚܐܝܐ܂ ܠܗ ܚܠܐ ܩܘܦ ܪܩܒܐ܂ ܘܛܒܝܡ ܫܬܩܕܐ they set seals on the treasury door or on the lids of caskets, G. Busâmê 5. 8 af.

ܪܡܚܘܬܐ col. 3414 ult. m. compact, serried, ܚܢܘܦ ܠܐܝܩܒܨ ܠܚܬܝܗܐ ܕܪܡܚܘܬܐ ܘܩܘܒܐ Goliath smote the united band of the tribes, Jac. Sar. Hom. ii. 37. 3.

ܪܡܚܝܘܬܐ f. close union, said of the Holy Catholic Church, Bar Sal. in Lit. 39. 12; ܚܪܝܡܚܝܘܬܐ crowded, massed, Mar Bassus 48 659.

ܛܪܝܡܚܒܘܬܐ f. compression, coagulation, ܛܪܝܡܚܒܘܬܐ ܚܢܦܬܐ ܕܚܢܬܐ the compression of cloud-particles when hail is formed, N. Hist. v. 1. 3.

ܪܡܣ col. 3415. Pass. part. ܪܡܝܣ brilliant, ܐܢܐ ܕܐܦܬܚܦܝܡܐ Tekkaf. 118. Aph. ܐܪܡܣ to manifest, ܡܪܝܡܣ ܚܣܡ ܥܕܝܡܐ ܢܚܝܠܐܝܬ ܘܙܟܘܬܐ the Lord will cause righteousness to appear attractive in you, Sev. Ant. Hymns 96. Part. ܡܪܝܡܣ illustrious, add ref. ܗܘ ܡܪܝܡܣ ܚܘܒܐ, ܐܚܐ ܚܘܚܬܐ ܘܡܫܐܕܘܬܐ, Hist. Mon. i. xlvi.

ܪܡܣܢܐ m. a polisher, Chimie 7. 18.

ܪܡܣܢܘܬܐ f. brilliance, of polished iron, Is. Nin. B. 190. 11.

ܡܪܡܣܢܘܬܐ col. 3417. f. add: lustre of a pearl, Chimie 85. 6.

ܪܡܨ col. 3418. to suffer from strangury, ܪܡܨ ܘܒܠܠ Med. 572. 14

ܡܚܪ݈ܝܼܼܕ݂ܘܼܬ݂ܵܐ *the being afflicted by strangury*, ܥܡ ܗ̇ܘ ܕܡܚܪ݈ܝܕ ܡܚܡܚܕܐ ܠܗ ܡܚܕܘܬܐ Hebraica iv. 214, 233.

ܪܟܢ col. 3419. *to be silent* concerning, ref. Sev. C. L. 140. 11.

ܪܟܗܘ Turk. صانجی *the colic*, Protection 17. 6, 9, 10.

ܪܢܒ݂ܠܐ col. 3420. ܫܩܕܐ ܕܪܒ݂ܠܐ *Santalum album, sandal-wood*, Med. 61. 4.

ܪܢܒ݂ܚܐ delete article on col. 3430. Turk. صندلی *an armchair*, glossed ܟܘܪܣܝܐ ܕܡܘܦܨܒܐ Jab. 36. 9.

ܪܢܒܕܐ Ar. صندلی from صندار i.q. ܪܢܒ݂ܠܐ q.v. Med. 323 ult., ܪܒܕ݂ ib. 419. 5.

ܪܘܢܕܐ col. 3420. Arab. صوّان *flint*, ref. ܪܘܢܦ ܟ݂ܐܕ S. Dan. 65 *b* 7.

ܪܒ Ethpa. ܐܬ݂ܪܲܒܝ col. 3421. *to defraud, cheat*. Unusual uses: ܟܕ ܡܬ݂ܪܒܐ ܚܘܡܬܐ ܡܢ ܐܠܗܐ Marcian *tried to evade the Divine anger* by misinterpreting a portent, Pléroph. 26. 6; ܡܪܒܝܗ ܠܐܪܥܐ ܐܝܟ ܡܕܡ ܕܥܒ݂ܕ ܦܪܥܘܢ ܠܐܝܣܪܐܝܠ *he practised extortion on the land as Pharaoh did to the children of Israel*, Dion. 148. 1.

ܪܒܗܘܐ, ܪܥܘܘܐ or ܪܥܘܘܐ, marg. ܕܝܡܐ, *unknown drug*. Used to purify tin and marble, Chimie 36 pen., 45. 3, 95. 13.

ܪܒ i.q. ܐܪܝ *to be filthy*, ܡܪܒܗܐ ܢܐܕ݂ܕ݂ ὁ ῥυπαρὸς ῥυπανθήτω Apoc. xxii. 11 ed. Gwynn, Bagst. Act. part. ܪܒܢ ܕܢܠܐܠ ܗܕ݁ܪ add: ܪܒ ܘܡܠܒܠ ܕܩܡܚܐ *dirty and ragged*, Pléroph. 42. 9.

ܪܒ݂ܟܐ col. 3425. *to defile*, ܠܚܣܡܐ ܒܪܟܝ ܘܠܐ ܘܐܪܒܐ ܘܡܩܕܗܚܐ Dion. 85. 15.

ܪܟ݂ܬ݁. ܪܒܗܘܢ݁ܐ col. 3426. *self-outrage, indignity*, Pet. Ib. 34. 11.

ܪܒܩܦܐ col. 3428. Pl. *bonds, shackles*, ܪܘܕܚܕܐ ܘܣܦܕܐ ܘܩܦܐ Dion. 126. 14; ܟ݂ܠܠ. ܬ݀. ܪܘܦܘܐ. ܥܦܘܐ ܟ݂ܡܐܠ. ܗܘܠܡܥܐ ܘܡܙܘܘܐ ܡܘܝܘܢ݁ܐ ܬ݀ܗ ܕܐܝܣ ܚܬ݀ܘܙܗܐ ܣܪܐܝܢܐ ܟܒܠ ܩܝܕ ܥܠ *a bond is a shackle, a hard cord, a fetter with a circular opening which holds the limbs fast*, Narses ii. 41. 9 n. to ܟ݂ܠܠܐ; ܕܩܘܦܐ ܪܒܩܘܘܐ ܬ̇ ܗܘܪ A. M. B. vi. 29.

ܪܩܝܕ col. 3428. 2) *on fire*, ܘܕܒܝܕ݂ܘܡܘܪܚ ܪܒ݂ܥܒ ܟ݂ܡܦܐ A.M.B. ii. 70. 7.

ܪܒܩܦܐ perh. i.q. ܪܒܩܦܐ f. pl. ܪܒ݂ܩܬܐ *bonds, prisons*, but "*Marterblöcke*", Tekkaf. 100.

ܪܩܐ col. 3429. Pael ܪܩܝ *to filter, clarify*. Imper. ܪܩܐ ܟ݂ܡܚܐ Chimie 30. 16; ܪܩܐ ܚܡܪܐ ib. 38. 9, Med. 565. 13.

ܪܩܐ col. 3429. with ref. to Anecd. Syr. ii. Praef. 11. Correct: Σαπφίν, *Siffin*, north of Palmyra, on the Euphrates, Dion. 9. 13, Journ. As. 1900, 286. 2.

ܪܩܦܢܐ col. 3430. *soap*, ܪܒܩܦܢܐ (sic) J.A.O.S. xx. 189. 8 = ܪܩܦܢܐ ܕܒܛܡ *terebinth soap*, Med. 554. 17.

ܪܩܦܢܝܐ adj. from ܪܩܦܢܐ. ܟ݂ܐܦܐ ܘܡܣܝܕܐ *soapstone*, Chimie 9. 15. Cf. ܘܐܚܡ Suppl.

ܪܩܦܢܐ pl. ܪܩܦܢ݁ܐ col. 3430. Add: ܩ݂ܠܠ ܘܒܩܦܢܟܐ ܕܐܚܬ݁ܣܘܦ *the fluting* of birds, Jac. Sar. Hom. iii. 92. 3 var. n. 1 ܪܩܦܬܢܗ.

ܪܩܣܟܐ col. 3431. ܪܩܣܟܐ add ref. ܪܩܡܟܐ "ܐܒ݂ ܐ sudden onslaught was made upon them, Bar Penk. 84. 13.

ܪܩܣܢܝܐ *hasty, audacious*, ܘܒܣܝܕ ܡܗܠܚܝܢ Mar Aba ii. 97.

ܪܣܝܟܐ Arab. صفيحة f. *a thin plate, a leaf of metal*, ܘܒܣܝܕ ܕܒܣܝܕ Chimie 95. 16, 17.

ܪܩܥܡ El. Nis. Chron. 140. 1, i.q. ܪܩܐ *Siffin*, q.v.

ܪܩܦܢܝܬܐ col. 3435. dimin. of ܪܩܦܘܪܐ. m. *a little sparrow*, BH Gr. i. 65. 19.

ܪܨܦܘܕܐ Heb. צפיר *he-goat*, m. pl. Dion. 164. 23.

ܪܩܐ ܐܣܪ φεγγοκάτοχος, *Splenditenens*, one of the Five Heavenly Powers of Mani, who support the world, Cosmog. Manichéenne 22 and n. 1, Coupes ii. 128. 5 af., Ephr. Ref. ii. Burkitt's Introd. cxxxv. Perh. Assyr. ṣabit, *holder*, p. cxxxvi. n. 1.

ܙܪܙ col. 3436. *a nail.* L. 10 of par. pl. ܙܪܙܐ *excrescences, warts,* Med. 584. 19.

ܙܪܙ pr. n. m. Bp. of ܒܝܬ ܕܪܝܐ *Beit Dārāyē,* ZDMG. xliii. 396. 13, 408. 24.

ܙܪܙܘܪܐ col. 3437. *a cricket,* pl. ܙܪܙܘܪܐ Med. 578 ult., 579. 1.

ܙܪܙ col. 3437. *to fix, condense,* imper. ܙܘܪܙ Chimie 30. 20. Ethpa. ܐܙܕܪܙܪ *to be congested,* Med. 38. 16.

ܙܪܙܪ Palpel conj. Cf. Heb. צלל and צלצל. Perh. denom. from ܙܪܙܘܪܐ *to clang, clink, tinkle,* ܟܐܦܐ ܐܝܟ ܘܠܐ ܡܪܙܪܙ Chimie 40. 9, 11.

ܙܪܙܘܪܬܐ col. 2439. dimin. of ܙܪܙܐ. *a small purse,* ref. Chron. Min. 244. 5.

ܙܪܙܩܐ col. 2439. ܙܐܒܩ ܕܡܚܡܨ prob. *condensed mercury,* Brit. Mus. Or. 41.

ܙܪܙܪ name of a river near Beit-Slok, Chast. 40. 15.

ܙܪܩ col. 3439. *to cleave, to shoot as a star,* ܙܪܩ ܟܘܟܒܐ El. Nis. Chron. 220. 10. Ethpe. ܐܙܕܪܩ astron. *to shoot, explode* ܘܡܩܕܡܐ ܕܙܪܩܐ ܢܗܝܪܬܐ .) ܡܪܝܣܐ ܒܓܙܝܪܬܐ Brit. Mus. Or. 2084. 302, ܡܪܝܣܐ ܓܙܝܪܐ ܒܓܙܪܬܐ ib. Pa. ܙܪܩ *to split asunder, break into parts,* ܦܩܥ ܡܪܙܩ Med. 559. 6. Ethpa. ܐܙܕܪܩ *to be rent asunder,* ܡܪܙܩܝܢ ܒܬܪܥܝܬܗܘܢ *divided* or *torn in their minds,* Pallad. 436. 21.

ܙܪܩܐ, ܙܪܩܬܐ col. 3441. *a scratch, cut, crack,* ܒܚܒܠܬܐ ܘܙܪܩܬܐ A.M.B. v. 408. 16.

ܙܪܩܢܐ *an anatomist, dissector,* pl. ܙܪܩܢܐ N. Hist. iii. 1 sect. 2, vii. i. 2, 3, 6, Med. 97. 1, 134. 14, 217. 6, 268. 1.

ܙܪܩܐ *a cut, strain, sprain,* ܙܡܐ ܘܕܩܢܐ BH. on Luke, p. 2. 9 ; *a cut on the head,* But. Sap. Econ. iii. 2 ; ܙܪܩܐ ܕܩܕܡܝܗܘܢ ܘܗܡܐ ܒܫܕܟܬܐ ܘܐܣܟܡܬܗܘܢ Med. 43. 9.

ܙܪܩܐ 1) *an opening, passage,* ܐܦ ܘܢܒܥ ܗܘܐ ܡܚܣܒ ܒܓܘ ܙܪܩܐ: ܘܒܗ ܚܒܠ ܘܢܚܬܒܝܢ ܒܗ Med. 133. 6. 2) *dissection,* ܙܪܩܐ ܘܦܫܚܐ Med. 271. 3 ; *part of the physician's science,* N. Hist. iii. ii. sect. 3 ; ܙܪܩܐ is ܗܘܡܐ ܕܡܣܝܒܪܢܘܬܗ ܕܓܘܫܡܐ ܒܐܝܕܐ ܕܙܪܩܐ ܡܥܠܢ ܒܚܡܐ anatomy is *the sundering of the continuity of the body by the intrusion of the anatomist's body [hand] into the subject for dissection,* ib. iii. i. sect. 2.

ܙܪܩܐ *Sagittarius, the Bowman,* a sign of the Zodiac, Med. 465. 9.

ܙܪܩܓܠܐ col. 3442. *Tordylium officinale, a hartwort,* Med. 305. 14, 319. 12.

ܙܪܩܦܐ col. 3442. *the silkworm,* Med. 608. 9.

ܙܪܩܐ *resin*; add: gloss to ܩܐܪܘܣ κῶνος, Chimie 7. 13. Cf. under ܨܪܘܦܐ Suppl.

ܙܪܘ col. 3444. ܐܣܢܐ ܕܙܪܘ *the poor, needy,* Ephr. ed. Lamy iii. 41. 13. Aph. ܐܙܪܘ *to impoverish* opp. ܐܚܟܠ *to enrich,* ib. 111. 16.

ܙܪܝܘܬܐ f. *indigence,* Manichéisme 144. 2.

ܙܪܡ col. 3445. Aph. ܐܙܪܡ *to be bold, shameless,* ܐܒܪܡ ܐܟ ܘܗܘܐ ܠܙܪܡܐ ܡܢܟܣܐ G. Busâmê 45. 19 ; *to be wild, furious, a wolf hearing sheepdogs* ܡܪܘܙܡ ܚܝܐܦܐ ܠܣܩܠܐܘܟܐ (sic) ܒܪܘܦܓܐ Natur 14. 1.

ܙܪܡܥܢܘܬܐ f. *audacious violence,* Hist. Mon. i. 399. 6.

ܙܪܡܨܦܐ col. 3445. 3 of par. add: synon. for ܦܠܐ *a phial,* Op. Nest. 99. 9, for ܚܟܠܐ *an alabaster scent-bottle,* Thes. col. 541.

ܙܪܦ col. 3446. Act. part. ܙܪܦ, ܙܪܦܐ *styptic, astringent, pungent,* ܣܡܕܐ ܕܙܪܦ ܐܣܢܐ Med. 98. 23, 213. 17, ܣܠܐ ܕܙܪܦ 1. 12 ; ܡܬܬ ܡܟܚܡܐ ܙܪܦܐ ܘܩܣܡܝ ܕܚܦܐ *an infusion of astringent and styptic substances,* l. 21. Trs. hither Geop. 46. 3 from col. 3347 under ܙܦܐ. Cf. Lexx. on ܙܦܐ, ܙܘܦܐ. Ll. pen. and ult. of par. ܐܩܪܐ trs. to ܙܦܐ *a money-changer.* 2) *to refine, smelt,* ܗܡܣܡܚ ܙܪܦ ܪܘܚܐ ܚܘܦ ܒܣܘܪܩܐ *the Spirit vainly smelts us in the furnace of the Law,* Nars. ed. Ming. 218. 10.

ܙܩܘܦܝܐ

Ethpe. ܐܙܕܩܢ *to be smelted*, (ܐܣܦܪ ܡܙܕܩܢܐ) Chimie 15. 13. Pa. ܙܩܦ *to check, to contract* the tissues, ܘܡܙܩܦܝܢ—ܡܩܕܚܬܐ Med. 65. 7; ܐܙܐ ܟܐܪܐ ܘܗܘܐ ܚܡܝܡܩܕܐ ib. 290. 1, l. 2. Aph. ܚܙܩܐ ܘܡܙܩܦܝܢ ܘܚܡܝܢ ܘܡܙܕܩܢ ܐܙܩܦ *to pain, grieve*, with ܠܟܕܐ Hormizd 2870. Part. ܡܙܩܦܐ *styptic*, add: Hippoc. vii. 34.

ܙܩܝܦܘܬܐ *pungency, acridness,* add: ܛܥܡܐ ܙܩܝܦܘܬܐ ܗܘ ܘܟܕ ܚܠܛܐ Med. 150. 2. Fruit at first has ܛܥܡܐ ܚܪܝܦܐ *a rough taste* and when mixed a little with the sun ܠܙܩܝܦܘܬܐ ܡܨܠܠܐ *inclines to tartness*, But. Sap. Philos. 6. 4.

ܙܩܦܐ 3) *heartburn*, Med. 270. 18. 4) *alum*, ܙ ܚܠܝܠܐ Med. 169. 17, ܙ ܝܒܝܫܐ ib. 292. 22. Ib. 570. 4, 12, Chimie 11. 20, 12 ult. ܙܩܦܐ ܝܒܝܫܐ or ܣܚܠܢܐ *rock-alum*, often in Med. See under ܣܚܠ ܝܒܝܫܐ .

ܡܙܩܦܢܘܬܐ *astringency, contractile forces*, ܗܙ ܘܡܩܦܚܐ Jo. Tell. 26. 16.

ܙܩܦ col. 3449. Parel conj. of ܙܩܦ *to buffet*, Duval Gram. Syr. § 196. Add ref. ܡܙܩܦ ܟܕܢ ܘܡܐ ܕܚܦܦܐ if a dove neglect her eggs *the male bird gives her a blow with his wing*, N. Hist. vii. 4. 4; ܡܙܩܦ ܠܐܝܩܕܐ *to stamp*, BH. Eth. 553. 8.

ܙܩܝܦܐ *contraction of* ܙܩܦܐ ܣܚܠܐ *fissile alum*: see ܣܚܠܐ under ܣܚܠ.

ܙܪܬܢ col. 3450. Heb. צָרְתָן *Zaretan*, Jos. iii. 16.

ܣ

ܣ, ܚܣ abbrev. 1) for ܡܣܡܣܡܐ *refrain, farcing* q.v. 2) for ܚܦܠܐ *to the chant* or *tone*, Brev. Ant. i. 135. 5, 159 b 6, 164 b and often.

ܣܐܘܣܠܐ col. 3452. mistake for ܣܐܘܪܐ ܘܚܬܐ Pers. کاریز *a subterranean canal*, Nöld.'s n. on Sassan. 121 n. 3, Fraenkel on DBB. 24. 17 in WZKM. iii. 241.

ܣܘܣܘܣ pl. ܣܐܘܣܐ καῦσος, *remittent fever*, Hippoc. iii. 20, 29, iv. 58, vi. 25.

ܣܐܘܡܩܒܐ (ܩܘܒܐ) *Caucasian mountains*, Chron. Min. 281. 5, ܣܐܘܡܩܒܐ Jac. Edes. Hex. xii. 15, ܣܐܘܣܐܡܣ Thes. 3453.

ܣܐܩܠܐ κίττα, *a craving for acid food*, Med. 278. 4. I. q. ܣܒܠܐ col. 3601.

ܣܐܩܕܐܦܐܝ καταφοραί, *settings* of stars or of signs of the Zodiac, De Astrolabe 251 pen.

ܣܐܩܐܝܢܘܣ κατὰ καινήν, i.e. *in the new part of the city*, ܕܚܒܐܠ ܗܘ ܘܡܕܚܐܗܘܐ ܗܘ ܣܐܩܐܝܢܘܣ ܕܗܘ ܘܚܣܒܐܠ Sev. Ant. Hom. 313. 8.

ܣܐܚܣܐ col. 3453. καταβασία, *a kind of hymn*, add: Dawk. 4, قاطباسيا R.O.C. iv. 161 bis.

ܣܐܠܝܐ *a measure*: see ܣܐܠܝܐ p. 294.

ܣܐܝܩܣ from ܣܐܝܡ m.pl. *Cainites, heretics*, Coupes ii. 117.

ܣܐܝܣܐ καινόν, *fresh*, ܣܚܣܐ ܘܣܐܝܣܐ *fresh oil*, Chimie 16. 17.

ܣܝܢܣ perh. *a sheet of iron*, (ܣܝܢܣ) ܣܐܝܢ ܘܣܐܝܡ ܕܚܘܣܐܠ A.M.B. iii. 280. 6.

ܣܐܠܐܚܣܘܣ col. 3456 infra. *Calamus, sweet cane*, ܣܐܠܚܣܘܢ Med. 608. 14, 15.

ܣܐܠܝܒܐ ܐܘ ܝܣ,ܣܐܠܝܒܐ ܐܘ ܝܣ vars. ܣܐܠܝܒܐ ܐܘ ܝܣ Ptol. Καλαιδαδρούα, *an isle in the Red Sea*, Jac. Edes. Hex. xx. 8.

ܣܐܠܣܛܘܣ pr.n.m. *Callistus*, Sev. Lett. 76. 19. ܣܠܣܛܘܣ col. 3632, Nöld. F. S. i. 473.

ܣܐܢܚܢ *a fish with large tusks*, Natur 56. 12.

ܣܐܣܠܝܘܢ κειμήλιον, *a treasure*, col. 3458, Ref. Diosc. ed. Nau 83. 11.

ܣܐܢܐܦܐ or ܣܐܢܐܠܐ Καναρία, *Canary Island*, Jac. Edes. Hex. xix. 15.

ܣܐܢܐܬܐ Κάναθρα, *an island in the Red Sea*, Jac. Edes. Hex. xx. 6.

ܩܐܢܢ Κάννα, *Canna*, a city of Lycaonia, Nöld. F. S. i. 473. 100.

ܩܐܢܢ *resin*, Chimie 7. 13 glossed by ܪܬܢܐ. See ܩܘܠܘܦܘܢ, p. 294.

ܩܐܢܘܢ = ܩܢܘܢ, ܩܢܘܢܐ col. 3660. *a canon, rule*, Pallad. 28 ult.

ܩܐܣܝܪܝܣ κίσηρις, *pumice stone*, Chimie 4. 14.

ܩܐܦܘܐ *Capua*, Sev. Lett. 250. 1, 5 ult.

ܩܐܦܠܐ for ܩܐܦܠܐ and ܩܐܦܠܘܬܐ see below under ܩܒܠ.

ܩܐܦܪܐܪܝܐ Καπραρία, one of the Isles of the Blest, Jac. Edes. Hex. xix. 14.

ܩܐܩܘܢܐ *Qâqouna*, a village of Tur Abdin, Mar Bassus 39. 540.

ܩܐܩܝܢܘܢ κίκινον, adj. *of castor oil, of ricinus*, ܡܫܚܐ ܩܐܩܝܢܘܢ Chimie 18. 21, 55. 22, 56. 7 ff.

ܩܐܪܐܒܘܣ col. 3461. carabus, *a kind of crab*, pl. ܩܐܪܐܒܐ N. Hist. vii. 2. 2, ܩܐܪܒܐ ib. 6. 3, 6. 6.

ܩܐܪܘܡܛܝܩܝܢ perh. from κήρωμα, unguent used by wrestlers, ܐܠܗܝܗܘܢ ܩܐܪܘܡܛܝܩܝܢ ܠܐ ܐܝܬ ܠܗܘܢ *their gods they have stiff joints for want of embrocation*, Sev. Ant. Vit. 35. 6 and n. ܩܐܪܘܡܛܝܩܝܢ ܗܘܘ ܕܡܫܚܐ ܐܝܬ ܠܗܘܢ ib.

ܩܐܪܘܢ κρόνος, *lead*, Chimie 10. 8, 44. 17 i. q. ܩܐܪܘܢ ib. 41. 18, ܩܪܘܢ ib. 44. 3, 15, 16, ܩܪܢ ib. 42. 12, 44. 19 and col. 3751. Cf. also ܩܪܘܢܘܣ col. 3735.

ܩܐܪܢܐ Κέρνη, an island opposite Libya, Jac. Edes. Hex. xix. 12.

ܩܐܫܐܢ قاشان col. 3462 infra. Delete Cochin; the city is *Kashan*, in Persia, between Teheran and Ispahan. It is famed for its pottery which is so fine it can be taken for porcelain; also for its enamelled tiles, Yakut iv. 15, L'Art Persan, Al. Gayet. The ref. in Jab. 2nd ed. is 146. 2.

ܩܐܫܐܢܝ or ܩܫܐܢܝ Pers. and Ar. قاشاني from ܩܐܫܐܢ, ܩܫܐܢܝ ܕܫܪܓܐ the dome was covered without by *tiles from Kashan*, Jab. 137. 6, ܩܐܫܐܢܝ ܕܚܨܦܐ ܕܨܝܢ *of fine pottery, the Persian name for china*, ib. 145 ult.

ܩܒ. ܩܒܩܒܬܐ col. 3464. f. add: φρίκη, *frisson*, i. q. ܩܘܒܩܒܐ, Hippoc. iii. 5, v. 58.

ܩܘܒܩܒܐ *vaulted, concave*, of a furnace or oven, Chimie 53. 12, 101. 1.

ܩܘܒܩܒܐ m. *rigor* of a fever, add: φρίκη, *frisson, shivering fit*, Hippoc. vii. 3, 52; not the feeling of cold but the ܙܠܝܓܘܬܐ ܘܪܬܝܬܐ *shivering and shaking* of the whole body, Med. 4. 16 f., a symptom of quinsy, ib. 127. 11; pl. ܩܘܒܩܒܐ, ib. 270. 12.

ܩܒܐ col. 3464. *to collect* or *hold* water. Add: ܢܩܥܬܐ ܕܩܒܝܐ *a stagnant pool*, A.M.B. iii. 276. L. 9 of par. intrans. add: *to collect matter, become inflamed, purulent*, ܩܒܐ ܡܚܘܬܗ, Chron. Min. 260, 2. Metaph. add: ܚܨܦܐ ܕܩܒܐ ܟܪܝܘܬܐ *a potsherd which holds sorrows*, Narses ii. 34. 2.

ܩܒ, ܩܒܐ col. 3465. 7 of par. *a cab* measure, one quarter of a bushel, but some say one fifth or one sixth, Epiph. 4. For χοῖνιξ, Apoc. vi. 6 ed. Gwynn, pl. ܩܒܝܢ ib. Bagst. has ܟܘܢܝܩܣ.

ܩܒܝܐ *standing water*, ܡܝܐ ܩܒܝܐ or ܩܒܝܐ ܕܩܒܝܐ ἐμπύημα, *suppuration*, Hippoc. v. 7, 9, 14, 62.

ܡܩܒܝܢܐ *a reservoir*, ܡܩܒܝܢܐ ܡܩܒܠ ܕܪܛܝܒܘܬܐ ܡܫܘܚܬܗ ܗܘܐ ܫܘܝܐ ܠܫܘܚܐ ܕܓܘܝܐ ܕܓܘܫܡܐ ܚܒܘܫܐ *a reservoir is a receptacle of moisture, its capacity is equal to the inner superficies of the containing body*, N. Hist. iii. cap. i. sect. 2.

ܩܘܒܝܐ *a kind of pill*; pl. ܩܘܒܝܐ Med. 51. 22.

ܩܘܒܝܬܐ col. 3467. ἀπόστασις, ἀπόστημα, *an abscess, gathering*, Hippoc. iv. 31, 32, 51, 74, vii. 33; Med. 97. 11.

ܩܘܒܐ col. 3467. place-name, *Domes*; add: ܩܘܒܐ ܕܐܪܕܘܢ i. q. *Kardeliabad*, N. of Tagrit, Syn. Or. 603. 7, but ܐܪܕܘܢ and ܩܘܒܐ as separate Sees, ib. 619. 3; Or. Xt. ii. 300. 6.

ܩܒܠ Pa. ܩܒܠ col. 3468. 10 af. add: ܡܩܒܠ ܐܟܣܢܝܐ *hospitable*, Pléroph. 48. 6. *To promise, agree*, col. 3469. 10. without ܠܐ and with ܠ of the pers. ܒܡܘܡܬܐ ܡܩܒܠ ܗܘܐ ܠܗ ܕܠܐ *he had promised on oath not to . . .*, Dion. 112. 5. Aph. ܐܩܒܠ *to be opposite, to oppose*, ܚܫܘܟܐ ܡܬܛܪܕ ܟܕ ܡܩܒܠ ܠܗ ܢܘܗܪܐ *darkness is driven away as light opposes it*, Pléroph. 26. 10=Mich. Syr. 205 *b*

6 af. Saphel ܡܩܒܠܐ to be present, part. ܠܐ ܗܘܐ ܐܢܫ ܘܡܩܒܬܠܐ no one was present, Ephr. ed. Lamy iii. 293. To appear suddenly, to chance, ܚܬܪܐܠ ܣܩܒܠܗ ܘܐܬܐܡܝ ib. 289. Cf. ܩܕܡܬܗ ܐܩܒܠܘܗ Midianites happened to come by, ib., ܡܩܒܠܐܗܘܐ ܥܡ ܥܕܝ ܕܘܡܕܝܐ he arrived there unawares, Josephus vi. 2. 12. Cf. Levy T. W. ii. 185.

ܐܪ ܕܩܡܐܟܣ ܕܝܢ ܠܩܒܠܐ ܘܠܩܒܠܐ opposition, ܘܡܩܒܠܐ Poet. Syr. 12. 9.

ܡܬܚܩܒܠܢܐ col. 3473. opposer, enemy, ܐܘܡܢܐ ܥܡ ܚܡܣܢܐ ܠܐܘܡܢܘܗ Yezidis 104. 15.

ܡܩܒܠܐ col. 3474. Matricaria chamomilla, ܗܬ ܡܟܝܐ ܕܩܘܒܠܐ chamomile tea, Med. 58. 5, 80. 13, 20; ܗܡܣܐ ܕܩܘܒܠܐ sic ib. 67. 8, 608. 17, 18; abs. form ܡܘܒܠܐ ib. 566. 2.

ܡܩܒܠܐ for κάλυξ, the cup or bud of a flower, (Sap. 11. 8 Hex., Galen 72 v) I. Löw would emend in both places ܡܩܒܪܐ, ZDMG. xlvii. 519, Z.A. xvii. 90, WZKM. xii. 359. But add: inflorescence on a preparation of eggshell lime, ܡܩܒܡܣܐ ܠܚܠܐ ܗܢܕܐ ܡܣܒܕܐ ܩܕܡ Chimie 35. 10.

1) ܡܩܒܠܐ ܕܟܘܢܬܐ receptivity, N. Hist. viii. 4. 6, 9; ܕܟܘܢܬܐ ܡܩܒܠܐ ܕܥܠܗܘ the being easily cut, Philos. 2. 1. 2) Rit. Jac. τὰ προεόρτια, the day preceding a festival, a vigil ܡܘܒܠܐ ܕܚܓܐ ܘܐܝܣܝܚܫܡܠܝ Brev. Ant. i. 130 b 5, ܡܘܒܠܐ ܚܡܪܐ ܘܡܟܣܠ ib. 131 b 5; 216 b 13; 217 a 8. A hymn or psalm sung at Nocturns on vigils, ܚܓܐ ܣܝܪܐ ܘܡܘܒܠܐ ܥܡ ܟܗܢܐ, ܘܨܠܘܬܐ ܕܥܛܪܐ after the sedra a hymn and then the prayer of the censer, ib. 58 b pen., ܚܬܟܬܐ ܐܩܘܒܘܗ ܚܩ ܡܘܒܠܐ hymn sung to the chant, The Two Worlds, ib. 159 b 6, 164 b 13, 174 b 13, ii. 467 a 3, 264 a 4 af., 474 a 1, &c. ܡܘܒܠܐ ܚܩ ܡܘܩܢܐ ib. 531 a 4 af.

ܡܩܒܠܢܐ he or that which receives. Add: ܡܩܒܠܬܐ αἱ δεξαμεναί, troughs to receive water, Hex. Ex. ii. 16. Capable, susceptible, the four elements are ܡܩܒܬܠܬܐ ܗܘܐ ܣܘܒܠܐ, BH. Theol. 4. 8, ܗܡܩܒܠܢܘܬܐ ܫܒܝܚܬܐ ܗܝ ܘܡܐܚܐ ܡܩܒܠܢܬܐ ܩܕܝܫܬܐ true corporeality is substance susceptible of measurement, ib. Philos. 4. 2; 279. 3. ܒܢܘܗ ܘ ܡܩܒܠܢܐ ܕܡܘܣܪܐ ܘܐܚܝܣܐ, Sev. Ant. Vit. Pet. Ib. 143. 13; ܠܚܣܝܐ ܘܡܩܒܠܗ ܘܕܝܬܘܗ successors and heirs,

pupil and receiver of his ideas, Tim. I, ed. Braun 16, but a guarantor, surety, ib. 119. 5. Chem. the receiver of an alembic or still, Chimie 19. 18, 21 pen. Rit. E.-Syr. a humeral worn by the deacon at the Communion of the people and on which he receives the paten, Maclean; ܡܩܒܠܢܐ ܕܗ ܡܩܒܠܢܐ Takhsa 27, 146. 6, Hist. Mon. i. 263. 7.

ܡܩܒܠܢܐܝܬ with approval, Nest. Hérac. 366. 14.

ܡܩܒܠܐ col. 3476. a casualty, misfortune, ܐܗܘ ܣܘܩܒܠܐ ܥܕܐ Bar Penk. 154 ult. Good fortune, ܗܘܐ ܣܘܩܒܠܐ A.M.B. v. 555.

ܡܩܒܠܘܬܐ col. 3477. f. Add: ܡܡܩܒܠܘܬܐ ܡܩܒܠ counter-argument, Sev. Lett. 376. 12.

ܡܩܠܐ and ܡܩܠܐ Arab. قَوَّال eloquent. Pl. قَوَّال Qawwals, precentors and singers of the Yezidis, Yezidis 106. 7, 108. 11; طَرِيقَة القَوَّالِين (ܐܘܪܚܐ ܕ) ܡܩܠܐ the path of the Qawwals, ib. 116. 2.

ܡܩܕܘܢܝܐ Cappadocia, Nöld. F. S. i. 471. 3. For ܩܦܘܕܩܝܐ col. 3688.

ܡܚܡܚܡܣܡ = mis-spelling of ܡܚܚܡܣܡ ܡܠܚܣܡ cinnabar, Chimie 13. 16.

ܡܩܒܡܛ Pers. كَبَسْت colocynth, Op. Nest. 112. 17.

ܡܟܒܕ col. 3478. 27 of par. Cf. ܚܕ ܥܡ ܗܢ ܠܐ ܐܬܗܕܘܗܝ ܡܝܒܕܗ ܐܠܐ ܠܐ ܚܣܕܗ neither side got the better of the other but they stabilized their victory i. e. proceeded no further with it, Josephus vi. 25. 16. Pass. part. ܡܟܒܕ : ܘܚܕܗ ܡ ܐܦܐܠ ܐܝܡ ܕܐܦܠ αἷμα πεπηγός, his blood was clotted as hard as stone, Hist. B.V.M. 38. 5. Compact, firm, opp. shapeless, ܘܐܝܟܘܢܗ ܕܩܘܦ ܡܩܒܝܦܝܡ, ܒܚܓܝܒ ܢܟܪ ܐܘ ܠܐ ܡܟܒܕ ܢܟܪ, BH. Philos. I. 3. ܗܡ ܕܩܟܒܢ ܟܣܬܐܘܗܗ.. ܠܐ ܐܣܝܡ ܟܠܐ ܚܠܬܢܦܐ he whose gaze is fixed, who stares at people, is not liked, id. Econ. iii. 1. Inherent, ܘܚܬܡܐ ܡܟܒܕܐ, Or. Xt. ii. 304. 6. Fem. = subst. a stamp, ܡܩܒܕܝܡ ܗܘܘ ܚܕܘܗܝ ܠܚܕܐ with a stamp they affixed tokens on them = branded them, Dion. 148. 16. Chem. fixation, solidification, Chimie 329 note 4.

ܡܟܒܕܐܝܬ infixed by instinct, implanted, of God's laws, Syn. Or. 138. 29.

ܩܽܘܒܥܳܐ (for ܡܩܘܒܥܐ?) *a cap, helmet?* Pallad. 215. 21.

ܡܩܘܒܥܐ ܡ݁ܩܰܒܥܳܐ m. *a cap*, add: ܡܘܩܒܥܐ ܟܡܥܗܐ ܡܘܟܚܐ Med. 598. 5. Pl. ܡܩܒܥܐ *solids, substances, metals* viz. silver and gold, Chimie 314 note 5. Duval suggests ܡܩܒܚܐ.

ܡܩܘܒܠܐ Lat. cubiculum, *a chamber*, Stud. Sin. ix. 96. 6.

ܩܒܰܪ col. 3481. *to bury*. Add: ܐܢܫ ܕܩܳܒܰܪ ܢܘܪܐ ܒܝܢܬ ܬܒܢܐ *one who hides fire among chaff*, Pallad. 726. 3 af.

ܡܩܒܪܐ = ܩܒܪܐ *a heap*, ܘܢܬܒܠ Pallad. 553. 3.

ܡܩܒܪܣܝܣ place-name, *Tomb of Osiris*, in the desert about 30 m. from Alexandria, Anecd. Syr. iii. 135 pen. Cf. ܩܒܪܘܣܝܣ Suppl.

ܡܩܒܪܝܣ الزاج القبرصي from Cyprus, *copperas, red vitriol* = sulphate of iron, Chimie 3. 7, 4. 5, 63. 16; *black vitriol* (shoemaker's), ib. 4. 2, 11 n. 5 = ܡܩܒܪܣܝܣ.

ܩܰܡ col. 2483. Pa. ܩܰܡܶܡ add: ܩܕܶܕ *to tear out, tear away*, ܟܚܝܡܟܐ with gloss ܠܚܣܒ ܕܩܰܡܐ ܗܬܐܠܗ ܘܡܣܩܬ ܘܣܪܒܬ Hormizd 1306. ܩܰܡܶܡ *what riches did she strip off*, Pallad. 195. 3. Act. part. ܩܡܦܝܢ ܗܘܘ ܣܘܩܕܝܢܘܗܝ ܟܓܦܝܗܘܢ *cats tore their bodies with their claws*, Dion. 173. 19; pass. part. ܩܡܝܡܐ ܫܰܠ ܡܩܰܡܪܐ *a torn strip of cloth*, Pallad. 183. 13 = A.M.B. vii. 118.

ܩܶܡܐ i. q. ܩܶܡܘ݂ *a strip*, ܥܡܗܘܢ ܕܦܣܩܘܢ ܠܗ ܩܡܐ *command them to cut strips for me*, Ahikar 12; ܩܒܠ ܘܬܠܐܟܣܡܗܝ ܐܘܠܢܩܝ ܩܪܝܡ ܡܝ ܣܘܩܝ ܩܕܘܟܗܘܢ ܥܗܡܪܐ ܟܢܦܗ A.M.B. iv. 146.

ܩܶܡܘ݂ add: *laceration*, Hormizd 1319.

ܩܒܣ col. 3484. Pa. ܩܰܒܶܣ *to possess, to take pleasure in* (ܟܚܝܡܟܐ) with gloss ܩܰܒܶܣ. ܚܚܨܝܒܠܐܗܦܝ Hormizd 1548.

ܩܒܣ col. 3486. S. Fraenkel remarks that the two meanings, *to kindle fire* and *to bore* agree, as one ancient way of kindling was to rub sticks; but that ܩܒܣ *to tear out the hair* is a mistake for ܩܪܣ Heb. קרח, Lev. xxi. 5, Jes. iii. 24, Jer. xvi. 6, Z.A. xix. 108. But this requires further emendation of derivatives.

ܩܒܣܐ. ܩܒܣܐ col. 3486. 9 of par. 1) Pl. ܩܽܘܒ̈ܣܶܐ *small boils*, Med. 591. 7 but the Lexx. have ܩܽܘܒ̈ܣܶܐ. 2) Arab. قدح *a phial*, Chimie 21 pen., ܩܒܣܐ ܘܟܣܝܣܐ ib. 24. 7; 35. 23, 51. 19.

ܡܩܒܣܢܘܬܐ *sharp pain*, ref. under ܟܐܒܐ *colic*, BA. col. 3622.

ܩܕܝܣܡܝ perhaps a contraction of the region of *Qadis*. Arab. قادس near Herat, Syn. Or. 165. 12, 679; ZDMG. xliii. 405. 8.

ܩܕܡ Pael ܩܰܕܶܡ with another verb, col. 3489. Add: ܩܕܡ ܩܪܐ προκαλεῖσθαι, *to summon, challenge*, Vit. Monoph. 8. 15. Ethpa. ܐܬܩܰܕܰܡ *to anticipate, discover*, add: ܠܐ ܡܬܩܰܕܰܡ ܘܡܬ ܐܬܚܟܡܐ ܗܘܐ ܒܝܕܥܡ *the loving-kindness of God cannot be anticipated, discovered by the understanding*, Sev. Ant. Hymns 17; ܡܬܠܐ ܡܬܩܰܕܡ id. Coll. Lett. 189. 1.

ܩܕܝܡ col. 3490. 9 of par. ܩܕܝܡ προκείμενος, VHh. Heb. xii. 1 ed. Bensl., ܩܕܝܡܬܐ ܡܣܩܕܐ προκειμένη, ib. 2.

ܩܕܡܬܐ f. l. 15 of par., with a noun, add: ܩܕܡ ܡܥܕܬܐ ܕܝܘܠܦܢܐ προπαιδεία, *preliminary instruction*, Sev. Ant. Vit. 66. 13.

ܩܕܡܢܐ *preceding, predisposing*, add: ܥܠܬܐ ܩܕܡܢܝܬܐ *the predisposing cause* of an illness, Med. 41. 4, 6.

ܩܕܡ col. 3492. prep. *before*. Rit. ܩܕܡ ܘܒܬܪ Qdham-uwathar or ܩܕܡ ܘܕܒܬܪ ܟܬܒܐ *Book of Before and After*. This contains the anthems &c. for feriae and festivals so far as they do not vary with the season. A choir is divided into those on the north side (our Cantoris) who are *before* or begin and the half on the south side (Decani) who follow = are *after*, Daily Offices, Introd. and Glossary, Catholicos of the East, 217; ܡܩܕܡܢܐ ܕܩܕܡ *psalm to be sung by the first Choir*, QdhamW. 29. 13, Brev. Chald. i. 84 pen., ܡܩܕܡܢܐ ܘܕܟܐ ib. 85. 3; ܚܬܐܬܢܟܐ ܕܩܕܡ ib. 8. 1, 10; QdhamW. 30. 1. Cf. ܩܕܡܘܟܬܐ.

ܩܕܡܐ col. 3493 ult. adverb. Arab. قدما *first*, ܩܕܡܐ ܟܕܗ ܩܡܩܕܐ ܡܐܘܬܐܠ Ephr. Jos. 310. 6; ܩܕܡܐ ܕܩܡܕܐ *first of all, especially*, Pallad. 57. 8.

ܩܕܡܝܐ pl. ܩܕܡ̈ܝܐ *primal, primary, first*, ܐܢܫܐ ܩܕܡܝܐ *Primal Man*, Ephr. Ref. i. 121.

27, 123. 25. Rit. opp. ܐܣܛܝ̈ *the first choir*; see ܣܪܡ; ܚܡܪ̱ܐ ܩܕܡܝܐ ܕܝܨܦ ܕܐܣܛܘܢܐ ܕܬ̈ܪܝܢ *the priest leads the second choir when the evening shuraya is sung by the first choir*, Brev. Chald. i. 3. 20; ܕܚܬܢܟܠ ܕܩܕܡܝܐ ib. 8. 22; QdhamW. Pref. 10 ter, 11 pluries, and passim. ܫܒܘܥܐ ܕܩܕܡܝܐ *the week taken by the first choir*, ib. 28 tit.

ܩܕܡܪܓܫܢܐ col. 3496. *foreseen, anticipated*, ܐܢܐ ܕܩܕܡܪܓܫܐ ܗܢܐ ܠܐ ܡܬܡܨܝܢܝܬܐ *such a miracle (the Virgin Birth) was unimaginable*, Sev. Ant. Hymns 48. 7.

ܩܕܡܘܣ col. 3497. *Cadmus*. Add: ܩܕܡܘ Arist. Apol. ܓ. 13.

ܩܕܡܝܐ καδμεία, *cadmium*, Med. 81. 17, 82. 15, 20, 608. 19.

ܩܕܪ col. 3498 ult. pr. n. *Kedar* from Heb. קדר *to be dark*.

ܩܕܪܐ (ܡܫܚܐ) corr. ܩܕܥܐ *castor oil, Ricinus*, Chimie 3. 11.

ܩܕܘܪܐ corr. ܩܕܘܪܐ Arab. قارورة *a flask*, Chimie 51. 15; pl. f. ܩܕܘܪ̈ܬܐ corr. l. 10.

ܩܕܘܪܐ col. 3499. Anecd. Syr. iii 205. 8. Ahrens and Krüger suggest κωδάρια. ܕܐܚܕܐ *reed mats* or *mattresses*, Zach. ed. Brooks ii. 23. 10 = Mich. Syr. 258.

ܩܕܘܪܕܐ Doc. Mon. 239. 8 corr. *Cordova*, col. 3731.

ܩܕܪܘ κέδριον, *oil of cedar*, Med. 83. 16.

ܩܕܫ col. 3500. Ethpa. ܐܬܩܕܫܬ *to be sanctified*, ܐܦܝܣܬܗ ܕܢܬܩܕܫ *she persuaded him to embrace the religious life* i. e. *to become a monk*, Pallad. 196. 2.

ܩܕܝܫܐ col. 3501. 12. Add: ܩܕܝܫܐ ܐܠܗܐ *the hymn Holy God, Holy Mighty One, Holy Immortal*, QdhamW. 34. 5 ff.; Brev. Ant. i. 134 *b* infra. This is the Trisagion, not the Ter Sanctus, see Brightman's Lit. 589 f.

ܩܘܕܫܐ, ܩܘܕܫܐ col. 3502. 4) *the sanctuary*, ܩܕܘܫ ܩܘܕܫܐ usually *the space under the canopy, in front of the altar*, Maclean. 5) *the Eucharistic species*, Maclean.

ܩܘܕܫܐ col. 3503. 1) *proclamation of the Ter Sanctus*, Brev. Ant. i. 134 *b* 16. 2) *consecration, hallowing*, ܡܩܕܫܐ ܕܩܘܕܫܐ *Order of the Liturgy of the Apostles*, Takhsa i. tit. Frequently *an Anaphora* opp. the whole Liturgy; the E.-Syrians have three ܩܘܕܫܐ but only one complete liturgy; ܡܠܟܡ ܩܘܕܫܐ ib. 32 tit., 39 ult., ܩܘܕܫܐ ܕܚܒܟܐ ib. 40 tit. ܩܘܕܫܐ ܕܡܕܒܚܐ *consecration of the altar*, ib. 119 tit., 134 tit. 3) ܩܘܕܫܐ ܕܥܕܬܐ *Hallowing of the Church* = the four weeks preceding Advent, Maclean, Brev. Ant. ii. i. tit.; heading pp. 1–26.

ܩܘܕܫܐ ܕܩܕܝܫܐ *holy*, add: ܐܪܥܐ ܕܚܠܬ ܩܘܕܫܐ *Palestine*, Bahira 203. 23.

ܩܕܝܫܐ col. 3503 infra. Arab. مقدسى. Not *a native of Jerusalem* but *a pilgrim who had visited the holy city*, Nöld. ZA. xxi. 101; ܡܩܕܫܐ ܚܕܬܐ occurs in a modern manuscript (1888), J.A.O.S. xx. 188.

ܩܕܫܐ col. 3501. f. *a nose ring*, ref. Dion. 223. 10.

ܩܘܗܐ ܕܫܢܐ col. 3505. *being on edge of the teeth*, Med. 175. 17, 20.

ܩܘܣܘܣ καῦσος, *intermittent fever*, pl. ܩܘܣܘ̈ܣܐ N. Hist. vi. 3, 2.

ܩܘܫ col. 3506. Pa. ܩܘܫ *to assemble, congregate*, add: the Magi were commanded ܕܢܩܘܫܘܢ ܚܟܝܡ̈ܐ Anecd. Syr. iii. 187. 1; ܩܘܫ ܥܡܗ Mar Bassus 2. 22.

ܩܘܩܢܐ *noisy, pertinacious*, Hist. Mon. i. 158. 15.

ܩܘܩܢܐ *large, powerful*; ܒܟܘܚܐ ܩܘܩܢܐ ܕܠܐ ܢܬܚܙܡ Hormizd 2437.

ܩܘܣܛܘܪ κάστωρ, *the beaver*, N. Hist. vii. 2. 3. Cf. ܩܣܛܘܪ col. 3675.

ܩܘܦܠܐ κέφαλος, "*Grosskopf*", *Mugil cephalos*, a large-headed mullet found in the Mediterranean, FischN. 58.

ܩܘܐܢܣ col. 3511. Add: ܘܐܣܟܘܣ ܕܐܝܬ ܗܘܐ ܩܘܐܢܘܣ ܕܪܣܡܐ κύανος, *the blue of painters*, Chimie 5. 17, ܩܘܐܢܘܣ ib. 3. 8. Cf. ܩܢܐܠܐ col. 3542 and ܩܢܟܠܐ col. 3670.

ܩܘܢܘܣ κῶνος, resin, Chimie 215 n. 2.

ܡܘܐܬܐ col. 3511. κύαθος, a liquid measure ⅙ or ⅓ of a pint, ܡܘܐܬܐ ܡܠܐ ܘܦܠܓܗ̇ ܚܕܡ ܡܢ ܬܠܬ ܡܢܘ̈ܢ ܡܫܚܐ Epiph. 5. 6, 7.

ܡܘܕܟܝ̈ܐ m. pl. Copts, El. Nis. Chron. 230. 21; ܘܐܦ̈ܠܐ ܘܡܘܕܟܝ̈ܐ Prognost. 20 v ult., 34 v, 35 v.

ܡܘܕܟܐ m. pl. cubes, ܬܩ̈ܠܐ ܘܡܬܩܪܝܢ ܡܘܕܟܐ tablets called cubes, Med. 51 antep. Cf. ܡܘܕܩܣ a cube,

ܡܘܕܣܐ col. 3512. Add: Cottus gobio, the eel-pout, miller's thumb, Diosc. I. 181, Ar. FischN. 81.

ܡܘܕܐ col. 3513. a fetter. Add: metaph. ܘܠܐ ܐܣܬܚܦ ܡܢ ܕܘܒܪܗ ܘܡܘܕܐ BH. on Cant. ii. 7, ܡܘܕ̈ܝ ܫܩܠ Hormizd 2402.

ܡܘܕܘ̈ܝܐ quadrans, a farthing, small coin. ܡܘܕܘ̈ܝܐ ܡܚܕܐ̈ ܡܢ ܡܢܗ ܘܚܪ̈ܢܝܐ ܡܢ ܚܪ̈ܢܐ ܘܡܚܕܙܗ Epiph. 2.

ܩܘܕܪܢܛܣ κοδράντης, Lat. quadrans, a measure equalling ¼ oz., Epiph. 2.

ܡܘܗܘ what? soft as sable? ܐܢ ܡܘܗܘ ܕܣܥܪܐ ܕܚܙܝܪܐ if a hog's bristle should grow soft and woolly, Ahikar 20.

ܡܘܗ imper. of verb ܢܩܒ to peck, prick.

ܡܘܐܪ col. 3515. a dance, a chorus. Ref. ܡܘܢܪ̈ܝ with gloss ܣܘܡܗܝܢ̈, corr. ܣܦܘܕܝܘ̈ σπουδαῖοι, perh. a choir, choir boys, singing clerks, BH. ed. Gottheil 156 n. 10.

ܡܘܣܘܪܐ col. 3515. a beak should be transferred to ܣܘܪ col. 2453.

ܡܘܙܒܘ Kuzbu, a village in Marga, M.Z. 70. 19.

ܡܘܙܚܢܐ an inhabitant of ܡܘܙܚ: see ܟܕ ܡܘܙܚܢܐ.

ܡܘܣܥܕ a village in Arzun, birthplace of the Patriarch Išoyahb I, Sassanidi 27. 12.

ܡܘܙܩܝܐ m. pl. Κυζικηνοί, inhabitants of Cyzicus in Mysia, Doc. Mon. 268. 9.

ܡܘܛܐ col. 3516. a stalk, ܡܘܛܐ ܘܢܨܒܐ E.-Syr. pointing, Med. 264. 3.

ܡܘܛܠ deriv. unknown. curse, ܡܘܛܠ ܥܠܝܟ malediction on thee, Coupes ii. 155. 2, 5, 6, 240.

ܡܘܩܝܠ Arab. قطيع a troop, herd, ܡܘܩܝܠ ܕܚܕܪܐ Dion. 116. 13, ܡܩܝܠ ܕܬܘܪ̈ܐ ib. 117. 13.

ܡܘܛܠܐ col. 3517. κότυλος, half pint, ܡܛܠܐ Epiph. 5. 6; ܡܘܛܠܚܣ Med. 146. 20, ܡܛܠܗ ib. 152. 11.

ܡܘܛܠܗܕܘ̈ܢܘܣ col. 3517. pl. κοτυληδόνες, uterine cotyledons, Hippoc. v. 42, N. Hist. vii. 5. 3.

ܡܘܝܝܐ, ܡܘܝܪ̈ܝܐ or ܡܘܝܪ̈ܢܝܐ col. 3518. Hoffmann thinks this a nickname, κατορράγγης, Anecd. Syr. iii. 207. 3 and other refs. catlike, thievish, see nn. to Ahrens and Krüger, 339 f. = Zach. ed. Br. 25. 24, 26. 2.

ܡܘܢܐ Κονάνη, Konana in Pisidia, now Gönen, Nöld. F. S. 473. 118.

ܡܘܚܕܐ col. 3518 pen. a snail, pl. ܡܘܚܕ̈ܐ N. Hist. vii. 2. 2.

ܡܘܚܩܝܢ col. 3519. a press. The quotation from K. is in BH. de Sap. 35. 7 with gloss المكبس.

ܡܘܚܕܢܐ̈ܠ from ܡܘܚܕܐ q. v. col. 3518. f. spiralness, ܡܘܚܕܢܐ̈ ܣܢܕܘܪܐ̈ ܘܚܣܡܠ ܚܡܚܦܬܢܐ̈ܠ the spiral or winding shape of the orifice of the ear, N. Hist. vii. 1. 2.

ܡܘܚܕܦܢܐ spiral. Pl. f. ܡܘܚܕܦܢ̈ܐ N. Hist. viii. 3. 2.

ܡܘܚܡܣ χαλκεῖον = χαλκὸς κεκαυμένος, burnt brass, Chimie 16. 3, ܡܘܚܡ ib. 18. 6.

ܡܘܠܐ see ܡܚܠ a Qawwal, Mt. Singar 19. 5, 25 n. 2.

ܡܘܠܐ col. 3519. κόλλα, glue. Add: ܡܘܠܟܐ ܠܠܟ (so corr. ܡܘܠܟܐ) Med. 609. 15. ܡܘܚܡ ܐܠܣܘܦ Chimie 7, ܡܘܩܘܠܠܐ κόλλα is χρυσόκολλα, ib. 14. 10, 11.

ܡܘܠܟܐ, ܡܠܟܝܠ col. 3520. a water pot. Add: a measure, 10 pints, Epiph. 6. 2-4; cf. ܚܙܪܡܣ Suppl. ܩܦ ܒ. two potfuls, Med. 143. 16; Op. Nest. 121. 17 quoted under ܕܚܠܐ col. 3798.

ܡܘܚܡܝܠ col. 3520. a small pitcher, ܡܢܠ ܩܚܠܒ ܚܡܦܚܝܚܡܠ N. Hist. Cap. ii. 7.

ܡܘܠܐ, var. ܡܘܟܘܐ, place-name Κολόη now Lake Tsana or Dembea in Abyssinia, Jac. Edes. Hex. xxiv. 13.

ܡܘܟܕܘܦܘܠܝܣ Claudiopolis in Isauria, Nöld. F. S. i. 471. 68.

ܡܘܟܘܒܪܣܘܣ Κολυβρασσύς, Colybrassus in Pamphylia, Nöld. F. S. i. 472. 84.

ܡܘܟܢܐ Lat. colonus, *a husbandman, tiller of the soil*, Dion. 236. 2.

ܡܘܟܘܢܝܬܐ col. 3521. *Colonia*. Add : ܡܘܟܘܢܝܬܐ ܡܠܘ̈ܬܩܘܟܢܣܐ ܘܦܣܡܘܣܠ BH. Prooem. to Philippians.

ܡܘܟܝܢ col. 3522. κοίλη, *the vena cava*, ܗ̇ܘ ܙܥܘܪ̈ܐ ܡܘܟܒ ܕܐܘܣܝܐ ܣܟܠܠ N. Hist. vii. 1. 3.

ܡܘܟܠܡ see ܡܘܠܐ *glue*.

ܡܘܟܚܣܢ or ܡܘܟܚܣܢܐ *Colchis*, Jac. Edes. Hex. xii. 14. Cf. ܡܘܟܚܢ *a Colchian*, col. 3634.

ܡܘܟܠܝ Arab. قولنج *colic*, Med. 571. 15.

ܡܘ̈ܟܬܝܠ pl. m. *cranes*, Chron. Min. 353 n. 2. Marg. gloss to ܘܟܘܬܐܠ.

ܡܘܟܠܬܘܢ κόλλαθον, *a liquid measure equal to twenty-five pints*, ܡܘܟܠܐ ܟܠܐ ܕܣܘܕܢܣܐ ܦܝܠܐ ܕܫܠܠܐ ܘܠܚܕܐܠ Epiph. 4.

ܩܡ, ܩܡ col. 3522 ff. Act. part, with suff. ܩܡ ܗܘ = ܡܣܩܗ *he is still alive*, Jos. ed. Wolflink 15. 6, 16 ult. Pl. f. ܘܟܬܢܘܬܐ܀ ܡܢܐ܀ ܥܝ̈ܢܐ ܕܩܛܝܢ ܐܫܡ ܩܦܚܐ *small, prominent eyes denote an avaricious disposition*, BH. Econ. iii. 1. With ܠܩܘܒܠܐ *to resist*; ܘܦܠܐܡ ܣܘܕܐ܂ ܠܩܘܒܠܐ *fire-proof*, Chimie 33 pen. With ܥܠ *to attack, surprise*, ܐܝܟ ܒܚܕ ܘܩܡ܇ ܚܕܐܘܢ ܘܩܡ ܠܚܕܘܣܘܢ *lest anyone should pursue and surprise him*, L. E. S. 130 ult.

ܡܘܡܢܐ col. 3529. *consistency*, ܗܘܐ ܚܬܝܐ ܡܘܡܢܐ *let it thicken*, Med. 54. 1, 69. 1, ܚܡܐ ܘܦܠܐ ܡܘܡܢܐ, ib. 141. 9, 152. 3, ܡܘܡܢܐ ܘܐܓܢܐ *the consistency of honey*, ib. 183. 6; ܒܪ ܡܘܡܢܐ *of equal consistency as water and wine*, opp. ܡܘܡܢܐ ܫܘܢܐ *of differing density as water and oil*, N. Hist. iii. Cap. i. sect. 2.

ܡܘܡܕܐ col. 3531. l. 5. *a measure, the length of the outstretched arms, about a fathom*, pl. f.

ܡܪܩܐ ܕܘܚܕܐ ܚܡܣܢ ܡܩܘܡܝ, Hist. B. V. M. 138. 4. Pl. m. ܡܩܘܡܝ, J. A. O. S. xv. 140. 9.

ܡܘܡܕܐ, ܡܘܡܟܐ܂ col. 3531. f. *stature*, ܡܩܟܒܗܘܢ ܡܚܩܩܦܝ ܗ̇ܘܬ *their stature = their bodies were bent*, A. M. B. ii. 345. 11. N. B. ܡܘܡܟܘܝ *thyself*, var. ܢܦܫܘ, Mar. Kardag. 71. 12; (ܡܟܕ) ܚܩܘܡܕܝܗ ܘܠܘܗܕܠ δι᾽ αὐτοῦ var. for ܚܡܝܘ ܘܠܘܗܕܠ, A. M. B. v. 91. 19.

ܡܘܡ ܦܠ ܡܘܡ *at a certain time*, Pallad. 62. 5.

ܡܘܡܚܬܐ col. 3532. f. *position, holding the chief place* in the Church, ܡܣܘܕܐܡܝܢ, Išoyahb iii. 15. 18. Pl. ܡܘܡܚܬܐ *stations* opp. ܣܠܘܩܣܐ *journeyings*, R. O. C. vii. 118. 5 af.

ܡܢܘܡܕܐ col. 3533. Add : *standpoint*, ܘܡܘܕܘ ܕܚܣܘܡܝܘ *opinions differing from their point of view*, Ephr. Ref. ii. 7. 20. *Dimension*, ܠܒܚܕ ܩܢܘܡܐ ܠܒܚܠܐ ܡܣܡܝ ib. 14. 26, 31; ܘܚܡܘܡܕܐ *the three dimensions of a body*, N. Hist. viii. 2. 3.

ܡܣܘܡܕܐ ܡܝܠܐ col. 3536. Add : σύστημα, *harmony*, Hist. Mon. ii. 149 note to i. 75. 8 and 293 note to 142. 17 these refs. are the same as those of B. O. iii. i. given in Thes. Syr.

ܡܬܩܝܡܐ ܢܩܘܡܟܐܢܠ col. 3536. *erect*, ܥܘܣܠܐ ܡܬܩܝܡܐܢܠ ܠܠ ܐܝܠ *most herbs do not have an erect stem*, BH. N. Hist. vi. 2. 2.

ܡܘܡܦܐ col. 3537. m. metaph. *persistence, resistance*, ܟܠܠ ܫܠܐ ܘܡܘܡܦܐ *evil and sin cannot stand against repentance*, Hist. Mon. i. 39. 7.

ܡܚܩܡܦܐ ܡܚܦܣܬܠܐ ܡܠܘܚܕܠ col. 3537. *a letter of recommendation*, Sev. Lett. 297. 3.

ܩܘܡ col. 3538. Add : *Kum, in Persia W. of Hamadan and 80 kilometers NNW. of Kashan*, Syn. Or. 619.

ܡܘܡܐ, ܡܘܡܕܐ col. 3538 infra. κόμμι, *gum arabic*. Add : ܘܡܟܠܐ ܐܘܣܝܕ ܡܘܡܕ N. Hist. vi. 3. 3, ܐܒܝ ܘܐܡܟܕ ܫܟܠܐ ܚܣܝܠܐ ܡܘܡܕ ib., Med. 60. 9, 81. 7, 19, 296. 12, ܘܣܘܙܐ ܡܣܘܗܢ Chimie 48. 23, 51. 16, ܡܘܡܕܘ ib. 34. 6, 227 n. 3, 237 n. 3.

ܡܘܡܩܐ *name of an Indian tree*, Natur 63. 2.

ܩܘܡܢܘܣ ܩܘܡܚܠܘܣܐ *Comanus* in Armenia, Sev. Lett. 61. 5. See ܩܐܡܚܠܐ col. 3458, ܩܘܡܚܠܐ 3539, ܩܘܡܚܠܐ 3541.

ܩܘܡܚܠܝܡ col. 3539. Correct according to ܡܚܠܝܡܐ in Suppl.

ܩܘܡܚܪܘܡܐܝܬ col. 3539. Cf. ܡܚܡܚܘܬܐ Suppl.

ܩܘܡܚܝܐܘܗܝ, col. 3540. Add: ܣܠܩ ܠܩܘܡܚܕܘܗܝ *he was going to Court*, Pléroph. 41. 13.

ܩܘܡܚܛܐ col. 3540. 1) *a comet*, ܩܘܡܚܝܬܐ, Chron. Min. 317. 1, 320. 2, 322. 3, ܩܘܡܚܝܬܐ An. Syr. 145. 8. 2) pr.n.m. *Cometus*? ib. Chron. Min. 66. 21, 67. 2; cf. Sev. Lett. i. 45.

ܩܘܡܚܛܝܢ pl. of ܩܘܡܚܣ *comes, -itis, a count*, A.M.B. vi. 120. 7; sing. ܩܘܡܚܣ ܐܬ ܩܘܡܚܝܣ Pléroph. 75. 11, ܩܘܡܚܣ 76. 2; ܩܘܡܚܝܣ Chron. Min. 317 *b* 1, 320 *b* 2, 322 *b* 3.

ܩܘܡܚܝܢܡ i.q. ܩܘܡܚܠܘܢ with dimin. termination, *cummin*, Chimie 273 n. 6, 276 n. 1; ܩܘܡܚܝܢ (sic) ܟܡܘܢ) Med. 609. 7.

ܩܘܡܚܢܒܦܐ see ܩܚܣ.

ܩܘܡܚܡܘܬܐ from ܩܘܡܚܐ κωμικός, col. 3541. f. *revelling, carousing*, one of the foolish trades, BH. Econ. i. 2, ܩܣܘܕܐ ܘܩܘܡܚܡܘܗܝ ܕܣܟܠܘܬܐ *taverns of mad carousals*, ib. ii. 2, Pol. ii. 1. iii. 2 infra.

ܩܘܡܚܢܒܦܐ ܪܝܫܐ col. 3541. Add: ܩܘܡܚܢܒܦܐ ܕܚܒܫܝܢ *the Head Warder, Governor of the prison*, A.M.B. iii. 299. 10, 312, 350, ܩܘܡܚܢܒܦܐ ib. vi. 69. 5; ܗܘ : ܩܘܡܚܢܒܦܐ n. 3, ܩܘܡܚܢܒܣ ܠܘܐܪܐ Stud. Sin. ix. 105. 10, ܩܘܡܚܢܒܦܐ Hist. B.V.M. 202. 21.

ܩܘܡܚܢܝܛܘܣ pr.n.m. *Comnitos*, corrupted from Κομητιανος, Budge, Hist. B.V.M. 95. 8.

ܩܘܡܚܕܢܐ col. 3541. m, κειμηλιάρχης, *keeper of the strong room, treasurer*, ZDMG. liv. 382. 1, S. Fraenkel note, ib. 562.

ܩܘܡܪܝܣ κωμαρις or κομαρο, *comaris*, a mixture of lead filings, &c., used to dye artificial gems, Chimie 41. 17, 18, 19, ܩܘܡܪܝܣܐ ܘܡܢ ib. 13. 24 trans. 26 note 1.

ܩܘܢܒܐܝܬ col. 3542. f. *dark blue*, N. Hist. vii. 1, 7 quoted under ܩܢܘܒܐ Suppl.

ܩܘܢܒܚܘ col. 3543. *Canopus*, a suburb of Alexandria, Anecd. Syr. iii. 183. 2.

ܩܘܢܒܕܐ col. 3543. *Cannabis, hemp*, ܩܢܒܐ ܚܡܠܐ Med. 172. 17.

ܩܘܢܝܓܐ add: κυναγός, *a hunter*, Pallad. 136. 19.

ܩܘܢܓܝܐܪܘܢ *congiarius, a measure containing six pints*, Epiph. 6. 4.

ܩܘܢܛ abbrev. of ܩܘܢܛܩܝܢ κοντάκιον, *a short hymn*, Alexis 65 ult., R.O.C. iv. 154.

ܩܘܢܕܘܠܘܣ, ܩܘܢܕܘܢܘܣ see ܩܢܕܘܢܘܣ col. 3605 κίνδυνος, *peril*.

ܩܘܢܕܘܪ col. 3544. Pers. کندآور for کنداور, *a governor, commander*, S. Fraenkel ZDMG. xlv. 319 on Gest. Alex. 203. 10.

ܩܘܢܕܦܝ mis-spelling of χόνδρος, *grains of incense*, Hormizd 1269. Lexx. under ܩܢܕܦܝ col. 3659.

ܩܘܢܦܚܐ col. 3545. *cinnamon*, ܩܘܢܦܚܐ Med. 50. 9, 14, 51. 3, 11, 609. 10. ܩܘܢܥܦܐ Styrax, ib. ll. 10–13. But *cinnamon*, Natur 28. 9, ܩܘܢܣܐ (ܐܚܟ) ܐܕܚܒ ܨܘܕܦ κιννα-μοφόρος χώρα, *a cinnamon producing district* in Ethiopia, Anecd. Syr. iii. 330. 6.

ܩܘܢܣܘ perh. ܩܘܢܣܐ πόνος, *labour, products of labour*, he gave them power over his treasures ܩܘܢܣܘܗܝ ܘܥܠ ܟܠܗ and over all his goods, S. Dan. 68 *b* 4 af.

ܩܘܢܛܝܠܝܣ Lat. Quintilis, *July*, Georg. Ar. 7. 18.

ܩܘܢܝܐ col. 3547. 1) *lye*, Med. 55. 15, ܩܘܢܝܐ ܘܡܚܠܐ *alkaline ointment*, ib. 92. 7. 2) pottery in which ashes (κονία) are mixed to make it porous, or more probably from κύανος, *glass tinged with blue* or *a blue stone* such as our Blue John of which vases are made, ܐܦܢܐ ܚܫܚܢܐ ܘܡܚܣܐ ܘܠܝܦܩܘܢܝܐ Med. 264. 9, 300. 21. 3) ܩܘܢܝܐ ܟܠܐ ܘܩܢܘ ܩܒܥܠ ܒܣܬܐ ܘܩܢܘܝܐ *the passage seems corrupt*, if it means *she strewed ashes on the wall and the doors*, the ܘ of ܩܘܢܝ wants a point above instead of beneath and the ܘ before ܩܒܥܐ should be deleted, A.M.B. v. 441. 9.

ܩܘܢܝܐ gentilic, *of Qoni*, Syn. Or. 44. 23, ZDMG. xliii. 396 pen.

ܩܘܢܝܘܢ col. 3548. 2) κόνιον, *lye, wood ashes*, Med. 93. 11, 609. 14. Usually written ܩܘܢܝܐ.

ܩܘܢܝܢ for κυάνεον, *blue*, Duval, Chimie 11. 8. Usually ܩܘܢܐܐ col. 35. 42 or ܩܘܢܠܐ col. 3670.

ܩܘܢܝܩܘܣ col. 3548. *a cynic*, ܟܠܒܢܐ ܩܘܢܝܩܐ BH. Stories 10. 23, pl. ܩܘܢܝܩܐ ib.

ܩܘܢܟܐܣ col. 3548. κόγχη, -ς, *an apse, an oval recess*, BH. Nom. ed. Par. 15 ult., ܟܦܬܐ ܕܩܢܟܐ ܩܘܢܟܣ Pet. Ib. 11. 20. Usually ܩܢܟܐ q. v. col. 3666.

ܩܘܢܟܘܠܝܐܛܘܣ conchyliatus, *having a shell*, ܩܘܢܟܘܠܐ ܩܘܢܟܘܠܝܐ ܩܘܢܟܘܠܝܐܛܘܣ *sea shell-fish*, N. Hist. iv. 5. 3.

ܩܘܢܝܐ for ܩܘܢܐܐ col. 3542. *blue, pale*, ܐܘ ܩܘܢܝܢ ܩܘܢܝ Rylands 44. 22 *a*.

ܩܘܣ *Kus*, town on the r. bank of the Nile, ܩܘܪܝܐ ܕܩܘܣ Protection 3. 17, xxvi. n. 2.

ܩܘܣܛܝ dimin. form of ܩܘܣܛܢܛܝܢܘܣ with Pers. ending, Hist. Mon. i. 225, ii. 426 n.

ܩܣܛܘܪܘܣ κάστωρ, -opos, *a beaver*, Natur 6. 13.

ܩܘܣܘܠܐ Lat. casula, κάσουλα, *a coarse garment*, A.M.B. vii. 414.

ܩܘܣܡܘܣܛܝܩܝ κοσμοστική, *secular, profane* opp. to and formed after the analogy of ἐκκλησιαστική, Nöld. on Sassan. 5. ܐܟܠܣܝܣܛܝܩܝ ܕܩܘܣܡܘܣܛܝܩܝ i. q. ܐܟܠܣܝܣܛܝܩܝ ܥܠܡܢܝܬܐ *histories of worldly matters*, Sassanidi 7. 2, = Syn. Or. 9. 4.

ܩܘܦ col. 3551. Delete par. and see ܐܬܩܦ Aph. of ܢܩܦ, part. ܡܩܦ.

ܩܘܦ col. 3551. a village, add: in Marga, Chast. 49. 8.

ܩܘܦܕܐ col. 3638. 6. 1) ܩܘܦܕܐ ܕܝܡܐ *a sea urchin*. Add: a fish found in the Upper Zab, Brockelmann, ZA. xvii. 256, Ar. FischN. 76; Hist. Mon. i. 394. 1, 5. To refs. from Lexx. add under ܣܪܝܩܐ col. 1353. 2) κοπάδιον, add: شريحة لحم *a long strip of meat*, Praet. Miss. 83. 97.

ܩܘܦܘܠܝܬܘܣ κουφόλιθος, *pumice* or *rotten-stone*, "*pierre légère*", Chimie 234 n. 3.

ܩܘܦܝ col. 3553. κῦφι, *incense* (Egyptian), V. Loret's study of *Kyphi*, Journ. As. 1887, *Cyphus*, Diosc. i. xxiv. 6 drachms of it are needed for ἀντίδοτος Μιθριδάτειος, ܩܘܦܠܐ ܕܩܘܩܠܘܣ κύκλους βραχεῖς, Galen. xiv. 107, 109, 116, 117, Med. 245. 13, mentioned among ܪܩܚܐ ܡܒܣܡܐ ib. 33. 23.

ܩܘܦܛܐ κοπτὴ σησαμίς, *a cake of pounded sesame*, pl. ܩܘܦܛܐ Op. Nest. 112. 3; Ar. FremdW. 37 f.

ܩܘܦܠܐ κάπηλος, *a tavern keeper*, Patr. Or. v. 5, 734. 7. Usually ܩܦܠܐ q. v. col. 3691.

ܩܘܦܠ col. 3672. Ar. قوفل *betel nut*, ref. Med. 174. 11, 430. 5, 609. BB. gives ܩܘܦܠ ܐܦܣܐ ܣܘܟܠܐ as a gloss to ܦܪܣܝܩܘܢ *the peach*, ed. Duval 1497. 20.

ܩܘܦܢܕܪܝܢ col. 3554. 1. Mishnah קַפַּנְדַּרְיָא, Lat. compendiaria, *short cuts*, I. Löw ZDMG. xlvii. 516.

ܩܘܦܣܐ col. 3554. 6. *cubes* = *mosaic*, Nöld. on Sassanidi 26 n. 3. *Hailstone*, El. Nis. Chron. 217. 15, 23.

ܩܘܦܪ 1) see ܟܦܘܪ, ܟܐܦܘܪ col. 3688. *camphor*, Med. 142. 10. 13. 2) name of a medicine prepared from myrrh, ib. 356. 10.

ܩܘܦܪܐ κύπρος, a measure equalling 2 bushels, Epiph. 6. 4.

ܩܘܦܪܘܢ col. 3554. *camphor*, Med. 148. 11.

ܩܘܦܪܝܢܘܢ col. 3555. 1) κύπρινον sc. μύρον, *unguent made from the flower of the cyprus* or *gopher* bush, Med. 148. 14, 149. 6, 320. 13. 2) *Cyprian copper*, Chimie 54. 2 i. q. ܢܚܫܐ ܩܘܦܪܝܐ ib. 5.

ܩܘܦܣܝܢܐ col. 3555. *the lark*, Natur 31. 12.

ܩܘܦܬܐ col. 3552. 1) fem. of ܩܘܦܐ *an ape*, ܐܪܙܐ ܕܩܘܦܬܐ Med. 579. 4. 2) *an arch, vault, dome*, قبة طاق ܩܘܦܬܐ . ܩܒܬܐ Op. Nest. 77. 9.

ܩܘܩܐ, ܩܘܩܬܐ col. 3556. *a waterpot*. add: ܩܘܩܝܬܐ ܕܥܝܢܐ *the pits of the eye*, Dion. 172 ult.

ܩܘܩܝܐ col. 3557. *The potter*; surname of Simon Ḳuḳāya, composer of many hymns: see ll. 5 and 18 of par., hence ellipt. ܩܘܩܝܬܐ ܩܘܩܝܬܐ *the Potter's* or *Ḳuḳāya's* hymns.

Nöld. suggests hymns *of the Cuchites*, WZKM. xii. 355. Add ref. Coupes ii. 144. 3. Infra *placenta*, add: ܡܩܘܦܝܬܐ ܕܚܒܝܫ ܒܚܕܗ̈ *"cakes"* containing aloe, Med. 45. 19.

ܩܘܩܡܣ perh. κόκκυξ, the cuckoo, Hochf. Fabel. 43. Cf. ܩܘܩܡܘܣ, col. 3558.

ܡܘܩܠܕ̈ܐ؛ ܡܩܠܕܗ m.pl. κυκλώδης, *circular*, But. Sap. i. iv. 3 glossed ܐܘ̈ ܙܘܡܪܐ ܕܣܘܕܝ̈. See ܡܘܩܠܡܣ col. 3558 infra.

ܡܘܩܠܡܣ, col. 3559. Add: Jac. *refrain*, *farcing*, ܟܣܡ̈ܐ؛ ܡܕܪܟ̈ܐ ܕܡܘܩܠܡܣ *a psalm with its suitable farcing*, Brev. Ant. i. 5 *b* ult., ܡܕܪܟ̈ܘܐܙ ܟܡ ܕܡܘܩܠܡܣ، ܘܡܙܡܠ ܗܢ ܐܘܦܐ ܕܡܠܐܟܐ *Psalm xxiv. with refrain, the earth is the Lord's and the fulness thereof*, ib. 125 *a* antep., *b* 5, ܡܕܪܟ̈ܐ ܗܕ ܕܡܘܦܐ ܐܠܗܢ ܚܣܢ ܕܗܡ ܡܣܝܠ *Psalm xlvi. with refrain, Our God is our strong refuge*, ib. l. 16; ܡܕܪܟ̈ܐ ܕܡܘܩܠܡܣ ܠܐܚܣܝܠ *Psalm to the eighth refrain*, ib. 128 *b* 1, 156 *b* 12, abbrev. ܩܡ̄ *to the refrain*, ll. 15 ff. Psalms may be said ܦܫܝܛܐܝܬ *simply* i. e. *read* or ܠܐ ܕܡܩܠ q.v. or ܡܘܩܠܡܐ: ܡܘܦܐ ܕܡ ܡܕܪܟܐ: ܕܡܝܠܐܠ. ܡ ܚܣܝܠ ܦܠܐ ܠܐܦܝ ܦܠܝ̈ܩܡܝ ܡܕܐܡܕܝ. ܐܘ̈ܟܕܐܡܪ̈ *with farcing i.e. sung to a chant*, Hallelujah being said between each couple of phrases, ib. Kal. 53 *b* infra, 54. 1 ff.

ܩܘܩܢܘܣ col. 3559. κύκνος, *a swan*. Name of a white eye-salve, Med. 82. 13.

ܩܘܪ *Qur*, a village in Adiabene, Jesus-Sabran 509. 23.

ܩܘܪܩܣܘܢ Κορακίσσιον, *Coracesium* in Pamphylia, Nöld. F. S. i. 472. 85.

ܩܘܪ̈ܕܘ *Kurds*, part of place-name: see ܡܕܝܢܬܐ ܕܩܘܪ̈ܕܘ under ܡܕܡ Suppl.

ܩܘܪܝܐܣ and ܩܘܪܝܐ col. 3560. delete both pars. and see under ܩܪܙ col. 3731 f.

ܩܘܪܝܕܝܘܢ glossed ܝܘܢܝܐܝܬ ܕܟܠܒܐ as if κυνίδιον. For ܩܘܪܕܙܗ *a crocodile*, Hormizd 2710, R. Duval in loc. Journ. As. ix. 5. 184. See cols. 3561. 7 and 3736.

ܩܘܪܛܢܐ col. 3563. Add: *superintendant, steward*, Jo. Eph. 407 ult., Sev. Lett. 128. 5, pl. ܩܘܪ̈ܛܢܐ *emissaries of the Emperor*, Jo. Tell. 39. 10.

ܩܘܪܛܡܘܣ see ܩܪܛܡܘܣ.

ܩܘܪܝܢܣ Κόργως, Κύργα, or Κόρινα, *Corinum* in Lycaonia, Nöld. F. S. i. 472. 96.

ܩܘܪ̈ܝܣ Κουρῆτες or Κορύβαντες, *Corybantes*, Greg. Naz. in BH. ed. Moberg 62. 24. Note to ܩܘܪ̈ܝܕܝܣ corr. ܩܘܪ̈ܝܒܘܣ; ܠܐ ܢܩܦ ܘܩܕ ܗܩܪ (ܡܩܠ) ܐܩܪܐ ܕܩܘܪ̈ܝܒܘܣ ܘܐܚܕܐ ܕܩܘܪ̈ܢܛܘܣ id. Gram. i. 27. 21 f.

ܩܘܪ̈ܢܬܐ (ܘܐܚܕܐ ܕܡܢ) as if m. pl. but corr. ܩܘܪ̈ܙܝܠܐ *gum from Cyrene, Barbary gum*, Med. 87. 9, 160. 2, 184. 18. *Asa foetida*. Cf. ܩܘܪܢܝܐ Suppl.

ܩܘܪܝܩܐ col. 3565. κυριακή, *the Lord's Day*, ܡܝܬܐ ܩܘܪܢܝܬܐ ܡܩܕܡܢ̈ܐ ܩܕܡ ܣܡ ܚܡܕ Syn. Or. 189. 12.

ܩܘܪ̈ܩܣ m. pl. κόραξ, *a black fish* found in the Nile, Pet. Ib. 128. 9, Ar. FischN. 80.

ܩܘܪ̈ܝܬܝܡ Heb. קריתים *Kiriathaim*, Num. xxxii. 37, 1 Chron. vi. 76.

ܩܘܪܐܠ col. 3566. Delete end of par from 2); a mistake for ܩܘܪܐܠ see col. 3757.

ܩܘܪܐܠܐ col. 3566. *coral*, ܐܘܡܠܐ ܩܘܪܐܠܐ N. Hist. iii. 5. 1. ܩܪܚܢܗ, ܩܛܠܐ Med. 207. 9, 208 ter; 263. 18, 266. 8, 13.

ܩܘܪ̈ܝܠܣܛܐ m. pl. *followers of Cyril of Alexandria*, G. Busâmê 42. 19, ܩܘܪ̈ܝܠܝܢܘ Coupes ii. 147.

ܩܘܪ̈ܩܡܘܣ see ܩܘܪ̈ܩܘܣ.

ܩܘܪܢܝܒܠܐ col. 3567. *marjoram* or *mint*, refs. Natur 44. 1, Med. 50. 10, 59. 14, 80. 21, 86. 9, 87. 23, 159. 22, 608. 13; ܩܘܪ̈ܢܝܒܠܐ ib. 308. 20, ܕܟܘܪ̈ܐ? ܕܩܡ̄ ib.

ܩܘܪܢܣܐ col. 3567. *a hammer*. See denom. ܩܪܢܣ *to hammer*, col. 3752.

ܩܘܪܣܘܣ pr.n.m. *Cursus*, Can. J. Tell. 22. See under ܟ.

ܩܘܪܩܘܣ Κόρυκος, *Corycus* in Cilicia, Nöld. F. S. 470. 54.

ܩܘܪܣܘܪ for ܩܘܪܣܪ Lat. *cursor, a courier*, Stud. Syr. Rahm. ii. 3 and often.

ܩܘܪ̈ܣܛܝܐ (ܐܬܪܐ?) *the Cyrrhestica*, Chron. Min. 254. 24.

ܩܘܪܣܛܝܐ *inhabitant of Cyrrhus*, Chron. Min. 254. 24. Cf. ܩܘܪ̈ܣܛܝܐ col. 3736.

ܡܵܘܫܛܵܐ κόστος, *Costus, a gingerwort*, Med. 51. 2, 13, 52. 10, 55. 19, ܘܡܘܫܛܐ ib. 328. 7, 362. 12, ܩܣܛ ib. 608. 17. Two refs. to this spelling are given under ܡܘܣܛܘܣ col. 3549.

ܡܵܘܙܹܐ col. 3569. *a small bird, fly-catcher*, Natur 25. 9.

ܡܘܛܐ col. 3571. ܡܘܛܝܐ ܘܥܩܠܐ *a heap*, Dion. 89. 19.

ܡܛܘܛܐ *wandering round*, ܘܐܣܬܘܛ ܗܘܐ ܒܓܠܘܬܐ *he had wandered about in exile*, Dion. 69. 14.

ܡܛܘܢܐܝܬ col. 3572. Κόταινα, *Cotenna* in Pamphylia, Nöld. F. S. 472. 86.

ܡܛܘܢܐܝܬ κατὰ μόνον, *singly, separately*, A. M. B. iv. 282; see ܡܪܐܒܘܬܐ col. 3454.

ܡܛܘܫܬܐ *a salve for stiff or painful muscles*, Med. 146. 10.

ܡܛܘܚܐ καταγραφή, *a contract*, col. 3573. 2 of par. Corr. ref. to Syr. Rom. Rechtsb. to 9. 22, 13. Add: ܐܘܚܒܗ ܐܒܐ ܒܛܘܚܝܐ Jos. Narses 104. 4; *a receipt, acknowledgement*, Dion. 170. 15.

ܡܛܘܝܢܐ col. 3573. καταδίκη, *a fine, compensation*, ܢܘܗܐ ܡܘܕܐ ܠܐܣܟܘܠܐ ܡܛܘܝܢܐ ܕܚܡܫܐ ܘܥܣܪܐ ܕܝܢܪܐ ܕܕܗܒܐ *he shall pay a fine of 20 gold dinars to the School*, Stat. Schol. Nis. 187 pen., 189. 14.

ܡܛܘܝܢܐ *adj. from the preceding word*, *penal* ܒܩܛܐ ܡܛܘܝܢܐ ܕܚܣܘܗܝ ܫܘܢܝܢ But. Sap. Philos. 2. 1.

ܡܛܘ col. 3573. 1) Ar. كتان, *flax, linen*, N. Hist. ii. iii. 3, Med. 577. 11. 2) abbrev. for ܡܛܘܢܐ *flea-bane*, ܐܙܕܐ ܘܡܛܘ gloss to ܐܠܚܛܐ Med. 603 ult.

ܡܛܘܢܐ cols. 3572, 3580. 2) *Psyllium* or *Inula coryza*, *flea-bane*, ܕܡܨܟܒܝܢ ܐܕܡܐ ܐܙܕܐ ܡܛܘܢܐ N. Hist. vi. 3. 2, Med. 415. 19, 603. Eaten for salad, ܡܛܘܢܐ ܟܠ ܚܡܠܐ Pallad. 335. 17.

ܡܛܘܪܘܬܐ m. pl. κτήτωρ, -ορες, *land-owners, proprietors*, Sev. Lett. 124. 20, 255. 5.

ܡܛܝܚܡܕܝܢ so corr. for ܡܛܝܚܘܡܕܝܢ κατηχουμενεῖον, *the women's gallery* of a church, L. E. S. 336. 8.

ܡܛܝܚܣܡܘܢ m. pl. κατήχησις, -εις, *instructions, catechizings*, Sev. Ant. Vit. 271. 6.

ܡܛܠ *to cut down, fell trees*. Cf. ܩܛܠ Levy NHeb. WB., Mand. נטל, Arab. قطل. ܐܬܡܛܠܘ ܐܪܙܐ *the cedars have been felled*, Coupes ii. 152. 5, Nöld. in loc. WZKM. xii. 358. n. 1.

ܡܛܠܐ ܐܚܘܕܘ col. 3576. *Arbutus unedo, strawberry bush*, Med. 264. 17, Ar. PflnN. 334.

ܠܐ ܡܛܠܝܐ for ܡܛܠܝܐ *a half-pint*, Med. 152. 11.

ܡܛܟܚܐ ܡܛܟܚ col. 3578. 1) *fabrication, concoction*, Sev. Lett. 233. 11. 2) *entanglement in affairs* ܡܛܟܚ ܘܠܐ *with gloss* ܐܝܣܘܪܐ ܘܕܚܣܘܕܬܐ ܗܓܝܢܐ ܕܚܫܚܬܐ ܓܠܝܐ ܒܗܢܘ Hormizd 684.

ܡܛܘܢܐ col. 3579. *ashy grey clouds*, cf. ܡܙܕܥܛܐ col. 3743.

ܡܛܡ *to be meagre, thin*, ܚܕ ܡܛܡ ܚܕܐ ܣܪܘܗܝ: ܟܕ ܒܠܚܘܕ ܚܘ ܘܫܚܝܐ, Ephr. ed. Lamy iv. 219. 12.

ܡܛܝܚܢܐ *anything chopped finely*, ܘܪܘܡܢܐ ܡܛܝܚܢܐ *finely chopped pomegranates*, Med. 213. 19.

ܡܛܝܚܢܐ, ܡܛܝܚܢܬܐ 4) ܫܬܐܠܐ f. pl. subst. *insects*, N. Hist. vii. 2. 2 bis.

ܡܛܝܚܢܐ col. 3581. *attenuating*, ܐܣܪ ܚܣܟܢܐ ܘܕܚܣܚܕܢܐ ܗܕܐ ܕܢܐ. ܘܚܣܚܬܗ ܕܡܛܝܢܘܬܗ ܘܒܣܘܕܡܗܐ. ܐܣܪ ܕܚܕܝܢܐ ܐܠܐ *in illness Nature hates sweet food as nauseating and desires as pleasant the sour which attenuates and expels vapours or humours*, BH. Theol. 5. 2, ܘܪܘܡܢܐ ܡܛܝܚܢܬܐ, Med. 135. 10.

ܡܛܥܣܡܘܢ col. 3582. f. κατάστασις, *installation* of an Emperor, Pet. Ib. 68. 11, of a Patriarch, ib. 70. 3; *state, condition*, ܚܣܛܥܘܗܝܣܡܘܢ ܘܣܕܪܐ ܐܚܣܐܝܣ, Sev. Ant. Vit. 48. 13.

ܡܛܝ col. 2582. *Arabisms*. Astron. *to traverse*, cf. مسافة قطع ܕܚܣܚܬܢ ܘܐܚܣܠܐ ܥܩܘܝܢ Rylands MS. 44, fol. 21 a. With ܟܠܐ علیهم قطع *to impose taxes*, Dion. 204. 23; often with ܒܪܐ *to do damage by exaction*, ܡܛܝܚܢ ܡܛܢ ܟܠܐ, ib. 166. 3, 199. 5, 204. 19. 232. 17; *to cut purses*, ܘܩܛܐ ܡܛܝܚܢ ܒܬܩܐ, ib. 161. 3, ܡܛܟܚ ܕܐܘܪܚܐ *highwaymen*, ib. 166. 21, 211. 2, 3,

418. 5, ܐܘܪ̈ܚܬܐ ܕܢܬܩܛܥܘܢ ib. l. 13, WZKM. x. 166. Add: ܩܛܥ ܚܡܪܐ ܠܟܣܝܘܗܝ, Dion. Ined. 61. 3. Pass. part. ܩܛܝܥ: ܕܒܘܪ̈ܟܐ ܩܛܝ̈ܥܢ *broken-kneed*, Pallad. 726. 2. F. emph. ܩܛܝܥܬܐ Arab. قطيعة *a feof*, Dion. 122. 20, WZKM. x. 166, but *an exaction, a tax*, ܩܛܝ̈ܥܬܐ ܘܡܟ̈ܣܐ ܘܡܫ̈ܩܠܐ, ib. 199. 18. Ethpe. ܐܬܩܛܥ *to be cut off*, ܕܠܐ ܢܬܩܛܥܢ ܒܬܠܓܐ ܐܘܪ̈ܚܬܐ, *lest the roads should be stopped* by snow, Dion. 96. 7. Pael ܩܛܥ add: 1) *to lose the voice*, ܟܕ ܡܩܛܥ ܩܠܗ ܡܢ ܩܘܢܬܐ, Med. 184. 6, ܩܠܐ ܡܩܛܥ ܡܢ ܡܠܬܐ, ib. ll. 16, 22, 23, 185. 4, 13, 22; ܡܩܛܥܬܐ *cut in pieces*, Charms 13. 5.

ܩܘܛܥܐ add: rit. E.-Syr. *an extra Hulala* said at morning service during the Fast, ܗܘ ܕܒܠܐ ܡܢ ܩܕܡܬܐ ܩܘܛܥܐ QdhamW. 174. 18, 180. 3.

ܩܛܘܥܐ m. Arab. قاطع *a brigand, highwayman*, ܟܕ ܗܘܐ ܩܛܘܥܐ ܠܐܘܪ̈ܚܬܐ Dion. 144. 12.

ܩܛܘܥܘܬܐ f. with ܕܐܘܪ̈ܚܬܐ same as the preceding word, viz. *highway robbery*, Dion. 191. 22.

ܩܛܥܐ pl. ܩܛ̈ܥܐ col. 3584. m. *fragments, bits* of brass, Chimie 31. 23, 32. 4, 99. 4, ܩܛܥܐ ܕܢܚܫܐ, Med. 578. 7.

ܩܛܦ col. 3585. *to pluck*. Pass. part. add: ܩܛܝܦ ܘܡܟܢܫ ܡܟܢܫܐܝܬ *select and compact*, Preface to Cod. Sachau 139, Tekkaf 18 infra. Pael part. ܡܩܛܦ. 5 of par. ܟܘܒ̈ܥܐ ܕܠܐ ܡܩܛ̈ܦܢ seems to mean *skull-caps left shaggy* i.e. *not dressed smooth*, Pallad. 180. 12.

ܩܛܘܦܐ col. 3586. 3) Arab. قطف Med. 607. 6. *Atriplex hortensis, garden orache*. Vowel-points uncertain, ܩܛܦܐ or ܩܛܘܦܐ Ar. PflnN. 337, ܐܦܫܐ ܕܩܛܦܐ Med. 39. 18 but ܚܘܡܠܐ ܕܩܛܦܐ ib. 231. 3, 288. 11.

ܩܛܦܠܣܡܐ pl. ܩܛܦܠܣ̈ܡܐ m. καταπλασμα, *a cataplasm, plaster, poultice*, Med. 58. 6, 65. 9, 80. 23, 230. 5, 232. 11.

ܩܛܪ col. 3587. *to tie, bind*, with ܠܥܠ ܡܢܗ *to hang up above him*, Med. 568. 4. N.B. ܢܩܛܘܪ ܚܨܗ ܠܥܒܕܘܗܝ *let him set to work*, Pallad. 23 ult. Cf. ܐܣܘܪ ܚܨܝܟ *gird up thy loins*, Luke xvii. 8.

ܩܛܝܪܐ col. 3589 infra. add: ܕܒܢ̈ܝܢ ܠܩܛܝܪܐ *the oppressed*, A.M.B. iv. 267. 11. Metaph. ܡܠ̈ܐ ܩܛܝܪ̈ܬܐ ܕܒܥܢ̈ܝܢ ܠܩܛܝܪܐ *forced citations*, Sev. Ant. Vit. 106. 2. N.B. ܩܛܝܪܐ ܒܬܗܪܐ in meditation the flesh is *overcome by amazement*, Is. Nin. 82. 6 af. Ethpe. ܐܬܩܛܪ chem. *to be fixed, solidified*, Chimie 47. 4, 6. Aph. ܐܩܛܪ *to bind*; *to curdle*, ܐܩܛܪ ܚܫܘܟܐ ܥܠ ܐܪܥܐ *thick darkness covered the earth*, Dion. 57. 1. Chem. *to fix, coagulate*, Chimie 46. ult., 47. 1, ܐܣܘܝܐ ܡܩܛܪ ܠܟܠܗܘܢ ܓܫܡ̈ܐ ܘܡܚܠܛ *mercury fixes, solidifies and combines with all substances*, ib. l. 7.

ܩܘܛܪܐ col. 3590. chem. 2) *amalgamation, condensation*, of mercury ܩܘܛܪܐ ܕܐܣܘܝܐ, Chimie 36. 7, 46. 24, *amalgam, compound*, ܩܘܛܪܘܗܝ ܕܡܫܠܡܢܘܬܐ, ib. l. 10. *Ligature* (*nerve*) ܩܘܛܪܐ ܗܘ ܕܡܢ ܩܕܡܬܐ ܕܥܝܢܐ ܟܠܝܠܝܬܐ *the retina*, Med. 31. 1.

ܩܛܝܪܘܬܐ col. 3591. f. Chem. "*fixation*", *condensation* of mercury, Chimie 46. 21.

ܩܛܝܪܐܝܬ col. 3591. f. *compulsion*, correct ref. It should be Apis ܩ. 20, not Aphr.

ܩܛܝܪܢܝܐ *compulsory*, Syn. Or. 176. 18, 189. 7.

ܩܛܪܐ *a tie, knot*. L. 7 of par. ܩܛܪܐ ܕܣܢܝܩܘܬܐ Charms 78. 18. ܩܛܪܐ ܕܓܡ̈ܠܐ Arab. قطار *a train of camels*, Dion. 57. 8.

ܩܛܪܐ *knotting*; metaph. ܩܛܪܐ (sic) ܕܡܚܫܒܬܐ ܕܒܐܠܗܐ *the knitting of the mind in God*, Pallad. 765 ult.

ܩܛܪܬܐ col. 3592. f. *a knot, node, joint*, ܐܘܪܕ ܙܪܥܐ ܘܥܒܕ ܩܛܪ̈ܬܐ *the seed sprang up and formed knots*, Hist. Mon. i. 285. 17; ܚܘܕܬܐ ܕܚܒܠ ܕܩܛܪ̈ܬܐ ܠܐ ܡܬܩ̈ܢܢ N. Hist. vi. 3. 3. ܫܘܚܢܐ ܕܩܕܡܬܐ ܩܛܪܬܐ ܕܢܚܝܪܐ *abscess of the septum*, Med. 62. 12, 63. 6, 9, 14.

ܩܛܪܝܐ col. 3592. 4 af. *the inhabitants of Qatar*, قطر, add refs. Bahira 206. 3 af., ܕܒܝܬ ܩܛܪܝܐ, Journ. As. 1905, 103 sqq., 1906, 71. 1. ܒܝܬ ܩܛܪܝܐ or ܕܐܪܥܐ *the peninsula of* Bahrein, A.M.B. i. 466, Syn. Or. 215. 3, 448. n. 3, 480. n. 1, Pers. Mart. p. 114, Hist. Mon. ii. 153 n. 1, 188 n, 2, Z.A. ix. 365.

ܡܲܗܕܿܚܵܐ (ܡܚܡܕ) a man of ܩܲܛܪܲܒܼܘܿܠ Qatrabul, south of Baghdad, see col. 3593, Journ. As. 1906, 73.

ܡܲܗܝܵܐ a village on the Zab, Chast. 60 pen.

ܡܲܗܢܝ ܐܠܦܹܐ ܢܲܗܓܹܐ καϲηγόρημα mistake for παρηγόρημα, consolation, Greg. Carm. ii. 28. 16. Cf. col. 3595 infra.

ܡܲܗܪܘܿܡܹܐ καϲάδρομον, the lists, Ibn S. Thes. 5 v.

ܡܲܗܪܲܡ col. 3596. κίϲριον, the citron, pl. ܡܲܗܪܡܹܐ Chimie 12. 16, 271. 9.

ܡܲܗܪܵܐ col. 3597. tar, ܡܲܗܪܵܢܵܐ, Med. 554. 13, JAOS. xx. 189. 5.

ܡܲܗܕܘܿ Kaido, nephew of Kublai Khan, Jab. 19. 11.

ܡܲܗܘܵܢܵܐ κοινόν, common, Nest. Hérac. 44. 4, 6.

ܡܲܗܘܵܢܵܐ ܕܵܡܘܿܢܵܐ col. 3600. Cyrenaic, ܡܲܗܘܵܢܵܐ the milky sap of Asa foetida, Silphion, Med. 56. 9, 99. 8, so probably correct ܡܲܠ ܡܲܗܘܵܢܵܐ, ib. 175. 15. Cf. ܗܘܿܢܝܵܐ.

ܡܲܗܝܵܢܵܐ χιτών, a tunic, ܡܲܗܝܵܢܵܐ ܘܲܬܟܵܢܵܐ, Pallad. 336. 5, 7 i. q. ܟܿܐܠܲܝܬܵܐ.

ܡܲܗܘܵܐ col. 3601. End of line 1, ll. 2 and 3. Dele yodh and trs. to ܡܲܗܘܵܐ a path, col. 3580.

ܡܲܗܝܘܿܢ Citium, a city of Cyprus, Nöld. F. S. i. 472. 81.

ܡܲܗܝܵܐ col. 3601. 1) κίττα, craving for sour food, Greg. Carm. i. 118. 17, see ܡܲܗܠܝ Suppl. 2) a jay or magpie, ܡܲܣܘܿܦܵܐ ܫܘܿܡܠܹܐ ܟܕܵܢܹܐ ܚܲܡܬܵܟܵܐ the magpie collects acorns for the year, N. Hist. vii. 4. 4.

ܡܲܗܟܘܿܣܪܘܿ Kai Khosru = Cyrus, ZDMG. lvii. 563. 2.

ܡܲܗܠܘܿ col. 3602 med. Corr. ܡܲܗܠܵܐ a drain.

ܡܲܗܠܸܪ pr. n. m. Κέλερ, Celer, a servant of Theodora, Dion. Ined. 468 pen., ܡܲܗܕܘܿܪ var. ܡܲܗܠܸܪ, Sev. Ant. Vit. 237. 2.

ܡܲܗܡܲܗܘܿ for ܡܲܗܘܿ q. v. col. 3658. κιννάβαρις, cinnabar, Chimie 16. 3.

ܡܲܗܡܲܗܝܵܐ ܣܹܐܡܵܐ var. ܣܹܐܡܵܐ the island Cimbrica = Jutland, Jac. Edes. Hex. xxx. 8.

ܡܲܗܡܸܓܢܵܐ col. 3603. Cimolian earth, ܡܲܗܡܸܓܢܵܐ Med. 609. 15; Chimie 7 ult. See under ܐܲܕܲܡ.

ܡܲܗܕܲܪܸܣ col. 3604. cinnabar, Chimie 52. 19. Usually ܡܲܗܕܲܪܸܣ.

ܡܲܗܕܘܿܪܸܣ see ܡܲܗܕܘܿܪܸܣ col. 3659 and Suppl.

ܡܲܗܣܘܿ name of a stone used in the preparation of sulphur liquid for dyeing, Chimie 49. 7.

ܡܲܗܢܲܝܐ see ܡܲܗܢܲܝܐ.

ܡܲܗܢܵܐ a village in Adiabene, M. Z. 195. 5.

ܡܲܗܣܘܿܣ κίνησις, motion or sensation, gloss ܡܲܗܣܘܿܣܵܐ Mart. Petri, R. O. C. iii. 47.

ܡܲܗܣܘܿ perh. a corruption of καικίας, the NE. wind. But a south wind, Med. 533. 1.

ܡܲܗܣܘܿܩ col. 3606. m. Add: a measure, a spike, a stick, ܡܲܗܬܸܩ. P 2 sticks of marjoram, Med. 59. 7, 9; an oz. ܐܘܿܣ, ܡܲܗܣܘܿܩ, in a list of measures, Chimie 69. 11, but prob. for ܡܲܗܣܘܿܩ a pint, ib. 23. 15, ܫܸܡ ܡܲܗܣܘܿܩ one oz. terebinth oil, Med. 60. 15, 144. 6, 8. ܫܸܬ ܐܘܿܢܩܝܲܣ ܕܡܸܫܚܵܐ six ounces of oil, ib. 51. 1. Add: ܡܲܗܣܘܿܩ, ib. 365. 9. ܡܲܗܣܘܿܩ sandal wood, ib. 608. 16; ܡܲܗܣܘܿܩ ܕܡܲܪܝ l. 4 of par. epithet of gentian, Chimie 7. 12.

ܡܲܗܣܸܫ col. 3608. denom. verb from ܡܲܗܣܘܿܩ. to stiffen, make rigid, paralysed, ܡܸܬܡܲܗܣܸܫ ܡܸܬܡܲܗܣܸܫ, Med. 10. 4, 115. 13, 116. 4, 10, opp. ܡܲܪܦܸܐ ܐܘܿ ܡܸܬܪܲܦܸܐ relaxed, ib. 138. 13; ܚܵܡܸܫ ܢܸܬܩܲܫܸܐ ܘܲܡܗܲܣܣܸܫ, ib. 144. 14; ܣܲܒܸܠ ܚܘܿܕܕܘܲܝ ܘܲܦܬܟܵܐ ܠܲܡܟܵܢܬܹܗ—ܚܘܿܕܲܡܬܹܗ ܘܲܡܗܲܣܣܸܫ, N. Hist. viii. 3. 1, ܐܝܿܕܵܐ ܘܲܪܓܹܠ ܡܲܗܣܫܝܵܢ ܟܘܿܢ ܘܡܸܢܗܘܿܢ BH. on Prov. 25. 20. Ethpa. ܐܸܬܡܲܗܣܸܫ to become rigid, ܡܸܬܡܲܗܣܸܫ ܒܪܲܬ ܘܪܸܓܠܵܐ, Med. 97. 23, ܐܸܬܪܲܦܝ opp. ܐܸܬܪܲܦܝ, ib. 115. 19, 20, ܡܲܪܦܝܵܐ ܘܡܸܬܚܲܣܣܝܵܐ ib. 117. 13; to have spasms, be in convulsions, Hippoc. v. 4. 62. To harden as the bark of a tree, ܥܲܡ ܬܸܬܩܲܫܸܐ ܘܬܸܬܡܲܗܣܸܫ ܡܲܗܟܲܪܟܵܐ, N. Hist. vi. 2. 3.

ܡܲܗܣܘܿܩ col. 3609. woody, ܡܲܗܟܠܵܐ ܡܲܗܣܘܿܩܵܐ N. Hist. vi. 2. 2, ܓܵܕܵܫܵܕܟܲܐ ܡܲܗܕܘܿܢܲܟܵܐ ܕܵܟܠܵܐ ܘܡܲܗܣܘܿܩܵܐ ruminants eat thorny, woody and hard fodder, ib. vii. 6. 5.

ܡܲܥܡܣܬܵܐ f. σπασμός, spasms, convulsions, Hippoc. ii. 26, iii. 24, iv. 16, 57, 66–68; rigidity, ܟܲܫܝܼܪܵܐ ܕܡܲܥܡܣܬܵܐ, Med. 118. 2, 132. 2, ܡܲܥܡܣܬܵܐ ܕܗܲܕܵܡܹ̈ܐ ܐܝܼܬܝܗܿ ܩܛܝܼܪܵܐ rigidity of the body is a tension of the nerves, ib. 135. 16, 136. several times, 140. 17. Pl. ܡܲܥܡܣܵܬ̈ܐ rigors, spasms, ib. 4. 9, 28. 5, 7, 117. 1 and often; col. 3697 under ܡܥܡ.

ܩܵܣܘ Κάσω, Cassa, a city of Pamphylia, Nöld. F. S. 472. 87.

ܩܣܡܕܐ col. 3609. 2) ܩܣܡܪ̈ܐ κίσηρις, pumice stone, Chimie 4. 15, Med. 60. 13, ܩܣܡܐ ܘܟܘܕܡ ib. 169. 9; 174 ult.

ܩܣܡܟܕܘܢܐ col. 3559. cyclic, ܩܣܡܟܕܘܬܐ ZA. xii. 153.

ܩܣܦܝܢܘܣ 1) for ܩܣܦܘܢ col. 3611. κύκνος, swan, Natur 29. 2) 2) ܡܣܟܐ ܩܣܦܝܢܘܣ castor oil, Med. 151 ult. see ܡܣܡܐ.

ܩܘܪܝܢܐ = ܩܘܪܝܢܝ Cyrene, Josephus vi. 20. 9.

ܩܣܡܗ col. 3612. pr.n. Cyrus. After the ref. to C.B.V. add: Anecd. Syr. iii. 246, 9; ܩܣܡܗ ib. 245. 27, 314. 1, C.B.M. 1060 a.

ܩܣܡܘܣܗ col. 3612 ult. κιρσός, varicose veins, Hippoc. vi. 21, 33, ܩܣܡܣܗ ib.

ܩܣܢܩܐ corr. ܩܣܢܩܐ Circaea, Enchanter's Nightshade, Med. 255. 13.

ܩܣܡ E.-Syr. bpric. towards Khorasan. Perh. the island Kâs or Qis in the Persian Gulf, Syn. Or. 71. 28, ZDMG. xliii. 402. 3.

ܩܣܒܪܐ Κίβυρα, Kibyra in Caria, Nöld. F. S. 474. 134.

ܩܣܡܘܣ col. 3614. Cachrys, Med. 148. 10.

ܩܠ col. 3614. to be made lighter, relieved, alleviated, ܥܡ ܐܙܲܠ/ܐܙܲܠ Jos. ed. Engel 11. 5. Act. part. ܩܵܠܼ, ܗܘܵܐ ܕܟܘܢ ܣܘܡܕܐ, ܘܢܸܣܬܲܩܠܘܢ Pallad. 57. 6. Pass. part. ܩܝܼܠܐ. Idioms—add: ܥܡ ܡܝܢ ܡܕܡ very little, nothing whatever, L. E. S. 173. 8. Palp. ܩܲܠܩܸܠ to hold lightly. Part. ܡܩܲܠܩܠܐ lightly esteemed, Hist. Mon. ii. 105. 5 af. Ethpalpal to be quick, adroit, ܐܸܬܩܲܠܩܲܠܘ ܒܬܕܡܪ̈ܬܐ sei gewandt in staunenswerthen Thaten, Tekkaf 155.

ܩܵܠܐ col. 3616. Delete. See ܩܘܠܐ κόλλα, glue, col. 3519 and Suppl.

ܩܠܝܠܐ light, swift; ܡܕܟܠܝܠܐ a quickly growing plant, N. Hist. vi. 2. 2.

ܡܕܟܠܝܠܘܬܐ lightness, ܡܕܟܠܝܠܘܬܐ ܠܣܦܝܩܘܬܐ ܢܩܦܐ volatility accompanies emptiness, N. Hist. vi. 2. 2 opp. ܝܘܩܪܐ ib. 4. 2; ܡܕܟܠܝܠܘܬܐ ܕܗܕܡܐ ܘܩܠܝܠܘܬܐ ib. Philos. 6. 1.

ܡܩܠܢܘܬܐ ܡܩܠܢܘܬܐ alleviation, ܡܩܠܢܘܬܐ ܓܝܣܡܐ ܡܢ ܢܘܘܪܢܘܣ ܕܟܬܢܘܣ ܣܟܠܐ relief from misfortune is sweeter in his eyes than a valuable present, B H. Pol. iii. i.

ܩܠ, ܩܠܐ col. 3618 m. but see ܩܵܠܐ below. voice, cry, sound. Add: ܠܩܥܡܗܘܢ ܣܠܩܘ they went up at their cry, Jo. Eph. 207. 5; ܒܩܠܐ ܪܵܡܵܐ in a loud voice, Brev. Chald. i. 38. 13, 85. 4, 22, QdhamW. 131. 14, 135 ult., ܒܩܠܐ ܘܐܚܕܪ chanting, l. 14. Letter, ܩܠܐ ܕܐܠܦ letter A, ܩܠܐ ܕܒܝܬ letter B, Pallad. 180. 18. Col. 3619. 23. 1) an anthem, ܩܠܐ ܗܢܐ ܐܚܕܒܝ Takhsa 126. 1, 127. 9. ܩܠܐ ܕܐܪܒܥܐ an anthem used on Wednesdays at Nocturns in place of the variable Motwa, Maclean, Brev. Chald. i. 82. 12; ܩܠܐ ܚܬܝܪܐ hymns to the B. V. M. sung in low and majestic tones, Brev. Ant. i. 67, 75 b 17; ܩܠܐ ܕܣܗ̈ܕܐ Martyrs' anthems i.e. used on their days, QdhamW. 36. 16; ܩܠܐ ܕܥܢܝ̈ܕܐ suffrages in aid of the departed, Brev. Chald. iii. *2 to *210; ܩܠܐ ܕܚܝܬܢܐ ܘܥܢܝ̈ܕܐ anthems of the Departed, QdhamW. 244. 15; ܩܠܐ ܝܬܝܪܐ an extra ܩܘܠܐ i.e. a division of the Psalter sung at Nocturns on Sundays and Festivals, after the ܡܘܬܒܐ, ib. 9. 9, 152. 18, 20, 171. 19 bis; Brev. Chald. i. 26. 1, 89. 1, 109. 4 af., 130. 1, Takhsa 91. 9. 2) a chant, tone, ܒܩܠܐ, ܒܩܠܐ to the chant or tone i.e. not monotoned, Brev. Chald. i. 29. 3 af., 38. 19, ܒܩܠܟܘܢ to the same tone, ib. iii. 21 quater, ܒܩܠܐ ܕܡܝܐ Takhsa 134. 9, QdhamW. 153. 2, 5, 7, ܒܗ ܒܩܠܐ to the same chant, Takhsa 152. 10; 153. 4, 19. ܒܩܠܐ ܕܐܟܒܝ ܠܒܝ to the chant, my heart is inditing, Brev. Chald. i. 63. 20; ܒܩܠܐ ܡܣܬܥܕ ib. 50 pen. and ult.; ܩܠܐ ܕܐܠܦ Tone iii, QdhamW. 195. 4 af., ܘܐܘܚܕ 199. 3, ܕܣܡܥܢ ib. 203. 2; ܩܠܐ : ܡ, Brev. Chald. i. 108. 20; ܠ : ܩܠܐ Tone xi, ib. 94. 20, 95 pen., 97. 17.

Emph. st. f. مُحْكَا an anthem and proper psalms said at Nocturns after the ܩܘܼܡܐ and before the ܩܢܘܿܢܐ, Brev. Chald. i. 85. 19, 96. 4 af., 107. 19, ܘܡܲܟܐ ܘܡܲܟܐܕܐ ib. 119. 13, 128. 4, iii. 23. 4 af., QdhamW. 136. 2 ff., ܡܲܟܐܠ ܕܐܘܿ ܣܝܼܚܡܐ ib. 83. 11; to ܕܟܐܕܐ ܘܲܐܚܲܘܲܐܬܢܵܐ ib. bis, 84 quater, ܒ ܘܡܲܟܐܠ ib. 144. 7. Pl. ܡܲܟܢܹܐ ib. 83. 7; ܙܟܲܟ̈ܠܐ ܘܡܲܟܢܹܐ ܘܐܲܘܝܕ ܘܣܡܲܗܐ ib. 171. 16, Takhsa 90. 3.

ܡܠܐ col. 3621. pass. part. ܡܲܟܠܐ roasted, burnt, ܣܝܼܠܐ ܡܲܟܠܐ Chimie 2. 14, ܘܡܲܟܐܠ burnt marble or alabaster, ib. 32. 20. For ܡܲܟܐܠ alkali see below. Ethpa. ܐܸܬܡܲܟܠܝܼ metaph. to be annoyed, vexed, ܘܚܸܫ ܕܐܲܣܝܼܡܘ Schatzh. 22. 15; Jul. 45. 23. Part. ܡܸܬܡܲܟܠܝܼ Philox. 320, ܕܝܢܕ ܩܘܝܲܥܢܝ ܚ ܡܲܟܡܲܠ ܡܢܼܚܡܲܢ BH Carm. 73. 17; writhing, A. M. B. iii. 590 ult.

ܡܲܟܟܐ col. 3622. a hillock, ܝܬܒ ܥܠ ܡܲܟܟܐ ܘܝܠܐ ܘܐܲܘܲܝܠ ܚܠ ܡܲܟܟܐ ܬܐܡܹܟܠܐ he sat on a heap of mire or on a dunghill, P.A.O.S. xv. 141.

ܡܲܠܟܒܣܝܢ calamint, Med. 608. 15; ܡܲܟܒܣܝܢܘ ib. 196. 23, ܡܲܟܒܣܡܠܐ ib. 63. 9. See ܡܲܠܟܒܣܡܠܐ col. 3457, Ar. PflnN. 329.

ܡܚܠ for ܡܚܠܐ ܘ a bracelet, Dion. 179. 15, 17.

ܡܲܚܡܕܐ col. 3624. κερβικάριον, a pillow, Jo. Tell. 24 ult., ܡܲܚܡܕܐ ib. xxxvii. n. 4.

ܡܲܟܝܢܐ col. 3625. Pers. كاريگر a workman, Nöld. on Dion. WZKM. x. 167; ܡܲܟܝܢܐ a bricklayer, Pallad. 182. 6, Brook's Chron. 573. 10; a bootmaker, A.M.B. vii. 116.

ܡܲܟܝܢܘܬܐ the labour of a navvy, Dion. 95. 16.

ܡܲܟܠܝܕ pr.n.m. ZDMG. xliii. 402 pen. perh. a mis-spelling of Calendion q.v. col. 3636.

ܡܲܟܕܟܐ ܡܚܘܕܡ (ܢܲܥܣܹܡ ܘ) i.q. ܡܲܟܕܟܘܣ, ܡܚܘܕܡ col. 3624. John of the Koloba. ܡܘܚܕܘܗܡ Pallad. 487. 17, ܡܲܟܕܘܗܡ 574. 18, 652. 9, ܡܲܟܘܕܐ ib. 650. 18. 19.

ܡܲܟܠܘܕܝܢܘ κλαυδιανος, Chimie 22. 23, ܡܲܟܠܘܕܝܘܣ κλαύδιος, ib. 23. 7, i.q. ܚܠܝܕܘܢܐ celandine, a yellow dye.

ܡܲܟܕܘܐܚܢܐ col. 3626. an inhabitant of Clysma, A. M. B. v. 447 ult., 451. 1.

ܡܲܟܕܘܢܝܐ Colonia, a bpric. in Cappadocia, De Goeje B. 64. 5.

ܡܲܟܕܘܣܐ χλωρόν, greenish, Chimie 58. 6, 7.

ܡܲܟܕܘܪܝܐ m. pl. from ܩܲܟܕܘܪܐ κολλύρα, a cake of bread. Collyrians, who offer each year a cake in the name of the B.V.M., Coupes ii. 139.

ܡܲܟܣܟܣܐ col. 3627. fennel, ܘܡܲܟܣܟܣܐ fennel juice, Chimie 5. 16. An equivalent for gum ammoniac and gum sandarach, pl. ܡܲܟܣܟܣܝܢ Hormizd 2328 with gloss: ܡܘܐܩܠܐ ܚܣܒܝܠܐ ܘܩܢܝ ܘܚܢܕܘܐܠ ܟܕ ܘܢܫܠ. ܘܠܘܕ ܡܘܐܩܠܐ ܟܪܒܝܠ ܘܐܩܠܐ ܚܡܘܕܐܠܚܐ ܘܚܣܒܝܠܐ ܗܩܢ ܘܠܘܕ ܡܘܕܐܚܠ ܚܣܒܝܠܐ.

ܡܲܟܠܝ col. 3628. Ethpa. ܐܸܬܡܲܟܠܝܼ to be avaricious, miserly, ܗܘܙܐ—ܕܣܗܲܟܣܣܕܘܢ But. Sap. Pol. iii. 3 infra. ܡܸܬܡܲܟܠܝܢܝ

ܩܲܟܕܘܢܐ col. 3628. 8 af. ܒ ܢܲܪܕܝܢ Celtic spikenard, Med. 182 ult., 183. 1, ܡܲܟܕܘܢܐ ib. 182 ult., 183. 1, 290. 10.

ܡܲܟܠܐ Arab. قلي alkali, Med. 63. 21, 432. 14, 582. 23, glossed by ܐܒܩܥܡ ib. 608. 19, ܚܬܢܠ ܘܡܲܟܠܐ alkaline water, Chimie 19. 8, ib. 26. 20, ܡܠܐ ib. 27. 2.

ܡܲܟܝܐ see ܡܲܟܝܐ

ܡܲܟܝܒܐ col. 3629 end of par. ܘܡܲܟܕܦܐ the clavicle, Med. 128. 8, 225. 13. A key = explanation, Chimie 56. 11, ܡܲܟܚܣܣܡ l. 24; ܡܲܟܚܣܣܡ ܘܩܢܒܠ ܡܢܐܝܠܘܗܡ the key called might, a powerful preparation of copperas, saffron, and salt, ib. 57. 18, 19.

ܡܲܟܢܘܐ see ܩܲܟܕܘܢܐ

ܡܲܟܝܡܝܢܐ col. 3631. καδμία, calamine, Chimie 7. 8, ܡܲܟܡܠܐ ib. 2. 6.

ܡܲܟܝܢܐ καλαῖνα, cf. καλάϊνον, electrum, amber, Chimie 236 n. 3, ܡܲܠܐܝܠܐ ib. 237 n. 1, ܡܠܐܝܠܣ ib. 287 n. 3.

ܡܲܟܣܡܠܐ Arab. قاليقلا i.q. Erzerum, Dion. 94. 11, 97. 1 trad. 82. n.

ܡܲܟܚܣܣܡ see ܡܲܟܝܒܐ.

ܡܠܡܣܡܝ col. 3633 under ܡܠܡܣܡܝ, ܡܘܚܕܐ ܘܣܪܐ ܐܘܕܐ a one-handled *pitcher*, A.M.B. vii. 515, ܘܚܒܬܐ ܡܝܬܘܡܣܡܝ ܠܐܦܝ Pallad. 486. 4.

ܡܠܡܣܡܐ col. 3635. *croton, castor berry,* Med. 90. 13. Cf. ܡܣܡܐܗܘ κίκι col. 3610.

ܡܟܡܣܪܐ, ܡܘܟܡܣܪܐ, ܡܟܡܣܪܐ variants ܡܟܡܣܡܐ, ܡܠܡܣܡܐ Κλῖμαξ, a district of Scete, Pallad. 168. 4. Cf. ܡܠܡܣܪܐ col. 3636.

ܡܣܡܠܡܣ and ܡܐ ܡܠܡܠܡܣܐ *calamint*; see ܡܠܐܠܡܠܡܣ.

ܡܠܢܕܪܐ Κηλένδρης, *Celenderis,* a bpric. in Isauria, De Goeje B. 65. 22, Sev. Ant. Vit. 107. 5.

ܡܠܒܘܕܢܝ, ܡܠܒܘܕܢܝ ܣܒܐ *a calendar,* ܡܠܕܐ ܡܚܡܕܐ Brev. Ant. i. heading pp. 10–15; ܡܠܒܐܘܕܢܝ ܚܒܐܢܣܐ pp. 25–36.

ܡܟܡܣ col. 3637. Pass. part. f. ܡܡܟܡܬܐ so corr. ܦܢܝܡܢܐ ܬ ܡܥ ܘܙܡܣܡ ܡܡܟܡܬܐ *a Pharisee, that is belonging to an approved heresy,* BH. on Phil. iii. 5.

ܡܘܚܡܐ col. 3637. 10. add: Rit. E.-Syr. the deacon's *exclamation* in the Liturgy, Takhsa 41. 14, 46. 5.

ܡܚܡܛܐ col. 3638. *a whip, lash,* ܚܛܐ ܘܡܪܒܐ ܘܡܚܡܛܐ ܘܚܣܝܠܐ ܘܡܪܕܐ *a riddle: what is the well of a horn and a switch from a tree and the circle of a bow?* Answer: *a curve,* Brit. Mus. Or. 2084. 47 r. Perhaps ܡܩܚܡܛܐ *pavement, mosaic,* ܘܚܒܠܐ, ܠܐܚܡܙ ܡܠܩܣܒܘܢ ܘܕܐܘܣ Chabot, Dion. 203. 20.

ܡܡܟܚܣܬܐ *a panegyric,* ref. Poet. Syr. 6. 4 af.

ܡܠܚ col. 3638. *to hurl, thrust away,* ܐܠܚܬܐ ܦܠܚܣܡ *ils chassaient,* Chabot, Dion. 97. 4.

ܡܩܠܟܐ add: pl. ܡܩܠܟܐ *minerals,* Chimie 3. 6, ܡܩܠܟܐ ܘܡܚܙܡܝ *shining ores,* ib. 4. 4.

ܡܚܠܐ f. ܡܚܠܐ ܡܚܠܐ ܚܕܡ ܡܥܡܝ in time of plague *they slung out* the dead, "*par groupes*", Chabot, Dion. 39. 6.

ܡܟܣ pass. part. ܡܝܣܐ col. 3639 ult. ܚܘܛܐ ܡܝܬܗܐ *shelled beans,* Med. 564. 6.

ܡܟܟܐ *peeling* of the skin after fever, Pet. Ib. 41. 18; ܘܣܪܐ ܡܘܚܐ ܘܗܒܐ *Protection* 100. 6.

ܡܟܟܐ, ܡܟܟܐܐ or ܡܟܟܐܐ col. 3640. 15 of par. 1) *scale, scurf, slough,* ܚܙܒ ܥܝ ܘܠܡܚܐ ܩܚܐ ܚܬܟܐ *his skin began to peel off in thick scales,* Pet. Ib. 41. 16; ܙܥܐ ܘܚܩܐ ܡܟܟܐ Med. 590. 16; *slough coughed up,* ib. 202. 14, 203. 10. 2) *shell, rind,* ܡܚܐ ܘܡܪܒܐ ܘܐܪܕܐ *coconut-shell,* Chimie 38. 13, ܡܟܟ ܘܚܢܬܐ *pomegranate rind,* Med. 98. 13, 159. 8; ܘܚܩܩܐ ܡܟܟܐ *bark of the clove tree,* ib. 305. 7, 361. 10, قرفة القرنفل 608. 20. 3) *bark* (medicine), ib. 174. 7, 295. 13, 337. 12. Refs. for col. 3641: ܡܟܟܐ ܘܚܬܟܐ *frankincense bark,* ib. 207. 16, ܘܟܚ ܗܟܙ ܕ *bark of camphor root or of caper root,* ib. 59. 15, 22, 172. 19, 303. 20. Add: ܡܟܟܐ ܘܟܚܙܐ ܘܐܘܠܐ *rind of mulberry root,* ib. 173. 1, 429. 17. ܘܡܩܠܐ ܕ *cuttle bone,* ib. 92. 9. Cf. ܘܚܘܙܐ ܘܡܩܠܐ Suppl.

ܡܟܟܐܐ *dry mange,* λέπραι, Hippoc. iii. 19, A.M.B. ii. 678.

ܡܚܠܐ *laminar,* Chimie 53. 22.

ܡܟܟܐܢܐ *scaly,* some fruits are ܡܚܓܡܙ ܚܡܙܘܢܠܐ ܡܟܟܐܢܠܐ ܐܘ ܚܘܡܠܐ *concealed in a scaly pod,* as beans, N. Hist. vi. 3. 1.

ܡܚܦܣܐ Κολοφωνία, *resin,* Chimie 52. 9, 10, Med. 146. 4, 375. 21, 609. 3, 4, 375. 11. 21. See ܡܚܦܣܐ col. 3521.

ܡܟܟܒܘ col. 3642. σκολόπενδρα, *millipede,* G. Warda ap. S. George ed. Folkm. 48 n. 2. *White locusts,* QdhamW. 186. 15.

ܩܠܩܣ m. pl. for ܡܠܩܣܐ col. 3643. m. *Colocasia, Egyptian bean,* ܐܠ ܩܠܩܣܐ *fumigate with colocasia,* Med. 579. 15.

ܡܠܚܡܣ col. 3643. χαλκίτις, *copper pyrites,* ܡܠܚܡܣ زاج القطر *white vitriol,* Chimie 2. 10, ib. 4. 3; ܡܠܚܡܣ ܡܣܘܚܝܐ *Cyprian copperas,* ib. 50. 5; Med. 60. 8, 14, 63. 21. Cf. ܡܠܚܡܘܣ and ܡܠܚܡܝ.

ܡܚܠܒܛܪܝܢ χαλκιτάριν, *copper pyrites*, Chimie 14. 18.

ܡܚܠܒ *copperas, green vitriol*, Duval Notes, on زاج 56 but Chimie 5. 6 gives ܡܚܠܒ χάλκανθον, as an equivalent for ܡܚܠܒܝܡ; ib. 44. 24, I. q. the following.

ܡܚܠܒܝܡܬܐ col. 3644. 1. *copperas.* Add: ܡܚܠܒܝܡܬܐ χάλκανθος, Chimie 11, 13, ܡܚܠܒܝܡܬܐ ib. 17. 4.

ܡܚܡܕܠܐ col. 3643. *a bulwark,* ܡܓܕܠܐ ܘܡܚܡܕܠܐ *a tower with a parapet or machicolations,* S. Dan. 52 b 4.

ܡܚܩܦܬܐ synonym of ܕܐܨܐ perh. a miswriting of ܩܘܪܐ κόραξ, *a crow* or of ܥܘܙܠܐ *a crane,* Hist. Mon. i. 219. 8, ii. 418 n., ܕܐܨܐ ܘܚܕܐ ܡܚܩܦܬܐ Med. 549. 7.

ܡܚܩܦ col. 3644. Cf. ܡܪܩܦ col. 3763.

ܡܚܝܡܝܢ *a cellarer,* Pet. Ib. 18. 9.

ܡܚܝܢܝ Delete par. and substitute κελλάριον, *provisions,* Sanct. Vit. 284 = A.M.B. iv. 323; ܡܚܢܝ Anecd. Syr. iii. 340. 1, Zach. Rhet. Brooks ii. 218. 3.

ܡܚܡܝܠܐ perh. Bengali *Kamala,* the red powder on the fruit of Rottlera Tinctoria, Med. 429. 18.

ܡܚܡܪ, ܡܚܡܪܐ, ܡܚܡܪܐ *gum Arabic:* see ܡܘܚܠ col. 3538 and Suppl.

ܡܚܦܣ col. 3645. place-name Τὸ Καμάχον, a fortress of Greater Armenia, on the W. bank of the Euphrates, now *Gamash,* Dion. 86. 21, 88. 3.

ܡܚܣ fut. ܢܡܚܣ denom. verb from ܡܚܣܐ *to grind flour,* Med. 565. 9, 566. 11.

ܡܚܣܐ for ܡܚܣܐ *flour,* Dion. 95. 7.

ܡܚܣܐ col. 3645. *flour,* constr. st. ܡܚܣ ܕܦܘܠܐ *bean flour,* Med. 377. 13, ܡܚܣܐ ܕܦܘܠܐ ib. 565. 8 and often. ܡܚܣܐ ܕܡܩܠܬܐ *vetch flour,* ib. 565. 8, ܡܚܣܐ ܕܣܥܪܐ *barley meal,* ib. 315. 9, 23, 574. 20. ܡܚܣܐ ܕܒܪ ܒ ܚܡܝܡܐ ܘܨܝܦܐ *thin gruel,* Pallad. 421. 1.

ܡܚܨ col. 3646. Ethpe. ܐܬܡܚܨ *to shrivel, contract,* Med. 76. 17. Pael pass. part. ܡܡܚܨ *shrivelled, wrinkled,* ܒܚܘܝܢ Pallad. 106. 4 = A.M.B. vii. 17.

ܡܚܦܨܐ Arab. قمط *a case,* Pet. Ib. 39. 11.

ܡܚܣܢܐ col. 3647. κάμινος, *a furnace*; add: ܡܚܣܢܐ ܕܚܘܡܐ *the furnace of a still,* Chimie 59. 4; ܕܙܓܘܓܝܬܐ ܒ *a glassblower's furnace,* ib. 57. 5; ܡܚܣܢܐ ib. 58. 19; ܡܚܣܢ ܐܘܪ ܐܝܟ ܡܚܡܨܐ *as black as a stoker,* Pléroph. 42. 8.

ܡܚܣܝܬܐ *a shirt, chemise,* A.M.B. vii. 131.

ܡܚܦܠ Arab. قمل *to be lousy.* Aph. ܐܡܚܦܠ i. q. Peal, ܟܕ ܡܚܝܢܐ ܚܡ ܕܢܦܚܡܠ ܣܥܪܐ ܕܒܪܢܫܐ *human hair becomes infected with lice by the failure of native heat,* N. Hist. vii. 1. 7.

ܡܚܦܨܝܢ ܘܡܚܦܨܝܢ see ܡܚܦܨܝܢ col. 3603. *treasury,* S. Dan. 14 a 7 af.

ܡܚܦܣܘܡ and ܡܚܦܣܘܡ col. 3649. καμπτός = καμπτήρ, *a turning-post, goal.* Metaph. ܢܦܘܩ ܠܕܘܒܪܐ ܗܘ ܐܘ ܠܡܚܦܣܘܡ ܕܨܒܘܬܐ *let us return to the point or to the subject,* Bar Sal. in Lit. 2. 25, ܒܡܐ ܕܘܡܝܐ ib. 71. 21 and often; Greg. Carm. ii. 38. 20.

ܡܚܦܪܬܐ f. a collective from ܡܚܦܪ. *all kinds of locusts,* quoted under ܩܡܨܐ col. 1634. 3.

ܡܚܙܪܐ col. 3650. *a girdle.* A vestment of the altar ܡܚܙܪܐ—ܩܕܝܫܐ ܚܡܝܪܐ Takhsa 146. 18.

ܩܠܦܬܐ col. 3651. *kernel,* pl. ܕܓܘܙܐ *walnut kernels,* Med. 555. 6, 577. 18, 583. 10.

ܩܢܐ col. 3652. *to possess.* Pass. part. with active meaning, add: ܡܢܐ ܗܘܐ ܣܓܕܐ *he was beloved,* Pallad. 657. 17, ܣܓܕܐ ܡܢܐ ib. 658. 1. Ethpe. ܐܬܩܢܝ *to be gained, won over,* ܐܬܩܢܝ ܘܠܐ ܗܘܘܡܐ ܚܡ ܗܘܘܡܚܐ Mar Aba ii. 420.

ܩܢܝܐ, ܩܢܐ col. 3653. *cane, reed,* ܡܠܐ ܕܡܚܝ Jac. Edes. Hjelt in Nöld. F. S. i. 572. ܕܚܕܟܠܐ ܘܩܢܝܐ *a tube of reed,* Med. 103. 17; ܩܢܝܐ ܕܚܩܡܓܐ *sweet cane,* ib. 162. 6, 13. A *splinter of cane,* ܕܐܘܙܠܐ ܟܠܐ ܚܩܢܐ *to extract a splinter from the ear,* ib. 559. 14. ܩܢܐ or ellipt. ܩܢܐ *the windpipe,* ib. 66. 9, 587. 7, ܩܢܐ ܨܚܝܨܬܐ *huskiness, hoarseness,* BA. under ܡܚܪܘܕ col. 3763; ܘܕܩܠܐ βρόγχος Hippoc. vi. 36, ܕܚܕܝܐ ܒ αἰδοῖον, ib. v. 20.

ܡܟܝܡ ܐܘ ܘܚܩܢܐ *it agreed to the minute*, lit. *as a measuring rod*, A.M.B. v. 81. 20.

ܩܢܝܢܐ col. 3655. 15. *Property*, ܩܢܝܢܐ ܕܡܝܕܐ ܐܘ ܡܩܢܝܢܐ Sev. Ant. Hom. 35 ult., 36. 1. *Acquisition, possession*, ܕ ܟܚܕܪ κατευθύνουσι εἰς κτῆσιν τῶν ἔργων, id. Vit. 245. 2; ܠܗܘܢܘ ܘܠܚܕܡܣܟܐ ܘܩܢܝܢܐ ܡܟܟܐ ܡܢܚܕ *those who have attained to supreme self-possession*, ib. 233. 8, ܩܢܝܢܐ ܗܟܣܐ ܘܕܘ ܠܢܩܡܩ ܗܕܡܝܢ ܐܝܕܝܐ *les instruments aratoires avec lesquels vous cultivez votre âme*, ib. l. 10.

ܡܩܢܝܢܐ *gaining, obtaining possession*, ܣܕܘܢܙܐ ܘܟܠܟܐ ܕ ܡܩܢܝܢܐܗ ܘܟܢܟܢܐ *the snarling of a dog is (at) his getting hold of something by barking*, BA. col. 1370 under ܣܕܘܢܐ. Cf. BB. under ܡܚܣܕ ib.

ܡܬܩܢܝܢܐܝܬ *attainable, to be acquired*, ܫܒܘܐܝܬ ܕ ܦܡ ܗܟܣܝ ܘܐܢܦܩܒܐܝܬ. ܘܟܗ ܡܬܩܢܝܢܐܝܬ ܢܬܚܡ BH. Philos. 6. 7.

ܡܢܐ col. 3657. *to be livid*. ܩܐܝܬܢܐ i.q. ܡܢܐܝܬܢܐ *full of hatred*, Syn. Or. 173. 6.

ܡܢܐܝܬܢܐܝܬ so Chabot restores for ܡܢܒܐܝܬ (MS.), *with hatred*. Unless it means *like Cain*; cf. ܩܐܝܢܐ col. 3456: ܘܥܡ ܒܥܕܡܗܐ ܒܐܝܬ ܡܢܒܐ ܘܡܚܒܐ ܡܠܐܒܐܝܬ ܘܡܢܣܐܝܟܠܒܐ Syn. Or. 172. 7.

ܡܢܐܘܣ pr. n. of a centurion, Mart. Pauli, R.O.C. iii. 54.

ܡܢܕ. Ethpa. ܐܬܡܢܕ *to be carried off by raiders*, ܡܚܡܕܐ Greg. Carm. i. 110. 6.

ܡܢܡܬܟܐ m.pl. col. 3658. 6, *raids, incursions*, ܡܡܬܟܐ ܓܢܒܐ ܘܚܕܕܢ Chron. Min. 326. 16 = Brooks Chron. 306 ult.

ܡܢܒܘܗ col. 3659. *Saponaria officinalis, soap wort* i.q. ܡܢܒܘܗ Med. 53. 16, 55. 8, 56. 17, 64. 1, Ar. PflnN. 306.

ܡܢܘܙܘ an episcopal vestment worn above the ܡܢܘܠܘ *pallium* and beneath the ܚܒܠܐ *habit*; ref. Heavenly Intelligences ܣܗ. Said in that book to be the sign of honour given by the Arab power to the Patriarch, Maclean.

ܡܢܘܒܝܡ col. 3659. κοινόβιον, *community life*, ܟܒ ܡܚܕܒܢܐ ܟܡܢܘܒܝܡ *when he had completed* his training in *the monastery and was ready to become a solitary*, Hist. Mon. i. 218. 1.

ܡܢܘܒܟܢܐ col. 3660. *a monk who was in training in community life* for the more advanced ascetic life, Hormizd 538 and n. p. 28.

ܡܢܘܒܟܢܐ pr.n.m. ܡܚܕܒ ܡܢܘܒܟܢܐ ܡܩܕܗ M.Z. 209. 5.

ܡܢܘܚܒ with gloss ܘܡܥܒܙ κοινοβιάρχης, *abbot*, Pléroph. 44. 1.

ܡܢܘܚܒ for ܡܢܘܚܒܣ *Canopus*, Sev. Ant. Vit. 17. 11.

ܡܢܘܚܢܐ κυνηγέτης, *a huntsman*, Pallad. 524. 3 af.

ܡܢܘܙܘܙ perh. χόνδρος, *cartilage. A thickening of the cartilage*, ܢܩܒܝ ܡܢܘܙܘܙ ܘܘܕ ܡܚܕܣܐܙ Med. 155. 23.

ܡܢܘܢܐ col. 3660. *a canon.* 1) Rit. *a rule*, ܡܢܘܒܠ ܘܠܡܫܡܟܠ ܚܒܝܣܟܠ Brev. Ant. i. Cal. 37-49, ܘ ܕܐܘܗܘܢܘ ܘܡܘܚܣܢܐ ܕ ib. 44 *b* 12, Takhsa 165 tit., twenty-seven of these rules follow to p. 170. 2) *a response*, ܡܢܘܢܐ ܡܚܠܐܡܝܡ ܐܗ ܟܬܢܠܐ Brev. Ant. i. 54 *b* 3 af., 59 *b* 5 af. A psalm recited ܚܣܡܐ is divided into portions after each of which follows a verse of a Canon, ib. 53 *b* infra, or an ejaculation e. g. two phrases then Hallelujah, ib. 54 *a* 3, Brev. Chald. i. 316, 320 tit., 321. 13. 3) *a hymn, canticle*, Greek canons are in prose, Syriac are metrical, Or. Xt. iii. 103 n. 1, cf. Brev. Ant. i. Cal. 55. The ending of a prayer, said with raised voice and marked by cymbals, Takhsa 11. 4 af., 13. 4, 20 infra, 143 med. and often. ܡܢܘ ܘܣܒܠܐ *Awful art Thou*, the opening words of several canons for festivals, ib. 52. ܘܡܥܡܕܐܠܘ ܕ *the Creed*, Brev. Ant. i. 12 *a* 1. 4)=6) in Thes. *diptychs*; ܘܥܓܗܕܐܠ. ܗܘܕܩܣܠܐ ܡܢܘܒܠ ܦܢܝ ܚܘܗܝ Bar Sal. in Lit. 71. 3, 4, ܡܢܘܒܠ ܘܡܚܕܩܠ *list of kings to be prayed for*, ib. l. 27, 72. 4.

ܡܢܝ denom. verb Pael conj. from ܡܢܘܢܐ *to regulate, order*, (var. ܡܚܒܢܝ) ܡܚܒܢܝ ܘܡܚܠܣܚܝ Sev. Lett. 22. 19; imper. ܡܢܝ Hormizd 2563.

ܡܢܘܦܐ col. 3661. delete "forte". *Canopus near Alexandria*, Pallad. 473 pen. See next article.

ܡܢܘܦܝܣ col. 3661. delete "Forte sit." *of Canopus* near Gaza, ܡܣܠܡ ܡܢ ܡܢܘܦܝܣ Sev. Ant. Vit. 86. 9, ܡܢܘܦܝܣ *the Canopite*, ib. 224. 4, 11, Nau on Sev. Vit. R. O. C. v. 81, vii. 106 n. 2 ; it. Pet. Ib. 132. 22.

ܡܢܘܦܣ *Canopus*, a village 2 miles S. of Gaza, Pet. Ib. 132. 22.

ܡܢܘܪܐ ܡܢ. col. 3661. Delete par., the word is ܒܥܘܪܐ *a beak*.

ܡܢܝ ܡܢܘܟܠܢܐ *timorous*, ܡܢܘܟܠܐ οἱ δειλοί, Apoc. xxi. 8 ed. Gwynn, ܘܬܫܟܚܠܐ Bagst.

ܡܢܝܘܬܐ col. 3663. f. with ܠܐ *freedom from restraint*, Sev. Lett. 264. 7, 482. 2.

ܡܢܝܣܡܐ col. 3664. κέντημα, *a moment, minute*, ܡܢܝܬܡܐ ܐܘܡܢܐ ܐܠܟܐ *minutes or degrees*, Georg. Arab. 11. 13. 15, Med. 452. *A stop, point*, ܠܐܡ ܡܢܝܣܡܐ ܐܘܡܢܐ ܘܡܐ Epiph. 15. 6, 16. 14.

ܡܢܝܬܪܘܢ κέντρον, *a point*. Pl. ܩܘܡܣܐ ܡܢܝܬܪܐ ܘܡܥܡ ܡܢܝܬܪܐ De Astrolabe 77. 1; the quarters of the outer circle of the astrolabe are called *Centres* of life, of parents, of weddings of the midst of the earth and of the midst of the sky, ܡܢܝܬܪܝ, ܘܐܚܕܐ, ܘܬܟܠܗܘܢ ib. 251, 252, ܘܡܪܟܐ ܐܘܚܕ, ܘܡܪܟܐ ܡܩܣܐ 254, and 284 n.

ܡܢܝܟܘܦܣ col. 3665. corrupt form of λυκάνθρωπος, *a were-wolf*, add: pl. ܡܢܝܟܘܦܐ Hist. Mon. i. clxv. Syr. 1, Hormizd 2018, sing. ib. 2058, abs. st. ܡܢܝܟܘܦ ib. 2495. ܒܝܬ ܡܢܝܟܘܦܐ *abusive name for a Jacobite shrine*, ib. 2701.

ܡܢܝܟܠܐ col. 3666. *a glass bottle*, ref. ܩܣܛܠܐ. ܠܝ. ܒܣܛܘܩܐ. ܩܡܐܚ ܡܘܚܠܐ ܐܚܘܙܢܐ ܐܘ ܩܢܝܐ ܘܕܫܡܐ N. Hist. iii. 9 marg.

ܡܢܩܬܐ *chancel, sanctuary*, add: ܘܩܢܘܢ ellipt. for ܘܩܢܘܢ ܕܡܕܒܚܐ *anthem of the sanctuary*, Brev. Chald. i. 60. 5, 70. 12, 238. 3.

ܡܢܣܘܚܐ col. 3667. 1) *substance*, add: ܟܡܣܡܐ ܡܢܣܡܐ ܐܟܠ ܟܠ ܕܝܣܐ ܘܡܕܝܢ ܕܝܣܐ ܡܣܡܐ Ephr. Ref. i. 50. 46, 51. 5, 17, 25–27, 32, 43. *A hard substance, a solid*, ܡܬܡܣܡܐ ib. ii. 42. 20 ff. ܣܒ ܠܟ ܡܕܐ ܡܣܡ ܘܒܥܡܕ ܡܕܐ

2) *self*, i. q. ܒܥܡܐ : (ܗܡܣܕܠܐ) ܗܢܣܡܢ ܐܓܐܝ ܠܐ ܐܠܐ ܐܦ ܠܐ ܗܝ ib. i. 3. 16–18. ܠܐܡ ܣܩܡܝܣ. ܡܢܣܘܗܝ,—ܠܐ ܚܕܣܪܐ *the moon during two days is not visible*, ib. 23. 7; ܗܘ ܘܐܟܠܐ ܡܢܣܘܗܝ ܠܐ ܚܕܣܪܐ *the Ship* (of Light) *itself is not visible*, ib. 26. 48, 27. 2.

ܡܢܣܡܟܘܬܐ col. 3670. *personality*, Patr. Or. iii. i. 101. 7, 114. 6, 10 ; ܘܒܟܘܢܐ ܘܐܩܢܘܡܝ ܩܢܝܠܐ ܟܡܢܣܡܟܘܬܘܢ Jab. 500. 3.

ܡܢܣܦܐ col. 3670. *a basket*, Vit. Mon. 10. 21, Greg. Carm. i. 25. 9.

ܡܢܥ Aph. ܐܡܢܥ *to turn blue*, ܟܡܢܥ ܠܝ Chimie 48. 10.

ܡܢܥܟܐ 2) *Isatis tinctoria, woad*, ܘܚܦܢ ܟܘܦܐ ܡܢܥܟܐ *dip a wad of woad fibre*, Med. 102. 11, 103. 2.

ܡܢܥܟܠܐ i. q. ܡܢܥܟܐ *woad*, Med. 609. 6.

ܡܢܥܟܢܐ *dyeing blue*, Chimie 1. 3.

ܡܢܥܡܘܬܐ f. *harmony* ܘܟܡܢܐ ܚܡܘܢܡܥ Nest. Hérac. 23. 13.

ܡܢܩܠ *Qanqal*, village and monastery in Arzun on the river Sarbat, Chast. 13. 10, 21.

ܡܢܬܐ col. 3672 ult. Pl. ܡܐܢܬܐ Zach. ed. Brooks ii. 196. 5, ܡܐܢܬܘ ib. n. and Anecd. Syr. iii. 323. 8 add : κανᾶλες, Lat. canales, *conduits*, Guidi.

ܩܢܢܝ col. 3672 and ܩܢܕܘܢ col. 3673. Pers. کنارنگ χαναράγχης, *Governor of a province, Lord of the Marches, Marquis*, BHChr. 76. 9 and 4 af., Anecd. Syr. iii. 207. 7, ܩܢܕܘ ib. 206 ult., but ܩܢܕܘ Zach. ed. Brooks ii. 25. 20, 26. 3. Pr.n.m. ܩܢܢܝ B.O. iii. i. 485 = Hist. Mon. i. 163. Cf. Tabari 442 n. 5.

ܣܢܕܠܝܐ adj. from κανθήλιος, *like a beast of burden*, Sev. Lett. 299. 18.

ܣܣܐ. ܣܣܘܬܐ col. 3673. *end of par.* Add ref. Galen. ZDMG. xxxix. 243.

ܣܣܒܪ col. 3674. Add: *cap of a charioteer*, Pléroph. 108. 3.

ܣܣܛܘܪܝܕܣ καστορίδες, *seals or sea-calves*, N. Hist. vii. 4. 3.

ܩܣܛܐ col. 3674. *a pint.* l. 6 of par. after ref. to Op. Nest. add: id. Med. 447. 5, ܩܣܛܐ ܡܣܩܝܐ ܩܕܡ ܟܝܡܘܢ ib. 446. 12. ܡܢ ܐܘܚܕ ܚܕܐܕ ܕܐܚܕܣܕܪܝܐ ܕܘܢ. ܚܨܦܣܐ ܘܐܚܕܐ ܟܝܐ ⁣ ܐܡܝܕܐ⁣ *the Pontic pint is four times the Alexandrian* i. e. *eight Italian litres*, Epiph. Symm. ii. 193. Cf. Metrologie 716. Col. 3675. 2 *vessel for holy oil*, Jac. Edes. Can. 10 ult., 11. 9, 25, 12. 4.

ܩܣܛܘܪܝܢ col. 3675. *castoreum*: refs. Med. 49. 7, 19, 53. 16, 54. 6, 55. 6, 10, 263. 2, 9, 609. 8, 9 and often.

ܩܣܝܛܪܣ κασσίτερος, *tin*, Chimie 27. 11. BB. has ܩܣܝܛܪܘܣ col. 3677 and ܩܣܛܪܐ col. 3676.

ܩܣܛܪܘܡܐ col. 3676. κατάστρωμα. add: *the low partition wall to the right and left of the chancel gate*, Hist. Mon. i. 171. 6, 306. 19 = ii. 342 n., 544 n. see plan vol. i. liii, Catholicos 296 f., BH. Nom. 16. 1. ܠܚܠܐ ܡܥ ܘܩܝܡܐ ܡܪܝܘܡܕܐ Syn. Or. 170. 2. ܡܪܝܘܡܕܐ Inscript. Sém. No. 52, Nöld. in loc. ZA. xxi. 160.

ܩܣܡܣܕ for ܩܪܡܝܕܐ col. 3497. 5 af. *fumes given off by melting calamine*, col. 3226. 4 under ܩܪܨܝ DBB. 1634. 13, App. 175.

ܩܣܛܪܠܐ K.str.nia, *a bpric.*, prob. in Asia Minor, De Goeje B. 65. 19.

ܩܣܝܣ col. 3678. end of par. add: ܘܩܣܝܣ Κάσιον, *Casion, on the Egyptian frontier of Palestine*, Jac. Baradaeus died there, R.O.C. vii. 199. 4, 12. See Mt. Casius, Herod. ii. 158.

ܩܣܪ col. 3680. *Caesar.* Add: ܩܣܪ ܢܐܪܘܢ *the Emperor Nero*, Mart. Luc. ed. Nau 158 bis.

ܩܣܪܝܐ col. 3681. *Caesarean, imperial*; add: ܩܒܪ̈ܐ ܩܣܪ̈ܝܐ Hist. Mon. i. 234. 17.

ܩܣܪܝܢ τὸ Καισαρεῖον, *the Kaisarion, a church in Alexandria*, Pet. Ib. 65. 12.

ܩܨܪ denom. verb Pael conj. from ܩܨܪܐ *to rub with pumice stone.* ܩܨܪܝܢ ܠܚܨܦܐ Chimie 258 n. 1.

ܩܨܪܐ κίσηρις, *pumice stone*, Chimie 258 n. I. q. ܩܨܪܘ col. 3609 and ܩܪܨܘܣ Suppl.

ܩܥܐ col. 3682. *to cry, scream.* Act. part. with Alep. ܩܐܥܐ ܘܩܥܐ *the black crow*, lit. *the screamer*, Med. 592. 17.

ܩܥܕܐ col. 3683. 4 of par, ܩܥܕ ܒܠܐܬ ܘܢܥܠ corr. translation to "*the nobles in session with him*". Cf. Arab. قَعَد Duval Édesse 85 n. 3.

ܩܥܕ col. 3684. *to shell off, split up,* ܩܥܕܬ ܦܪܣܬܐ ܕܟܘܕܢܐ *the mule's hoof split*, Hist. Mon. i. 280. 7.

ܩܥܕܘܐ (ܘ ܩܪܕܘ) *a herb*, Med. 553. 6, Neo-Syr. ܩܥܕܐ. It has a juicy and sweet root.

ܩܥܕܐ, ܩܥܕܬܐ add: ܩܥܕܬܐ ܕܒܥܬܐ *an egg-shell*, Chimie 84 ult.

ܩܥܝܣ *concave*, ܩܥܝܣ as if Pael or Aphel part. same meaning; Klamroth on Arabic Euclid, ZDMG. xxxv. 300.

ܩܦܐ col. 3685. *to gather together*, ܐܝܟܐ ܩܦܐ ܘܩܐܡ *where does* (that Light) *collect and stay?* Ephr. Ref. i. 16. 11. *To skim off*, ܩܦܐ ܘܚܕܐ Chimie 33. 12, 35. 10.

ܩܦܕܘܩܝܐ col. 3688. *Cappadocian.* Add ܡܠܚܐ ܩܦܕܘܩܝܐ Chimie 31. 18, Med. 302. 1.

ܩܦܣ col. 3689. Add: ܡܩܦܣܢܐ with ܠܐ ܕܠܐ ܡܩܦܣܢܐ *unwearied, indefatigable*, ἀτειρέος, Greg. Carm. ii. 2. 15.

ܘܡܩܦܣܢܘܬܐ f. *buffeting, coercion*, ܘܐܘܓܢܟܐ *of the mind*, Is. Nin. B. 81. 6.

ܩܦܛܝܢ *Coptic*, marginal gloss to ܣܠܡܐ ܠܡܨܪܝܢ Chimie 47. 5.

ܩܦܝܙܐ i.q. ܩܦܐܐ col. 3689. καπίθη, *a measure containing two* χοίνικες, i.e. about half a gallon, Med. 143. 15, ܘܗܘ ܩܦܝܙ ܟܝܠܐ G. Busâmé 27 b 12.

ܩܦܠ i. col. 3691. *to strip off*, ܘܡܩܦܠܝܢ ܡܢܗ ܘܡܢܗ *the dignity from which he fell = of which he was stripped*, Ephr. ed. Lamy iii. 367. Rit. ܕܩܦܝܠ ܡܥܦܪܐ *to remove the fair linen*, Bar Sal. in Lit. 89. 4. Pass. part. ܡܩܦܠ, ref. ܣܩܠ ܠܐܓܪܐ ܟܕ ܡܩܦܠ *he saw that the roof was stripped off*, Pallad. 18. 13.

ܡܩܦܠܢܐ with ܠܐ *which cannot be laid bare, indestructible*, A.M.B. v. 506.

ܡܥܠ ii. to lock, or store up, ܡܥܠ ܡܥܘܠ
ܠܟܘܠܡ ܕܚܘܫܒܐ Ephr. Ref. ii. 15, 17.

ܡܥܠܐ a barn, store, ܡܥܠܐ ܘܚܘܒܬܐ we ransack innermost recesses, Ephr. ed. Lamy iii. 401, 561.

ܡܲܥܸܠ iii. denom. verb Pael conj. from from ܡܥܠܐ κάπηλος, col. 3691. to huckster, Sev. Lett. 501. 2.

ܡܲܥܠܐ i. q. ܡܥܠܐ and ܡܲܥܠܐ col. 3691. a tavern-keeper; a huckster, Nars. ed. Ming. i. 360. 10.

ܡܲܥܠܘܬܐ ܘܡܲܥܟܕܘܬܐ i.q. ܡܲܥܠܘܬܐ tavern-keeping, Nars. ed. Ming. 360. 10.

ܡܲܥܠܐܝܬ like a petty trader, Sev. Lett. 388. 20.

ܡܲܥܠܘܬܐ innkeeping, Plérophl. 17. 4. Metaph. adulteration, Sev. Lett. 8. 10.

ܡܲܥܠܢܘܬܐ trafficking, a trafficker, ܡܥܒܕ ܘܪ ܡܥܠܢ ܚܕܒܘܢܝ ܐܟܣܢܝܐ Sev. Lett. 145. 12.

ܡܥܠܢܝܢ καπηλεῖον, a tavern, Plérophl. 17. 1.

ܩܦܠܐܝܢ col. 3694. κεφάλιον. l. 11 of par. add: capital sum, principal, Sev. Lett. 116. 1. ܩܦܠܐ ܕܡܘܒܠܐ heads or counts of an indictment, ib. 120. 16. ܩܦܠܐܘܢ in sum, ib. 268. 2.

ܡܩܦܠܐ col. 3693. add: a Manichaean initiate, ܡܥܡܕܐ ܡܩܦܠܐ five initiates, Ephr. Ref. ii. 205. 7; ܐܪܒܥܐ ܘܡܩܦܠܐ ib. 206. 27.

ܩܦܢܐ from καπνός, a chimney, ܘܡܚܦܠܐ ܐܠܦܐ Pet. Ib. 91. 10.

ܡܩܦܢܝܐ m. pl. dwellers in the Campagna, mentioned with ܒܢܝ̈ܪܘܡܝܐ Pallad. 100. 8.

ܡܩܦܨ col. 3695. ܡܩܦܨܘܬܐ col. 3697. contraction, add: ܩܦܨ ܡܣܦܘܬܐ pursing up the lips, But. Sap. Econ. iii. 2 : compression of wind in a narrow space, Ephr. Ref. ii. 36. 10. ܡܩܦܨܢܘܬܐ ܘܡܚܒܫܢܘܬܐ prohibition of vagrancy to a monk, order to abide in his cell, Is. Nin. Chabot 100. 1. ܐܩܦܨܢܢ ܡܩܦܨܢܘܬܐ we have made a summary, an abstract, Bar Sal. in Lit. 94. 2.

ܡܩܦܨܢܘܬܐ restraint, ܐܝܬܘܗܝ ܟܕ ܣܝܡ is ܡܩܦܨܢܘܬܐ ܢܦܫܢܐ ܚܣܢ ܩܕܡܐ ܕܚܡ ܡܚܕܘܬܐ ܚܛܝܬܐ modesty is self-restraint from fear of committing culpable action, But. Sap. Eth. 2. 2.

ܡܩܦܨܐ contraction opp. ܦܫܛܐ dilatation of the heart, N. Hist. vii. 1. 3. Convulsion, a spasm, Med. 146. 11.

ܡܩܦܝܙܐ col. 3698. a measure equalling 4 or 12 pints. Add: ܘܩܦܝܙܐ (sic) ܡܩܦܝܙܐ ܗܘ ܘܕܐ ܘܡܩܦܝܙܐ ܠܐܕܟܗ ܕܐ ܪܒܕܙ ܐܡܝ. ܘܐܠܚܕܐ ܐܠܗܢ ܐܚܕ Epiph. 5. 4, 5.

ܡܩܦܦܐ Med. 581. 15 corr. ܡܩܦܦܐ a bird of night.

ܡܩܦܪ denom. verb Pael conj. from ܩܦܪܐ pitch. Metaph. to blacken, abuse, ܢܦܩ ܚܕܘܦܬܐ ܘܡܩܦܪ Greg. Carm. 105 pen.

ܩܦܪܐ = ܩܦܪܐ camphor, Chimie 50. 10, 53. 6. But usually caper ܩܦܪ ܪܟܦܐ ܡܟܒܠܐ Med. 59. 16.

ܩܦܪܝܓܘܣ Qaphrigawos, a people living to the south of the Pishon or Hedrinos? Chron. Min. 354. 3.

ܡܩܦ to snap up, catch insects, (ܪܘܝ ܡܩܒ) ܡܩܦܡܐ ܘܐܚܕܢܟܐ ܘܚܩܠܐ ܘܚܟܠ Natur 34. 8.

ܡܪ. col. 3699. Pass. part. ܡܪܝܡ, ܡܪܝ add: ܘܩܪܐ ܡܪܝܬܐ ܟܦܐ a bird with clipped wing, G. Warda ed. A. Deutsch 10. 21.

ܡܪܘܪܐ vermin infesting grain. Cf. קצוצא a blind snake, lizard, Lev. xi. 30 Pseud. Jon. Nöld. in loc. ZDMG. xliv. 531.

ܡܪܘܪܐ f. pl. scrap-metal, clippings, filings, Chimie 45. 17. Perh. ܡܪܘܪܐ.

ܡܪ col. 3702. to break bread. Pass. part. friable, the fat of animals is ܡܪܝܪܐ ܘܡܬܦܪܕܢܐ N. Hist. vii. 1. 5.

ܡܪܝܐ fraction of the Eucharistic bread, refs. Takhsa 22. 11, 23. 12, but the fracture, broken side of the host ܩܒ ܕܩܦܚܣ ܟܡܪܝܐ ܠܐܩܬ ܩܘܫܐ l. 14, 24. 8, 9.

ܡܪܝܬܐ Eucharistic bread, add: Takhsa 146. 16 bis, 166 ter, 167 quinquies. ܡܕܟܬ ܡܪܝܐ those who mix bread for the Eucharist, ib. 165. 15 ult.

ܡܪܝܐ Arab. قصّة narration, history, JAOS. xiii. tit.

ܡܪܘܟܐ col. 3704. he who slays the sacrifice, ܐܠܣܪܐ ܐܕܐ ܡܪܘܟܐ ܕܚܙܪܐ M.Z. 43. 20.

ܡܪܝܙܘܡܕܐ and ܡܪܝܙܡܕܐ: see ܡܣܡܝܙܘܡܕܐ Suppl.

ܡܪܚܕܐ ܩܘܪܚܢܐ col. 3705. *soot*. ref. ܘܐܢܘܕܐ Med. 587, 4.

ܡܪܩ col. 3706. *to be envious*; animals ܠܐ ܡܪܩܝ ܚܕܚܕܐ ܐܬܒܪܐ *are not envious in learning from each other*, Natur 2. 6. Pass. part. ܙܩܝܪܐ ܗܕܐ ܠܚܘܕ ܡܪܝܩܐ *fine-spun, fine*, ܚܕܐܝܐ ܡܝܢܐ ܘܡܪܝܩܐ *a transparent veil is a thin, fine-spun article of clothing*, Ganath Busâmê 37 *b* 3 af.

ܡܪܩܐ ܘܒܝܬ ܙܒܕܝ *Qasra*, a village in Beth Zabdai, Chast. 2 15.

ܩܩܒܐ, ܩܩܒܢܐ and ܩܩܘܒܬܐ col. 3709. f. *a partridge*, ܩܩܒܐ ܘܚܕܘܪܐ Med. 87. 21, 94. 2. ܩܩܘܒܬܐ, ib. 553. 14, 558. 15, 16, 589 ult.

ܩܩܘܗܬܐ κακόηθες, *a malignant ulcer*, Pléroph. 63. 12, R.O.C. iii. 342.

ܩܩܘܠܐ col. 3710. *Salsola fruticosa, a saltwort*, Med. 162. 5, 174. 11, 18, 609. 3, Ar. PflnN. 43. Cf. the following par.

ܩܩܡܝ col. 3710. *Cardamomum vulgare, cardamom*, ܩܩܡܟܐ Med. 173 ult., 174. 4, 8, 263. 1, 295. 14, 609. 3, Ar. PflnN. 296; ܩܩܘܠܐ and ܩܩܡܝ ܩܬܐܠܒ El. Nis. 26. 84. ܩܩܡܟܐ are confused in the Lexx.

ܩܩܒܢܐ see ܩܩܒܢܐ.

ܩܩܝ κακή *evil*. Name of an Egyptian sorceress, *Kaki*, Hist. Mon. i. clxv. 6 af.= Hormizd 2027.

ܩܘܩܐ ܒܝܬ *Beit Qouqâ*, a village of Adiabene near the Great Zab, Pers. Mart. n. 1715, Patr. Or. iii. i. 66. 6.

ܩܩܝܡܒܗ prob. *Cakile, sea-rocket*, ܣܒܟܐ Med. 106 ult.

ܡܩܡܘܕܝܐ mis-spelling of *Nikomedia*, Nöld. F. S. i. 474. 135.

ܩܡܢܝ col. 3710. *Physalis alkekengi, Winter Cherry*, refs. Med. 367. 11, 369. 15, 370. 2 and so correct ܩܡܢܐ ib. 576. 10.

ܩܡܡܝ *a medicine for dim sight*, Med. 88. 9.

ܩܘܩܢܘܣ = ܩܩܢܡ *a swan*, Jac. Sar. Hom. iii. 92. 6.

ܩܩܪܘܦܝܐ *the race of the Cecrops*, But. Sap. Isag. ii. 1.

ܩܩܪܘܦܝܕܐ Κεκροπίδαι, *the descendants of Cecrops*, But. Sap. Isag. ii. 1.

ܩܪ Aphel ܐܩܪ col. 3711. *to cool*; ܢܐܩܪ *let it cool*, Med. 60. 23. Metaph. ܐܩܪ ܠܚܟܡܗ Ebed J. Card. 101. 11. Act. part. pl. foods ܡܩܪܢܐ *which are cooling*, Med. 231. 1.

ܩܪܘܪܐ *catarrh, a cold in the head*, add: Hippoc. ii. 40, iii. 13, 19, 22 and gloss., Med. 8. 14, ܘܩܪܐ ib. 65. 21.

chilly, ܩܪܝܪܐ ܙܘܥܬܐ ܐܚܕܬܗ *he breaks out into a cold sweat*, Med. 26. 3.

ܩܪܐ col. 3712. *to call*. Add: Mandaean *to call into being, to create*, Ephr. Ref. ii. Introd. cxxxiii. n., ܩܪܐ ܐܚܕ ܘܘܚܕܐ ܠܐܚܕ ܘܐܣܬܠ ܘܐܚܕ ܘܐܣܬܠ ܗܢܐ ܠܐܢܐ ܡܪܚܡܐ ܘܐܢܐ ܡܪܚܡܐ ܗܢܐ ܠܣܡܚܡ ܕܒܬܗܘ Coupes ii. 127, 128. 1, 2 but *he called by name*, ib. 127. 7. See ܩܪܝܢܐ below.

ܩܪܘܝܐ col. 3715. *the appellant*, opp. ܢܒܥܠܐ *the respondent*, Coupes ii. 128. 14 ff.

ܩܪܝܢܐ for ܩܪܝܢܟܐ col. 3716. 10 of par. *invocation*. ܚܩܪܐ ܠܠܚܕܐ (sic) ܘܐܣܬܥܝ Sev. Ant. Vit. 40. 3 i. q. ܩܪܝܢܟܐ ܘܠܚܕܐ ܘܐܣܬܥܝ ib. 37. 9, 38. 3, these invocations were written formulas ܚܩܪܬܠܡܐ ܘܥܡ = l. 4. *An invitation*, ܒܢܦܣܗ *self-invited*, Sev. Lett. 427. 2. *Poetical metre*, ܚܩܪܐ ܢܪܘܡܟܐ *in twelve-syllable metre*, Jos. Narses 111. 2.

ܩܪܝܢܐ from Mand. קרא *to call to life, to create*, cf. Fihrist 333. 19. *Creation* ܠܚܕܐ ܘܐܚܕܐ—ܩܪܐ ܩܪܝܢܐ ܘܐܠܘܦ Coupes ii. 127 ult.; ܗܢܐ ܩܪܝܢܐ ܘܐܠܚܕ ib. 129. 10.

ܩܪܝܢܐ, ܩܪܝܢܟܐ ܘܚܕܐ *a crow, rook*, ܘܩܪܬܐ Med. 563. 18, (sic) ܚܓܝܐ ܘܩܪܡܟܠܐ ib. 572. 13; ܩܪܘܘܠܐ ܘܩܪܝܢܟܐ ib. 559. 6.

ܩܪܝܢܐ 1) *a kind of comet*, Med. 550. 12. 2) Arab. قرا *back*, iv اقرى *his back pained*. *Backache* ܩܪܝܢܐ ܟܐܒ ܐܢܩܪ ܠܚܨܘܗܝ *Book of Shem* 110. 14. 3) col. 3717. *a weevil*, Dion. 58. 18, ܚܠܕܐ ܗܘܐ ܘܩܪܢܐܝܬ: ܡܢ ܘܦܪܡ ܘܩܪܝܢܐ ܟܕܗ ܘܘܘ ib. 59. 5, Patr. Or. v. 548. 3

ܩܪܝܢܐ, ܩܪܝܢܐ col. 3716. 10 of par. eccles. *a lesson*, E.-Syr. *a lection from the O. T. or from the Acts*, opp. ܫܠܝܚܐ *a lection from the Epistles of S. Paul*, Maclean.

ܡܩܪܝܢܐ add: *the Grammar Master* expounded the text of Holy Scripture, viz. how the words were to be vocalized, how to intone correctly; he also taught ܩܪܝܢܐ ܕܡܫܡܠܝܬܐ *choir reading* i.e. musical notation, Barḥad 383. 12, 398 n., Journ. As. 1906, 275 n., Or. Xt. i. 323. 4 and n. Cf. ܡܩܪܝܢܘܬܐ.

ܡܩܪܝܢܘܬܐ *the teaching of reading*, viz. pronunciation and vocalization, Nars. ed. Ming. 33. 1, Barḥad. Journ. As. 1905, 160 n.

ܩܪܐ, ܩܪܝܬܐ col. 3718. *a village*, pl. ܩܪܝܣ Dion. 117. 15.

ܩܪܡܘܕܪܝܢ κωμύδριον, *a hamlet*, ref. Greg. Carm. ii. 39. 1.

ܩܪܒܘܣ κάραβος, *sea crayfish* or *spiny lobster*, N. Hist. vii. 4. 1.

ܩܪܒ. ܩܪܝܒ col. 3727. *near*. Idiom ܠܐ ܐܢܐ ܩܪܝܒ ܐܢܐ *I have nothing to do with it, it is no concern of mine*, Pallad. 477. 12, ܠܐ ܐܢܬ ܩܪܝܒ ܐܢܬ *it is not your affair = you are not in fault*, cf. Lat. affinis culpae, ib. 553. 7; ܠܐ ܩܪܝܒ ܐܢܬ ܠܗܕܐ ܡܠܟܘܬܐ *this advice does not concern you*, A.M.B. v. 527.

ܡܬܩܪܒܢܐ col. 3728. Add: f. pl. ܓܙܪܬܐ ܡܬܩܪܒܢܝܬܐ and ܠܐ ܡܬܩܪܒܢܝܬܐ *accessible* and *inaccessible islands*, Jac. Edes. Hex. xix, 8, 10; ܠܐ ܡܬܩܪܒܢܐ ܠܫܘܬܦܘܬܐ *far from fellowship* with heretics, Pléroph. 16. 12. ܡܬܩܪܒܢܐ *one who is offered up, the sacrifice*, Sev. Ant. Hymns 228.

ܩܪܒܘܢܐ col. 3730. καρβώνιον, *coal*. Add: ܩܪܒ ܒܩܪܒܘܢܐ *liquefy over coal*, Chimie 21. 15, N. Hist. iv. 1. 1, Sev. Ant. Hom. 5.

ܩܪܒܣܐ pl. ܩܪܒܣܝܢ Lat. carbasus, *fine linen, soft raiment*, ܩܪܒܣܝܢ ܕܚܘܪܐ A.M.B. ii. 50. 12.

ܩܪܕ Aph. ܐܩܪܕ denom. verb from ܩܘܪܕ *a kind of thorn. To clear away thorns, to uproot*, ܐܝܟ ܡܢ ܗܘ ܫܘܪܫܐ ܕܟܪܒ ܐܩܪܕ Hormizd 1307.

ܩܪܕܐ col. 3730. *tick*. ܩܪܕܐ ܕܟܠܒܐ: *dog's ticks*, Med. 555. ult.

ܩܪܕܐܓܝܐ قَرْدَاغِيَّة *Kardhaghia*, i.q. ܒܝܬ ܩܪܕܓ *the district of Beit Kardagh* in Marga, Hist. Mon. i. 183. 5 cf., ii. 330 n., 387 n.

ܩܪܕܘ col. 3731. Add: ܐܬܪܐ ܕܩܪܕܘ *Kurdistan*, Hist. Mon. i. 365. 19. A bpric. on the left bank of the Tigris opp. ܒܝܬ ܥܪܒܝ on the right bank, Syn. Or. 33. 22, 214. 4, 619. 4, ZDMG. xlii. 396. 6.

ܩܪܕܝܢ col. 3731. ܩܘܪܕܝܢܐ pl. *household work, chores*, ref. ܩܘܪܕܝܢܐ ܚܝܠܐ *pre-occupied with household matters*, Poet. Syr. 36. 4 af.

ܩܪܕܡܢܐ a drug, for cold and diarrhoea, Med. 412. 10.

ܩܪܕܡܢܛܘܣ pr.n.m. for *Rhadamanthus*, Arist. Apol. ܝܒ. 1.

ܩܪܘܓܒܕ col. 3733. from Pers. kâr *work* and bed *master*, Tabari 502; *a foreman*, ܩܪܘܓܒܕ Syn. Or. 79. 20.

ܩܪܘܢܘܠܐܒܘܢ κρόνου λέβον, read κρόκου λέπος "*écorce de safran*" a symbolic name for sulphate or oxysulphate of arsenic or of antimony, Chimie 56. 16, 24, 57. 17.

ܩܪܘܣܛܠܘܐܝܕܝܣ κρυσταλλοειδής, *the crystalline lens* of the eye, Med. 68. 15, 69. 15.

ܩܪܘܩܘܡܓܡܐ col. 3737 under ܩܪܘܩܘܣ. κροκόμαγμα, *dregs of saffron oil*, refs. Med. 162. 6; دهن الزعفران *saffron oil*, ib. 609. 4, 5; ܩܪܘܩܡܓܡܐ Chimie 11. 4, 21, ܩܘܩܡܓܡܐ ib. 47 pen., ܩܘܪܘܩܘܡܓܡܐ ib. 247 med., ܩܘܪܩܘܡܓܡܐ Med. 161. 8.

ܩܪܘܣܠܐ (ܩܣܠܐ) pr. n. of a king, mentioned with ܕܪܝܘܫ of Persia and the King of Egypt, S. George 18 *a* 11.

ܩܪܘܪܗ Arab. قارورة *a bottle*, Chimie 59. 16 and so corr. ܩܪܘܪܐ ib. 51. 15 and pl. ܩܪܘܪܝܬܐ correct ܩܪܘܪܬܐ l. 10.

ܩܪܘܛܝܢܘܢ col. 3738. κρότινον Duval, who says alchemists call it white tin or lead, Chimie 2 pen., cf. trad. 5. 4 and n. 4.

ܩܪܝ col. 3738. Aph. pass. part. ܡܩܪܝ *mentioned, referred to* the Synod ܕܡܢ ܠܥܠ ܡܩܪܝ R.O.C. iv. 256. 4 af.

ܩܪܝܚܐ m. pl. a disease of the eyes, perh. *the falling out of the eyelashes*, Med. 83. 12.

ܡܶܨܚܳܐ *the forehead*, the use of the eyebrows is to keep off from the eyes ܘܚܕܐ ܕܡܶܨܚܳܐ N. Hist. ii. cap. iii, sect. 4. Cf. ܡܶܨܚܳܬܳܐ.

ܡܨܰܥ *to gnaw*, act. part. ܡܳܨܰܥ pl. ܡܳܨܥܺܝܢ Warda ed. Hilgenfeld, ZDMG. lviii. 498.

ܩܶܨܬܳܐ col. 3741. κεράτιον. Abs. st. ܩܶܨܰܥ, ܡܨܰܥ ܚܠܰܣܡܶܗ "*fenugrec*", Nau, Pléroph. 36. 2, 37. 2. ܩܶܨܬܳܐ *carob*, Med. 278. 6. 2) *measure of weight, 1 carat equals 4 or 6 barleycorns*, Med. 447. 7; *it is* ½ *or* ¼ *of a* ܩܶܨܬܳܐ ib. l. 4; 12 ܩܶܨܬܳܐ *equal* ܘܟܰܠܡܐ ܘܒܶܩܰܠ *half a measure of the sanctuary*, ib. l. 5.

ܡܨܠܐ col. 3741. *the leek*, ref. Med. 563. 2, ܩܨ̈ܠܳܝܳܐ ܬ ܩܨ̈ܠܳܝܳܐ ib. 609. 10.

ܡܨܝܪܘ col. 3742. quoted from Anecd. Syr. iii. 136. 2: read ܡܨܝܪܘ καρτεροί, *the valiant, the fierce*, Ahrens.

ܡܶܨܪܠܦܳܘܣ pr.n.m. Κρατύλος, *Kratylus*, ܩܠܝܗ ܚܟܡܐ ܘܡܶܨܪܠܦܳܘܣ But. Sap. Periherm. 1. 2.

ܡܨܰܡ col. 3743. *to cut off.* A strengthened form of ܡܰܨܰܡ col. 3578: see Duval on the insertion of ܪ Riš, Gram. § 117.

ܡܶܨܪܺܝܚ *mist*, ܐܺܝܬ ܕܗܶ ܡܶܨܪܺܝܚ ܗܶܣܩܳܐ ܘܐ܃ ܘܡܚܙܺܝܬܳܐ ܡܚܕܰܪܢܺܝܢ ܥܶܡ Brit. Mus. Or. 2084. 2 v, 5 v and often.

ܡܨܪܝܩܐ *Carthamus tinctorius, Safflower, Bastard Saffron*, ref. Med. 572. 17, Ar. PflnN. 218.

ܡܶܨܪܺܝܚܳܐ *a line*, ref. ܡܳܠܐ ܚܕܐ ܐܘ ܣܪܛܐ ܚܕ ܡܶܨܪܺܝܚܳܐ *if* ܡܶܨܪܺܝܚܳܐ ܚܕܐ ܡܣܪܟܐ ܘܒܥܕܗܐ ܣܕܗ *one jot or tittle be lacking from the fulfilment of the Law*, G. Busâmé 82. 9 af.

ܡܨܥ Lat. *creta, chalk*, Chimie 7. 20.

ܡܨܪܥܛܘܣ Κρητικός, *Cretan*, Jac. Edes. Hex. xi. 11.

ܡܨܠܠܬܐ *corruption of* κρινίτος, *crinitus, a comet*, Sev. Lett. 383. 10.

ܡܨܟܐ ? *name of a province or district*, ܣܪܐ ܡܢ ܚܒܝܣܕܐ ܘܡܨܟܐ Ant. Patr. 298. 9.

ܡܨܡ col. 3746. ܡܶܨܡܬܳܐ f. *the being thickly overlaid*, ܘܚܢܘܬܳܐ ܡܶܨܡܬܳܐ ܟܕܗ *the denseness of an uncircumcised heart*, But. Sap. Theol. 6. 4 infra.

ܡܶܨܚܕܳܐ add: ܡܨܚܕܐ ܘܚܨܡܐ *the paving of the squares of* a city, Jac. Edes. Hex. ii. 4.

ܡܚܨܩܕܐ *membrane*, add: *the diaphragm* ܣܚܕܐ ܗܨܡܐ ܡܚܕܡܐ ܘܚܕܐ Patr. Or. iii. i. 111. 2.

ܡܨܚܡܐ col. 3749. ܡܨܚܡܟܠܐ f. *a pitcher*, Mar. Benj. 73. 3 = A.M.B. iii. 518; ܡܨܚܨܐ ib. 519. 17.

ܡܨܚܡܘܢܐ m. dimin. of ܡܨܚܡܐ *a little pitcher*, ܡܨܚܡܘܢܐ ܘܠܬܐ ܡܨܚܘܗܝܕܐ Sev. Lett. 423. 4.

ܩܪܢܐ col. 3750. 1) *horn.* Add: —ܩܪܢܬܐ ܘܚܢܟܐ ܚܩܢܐ *the cornea of the eye*, Med. 68, 18. 5) *tip.* Add: *the claws of a crab*, Natur 61. 14.

ܩܪܢܬܐ *horned*, add: ܚܠܐ ܣܡܐܠ ܩܪܢܬܐ N. Hist. vii. 1. 4; ܚܕܪ ܩܪܢܬܐ Gest. Alex, 21. 10. ܩܪܢܬܐ *the cornea of the eye*, But. Sap. vii. 1. 2.

ܡܨܢܚܬܐ col. 3752. *a head veil*, ref. A.M.B. vii. 118.

ܡܨܢܥܕܚ *Caryophyllus aromaticus*, *the clove tree*, Med. 266. 6, 355. 10, ܩܶܢܦܐ ib. 563. 11. Usually spelt ܩܶܢܦܚ ib. 51. 3, 89 bis, 174. 12 and often.

ܡܨܡ col. 3752. *to harden, solidify* ܐܓܡܐ ܘܚܢܟܡܐ ܚܒܨܳܐ ܘܡܨܡܐ *honey boiled till it crystallizes*, Med. 432. 11.

ܡܨܗܕܐܠܐ ܘܚܢܦܚܐ ܐܚܕܘܢܠܳܐ *arid, hard*, ܩܨܚܘܢܠܳܐ ܣܡ ܟܡܪܘܢܠܳܐ ܘܐܦܐ *aridity of the maternal bosom, for barrenness is harder than stone*, G. Busâmé 7. 4 af.

ܡܨܗܨܐ corr. ܡܨܥܨܐ. *glossed crocus* i. e. *saffron*, Chimie 7. 12.

ܡܨܥܣܚܐ see ܡܨܥܣܚܐ col. 3727 and Suppl.

ܡܨܟܐ, ܡܨܟܠܐ col. 3754. *a wooden cup*, Georg. Ar. 35. 16. *An alembic*, Chimie 19. 17, 21. 23, 22. 1, 41. 6.

ܡܨܦܐ col. 3755. Arab. قرف *a woman's upper garment, a veil*, ref. ܐܚܡ ܐܢܬܝ ܡܨܦܐ Patr. Or. iii. i. 84. 10; Nöld. in loc. G.G.A. 1907, 178.

ܩܪܦܝܕܐ m.pl. κρηπῖδες, *soldiers' boots*, A.M.B. iii. 3. 8.

ܩܪܦܠܝܢ see ܩܪܘܦܠܝܢ above.

ܩܪܦܠܘܣ from κραιπάλη, *crapulous*, Sev. Ant. Vit. 231. 10.

ܩܪܨ *to sting*, ܩܪܨܗ̇ ܚܘܝܐ ܕܡܫܠܚܐ Pallad. 145 pen.

ܩܪܨܐ col. 3756. *a large nail*, ref. —ܣܘܩܪܐ ܩܕܡܝܐ ܕܐܝܬ ܩܕܡܘܗܝ ܐܝܟ ܗܘܐ ܩܪܨܐ ܕܦܪܙܠܐ Dion. 48. 18.

ܩܪܨܘܬܐ col. 3756. *the chill of a fever*, ref. A. M. B. vii. 78.

ܩܘܪܨܠܐ col. 3757. *the ankle.* Add: *the legs* of hive stands. Med. 579. 10. L. 8 of par. *scarcity* of corn. The passage quoted from Anecd. Syr. is also found, Zach. Brooks ii. 174. 9, 194. 2.

ܩܪܨܢܝܐ col. 3757. Correct ܩܪܨܢܝܐ.

ܩܪܩܪ col. 3757. *to cackle*, the Romans killed many of those ܕܡܩܪܩܪܝܢ ܗܘܘ ܥܠ ܡܢܬܐ Dion. R.O.C. ii. 64. 11.

ܩܪܩܫܐ col. 3758. *a fugitive* but pl. ܩܪܩܫܝܢ as from sing. ܩܪܩܫܐ Poet. Syr. 99. 8.

ܩܪܩܘܡܝܢ Chimie 17. 14, corr. ܩܪܘܩܘܣ *Crocus.*

ܩܪܩܫ. ܩܘܪܩܫܐ col. 3763. *clash, clang*, add: ܩܘܪܩܫ ܐܪܙܐ Alex.-Lied ZDMG. lx. 200.

ܩܪܫ *to collect, pick up*, ܩܪܫ ܩܛܠܐ ܡܚܫܘܒܬܐ Dion. 120. 15.

ܩܪܫܬܐ *clotted cream*, Med. 577. 1.

ܩܪܝܫ *cold, chilly*, ܐܝܢܐ ܕܩܪܝܫ ܒܚܡܬܐ *one who has a chill*, Manichéisme 100. 18.

ܩܘܪܫܢܐ col. 3764. add: from Arab. قَرَش *to skip, bound*; ܕܒܫܐ ܕܠܐ ܩܘܪܫܢܐ honey *which flows down continuously, in a smooth stream*, Geop. 118. 20.

ܩܪܬܡܝܢ (ܕܝܪܐ ܕ) i.q. ܩܪܛܡܝܢ col. 3765. the monastery of Kartamin east of Mardin, Chron. Min. 207. 23, 216. 27 and often. ܩܪܬܡܝܢܝܐ the same, Dion. 69. 19.

ܩܪܬܡܝܢܝܐ m. pl. *those of Kartamin*, Dion. 69. 16.

ܩܫ col. 3765. *to grow old.* Pa. ܩܫܫ *to declare to be the elder; to give precedence*, ܚܠܦ ܩܫܫ ܘܐܬܠ ܐܚܝܕ of giving the elder brother's place to Jacob, Išodad 20. 16. Ethpa. ܐܬܩܫܫ *to be elder, to take precedence*, ܣܗܪܐ ܢܗܝܪܐ ܐܬܩܫܫ ܡܢ ܬܪܥܣܪ ܝܘܡܝܢ the moon *took precedence by twelve days of the sun*, Jac. Sar. Hom. iii. 74. 6; Poet. Syr. 70. 1.

ܩܫܝܫܘܬܐ *old age. An aged person* ܥܠ ܕܡܢ ܩܫܝܫܬܐ ܥܗܕܬ ܡܠܝ̈ܗ she remembered *the words uttered by her aged relative*, Pallad. 199. 7.

ܩܫ Arab. خواس *Qaš*, bpric. in Seistan, on the river of the same name, SE. of Farah and W. of Bist, Syn. Or. 88 bis, 89 ter.

ܩܫܐ past. part. ܩܫܐ, ܩܫܝܐ col. 3767. ܐܐܪ ܩܫܐ for Greek εὔδιος, *clear, bright*, opp. ܐܐܪ ܩܫܝܐ χειμέριος ἀήρ, A.M.B. v. 45. 1. *Strong* ܩܫܐ (ܩܫܝܐ) ܡܢ ܐܝܟ ܩܫܐ Jac. Sar. Hom. iii. 805. 4. ܚܫ̈ܐ ܩܫ̈ܝܐ *severe pains*, Med. 85. 9, 23. ܥܝ̈ܢܐ ܩܫܝ̈ܬܐ *immovable eyes*, insects have compound or simple eyes, the former are immovable, N. Hist. vii. 2. 2; insects ܩܫܝܬ ܐܢܝܢ ܥܝܢܝܗܝܢ ܚܝ̈ܘܬܐ ܕܩܫܝܢ ib. 3. Fem. ܩܫܝܬܐ *the sclerotic membrane* of the eye, ib. vii. 1. 2; ܟܪ̈ܣܬܐ ܩܫܝ̈ܬܐ *ventres constipês*, Hippoc. iii. 5. Pael ܩܫܝ add: ܩܫܝܘ ܗܘܘ ܩܥܝܢ the Jews *cried harder*, Let Him be crucified, Stud. Syr. ii. 9. 9.

ܡܩܫܝܢܐ col. 3770. *rendering hard, stiffening*, ܚܫܝܫܐ ܕܡܩܫܝܢܘܬܐ ܡܩܫܝܢܝܬܐ ܕܝܒܫܘܬܐ N. Hist. v. v. 1.

ܡܩܫܝܢܝܬܐ *marcasite, pyrites* ref. Med. 92. 16, 606. 12, ܡܩܫܝܢܝܬܐ ܕܗܘ ܡܪܩܫܝܬܐ Chimie 37. 12.

Under ܩܫܬܐ col. 3772. add: ܩܫܬܘܬܐ f. *archery: a corps of archers*, M.Z. 196. 20.

ܩܫܬܢܝܐ *arched.* add: ܓܘܢܐ ܩܫܬܢܝܐ *rainbow colours*, N. Hist. v. 2. 3.

ܩܬܝܛܘܣ with ܩܡ, καθετῶσαι, *to stand* or *be placed perpendicularly*, ܕܝܢ ܡܥܡܕ ܥܠ ܥܠ ܡܢ ܩܘܡܐ ܩܬܝܛܘܣ ܩܡ. ܡܛܠ ܩܝܡܝܢ N. Hist.

iv. 4 sect. 4, Philos. 6. 8; ܣܶܡ ܩܰܬܳܘܣܝܼܩܳܐ ܚܕܳܐ ܥܡ ܣܶܡ chambers of a furnace set perpendicularly one above the other, Chimie 100. 22, 101. 7.

ܩܰܬܳܘܣܝܼܩܳܡܶܕܶܡ καθ' ὑποκειμένου, Hoffm. Herm. Lex. ܩܰܬܳܘܡܶܕܶܡ ib.

ܩܰܬܳܘܦܣܳܐ ἡ κάθετος, a perpendicular line, ܩܰܬܳܘܦܣܳܐ ܥܡ ܡܶܕܶܡ N. Hist. ii. v. sect. 4.

ܩܰܬܳܘܦܣܘܼܬܳܐ f. perpendicular or vertical position, ܡܶܛܠ ܕܟܰܕ ܩܰܬܳܘܦܣܳܐ ܢܳܦܶܠ ܡܶܢ ܫܶܡܫܳܐ ܠܐܰܪܥܳܐ when the sun approaches a position perpendicular to the earth it makes the earth hot, N. Hist. ii. v. sect. 4; pl. ܩܰܬܳܘܦܣܘܳܬܳܐ of the motions of the stars, ib. iv. iv. 1.

ܩܰܬܳܘܦܣܝܼܩܳܐ, ܩܰܬܳܘܦܣܝܼܩܳܝܳܐ καθετικός, perpendicular, But. Sap. Philos. 5. 3.

ܩܰܬܳܐ abbrev. of ܩܰܬܳܘܠܝܼܩܳܐ.

ܩܰܬܳܘܠܝܼܩܳܐ καθολικός, col. 3776 infra. vena catholica, ref. ܘܳܡܰܚܡܶܕ ܚܳܕܘܼܡܰܐ ܘܳܡܰܚܡܶܕܐ ܗܘܼ ܕܰܙܢܳܐ Sassanidi 14. 14, trad. 17.

ܩܰܬܳܘܠܝܼܩܺܐ the general or universal prayer recited by the deacon after the Diptychs while the priest prepares to consecrate the elements ܩܰܬܳܘܠܝܼܩܺܐ ܐܳܘܡܰܪ ܡܫܰܡܫܳܢܳܐ ܬ݁ܘܒ ܘܬܘܒ ܥܡ ܟܳܗܢܳܐ Bar. Sal. in Lit. 75. 23, 25, ܘܬܘܒ ܘܬܘܒ ܥܡ ܟܳܗܢܳܐ ܡܶܬܩܰܪܝܳܐ it is called by the simple, Again and again, l. 26, 76 ter.

ܩܰܬܳܘܣܝܼܡܶܢܳܐ ܘܕܳܩܰܬܳܘܣܝܼܡܶܢܳܐ καθωσιωμένων δομεστικῶν, the Imperial bodyguard, Nest. Hérac. 170. 12.

ܩܰܬܳܐܪܶܣܰܝ with ܚܣܟ καθαιρῆσαι, to depose, Sev. Lett. 172. 4, 19.

ܩܰܬܳܐܪܶܬܰܝ καθαιρεθῆναι, with ܗܘܳܐ to be deposed, Sev. Lett. 50. 4, 91. 5, 138. 3, ܐܶܬܬܰܣܺܝܡܘ ܡܶܢ ܩܰܬܳܐܪܶܬܘ ܗܘܰܘ ܡܶܢ ܩܶܕܡܰܝܗܘܢ, ib. l. 14, 170. 9.

❖ **ܪ** ❖

ܪܰ or ܪܰܐ 'Pâ, Rha, the river Volga, Jac. Edes. Hex. xiii. 16, xxvi. 11.

ܪܰܐܟܶܠ a man of ܪܰܐܟܶܠ ܒܫܶܡ q. v., M. Z. 206. 8.

ܪܰܐ see ܪܳܐ.

ܪܰܐܙܳܐ rice, Z. A. xxi. 207. Usually ܐܘܿܪܙܳܐ col. 3846 and properly ܐܘܿܪܘܿܙܳܐ col. 93.

ܪܰܐܣܟܶܬ Pers. راسخت, antimony, ܪܰܐܣܟܶܬ ܢܶܡܒܰܪ Chimie 99. 6, 12.

ܪܰܒܳܐ col. 3784. 27. Rit. the Bishop; the chief officiating priest, ܚܰܩܶܦ ܪܰܒܳܐ. (ܘܣܳܡ̈ܘܗܝ) Brev. Chald. i. 2. 3 ult., 38. 7 af., ܫܳܥܰܡ ܪܰܒܳܐ ܠܘܿ ܟܳܣܘܿܗ̈ܘܝ ܡܚܰܬܶܡ ܥܳܒܶܕ ܨܠܝܼܒܳܐ at Evening Prayers the Bishop makes the sign of the Cross i. e. concludes service and if no bishop is present the priest concludes the service, ib. 17. 5, 18 pen. ܪܰܒܳܐ ܘܩܰܡܒܺܝܛܳܐ Brev. Ant. i. Cal. 52 b 4 af., ܡܶܢ ܚܰܩܶܦ ܪܰܒܳܐ ib. 53 a 12.

ܪܰܒܐܰܣܝܳܐ from ܪܰܒ + ἰατρός, chief physician, R. O. C. 1911, 308, Syr. 3, i. q. ܐܰܣܝܳܪܰܒܳܐ ib. 306. 4 af.

ܪܰܒܳܢܘܼܬܳܐ the office of a teacher; instruction, ܗܳܐ ܡܰܕܪܶܒ ܟܬܳܒܳܐ Holy Scripture as a Rabbi teaches the duties of children and parents, Syn. Or. 140. 5.

ܡܰܪܒܳܢܘܼܬܳܐ col. 3793. education, ref. Syn. Or. 156. 2.

ܪܺܫܳܐ ܚܣܺܝܢܳܐ ܘܡܶܬܪܰܒܝܳܢܳܐ the head, A. M. B. v. 604. 14.

ܡܶܬܪܰܒܝܳܢܘܼܬܳܐ nurture, Bar Sal. Journ. As. 1908, 102. 11.

ܠܐܳܘܪܺܒܳܐ add: the waxing of the moon, under ܣܘܼܟܳܠܳܡܶܣ ܚܰܕܳܘ̈ܗܝ, DBB. 971. 20.

ܡܰܘܪܒܳܢܳܐ growing, augmenting, ܠܐܳܘܪܺܒܳܐ ܕܘܿ ܠܐܳܘܪܺܒܳܐ ܓܘܼܥܦܳܠܐ fatness is an increasing extension of the body, N. Hist. viii. 2. 3.

ܪܰܒܕܝܼܣ ῥαβδίον, a small rod, Chimie 294. n. 1.

ܪܰܟܺܝ to stop, stay, ܒܶܩܘܼܩܳܡܳܐ ܟܠ ܟܽܬܩܰܕܺܝܡ ܘܪܰܟܺܝ ܐܶܢܘܢ at the Creation the command went forth to the waters and He stayed them, Jac. Sar. Hom. iii. 44. 15.

ܪܒܝܥ Arab. ربيع Rabî‘, name of two months of the Mohammedan lunar year, ܪܒܝܥ ܩܕܡܝܐ El. Nis. Chron. 66. 1, 67. 23, ܪܒܝܥ ܐܚܪܝܐ ib. 64. 19.

(ܪܒܟܢܪܐ ?) ܕܪܒܟܢܪܐ the monastery of Rabkennarê, Journ. As. 1906, 109 n., 110, 114.

ܪܒܘܠܐ οἴδημα, a swelling, abscess, Hippoc. iv. 34, v. 61, 62, Med. 66. 6.

ܪܒܝܥ. ܪܒܝܥܝܐ col. 3797. *fourth*. Add: ܚܨܐ ܪܒܝܥܝܐ the quadrant on the back of an astrolabe, De Astrolabe 258 bis. *A vigil of four nights*, ܫܗܪܐ ܕܐܪܒܥܐ ܠܝܠܘܢ Jo. Tell. 23. 3.

ܚܬܐ, ܚܬܐ ܕܪܒܝܥܐ ܘܚܕܝܐ *uterine, sister by the same mother*, Jab. 456.

ܪܓ col. 3801. Ethpe. ܐܬܪܓܝ *to be held fast*, ܐܬܪܓܝ ܣܝܦܐ ܕܪܘ ܘܠܐ Bar Penk. 16. 20. Pael ܪܓܝ *to oppress*, ܡܪܓܐ ܠܚܕ M.Z. 53. 143. Ethpa. ܐܬܪܓܝ *to be weighed down, overburdened*, ܡܪܓܐ ܠܐܚܪܝ ܥܡ ܘܙܐ ܥܡ ܕܠܒܐ M.Z. 63. 7.

ܪܓܐܝܬ *straitly, under compulsion*, Išodad 21. 17.

ܪܓܝܘܬܐ *distress*, Stud. Syr. ii. 18. 5.

ܪܒܕܝܣܡ a bpric. of Adiabene, perh. ܚܙܣܡ and ܪܒܕܝܠܘܐ Syn. Or. 34. 16; 617; ZDMG. xliii. 394. 8.

ܪܓܐ, ܪܓܬܐ col. 3803. *desire, appetite*. Add: ܪܓܬܐ ܟܕܚܢܬܐ βουλιμία, *ravenous hunger*, Med. 289. 9, 338. 19 and often; ܪܓܬܐ ܟܕܚܢܝܬܐ *voracity*, Natur 58. 3. *The fruit of lust*, (ܪܓܐ ܚܕܡܗܠܐ Yezidis 102. 8.

ܪܓܝ. Ethpa. ܐܬܪܓܝ col. 3806. *to flourish, to become fresh and green*, of trees, ܡܬܪܓܝܐ A.M.B. i. 286. 12, ܐܬܪܓܝܬ l. 13.

ܪܓܝܐܝܬ *with fresh green*, Is. Nin. B. 132. 7.

ܪܓܘܣܐ col. 3807. 6. Correct: ῥογεῦσαι with ܗܒ *to distribute largess*, Anecd. Syr. iii. 233. 20, ܪܓܣ ib. 220. 7, same col. l. 30, corr. ܪܓܘܣܐ ῥόγα, -ας, *largess, a donative*. I. q. ܪܘܣܐ and ܪܘܣܘ col. 3844.

ܪܓܙ col. 3807. ܪܓܙܘܬܐ *wrath*, ܡܢ ܒܠܥܕ ܪܐܘܓܙܐ QdhamW. 187. 14.

ܪܐܘܓܙܢܐ *wrathful*, QdhamW. 187. 15.

ܪܓܠ col. 3809. Corr. ref. to Act. Mart. i. 67. 19. Shaphel ܫܪܓܠ Past. part. ܡܫܪܓܠܐ, ܡܫܪܓܠܬܐ *one who has slipped*, ? ܐܢܬܬܐ ܡܫܪܓܠܬܐ *a fallen woman*, gloss to ܚܕ ܡܫܡܫܢܐ ܪܡܝܣܐ BA. col. 587, DBB. 428 infra.

ܪܓܠܢܐ col. 3811. Delete; it should be ܚܬܝ ܓܠܢܐ.

ܪܓܠܐ, ܪܓܠܬܐ col. 3812. *a cauldron*, add: ܪܓܠܬܐ f. same meaning, Med. 587. 2.

ܒܡܫܬܪܓܠܢܘܬܐ *by slipping or sliding*, earthquakes sometimes take place ܠܙܘܥܐ ܘܡܫܬܪܓܠܢܘܬܐ ܥܡ ܘܐܡܐ ܠܚܕܘܕܐ *with concussion and by vertical slipping down*, N. Hist. iv. 11. 2.

ܪܓܡ col. 3812. ܪܓܘܡܐ f. *stoning*, Mar Qard. 92. 1, ed. Abb. 101. 2.

ܪܓܫܢܐ add: *sensitive*, Med. 34. 3.

ܒܪܓܫܢܐܝܬ *by the senses*, ܪܝܫܐ ܠܚܦܢܐ ܐܟܗܘ ܡܬܚܝܠܐ ܒܪܓܫܢܐܝܬ Nest. Hérac. 295. 9, 10.

ܠܐ ܪܓܫܢܘܬܐ *perception*, refs. ܐܠܦܬܐ ܘܠܐ ܩܕܡܟܠܬܐ But. Sap. Econ. iii. 2, Nest. Hérac. 269. 2.

ܪܓܫܐ *sense*, add: ܪܓܫܐ ܕܡܣܘܝܟܐ *the sense of smell*, Med. 62. 7.

ܪܓܫܢܘܬܐ col. 3817. Add: *having regard to the things of sense, materialism*, ܚܕܐ ܪܓܫܢܘܬܐ ܘܓܫܡܐ Pallad. 205. 5.

ܪܕ, ܪܕܘ col. 3817. Delete "nom. viri." Zend *ratu*, Lord. *The governor of a province, a magistrate, official*, Tabari 447, Syn. Or. 77. 14, 99. 9, trans. 329 n. 1. Mon. Syr. ii. 68. 16 so correct ܪܕܘ; Jesus-Sabran 529 ult., 530 bis, A.M.B. ii. 572. 1.

ܪܕܓܢ *Radgan, a Persian noble*, M.Z. 40. 112.

ܪܕܕ from a Mandaean root, *to rouse from sleep*, (ܐܥܝܪܗ ܘܐܣܒܗ ܘܪܕܕܗ ܘܪܕܦ ܡܢܗ ܣܛܢܐ *he wakened him and shook him and roused him and chased away the Devil from him*, Theod. bar Choni in Coupes Pt. ii. 130. 4 af.

ܪܕܐ col. 3818. *to flow.* Add: ܚܡܪ̈ܐ ܘܚܕܝ̈ܐ
ܕܪܕܝܢ ܣܐܡܐ *drugs which unite to produce silver*,
Chimie 12. 6. ܥܘܬܪܐ ܕܟܢܫܬ ܚܪܥܘܬܐ ܘܒܕܪܬ
ܗܘܬ (corr. ܗܘܐ) ܦܫܝܛܘܬܐ *riches which cunning has gathered, simplicity has dispersed*,
Philox. 79. 19.

ܪܕܘܝܐ col. 3820. add: *a traveller*, Jab. 18 pen.

ܪܕܘܝܐܝܬ *learnedly, as an instructor*, Sev. Lett. 78. 3, 185. 14, 211. 13.

ܪܕܝܐ col. 3821. 1) *a flow, flux*: ܪܕܝܐ ܕܡܥܝܐ κοιλίης ῥύσις, *dysentery*, Hippoc. ii. 14, iii. 15; ܪܕܝܐ ܕܚܫܐ *menstruation*, ib. 27; ܪܕܝܐ ܕܕܡܐ *haemorrhage*, ib. vii. 7. 2. 2) ܪܕܝܐ for ܪܕܝ,
(sic) ܗܘܐ ܥܠܡ ܗܘܐ ܪܕܝܐ ܕܚܘܕܪܐ *his rank was that of Governor of Beit Zabde*, Mon. Syr. ii. 66. 26.

ܪܕܝܐ ܕܡܥܝܐ col. 3823. *haemorrhage*,
Hippoc. iii. 19, 26; ܪܕܝܐ ܕܡܥܝܐ *diarrhoea*,
ib. vi. 50, Med. 364. 4.

ܪܕܘܡܒܕܝ A.M.B. iii. 470. 8 should be emended ܪܕ ܘܡܘܒܕܝ *the Governor and Mobeds* i.e. the civil and ecclesiastical *officials*. See ܪܕ and ܡܘܒܕ.

ܪܕܝܘܢܐ col. 3824. 3. Delete the article, and see ܟܘܕܢܝܐ *a mule*.

ܪܕܘܣ or ܪܕܘܣ ZDMG. xliii. 394. 10, Syn. Or. 33. 29, 34. 19, Chabot corrects ܪܕܘܣ q. v.

ܪܕܢ col. 3824. Arab. رادان, *a province N. of Baghdad between the rivers 'Adaim and Diyala*, Pers. Mart. 74 n. 634, Syn. Or. 680. Or. Xt. i. 310. 1, ܪܕܝ ib. 2; Jab. 215. 14, Chast. 50. 15, BB. under ܣܡܢ col. 2607.

ܪܕܢܝ *Radani*, bpric. of Beit Garmai, suffragan to Karka d' Beit Slok, Eranšahr 22, Syn. Or. 639. So Chabot corrects ܪܕܝ ib. 43. 15. I. q. ܪܕܝ col. 3782.

ܪܕܘܡܐ ῥεῦμα, *fluxion, enflure*, Hippoc. v. 9.

ܪܗܛܐ. ܪܗܛܐ col. 3835. *a runner, courier*.
ܝܘܚܢܢ ܪܗܛܐ ܩܕܡܝܐ *John the forerunner*, Doc. Mon. 19. 26.

ܪܗܛܐܝܬ *suddenly, quickly*, ܡܪܢ ܥܒܕ ܪܗܛܐܝܬ ܥܡ ܠܥܙܪ *Our Lord made Lazarus spring quickly from the sepulchre*, Doc. Mon. 20. 26.

ܪܗܛܐ col. 3836. add: Rhet. συνδρομή, *an apparent concession*, ܪܡܙܐ ܕܪܗܛܐ Sev. Ant. Vit. 250. 4.

ܪܗܛܐ *a courier, runner*, ܫܕܪ ܩܕܡܘܗܝ ܪܗܛܐ
he sent couriers before him, Dion. 204. 7;
a commissary, ib. 160. 23, 161. 12. ܪܗܛܐ
ܩܕܡܝܐ *the Fore-runner*, John the Baptist,
Sev. Ant. Vit. 212. 8, id. Lett. 263. 10, 21,
Pet. Ib. 34. 19. 2) *a rafter*, ܪܗܛܐ ܕܡܛܠܠܐ
ܕܒܝܢܬܐ ܕܬܩܝܠܐ ܘܪܗܛܐ *a roof with thick beams and firm rafters*, Hist. Mon. i. 271. 16 = ii. 496 n.

ܪܗܛܘܢܐ E.-Syr. gram. a half Pthakha, Maclean.

ܪܗܛܢܐ col. 3837. *resin*. Add: ܪܗܛܢܐ Med. 142. 10, 12, 152. 18, 609. 21, ܪܗܛܢܐ ib. and l. 19, ܪܗܛܢܐ ib. 401. 11.

ܪܗܛܪܐ col. 3838. ῥήτωρ, ܪܗܛܪܐܝܬ *rhetorically*,
Nars. ed. Ming. ii. 344. 7 af.

ܒܪܗܛܪܘܬܐ with ܠܚܒ ἐρρητόρευον, Greg. Carm. ii. 20. 16.

ܪܘܕ, ܪܘܕ. ܪܘܕܡܟܢܐ col. 3843. *vociferation*,
ref. ܚܟܝܡܐ ܚܢܦܐ ܕܡܫܬܒܗܪ ܗܘܐ ܒܩܥܬܐ
a heathen sage, glorying in vehement assertion,
Išodad 37. 14.

ܪܘܒ or ܪܘܒܐ col. 3843. a village near Anbar in Beit Aramaye, ref. ܪܘܒ *Rewab*? Chast. 63. 7.

ܪܘܒܐ Med. 468. 1 seems to be a drug and not to be ܪܘܒܐ *thickened milk* as col. 3843.

ܪܘܕܐ col. 3845. *Rhodia radix*, a sweet-scented plant, Med. 64. 21.

ܪܘܕܝܢܘܢ ῥόδινον, *oil of roses*, Med. 149. 7.

ܪܘܕܢܐ Neo-Syr. *an earthquake* ܡܘܙܕܚܠ
ܘܪܘܕܢܐ ܘܢܬܪܐ ܘܐܟܕܢ ܚܬܣܠ ܘܡܚܣܡ *Prognostications* 3 r bis, 6 r, 7 v.

ܪܘܕܦܣ *an animal with long sharp horns*,
Natur 17 ult.

ܪܘܕܦܢܐ usually ܪܘܕܕܦܢܐ col. 3844. *Rhododaphne, Nereum oleander*, Natur 42. 5, ܪܘܕܦܢܐ ib. 45. 3.

ܪܘܙ col. 3845. *to exult.* Part. ܪܘܙ, ܪܐܙ
exulting, ܪܘܙ ܟܠܕ Ebed J. Card. 19 ult.
Pl. ܪܘܙܝܢ *they who exult*, Hormizd 168.

ܪܘܙܚܬܐ f. *exultation*, ܗܘܐ ܪܘܙܘܗܝ ܝܠܠܐ S. Dan. 71 *a* 17.

ܪܘܚܐ col. 3848. *part, space.* Add: ܪܘܚܐ ܕܚܡ *the territory of the children of Ham,* Chron. Min. 356. 10, ܪܘܚܐ ܕܫܡܝܬܐ ܪܘܚܐ *the inheritance of the* Semites, ib. l. 24. ܡܙܕܗܪ ܩܕܫܘ ܐܢܫ ܚܕܝܘܛܐ *a couple of uncanonical bishops consecrated an ignorant man and sent him out anywhither, nowhere in particular,* cf. Arab. على وجه, Išoyahb 68. 12.

ܪܘܚܐ E.-Syr. the vowel *Rwakha*, ܘ, Maclean.

ܪܘܝܚܐ, ܪܘܝܚܣ col. 3849. *wide.* Add: ܪܘܝܚܬܐ ܕܥܘܪܩܐ *dilated* or *varicose veins*, Med. 17. 18.

ܪܘܚ, ܪܘܫ col. 3849. *to breathe.* Aph. ܐܪܘܚ *to cause to inhale*, Med. 66. 22.

ܪܘܚܐ *spirit, a spirit, considered as a cause of disease,* col. 3852. 4. Add: ܪܘܚܬܐ ܕܒܝܫܬܐ ib. Med. 561. 4, ܪܘܚܐ ܕܡܚܫܘܠܐ ܚܕܐ ib. 599. 2, ܪܘܚܐ *cramp at the heart*, Charms 14. 19 ult., 91. 3 af., 92. 1, ܪܘܚܐ ܕܐܬܡ ܘܕܠܡܐ ܕܟܐܒܐ *pains in the head, eyes, teeth,* ib. 77 infra.

ܪܘܚ, ܪܘܚܐ col. 3851. 2) *air*, add pl. ܪܘܚܢܐ *vapours*, Chimie 36. 4.

ܪܘܝܚܢܘܬ ܒܘܣܡܐ col. 3855. *fragrant*, ܪܘܝܚܐ ܒܘܣܡܢܐ *fragrant gums*, N. Hist. vi. 3. 3; ܪܘܝܚܐ ܒܘܣܡܐ ܚܠܛܐ ܘܩܡܚܐ ib. viii. 3. 2.

ܪܘܝܟ, ܪܘܝܟܐ col. 3856. pass. part. pl. ܪܘܝܟܝܢ ܐܦܝܗ Bedjan emends ܐܦܝܗ *with her face scratched*, A. M. B. iii. 120. 1.

ܪܘܝܢܘܬܐ *wavering,* ref. ܪܘܝܢܘܬܐ ܕܠܐ ܡܬܙܝܥܐ *be armed stoutly with no wavering,* G. Warda ed. A. Deutsch 39. 11.

ܪܘܙܐ *a stake, a small plank*; add: *a thin, pliant branch* of poplar or willow, Hist. Mon. i. 271 = ii. 496 n. 5, cf. روط Dozy Suppl. i. 571.

ܪܘܙܐ m. pl. Lat. *rotae*, *the rack* or *wheel*, A. M. B. vi. 47. 11.

ܪܘܙܠܐ col. 3857 quoting BH. de Pl. ܗ. 8. Emend ܩܛܝܐ *gourds* or *cucumbers*. The passage is from Arist. de Plantis i. 5.

ܪܘܟܘܬ *Rukut,* bpric. in Seistan, perh. the ancient Arachosia, رخذ ,رُخَّد. Cf. Ἀραχωσία, Ἀράχωτος ποταμός, Χοροχοὰδ πόλις, Pers. Arab. 156 n., Syn. Or. 681; 88. 17, 89. 1.

ܪܘܡ, ܪܡ. ܪܘܡܐ ܕܡܟܝܟܘܬܐ col. 3865. *liable to be puffed up*, ܠܐ ܡܨܛܠܝܢܐ ܪܘܡܐ ܕܡܟܝܟܘܬܐ *deep humility*, Hist. Mon. i. 379. 1.

ܪܘܡܐ col. 3865. i. q. ܪܘܡܐ ῥεῦμα, *rheum, catarrh,* refs. ܪܝܥܢܐ ܕܐܬܐ ܗܕܐ ܗܝ ܪܘܡܐ *a cold, that is a catarrh,* Med. 65. 21; ܩܐܕܚ ܘܪܘܡܐ ib. 261. 10, ܪܘܡܐ ܚܫܝܫܐ ܥܡ ܒܥܠ ib. 322. 13; ܪܘܡܐ ܕܐܣܛܘܡܟܐ *intestinal catarrh*, ib. 209. 4; ܪܘܡܐ ܕܒܪܐ *bronchial catarrh,* ib. 237. 10, 244. 21. Pl. ܪܘܡܐ ib. 66. 10.

ܪܘܡܢܐ col. 3866. 3) ll. 5–7 of par. Delete, it is ܪܘܡܢܐ.

ܪܘܡܢܐ m. *the poppy*, ܗܝ ܕܡܩܕܡܬܐ ܘܪܘܡܢܐ Med. 235 ult., ܪܘܡܢܐ ܕܓܠܠܐ ܡܬܚܡܢ *the opium poppy* ll. 10, 12; ܘܐܡܠܐ افتيمون للخشخاش ib. 609. 16, 17.

ܪܘܡܢܐ col. 3866. *pomegranate.* Add: Hex. ῥοΐσκος, Ex. xxviii. 33.

ܪܘܡܢܢܐ *like pomegranates*, chambers of a furnace set ܣܡ ܬܕܐ ܘܪܘܡܢܐ. ܗܡ ܠܚܕܐ ܡܣ Chimie. 100. 22.

ܪܘܡܢܘܣ *Roumani*, village in Adiabene, Chast. 8. 4, 10. 7.

ܪܘܣܒ Arab. راوند *Rheum rhaponticum, garden Rhubarb,* Med. 355. 13. See ܪܐܘܢ col. 3781 where the spelling ܪܘܣܒ is given.

ܪܘܣܘܣ col. 3868. *Rhossus* on the Syrian coast, Sev. Lett. 73 pen., Marg. Ῥόσος.

ܪܘܣܦܕܘܣ *a four finned fish,* N. Hist. vii. 1. 1 infra.

ܪܘܣܦܠܐ col. 3868. *a lattice. A barred room, a prison,* ܪܘܣܦܝ Jab. 230. 12.

ܪܘܥ, ܪܘܥ. ܪܘܥܐ *annoyance, trouble*? Why should I labour to collect many names ܠܚܣܚܚܡ—ܪܘܥܐ ܠܚܦܪܢܐ ܘܡܚܣܦܚܕܐ Jac. Edes. Hex. xxv. 5.

ܪܘܦܐ or ܪܘܦܐ col. 3869. *a moment.* Ref. ܪܘܦܐ ܘܡܚܕܐ *a short hour, a short moment,* Ephr. Ref. ii. 197. 25.

ܪܘܼܚ, ܪܘܿܚ col. 3870. ܪܲܣܦܲܡ *empty*, add: ܕܣܦܡ ܟܠܐ *on an empty stomach, fasting*, ܢܩܕܐ ܕܥܦܪܐ ܟܠܐ ܕܢܩܦܐ Med. 566. 17, 265. 22, 299. 12, 564. 12, 589. 18, ܕܢܦܡ ܥܠܝ الريق ة طوي ib. 602. 11.

ܪܙ. Ethpalan ܐܬܪܐܙܠ col. 3874. *to conspire, to plot*, refs. ܡܣܪ̈ܝ ܡܚܐܪܙܘܣܝ Bar Penk. 34. 4, ܐܪܐܙܘܬܐ ܠܕܟܡܘܗܝ ܥܠܠܐ Th. Mops. on Jo. 295. 10.

ܡܚܐܪܙܢܐ col. 3875. *initiate*, ܠܐ ܡܚܐܪܙܠܐ *the uninitiated*, Bar Sal. in Lit. 47. 18.

ܪܙܡܪܕܘܝ pr.n.m. *Razmardouk*, M. Z. 18. 118.

ܪܙܐ col. 3876. Ethpe. ܐܬܪܐܙܝ *to be besprinkled*, ref. Pet. Ib. 56. 15. Aph. ܐܪܙܝ *to drip*, ܡܘܕܠ ܡܪܙܝ ܚܠܐ ܡܥܠܐ Greg. Carm. i. 99. 17.

ܡܪܙܥܟܐ f. *a hammer*, Stud. Sin. ix. 107. 16.

ܪܙܫܗ pr.n.m. *Razshah*, a country gentleman of Adiabene, M. Z. 14. 39.

ܪܚܝ place-name: see ܪܝ.

ܪܚܝܢ col. 3877. *to make circles*. Ref. ܐܝܟ ܕܡܚܬܐ ܕܡܣܪܚܝܡ ܚܦܪ̈ܐ ܚܙܘܪܬܗܘܢ *as dogs nose around to find the trail*, Dion. 205. 15.

ܪܚܝܐ col. 3878. *a mill-stone*. ܪܚܝܐ, ܪܚܝܐ *belonging to a mill*, ܪܚܝܐ ܕܣܥܕܐ ܕܢ ܕܐܥܠ ܪܚܝܐ λίθος μυλικός. *a mill-stone*, BH. on Luke xvii. 2.

ܪܚܛܐ *Rahta*, a village in Adiabene, M. Z. 26. 150.

ܪܚܡ *to be tender-hearted*. Act. part. col. 3880, 13 compounds, add: ܪܚܡ ܣܘܕܐ φιλόστοργος, *affectionate*, Pet. Ib. 3. 12, 6. 16; ܡܣܚܕܐ ܪܚܡܐ ܕܚܟܐ *a benevolent mind*, Sev. Lett. 177. 6; ܪܚܡܝ ܢܦܫܗܘܢ φίλαυτοι, *egoists, selfish*, Syn. Or. 70; ܪܚܡܝ ܚܪܝܢܐ φιλόδικοι, *litigious*, Sev. Ant. Vit. 253. 5, ܪܚܡ ܐܬܚܪܝܐ φιλόμαχος, *quarrelsome*, ib. 22. 1. Ethpa. ܐܬܪܚܡ *to receive mercy, be regarded with pity*, ܢܬܪܚܡ ܒܐܕܪܐ *may the crops be blessed*, Book of Shem 110 pen.

ܡܢ ܚܘܒܐ ܕܪܚܡܬܐ *out of love*, ref. ܪܚܡܐ ܢܦܣܘ ܚܣܕ̈ܝܗܘܢ Loof's Nest. 388. 2.

ܪܚܡܐ col. 3883. To compounds add: ܪܚܡ ܝܗܒܐ φιλοδωρία, *generosity*, Sev. Lett. 175. 14, 305. 20; ܪܚܡ ܐܚܡܕܐ φιλονεικία, *rivalry*, ib. 229. 5; ܚܐܕ ܘܪܚܡܐ ܕܚܟܐ *out of complaisance*, Išoyahb 87. 8. ܕܚܡܠܐ φιλοπονία, *diligence*, add: Jac. Edes. Can. trad. 11. 11; id. Hex. tit. and 9.

ܪܚܡܐ *Rhima*, seventeenth bp. of Adiabene, M. Z. 64. 1.

ܪܚܡܐ *rex?* ܟܗܢܐ ܘܪܚܡܐ *priests and kings*, Charms 73. 24, 80. 1.

ܪܚܡ col. 3888. ܡܚܪܚܡܐܝܬ *separately, one by one*, ܚܕ ܣܥܡܐܝܬ ܗܡ ܐܢܝ ܚܩܚܕܐ ܘܚܕܚܕܐ Syn. Or. 133. 9.

ܪܚܫ col. 3891. *to move gently, to creep*, ܐܣܦܐ ܡܪܚܫܐ ܘܠܐ ܪܝܠܐ *a young plant creeps and walks without feet*, Cyrillona 594. 6. *To move as an embryo in the womb*, Ephr. ed. Lamy ii. 619. 3, 4. Metaph. ܐܪܚܫܬ ܣܒܪܐ ܕܡ id. iii. 223.

ܪܚܫܬܐ f. *herpes*: see next art., Med. 583. 17.

ܪܚܫܐ col. 3892. 3) *herpès rongeant*, ἐσθιόμενος ἕρπης, Hippoc. v. 20.

ܪܛ *to jeer, mock*, ܗܘܐ ܪܛ ܚܕܗ ܚܩܠܐ Dion. 183 ult.

ܪܛܚܐ col. 3893. Delete.

ܪܛܝ col. 3893. ܪܛܝܘܚܢܐ m. *moisture in the soil*, Dion. 194. 9.

ܪܛܠܐ and ܪܛܠܐ col. 3894. *a measure of weight; a rotl*. Add: ܪܛܠܐ = 1 ܚܡܣܢܐ ½ *pint*, BB. under ܕܚܕܐ col. 3798. A *pound weight*, Chimie 99. 3, ܪܛܠܐ l. 4 and marg. ܪܛܠܐ Med. 573. 16.

ܪܛܝ col. 3894. ܪܛܝܢܐ and ܪܛܝܢܐ i. q. ܪܛܝܢܐ q. v. ܪܛܝܢܝܦܐ Bar Penk. 3. 3.

ܪܛܢܐ col. 3895. Add: *the murmured prayers of Magians*, ܐܪ̈ܛܢܐ ܕܝܡܐ ܕܡܓܘܫܐ Jesus-Sabran 509 pen., 525. 16; Jab. 440. 9, ܚܡܣܐ ܕܪܛܝܢ *meat consecrated by Magian prayer*, ib. 229. 3.

ܪܛܢܝ m. pl. *Rhatany* or *Ratany* root, *Krameria triandria*, for hard spleen, Med. 401. 11.

ܪ col. 3896. Add: ܪܝ or ܪܐܝ i. q. ܪܐܓܐ q. v. *Rai* or *Rhages*, a town of Upper Media, its ruins are about 25 miles SE. of Tehran, Syn. Or. 680; 43. 20, 60. 15 and so read for ܪܝ ib. 33. 29, Hist. Mon. i. 270. 5, ii. 494 n., ZDMG. xliii. 396. 9, Or. Xt. i. 310. 2. The ethnic is ܪܐܝܐ.

ܪܝܓ *Rîg*, a village in Susiana, Syn. Or. 540. 4.

ܪܝܘܐܪܕܫܝܪ *Rêw-Ardašir*, later *Rišahr*, capital of Fars, on the frontier of Fars and Khuzistan, Tabari 19. 4, Syn. Or. 680; 43. 11, 53. 18 = trad. 300. n. 4 and often, ZDMG. xliii. 396. 6, Hist. Mon. ii. 188 n. 4, Journ. As. 1906, 56. 5, Z. A. ix. 365.

ܪܝܡܐ *melting-pot, alembic*, Chimie 38. 18.

ܪܝܡܐ col. 3897. Add: ܪܝܡܐ a bpric. and town of Mesene, under the Metropolitan of Pherat d'Maisan. Sapor I gave it the official name of Sad-i-Sapor, Syn. Or. 681; 33. 24, 34. 12 and often, Eranšahr 41, ZDMG. xliii. 394. 4, 395. 9, 397. 8.

ܪܝܡܘܬܐ col. 3898. ܪܝܡܘܬܐ f. *sliminess, mucosity*, ܚܠܐ ܗܝ ܪܝܡܘܬܐ ܘܚܦܝܘܬܐ ܕܙܪ̈ܥܐ of seeds having a hard shell to protect a soft kernel, N. Hist. vi. 3. 2.

ܪܝܫܐ, ܪܝܫܐ col. 3899. *The head*, ܪܝܫܐ ܕܠܐ *Acephala, Monophysite*, Jo. Tell. 70. 1. Under a) add: *the point* of a needle opp. ܚܘܡܪܐ *the eye*, ܕܥܝܡ ܡܚܛܐ ܘܢܥܡ ܪܝܫܗ ܒܚܘܡܪܗ *they bend a needle and put its point through the eye*, Jac. Edes. Resol. 140. 3; *the tip*, ܪܝܫ ܚܡܨܢ Natur 7. 12, Jo. Tell. 3. 20; ܪܝܫ ܬܚܬܝܐ *the anus, fundament*, Hippoc. v. 55; ܪܝܫܗ ܕ ܩܛܐ ܪܝܫ ܟܪܘܟܝܐ *the hip bone is the extremity of the thigh*, Med. 604. 13; ܘܗܝ ܪܝܫܐ ܩܛܝܢܐ *the narrow apex of the heart*, ib. 252. 23. ܬܠܬܐ ܪ̈ܝܫܐ ܘܩܕ̈ܡܝܐ ܡܕܒܪ̈ܝ ܓܘܫܡܐ *there are three heads or chief organs which govern the body*, ib. 253. 5, ܠܒܐ ܚܕ, ܡܘܚܐ ܘܟܒܕܐ *the heart, the brain, and the liver*, ll. 6–9; ܪܝܫ ܟܟܟܠܐ *the brain*, ib. 254. 4, 10, 255. 4, ܪܝܫ ܐܣܦܟܐ *the liver*, l. 5, ܩܕܡ ܘܐܘܡܢ ib. 280. 19. 23; ܘܗܘ ܪܝܫ ib. 281. 12.

To compounds with ܪܝܫ add: ܪܝܫܐ ܐܠܗܝܐ ἡ θεία κορυφή sc. *the emperor*, Syn. ii. Eph. 274. 19; ܪܝܫ ܐܣܛܒܠܐ *Master of the Imperial Stables*, Patr. Or. v. 5, 755. 4, ܐܣܛܒܠܐ ib. 754. 8; ܪܝܫ ܕܒܒܐ *fly's head*, a minute sore on the choroid membrane, Med. 77. 17; ܪܝܫ ܡܥܠܬܐ *the height of the Nile flood, its highest rise*, Pallad. 32. 16; ܪܝܫ ܐܟܕ̈ܢܐ col. 3903. *rudiments*. Add: ܒܪܝܫ ܩܥܬܗ *at the top of her voice*, Hist. Mon. i. 44. 10. *An epitome, the chief events*, ܪܝܫ ܩܠܝܢ ܘܐܡܝܪ̈ܬܐ ܘܥܒܝܕ̈ܬܐ Bar Penk. 1. 3 tit., n. 3, 28. 7 and infra, 30. 9, 116. 14, 170. 14–16, 197 n., Journ. As. 1907, 161, 164, 168 ff., 178. ܪܝܫ̈ܐ ܕܦܠܩܐ *heads of districts*, Dion. 128. 15, 199. 20. ܪܝܫܦܠܐ *the first verse*, Brev. Chald. i. 58 pen., 60 ult., 192. 10. ܪܝܫ ܬܪܥܐ *the top of the door*, ܟܦܐ ܕܬܪܥܐ *the recess above the door*, Med. 596. 4.

ܪܝܫܢܐ ἀθήρ, *farinaceous food*, ܠܐ ܨܡܕܐ ܘܠܐ ܪܝܫܢܐ ܚܩܠܗ ܟܡ A.M.B. v. 135. 7.

ܪܝܫܢܘܬܐ col. 3907. 3 of par. ܪܝܫܢܘܬܐ ܚܫܚܝܡ ܘܙܒܝܢ ܘܡܣܒܥܣܟܝܡܣ ܗܘܐ τὰ πρωτεῖα φέρειν, *to take the first place = to be of high rank*, Pet. Ib. 27. 20, 21, ܗܘܐ ܪܝܫܢܘܬܐ—ܘܚܕܠܐ Sev. Ant. Vit. 17. 3. L. 15 ܒܪܝܫܢܘܬܐ Gen. i. 1 add: ܟܬܡܐ ܘܐܒܐ ܒܝܕ ܒܪܝܫܢܘܬܐ *on a day when In the beginning is said*, Brev. Chald. i. 30. 14, ܘܡܐ ܟܕ ܒܪܝܫܢܘܬܐ ܐܚܕܡ *and when In the beginning is omitted, they say*, ib. 29 pen.

ܪܝܫܢܘܬܐ add: ܪܝܫܐ ܕܪܝܫܢܘܬܐ *magisterial tribunal*, Sev. Lett. 128 ult.

ܪܝܫܐ *place-name*, col. 3910. 1) add: ܪܝܫܐ M.Z. 211. 4; village in Beit Garmai, Hist. Mon. i. 66. 16, Pers. Mart. 277.

ܪܝܫܟܢܐ add: *Ras el 'Ain, source of the Khabor*, cir. 80 kil. W. of Harran, Syn. Or. 681; 619. 4.

ܪܫܡ or ܪܫܡ denom. verb from ܪܝܫܐ, col. 3910.

ܪܝܫܢܐ *he who is governed*, ܪܝܫܢܐ ܗܘ ܚܕܒܢܐܦܢܐ ܠܪ̈ܝܫܢܐ ܘܡܪܐ ܠܥܒܕ̈ܐ *the Governor is an advantage to the governed and so is the Master to the servants*, But. Sap. Philos. i. 2.

ܪܟܒ col. 3913. *to bestride, mount, ride.*
Imper. ܪܟܘܒ ܣܘܣܝܟ *mount thy horse*, Hist.
Mon. i. 165. 13. With ܐܘܪܚܐ *to take a course*,
Cyrillona 593. 15. Pael ܪܟܒ gram. E-Syr.
ܩܪܝܒ ܠܡܪܟܒܐ ܪܒܘܒܐ/ *the Pael conjugation*,
ܠܡܪܟܒܐ (ܪܒܘܒܐ/) *the Aphel, Shaphel, and
Palpal conjugations*, ܠܡܪܟܒܐ ܫܘܥܒܕܐ *the
Ethpaal*, ܣܠܝܡ: ܠܡܪܟܒܐ ܫܘܥܒܕܐ *the
Ettaphal, Eshtaphal and Ethpalpal conjugations*, Maclean.

ܪܟܘܒܐ add: E-Syr. several portions of the
long anthems named ܡܘܐܟܠ at Nocturns
are so called, hence ܪܟܘܒ often means *to the
tune*, Maclean.

ܪܟܘܒܘܬܐ f. i. q. ܪܟܘܒܘܬܐ col. 3917. *horsemanship*, Probus 86. 15.

ܡܪܟܒܢܐ col. 3918. 4 of par. *causing combination or coalescence*, add: ܫܠܝܠ ܡܪܟܒܢܐ
ܘܡܚܣܢܢܐ Med. 139. 23, Chimie I. 3;
ܢܦܫܐ ܝܥܐ ܕܡܟܢܫܐ ܘܡܠܚܡܐ ܕܗܕܡ̈ܐ
ܘܡܚܡܣܢܐ ܠܗܘܢ the vegetative *soul which
collects the elements of the body and combines
them and keeps them compact*, N. Hist. viii. 1. 4.

ܐܪܟܝܡܕܝܣ pr. n. m. *Archimedes*, But. Sap.
Philos. 6. 8.

ܪܟܢ. Aph. ܐܪܟܢ/ pass. part. ܡܪܟܢ, ܡܪܟܢܐ
add: *some letters of the alphabet* ܡܪܟܢܝܢ
ܚܣܬܗܘܢ *have their sides bent*, Hist. B. V. M.
68. 23.

ܪܟܢܘܬܐ col. 3920. Add: ܪܟܢܬܐ ܕܡܚܫܒܐ *the
inclination of the thoughts*, Is. Nin. B. 209. 4 af.

ܪܟܢܐ col. 3921. *a tone*, ܡܕܡ ܡܨܠܘܬܐ
ܦܫܝܛܐܝܬ ܘܐܣܬܟܠܐ ܚܬܝܬܐ ܡܚܕܬܣܐܠ *some
prayers are said simply and others to tones or
chants*, Bar Sal. in Lit. 76. 3, 4. See also
the following par.

ܪܟܢܐ add: ܪܟܢܐ ܕܠܬܚܬ *looking downwards*,
Med. 71 ult. *A watercourse*, ܟܘܢܐ ܕܐܘܪܚܐ
(text ܐܘܪܚܐ) ܡܪܟܢܐ/ *a plot fit for cultivation and irrigation*, Pallad. 50. 17 = A. M. B.
v. 66. 16; ܢܦܫܐ—ܡܟܝܢܐ ܠܡܐ ܐܘܪܚܐ ܕܨܒܝܐ
the soul is ready to take any course it likes,
ib. 34. 1.

ܡܬܪܟܢܢܐ *flexible*, ܥܣܝܐ ܘܠܐ ܡܬܪܟܢܢܐ *hard
and inflexible*, Cyr. 45. 29; ܒܚܫܡܐ ܡܬܪܟܢܢܐ
with humble supplication, Jesus-Sabran 520. 7.

add: ܡܬܪܟܢܢܐܝܬ ܐܝܬܝ ܟܝܢܐܝܬ
I am naturally inclined, Sev. Lett. 128. 3.

ܪܟܫܐ col. 3922. ܪܟܫܐ ܕܝܡܐ ἱππόκαμποι, *sea
horses*, Natur 48. 4, 50. 4.

ܪܟܘܫܢܐ *equine, equestrian*, ܣܘܣܝܐ
ܘܪܟܘܫܢܐ But. Sap. 15 *b*, civ. p. 3.

ܪܡܐ add: ܪܡܐ ܚܬܩܬܐ *strewing spices*,
Pallad. 99. 6. *To cause* ܚܡܠܐ ܐܝܬ ܪܡܐ
ܘܡܠܐܘܬܐ *thou dost cause toil and weariness*,
Patr. Or. v. 5. 743. 4. Aph. ܐܪܡܝ/ *to lay down
a sum of money*, c. c. acc. ܚܟܣܦܐ ܘܪܡܝ
ܣܘܓܐܐ Sev. Ant. Hymns 138. *To take*,
ܘܐܪܡܝܬ/ ܗܘ ܠܓܘܪܝܗ ܒܦܘܡܗ the lioness *took
her cub in her mouth*, Pallad. 289. 9. *To
sign*, ܐܪܡܝ/ ܪܘܫܡܐ *signatures*, Sev. Ant. Vit.
324. 12, Nöld. F. S. i. 475; with ܐܘܪܚܗ/ *to
take his way, have recourse* ܐܪܡܝ/ ܡܘܡܬܐ ܠܟܠ
ܐܘܪܚܗ/ ܘܕܚ ܠܟܗ ܘܢܣܒ ܐܘܪܚܢܐ/ Jac. Sar.
Hom. iii. 796. 17; ܐܪܡܝ/ ܥܒܕ ܟܠܐ ܐܝܡܬܗ/
i. e. *was his servant*, Pallad. 5 ult. ܐܪܡܝܘ
ܛܪܝܒܐ ܥܡܟܡ *they began to quarrel*, cf. Angl.
to throw a bone of contention, ib. 214. 23;
ܘܢܪܡܐ ܚܡܟܗ ܕ *to involve himself in*, Sev.
Lett. 213. 8/9.

ܡܪܡܝܬܐ col. 3928. *a part of the Psalter,
a subsection of a Hulala*, ܗܘܠܟܐ q. v. sub
ܘܐ p. 180, Brev. Chald. i. 26. 7, 8, ܡܪܡܝܬܐ
ܘܐܘܪܐ/ ib. 60. 3; Qdham W. 5. 2. Pl. ܡܪܡܝܬܐ
ib. 3 tit., and headings up to p. 27, ܩܕ ܘܪܡܝܬܐ
ib. 11. 20 tit., 132. 6, Takhsa 84. 1.

ܪܡܨܢ the Mohammedan month, *Ramaḍan*,
El. Nis. Chron. 65. 9 i. q. ܪܡܨܢ/ col. 3929.

ܪܡ ܗܘܪܡܙܕ *Ram Hormizd*, bpric. in
Khuzistan, now *Ramiz*, Tabari 46 n. 2, Syn.
Or. 680; 73. 8, 110. 26.

ܪܡܝܣ pr. n. m. founder of a monastery in
Kashkar, Chast. 69. 16.

ܪܡܘܢܝܢ *Ramonin*, a bpric. suffragan to
Adiabene, Eranšahr 23 f., Syn. Or. 681: 33.
27, 34. 16, M. Z. 63. 19.

ܪܡܙ col. 3929. *to make a sign, beckon, nod*,
ܘܪܡܙܘ ܐܝܟܢܐ ܠܗ Jos. Narses 101. 8.

ܪܡܙܢܐ dimin. of ܪܡܙܐ, pl. ܪܡܙܢܐ *indications, hints*, El. Tir. Gram. 3. 14.

ܪܘܡܚܐ col. 3931. *a lance.* ܪܘܡܚܢܝܐ *resembling a lance,* ܩܢܝܐ ܪܘܡܚܢܝܐ *canes like lances,* N. Hist. vi. 2. 2.

ܪܒܚܐ *a herd.* ܪܒܚܐܝܬ ἀγεληδόν, *in a troop,* Greg. Carm. ii. 4. 21.

ܪܒܚܢܐ pl. *those of a herd,* ܣܒܣܐ ܕܪܒܚܐ ܕܘܘܝ ܪܒܚܢܐ R.O.C. vii. 115. 9.

ܪܘܡܠܐ col. 3932. m. *a wallet.* Fem. ܪܘܡܠܬܐ, Mar Kardag 8. 10.

ܪܡܠܐ *Ramla,* village near ܘܗܒܘ in Armenia, Patr. Or. v. 5. 707. 12.

ܪܘܡܬܐ col. 3933. *embers, hot ashes,* add ref. ܪܘܡܬܐ ܘܫܒܒܝܗ Chimie 20. 2, 29. 2, ܒܘܕ ܪܘܡܬܐ *the embers of a slow fire,* l. 11; ܝܢܟܐ ܘܪܘܡܬܐܝܬ ܐܟܙܢܐ Jac. Sar. ZDMG. xii. 122. 18; El. Nis. 30. 83.

ܪܘܡܬܐ col. 3934. *a pimple, blotch,* ref. Med. 585 8.

ܪܢܐ col. 3935. *to think.* Pass. part. ܪܢܐ *thought,* ܗܘ ܗܘ ܪܢܝܐ ܕܘܐ ܠܢ *the very same thought occurred to us,* Gest. Alex. 257. 1.

ܪܢܝܙܐ col. 3937. 16 of par. add: (ܐܠܐ ܕܪܘܘܐ) ܪܢܝܙܐ ܕܛܘܗܡܐ *pride of race,* Pallad. 355. 12.

ܪܢܝܙܢܐܝܬ with opp. ܪܢܝܣܢܐܝܬ *dreams are perceived not by thought but as it were by sight,* N. Hist. viii. 3. 5.

ܪܝܢܘܩܘܪܘܪܐ *Rhinocorura,* near Pelusium, Plèroph. 130. 7. Miswritten ܪܝܢܘܩܘܪܐ ib. 128 ult.

ܪܣܣ col. 3938. ܪܣܣܢܐ *holding fine particles of moisture, damp, dewy,* ܐܪܐ ܪܣܣܢܐ, N. Hist. v. 2. 3, ܚܢܬܐ ܕܪܣܣܢܐ ib., ܚܕܬܐ ܕܪܣܣܢܐ ib.

ܪܣܘܠܐ col. 3940. Arab. رَسُول add: ܪܣܘܠܐ ܕܐܠܗܐ *the messenger of God = Mohammed,* Dion. 6. 1, 7; *the messenger* of an Emir, ib. 62 ult., 92. 17.

ܪܣܢܝܢ *place-name. Rassonin,* perh. Ramonin, M.Z. 35. 69. Prob. NW. of Arbela.

ܪܣܠܐ perh. Arab. سل, *milk,* Chimie 37. 1.

ܪܣܢ col. 3941. *Inula helenium, elecampane.* Ref. Med. 141. 23, 237. 6, 305. 11.

ܪܣܚܐ Arab. رَسَح, *conjunctivitis,* ܘܪܣܚܐ ܥܡ ܪܣܚܐ Book of Shem, 110. 15.

ܪܣܬܓܪܕ? *Rastegird,* a village in Beit Nuhadra, Chast. 4. 4 af.

ܪܥܥ col. 3941. Add: *to pound, crush to powder,* ܪܥܥ ܐܪܘ ܥܝܐ Med. 554. 16, ܪܥܥ ܟܬܝܪܐ ib. 556. 10, 559. 10, 564. 19. Pass. part. ܪܥܝܥ, ܪܥܝܥܐ, as if from ܪܥܐ, for ܪܥܝܥܐ, *pounded, powdered,* ܩܚܠܐ ܪܡܟܐ Med. 564. 14, 567. 5; ܬܚܫܐ ܪܒܝܟܐ Takhsa 114. 3.

ܪܓܫ. Ethpa. ܐܪܓܫ col. 3944. rare use ܟܡ ܕܡܬܪܓܫܢ ܩܐܡ ܡܘܕܥܢܐ ܦܝܢܐ ܕܐܝܬ ܟܘܢ *alleging a bodily disease,* Pallad. 208. 2.

ܪܓܫܢܐܝܬ col. 3947. Add: *attentively* opp. ܪܣܥܐܝܬ *carelessly,* Syn. Or. 167. 2, 172. 28, R.O.C. iv. 258. 9.

ܡܬܪܓܫܢܐܝܬ *theoretically, with apprehension,* Nest. Hérac. 135. 12.

ܪܓܫܬܐ col. 3948. *the mind, thought,* ܪܓܫܬܐ ܕܘܥܡܩܗ ܕܪܓܫܬܐ ܗܘ i.e. the diaphragm, considered to be the seat of the mind, Patr. Or. iii. i. 115. 4. Cf. Arist. Hist. Animal., i. xiv. 5, ܪܓܫܬܐ ܕܘܪܫܢܐ *the membrane of discernment,* is called variously ܘܒܦܢܩܣܐ, ܟܢܫܐ, or ܪܓܫܬܐ Med. 226. 4, 7, 9.

ܪܬܐ col. 3951. Ethpe. ܐܬܪܬܝ delete two lines and transpose both refs. to Ephr. to eight lines below, under Aphel. The third ref., to Jo. Eph., should be ܡܬܪܬܚܣ.

ܪܬܝܬܢܐܝܬ *tremulously,* Med. 176 ult., 272 ult.

ܪܬܝܠܐ *quaking; earthquake.* Add: ܪܬܝܠܐ τρόμοι, *tremblements,* Hippoc. vi. 25; ܪܬܝܠܐ *ague,* Med. 54. 10.

ܪܬܝܠܐܝܬ *vibratorily, with vibration* or *oscillation,* of earthquakes, N. Hist. iv. 11. 2.

(ܪܬܐ) ܪܬܝܬܢܐ *giving electric shocks,* see under ܪܥܡ Suppl. p. 204.

ܪܬܝܬܩܦܠܐ Σαλοφακίολις, *Trembling Cap, Shaky Cap,* nickname of Timothy, Bp. of Alexandria, see under ܩܦܠܐ col. 3219. Add: Anecd. Syr. iii. 133. 22, 164. 10.

ܐܚܶܡ col. 3953. end of par. Pass. part. ܪܶܥܶܡ thunderstruck; lamenting, whining, Pallad. 13. 5 = A.M.B. v. 14. 6, Gr. οἰκτρὰς ἠφίει φωνάς, Schulthess Probe 36 n. he corrects ܐܰܘ ܟܶܐܒܳܐ ܘܬܰܚܕ̈ܡܳܐ ܟܳܘܶܐ.

ܐܰܚܶܡ ܐܰܚܡܽܘܬܳܐ col. 3954. 7 of par. correct ܐܰܚܽܘܡܳܟ̣ܰܐ i.e. ܒ for ܘ. ܬܠܰܡܫܶܡܠܟܽܘܢ ܐܰܚܕܳܘܡ ܕܰܐܚܳܐ let them be weaned piteously in sorrow, A.M.B. ii. 109. 4.

ܐܰܚܡܽܘܬܳܐ lamentation, Sev. Lett. 146. 7.

ܐܰܚܡܳܢܳܐ ܪܰܥܡܳܐ ܘܽܠ like thunder, N. Hist. v. 4. 1.

ܐܰܚܡܣܺܝܣ for ܪܰܥܡܣܺܝܣ Ῥαμεσσή, Raamses, Hex. Ex. 1. 11, ed. Lag.

ܐܚܕ col. 3956 and Pael ܐܰܚܶܕ are unknown. Perhaps for ܐܰܟ̣ܶܕ col. 1142 to upbraid, ܣܳܡ ܐܰܝܟ (ܡܶܬܰܚܕܺܝܢ) ܡܶܐܚܕܺܝܢ (sic) Pallad. 382. 16.

ܐܚܕ an Arabian monastery, C.B.M. 711 b.

ܐܚܕ Aph. ܐܰܚܶܕ col. 3958. 6 of par. 2) to make to palpitate, add ref. ܟܰܕ ܡܰܚܶܕܬܳܐ Med. 272 ult. 3) to be garrulous, BA. under ܐܰܚܰܕ col. 3868 ult.

ܐܚܽܘܟܳܐ Malva officinalis, Mallow, Med. 563. 21 marg. gloss ختمى, ib. 586 ult. Cf. ܐܰܚܡܳܟ col. 3869. 5 of par.

ܐܰܚܕܳܐ foam. Add: ἀφρός, Hippoc. ii. 43. Scum, ܓܰܘ ܘܰܐܚܕܳܐ ܕܕܶܒܫܳܐ skimmed honey, Med. 51. 7.

ܐܰܚܕܳܐ ܘܬܰܚܕܳܐ Alcyonium, bastard sponge, refs. Med. 205. 13, 609. 18, 19.

ܐܰܚܕܳܢܳܐ ἀφρώδης, foamy, Hippoc. v. 12, vii. 27.

ܐܰܦ Palp. ܐܰܦܦ col. 3959. add: to move the wings, to flutter, ܢܰܦܦ ܠܬܶܝܡܢܳܐ the hawk will sail towards a south wind, Natur 33. 4.

ܐܰܚܕܰܦ ܐܰܦܦܳܐ tremulous, fluttering, ܘܬܰܚܕܳܟܳܢܳܐ Med. 29. 4.

ܐܰܦܦܳܐܺܝܬ flutteringly, Med. 177. 2.

ܐܰܦܦܳܐ f. a disease, perh. twitching, or blinking, Med. 584. 22.

ܪܰܦܦܳܐ momentary, immediate, Hist. Mon. i. 27. 9.

ܪܦܐ col. 3960. Pass. part. ܪܦܐ ܪܰܦܝܳܐ ܪܰܦܝܳܟܳܐ ܣܛܰܪ ܐܶܚܰܕ ܪܰܦܝܳܟ̈ܳܐ Eve, the loosened rib, S. Dan. 51 b 5. Ethpa. ܐܶܬܪܰܦܺܝ to be relaxed, ܚܶܘܝܳܐ ܘܩܰܕܡ ܓܶܠܕܳܐ ܡܰܥܩܶܝܢ a snake before sloughing fasts until his body is relaxed, Natur 38. 5. Aph. ܐܰܪܦܺܝ col. 3962. 4) imper. ܪܦܺܝ ܐܰܪܦܳܐ let it settle, Chimie 35. 17. Rare uses: with ܩܳܠܳܐ to give tongue, utter loudly, Sev. Lett. 119. 12, cf. l. 17 of par. VHh. Mark xv. 37. ܚܡܳܪܶܐ ܕܢܳܚܡܺܝܢ ܘܡܰܪܦܶܝܢ ܩܳܠܳܐ wild asses which bound and snort, Pallad. 138. 16. To leave, digress ܢܰܦܶܩ ܡܶܢ ܐܰܬܰܪ ܕܰܐܪܦܺܝܢ let us begin where we left off, Vit. Mon. 39. 11.

ܪܦܳܝܳܐ m. softening, rendering ductile (of metals), Chimie 223 n. 3.

ܪܰܦܝܽܘܬܳܐ col. 3963. looseness, ܪܰܦܝܽܘܬ ܦܽܘܡܳܐ a relaxed mouth, Med. 168. 9; ܘܫܶܢܶܐ ܕ loosened teeth, ib. 169. 18.

ܡܶܬܪܰܦܝܳܢܽܘܬܳܐ laxity, Philox. 575. 16.

ܡܶܬܬܙܺܝܥܳܢܳܐ with ܠܐ unshakeable, firm, Pléroph. 47. 1.

ܪܦܰܐ col. 3964. a flock of birds. Add: ܓܶܡ ܗܳܘ ܪܦܰܐ ܘܫܰܡܳܝܳܐ ܢܳܣܶܒ ܠܐܰܪܥܳܐ from that heavenly flight a monk returns to earth, Is. Nin. B. 277. 10.

ܪܦܰܢܶܐ Ῥαφανέαι, Raphana, in Coele-Syria, Nöld. F. S. i. 469. 34.

ܪܦܣ col. 3964. to swell, ܐܶܦܣܳܐ ܢܰܕܳܡܳܐ Med. 570. 20. Pael ܪܰܦܶܣ to be cracked or loosened, ܡܶܬܪܰܦܣܳܐ ܗܘܳܐ ܐܰܪܥܳܐ ܡܶܢ ܚܰܒܪܳܗ Dion. 194. 9.

ܪܦܺܝܣܳܐ swollen, tumid; ܚܽܘܕܢܳܐ ܘܪܦܺܝܣܳܐ ܘܩܰܕܡܳܬ̈ܳܐ ܚܶܕܳܢܦܳܐ a fleshy swelling called sarcoma, Med. 79. 13, ܚܡܳܐ ܘܪܦܺܝܣܳܐ puffy or swollen flesh, ib. 94. 11; pl. swellings, ib. 97. 11, 157. 11.

ܪܦܰܐ col. 3965. Delete and emend in both quotations ܪܦܰܐ δαπάνη.

ܪܦܶܣ. ܘܪܶܦܣܳܐ col. 3965. a measure of time. Add: a ܘܪܶܦܣܳܐ is stated to be 2000 ܪܦܦܺܝܢ twinklings of the eye, Med. 531. 11 but two lines lower it is said to be 1000 ܪܦܦܺܝܢ. Also seventeen ܙܘܥܣܐ = one ܡܢܝܬܐ *minute*, twenty = one ܫܥܬܐ ll. 10 and 12.

ܙܘܥܣܐ *hypnotic passes*, ܙܘܥ ܚܕܢ ܙܘܥܣܐ *he made passes* = *cast a spell on them*, Coupes ii. 154 ult.

ܙܦܪܐ col. 3966. 1) *a shovel*, ܠܡܪܙܐ ܝ̈ A.M.B. iii. 384. 5. 2) ܙܦܪܐ *the shoulder blades*, refs. Med. 128. 10, 130. 4, 187. 10. ܙܦܪܐ ܟܬܒ *for divination*, BHNom. ed. Bedj. 149. 5, Jac. Edes. Can. 27. 20.

ܙܪ col. 3968. Pael ܙܪܝ *to crush*. Pass. part. ܚܠܛܐ ܐܣܐ ܘܗܬܙܪܝ, ܡܙܪܝܝ *crushed myrtle berries*, Med. 302. 21.

ܙܪܪܐ *contritio*, Sym. Ps. lxxxix. 3.

ܙܪܒ Arab. ܪܨܐܨ *lead*, Chimie 95. 21, 26, ܙܪܒܐ ܡܕܚܝ ܕܦܣܙܐ *molten tin*, ib. 96. 5, ܙܪܒܐ ܐܘܟܣܐ ܕܦܣܙܐ *black molten lead*, ib. Pl. ܙܪܒܐ ܦܚܡ ܣܝܡ ib. l. 2. ܙܪܒ Med. 582. 3, ܚܙܝܪܐ ܘܦܠܢ ܚܝ ܡܦܦܝ *for a lead bullet in the body*, ib. 587. 9.

ܙܪܣܚܕ Pers. corrupt. *a title*, Syn. Or. 79. 22.

ܙܪܝ col. 3969. *to trickle, drop, exude.* Metaph. ܠܘܚܕܒܗܘܢ ܠܐܗܢ ܙܪܝܐ ܚܘܡ ܦܣܝܐ ܕܣܚܝܪܘܬܐ *their mind should distil the oil of strenuous endeavour*, A.M.B. v. 17. 5 = Pallad. 15. 10.

ܙܪܒ col. 3970. Pass. part. ܙܪܝܒ. add: ܐܩܠܐ ܙܪܝܒܐ ܐܩܠܐ *planks set close together*, Poet. Syr. 46. 9; ܗܘܠܐ-ܙܪܝܒ ܙܚܕ ܚܡܙܨܒܪܠܐ *a compartment* of a glass blower's furnace should be *strengthened with a layer of potter's clay*, "*enduit d'une couche de terre à brique*", Chimie 101. 14; *dense, close* opp. ܦܣܝܣ, N. Hist. ii. v. sect. 4.

ܚܢܝ ܡܙܪܙܪܒܐ ܡܢܙܚܠܬܐ f. *condensation*, ܡܘܙܐ ܘܐܬܢܢܗ *in the night earthquakes are violent by refrigeration of the earth's surface*, N. Hist. iv. 11. 3.

ܙܪܝ name of a village of Adiabene, Chast. 30. 17.

ܙܪܦܫܐ m. pl. *inhabitants of Rezepha in Mesopotamia*, A.M.B. iii. 321.

ܙܩܐ col. 3973. *a tortoise*, ref. Nöld. F. S. i. 551.

ܙܩܬܐ col. 3974. 2) *dried mint*, ref. Med. 566. 17, 609. 20.

ܙܩܝ adj. *from Rakka*, JAOS. xx. 189. 8, ܙܘܦܢܐ ܙܩܝ *soap from Rakka*, Med. 554. 18, ܐܚܦ ܙܩܝ ib. 586. 9.

ܙܩܦܣܐ col. 3975. *the abdomen, epigastrium.* Add: Med. 18. 22, 19. 9 and often, A.M.B. i. 497.

ܙܩܦܣܢܐ adj. *epigastric*, ܟܐܕܐ ܘܚܡܙܢܝ ܙܩܦܣܢܐ Med. 15. 5, sing. 18 ult., 20. 16, sic ܙܩܦܣܐ ܣܓܐ ܘܚܡܐܙ ib. 274. 15.

ܙܩܒܟܬ *Rakbakt, governor of Adiabene*, M. Z. 6. 8, 7. 27.

ܙܩܒ col. 3976. *to leap, dance*, add: ܙܩܒܝ ܟܬܢܐ *sparkling eyes*, Med. 36. 13.

ܙܩܕܢܘܬܐ col. 3977. 1) *wailing; wringing the hands*, ܟܬܢܐ ܟܕܦܟܐ ܘܐܝܕܝ ܚܦܙܢܕܢܗ ܘܠܐ Ephr. Carm. Nis. 141. 54. 2) *dancing*, ܦܠܠ ܘܙܩܕܢܘܬܐ ܘܐܘܚܕܐ A.M.B. ii. 654. 6 Bedjan suggests ܙܩܒܝ.

ܙܩܦܐ *a measure*, ܘܐܚܕ ܚܠܝܢܗ ܦܣܝܐ ܘܡܗܥܝ ܣܝ ܙܩܦܐ Med. 558. 22.

ܙܩܒ col. 3978. Add: *to fix, wedge in*, ܙܡܗܒ ܚܚܕܪܠ Chimie 38. 2.

ܙܩܝܒܐ, ܙܩܝܒ *pressed down*, Chimie 41. 5, ܙܡܚܕܠ ܚ ܐܚܬܡ *solidified* (silver after melting) ib. 42 pen. ܚܦܠܝܐ ܙܩܝܒܐ *rewards in pressed down measure*, G. Busâmê 2. 1/2.

ܙܩܝܒܢܐ col. 3980. *pertaining to the firmament*, ܡܦܕܢܝܢ ܟܕܐܚܕ ܘܣܚܦܐ *reaching the boundaries of the firmament*, Hist. B. V. M. 120. 13.

ܙܩܝ col. 3981. Pass. part. f. p. ܙܩܝܩܬܐ *husked* or *pounded corn*, Pallad. 312. 1.

ܙܩܩܐ, ܙܩܩܬܐ f. *a mortar*, add ref. *a stone mortar*, Jac. Edes. Hex. xliii. 5. Pl. ܙܩܩܐ *the broken portions of the Holy Bread*, ܗܢ ܘܟܕܣܝ ܙܩܩܬܐ Syn. Or. 170. 31, trad. 430.

T t 2

ܪܸܫܝ Reshi, village near Nineveh, M.Z. 16. 80.

ܪܦܐ col. 3984. Ethpe. ܐܬܪܦܝ to be paralysed, Med. 132. 3, part. ܡܬܪܦܝܐ ib. 118. 15 bis, 119. 4. Pael ܪܦܝ to soften, relax, act. part. ܡܪܦܝܐ. Heat ܚܡܐ ܟܕ ܢܦܨܐ ܩܡܠܐ ܘܡܪܦܐ ܚܘܡܗ Med. 277. 11. Shaph. ܫܪܦܝ. pass. part. ܡܫܪܦܝܐ loose, ܚܬܘܡܐ ܡܫܪܦܝܐ Anecd. Syr ii. 154. 15.

ܪܦܝܘܬܐ paralysis, refs. Med. 113. 1, 119. 9, 120. 14, 126. 3, &c.

ܡܪܦܝܢܘܬܐ paralysis, Med. 118. 4, 5, 11, 135. 2, 136. quater, &c., ἀπόπληξις, Hippoc. vi. 53. Metaph. laxity, enfeeblement, ܡܪܦܝܢܘܬܐ ܕܠܒܐ ܘܗܘ ܚܘܫܒܗ ܘܚܡܣܢܐ Is. Nin. B. 131. 1.

ܡܬܪܦܝܢܘܬܐ paralysis, refs. Med. 119. 11, 178. 24.

ܪܫܝܡ pass. part. col. 3986. prescribed, appointed, QdhamW. 132. 18, ܢܒ ܕܡܒܚܕ ܚܣܘܕܐ as appointed in the Khudhra, ib. 152. 1, 167. 12. Ethpe. ܐܬܪܫܡ add: to be addressed as a letter, ܐܬܪܫܡܬ ܣܪ ܘܠܢ the letter was addressed by mistake to us, Sev. Lett. 63. 17.

ܪܘܫܡܐ superscription or address on letters, Sev. Lett. 63. 11. Index, ܪܘܫܡܐ ܕܫܒܘܐ ܕܙܟܪܝܐ QdhamW. 129. 4, 175. 6, 176 tit.

ܪܫܡܐ m. Kurd. رشمہ, light silver chains on the bridle; a halter with silver or gold ornaments for the forehead of a horse, Dozy. ܣܓܠܐ A.M.B. vii. 63 n. 4 to ܕܡܕܡ; ܘܪܫܡܐ ܠܡܚܕܡܗܐ freeing from chains or fetters, Chron. Min. 247. 18 perh. corrupt. Cf. ZDMG. liv. 560.

ܡܬܪܫܡܢܘܬܐ col. 3789. Add: the forming of an image on the retina ܡܬܪܫܡܢܘܬܐ ܒܥܝܢܐ N. Hist. v. 2. 1, viii. 3. 3, ܗܘܡܥܬܕ ܒܗ ܡܬܪܫܡܢܘܬܐ ܕܚܝܠܘܬܐ ܘܡܙܥܩܐ (ܚܪܝܒ ܐܣܟܡܐ) Theol. 5. 3.

ܪܫܡ; ܡܪܫܡܠܐ see ܪܫܡ denom. verb from ܪܫܐ col. 3910 and Suppl.

ܪܫܢܘܬܐ primacy, El. Nis. Chron. 65. 10, 66. 21 and passim, see ܪܫܢܘܬܐ col. 3909.

ܪܫܥ col. 3989. ܪܫܝܥܘܬܐ f. iniquity, Nest. Hérac. 3. 2.

ܡܪܫܥܢܘܬܐ f. wrong action ܐܝܟ ܕܠ of the bodily movements, Med. 29. 11.

ܪܫܥ col. 3990. ܪܫܥܐ pl. ܪܫܥܐ πεζοί, land animals, opp. ܢܘܢܐ marine creatures, Greg. Carm. ii. 3. 18.

ܪܫܩܠܐ the first words, used as the name of a chant; see under ܪܫ.

ܪܬ col. 3991. to tremble. ܪܬܝܬܐ pulmonary, ܟܐܒܐ ܪܬܝܬܐ disease of the lungs, Med. 127. 12.

ܪܬܝܬܐܝܬ tremulously, Med. 177. 2.

ܪܬܐ col. 3993. to admonish. ܡܬܪܬܝܢܐܝܬ (ܠܐ) incorrigibly, Sev. Lett. 211. 9.

ܪܬܘܡܐ a village near Amadia now called ديرى, Kal-w-Dim. ed. Bickell 127. 3.

ܪܬܚ col. 3995. ܪܬܚܐ add: ܪܬܚܐ ܕܢܩܕ ܗܒ ܟܒܕܐ the hot blood or gravy from a roasted liver, Med. 557. 21, JAOS. xx. 193. 4; cf. col. 3996. 7. To l. 19 add ref. ܪܬܚܐ ἴδρωα, purulent sores, Hippoc. iii. 20.

ܪܬܚܐ f. pl. ܟܐܦܐ ܡܕܡ ܗܘ ܕܩܠܐ ܪܬܚܐ fire-coloured stones, Chimie 101. 21.

ܪܬܚܐ fervent. Correct ref. to Anecd. Syr. iv. 66. 12. Add: ܡܝܐ ܪܬܚܐ boiling water, Med. 577. 7.

ܪܬܚܢܐ inciting, ܘܕܗ ܡܣܒܪ ܡܪܬܚܢܐ study is an incentive to the soul, Is. Nin. Chab. 76. 3 af.

ܪܬܝܢܐ Arab. راتينج and راتيني pine resin, see ܪܐܙܐ ܘܚܕܐ col. 933. An ingredient of black salve for wounds, Med. 586. 13.

ܪܬܠ col. 3998. ܘܠܚܕܗ ܢܗܪܐ ܡܢ ܪܘܓܙܐ correct ܪܬܠ, the river foams with agitation, Ephr. ed. Lamy i. 123. 6.

ܫ

ܡܐܪܐ col. 4002. ܩܐܪܐ m.pl. for ܫܓܕ̈ܐ bitter almonds, Med. 576 ult., 582. 8.

ܡܐܪܢܐܝܬ frantically, as one possessed, ܡܐܪܢܐܝܬ ܢܦܩ ܡܢ ܒܝܬܗ he went into a frantic rage, Sev. Lett. 32. 1.

ܫܐܗܪܡܠܟ Pers. شاهملك pr. n. m. Nöld. on Chwolson, ZDMG. xliv. 527. 14. Cf. ܫܳܡܘܫܟܝ N.-Syr. pr.n.f. in Urmi, ib. note 5.

ܫܐܪܐ pr.n.m. a contraction of Pers. شاه زاد Shah Zada, A. M. B. iii. 473.

ܡܐܪܐ pr.n.m. Coptic, rendered اسد?, A. M. B. iii. 575.

ܡܐܪܒ pr.n.m. = ܡܐܪܡ or ܩܘܡܣ Falcon, Fulk, A. M. B. iii. 473; but Sainus, B. O. iii. i. 413. 6.

ܡܐܠܐ col. 4003. To borrow, to simulate, ܟܕ ܡܐܠ ܩܢܘܬܐ ܘܒܢܝ̈ܢܐ, Pallad. 28. 15. Aph. ܐܡܐܠ add: to demand, obtain, ܐܡܐܠܐ ܐܢܬܝ ܕܬܣܝܒܝܢ (ܘܒܢܦܫܗ) A. M. B. v. 556.

ܡܐܘܠܐ m. add: a loan, ܕܚܡܐ ܢܪܐ ܘܒܓܕܗ ܕܒܪ ܐܢܫ ܡܢܗ ܡܐܘܚܕܐ he wishes to exact interest as arising from a loan of his, Sev. Lett. 115. 17.

ܡܐܣܟܡܬܐ col. 4008. pretext, ܒܡܐܒܕܗ by assumption for Gr. θέσει, opp. ܒܩܢܘܡܐ, letter of Athanasius quoted, Nest. Hérac. 271. 2, 4, ܗܘ ܕܝܢ ܘܚܠܦܐܚܕ ܟܡܐܒܕܗ: ܦܢܕܟܣܢܐ ܐܒܘܟܘܢ ib. l. 5, 10; ܠܗ ܟܡܐܒܕܗ (ܡܕܝܢ) ܘܐܒܐܗܘܗܝ ib. 274. 14, 281. 14, 15, 330. 7.

ܡܐܟܠܐ requisite, name of a medicine, Med. 263. 15.

ܡܫܐܠܟܢܐܝܬ col. 4011. 1. Add: ܡܢ ܡܫܐܠܟܢܐܝܬ read it as an interrogation, BH. on Luc. vii. 20 and opp. (ܡܢ?) ܦܣܘܩܐܝܬ affirmatively, ib.

ܚܕܩܐܠ ܡܫܐܠܬܐ ܡܫܐܠܟܢܐ add: 3) petitions of resignation of the office of a bishop, Sev. Lett. 53 ult.

ܫܠܝ. Ethpa. ܐܫܬܠܝ col. 4013. add: to be planted out ܢܫܬܠܘܢ ܒܗ̇ ܚܡܫܐ ܡܩܕܡ Geop. 72. 14.

ܫܠܡܐ add: εὐμένεια, benignitas, Stud. Sin. iv. 143, ܫܠܡܐ ܕܥܕܬܐ the peace of the Church, so the conversion of Constantine was called, Jul. 3. 4.

ܫܠܡܐܝܬ quietly, Ephr. ed. Lamy iii. 69 ult.

ܡܫܠܡܢܘܬܐ col. 4015. f. ref. tranquil state of the vegetable soul, ܡܫܠܡܢܘܬܐ ܕܢܦܫܐ, N. Hist. viii. 4. 7 ult.

ܡܐܩܠܐ Med. 610. 13 for ܙܐܦܘܪܐ the jujube tree and fruit.

ܫܐܪܢܐ col. 4016. silk, ܫܠܐ ܫܐܪܢܐ raw silk or a live silkworm? remedy for shortness of breath and black bile, Med. 262. 24, ib. ܫܐܪ̈ܢܐ ib. 265. 9, 266. 13.

ܫܒܝ. ܡܫܒܒ col. 4018. sparkling, glittering, ܐܣܝ ܕܢܝܚܐ ܟܠܝܠܐ ܘܡܫܒܒ the moon looks like a small round melon, round and glittering, Caus. Caus. 221. 3.

ܫܒ, ܫܒܐ Arab. شب f. alum, ܣܝܡ ܫܒܐ apply alum, Med. 562. 8, 577. 18, ܫܒܐ ܬܝܡܢܝܐ alum from Yemen, ib. 605 ult., Chimie 95. 18; ܫܒܐ Med. 563. 11.

ܫܒܐ a week: see ܫܒܘܥܐ below and col. 4046.

ܫܒܐ col. 4018. Ethpe. ܐܫܬܒܝ to be led captive. Add: ܢܥܩܒ ܠܐ ܠܡܫܬܒܐ ܡܢ ܪܗܛܐ ܝܬܝܪܐ let me not be overcome through overmuch rushing, Pallad. 70. 17. Under 2) to be laid waste, ܐܫܬܒܝܒ ܒܬܝ̈ܗܘܢ their houses were devastated by a storm, ib. 197. 8. Under 3) end of par. ܐܫܬܒܝܬ ܐܢܐ ܕܟܝܪ ܬܫܡܫܬܗܘܢ I am bound to attend to their words, Hist. B.V.M. 204. 11.

ܫܒܐ, ܫܒܝܐ Pass. part. m. one possessed, so corr. ܟܡܣܬܐ ܫܒܝܐ ܕܚܕܐ ܡܕܝܪ ܗܘܐ Pallad. 291. 11.

ܚܒܫܐ m. Add: 1) i.q. ܚܒܘܫܝܐ q.v. ܚܒܫܐ ܡܟܣܝ ܠܗܘܢܐ secret bondage (to sin) obscures the mind, Pallad. 508. 4. Dele "Vox suspecta".

ܚܒܝܫܘܬܐ col. 4021. f. being a captive, submission (to sin), ܚܒܝܫܘܬܐ ܘܕܘܒܪܐ ܡܫܥܒܕܐ ܠܚܘܒܐ, Pallad. 491. 9. The quotation in Thes. Syr. is also found in Pallad. 758. 1, three things cause great weakness to the soul, ܚܒܝܫܘܬܐ ܘܡܚܫܒܬܐ ܘܢܝܚܘܬܐ ib. l. 13. In a good sense ܚܒܝܫܘܬܐ ܘܒܐܠܗܘܬܐ being captivated by Divine considerations, possession by Divine thoughts, Is. Nin. B. 27. 4 af.

ܚܒܟ name of a mountain in Beit Zabdai, A.M.B. i. 452.

ܚܒܠܐ col. 4021. 3) Chabot translates "insignes", insignia, badges of office, ܚܒܠܐ ܗܘܐ ܡܚܬܘܢ, Mich. Syr. 491 a 23 and corrects to ܡܚܬܘܢ in two similar passages, 512. 1, 517 a med. BH Chr. Eccl. 363 ult., 365. 1.

ܚܒܝܒܐ cognomen of ܣܘܣܝ, a hymn-writer, Journ. As. 1907, 390.

ܚܒܡ Arab. شبة alum, Chimie 102. 11. See ܫܒ Suppl.

ܚܒܘܨܘܒܐ col. 4023. Add: written ܚܒܘܙܘܒܐ. The city was built by Sapor I, it is now called Kurremabad, Syn. Or. 37. 6, 681.

ܐܒܐ ܚܒܘܕ Rabban Sapor, a monk contemp. of ܐܒܐ ܣܗܪܘܢ and of the Patriarch George 661-681, Journ. As. 1906, 111 ult., ܚܒܘܕܐ ܘܐܒܐ ܚܒܘܕ a monastery named after him, ib. 109 note.

ܚܒܫ Pael ܚܒܫ col. 4024. 17. denom. verb from ܚܒܘܫܐ to repeat the doxology, say the gloria, refs. QdhamW. 44. 3 af., 46. 12, 47. 7. ܚܒܫ ܚܒܝܫ ܠܣܒܪܗ say the anthem to which the doxology is prefixed, to the tune, The right hand of Thy mercies, Maclean.

ܚܘܫܒܐ col. 4026 med. 3) erroneously, for opinion, in compounds ܚܘܫܒܐ ܒܝܫܐ κακοδοξία, A.K.G.W. vii. (1904), 4, 8, 16, Pet. Ib. 70. 22.

ܚܘܫܒܐ E-Syr. name of a psalm with farcings sung at Nocturns on Sundays and feriae before the Hymn of Praise (ܬܫܒܘܚܬܐ), Maclean, a ܚܘܫܒܐ begins with ܚܒܣ, a ܬܫܒܘܚܬܐ begins ܡܘܕܐ Brev. Chald. i. 74 infra. ܚܘܫܒܐ ܘܡܟܝܢ ܚܒܠܐ acts of praise for the whole week, ib. 42. 3, 44. 3 af., ܚܘܫܒܐ ܘܚܕܒܫܒܐ l. 5 af. Ib. 150. 6, 159 antep. and pen., 243. 18, 260 antep. and pen., ܪܚܡܬܐ ܘܚܘܫܒܐ QdhamW. 171. 1; ib. 86. 8, 87. 7 &c.

ܚܘܫܒܢܐ vainglorious, proud, ܢܘܒܐ ܘܡܠܐ ܚܒܒ ܗܘܐ ܘܚܘܫܒܢܐ Rylands xliv 6 a.

ܬܫܒܘܚܬܐ praise: a hymn. Add refs. a hymn of praise, Takhsa 149. 6, QdhamW. 9. 7, ܘܚܒܢܐ ܬܫܒܘܚܬܐ ib. 86 pen., 88. 2, 89. 1, 19; ܘܐܗܪܢ L Brev. Chald. i. 50. 11; ܠܬܫܒܘܚܬܐ ܡܪܚܡܐ ܘܡܕܡ i.e. Exod. xv. 1, Brev. Ant. i. 10 b 17, ܘܐܩܠܝܡ ܘܚܝܠܐ ܢܚܢܐ L i.e. I Sam. ii. 1, ib 11. a 1, 8. 13, 19 ff.

ܬܫܒܘܚܬܢܝܬܐ fem. dimin. of ܬܫܒܘܚܬܐ a refrain, ܐܘ ܬܫܒܘܚܬܢܝܬܐ ܕܗܝ ܡܬܚܕܫܐ ܘܡܬܟܪܟܐ d'après les refrains de vieille femme de ses cartes, Manichéisme 139. 4.

ܚܒܝ col. 4029. Pa. ܚܒܝ add: ܡܚܒܝ ܟܕܐ ܠܩܕܡܕ a moist brain makes the hair lank, Med. 37. 16. Ethpa. ܐܬܚܒܝ ref. to be beaten with rods, Journ. As. 1895, 119. 152.

ܚܒܝܐ straight or sleek-haired, Med. 37. 10, 38. 3.

ܚܒܘܢܐ col. 4031. a large fish, refs. Ar.FischN. 35, Med. 87. 20, ܚܒܘܢܐ 138. 20, marg. اغمغو 555. 13.

ܚܒܝܘܬܐ f. lankness of hair, opp. ܚܩܘܡܘܬܐ crispness, Med. 36 ult.

ܚܒܠܐ col. 4030. m. 5) astron. shafts of light, add: ܢܣܪܦܐ also called ܚܒܠܐ and ܚܒܕܡܐ are seen at dawn and eve to the right and left of the sun, N. Hist. v. 2. 4.

ܚܒܠܐ with ܠܐ not ductile, stubborn, ܚܒܝܠܐ ܠܐ ܡܬܚܒܠܢܐ, Greg. Carm. 118. 2.

ܚܒܝܠܐ col. 4032. m. Add: ܘܪܫܡܐ ܗ the traces of his fingers on the clay daubing, Hist. Mon. i. 98. 13.

ܚܒܝܠܬܐ dimin. of ܚܒܝܠܐ. m. a little path, A.M.B. i. 483, 484.

ܡܨܝܠܢܐ surname of Stephen, Abbot of Mt. Casion, R.O.C. vii. 199. 11, A.D. 629.

ܡܨܠ, ܡܨܠܐ, ܡܨܠܬܐ col. 4033. f. Add: ܡܨܠܬܐ *spikenard*, Med. 90. 19, 92. 4, 99. 2, 396. 23, 397. 3, 15, 610. 4; Z.A. v. 394.

ܡܨܠܚܠܐ *Eryngium*. col. 4035. 6. ܡܨܠܚܠܐ ܗ̈ ܡܨܠܚܠܐ لبلاب Med. 610. 4.

ܡܨܠܚܠܬܐ f. *Eryngium*, Med. 393. 11, 575. 22, ܡܨܥܐ ܕܡܨܠܚܠܬܐ, ib. 564. 7.

ܡܨܡ a spot on Mt. Ararat, A.M.B. i. 450, Chast. 59, 18.

ܡܨܥ. ܡܨܥܐ, ܡܨܥܬܐ, ܡܨܥܬܐ col. 4036. Add: E-Syr. *a period of seven* or *fewer weeks*, Maclean. ܫܒܥܐ ܩܕܡܝܐ ܕܡܨܥܬܐ QdhamW. 110. 17, 111. 12. These periods are ܫ̈ ܕܣܘܒܪܐ *Advent*, 25 days, ib. 153. 18; ܫ̈ ܕܒܝܠܕܐ *Christmas*, 12 days; ܫ̈ ܕܕܢܚܐ *Epiphany*, variable, ib. 124. 3, Takhsa 78. 20; ܫ̈ ܕܨܘܡܐ *Lent*, 50 days; ܫ̈ ܕܩܝܡܬܐ *Easter*, 50 days, ib. l. 21; ܫ̈ ܕܫܠܝܚܐ *weeks of the Apostles*, 50 days beginning with Pentecost, ib. l. ult., QdhamW. 124. 16, 126. 12; ܫ̈ ܕܩܝܛܐ *Summer*, 50 days, ib. 125. 2, 126. 9, Takhsa 78. 24; ܫ̈ ܕܐܠܝܐ or ܫ̈ ܕܨܠܝܒܐ *Elijah* or *The Cross*, variable, ib. 78. 24, 79. 3; ܫ̈ ܕܡܪܝ ܡܘܫܐ *Mar Moses*, not more than four weeks, omitted if Easter fall late; ܫ̈ ܕܩܘܕܫ ܥܕܬܐ *the Hallowing of the Church*, 4 weeks before Advent, ib. 79. 6. See also Bar Penk. 171. 5, Brev. Chald. i. 12. 13, 18.

ܡܨܥܝܬܐ add: *the seven heavens* of Bardesanes, Nars. ed. Ming. ii. 218. 9.

ܡܨܩ col. 4039. 15. 3) *to permit, give way*, ܠܐ ܡܨܩܢ ܠܗ ܪܓܬܗ *we did not permit him to have his way*, Hist. B.V.M. 147 ult., ܟܕ ܠܐ ܪܓܬܗ ܕܐܡܨܩܘܗ ܪܓܬܗ ib. 148. 4 af.

ܡܨܩܬܐ col. 4040. infra. m. Add: ܡܨܩܬܐ ܕܦܪܙܠܐ *a small iron rod*, Chimie 52. 1, 3.

ܡܨܩܢܐ *one who pardons*. Add: *a deserter, one who abandons*, Išoyahb. 138. 22.

ܡܨܩܢܘܬܐ f. *deliverance, dismissal*, Sev. Ant. Vit. 289. 8.

ܡܨܬܐ m. 2) *onrush*, Josephus vi. 4 pen.; ܡܨܬܐ ܕܢܘܪܐ *setting on fire* or *the taking hold of fire*, ib. l. 9.

ܡܨܬܪܐ col. 4044. par. 2. 9. Ref. ܡܨܬܪ ܟܠܗ *the innocent*, Nars. ed. Ming. ii. 345 ult.

ܡܨܬܪܐ pr.n.m. *Boy*, Inscript. Sém. No. 49, Z.A. xxi. 157.

ܡܩܒܪܐ col. 4045. Add: Σοβορίδες, a people of Ethiopia, Anecd. Syr. iii. 330. 2.

ܡܩܕܘܢ or ܡܩܕܘܪ a river in Beit Garmai, Chast. 46. 14, 19.

ܡܩܒܐ, ܡܩܒܬܐ. pl. ܡܩܒ̈ܐ col. 4047. 2) *a week*; add: *a company of monks having the same week of service*, ܫܒܥܐ ܫܒ̈ܘܥܐ each consisting of fifty men, Anecd. Syr. ii. 209. 24; ܫ̈ ܕܐܪ̈ܙܐ E-Syr. *weeks of the mysteries, the first, middle, and last weeks of the Great Fast*, QdhamW. 97. 13, 168 tit., 5.

ܡܩܕ col. 4051. Correct to ܡܩܕܫܐ, Op. Nest. 45. 3 which has the same gloss as BB. I.q. ܡܩܕܫܘܬܐ *business, occupation*, ܗܘܐ ܠܗ ܒܗ ܡܩܕܫܘܬܐ ܐܠܐ ܩܕܡܝܬܐ. ܡܩܕܫܘܬܐ ܐܠܐ, A.M.B. v. 439. 1.

ܡܩܕ col. 4051. *to affect, injure*, ܠܐ ܡܩܕ ܠܡܫܬܡܥܢܘܬܐ ܕܐܠܗܐ Sev. Lett. 347. 22. Aph. ܐܡܩܕ *to be occupied*, ܐܡܩܕ ܢܦܫܟ ܒܨܒܘ̈ܬܐ ܕܦܐܝܢ *busy thyself with seemly matters*, BH. Stories 23. 104.

ܡܩܕܫܐ m. *deception*, add ref. ܠܡܩܕܫܐ ܕܒܥܠܕܒܒܐ ܡܘܬܢܐ, Sev. Lett. 378. 2. Pl. *misfortunes*, Sev. Ant. Vit. 115. 1.

ܡܩܕܫܘܬܐ col. 4052. f. Ref. *occupation, distraction of* the human soul on account of its bond with the flesh ܘܡܩܕܫܘܬܗ, But. Sap. Theol. 5. 4.

ܡܩܕܫܐ col. 4052. m. 1) *floods*, ܡܩܕ̈ܫܐ ܕܡܚ̈ܘܬܐ ܕܡܘܬܢܐ, Dion. 32. 7, 195. 1. L. 23 of par. ܒܡܩܕܫܐ *casually, without design*, ܕܠܐ ܒܡܚܫܒܐ ܘܒܡܩܕܫܐ ܡܢ ܡܕܡ ܒܡܫܬܘܕܥܘܬܐ, Theod. Mops. 293. 8. ܠܐ ܗܘܐ ܒܡܩܕܫܐ *it was not an ordinary matter*, M.Z. 216. 17.

ܡܩܠ col. 4053. Ethpali ܐܬܡܩܠܠ *to be changed, different*. Add: ܐܝܟ ܕܐܬܡܩܠܠ ܡܢܗܘܢ reptiles fled from Antony as if *he smelt differently* from other men, Pallad. 20. 15 = A.M.B. v. 24. 1.

ܡܩܢܫܗ Pers. شاهنشاه Shah-in-Shah, *King of Kings*, El. Nis. Chron. 96. 19.

ܢܚܶܬ col. 4056. 1) Lexx. *to descend, shoot down*, ܡܚܶܬ ܟܕ ܒܗܐܠ ܣܒܠܐ ܣܒܐܠ ܘܐܦ ܠܚܕܡ ܘܡܥܡܕ Jac. Sar. Hymn of the Palace which the Apostle Thomas built, ZDMG. xxviii. 618, this must be imitated from the passage in Act. Apost. Apoc., see Thes. col. 4057 under Pa. 2) *to break into tears*, ܡܚܶܬ ܚܢܣܬܡܘ ܘܩܕܚܠ, Ephr. ed. Lamy iii. 191; ܠܚܡܚܝ ܘܩܕܚܠ, Is. Nin. B. 261. 3 af. ܡܚܶܬܶܘܚ ܘܩܕܚܠ ܡܝ ܕܟܗܚ *tears burst from his eyes*, Sette Dorm. 21.138. Ethpe. ܐܬܢܚܶܟܢ *to burst out crying*, ܘܢܬܢܚܶܟܢܘ ܒܟܝܐ, A.M.B. ii. 109. 3. Pa. ܢܚܶܬ *to let down*, ܢܚܶܬܝܢ ܚܒܠ ܟܕ ܢܚܶܬ *pearl fishers let down a cord weighted with agate*, Natur 63. 15. Ethpaual ܐܬܢܚܶܬܳܘ *to cast off*, add ref. ܐܬܢܚܶܬܳܘ ܠܚܕܟܕܡܥܕܬܠ, Tekkaf 42.

ܢܚܶܙܐ for ܢܚܶܙܐ *the gums*, Med. 175. 5.

ܡܚܶܢܳܐܠ f. *pity*, ܘܠܐ ܡܚܶܢܳܐܠ ܘܠܐ ܒܗܡܐ ܗܣܡ ܗܘ ܟܕ ܘܘܗܐ *they beat him mercilessly and inhumanly*, Ephr. ed. Lamy iv. 27. 14.

ܢܚܶܡ. ܢܚܶܡܐܠ col. 4061. *tumult, disturbance*. Add: ܢܚܶܡ ܒܝܣܐܠ ܘܡܕܝܢܐܠ *troubles abdominaux*, ταραχὴ τὴν κοιλίης, Hippoc. i. 2.

ܢܚܶܒܠ col. 4063. *to throw*. With ܠܐܪܕܳܐ, *to set down the foot*, Pallad. 744. 6. With ܥܠܠ, ܢܚܶܒܠ ܥܠ ܚܒܠܐ *he shouts aloud to the flock*, Jul. 8. 17. Pa. ܢܚܶܒܠ with ܪܥܝܢܐ *to apply the mind*, ܐܡܥܝܒ ܚܟܡܢ ܢܚܶܒܠ ܚܕܐ ܠܪܥܝܢܐ ܘܐܬܚܠ, Is. Ant. ii. 108 pen.

ܢܚܶܒܢܐ perh. Pers. شادی *marriage*, ܕܒܣܡܕ ܒܐ ܘܠܐ ܢܣܐ BH. Journ. As. 1898, 94. 702, *il permit aux prêtres et aux évêques de prendre des femmes impunément*, Chabot.

ܢܚܶܠ. Add on col. 4069. ܡܚܶܒܕܚܶܢܳܐܠ *persuasively* opp. ܡܚܶܩܳܪܳܙܢܳܐܠ, Syn. Or. 173. 14.

ܢܚܶܠܐ col. 4069. *haematite*, ref. Med. 84 ter, 90 bis, 610. 17.

ܢܚܶܡܐ *a plant*, mentioned under ܣܘܕܪܳܙܐ *Artemisia*, Med. 610. 5.

ܢܚܶܦ. Pa. ܢܚܶܦ with ܥܡ προέπεμψε, ܢܚܶܦ ܐ ܒܪܬܗ ܩܕܡܝܗ *she put her daughter before herself in good deeds and then followed her*, Pallad. 204 pen.

ܢܚܶܦܘ Pers. شادروان *a fountain with jets of water falling into a basin*, A.M.B. ii. 589. 9, Fraenk. in loc., Z.A. xvii. 190.

ܢܚܶܦ col. 4071. *to be quenched*. *To be exhausted, spent*, ܢܚܶܡ ܘܢܣܦܠ, Pallad. 19. 11. ܬܚܶܦܠ ܘܚܶܒ *compose your minds, be appeased*, Ephr. ed. Lamy iii. 283. ܢܚܶܡܘ ܒܥܡܘ for ναυτιῶσιν, *to be nauseated*, Stud. Sin. iv. 4. 1. Pa. part. pass. ܡܚܶܦܶܗܢܳܐ, ܡܚܶܦܶܗܢܳܐ add: *quiescent, inert*, ܚܠܐܕܢܘ ܒܕܘܙ ܡܚܶܦܶܗܢܳܐ ܒܝܬ ܡܢ ܡܕܗ ܘܩܒ ܡܚܶܦܶܗܢܳܐ ܡܣܠܠ, N. Hist. Bk. ii. cap. v. sect. 2.

ܢܚܶܦܠ and ܢܚܶܦܠ m. add: ܩܡܢܳܦܠ ἄσαι, *nausées*, Hippoc. v. 58; ܢܚܶܦܠ ܢܒܘܢ *loathing, depression*, Med. 284. 22. ܢܚܶܦܠ ܘܒܘܕܙ *slow fire*, Chimie 45. 7. ܢܚܶܦܠ ܘܡܬܢܚܶܦܠ *the dreariness of hateful things*, A.M.B. ii. 102.

ܡܚܶܦܶܗܢܳܐܠ *causing to cool or slacken*, opp. ܡܚܶܡܣܠ ܒܗܡܐ ܡܝ ܕܩܒܠ ܘܚܕܘܢܝܐ; ܡܚܶܢܐܣܠ ܘܚܕܘܨ ܠܒܗܕܠ *knowledge according to the flesh causes the soul to slacken from its labours in the race after the good*, Is. Nin. ed. Chabot 76. 8, 9.

ܢܚܶܘܕܚܶܙܳܐ col. 4074. m. Pers. شاه بلوط *the chestnut*, ref. Med. 378. 17.

ܢܚܶܢܝ col. 4074. m. *Daucus gingidium*, ref. Med. 143. 11, 162. 4.

ܢܚܶܡ *a white falcon*, Pers. شاهين, pr.n.m. cf. ܡܚܶܪܡܐ, Med. 589. 18.

ܢܚܶܡܕ شيهت ܢܚܶܡܕ Amélineau 433 f. Σκύαθις, *Scete*, A.M.B. iii. 574, 4, v. 187. 13.

ܢܚܶܡܐܠ اشهل ܢܚܶܡܕܚܶܠܳܐ *dark blue* eyes, BB Merx Gram. 176 note 16, *red, reddened* i.e. *inflamed*, ref. ܢܚܶܡܕܚܶܠܳܐ ܚܣܒܠ *a variety of the Evil Eye*, Charms 70. 1, 87. 6.

ܢܚܶܘܣܐ col. 4122. i.q. ܣܥܝܣܒܠ *a satrap*, Charms 79. 16, 80. 1, ܢܚܶܒܠ ܘ ܡܚܶܕܒܠ ܘܐܪܢܠ *lords and Aghas*, ib. 83. 6.

ܢܚܶܘܣܗ Pers. شاهنشاه, *Shahanshah* = *King of kings*, A.M.B. ii. 668. 9.

ܢܚܶܘܚܝ col. 4075. m. *conyza* = *elecampane, fleabane*, ref. شابابج القيسوم يشبه نبات ܡܘܚܝ ܢܚܶܡܕܗ ܘܢܚܶܡܕܗ ܘ ܣܘܕܙܦ, Med. 610. 8. Written ܢܚܶܡܘܚܓܙ, ib. 53. 12, 54. 7, 56. 1, 138. 21 and often. So correct for ܢܚܶܡܘܚܡ, ib. 265. 6.

ܢܚܶܘܙ col. 4075.

ܢܚܶܗܪܐ m. *vigil*. Add: ἀγρυπνία, *insomnia*, Hippoc. iii. 23, 30, Med. 3. 21, 4. 5, 37. 14, 136. 12.

ܫܲܗܪܝܼܙܘܿܕ The Secretary of State, Jab. 228. 4 af., 259. 8. I. q. ܫܲܗܪܝܼܙܘܿܪ col. 4076.

ܫܲܗܪܲܬ pr.n.m. Shahrat, King of Adiabene, M. Z. 28. 9.

ܫܲܗܪܝܼܓ col. 4077. Add: ܫܲܗܪܝܼܓ Pehlevi šahrîg, Pers. شهر a district, Tabari 446, Pers. Mart. 239, Hist. Mon. 151 = ii. 309 note. Sing. ib. 164. 7; usually pl. l. 17, 198 ter. *Landed proprietors*, of higher class than the Dihḵâne ܕܗܩܢܐ? M.Z. 210. 11.

ܫܲܗܪܘܼܪ (ܣܗܪ) شهريور, a Persian month answering to August, Syn. Or. 68. 21.

ܫܲܗܪܩܘܿܕ݂ܗ E-Syr. bishopric, perh. شهرام فيروز, Tabari 123, Syn. Or. 109. 6 = 366.

ܫܲܗܪܩܕ? i. q. ܫܲܗܪܙܝܼ? q. v. col. 4076 and ܫܲܗܪܩܪܕ col. 4077. *Šahr-Kard (Schergerd)*, in Beit Garmai, between Dakuk and Arbela, M.Z. 35. 70, a bishopric, ZDMG. xliii. 406. 8, ܫܲܗܪܩܘܪܕ, ib. 394. 9, 399. 4, 16, 401. 1, 402. 12, Syn. Or. 33. 29 and often, El. Nis. Chron. 70. 19, A.M.B. iv. 136, ܫܲܗܪܩܘܿܪ M.Z. 59. 21.

ܫܘܐ col. 4077. *to be at a moderate price; to be sufficient*, ܫܘܝ̈ܢ ܢܬܫܘܘܢ Book of Shem 108. 6 af., ܣܦܩ̈ܢ‒ܢܫܘܘܢ l. 4 af. Pass. part. col. 4078. To compounds add: ܚܕ ܫܪܒܐ̈ ܕܫܘܝܢ̈ *plants of the same species*, N. Hist. iii. ii. sect. 2; ܕܫܘܐ ܠܬܡܗܐ ἀξιοθαύμαστος, *marvellous*, Sev. Ant. Vit. 2. 21; ܕܫܘܐ ܠܚܫܐ *painful, sad*, Hist. Mon. ii. 133. 3; ܕܫܘܐ ܠܬܕܡܘܪܬܐ *remarkable* (parents), Sev. Ant. Vit. 11. 3; ܫܘܝܐܝܬ ܒܚܕܐ *immediately*, Sev. Lett. 196. 12. Ethpa. ܐܫܬܘܝ *to be laid out* for burial, ܐܫܬܘܝ ܠܡܐܚܕ L. E. S. i. 108. 9.

ܫܘܝܘܬܐ col. 4082. f. add: *moderate price*, ܐ̄ ܕܙܒܢܐ Book of Shem 110. 8, ܫܘܝܘܬ ܚܪܡ? ib. 112. 1. A virtue, *equability, unruffled composure*, Pallad. 712. 15. In compounds, add: gram. ܐ̇ܦ ܕܫܘܝܘܬ ܗܘܝܐ̈ Âphen expresses equality of action = ὁμοδρομία, BH Gram. ed. Berth. 126, Hebraica iv. 169. 9/10.

ܫܘܝܘܬܢܝܐ̈ col. 4083. *equinoctial* winds, add ref. ܫܘܐ ܘܓܪܒܝܐ and ܬܝܡܢܝܐ̈ N. Hist. v. 3. 2.

ܫܘܝܘܬܐ col. 4083 infra. f. *cheapness, abundance of food*, add ref. Dion. 95. 5.

ܫܘܐ col. 4084. *equally*. Add: *equal parts, equal quantities*, Chimie 43. 3, 47. 23, 48. 3, &c., Med. 59. 5, 12, 570. 11, and often.

ܫܘܝܘܬܐ f. a bishopric, ZDMG. xliii. 396. 12, ܫܘܝܐ ܕܓܘܪܓܢ perh. the plain of Gurgan, formerly Hyrcania, SE. of the Caspian, Syn. Or. 43. 20.

ܫܘܚ col. 4085. ܫܘܚܐ *ergot*, a hard dry parasite of grass, Chimie 59. 21.

ܫܚܩ, ܫܚܘܿܩ *to bray, rub down, rub fine*, imper. ܫܚܘܩ, Med. 184. 3, Chimie 23. 2, 45. 20, ܫܚܘܩ ܒܡܨܠܬܐ ܕܣܥܪܐ *rub through a hair sieve*, ib. 53. 10. Pass. part. ܫܚܝܩܐ ܐܢܒܝܩ *a scoured alembic*, ib. 35. 2.

ܫܘܚܡܐ m. *a tempering* of metal, ܫܘܚܡܐ ܕܣܝܦܐ, Chimie 95. 14, 96. 20, ܫܚܡ ܘܡܚܕܕ, ib. 95. 19.

ܫܘܓܬܐ f. *washing, ablution*. Add: ܫܘܓܬܐ ܕܢܚܫܐ *purification of copper* by dipping in yolks of eggs with alum, Chimie 95. 18.

ܫܟܚ col. 4091. Pass. part. ܫܟܝܚܐ, ܫܟܝܚ ܕܡ ܒܩܢܘܡܗ αὐτόφυτος or αὐτοφυής, *self-existent*, Manichéisme 97. 8.

ܫܟܝܚܘܬܐ col. 4092. f. *vitality*, A. M. B. v. 212. 7. L. 3 of par. ܐ̄ ܕܐܣܝܪ add: *intimate union* of the body and soul, Sev. Ant. Hom. 11. 5.

ܫܟܝܚܐ *Artemisia*, Budge, Med. 147. 1, 4, 17. Cf. ܚܝܣ col. 4092.

ܫܟܚܢܘܬܐ col. 4092. f. Add: *a shoot, growth*, ܘܐܝܟ ܐܝܟܐ ܕܡܫܟܚܢܘܬܐ ܘܫܘܟܢܐ ܡܢ ܫܘܩܢܐ *a branch is a shoot separating from the stem*, N. Hist. vi. 2, 3; ܘܐܡ ܠܒܝܣܩܕܗ, ܕܠܐ ܡܫܟܚܢܘܬܐ ܐܚܕܐ ܬܩܦ ܠܚܕܕܐ, ib. infra, 4. 1, pl. ܡܫܟܚܢܘܬܐ̈ܘܠܐ *suckers from shrubs*, ib.

ܡܫܟܚܢܐܝܬ *violently*, Pallad. 196. 14.

ܫܘܚ, ܫܥ col. 4093. Trs. from l. 8 Rom. i. 22 and the following reference to ܫܘܚ col. 4130. Col. 4094. ll. 3 and 5 correct final ܐ to ܝ.

ܫܘܚܐ 1) *a branch, rod*, ܫܚܘ ܢܨܝܕܝ̈ܗܘܢ *they laid down their fishing-rods*, A. M. B. v.

532. 2) Arab. شِتاء or شَاتاء *winter; scarcity,* ܗܘܐ ܣܘܓܐܐ ܕܣܘܢܩܢܐ *there was great want,* "*il y eut de nombreux accidents,*" Chabot, Dion. 112 ult.

ܡܘܫܚܐ دهن السمسم *sesame oil and balm,* ܕܡܘܫܚܐ والبلسم BH. Carm. gloss. 249, ܗܘܫܐ ܘܗܘܫܐ ib. 137. 12.

ܣܘܥܐ col. 4098. ܢܘܢܐ ܕܣܘܥܐ *rock fish,* Med. 286. 8.

ܣܘܥܢܝܐ, ܣܘܥܢܝܐ *rocky,* ref. ܕܐܪܥܐ ܡܘܥܢܝܐ N. Hist. vii. 31; ܣܘܥܢܝܐ *rock plants,* ib. vi. 4. 1.

ܣܘܦ. ܣܘܦܐ *scrapings, filings,* col. 4100. 3 af. corr. to ܣܘܦܐ ܓܠܦܐ Ephr. ii. 498, Fraenk. Z. A. xvii. 9. 50.

ܣܘܦܐ *a plug, pellet,* ܡܬܠܐ ܕܐܚܕܝܢ *pellets rained down* similar to those formed for application to the eye, Pléroph. 22. 13, 23. 9; *suppositories,* Med. 140. 14.

ܣܘܩ, ܣܘܩܘ *imperative of verb* ܢܫܩ *to kiss,* Anecd. Syr. iii. 24. 10, 14.

ܣܘܩܐ f. i. q. ܣܘܩܐ *a ball of eye-salve,* ܣܘܩܐ ܘܐܦܘܢܐ Med. 82. 10.

ܣܘܩܝܐ m. pl. *Bazar folk, common people,* BH. Stories 21. 95, 45 ult.

ܣܘܪ col. 4104. Add: *to recoil from, refuse,* ܣܘܪ ܡܢ ܗܠܝܢ ܕܐܫܟܚ ܟܬܒ ܘܪܗܛܐ Sev. Lett. 49. 10; ܣܘܪܐ ܘܒܪܩܐ ib. 375. 17; ܣܘܪܓܐ ܘܣܘܪܐ *a meteor,* N. Hist. v. 4. 3. Ethpali ܐܣܬܘܪ col. 4105. 22 of par. *to hide* ܡܬܟܣܐܘ ܒܝܬ ܡܬܩܬܐ يتوارى يختفى DBB. 1178. 8.

ܣܘܪܐ with ܣܘܪܩܐ pl. *meteors,* N. Hist. v. 4. 3 tit.

ܣܘܪܐ, ܣܘܪܬܐ *a leap, bound.* Metaph. ܫܝܢܐ ܕܠܐ ܣܘܪܐ *untroubled calm,* Is. Nin. B. 21. 4.

ܣܘܪܐ col. 4100. m. *the navel,* ref. ܣܒܠ ܘܗܘܐ ܣܘܪܐ ܠܒܠܥ ܟܬܦܗ *he ran him through from the shoulder to the navel,* Gest. Alex. 163. 15; pl. ܣܘܪ̈ܝܗܘܢ ib. 201. 5; ܐܝܟ ܕܐܚܕ ܠܐܪܥܐ ܣܘܪܐ *as the navel of the earth is to husbandmen,* Charms 19. 16, 94 Syr. 4. ܣܘܪܐ f. *the navel,* add a second ref. Med. 569. 13.

ܣܘܕܐ *a gland,* ܘܚܬܝܬܐ ܕܣܘܕܐ *the lachrymal gland,* Med. 49. 23.

ܣܘܙܢܦܐ corr. ܣܘܕܢܦܐ *a pod, husk, shell;* BH. de Pl. ?. 1, ܣܘܢܦܐ ܘܩܘܡܚܐ DBB. 1336 under ܣܬܒܪ with variant ܣܘܕܢܦܐ.

ܣܘܣ col. 4108. 1) السوس Σοῦσα, *Susa,* bpric. near Karka d'Lédan, add Syn. Or. 683; 34. 4 and often., ZDMG. xliii. 393, Jab. 395. 15. 2) *Šus* and Qal'at *Šus,* a fortress on a great height, near the Upper Zab, Pers. Mart. 200, 224 quoting Yakut, A. M. B. i. 412.

ܣܘܣ. ܣܘܣܦܐ col. 4108. Ref. ܕܡܘܣܦܐ ܚܠܠ *soothing words, blandishments,* S. Dan. 61 b, 7 af.

ܣܘܣܐ or ܣܘܣܬܐ *a lake near the Tigris,* Jac. Edes. Hex. xxv. 2, cf. ܣܘܣ col. 4108 and ܣܘܣ col. 4345.

ܣܘܣܬܪ col. 4108. *Šuster* in Khuzistan. ܣܘܣܬܪܝܐ Chast. 35. 4, ܣܘܣܬܪܐ ZDMG. xliii. 404 and often; ܣܘܣܬܪܝܢ ib. 393.

ܣܘܣܬܪܝܐ Gentilic from ܣܘܣܬܪ, Mar Benj. 86. 5.

ܣܘ and ܣܘܐ col. 4110. ܣܘܝܒܐ delete ll. 3, 4, and 5. The gloss. is under ܣܘܒܕ col. 1679.

ܣܘܟܐ pl. ܣܘܟܬܐ *the armpits.* ܡܐ ܕܣܘܟܬܐ "*lepra*", Budge. This befalls those born early in Nisan, Med. 516. 17.

ܣܘܠ col. 4114. ܣܘܠܐ m. *clarification, purification* of light mingled with darkness, Manichéisme 144. 8.

ܣܘܠܐ *a filter,* Ephr. Ref. i. 12. 29.

ܫܘܚ Pael ܫܘܚ col. 4120. Add: *to parch corn,* ܣܘܥܕܐ ܕܬܒܠܐ ܥܫܝܢ ܕܚܡܝܡܘܬܐ ܘܒܘܕܐ, Hist. Mon. i. 164. 10.

ܣܘܚܢܐ col. 4121. m. *fomentation,* Med. 230. 5, 293. 19; ܘܚܡܘܨܬܐ ܐ̄, Hippoc. v. 26, vi. 30.

ܣܘܚܢܢܐ ἑλκώδης, *ulcerous,* Hippoc. iii. 19.

ܣܚܠ *wasting disease,* ܣܚܠ ܘܣܚܠܬܐ, Charms 3. 17.

ܡܫܰܚܢܳܢܽܘܬܳܐ col. 4122. *waxing heated*, But. Sap. Philos. 5. 1, opp. ܡܚܰܡܡܳܢܽܘܬܳܐ *heating*.

ܡܶܫܬܰܚܢܳܢܽܘܬܳܐ f. *the being warmed*, add: example of passive category, But. Sap. Isag. ii. 9 opp. ܡܚܰܡܡܳܢܽܘܬܳܐ *giving warmth*; ܡܫܰܚܢܳܢܽܘܬܳܐ ܕܐܽܘܟܳܠܳܐ ܘܕܶܫܩܳܝܳܐ ?, ib. N. Hist. iv. 4. 3.

ܐܰܚܫܰܕܰܪ col. 4122. add pl. ܐܰܚܫܕܪ̈ܶܐ *satraps*, Charms 73. 24.

ܣܚܰܦ. Pass. part. ܣܚܺܝܦܳܐ, ܣܚܺܝܦܳܐ col. 4123. *beaten down*, *spoilt*, ܘܗܳܘ ܣܚܺܝܦܳܐ ܡܶܢ ܩܽܘܛܳܥܳܐ Rylands 44 fol. 5 b. *Pounded*, name of an eye salve, Med. 90. 7.

Pael ܣܰܚܶܦ *to annoy*. ܥܰܠ ܠܩܶܠܳܝܬܶܗ ܟܰܕ ܡܣܰܚܦܶܗ ܠܓܽܘܫܡܶܗ *he went to his cell when he had tired out his body*, A. M. B. vii. 78. 16. Aph. ܐܰܣܚܶܦ add: ܠܡܳܢܐ ܗܳܢܐ ܟܽܠܶܗ ܡܰܣܚܦܰܬ݁؟ *why do you take so much trouble?* Pallad. 71. 8.

ܣܚܺܝܦܽܘܬܳܐ col. 4124 ult. Add: ܣܚܺܝܦܽܘܬܝ *my affliction*, Ephr. ed. Lamy iii. 491, ܣܡܒܽܘܥܳܐ ܕܣܚܺܝܦ, Ishoyahb 46. 9.

ܣܚܰܩ col. 4125. 5 of par. correct ref. to Chimie to 57. 2, 11. Add: *to press together, crowd*, ܣܚܰܩ ܥܰܡܳܐ ܚܰܕ Dion. 95. 3, 171. 3, 193. 6, ܡܣܰܚܩܺܝܢ ܠܡܰܚܕܶܐ ܣܗܕ̈ܶܐ, ib. 212. 7. Ethpa. ܐܶܣܬܚܰܩ add: *to be rubbed with soot*, certain criminals had their heads shaven and then covered with soot, see Duval, Néo-araméen de Salamas 50. 6, trad. 37. 1, ܠܢܶܫܝ ܡܣܰܚܩ̈ܳܬܳܐ, Syn. Or. 77. 17 = 329 note 5.

ܣܚܺܝܡ, ܣܚܺܝܡܳܐ adj. *black*, ܡܕܰܡܣܰܝ ܘܩܽܘܡܬܶܗ, Dion. 142. 11, Brit. Mus. Or. 3337. 17 v; subst. *charcoal*, Barḥad. 369. 5; *black flakes*, ܣܺܡ ܠܶܗ ܐܰܝܟ ܡܶܢ ܦܰܚܡ̈ܶܐ El. Nis. Chron. 122. 12.

ܣܚܳܡܳܐ m. *charcoal, ashes*, ܘܩܶܛܡܳܐ ܘܣܚܳܡܳܐ, Med. 583. 22, 24, 584. 2, *soot*, ܣܚܳܡܳܐ ܘܕܰܚܡ ܕܰܘܕܳܐ J.A.O.S. xx. 189. 18. Cf. ܣܽܘܚܳܡܳܐ col. 4127. 20.

ܡܰܒܽܘܥ̈ܶܐ ܚܡܺܝܡ̈ܶܐ ܘܕܺܚܕܶܝܟܳܢܳܐ ܕܰܚܡܺܝܡܳܐ *vitriolate*, *mineral springs are salt and vitriolate and sulphurous*, N. Hist. ii. cap. v, sect. 4.

ܣܚܳܢܳܐ, ܣܚܳܢܳܐ col. 4128. f. add: ܙܳܓ El. Nis. 25. 63; i. q. Pers. شخار *ashes for lye*; *vitriol*, Lag. B.N. 32 n.

ܣܚܰܬ col. 4129. Add: *to be marred, sullied*, ܘܶܠܐ ܠܥܰܡܳܐ ܕܚܶܫܟܰܬ݀ ܘܐܶܣܬܚܰܬ݀, Nars. ed. Ming. i. 356. 13.

ܣܛܰܪܘܳܢܝ prob. ܣܦܰܪܢܝ *parsnip*, Med. 366. 21.

ܣܛܰܚܝ E-Syr. bpric., Conc. Jab. A. D. 420, ZDMG. xliii. 395 infr.

ܣܛܰܚܺܝ a village in ?ܚܕܡܣ, Sassanidi 29. 7.

ܣܛܰܚܠܳܐ see above under ܣܚܰܠ.

ܣܛܰܝܳܪ col. 4136. 3 af. Delete. It is ܣܛܽܘܳܪ.

ܣܰܚܟܰܢܳܝܳܐ col. 4137. *a Šaibanite*, El. Nis. Chron. 174. 19.

ܣܰܝܳܓܳܪ 1) col. 4137. *Syagrus*, a kind of palm-tree. ܡܰܟܠܳܐ ܕܰܚܕ ܘܰܡܚܰܕܢ̈ܶܐ ?, L. E. S. 39. 11. 2) pl. *the gums*, οὖλα, Hippoc. iii. 24, ܣܰܝܳܓܳܪ̈ܶܐ ܕܗܰܦ̈ܶܐ Med. 105. 1, 168. 10, 175. 13 bis.

ܣܰܝܒ col. 4139. *a sheikh*. Add: ܚܰܣܳܡܳܐ ܕ ܣܰܝܒ Yezidis iii. 11, Mt. Singar 46 ult. Pl. ܣܰܝܒܘ̈ܬܳܐ ib. 26. 6 af.

ܣܰܝܟܰܢ *Schekhan*, a district NE. of Mosul, Mt. Singar 24. n. 2.

ܣܰܝܠܬܳܐ a monastery on the Lesser Zab, Chast. 61. 1.

ܣܰܝܡܬܳܐ a fruit, Med. 294. 9, probably ܣܶܝܬܡܳܪܳܐ *service berry*, see col. 4138.

ܣܺܝܪ Σήρ, terra Serica, China, Spic. Syr. 13. 22.

ܣܺܝܪ̈ܳܐ οἱ Σῆρες, *Seres, the Chinese*, Jac. Edes. Hex. xiii. 15, Spic. Syr. 13. 24, 26, ܣܺܝܪ̈ܶܐ ib. l. 21. Cf. ܐܳܠܝܳܐ *silk*, col. 4016.

ܣܺܝܪܳܢܝ col. 4143. Add: ܣܺܝܪܳܢܝ Pers. شيرج *sesame oil*, Med. 564. 11, 580. 11, ܡܫܰܚܳܐ ܕܣܺܝܪܳܢܝ?, ib. 560. 5, J.A.O.S. xx. 195. 16.

ܣܺܝܥܳܐ, ܣܺܝܥܬܳܐ col. 4144. Correct last line of par. to ܣܥܺܝܥܬܳܐ col. 4134.

ܣܰܚܒܰܪ, ܣܰܚܒܰܪܳܐ Arab. شـشـوبـر dialectic pronunciation of جـجـويـر *Gigouir* now *Shabshir* in the province of Ménouf, Amél. 187 f., A. M. B. v. 181. 10.

ܡܫܟܢܐ 332 ܡܫܟܢܐ

ܡܫܒܩܘܗ *Šišoh*, village near Ma'altha, in the south of Beth Nuhadra, M.Z. 200. 9.

ܫܟܠܐ m.pl. *ants*, Med. 579. 1, ܘܫܟܠܐ؟ ib. 580. 14.

ܡܫܟܢ. ܡܘܫܟܢܐ col. 4154. m. *gift, grace*. Add at end of par. γ) *the oblation* = ܐܘܪܒܐ ܡܫܟܢܐ, Jac. Ord. R.O.C. i. 13. 8 af.

ܡܫܟܢܐ, ܡܫܟܠܬܐ 1) *habitation*, les cinq ܡܬܥܠܐ *demeures* de ܐܘܚܪܢܐ؟ sont cinq étages dans le ܐܘܠܝܐ؟ܘܥܠܐ؟ i. e. ܠܡܕܥܐ ܘܠܡܘܢܐ ܘܠܚܘܫܒܐ ܘܠܬܪܥܝܬܐ *l'intelligence, la raison, la pensée, la réflexion, la volonté*, Cosmog. Manichéenne 1. 9, 20. 2) *the Shekina*, add: ܡܫܟܢܗ ܕܐܠܗܘܬܐ, Hist. B.V.M. 4. 13. ܡܫܟܢܐ part of a church, *the Mercy Seat = altar*, Med. 596. 5. E.-Syr. *a quasi-altar*, set on the lowest of the sanctuary steps, often containing relics of Saints, Maclean: ܡܝܪܡ ܪܡ ܡܫܟܢܐ, QdhamW. 33. 3 af., 130. 5. ܡܫܟܢܐ ܘܬܡܢ Takhsa 99. 17.

ܡܫܟܢܐ m. 2) ὑπόστασις, *sediment*, refs. Hippoc. iv. 69, vii. 28, pl. ܡܫܟܢܐ ܘܕܡܐ, ib. l. 29.

ܡܫܟܢܐ, ܡܫܟܢܐ col. 4156 infra. ε) *the stage*, ܡܫܟܢܐ ܘܥܡ τὰ ἀπὸ σκηνῆς (μέλη) opp. *sacred verses*, Sev. Ant. Vit. 244. 3, ܡܫܟܢܐ *pomp and theatrical display*, id. Lett. 297. 20; ܡܫܟܢܐ ܘܐܠܘ σκηνή, id. Hom. 48. 12.

ܡܫܟܢܐ ܘܟܘܪܕܝܐ Arab. زموم الاكراد *Kurds' Camp*, a bishopric in the province of Fars, Eranšahr 27, ZDMG. xliii. 396. 16, Syn. Or. 677; 43. 24.

ܡܫܟܢܐ from the Mandaic word for temple ܒܫܟܝܢܐ "*homme du temple*," Coupes ii. 154. 16.

ܡܫܟܒ, Aph. ܐܫܟܒ col. 4158. ܡܫܟܒܘ Anecd. Syr. iii. 257. 4. Correct ܐܫܟܒܘ *they fixed stakes*.

ܫܟܪ Arab. شخص *a figure, image*. A metal standard with figure of a bird, Yezidi idols, ܡܩܪܐ ܙ ܡܢܨܒܐ ܘܚܕܐܘܬܐ *šakčê ou stations des symboles*, Yezidis 112. 10. Cf. ܣܟܐ below.

ܣܟܪ. ܣܟܝܪܐ, ܣܟܪܐ col. 4158. Add: ܣܟܝܡ ܕܘܫܘܢܘܡܘܣ, *abhorred*, Pet. Ib. 81. 14. ܣܟܪܐ ܘܫܘܪܪܐ *a vicious circle*, But. Sap. Theol. 1. 2 infr.

ܣܟܪܐ؟ col. 4160. Written ܣܟܪܐ, Dion. 155. 19, *a field of corn*.

ܣܟܪ col. 4160. *sugar*: ܘܢܟܐ ܣܟܪ *loaf sugar*, ref. Med. 92. 3. 10, 165. 4, 610. 17.

ܣܟܪܢܐ Pers. شكرن *a plant*. To be applied to sword-wounds, Med. 585. 10.

ܣܟܬ. ܣܟܬܐ col. 4162. sing. Ref. ܐܣܟܬܐ *one sunk in tranquillity, in settled quiet*, Išoyahb ed. Duval, 69. 18; pl. ܐܢܬܝ ܣܟܬܐ, ib. 91. 3.

ܣܟܬܝܐ *sunken, deep set* of the eyes, Med. 37. 13.

ܣܟܠܐ col. 4162. Add: *a small stone*, at a Yezidi wedding, the bridegroom ܢܣܒ ܚܕܐ ܣܟܠܐ ܬ ܕܐܦܐ ܐܚܕܘܐ Yezidis 112. 13,

ܫܠܐ Pael ܫܝܠ *to silence*, ܡܠܐ ܕܫܐܠܬܐ *to confute a question*, Ephr. Ref. ii. 96. 23. Ethpa. ܐܫܬܠܝ add: *to remain dormant* as seed, ܘܫܟܒܐ ܥܡ ܙܪܥܐ ܘܐܫܬܠܝ, Dion. 57. 17.

ܡܫܟܢܐ, ܡܫܟܝܢܐ *the conjunctive membrane of the eye*, N. Hist. vii. 1. 2.

ܫܠܚ. Pass. part. ܫܠܝܚ, ܫܠܝܚܐ col. 4172. E.-Syr. *the Apostle* i. e. *the Epistle for the day*, always taken from St. Paul, Takhsa 4. 9, 18, 64. 2. Aph. ܐܫܠܚ col. 4173. Add: Metaph. ܐܫܠܚ ܐܒܠܗ *he lays aside his mourning*, Ephr. ed. Lamy iii. 439. 4.

ܫܠܚܐ m. ἀγγελία, *a message*, A.M.B. v. 170. 14.

ܫܠܚܬܐ col. 4174. f. *the sloughed or cast skin* of a snake, ܫܠܚܬܐ ܘܫܢܐ, Med. 583 ult.

ܫܠܚܬܐ col. 4174. Delete: it is ܫܠܚܬܐ q. v. col. 4116.

ܫܠܝܚܐ col. 4176. 2) *bare*, ܡܫܠܚܝ ܡܫܡܫܢܐ, Dion. 113. 12.

ܫܠܚܢܐ col. 4176. ref., *a brigand*, Dion. 127. 5.

ܡܣܠܒܘܬܐ ܕܚܬܝ̈ܐ col. 4176. f. ܡܥܟܣܢܘܬܐ stripping the dead, Dion. 222. 6.

ܡܥܟܣܐ col. 4176. f. cassia bark, Med. 51. 3, 13, 52. 11, 297. 23, 305. 11, 13 and often.

Proper names: ܐܳܕܳܡ ܥܟܣܐ a monk of Beth Kolla, M. Z. 215. 6. ܕܝܪܐ ܕܡܟܬܣܐ The convent of the Apostles, in Khuzistan, Journ. As. x. vii. 111, 109.

ܡܟܝ ܡܥܟܚܘܢܘܬܐ col. 4182. f. ref. power of the human soul over its forces, also of bad habits over the soul, N. Hist. viii. 4. 1, Philos. 8. 1.

ܡܟܡ. Pael ܡܰܟܶܡ col. 4185. to salute, give the Kiss of Peace, ܢܫܩ (ܩܘܒܠܐ) ܕܡܡܟܟܡ ܟܣܚܕܐ Takhsa 7. 17; ܟܡ ܡܡܟܟܡ ܐܢܐ ܟܕ ܓܚܟܢܐ ib. 99. 13, 15, 17.

ܘܥܕܐ ܘܐܣܟܐ ܐܚܕܘܐ add: ܗܘ ܡܥܟܟܡܐ translating the Gr. formula ὁ τῆς εὐσεβοῦς λήξεως, Mélanges, Kugener R. O. C. v. 155 on Anecd. Syr. iii. 294. 11.

ܡܟܡܕܐ ܡܶܟܬܰܡܐ col. 4188 infra. complete, ܣܒܪܐ ܠܐ ܡܟܡܕܐ imperfect hope, Išoyahb 55. 27.

ܡܟܡ, ܡܟܡܐ peace. Col. 4190. 3 from end of par. ܡܕܝܢܬ ܡܟܡ the City of Peace i. e. Baghdad, Chast. 34. 16.

Proper names: col. 4195 infra. add ܡܟܡܗ Bishop of Karka de Ledan, Jab. 378. 2, ZDMG. xliii. 401 pen.

ܡܟܡ ܝܐܟܐ ܘܡܟܟܝܣܟܐ col. 4198. smallpox, ref. M. Z. 203. 8.

ܡܡ, ܡܡܐ col. 4200. 15. add: ܩܠܐ ܘܡܡܪܐ ὀνόματα ῥήματος, verbal nouns, Hebraica iv. 169 pen. and ult.

ܡܡܕܡܣ col. 4204. pr. n. Bp. of Damascus, Mar Aba ii. Letter 305, 268.

ܡܡܝ col. 4204. Pael ܡܰܡܝ to deprive of Church membership, to cast out, add: ܡܡܡܝܬܐ Syn. Or. 44. 17, 22, ܡܡܡܝܢ ܬܗܘܐ l. 29; Hist. Mon. i. 39 ult.

ܡܡܝܘܬܐ deprivation of priests orders, Syn. Or. 45. 2.

ܡܡܡܝܐܝܬ dissolutely, Sev. Lett. 416. 21.

ܡܣܐܢܝ. ܡܣܐܢܐ col. 4207. m. the strap? of a sandal, Sev. Ant. Hymns 132. note f.

ܡܣܐܢܐ m. ref. ܘܡܫܩܠ ܡܣܐܢܘܗܝ the taking off of his shoes, BH. on Luc. iii. 16.

ܡܣܐܢܝܬܐ barefoot, ref. Dion. 113. 12.

ܡܫܡܝܐ col. 4208. heaven. Add: the weather, ܡܫܡܝܐ ܕܡܕܝܢܬܐ ܚܠܝܐ, Pallad. 33. 21.

ܡܫܡܢ. ܡܫܡܢܢܘܬܐ fatty, adipose, ܘܡܒܕܩܗܘܢ ܠܐ ܩܢܐ ܟܕ ܚܣܝܪܟܕ ܡܫܡܢܢܘܬܐ ܘܫܚܐ, But. Sap. N. Hist. vii. 1. 3.

ܡܣܒ col. 4213. add: ܡܣܝܒܢܐ, ܡܣܝܒܝܢ ܠܐܡܐܡܝ ܘܡܣܒܣܢܝܢ ܚܛܝܬܐ ܘܣܘܥܪܢܐ of lusty and robust habit, Sev. Ant. Hom. 11 ult.

ܡܣܒܥ col. 4214. end of par. with ܥܡ to be agreeable to, have consent given ܠܐ ܕܥܡܝ ܥܡܝ, BH. Journ. As. 1898, 98. 869. Add: to understand ܠܐ ܐܣܬܟܠܘ ܡܠܐ ܚܕܐ ܥܡܝ ܡܐܡܪ ܘܡܣܒܥܝܢ ܗܘܘ they understood no language beyond Syriac, Eus. Theoph. 189. 18.

ܡܣܒܟܐ col. 4216. ܡܘܗܒܬܐ ܕܡܣܒܟܐ what? among the gifts of the Magi, G. Busâmé 64. 5 af.

ܡܣܒܝܟܘܬܐ col. 4217. Add: a subject, ܡܣܒܝܟܘܬܗܘܢ ܘܡܕܠܝܣܝܢ ܚܣܝܣܐܝܬ ܟܣܝܒܐ ܚܙܐ ܕܘܝܕ David saw his subjects being destroyed by the death-dealing plague, Sev. Lett. 189. 13.

ܡܣܒܟܐ col. 4219. Arab. ‏شَمَع wax, add: Med. 581. 8, 586. 2, 5, 14, 15.

ܡܣܩ. Pael ܡܰܣܶܩ col. 4226. to send out. ܩܠܐ ܡܰܣܶܩ ܕܢܟܐ φωνὰς ἀφιέναι, he cried out, A. M. B. v. 353. 19. To stretch out, — ܡܣܒܠܘܢܥ ܡܣܩܕ (ܟܐܡܪܟܗ) ܕܝܢܐ ܥܬܝܪ, Natur 29. 2. To discharge pus, deep-seated sores ܡܣܩܢ ܚܠܐ ܘܡܣܩܕ. ܩܬ ܘܚܩܐ, Med. 222. 21; ܚܝܢܐ ܫܒܝܢܐ ib. 224. 3. Ethpa. ܡܬܡܣܩ col. 4221. l. 18. To be discharged as matter or poison, Natur 41. 3, ܐܘܢܐ ܘܡܬܟܠܐܣܩ ܚܣܝܢܐܝܬ, Med. 223. 11.

ܡܣܩܐ m. col. 4221. emission, discharge, ܡܣܩܐ ܘܡܣܩܕ, Med. 218. 15, 271. 18.

ܡܫܡܥܢܝܬܐ col. 4221. ref. *effusive, noisy,* ܓܠܐ ܡܫܡܥܢܝܬܐ Jab. 234. 8.

ܡܫܡܥܢܐ *emissive,* the active force of the animal soul is ܡܫܡܥܢܐ, N. Hist. viii. 3. 1 bis.

ܡܫܡܥܢܘܬܐ *emission, utterance,* ܡܫܡܥܢܘܬܐ ܡܠܠܢܝܬܐ N. Hist. vii. 2. 3.

ܫܡܥܪܪܐ col. 4222. *nyctalopia,* refs. Med. 86. 20, 88. 23, 89. 5.

ܫܡܥܪܐ name of a monastery, Hist. Mon. i. 143. 16.

ܫܡܫ denom. verb from ܫܡܫܐ, *to sun, expose to the sun,* ܚܡܪܐ ܛܘܪܝܐ ܕܠܐ ܡܫܡܫ ܒܫܡܫܐ *mountain wine which hath not fermented in the sun,* Med. 302. 5.

ܫܡܫ col. 4226. β) *to celebrate* the Eucharist, add: Takhsa 146. 5, 170. 5; *to recite* psalms, ܡܫܡܫ ܓ : ܗܘܠܠܐ *he recites three sections of the Psalms,* ib. 106. 18, 114. 8, ܡܫܡܫܝܢ ܠܗ ܚܕ ܚܕ ܦܬܓܡ *they recite Psalms phrase by phrase* i.e. farcing after each, ib. 135. 11. Ethpa. *to be said* or *read,* —ܫܢܝ ܡܬܡܠܠ ܡܫܡܫܢܘܬܐ Pallad. 8. 5.

ܫܢ, ܫܢܐ col. 4231. *a tooth.* 2) (sic) ܫܢܐ ܕܬܘܡܐ *spikes of garlic,* ref. Med. 564. 22. Add: ܫܢܢܐ ܗܘ ܕܩܕܠܐ ܫܢܐ Arabism سن *a pointed vertebra* forming the apex of the cervical column, Med. 155. 22.

ܫܢܢܐ pl. ܫܢܢܐ 4) *the sharp spines* of the saw-fish, ܐܝܟ ܫܢܘܗܝ ܚܪܝܦܐ ܕܢܘܢܐ ܡܣܪܐ, Natur 56. 17.

ܫܢܐ col. 4233. *To palpitate,* ܠܒܒܐ ܕܫܢܐ خفق ونبض, Med. 566. 1, 567. 6.

ܡܫܢܝܢܐ add: ܡܫܢܝ ܕܡܠܐ gloss to ܡܫܚܠܦܢܘܬܐ *metaphor,* But. Sap. N. Hist. iv. 5. 2.

ܡܫܢܝܢܐܝܬ *with swift movement,* Hist. B.V.M. 100. 4; with ܕܡܫܢܝܢܐܝܬ, of Our Lord's coming, Bar Penk. 9. 6.

ܡܫܢܝܢܘܬܐ col. 4239. *change,* Gaza MS. 217 *b*; ref. ܠܐ ܡܫܢܝܢܘܬܗ *not departing* from folly, But. Sap. Eth. iv. 4.

ܡܫܬܢܝܢܘܬܐ add: ܥܐܕܐ ܕܠܐ ܡܫܬܢܝܢܐ *fixed Saints' days,* Brev. Chald. i. 486. 2.

ܫܢܬܐ *the year.* col. 4240. 1. 4) locutions. ܡܢ ܗܘܐ ܫܢܝܐ *some years after,* Sev. Ant. Vit. 301. 4 and note, ܡܢ ܗܘܐ ܒܗ ܐܚܝܐ ܕܫܢܝܐ ib. ult.

ܫܢܓܐ, ܫܢܓܬܐ col. 4241. f. Pl. emph. ܫܢܓܬܐ *passionate desires,* Tekkaf 103.

ܫܢܓܢܝܬܐ *passionate,* ܪܓܝܓܬܐ ܫܢܓܢܝܬܐ, But. Sap. Eth. iv. 3.

ܫܢܓܪ i.q. ܫܢܓܪܘ col. 4241. infr. *Anchusa tinctoria,* ܫܢܓܪ انخوسا يصبغ به الشمع احمر ويسما السمقان, Med. 610. 10 f.

ܫܢܓܪܝܐ gentilic from ܫܢܓܪ = ܫܝܓܪ *an inhabitant of Singar,* Chast. 36. 9, pl. ib. ll. 10, 19.

ܫܢܘܕܝܢ pr. n. m. col. 4243. *Shenoudin,* an Egyptian Monophysite monk, see Amélineau, Moines Égyptiens, Paris, 1889, Diosc. ed. Nau, 22. 2, 94. 3, R. O. C. xii. 32, note 2.

ܫܢܘܡܢ Avesta shnûman, Pehlevi ܫܢܘܡܢ, reconciliation, satisfaction. To say this was a religious formula, ܡܫܩܠܐ ܡܚܘܡ، ܫܢܘܡܢ ܒܚܕܐ ܒܗ, A. M. B. ii. 579. 2.

ܫܢܩ col. 4244. Pael part. ܡܫܢܩܐ φθινώδης, *phthisical,* Hippoc. iii. 10, iv. 8, v. 60.

ܫܢܩܐ m. col. 4245. *phthisis,* ref. pl. ܫܢܩܐ Med. 16. 19.

ܫܢܩܠܘܝ surname from ܫܢܩܠܐܘܓ C.B.M. 1067, No. 9, Chron. Sim. *Šanqlawaja* 5. 9. See ܡܫܩܠܐܝ infra.

ܫܢܬܐ col. 4240. *tree lichen,* Med. 89. 14, 20, 174. 4.

ܡܫܢܩܢܐ ܡܥܝܐ col. 4246. infr. λειεντερία, *lientery,* ref. Hippoc. iii. 21, 29, iv. 12, vi. 1. 42.

ܫܥܐ. On col. 4250 add: ܡܫܬܥܝܢܝܬܐ *scurrilous;* ܐܠܗܝܬܐ ܠܐ ܡܫܬܥܝܢܝܬܐ *sacred subjects not to be mocked at,* Sev. Lett. 106. 12.

ܫܥܐ, ܫܥܬܐ *an hour.* col. 4252. under phrases add: ܫܥܬܐ ܕܠܐ ܫܥܬܐ ὥρα ἄωρος = μεσονύκτιον, *in the dead of night,* Pet. Ib. 54. 8.

ܡܥܕܢܐ *of* or *pertaining to the hours*, ܐܟܕܐ ܡܥܕܬܐ "*les temps d'une heure*" are the degrees of the equator which answer to one hour, i. e. a twelfth part of the arc of the equator between sunrise and sunset, De Astrolabe 249. 5, 256 bis, 282 note, 288 note.

ܡܥܘܬܐ col. 4253. *wax.* Add: ܚܒܬ ܡܥܘܬܐ *yellowish fluid* from sores, Med. 554. 12.

ܡܥܘܬܘܬܐ f. *waxiness, thick waxen colour*, Med. 557. 17.

ܡܥܘܬܢܐ *waxy, wax-coloured*, ܩܡܣܬܐ ܘܗܝ, ܡܥܘܬܢܐ, Med. 599. 20, 600. 19, 22, 601. 2.

ܡܥܘܬܢܝܐ *wax-like*, add ref. Med. 576. 22.

ܡܥܠ col. 4254. Add: Ethpa. ܐܬܡܥܠ *to be coughed up*, ܡܥܠܐ ܘܡܬܡܥܠܐ Med. 201. 5.

ܡܥܠܐ = Arab. جُعْل *reward for delivering up a fugitive*, Dion. 111. 5, 9, ܘܡܥܠܐ *the Emir's portion of exactions*, ib. 162. 2. 5. For other instances of ܥ for ܓ cf. ܣܥܡ ܠܓܠܓ ib. 33. 6 and ܡܥܦܪ ܟܥܦܪ ib. 115 f. Nöld. in locc.

ܡܥܠܕܬܐ f. *a thorny plant*, شريسة, Med. 585. 13.

ܡܥܠܬܢܐ *accompanied with coughing*, ܩܕܠܐ ܡܥܠܬܢܝܐ, Hippoc. iii. 30.

ܡܥܡ col. 4255. ܡܥܡܢܐ *muddy*, ܡܥܡܐ ܘܡܚܣܝܐ, Sev. Lett. 360. 1.

ܡܥܦܪ pr.n.m. جعفر *Ja'far*, Dion. 115. 15.

ܡܥܢ col. 4256. a mountain, Chast. 22. 10, 50. 18, 21.

ܡܥܢ Arab. شان *to look. To turn back, look back* ܡܥܢ ܐܚܬܡ ܐܚܕ ܘܗܡܕܙܗ A.M.B. iii. 600. Ethpe. ܐܬܡܥܢ *to be cleared of stones*, ܡܥܦܩ ܡܢܗܝ Geop. 14. 24. Aph. ܐܡܥܢ with ܡܢ *to diverge from*, Ephr. Ref. i. 40. 11. Ettaph. ܐܬܬܡܥܢ *to be condoned*, Sev. Lett. 140. 9.

ܡܥܢܠܝܬܐ *needing indulgence*, Sev. Lett. 163. 11.

ܡܥܦܐ col. 4258. ܚܡܪܐ ܘܡܥܦܐ *the edible root of a small plant called in vulgar Arabic of Mosul* حشكبي *and in Modern Syriac* Syriac ܡܥܡܦܐ, Mingana, ܘܗܝ (sic) ܘܡܥܦܐ ܚܡܪܐ ܘܡܥܦܬܐ Med. 600. 3.

ܡܥܦܐ m. *a sharpened stake*. ܚܣܝܡܐ ܘܡܥܦܐ *darts and spears*, Josephus vi. 15 ult.

ܡܥܦܢܝܐ *a relative adjective from* ܡܥܦܐ *above*, Med. 600. 3.

ܡܥܦܐ *the slope* or *foot* of a mountain, ܡܥܒܐ—ܒܣܝܣܐ ܚܡܥܐ ܘܗܒܠ, Pet. Ib. 98. 4. Cf. שָׂעִי *to make steep or sloping*, transl. 93 note.

ܡܥܦܝܓܐ f. *a large needle*, ܡܫܬܝ ܘܡܥܦܝܓܐ ܘܣܠܬܙܡܐ *a basket maker's needle*, Op. Nest. 146. 5.

ܡܥܩܝ col. 4263. Add: ܠܫܢܐ ܡܥܩܕ *brass founders*, Alex.-Lied. ZDMG. lx. 819.

ܡܥܩܕܠܐ col. 4267. *a bolus, suppository*, ܚܬܡ ܡܥܩܕܠܐ ܘܣܝܡ ܕܡܥܕܟܢܗ ܘܘܐܢܐ Med. 102. 3, 107. 20, ܡܥܩܕܠܐ ܘܢܒܫܐ, ib. 432. 7, 11; ܡܥܩܕܠܐ ܒܠܠܝܛ ܣܝܦ ܝܬܚܡܠ ܒܗܐ, ib. 610. 14 f.

ܡܥܝܢ in compounds, col. 4277. ܡܥܝܢ ܐܕܬܐ καλλίνικος, *victorious*, Sev. Ant. Vit. 81. 12, Sev. Lett. 139. 13; ܡܥܝܢ ܡܥܚܬܐ καλόγηρος, *venerable*, id. Vit. 107. 7; ܡܥܝܢܐ ܣܩܚܒܪܐ εὔστοχος, Greg. Carm. ii. 22. 21; ܡܥܝܢܐ ܦܪܘܦܐ εὐπρόσωπος, *plausible*, Sev. Ant. Hom. 58. 1, Letters 57. 11.

ܡܥܦܪ ܘܦܐ col. 4274. *fawning*, ܐܒܝ ܡܥܚܕ N. Hist. vii. 1. 1.

ܡܥܝܢܘܬܐ col. 4278. In compounds: ܠܐ ܡܥܝܢܘܬ ܕܚܠܡܐ *misunderstanding of* εὐκοσμία, Sev. Lett. 79. 19.

ܡܥܦܐ col. 4280. g) *a line* of verse, ܡܥܐ ܚܕܐ *isocolon, a metre with four rests to a line*, C.B.M. 615 a 7 af., ܡܥܦܐ ܘܡܚܝܬܐ *a poem of even lines* opp. ܡܥܐ ܘܡܥܠܠܐ *long lines mingled with shorter verses*, Sev. Poet. 149 v.

ܡܥܡ Pael ܡܥܡ col. 4281. Ref. ܠܬܟܬܝܬ ܡܥܡܐ *bathe the eyes*, Med. 82. 11. Ettaph. ܐܬܬܡܥܡ *to have been poisoned*, add: ܡܢ ܐܬܬܡܥܣ ܐܬܕܡܣܒܪܘܢܗ BH. Stories 11. 33.

ܡܵܘܡܵܬܵܐ *an injection*, ܘܚܒܝܼܫܬܐ ܡܵܘܡܵܬܝܼ Med. 47. 15.

ܐܵܣܩܵܠܘܿܢ *Ascalon*, Diosc. ed. Nau 59. 12, ܐܣܩܠܘܢ ib. 62. 4.

ܡܩܠ col. 4283. Add: ܐܡܠܟ ܟܬܢܐ *she adopted*, Pallad. 117. 3. Pass. part. col. 4286. Add: ܡܫܚܐ ܡܚܘܠ *skimmed oil*, Med. 326. 20. Ethpe. ܐܬܡܠܝ. Add: ܐܬܡܠܝܡ ܗܘܐ ܕܟܠܗ ܐܘܗ *he was rapt in ecstasy*, Pallad. 108. 12. Aph. ܐܡܠܝ. ܡܥܠܐ ܕܡܥܐ *he bursts into tears*, Ephr. ed. Lamy iv. 81. 4.

ܡܩܠܒܕ pr. n. l. *Šaqlaband*, Journ. As. 1906, 76 i. q. ܣܩܠܘܐ *Saqlawa*, Syn. Or. 11 and حبلاخ, Pers. Mart. note 1847.

ܡܩܡܝ Arab. شخص *a person, personage*, ܐ̈ܢܫ ܠܚܕܐ ܡܩܡ, Yezidis 116. 8.

ܡܩܡܐܝܬ *falsely*, M. Z. 65. 19.

ܡܩܡܠܬܐ col. 4297. pl. m. some bird, perh. *a roller*, Natur 34. 3.

ܡܩܪ col. 4305. *Shar or Shal, lily root*, Budge, Med. 141. 23.

ܡܩܪ Pael ܡܩܪܝ col. 4299. *To give credence to, believe*, ܚܙܘܝܼ ܘܠܡܐ ܠܐ ܡܩܕܫܬܗ Dion. 132. 8. Ettaph. ܐܬܡܩܪܝ *to be credible*, ܠܗܘܐ (sic) ܕܠܐ ܡܬܡܩܪ ܘܕܗܕܐ *this was incredible*, Dion. 132. 5.

ܡܩܪܐ for (Urim and) *Thummim*, ܠܓܠܝܐ ܘܫܪܪܐ ἡ δήλωσις καὶ ἡ ἀλήθεια Lexx. Hex. Ex. xxviii. 30.

ܡܫܩܕܐܝܼܬ col. 4304. f. Add: ܬܘܩܐ ܕܣܪܝܛܐ *correct arrangement of syllables*, Pallad. 94. 8.

ܡܬܡܩܪܢܘܬܐ with ܠܐ *incredible*, Pléroph. 22. 6.

ܡܩܪ. Ethpe. ܐܬܡܩܪܝ with ܫܘܩܐ *the market was over* opp. ܫܘܩܐ ܦܡ *the market is open*, Ebed J. 240.

ܡܩܪܢܐ col. 4313. ܡܩܪܢܐ ܘܡܥܢܐ *running or watering of the eyes*, Med. 87. 14, cf. ܡܘܕܐ ܘܡܥܢܐ above. E.-Syr. *a psalm or part of a psalm usually introducing an anthem, it is variable and is farced*, Maclean Dict., Catholicos of the East 219. ܡܩܪܢܐ ܘܫܠܡ *the proper shuraya*, Takhsa 4. 6; 59. 8 af., 111. 5; QdhamW. 7. 12, ult., 45. 4, 47. 12, ܫܘܪܝܐ؟ = *psalm preceding the Psalms*, ib. 9. 5. ܡܩܪܝܐ ܕܩܕܡ ܐܠܗܐ *preface to the anthem and the collect "for help"*, 1. 10; ܡܩܪܝܐ ܘܩܠܐ *preface to the chants*, 1. 15; ܘܡܩܪܝܐ ib. 166. 17; Brev. Chald. i. 53 ult., 54. 7, 63. 18, 65. 15, 19 and often; ܕܟܘܪܐ ܕܚܕܒܫܒܐ ܟܡܠ ܡܩܪܝܐ *on Festivals and Commemorations* (Feasts of Our Lord and Saints Days) anthems are said but *no shuraye*, ib. 8. 10; a ܡܩܪܝܐ resembles a ܐܢܦܪܐ i. e. *a few verses of a psalm sung before the Gospel*, ib. 74. 3.

ܐܝܟ ܕܫܪܘܝܐ *in the manner of a novice*, Jab. 454. 6, ܫܪܘܝܐܝܼܬ ib. 461. 6 = Pers. Mart. 100.

ܡܫܪܝܢܐ col. 4314. Add: *dissolvent*, ܡܫܪܝܢܐ *cathartics*, BH. Stories 63. 336, sing. 69. 365.

ܡܫܪܝܐ col. 4315. Pl. ܡܫܪ̈ܝܐ *guests*, opp. ܫܪ̈ܘܝܐ *travellers*, Jac. Sar. ZDMG. xii. 118. 8.

ܡܫܪܝܐ col. 4316. d) *dismissal*. ܡܠܟܬܐ ܘܫܪܝܐ *a dimissory letter*, Sev. Lett. 49. 8.

ܡܫܪܝܐ often for ܡܐܪܝܐ *silk*: see col. 4016 and Suppl. above.

ܫܪܝܢܝܐ col. 4317. *arterial; the windpipe is formed* ܡܢ ܩܢܟܝܣ ܫܪܝܢܐ ܩܢܘܢܐ ܘܡܢ ܩܢܟܝܣ ܫܪܝܢܐ ܘܢܒܝܐ ܘܘܢܒܐ ܫܪܝܢܐ, N. Hist. vii. 1. 3.

ܫܪܝܐ col. 4318. *erysipelas*. With Pthakha ܫܪܝܐ: ܐ: ܚܘܕܢܐ ܩܡܐ ܘܡܘܟܕܡܐ Med. 192. 11, pl. ܫܪ̈ܝܐ ib. 194. 19, 218. 13, 14, 334. 13, Hippoc. v. bis, vi. 24, vii. bis.

ܡܫܪܝܢܐ col. 4319. *originating, giving rise to*, ܓܓܠܠܐ ܡܫܪܝܢܢܐ *predisposing causes*, Med. 200. 1.

ܫܪܝܢܐ *erysipelatous*, ܘܡܫܪܝܢܐ ܣܩܝܒܠܐ (ܕܡܚܐ) ā Med. 35. 9, marg., and ib. ܫܩܬܩܐ ܘܠܐ ܫܪܝܢܐ 270. 5, ܚܘܕܢܐ 282. 17.

ܡܫܪܐ Arab. مَشَارَ from Jud.-Aram. מִשְׁרָא, Mand. משארא, *a plot of ground for sowing corn*, Mand. Gram. 160 n. Cf. Ar. FremdW.

129; DBB. 943. 7 gloss. to ܚܒܠܐ. ܡܚܡܬܐ ܕܡܥܡܘܕܐ؟ (sic for ܕܡܥܡܘܕ) Encomium on Rabban bar 'Idta, v. 670 ed. Budge, Lit. Centralblatt, 1903.

ܫܪܪܐ f. prob. *the navel*, ܫܪܐ ܕܫܪܪܐ؟ Charms 27 tit., and five times. Cf. ܫܪܐ in ܫܪܪܬܐ col. 1709 and ܫܪܪܐ, ܫܪܪܐ col. 4106 and Suppl.

ܫܪܝ pr. n. m. Mar *Schéri*, founder of the monastery on the hill of Dara, Chast. 2. 2 and 3 af.

ܫܪܝܐ *the Saraye*, Chron. Min. 355. 20.

ܫܪܒ col. 4332. *to be dried up.* ܢܘܢܐ ܡܫܪܒܐ ܘܡܠܝܚܐ؟ *a dried and salted fish*, Alex.-Lied Z.A. vi. 371. 1. Pass. part. ܡܫܪܒ, ܡܫܪܒܠ *mentioned*, ܘܗܘ ܚܫܝܒ ܐܟܕܢܐ ܕܡܫܪܒ ܗܘ ܕܠܝܬܝ ܫܡܗ ܕܠܗܐ "comme il résulte de ta lettre, le mot Dieu est omis", BH. Journ. As. 1898, 80. 142. Ethpa. ܐܬܫܪܒ prob. denom. from ܫܪܒܐ *to be related, handed down*, ܥܡ ܗܕܐ ܕܐܝܙܐ ܐܬܫܪܒܬ ܗܘ ܣܒܐ ܚܒܪܐ Coupes ii. 157. 26.

ܫܪܒܬܐ col. 4324. Add: name of the goddess worshipped at Arbela, ܫܪܒܬܝܗ؟ ܕܐܠܗܬܐ ܕܐܪܒܝܠ A.M.B. iv. 133, M.Z. 58. 32.

ܫܪܒܘܣܐ col. 4325. *a loop*, Med. 93. 19.

ܫܪܝ col. 4325. *to be dim, weak* of the eyes, refs. Hex. Jes. 1. 11, Nars. ed. Ming. 326 pen., ult., ܘܠܐ ܬܫܪܐ ܫܪܝ Natur 38 ult.

ܫܪܕܐ col. 4326. 4 af. *Sherda* on the river Gozan, see ܓܘܙܢ Suppl. A.M.B. ii. 651. 10.

ܫܪܗܒ col. 4327. ܐܠܗܐ؟ ܚܡܫܗ ܣܪ ܘܪܘܚ Nest. Chrest. 98. 241.

ܫܪܗܒܐ m. dimin. *a small plant*, Protection 86. 18 ܘܡܬܒܠ ܕ ܐܪܙܐ ܡܓܐ ܡܠܝܐ ib. 32.

ܫܪܚ col. 4328. ܐܬܢܐ ܕܡܣܝܢ ܐܘ ܡܫܬܪܚܐ ܥܠ ܡܪܬܗ "*the cow which hates or is excited towards her mistress*", but the editor prefers the variant ܕܣܢܝܐ ܠܒܪܗ ܐܘ ܠܒܪܬܗ "*which hates its son or daughter*", Protection 16. 8 af. Ethpa. ܐܫܬܪܚ *to exceed*, ܐܫܬܪܚܘ ܟܗܢܐ ܥܠ ܚܕܝܘܬܐ *the number of priests exceeded that of the laity*, Is. Ant. ii. 150. 17.

ܫܪܐ col. 4330. m. pl. *The Guards*, refs. Dion. 135. 17, 20, 167. 21; *Polizei, Soldaten*, Nöld. n.

ܫܪܝܐ i.q. ܫܪܐ m. pl. *life-guards, attendants*, refs. Bar Penk. 157 ult., 158. 3, 185; ܥܠ ܬܫܡܫܬܐ ܕܫܪܝܐ *over the service of the Guards*, El. Nis. Chron. 192. 6, 220. 14.

ܫܪܝ col. 4330. with another verb ܡܫܪܝܢ ܕܡܛܝܢ *at length they come to* —, Alex.-Lied. 806.

ܫܪܐ col. 4332. ܫܠܠܐ ܕܝ ܫܪܐ ܕܐܚܪܝܬܐ *the sting of a scorpion is hollow like the lower end of a flute*, Natur 41. 1.

ܫܪܘܝܬܐ col. 4334. 3) *a watery cyst* on the eyelid, ref. Med. 94. 9.

ܫܪܥ col. 4334. *to slip.* Causative *to make to slip*, ܚܡܪܐ؟ ܕܡ ܫܪܥ ܠܒܐ Dion. 141. 14 but corr. ܫܪܥ. Ethpe. ܐܫܬܪܥ *to slip*, ܐܫܪܠ ܐܘ ܕܐܦܠ ܫܪܥ ܠܬܚܬܐ ܐܘ ܕܫܬܡܠܝܬܟ ܥܡ ܘܬܟܠܐ Is. Aut. B. 102. ult. Aph. ܐܫܪܥ add: ܕܡܐܟܠܬ ܕܫܪܝܢ ܒܩܠܝܠܐ *foods which are cooling and slip down easily*, Med. 231. 1.

ܫܪܝܥܐ, ܫܪܥܬܐ 2) *sticky, viscous, clogging*, Med. 194. 24, 286. 10, ܫܪܝܥܐ ܩܠܝܫ ib. 288. 6, 9.

ܫܪܝܐ pr.n.m. *Šria*, eleventh bp. of Adiabene, M.Z. 42. 2.

ܫܪܥܘܬܐ *the plague.* Disease in vineyards or crops, ܡܘܬܢܐ ܕܫܪܥܘܬܐ؟ Protection 19. 8.

ܫܪܦ *to swallow*, ܫܪܘܦ ܟܠܐ ܕܒܩܡܝܥ *swallow before breakfast*, Med. 564. 12.

ܫܪܩܐ col. 4339. 2) *skin* of a grape, Med. 68. 10. 3) *an eddy*, ܫܪܩܐ ܕܡܬܠܐ ܘܚܕܐ (ܣܒ Loof's Nest. 374. 3.

ܫܪܩܝ؟ place-name. M.Z. 30. 57 i.q. ܫܪܩܘܝ above and col. 4077.

ܫܪܩܐ col. 4340. 2) *a thread, string*, ܚܘܛܐ ܕܐܡܪܒܝܐܘܢ؟ ܩܛܝܡ Pallad. 27. 5.

ܫܪܝ Ethpali ܐܫܬܪܝܢ col. 4341. *to be relaxed, to loose hold*, ܚܒܪܐ ܥܡ ܣܘܣܗ ܘܐܫܬܪܝ

the snake *uncoiled itself* var. ܐܚܕ ܘܡܝܟܗ ܡܢ Hist. B.V.M. 74. 3 af., ܐܬܚܕܗܕܘ ܗܕܡܘܗܝ *his limbs relaxed, became powerless*, ib. 113. 8.

ܣܡܣܡ col. 4343. ܡܣܡܣܬܐ for ܣܡܣܡܐ *sesame seed*, Med. 553. 14, 576. 10, but ܡܘܣܡܣܐ ib. 39. 19 &c.

ܣܡܣܡܪ col. 4343. *Amomum*: *cardamom*, refs. Med. 174. 4, 237. 11, 318. 2, 361. 11.

ܡܣܡܣܢܝܬܐ f. pl. i. q. ܣܡܣܡܐ 3) *a rash*, ref. Med. 584 five times. Sing. ܡܣܡܣܢܝܬܐ ib.

ܣܡܣܡܬܐ *Susannah*, glossed ܫܘܫܢ ܡܪܩܘܕܐ *miraculous lily*, Mar Bassus 130.

ܣܡܥܐ i. q. ܣܘܥܐ q. v. above and col. 4108. *Shuster*, Chast. 45. 17.

ܫܶܬ, ܫܬ *six*. ܡܫܬܝܘܬܐ col. 4347. *the quality of being six*, gloss to the name ܫܝܬ *Seth*, C.B.M. 985 b.

ܡܣܬܬܐ. ܡܣܬܬܘܬܐ col. 4349. With ܠܐ *instability*, ܠܐ ܡܣܬܬܢܘܬܐ ܘܡܣܬܝܗܒܘܬܐ But. Sap. Eth. iv. 5.

ܫܬܐ col. 4349. *to drink*. Metaph. *to swallow an affront*, Anecd. Syr. ii. 198. Act. part. ܫܬܐ ܕܡܐ αἱματοπότης, *bloodthirsty*, Pet. Ib. 63. 7.

ܫܬܩ Ethpa. ܐܫܬܬܩ col. 4357. add: *to lose the power of speech when drunk*, Hippoc. v. 4, vii. 53.

ܫܬܩܐ *apoplexy*, refs. Med. 4. 1, 6. 23, 118. 9, 142. 15.

ܫܬܩܬܐ add: ܡܫܬܩܬܐ ܕܫܡܐ ܕܡܠܟܐ *the legal omission of the name* of a heretic from the diptychs, Sev. Lett. 22. 15.

ܡܫܬܩܢܘܬܐ col. 4358. *putting to silence* f. ܡܫܬܩܢܝܬܐ Hist. Mon. i. 56. 15.

ܡܫܬܩܢܘܬܐ *put to silence*, ref. ܠܐ ܡܫܬܩܢܐ ܡܫܬܩܢܝܢ Hist. Mon. i. 379. 5.

ܬ

ܬ. ܐܬ col. 4361. ܐܬܘܬܐ Pl. ܐܬܘܬܐ *stanzas beginning with the letter* ܐܬ, ܒܐܬܘܬܐ ܐܫܬܥܝ Proem. to Ebed. J. Card. 6. 11.

ܬܐܕܘܪܐ = ܬܐܘܕܘܪܐ col. 4363. *Theodota* mart., Lewis, Gospels viii.

ܬܐܘܕܘܣܝܐ *Theodosia*, virgin and martyr, Lewis, Gospels viii.

ܬܐܘܕܘܪܝܛܘܣ col. 4365. *Theodoretus.* 2) *a medicine named after its inventor*, ref. Med. 50. 17, 136. 16, ܬܝܘܕܘܪܝܛܘܣ ib. 51. 9.

ܬܐܢܛܝܢܘܣ *Theantinus*, bp. of Araxa in Lycia, Conc. ii., Nöld. F. S. 414. 474.

ܬܐܘܦܪܘܦܘܣ Θεόπροπος, *Theopropus*, bp. of Trimithus, Nöld. F. S. 472. 79.

ܬܐܘܦܪܣܛܘܣ pr.n.m. *Theophrastos*, But. Sap. Periherm. iii. 2.

ܬܐܘܪܘܬܐ *error*, marg. ܛܥܝܘܬܐ Warda 247 r.

ܬܐܘܪܝܐܝܬ *theoretically = allegorically*, Bar. Sal. in Lit. 94. 3.

ܬܐܠܘ *Tylus* or *Talwan*, an island in the Persian Gulf, Syn. Or. 165 ult.

ܬܐܡܣܛܝܘܣ *Themistius*, bp. of Adrianople, Conc. ii. Nöld. F. S. 473. 106.

ܬܐܢܐ col. 4374. Add: ܬܐܢܐ ܥܩܪܬܐ *the barren fig = the sycamore*, Med. 576. 17, 582. 12. 2) *a hard pustule* on or near the eye, Med. 78. 18, 89. 8, 91. 1, ܟܒ ܬܐܢܐ idem l. ult.

ܬܐܢܬܐ col. 4376. 3) *the abdomen*; ref. Patr. Or. iii. i. 111. 4; ܣܝܦ ܚܕܬ ܐܘܟܠ ܒܗܘܢ ܘܬܚܡܬܗܘܢ ܠܐܡܐ ܘܡܣܝܡ ܚܡܣܛܐ ܣܘܪܝܐ ܘܡܣܝܡ ܚܡܪܐ ܒܬܐܢܬܐ Hebraica (1888) iv. v. 218 ff.; 228 f. Cf. ܬܐܘܬܐ below.

ܬܒܢܐ col. 4380. *straw*. ܫܒܠܐ ܕܬܒܢܐ *lettuce stalks*, Med. 574. 2.

ܬܒܥ col. 4380. With ܕܝܢܐ *to bring an action*, Sev. Lett. 213. 5.

ܬܒܘܥܬܐ col. 4382. 3) fem. ܬܒܘܥܬܐ *an inquirer*, ܐܝܟ ܗܝ ܕܐܝܬܝܗ ܬܒܘܥܬܐ Hist. B.V.M. 190. 2.

ܬܒܥܐ, ܬܒܥܬܐ absol. state ܬܒܥ ܡܥܠܝܢ *an occasion for argument, a plea, excuse*, Ephr. Ref. ii. 142. 11 Ming.; ܬܒܥܬܐ ܢܦܫܐ *vengeance for oneself*, Pallad. 483. 13, 15; ܬܒܥܐ ܕܫܡܐ (ܫܡܗܐ) ܕܠܡܬܒܥ *ban to be used for exorcizing*, Charms in JAOS. xv. 286 ult.

ܬܒܪ col. 4383. Pass. part. ܬܒܝܪ ܦܘܪܥܢܘܬܗ *of shattered fortune*, Pallad. 85. 18.

ܬܒܝܪܬܐ 2) *hymni fracti*, add: Or. Xt. v. 327, No. 33, R.O.C. iv. 163. Sing. ܚܘܠܦܐ ܐܘ ܬܒܝܪܬܐ, Brev. Ant. i. Cal. 57 *a* 8, 11.

ܬܒܪ Pers. تبر s. تور *an axe*, BB. under ܦܣܝܠܐ col. 1744, DBB. 876. 25 pen.

ܬܒܪܐ = كسر *arrears of taxes*, Dion. 204. 19, Nöld. WZKM. x. 166.

ܬܓܐܦܢܘܣ *Tegapnos* (Chabot) prob. for ܬܐܘܦܢܘܣ *Theophanes*, bp. of Bostra, Nöld. F.S. 469. 35.

ܬܓܡ denom. verb Pael conj. from ܬܓܡܐ. *to arrange, to assign due place*, ܒܬܪ ܝܕܥܬܐ ܕܗܘܢܐ ܡܬܓܡܝܢ ܡܒܕܪܬܐ ܕܢܦܫܬܐ ܐܢܫܝܬܐ ܡܫܟܚܢ *after intellectual knowledge various scattered notices of human souls have their due place*, But. Sap. Theol. 2. 4.

ܬܓܪ col. 4388. denom. verb Paal conj. from ܬܓܪܐ. Ethpa. ܐܬܬܓܪ 2) *to gain, to transact business*, add: ܡܢ ܕܪ̈ܓܐ ܕܚܝܠܐ ܬܐܘܪܝܛܝܩܝܐ ܕܢܦܫܐ ܡܠܝܠܬܐ of the *degrees of contemplative power of the rational soul*, the fourth is called (ܬܓܪܬܐ ?) ܡܬܬܓܪܢܝܬܐ *transacting, negotiating*, ܡܛܠ ܕܒܗ ܡܚܙܝܬܐ ܕܢܦܫܐ ܕܟܝܬܐ ܟܕ ܠܘܬ ܗܘܢܐ ܡܕܝܢ ܚܝܪܐ ܐܡܝܢܐܝܬ ܟܠ ܝܕܥܬܐ ܡܢܗ ܡܬܬܓܪܐ *for in it the mirror of the pure soul when it constantly looks towards the intelligent mind, gains all knowledge from it*, N. Hist. viii. 4. 6.

ܬܗܡ col. 4394. Pa. part. ܩܠܐ ܕܡܬܗܡ *a deep roar*, Hist. B.V.M. 193. 7.

ܬܘܒ particle col. 4400. L. 21 of par. add: ܬܘܒ ܘܬܘܒ vulgar name for the ܟܠܢܝܫܐ ܬܘܒ or *prayer for all*, recited by the Deacon after Commemoration of special names in the Diptych, Bar Sal. in Lit. 75. 22, 26, 76. 26, 77 four times.

ܬܘܗ. ܡܬܘܗܢܐ col. 4405. ref. ܒܥܠܠܬܐ ܡܬܘܗܢܝܬܐ *on startling pretexts*, Išoyahb 140.

ܬܘܝ col. 4006. Ethpa. ܐܬܬܘܝ *to sorrow; to repent*. ܐܬܬܘܝܬ ܡܢ ܒܬܪ ܕܗܦܟܬ ܠܪܥܝܢܝ *I repented after I had returned to my senses*, Išoyahb 42 pen.

ܬܘܟ, ܬܟ col. 4406. Pa. ܬܟܟ *to restrain*, ܢܬܟܟ ܚܣܝܢܘܬܗ ܕܩܢܘܢܐ *to mitigate the strictness of the canon*, Sev. Lett. 150. 4 af.

ܬܘܠܐ pl. ܬܘܠܐ *coriander seed*, Ex. xvi. 31 Urm., Med. 565. 4, 577. 15, 587 ult., ܬܘܠܐ ܕܟܪܐ is given as gloss to ܟܣܒܪܬܐ ܗܟܢܐ ib. 607. 10.

ܬܘܢܢܘܣ θύννος, thynnus, *tunny*, Menarat K. 49 *a*, N. Hist. vii. 4. 2 infr., Ar. FischN. 563.

ܬܘܦ col. 4411. Turk. *a gun*. ܬܘܦܩܝܢܐ Charms 8. 5, 11. 15, 12. 10, 15; ܟܘܦܠܐ ܕܬܘܦܐ *bullets*, ib. pen.

ܬܘܪܝܢܝ var. to ܛܘܪܢܘܣ place-name, Anecd. Syr. iii. 320. 1 = Zach. Rhet. Brooks 205 ult.

ܬܘܪܓܠܝ synonym of mandrake, Med. 600. 8.

ܬܘܪܦܐ name of a potion, Med. 220. 10.

ܬܘܥ col. 4414. Under Pael pass. part. add: ܡܬܘܥܐ ܠܐܒܕܢܐ *straying to perdition*, Is. Nin. B. 196. 17.

ܡܬܘܥܝܢܐ *wanderers, strays*, S. Dan. 52 *b* ult.

ܬܘܠܬܐ col. 4415 ult. 3) *piles*, ref. Med. 583. 21 f. 4) ܬܘܠܐ ܕܡܬܩܪܝܢ ܦܘܩܕܪܝܢ ܬܘܠܐ ܕܚܠܒܐ ܕܐܬܘܠ ܕܟܠܗ ܗܕܡܐ, *hypochondria*, the soft part of the body immediately under the χόνδρος or cartilage of the breastbone, Patr. Or. iii. i. 111. 4, BH. Hebraica, 1880, 214, vers. 213. Cf. ܬܘܠܬܐ above.

ܬܘܬܐ Θαβαθά, *Tabatha*, a village near Gaza, R.O.C. v. 659. 3.

ܬܘܬܝܐ col. 4416. *deposit from a furnace*, ref. Med. 592. 8.

ܬܚܘܬܡܕܒܪܝܢ col. 4416. a kind of *Euphorbia*, ref. ܬܚܘܬܡܕܒܪܝܢ Med. 171. 20.

ܬܚܠܝܐ gentilic from Tahal q. v. col. 4419. Syn. Or. 44. 24, ܐܫܥܝܐ ܬܚܠܝܐ *Isaiah of Tahal*, Išoyahb 133. 10, ZDMG. xliii. 396 ult.

ܬܚܡ col. 4419. 17 of par. *to forbid* add: with ܡܢ, ܬܚܡܗ ܐܠܗܐ ܠܐܕܡ ܡܢ ܚܕ ܐܝܠܢܐ God *forbade* Adam *one tree*, Nars. ed. Ming. ii. 102 pen., 104. 6 af. ܬܐܬܐ ܡܬܚܡܬܐ *the forbidden fig-tree*, Hist. Mon. i. 135. 3. 2) *to determine, appoint*, ܡܝܛܪܦܘܠܝܛܐ ܘܐܦܣܩܘܦܐ ܕܬܚܝܡܝܢ *Metropolitans and Bishops who had a prescribed right* to vote for a new Catholicos, Or. Xt. ii. 290. 4, 292. 12.

ܡܬܚܡܢܐ *defining*. Logic: ܡܠܬܐ ܡܬܚܡܢܝܬܐ *a definition*, Journ. As. 1900. 90. 14, Or. Xt. ii. 66. 17.

ܡܬܚܡܢܘܬܐ col. 4422. *definition*, refs. ܡܛܠ ܡܬܚܡܢܘܬܐ ܩܢܘܢܝܬܐ N. Hist. cap. 2; pt. 8 tit., ib. Philos. 6. 5.

ܬܚܝܬ col. 4422. *that which is below, which follows*, ܡܨܐ ܐܢܐ ܠܬܚܝܬܗ ܡܢ ܠܒ ܠܡܬܢܝܘ *I can repeat the following by heart*, BH. Stories 51. 269.

ܬܘܡܐ Med. 577. 20 for ܬܘܡܐ *garlic*.

ܬܝܘܣ θεῖος, *an uncle*, Sev. Lett. 67. 2.

ܬܝܩܣ θήκη, *the rim* of an astrolabe, De Astrolabe 81.

ܬܝܡܐ *Tema*, a village between Peroz-šapur and Seleucia-Ctesiphon, Jab. 409. 1.

ܬܝܪܝܩ prob. θηριακή, *an antidote*, Med. 583. 19.

ܬܟܫ. ܬܟܘܫܐ col. 4432. ܬܟܘܫܐ ܕܡܚܫܒܬܐ *thronging thoughts*, Sev. Ant. Vit. 94. 7

ܬܟܝܦܘܬܐ *vehemence, persistency* of assertion, ܒܬܟܝܦܘܬܗܘܢ ܐܡܪܝܢ Zach. Rhet. Brooks ii. 119. 2 = Anecd. Syr. iii. 275. 23 so corr. ܒܬܟܝܦܘܬܗܘܢ.

ܬܟܣ *to check* disease, ܡܬܟܣܢܐ ܕܐܬܟܣܝܢ ܠܟܘܪܗܢܐ Med. 156. 6, pen.; 159. 3, 7 f., 12, 161. 6.

ܬܟܣܢܘܬܐ *restraining, checking*, ܬܟܣܢܘܬܗ ܕܪܘܡܐ Med. 158. 22.

ܡܬܟܣܢܐ with ܠܐ *unrestrained, irrepressible*, ܠܐ ܡܬܟܣܢܝܬܐ Sev. Lett. 490. 23.

ܬܟܦܘܪ Jab. 104 quater. Turkish form of ܬܟܘܦܪ q. v. col. 4433.

ܬܠܐ *to lift up*. ܬܠܘ ܠܡܦܬܘܪܐ after dinner *they removed the tray*, BH. Stories 46. 241.

ܬܠܐ under names compounded with ܬܠܐ *a hill*, col. 4439. add:

ܬܠܒܢܕܐ *Thelabanda* (*Alabanda* in Garcia), De Goeje B. 65. 14.

ܬܠܚܕܝܢ *Tel-hadin*, Sev. Lett. 117. 8, 120. 1.

ܬܠܚܕܝܢܝܐ m.pl. *inhabitants of Telhadin*, Sev. Lett. 123. 8.

ܬܠܢܝܚܐ *Tel-neyaha, the Hill of Rest*, village in Adiabene, M.Z. 32. 14, 56. 28.

ܬܠܦܢܐ *Tel-pna*, village in Adiabene, M.Z. 65 ult.

ܬܠ ܨܠܡܐ *Tel-Salma*, village in Beit Nuhadra, Patr. Or. iii. i. 66. 7.

ܡܬܬܠܝܢܘܬܐ *a*) *straining, over-exertion*, Med. 199. 23. *b*) plants with procumbent stems, as gourds and cucumbers, have ܟܝܢܢܝܬܐ ܡܬܬܠܝܢܘܬܐ *the natural property of hanging on to* or *supporting* themselves by other bodies, N. Hist. vi. 2. 3.

ܬܠܐ pl. large yellowish berries full of seed, ܐܝܟ ܬܠܝܬܘܗܝ ܕܫܒܪܐ ܘܬܠܐ Med. 581. 8. Cf. ܬܘܠܐ.

ܬܠܟܡܢܐ col. 4444. *pickled vegetables*, ref. Pallad. 181. ult.

ܬܠܓ col. 4441. ܬܠܝܓܢܝܐ *snowy, covered with snow*, ܛܘܪܐ ܬܠܝܓܢܝܐ N. Hist. v. 1. 2.

ܬܠܥ. ܬܠܥܢܐ col. 4447. ܬܠܥܢܐ ܕܙܪܘܩܐ *breaking a blood vessel*, Med. 202. 14, 205. 1 and often, ܕܙܪܘܩܐ ܬ ib. 200. 22, 271. 6, 8.

ܡܬܠܥܢܘܬܐ *division*, ܦܘܠܓܐ ܡܬܠܥܢܘܬܗܘܢ of water, N. Hist. ii. v. sect. 4.

ܬܠܝܕܝܘܣ pr.n.m. *Talidius*, R.O.C. iii. 240 ult.

ܬܚܠܝܡ (ܡܙܡ̈) ܡܙܡ the Book of Psalms, Eus. ed. Maclean 416. 8.

ܬܘܠܥܬܐ col. 4449. a worm. BA. the silkworm, ref. Natur 42. 16 ff.

ܬܠܬ Pa. conj. col. 4451. part. ܡܬܠܬܐ threefold, Brev. Chald.; ܡܬܠܬܐܝܬ ܠܟ we give Thee triple praise, Test. Dñi. 52. 11, 56. 7 af., 76. 4 af.

3) triple; a vigil lasting three nights, Jo. Tell. 23. 3, quoted under ܚܕܒܫܐ.

ܬܡܝܗܐ col. 4456. add: ܐܘ ܬܡܝܗܐ ὦ θαυμάσιε, O admirable man, Sev. Ant. Vit. 7. 5, Nest. Hérac. 24. 15, 28. 15.

ܬܡܝܗܘܬܐ add: ἔκστασις, ἔκπληξις, stupor from a blow on the head, Hippoc. vii. 4, 12.

ܬܐܘܡܐܣ Θωμᾶς, Thomas, ܚܪܡܐ ܕܡܪܝ ܬܐܘܡܐܣ anathema of Mar Thomas, Charms 90. 6 af., JAOS. xv. 292 infra, 293. 1.

ܬܢ Pael ܬܢܢ col. 4463. Part. pl. smoky, blackened with smoke, ܡܬܢܢܐ gloss to obscure, ܚܫܘܟܐ ܕܥܡܛܢܐ ܘܕܡܫܒܐ BH. on Prov. xxii. 29, Ceriani LXX ܡܬܢܢܐ νωθροῖς.

ܬܢܝܢܐ (ܕܡ?) dragon's blood, ref. Chimie 42. 12 i. q. ܡܥܡܕܘܡܐ q. v.

ܬܢܢܘܬܐ smokiness, a feeling associated with heat in the stomach, Med. 291. 10.

ܬܢܬ col. 4471. add: to become numb, ܐܬܬܢܬ ܘܢܦܩܬ Med. 113. 15.

ܡܬܢܬܢܐ numbing, causing numbness, N. Hist. vii. 3. 3 quoted under ܢܐܘܡܐ.

ܬܢܬܢܘܬܐ add: ἀκράτεια, νάρκη, numbness, Hippoc. v. 15, 23, defined Med. 3. 15; 111. 14, 112. 21, 113. 1.

ܬܥܠܐ col. 4474. a fox: ܬܥܠܐ ܕܩܦܐ Satyrion; Ragwort, Med. 556. 16, 564. 11, JAOS. xx. 191. 9.

ܬܦܩ col. 4476. Ethpa. to begin to flow, ref. ܕܩܦܠܢܐ ܕܡܩܦܐ Tekkaf 125.

ܬܦܩܝ Turk. تفنك rifles, Yezidis 115. 5.

ܬܦܨܝܠܐ Arab. تفصيل detailed description; ܚܕܐ ܘܬܦܨܝܠܐ Dion. 232. 9.

ܬܩܠܝܐ m. pl. perh. for ܬܟܠܝܐ Tibetans, a race descended from Togarmah, Chron. Min. 355. 11.

ܬܩܘܥ marg. ܬܩܘܥ Tekoa q. v. col. 4479. Pléroph. 58. 3. Mich. Syr. 208. a 2, writes ܬܩܘܥܝܐ.

ܬܩܠ col. 4479. to weigh. Ethpe. ܐܬܬܩܠ to be weighed down, oppressed ܐܬ ܕܬ ܣܠܡ ܘܣܥܪܐ ܘܐܬܬܩܠܘܗܝ ܠܬܪܥܝܬܗ ܚܬ: ܢܬܘܕܥܘܢ ܘܠܐ ܐܦ ܗܢܘܢ ܒܐܘܠܨܢܐ ܚܢܗ so that seeing the record of the burden on those of old they may beware of like oppression, Dion. 139. 1, 2.

ܬܩܠܐ or ܬܩܠܐ a burden, ܟܘܕܢܘܬܐ ܕܬܩܠܐ baggage mules, Hist. Mon. i. 247. 3.

ܬܩܠܐ measure of weight, a shekel. According to the Book of Medicine the Mithqal of the Sanctuary equals twenty zuze or one dinar and the Mithqal used for weighing money or gems is one dirhem ܬܩܠܐ ܕܡܕܒܚܐ ܘܙܘܙܐ: ܬܩܠܐ ܕܡܬܬܩܠ ܒܗ ܟܣܦܐ ܐܘ ܟܐܦܐ ܫܒܝܚܬܐ ܕܪܟܡܘܢܐ ܕܣܦܝ: ܘܬܩܠܐ ܗܘ ܕܢܚܫܒ ܚܕ ܙܘܙܐ ܕܘܙܘܠܬܐ ܘܣܬܪܬܘܢܝܬܐ: ܘܙܘܪܦܐ Med. 447. 1–3.

ܬܩܝܠܐ ponderable, f. pl. ܠܐ ܬܩܝܠܬܢܝܬܐ imponderable, Sev. Lett. 85. 10.

ܬܩܢ verbal adj. ܬܩܝܢ col. 4487. Add: ܡܙܡܘܪܐ ܬܩܝܢ an entire psalm, Ephr. ed. Lamy iv. 211. 20.

ܬܪܐ, ܬܪܐ col. 4492. to soak, ܬܬܪܐ ܘܐܫܬܐ Anecd. Syr. iv. 100. 25. Pass. part. ܬܪܐ, ܬܪܝܐ fresh, ܟܣܦܐ ܬܪܝܐ Sanct. Vit. 46 v; ܬܪܝܐ ܕܚܠܒ Med. 265. 23. 2) ܕܒܪܟܐ ܘܬܪܝܢ ܟܕܗ ܟܬܝܠܐ till the trichoma is softened, Med. 92. 13.

ܬܪܝܬܢܐ soaked, boiled, ܚܕܪܘܬܐ légumes cuits à l'eau, S. Dan. in R.O.C. v. 393. 14, 398. 19.

ܬܪܐ θήρα, the prey, ܬܪܐ ܕܡܘܬܐ (ܠܡܘܬܐ) Ephr. ed. Lamy iv. 539. 13.

ܬܪܒ col. 4495. Peal act. part. m. pl. ܓ̈ܠܠܐ ܕܝܡܐ ܬܪܒܝܢ *swelling waves of the sea*, Hist. B.V.M. 125. 12.

ܬܪܒ, ܬܪܒܐ *fat. The fat round the kidneys*, Caus. Caus. 31. 17. Pl. ܬܪ̈ܒܐ *fats*. Med. 139. 23, 141. 12, ܬܪ̈ܒܐ ܕܥܠ ܫܢ̈ܝܬܐ ܐܘ ܦܬܘ̈ܠܬܐ ib. 153. 11.

ܬܪܒܝܢܐ col. 4499. *thick pottage*, ref. Med. 574. 3.

ܬܪܡܐ *Thermae*, bpric. in Cilicia, De Goeje B. 64. 6.

ܬܪܡܓ Ethp. ܐܬܬܪܡܓ *to fail mentally, lose the reason*, ܕܠܐ ܗܘ ܐܢܫܐ ܕܡܬܬܪܡܓ But. Sap. Eth. 1. 4.

ܬܪܡܩܝܐ *of Tharmaka*, ܐܝܟ ܡܢ ܦܘܣ ܬܪܡܩܐ Charms 50. 18.

ܬܪܘܦ col. 4501. ܬܪܘܦܝܢܐ dimin. m. of ܬܪܘܦܐ *victuals. A scanty meal*, Hist. Mon. i. 126. 19.

ܬܪܥ. ܬܪܥܐ col. 4506. 4) ܡܬܪܥܐ ܕܛܘܪܐ *at the approach to the mountain*, Chast. 26. 1; ܒܡܬܪܥ ܣܬܘܐ *at the approach of winter*, Jab. 128. 6. 5) *an opening*. ܬܪܥܗ ܕܐܣܟܠܐ ܕܟܒܕܐ Med. 20 pen., ult. *Vena portae, the portal vein*, ib. 329. 5, 332. 16, 336. 23.

ܬܪܥܐ add: ܬܪܥ ܥܘܪܩܐ φλεβοτομίη, *blood-letting*, Hippoc. vi. 45.

ܬܪܥܘܬܐ f. *the office of doorkeeper* or *porter*, ܡܫܡܫ ܬܪܥܘܬܐ M.Z. 192. 16.

ܬܪܨ. ܬܪܝܨܘܬܐ col. 4511. *erectness* of the body, ܢܬܒ ܡܪܒܥܐܝܬ ܒܬܪܝܨܘܬܐ *let him sit straight and foursquare*, BH. Eth. 122. 11.

ܬܪܨܐ add: *vertical position*, ܒܬܪܨܗ ܕܣܗܪܐ *when the moon is straight overhead*, Med. 588. 23.

ܬܪܩܝܣ perh. Θρήκιος, *Thracian*, the NNW. wind, Med. 533. 5.

ܬܪܫܢ a village in the Holy Land but Gottheil transliterates TDŠN Bahira 203. 5 af., trans. 206.

ܬܫܥ denom. verb Paal conj. from ܬܫܥ, ܬܫܥܐ. Part. ܡܬܫܥܐ *nine-fold*; Brev. Chald. ܐܠܦ.

ܬܫܥܝܢܘܬܐ ref. ܬܫܥܝܢܘܬܐ ܛܟܣܢܝܬܐ *the nine-fold order of the heavens*, But. Sap. Theol. 4. 7; *the nine orders* of angels, Brev. Chald. ܐܠܦ.

⁘ ܫܘܠܡܐ ܠܐܠܗܐ ⁘

ADDENDA ET CORRIGENDA

ܐܚܕ ܣܠܝܡ *Abukhalim*, E-Syr., a book containing proper collects for festivals and some occasional offices, as that of the Prothesis before the Eucharist. The book is ascribed to Mar Elia, the third, Daily Offices, Glossary; Introd. xxviii; QdhamW. 162. 15.

ܣܠܘܡܐ corr. ܣܠܘܡܝܐ Lat. ad nomen, *a roll-call*, ܚܟܡ ܗܘܐ ܠܣܠܘܡܐ ܕܦܘܪܬܚܢܐ A.M.B. v. 536 ult., 537. 7, Fraenk. ZA. xvii. 85.

P. 8 *b* ܐܣܛܪܝܕܘܢ *oyster*, Sev. Ant. Vit. 212. 2.

P. 11 *a* ܐܘܪܝܠ Stud. Sin. ix. 16.

ܐܬܚܫܠܐ f. pl. ἐτήσιος, *etesian*, ܘܗܝ ܡܢ ܩܕܡ ܪܘܚܐ ܐܬܚܫܠܐ Rylands MS. 44. 3 *b* bis.

ܗܘܠܣܝܪܩܘܢ col. 211. ὁλοσηρικόν, *pure silk*, add ref. L.E.S. iii. 192. 10, ܗܘܠܣܝܪܩܐ ib. 194. 10.

P. 21 *b* 13 af. ܣܘܕܘܡܣܝܐ.

P. 27 *b* 7 af. Complete ref. A. M. B. i. 476. 16.

ܐܣܘܩܐ col. 312. ἀποθήκαι, *stores, shops*, Descript. of Rome, Zach. Rhet. Brooks 197. 16.

P. 32 *b* 7 af. ܐܪܘܙܐ *usually dough; a kneading-trough. A crate*, ܐܪܘܙܐ ܕܡܠܝܐ ܡܐܢܝ ܙܓܘܓܝܬܐ *a crate full of glass vessels*, BH Stories 101. 485, 106. 14.

ܐܘܨܚܦܐ col. 366. for βικίλιον, *vigilium, the guards*, Zach. Rhet. Brooks ii. 197. 9.

ܐܪܟܐ emph. form of ἀρχή (Brooks), ܐܪܟܘܬܐ ܘܐܪܟܐ ܕܐܠܐ *charge of the great governorship* i.e. *a satrapy*, L.E.S. i. 285. 4.

P. 37 *b* 13, 14. S. Fraenkel, ZDMG. liii., and so l. 5 af. should be S. not G.

P. 42 *a* 7 ܒܐܠܣ *Balis* or *Barbalissus*, i. q. ܒܠܫ p. 57.

ܕܐܘܪܘܣ perh. *Verus*, Imp. ܕܐܘܪܘܣ ܡܠܟܐ Theod. Mops. on Jo. 328. 13.

ܒܕܝܣܛܐ βαδιστής, Du Cange 165. *a trotting horse*, S. Pel g. 1. 25 = A.M.B. vi. 6. 18.

P. 47 *b* 4. ܚܡܠܐ 4) astron. add ref. Georg. Arab. 18. 5.

ܚܡܣܐ ܓܝܡܐ *a church, the building opp.* ܓܝܡܐ *the congregation*, Sev. Lett. 285. 8, 22; pl. ܚܡܣܐ ܓܝ̈ܡܐ ib. 286. 2 bis.

ܒܘܪܙܡܝܗܪ pr. n. *Buzurgmihr*, Vizir of Khosroes Nushirwan, BH. Stories 19. 1, 20 bis, 21 ter.

ܐܡܪ ܒܪ *Bardesanes*, alphabet of, C.M.B. 14, 349, 1182 &c. ܐܡܪ ܢܐܠܐ, ܐܡܪ ܢܐܠܐ *of Bardesanes*, Anecd. Syr. ii. 13 infra, a specimen of this writing is given ib. Plate vii.

ܚܢܐ. ܚܝܢܠܐ *a building, erection*, DBB. under ܐܚܕ 17. 17; under ܒܪܝ ib. 1915.

ܒܐܙܠܐ : ܕ ܒܢܬ ܩܪܐ *the gourd-shaped eggs* of Trichocephalus, a tape-worm, Med. 424. 17.

P. 59 *b* 9 af. ܣܡܠܐ for ܣܡܠܐ.

ܒܪܫܝܬ *In the beginning*, the long farcing of Psalm c on great festivals. These farcings deal with the Creation and all begin with these rubrics ܐܚܕܒ ܕܢܥܒܕ ܐܡܪ ܘܚܣܕ ܘܐܢ QdhamW. 156. 5.

ܓܘܡܪܐ col. 671. ܓܘ̈ܡܪܬܐ f. *a fire-place* ܚܡܗܙܐ ܘܡܠܐ ܘܡܢܗ ܐܘ ܓܝܘܚܕܐ ܘܚܕܐ Ephr. Ref. ii. 35 ult.

ܓܠܐ col. 695. ܓܠܝܐܝܬ *in bereaved condition*, ܗܡܕ ܚܢܐܢܗ ܡܣܣܦܐܝܬ ܘܡܣܝܠܐܝܬ L.E.S. i. 185. 7.

ܓܚܟ col. 703. *to laugh; to sport, play*, ܘܚܟܣ ܐܬܓܚܟܬ or ἐμπέπαιχα, *these which I have wrought in sport*, Hex. Ex. x. 2.

P. 74 *a* med. ܓܠܐ *a tortoise*. Pl. ܓܠܝ̈ܬܐ A.M.B. vii. 25.

P. 77 *a*, par. 9. add ref. L.E.S. i. 99. 10.

ADDENDA ET CORRIGENDA

ܥܦܳܢܝܐ col. 765. dimin. m. of ܥܦܐ, *a shelter, hut of branches*, Hist. Mon. i. 98.

P. 84 *a* 14 ܘܐܡܚܒܠ.

ܘܐܚܳܐ ἀδελφοί, *brothers german*, ܐܬ̈ܐ ܐܚ̈ܐ ܘܡܢ ܫܝܢܦܢ ܚܕܚܕܐ N. Hist. vii. 1. 3 infra.

ܘܗܓܐ and ܗܓܘܡܐ col. 834. Delete par. and see under ܦ Suppl. 185.

ܐܒܐܕܪ Jab. 253. 1, 264. 10 and n. See ܐܒܐܕܪ; Pers. دزدار *Governor of a castle*, col. 880.

P. 92 *b* 11 af. corr. ref. to Ephr. Jos. 83 ult.

ܘܐܟܟܐ *synonym for* ܗܘܣܡܐ φοῖνιξ, *name of a medicine*, DBB. 1576. 3.

P. 94 *b* 16 af. = col. 948 ult. misprint for ܚܣܕܐ. Delete; it is a mistake of Quatremère's for ܝܚܕܐ *which feeds*.

P. 96 *a* ܗܘܦܝܢܐ *half-bred*. Add ܘܢܬ̈ܡܐ νόθοι, *bastards*, BH. on Heb. xii. 8.

ܘܗܡܣܗܡܘ ἡμίσεον, *half a denarius*, L.E.S. i. 212. 4.

ܫܢܐܟܠܐ *a rounded tip*, ܫܢܐܟܠ ܟܠܐ ܘܐܢܝ ܘܐܚܣܘܠ Med. 175 pen.

P. 131 *a* 13 ܟܕܘܡܟܐ, ܟܘܕܘܡܐ (ܟܕܐ) add ref. Protection 59. 2, 62, 78, 83.

P. 135 *b* 13 af. misprint, should be ܗ. ܘܓܚܐ.

P. 136 *a* ult. correct to ܢܩܣܢ.

ܝܚܟܐ *denom. verb from* ܐܠܐܢܟܚܘܡ f. *glorification of the B.V.M., a feast and word introduced by the Uniat Chaldaean Church, on Dec. 26*, Brev. Ant. i. Cal. 5, ܘܗܡܓܚܕ̈ܐ Brev. Chald. i. ܥܠܝ tit., ff.

P. 140 *a* infra ܥܘܦ add Ethpa. ܐܬܠܥܦ *to be soaked*, ܘܣܗܘ ܘܢ ܘܟܗܚ̈ܠܟܚ ܡܟ ܘܐܦܣܗܠ Epiph. 15. 14.

P. 145 *b* par. 5, l. 3. Correct to ἀλαβαστρίτης ib. 6, 9.

P. 147 *a* after ܐܚܟܠܐ insert: ܢܚܒܘܐܠ *power of bearing burdens*, ܙ ܘܚܡܠ Caus. Caus. 67. 22.

P. 155 *b* par. 5. Delete. It is a mistake for ܢܘܦܪܐ *red*.

ܡܬܩܐ add ref. Sev. Ant. Vit. 24. 3,

P. 156 *a* 8 ܝܩܪ Aph. ܘܗܩܕܚܝ ܗܘ̇ܝ *let thy gait be dignified*, Stud. Syr. i. 9. 4.

P. 162 *b* par. 8. should be ܐܘܙܣܢܐ.

ܩܕܩܐ Pers. كشور for ܩܗܘܡ *a country, region*, Nöld. on A.M.B. ii. 577. 1.

ܩܗܘܪܗܘ χῶρος, *a place*, L.E.S. ii. 328. 8.

P. 163 *a* 2. corr. ܠܘܚܡܐ ܘܚܚܡܚܠܐ.

ܚܦܢ. ܠܐܢܝܘܩܩܟ col. 1969. m. pl. *scraps*, ܠܐܗܓܕܘܡ ܘܐܡܣܦܐ ܘܚܣܣܘܐ ܘܘܡܕ ܣܘܙܐ *a monk in the desert used odd bits of sticks or stalks instead of a pen*, Stud. Syr. i. 42. 9.

ܡܚܪ col. 2193. Ethpa. ܐܬܡܚܪ *to intercede, mediate*, add: *to take as mediator*, ܚܒܠ ܘܗ ܚܕ̈ܒܝܡܪܚܠܟܦ ܝܚܘܘ *in every trouble they had recourse to him as a mediator*, Hist. Mon. i. 98. 9.

ܚܠܢ col. 2283. Pa. ܚܠܢ *to clear away*, ܘܗܠܒܠܐܘ ܝܢܚܕ ܘܣܡܘ *they swept and tidied and put in order*, L.E.S. i. 237 pen.

P. 217 *a* 12. ܩܘܡܣ ܡܚܕ *a packing-needle*.

P. 217 *b* 16. ܩܗܩ ref. to A.M.B. Supply v. 25. 7.

ܢܩܒܝܩܠܐ *adherents, "compagnons"*, i.q. ܗܘܣܘܕܚܬܩ and ܩܒܝܡܠ, Sev. Ant. Vit. 24. 4.

ܢܘܡ Heb. נָשַׁךְ *to bite*; ܠܐ ܢܡܣܕ ܘܣܚܠ ܘܐܚܕܗ ܩܗܕܙܐ *let not a mad dog bite nor seize him*, Protection 18. 9.

P. 225 *a* delete last par. and 229 *b* add to par. 9 ܘܡܓܩܬܡܐ ܡܕ *the 12 signs of the Zodiac*, Rylands Bulletin, Vol. 4, 1917, 116. 1, 11, 15 ff.

P. 236 *a* ܗܦܩ *to clarify*. Add: ܘܐܕ ܣܗܡܒܠܐ. ܚܣܒܝܕܠܐ ܒܢܘ ܘܡܗܡܕ ܡܚܐܠܡܟܦܠ *when black is laid on cunningly it enhances other colours*, R.O.C. vii. 114. 7. Nau suggests ܣܗܘܣܚܒܠܐ and D. S. Margoliouth ܣܩܚܡܒܠܐ but is the word not related to ܣܚܝܠܐ *pure*?

P. 250 *b* 7 af. ܥܟܢܟܠܐ *a response*. Add refs. Brev. Ant. i. 58 *b* 11, 59 *b* 17, 61 *a* 7, pl. 1. 8, *b* 5.

ADDENDA ET CORRIGENDA

P. 257 a 4. Delete Suppl.

ܗܘܳܬ݂ܳܐ ποτέ, ever, ܘܟܰܕ ܘܗܘܳܐ ܠܐ ܗܘܳܐ ܠܝ L.E.S. ii. 636. 5, ܕܠܐ ܐܢܫ ܢܫܡܥ ܗܘܳܐ ܠܐ ܠܐܚܪܝܢ ib. 637. 9.

ܦܠܰܩܣܳܐ πλακία, *a paved precinct*, ܘܐܝܬ ܗܘܳܐ ܡܘܫܠܡ L.E.S. ii. 539. 2.

ܩܠܽܘܦܬܳܐ col. 3173. *a filbert*. A measure ܣܒ ܩܠܽܘܦܬܳܐ Med. 361. 18.

P. 270 b ܥܩܦܳܐ add: *a mountain pass, gap*, ܥܡ ܠܗܘܢ ܟܗܘܢܐ. ܥܩܝܠܐ ܘܥܩܦܐ ܐܝܟ ܗܘܐ L.E.S. i. 132. 11.

P. 271 b 17 ܦܰܩܰܚ add: ܦܰܩܰܚ ܠܟ *if you please*, L.E.S. i. 79. 10, 80. 5, ܦܰܩܰܚ ܐܘ ib. 103. 11, ܦܰܩܰܚ ܩܽܘܡ *please get up*, ib. iii. 188. 11, ܐܒܐ ܦܰܩܰܚ *Father, be so good*, 218. 6.

ܦܰܩܽܘܝܬܳܐ pictura, *embroidery*, L.E.S. i. 238 ult. = Anecd. Syr. ii. 268. 13. (MS. ܦܰܩܽܘܝܬܳܐ) and so correct. p. 60 b.

P. 273 a 6 af. ܦܪܙܘܓ݂ܐ ref. Bahira 203. 11.

P. 276 b 13 af. A.M.B. v.

P. 280 a pen. ܩܕܡ ܐܦܘܗܝ ܓܠܐ ܓܒ ܩܕ ܩܪܘܡܘܗܝ Khosroes *set lumps of hay* before Nu'man instead of bread, Chron. Min. 20. 3/4.

ܦܬܐܗܝܠ *Ptahil*, son of ܐܒܗܬܐ = ܐܒܗܬܐ Coupes ii. 154. 8 and 3 af., commanded to create heaven, earth, and the human race ib. 155. 2.

P. 282 a 22 corr. ܨܦܘܢܐ.

ܨܩܽܘܒܠܐ ܩܡܽܘܩܳܐ col. 3624. 1. *a skylark*, ܨܩܽܘܒܠܐ ܘܐܰܚܶܕ ܐܝܟ ܨܝܥܳܐ Jac. Sar. Hom. iii. 92. 5.

ܩܽܘܡܡܳܐ col. 3551. with ܚܟܳܐ κοσσίσαι, *to box the ears, slap*, L.E.S. iii. 170. 10.

P. 299 a ult. ܘܩܘܫܩܘܫܝ L.E.S. ii. 538. 8.

ܩܽܘܡܡܳܐ κόσσος, *a slap, box on the ears*, ܡܘܚܡ ܗܘܘ ܩܘܡܡܐ ܒܠܐ ܩܨܘܡܘ L.E.S. iii. 167. 5.

P. 304 b 14 trs. ܐܰܩܥܳܕܐ ܘܐܰܩܥܰܕ and the gloss. to l. 15 before Med. 608. 20.

P. 320 b 18 corr. ܘܘܥ ܢܚܕܒ.

P. 323 a 16 af. corr. ref. to A.M.B. v.

P. 327 a 3 corr. ܐܓܠܐ for ܐܓܠܐ. L. 12 ܐܟܬܚܟܐ.

P. 328 a 12. Ethpe. ܐܬܥܠܝ add: with ܒ *to rage at, be enraged with*, Dion. 236. 2.

P. 332 a 2 af. corr. ܐܬܩܦܠ.

www.ingramcontent.com/pod-product-compliance
Lightning Source LLC
Chambersburg PA
CBHW081415230426
43668CB00016B/2243